Lehr- und Handbücher der Betriebswirtschaftslehre

Herausgegeben von Univ.-Prof. Dr. habil. Hans Corsten

Bisher erschienene Titel:

Betsch, Groh, Schmidt: Gründungs- und Wachstumsfinanzierung innovativer Unternehmen
Bieg, Kußmaul: Externes Rechnungswesen
Bronner: Empirische Personal- und Organisationsforschung
Bronner: Planung und Entscheidung
Burger, Ulbrich, Ahlemeyer: Beteiligungscontrolling
Burger: Jahresabschlussanalyse
Burger: Kostenmanagement
Burger, Buchhart : Risiko-Controlling
Buzacott, Corsten, Gössinger, Schneider: Produktionsplanung und -steuerung
Corsten, Reiß: Betriebswirtschaftslehre, Band 1
Corsten, Reiß: Betriebswirtschaftslehre, Band 2
Corsten, Gössinger: Dienstleistungsmanagement
Corsten: Einführung in das Electronic Business
Corsten, Gössinger: Lexikon der Betriebswirtschaftslehre
Corsten, Gössinger: Produktionswirtschaft
Corsten, Corsten, Gössinger: Projektmanagement
Corsten, Gössinger: Einführung in das Supply Chain Management
Corsten, Reiß: Übungsbuch zur Betriebswirtschaftslehre
Corsten, Gössinger: Übungsbuch zur Produktionswirtschaft
Corsten: Unternehmungsnetzwerke
Friedl: Kostenrechnung
Friedl, Göthlich, Himme: Kostenrechnung – Übungsbuch

Hildebrand: Informationsmanagement
Jokisch, Mayer: Grundlagen finanzwirtschaftlicher Entscheidungen
Klandt: Gründungsmanagement: Der Integrierte Unternehmensplan
Kußmaul: Betriebswirtschaftslehre für Existenzgründer
Kußmaul: Betriebswirtschaftliche Steuerlehre
Loitlsberger: Grundkonzepte der Betriebswirtschaftslehre
Matschke, Olbrich: Internationale und Außenhandelsfinanzierung
Matschke, Hering: Kommunale Finanzierung
Nebl: Produktionswirtschaft
Nebl, Prüß: Anlagenwirtschaft
Nebl, Schröder: Übungsaufgaben zur Produktionswirtschaft
Nolte: Organisation
Ossadnik: Controlling
Ossadnik: Controlling – Übungsbuch
Palupski: Marketing kommunaler Verwaltungen
Ringlstetter: Organisation von Unternehmen und Unternehmensverbindungen
Schiemenz, Schönert: Entscheidung und Produktion
Schneider, Buzzacott, Rücker: Operative Produktionsplanung und -steuerung
Schulte: Kostenmanagement
Stölzle: Beschaffungs- und Logistik-Management: Industrial Relationships
Wehling, Röhling, Schneider, Werner: Fallstudien zu Personal und Unternehmensführung
Zelewski, Hohmann, Hügens, Peters: Produktionsplanungs- und -steuerungssysteme

Produktionswirtschaft

von
Prof. Dr. Dr. Theodor Nebl
Universität Rostock

7., vollständig überarbeitete und erweiterte Auflage

Oldenbourg Verlag München

Für Sandra und Frank

Bibliografische Information der Deutschen Nationalbibliothek

Die Deutsche Nationalbibliothek verzeichnet diese Publikation in der Deutschen Nationalbibliografie; detaillierte bibliografische Daten sind im Internet über http://dnb.d-nb.de abrufbar.

© 2011 Oldenbourg Wissenschaftsverlag GmbH
Rosenheimer Straße 145, D-81671 München
Telefon: (089) 45051-0
www.oldenbourg-verlag.de

Das Werk einschließlich aller Abbildungen ist urheberrechtlich geschützt. Jede Verwertung außerhalb der Grenzen des Urheberrechtsgesetzes ist ohne Zustimmung des Verlages unzulässig und strafbar. Das gilt insbesondere für Vervielfältigungen, Übersetzungen, Mikroverfilmungen und die Einspeicherung und Bearbeitung in elektronischen Systemen.

Lektorat: Anne Lennartz
Herstellung: Constanze Müller
Titelbild: iStockphoto
Einbandgestaltung: hauser lacour
Druck: Grafik + Druck GmbH, München
Bindung: Thomas Buchbinderei, Augsburg

Dieses Papier ist alterungsbeständig nach DIN/ISO 9706.

ISBN 978-3-486-59669-4

Inhaltsverzeichnis

	Vorwort 7. Auflage	XIII
	Verzeichnis der Bilder	XXII
	Verzeichnis der Abkürzungen	XLV
	Verzeichnis der Symbole	LIV

A Grundlagen   1

1	Einordnung der Produktionswirtschaft in die Betriebswirtschaftslehre	2
2	Produktionsfaktoren und Makrostruktur des Produktionsprozesses	7
3	Produktionswirtschaftliche Ziele	15
3.1	Wirtschaftlichkeitsprinzip und Erfolgsrelationen	15
3.2	Einflussfaktoren und Gestaltungsmöglichkeiten der Produktivität	27
3.2.1	Einflussfaktoren mit Wirkung auf den Output	30
3.2.2	Einflussfaktoren mit Wirkung auf den Input	31
3.2.2.1	Einflussfaktoren mit Wirkung auf die Arbeitskräfte	31
3.2.2.2	Einflussfaktoren mit Wirkung auf die Betriebsmittel	33
3.2.2.3	Einflussfaktoren mit Wirkung auf die Werkstoffe	34
3.2.3	Einflussfaktoren mit Wirkung auf den Throughput	36
3.3	Zielbildung	38
4	Typisierung von Produktionsprozessen	47
4.1	Inputorientierte Produktionsprozesstypisierung	48
4.2	Throughputorientierte Produktionsprozesstypisierung	51
4.3	Outputorientierte Produktionsprozesstypisierung	62
4.4	Kombinierte Produktionsprozesstypen	64
5	Dienstleistungs- und Sachleistungsproduktion	73
5.1	Wirtschaftsgüter- und Branchensystematik	73
5.2	Betrachtungsgegenstand „Dienstleistung"	77
5.3	Industrielle Dienstleistung	81
5.4	Fertigungsnahe industrielle Dienstleistungen	85
6	Forschung und Entwicklung	93
6.1	Inhaltliche Abgrenzung	93
6.2	Produktentwicklung	95
6.2.1	Vorgehensweise	95
6.2.2	Zeichnung und Stückliste	99
6.2.3	Arbeitsplan	103

B Wirkung elementarer Produktionsfaktoren 113

1	Potenzialfaktor Arbeitskraft	114
1.1	Arbeit und Leistung des Potenzialfaktors Arbeitskraft	114
1.2	Zeitermittlung	119
1.3	Arbeitsgestaltung	122
1.3.1	Definition	122
1.3.2	Aufgaben	124
1.3.3	Ziele	130
1.3.3.1	Wirtschaftlichkeit und Humanisierung	130
1.3.3.2	Hierarchie von Bewertungskriterien und -ebenen	132
1.3.4	Konzept und Methoden	134
1.3.4.1	Belastungs-Beanspruchungs-Konzept	135
1.3.4.2	Methodische Vorgehensweisen	137
1.3.4.3	Eingesetzte Methoden	138
1.3.5	Arbeitsgestaltung und Arbeitswissenschaft	141
1.3.6	Arbeitsgestaltung und Produktionswirtschaft	145
2	Potenzialfaktor Betriebsmittel	150
2.1	Definition	150
2.2	Leistung des Potenzialfaktors Betriebsmittel	155
2.3	Zeitermittlung	157
2.4	Kosten	163
2.4.1	Lebenszykluskosten	163
2.4.2	Abschreibungen	165
2.5	Anlagenwirtschaft	180
2.5.1	Definition	180
2.5.2	Anlagenerneuerung	182
2.5.3	Komplexität	187
2.5.4	Erneuerungsstrategien	193
3	Kapazität	205
3.1	Bedeutung der Elementarfaktoren für die Bildung der Kapazität	208
3.2	Maßstab	210
3.3	Gliederung der betrieblichen Kapazitätsstruktur	212
3.4	Kapazitätsangebot, Kapazitätsbedarf und Kapazitätsbilanzierung	216
3.4.1	Ermittlung des Kapazitätsangebots	216
3.4.2	Ermittlung des Kapazitätsbedarfs	218
3.4.3	Kapazitätsbilanzierung	219
3.5	Bedarfsgerechte Gestaltung	224
4	Repetierfaktor Werkstoff	235
4.1	Zeitermittlung	237
4.2	Materialwirtschaft	239
4.2.1	Materialbedarfsermittlung	241
4.2.1.1	Materialbedarfsarten	242

4.2.1.2	Methoden	244
4.2.1.3	Materialanalyse	246
4.2.2	Materialdisposition	252
4.2.2.1	Make or Buy-Entscheidung	252
4.2.2.2	Dispositionsverfahren	259
4.2.3	Materialbeschaffung / Einkauf	263
4.2.4	Materialbevorratung / Lagerung	270
4.2.5	Materialentsorgung	277
4.3	Kosten	278
4.4	Lagerbestandsarten und Lagerbestandsstrategien	282
5	Produktions- und Kostentheorie	298
5.1	Grundlagen	299
5.1.1	Produktionsfunktion	299
5.1.2	Kostenfunktion	305
5.2	Ertragsgesetz als Produktionsfunktion vom Typ A	308
5.3	Kostenfunktion auf der Grundlage des Ertragsgesetzes	312
5.4	Weiterführende Produktionsfunktionen	321

C Wirkung dispositiver Produktionsfaktoren 327

1	Produktionsorganisation	329
1.1	Unternehmensorganisation und Produktionsorganisation	329
1.2	Organisation des Fertigungshauptprozesses Teilefertigung	335
1.2.1	Organisationsprinzipien	335
1.2.1.1	Räumliches Organisationsprinzip (ROP_{TF})	335
1.2.1.2	Technologische Bearbeitungsfolge	338
1.2.1.3	Zeitliches Organisationsprinzip (ZOP_{TF})	342
1.2.2	Organisationsformen (OF_{TF})	359
1.2.2.1	Klassische Organisationsformen	359
1.2.2.2	Mischformen klassischer Organisationsformen	370
1.2.2.3	Einfluss der Fertigungsanforderungen auf die Auswahl von Organisationsformen	374
1.2.2.4	Moderne Organisationsformen	382
1.2.2.5	Entscheidungsfindung zur Auswahl von Organisationsformen	404
1.3	Organisation des Fertigungshauptprozesses Montage	421
1.3.1	Organisationsprinzipien	423
1.3.1.1	Grundlagen	423
1.3.1.2	Räumliches Organisationsprinzip (ROP_{Mo})	426
1.3.1.3	Zeitliches Organisationsprinzip (ZOP_{Mo})	428
1.3.2	Organisationsformen	430
1.3.2.1	Klassische Organisationsformen (OF_{Mo})	430
1.3.2.2	Moderne Organisationsformen	438

1.4	Organisation des fertigungsnahen industriellen Dienstleistungsprozesses innerbetrieblicher Transport	452
1.4.1	Grundlagen	452
1.4.2	Räumliches Organisationsprinzip (ROP$_{iT}$)	455
1.4.3	Zeitliches Organisationsprinzip (ZOP$_{iT}$)	462
1.4.4	Organisationsformen (OF$_{iT}$)	466
1.4.4.1	Kombinationsmöglichkeiten räumlicher und zeitlicher Organisationsprinzipien zur Bildung von Organisationsformen des innerbetrieblichen Transports	467
1.4.4.2	Relevante Organisationsformen	478
1.4.5	Flexibilität und Kontinuität	481
1.4.6	Technisches Organisationsprinzip (TOP$_{iT}$)	484
1.5	Organisation des fertigungsnahen industriellen Dienstleistungsprozesses innerbetriebliche Lagerung	493
1.5.1	Räumlich-zeitliches Verhalten der Produktionsfaktoren der Lagerung	493
1.5.2	Räumliches Organisationsprinzip (ROP$_{iL}$)	494
1.5.3	Zeitliches Organisationsprinzip (ZOP$_{iL}$)	500
1.5.4	Organisationsformen (OF$_{iL}$)	506
1.5.4.1	Organisationsformen als Kombination räumlicher und zeitlicher Organisationsprinzipien	506
1.5.4.2	Kombinationsmöglichkeiten räumlicher und zeitlicher Organisationsprinzipien zur Bildung von Organisationsformen der innerbetrieblichen Lagerung	507
1.5.4.3	Relevante Organisationsformen	519
1.5.5	Technisches Organisationsprinzip (TOP$_{iL}$)	521
1.5.6	Charakteristische Eigenschaften	525
1.6	Organisation des fertigungsnahen industriellen Dienstleistungsprozesses innerbetriebliche Logistik	531
1.6.1	Gestaltungsformen des innerbetrieblichen Transports	532
1.6.1.1	Innerbetrieblicher Transport innerhalb der Organisationsformen der Teilefertigung	532
1.6.1.2	Innerbetrieblicher Transport zwischen Organisationsformen der Teilefertigung und anderen Organisationseinheiten	538
1.6.2	Gestaltungsformen der innerbetrieblichen Lagerung	546
1.6.2.1	Innerbetriebliche Lagerung innerhalb der Organisationsformen der Teilefertigung	547
1.6.2.2	Innerbetriebliche Lagerung als eigenständige Organisationseinheit im komplexen Produktionssystem	555
1.6.3	Gestaltungsformen der innerbetrieblichen Logistik	559
1.7	Organisation des fertigungsnahen industriellen Dienstleistungsprozesses Instandhaltung	576
1.7.1	Räumliches Organisationsprinzip (ROP$_{IH}$)	576
1.7.2	Zeitliches Organisationsprinzip (ZOP$_{IH}$)	589
1.7.3	Klassische Organisationsformen (OF$_{IH}$)	594
1.7.4	Technisches Organisationsprinzip (TOP$_{IH}$)	605
1.7.5	Moderne Organisationsformen (OF$_{IH}$)	608

1.8	Organisation des fertigungsnahen industriellen Dienstleistungsprozesses Informationsmanagement	616
1.8.1	Grundlagen	616
1.8.2	Räumliches Organisationsprinzip (ROP$_{IM}$)	621
1.8.3	Zeitliches Organisationsprinzip (ZOP$_{IM}$)	623
1.8.4	Technisches Organisationsprinzip (TOP$_{IM}$)	627
1.8.5	Organisationsformen (OF$_{IM}$)	629
1.8.6	Organisationskonzepte	634
2	Produktionsplanung und -steuerung	641
2.1	Phasengliederung des Produktionsmanagement	642
2.2	Informationsmanagement in Produktionsplanung und -steuerung	646
2.2.1	Ebenenmodell der Gestaltung des Informationsmanagement	646
2.2.2	Informationsmanagement des Auftragsdurchlaufs	649
2.3	Operative Produktionsplanung	658
2.3.1	Teilplanungsstufen der operativen Produktionsplanung (Übersicht)	658
2.3.2	Teilplanungsstufe 1: Planung des Jahresproduktionsprogramms	662
2.3.3	Teilplanungsstufe 2: Zeitliche Verteilung des Jahresproduktionsprogramms	668
2.3.3.1	Rechnerisch gleichmäßige Aufteilung	669
2.3.3.2	Realisierung von Streifenprogrammen	671
2.3.3.3	Blockung von Produktionsprogrammen	677
2.3.4	Teilplanungsstufe 3: Teilebedarfsermittlung	679
2.3.5	Teilplanungsstufe 4: Durchlaufplanung	689
2.3.5.1	Voraussetzungen	690
2.3.5.2	Ablauf	692
2.3.6	Teilplanungsstufe 5: Terminplanung	701
2.3.7	Teilplanungsstufe 6: Fertigungsauftragsbildung	705
2.3.8	Teilplanungsstufe 7: Belastungsplanung	713
2.3.8.1	Kapazitätsbilanzierung in der Belastungsplanung	713
2.3.8.2	Maßnahmen zur bedarfsgerechten Gestaltung der Kapazität in der Belastungsplanung	716
2.3.9	Teilplanungsstufe 8: Reihenfolgeplanung	721
2.3.9.1	Problembeschreibung	721
2.3.9.2	Prioritätsregeln	727
2.3.9.3	Einsatzziele	733
2.3.9.4	Ausgewählte Verfahren zur Ermittlung organisatorischer Bearbeitungsfolgen	740
2.3.9.5	Potenzialmethode von Roy	746
2.3.9.6	Leistungsfähigkeit ausgewählter Verfahren	749
2.3.10	Zusammenfassung der Schwerpunkte der Teilplanungsstufen	751
2.4	Produktionssteuerung	753
2.5	Methoden und Verfahren	756
2.6	Projektmanagement	777
2.6.1	Grundlagen	777

2.6.2	Projektorganisation	779
2.6.3	Methoden	784
2.6.3.1	Systemtechnik	784
2.6.3.2	Realisierungsplanung	785
2.6.4	Projektsteuerung / Projektcontrolling	794
2.6.5	Übergreifende Projektmanagementaufgaben	795
3	**Produktionslogistik**	**807**
3.1	Logistische Betrachtung der Produktion	807
3.1.1	Probleme und Konzeptionen	807
3.1.2	Definition und Abgrenzung	809
3.1.3	Ziele und Aufgaben	810
3.2	Operative Produktionslogistik	813
3.2.1	Einflussgrößen, Kenngrößen und Rahmenbedingungen	813
3.2.2	Aufgaben	816
3.2.3	Methoden	818
3.3	Strategisch-taktische Produktionslogistik	820
3.3.1	Aufgaben- und Methodenübersicht	820
3.3.2	Produkt- und Prozessgestaltung	821
3.3.2.1	Festlegung des Variantenbestimmungspunkts	821
3.3.2.2	Festlegung der Bevorratungsebene	822
3.3.2.3	Prozessgestaltung	825
3.3.2.4	Fertigungssegmentierung	826
4	**Produktionscontrolling**	**832**
4.1	Gestaltungsgrundsätze	832
4.2	Definition, Ziele und Aufgaben	835
4.3	Funktionen	837
4.3.1	Zielbildungsfunktion	837
4.3.2	Koordinationsfunktion	840
4.3.3	Informationsversorgungsfunktion	843
4.4	Instrumente	844
4.5	Organisation	847
4.6	Einfluss der Organisationsformen der Teilefertigung auf das operative Produktionscontrolling	851
5	**Qualitäts- und Umweltmanagement**	**857**
5.1	Qualitätsmanagement	857
5.1.1	Grundlagen	857
5.1.2	Historische Entwicklung	862
5.1.3	Begriffliche Abgrenzungen	865
5.1.4	Aufgaben des Qualitätsmanagement	871
5.1.4.1	Qualitätsplanung	871
5.1.4.2	Qualitätslenkung	873
5.1.4.3	Qualitätssicherung	874
5.1.4.4	Qualitätsverbesserung	876
5.1.5	Qualitätsmanagementsystem	877

5.1.6	Techniken	880
5.1.6.1	Methoden	881
5.1.6.2	Werkzeuge	884
5.1.6.3	Systematisierung der Techniken	887
5.2	Umweltmanagement	894
5.2.1	Grundlagen	894
5.2.2	Umweltschutz als interdisziplinäre Aufgabe	897
5.2.3	Umweltmanagementsystem	903
5.2.4	Wechselwirkungen von Produktion und Umwelt	906
5.2.5	Recycling	908
5.2.5.1	Recyclingkreisläufe	908
5.2.5.2	Organisation des Recyclingprozesses	916
	Glossar	929
	Verzeichnis der Stichworte	967

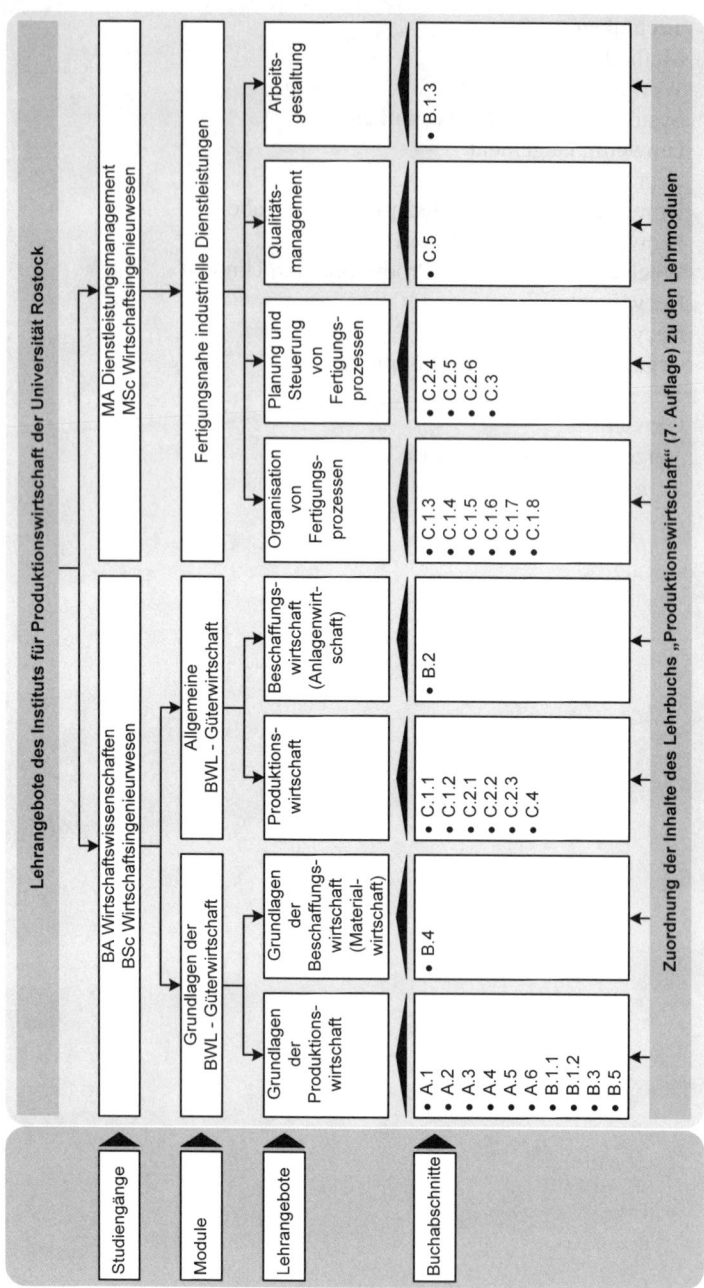

Zuordnung der Inhalte des Lehrbuchs zu Modulen Rostocker wirtschaftswissenschaftlicher Studiengänge

Vorwort 7. Auflage

Das nunmehr in der 7. Auflage vorliegende Lehrbuch „Produktionswirtschaft" wurde vollständig durchgesehen, in vielen Teilen überarbeitet und um erzielte Forschungsergebnisse ergänzt und erweitert.

Das betrifft insbesondere die Abschnitte:

- ▶ A.5.4: Erweiterung des Dienstleistungsansatzes um fertigungsnahe industrielle Dienstleistungen (FID)
- ▶ C.1: Ergänzung der Organisationstheorie um die
  - Überarbeitung und vollständige Neugestaltung der Organisation der FID Instandhaltung und
  - Organisation der FID Informationsmanagement
- ▶ C.2.3.9: Weiterentwicklung der Theorie zur Reihenfolgeplanung im Rahmen der operativen Produktionsplanung durch simulationsgestützte Identifikation der Wirksamkeit einsetzbarer Verfahren bei der Erreichung differenzierter ökonomischer Zielstellungen
- ▶ C.5.1: Darstellung des Zusammenhangs zwischen Qualitätsdimensionen und Produktivitätsentwicklung sowie Integration von Forschungsergebnissen zum Qualitätsproblem
- ▶ C.5.2.5: Ergänzung des Recycling um die Organisation der Recyclingproduktionsprozesse

Der eingearbeitete Erkenntnisgewinn wurde in gemeinsamer Forschungsarbeit erzielt mit:

A.-K. Schröder	▶ Fertigungsnahe industrielle Dienstleistungen
A.-K. Schröder / C. Masch	▶ Qualitätsmanagement
M. Anders	▶ Recyclingorganisation
G. Grytsch	▶ Organisationsformen der FID Informationsmanagement
M. Teichner	▶ Reihenfolgeoptimierung
F. Maaser	▶ Organisationsformen der FID Instandhaltung
I. Teichner	▶ Organisationskonzepte der Produktionsorganisation

Ihnen gilt mein herzlicher Dank genauso, wie allen an der Forschung beteiligten Studenten und Mitarbeitern.

Die Skripterstellung der veränderten Texte lag in den Händen von Frau Jana Schmietendorf. Dafür bedanke ich mich sehr.

Für die kritische Durchsicht des Schriftguts danke ich Frau Dr. Schröder, Herrn Dr. Rimane und Herrn Dipl.-Kfm. Christian Masch. Frau Dipl.-Kffr. Ines Teichner übernahm wie für die 6. Auflage in sehr bewährter Weise das Gesamtmanagement, die computertechnische Text- und Bildgestaltung sowie die sehr aufwändige Redaktionsarbeit. Dafür gilt ihr mein besonderer Dank.

Mit großem Einsatz waren meine Sekretärin Frau Silke Große und meine wissenschaftlichen Hilfskräfte Marcus Rüer, Uwe Etzien und Mathias Rimane an der Entstehung des Lehrbuchs beteiligt. Ich bedanke mich dafür sehr herzlich.

Letztlich bedanke ich mich für die kollektive Zusammenarbeit mit dem Oldenbourg-Verlag.

Rostock, Juli 2011　　　　　　　　　　　　　　　　　　　　　　Theodor Nebl

Vorwort 6. Auflage

Das in der 6. Auflage vorliegende Lehrbuch „Produktionswirtschaft" wurde vollständig überarbeitet und wesentlich erweitert. Die Grundstruktur änderte sich dagegen nicht.

Die bewusst breite makrostruktur- und produktivitätsorientierte Sicht auf die Produktionswirtschaft und die angrenzenden Funktionalbereiche wurde ebenso beibehalten, wie die bewährte, sehr studienfreundliche methodisch-didaktische Gestaltung des Inhalts.

Die vorgenommenen Inhaltsveränderungen und -erweiterungen basieren einerseits auf neuen Forschungsergebnissen, andererseits wird durch sie eine besondere Orientierung auf die in Modulen strukturierte Bachelor- und Masterausbildung in den Wirtschaftswissenschaften an der Universität Rostock realisiert.

Im Detail betreffen die wesentlichen Neuerungen folgende Abschnitte:

- ▶ A.3: Weiterführende Betrachtungen zur Ergiebigkeitsmessung durch eine Fokussierung auf die Wertschöpfung und Faktorwertschöpfung sowie die Darstellung elementarfaktorbezogener und bilanzieller Teilproduktivitäten
- ▶ A.4: Erweiterung des Ansatzes zur Typisierung von Produktionsprozessen durch die Bildung von Unternehmenstypen auf der Grundlage qualitativer Merkmale
- ▶ B.2: Die Ausführungen zum Potenzialfaktor Betriebsmittel und zur Anlagenwirtschaft wurden gestrafft, da für diesen Gegenstand im Oldenbourg-Verlag das Lehrbuch „Anlagenwirtschaft" (NEBL, T. / PRÜß, H.) erschienen ist.
- ▶ B.4: Für den Schwerpunkt Repetierfaktor Werkstoff wurde eine komplette Erneuerung und Erweiterung des Inhalts vorgenommen, weil die Materialwirtschaft einen eigenständigen Modulgegenstand in der Ausbildung zum Bachelor Wirtschaftswissenschaften an der Universität Rostock bildet.
- ▶ C.1: Der Abschnitt C.1.3 Organisation des Fertigungshauptprozesses Montage wurde komplett erneuert.

    Die Abschnitte C.1.4, C.1.5 und C.1.6, deren Gegenstände die Organisation der fertigungsnahen industriellen Dienstleistungsprozesse Transport, Lagerung und innerbetriebliche Logistik bilden, wurden neu entwickelt und zusätzlich in das Lehrbuch aufgenommen.
- ▶ C.2: Der Abschnitt C.2.2 Informationsmanagement in der Produktionsplanung und -steuerung wurde neu aufgenommen.

    Der Abschnitt C.2.3.9 Reihenfolgeplanung wurde vollständig überarbeitet und neu gestaltet.

- C.5: Der Abschnitt Qualitäts- und Umweltmanagement wurde wesentlich erweitert und inhaltlich vollständig erneuert.
- Das Lehrbuch wurde um ein Glossar ergänzt.

Das vorliegende Lehrbuch wurde wesentlich mitgeprägt durch die an der Forschung beteiligten Mitarbeiter und Doktoranden meines Instituts.
Das betrifft insbesondere die Doktoren:

A. Dikow	▶ Messung und Bewertung der Produktivität
R. Drews	▶ Organisation der fertigungsnahen industriellen Dienstleistungsprozesse Transport, Lagerung und innerbetriebliche Logistik
I. Frost	▶ Kapazitätsproportionen
K. Heinsberg	▶ Organisation des fertigungsnahen industriellen Dienstleistungsprozesses Lagerung
V. Müller	▶ Produktionscontrolling
U. Neidhardt	▶ Systematisierung von Prioritätsregeln und Bewertung deren Einflüsse auf die Erreichung ökonomischer Ziele
T. Petersen	▶ Organisation des Fertigungshauptprozesses Montage
S. Poenicke	▶ Entscheidungsfindung zur Auswahl von Organisationsformen der Teilefertigung
A. Prengel	▶ Messung und Bewertung der Rentabilität; Interdependenzen zwischen Produktivität und Rentabilität
H. Prüß	▶ Anlagenwirtschaft
K. Rath	▶ Mischformen klassischer Organisationsformen der Teilefertigung
G. Rimane	▶ Arbeitsgestaltung, Produktionsplanung und -steuerung, Produktionslogistik
P. Runge	▶ Organisation des fertigungsnahen industriellen Dienstleistungsprozesses Instandhaltung
A.-K. Schröder	▶ Qualitätsmanagement
K. Silberbach	▶ Moderne Organisationsformen der Teilefertigung
J. Steyer	▶ Produktionsorganisation in Transformationsprozessen von Industriebetrieben in St. Petersburg
N. Thebud	▶ Gestaltung einer kontinuierlichen Werkstattfertigung
C. Zopff	▶ Typisierung von Unternehmen und Informationsmanagement des Auftragsdurchlaufs

Ihnen gilt mein herzlicher Dank genauso, wie allen an der Forschung beteiligten Studenten.
Mein Dank gilt auch Herrn Prof. Dr. Witt, Frau Dr. Schröder und Herrn Dr. Rimane für die kritische Durchsicht des Skripts und die wertvollen Hinweise.

Ganz besonders bedanke ich mich bei Frau Dipl.-Kffr. Ines Wegner für das Gesamtmanagement, die computertechnische Text- und Bildgestaltung sowie die sehr aufwändige Redaktionsarbeit.
Daran beteiligt waren die studentischen Hilfskräfte Ramona Kautzky, Katja Banemann, Mathias Rimane und Michael Lambrecht. Auch bei Ihnen möchte ich mich herzlich bedanken.

Meiner Frau Karin danke ich für ihre moralische Unterstützung und dafür, dass sie mir in der Entstehungsphase dieses Buchs den Rücken freigehalten hat.

Schließlich danke ich Herrn Dr. Schechler vom Oldenbourg-Verlag für die verständnisvolle Zusammenarbeit bei der Entstehung des Lehrbuchs.

Rostock, Juli 2007   Theodor Nebl

Vorwort 4. Auflage

Bereits vier Jahre nach dem Erscheinen meines Lehrbuches kommt die 4. Auflage auf den Markt. Sie beinhaltet eine völlig neue Textfassung und eine wesentliche Inhaltserweiterung. Die Grundstruktur bleibt unverändert.

Das vorliegende Lehrbuch verfolgt eine tiefe produktivitätsorientierte Einordnung der Produktionswirtschaft in die Betriebswirtschaftslehre. Die Inhalte der Hauptabschnitte konzentrieren sich auf produktionswirtschaftliche Gestaltungsmöglichkeiten der Produktivität. Gegenüber der 3. Auflage kam es zu folgenden Inhaltserweiterungen:

- ▶ Der Grundlagenteil A wurde um die Hauptpunkte Dienstleistungs- und Sachleistungsproduktion (A.5) und Forschung und Entwicklung zur Produktionsvorbereitung (A.6) ergänzt.
- ▶ Im Teil B – Wirkung elementarer Produktionsfaktoren – wurden die Abschnitte Arbeitsgestaltung (B.1.3) und Anlagenwirtschaft (B.2.5) hinzugefügt sowie der Punkt Materialwirtschaft (B.2.4) wesentlich erweitert.

Die umfangreichsten Veränderungen wurden im Teil C – Wirkung dispositiver Produktionsfaktoren – vorgenommen.

- ▶ Der Abschnitt C.1 – Produktionsorganisation – wurde um folgende Punkte erweitert:
  - Ausführungen zu Mischformen der Organisationsformen (C.1.5.4),
  - zu modernen Organisationsformen der Teilefertigung (C.1.5.6),
  - zur Entscheidungsfindung bei der Auswahl der Organisationsformen (C.1.5.7) und
  - zu Organisationsformen der Instandhaltung (C.1.8).
  - Die Inhalte dieser Abschnitte gehen auf Forschungsergebnisse von Frau Dr. Kerstin Rath, Herrn Dr. Karsten Silberbach, Herrn Dr. Sven Poenicke und Herrn Dr. Peter Runge zurück, die im Rahmen von Dissertationsvorhaben an meinem Institut erzielt wurden.
- ▶ Zum besseren Verständnis wurde der Abschnitt C.2.2.9 – Reihenfolgeplanung – um die beispielhafte Darstellung ausgewählter Verfahren ergänzt.
- ▶ Neu aufgenommen wurden die Punkte Projektmanagement (C.2.6), Produktionslogistik (C.3), Produktionscontrolling (C.4) sowie Qualitäts- und Umweltmanagement (C.5).

Für die Unterstützung und die Zuarbeiten bedanke ich mich bei meinen Mitarbeitern Herrn Prof. Dr. Karl-Heinz Brillowski (C.2.6 und C.4), Herrn Dr. Gerhard Rimane (B.1.3, C.2.4, C.3), Herrn Dr. Schreiber (B.2.4) und Herrn Dipl.-Betriebswirt Volkmar Müller (C.4).

Bei der Gestaltung der 4. Auflage verfolgte ich das Ziel, weitere didaktische Verbesserungen zu erreichen. Dazu gehören u. a.:

- ▶ graphische Inhaltsübersichten zu Beginn der Hauptabschnitte
- ▶ der Einsatz einer Vielzahl bildhafter und tabellarischer Zusammenfassungen und Verallgemeinerungen
- ▶ die Heraushebung besonders wichtiger Aussagen und Merksätze durch Fettdruck oder graue Hinterlegungen
- ▶ die Herausstellung von wichtigen Fachbegriffen als Schlagworte am Seitenrand und damit die Erleichterung des Auffindens der am Abschnittsende aufgeführten Begriffe zur Selbstüberprüfung.

Die SYSECA Unternehmensberatung mbH hat mir durch ein großzügiges Sponsoring den Einsatz von studentischen Hilfskräften in der Endphase der Bucherstellung ermöglicht und mich damit wesentlich bei der termingerechten Skriptabgabe unterstützt. Dafür bedanke ich mich herzlich.

Frau Anne-Katrin Schulze, Herrn Henning Prüß, Herrn Raik Drews und Herrn René Kiel soll für ihre schier unermüdliche Einsatzbereitschaft bei der Ausführung unterstützender Aufgaben gedankt werden. Meiner Sekretärin, Frau Gisela Drusche, danke ich für die qualitätsgerechte Erledigung der Schreibarbeiten.

Mein besonderer Dank gilt Herrn Dr. Sven Poenicke für die graphische und computertechnische Gestaltung des Buches und die aufwendige Redaktionsarbeit. Bei den Herren Prof. Dr. Claus-Dieter Witt und Dr. Gerhard Rimane bedanke ich mich für die Durchsicht des Skriptes und eine Vielzahl kritischer Hinweise.

Schließlich gilt Herrn Dipl.-Volkswirt M. Weigert vom Oldenbourg-Verlag mein Dank für die bewährte, verständnisvolle Zusammenarbeit und das Ermöglichen bisher nicht üblicher graphischer und didaktischer Gestaltungsvarianten.

Rostock, Oktober 2000   Theodor Nebl

Vorwort 1. Auflage

Die vorliegende Schrift zur Produktionswirtschaft ist ein Lehrbuch. Der an produktionswirtschaftlichen Fragestellungen interessierte Student erhält eine Einführung in diese Disziplin. Dieses Lehrbuch richtet sich sowohl an Studenten des Grundstudiums als auch an solche, die im Hauptstudium, insbesondere in der Allgemeinen Betriebswirtschaftslehre, ihr produktionswirtschaftliches Wissen vertiefen möchten.

Ökonomische und technisch-technologische Sachverhalte wurden in diesem Buch in ihrer gegenseitigen Bedingtheit dargestellt. Dieses Lehrbuch besitzt einen hohen Praxisbezug. Deshalb eignet es sich nicht nur als Lehrbuch für Studierende des Studienganges Betriebswirtschaftslehre, sondern auch für Studierende, die einen Studiengang belegen, der die Betriebswirtschaftslehre mit technischen Disziplinen kombiniert.

Dem Wirtschaftspraktiker ist es eine Hilfe zur Auffrischung und Aktualisierung seiner produktionswirtschaftlichen Kenntnisse. Es dient ihm gleichfalls zur Findung von Anregungen zur Rationalisierung des Produktionsprozesses.

Das Buch ist in drei große Abschnitte gegliedert. Der Abschnitt A vermittelt Grundlagenwissen der Disziplin Produktionswirtschaft. Er ist in die Kapitel

- ▶ Einordnung der Produktionswirtschaft in die Betriebswirtschaftslehre,
- ▶ Produktionsfaktoren und Makrostruktur des Produktionsprozesses,
- ▶ Produktionswirtschaftliche Ziele und
- ▶ Typisierung von Produktionsprozessen

gegliedert.

Der Abschnitt B ist der Wirkung elementarer Produktionsfaktoren gewidmet. Er gliedert sich in die Kapitel:

- ▶ Potenzialfaktor Arbeitskraft
- ▶ Potenzialfaktor Betriebsmittel
- ▶ Kapazität
- ▶ Repetierfaktor Werkstoff
- ▶ Produktions- und Kostentheorie

Im Abschnitt C wird die Wirkung dispositiver Produktionsfaktoren untersucht. Er gliedert sich in die Kapitel:

- ▶ Forschung und Entwicklung
- ▶ Produktionsorganisation
- ▶ Produktionsplanung und -steuerung
- ▶ Qualitätsmanagement

Den Lehrbuchcharakter erhält diese Schrift insbesondere durch folgende methodische Gestaltungselemente:

- ▶ Einsatz einer einfachen Fachsprache
- ▶ Verwendung einer Vielzahl bildhafter Darstellungen zur Verbesserung der kognitiven Aufnahme und Verarbeitung der Inhalte
- ▶ textliche Hervorhebungen durch Fettdruck
- ▶ Einrahmung von Definitionen bzw. besonders wichtigen Aussagen
- ▶ kapitelweise Auflistung von Begriffen zur Selbstüberprüfung des Studienerfolges
- ▶ kapitelweise Auflistung einer überschaubaren Anzahl weiterführender Literatur

Für die kollegiale Unterstützung spreche ich allen Mitarbeitern meines Instituts meinen Dank aus.

Besonders dankbar bin ich meiner Sekretärin, Frau Drusche, für die Erledigung der Schreibarbeiten und meinen Mitarbeitern Herrn Dr. Rimane und Herrn Dipl.-Ing. Silberbach für die kritische Durchsicht und die aufwendige Redaktionsarbeit. Mein Dank gilt auch Herrn Poenicke, der als studentische Hilfskraft einen großen Anteil der Arbeit an der computertechnischen Erstellung der Abbildungen geleistet hat. Ich bedanke mich bei Herrn Prof. Dr. C. D. Witt für eine Vielzahl fachdienlicher Hinweise. Schließlich danke ich Herrn Dipl.-Volkswirt M. Weigert vom Oldenbourg-Verlag für die verständnisvolle Zusammenarbeit bei der Entstehung dieses Lehrbuches.

Rostock, Dezember 1995   Theodor Nebl

Verzeichnis der Bilder

Teil A

PW.A.(1):	Grundlagen	1
PW.A.1.(1):	Grundlagen (Produktionswirtschaft)	2
PW.A.1.(2):	Einordnung der Produktionswirtschaft in die Betriebswirtschaftslehre	4
PW.A.1.(3):	Industriezweiggliederung	5
PW.A.2.(1):	Grundlagen (Produktionsfaktoren)	7
PW.A.2.(2):	Gliederung der Produktionsfaktoren	9
PW.A.2.(3):	Einsatz der Produktionsfaktoren in der Makrostruktur des Produktionsprozesses	11
PW.A.2.(4):	Aufgabenzuordnung zur Produktionswirtschaft	12
PW.A.3.(1):	Grundlagen (Ziele)	15
PW.A.3.(2):	Unterscheidungsmerkmale für Bedürfnis, Bedarf und Nachfrage	16
PW.A.3.(3):	Gründe für den Zwang zum Wirtschaften	17
PW.A.3.(4):	Wirkungstendenzen des Wirtschaftlichkeitsprinzips	17
PW.A.3.(5):	Ergiebigkeit des Produktionsprozesses	18
PW.A.3.(6):	Zusammenhang zwischen elementarfaktorbezogenen und bilanziellen Teilproduktivitäten und der Gesamtproduktivität	21
PW.A.3.(7):	Zusammenhang zwischen elementarfaktorbezogenen und bilanziellen Teilrentabilitäten und der Gesamtrentabilität	23
PW.A.3.(8):	Übersicht über die Kennzahlen der Produktivität und Rentabilität	25
PW.A.3.(9):	Ermittlung der Faktorwertschöpfung	26
PW.A.3.(10):	Einflussfaktoren und methodische Problemlösungsansätze zur Gestaltung der Produktivität	29
PW.A.3.(11):	Einflussfaktoren und methodische Problemlösungsansätze mit Wirkung auf die Wertschöpfung	31
PW.A.3.(12):	Einflussfaktoren und methodische Problemlösungsansätze mit Wirkung auf die Arbeitskräfte	32
PW.A.3.(13):	Einflussfaktoren und methodische Problemlösungsansätze mit Wirkung auf die Betriebsmittel	33
PW.A.3.(14):	Einflussfaktoren und methodische Problemlösungsansätze mit Wirkung auf die Werkstoffe	35
PW.A.3.(15):	Einflussfaktoren und methodische Problemlösungsansätze mit Wirkung auf die Wertschöpfung sowie auf Arbeitskräfte, Betriebsmittel und Werkstoffe	37
PW.A.3.(16):	Zielhierarchie und Funktionalbereiche	38
PW.A.3.(17):	Zielhierarchie und Zeitmaß	39
PW.A.3.(18):	Zeit- und Kostenziele der Produktionsdurchführung	40
PW.A.3.(19):	Ebenenmodell zur Sicherung einer positiven Produktivitätsentwicklung („Haus der Produktivität")	43

Verzeichnis der Bilder XXIII

PW.A.4.(1):	Grundlagen (Typisierung)	47
PW.A.4.(2):	Inputorientierte Produktionsprozesstypisierung	48
PW.A.4.(3):	Systematisierung der Verbrauchsfaktoren	49
PW.A.4.(4):	Klassifizierung der Produktionsverfahren nach der Verwertung des Input	50
PW.A.4.(5)/1:	Throughputorientierte Produktionsprozesstypisierung (Teil 1)	51
PW.A.4.(5)/2:	Throughputorientierte Produktionsprozesstypisierung (Teil 2)	52
PW.A.4.(6):	Mengenaspekt des Produktionsprozesses	53
PW.A.4.(7):	Gesetzmäßigkeiten des Produktionsprozesses	55
PW.A.4.(8):	Flexibilität	57
PW.A.4.(9):	Systematisierung der Substitution menschlicher Arbeit durch Maschinenarbeit	58
PW.A.4.(10):	Vertikale Integration und ihre Konsequenzen	61
PW.A.4.(11):	Outputorientierte Produktionsprozesstypisierung	62
PW.A.4.(12):	Typen der Programmbildung	63
PW.A.4.(13):	Kombinierte Produktionsprozesstypen (stilisierte, stark vereinfachte Beispiele)	65
PW.A.4.(14):	Relevante Merkmale zur Prozesstypisierung	66
PW.A.4.(15):	Morphologischer Kasten der Merkmale und Merkmalsausprägungen	67
PW.A.4.(16):	Prozesstypen gebildet durch unterschiedliche Kombinationen von Merkmalsausprägungen	69
PW.A.5.(1):	Grundlagen (Dienst- und Sachleistungsproduktion)	73
PW.A.5.(2):	Wirtschaftsgütersystematik aus der Sicht der Makrostruktur eines Produktionsprozesses	75
PW.A.5.(3):	Branchensystematik	76
PW.A.5.(4):	Wesentliche Unterscheidungsmerkmale der Erzeugnis- und Dienstleistungsproduktion	78
PW.A.5.(5):	Merkmale von Dienstleistungen	78
PW.A.5.(6):	Interne und externe Dienstleistungen	79
PW.A.5.(7):	Basisbeziehungen zwischen Leistungsgeber und -nehmer im Dienstleistungsprozess bei Einbeziehung des Menschen als externer Faktor (Beispiel Coaching)	80
PW.A.5.(8):	Basisbeziehungen zwischen Leistungsgeber und -nehmer im Dienstleistungsprozess bei Einbeziehung eines materiellen Faktors als externer Faktor (Beispiel Instandsetzung)	80
PW.A.5.(9):	Inhalt, Struktur und Gegenstand industrieller Dienstleistungen	81
PW.A.5.(10):	Differenzierung interner industrieller Dienstleistungen nach Leistungsgegenständen	82
PW.A.5.(11):	Differenzierung externer industrieller Dienstleistungen nach Leistungsgegenständen	82
PW.A.5.(12):	Kernproduktbegleitende externe sekundäre Dienstleistungen	83
PW.A.5.(13):	Struktur und Aufgaben interner und externer industrieller Dienstleistungen	84

PW.A.5.(14):	Marketingorientierte Ziele industrieller Dienstleistungen aus Sicht der Lebenszyklusphasen des Kernprodukts	85
PW.A.5.(15):	Analyse der indirekt-fertigungsnahen Bereiche	86
PW.A.5.(16):	Aufgabenstellungen fertigungsnaher industrieller Dienstleistungen dispositiver Faktoren	87
PW.A.5.(17):	Systematik produktionsfaktorbezogener fertigungsnaher industrieller Dienstleistungen	88
PW.A.5.(18):	FID dispositiver und FID elementarer Produktionsfaktoren unter dem Blickwinkel ihrer Wirkungsbereiche in der Makrostruktur und ihrer Fertigungsnähe	90
PW.A.6.(1):	Grundlagen (Forschung und Entwicklung)	93
PW.A.6.(2):	Aufgabenfelder und Zielsetzungen des Forschungs- und Entwicklungsprozesses	94
PW.A.6.(3):	Vorgehensweise zur Produktentwicklung (Arbeitsschritte)	96
PW.A.6.(4):	Topologie der Bauteilgeometrie	98
PW.A.6.(5):	Einfluss der Erzeugniskonstruktion auf input-, throughput- und outputorientierte Aufgabenschwerpunkte	99
PW.A.6.(6):	Aus der Stückliste abgeleitete Aufgaben und Ergebnisse	100
PW.A.6.(7):	Einteilung materieller Güter nach ihrer Form	103
PW.A.6.(8):	Ablauf der Arbeitsplanerstellung	105
PW.A.6.(9)/1:	Schritte zur Ermittlung der Arbeitsgangfolge (Teil 1)	106
PW.A.6.(9)/2:	Schritte zur Ermittlung der Arbeitsgangfolge (Teil 2)	106
PW.A.6.(10):	Beispiel für die Ermittlung der Arbeitsgangfolge	107
PW.A.6.(11):	Systematik für die Verschlüsselung von Werkzeugmaschinen	109

Teil B

PW.B.(1):	Wirkung elementarer Produktionsfaktoren	113
PW.B.1.(1):	Wirkung elementarer Produktionsfaktoren (Arbeitskraft)	114
PW.B.1.(2):	Voraussetzungen für die Leistungsfähigkeit und ihre Einflussfaktoren	117
PW.B.1.(3):	Voraussetzungen für die Leistungsbereitschaft und ihre Einflussfaktoren	118
PW.B.1.(4):	Leistungsabgabe und ihre Einflussgrößen	119
PW.B.1.(5):	Analyse der Ablaufarten bezogen auf den Menschen	119
PW.B.1.(6):	Arbeitssystem	122
PW.B.1.(7)/1:	Gestaltungsobjekte des Arbeitssystems (Teil 1)	123
PW.B.1.(7)/2:	Gestaltungsobjekte des Arbeitssystems (Teil 2)	124
PW.B.1.(8):	Aufgaben der Arbeitsgestaltung	125
PW.B.1.(9):	Arbeitsplatzgestaltung und Arbeitsorganisation	129
PW.B.1.(10):	Ziele und Bewertungsebenen der Arbeitsgestaltung	132
PW.B.1.(11):	Bewertungsebenen für die Beurteilung der menschlichen Arbeit	134
PW.B.1.(12):	Belastungs-Beanspruchungs-Konzept als mechanisches Modell	135

Verzeichnis der Bilder

PW.B.1.(13):	Beurteilungs- und Gestaltungsansätze aus dem Belastungs-Beanspruchungs-Konzept	136
PW.B.1.(14):	Traditionelle Vier-Stufen-Methode der Arbeitsgestaltung	138
PW.B.1.(15):	Ideal-System von NADLER	139
PW.B.1.(16):	Zehn-Stufen-Methode von NADLER zur Realisierung von Wirksystemen	140
PW.B.1.(17):	Sechs-Stufen-Methode der Systemgestaltung von REFA	141
PW.B.1.(18):	Gesamtsystem der Arbeitswissenschaft	144
PW.B.2.(1):	Wirkung elementarer Produktionsfaktoren (Betriebsmittel)	150
PW.B.2.(2):	Vergleich von Merkmalen der Gebrauchs- und Verbrauchsgüter	151
PW.B.2.(3):	Arten von Betriebsmitteln	152
PW.B.2.(4):	Arten von Arbeitsmaschinen	153
PW.B.2.(5):	Transport- und Fördermittel	154
PW.B.2.(6):	Betriebsmittelsystematik unter Berücksichtigung der Produktionsbeteiligung und der Art der Abgabe von Werkverrichtungen	155
PW.B.2.(7):	Analyse der Ablaufarten bezogen auf das Betriebsmittel	158
PW.B.2.(8):	Zeitbewertung der Ablaufarten zur Bestimmung der Vorgabezeiten	159
PW.B.2.(9):	Gliederung der Auftragszeit	160
PW.B.2.(10):	Gliederung der Belegungszeit	162
PW.B.2.(11):	Gliederung der Anlagenkosten	164
PW.B.2.(12):	Arten der Wertminderung als Ursachen der Abschreibungen	167
PW.B.2.(13):	Abschreibungsverfahren	169
PW.B.2.(14):	Lineare Abschreibung	171
PW.B.2.(15):	Arithmetisch-degressive Abschreibung	173
PW.B.2.(16):	Geometrisch-degressive Abschreibung	174
PW.B.2.(17):	Übergang von der geometrisch-degressiven zur linearen Abschreibung	175
PW.B.2.(18):	Leistungsabschreibung	177
PW.B.2.(19):	Substanzabschreibung	178
PW.B.2.(20):	Aspekte der Anlagenwirtschaft	181
PW.B.2.(21):	Lebenszyklusphasen eines Betriebsmittels	183
PW.B.2.(22):	Entscheidungsbedarf bei Aussonderungen	185
PW.B.2.(23):	Gegenstände, Maßnahmen und Effekte der Erneuerungsstufen	186
PW.B.2.(24):	Wechselbeziehungen zwischen den Maßnahmenkomplexen der Anlagenwirtschaft	188
PW.B.2.(25):	Wechselbeziehungen zwischen den Aktivitätsfeldern der Anlagenwirtschaft	192
PW.B.2.(26):	Kombinierte Erneuerungsstrategien	194
PW.B.2.(27):	Kapazitäts- und zustandsorientierte Erneuerungsstrategien der Anlagenwirtschaft	195
PW.B.2.(28):	Strategien der Anlagenerneuerung und ihre Gleichgewichtsbeziehungen	196

PW.B.2.(29):	Systematik der Modellnormative	197
PW.B.2.(30):	Bedeutung der Modellnormative für die Anlagenwirtschaft und die Planung der Anlagenerneuerung	199
PW.B.3.(1):	Wirkung elementarer Produktionsfaktoren auf die Kapazität	205
PW.B.3.(2):	Hierarchische Gliederung der Kapazitätsstruktur des Unternehmens	206
PW.B.3.(3):	Spezifikation des Kapazitätsangebots und des Kapazitätsbedarfs	208
PW.B.3.(4):	Einfluss der Potenzialfaktoren auf die Kapazitätsbildung	209
PW.B.3.(5):	Bedeutung der Potenzialfaktoren für die Kapazitätsbildung	210
PW.B.3.(6):	Zusammenhang zwischen Organisationsformen und Kapazitätseinheiten	213
PW.B.3.(7):	Gliederung der Organisationsform Werkstattfertigung in Kapazitätseinheiten (am Beispiel einer Dreherei)	214
PW.B.3.(8):	Kapazitätsmatrix	215
PW.B.3.(9):	Ermittlung des Zeitfonds des Kapazitätsangebots	217
PW.B.3.(10):	Erzeugnisauflösung	218
PW.B.3.(11):	Algorithmus der Kapazitätsbilanzierung	220
PW.B.3.(12):	Ergebnisformen der Kapazitätsbilanzierung je Kapazitätseinheit	221
PW.B.3.(13):	Ablauf und Ergebnisse der Kapazitätsbilanzierung	222
PW.B.3.(14):	Beispiel Werkstattfertigung – Kapazitätsangebot der Kapazitätseinheit „C"	222
PW.B.3.(15):	Beispiel Werkstattfertigung – Kapazitätsbedarf der Kapazitätseinheit „C"	223
PW.B.3.(16):	Beispiel Werkstattfertigung – Kapazitätsbilanzierung der Kapazitätseinheit „C"	223
PW.B.3.(17):	Maßnahmen zur bedarfsgerechten Gestaltung der Kapazität	225
PW.B.3.(18):	Systematisierung möglicher Konstellationen zwischen dem Kapazitätsangebot der Potenzialfaktoren und dem Kapazitätsbedarf	226
PW.B.3.(19):	Erhöhung des Kapazitätsangebots	227
PW.B.3.(20):	Senkung des Kapazitätsangebots	227
PW.B.3.(21):	Umstrukturierung des Kapazitätsangebots	228
PW.B.3.(22):	Erhöhung des Kapazitätsbedarfs	228
PW.B.3.(23):	Senkung des Kapazitätsbedarfs	229
PW.B.3.(24):	Umstrukturierung des Kapazitätsbedarfs	229
PW.B.3.(25):	Entscheidungsprozess zur Auswahl von Maßnahmen zur bedarfsgerechten Gestaltung der Kapazität unter der Bedingung $d_{ij} < 0$	230
PW.B.3.(26):	Entscheidungsprozess zur Auswahl von Maßnahmen zur bedarfsgerechten Gestaltung der Kapazität unter der Bedingung $d_{ij} > 0$	230
PW.B.3.(27):	Entscheidungsprozess zur Auswahl von Maßnahmen zur bedarfsgerechten Gestaltung der Kapazität unter der Bedingung $d_{ij} = 0$	231

PW.B.3.(28):	Bedarfsbefriedigung durch Änderung des Kapazitätsangebots	232
PW.B.4.(1):	Wirkung elementarer Produktionsfaktoren (Werkstoff)	235
PW.B.4.(2):	Gegenüberstellung wichtiger Bewertungskriterien von Elementarfaktoren	236
PW.B.4.(3):	Analyse der Ablaufarten bezogen auf den Arbeitsgegenstand	238
PW.B.4.(4):	Funktionen und Konzepte der Materialwirtschaft	240
PW.B.4.(5):	Hauptfunktionen der Materialwirtschaft	241
PW.B.4.(6):	Materialbedarfsarten	243
PW.B.4.(7):	Systematik der Materialbedarfsarten	244
PW.B.4.(8):	Methoden der Materialbedarfsermittlung	245
PW.B.4.(9):	Verteilung von Jahresverbrauchswerten der Materialpositionen (ABC-Analyse)	247
PW.B.4.(10):	Kombination der ABC-, XYZ- und GMK-Analyse	249
PW.B.4.(11):	Definition und Merkmale der Wertanalyse	250
PW.B.4.(12):	Analyseschwerpunkte und Zielorientierungen der Arten von Wertanalysen	251
PW.B.4.(13):	Methoden, Ziele und Konsequenzen von Materialanalysen	252
PW.B.4.(14):	Dimensionen von Make or Buy-Entscheidungen	253
PW.B.4.(15):	Entscheidungsfeld für Make or Buy-Entscheidungen	254
PW.B.4.(16):	Auslöser von Make or Buy-Entscheidungen	254
PW.B.4.(17):	Transaktionskosten von Buy-Entscheidungen	256
PW.B.4.(18):	Optimierungsproblem: Bestimmung der kostenoptimalen Fertigungs- und Beschaffungslosgröße	257
PW.B.4.(19):	Verfahren zur Disposition des Materialbedarfs	259
PW.B.4.(20):	Bedarfsgesteuerte Disposition	260
PW.B.4.(21):	Verbrauchsgesteuerte Disposition	260
PW.B.4.(22):	System der Materialbedarfsplanung	262
PW.B.4.(23)/1:	Stufen der Beschaffungsdurchführung (Teil 1)	265
PW.B.4.(23)/2:	Stufen der Beschaffungsdurchführung (Teil 2)	265
PW.B.4.(24):	Kriterien der Lieferantenauswahl und -bewertung	266
PW.B.4.(25):	Maßnahmen, Ziele und Aufgaben der Lieferantenbeeinflussung	267
PW.B.4.(26)/1:	Funktionalbereichsbezogene Lieferantenförderung (Teil 1)	267
PW.B.4.(26)/2:	Funktionalbereichsbezogene Lieferantenförderung (Teil 2)	268
PW.B.4.(27):	Phasen der Lieferantenentwicklung	268
PW.B.4.(28):	Kriterien und Merkmale der Einkaufsgestaltung	269
PW.B.4.(29):	Definition und Schritte des Materialeingangs	271
PW.B.4.(30)/1:	Lagerfunktionen (Teil 1)	271
PW.B.4.(30)/2:	Lagerfunktionen (Teil 2)	272
PW.B.4.(31):	Lageraufgaben	274
PW.B.4.(32):	Definition und Phasen des Materialabgangs	275
PW.B.4.(33):	Definition und Arten der Materialbestandsänderung	277
PW.B.4.(34):	Umweltbelastung durch Input-Output-Beziehungen der Systeme Umwelt und Wirtschaft	277

PW.B.4.(35):	Kosteneinflüsse auf die Losgrößenoptimierung	278
PW.B.4.(36):	Lagerbestand in Abhängigkeit von der Anzahl der Materiallieferungen und den Bestellmengen	281
PW.B.4.(37):	Bestimmung des optimalen Servicegrads	283
PW.B.4.(38):	Bestellpunktverfahren	284
PW.B.4.(39)/1:	Materialbestandsarten (Teil 1)	285
PW.B.4.(39)/2:	Materialbestandsarten (Teil 2)	285
PW.B.4.(40)/1:	Materialstrategien (Teil 1)	286
PW.B.4.(40)/2:	Materialstrategien (Teil 2)	287
PW.B.4.(41):	BP, B_H – Strategie	288
PW.B.4.(42):	BP, x_{opt} – Strategie	289
PW.B.4.(43)/1:	B_H, T – Strategie	290
PW.B.4.(43)/2:	B_H, T – Strategie mit Wiederbeschaffungszeiten	291
PW.B.4.(44)/1:	x_{opt}, T – Strategie	291
PW.B.4.(44)/2:	x_{opt}, T – Strategie mit Wiederbeschaffungszeiten	292
PW.B.4.(45):	BP, x_{opt}, T – Strategie	293
PW.B.4.(46):	BP, B_H, T – Strategie	293
PW.B.4.(47):	Bestandsstrategien	294
PW.B.5.(1):	Wirkung elementarer Produktionsfaktoren auf die Produktions- und Kostentheorie	298
PW.B.5.(2):	Gegenstand der Produktions- und Kostentheorie	299
PW.B.5.(3):	Substitutionalität am Beispiel der Substituierbarkeit von Hand- durch Maschinenarbeit	300
PW.B.5.(4):	Limitationalität am Beispiel der Karbidherstellung	301
PW.B.5.(5):	Einsatzmengenkombinationen der Elementarfaktoren r_1, r_2	302
PW.B.5.(6):	Ertragsgebirge bei Substitutionalität	303
PW.B.5.(7):	Ertragslinie bei Limitationalität	304
PW.B.5.(8):	Verhalten der Kosten bei Änderung der Ausbringungsmenge	305
PW.B.5.(9):	Gesamtertragsfunktion auf Grundlage der Produktionsfunktion vom Typ A	309
PW.B.5.(10):	Grenzertrags- und Durchschnittsertragsfunktion der Gesamtertragsfunktion	311
PW.B.5.(11):	Vier-Phasen-Schema der Ertragsfunktionen	311
PW.B.5.(12):	Abhängige und unabhängige Variable der Ertrags- und der Kostenfunktion	314
PW.B.5.(13):	Gesamtkostenfunktion als Umkehrfunktion der Ertragsfunktion	315
PW.B.5.(14):	Verlauf der Gesamtkostenfunktion	315
PW.B.5.(15):	Gesamtkostenfunktion und Grenzkostenfunktion	316
PW.B.5.(16):	Kostenfunktionsverläufe beim Ertragsgesetz	318
PW.B.5.(17):	Vier-Phasen-Schema der Kostenfunktionen	319
PW.B.5.(18):	Kritische Punkte der Kostenfunktionen auf Basis des Ertragsgesetzes	319
PW.B.5.(19):	Systematisierungsmerkmale der Produktionsfunktionen	323

Teil C

PW.C.(1):	Wirkung dispositiver Produktionsfaktoren	327
PW.C.(2):	Aufgaben und Wechselbeziehungen dispositiver Tätigkeiten	328
PW.C.1.(1):	Wirkung dispositiver Produktionsfaktoren (Produktionsorganisation)	329
PW.C.1.(2):	Unterschiedliche Ansätze der Organisationslehre nach den Betrachtungsebenen des Management und der Produktionswirtschaft	330
PW.C.1.(3):	Definition und Merkmale der Organisation	331
PW.C.1.(4):	Organisation eines Unternehmens	331
PW.C.1.(5):	Grundformen der Aufbauorganisation	332
PW.C.1.(6):	Funktionale und divisionale Unternehmensstruktur	333
PW.C.1.(7):	Ursachen für unterschiedliche Prozessanforderungen	335
PW.C.1.(8):	Werkstattprinzip	336
PW.C.1.(9):	Gruppenprinzip	337
PW.C.1.(10):	Reihenprinzip	338
PW.C.1.(11):	Organisatorische Reihenfolge für die Bearbeitung von Fertigungsaufträgen auf einer beliebigen Bearbeitungsstation	339
PW.C.1.(12):	Varianten der gleichen technologischen Bearbeitungsfolge	340
PW.C.1.(13):	Variierende technologische Bearbeitungsfolge	341
PW.C.1.(14):	Gliederung der Produktionszeit	343
PW.C.1.(15):	Gliederung der Unterbrechungszeit	346
PW.C.1.(16):	Reihenverlauf des technologischen Zyklus	348
PW.C.1.(17):	Liegezeiten im Reihenverlauf	349
PW.C.1.(18):	Parallelverlauf des technologischen Zyklus	351
PW.C.1.(19):	Stillstands- und Liegezeiten im Parallelverlauf	351
PW.C.1.(20):	Kombinierter Verlauf des technologischen Zyklus	354
PW.C.1.(21):	Liegezeiten im kombinierten Verlauf	355
PW.C.1.(22):	Vergleich der Zyklusdauer des Parallelverlaufs und des kombinierten Verlaufs	355
PW.C.1.(23):	Bestimmung der $t_{kürzi}$-Zeit	356
PW.C.1.(24):	t_i-Zeitverteilung Fall 1	358
PW.C.1.(25):	t_i-Zeitverteilung Fall 2	358
PW.C.1.(26):	t_i-Zeitverteilung Fall 3	359
PW.C.1.(27):	Bildung der Organisationsformen aus der Kombination von räumlichen und zeitlichen Organisationsprinzipien	360
PW.C.1.(28):	Organisationsformen der Teilefertigung	361
PW.C.1.(29):	Fertigungsflussrichtungen in Organisationsformen	362
PW.C.1.(30):	Flexibilität und Kontinuität der Organisationsformen	363
PW.C.1.(31):	Gründe für die Kontinuitätssteigerung von der Werkstattfertigung bis zur Einzelplatzfertigung	364
PW.C.1.(32):	Gründe für die Flexibilitätssteigerung von der Fließfertigung zur Einzelplatzfertigung	364

PW.C.1.(33):	Zusammenhang zwischen Fertigungsart und Organisationsform	367
PW.C.1.(34):	Einsatzfelder der Organisationsformen	368
PW.C.1.(35):	Merkmale klassischer Organisationsformen der Teilefertigung	369
PW.C.1.(36):	Mischformen der Werkstattfertigung	370
PW.C.1.(37):	Gegenstandsspezialisierung durch verschiedene fertigungstechnische Möglichkeiten des Drehens in der Bolzenfertigung	371
PW.C.1.(38):	Durch zwei gegenstandsspezialisierte Fertigungsabschnitte gemeinsam genutzte Kapazitätseinheit	372
PW.C.1.(39):	Mischformen klassischer Organisationsformen der Teilefertigung	373
PW.C.1.(40):	Zusammenhang zwischen Teileklassen und Organisationsformen der Teilefertigung	375
PW.C.1.(41):	Ableitung der Organisationsform für Teileklasse 1	378
PW.C.1.(42):	Ableitung der Organisationsform für Teileklasse 2	379
PW.C.1.(43):	Ableitung der Organisationsform für Teileklasse 3	380
PW.C.1.(44):	Ableitung der Organisationsform für Teileklasse 4	381
PW.C.1.(45):	Klassische Organisationsformen – Grundlage moderner Organisationsformen	383
PW.C.1.(46):	Differenzierung der technischen Organisationsprinzipien durch die Bestandteile des Techniksystems	384
PW.C.1.(47):	Bearbeitungsmittel in Abhängigkeit vom Automatisierungsgrad	385
PW.C.1.(48):	Transportmittel in Abhängigkeit vom Automatisierungsgrad	387
PW.C.1.(49):	Handhabungsmittel in Abhängigkeit vom Automatisierungsgrad	389
PW.C.1.(50):	Lagermittel in Abhängigkeit vom Automatisierungsgrad	390
PW.C.1.(51):	Automatisierungsstufen der Teilsysteme des Techniksystems	391
PW.C.1.(52):	Zusammenhang zwischen Flexibilität und Kontinuität der Bearbeitungs-, Transport-, Handhabungs- und Lagermittel in Abhängigkeit vom Produktionsprogramm	392
PW.C.1.(53):	Ebenenmodell des Zusammenhangs zwischen Organisationsformen und den Technikteilsystemen	394
PW.C.1.(54):	Zusammenhang zwischen Organisationsformen und den Technikteilsystemen	395
PW.C.1.(55):	Aufbau einer flexiblen Fertigungszelle	396
PW.C.1.(56):	Aufbau eines flexiblen Fertigungssystems	398
PW.C.1.(57):	Aufbau einer starren Fließfertigung	399
PW.C.1.(58):	Aufbau einer flexiblen Fließfertigung	400
PW.C.1.(59):	Moderne Organisationsformen der Teilefertigung auf der Grundlage ihrer technischen Ausgestaltung	401
PW.C.1.(60):	Kontinuität und Flexibilität moderner Organisationsformen der Teilefertigung	402

Verzeichnis der Bilder XXXI

PW.C.1.(61):	Entscheidungsprozess zur Auswahl und Gestaltung von Organisationsformen der Teilefertigung	405
PW.C.1.(62):	Beispiel eines Bewertungsrasters zur Ermittlung eines Chancenprofils bei der Bestimmung der Strukturattraktivität alternativer Varianten der Gestaltung der Produktionsorganisation	406
PW.C.1.(63):	Beispiel eines Bewertungsrasters zur Ermittlung eines Risikoprofils bei der Bestimmung der Strukturattraktivität alternativer Varianten der Gestaltung der Produktionsorganisation	407
PW.C.1.(64):	Beispiel eines Bewertungsrasters zur Ermittlung eines Erfolgsfaktorprofils bei der Bestimmung der Strukturposition alternativer Varianten der Gestaltung der Produktionsorganisation	408
PW.C.1.(65):	Anwendung der Portfolioanalyse zur Ableitung strategischer Empfehlungen zur Gestaltung der Produktionsorganisation	409
PW.C.1.(66):	Anforderungsprofile von Teileklassen an Organisationsformen	411
PW.C.1.(67):	Fähigkeitsprofile von Organisationsformen	411
PW.C.1.(68):	Schema zur Durchführung des Profilvergleichs	412
PW.C.1.(69):	Algorithmus zur Auswahl zu gestaltender Organisationsformen der Teilefertigung unter Berücksichtigung vorhandener Organisationsformen	413
PW.C.1.(70):	Eignung und Anwendung von Verfahren zur Beurteilung und Auswahl rationeller Organisationsformen der Teilefertigung	414
PW.C.1.(71):	Kriterien zur Entscheidungsfindung über den Einsatz moderner Organisationsformen und deren technische Ausgestaltung	415
PW.C.1.(72):	Prozess der Entscheidungsfindung zur Auswahl von Organisationsformen der Teilefertigung	416
PW.C.1.(73):	Montagestufen und Wertschöpfung	422
PW.C.1.(74):	Kinematisches Verhalten von Elementarfaktoren	423
PW.C.1.(75):	Räumliche Organisationsprinzipien der Montage (ROP_{Mo})	427
PW.C.1.(76):	Varianten des räumlichen Organisationsprinzips: Beispiel Reihenprinzip	428
PW.C.1.(77):	Zeitliche Organisationsprinzipien der Montage (ZOP_{Mo})	429
PW.C.1.(78):	Gestaltungsrahmen zur Kombination von räumlicher und zeitlicher Organisationsprinzipien der Montage	430
PW.C.1.(79):	Klassische Organisationsformen der Montage (OF_{Mo})	431
PW.C.1.(80):	Klassische Organisationsformen der Montage – Gründe für die Kontinuitätssteigerung	434
PW.C.1.(81):	Klassische Organisationsformen der Montage – Gründe für die Flexibilitätssteigerung	435
PW.C.1.(82)/1:	Eigenschaften klassischer Organisationsformen der Montage (Teil 1)	436

PW.C.1.(82)/2:	Eigenschaften klassischer Organisationsformen der Montage (Teil 2)	437
PW.C.1.(83):	Technische Organisationsprinzipien der Montage (TOP$_{Mo}$)	438
PW.C.1.(84):	Achseneinteilung technischer Organisationsprinzipien der Montage	439
PW.C.1.(85):	Technische Organisationsprinzipien und ihre Merkmalsausprägungen	440
PW.C.1.(86):	Zusammenhänge zwischen Merkmalsausprägungen der technischen Organisationsprinzipien und den Anforderungskriterien an den Montageprozess	440
PW.C.1.(87):	Ebenendarstellung des Zusammenhangs zwischen technischen Teilsystemen	441
PW.C.1.(88):	Niveaustufen der Automatisierungspotenziale technischer Organisationsprinzipien der Organisationsformen der Montage	443
PW.C.1.(89):	Einflussgrößen auf klassische Organisationsformen der Montage mit instationären Montageobjekten	444
PW.C.1.(90):	Systematik der Bildung moderner Organisationsformen der Montage aus klassischen Organisationsformen der Montage	445
PW.C.1.(91):	Automatisierungspotenzial für klassische Organisationsformen der Montage auf Ebene des Fördersystems	446
PW.C.1.(92):	Ebenenmodell des Zusammenhangs zwischen klassischen Organisationsformen der Montage und Niveaustufen der technischen Organisationsprinzipien	447
PW.C.1.(93):	Innerbetrieblicher Transport und innerbetriebliche Lagerung als primäre Untersuchungsobjekte der Organisationsformen der Produktionslogistik	452
PW.C.1.(94):	System- und prozessorientierte Perspektive der Produktionslogistik	453
PW.C.1.(95):	Räumliche Verknüpfungsprinzipien des innerbetrieblichen Transports	456
PW.C.1.(96):	Merkmale relevanter räumlicher Verknüpfungsprinzipien	458
PW.C.1.(97):	Räumliche Organisationsprinzipien des innerbetrieblichen Transports (ROP$_{iT}$)	458
PW.C.1.(98):	Ungerichtetes Transportprinzip	459
PW.C.1.(99):	Richtungsvariables Transportprinzip	460
PW.C.1.(100):	Gerichtetes Transportprinzip	460
PW.C.1.(101):	Verkettetes Transportprinzip	461
PW.C.1.(102):	Gegenüberstellung der räumlichen Organisationsprinzipien des innerbetrieblichen Transports	461
PW.C.1.(103):	Erweiterter technologischer Zyklus	463
PW.C.1.(104):	Zeitliches Organisationsprinzip des innerbetrieblichen Transports: Reihenverlauf	464
PW.C.1.(105):	Zeitliches Organisationsprinzip des innerbetrieblichen Transports: Parallelverlauf	464

PW.C.1.(106):	Zeitliches Organisationsprinzip des innerbetrieblichen Transports: Kombinierter Verlauf	465
PW.C.1.(107):	Zeitliche Organisationsprinzipien des innerbetrieblichen Transports	465
PW.C.1.(108):	Kombinationsmöglichkeiten zur Bildung von Organisationsformen des innerbetrieblichen Transports	466
PW.C.1.(109):	Ungerichteter Lostransport	467
PW.C.1.(110):	Ungerichteter Teillostransport	468
PW.C.1.(111):	Ungerichteter Einzelteiltransport	469
PW.C.1.(112):	Merkmale von Organisationsformen des innerbetrieblichen Transports: Ungerichteter Transport	469
PW.C.1.(113):	Richtungsvariabler Lostransport	470
PW.C.1.(114):	Richtungsvariabler Teillostransport	471
PW.C.1.(115):	Richtungsvariabler Einzelteiltransport	472
PW.C.1.(116):	Merkmale von Organisationsformen des innerbetrieblichen Transports: Richtungsvariabler Transport	473
PW.C.1.(117):	Gerichteter Lostransport	473
PW.C.1.(118):	Gerichteter Teillostransport	474
PW.C.1.(119):	Gerichteter Einzelteiltransport	475
PW.C.1.(120):	Merkmale von Organisationsformen des innerbetrieblichen Transports: Gerichteter Transport	475
PW.C.1.(121):	Verketteter Lostransport	476
PW.C.1.(122):	Verketteter Teillostransport	477
PW.C.1.(123):	Verketteter Einzelteiltransport	477
PW.C.1.(124):	Merkmale von Organisationsformen des innerbetrieblichen Transports: Verketteter Transport	478
PW.C.1.(125):	Relevante Organisationsformen des innerbetrieblichen Transports	479
PW.C.1.(126):	Originäre und derivative Organisationsformen des innerbetrieblichen Transports	480
PW.C.1.(127):	Flexibilitäts- und Kontinuitätspotenziale der Organisationsformen des innerbetrieblichen Transports	482
PW.C.1.(128):	Begründung von unterschiedlichen Flexibilitätspotenzialen der originären Organisationsformen des innerbetrieblichen Transports	483
PW.C.1.(129):	Begründung von unterschiedlichen Kontinuitätspotenzialen der originären Organisationsformen des innerbetrieblichen Transports	483
PW.C.1.(130):	Einsatzfelder stetiger und unstetiger Transportbetriebsmittel in Abhängigkeit von den Transportprozessanforderungen	485
PW.C.1.(131):	Einsatzfelder universeller und spezialisierter Transportbetriebsmittel in Abhängigkeit von den Transportprozessanforderungen	487
PW.C.1.(132):	Substitutionsmöglichkeiten menschlicher Arbeitskraft durch Transportbetriebsmittel	488
PW.C.1.(133):	Technisches Organisationsprinzip des innerbetrieblichen Transports (TOP_{iT})	489

PW.C.1.(134):	Eigenschaften der originären Organisationsformen des innerbetrieblichen Transports	490
PW.C.1.(135):	Bearbeitungsintegriertes Lagerungsprinzip	496
PW.C.1.(136):	Zentrales Lagerungsprinzip	498
PW.C.1.(137):	Dezentrales Lagerungsprinzip	499
PW.C.1.(138):	Räumliche Organisationsprinzipien der innerbetrieblichen Lagerung (ROP_{iL})	499
PW.C.1.(139):	Merkmale der räumlichen Organisationsprinzipien der innerbetrieblichen Lagerung	500
PW.C.1.(140):	Statischer Verlauf des Lagerungsprozesses	501
PW.C.1.(141):	Dynamisch-emittierender Verlauf des Lagerungsprozesses	502
PW.C.1.(142):	Dynamisch-absorbierender Verlauf des Lagerungsprozesses	503
PW.C.1.(143):	Dynamisch-oszillierender Verlauf des Lagerungsprozesses	504
PW.C.1.(144):	Zeitliche Organisationsprinzipien der innerbetrieblichen Lagerung (ZOP_{iL})	505
PW.C.1.(145):	Merkmale der zeitlichen Organisationsprinzipien der innerbetrieblichen Lagerung	505
PW.C.1.(146):	Kombinationsmöglichkeiten zur Bildung von Organisationsformen der innerbetrieblichen Lagerung	506
PW.C.1.(147):	Integrierte Zwischenlagerung	508
PW.C.1.(148):	Integrierte Bereitstellungslagerung und integrierte Aufnahmelagerung	509
PW.C.1.(149):	Integrierte Pufferlagerung am Beispiel der Störung des Transportsystems	510
PW.C.1.(150):	Dezentrale Zwischenlagerung	511
PW.C.1.(151):	Dezentrale Bereitstellungslagerung und dezentrale Aufnahmelagerung	513
PW.C.1.(152):	Dezentrale Pufferlagerung am Beispiel von Störungen an Bearbeitungsstationen	514
PW.C.1.(153):	Zentrale Zwischenlagerung	516
PW.C.1.(154):	Kombinierte zentrale Bereitstellungslagerung und zentrale Aufnahmelagerung	518
PW.C.1.(155):	Zentrale Pufferlagerung am Beispiel von Störungen an Bearbeitungsstationen	519
PW.C.1.(156):	Theoretische Relevanz der Organisationsformen der innerbetrieblichen Lagerung	521
PW.C.1.(157):	Grundsätzliche innerbetriebliche Lagerungsformen im Produktionssystem	523
PW.C.1.(158):	Aufgabenverteilung auf Arbeitskräfte und Betriebsmittel bei der innerbetrieblichen Lagerung	524
PW.C.1.(159):	Automatisierungspotenziale der Organisationsformen der innerbetrieblichen Lagerung als Ausdruck des technischen Organisationsprinzips	524
PW.C.1.(160)/1:	Eigenschaften der Organisationsformen der innerbetrieblichen Lagerung (Teil 1)	525
PW.C.1.(160)/2:	Eigenschaften der Organisationsformen der innerbetrieblichen Lagerung (Teil 2)	526

PW.C.1.(161):	Stilisierte Dienstleistungsprozesse in Produktionssystemen	531
PW.C.1.(162):	Interdependenzen der räumlichen Organisationsprinzipien der Teilefertigung und des innerbetrieblichen Transports	533
PW.C.1.(163):	Interdependenzen der zeitlichen Organisationsprinzipien der Teilefertigung und des innerbetrieblichen Transports	533
PW.C.1.(164):	Interdependenzen der Organisationsprinzipien der Teilefertigung und des innerbetrieblichen Transports	534
PW.C.1.(165):	Interdependenzen der Organisationsformen der Teilefertigung und des innerbetrieblichen Transports innerhalb der Organisationsformen der Teilefertigung	536
PW.C.1.(166):	Interdependenzen der technischen Ausgestaltung von Teilefertigung und dem innerbetrieblichen Transport	538
PW.C.1.(167):	Transportrelationen zwischen den Organisationsformen des innerbetrieblichen Transports	539
PW.C.1.(168):	Integrierte Fließfertigung-Montage-Reihe	541
PW.C.1.(169):	Transportrelationen zwischen den Organisationsformen der Teilefertigung und den Organisationsformen der Montage	542
PW.C.1.(170):	Stilisierte Komponenten komplexer Produktionssysteme	543
PW.C.1.(171):	Innerbetrieblicher Transport bei einem heterogenen Produktionsprogramm	544
PW.C.1.(172):	Innerbetrieblicher Transport bei einem homogenen Produktionsprogramm	545
PW.C.1.(173):	Innerbetrieblicher Transport in Produktionssystemen in Abhängigkeit vom Produktionsprogramm	545
PW.C.1.(174):	Zentrale und dezentrale Lagerung in Organisationsformen nach dem Werkstattprinzip	547
PW.C.1.(175):	Zentrale und dezentrale Lagerung in Organisationsformen nach dem Gruppenprinzip	548
PW.C.1.(176):	Mögliche Lagerungsformen in Organisationsformen nach dem Reihenprinzip	549
PW.C.1.(177):	Interdependenzen der räumlichen Organisationsprinzipien der Teilefertigung und der innerbetrieblichen Lagerung	550
PW.C.1.(178):	Interdependenzen der zeitlichen Organisationsprinzipien der Teilefertigung und der innerbetrieblichen Lagerung	551
PW.C.1.(179):	Interdependenzen der Organisationsprinzipien der Teilefertigung und der innerbetrieblichen Lagerung	552
PW.C.1.(180):	Interdependenzen der Organisationsformen der Teilefertigung und den Organisationsformen der innerbetrieblichen Lagerung	553
PW.C.1.(181):	Interdependenzen der technischen Ausgestaltung der Teilefertigung und der innerbetrieblichen Lagerung	554
PW.C.1.(182):	Innerbetriebliche Lagerung als Schnittstellen der betrieblichen Wertschöpfung	556
PW.C.1.(183):	Typische Organisationsformen für Materialeingangs- und Fertigwarenlager in Produktionssystemen	557
PW.C.1.(184):	Typische Organisationsformen innerbetrieblicher Lagerungen in Produktionssystemen	558

PW.C.1.(185):	Abhängigkeit des Produktionssystems von den Fertigungsanforderungen des Produktionsprogramms	559
PW.C.1.(186):	Zusammenhang zwischen Teileklassen und Organisationsformen der Teilefertigung	560
PW.C.1.(187):	Stilisierte Produktionslogistiktypen	561
PW.C.1.(188):	Struktur der Fertigungsaufträge bei Einzelfertigungslogistik	562
PW.C.1.(189):	Typisches Erscheinungsbild von Produktionssystemen bei Einzelfertigungslogistik	563
PW.C.1.(190):	Spannungsfeld von Kontinuität und Flexibilität bei Einzelfertigungslogistik	564
PW.C.1.(191):	Struktur der Fertigungsaufträge bei Massenfertigungslogistik	565
PW.C.1.(192):	Typisches Erscheinungsbild von Produktionssystemen bei Massenfertigungslogistik	565
PW.C.1.(193):	Spannungsfeld von Kontinuität und Flexibilität bei Massenfertigungslogistik	566
PW.C.1.(194):	Struktur der Fertigungsaufträge bei Serienfertigungslogistik	567
PW.C.1.(195):	Typisches Erscheinungsbild von Produktionssystemen bei Kleinserienfertigung	568
PW.C.1.(196):	Typisches Erscheinungsbild von Produktionssystemen bei Großserienfertigung	569
PW.C.1.(197):	Typisches Erscheinungsbild von Produktionssystemen bei integrierter Einzelplatzfertigung (Bearbeitungszentrum)	570
PW.C.1.(198):	Spannungsfeld von Kontinuität und Flexibilität bei Serienfertigungslogistik	570
PW.C.1.(199):	Zusammenhang zwischen Produktionsprogramm und Produktionslogistiktyp	571
PW.C.1.(200):	Charakteristische Eigenschaften der Produktionslogistiktypen	572
PW.C.1.(201):	Räumliches Anordnungsprinzip der Instandhaltungskapazität	578
PW.C.1.(202):	Aufgabenbezogenes Abgrenzungsprinzip der Instandhaltungskapazität	579
PW.C.1.(203):	Räumliche Organisationsprinzipien der Instandhaltung	580
PW.C.1.(204):	Generalisiertes Zentralisationsprinzip	581
PW.C.1.(205):	Generalisiertes Dezentralisationsprinzip	582
PW.C.1.(206):	Verfahrensorientiertes Zentralisationsprinzip	583
PW.C.1.(207):	Objektorientiertes Zentralisationsprinzip	584
PW.C.1.(208):	Generalisiertes Integrationsprinzip	585
PW.C.1.(209):	Objektorientiertes Integrationsprinzip	586
PW.C.1.(210):	Spezialisierungsansätze räumlicher Organisationsprinzipien der Instandhaltung (aus dem Blickwinkel der Teilefertigung)	587
PW.C.1.(211):	Zeitliche Organisationsprinzipien der Instandhaltung	591
PW.C.1.(212):	Ereignisorientiertes Korrektivprinzip	592
PW.C.1.(213):	Zustandsorientiertes Präventivprinzip (Variante I)	593

PW.C.1.(214):	Zustandsorientiertes Präventivprinzip (Variante II)	594
PW.C.1.(215):	Theoretisch mögliche klassische Organisationsformen der Instandhaltung	595
PW.C.1.(216):	Praktikable klassische Organisationsformen der Instandhaltung	604
PW.C.1.(217):	Charakteristische Merkmale der klassischen Organisationsformen der Instandhaltung	605
PW.C.1.(218):	Technikteilsysteme der Instandhaltung und ihre Niveaustufen	607
PW.C.1.(219):	Technische Organisationsprinzipien der Instandhaltung	607
PW.C.1.(220):	Moderne Organisationsformen der Instandhaltung	609
PW.C.1.(221):	Niveaustufen der technischen Ausgestaltung der Technikteilsysteme für die klassischen Organisationsformen der Instandhaltung	610
PW.C.1.(222):	Zuordnung von Organisationsformen der Instandhaltung zu Organisationsformen der Teilefertigung	611
PW.C.1.(223):	Ebenenmodell – Bildung moderner Organisationsformen der Instandhaltung für Organisationsformen der Teilefertigung	612
PW.C.1.(224):	Prozesstypen gebildet durch unterschiedliche Kombinationen von Merkmalsausprägungen	618
PW.C.1.(225):	Materialflussrelevante Produktionsteilprozesse	619
PW.C.1.(226):	Einflussfaktoren auf die Gestaltung des Organisationsmodells des Informationsmanagement	620
PW.C.1.(227):	Inhaltlich-methodische Vorgehensweise zur Ableitung der Organisationsformen und des Organisationsmodells des Informationsmanagement	621
PW.C.1.(228):	Räumliches Organisationsprinzip des Informationsmanagement	622
PW.C.1.(229):	Gegenüberstellung der Merkmale räumlicher Organisationsprinzipien des Informationsmanagement	623
PW.C.1.(230):	Zeitliches Verhalten der Informationsflüsse im Reihenverlauf	625
PW.C.1.(231):	Zeitliches Verhalten der Informationsflüsse im Parallelverlauf	625
PW.C.1.(232):	Zeitliches Verhalten der Informationsflüsse im kombinierten Verlauf	626
PW.C.1.(233):	Zeitliches Verhalten der Informationsflüsse im Echtzeitverlauf	626
PW.C.1.(234):	Gegenüberstellung der Merkmale zeitlicher Organisationsprinzipien des Informationsmanagement	627
PW.C.1.(235):	Technikteilsysteme des Informationsmanagement	628
PW.C.1.(236):	Bildung von Technologiestufen	628
PW.C.1.(237):	Kombinationsmöglichkeiten zur Bildung von Organisationsformen des Instandhaltungsmanagement	629
PW.C.1.(238):	Ungerichteter teillosspezifischer Informationsfluss	630

PW.C.1.(239):	Beispiele für Informationszyklen im ungerichteten teillosspezifischen Informationsfluss	631
PW.C.1.(240):	Originäre und derivative Organisationsformen des Informationsmanagement	632
PW.C.1.(241):	Fähigkeitsprofile originärer Organisationsformen des Informationsmanagement	633
PW.C.1.(242):	Kombination prozesstypbezogener Organisationsformen zu Organisationskonzepten	635
PW.C.1.(243):	Ebenenmodell der Organisationskonzepte des Informationsmanagement	637
PW.C.2.(1):	Wirkung dispositiver Produktionsfaktoren (Produktionsplanung und -steuerung)	641
PW.C.2.(2):	Dispositive Faktoren des Produktionsmanagement	642
PW.C.2.(3):	Aufgaben des Produktionsmanagement	644
PW.C.2.(4):	Schwerpunkte und Wechselbeziehungen der Phasen der Programm-, Prozess- und Faktorplanung	645
PW.C.2.(5):	Schwerpunkte der operativen Produktionsplanung und -steuerung	645
PW.C.2.(6):	Modell des Informationsmanagement	647
PW.C.2.(7):	Prozesstypen gebildet durch unterschiedliche Kombinationen von Merkmalsausprägungen	648
PW.C.2.(8):	Vereinfachte Darstellung des Auftragsdurchlaufs des Prozesstyps 1	650
PW.C.2.(9):	Auftragsdurchläufe der vier Prozesstypen	651
PW.C.2.(10):	Systematisierungsansatz für Informations- und Kommunikationssysteme	652
PW.C.2.(11):	Software-Modulauswahl für Prozesstypen 1 bis 4	653
PW.C.2.(12):	Hardware-Pakete der Prozesstypen 1 bis 4	653
PW.C.2.(13):	Zusammenfassende Ebenenbetrachtung der vier Prozesstypen	654
PW.C.2.(14):	Ebenendarstellung des Prozesstyps 1	655
PW.C.2.(15):	Niveaustufen der Gestaltung des Informationsmanagement	656
PW.C.2.(16):	Technische und betriebswirtschaftlich Funktionen in der Vorbereitung und Durchführung des Produktionsprozesses	657
PW.C.2.(17)/1:	Teilplanungsstufen der operativen Produktionsplanung (Teil 1)	659
PW.C.2.(17)/2:	Teilplanungsstufen der operativen Produktionsplanung (Teil 2)	660
PW.C.2.(17)/3:	Teilplanungsstufen der operativen Produktionsplanung (Teil 3)	661
PW.C.2.(18):	Teilplanungsstufen der operativen Produktionsplanung (Planung des Jahresproduktionsprogramms)	662
PW.C.2.(19):	Beispiele für Produktfelder und deren Untergliederung	663
PW.C.2.(20):	Zusammensetzung des Produktionsprogramms	664
PW.C.2.(21):	Teilplanungsstufen der operativen Produktionsplanung (Zeitliche Verteilung des Jahresproduktionsprogramms)	668

PW.C.2.(22):	Emanzipation, Synchronisation und Eskalation	669
PW.C.2.(23):	Ergebnis der rechnerisch gleichmäßigen Aufteilung eines Jahresproduktionsprogramms	670
PW.C.2.(24):	Zeitliche Verteilung eines Jahresproduktionsprogramms als Streifenprogramm	672
PW.C.2.(25):	Streifenprogramm mit Überlappungsstellen	674
PW.C.2.(26):	Algorithmus zur Planung von Streifenprogrammen	676
PW.C.2.(27):	Beispiel einer zeitlichen Verteilung auf der Basis der Blockung von Produktionsprogrammen	678
PW.C.2.(28):	Teilplanungsstufen der operativen Produktionsplanung (Teilebedarfsermittlung)	679
PW.C.2.(29):	Stücklistenarten	680
PW.C.2.(30):	Strukturbaum des Erzeugnisses E	680
PW.C.2.(31):	Mengenübersichtsstückliste des Erzeugnisses E	681
PW.C.2.(32):	Einfache Strukturstückliste des Erzeugnisses E	681
PW.C.2.(33):	Mehrstufige Strukturstückliste des Erzeugnisses E	682
PW.C.2.(34):	Baukastenstückliste des Erzeugnisses E	683
PW.C.2.(35):	Vor- und Nachteile der Stücklistenarten	684
PW.C.2.(36):	Analytischer Erzeugnisstrukturbaum des Erzeugnisses E	685
PW.C.2.(37):	Synthetischer Erzeugnisstrukturbaum des Erzeugnisses E	686
PW.C.2.(38):	Gozintograph des Erzeugnisses E	686
PW.C.2.(39):	Teilebedarf der Erzeugnisbestandteile (Bruttosekundärbedarf)	688
PW.C.2.(40):	Teilplanungsstufen der operativen Produktionsplanung (Durchlaufplanung)	689
PW.C.2.(41):	Ursprung von Informationen für die Durchlaufplanung	691
PW.C.2.(42):	Gliederung der Durchlaufzeit	692
PW.C.2.(43):	Durchlaufpläne eines Erzeugnisses bei alternativem Einsatz der Vorwärts- und Rückwärtsplanung	694
PW.C.2.(44):	Grobdarstellung des technologischen Ablaufs zur Herstellung des Erzeugnisses E	695
PW.C.2.(45):	Bestimmung der Durchführungs- und Übergangszeit	698
PW.C.2.(46):	Durchlaufzeitbestandteile und ihre Zeitanteile bei Werkstattfertigung	699
PW.C.2.(47):	Durchlaufplan für das Erzeugnis E	670
PW.C.2.(48):	Teilplanungsstufen der operativen Produktionsplanung (Terminplanung)	701
PW.C.2.(49):	Schematische Darstellung der Terminplanung	703
PW.C.2.(50):	Teilplanungsstufen der operativen Produktionsplanung (Fertigungsauftragsbildung)	705
PW.C.2.(51):	Ursprüngliche und abgeleitete Aufträge	705
PW.C.2.(52):	Lagerbestandsentwicklung einer Planperiode mit drei Losauflagen	708
PW.C.2.(53):	Zusammenfassung aller Kosteneinflussfaktoren auf die Bestimmung der optimalen Losgröße	709
PW.C.2.(54):	Abhängigkeit der Kosten pro Teil eines Loses	711

PW.C.2.(55):	Strukturelle Ähnlichkeit der Losgrößenermittlung im Fertigungs- und Beschaffungsprozess	711
PW.C.2.(56):	Ökonomische Auswirkungen alternativer Losgrößen	712
PW.C.2.(57):	Teilplanungsstufen der operativen Produktionsplanung (Belastungsplanung)	713
PW.C.2.(58):	Planabschnitt zur Ermittlung des Kapazitätsbedarfs in der Belastungsplanung	714
PW.C.2.(59):	Belastungsplanung für den dargestellten Planabschnitt	716
PW.C.2.(60):	Maßnahmen zur bedarfsgerechten Gestaltung der Kapazität in der Belastungsplanung	717
PW.C.2.(61):	Teilplanungsstufen der operativen Produktionsplanung (Reihenfolgeplanung)	721
PW.C.2.(62):	Einordnung der Reihenfolgeplanung in die Ablaufplanung	722
PW.C.2.(63):	Planungsansätze der Reihenfolgeplanung	723
PW.C.2.(64):	Sichtweisen der Reihenfolgeplanung	724
PW.C.2.(65):	Flow-Shop-Modell	725
PW.C.2.(66):	Job-Shop-Modell	725
PW.C.2.(67):	Lösungsansätze zur Realisierung der Reihenfolgeplanung	726
PW.C.2.(68)/1:	Elementare Prioritätsregeln (Teil 1)	728
PW.C.2.(68)/2:	Elementare Prioritätsregeln (Teil 2)	729
PW.C.2.(69):	Kombinierte Prioritätsregeln	731
PW.C.2.(70):	Systematisierung von Prioritätsregeln	732
PW.C.2.(71):	Vergleich der Wirksamkeit wichtiger Prioritätsregeln	734
PW.C.2.(72)/1:	Wirksamkeit von Prioritätsregeln zur Erreichung ausgewählter Zielkriterien (Literaturmeinungen) (Teil 1)	735
PW.C.2.(72)/2:	Wirksamkeit von Prioritätsregeln zur Erreichung ausgewählter Zielkriterien (Simulationsergebnisse) (Teil 2)	738
PW.C.2.(73):	Ablaufdiagramm des JOHNSON-Algorithmus (I)	741
PW.C.2.(74):	Ablaufdiagramm des JOHNSON-Algorithmus (II)	742
PW.C.2.(75):	Beispiel für die Anwendung der Reihungsregel nach JOHNSON	742
PW.C.2.(76):	Beispiel für die Anwendung des Näherungsverfahrens nach SOKOLIZIN	743
PW.C.2.(77):	Beispiel für die Anwendung des Näherungsverfahrens nach PALMER	744
PW.C.2.(78):	Beispiel für die Anwendung der Prioritätsregel KOZ	745
PW.C.2.(79):	Beispiel für die Anwendung der Prioritätsregel KRB	745
PW.C.2.(80):	Beispiel für die Anwendung der Potenzialmethode von ROY	748
PW.C.2.(81):	Leistungsfähigkeit der Verfahren bzw. Regeln zur Bestimmung der optimalen organisatorischen Bearbeitungsfolgen (Gesamteinschätzung)	750
PW.C.2.(82):	Leistungsfähigkeit der Verfahren bzw. Regeln in Abhängigkeit von der Anzahl der zu bearbeitenden Aufträge	751
PW.C.2.(83):	Inhaltsschwerpunkte der Teilplanungsstufen der operativen Produktionsplanung	752
PW.C.2.(84):	Grundstruktur der PPS	756
PW.C.2.(85):	Teilmodelle des Aachener PPS-Referenzmodells	758

PW.C.2.(86):	Aufgabenmodell	758
PW.C.2.(87):	Methoden und Verfahren der PPS im Rahmen von JIT	761
PW.C.2.(88):	Struktur und Inhaltsschwerpunkte von MRP II	762
PW.C.2.(89):	Netzwerk mit kritischem Bereich bei OPT	764
PW.C.2.(90):	Netz eines für die Anwendung der retrograden Terminierung typischen Erzeugnisses	766
PW.C.2.(91):	Arbeitsplatz als Trichter und Durchlaufdiagramm	768
PW.C.2.(92):	Arbeitsschritte der BOA	769
PW.C.2.(93):	Informations- und Teilefluss im KANBAN-System	771
PW.C.2.(94):	Vergleich von CONWIP und KANBAN	773
PW.C.2.(95):	Fertigungsstruktur und Fortschrittszahlendiagramm	775
PW.C.2.(96):	Einsatzschwerpunkte von Methoden und Verfahren der PPS	776
PW.C.2.(97):	Unterscheidungsmerkmale von Prozessen mit Projektcharakter (Projekte) und sich wiederholenden Produktionsprozessen	778
PW.C.2.(98):	Aufgaben mit Projektcharakter	779
PW.C.2.(99):	Reine Projektorganisation	780
PW.C.2.(100):	Matrix-Projektorganisation	780
PW.C.2.(101):	Einfluss-Projektorganisation	781
PW.C.2.(102):	Vergleich der Projektorganisationsformen	782
PW.C.2.(103):	Projektphasen – Inhalte und Aufgaben	783
PW.C.2.(104):	Beispiel für einen Projektstrukturplan	785
PW.C.2.(105):	Anordnungsbeziehungen in Netzplänen (so genannte „freie" Darstellung)	788
PW.C.2.(106):	Netzplanformen	789
PW.C.2.(107):	Struktur des Vorgangsknotens	789
PW.C.2.(108):	Vorgangsliste Projekt „Produktivitätsermittlung"	792
PW.C.2.(109):	Vorgangs-Knoten-Netzplan des Projekts „Produktivitätsermittlung"	793
PW.C.2.(110):	Balkenplan und Meilensteinplan des Projekts „Produktivitätsermittlung"	794
PW.C.2.(111):	Projektmanagementaufgaben	795
PW.C.2.(112):	Aufgaben und Methoden des Komplexes „Information / Kommunikation – Berichterstattung"	796
PW.C.2.(113):	Aufgaben und Methoden des Komplexes „Dokumentation – Konfiguration / Änderungswesen"	797
PW.C.2.(114):	Aufgaben und Methoden des Komplexes „Risikomanagement"	797
PW.C.3.(1):	Wirkung dispositiver Produktionsfaktoren (Produktionslogistik)	807
PW.C.3.(2):	Funktionsorientierte Darstellung der Logistik	809
PW.C.3.(3):	Darstellung von Logistikbereichen	810
PW.C.3.(4):	Elemente der Logistikleistung und der Logistikkosten	811
PW.C.3.(5):	Systematisierung von Logistikaufgaben	812

PW.C.3.(6):	Einfluss- und Kenngrößen sowie Rahmenbedingungen für die operative Produktionslogistik	814
PW.C.3.(7):	Logistikbetriebsbereiche	815
PW.C.3.(8):	Systematisierung der Rahmenbedingungen	815
PW.C.3.(9):	Systematisierung operativer Aufgaben der Produktionslogistik	817
PW.C.3.(10):	Merkmale konventioneller und logistikorientierter Produktionsplanungs- und -steuerungssysteme	818
PW.C.3.(11):	Systematisierung der Methoden und Verfahren der Produktionslogistik	818
PW.C.3.(12):	Rahmenbedingungen für die Produktionslogistik	820
PW.C.3.(13):	Aufgaben und Methoden der strategisch-taktischen Produktionslogistik	821
PW.C.3.(14):	Bevorratungsebene	823
PW.C.3.(15):	Typen von erwartungs- und auftragsbezogenen Prozessen der Wertschöpfungskette	824
PW.C.4.(1):	Wirkung dispositiver Produktionsfaktoren (Produktionscontrolling)	832
PW.C.4.(2):	Idealtypischer Führungszyklus und Controllingfunktionen	834
PW.C.4.(3):	Controllingziele	834
PW.C.4.(4):	Controllingsystem	835
PW.C.4.(5):	Ausgewählte Aktivitäten der Produktionsplanung und des planbegleitenden Produktionscontrolling	836
PW.C.4.(6):	Gegenüberstellung von Produktionsmanagement und Produktionscontrolling	837
PW.C.4.(7):	Systembildende und systemkoppelnde Aufgaben des Produktionscontrolling	839
PW.C.4.(8):	Aspekte der Unternehmensumwelt mit Relevanz für die Produktion	841
PW.C.4.(9):	Unterscheidungsmerkmale des strategischen und operativen Produktionscontrolling	842
PW.C.4.(10):	Struktur eines Informationsversorgungssystems	843
PW.C.4.(11):	Ausgewählte Instrumente des Produktionscontrolling	846
PW.C.4.(12):	Koppelung des Zentralcontrolling als Linienorgan mit dezentralen, funktional orientierten Controllinglinienorganen	847
PW.C.4.(13):	Controlling in divisionalen Organisationen	848
PW.C.4.(14):	Controlling als Matrixorganisation	849
PW.C.4.(15):	Unterstellungsmöglichkeiten des Produktionscontrollers	850
PW.C.4.(16):	Ausgewählte Einflussfaktoren auf die Organisation des Produktionscontrolling	850
PW.C.4.(17):	Polylemma der Ablaufplanung bei Werkstattfertigung	851
PW.C.4.(18):	Zusammenhang zwischen ausgewählten Aufgaben des Produktionscontrolling und Organisationsformen der Teilefertigung	852

PW.C.5.(1):	Wirkung dispositiver Produktionsfaktoren (Qualitäts- und Umweltmanagement)	857
PW.C.5.(2):	Qualität als Querschnittsfunktion	859
PW.C.5.(3):	Bedeutung der Forschung und Entwicklung zur Nachfragebefriedigung – Ausgangspunkt: Kunde	860
PW.C.5.(4):	Bedeutung der Forschung und Entwicklung zur Nachfragebefriedigung – Ausgangspunkt: Forschungs- und Entwicklungsprozess	861
PW.C.5.(5):	Qualitätskreis für ein materielles Produkt	861
PW.C.5.(6):	Entwicklungsphasen und Betrachtungsschwerpunkte der Qualität	864
PW.C.5.(7):	Definition Qualitätsproblem	867
PW.C.5.(8):	Definitionen zum Qualitätsbegriff und ihre Zusammenhänge	867
PW.C.5.(9):	Bestandteile des Qualitätsmanagement	869
PW.C.5.(10):	Kumulative Begriffsbildung für das Qualitätsmanagementsystem	870
PW.C.5.(11):	Zusammenhang zwischen Qualitätsanforderungen und Qualitätsplanung	872
PW.C.5.(12):	Aspekte der Qualitätsprüfung	875
PW.C.5.(13):	Kurz- und langfristiger Kreislauf	877
PW.C.5.(14):	Systematik von Qualitätsmanagementsystemen	877
PW.C.5.(15):	Struktur der Normenfamilie DIN EN ISO 9000 ff.	878
PW.C.5.(16):	Modell eines prozessbasierten Qualitätsmanagementsystems: PDCA-Zyklus	879
PW.C.5.(17):	Techniken des Qualitätsmanagement	881
PW.C.5.(18)/1:	Methoden des Qualitätsmanagement (Teil 1)	882
PW.C.5.(18)/2:	Methoden des Qualitätsmanagement (Teil 2)	883
PW.C.5.(18)/3:	Methoden des Qualitätsmanagement (Teil 3)	884
PW.C.5.(19):	Qualitätswerkzeuge zur Fehlererfassung	885
PW.C.5.(20):	Qualitätswerkzeuge zur Fehleranalyse	885
PW.C.5.(21):	Managementwerkzeuge zur Lösungsfindung	886
PW.C.5.(22):	Managementwerkzeuge zur Lösungsrealisierung	886
PW.C.5.(23):	Kreativitätswerkzeuge	886
PW.C.5.(24):	Einsatz- und Wirkungsgebiete der Methoden des Qualitätsmanagement	888
PW.C.5.(25):	Einsatz- und Wirkungsgebiete der Werkzeuge des Qualitätsmanagement	889
PW.C.5.(26):	Zuordnung der Methoden zu den Aufgaben des Qualitätsmanagement	890
PW.C.5.(27):	Zuordnung der Werkzeuge zu den Aufgaben des Qualitätsmanagement	891
PW.C.5.(28):	Gestaltung der Dimensionen der Qualität zur Realisierung einer positiven Produktivitätsentwicklung	892
PW.C.5.(29):	Maßnahmen, technische Lösungen und Ziele von Umweltschutzmaßnahmen	895

PW.C.5.(30):	Umweltschutz als interdisziplinäre Aufgabe – Stellung im System der Wissenschaften	897
PW.C.5.(31):	Umweltschutz als interdisziplinäre Aufgabe – Stellung im System der Sozialwissenschaften	899
PW.C.5.(32):	Sichtweisen und Problemstellungen der Integration des Umweltschutzes in die Betriebswirtschaftslehre	900
PW.C.5.(33):	Unternehmensbereichsorientierte Ansätze einer ökologieorientierten Wertschöpfungskette	901
PW.C.5.(34):	Direkte Unternehmensbereiche und ihr Einfluss auf die ökologieorientierte Wertschöpfung	902
PW.C.5.(35)/1:	Indirekte Unternehmensbereiche und ihr Einfluss auf die ökologieorientierte Wertschöpfung (Teil 1)	902
PW.C.5.(35)/2:	Indirekte Unternehmensbereiche und ihr Einfluss auf die ökologieorientierte Wertschöpfung (Teil 2)	903
PW.C.5.(36)/1:	Anforderungen an ein Umweltmanagementsystem (Teil 1)	904
PW.C.5.(36)/2:	Anforderungen an ein Umweltmanagementsystem (Teil 2)	904
PW.C.5.(37):	Modell des Umweltmanagementsystems	905
PW.C.5.(38):	Wechselwirkungen zwischen Umwelt, Produktions- und Nutzungsbereich	907
PW.C.5.(39):	Recyclingvarianten	909
PW.C.5.(40):	Recyclingart Wiederverwendung	910
PW.C.5.(41):	Recyclingart Weiterverwendung	911
PW.C.5.(42):	Recyclingart Wiederverwertung	912
PW.C.5.(43):	Recyclingart Weiterverwertung	913
PW.C.5.(44):	Übersicht über die drei Arten von Recyclingkreisläufen	913
PW.C.5.(45):	Recyclingkreislauf I (Produktionskreislauf)	915
PW.C.5.(46):	Recyclingkreislauf II (Kreislauf nach Produktgebrauch)	915
PW.C.5.(47):	Recyclingkreislauf III (Reststoffkreislauf nach abgelaufener Nutzungsperiode)	916
PW.C.5.(48):	Räumliches Organisationsprinzip des Recyclingprozesses	917
PW.C.5.(49):	Charakteristische Merkmale räumlicher Organisationsprinzipien des Recycling	918
PW.C.5.(50):	Varianten des kinematischen Verhaltens der am Recyclingprozess beteiligten Elementarfaktoren	919
PW.C.5.(51):	Zeitliches Organisationsprinzip des Recyclingprozesses	920
PW.C.5.(52):	Organisationsformen des Recyclingprozesses	921

Verzeichnis der Abkürzungen

A

A	Act
ABWL	Allgemeine Betriebswirtschaftslehre
AC	Anlagencontrolling
AF	Aktivitätsfeld
AG	Arbeitsgang
AK	Arbeitskraft
ALP	Dynamisch-absorbierendes Lagerungsprinzip
AO	Arbeitsobjekt
AOB	Anordnungsbeziehung
AP	Arbeitsplatz
AT	Anfangstermin

B

BAZ	Bearbeitungszentrum
BDE	Betriebsdatenerfassung
BG	Baugruppe
BLP	Bearbeitungsintegriertes Lagerungsprinzip
BM	Betriebsmittel
BOA	Belastungsorientierte Auftragsfreigabe
BP	Persönlich bedingtes Unterbrechen (Betriebsmittel)
BP	Bestellpunkt
BR	Bestellrhythmus
BS	Bearbeitungsstation
BWL	Betriebswirtschaftslehre
BZ	Bearbeitungszeit

C

C	Check
CAD	Computer Aided Design
CAE	Computer Aided Engineering
CAM	Computer Aided Manufacturing
CAP	Computer Aided Planning
CAQ	Computer Aided Quality Assurance
CIM	Computer Integrated Manufacturing
CNC	Computer Numerical Control
CONWIP	Constant Work in Process
COVERT	Cost Over Time-Rule

D

D	Do

DAL	Dezentrale Aufnahmelagerung
DBL	Dezentrale Bereitstellungslagerung
DEIH	Dezentrale Eigeninstandhaltung
DFIH	Dezentrale Fremdinstandhaltung
DIN	Deutsche Industrie-Norm
DL	Dienstleistung
DLP	Dezentrales Lagerungsprinzip
DMS	Diskontinuierlicher Massenstrom
DoE	Design of Experiments
DPF	Diskontinuierlicher Potenzialfaktor
DPL	Dezentrale Pufferlagerung
DZL	Dezentrale Zwischenlagerung

E

E	Erzeugnis
EDD	Earliest Due Date-Rule
EDV	Elektronische Datenverarbeitung
EG	Europäische Gemeinschaft
EGD	Ereignisorientierte generalisierte dezentrale Instandhaltung
EGZ	Ereignisorientierte generalisierte zentrale Instandhaltung
EF	Einzelfertigung
EGI	Ereignisorientierte generalisierte integrierte Instandhaltung
EKP	Ereignisorientiertes Korrektivprinzip
ELP	Dynamisch-emittierendes Lagerungsprinzip
EM	Einzelmontage
EMAS	Environmental Management Audit Scheme
EN	Europäische Norm
EOI	Ereignis- und objektorientierte integrierte Instandhaltung
EOZ	Ereignis- und objektorientierte zentrale Instandhaltung
EP	Erzeugnisprinzip
EPF	Einzelplatzfertigung
EPM	Einzelplatzmontage
EPP	Einzelplatzprinzip
EPR	Einzelplatzrecycling
EQ	Erzeugnisqualität
ERN	Erneuerung
ERP	Enterprise Resource Planning
ESD	Earliest Start Date-Rule
ET	Einzelteil
EV	Echtzeitverlauf
EVZ	Ereignis- und verfahrensorientierte zentrale Instandhaltung

F

F & E	Forschung & Entwicklung
FA	Fertigungsauftrag

FAL	Fertigungsabschnittslogistik
FAT	Frühester Anfangstermin-Regel
FAZ	Frühestmöglicher Anfangs-Zeitpunkt
FCFS	First Come, First Served-Rule
FE	Fertige Erzeugnisse
FEZ	Frühestmöglicher End-Zeitpunkt
FF	Fließfertigung
FFF	Flexible Fließfertigung
FFL	Fließfertigungslogistik
FFMR	Fließfertigung-Montage-Reihe
FFS	Flexibles Fertigungssystem
FFT	Frühester Fertigstellungstermin-Regel
FFZ	Flexible Fertigungszelle
FgU	Fremdbezug in größerem Umfang
FID	Fertigungsnahe industrielle Dienstleistung
FIFO	First In, First Out-Rule
FLT	Frühester Liefertermin-Regel
FM	Fließmontage
FMEA	Fehlermöglichkeits- und Einflussanalyse
FOGR	Feste Orte und gleiche (Anlauf)reihenfolge
FOPNR	Fewest Number of Operations Remaining-Rule
FOVR	Feste Orte und variierende (Anlauf)reihenfolge
FP	Freier Puffer
FPGR	Feste Anlaufpunkte mit gleicher (Anlauf)reihenfolge
FPVR	Feste Anlaufpunkte mit variierender (Anlauf)reihenfolge
FR	Fließrecycling
FRL	Fertigungsreihenlogistik
Fu	Fremdbezug unbedeutend
Fw	Fremdbezug weitestgehend
FWL	Fertigwarenlager
FZS	Fortschrittszahlensystem

G

GAI	Gerichteter arbeitsgangspezifischer Informationsfluss
GDP	Generalisiertes Dezentralisationsprinzip
GET	Gerichteter Einzelteiltransport
GFA	Gegenstandsspezialisierter Fertigungsabschnitt
GFR	Gegenstandsspezialisierte Fertigungsreihe
GG	Gozintograph
GGB	Größte Gesamtbearbeitungszeit-Regel
GIP (IH)	Generalisiertes Integrationsprinzip in der Instandhaltung
GIP (IM)	Gerichtetes Informationsflussprinzip im Informationsmanagement
GLI	Gerichteter losspezifischer Informationsfluss
GLT	Gerichteter Lostransport
GM	Gruppenmontage
GmbH	Gesellschaft mit beschränkter Haftung

GOB	Grundsätze ordnungsgemäßer Buchführung
GOI	Gerichteter objektspezifischer Informationsfluss
GP	Gruppenprinzip
GR	Gruppenrecycling
GRB	Größte Restbearbeitungszeit-Regel
GSF	Großserienfertigung
GSM	Großserienmontage
gtBF	Gleiche technologische Bearbeitungsfolge
gtBFmÜ	Gleiche technologische Bearbeitungsfolge mit Überspringen
gtBFoÜ	Gleiche technologische Bearbeitungsfolge ohne Überspringen
GTE	Geringteilige Erzeugnisse
GTI	Gerichteter teillosspezifischer Informationsfluss
gtMF	Gleiche technologische Montagefolge
gtMFmÜ	Gleiche technologische Montagefolge mit Überspringen
gtMFoÜ	Gleiche technologische Montagefolge ohne Überspringen
GTP	Gerichtetes Transportprinzip
GTT	Gerichteter Teillostransport
GZI	Generalisierte zentrale Instandhaltung
GZP	Generalisiertes Zentralisationsprinzip

I

I	Instationär
i. e. S.	Im engeren Sinn
IAL	Integrierte Aufnahmelagerung
IBL	Integrierte Bereitstellungslagerung
iEF	Instationäre Elementarfaktoren
IEIH	Integrierte Eigeninstandhaltung
IFS	Instandhaltungs-Fertigungs-System
IH	Instandhaltung
IIS	Instandhaltungs-Inspektions-System
IKS	Informations- und Kommunikationssystem
IKT	Informations- und Kommunikationstechnik
iL	Innerbetriebliche Lagerung
iLog	Innerbetriebliche Logistik
iMO	Instationäre Montageobjekten
IMS	Instandhaltungs-Montage-System
iPF	Instationäre Potenzialfaktoren
IPL	Integrierte Pufferlagerung
iRG	Instationäre Recyclinggegenstände
IS	Instandsetzung
ISO	International Organization for Standardization
iT	Innerbetrieblicher Transport
IWS	Instandhaltungs-Wartungs-System
IZ	Informationszyklus
IZL	Integrierte Zwischenlagerung

J

JIT	Just-In-Time

K

KE	Kapazitätseinheit
KFR	Kürzeste Fertigungsrestzeit-Regel
KGB	Kleinste Gesamtbearbeitungszeit-Regel
KI	Kundenindividuelle Erzeugnisse
KMS	Kontinuierlicher Massenstrom
KMU	Kleine und mittlere Unternehmen
KOZ	Kürzeste Operationszeit-Regel
KRB	Kürzeste Restbearbeitungszeit-Regel
KSF	Kleinserienfertigung
KSM	Kleinserienmontage
KV	Kombinierter Verlauf
KVP	Kontinuierlicher Verbesserungsprozess
kVW	Kinematische Verhaltensweisen
KWF	Kontinuierliche Werkstattfertigung

L

L	Lager
L_B	Beschaffungslagerung
LCFS	Last Come, First Served-Rule
LF	Lagerfertigung
LFF	Längste Fertigungsrestzeit-Regel
LIO	Largest Gross Immanent Operation Time-Rule
Log_B	Beschaffungslogistik
LOZ	Längste Operationszeit-Regel
LPT	Longest Processing Time-Rule
LRPT	Longest Remaining Processing Time-Rule
LVS	Lagerverwaltungssystem

M

MAA	Meiste noch auszuführende Arbeitsgänge-Regel
ME	Mengeneinheit
MF	Massenfertigung
MIF	Mischfertigung
MK	Maßnahmenkomplex
MM	Massenmontage
Mo	Montage
MO	Montageobjekt
MOD	Modified Operation Due Date-Rule
MOPNR	Most Number of Operations Remaining-Rule

mOV	Mit Ortsveränderung
MRP	Material Requirements Planning
MRP II	Manufacturing Resource Planning
MRPS	Management Resource Planning System
MS	Managementsystem
MSF	Mittelserienfertigung
MSM	Mittelserienmontage
MTE	Mehrteilig einfache Erzeugnisse
MTK	Mehrteilig komplexe Erzeugnisse
mÜ	Mit Überspringen
mW	Mit Weitergabe

N

N. d.	Nicht definiert
NC	Numerical Control
ND	Nutzungsdauer
NF	Normalfolge
NV	Nutzungsvorrat

O

oBF	Organisatorische Bearbeitungsfolge
ODP	Objektorientiertes Dezentralisationsprinzip
OF	Organisationsform
OIP	Objektorientiertes Integrationsprinzip
OLP	Dynamisch-oszillierendes Lagerungsprinzip
oOV	Ohne Ortsveränderung
OPT	Optimized Production Technology
oW	Ohne Weitergabe
OZI	Objektorientierte zentrale Instandhaltung
OZP	Objektorientiertes Zentralisationsprinzip

P

P	Produktionszyklus
PDCA	Plan Do Check Act
P_I	Innerzyklische Parallelität
PP	Produktionsprogramm
PPS	Produktionsplanung und -steuerung
PQ	Prozessqualität
PS	Produktionssteuerung
PT	Prozesstyp
PV	Parallelverlauf
P_Z	Zwischenzyklische Parallelität

Q

QFD	Quality Function Deployment
QM	Qualitätsmanagement
QMS	Qualitätsmanagementsystem

R

RAI	Richtungsvariabler arbeitsgangspezifischer Informationsfluss
RC	Recycling
REFA	Verband für Arbeitsgestaltung, Betriebsorganisation und Unternehmensentwicklung
RET	Richtungsvariabler Einzelteiltransport
RG	Recyclinggegenstand
RIP	Richtungsvariables Informationsflussprinzip
RLI	Richtungsvariabler losspezifischer Informationsfluss
RLT	Richtungsvariabler Lostransport
RM	Reihenmontage
ROI	Richtungsvariabler objektspezifischer Informationsfluss
ROP	Räumliches Organisationsprinzip
RP	Reihenprinzip
RQ	Ressourcenqualität
RR	Reihenrecycling
RT	Retrograde Terminierung
RTI	Richtungsvariabler teillosspezifischer Informationsfluss
RTP	Richtungsvariables Transportprinzip
RTT	Richtungsvariabler Teillostransport
RV	Reihenverlauf

S

s	Stationär
SAZ	Spätestmöglicher Anfangs-Zeitpunkt
SBWL	Spezielle Betriebswirtschaftslehre
sEF	Stationäre Elementarfaktoren
SEZ	Spätestmöglicher End-Zeitpunkt
SF	Serienfertigung
SFF	Starre Fließfertigung
SIO	Shortest Gross Immanent Operation Time-Rule
SLP	Statisches Lagerungsprinzip
SPT	Shortest Processing Time-Rule / Shortest Ratio of Processing Time
sRG	Stationärer Recyclinggegenstand
SRPT	Shortest Remaining Processing Time-Rule
StaV	Standard mit anbieterspezifischen Varianten
StkV	Standard mit kundenindividuellen Varianten
StoV	Standard ohne Varianten

SZ	Schlupfzeit-Regel

T

T_B	Beschaffungstransport
tBF	Technologische Bearbeitungsfolge
TF	Teilefertigung
TK	Teileklasse
TOP	Technisches Organisationsprinzip
TP	Teilprozess
TPM	Total Productive Maintenance
TQM	Total Quality Management
TSPT-C	Truncated Shortest Processing Time-Rule
TUL	Transport, Umschlag, Lagerung
TWK	Total Work Rule

U

UAI	Ungerichteter arbeitsgangspezifischer Informationsfluss
UET	Ungerichteter Einzelteiltransport
UFE	Unfertige Erzeugnisse
UIP	Ungerichtetes Informationsflussprinzip
ULI	Ungerichteter losspezifischer Informationsfluss
ULT	Ungerichteter Lostransport
UOI	Ungerichteter objektspezifischer Informationsfluss
UTI	Ungerichteter teillosspezifischer Informationsfluss
UTP	Ungerichtetes Transportprinzip
UTT	Ungerichteter Teillostransport

V

VAI	Verketteter arbeitsgangspezifischer Informationsfluss
VDI	Verein deutscher Ingenieure
VDP	Verfahrensorientiertes Dezentralisationsprinzip
VET	Verketteter Einzelteiltransport
VIP (IH)	Verfahrensorientiertes Integrationsprinzip in der Instandhaltung
VIP (IM)	Verkettetes Informationsflussprinzip im Informationsmanagement
VLI	Verketteter losspezifischer Informationsfluss
VLT	Verketteter Lostransport
VOI	Verketteter objektspezifischer Informationsfluss
VOVR	Variierende Orte und variierende (Anlauf)reihenfolge
VPGR	Variierende Anlaufpunkte mit gleicher (Anlauf)reihenfolge
VPVR	Variierende Anlaufpunkte mit variierender (Anlauf)reihenfolge
vtBF	Variierende technologische Bearbeitungsfolge
VTI	Verketteter teillosspezifischer Informationsfluss
vtMF	Variierende technologische Montagefolge
VTP	Verkettetes Transportprinzip

VTT	Verketteter Teillostransport
VWL	Volkswirtschaftslehre
VZI	Verfahrensorientierte zentrale Instandhaltung
VZP	Verfahrensorientiertes Zentralisationsprinzip

W

WAA	Wenigste noch auszuführende Arbeitsgänge-Regel
WEL	Wareneingangslager
WF	Werkstattfertigung
WKR	Work Remaining Rule
WL	Werkstattlogistik
WM	Werkstattmontage
WP	Werkstattprinzip
WS	Werkstoff
WT	Wert-Regel
WZ	Warte- und Liegezeit-Regel

Z

ZAL	Zentrale Aufnahmelagerung
ZBL	Zentrale Bereitstellungslagerung
ZEIH	Zentrale Eigeninstandhaltung
ZFIH	Zentrale Fremdinstandhaltung
ZGD	Zustandsorientierte generalisierte dezentrale Instandhaltung
ZGI	Zustandsorienitere generalisierte integrierte Instandhaltung
ZGZ	Zustandsorientierte generalisierte zentrale Instandhaltung
ZLP	Zentrales Lagerungsprinzip
ZOI	Zustands- und objektorientierte integrierte Instandhaltung
ZOP	Zeitliches Organisationsprinzip
ZOZ	Zustands- und objektorientierte zentrale Instandhaltung
ZPL	Zentrale Pufferlagerung
ZPP	Zustandsorientiertes Präventivprinzip
ZUF	Zufallsregel
ZVZ	Zustands- und verfahrensorientierte zentrale Instandhaltung
ZWL	Zwischenlager
ZZL	Zentrale Zwischenlagerung

Verzeichnis der Symbole

A

A	Abschreibungsbetrag
a	Abschreibungssatz
A_x	Automatisierungsgrad
a_{ej}	Produktionskoeffizient der Produktart j bei Inanspruchnahme der Engpasskapazitätseinheit e
a_{ij}	Kapazitätsbedarf zur Herstellung eines Stücks der Erzeugnisart j in der Kapazitätseinheit i
AS	Abschreibung
AUS	Aussonderung
AUS_K	Konstitutive Aussonderung
AUS_S	Situative Aussonderung
AW	Anschaffungswert

B

B	Mittlerer Bestand
B_D	Durchschnittsbestand
b_e	Verfügbare Kapazität im Engpass
B_H	Höchstbestand
b_i	Verfügbare Kapazität der Inputart i
b_{ij}	Bearbeitungszeit des Auftrags j auf der Maschine i
B_K	Bestellkosten für eine Bestellung
B_L	Lagerbestand
B_{LV}	Verfügbarer Lagerbestand
B_M	Meldebestand
B_R	Richtbestand
B_S	Sicherheitsbestand
BZ	Beschaffungszeit oder Bearbeitungszeit

C

c	Lichtgeschwindigkeit
c_i	Koeffizient zur Bewertung des Arbeitsplatzes i
C_j	Fertigstellungszeit des Auftrags j

D

D	Dauer eines Vorgangs oder mittlere Durchlaufzeit
D_{ij}	Differenzmatrix: Bilanzierungsergebnisse in allen Kapazitätseinheiten ij
d_{ij}	Bilanzierungsergebnisse in der Kapazitätseinheit ij
d_j	Deckungsbeitrag der Produktart j

D_j Durchlaufzeit des Auftrags j

F

f Zinssatz für Lagerung
FA Fertigungsauftrag

G

G Geschlossenheitsgrad
g_j Anzahl der Arbeitsgänge des Teils j

H

H Pfeilmenge
h Pfeilbewertung
h_j Absatzobergrenze der Produktart j (Nachfragemenge)

I

I_{ERS} Ersatzinvestition
I_{ERW} Erweiterungsinvestition
I_{NEU} Neuinvestition
I_{RAT} Rationalisierungsinvestition
IH Instandhaltung

K

K Kosten
k Durchschnittskosten oder Stückkosten
$K_{AK/BM}$ Kontinuität des Einsatzes der Arbeitskräfte bzw. Betriebsmittel
K_{AO} Kontinuität der Bearbeitung der Arbeitsobjekte
k_b Lagerungskosten pro Teil während der Planperiode
K_b Lagerungskosten pro Los
k_e Fertigkosten pro Teil
K_f Fixe Kosten
k_f Fixe Stückkosten
k_{FB} Kosten pro Mengeneinheit bei Fremdbezug
k_h Stundenkostennormativ
K_L Kosten pro Los
k_L Kosten pro Teil eines Loses
k_m Materialkosten pro Teil
k_M Materialeinzelkosten pro Teil
K_r Rüstkosten für ein Los
k_s Herstellkosten pro Teil
k_{SP} Kosten für spezielle Fertigungsmittel
K_v Kosten für variable Einsatzfaktoren
k_v Variable Stückkosten

k_{vj}	Variable Kosten der Produktart j
KB_Z	Kapazitätszeitbedarf
KE	Kapazitätseinheit

L

L	Mittlere Leistung
l_e	Lohnkosten je Stunde „Zeit je Einheit"
L_j	Laufzeit des Streifens j
l_r	Lohnkosten je Stunde „Rüstzeit"
LT_{ij}	Wunschfertigstellungstermin des Auftrags j an der Maschine i

M

M	Menge
m	Gesamtanzahl der Operationen bzw. Maschinen pro Auftrag
M_{aus}	Auslagerungsmenge
M_{ein}	Einlagerungsmenge
M_{grund}	Grundbestand

N

n	Anzahl der Nutzungsjahre
n_a	Jahres(Perioden-)bedarfsmenge
n_L	Losgröße
n_{Lopt}	Optimale Losgröße
n_P	Transportlos
ND	Nutzungsdauer

O

O	Optimalitätsgrad

P

p	Preis
p_f	Preis für fixe Einsatzfaktoren
p_j	Preis der Produktart j
$p_j(t)$	Prioritätswert des Auftrags j zum Zeitpunkt t
p_v	Preis für variable Einsatzfaktoren

Q

Q	Knotenmenge
Q_j	Quotient aus der Jahresstückzahl und der optimalen Monatsstückzahl des Erzeugnisses j
q_L	Lohngemeinkostenzuschlagsatz
q_M	Materialgemeinkostenzuschlagsatz

R

r	Einsatzmenge der Elementarfaktoren
r_f	Fixe Einsatzfaktoren
r_v	Variable Einsatzfaktoren
RBW	Restbuchwert
RW	Restwert

S

S	Spezialisierungsgrad
S_{ij}	Numerischer Neigungsindex

T

t	Zeit
T	Auftragszeit oder Termin
t_{AG}	Bearbeitungszeit je Arbeitsgang
t_H	Hauptzeit
t_a	Ausführungszeit
t_{aB}	Betriebsmittel-Ausführungszeit
t_{aus}	Auslagerungszeitpunkt
T_{bB}	Belegungszeit
t_e	Zeit je Einheit
t_{eB}	Betriebsmittelzeit je Einheit
t_{ein}	Einlagerungszeitpunkt
t_{er}	Erholungszeit
t_g	Grundzeit
t_{gB}	Betriebsmittel-Grundzeit
t_i	Zeit je Einheit (Bearbeitungszeit)
t_{IZ}	Informationszyklusdauer
$t_{kürzi}$	Kürzeste t_i-Zeit
t_L	Loszyklus
t_r	Rüstzeit
t_{rB}	Betriebsmittel-Rüstzeit
t_{rer}	Rüsterholungszeit
t_{rg}	Rüstgrundzeit
t_{rgB}	Betriebsmittel-Rüstgrundzeit
t_{rv}	Rüstverteilzeit
t_{rvB}	Betriebsmittel-Rüstverteilzeit
t_v	Verteilzeit
t_{vB}	Betriebsmittel-Verteilzeit
$TZ_{(KV)}$	Zeitdauer des technologischen Zyklus im kombinierten Verlauf
$TZ_{(PV)}$	Zeitdauer des technologischen Zyklus im Parallelverlauf
$TZ_{(RV)}$	Zeitdauer des technologischen Zyklus im Reihenverlauf

U

u_j	Absatzuntergrenze der Produktart j

V

V	Verschleiß
v	Anzahl der Transportlose
VQ	Verschleißquote

W

W	Wechselgrad
Wj	Anzahl der tatsächlichen Wechsel des Teils j

X

x	Ertrags-, Bestellmenge
x	Warte- und Stillstandszeit
x'	Grenzertrag
$\bar{x}$	Durchschnittsertrag
xa_j	Jahresstückzahl der Erzeugnisart j
x_j	Menge der Produktart j
x_{Lopt}	Optimale Beschaffungslosgröße
x_{max}	Ertragsmaximum
x_{opt}	Optimale Materialmenge
x_w	Wendepunkt
xm_j	Monatsstückzahl der Erzeugnisart j

Y

y	Liegezeit

Z

z	Zählstation
z_a	Anzahl der Losauflagen
ZF_{AK}	Zeitfonds der Arbeitskräfte
ZF_{BM}	Zeitfonds der Betriebsmittel
ZF_{KA}	Zeitfonds des Kapazitätsangebots
ZG	Zeitgrad
z_i	Anzahl der unterschiedlichen Arbeitsgänge an Arbeitsplatz i
z_j	Gesamtanzahl der Arbeitsgänge des Teils j

A GRUNDLAGEN

A / Grundlagen

GRUNDLAGEN
- A 1 — Produktionswirtschaft – Bestandteil der Betriebswirtschaft
- A 2 — Produktionsfaktoren und Makrostruktur von Produktionsprozessen
- A 3 — Produktionswirtschaftliche Ziele
- A 4 — Typisierung von Produktionsprozessen
- A 5 — Dienstleistungs- und Sachleistungsproduktion
- A 6 — Forschung und Entwicklung zur Produktionsvorbereitung

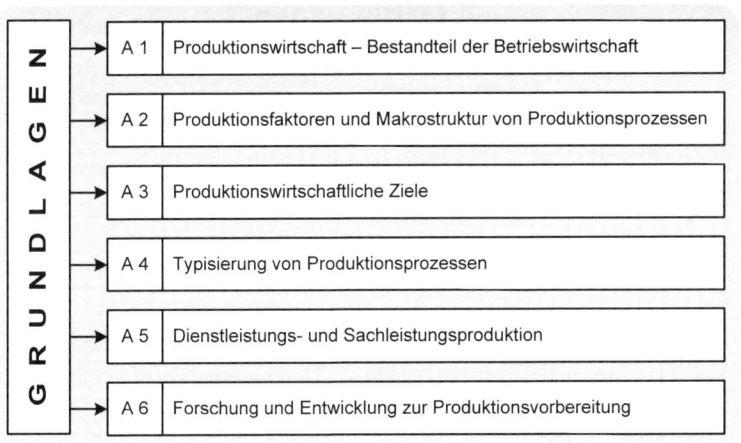

Bild PW.A.(1):   Grundlagen

In diesem Abschnitt wird die **Produktionswirtschaft als Bestandteil der Betriebswirtschaftslehre** dargestellt. Es wird erklärt, welche **Produktionsfaktoren** zu unterscheiden sind und wie diese im Produktionsprozess zur Realisierung produktionswirtschaftlicher Ziele wirken.

Zudem wird verdeutlicht, dass Produktionsprozesse sehr differenziert sind und dass sie durch spezielle **Kombinationen von Gestaltungsmerkmalen** entstehen.

Im Rahmen der Typisierung von Produktionsprozessen wird eine makrostrukturorientierte Systematisierung von Merkmalen vorgenommen.

Die Herstellung von Sach- und Dienstleistungen ist die Hauptaufgabe von Produktionsprozessen. Hier wird die Spezifik der Dienstleistungsproduktion unter dem Blickwinkel **industrieller Dienstleistungen** herausgearbeitet.

Der Abschnitt **Forschung und Entwicklung** stellt insbesondere dar, auf welche Art und Weise die **Informationen** entstehen, die für die Gestaltung originärer und dispositiver Tätigkeiten im Produktionsprozess von zentraler Bedeutung sind.

1 Einordnung der Produktionswirtschaft in die Betriebswirtschaftslehre

A / Grundlagen

GRUNDLAGEN		
	A 1	Produktionswirtschaft – Bestandteil der Betriebswirtschaft
	A 2	Produktionsfaktoren und Makrostruktur von Produktionsprozessen
	A 3	Produktionswirtschaftliche Ziele
	A 4	Typisierung von Produktionsprozessen
	A 5	Dienstleistungs- und Sachleistungsproduktion
	A 6	Forschung und Entwicklung zur Produktionsvorbereitung

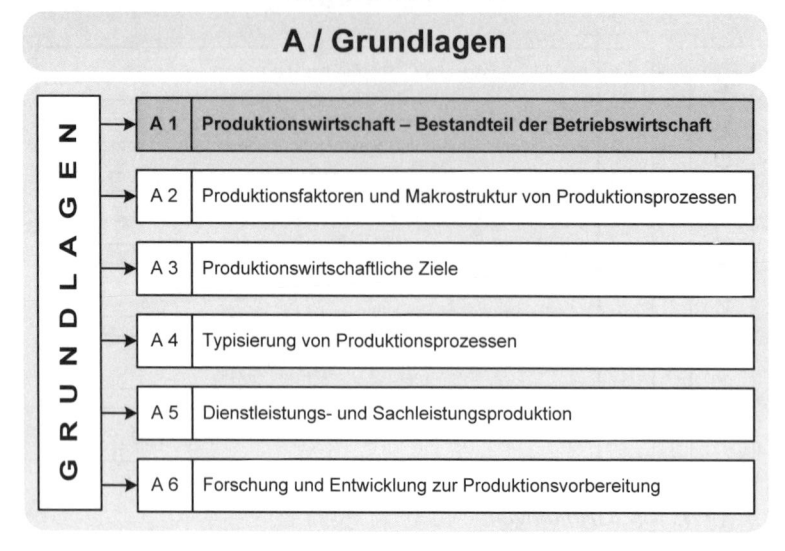

Bild PW.A.1.(1): *Grundlagen (Produktionswirtschaft)*

Die Betriebswirtschaftslehre (BWL) ist neben der Volkswirtschaftslehre eine Teildisziplin der **Wirtschaftswissenschaften**. Sie gliedert sich in die

▶ Allgemeine Betriebswirtschaftslehre (ABWL) und
▶ Spezielle Betriebswirtschaftslehre (SBWL).

Allgemeine Betriebswirtschaftslehre

Die **Allgemeine Betriebswirtschaftslehre** beschäftigt sich mit den Fragestellungen, die in **allen** Betrieben entstehen.

Sie hat die Aufgabe, Grundwissen zu vermitteln und dabei wirtschaftliche Gesetzmäßigkeiten sowie Wirkungszusammenhänge zu erklären.

Funktionen

Die **innere Struktur** der Allgemeinen Betriebswirtschaftslehre, ihre Aufteilung in Einzeldisziplinen, wird **bestimmt durch** die betrieblichen **Funktionen** (auch Haupttätigkeitsgebiete genannt).

Solche Funktionen sind beispielsweise die **Beschaffung** der für die betriebliche Tätigkeit notwendigen Güter und Arbeitskräfte, die **Produktion** der von den Bedarfsträgern nachgefragten Erzeugnisse, die Bereitstellung von Finanzmitteln zur **Finanzierung** der betrieblichen Prozesse und der **Absatz** der produzierten Produkte an die Bedarfsträger.

Aus diesen Funktionen leiten sich folgende betriebswirtschaftliche Einzeldisziplinen ab:

(1) Materialwirtschaft
(2) Anlagenwirtschaft
(3) Personalwirtschaft
(4) **Produktionswirtschaft**
(5) Finanzwirtschaft
(6) Absatzwirtschaft / Marketing u. a.

| Produktionswirtschaft

> Die **Produktionswirtschaft** ist eine **Funktionenlehre**, die sich mit betriebswirtschaftlichen Problemen der Funktion Produktion, also der Art und Weise der Erstellung von Produkten und Leistungen beschäftigt.

| Funktionenlehre

Häufig werden der Produktionswirtschaft auch die Anlagen- und die Materialwirtschaft inhaltlich zugeordnet, obwohl sie eigenständige Funktionalbereiche des Unternehmens sind.

> Die **Produktionswirtschaft** berührt sowohl **betriebswirtschaftliche als auch technisch-technologische Probleme**.

Die **Spezielle Betriebswirtschaftslehre** baut auf die Schwerpunkte der Allgemeinen Betriebswirtschaftslehre auf und führt diese inhaltlich weiter. Sie kann sowohl **funktions-** als auch **institutionsorientiert** gestaltet werden.

| Spezielle Betriebswirtschaftslehre

Als **Funktionenlehre** behält sie die in der ABWL entwickelte Gliederung der Lehrdisziplinen bei und beschäftigt sich vertiefend mit Spezialproblemen, die über das in der ABWL vermittelte Wissen hinausgehen.

Als **Institutionenlehre** befasst sie sich mit betriebswirtschaftlichen Problemen der **Wirtschaftszweige**. Sie wird deshalb auch als Wirtschaftszweiglehre bezeichnet. Infolge der Wirtschaftszweigorientierung sind folgende SBWL zu unterscheiden (vgl. Bild PW.A.1.(2)):

| Institutionenlehre

(1) Industriebetriebslehre
(2) Bankbetriebslehre
(3) Versicherungsbetriebslehre
(4) Handelsbetriebslehre
(5) Transportbetriebslehre u. a.

Teil A / Grundlagen

```
┌─────────────────────────────────────────────────────────┐
│                 Wirtschaftswissenschaften                │
└─────────────────────────────────────────────────────────┘
         │                              │
         ▼                              ▼
┌──────────────────┐          ┌──────────────────┐
│ Volkswirtschafts-│          │ Betriebswirt-    │
│ lehre            │          │ schaftslehre     │
└──────────────────┘          └──────────────────┘
                                       │
                          ┌────────────┴────────────┐
                          ▼                         ▼
                   ┌─────────────┐          ┌─────────────┐
                   │ Allgemeine  │          │ Spezielle   │
                   │ Betriebs-   │          │ Betriebs-   │
                   │ wirtschafts-│          │ wirtschafts-│
                   │ lehre       │          │ lehre       │
                   └─────────────┘          └─────────────┘
                          ▼                         ▼
                   ┌─────────────┐          ┌──────────────────────┐
                   │Funktionen-  │          │ Institutionenlehren  │
                   │lehren       │          │                      │
                   │• Produktions│          │• Industriebetriebs-  │
                   │  wirtschaft │          │  lehre               │
                   │• Material-  │          │• Bankbetriebslehre   │
                   │  wirtschaft │          │• Versicherungs-      │
                   │• Finanz-    │          │  betriebslehre       │
                   │  wirtschaft │          │• Handelsbetriebslehre│
                   │• Absatz-    │          │• Transportbetriebs-  │
                   │  wirtschaft │          │  lehre               │
                   │• Anlagen-   │          │• Krankenhausbetriebs-│
                   │  wirtschaft │          │  lehre               │
                   │• Personal-  │          │• ...                 │
                   │  wirtschaft │          │                      │
                   │• ...        │          │                      │
                   └─────────────┘          └──────────────────────┘
```

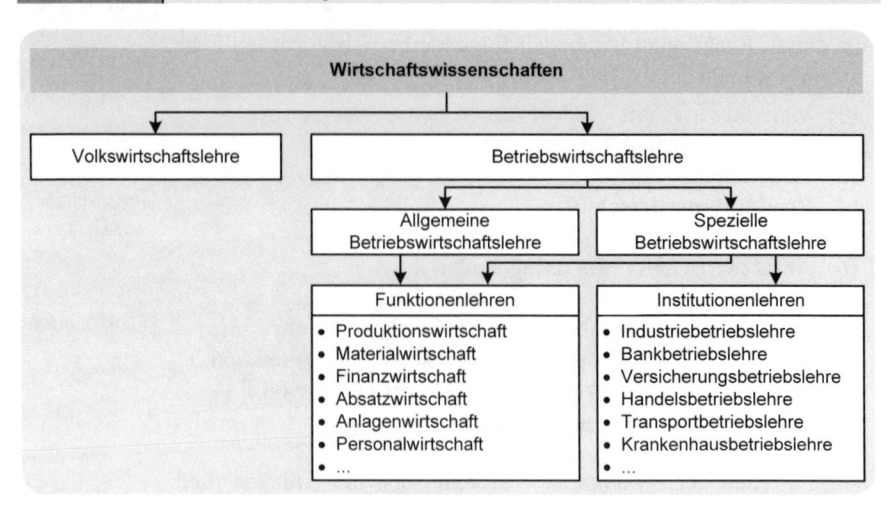

Bild PW.A.1.(2): Einordnung der Produktionswirtschaft in die Betriebswirtschaftslehre

Ausgehend von der **Funktion Produktion** sind zwei Möglichkeiten der Ausgestaltung der **Speziellen Betriebswirtschaftslehre** gegeben:

▶ Spezielle Betriebswirtschaftslehre:
  Produktionswirtschaft (funktionsorientiert)

Industriebetriebslehre

▶ Spezielle Betriebswirtschaftslehre:
  Industriebetriebslehre (institutionsorientiert)

Die Vermittlung der Betriebswirtschaftslehre erfordert deren innere Strukturierung, die Organisation des zeitlichen Ablaufs der Präsentation ihrer Schwerpunkte sowie die Differenzierung von Pflicht- und Wahlveranstaltungen.

Bachelor, Master

Die inhaltliche Strukturierung der Lehre erfolgt in Modulen, die in der **Bachelor- und Masterausbildung** eingesetzt werden.
Der Zeitpunkt der Inhaltsvermittlung hängt von den Gegenständen des zu vermittelnden Stoffs und den gesetzten Studienschwerpunkten ab.

Einführende Schwerpunkte und Grundlagenschwerpunkte finden ihre Einordnung in Bachelormodulen.
Spezialisierte – oft forschungsorientierte – Schwerpunkte werden als Bestandteile von Mastermodulen vermittelt oder durch andere Lehrformen realisiert.

Der Industriebetrieb ist das Erkenntnisobjekt der Industriebetriebslehre. Aufbauend auf die in der ABWL gemachten Aussagen über den Betrieb in allgemeiner Form behandelt die **Industriebetriebslehre Besonderheiten von Industriebetrieben**.

Häufig ist zu konstatieren, dass die Grenzen zwischen der ABWL und der SBWL unscharf sind.

Es gibt einerseits beachtliche Unterschiede im Produktionsablauf bzw. in der Struktur von Industriebetrieben unterschiedlicher Industriezweige (vgl. Bild PW.A.1.(3)). Andererseits muss der Industriebetrieb ähnliche Funktionen wahrnehmen, so wie sie auch in anderen Betrieben auszuführen sind.

Deshalb stellt sich die Frage nach der Zweckmäßigkeit der Zuordnung differenzierter Problembereiche zur ABWL oder zur SBWL ebenso, wie nach der Auswahl der Inhalte und der Beispiele in einem Buch zur Produktionswirtschaft. Hier sollen vor allem **Verarbeitungsbetriebe**, die **Sachgüter** produzieren, behandelt werden.

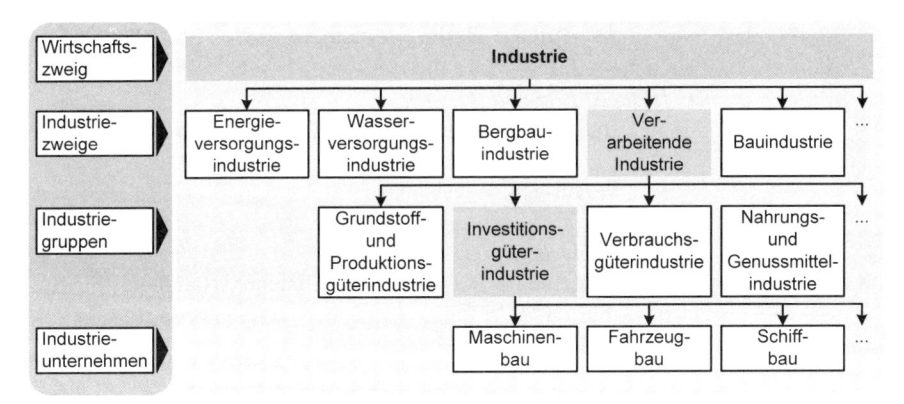

Bild PW.A.1.(3):   Industriezweiggliederung (nach SCHWEITZER, M. [Industriebetriebslehre] S. 24)

I. Begriffe zur Selbstüberprüfung

- ✓ Allgemeine Betriebswirtschaftslehre
- ✓ Spezielle Betriebswirtschaftslehre
- ✓ Produktionswirtschaft
- ✓ Funktionenlehre
- ✓ Institutionenlehre
- ✓ Industriebetriebslehre

II. Weiterführende Literatur

- ❑ FANDEL, Günter:
  Produktion I. Produktions- und Kostentheorie.
  8. Auflage, Berlin, Heidelberg, New York 2010

- ❑ GUTENBERG, Erich:
  Grundlagen der Betriebswirtschaftslehre. Band I: Die Produktion.
  24. Auflage, Berlin, Heidelberg, New York 1983

- ❑ HEINEN, Edmund (Hrsg.):
  Industriebetriebslehre. Entscheidungen im Industriebetrieb.
  9. Auflage, Wiesbaden 1991

- ❑ JACOB, Herbert:
  Allgemeine Betriebswirtschaftslehre. Handbuch für Studium und Prüfung.
  5. Auflage, Wiesbaden 1988

- ❑ SCHWEITZER, Marcell (Hrsg.):
  [Industriebetriebslehre] Industriebetriebslehre. Das Wirtschaften in Industrieunternehmungen.
  2. Auflage, München 1994

- ❑ WÖHE, Günter / DÖRING, Ulrich:
  Einführung in die Allgemeine Betriebswirtschaftslehre.
  24. Auflage, München 2010

2 Produktionsfaktoren und Makrostruktur des Produktionsprozesses

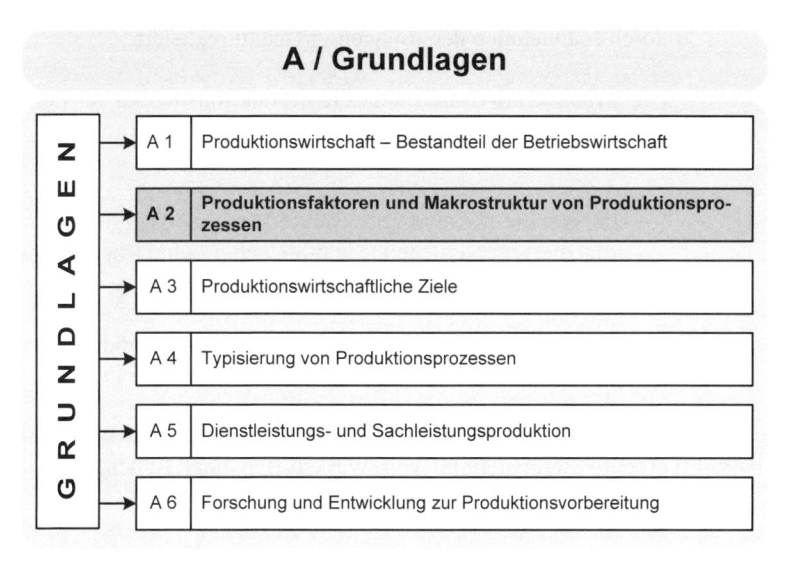

A / Grundlagen

GRUNDLAGEN

- A 1 | Produktionswirtschaft – Bestandteil der Betriebswirtschaft
- **A 2 | Produktionsfaktoren und Makrostruktur von Produktionsprozessen**
- A 3 | Produktionswirtschaftliche Ziele
- A 4 | Typisierung von Produktionsprozessen
- A 5 | Dienstleistungs- und Sachleistungsproduktion
- A 6 | Forschung und Entwicklung zur Produktionsvorbereitung

Bild PW.A.2.(1): Grundlagen (Produktionsfaktoren)

Die **Produktionsfaktoren** werden in **Elementarfaktoren** und **dispositive Faktoren** gegliedert. | Produktionsfaktoren

Elementarfaktoren sind: | Elementarfaktoren
- ▶ Arbeitskräfte
- ▶ Betriebsmittel
- ▶ Werkstoffe

Die **menschliche Arbeit** ist entweder **objektbezogen**, dann steht sie in unmittelbarem Zusammenhang mit der Leistungserstellung, also der Durchführung von Arbeitsoperationen. Oder sie ist **dispositiv**, dann steht sie in Beziehung zu leitenden, planenden und organisierenden Tätigkeiten (vgl. GUTENBERG, E. [Produktion] S. 3).

Arbeitskräfte und Betriebsmittel sind **Potenzialfaktoren**. Sie besitzen die Potenz, eine Leistung hervorzubringen und sind damit kapazitätsbildende Faktoren. | Potenzialfaktoren

Die betriebliche Leistungsfähigkeit geht auf diese kapazitätsbildende Potenz der Arbeitskräfte und Betriebsmittel zurück.

Beide Potenzialfaktoren stellen ihre Kapazität dem Unternehmen über längere Produktionsperioden zur Verfügung. Dabei verschleißen die Betriebsmittel nach und nach. Sie übertragen ihren Wert auf die durch sie produzierten Produkte. Ihre Reproduktion wird durch Maßnahmen der Anlagenwirtschaft realisiert.

Die Arbeitskraft verliert über die Produktionsperiode an Leistungspotenz. Die Leistungspotenz ist durch Freizeit, Erholung, Urlaub, Weiterbildung u. Ä. reproduzierbar.

> Die **Werkstoffe** sind notwendige Voraussetzung dafür, dass produziert werden kann. Sie bilden aber keine Kapazität und sind deshalb auch keine Potenzialfaktoren.

Die **Werkstoffe** werden in einer Produktionsperiode verbraucht. Sie gehen stofflich fast vollständig in die Produkte ein.

Repetierfaktoren — Um eine folgende Produktionsperiode beginnen zu können, ist die erneute Bereitstellung von Werkstoffen unerlässlich. Aus diesem Grunde werden sie auch **Repetierfaktoren** genannt.

> Die **Betriebsmittel** und die **Arbeitskräfte** wirken im Produktionsprozess auf die **Werkstoffe** ein. Dabei wird das Ziel verfolgt, Erzeugnisse zu produzieren. Zur Erzeugung von Dienstleistungen wird die Leistungspotenz auf einen externen Faktor angewendet.

Dispositive Faktoren — Als **dispositive Faktoren** sind die

- **Leitung**,
- **Planung**,
- **Organisation** und
- **Überwachung / Kontrolle**

zu unterscheiden.

Originäre und derivative Faktoren — Die Elementarfaktoren und die Leitung sind so genannte **originäre** (ursprüngliche) **Faktoren**. Planung, Organisation und Überwachung sind **derivative** (abgeleitete) **Faktoren**. Die dispositiven Faktoren sind verantwortlich für die Kombination der Elementarfaktoren im Produktionsprozess.

Elementarfaktoren können erst dann Leistungsprozesse vollziehen, wenn sie zusammenwirken, das heißt, wenn sie miteinander kombiniert werden.

> Die **dispositiven Faktoren** verbinden die Elementarfaktoren zu **produktiven Faktorkombinationen**. Die Art und Weise der Faktorkombination bestimmt die Ergiebigkeit des Produktionsprozesses und somit die Erfüllung produktionswirtschaftlicher Ziele.

| Faktorkombination

Neben den beschriebenen „klassischen" Produktionsfaktoren werden zunehmend auch so genannte externe Faktoren oder **Zusatzfaktoren** den Produktionsfaktoren zugerechnet (vgl. CORSTEN, H. [Produktionswirtschaft] S. 6). Es handelt sich dabei um direkte Dienstleistungen Fremder, indirekte Unterstützungsleistungen und Umweltbelastungen.

| Zusatzfaktoren

Bild PW.A.2.(2) stellt die Gliederung der Produktionsfaktoren dar.

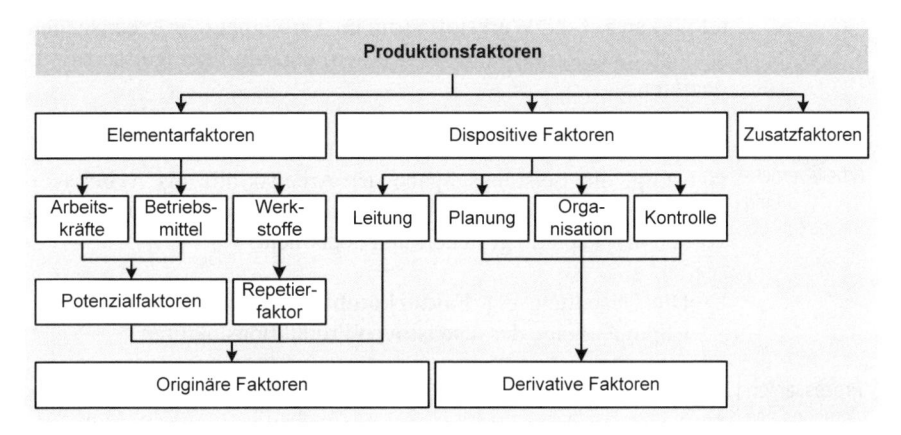

Bild PW.A.2.(2):   Gliederung der Produktionsfaktoren

Systematisiert man die Produktionsfaktoren aus der Sicht der **Makrostruktur des Produktionsprozesses**, dann wird deutlich, dass die Elementarfaktoren **Arbeitskraft, Betriebsmittel** und **Werkstoff** den wesentlichen Teil des **Input** bilden.

| Makrostruktur: Input

Nur der Repetierfaktor **Werkstoff** muss nach jeder Produktionsperiode in vollem Bedarfsumfang erneut bereitgestellt werden, da er körperlich weitestgehend in die produzierten Erzeugnisse eingeht.

Die Potenzialfaktoren **Arbeitskraft** und **Betriebsmittel** stehen dem Produktionsprozess über längere Zeiträume, über mehrere Produktionsperioden zur Verfügung.

Betriebsmittel werden dann neu beschafft, wenn

die Bedarfslage kapazitive Veränderungen (Erweiterungen bzw. Reduzierungen) notwendig macht,

- ▶ die Produktionsprozesse rationalisiert werden und
- ▶ infolge von Aussonderungen (Ausmusterungen) nach abgelaufenen Lebenszyklen von Anlagen und Betriebsmitteln Ersatzbeschaffungen durchgeführt werden.

Arbeitskräftezuführungen stehen in enger Beziehung zu Bedarfsveränderungen und den nachfolgenden Änderungen der Kapazität. Außerdem sind sie eine Reaktion auf stattfindende Fluktuationen.

Makrostruktur: Throughput

Im **Throughput**, dem Produktionsprozess, kommt es zur **Kombination der Inputfaktoren**. Die Arbeitskräfte und die Betriebsmittel wirken auf die Werkstoffe (die im Throughput zu Arbeitsgegenständen bzw. Arbeitsobjekten werden) ein, um Erzeugnisse zu produzieren.

Werkverrichtung, Arbeitsverrichtung

Die Leistungsabgabe der Betriebsmittel wird dabei als **Werkverrichtung**, die Leistungsabgabe der Arbeitskräfte als **Arbeitsverrichtung** bezeichnet. Die Art und Weise dieses Einwirkens wird vorbereitet, geplant, gesteuert und überwacht.

> Die Gestaltung der **Faktorkombinationen** im Throughput ist die Aufgabe der dispositiven Produktionsfaktoren.

Prozessanforderungen und -bedingungen

Der Einsatz der dispositiven Faktoren ist darauf gerichtet, die **Anforderungen** der zu produzierenden Produkte an den Produktionsprozess (z. B. zu bearbeitende Werkstoffe, konstruktive Gestaltung des Produkts) und die vorhandenen **Prozessbedingungen** (z. B. Anzahl, Leistungsfähigkeit und Kapazität der Potenzialfaktoren Arbeitskraft und Betriebsmittel) durch **Organisation, Planung, Steuerung** und **Kontrolle** so aufeinander abzustimmen, dass eine **hohe Ergiebigkeit** des Produktionsprozesses entsteht.

Bild PW.A.2.(3) fasst diesen Sachverhalt zusammen.

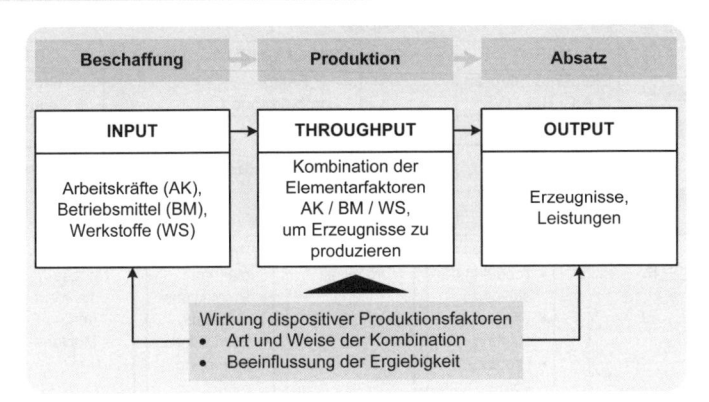

Produktionsfaktoren und Makrostruktur des Produktionsprozesses

```
Beschaffung  →  Produktion  →  Absatz

INPUT              THROUGHPUT           OUTPUT
Arbeitskräfte (AK),   Kombination der    Erzeugnisse,
Betriebsmittel (BM),  Elementarfaktoren  Leistungen
Werkstoffe (WS)       AK / BM / WS,
                      um Erzeugnisse zu
                      produzieren

         Wirkung dispositiver Produktionsfaktoren
         • Art und Weise der Kombination
         • Beeinflussung der Ergiebigkeit
```

Bild PW.A.2.(3):   *Einsatz der Produktionsfaktoren in der Makrostruktur des Produktionsprozesses*

Die Erzeugnisse und Leistungen, die den Produktionsprozess verlassen, also abgesetzt werden, werden als **Output** bezeichnet. Ihre Menge, Qualität und die Kosten, die durch ihre Herstellung entstehen, hängen sowohl von der Menge und Güte der Einsatzfaktoren ab, als auch ganz besonders von der **Qualität der Faktorkombination** infolge des Wirkens dispositiver Produktionsfaktoren.

Makrostruktur: Output

Um eine hohe Qualität der Faktorkombinationen erreichen zu können, sind für die Gestaltung des Throughput nachfolgend genannte Aufgaben zu lösen (vgl. Bild PW.A.2.(4)):

(1) **Forschung und Entwicklung** zur

- konstruktiven Erzeugnisgestaltung,
- technisch-technologischen Prozessgestaltung und
- technologischen Produktionsvorbereitung.

Aufgaben der Forschung und Entwicklung zur Produktionsvorbereitung

Die Ergebnisse des Forschungs- und Entwicklungsprozesses sind Zeichnungen der Erzeugnisse und ihrer Bestandteile, Stücklisten, Arbeitspläne, Vorgabezeiten für Arbeitsgänge, benötigte Fertigungsverfahren und vom Erzeugnis zu durchlaufende Verfahrensfolgen zu seiner Fertigstellung. Diese Ergebnisse sind Voraussetzungen für die Lösung der nachfolgend genannten Aufgaben.

Teil A / Grundlagen

Makrostruktur des Produktionsprozesses	INPUT Elementarfaktoren AK / BM / WS	THROUGHPUT Faktor- kombinationen	OUTPUT Produkte, Leistungen
Betriebliche Funktionen	Beschaffung	Produktion	Absatz

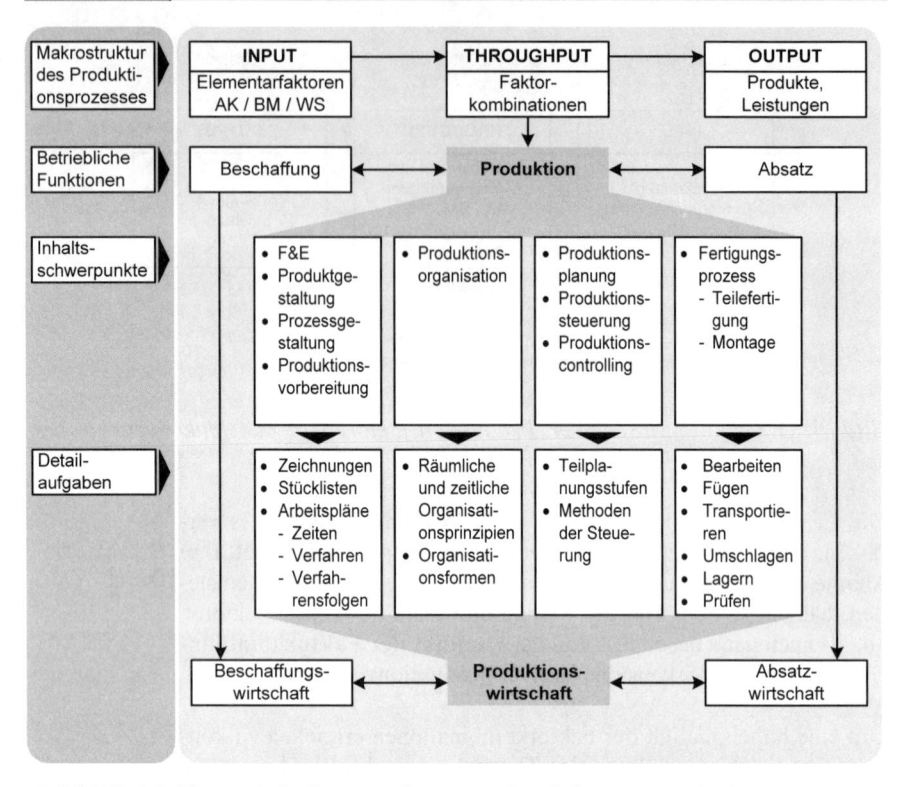

Inhalts- schwerpunkte	• F&E • Produktge- staltung • Prozessge- staltung • Produktions- vorbereitung	• Produktions- organisation	• Produktions- planung • Produktions- steuerung • Produktions- controlling	• Fertigungs- prozess - Teileferti- gung - Montage
Detail- aufgaben	• Zeichnungen • Stücklisten • Arbeitspläne - Zeiten - Verfahren - Verfah- rensfolgen	• Räumliche und zeitliche Organisati- onsprinzipien • Organisati- onsformen	• Teilpla- nungsstufen • Methoden der Steue- rung	• Bearbeiten • Fügen • Transportie- ren • Umschlagen • Lagern • Prüfen

Beschaffungs- wirtschaft	Produktions- wirtschaft	Absatz- wirtschaft

Bild PW.A.2.(4): Aufgabenzuordnung zur Produktionswirtschaft

Produktions-
organisation,
Organisations-
prinzipien

(2) Produktionsorganisation

Sie bestimmt die sinnvolle räumliche Anordnung von Arbeitsplätzen im Produktionsprozess (räumliches Organisationsprinzip) sowie die Strukturierung der Produktionszeit und die Art des zeitlichen Ablaufs des Produktionsprozesses (zeitliches Organisationsprinzip). Die räumlichen und zeitlichen Organisationsprinzipien bilden die Organisationsformen.

Produktions-
planung,
-steuerung,
-controlling

(3) Produktionsplanung und -steuerung, Produktionscontrolling

Die zu lösenden Planungsaufgaben werden in Teilplanungsstufen gegliedert. Diese reichen von der Produktionsprogrammplanung über die Teilebedarfsermittlung, die Durchlaufplanung, die Terminplanung, die Fertigungsauftragsbildung bis hin zur Reihenfolgeplanung. Differenzierte, dem Produktionsprozess angepasste Methoden der Produktionssteuerung veranlassen, überwachen und sichern die ablaufenden Produktionsvorgänge.

Das Produktionscontrolling wirkt entscheidungsunterstützend und stellt Methoden, Instrumentarien und Informationen zur Verfügung.

(4) **Fertigungsprozess**

Dazu gehören die Teilefertigung und die Montage. Das Bearbeiten, Fügen, Transportieren, Umschlagen, Lagern und Prüfen sind die wichtigsten zu lösenden Aufgabenbereiche. Hier dominieren die technisch / technologischen, objektbezogenen Aufgaben und hier vollzieht sich das unmittelbare Einwirken von Arbeitskräften und Betriebsmitteln auf die Werkstoffe.

Fertigungsprozess

Neben der Produktionsorganisation und der Produktionsplanung und -steuerung werden der Produktionswirtschaft damit auch ausgewählte **Aufgaben** der

- ▶ Forschung und Entwicklung,
- ▶ Produktionsvorbereitung,
- ▶ Beschaffung und
- ▶ Fertigung

zugeordnet.

Die mehr **objektbezogenen Aufgaben** der Forschung und Entwicklung zur Produktgestaltung, Prozessgestaltung und Prozessdurchführung sind technischen Disziplinen zuzuordnen.

Zwischen beiden Aufgabenkomplexen bestehen **enge Wechselbeziehungen**, ohne deren Kenntnis und Berücksichtigung rationelle Produktionsprozesse nicht gestaltbar sind.

Daraus folgt, dass die **Produktionswirtschaft** eine Wissenschaftsdisziplin im Überlappungsbereich technischer und ökonomischer Wissenschaften ist.

I. Begriffe zur Selbstüberprüfung

- ✓ Input, Throughput, Output
- ✓ Produktionsfaktoren
- ✓ Elementarfaktoren
- ✓ Potenzialfaktoren
- ✓ Repetierfaktor
- ✓ Dispositive Produktionsfaktoren
- ✓ Originäre und derivative Produktionsfaktoren

II. Weiterführende Literatur

- ❏ CORSTEN, Hans:
  [Produktionswirtschaft] Produktionswirtschaft. Einführung in das industrielle Produktionsmanagement.
  12. Auflage, München, Wien 2009

- ❏ GUTENBERG, Erich:
  [Produktion] Grundlagen der Betriebswirtschaftslehre.
  Band I: Die Produktion.
  24. Auflage, Berlin, Heidelberg, New York 1983

- ❏ HOITSCH, Hans-Jörg:
  Produktionswirtschaft. Grundlagen einer industriellen Betriebswirtschaftslehre.
  2. Auflage, München 1993

- ❏ ZÄPFEL, Günther:
  Grundzüge des Produktions- und Logistikmanagements.
  2. Auflage, Berlin, New York 2001

- ❏ ZÄPFEL, Günther:
  Produktionswirtschaft. Operatives Produktions-Management.
  Berlin, New York 1982

3 Produktionswirtschaftliche Ziele

A / Grundlagen

	A 1	Produktionswirtschaft – Bestandteil der Betriebswirtschaft
	A 2	Produktionsfaktoren und Makrostruktur von Produktionsprozessen
	A 3	**Produktionswirtschaftliche Ziele**
	A 4	Typisierung von Produktionsprozessen
	A 5	Dienstleistungs- und Sachleistungsproduktion
	A 6	Forschung und Entwicklung zur Produktionsvorbereitung

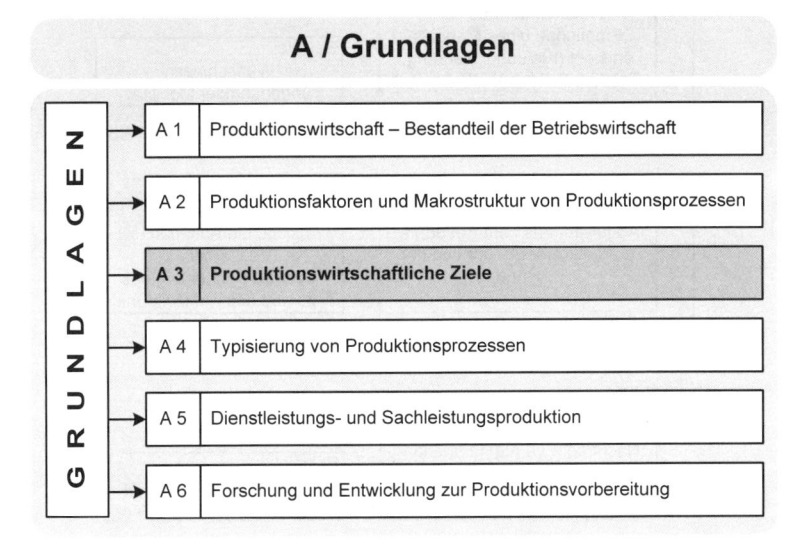

Bild PW.A.3.(1): Grundlagen (Ziele)

3.1 Wirtschaftlichkeitsprinzip und Erfolgsrelationen

Produktionsprozesse werden durchgeführt, um Erzeugnisse herzustellen, die Bedürfnisse befriedigen.

Bedürfnisse verdeutlichen Wünsche, die aus dem Empfinden eines Mangels entstehen. Aus ihnen leitet sich der **Bedarf** ab, der eine konkrete Güterbenennung realisiert. Aus dem Bedarf wird dann **Nachfrage**, wenn der Nachfrager über finanzielle Mittel verfügt und bereit ist, diese zur Bedarfsdeckung einzusetzen. Siehe dazu Bild PW.A.3.(2). \| Bedürfnis, Bedarf, Nachfrage

> Die vorhandenen menschlichen und natürlichen **Ressourcen reichen nicht aus, um alle Bedürfnisse befriedigen zu können**. Die Lösung dieses Problems kann nur durch ökonomisches **Wirtschaften** angestrebt werden. Dazu ist es notwendig, eine Rangordnung der zu befriedigenden Bedürfnisse aufzustellen, die die **Prioritäten der Ressourcenverwendung** regelt.

```
┌─────────────────┐
│   Bedürfnis     │
└─────────────────┘
  ┌─────────────────────────┐         ┌─────────────────────┐
  │ Wunsch, der aus dem     │         │ Beispiel:           │
  │ Empfinden eines Mangels │         │ Wunsch nach         │
  │ entsteht (Kleidung,     │         │ unabhängiger        │
  │ Nahrung, Frieden,       │         │ Mobilität           │
  │ Sicherheit, Wohnung)    │         │                     │
  └─────────────────────────┘         └─────────────────────┘
          │
          ▼
┌─────────────────┐
│    Bedarf       │
└─────────────────┘
  ┌─────────────────────────┐         ┌─────────────────────────┐
  │ Abgeleitet aus dem      │         │ Beispiel:               │
  │ Bedürfnis; mit          │         │ Absicht, ein Automobil  │
  │ konkreter Benennung     │         │ zu erwerben;            │
  │ der Güter               │         │ Genaue Benennung des    │
  │                         │         │ Typs und des Kaufzeit-  │
  │                         │         │ punkts                  │
  └─────────────────────────┘         └─────────────────────────┘
          │
          ▼
┌─────────────────┐
│   Nachfrage     │
└─────────────────┘
  ┌─────────────────────────┐         ┌─────────────────────────┐
  │ Abgeleitet aus dem      │         │ Beispiel:               │
  │ Bedürfnis; Nachfrager   │         │ Konkrete Vertrags-      │
  │ verfügt über finan-     │         │ verhandlungen mit dem   │
  │ zielle Mittel und ist   │         │ Autohaus                │
  │ bereit, diese zur       │         │                         │
  │ Bedarfsdeckung          │         │                         │
  │ einzusetzen             │         │                         │
  └─────────────────────────┘         └─────────────────────────┘
```

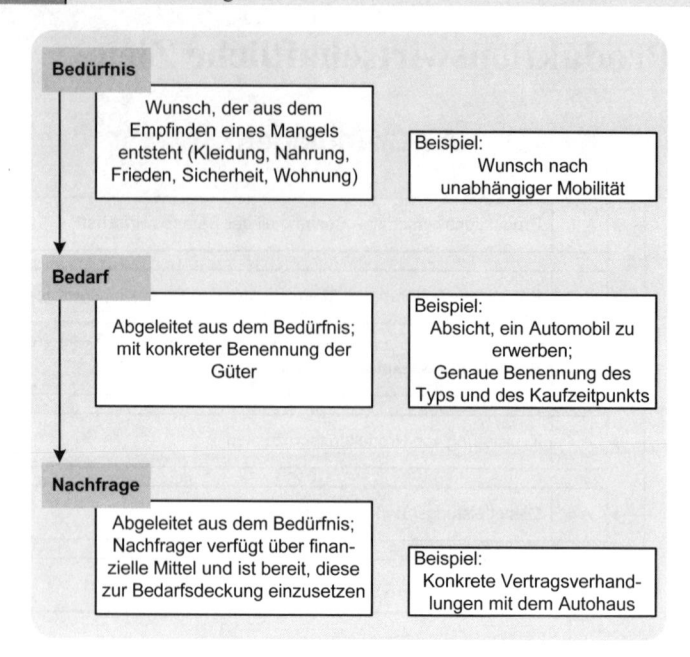

Bild PW.A.3.(2):   *Unterscheidungsmerkmale für Bedürfnis, Bedarf und Nachfrage*

Rationelle Bedürfnisbefriedigung bedeutet demnach, dass

▶ kein Bedürfnis niedrigen Rangs befriedigt werden darf, solange Bedürfnisse hohen Rangs noch unbefriedigt sind und

▶ die Bedürfnisbefriedigung unter sparsamer Verwendung der vorhandenen Ressourcen erfolgen muss.

Das zwingt zur Umsetzung des Basisprinzips wirtschaftlichen Handelns.

Wirtschaftlichkeitsprinzip	Es heißt **Rationalprinzip** oder **Wirtschaftlichkeitsprinzip** und gliedert sich in das **Maximumprinzip** und das **Minimumprinzip**. Dieser Zusammenhang wird in Bild PW.A.3.(3) verdeutlicht.
Maximum- und Minimumprinzip	Das **Maximumprinzip** verlangt, dass mit einer **gegebenen Menge an Ressourcen** ein **maximaler Output** erzielt wird. Das **Minimumprinzip** verlangt, dass ein **vorgegebenes Resultat** mit einem **minimalen Einsatz von Inputfaktoren** erzielt wird (vgl. Bild PW.A.3.(4)).

Produktionswirtschaftliche Ziele

```
┌─────────────────────────┐     ┌─────────────────────────────┐
│ Unbegrenzt vorhanden:   │     │ Begrenzt vorhanden:         │
│ • Bedürfnis ⇨ Bedarf    │     │ • Ressourcen / Güter        │
│                         │     │   (freie und Wirtschaftsgüter)│
└───────────┬─────────────┘     └──────────────┬──────────────┘
            ▼                                  ▼
      ┌───────────┐                      ┌───────────┐
      │ Nachfrage │                      │ Angebot   │
      └─────┬─────┘                      └─────┬─────┘
            └──────────────┬───────────────────┘
                           ▼
              ┌──────────────────────┐
              │ Deckungsmöglichkeit  │
              └──────────┬───────────┘
                         ▼
              ┌──────────────────────┐
              │ Zwang zum Wirtschaften│
              └──────────────────────┘
```

Zielstellung dabei ist es, vorhandene Mittel so einzusetzen, dass ein möglichst großes Maß der Bedürfnis- bzw. Nachfragebefriedigung erreicht wird.

Entscheidungsprozess
1. Über die Herstellung und den Verbrauch der Güter
2. Über die Rangfolge der Nachfragebefriedigung
3. Über alternative Güterverwendung

Ökonomische Überlegungen

Wirtschaftlichkeitsprinzip mit den Ausprägungen
- Maximumprinzip
- Minimumprinzip

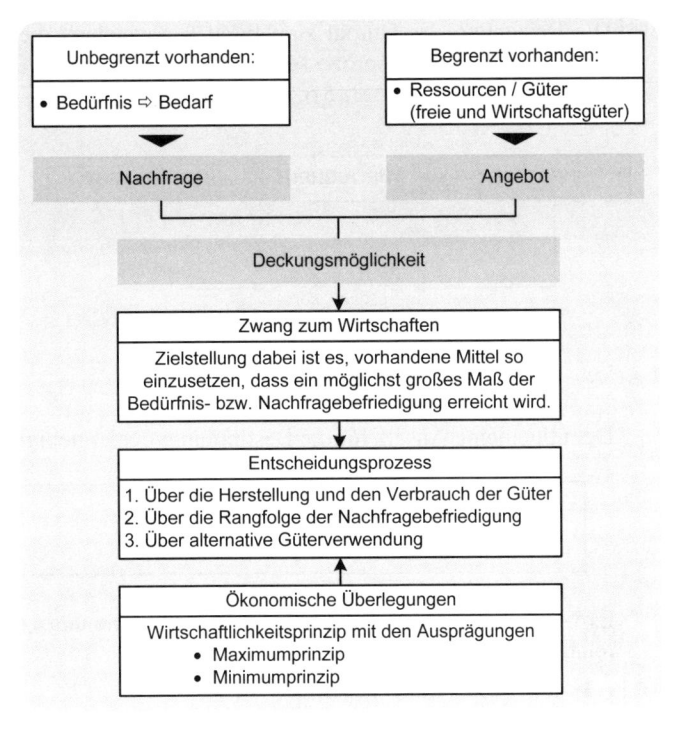

Bild PW.A.3.(3):   *Gründe für den Zwang zum Wirtschaften*

Wirtschaftlichkeitsprinzip	Gegeben	Optimierungsziel
Minimumprinzip	Output	Minimierung des Input
Maximumprinzip	Input	Maximierung des Output

Bild PW.A.3.(4):   *Wirkungstendenzen des Wirtschaftlichkeitsprinzips*

Zur Sicherung der Nachfragebefriedigung sind von den dispositiven Faktoren in Abhängigkeit von den Planungszeiträumen (strategische, taktische, operative Planungsphase) anstrebenswerte Zielstellungen zu formulieren und so genannte Mittelentscheidungen zur Zielrealisierung abzuleiten.

Alle Ziele, die für ein Unternehmen aus der Sicht der Wirtschaftlichkeit definiert werden, gehen letztlich davon aus, dass eine ökonomische Handlung nur dann wirtschaftlich rationell sein kann, wenn der Output des Unternehmens größer ist als der Input.

Ergiebigkeit | Die Beziehung des Output zum Input kennzeichnet die **Ergiebigkeit** eines Produktionsprozesses durch die Bildung von Erfolgsrelationen (vgl. Bild PW.A.3.(5)).

```
INPUT ───▶ THROUGHPUT ───▶ OUTPUT
  │                            │
  └──────────▶ Erfolgsrelation: ◀──────┘
               Ergiebigkeit
```

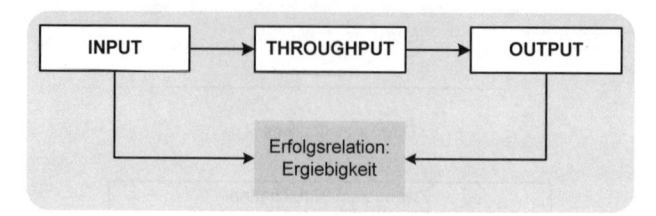

Bild PW.A.3.(5):   Ergiebigkeit des Produktionsprozesses

Der allgemeine Ansatz für die Bestimmung der Ergiebigkeit lautet:

$$\text{Ergiebigkeit} = \frac{\text{Output}}{\text{Input}}$$

Es werden drei grundsätzliche Arten der Bestimmung von Erfolgsrelationen unterschieden:

Produktivität, Wirtschaftlichkeit und Rentabilität

- **Produktivität**
- **Wirtschaftlichkeit**
- **Rentabilität**

Zur Bestimmung der Produktivität geht in den Zähler des Quotienten als Output die Leistung ein. Diese kann eine Mengengröße sein. Bei einem **homogenen Erzeugnisprogramm** wären das z. B. die Stückzahl der produzierten Erzeugnisse, die Masse bzw. das Volumen des Output gemessen in Tonnen, Kubikmetern o. Ä. Bei **heterogenen Programmen** könnte der Output in Naturalgrößen gemessen werden, die sich auf Leistungsparameter des produzierten Erzeugnisprogramms stützen. Solche Größen sind z. B. Bruttoregistertonnen zur Outputbewertung einer Werft oder Kilowatt zur Outputbewertung eines Motorenproduzenten.

Umsatz, Wertschöpfung

Es ist jedoch immer möglich, den **Output als Wertgröße** zu quantifizieren. Für die Ermittlung der Produktivität dient dafür der **Umsatz** oder die **Wertschöpfung**.

Da die Wertschöpfung Vorleistungen Dritter als auch Veränderungen des Bestands an fertigen und unfertigen Erzeugnissen berücksichtigt, ist sie (insbesondere wenn Unternehmensvergleiche realisiert werden sollen) dem Umsatz als Zählergröße vorzuziehen.

Als **Nenner** sind alternativ die Elementarfaktoren einsetzbar:

▶ **Arbeitskräfte**
Maßstäbe:
- Anzahl der AK [Stück]
- Arbeitszeitfonds [Stunden]
  (Bewertung der Anzahl der AK mit ihrer Einsatzzeit)
- Lohn [€]
  (Bewertung der Anzahl der AK bzw. des Arbeitszeitfonds mit dem Lohn pro AK oder dem Lohn pro Arbeitsstunde)

▶ **Betriebsmittel**
Maßstäbe:
- Anzahl der BM [Stück]
- Betriebsmittelzeitfonds [Stunden]
  (Bewertung der Anzahl der BM mit ihrer Einsatzzeit)
- Wert [€]
  (Bewertung der BM mit ihren Anschaffungspreisen bzw. ihren Wiederbeschaffungspreisen)

▶ **Werkstoffe**
Maßstäbe:
- Mengen [m²], [m³], [Liter]
- Wert [€]

In Abhängigkeit davon, welcher Elementarfaktor den Nenner bildet, sind folgende **Produktivitätsarten (Teilproduktivitäten)** zu unterscheiden: *(Produktivitätsarten, Teilproduktivitäten)*

$$(1)\ \text{Arbeitskräfteproduktivität} = \frac{\text{Wertschöpfung}}{\text{Arbeitskräfte}}$$

Arbeitskräfteproduktivität

$$(2)\ \text{Betriebsmittelproduktivität} = \frac{\text{Wertschöpfung}}{\text{Betriebsmittel}}$$

Betriebsmittelproduktivität

$$(3)\ \text{Werkstoffproduktivität} = \frac{\text{Wertschöpfung}}{\text{Werkstoffe}}$$

Werkstoffproduktivität

Bilden die elementaren Produktionsfaktoren die jeweiligen Nennergrößen, kann von **elementarfaktorbezogenen Teilproduktivitäten** gesprochen werden. *(Elementarfaktorbezogene Teilfaktorproduktivitäten)*

In der Betriebswirtschaftslehre kaum verwendet, aber trotzdem als Produktivitätsgröße akzeptabel, sind die nachfolgend aufgeführten Größen **Kapitalproduktivität** und **Vermögensproduktivität**:

Kapital-
produktivität

$$(4)\quad \text{Kapitalproduktivität} = \frac{\text{Wertschöpfung}}{\text{Kapital}}$$

Eine aus Sicht der Kapitalzusammensetzung mögliche Differenzierung unterteilt diesen Produktivitätsausdruck in

- ▶ Eigenkapitalproduktivität und
- ▶ Fremdkapitalproduktivität.

Vermögens-
produktivität

$$(5)\quad \text{Vermögensproduktivität} = \frac{\text{Wertschöpfung}}{\text{Vermögen}}$$

Eine aus Sicht der Vermögenszusammensetzung mögliche Differenzierung unterteilt diesen Produktivitätsausdruck in

- ▶ Produktivität des Anlagevermögens und
- ▶ Produktivität des Umlaufvermögens.

Gesamtbetriebliche Betrachtungen zwingen zur Zusammenführung der Teilproduktivitäten. Das geschieht dadurch, dass der zu Preisen bewertete mengenmäßige Output (Umsatz bzw. Leistung) den zu Kosten bewerteten Inputfaktormengen (Summe der Kosten der Arbeitskräfte, der Betriebsmittel und der Werkstoffe) gegenübergestellt wird.

Der berechnete Quotient wird als **Gesamtproduktivität** bzw. als **Wirtschaftlichkeit** bezeichnet:

Wirtschaft-
lichkeit

$$\text{Wirtschaftlichkeit} = \frac{\text{Wertschöpfung}}{\sum \text{Kosten der Inputfaktoren}}$$

Der Zusammenhang zwischen Produktivität und Wirtschaftlichkeit ist in Bild PW.A3.(6) dargestellt.

Bilanzielle
Teilfaktorpro-
duktivitäten

Bilden das Kapital oder die Vermögenswerte die jeweiligen Nennergrößen, kann von **bilanziellen Teilproduktivitäten** gesprochen werden.

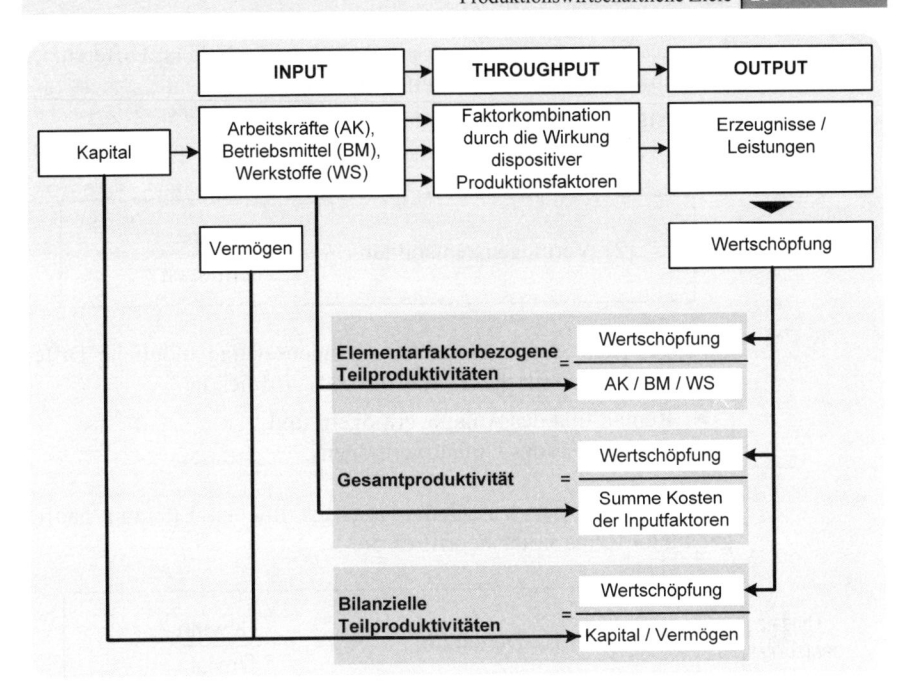

Produktionswirtschaftliche Ziele

```
                    INPUT          →    THROUGHPUT    →        OUTPUT

              Arbeitskräfte (AK),      Faktorkombination       Erzeugnisse /
   Kapital →  Betriebsmittel (BM),  →  durch die Wirkung   →   Leistungen
              Werkstoffe (WS)          dispositiver
                                       Produktionsfaktoren
                                                                    ↓
              Vermögen                                         Wertschöpfung


                                                          Wertschöpfung
              Elementarfaktorbezogene                  = ─────────────────
              Teilproduktivitäten                          AK / BM / WS


                                                          Wertschöpfung
              Gesamtproduktivität                      = ─────────────────
                                                          Summe Kosten
                                                          der Inputfaktoren


                                                          Wertschöpfung
              Bilanzielle                              = ─────────────────
              Teilproduktivitäten                         Kapital / Vermögen
```

Bild PW.A.3.(6):   *Zusammenhang zwischen elementarfaktorbezogenen und bilanziellen Teilproduktivitäten und der Gesamtproduktivität*

Zur Bestimmung der **Rentabilität** geht in den **Zähler** des Quotienten der Ergiebigkeitsrelation der **Gewinn** ein.

Den **Nenner** bildet das **Kapital** (alternativ: Gesamtkapital, Eigenkapital, Fremdkapital) oder das **Vermögen** (vgl. KÜPPER, H.-U. [Controlling] S. 920) des Unternehmens (alternativ: Gesamtvermögen, Anlagevermögen, Umlaufvermögen).

Beide Werte sind als Inputgrößen akzeptabel; das Kapital, weil es die finanzielle Voraussetzung für die Beschaffung der Inputfaktoren ist, das Vermögen, weil es bereits im Unternehmen befindliche Inputgrößen darstellt.

In Abhängigkeit davon, wie der Nenner gebildet wird, sind folgende **Rentabilitätsbegriffe** zu unterscheiden:

$$(1)\ \text{Kapitalrentabilität} = \frac{\text{Gewinn}}{\text{Kapital}}$$

Kapitalrentabilität

Eine aus Sicht der Kapitalzusammensetzung mögliche Differenzierung unterteilt diesen Rentabilitätsausdruck in

- Eigenkapitalrentabilität und
- Fremdkapitalrentabilität.

Vermögens-rentabilität

$$(2) \quad \text{Vermögensrentabilität} = \frac{\text{Gewinn}}{\text{Vermögen}}$$

Eine aus Sicht der Vermögenszusammensetzung mögliche Differenzierung unterteilt diesen Rentabilitätsausdruck in

- Rentabilität des Anlagevermögens und
- Rentabilität des Umlaufvermögens.

Ein dritter, in der wirtschaftswissenschaftlichen Literatur häufig genannter Rentabilitätsbegriff ist die

Umsatz-rentabilität

$$(3) \quad \text{Umsatzrentabilität} = \frac{\text{Gewinn}}{\text{Umsatz}}$$

Die **Umsatzrentabilität** ist unabhängig von ihrer Bedeutung und Aussagekraft **nicht mehr als Erfolgsrelation aus der Sicht der Output-Input-Beziehung** zu bezeichnen.

Der Umsatz als Produkt aus Erzeugnis und Preis bildet keine reine Inputgröße.
Die abgesetzte Erzeugnismenge ist eine Outputgröße. Der Preis setzt sich im Wesentlichen aus den auf die Produktionsfaktoren bezogenen Aufwendungen und dem Gewinn zusammen.

Der Gewinn ist eine Outputgröße. Die Aufwendungen der eingesetzten Faktoren sind Inputgrößen.
Eliminiert man in der Kennzahl Umsatzrentabilität den als Nenner eingesetzten Umsatz um seine Outputbestandteile Menge und Gewinn, so bleiben im Wesentlichen Faktoraufwendungen übrig.
Setzt man sie alternativ als Inputgrößen in den Nenner der Rentabilitätsformel ein, so erhält man – in Analogie zu den Teilproduktivitäten – die Teilrentabilitäten.

Arbeitskräfte-rentabilität

$$(1) \quad \text{Arbeitskräfterentabilität} = \frac{\text{Gewinn}}{\text{Arbeitskräfte}}$$

Produktionswirtschaftliche Ziele 23

$$(2) \text{ Betriebsmittelrentabilität } = \frac{\text{Gewinn}}{\text{Betriebsmittel}}$$

Betriebsmittel- rentabilität

$$(3) \text{ Werkstoffrentabilität } = \frac{\text{Gewinn}}{\text{Werkstoffe}}$$

Werkstoff- rentabilität

Davon abgeleitet ist ähnlich wie die Gesamtproduktivität auch eine Gesamtrentabilität vorstellbar.

$$\text{Gesamtrentabilität } = \frac{\text{Gewinn}}{\text{Summe der Kosten der Inputfaktoren}}$$

Gesamt- rentabilität

Der Zusammenhang zwischen den Teilrentabilitäten und der Gesamtrentabilität ist in Bild PW.A.3.(7) dargestellt.

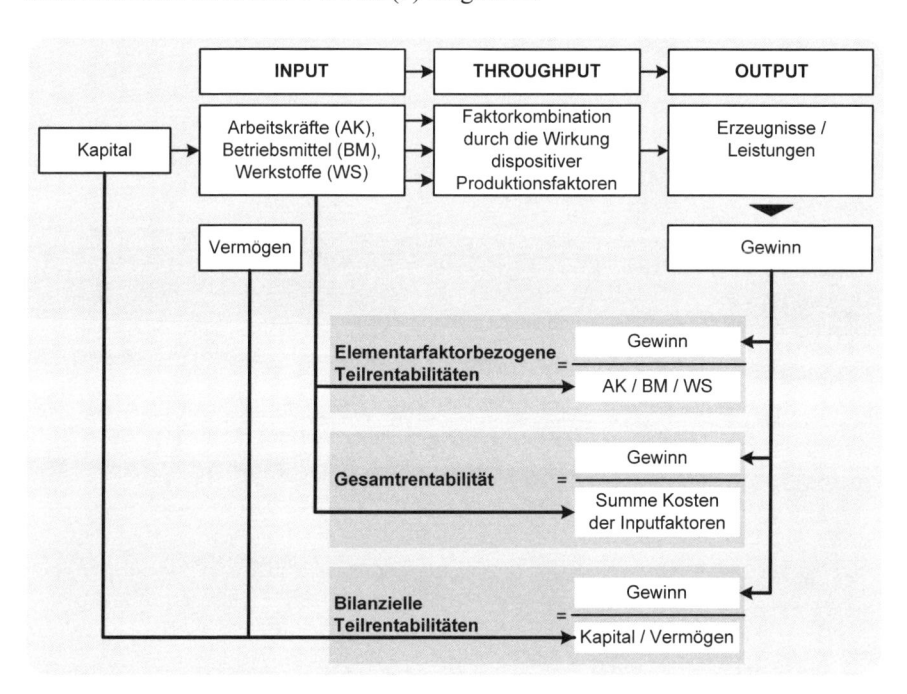

Bild PW.A.3.(7): Zusammenhang zwischen elementarfaktorbezogenen und bilanziellen Teilrentabilitäten und der Gesamtrentabilität

Die Rentabilitätsgrößen, die im Nenner die Elementarfaktoren abbilden, werden als elementarfaktorbezogene Teilrentabilitäten bezeichnet.

Die Rentabilitätsgrößen, die im Nenner das Kapital oder das Vermögen abbilden, werden als bilanzielle Teilrentabilitäten bezeichnet.

Bild PW.A.3.(8) zeigt eine Gesamtübersicht über die Kennzahlen der Produktivität und Rentabilität. Auf diese Weise erfolgt eine Vereinheitlichung der Ansätze zur Produktivitäts- und Rentabilitätsmessung und -bewertung.

Produktionswirtschaftliche Ziele | 25

$$\text{ERGIEBIGKEIT} = \frac{\text{OUTPUT}}{\text{INPUT}}$$

$$\text{Produktivität} = \frac{\text{Wertschöpfung}}{\text{Input}}$$

Elementarfaktorbezogene Teilproduktivitäten

- Arbeitsproduktivität $= \dfrac{\text{Wertschöpfung}}{\text{Arbeitskräfte}}$
- Betriebsmittelproduktivität $= \dfrac{\text{Wertschöpfung}}{\text{Betriebsmittel}}$
- Werkstoffproduktivität $= \dfrac{\text{Wertschöpfung}}{\text{Werkstoffe}}$

Bilanzielle Teilproduktivitäten

- Kapitalproduktivität $= \dfrac{\text{Wertschöpfung}}{\text{Kapital}}$
- Vermögensproduktivität $= \dfrac{\text{Wertschöpfung}}{\text{Vermögen}}$

- Gesamtproduktivität $= \dfrac{\text{Wertschöpfung}}{\text{Summe Kosten der Inputfaktoren}}$

$$\text{Rentabilität} = \frac{\text{Gewinn}}{\text{Input}}$$

Elementarfaktorbezogene Teilrentabilitäten

- Arbeitskräfterentabilität $= \dfrac{\text{Gewinn}}{\text{Arbeitskräfte}}$
- Betriebsmittelrentabilität $= \dfrac{\text{Gewinn}}{\text{Betriebsmittel}}$
- Werkstoffrentabilität $= \dfrac{\text{Gewinn}}{\text{Werkstoffe}}$

Bilanzielle Teilrentabilitäten

- Kapitalrentabilität $= \dfrac{\text{Gewinn}}{\text{Kapital}}$
- Vermögensrentabilität $= \dfrac{\text{Gewinn}}{\text{Vermögen}}$

- Gesamtrentabilität $= \dfrac{\text{Gewinn}}{\text{Summe Kosten der Inputfaktoren}}$

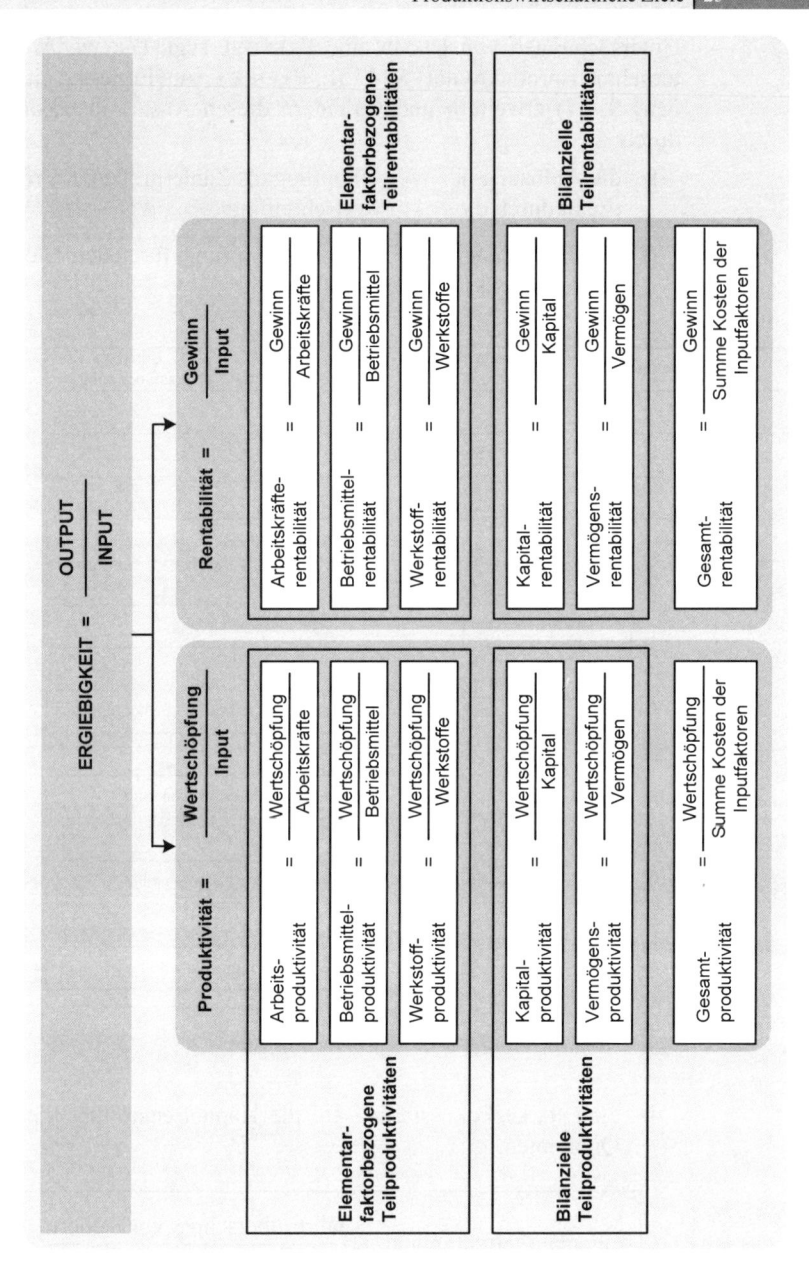

Bild PW.A.3.(8): Übersicht über die Kennzahlen der Produktivität und Rentabilität (vgl. NEBL, T. / DIKOW, A. [Produktivitätsmanagement] S. 11)

Untersuchungen von DIKOW und PRENGEL (vgl. DIKOW, A. [Unternehmensproduktivität] S. 47 ff., PRENGEL, A. [Ergiebigkeitsgrößen] S. 27) erweitern und verändern diesen Ansatz insbesondere durch

▶ die Ablösung der Wertschöpfung als Zählergröße der Produktivität durch die Faktorwertschöpfung.

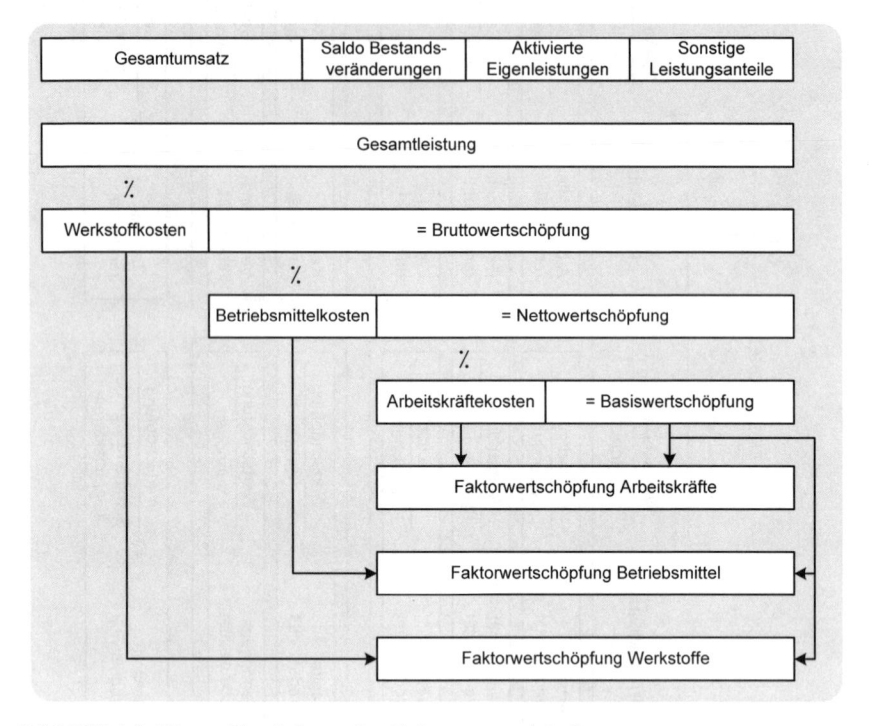

Die Ermittlung der Faktorwertschöpfung für jeden Elementarfaktor stellt Bild PW.A.3.(9) dar.

| Gesamtumsatz | Saldo Bestandsveränderungen | Aktivierte Eigenleistungen | Sonstige Leistungsanteile |

Gesamtleistung

./.

Werkstoffkosten → = Bruttowertschöpfung

./.

Betriebsmittelkosten → = Nettowertschöpfung

./.

Arbeitskräftekosten → = Basiswertschöpfung

→ Faktorwertschöpfung Arbeitskräfte

→ Faktorwertschöpfung Betriebsmittel

→ Faktorwertschöpfung Werkstoffe

Bild PW.A.3.(9): Ermittlung der Faktorwertschöpfung

▶ eine starke Fokussierung auf die Kapitalrentabilität mit dem Quotienten

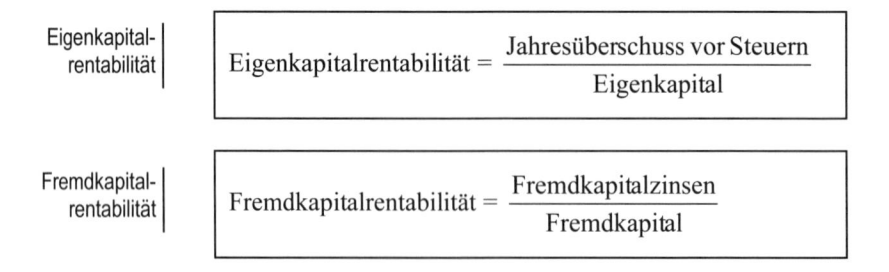

Eigenkapitalrentabilität

$$\text{Eigenkapitalrentabilität} = \frac{\text{Jahresüberschuss vor Steuern}}{\text{Eigenkapital}}$$

Fremdkapitalrentabilität

$$\text{Fremdkapitalrentabilität} = \frac{\text{Fremdkapitalzinsen}}{\text{Fremdkapital}}$$

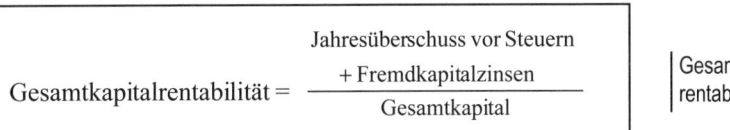

$$\text{Gesamtkapitalrentabilität} = \frac{\text{Jahresüberschuss vor Steuern} + \text{Fremdkapitalzinsen}}{\text{Gesamtkapital}}$$

Gesamtkapitalrentabilität

▶ die Analyse von Wechselbeziehungen zwischen den
- Produktivitätsgrößen
- Rentabilitätsgrößen
- Produktivitätsgrößen und Rentabilitätsgrößen

In der Kennzahl Produktivität sind Sach- und Formalziele miteinander verknüpft. Daraus leitet sich ihre besondere Bedeutung ab. Es gibt wohl kaum eine betriebswirtschaftliche Entscheidung, die nicht mittel- bzw. unmittelbar die Entwicklung der Produktivität beeinflusst.

Aus diesem Grunde soll sie an dieser Stelle weiterführend betrachtet werden.

3.2 Einflussfaktoren und Gestaltungsmöglichkeiten der Produktivität

Eine zielorientierte Produktivitätsentwicklung erfordert ein systematisches Vorgehen. Der Ansatz für die Systematik ist mit der Formel zur Berechnung der Produktivität bereits vorgegeben. Die Formel stellt einen Quotienten mit Zähler und Nenner dar.

Die Einflussfaktoren, die auf die Produktivität wirken, lassen sich folgendermaßen strukturieren:

Systematik der Einflussfaktoren

(1) **Einflussfaktoren mit Wirkung auf den Output**
Diese Einflussfaktoren sind wertschöpfungsorientiert. Sie wirken auf den Zähler.

(2) **Einflussfaktoren mit Wirkung auf den Input**
Diese Einflussfaktoren orientieren auf die Arbeitskräfte, die Betriebsmittel und die Werkstoffe sowie auf deren Beeinflussung der Produktivitätsentwicklung. Sie wirken auf den Nenner.

(3) **Einflussfaktoren mit Wirkung auf den Throughput** und damit auf den eigentlichen Produktionsprozess
Sie beziehen sich auf die Wirkung der dispositiven Produktionsfaktoren:

- Leitung
- Planung
- Organisation
- Kontrolle

Diese Einflussfaktoren besitzen die Besonderheit, dass sie sowohl auf den Zähler als auch auf den Nenner der Produktivität wirken.

Jeder Einflussfaktor, der auf den Zähler bzw. den Nenner wirkt und eine negative, nicht gewünschte Tendenz verfolgt, verschlechtert die Produktivität und ihre Entwicklung.

Methodische Problemlösungsansätze

Aus diesem Grunde ist es nicht nur nötig, die Einflussfaktoren zu systematisieren, sondern es geht auch darum, aufzuzeigen, mittels welcher Schwerpunktmaßnahmen positiv wirkende Tendenzen verstärkt und negative Entwicklungstendenzen abgeschwächt oder beseitigt werden können. Diese werden als **methodische Problemlösungsansätze** bezeichnet. Die Einflussfaktoren bestimmen die einsetzbaren methodischen Problemlösungsansätze. Bild PW.A.3.(10) verdeutlicht die dargestellten Zusammenhänge.

Produktionswirtschaftliche Ziele 29

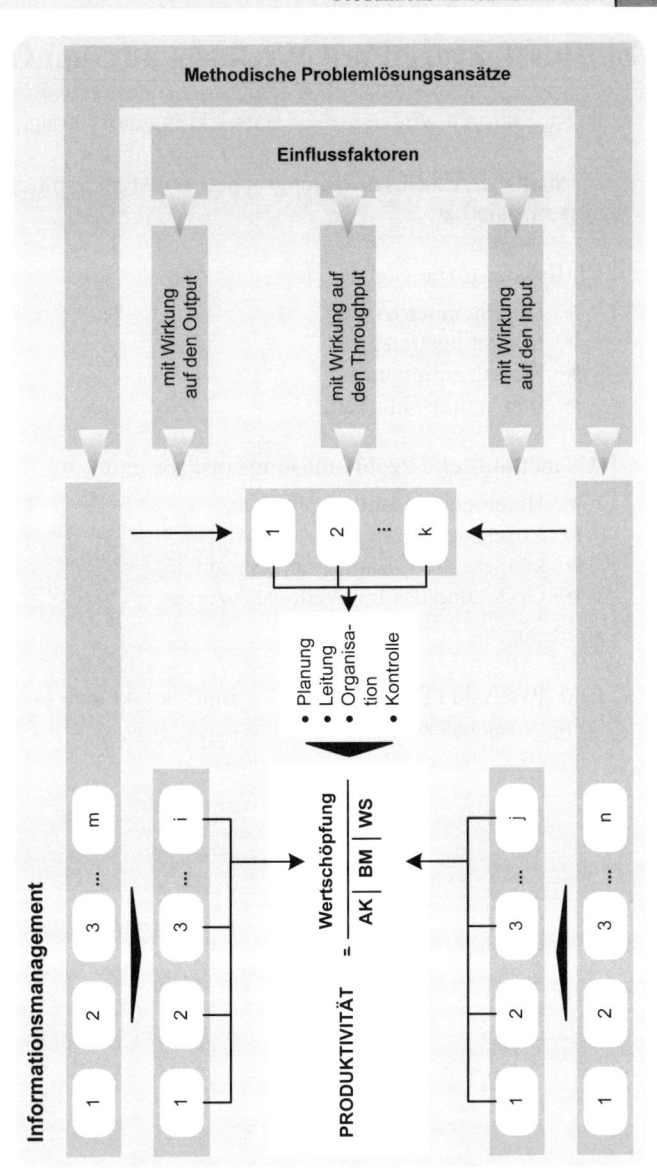

Bild PW.A.3.(10): Einflussfaktoren und methodische Problemlösungsansätze zur Gestaltung der Produktivität (vgl. NEBL, T. [Produktivitätsmanagement] S. 12 ff.)

3.2.1 Einflussfaktoren mit Wirkung auf den Output

Diese Faktoren wirken auf die Entwicklung der Wertschöpfung.

Es sind vier Einflussfaktorengruppen und Problemlösungsansätze systematisierbar.

Einflussfaktoren auf den Output

Einflussfaktoren sind
- Unternehmensziele,
- Marketingstrategie,
- Marktposition und
- Innovationsfähigkeit.

Problemlösungsansätze

Als **methodische Problemlösungsansätze** sind
- Unternehmensphilosophie,
- Ertragsgestaltung,
- kooperative Zusammenarbeit und
- Gestaltung des Innovationsprozesses

zu nennen.

Bild PW.A.3.(11) untersetzt die Einflussfaktoren und die Problemlösungsansätze durch Beispiele.

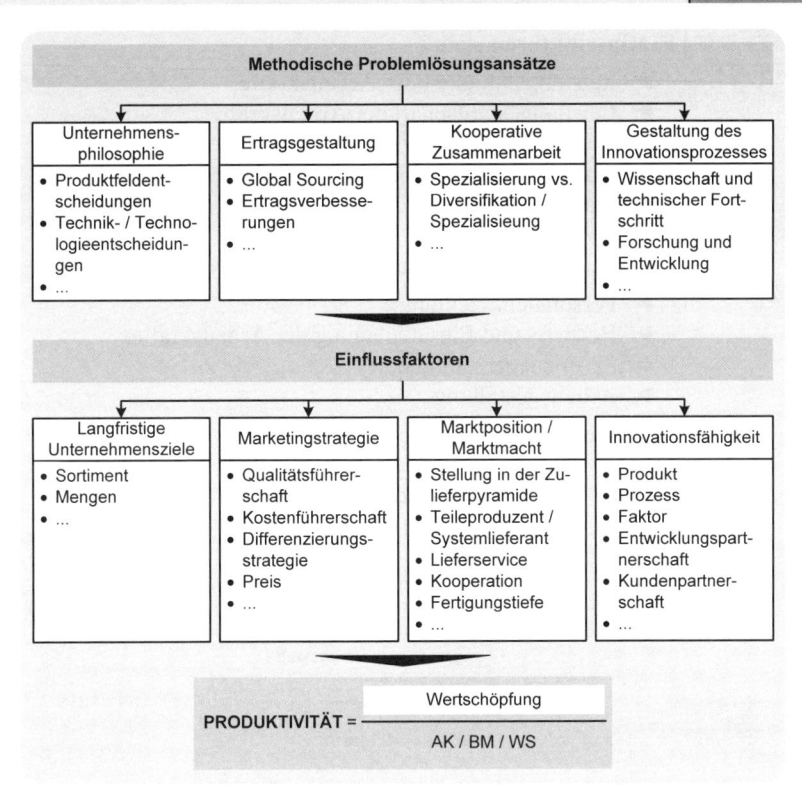

```
+-----------------------------------------------------------------------+
|                    Methodische Problemlösungsansätze                  |
+---------------+-----------------+-----------------+-------------------+
| Unternehmens- | Ertragsgestaltung | Kooperative    | Gestaltung des    |
| philosophie   |                 | Zusammenarbeit  | Innovationsprozesses |
| • Produktfeld-| • Global Sourcing | • Spezialisierung vs. | • Wissenschaft und |
|   entscheidungen | • Ertragsverbesse- | Diversifikation / | technischer Fort- |
| • Technik- / Techno- | rungen      | Spezialisieung  | schritt           |
|   logieentscheidungen | • ...      | • ...           | • Forschung und   |
| • ...         |                 |                 | Entwicklung       |
|               |                 |                 | • ...             |
+---------------+-----------------+-----------------+-------------------+
|                         Einflussfaktoren                              |
+---------------+-----------------+-----------------+-------------------+
| Langfristige  | Marketingstrategie | Marktposition / | Innovationsfähigkeit |
| Unternehmensziele |             | Marktmacht      |                   |
| • Sortiment   | • Qualitätsführer- | • Stellung in der Zu- | • Produkt     |
| • Mengen      |   schaft        |   lieferpyramide | • Prozess         |
| • ...         | • Kostenführerschaft | • Teileproduzent / | • Faktor       |
|               | • Differenzierungs- |   Systemlieferant | • Entwicklungspart- |
|               |   strategie     | • Lieferservice |   nerschaft       |
|               | • Preis         | • Kooperation   | • Kundenpartner-  |
|               | • ...           | • Fertigungstiefe |   schaft        |
|               |                 | • ...           | • ...             |
+---------------+-----------------+-----------------+-------------------+
```

$$\text{PRODUKTIVITÄT} = \frac{\text{Wertschöpfung}}{\text{AK / BM / WS}}$$

Bild PW.A.3.(11): Einflussfaktoren und methodische Problemlösungsansätze mit Wirkung auf die Wertschöpfung

3.2.2 Einflussfaktoren mit Wirkung auf den Input

Diese Einflussfaktoren wirken auf die in den Nenner der Berechnungsformel der Produktivität alternativ einsetzbare Elementarfaktoren.

3.2.2.1 Einflussfaktoren mit Wirkung auf die Arbeitskräfte

Es sind fünf Einflussfaktorengruppen und vier methodische Problemlösungsansätze (davon beeinflusst eine zwei Einflussfaktorgruppen) systematisierbar.

Einflussfaktoren auf Arbeitskräfte

Einflussfaktoren sind
- Leistungsfähigkeit der Arbeitskräfte,
- Leistungsbereitschaft der Arbeitskräfte,
- Kapazitätsangebot,
- Ausnutzung des Kapazitätsangebots und
- Arbeitsorganisation.

Problemlösungsansätze

Als **methodische Problemlösungsansätze** sind
- Personalentwicklung,
- Bedarfs- und Einsatzplanung der Arbeitskräfte,
- Zeitmanagement und
- Arbeitsgestaltung

zu nennen.

Bild PW.A.3.(12) untersetzt die Einflussfaktoren und die Problemlösungsansätze durch Beispiele.

$$\text{PRODUKTIVITÄT} = \frac{\text{Wertschöpfung}}{\text{Arbeitskräfte}}$$

Einflussfaktoren

Leistungsfähigkeit	Leistungsbereitschaft	Kapazitätsangebot	Ausnutzung Kapazitätsangebot	Arbeitsorganisation
• Qualifikation • Fähigkeiten • Fertigkeiten • Flexibilität • Arbeitsqualität • ...	• Motivation • Disposition • ...	• Anzahl Arbeitskräfte • Tagesarbeitszeit • Jahresarbeitszeit • ...	• Kontinuität • Leistungsintensität (Zeitgrad) • Zeitarten • ...	• Arbeitsteilung • Arbeitsstrukturierung • Wertschöpfung • ...

Methodische Problemlösungsansätze

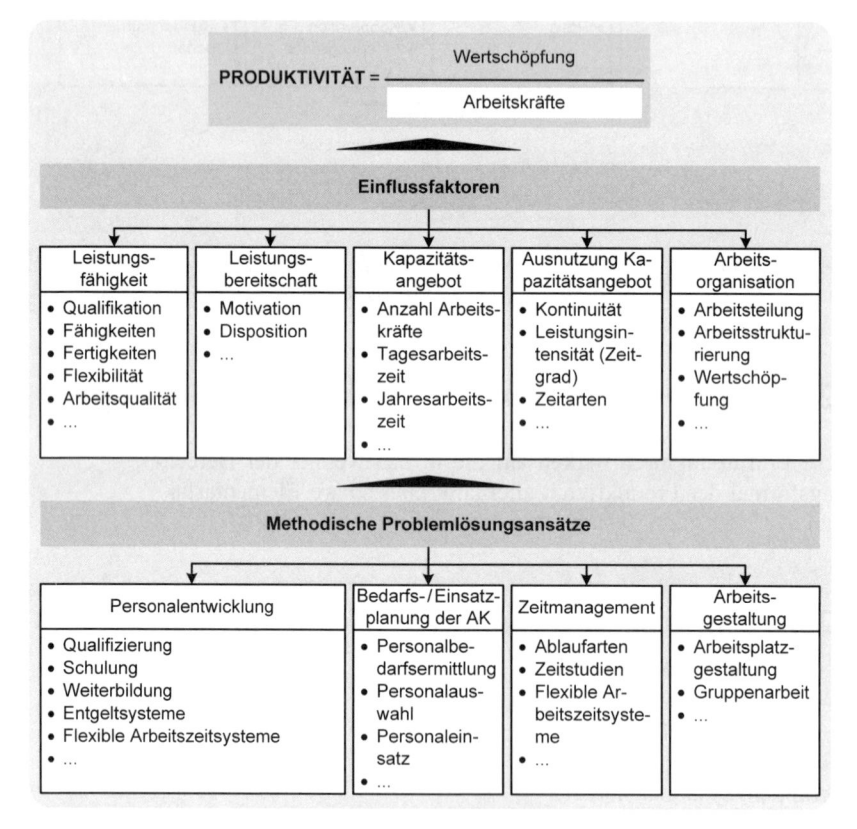

Personalentwicklung	Bedarfs-/Einsatzplanung der AK	Zeitmanagement	Arbeitsgestaltung
• Qualifizierung • Schulung • Weiterbildung • Entgeltsysteme • Flexible Arbeitszeitsysteme • ...	• Personalbedarfsermittlung • Personalauswahl • Personaleinsatz • ...	• Ablaufarten • Zeitstudien • Flexible Arbeitszeitsysteme • ...	• Arbeitsplatzgestaltung • Gruppenarbeit • ...

Bild PW.A.3.(12): Einflussfaktoren und methodische Problemlösungsansätze mit Wirkung auf die Arbeitskräfte

3.2.2.2 Einflussfaktoren mit Wirkung auf die Betriebsmittel

Hier sind vier Einflussfaktorengruppen und drei methodische Problemlösungsansätze (davon einer übergreifend) systematisierbar.

Einflussfaktoren sind

▶ Leistungsfähigkeit,
▶ Erhalt der Leistungsfähigkeit,
▶ Kapazitätsangebot und
▶ Ausnutzung des Kapazitätsangebots.

| Einflussfaktoren auf Betriebsmittel

Methodische Problemlösungsansätze sind

▶ komplexe, integrierte Anlagenwirtschaft,
▶ Planung des Kapazitätsbedarfs und
▶ Zeitmanagement.

| Problemlösungsansätze

Bild PW.A.3.(13) verdeutlicht Beispiele für beide Gruppen.

$$\text{PRODUKTIVITÄT} = \frac{\text{Wertschöpfung}}{\text{Betriebsmittel}}$$

Einflussfaktoren

Leistungsfähigkeit	Erhalt der Leistungsfähigkeit	Kapazitätsangebot	Ausnutzung des Kapazitätsangebots
• Technik • Technologie • Flexibilität • Verkettung • Prozessqualität • ...	• Nutzungsvorrat • Alter • Verschleiß • Abschreibung • ...	• Anzahl Betriebsmittel • Schichtauslastung • Kapitalbindung • ...	• Kontinuität • Leistungsintensität (Zeitgrad) • Proportionalität • ...

Methodische Problemlösungsansätze

Komplexe integrierte Anlagenwirtschaft	Planung des Kapazitätsbedarfs	Zeitmanagement
• Investitionen I (I_{NEU} / I_{ERW} / I_{ERS} / I_{RAT}) • Nutzung • Instandhaltung • Aussonderung • ...	• Betriebsmittelauswahl • Einsatzplanung der Betriebsmittel • ...	• Ablaufarten • Zeitstudien • ...

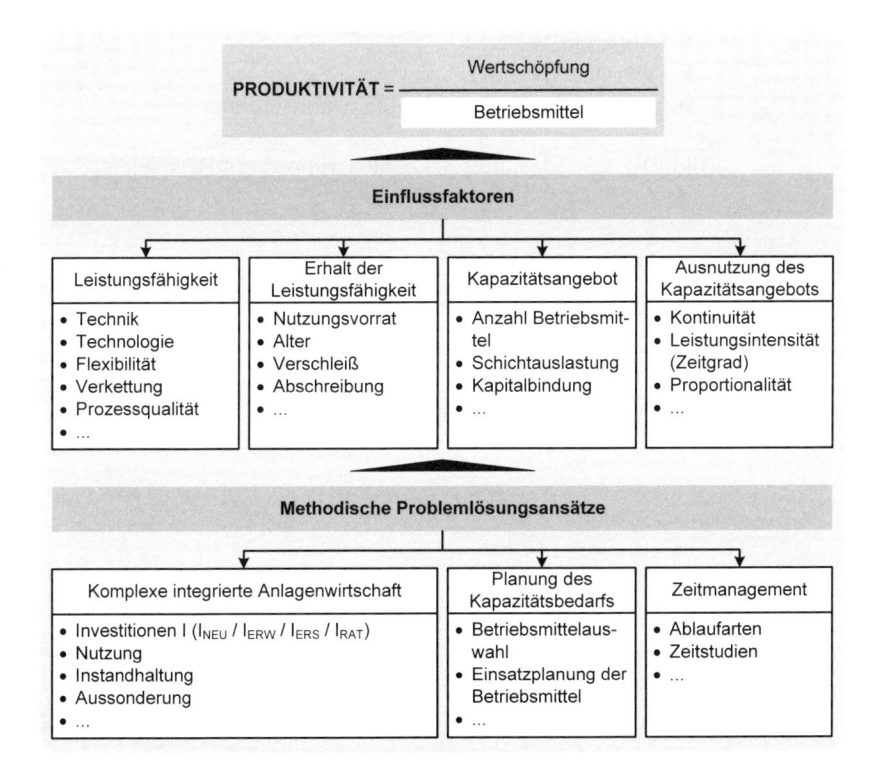

Bild PW.A.3.(13): Einflussfaktoren und methodische Problemlösungsansätze mit Wirkung auf die Betriebsmittel

3.2.2.3 Einflussfaktoren mit Wirkung auf die Werkstoffe

Im Zusammenhang mit den Werkstoffen sind jeweils sechs Einflussfaktorengruppen und methodische Problemlösungsansätze zu identifizieren.

Einflussfaktoren auf Werkstoffe

Einflussfaktoren sind
- Werkstoffeigenschaften,
- Materialfluss,
- Materialbedarf,
- Durchlaufzeit,
- Materialwert und
- Marktstellung.

Problemlösungsansätze

Methodische Problemlösungsansätze sind
- Methoden der Werkstoffbeschaffung,
- Methoden der Materialflussgestaltung,
- Methoden der Materialbedarfsplanung,
- Ablaufanalysen,
- Wertanalysen und
- Methoden zur Änderung der Marktstellung.

Bild PW.A.3.(14) untersetzt beide Gruppen mit Beispielen.

Produktionswirtschaftliche Ziele | 35

$$\text{PRODUKTIVITÄT} = \frac{\text{Wertschöpfung}}{\text{Werkstoffe}}$$

Einflussfaktoren

Werkstoff-eigenschaften	Materialfluss	Materialbedarf	Durchlaufzeit	Materialwert	Marktstellung
• Produktanforderungen (Stoff / Qualität / Form) • Materialausnutzungsgrad • Abfälle • Ausschuss • ...	• Transport / Umschlag / Lagerung (TUL) • Technologische Bearbeitungsfolge • ...	• Menge • Art • Qualität • Zeit • Vorrat • ...	• Kontinuität • Durchführungszeit • Übergangszeit • Liegezeit • ...	• Kapitalbindung • Struktur des Umlaufvermögens • Preisdruck der Zulieferer • ...	• Position in der Lieferpyramide • System- / Baugruppenlieferant • ...

Methodische Problemlösungsansätze

Methoden der Werkstoffbeschaffung	Methoden der Materialflussgestaltung	Methoden der Materialbedarfsplanung	Ablaufanalysen	Wertanalysen	Methoden zur Änderung der Marktstellung
• Lieferantenauswahl • Werkstoffauswahl • ...	• Produktionslogistik • Just-In-Time (JIT) • Recyclingkreislaufgestaltung • ...	• Deterministische, stochastische, heuristische Methoden • Bestandswirtschaft • ...	• Reihenfolgeplanung • Durchlaufzeitanalysen • ...	• ABC- / XYZ-Analysen • Global Sourcing • Make or Buy • ...	• Global Sourcing • Spezialisierung vs. Diversifikation • Patente / Lizenzen • ...

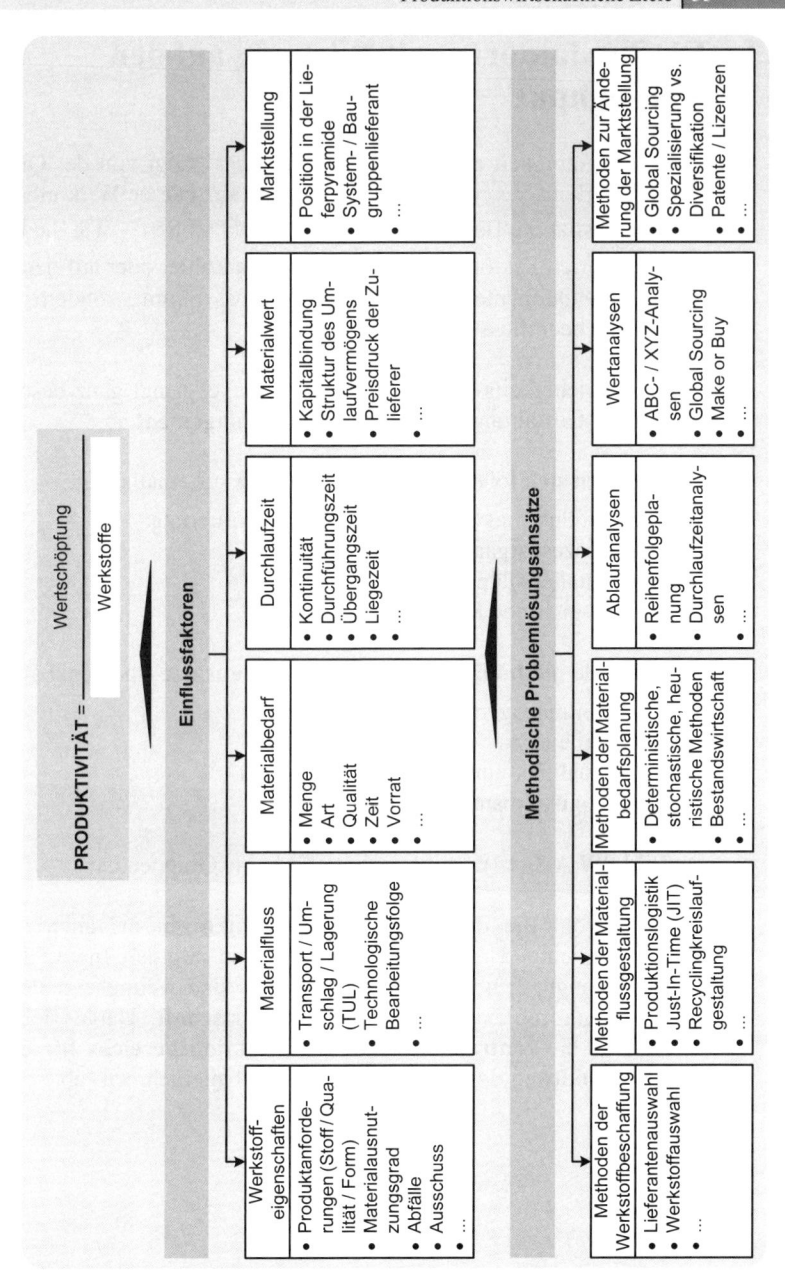

Bild PW.A.3.(14): Einflussfaktoren und methodische Problemlösungsansätze mit Wirkung auf die Werkstoffe

3.2.3 Einflussfaktoren mit Wirkung auf den Throughput

Die Ergiebigkeit des Produktionsprozesses hängt von der Qualität des Wirkens der dispositiven Faktoren ab. Dieser Wirkungskomplex besitzt die Besonderheit, dass er nicht isoliert – wie die bisher diskutierten Faktoren – entweder auf den Zähler oder auf den Nenner des Quotienten Produktivität Einfluss nimmt, sondern **beide** Größen beeinflusst.

Die Ergiebigkeitswirkung dieses Komplexes hängt ganz besonders von der Gestaltung des **Informationsmanagement** ab.

Einflussfaktoren auf den Throughput

Es lassen sich folgende **Einflussfaktoren** systematisieren:
- ▶ Produktionsvorbereitung und -durchführung
- ▶ Prozessorganisation
- ▶ Qualitätsfähigkeit
- ▶ Logistische Kette

Problemlösungsansätze

Folgende **methodische Problemlösungsansätze** sind denkbar:
- ▶ Zeitmanagement
- ▶ Arbeitsgestaltung
- ▶ Qualitäts- und Umweltmanagement
- ▶ Logistikmanagement

Bild PW.A.3.(15) stellt Beispiele für beide Gruppen dar.

> Sowohl die dargestellten **Einflussfaktoren** als auch die möglichen **Gestaltungsvarianten**, die auf den Input, den Throughput und den Output wirken, sind weitgehend **Problemkomplexe der Produktionswirtschaft**. Daraus leitet sich die **zentrale Rolle dieses Funktionsbereichs für die Gestaltung der Produktivität** eines Unternehmens ab.

Produktionswirtschaftliche Ziele | 37

Methodische Problemlösungsansätze

- Zeitmanagement
  - Lean Production
  - KVP / KAIZEN
  - Simultaneous Engineering
  - Reengineering
  - ...

- Arbeitsgestaltung
  - Gruppen- / Teamarbeit
  - Arbeitsteilung
  - Job Enrichment u. a.
  - PPS / CIM / BDE
  - Klassische / moderne Organisationsformen
  - ...

- Qualitäts- und Umweltmanagement
  - Zertifizierung nach DIN EN ISO 9000 ff. und EN ISO 14000 ff.
  - Ökoaudit
  - Total Quality Management
  - ...

- Logistikmanagement
  - Beschaffungslogistik
  - Produktionslogistik
  - Absatzlogistik
  - Entsorgungslogistik
  - ...

Einflussfaktoren

- Produktionsvorbereitung und -durchführung
  - Prozessvereinfachung
  - Schlanke Produktion
  - Fertigungstechnik / Technologie
  - ...

- Prozessorganisation
  - Aufbau- und Ablauforganisation
  - Räumliche und zeitliche Organisationsprinzipien
  - Organisationsformen
  - ...

- Qualitätsfähigkeit
  - Ressourcenqualität
  - Prozessqualität
  - Erzeugnisqualität
  - ...

- Logistische Kette
  - Durchgängige Flussbetrachtungen
  - ...

Informationsmanagement

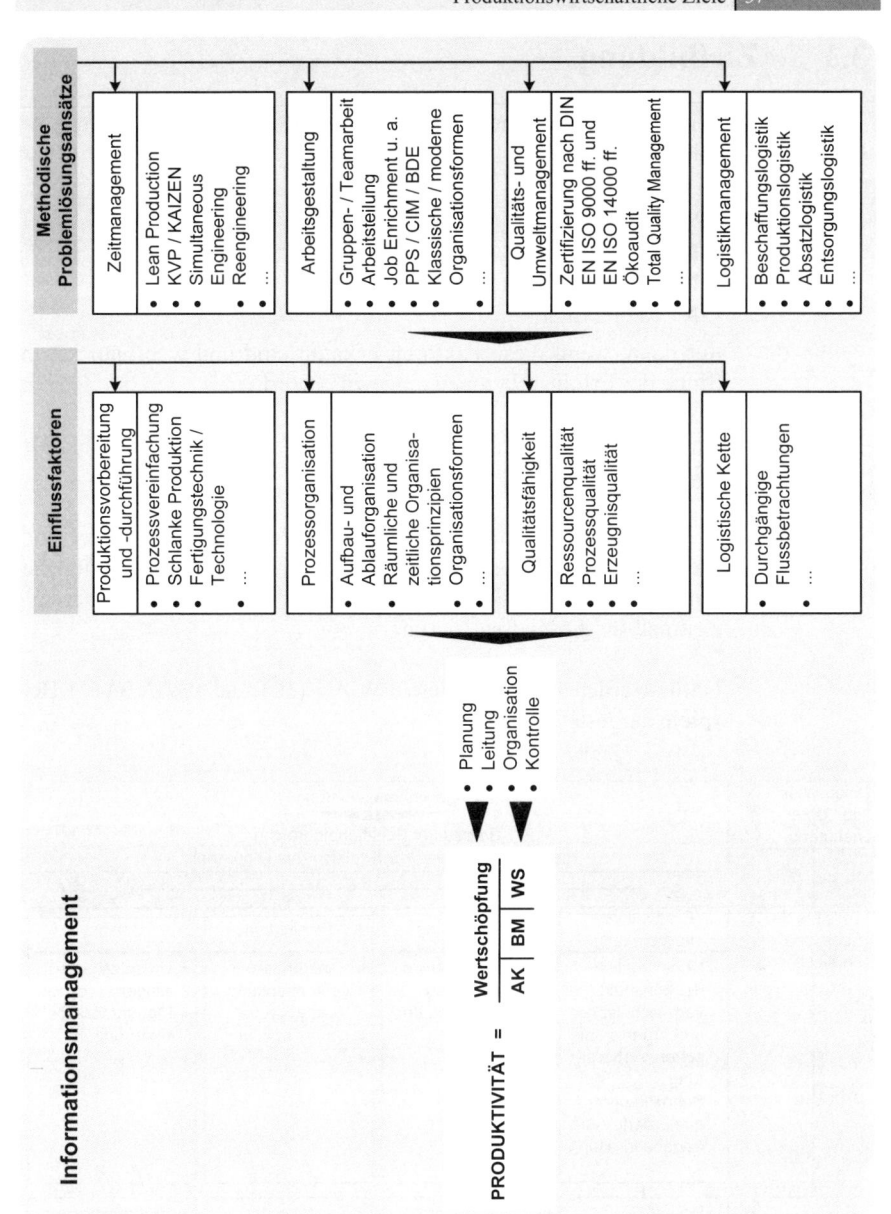

- Planung
- Leitung
- Organisation
- Kontrolle

$$\text{PRODUKTIVITÄT} = \frac{\text{Wertschöpfung}}{\text{AK} \mid \text{BM} \mid \text{WS}}$$

Bild PW.A.3.(15): Einflussfaktoren und methodische Problemlösungsansätze mit Wirkung auf die Wertschöpfung sowie auf Arbeitskräfte, Betriebsmittel und Werkstoffe

3.3 Zielbildung

Wie gezeigt, hat eine Vielzahl von Faktoren Einfluss auf die Erfolgsrelationen.

Positiv beeinflussbar sind

- ▶ Produktivität,
- ▶ Wirtschaftlichkeit und
- ▶ Rentabilität

nur dann, wenn diese Faktoren bekannt sind und wenn auf sie im Sinne der Erfolgsrelationen eingewirkt wird.

Das Einwirken geschieht dadurch, dass **Ziele formuliert** und **Mittelentscheidungen getroffen** werden.

Ziele, die auf die differenzierten Einflussfaktoren ausgerichtet sind, ordnen sich in Globalziele der Unternehmen und die funktionsbereichsbezogenen Teilziele ebenso ein, wie in das zu definierende Zeitmaß für die Zielrealisierung.

Dafür werden in den Bildern PW.A.3.(16) und PW.A.3.(17) Beispiele dargestellt.

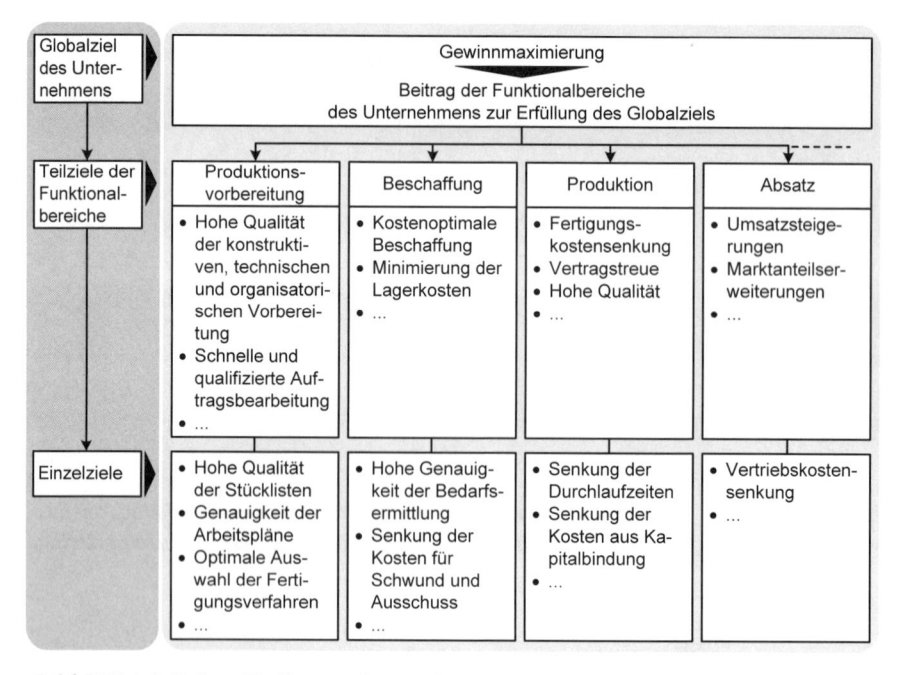

	Gewinnmaximierung			
Globalziel des Unternehmens	Beitrag der Funktionalbereiche des Unternehmens zur Erfüllung des Globalziels			
	Produktionsvorbereitung	Beschaffung	Produktion	Absatz
Teilziele der Funktionalbereiche	• Hohe Qualität der konstruktiven, technischen und organisatorischen Vorbereitung • Schnelle und qualifizierte Auftragsbearbeitung • ...	• Kostenoptimale Beschaffung • Minimierung der Lagerkosten • ...	• Fertigungskostensenkung • Vertragstreue • Hohe Qualität • ...	• Umsatzsteigerungen • Marktanteilserweiterungen • ...
Einzelziele	• Hohe Qualität der Stücklisten • Genauigkeit der Arbeitspläne • Optimale Auswahl der Fertigungsverfahren • ...	• Hohe Genauigkeit der Bedarfsermittlung • Senkung der Kosten für Schwund und Ausschuss • ...	• Senkung der Durchlaufzeiten • Senkung der Kosten aus Kapitalbindung • ...	• Vertriebskostensenkung • ...

Bild PW.A.3.(16):   Zielhierarchie und Funktionalbereiche

Produktionswirtschaftliche Ziele

Zeitmaß der Zielrealisierung	Strategische Ziele	Taktische Ziele	Operative Ziele
Zielinhalte	Abgeleitet aus: • Wertvorstellungen betrieblicher Interessengruppen • Unternehmensleitbildern	Dem Strategietyp folgende • Anpassung • Änderung • Neugestaltung von Produktionsprozess und -programm	Zeitziele, Kostenziele und daraus abgeleitete Ziele
Zieldetaillierungen	Strategietypen • Kostenführerschaft • Qualitätsführerschaft • Differenzierungsstrategie • ...	• Leistungsziele • Finanzziele • Organisationsziele • Soziale Ziele • Ökologische Ziele • ...	• Deckungsbeitragsziele • Kapazitätauslastungsziele • Flexibilitätsziele • Kontinuitätsziele • Qualitätsziele • Duchlaufzeitziele • Kapitalbindungsziele • ...

ERGIEBIGKEITSZIELE

| Produktivität | Wirtschaftlichkeit | Rentabilität |

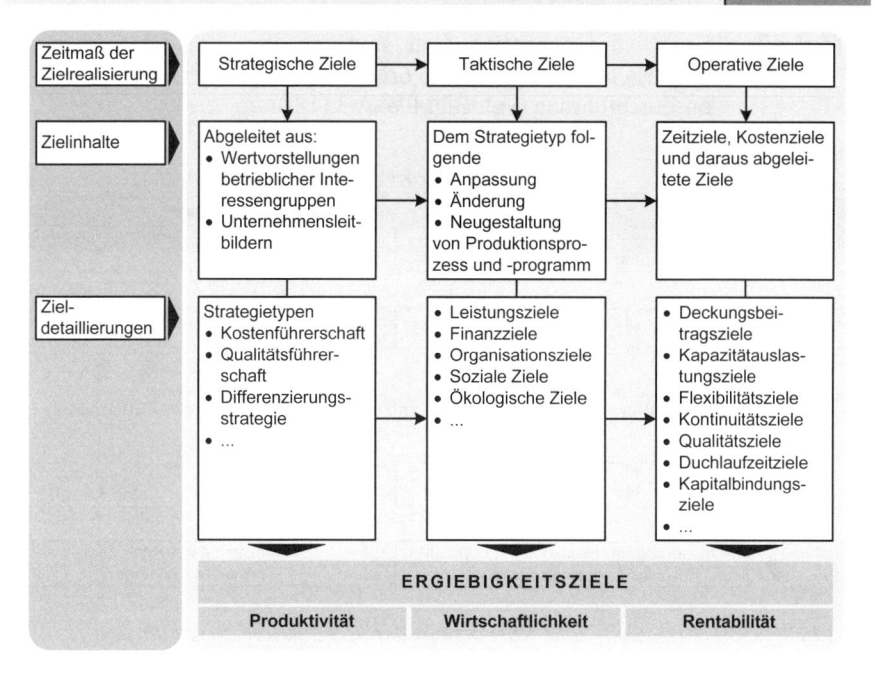

Bild PW.A.3.(17):   Zielhierarchie und Zeitmaß

Das **Globalziel Gewinnmaximierung** ist nur erreichbar, wenn alle Einflussfaktoren darauf ausgerichtet werden. Dafür ist ein ganzes **Bündel von Teilzielstellungen** und Einzelzielen zu formulieren und zu realisieren. Diese aus dem Globalziel abgeleiteten Ziele **wirken in** den verschiedenen **Funktionalbereichen** des Unternehmens und sind häufig über die Funktionsbereichsgrenzen hinaus miteinander gekoppelt.

|Globalziel Gewinnmaximierung

> Je kürzer der **Zeitraum** ist, für den ein Ziel formuliert wird, umso höher ist der Konkretheitsgrad der Ziel- und Mittelentscheidung.

Langfristige **strategische Ziele formulieren Voraussetzungen für den Erhalt und die Verbesserung der Wettbewerbsfähigkeit**. Dabei wird von Wertvorstellungen und Unternehmensleitbildern ausgegangen, die auf Analysen zur konkreten Situation des Unternehmens aufbauen. Es sind Ziele zu formulieren, die den zu verfolgenden **Strategietyp** (z. B. Kostenführerschaft, Qualitätsführerschaft) kennzeichnen.

|Strategische Ziele

Darauf baut die mittelfristige **taktische Zielformulierung** auf. Sie orientiert besonders auf die **Entwicklung des Produktionsprogramms und des Produktionsprozesses** zur Umsetzung des Strategietyps.

|Taktische Ziele

Teil A / Grundlagen

Operative Ziele | Kurzfristige **operative Ziele** sind vor allem Zeitziele und daraus abgeleitete Kostenziele. Sie orientieren auf die Phase der Produktionsdurchführung (vgl. Bild PW.A.3.(18)).

Zeit- und Kostenziele der Produktionsdurchführung

Zeitziele	1. Minimierung der Durchlaufzeit 2. Maximierung der Kapazitätsauslastung	3. Minimierung von Terminabweichungen
Zeitgrößen	Rüstzeiten | Stillstands-/Wartezeiten | Liegezeiten	Zeiten für Terminüberschreitungen | Zeiten für Terminunterschreitungen

Ableitung von KOSTENgrößen durch finanzielle Bewertung der ZEITgrößen

Kostengrößen	Rüstkosten | Leerkosten | Lagerungskosten	Terminüberschreitungskosten | Terminunterschreitungskosten
Kostenziele	Minimierung der Rüstkosten, Leerkosten und Lagerungskosten	Minimierung der Kosten für Terminabweichungen

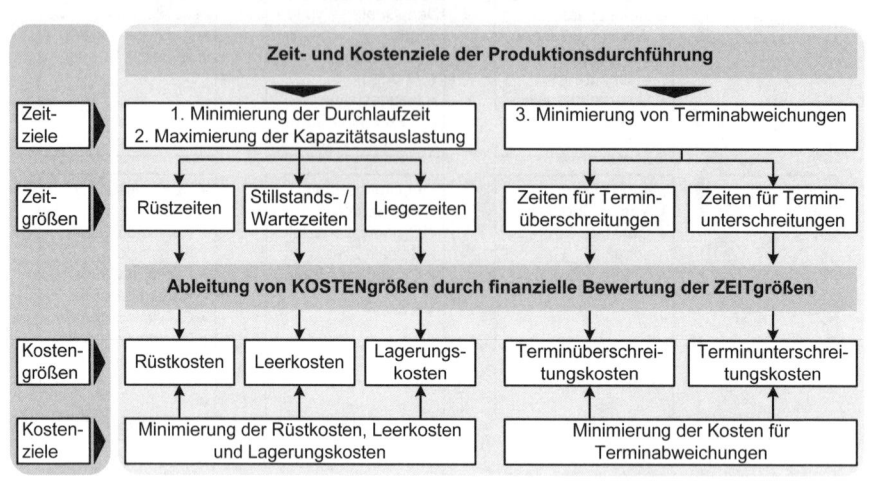

Bild PW.A.3.(18): Zeit- und Kostenziele der Produktionsdurchführung (i. A. a. ZÄPFEL, G. [Produktionswirtschaft] S. 186 ff.)

Dabei werden schwerpunktmäßig drei Ziele verfolgt:
(1) **Minimierung der Durchlaufzeit**
(2) **Maximierung der Kapazitätsauslastung**
(3) **Minimierung von Terminabweichungen**

Auf die ersten zwei Ziele haben die

▶ Zeiten der Vorbereitung der Kapazitätseinheiten auf neue Arbeiten (Rüstzeiten),
▶ Warte- und Stillstandszeiten der Kapazitätseinheiten und
▶ Liegezeiten von unfertigen Erzeugnissen und Fertigerzeugnissen

einen besonderen Einfluss.

Führt man eine **finanzielle Bewertung** der Zeitgrößen durch, so ergeben sich Kostengrößen. **Auf diesem Wege werden aus Zeitzielen Kostenziele.**

Zeitziele | Aus den **Zeitzielen**

▶ Senkung der Rüstzeiten, der Warte-, Stillstands- und der Liegezeiten

Kostenziele | werden **Kostenziele**

▶ Minimierung der Rüstkosten, der Leer- und der Lagerungskosten.

Aus der Sicht der **Rüstkosten** geht es besonders um die | Rüstkosten
- Minimierung des Faktoreneinsatzes beim Rüstvorgang (z. B. Einsparung von Lohnkosten, Materialkosten, Werkzeugkosten),
- Minimierung von Opportunitätskosten, die für Rüstzeiten anstelle der Bearbeitungszeiten und damit entgangene Deckungsbeiträge anfallen.

Aus der Sicht der **Leerkosten** geht es um die | Leerkosten
- Minimierung von Opportunitätskosten, die für nicht genutzte Kapazitäten und damit entgangene Deckungsbeiträge anfallen.

Zur Minimierung der **Lagerungskosten** ist es notwendig, die | Lagerungskosten
- Kosten für gelagerte unfertige Erzeugnisse (UFE) und Fertigerzeugnisse (FE), also Zinskosten für gebundenes Kapital und Versicherungskosten für Qualitätsminderung während des Lagerprozesses zu minimieren,
- Kosten für die Lagerverwaltung, also Personalkosten, Strom- und Heizungskosten u. a. zu minimieren und
- Kosten für den Lagerraum so gering wie möglich zu gestalten.

Auf den dritten Zielschwerpunkt
- Minimierung der Terminabweichungen

wirken besonders die
- Zeiten für Terminüberschreitungen und die
- Zeiten für Terminunterschreitungen.

Daraus entstehen
- Kosten infolge der Terminüberschreitung,
- Kosten infolge der Vermeidung von Terminüberschreitungen und
- Kosten infolge Terminunterschreitungen.

Aus den **Zeitzielen**
- Senkung der Terminüberschreitungen und der Terminunterschreitungen

wird das **Kostenziel**
- Minimierung der Kosten für Terminabweichungen.

Kosten infolge Terminüberschreitungen sind:

- ▶ Konventionalstrafen
- ▶ entgangener Deckungsbeitrag bei Nichtabnahme der Leistung durch den Kunden
- ▶ Kosten für Überstunden, Zusatzschichten, Auftragsfremdvergabe zur Vermeidung von Terminüberschreitungen

Kosten infolge Unterschreitung der Termine sind zusätzliche Lagerungskosten durch Nichtabnahme der Leistung vom Kunden bei verfrühter Lieferung.

An dieser Stelle soll auf die Produktivität als Zielorientierung zurückgekommen werden.

Es wird deutlich, dass quasi ein Vier-Ebenen-Modell die Sicherung einer positiven Produktivitätsentwicklung realisieren kann (vgl. Bild PW.A.3.(19)).

Zielebene
Die erste Ebene ist die **Zielebene**. Ihr liegt eine Zielentscheidung zugrunde.

Einflussfaktorebene
In der zweiten Ebene werden die Einflussfaktoren, die auf die Produktivität wirken, dargestellt. Sie wird als **Einflussfaktorebene** bezeichnet.

Gestaltungs- / Mittelebene
Die dritte Ebene strukturiert die Problemlösungsansätze. Sie wird **Gestaltungsebene** oder **Mittelebene** genannt, denn sie verdeutlicht die einzusetzenden Mittel, durch die das Ziel erreicht werden soll.

Dispositive Ebene
Die vierte Ebene ist die **dispositive Ebene**. Hier muss eine materielle, finanzielle, personelle und informatorische Planung, Leitung, Organisation und Kontrolle der Gestaltungsmaßnahmen erfolgen. So wird eine Wirkung auf die Einflussfaktoren ausgeübt, die eine Zielerreichung ermöglicht.

Die passgerechte Zuordnung von identifizierten Einflussfaktoren, deren Gestaltungsmöglichkeiten und der dafür zu lösenden dispositiven Aufgaben sichert die beste Ergiebigkeitswirkung.

Haus der Produktivität
Diese wird durch die senkrechte Projektion („Schornstein") durch das **„Haus der Produktivität"** verdeutlicht.

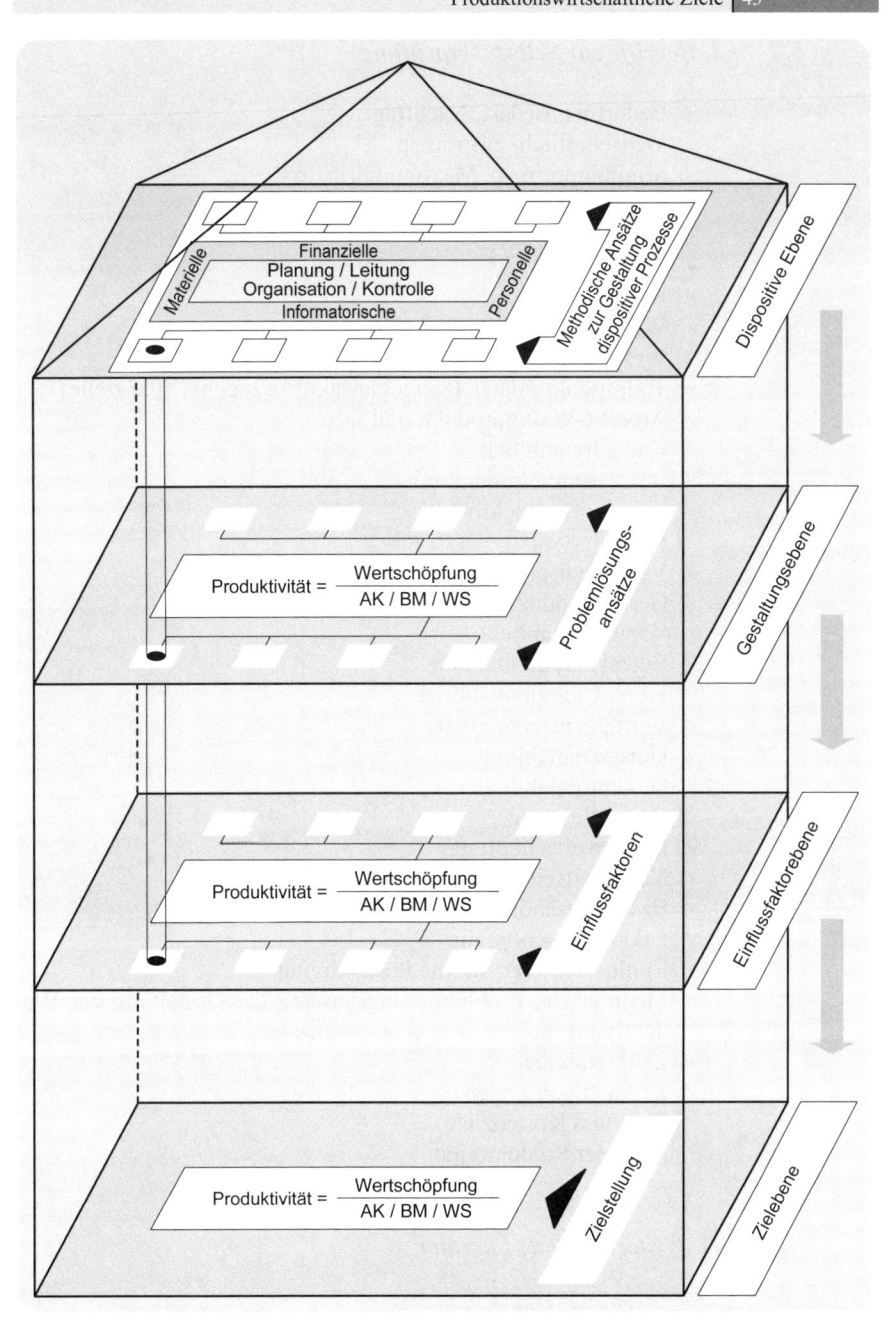

Bild PW.A.3.(19): *Ebenenmodell zur Sicherung einer positiven Produktivitätsentwicklung („Haus der Produktivität") (vgl. NEBL, T. [Produktivitätsmanagement] S. 22)*

I. Begriffe zur Selbstüberprüfung

- Bedürfnis, Bedarf, Nachfrage
- Wirtschaftlichkeitsprinzip
- Minimumprinzip, Maximumprinzip
- Erfolgsrelation
- Ergiebigkeit
- Produktivität
- Rentabilität
- Wirtschaftlichkeit
- Wertschöpfung
- Teilproduktivitäten (elementarfaktorbezogene, bilanzielle)
- Arbeits(-kräfte)produktivität
- Kapitalrentabilität
- Betriebsmittelproduktivität
- Werkstoffproduktivität
- Kapitalproduktivität
- Vermögensproduktivität
- Gesamtproduktivität
- Kapitalrentabilität
- Eigenkapitalrentabilität
- Fremdkapitalrentabilität
- Vermögensrentabilität
- Umsatzrentabilität
- Gesamtrentabilität
- Gesamtleistung
- Bruttowertschöpfung
- Nettowertschöpfung
- Basiswertschöpfung
- Faktorwertschöpfung
- Einflussfaktoren auf die Produktivität
- Methodische Problemlösungsansätze zur Gestaltung der Produktivität
- Zielhierarchie
- Zeitmaß von Zielen
- Zeit- und Kostenziele
- Haus der Produktivität

II. Weiterführende Literatur

- CORSTEN, Hans:
  Produktionswirtschaft. Einführung in das industrielle Produktionsmanagement.
  12. Auflage, München, Wien 2009

- DIKOW, Andreas:
  [Unternehmensproduktivität] Messung und Bewertung der Unternehmensproduktivität in mittelständischen Industrieunternehmen – Theoretische Grundlagen und praktische Anwendungen –
  In: Schriftenreihe des Institutes für Produktionswirtschaft der Universität Rostock, Hrsg.: NEBL, Theodor
  Aachen 2006

- KAHLE, Egbert:
  Produktion. Lehrbuch zur Planung der Produktion und Materialbereitstellung.
  4. Auflage, München, Wien 1996

- KÜPPER, Hans-Ulrich:
  [Controlling] Industrielles Controlling.
  In: Industriebetriebslehre. Das Wirtschaften in Industrieunternehmungen. Hrsg. SCHWEITZER, Marcell
  2. Auflage, München 1994

- NEBL, Theodor:
  [Produktivitätsmanagement] Produktivitätsmanagement – theoretische Grundlagen, methodische Instrumentarien, Analyseergebnisse und Praxiserfahrungen zur Produktivitätssteigerung in produzierenden Unternehmen.
  München 2002

- NEBL, Theodor / DIKOW, Andreas:
  [Produktivitätsmanagement] Produktivitätsmanagement – theoretische Grundlagen, methodische Instrumentarien, Analyseergebnisse und Praxiserfahrungen zur Produktivitätssteigerung in produzierenden Unternehmen.
  2. Auflage, München 2004

- PRENGEL, Arlett:
  [Ergiebigkeitsgrößen] Analyse und Systematisierung von Interdependenzen der betrieblichen Ergiebigkeitsgrößen
  In: Schriftenreihe des Institutes für Produktionswirtschaft der Universität Rostock, Hrsg.: NEBL, Theodor
  Aachen 2007

- SCHNEEWEIß, Christoph:
  Einführung in die Produktionswirtschaft.
  8. Auflage, Berlin, Heidelberg, New York 2002

- *THOMMEN, Jean-Paul / ACHLEITNER Ann-Kristin:*
    Allgemeine Betriebswirtschaftslehre. Umfassende Einführung aus managementorientierter Sicht.
    6. Auflage, Wiesbaden 2009

- *ZÄPFEL, Günther:*
    Grundzüge des Produktions- und Logistikmanagements.
    2. Auflage, Berlin, New York 2001

- *ZÄPFEL, Günther:*
    [Produktionswirtschaft] Produktionswirtschaft. Operatives Produktions-Management.
    Berlin, New York 1982

4 Typisierung von Produktionsprozessen

A / Grundlagen

GRUNDLAGEN		
→	A 1	Produktionswirtschaft – Bestandteil der Betriebswirtschaft
→	A 2	Produktionsfaktoren und Makrostruktur von Produktionsprozessen
→	A 3	Produktionswirtschaftliche Ziele
→	**A 4**	**Typisierung von Produktionsprozessen**
→	A 5	Dienstleistungs- und Sachleistungsproduktion
→	A 6	Forschung und Entwicklung zur Produktionsvorbereitung

Bild PW.A.4.(1):   *Grundlagen (Typisierung)*

Die **Typisierung** industrieller Produktionsprozesse orientiert sich an der **Makrostruktur**.

Input-, throughput- und outputorientierte Typisierungsmerkmale bestimmen die Produktionsprozesstypisierung.

| Makrostruktur als Typisierungsgrundlage von Produktionsprozessen

> In **tatsächlich existierenden Produktionsprozessen** liegen Kombinationen diverser input-, throughput- und outputorientierter Merkmale vor.

„Die konkrete Ausprägung eines realen Produktionssystems kann nur durch kombinierte Produktionstypen beschrieben werden." (HOITSCH, H.-J. [Produktionswirtschaft] S. 12)

Aus methodischen Gründen ist es sinnvoll, Merkmalszuordnungen so vorzunehmen, dass zuerst Produktionsprozesstypisierungen aus der Sicht des Input, des Throughput und des Output realisiert werden. Erst danach werden Kombinationsvarianten anhand von Beispielen erörtert.

Für viele der nachfolgend genannten **Merkmale** ist eine **Zuordnung zu verschiedenen Typen** möglich. Das ist besonders mit den **Ursache-Wirkungs-Zusammenhängen** zu erklären. Sie sind der wesentliche Grund dafür, dass nur kombinierte Prozesstypen den tatsächlichen Gegebenheiten der Produktionsprozesse entsprechen.

Beispiele für Mehrfachzuordnungen

Anhand einiger **Beispiele** soll gezeigt werden, dass eine **Mehrfachzuordnung** möglich ist.

(1) Der **Mengenaspekt** des Produktionsprozesses hat Auswirkungen auf den:

- Input
  in Form der zu beschaffenden Mengen von Werkstoffen
- Throughput
  in Form der zu wählenden Prozesstechnik, Technologie und Organisation und der zu gestaltenden Kapazität
- Output
  in Form des abzusetzenden Produktionsprogramms

(2) Die **Fertigungstiefe** ist mit den Fragen verbunden:

- Was wird selbst gefertigt? (throughputorientiert)
- Was wird fremd vergeben? (inputorientiert)

(3) Die **Fertigungsbreite** muss aus Sicht der zu realisierenden Produktionsprozesse dem Throughput zugeordnet werden, aus der Sicht der abzusetzenden Produkte aber dem Output.

4.1 Inputorientierte Produktionsprozesstypisierung

Input als Typisierungsansatz

Bild PW.A.4.(2) gibt einen Überblick über ausgewählte Inputtypen.

Merkmale	Merkmalsausprägungen					
Vorherrschender Einsatzfaktor	Arbeitsintensive Produktion	Materialintensive Produktion	Informationsintensive Produktion	Betriebsmittelintensive Produktion	Energieintensive Produktion	Kapitalintensive Produktion
Qualifikation eingesetzter Arbeitskräfte	Gelernt		Angelernt		Ungelernt	
Art der Verbrauchsfaktoren	Werkstoffe		Betriebsstoffe		Hilfsstoffe	
Wiederholbarkeit der Werkstoffbeschaffung	Werkstoffbedingt wiederholbare Produktion			Werkstoffbedingt nicht wiederholbare Produktion		
Art der Werkstoffverwertung	Durchgängige Stoffverwertung	Synthetische Stoffverwertung		Analytische Stoffverwertung	Austauschende, umgruppierende Stoffverwertung	
Art eingesetzter Betriebsmittel	Spezialmaschinen			Universalmaschinen		

Bild PW.A.4.(2): *Inputorientierte Produktionsprozesstypisierung*

Typisierung von Produktionsprozessen | 49

(1) Der **vorherrschende Einsatzfaktor** verdeutlicht, in welcher Kostenbeziehung die dargestellten Ausprägungsgrade zum gesamten Volumen der Herstellungskosten stehen (z. B. arbeitsintensive Produktion mit hohem Lohnkostenanteil an den Herstellungskosten). | Vorherrschender Einsatzfaktor

(2) Die **Qualifikation der eingesetzten Arbeitskräfte** verdeutlicht, ob primär hoch qualifizierte, gelernte Arbeitskräfte tätig sind oder die Arbeiten durch angelernte oder ungelernte Kräfte durchgeführt werden können. | Qualifikation der Arbeitskräfte

(3) Die Arten eingesetzter **Verbrauchsfaktoren** sind in Bild PW.A.4.(3) dargestellt. | Art der Verbrauchsfaktoren

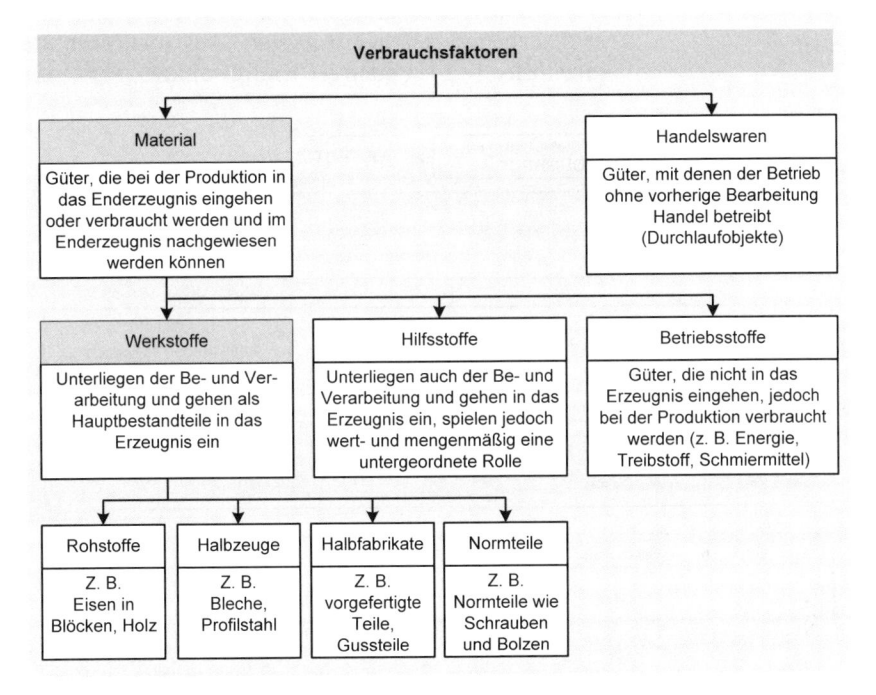

```
                              Verbrauchsfaktoren
                    ┌──────────────┴──────────────┐
               Material                       Handelswaren
   Güter, die bei der Produktion in    Güter, mit denen der Betrieb
   das Enderzeugnis eingehen           ohne vorherige Bearbeitung
   oder verbraucht werden und im       Handel betreibt
   Enderzeugnis nachgewiesen           (Durchlaufobjekte)
   werden können

   ┌───────────┬───────────────┬──────────────┐
   Werkstoffe    Hilfsstoffe      Betriebsstoffe
   Unterliegen   Unterliegen auch  Güter, die nicht in das
   der Be- und   der Be- und       Erzeugnis eingehen, jedoch
   Verarbeitung  Verarbeitung und  bei der Produktion verbraucht
   und gehen als gehen in das      werden (z. B. Energie,
   Hauptbestand- Erzeugnis ein,    Treibstoff, Schmiermittel)
   teile in das  spielen jedoch
   Erzeugnis ein wert- und mengen-
                 mäßig eine unter-
                 geordnete Rolle

   ┌─────────┬──────────┬────────────┬──────────┐
   Rohstoffe  Halbzeuge  Halbfabrikate  Normteile
   Z. B.      Z. B.      Z. B.           Z. B.
   Eisen in   Bleche,    vorgefertigte   Normteile wie
   Blöcken,   Profilstahl Teile,         Schrauben
   Holz                  Gussteile       und Bolzen
```

Bild PW.A.4.(3):   *Systematisierung der Verbrauchsfaktoren*

(4) Die **Wiederholbarkeit der Werkstoffbeschaffung** beantwortet die Frage danach, ob für einen wiederholten Produktionsprozess genau die Werkstoffe erneut beschafft werden können, die in einem abgelaufenen Produktionsprozess eingesetzt würden. In der Textilindustrie ist z. B. damit zu rechnen, dass das möglich ist. Bei der Herstellung von Wein oder Zigaretten wird eine abgelaufene Produktion nicht identisch wiederholbar sein, weil sich die Einsatzstoffe naturbedingt ändern. Das heißt, dass sich das hergestellte Produkt auch ändern muss. | Wiederholbarkeit der Werkstoffbeschaffung

Art der Werkstoffverwertung

(5) Die **Art der Werkstoffverwertung** kennzeichnet den Prozessablauf aus der Sicht der eingesetzten Werkstoffe und der Ergebnisse ihrer Bearbeitung (vgl. Bild PW.A.4.(4)).

- Durchgängige Stoffverwertung bedeutet, dass das **Einsatzmaterial** eine **Formänderung** erfährt (Walzwerk).
- Analytische Stoffverwertung bedeutet, dass aus **einem Einsatzstoff mehrere Endprodukte** entstehen (Kohle- und Erzaufbereitung, Kracken von Erdöl).
- Synthetische Stoffverwertung bedeutet, dass **mehrere Einsatzstoffe** z. B. durch Montageprozesse kombiniert werden. **Ein Endprodukt** verlässt den Prozess.
- Austauschende, umgruppierende Stoffverwertung findet in der chemischen Industrie statt. Aus **mehreren Einsatzstoffen** werden **mehrere Endprodukte**.

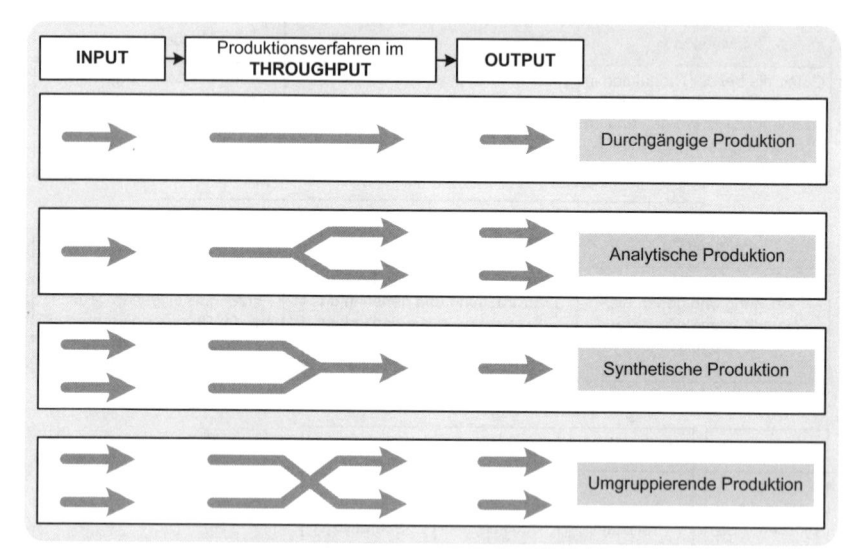

Bild PW.A.4.(4): Klassifizierung der Produktionsverfahren nach der Verwertung des Input (nach CORSTEN, H. [Produktionswirtschaft] S. 38)

Art der Betriebsmittel

(6) Die **Art der eingesetzten Betriebsmittel** zeigt, ob die Maschinen auf wenige Arbeitsgänge spezialisiert sind (Spezialmaschinen) oder ob sie eine Vielzahl unterschiedlicher Bearbeitungsvorgänge realisieren können (Universalmaschinen).

4.2 Throughputorientierte Produktionsprozesstypisierung

Die Bilder PW.A.4.(5)/1 und PW.A.4.(5)/2 geben einen Überblick über ausgewählte Throughputtypen.

Throughput als Typisierungsansatz

Merkmale	Merkmalsausprägungen				
Mengenaspekt der Produktion (Fertigungsart, -typ, Produktionsvolumen)	Einzelfertigung		Mehrfachfertigung		
	Einmalfertigung	Wiederholfertigung	Sortenfertigung	Serienfertigung	Massenfertigung
Prinzip der räumlichen Anordnung der Arbeitsplätze	Werkstattprinzip (Verfahrensprinzip)		Gruppenprinzip	Erzeugnisprinzip (Gegenstandsprinzip)	
				Reihenprinzip	Einzelplatzprinzip
Prinzip des zeitlichen Ablaufs des Produktionsprozesses	Mit Teileweitergabe			Ohne Teileweitergabe	
	Reihenverlauf	Parallelverlauf	Kombinierter Verlauf		
Organisationsform (OF) des Produktionsprozesses	Verfahrensspez. OF		Gegenstandsspezialisierte Organisationsform		
	Werkstattfertigung	Fertigungsabschnitt	Fertigungsreihe	Fließfertigung	Einzelplatzfertigung
Art der Verkettung der Betriebsmittel	Lose Verkettung	Starre Verkettung	Reihen-verkettung	Parallel-verkettung	Innen-verkettung	Außen-verkettung
Prozessgesetzmäßigkeiten	Proportionalität		Parallelität	Rhythmizität	Kontinuität
Flexibilität	Quantitative Flexibilität			Qualitative Flexibilität	
Grad der Mechanisierung / Automatisierung	Hand-prozess	Mechanisierter Prozess	Maschinen-prozess	Teilautomatisierter Prozess	Vollautomatisierter Prozess

Bild PW.A.4.(5)/1: Throughputorientierte Produktionsprozesstypisierung (Teil 1)

Merkmale	Merkmalsausprägungen		
Grundform industrieller Produktionsprozesse	Stoffgewinnender Prozess	Stoffumwandelnder Prozess	Stoffverformender Prozess
Produkte und Leistungen	Hauptprozess	Nebenprozess	Hilfsprozess
Arbeitsteilung	Einstufiger Prozess	Mehrstufiger Prozess: Arbeitsteilig einfach	Mehrstufiger Prozess: Arbeitsteilig kompliziert
Art der Bearbeitungsfolge	Gleiche technologische Bearbeitungsfolge für alle Teile einer Klasse — Ohne Überspringen von Arbeitsplätzen	Gleiche technologische Bearbeitungsfolge für alle Teile einer Klasse — Mit Überspringen von Arbeitsplätzen	Variierende technologische Bearbeitungsfolge der Teile einer Klasse
Kinematisches Verhalten der Elementarfaktoren im Produktionsprozess	Arbeitskräfte: Stationär / Instationär	Betriebsmittel: Stationär / Instationär	Werkstoffe: Stationär / Instationär
Fertigungstiefe	Teilefertigung + Baugruppenmontage + Endmontage = Eigenfertigung / Teilefertigung = Eigenfertigung	Teilefertigung + Baugruppenmontage = Eigenfertigung / Baugruppenmontage = Eigenfertigung	Teilefertigung + Baugruppenmontage + Endmontage = Eigenfertigung / Endmontage = Eigenfertigung

Bild PW.A.4.(5)/2: *Throughputorientierte Produktionsprozesstypisierung (Teil 2)*

Mengenaspekt

(1) Der **Mengenaspekt** des Produktionsprozesses sagt etwas über die Stückzahlen der zu produzierenden Produktarten aus (vgl. Bild PW.A.4.(6)).

Die Stückzahlen der Produkte sind eine wesentliche Einflussgröße, die auf die Gestaltung der Produktionsprozesse wirkt. Die Begriffe **Fertigungsart** und **Fertigungstyp** werden synonym verwendet.

Typisierung von Produktionsprozessen

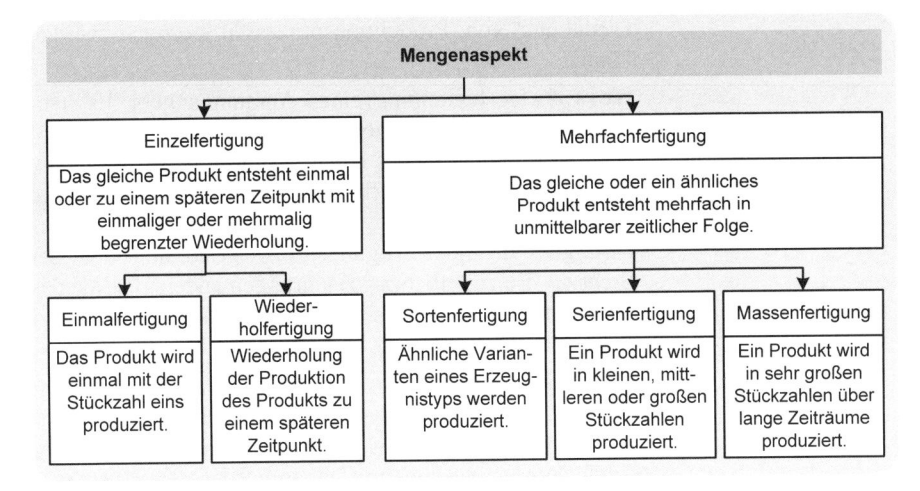

Mengenaspekt				
Einzelfertigung Das gleiche Produkt entsteht einmal oder zu einem späteren Zeitpunkt mit einmaliger oder mehrmalig begrenzter Wiederholung.		**Mehrfachfertigung** Das gleiche oder ein ähnliches Produkt entsteht mehrfach in unmittelbarer zeitlicher Folge.		
Einmalfertigung Das Produkt wird einmal mit der Stückzahl eins produziert.	**Wiederholfertigung** Wiederholung der Produktion des Produkts zu einem späteren Zeitpunkt.	**Sortenfertigung** Ähnliche Varianten eines Erzeugnistyps werden produziert.	**Serienfertigung** Ein Produkt wird in kleinen, mittleren oder großen Stückzahlen produziert.	**Massenfertigung** Ein Produkt wird in sehr großen Stückzahlen über lange Zeiträume produziert.

Bild PW.A.4.(6): Mengenaspekt des Produktionsprozesses

Der Übergang zu großen Produktionsmengen ist mit der Senkung der Produktionsstückkosten verbunden. Der Grund dafür ist die zunehmende Produktionserfahrung. Die Erfahrungskurve stellt die mathematische Funktion zwischen den Stückkosten und den Produktionsmengen eines Produkts dar.

Auf ihren Verlauf wirken mehrere Einzeleffekte:
- Lerneffekt:
  - Bessere und schnellere Produktionsdurchführung bei Aufgabenwiederholung
  - Ausschusssenkung
  - Steigende Produktivität der Arbeit
- Kapazitätssteigerungseffekt:
  - Verbesserung der Kapazitätsausnutzung
- Degressionseffekt:
  - Steigende Betriebsgröße erlaubt Rationalisierung der Technologie und Prozessorganisation mit zwar steigenden Fixkosten, aber sinkenden variablen Kosten.

Die wesentlichen Probleme, die mit der Auslegung des Begriffs Fertigungsart verbunden sind, bestehen darin, dass
- es keine Normative darüber gibt, welche Stückzahl einer konkreten Produktart den Kategorien Kleinserienfertigung, Mittelserienfertigung, Großserienfertigung bzw. Massenfertigung zuzuordnen ist.
- der Mengenaspekt auf der Grundlage von Fertigerzeugnissen definiert wird und somit falsche Schlüsse für die

Gestaltung von Produktionsprozessen gezogen werden können.

Beispiel: Herstellung eines Abraumbaggers. Es handelt sich um Einzelfertigung. Nach der Erzeugnisauflösung wird deutlich, dass einige Baugruppen, z. B. Transportrollen in den Förderbändern, in großen Stückzahlen zu produzieren sind. So stellen sich die konkreten Anforderungen an die Fertigungsprozessgestaltung aus der Sicht der Einzelteile bzw. Baugruppen anders dar, als das die definierte Fertigungsart auf Basis des Fertigerzeugnisses vermuten lässt.

- es offenbar keine Zwangsbeziehung zwischen Fertigungsart und der Organisationsform des Produktionsprozesses gibt. Nicht optimale Lösungen gestatten es trotzdem zu produzieren, allerdings mit einem gestiegenen Kostenvolumen.

Organisationsprinzipien, Organisationsformen

(2) Auf **räumliche und zeitliche Organisationsprinzipien** und **Organisationsformen** wird ausführlich in Abschnitt C.1 dieses Lehrbuchs eingegangen.

Verkettung von Betriebsmitteln

(3) Die Art der **Verkettung von Betriebsmitteln** kennzeichnet das Niveau der Transportbeziehungen ebenso wie deren technische Lösung. Starre Verkettung deutet auf ein integriertes Transportsystem (das auf der Grundlage der Taktung arbeiten kann) hin.

Reihen- und Parallelverkettung weisen auf die räumliche Art der Anordnung der verketteten Arbeitsplätze hin. Die Innen- und die Außenverkettung beschreiben die konkrete Lage des Transportsystems zum Bearbeitungssystem.

Prozessgesetzmäßigkeiten Proportionalität, Parallelität, Rhythmizität und Kontinuität

(4) Die **Prozessgesetzmäßigkeiten** (vgl. Bild PW.A.4.(7)) sind die

- Proportionalität,
- Parallelität,
- Rhythmizität und
- Kontinuität.

Typisierung von Produktionsprozessen

Ursache

PROPORTIONALITÄT
- Zwischen $ZF_{AK_{ij}}$ und $ZF_{BM_{ij}}$
- Zwischen $ZF_{KA_{ij}}$ und $KB_{Z_{ij}}$
- Zwischen $ZF_{KA_{ij(l)}}$ und $ZF_{KA_{ij(l+1)}}$

PARALLELITÄT
- Steigt P_I → sinkt P_Z
- Steigt P_I → sinkt P
- Steigt P_Z → steigt P

Mit:
P ... Produktionszyklus
P_I ... Innerzyklische Parallelität
P_Z ... Zwischenzyklische Parallelität

KAPAZITÄT

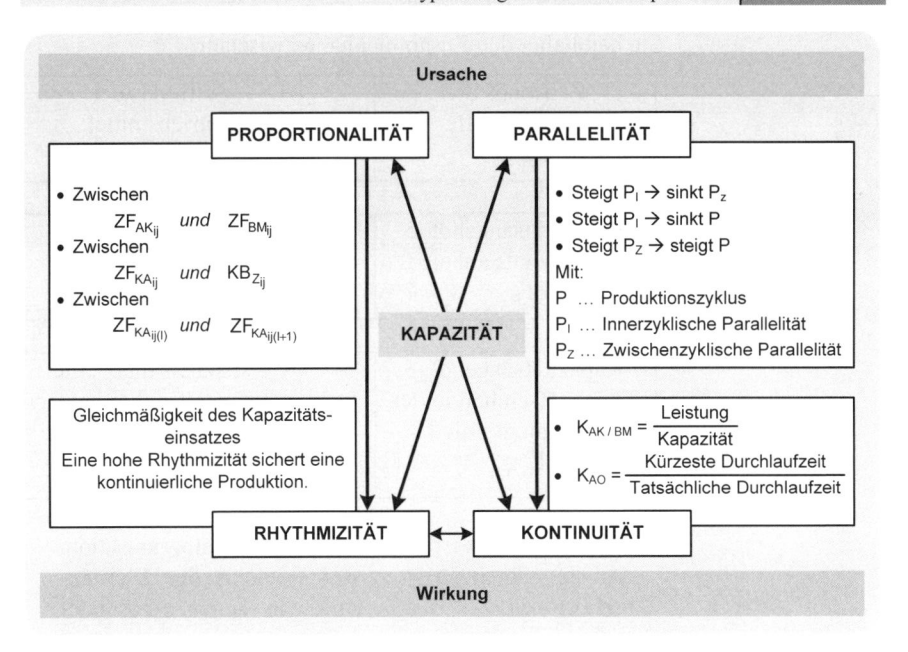

RHYTHMIZITÄT
Gleichmäßigkeit des Kapazitätseinsatzes
Eine hohe Rhythmizität sichert eine kontinuierliche Produktion.

KONTINUITÄT
- $K_{AK/BM} = \dfrac{\text{Leistung}}{\text{Kapazität}}$
- $K_{AO} = \dfrac{\text{Kürzeste Durchlaufzeit}}{\text{Tatsächliche Durchlaufzeit}}$

Wirkung

Bild PW.A.4.(7):   Gesetzmäßigkeiten des Produktionsprozesses

Die im Zusammenhang mit den Zeitfonds verwendeten Indizes haben folgende Bedeutung:

i	Index der Kapazitätseinheiten (z. B. Arbeitsplatz oder Arbeitsplatzgruppe) innerhalb einer Organisationsform oder Werkstatt i = 1(1)m
j	Index der Organisationsformen (z. B. Fließfertigung, Fertigungsreihe, Fertigungsabschnitt) oder Werkstätten (z. B. Dreherei, Fräserei, Schleiferei) innerhalb der Organisationsform Werkstattfertigung j = 1(1)n
l	Index der Fertigungsstufen (z. B. Teilefertigung, Baugruppenmontage, Endmontage) innerhalb des gesamten Produktionssystems l = 1(1)f

Die Prozessgesetzmäßigkeiten stehen in enger Beziehung zur Kapazität und ihrer Auslastung.

Die **Proportionalität** ist das **Grundgesetz der Organisation von Produktionsprozessen**. Sie besagt, dass Kapazitätsbedarfe und Kapazitätsangebote aufeinander abgestimmt sein müssen. | Proportionalität

Sie beinhaltet den Zusammenhang zwischen:

Zeitfonds der Arbeitskräfte $ZF_{AK_{ij}}$	und	Zeitfonds der Betriebsmittel $ZF_{BM_{ij}}$

Kapazitätsangebot je Kapazitätseinheit $ZF_{KA_{ij}}$	und	Kapazitätsbedarf je Kapazitätseinheit $KB_{Z_{ij}}$

Kapazitätsangebot je Kapazitätseinheit in der Fertigungsstufe f $ZF_{KA_{ijf}}$	und	Kapazitätsangebot je Kapazitätseinheit in der Fertigungsstufe f+1 $ZF_{KA_{ij(f+1)}}$

> Die **Parallelität** ist das Gesetz der Ablauforganisation, das die **Gleichzeitigkeit des Wirkens der Elementarfaktoren** zur Bearbeitung von Teilen eines oder mehrerer Erzeugnisse beinhaltet.

Innerzyklische Parallelität

Wird die vorhandene Kapazität einer Kapazitätseinheit dadurch genutzt, dass parallel Teile eines Erzeugnisses produziert werden, spricht man von **innerzyklischer Parallelität** (P_I).

Zwischenzyklische Parallelität

Wird die vorhandene Kapazität einer Kapazitätseinheit dadurch genutzt, dass Teile produziert werden, die zu unterschiedlichen Erzeugnissen gehören, spricht man von **zwischenzyklischer Parallelität** (P_Z).
Die Länge des Produktionszyklus eines Erzeugnisses hängt von dem Verhältnis P_I zu P_Z ab.

Rhythmizität

> Die **Rhythmizität** ist das Gleichmaß des Kapazitätseinsatzes, das zu einem gleichmäßigen Produktausstoß führt.

Kontinuität

> Die **Kontinuität** beinhaltet das gewünschte ununterbrochene Wirken der Elementarfaktoren.

> **Proportionalität** und **Parallelität** sind die Voraussetzungen für eine rhythmische, kontinuierliche Produktion.

(5) Die **Flexibilität** kennzeichnet die Fähigkeit eines Produkti- | Flexibilität
onssystems, den geänderten Anforderungen des Markts, ausgedrückt durch das Produktionsprogramm, zu entsprechen
(vgl. Bild PW.A.4.(8)).

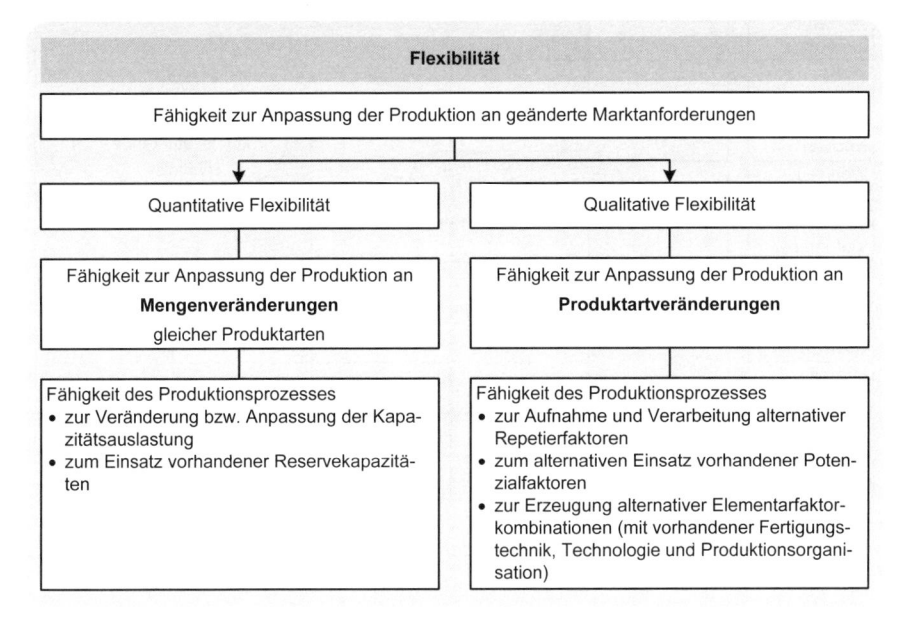

Flexibilität	
Fähigkeit zur Anpassung der Produktion an geänderte Marktanforderungen	
Quantitative Flexibilität	**Qualitative Flexibilität**
Fähigkeit zur Anpassung der Produktion an **Mengenveränderungen** gleicher Produktarten	Fähigkeit zur Anpassung der Produktion an **Produktartveränderungen**
Fähigkeit des Produktionsprozesses • zur Veränderung bzw. Anpassung der Kapazitätsauslastung • zum Einsatz vorhandener Reservekapazitäten	Fähigkeit des Produktionsprozesses • zur Aufnahme und Verarbeitung alternativer Repetierfaktoren • zum alternativen Einsatz vorhandener Potenzialfaktoren • zur Erzeugung alternativer Elementarfaktorkombinationen (mit vorhandener Fertigungstechnik, Technologie und Produktionsorganisation)

Bild PW.A.4.(8): Flexibilität

(6) Der Grad der **Mechanisierung / Automatisierung** verdeut- | Mechanisierung /
licht, auf welche Art Arbeitsinhalte, die von den Arbeitskräf- | Automatisierung
ten ausgeführt werden, über die Stationen

- Handarbeit,
- Mechanisierung,
- Maschinisierung,
- Teilautomatisierung und
- Vollautomatisierung

auf das Betriebsmittel übergehen können. In Bild PW.A.4.(9) wird die Substitution an Beispielen dargestellt.

58 Teil A / Grundlagen

Tätigkeiten	Substitutionsgrade				
	1 Handarbeit	2 Mechanisierung	3 Maschinisierung	4 Teilautomatisierung	5 Vollautomatisierung
Werkstückbewegung					
Werkzeugbewegung					
Werkstückwechsel		Von Arbeitskräften durchzuführende Tätigkeiten		Von Betriebsmitteln durchzuführende Tätigkeiten	
Werkzeugwechsel					
Teileweitergabe					
Maschinensteuerung					
Kontrolle und Überwachung	Entfällt				
Instandhaltung					
Beispiele für die Grade:	Schmieden, Töpfern, Schustern	Drechseln, Töpfern mit Antriebsaggregat	Drehen an Leit- u. Zugspindeldrehmaschine	Bearbeitungszentrum	Erzeugnisherstellung in starrer Fließfertigung

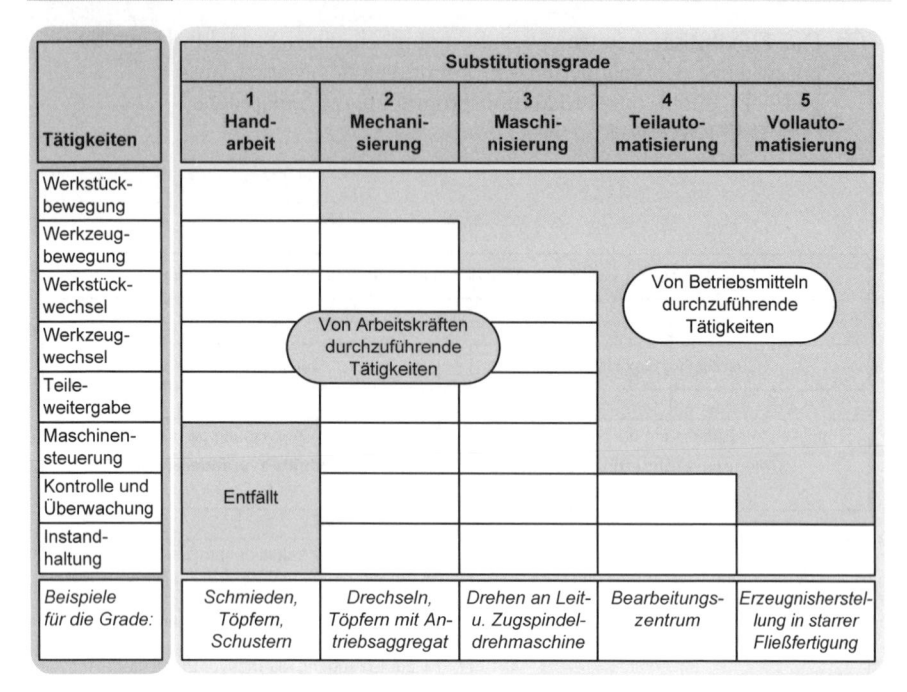

Bild PW.A.4.(9): Systematisierung der Substitution menschlicher Arbeit durch Maschinenarbeit

Grundformen industrieller Produktionsprozesse

(7) Die **Grundformen industrieller Produktionsprozesse** sind:

- **Stoffgewinnende Prozesse** (Rohstoffförderung)
  Die Produkte des stoffgewinnenden Prozesses sind Voraussetzungen für die nachfolgend genannten Prozesse.

- **Stoffumwandelnde Prozesse**
  Hier erfahren die Rohstoffe eine tiefgreifende stoffliche Veränderung, die zur Erzeugung völlig anderer Stoffe führt. Die Änderung chemischer Eigenschaften ist typisch für diese Prozesse.

- **Stoffverformende Prozesse**
  Diese Prozesse verändern die äußere Form, die Abmessungen, die Oberflächenbeschaffenheit. Die Veränderung der physikalischen Beschaffenheit der Werkstoffe ist für diese Prozesse typisch (vgl. ARNOLD, H. et al. [Produktionsprozess] S. 18 ff.).

Haupt-, Hilfs-, Nebenprozesse

(8) Der Produktionsprozess lässt sich in **Haupt-, Hilfs-** und **Nebenprozesse** gliedern.

- Als **Hauptprozesse** werden die Prozesse bezeichnet, die an der Produktion der Hauptprodukte des Unternehmens beteiligt sind.

- **Nebenprozesse** sind mit den Hauptprozessen technisch-ökonomisch verbunden. Sie sind aber nicht der Hauptzweck des Unternehmens. Die Verwertung von Abfällen bzw. Rückständen des Hauptprozesses zu Erzeugnissen ist z. B. eine Aufgabe von Nebenprozessen.

- Hilfsprozesse unterstützen als **fertigungsnahe industrielle Dienstleistungen** die Haupt- und Nebenprozesse. Sie sind Voraussetzungen dafür, dass die Haupt- und Nebenprozesse stattfinden können.
  Zu ihnen gehören u. a.:
  - Instandhaltung
  - Transport-, Umschlags-, Lagerungsprozesse
  - Betriebliche Energiewirtschaft (Dampferzeugung, Wärmeerzeugung, Pressluftherstellung)

  Der Begriff „Hilfsprozess" führt zur Fehldeutung bezüglich seiner Wichtigkeit. Aus diesem Grunde ist es sinnvoll, ihn durch den Begriff „fertigungsnahe industrielle Dienstleistung" zu ersetzen (vgl. Abschnitt A.5.4).

(9) Aus der Sicht der **Arbeitsteilung** gibt es **einstufige Prozesse** und **mehrstufige Prozesse**. Sie unterscheiden sich dadurch, dass eine unterschiedliche Anzahl von Arbeitsgängen für die Erzeugnisherstellung nötig ist. Mehrstufige Prozesse können arbeitsteilig einfach oder arbeitsteilig kompliziert ablaufen.

Arbeitsteilung

- Bei **arbeitsteilig einfachen Prozessen** besteht das Endprodukt aus einem Einzelteil, das durch eine Arbeitsgangfolge hergestellt wird.

- Bei **arbeitsteilig komplizierten Prozessen** wird eine Vielzahl von Einzelteilen parallel und / oder nacheinander gefertigt. In mehreren Schritten der Baugruppenmontage erfolgt eine Komplettierung des Erzeugnisses. Dabei ist eine **feste** oder **variable Zuweisung** (Gruppenarbeit) **von Arbeitsaufgaben** an Arbeitsplätze bzw. Arbeitskräfte möglich.

(10) Für Teile einer Teileklasse gibt es unterschiedliche Varianten der **technologischen Bearbeitungsfolge**.

Technologische Bearbeitungsfolge

- Ist die Bearbeitungsfolge für alle Teile gleich, so spricht man von einer **gleichen technologischen Bearbeitungsfolge ohne Überspringen** von Arbeitsplätzen.

- Werden einige Arbeitsplätze von einzelnen Teilen der Teileklasse nicht benötigt, also übersprungen, so spricht man von einer **gleichen technologischen Bearbeitungsfolge mit Überspringen**.

- Benutzt jedes Teil der Teileklasse einen eigenen Weg durch die notwendigen Arbeitsplätze, der sich von den Wegen anderer Teile unterscheidet, spricht man von einer **variierenden technologischen Bearbeitungsfolge**.

Kinematisches Verhalten der Elementarfaktoren

(11) Das **kinematische Verhalten** der Elementarfaktoren verdeutlicht, dass Arbeitskräfte, Betriebsmittel und Werkstoffe (Arbeitsobjekte) sowohl

- **stationär** als auch
- **instationär**

im Produktionsprozess angeordnet sein können.

Fertigungstiefe

(12) Die **Fertigungstiefe** gibt Auskunft über die Anteile, die ein Unternehmen bei der Wertschöpfung seiner Produkte erbringt. Die Spannweite geht von der Realisierung der gesamten Wertschöpfung bis lediglich zur Endmontage der Produkte (vgl. Bild PW.A.4.(5)/2). Die Entscheidung über die Fertigungstiefe berührt

- Investitionsentscheidungen,
- Entscheidungen über Möglichkeiten zur Rationalisierung von Technologie und Organisation des Produktionsprozesses,
- zu erwartende Kostenentwicklungen, insbesondere die Veränderung der Beziehung der fixen Kosten zu den variablen Kosten,
- das ökonomische Risiko u. a.

Die Begriffe Fertigungstiefe und vertikale Integration sind, obwohl sie oft synonym verwendet werden, nicht identisch. Die Fertigungstiefe bezieht sich auf den Fertigungsprozess. Die vertikale Integration bezieht darüber hinaus auch Vorlaufphasen wie Forschung und Entwicklung und Produktionsvorbereitung mit ein.

Bild PW.A.4.(10) gibt einen groben Überblick über Kriterien zur Veränderung der vertikalen Integration, über ökonomische Wirkungstendenzen und über Maßnahmen zur Risikominimierung.

Typisierung von Produktionsprozessen

Phasen der Produktentstehung	Phasenbezogene Kriterien für die Änderung der vertikalen Integration (Fertigungstiefe)		Ökonomische Wirkungstendenzen der Änderung der vertikalen Integration	Ökonomische Maßnahmenkomplexe zur Risikosenkung
	Vergrößerung	Reduktion		
1. Vorlaufphase, Unternehmensstrategie	• Leistungsführerschaft • Reduktion der Produktfelder	• Kostenführerschaft • Produktfeldausdehnung • Produktdiversifikation	• Veränderung der Struktur der fixen Kosten zu den variablen Kosten • Änderung der Anteile des Eigen- und Fremdkapitals am Gesamtkapital • Änderung der Nutzung des Kapitals • Verbesserung der Organisation des Produktionsprozesses • Flexibilitätsverbesserung • Verbesserte Produktionslogistik • Einfluss auf Dimensionierung der Kapazität in den Kapazitätseinheiten • Änderung der Kapazitätsstruktur • Rationalisierungsmöglichkeiten infolge Spezialisierung	• Gemeinsame Preiskalkulation • Offenlegung der Kosten • Identische Gewinnspannen • Kapitalbeteiligungen • Führungskräfteaustausch • Gemeinsames Tragen von wirtschaftlichen Risiken • Gemeinsame Investitionen • Gemeinsame Forschung und Entwicklung • Know how-Austausch
2. Forschung und Entwicklung	• Eigenes Know how • Geheimhaltung	• Fremdes Know how • Senkung F & E-Zeiten • Senkung F & E-Kosten		
3. Produktionsvorbereitung	• Bei Eigenentwicklung und Eigenproduktion	• F & E und Produktion gemeinsam auslagern		
4. Beschaffungsprozess	• Senkung der Kosten für - Transport - Verpackung - Marktforschung	• Transaktionskosten • Beschaffungslogistik • Lieferbeziehungen		
5. Produktionsprozess	• Befriedigung aller Prozessanforderungen (technisch und organisatorisch)	• Konzentration auf verbleibende Aufgaben • Verbesserung der Rationalisierungsmöglichkeiten		

Bild PW.A.4.(10):   Vertikale Integration und ihre Konsequenzen

4.3 Outputorientierte Produktionsprozesstypisierung

Output als Typisierungsansatz

Bild PW.A.4.(11) gibt einen Überblick über ausgewählte Outputtypen.

Merkmale	Merkmalsausprägungen							
Art der Produktionsauslösung	Auftragsproduktion (Bestellproduktion)		Vorratsproduktion (Lagerproduktion)					
	Einzelbestellung	Rahmenvertrag						
Fertigungsbreite (Zahl der Endproduktarten)	Eine Produktart		Mehrere Produktarten					
Produkteigenschaften	Materialität der Güter		Gestalt der Güter		Art der Güterverwendung		Qualität der Güter	
	Materielle Güter	Immaterielle Güter	Fließgüter	Stückgüter	Produktions- (Investitions-) güter	Konsumgüter		

Bild PW.A.4.(11):   Outputorientierte Produktionsprozesstypisierung

Typisierung von Produktionsprozessen

(1) Es werden zwei grundsätzliche Arten der **Produktionsauslösung** unterschieden. Das sind die | Auslösung der Produktion

- **Vorrats- oder Lagerproduktion** mit anonymen Abnehmern der Produkte und die | Lagerproduktion

- **Auftrags- oder Bestellproduktion**, bei der die Bestellung eines Produkts durch einen namentlich bekannten Abnehmer erfolgt. | Auftragsproduktion

Bei der Lagerproduktion handelt es sich häufig um standardisierte Produkte, die in Serienfertigung entstehen. Die Auftragsproduktion beinhaltet kundenindividuelle Produkte, die meist als Einzelfertigung produziert werden. Ihre Produktion wird durch einen Kundenauftrag ausgelöst. Die Lagerproduktion erfolgt ohne direkten Kundenauftrag.

In vielen Unternehmen sind gleichzeitig Lagerfertigung und Auftragsfertigung vorhanden. Dann setzen sich die Produktionsprogramme als Mischprogramm aus beiden Varianten zusammen (vgl. Bild PW.A.4.(12)).

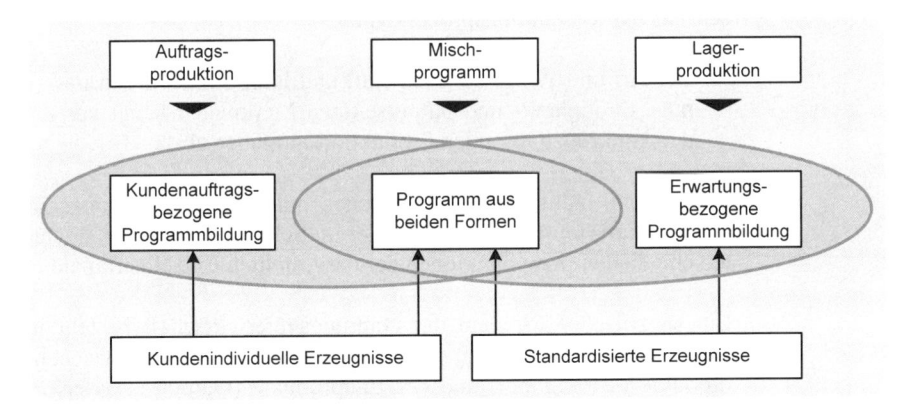

Bild PW.A.4.(12): *Typen der Programmbildung*

(2) Unter der **Fertigungsbreite** des Produktionsprogramms wird die Anzahl unterschiedlicher Produkttypen verstanden, die in einem Unternehmen gefertigt werden. | Fertigungsbreite

(3) Die **Produkteigenschaften** sind: | Produkteigenschaften
- Materialität
- Gestalt
- Art der Güterverwendung
- Qualität

Es werden materielle Güter und immaterielle Leistungen unterschieden. Fließgüter besitzen keine definierbare Gestalt. Stückgüter sind konstruktiv beschreibbar, sie besitzen eine definierbare Gestalt. Die Arten der Güterverwendung sind Konsumtion und Produktion. Die Qualität ist eine zentrale Anforderung des Kunden (vgl. Abschnitt C.5).

4.4 Kombinierte Produktionsprozesstypen

Produktionsprozesse = Kombinationen der Prozesstypen

Die aus methodischen Gründen vorgenommene Typisierung von Produktionsprozessen, gegliedert in

- inputorientierte Produktionsprozesstypen,
- throughputorientierte Produktionsprozesstypen und
- outputorientierte Produktionsprozesstypen.

Sie muss in der Betrachtung konkreter Produktionsprozesse zusammengeführt werden. **Tatsächlich vorhandene Produktionsprozesse sind Mischformen**, kombinierte Formen der einzeln beschriebenen Produktionsprozesstypen.

> Die Art und Weise der **Auswahl** und **Kombination** von input-, throughput- und outputseitigen Merkmalen hängt von den konkret zu lösenden Produktionsaufgaben ab.

In der Textilindustrie, der chemischen Industrie, der Nahrungsgüterwirtschaft, im Automobilbau oder im Schiffbau kommt es zu unterschiedlichen Kombinationen der dargestellten Einzelmerkmale.

Ein spezifisches Problem der Nahrungsgüterwirtschaft besteht in der begrenzten Haltbarkeit des Rohmaterials (Input), der Zwischenprodukte (Throughput) und der Endprodukte (Output). Das erfordert energieintensive Kühlprozesse.

In der Betriebspraxis ist festzustellen, dass häufig nicht alle angesprochenen Einzelmerkmale auch Bestandteile der Kombinationen werden müssen. Es gibt auch Produktionsprozesse, die andere bzw. zusätzliche Merkmale, die hier nicht beschrieben wurden, in Kombinationen einbeziehen.

Beispiele für kombinierte Prozesstypen

Anhand ausgewählter Beispiele soll gezeigt werden, welche typischen Merkmalsausprägungen diese Produktionsprozesse kennzeichnen (vgl. Bild PW.A.4.(13)).

Merkmale	Schiffbau	Automobilbau	Backwarenfabrik / Fleischfabrik	Molkerei
	INVESTITIONSGÜTERINDUSTRIE		*LEBENSMITTELINDUSTRIE*	
Inputmerkmale				
Vorherrschender Einsatzfaktor	Arbeitsintensiv	Betriebsmittelintensiv	Material- und betriebsmittelintensiv	Material- und betriebsmittelintensiv
Art der eingesetzten Betriebsmittel	Überwiegend Universalmaschinen	Überwiegend Spezialmaschinen	Universalmaschinen	Spezialmaschinen
Qualifikation der Arbeitskräfte	Gelernt / Angelernt / Ungelernt	Gelernt / Angelernt / Ungelernt	Gelernt / Angelernt / Ungelernt	Angelernt / Ungelernt
Throughputmerkmale				
Mengenaspekt	Einzelfertigung	Massenfertigung	Sorten- / Varianten- und Serienfertigung	Massenfertigung
Organisationsform	Verfahrens- und gegenstandsspezialisiert	Gegenstandsspezialisiert	Gegenstandsspezialisiert	Gegenstandsspezialisiert
Flexibilität	Qualitative Flexibilität	Quantitative Flexibilität	Qualitative und quantitative Flexibilität	Quantitative Flexibilität
Kontinuität	Diskontinuierlich	Kontinuierlich	Kontinuierlich	Kontinuierlich
Automatisierung	Gering	Hoch	Hoch	Hoch
Art der technologischen Bearbeitungsfolge	Variierend	Gleich	Gleich	Gleich
Kinematisches Verhalten der Elementarfaktoren	AK: instationär BM: stationär / instationär WS: stationär	AK: stationär / instationär BM: stationär WS: instationär	AK: stationär / instationär BM: stationär WS: instationär	AK: stationär / instationär BM: stationär / instationär WS: instationär
Outputmerkmale				
Art der Produktionsauslösung	Auftragsproduktion	Auftrags- und Lagerproduktion	Auftrags- und Lagerproduktion	Auftragsproduktion (Rahmenvertrag)

Bild PW.A.4.(13): Kombinierte Produktionsprozesstypen (stilisierte, stark vereinfachte Beispiele)

Die Typisierung von Produktionsprozessen erfolgt über die Identifizierung relevanter Merkmale und ihrer Ausprägungen. Die spezifische Kombination der Ausprägungen charakterisiert differenztierte **Prozesstypen**.

Prozesstyp

Es gilt aus der Vielzahl und Vielfalt der Input-, Throughput- und Outputmerkmalen die herauszufiltern, die für die Prozesstypisierung eine besondere Bedeutung besitzen.

Dabei ist zu bedenken, dass

- ▶ alle Bestandteile der Makrostruktur abgebildet werden sollten.
- ▶ bei der Merkmalsauswahl die Hierarchie der Merkmale zu beachten ist. Es sind solche auszuwählen, aus denen andere, untergeordnete Merkmale, ableitbar sind.

Anforderungsprofil

- ▶ solche Merkmale auszuwählen sind, die das **Anforderungsprofil** beschreiben, das von den herzustellenden Erzeugnissen ausgeht und an den Produktionsprozess gerichtet ist.

Fähigkeitsprofil

- ▶ solche Merkmale auszuwählen sind, die das **Fähigkeitsprofil** von Produktionsprozessen charakterisieren, mittels dessen das Anforderungsprofil erstellt werden kann.

> Das **Anforderungsprofil** ist besonders durch outputorientierte Merkmale beschreibbar, das **Fähigkeitsprofil** durch input- und throughputorientierte Merkmale.

In Bild PW.A.4.(14) werden die für die Prozesstypisierung relevanten Merkmale dargestellt.

```
┌─────────┐   ┌────────────┐   ┌─────────┐
│  INPUT  │──▶│ THROUGHPUT │──▶│  OUTPUT │
└─────────┘   └────────────┘   └─────────┘

┌─────────────────┐  ┌───────────────┐  ┌──────────────────────────┐
│ Anteil          │  │ Fertigungsart │  │ Standardisierungsgrad    │
│ Fremdbezug      │  │               │  │ der Erzeugnisse          │
└─────────────────┘  └───────────────┘  └──────────────────────────┘
                                        ┌──────────────────────────┐
                                        │ Struktur der Erzeug-     │
                                        │ nisse                    │
                                        └──────────────────────────┘
                                        ┌──────────────────────────┐
                                        │ Art der Auftragsaus-     │
                                        │ lösung                   │
                                        └──────────────────────────┘
```

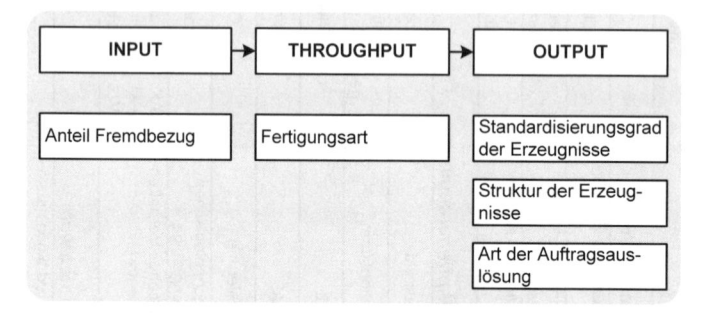

Bild PW.A.4.(14): Relevante Merkmale zur Prozesstypisierung (nach ZOPFF, C. [Informationsmanagement] S. 59)

Es wird deutlich, dass alle Bestandteile der Makrostruktur mit mindestens einem Merkmal abgebildet werden. Die inputseitig orientierten Merkmale Qualifikation der Arbeitskräfte, Art der eingesetzten Betriebsmittel und Werkstoffe werden durch die Struktur und den Standardisierungsgrad der Erzeugnisse (Output) sowie die Fertigungsart (Throughput) definiert. Hierarchisch übergeordnete Faktoren des Output und Throughput wirken als Querverbindungen auf die Merkmale des Input.

Die Fertigungsart steht auf der höchsten Hierarchieebene der für den Throughput identifizierten Merkmale. Von ihr sind sowohl räumliche und zeitliche Organisationsprinzipien (ROP, ZOP) ableitbar, als auch die Organisationsformen der Fertigungshauptprozesse, die Arbeitsteilung, die Flexibilität, die Kontinuität und der Produktionsrhythmus.

Die Erzeugnisorientierung ist durch alle ausgewählten Einflussfaktoren gegeben. Im Output wird diese Orientierung durch die Struktur der Erzeugnisse und den Standardisierungsgrad sowie die Art der Auftragsauslösung gewährleistet. Im Throughput verdeutlicht die Fertigungsart die Erzeugnisorientierung durch die Anzahl der je Erzeugnisart zu produzierenden Produktionsmengen. Die für den Input ausgewählte Einflussgröße – Anteil Fremdbezug – verdeutlicht die Erzeugnisorientierung durch den eigenen Wertschöpfungsanteil an den zu produzierenden Erzeugnissen.

In Bild PW.A.4.(15) werden die Ausprägungen der gewählten Merkmale in einem morphologischen Kasten zusammengefasst.

Merkmale	Merkmalsausprägungen			
Standardisierungsgrad der Erzeugnisse	Kundenindividuelle Erzeugnisse KI	Standard mit kundenindividuellen Varianten StkV	Standard mit anbieterspezifischen Varianten StaV	Standarderzeugnisse ohne Varianten StoV
Struktur der Erzeugnisse	Mehrteilig komplexe Erzeugnisse MTK	Mehrteilig einfache Erzeugnisse MTE		Geringteilige Erzeugnisse GTE
Auftragsauslösungsart	Auftragsfertigung AF	Mischfertigung MIF		Lagerfertigung LF
Fertigungsart	Einzelfertigung EF	Serienfertigung SF		Massenfertigung MF
Anteil Fremdbezug	Fremdbezug unbedeutend Fu	Fremdbezug in größerem Umfang FgU		Fremdbezug weitestgehend Fw

Bild PW.A.4.(15): Morphologischer Kasten der Merkmale und Merkmalsausprägungen (nach ZOPFF, C. [Informationsmanagement] S. 65)

Diese definieren die Vielzahl theoretisch möglicher Kombinationen und damit Gestaltungsmöglichkeiten. Der Ausschluss praktisch nicht relevanter bzw. nicht akzeptabler Kombinationen ist für die Bildung von Prozesstypen unerlässlich. Auf der Grundlage einer Clusteranalyse wurden folgende Ausprägungskombinationen identifiziert, die Prozesstypen charakterisieren (vgl. Bild PW.A.4.(16)).

Es ist von Prozesstyp 1 nach Prozesstyp 4 eine deutliche Rechtsverschiebung der Merkmalsausprägungen in Richtung Standardprodukte, Massenfertigung etc. zu identifizieren.

Prozesstyp 1 | Der **Prozesstyp 1** verdeutlicht charakteristische Bedingungen kleiner und mittlerer Unternehmen (KMU).

Die Analyse von 60 Unternehmen der Metallbranche Mecklenburg-Vorpommerns (vgl. dazu NEBL, T. / DIKOW, A. [Produktivitätsmanagement] S. 38 ff. und ZOPFF, C. [Informationsmanagement] S. 87) zeigte, dass

- ▶ die vier abgebildeten Prozesstypen praktische Relevanz besitzen,
- ▶ 82 % der Unternehmen dem Prozesstyp 1 zuzuordnen sind und
- ▶ die Prozesstypen 2 bis 4 jeweils mit einer Häufigkeit von 6 % vorkamen.

Typisierung von Produktionsprozessen

Prozesstyp 1

Merkmale	Merkmalsausprägungen		
Standardisierungsgrad	KI	StkV	StaV	StoV
Struktur der Erzeugnisse	MTK	MTE		GTE
Auftragsauslösungsart	AF	MIF		LF
Fertigungsart	EF	SF		MF
Anteil Fremdbezug	Fu	FgU		Fw

Prozesstyp 2

Merkmale	Merkmalsausprägungen		
Standardisierungsgrad	KI	StkV	StaV	StoV
Struktur der Erzeugnisse	MTK	MTE		GTE
Auftragsauslösungsart	AF	MIF		LF
Fertigungsart	EF	SF		MF
Anteil Fremdbezug	Fu	FgU		Fw

Prozesstyp 3

Merkmale	Merkmalsausprägungen		
Standardisierungsgrad	KI	StkV	StaV	StoV
Struktur der Erzeugnisse	MTK	MTE		GTE
Auftragsauslösungsart	AF	MIF		LF
Fertigungsart	EF	SF		MF
Anteil Fremdbezug	Fu	FgU		Fw

Prozesstyp 4

Merkmale	Merkmalsausprägungen		
Standardisierungsgrad	KI	StkV	StaV	StoV
Struktur der Erzeugnisse	MTK	MTE		GTE
Auftragsauslösungsart	AF	MIF		LF
Fertigungsart	EF	SF		MF
Anteil Fremdbezug	Fu	FgU		Fw

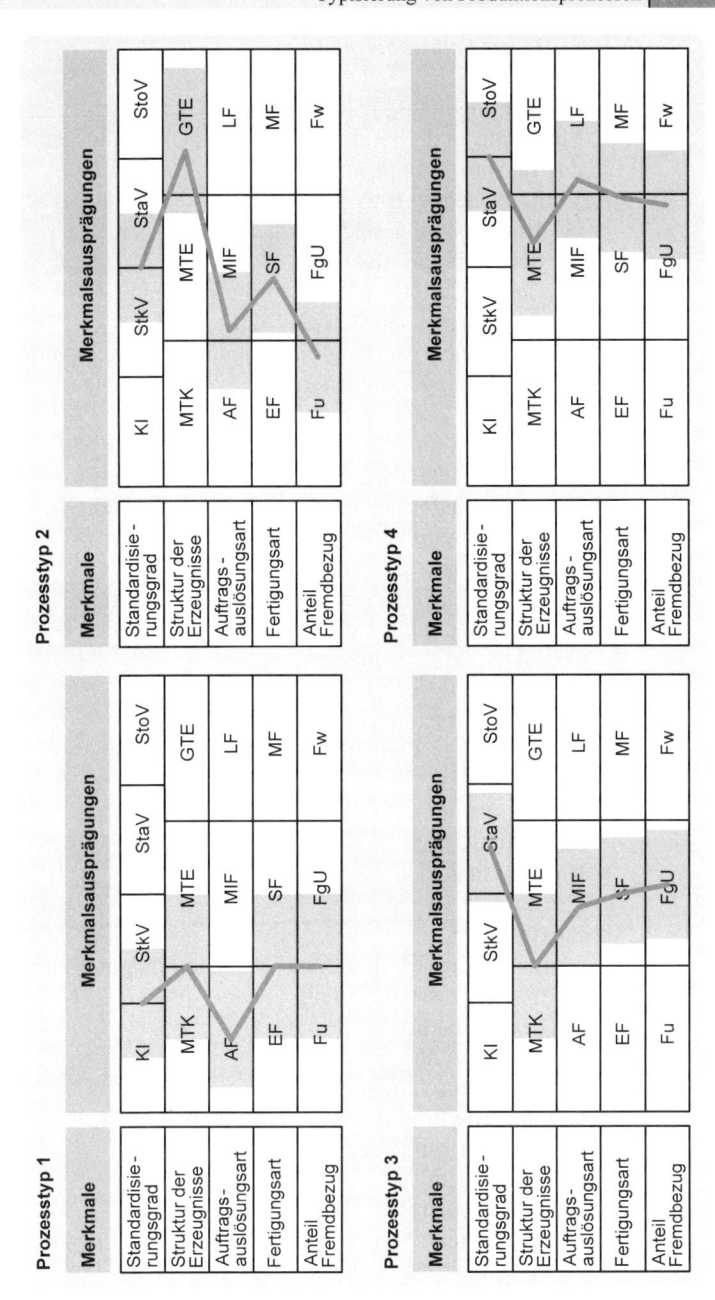

Bild PW.A.4.(16): Prozesstypen gebildet durch unterschiedliche Kombinationen von Merkmalsausprägungen (nach ZOPFF, C. [Informationsmanagement] S. 80 ff.)

I. Begriffe zur Selbstüberprüfung

- Typisierung industrieller Prozesse
- Merkmale und Merkmalsausprägungen inputorientierter Produktionsprozesstypisierung
- Vorherrschender Einsatzfaktor
- Qualifikation eingesetzter Arbeitskräfte
- Art der Verbrauchsfaktoren
- Wiederholbarkeit der Werkstoffbeschaffung
- Art der eingesetzten Betriebsmittel
- Merkmale und Merkmalsausprägungen throughputorientierter Produktionsprozesstypisierung
- Mengenaspekt der Produktion
- Prinzip der räumlichen Anordnung der Arbeitsplätze
- Prinzip des zeitlichen Ablaufs des Produktionsprozesses
- Organisationsformen des Produktionsprozesses
- Art der Verkettung der Betriebsmittel
- Prozessgesetzmäßigkeiten
- Grad der Mechanisierung und Automatisierung
- Grundformen industrieller Produktionsprozesse
- Produkte und Leistungen
- Arbeitsteilung
- Art der Bearbeitungsfolge
- Kinematisches Verhalten der Elementarfaktoren
- Fertigungstiefe
- Proportionalität
- Parallelität
- Rhythmizität
- Kontinuität
- Flexibilität
- Merkmale und Merkmalsausprägungen outputorientierter Produktionsprozesstypisierung
- Art der Produktionsauslösung
- Fertigungsbreite
- Produkteigenschaften
- Kombinierte Produktionsprozesstypen
- Typisierung von Unternehmen
- Fähigkeitsprofil
- Anforderungsprofil
- Merkmale und Merkmalsausprägungen zur Typisierung von Prozessen
- Prozesstyp

II. Weiterführende Literatur

- *ADAM, Dietrich:*
    Produktions-Management.
    9. Auflage, Wiesbaden 1998

- *ARNOLD, Hans / BORCHERT, Hans / SCHMIDT, Johannes:*
    [Produktionsprozess] Der Produktionsprozess im Industriebetrieb.
    4. Auflage, Berlin 1975

- *BLOECH, Jürgen / BOGASCHEWSKI, Roland / GÖTZE, Uwe / FOLKER, Roland / BUSCHER, Udo / DAUB, Anke:*
    Einführung in die Produktion.
    6. Auflage, Heidelberg 2008

- *BLOHM, Hans / BEER, Thomas / SEIDENBERG, Ulrich / SILBER, Herwig:*
    Produktionswirtschaft.
    4. Auflage, Herne, Berlin 2008

- *CORSTEN, Hans:*
    [Produktionswirtschaft] Produktionswirtschaft. Einführung in das industrielle Produktionsmanagement.
    12. Auflage, München, Wien 2009

- *HOITSCH, Hans-Jörg:*
    [Produktionswirtschaft] Produktionswirtschaft. Grundlagen einer industriellen Betriebswirtschaftslehre.
    2. Auflage, München 1993

- *LUCZAK, Holger / EVERSHEIM, Walter:*
    Produktionsplanung und Steuerung. Grundlagen, Gestaltung, Konzepte.
    2. Auflage, Berlin, Heidelberg 1999

- *NEBL, Theodor / DIKOW, Andreas:*
    [Produktivitätsmanagement] Produktivitätsmanagement – theoretische Grundlagen, methodische Instrumentarien, Analyseergebnisse und Praxiserfahrungen zur Produktivitätssteigerung in produzierenden Unternehmen.
    2. Auflage, München 2004

❑ THOMMEN, Jean-Paul / ACHLEITNER Ann-Kristin:
Allgemeine Betriebswirtschaftslehre. Umfassende Einführung aus managementorientierter Sicht.
6. Auflage, Wiesbaden 2009

❑ ZOPFF, Claus:
[Informationsmanagement] Informationsmanagement in kleinen und mittelgroßen (KMU) Unternehmen – Unternehmenstypologie und Gestaltungsansatz am Beispiel des Auftragsdurchlaufs der metallverarbeitenden Industrie –
In: Schriftenreihe des Institutes für Produktionswirtschaft der Universität Rostock, Hrsg.: NEBL, Theodor Aachen 2005

5 Dienstleistungs- und Sachleistungsproduktion

A / Grundlagen

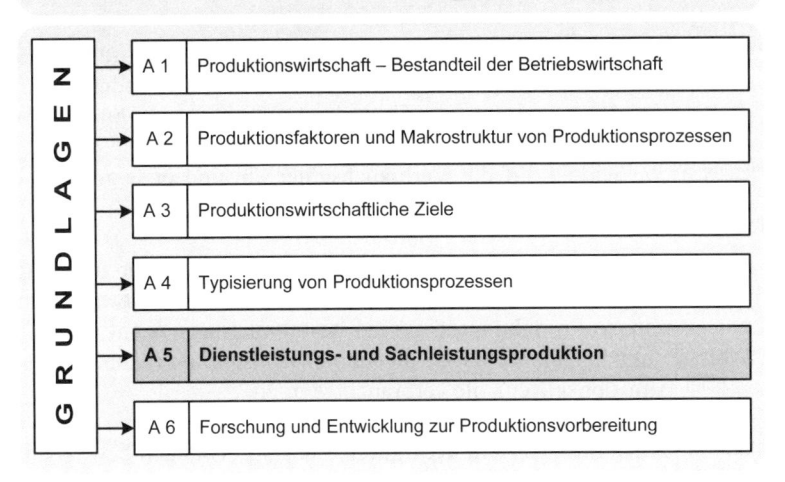

G R U N D L A G E N	A 1	Produktionswirtschaft – Bestandteil der Betriebswirtschaft
	A 2	Produktionsfaktoren und Makrostruktur von Produktionsprozessen
	A 3	Produktionswirtschaftliche Ziele
	A 4	Typisierung von Produktionsprozessen
	A 5	**Dienstleistungs- und Sachleistungsproduktion**
	A 6	Forschung und Entwicklung zur Produktionsvorbereitung

Bild PW.A.5.(1): Grundlagen (Dienst- und Sachleistungsproduktion)

5.1 Wirtschaftsgüter- und Branchensystematik

Die **Wirtschaftsgüter** sind die Gegenstände des wirtschaftlichen Handelns.

Ihre Kategorien werden durch Wortpaare folgendermaßen charakterisiert (vgl. SCHIERENBECK, H. [Betriebswirtschaftslehre] S. 4):

- ▶ **Inputgüter** – **Outputgüter**
- ▶ **Produktionsgüter** – **Konsumtionsgüter**
- ▶ **Verbrauchsgüter** – **Gebrauchsgüter**
- ▶ **Halbfabrikate** bzw. **Fertigfabrikate** bzw.
  unfertige Erzeugnisse – Fertigerzeugnisse
- ▶ **Materielle Güter** – **Immaterielle Güter**
- ▶ **Realgüter** – **Nominalgüter**

Inputgüter	**Inputgüter** werden dem Produktionsprozess zur Verfügung gestellt.
Verbrauchsgüter	Davon bilden Werkstoffe **Verbrauchsgüter** (Repetierfaktoren), die während einer Erzeugnisherstellung verbraucht werden, also in das Erzeugnis eingehen.
Outputgüter in Form materieller Realgüter	Betriebsmittel und die menschliche Arbeit sind **Produktionsgüter** oder auch **Gebrauchsgüter**, die langfristig im Produktionsprozess fungieren und die Grundlage der Leistungspotenz bilden (Potenzialfaktoren). Sie wirken auf die Verbrauchsgüter ein und erzeugen aus diesen **Outputgüter** in der Form **materieller Realgüter**.
Konsumtionsgüter	Es handelt sich dabei um **Fertigerzeugnisse** oder **unfertige Erzeugnisse** (Baugruppen, Einzelteile). Diese sind entweder zum Einsatz in Produktionsprozessen bestimmt (dann nennt man sie Produktionsgüter) oder sie dienen der Konsumtion (dann sind es **Konsumtionsgüter**), die verbraucht werden.
Immaterielle Realgüter / Dienstleistung	Auch **immaterielle Realgüter**, die als Leistungen bzw. **Dienstleistungen** bezeichnet werden, können als Outputgüter eines Produktionsprozesses gelten.
Externer Faktor	Die Produktionsgüter wirken in diesem Falle auf einen **externen Faktor** ein, um das immaterielle Realgut zu erzeugen. Dieser externe Faktor ist entweder der Dienstleistungsnachfrager selbst (z. B. bei medizinischen Handlungen) oder ein Objekt des Dienstleistungsnachfragers (z. B. ein instandzusetzendes Betriebsmittel). Erzeugte Dienstleistungen können als Inputgüter erneut in Produktionsprozessen wirksam werden.

Dieser Zusammenhang wird in Bild PW.A.5.(2) dargestellt.

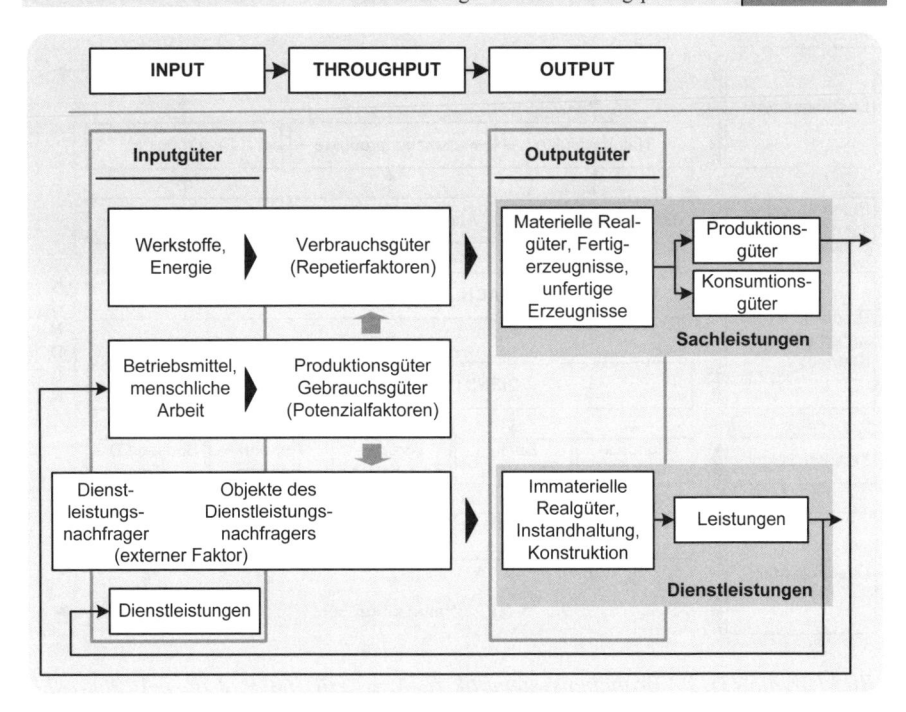

Dienstleistungs- und Sachleistungsproduktion | 75

```
INPUT → THROUGHPUT → OUTPUT

Inputgüter                                    Outputgüter

Werkstoffe,      Verbrauchsgüter              Materielle Real-        Produktions-
Energie       ▶  (Repetierfaktoren)           güter, Fertig-          güter
                                              erzeugnisse,
                                              unfertige               Konsumtions-
                                              Erzeugnisse             güter
                                                                   Sachleistungen

Betriebsmittel,  Produktionsgüter
menschliche   ▶  Gebrauchsgüter
Arbeit           (Potenzialfaktoren)

Dienst-          Objekte des                  Immaterielle
leistungs-       Dienstleistungs-             Realgüter,              Leistungen
nachfrager       nachfragers                  Instandhaltung,
                 (externer Faktor)            Konstruktion
                                                                   Dienstleistungen
  Dienstleistungen
```

Bild PW.A.5.(2):   *Wirtschaftsgütersystematik aus der Sicht der Makrostruktur eines Produktionsprozesses*

Neben der Systematisierung der Güter ist die Frage nach ihrer Herkunft von besonderer Bedeutung. Die Beantwortung dieser Frage führt zur Darstellung einer **Branchensystematik** (vgl. Bild PW.A.5.(3)). | Branchensystematik

Die Grundlage dafür bildet der klassische Ansatz für die Gliederung einer Volkswirtschaft in den

- ▶ **primären Sektor**,
- ▶ **sekundären Sektor** und
- ▶ **tertiären Sektor**.

| Primärer, sekundärer, tertiärer Sektor

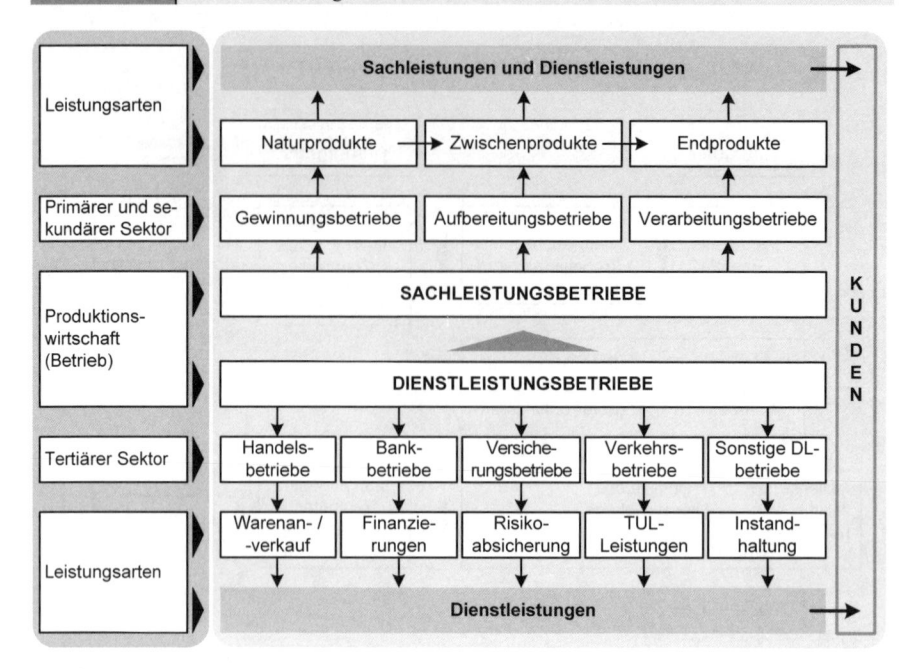

Bild PW.A.5.(3):   Branchensystematik (i. A. a. THOMMEN, J.-P. / ACHLEITNER, A.-K. [Betriebswirtschaftslehre] S. 73)

Gewinnungs-
betriebe
Aufbereitungs-
betriebe
Verarbeitungs-
betriebe

Dem primären und dem sekundären Sektor sind die **Sachleistungsbetriebe** zugeordnet. Sie lassen sich in **Gewinnungsbetriebe** (dazu gehören Landwirtschaftsbetriebe, Forstbetriebe, Fischereibetriebe), **Aufbereitungsbetriebe** (dazu gehören Sägewerke, Hüttenwerke, Gießereien, chemische Industriebetriebe) und **Verarbeitungsbetriebe** (dazu gehören Maschinenbaubetriebe, Bekleidungswerke, Nahrungs- und Genussmittelbetriebe, elektrotechnische Industriebetriebe u. a.) strukturieren.

Gewinnungsbetriebe erzeugen **Naturprodukte**, Aufbereitungsbetriebe sind für die Herstellung von **Zwischenprodukten** verantwortlich und Verarbeitungsbetriebe produzieren **Endprodukte**. Diese Endprodukte sind im Wesentlichen Sachleistungen.

Dieses Lehrbuch konzentriert sich bei der Inhaltsdarstellung insbesondere auf Fragestellungen der Sachleistungsproduktion.

In jüngster Zeit orientieren **Sachleistungsbetriebe** neben der Produktion von **Sachleistungen** mehr und mehr auch auf die Produktion von **Dienstleistungen**.

Einen besonderen Schwerpunkt bilden in diesem Zusammenhang **industrielle Dienstleistungen**. Auf sie soll in diesem Abschnitt besonders eingegangen werden.

| Industrielle Dienstleistungen |

Dem tertiären Sektor sind aus klassischer Sicht die Dienstleistungsbetriebe zugeordnet. Es sind

- **Handelsbetriebe**,
- **Bankbetriebe**,
- **Versicherungsbetriebe**,
- **Verkehrsbetriebe** und
- **sonstige Dienstleistungsbetriebe**.

Ihre Outputgüter sind Dienstleistungen für Sachleistungsbetriebe oder andere Kunden.

Heute werden **in allen Betrieben** unabhängig von ihrer Sektorzuordnung **Dienstleistungen erzeugt**.

5.2 Betrachtungsgegenstand „Dienstleistung"

Die **Dienstleistung** ist ein **Realgut mit immateriellem Charakter**. Der Dienstleistungsanbieter erzeugt durch die **Kombination interner Potenzialfaktoren** eine **Leistungsbereitschaft**. Der Dienstleistungsnachfrager bringt sich selbst (als Person) oder sein Objekt in den Dienstleistungsprozess ein, in dem der **externe Faktor** mit der Leistungsbereitschaft (Leistungspotenz) kombiniert wird. Es entsteht die Dienstleistung als immaterielles Gut (vgl. CORSTEN, H. / GÖSSINGER, R. [Dienstleistungsmanagement] S. 26).

Wesentliche Unterscheidungsmerkmale der Sachgüter- bzw. Erzeugnisproduktion und der Dienstleistungsproduktion sind in Bild PW.A.5.(4) dargestellt.

78 Teil A / Grundlagen

Makrostruktur	INPUT Potenzialdimension	THROUGHPUT Prozessdimension	OUTPUT Ergebnisdimension
Merkmale der Erzeugnisproduktion	Bereitgestelltes Leistungspotenzial (Kapazität) durch AK und BM WS	Erzeugnisproduktionsprozess als Kombination von AK + BM + WS	Erzeugnis (materiell) **Determinierter Produktionsprozess**
Merkmale der Dienstleistungsproduktion	Bereitgestelltes Leistungspotenzial durch AK und BM (Vorkombination) Externer Faktor: • Mensch, Tier • Materielle, immaterielle Objekte	Dienstleistungserstellungsprozess als Endkombination von AK + BM + externer Faktor	Dienstleistung (immateriell) **Indeterminierter Produktionsprozess**

Bild PW.A.5.(4): Wesentliche Unterscheidungsmerkmale der Erzeugnis- und Dienstleistungsproduktion

Die Dienstleistung ist durch mindestens drei wesentliche Merkmale gekennzeichnet (vgl. Bild PW.A.5.(5)):

▶ **Immaterielles Leistungsversprechen**
▶ **Immaterielle Leistung**
▶ **Existenz eines externen Faktors**

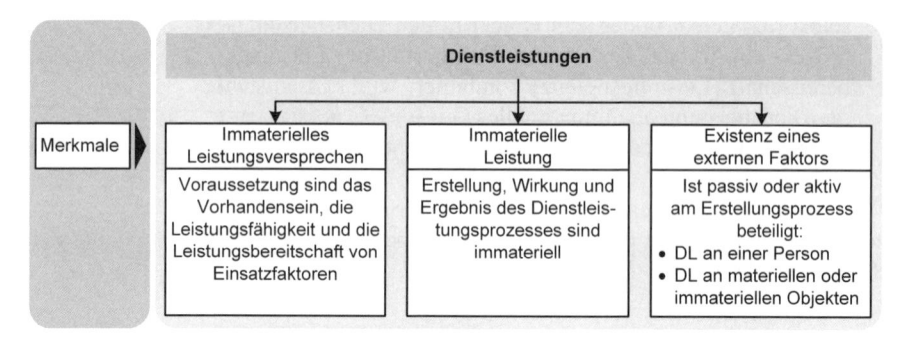

	Dienstleistungen		
Merkmale	Immaterielles Leistungsversprechen	Immaterielle Leistung	Existenz eines externen Faktors
	Voraussetzung sind das Vorhandensein, die Leistungsfähigkeit und die Leistungsbereitschaft von Einsatzfaktoren	Erstellung, Wirkung und Ergebnis des Dienstleistungsprozesses sind immateriell	Ist passiv oder aktiv am Erstellungsprozess beteiligt: • DL an einer Person • DL an materiellen oder immateriellen Objekten

Bild PW.A.5.(5): Merkmale von Dienstleistungen

Externe und interne Dienstleistungen

In Abhängigkeit davon, ob der Leistungsgeber und der Leistungsnehmer derselben Organisationseinheit (etwa demselben Industrieunternehmen) angehören, ist nach **externen und internen Dienstleistungen** zu unterscheiden. Jede interne Dienstleistung kann auch als externe Dienstleistung angeboten werden und umgekehrt, da für beide dasselbe Leistungspotenzial (aus Sicht der Fähigkeit) notwendig ist (vgl. Bild PW.A.5.(6)).

Dienstleistungs- und Sachleistungsproduktion

```
┌─────────────────────────┐     ┌─────────────────────────┐
│     LEISTUNGSGEBER      │     │     LEISTUNGSNEHMER     │
│                         │     │     (externer Faktor)   │
└───────────┬─────────────┘     └─────────────┬───────────┘
            │      ╲           ╱              │
            │       ╲         ╱               │
            ▼        ╲       ╱                ▼
┌─────────────────────────┐     ┌─────────────────────────┐
│        Gehören          │     │        Gehören          │
│       derselben         │     │     unterschiedlichen   │
│  Organisationseinheit an│     │ Organisationseinheiten an│
└───────────┬─────────────┘     └─────────────┬───────────┘
            ▼                                 ▼
┌─────────────────────────┐     ┌─────────────────────────┐
│   Interne Dienstleistung│     │   Externe Dienstleistung│
└───────────┬─────────────┘     └─────────────┬───────────┘
            ▼                                 ▼
• Jede interne Dienstleistung kann auch als externe Dienstleistung erbracht werden.
• Jede externe Dienstleistung kann auch als interne Dienstleistung erbracht werden.
```

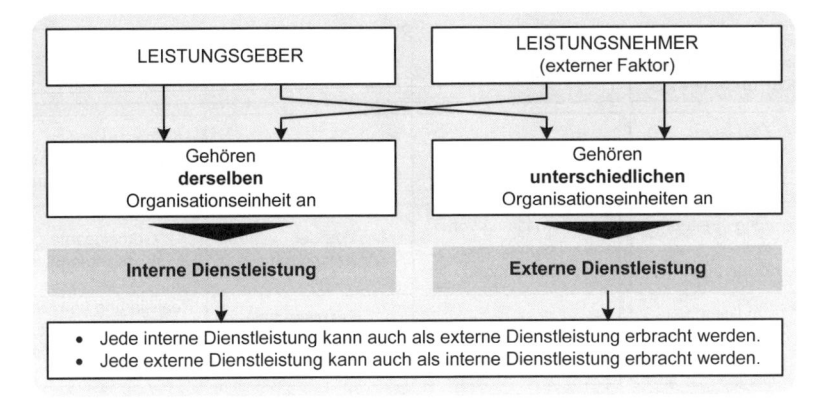

Bild PW.A.5.(6):   *Interne und externe Dienstleistungen*

Die Beziehungen zwischen **Leistungsgeber** und **Leistungsnehmer** sind danach zu differenzieren, ob der externe Faktor ein Mensch oder ein materieller Faktor ist. In beiden Fällen lassen sich Basisbeziehungen identifizieren. Diese gehen auf SZASZ / HOLLENDER (vgl. STUHLMANN, S. in CORSTEN, H. / SCHNEIDER, H. [Dienstleistung] S. 35) zurück, die derartige Basisbeziehungen am Beispiel des Arzt-Patienten-Verhältnisses strukturieren. | Leistungsgeber, Leistungsnehmer

Davon abgeleitet sind auch **Basisbeziehungen für industrielle Dienstleistungen** darstellbar. Immer dann, wenn eine Person als externer Faktor fungiert, sind folgende Basisbeziehungen zu beobachten:

- ▶ Aktivität   – Passivität
- ▶ Leistung / Leitung – Kooperation
- ▶ Aktivität   – Aktivität

Wird ein materieller Gegenstand zum externen Faktor, reduziert sich die Beziehung auf:

- ▶ Aktivität   – Passivität

Am Beispiel des Coaching und am Beispiel einer Instandhaltungsmaßnahme werden in den Bildern PW.A.5.(7) und PW.A.5.(8) die Basisbeziehungen dargestellt.

Basisbeziehungen zwischen Leistungs- geber und -nehmer	Rolle des Leistungsgebers	Rolle des Leistungsnehmers	Anwendungs- beispiel
Aktivität — Passivität	Übermittlung von Informationen	Informations- empfänger (passiv)	Information zu Möglichkeiten der Produktivitätsmessung
Leistung / Leitung — Kooperation	Übermittlung von Handlungs- anweisungen	Mitwirkender (wendet Anweisungen an)	Gemeinsame Produktivitätsanalyse
Aktivität — Aktivität	Anleitung zur Selbsthilfe	Gestaltender partnerschaftlicher Teilnehmer	Realisierung von Maß- nahmen zur Gestaltung und Verbesserung der Produktivität

Bild PW.A.5.(7): Basisbeziehungen zwischen Leistungsgeber und -nehmer im Dienstleistungsprozess bei Einbeziehung des Menschen als externer Faktor (Beispiel Coaching)

In Phasen wirtschaftlicher Umbrüche werden gleichzeitig Produkte und Prozesse, Märkte und Standorte von Unternehmen in Frage gestellt. Die Fähigkeit zur Innovation dieser Faktoren, verbunden mit der Schaffung kreativer und rationeller Organisationslösungen und flexibler Prozesse in der Produktion und in den indirekt-fertigungsnahen Bereichen ist ein wesentlicher Garant wirtschaftlichen Erfolgs. Auch eine verstärkte Kundenbindung ist ein wichtiger Gestaltungsaspekt. In diesem Zusammenhang steigt die Bedeutung von Dienstleistungen in der Wertschöpfungskette.

Basisbeziehungen zwischen Leistungs- geber und -nehmer	Rolle des Leistungsgebers	Rolle des Leistungsnehmers	Anwendungs- beispiel
Aktivität — Passivität	Aktive Verrichtung am Leistungsnehmer	Passiver Empfänger der Dienstleistung	Motorinstandsetzung an einem PKW

Bild PW.A.5.(8): Basisbeziehungen zwischen Leistungsgeber und -nehmer im Dienstleistungsprozess bei Einbeziehung eines materiellen Faktors als externer Faktor (Beispiel Instandsetzung)

Die **klassischen Differenzierungsstrategien** zur Durchsetzung wirtschaftlicher Vorteile **verlieren an Bedeutung** und sind außerdem mit nicht unerheblichen Risiken verbunden.

Kostensenkung durch Outsourcing ist häufig mit Flexibilitätsverlusten verbunden. **Qualitätssteigerungen** oder der **Einsatz neuer Technologien** erfordern häufig hohe Investitionen.

Es ist also nach Alternativen zu den klassischen Diversifizierungsstrategien zu suchen, die dauerhaft Unternehmensvorteile schaffen. Als sinnvoll erscheint eine **Diversifikation in das Geschäft mit eigenständigen industriellen Dienstleistungen.**

5.3 Industrielle Dienstleistung

Industrielle Dienstleistungen sind Dienstleistungen, die von Industrieunternehmen erstellt werden. Sie werden entweder von dem Industrieunternehmen, in dem sie erzeugt wurden, genutzt und besitzen dann eine direkte Beziehung zur Herstellung von Sachgütern (oder anderen Dienstleistungen), die dieses Unternehmen produziert, oder sie werden anderen Industrieunternehmen als Leistung angeboten.

Potenzial-, Prozess- und Produktartenteilung von Dienstleistungen

Aus diesem Grunde sind interne industrielle Dienstleistungen und externe industrielle Dienstleistungen zu unterscheiden. Interne industrielle Dienstleistungen sind potenzial-, prozess- oder produktorientiert. Externe industrielle Dienstleistungen werden in Abhängigkeit davon, ob sie eine **Kernproduktbindung** besitzen oder nicht, als **primäre** bzw. **sekundäre Dienstleistung** bezeichnet.

Primäre und sekundäre Dienstleistungen

In den Bildern PW.A.5.(9), PW.A.5.(10) und PW.A.5.(11) werden industrielle Dienstleistungen strukturiert und ausgewählte Beispiele für die Leistungsgegenstände präsentiert.

Bild PW.A.5.(9): Inhalt, Struktur und Gegenstand industrieller Dienstleistungen

Interne industrielle Dienstleistungen

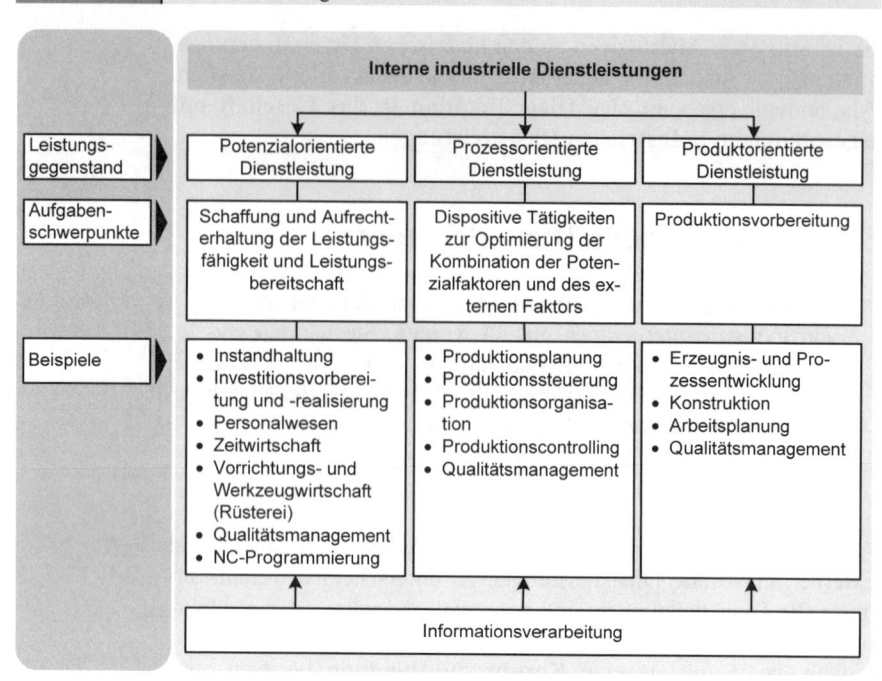

Leistungs-gegenstand	Potenzialorientierte Dienstleistung	Prozessorientierte Dienstleistung	Produktorientierte Dienstleistung
Aufgaben-schwerpunkte	Schaffung und Aufrechterhaltung der Leistungsfähigkeit und Leistungsbereitschaft	Dispositive Tätigkeiten zur Optimierung der Kombination der Potenzialfaktoren und des externen Faktors	Produktionsvorbereitung
Beispiele	• Instandhaltung • Investitionsvorbereitung und -realisierung • Personalwesen • Zeitwirtschaft • Vorrichtungs- und Werkzeugwirtschaft (Rüsterei) • Qualitätsmanagement • NC-Programmierung	• Produktionsplanung • Produktionssteuerung • Produktionsorganisation • Produktionscontrolling • Qualitätsmanagement	• Erzeugnis- und Prozessentwicklung • Konstruktion • Arbeitsplanung • Qualitätsmanagement

Informationsverarbeitung

Bild PW.A.5.(10): Differenzierung interner industrieller Dienstleistungen nach Leistungsgegenständen

Externe industrielle Dienstleistungen

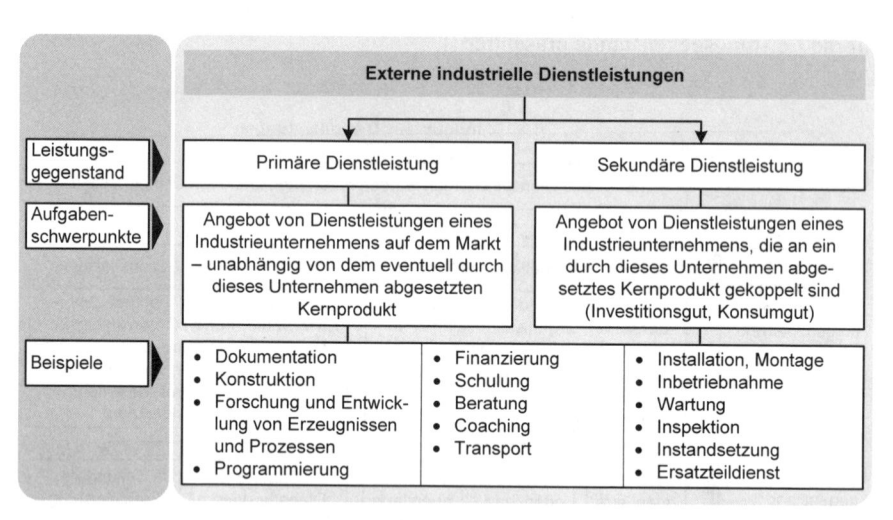

Leistungs-gegenstand	Primäre Dienstleistung	Sekundäre Dienstleistung
Aufgaben-schwerpunkte	Angebot von Dienstleistungen eines Industrieunternehmens auf dem Markt – unabhängig von dem eventuell durch dieses Unternehmen abgesetzten Kernprodukt	Angebot von Dienstleistungen eines Industrieunternehmens, die an ein durch dieses Unternehmen abgesetztes Kernprodukt gekoppelt sind (Investitionsgut, Konsumgut)
Beispiele	• Dokumentation • Konstruktion • Forschung und Entwicklung von Erzeugnissen und Prozessen • Programmierung • Finanzierung • Schulung • Beratung • Coaching • Transport	• Installation, Montage • Inbetriebnahme • Wartung • Inspektion • Instandsetzung • Ersatzteildienst

Bild PW.A.5.(11): Differenzierung externer industrieller Dienstleistungen nach Leistungsgegenständen

Bei externen sekundären Dienstleistungen ist zu unterscheiden, ob es sich um Dienstleistungen handelt, die vor oder nach dem Kauf des Kernprodukts zu leisten sind. Sowohl die damit verbundenen Zielstellungen als auch die zu realisierenden Aufgabenschwerpunkte unterscheiden sich entsprechend.

Bild PW.A.5.(12) systematisiert kernproduktbegleitende externe sekundäre Dienstleistungen.

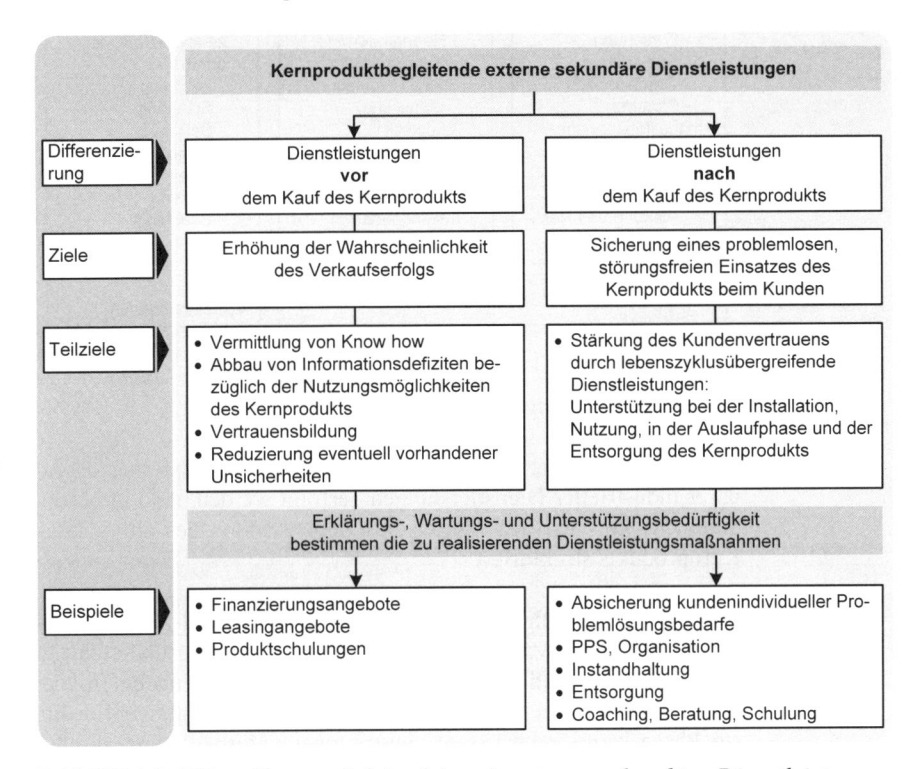

	Kernproduktbegleitende externe sekundäre Dienstleistungen	
Differenzierung	Dienstleistungen **vor** dem Kauf des Kernprodukts	Dienstleistungen **nach** dem Kauf des Kernprodukts
Ziele	Erhöhung der Wahrscheinlichkeit des Verkaufserfolgs	Sicherung eines problemlosen, störungsfreien Einsatzes des Kernprodukts beim Kunden
Teilziele	• Vermittlung von Know how • Abbau von Informationsdefiziten bezüglich der Nutzungsmöglichkeiten des Kernprodukts • Vertrauensbildung • Reduzierung eventuell vorhandener Unsicherheiten	• Stärkung des Kundenvertrauens durch lebenszyklusübergreifende Dienstleistungen: Unterstützung bei der Installation, Nutzung, in der Auslaufphase und der Entsorgung des Kernprodukts
	Erklärungs-, Wartungs- und Unterstützungsbedürftigkeit bestimmen die zu realisierenden Dienstleistungsmaßnahmen	
Beispiele	• Finanzierungsangebote • Leasingangebote • Produktschulungen	• Absicherung kundenindividueller Problemlösungsbedarfe • PPS, Organisation • Instandhaltung • Entsorgung • Coaching, Beratung, Schulung

Bild PW.A.5.(12): Kernproduktbegleitende externe sekundäre Dienstleistungen (i. A. a. CORSTEN, H. / SCHNEIDER, H. [Dienstleistung] S. 140)

Externe und interne Dienstleistungen lassen sich auch aus der Sicht der klassischen Makrostruktur des Produktionsprozesses differenzieren. Eine entsprechende Darstellung mit zugeordneten Dienstleistungsaufgaben realisiert Bild PW.A.5.(13).

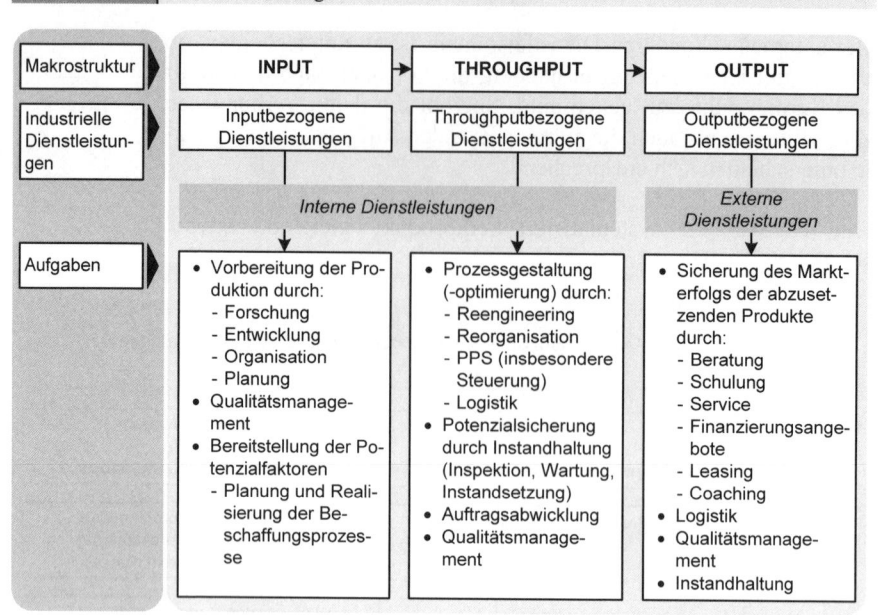

Makrostruktur	INPUT →	THROUGHPUT →	OUTPUT
Industrielle Dienstleistungen	Inputbezogene Dienstleistungen	Throughputbezogene Dienstleistungen	Outputbezogene Dienstleistungen
	Interne Dienstleistungen		Externe Dienstleistungen

Aufgaben	• Vorbereitung der Produktion durch:
	  - Forschung
	  - Entwicklung
	  - Organisation
	  - Planung
	• Qualitätsmanagement
	• Bereitstellung der Potenzialfaktoren
	  - Planung und Realisierung der Beschaffungsprozesse
		• Prozessgestaltung (-optimierung) durch:
		  - Reengineering
		  - Reorganisation
		  - PPS (insbesondere Steuerung)
		  - Logistik
		• Potenzialsicherung durch Instandhaltung (Inspektion, Wartung, Instandsetzung)
		• Auftragsabwicklung
		• Qualitätsmanagement
			• Sicherung des Markterfolgs der abzusetzenden Produkte durch:
			  - Beratung
			  - Schulung
			  - Service
			  - Finanzierungsangebote
			  - Leasing
			  - Coaching
			• Logistik
			• Qualitätsmanagement
			• Instandhaltung

Bild PW.A.5.(13): Struktur und Aufgaben interner und externer industrieller Dienstleistungen

Marketingorientierte Ziele, die mit der Erstellung externer sekundärer industrieller Dienstleistungen verfolgt werden, sind in besonderem Maße nach den Phasen des Lebenszyklus des abgesetzten Kernprodukts strukturiert.

Dabei wird deutlich, dass in der **Einführungs- und Wachstumsphase** der Abbau von Kaufwiderständen im Vordergrund steht. In der **Reifephase** reduziert sich das Dienstleistungsangebot in der Regel auf die Beziehungspflege, da durch Dienstleistungen in dieser Phase kaum noch kernproduktbezogene Verbesserungen möglich sind. In der **Degenerationsphase** gehen Dienstleistungen auf ein Minimum zurück. Die verfügbare Dienstleistungskapazität wird hier verstärkt zur Vorbereitung einer neuen Einführungs- bzw. Wachstumsphase eingesetzt (vgl. Bild PW.A.5.(14)).

Im Rahmen der Gestaltung der Organisation von Fertigungshauptprozessen spielt die darauf abgestimmte Organisation fertigungsnaher industrieller Dienstleistungen (Transport, Lagerung, Instandhaltung u. a.) eine besondere Rolle (vgl. dazu Abschnitt C.1.4 bis C.1.8).

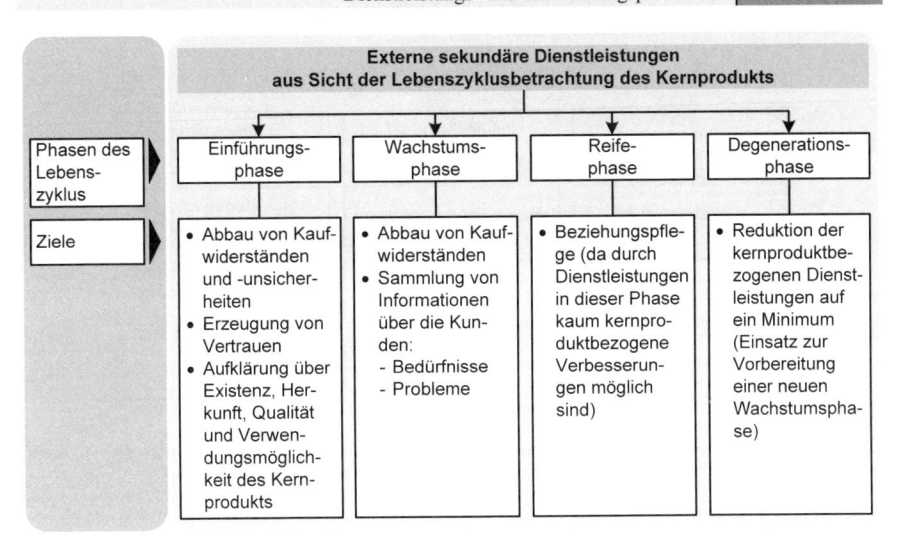

Phasen des Lebens-zyklus	Externe sekundäre Dienstleistungen aus Sicht der Lebenszyklusbetrachtung des Kernprodukts			
	Einführungsphase	Wachstumsphase	Reifephase	Degenerationsphase
Ziele	• Abbau von Kaufwiderständen und -unsicherheiten • Erzeugung von Vertrauen • Aufklärung über Existenz, Herkunft, Qualität und Verwendungsmöglichkeit des Kernprodukts	• Abbau von Kaufwiderständen • Sammlung von Informationen über die Kunden: - Bedürfnisse - Probleme	• Beziehungspflege (da durch Dienstleistungen in dieser Phase kaum kernproduktbezogene Verbesserungen möglich sind)	• Reduktion der kernproduktbezogenen Dienstleistungen auf ein Minimum (Einsatz zur Vorbereitung einer neuen Wachstumsphase)

Bild PW.A.5.(14): Marketingorientierte Ziele industrieller Dienstleistungen aus Sicht der Lebenszyklusphasen des Kernprodukts

5.4 Fertigungsnahe industrielle Dienstleistungen

Fertigungsnahe industrielle Dienstleistungen (FID) sind immaterielle Leistungen (also Dienstleistungen) von Industriebetrieben, die eine besondere Fertigungsnähe – das heißt Beteiligung am Wertschöpfungsprozess – besitzen. Sie schaffen die Voraussetzungen dafür, dass Fertigungshauptprozesse (Teilefertigung, Montage) reibungslos ablaufen und in ihnen materielle Produkte mit einer hohen Ergiebigkeit erzeugt werden können.

Fertigungsnahe industrielle Dienstleistungen

WILDEMANN spricht in diesem Zusammenhang von indirektfertigungsnahen Bereichen, die er folgendermaßen strukturiert (vgl. Bild PW.A.5.(15)).

Indirekt-fertigungsnahe Bereiche

Qualitätssicherung	Instandhaltung / Engineering	Betriebsmittel-konstruktion
Vorrichtungsbau	Werkzeugvoreinstellerei	Lager-, Kommissionier-, Pufferbereiche
Rüsterei	Innerbetriebliche Logistik	NC-Programmierung
Arbeitsplanung	Investitionsplanung	Zeitwirtschaft

Bild PW.A.5.(15): Analyse der indirekt-fertigungsnahen Bereiche (nach WILDEMANN, H. [Anlagenproduktivität] S. 131)

Davon abgeleitet lassen sich fertigungsnahe industrielle Dienstleistungen nach folgenden Gesichtspunkten systematisieren:

▶ **Wirkungsbereiche** der fertigungsnahen industriellen Dienstleistungen in der **Makrostruktur** von Produktionsprozessen bzw. in den Funktionalbereichen

▶ Fertigungsnahe industrielle Dienstleistungen **dispositiver Produktionsfaktoren**

▶ **Elementarfaktor-/ bzw. objektbezogene** fertigungsnahe industrielle Dienstleistungen

▶ **Zuordnung zum Wertschöpfungsprozess** und Identifikation der besonderen **Fertigungsnähe**

FID in der Makrostruktur

> Aus der Sicht der **Makrostruktur** erfolgt die Systematisierung der fertigungsnahen industriellen Dienstleistungen bezüglich ihrer Wirkungsbereiche im Input, Throughput und Output unter besonderer Berücksichtigung der Funktionalbereiche des Unternehmens.

Sie besitzen Ziel- und Aufgabenstellungen

▶ im Input
- produktionsvorbereitende, dem Prozess vorgelagerte bzw.
- produktionsfaktorbezogene,

▶ im Throughput
- produktionsprozessbezogene und

▶ im Output
- produktionsprogrammbezogene.

Fertigungsnahe industrielle Dienstleistungen dispositiver Produktionsfaktoren entstehen als Ergebnisse des Einsatzes des dispositiven Faktors in der Planung, Leitung, Organisation, Kontrolle und im Controlling.

FID dispositiver Produktionsfaktoren

Sie verfolgen die in Bild PW.A.5.(16) dargestellten Aufgabenstellungen.

Aufgabenstellungen der FID dispositiver Produktionsfaktoren			
Planung	Leitung	Organisation	Controlling (incl. Kontrolle)

Entwicklung von
• Planprämissen
• Planalternativen
• Planbewertungen
• Plankorrekturen
• Planentwürfen
• Plänen
• ...
	Entwicklung von
	• Konzepten zur produktiven Kombination von Elementarfaktoren
	• Zu realisierenden Kombinationen von Elementarfaktoren
	• Prinzipien für Handlungen im Managementprozess
	• ...
		Entwicklung von
		• Unterlagen zur Aufbau- und Ablauforganisation
		• Zu kreierenden Organigrammen
		• Zu gestaltenden Organisationsprinzipien und -formen von Fertigungsprozessen
		• ...
			Entwicklung von
			• Planzielen
			• Konzepten für die Bereitstellung von
			  - Informationen
			  - Methodischen Instrumentarien
			  - Planungstechniken
			  - Planungsalgorithmen
			• Konzepte zur Koordination und Integration verschiedener Teilpläne des Unternehmens zur
			  - Zielrealisierung
			  - Steuerung/Kontrolle
			• Kontrollkonzepten
			• ...

Bild PW.A.5.(16): Aufgabenstellungen fertigungsnaher industrieller Dienstleistungen dispositiver Faktoren

Ihre Wirkungsbereiche sind makrostruktur- bzw. funktionalbereichsübergreifend oder auf einzelne Funktionalbereiche fokussiert.

Elementarfaktor-/ bzw. objektbezogene fertigungsnahe industrielle Dienstleistungen orientieren auf die elementaren Produktionsfaktoren als Dienstleistungsobjekte.

FID elementarer Produktionsfaktoren

Zu ihnen gehören

▶ FID mit Wirkung auf die Arbeitskraft (z. B. Weiterbildung),

▶ FID mit Wirkung auf das Betriebsmittel (z. B. Instandhaltung, Recycling) und

▶ FID mit Wirkung auf den Werkstoff bzw. das Arbeitsobjekt (z. B. Transport, Lagerung).

Die fertigungsnahen industriellen Dienstleistungen mit dem Fokus auf elementare Produktionsfaktoren bedürfen als notwendige Voraussetzungen der planenden, leitenden und organisierenden Vorbereitung durch fertigungsnahe industrielle Dienstleistungen der dispositiven Produktionsfaktoren (vgl. Bild PW.A.5.(16)).

Einen zusammenfassenden Überblick über die Systematisierungsansätze produktionsfaktorbezogener fertigungsnaher industrieller Dienstleistungen liefert Bild PW.A.5.(17).

	\multicolumn{3}{c	}{FID dispositiver Produktionsfaktoren}	\multicolumn{3}{c	}{FID elementarer Produktionsfaktoren}
Fokus	Makrostruktur-übergreifend	Funktionalbereichs-fokussiert	Funktionalbereichs-übergreifend	Elementarfaktor Arbeitskraft	Elementarfaktor Betriebsmittel	Elementarfaktor Werkstoff
Beispiel	• Qualitäts- und Umweltmanagement • Informationsmanagement	• Forschung & Entwicklung • Produktionsvorbereitung	• Arbeitsgestaltung • Produktionscontrolling • Produktionsorganisation • Personalwirtschaft • Anlagenwirtschaft • Materialwirtschaft und Logistik	• Weiterbildung	• Instandhaltung • Recycling	• Transport • Umschlag • Lagerung
Ergebnis	\multicolumn{3}{l	}{• Pläne, Konzepte, Algorithmen, Informationen, Methoden, Instrumente}	• Qualifizierte Arbeitskräfte	• Instandgesetzte oder recycelte Betriebsmittel	• Transportierte oder gelagerte Arbeitsobjekte

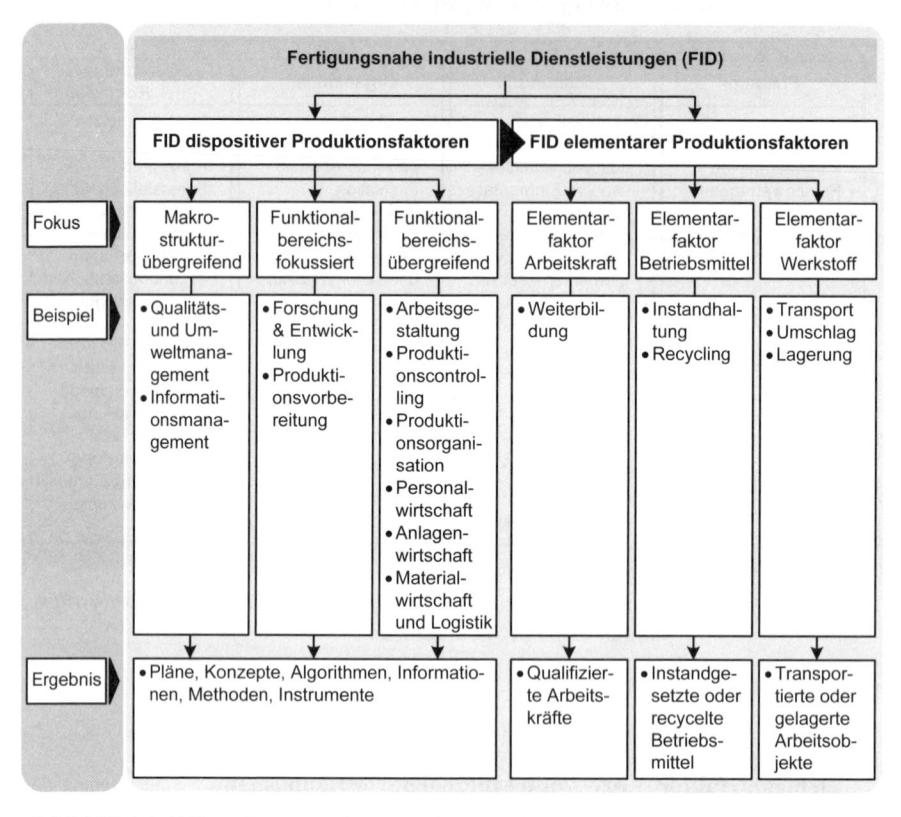

Bild PW.A.5.(17): Systematik produktionsfaktorbezogener fertigungsnaher industrieller Dienstleistungen

Fertigungsnähe | Die **„Fertigungsnähe"** industrieller Dienstleistungen dokumentiert sich durch deren Beteiligung an den wertschöpfenden Prozessen.

Unmittelbare FID | Fertigungsnahe industrielle Dienstleistungen, die direkt im Fertigungsprozess – also im Wertschöpfungsprozess – wirken, werden als **unmittelbare FID** bezeichnet.

Solche, die mehr vorbereitenden bzw. nachbereitenden Charakter besitzen, werden als **mittelbare FID** bezeichnet.

| Mittelbare FID

Als Pendant zu den fertigungsnahen industriellen Dienstleistungen sind „fertigungsferne" industrielle Dienstleistungen aufzufassen, die weder unmittelbar noch mittelbar am Wertschöpfungsprozess beteiligt sind, trotzdem aber eine unverzichtbare Rolle im Unternehmen spielen. Beispiele sind Finanz- und Versicherungsdienstleistungen sowie Transporte im Versand.

Auf der Basis des innerbetrieblich vorhandenen **Potenzials** zur Realisierung fertigungsnaher industrieller Dienstleistungen ist – mit der Möglichkeit der Potenzialerweiterung – auch ein **außerbetriebliches externes Angebot fertigungsnaher industrieller Dienstleistungen** denkbar. Das betrifft z. B. Instandhaltungs- oder Logistikdienstleistungen.

| Externe FID

Dabei handelt es sich um **primäre Dienstleistungen**, wenn sie allein, ohne Beziehung zum abgesetzten Kernprodukt angeboten werden. Als **sekundäre Dienstleistungen** sind sie dann zu bezeichnen, wenn die Leistung in direkter Beziehung zum verkauften Kernprodukt angeboten und realisiert wird (z. B. Wartungs- und Instandsetzungsleistungen für eine vom dienstleistenden Unternehmen verkaufte Anlage) (vgl. auch Bild PW.A.5.(11)).

Bild PW.A.5.(18) fasst fertigungsnahe industrielle Dienstleistungen dispositiver und elementarer Produktionsfaktoren unter dem Blickwinkel ihrer Wirkungsbereiche in der Makrostruktur und der ausgeprägten Fertigungsnähe zusammen.

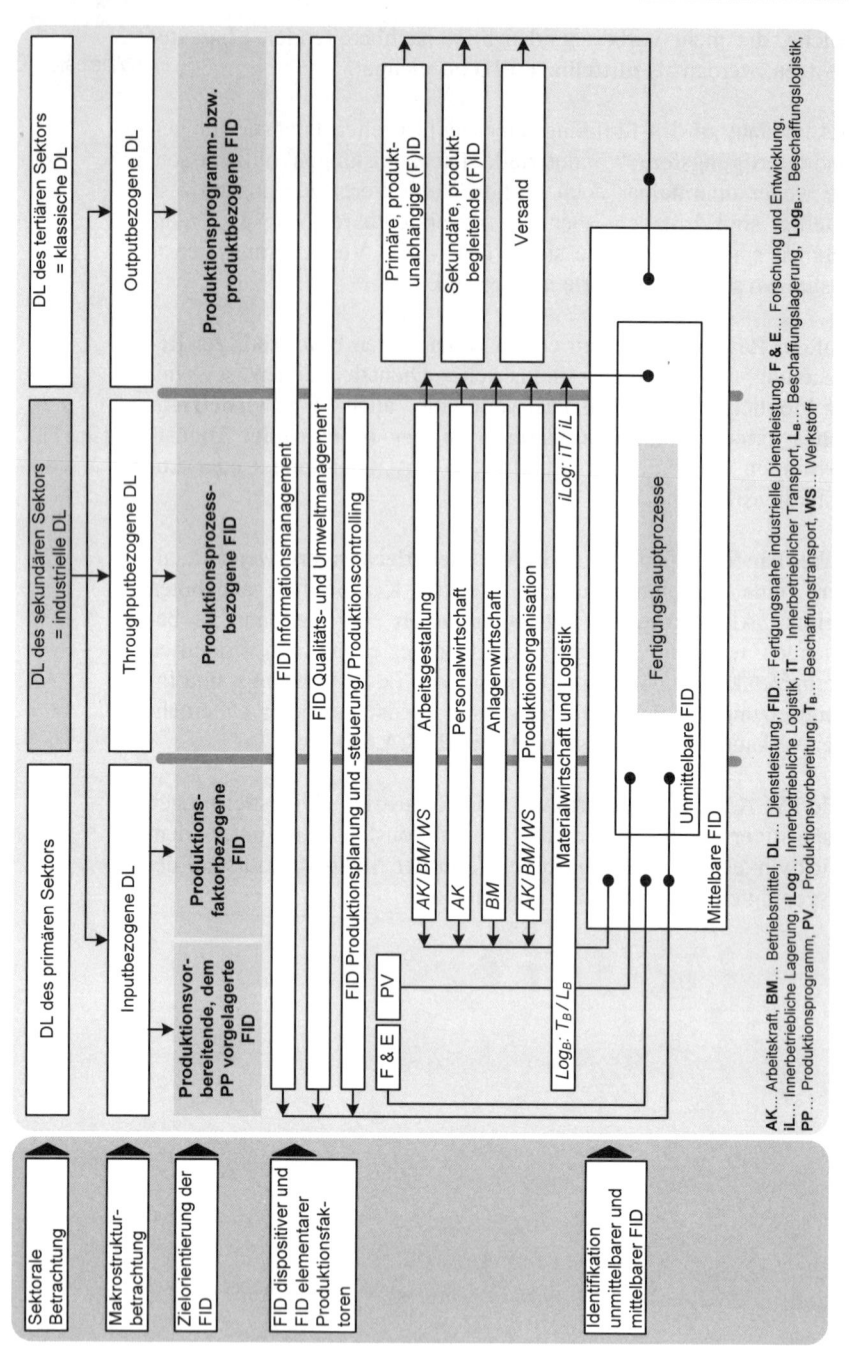

Bild PW.A.5.(18): FID dispositiver und FID elementarer Produktionsfaktoren unter dem Blickwinkel ihrer Wirkungsbereiche in der Makrostruktur und ihrer Fertigungsnähe

I. Begriffe zur Selbstüberprüfung

- ✓ Inputgüter
- ✓ Verbrauchsgüter
- ✓ Produktionsgüter
- ✓ Gebrauchsgüter
- ✓ Outputgüter
- ✓ Materielle Realgüter
- ✓ Konsumgüter
- ✓ Immaterielle Realgüter
- ✓ Dienstleistungen
- ✓ Externer Faktor
- ✓ Wirtschaftsgütersystematik
- ✓ Branchensystematik
- ✓ Primärer, sekundärer, tertiärer Sektor
- ✓ Gewinnungsbetrieb
- ✓ Aufbereitungsbetrieb
- ✓ Verarbeitungsbetrieb
- ✓ Industrielle Dienstleistung
- ✓ Externe und interne Dienstleistung
- ✓ Leistungsgeber, Leistungsnehmer
- ✓ Basisbeziehungen industrieller Dienstleistungen
- ✓ Potenzial-, Prozess- und Produktorientierung von Dienstleistungen
- ✓ Primäre und sekundäre Dienstleistungen
- ✓ Fertigungsnahe industrielle Dienstleistungen
- ✓ Indirekt-fertigungsnahe Bereiche
- ✓ FID dispositiver Produktionsfaktoren
- ✓ FID elementarer Produktionsfaktoren
- ✓ Fertigungsnähe
- ✓ Unmittelbare FID
- ✓ Mittelbare FID
- ✓ Externe FID

II. Weiterführende Literatur

- ❏ BRUHN, Manfred / STAUSS, Bernd:
    Forum Dienstleistungsmanagement – Wertschöpfungsprozesse bei Dienstleistungen.
    Wiesbaden 2007

- ❏ CORSTEN, Hans / GÖSSINGER, Ralf:
    [Dienstleistungsmanagement] Dienstleistungsmanagement.
    5. Auflage, München 2007

❏ CORSTEN, Hans / SCHNEIDER, Herfried (Hrsg.):
   [Dienstleistung] Wettbewerbsfaktor Dienstleistung. Produktion von Dienstleistungen. Produktion als Dienstleistung.
   München 1999

❏ FORSCHNER, Gert:
   Investitionsgüter. Marketing mit funktionellen Dienstleistungen. Die Gestaltung immaterieller Produktbestandteile im Leistungsangebot industrieller Unternehmen.
   Berlin 1989

❏ GARBE, Bernd:
   Industrielle Dienstleistungen. Einfluß und Erfolgsfaktoren.
   Wiesbaden 1998

❏ MALERI, Rudolf / FRIETZSCHE, Ursula:
   Grundlagen der Dienstleistungsproduktion.
   5. Auflage, Berlin, Heidelberg, New York 2008

❏ SCHIERENBECK, Henner / WÖHLE, Claudia B.:
   [Betriebswirtschaftslehre] Grundzüge der Betriebswirtschaftslehre.
   17. Auflage, München, Wien 2008

❏ SIMON, Hermann (Hrsg.):
   Industrielle Dienstleistungen.
   Stuttgart 1993

❏ THOMMEN, Jean-Paul / ACHLEITNER, Ann-Kristin:
   [Betriebswirtschaftslehre] Allgemeine Betriebswirtschaftslehre. Umfassende Einführung aus managementorientierter Sicht.
   6. Auflage, Wiesbaden 2009

❏ WILDEMANN, Horst:
   [Anlagenproduktivität] Anlagenproduktivität. Leitfaden zur Steigerung der Anlageneffizienz.
   7. Auflage, München 2002

6 Forschung und Entwicklung

A / Grundlagen

GRUNDLAGEN	A 1	Produktionswirtschaft – Bestandteil der Betriebswirtschaft
	A 2	Produktionsfaktoren und Makrostruktur von Produktionsprozessen
	A 3	Produktionswirtschaftliche Ziele
	A 4	Typisierung von Produktionsprozessen
	A 5	Dienstleistungs- und Sachleistungsproduktion
	A 6	**Forschung und Entwicklung zur Produktionsvorbereitung**

Bild PW.A.6.(1):   Grundlagen (Forschung und Entwicklung)

6.1 Inhaltliche Abgrenzung

„**Forschung und Entwicklung** ist eine Kombination von Produktionsfaktoren, die die Gewinnung neuen Wissens ermöglichen soll" (vgl. BROCKHOFF, K. [Forschung] S. 48).
<small>Forschung und Entwicklung</small>

Dabei geht es um Prozesse, die planmäßig und systematisch nach Methoden und Verfahren ablaufen. In diesen Prozessen besitzt die kreative menschliche Tätigkeit eine besondere Bedeutung.

Die Forschung und Entwicklung ist in nachfolgend aufgeführte Bestandteile strukturierbar (vgl. Bild PW.A.6.(2)).

Die **Grundlagenforschung** orientiert auf die **Erweiterung wissenschaftlicher Erkenntnisse**. Sie erweitert den aktuellen Wissensstand. Die Grundlagenforschung ist nicht darauf gerichtet, Wissen für den praktischen Anwendungsbereich zu produzieren.
<small>Grundlagenforschung</small>

Die **angewandte Forschung** hat die Aufgabe zu überprüfen, inwieweit es möglich ist, **vorhandenes Wissen zur Lösung** konkreter **praktischer Probleme** einzusetzen.
<small>Angewandte Forschung</small>

94 Teil A / Grundlagen

Aufgaben-felder	Forschung und Entwicklung			
	Forschung		**Entwicklung**	
	Grundlagen-forschung	Angewandte Forschung	Neuentwicklung	Weiterentwicklung
Ziele	• Erweiterung wissenschaftlicher Erkenntnisse • Produktion von Wissen als Grundlage für die angewandte Forschung	• Überprüfung der Möglichkeiten des Einsatzes vorhandenen Wissens zur Lösung praktischer Probleme	Nutzung von Erkenntnissen aus der Grundlagen- und angewandten Forschung mit dem Ziel, neue Produkte und Prozesse hervorzubringen	
			• Hervorbringung neuer Erzeugnisse und Prozesse (eventuell auch neuer Funktionsweisen) auf der Grundlage nicht bekannten bzw. noch nicht genutzten Wissens	• Hervorbringung neuer Erzeugnisse und Prozesse durch eine neue Art und Weise des Einsatzes und der Kombination bekannten Wissens

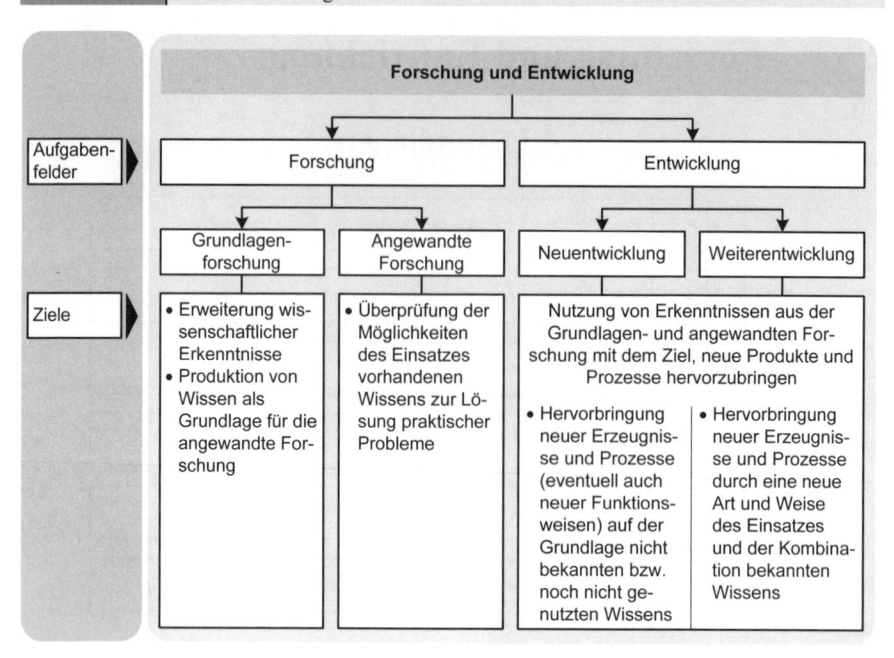

Bild PW.A.6.(2): Aufgabenfelder und Zielsetzungen des Forschungs- und Entwicklungsprozesses

Neu- und Weiterentwicklung

Der **Entwicklungsprozess** nutzt Erkenntnisse aus der Grundlagenforschung und der angewandten Forschung mit dem Ziel, **neue Produkte und neue Prozesse** hervorzubringen. Dabei werden die **Neuentwicklung** und die **Weiterentwicklung** (auch Routineentwicklung genannt) unterschieden.

> Bei der **Neuentwicklung** geht es darum, auf der Grundlage bisher noch nicht bekannten bzw. noch nicht genutzten technischen Wissens, Erzeugnisse und / oder Prozesse zu entwickeln, die z. B. neue Funktionsweisen besitzen. Es handelt sich um revolutionäre Prozesse.

> Bei der **Weiterentwicklung** werden Erzeugnisse und Prozesse entwickelt, die auf bekanntem Wissen basieren, dieses aber auf neue Art und Weise, in neuen Kombinationsvarianten, anwenden. Es handelt sich um evolutionäre Prozesse.

Ohne Zweifel sind damit **Aufgabenbereiche**, insbesondere **naturwissenschaftlicher** und **technischer Wissenschaftsdisziplinen**, benannt. Die Forschung und Entwicklung zur Schaffung neuer Produkte und Prozesse ist **nicht** Gegenstand der Produktionswirtschaft.

Aus der Forschung und Entwicklung werden allerdings Informationen abgeleitet, die für die Gestaltung von originären und dispositiven Tätigkeiten in Produktionsprozessen von zentraler Bedeutung sind. Das gilt sowohl für die Definition der im Produktionsprozess zu lösenden Aufgaben, als auch für die Auswahl und den Einsatz sinnvoller Elementarfaktoren und die Gestaltung ihrer Kombination.

Im Produktionsprozess treffen Produkte und Prozesse, die der Forschungs- und Entwicklungsprozess hervorgebracht hat, aufeinander. Die Herstellung neuer Produkte und der Einsatz neuer Techniken und Technologien als Ergebnis der Erzeugnis- und Prozessentwicklung können nur dann mit hoher Wirtschaftlichkeit betrieben werden, wenn einerseits die

▶ Prozessanforderungen neuer Produkte und
▶ Wirkungsbedingungen neuer Prozesse

bekannt sind und andererseits die dispositiven Produktionsfaktoren dahingehend wirken, dass darauf aufbauend ergiebige Faktorkombinationen realisiert werden.

Die weiteren Ausführungen konzentrieren sich auf die Seite der Produktentwicklung, die die wesentlichen Bedingungen für originäre und dispositive Tätigkeiten im Produktionsprozess schafft.

6.2 Produktentwicklung
6.2.1 Vorgehensweise

Jedes Produkt besitzt seinen spezifischen **Produktlebenszyklus**. Er gliedert sich in den **Entstehungszyklus** und den **Marktzyklus**. Der Entstehungszyklus beinhaltet alle Phasen von der Produktfindung über die Produktentwicklung, die Produktkonstruktion bis hin zur Produktrealisierung. | Produktlebenszyklus

Erst nachdem diese Phasen absolviert sind, erfolgt die Markteinführung und das Verweilen auf dem Markt bis hin zum Auslaufen des Marktzyklus. Forschung und Entwicklung bringen neue Produkte hervor, die alte Produkte vom Markt verdrängen. Jedes Produkt wird aus diesem Grunde einmal abgelöst, vom Markt verdrängt und durch ein neues Produkt ersetzt, das auf einem höheren Niveau steht.

Produktumstellungen werden von flexiblen Produktionsprozessen häufig ohne gravierende Probleme bewältigt. Unter bestimmten Bedingungen führen Produktartveränderungen dazu, dass die zur

Produktion eingesetzten Potenzial- und Repetierfaktoren eine qualitative und / oder quantitative Veränderung erfahren müssen. Das geschieht z. B. dadurch, dass in neue Technik und Technologie investiert wird, dass Bildungsmaßnahmen ergriffen werden, damit Arbeitskräfte den neuen Qualifikationsansprüchen genügen und / oder dass einzusetzende Werkstoffe verändert werden.

Die **Ideenfindung** für ein neues Produkt basiert auf externen und internen Informationen über den Markt und das Unternehmenspotenzial. Damit wird das so genannte **Suchfeld** abgesteckt. Danach beginnt die Suche nach neuen Produkten. Ideen für neue Produkte können durch Kreativitätstechniken (z. B. Brainstorming, Morphologie) gefunden werden.

Jede gefundene **Idee** ist zu **bewerten**. Dabei geht es u. a. um ihre Realisierbarkeit, die Marktchancen und die Wirtschaftlichkeit. Für die **Produktideen**, die besonders positiv bewertet wurden, sind konkrete Produktdefinitionen zu erarbeiten und **Entwicklungsvorschläge** zu unterbreiten. Die Vorgehensweise zur Produktentwicklung wird in Bild PW.A.6.(3) dargestellt.

Arbeitsschritte	Vorgehensweise zur Produktentwicklung			
	Produktplanung	Produktkonzipierung	Produktkonstruktion	
			Entwerfen	Ausarbeiten
Zielstellungen	• Definition der Aufgaben und der Gesamtfunktionen des zu entwickelnden Produkts	• Festschreibung der Anforderungen an das Produkt • Systematisierung möglicher Lösungsprinzipien • Systematisierung der Kombination und des Zusammenwirkens der Lösungsprinzipien	• Gestaltung des Produkts nach technischen und ökonomischen Kriterien und Gestaltungsgrundsätzen: - Erfüllung der technischen Funktionen - Wirtschaftliche Realisierbarkeit - Sicherheit für Arbeitskraft und Umwelt	• Ergänzung des Entwurfs zu: - Form - Maßen - Oberflächenbeschaffenheit - Einzusetzenden Werkstoffen • Herstellung von Zeichnungen der ET und BG • Aufstellung von Stücklisten • Formulierung von Prüfvorschriften

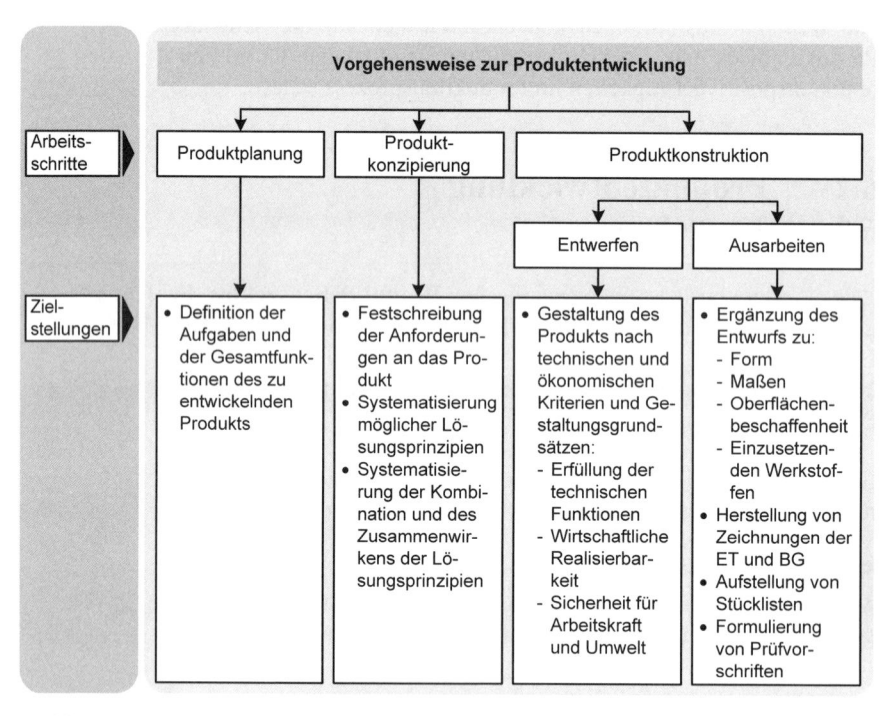

Bild PW.A.6.(3):   Vorgehensweise zur Produktentwicklung (Arbeitsschritte)

Das **Planen** umfasst die Definition der Aufgaben und der Gesamtfunktionen des zu entwickelnden Produkts. Auf dieser Grundlage wird ein Entwicklungsauftrag erteilt. | Produktplanung

Dabei ist zu berücksichtigen, dass in „Industriebetrieben [...] Produktinnovationen zunehmend auch Prozessinnovationen erfordern" (HAUSCHILDT, J. / SALOMO, S. [Innovationsmanagement] S. 8). Damit dokumentiert sich die enge Verbindung von Forschung und Entwicklung und Produktion.

Das **Konzipieren** beinhaltet das Festschreiben der Anforderungen an das Produkt und systematisiert mögliche Lösungsprinzipien sowie deren Kombination und Zusammenwirken. | Produktkonzipierung

Dabei werden Funktionsstrukturen aufgestellt. Das Ergebnis dieses Prozesses ist das Lösungskonzept. Das **Konstruieren** beinhaltet die Teilaufgaben **Entwerfen** und **Ausarbeiten**. | Konstruieren, Entwerfen, Ausarbeiten

Das **Entwerfen** ist der Teil des Konstruierens, der auf der Basis des Konzepts die Gestaltung des Produkts nach technischen und ökonomischen Kriterien vornimmt. Gestaltungsgrundsätze sind dabei die

- Erfüllung der technischen Funktion,
- wirtschaftliche Realisierbarkeit,
- Sicherheit für Arbeitskräfte und
- Schonung der Umwelt.

Das **Ausarbeiten** ergänzt den Entwurf um Festlegungen zur konkreten Form, zu den Maßen, der Oberflächenbeschaffenheit und zu den einzusetzenden Werkstoffen. Es werden die verbindlichen Zeichnungen hergestellt. Hier werden Einzelteil- und Baugruppenzeichnungen sowie Zusammenbauzeichnungen angefertigt, die Stücklisten aufgestellt und Prüfvorschriften formuliert.

Die Konstruktion bestimmt die Geometrie eines Erzeugnisses und seiner Bauteile. Aus makrogeometrischer Sicht geht es um die Gestaltung von Räumen, Flächen, Linien und Punkten. Aus der Sicht der Mikrogeometrie definiert die Konstruktion Maß-, Form- und Lagetoleranzen sowie die Oberflächengüte (vgl. Bild PW.A.6.(4)).

```
┌─────────────────────────────────────────────────────────┐
│                    ┌──────────────┐                     │
│                    │ Konstruktion │                     │
│                    └──────┬───────┘                     │
│                           ▼                             │
│  ┌───────────────┐  ┌──────────────┐  ┌───────────────┐ │
│  │ Mikrogeometrie│◄─┤Bauteilgeometrie├─►│ Makrogeometrie│ │
│  └───────────────┘  └──────┬───────┘  └───────────────┘ │
│  • Maßtoleranzen          ▲▼            • Räume         │
│  • Formtoleranzen   ┌──────┴───────┐    • Flächen       │
│  • Lagetoleranzen   │  Fertigung   │    • Linien        │
│  • Oberflächengüte  └──────────────┘    • Punkte        │
└─────────────────────────────────────────────────────────┘
```

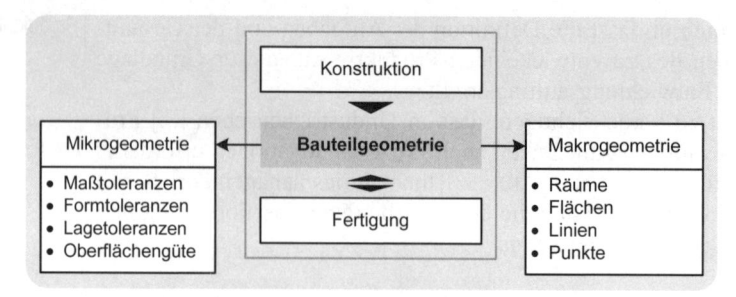

Bild PW.A.6.(4):   *Topologie der Bauteilgeometrie*

Bauteil-geometrie	Zwischen der **Fertigung** und der konstruierten **Bauteilgeometrie** gibt es eine **Wechselbeziehung**. Einerseits bestimmt die Geometrie eines Bauteils die im Fertigungsprozess zu lösenden Aufgaben zur Herstellung dieses Bauteils. Andererseits ist in der Konstruktionsphase darauf zu achten, dass mit den in Unternehmen vorkommenden Fertigungsbedingungen die konstruierten Bauteile produziert werden können.

Gravierende Änderungen der Anforderungen an den Fertigungsprozess zwingen zu Veränderungen der eingesetzten Fertigungstechnik.

Die Produktkonstruktion bzw. die Konstruktion der Bauteile eines Produkts übt Einflüsse auf alle Bereiche der Makrostruktur eines Produktionsprozesses aus. Die konstruktionsadäquate Beschaffung von Werkstoffen, Betriebsmitteln, Arbeitskräften und Dienstleistungen sichert die inputseitigen Voraussetzungen für die Herstellung der konstruierten Erzeugnisse.

Im Produktionsprozess müssen die konstruierten Teile gefertigt und montiert werden, damit das Endprodukt entsteht. Konstruktionsspezifika sind in der Organisation, der Planung und Steuerung sowie in der Gestaltung der Logistik des Produktionsprozesses zu berücksichtigen. Bereits in der Konstruktionsphase werden der Vertrieb und die Gestaltung der Entsorgungsprozesse maßgeblich beeinflusst (vgl. Bild PW.A.6.(5)).

```
Makrostruktur     INPUT              THROUGHPUT            OUTPUT

Aufgabenschwer-   • Beschaffung      • Produktionsorgani-  • Vertrieb
punkte              - Arbeitskräfte    sation              • Entsorgung
                    - Betriebsmittel • Produktionsplanung
                    - Werkstoffe       und -steuerung
                    - Dienstleistungen • Produktionslogistik
                                     • Teilefertigung
                                     • Montage

                  Beeinflussung der Aufgaben durch die Konstruktion
```

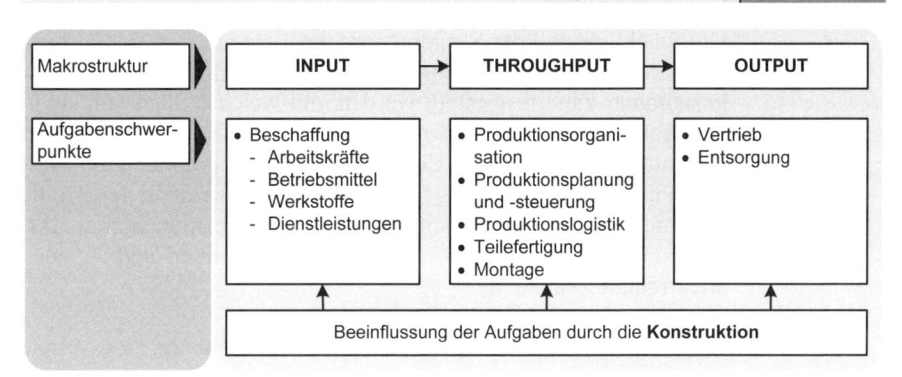

Bild PW.A.6.(5):   Einfluss der Erzeugniskonstruktion auf input-, throughput- und outputorientierte Aufgabenschwerpunkte

6.2.2 Zeichnung und Stückliste

Die **Zeichnung des Erzeugnisses** und die daraus abgeleitete (Konstruktions-) Stückliste sind die wesentlichen Ergebnisse der Produktkonstruktion (vgl. Stücklistenarten in Abschnitt C.2.3.4). Hier sollen zum allgemeinen Verständnis Aufgaben und Inhalt der Stückliste behandelt werden. | Erzeugniszeichnung

Die **Stückliste** beinhaltet alle Bestandteile (Einzelteile, Baugruppen), aus denen ein Erzeugnis zusammengesetzt wird. Jeder Bestandteil erhält zu seiner genauen Kennzeichnung eine Identitätsnummer. | Stückliste

Aus der Stückliste wird der **Strukturbaum** des Erzeugnisses abgeleitet. Er zeigt, aus welchen Bestandteilen ein Erzeugnis besteht. Damit werden die Einzelteilzuordnung zu Baugruppen und die Baugruppenzuordnung zum **Endprodukt** deutlich.

Der Strukturbaum gibt allen betrieblichen Kapazitätseinheiten, die an der Herstellung des Endprodukts beteiligt sind, Informationen über das Gesamtprodukt, seine Entstehung und über die Einordnung und Abgrenzung der eigenen Leistungen. **Der Strukturbaum ist eine Grundlage der Produktionsplanung und -steuerung**. | Erzeugnisstrukturbaum

> Die **Stückliste** gibt an, aus welchen Einzelteilen und Baugruppen ein Produkt besteht. Der daraus abgeleitete **Strukturbaum** zeigt, welche Erzeugnisbestandteile mit welcher Stückzahl in andere Erzeugnisbestandteile eingehen, bis am Ende des Fertigungsprozesses das komplette Erzeugnis entsteht.

Die Stückliste und der Strukturbaum des Erzeugnisses sind Grundlagen für **Mengenbestimmungen** (Teilebedarf). Für jede Identitätsnummer kann festgestellt werden, mit welcher Stückzahl sie in das Produkt eingeht. Aus der Stückliste sind Informationen für den **Einkauf** von Materialien, Einzelteilen und Baugruppen zu gewinnen. Für die selbst zu fertigenden Erzeugnisbestandteile liefern die Zeichnungen und Stücklisten wesentliche Informationen zum Aufbau von **Arbeitsplänen**. Die Stückliste dokumentiert dem Kunden alle Produktbestandteile.

Arbeitsplan

Folgende Unterlagen sind aus der Stückliste ableitbar:

- ▶ Fertigungsstückliste der selbst zu fertigenden Teile (Einzelteile)
- ▶ Montagestückliste der Teile, die für die Montage z. B. einer Baugruppe erforderlich sind (Einzelteile und Baugruppen)
- ▶ Einkaufsstücklisten der nicht selbst zu produzierenden Teile (Materialien, Einzelteile, Baugruppen)
- ▶ Verwendungsnachweise für produzierte und eingekaufte Materialien, Einzelteile, Baugruppen
- ▶ Mengengerüste eingesetzter Repetierfaktoren für die Kostenermittlung (Vor-, Zwischen-, Nachkalkulation)

Bild PW.A.6.(6) systematisiert die aus der Stückliste abgeleiteten Aufgaben und ihre Ergebnisse.

	Aus der Stückliste abgeleitete Aufgaben und Ergebnisse			
Primäraufgaben	Aufbau der Erzeugnisstruktur	Mengenbestimmung für die Bestandteile des Produkts		
Sekundäraufgaben	Kennzeichnung des Auslieferungszustands des Produkts	Ableitung von Arbeitsplaninformationen	Ableitung von Bestellinformationen	Ableitung von Informationen für das Rechnungswesen
Ergebnisse	Strukturbaum des Produkts	Fertigungs- und Montagestücklisten	Einkaufslisten	Verwendungsnachweise, Mengengerüste für Kostenermittlung

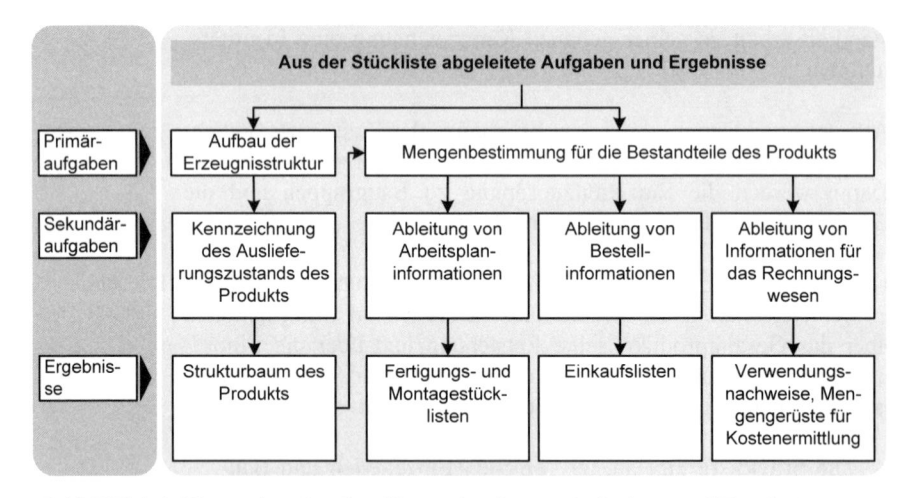

Bild PW.A.6.(6):   *Aus der Stückliste abgeleitete Aufgaben und Ergebnisse*

> Das **Teilesortiment**, das in den Stücklisten der Erzeugnisse dokumentiert ist, **bestimmt die Fertigungsaufgaben** eines Betriebs. Es definiert die originären und dispositiven Anforderungen, die das Produktionsprogramm an den Fertigungsprozess stellt.

Teilesortiment

Es bestimmt insbesondere die zu schaffende Kapazität, rationell einsetzbare Formen der Produktionsorganisation sowie die in der Produktionsplanung und -steuerung, dem Produktionscontrolling und der Produktionslogistik zu lösenden Aufgaben.

Deshalb erfordert die Rationalisierung des Fertigungsprozesses eine **Systematisierung herzustellender Erzeugnisteile**.

Die Grundidee besteht in der Feststellung **konstruktiver und / oder technologischer Ähnlichkeiten** der zu fertigenden Teile. Bestehen solche Ähnlichkeiten, ist es möglich, ausgehend von den Stücklisten auch unterschiedlicher Erzeugnisse, eine **Zusammenfassung** der **ähnlichen Teile zu Teileklassen** vorzunehmen.

Teileklasse

Die separate Gestaltung eines Fertigungsprozesses für jedes Einzelteil ist um ein Vielfaches arbeits- und kostenintensiver als die gemeinsame Fertigungsprozessgestaltung für eine Vielzahl von Teilen, die in einer Teileklasse zusammengefasst wurden. Außerdem sind Rationalisierungseffekte für die Teileklasse realisierbar, die einzelteilbezogen nicht bestehen.

Solche Effekte sind:
- ▶ Vereinfachung und Vereinheitlichung von Fertigungsabläufen
- ▶ Übergang zu gegenstandsspezialisierten Organisationsformen (vgl. Abschnitt C.1)
- ▶ Automatisierungsmöglichkeiten
- ▶ Einsparung von Rüstzeit
- ▶ Fertigung großer Lose u. a.

Die mit der Teileklassenbildung verbundenen Mengensteigerungen gestatten den Einsatz rationeller Techniken, Technologien, Organisationslösungen und ermöglichen eine verbesserte Wirtschaftlichkeit.

Zur Klassifizierung der Einzelteile werden z. B. **Formenschlüssel** angewendet. Der Formenschlüssel ist eine Nummer (Identitätsnummer), deren Stellen die Form des zu bearbeitenden Werkstücks kennzeichnen (verschlüsseln).

Formenschlüssel

> Mittels des **Formenschlüssels** ist es möglich, jedes beliebige Einzelteil zu klassifizieren und auf dieser Grundlage Entscheidungen zu fällen über die
> - Zuordnung von Teilen zu definierten Teileklassen,
> - für die Bearbeitung jeder Teileklasse einzusetzenden Maschinen und
> - Art der technologischen Bearbeitungsfolge jeder Teileklasse.

Das folgende Beispiel bezieht sich auf Maschinenbaueinzelteile:

- 1. Stelle / Hauptklassen der Einzelteile
  - Rundteile (rotationssymmetrische Teile)
  - Prismateile
  - Hebelförmige Teile u. a.

- 2. Stelle / Grundform der Einzelteile
  - Kennzeichnung von Außen- und Innenform
  - Anzahl der Grundformflächen
  - Anzahl und Lage der Hauptbohrungen
  - Anzahl und Lage von Naben u. a.

- 3. bis 5. Stelle / Erweiterungsformen der Einzelteile
  - Verzahnungen
  - Bohrungen
  - Gewinde
  - Biegungen
  - Formmerkmale der Naben
  - Umrissformen
  - Querschnitte u. a.

- 6. bis 8. Stelle / Abmessungsklassen
  - Länge
  - Breite
  - Höhe
  - Durchmesser u. a.

- 9. und weitere Stellen
  - Werkstoffklassen zur Kennzeichnung der für die Einzelteilherstellung notwendigen Werkstoffe

Es sind Rückschlüsse auf die einzusetzenden Technologien und Organisationsformen ableitbar. Das gewählte Beispiel eines Formenschlüssels bezieht sich auf konstruktiv geformte Güter. Bild PW.A.6.(7) gibt einen Überblick über die Einteilung materieller Güter nach ihrer Form.

Forschung und Entwicklung | 103

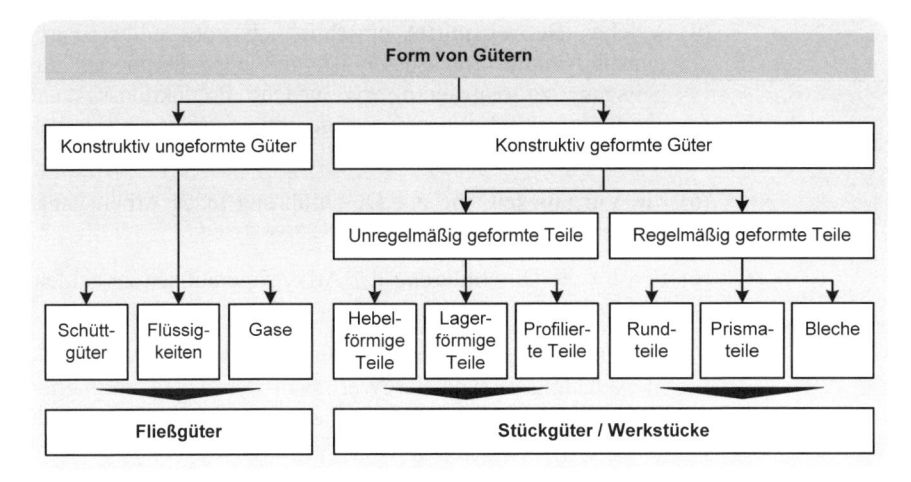

```
                        Form von Gütern
          ┌─────────────────────┴─────────────────────┐
Konstruktiv ungeformte Güter              Konstruktiv geformte Güter
                                    ┌──────────────────┴──────────────────┐
                              Unregelmäßig geformte Teile      Regelmäßig geformte Teile
   ┌──────┬──────┬──────┐    ┌──────┬──────┬──────┐    ┌──────┬──────┬──────┐
Schütt-  Flüssig-  Gase    Hebel-  Lager-  Profilier-  Rund-  Prisma-  Bleche
güter    keiten            förmige förmige te Teile   teile  teile
                           Teile   Teile
   ▼                                    ▼
Fließgüter                      Stückgüter / Werkstücke
```

Bild PW.A.6.(7):   Einteilung materieller Güter nach ihrer Form

Während konstruktive Ähnlichkeiten von Einzelteilen auf der geometrischen Gestalt basieren, sind technologische Ähnlichkeiten besonders bezogen auf:

- ▶ Anzahl und Inhalt durchzuführender Arbeitsgänge
- ▶ Benötigte Fertigungsverfahren
- ▶ Reihenfolge, in der die Fertigungsverfahren eingesetzt werden (technologische Bearbeitungsfolge)
- ▶ Zeitaufwand pro Arbeitsgang u. a.

6.2.3 Arbeitsplan

Der Arbeitsplan ist ein Ergebnis der Arbeitsplanung (technologisches Aufgabengebiet). Seine **Ausgangspunkte** sind die **Zeichnung** und die **Stückliste** des Produkts. Die **Arbeitsplanung**, die für | Arbeitsplanung
jedes zu fertigende Einzelteil bzw. für jede Teileklasse durchgeführt wird, **bestimmt**

(1) das für die Fertigung jedes Teils einzusetzende **Rohmaterial**,

(2) die **Arbeitsgänge**, die je Teil notwendig sind, um aus dem Rohmaterial jene Formelemente herauszuarbeiten, die die Konstruktion festlegt,

(3) die **Reihenfolge**, in der die **Arbeitsgänge** zur Fertigstellung jedes Einzelteils durchzuführen sind (**technologische Bearbeitungsfolge**),

(4) welches **Betriebsmittel** einschließlich notwendiger Fertigungshilfsmittel einzusetzen ist, um jeden definierten Arbeitsgang zu realisieren bzw. welche Produktionssysteme einzusetzen sind, um ggf. die gesamte festgelegte Bearbeitungsfolge durchzuführen,

(5) die **Vorgabezeit**, die zur Durchführung jedes Arbeitsgangs notwendig ist, und

(6) den für die Durchführung der Arbeitsoperationen zu zahlenden **Lohn**.

Die Entlohnungsgrundlage bilden die **Vorgabezeiten** und die in Abhängigkeit von der Wertigkeit der Arbeit definierten **Lohngruppen**. Sie legt fest, wie viel Geld für eine Stunde geleistete Arbeit zu vergüten ist.

Als Ergebnis dieses Prozesses (vgl. Bild PW.A.6.(8)) entsteht der Arbeitsplan.

Arbeitsplan | Der **Arbeitsplan** ist das **Bindeglied zwischen** dem zu produzierenden **Einzelteil** (dessen Form durch die Zeichnung definiert ist und das als Bestandteil einer Stückliste existiert), dem für die Fertigung des Einzelteils eingesetzten **Rohmaterial** und den **Betriebsmitteln**, die die notwendigen Arbeitsgänge durchführen müssen.

Damit wird deutlich,

▶ **was** zu produzieren ist (Einzelteile),

▶ **woraus** die Einzelteile herzustellen sind (Rohmaterialien, Werkstoffe) und

▶ **womit** die Fertigung der Einzelteile realisiert wird (Betriebsmittel).

```
┌─────────────────────────────────────┐
│   Zeichnung        Stückliste       │
│              ▼                      │
│  ARBEITSPLANUNG                     │
│   ┌─────────────────────────┐       │
│   │  Rohmaterialbestimmung  │       │
│   └───────────┬─────────────┘       │
│   ┌───────────▼─────────────┐       │
│   │  Arbeitsgangermittlung  │       │
│   └───────────┬─────────────┘       │
│   ┌───────────▼──────────────┐      │
│   │ Bearbeitungsfolgeermittlung│     │
│   └───────────┬──────────────┘      │
│   ┌───────────▼─────────────┐       │
│   │ Betriebsmittelzuordnung │       │
│   │   zu den Arbeitsgängen  │       │
│   └───────────┬─────────────┘       │
│   ┌───────────▼─────────────┐       │
│   │   Vorgabezeitermittlung │       │
│   └───────────┬─────────────┘       │
│   ┌───────────▼─────────────┐       │
│   │      Lohnermittlung     │       │
│   └─────────────────────────┘       │
│              ▼                      │
│         Arbeitsplan                 │
└─────────────────────────────────────┘
```

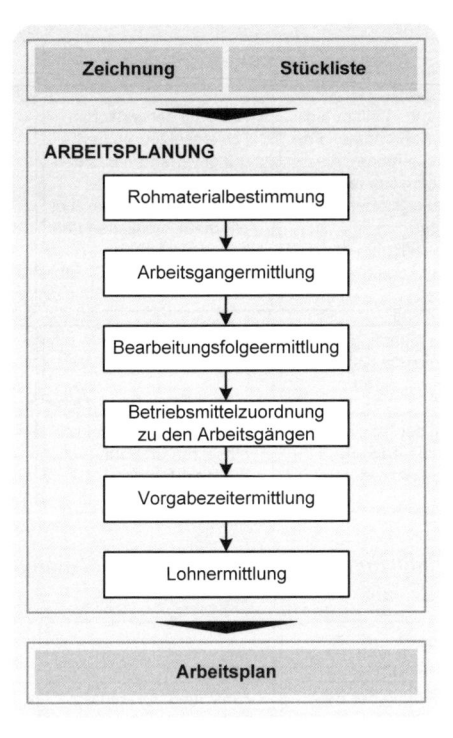

Bild PW.A.6.(8):   *Ablauf der Arbeitsplanerstellung (i. A. a. WIENDAHL, H.-P. [Betriebsorganisation] S. 203)*

Da der Arbeitsplan darüber hinaus auch die Arbeitsgänge und die Arbeitsgangfolgen kennzeichnet, kann er als das **entscheidende Dokument** benannt werden, **welches die Art und Weise der Faktorkombination im Throughput bestimmt**.

Bilder PW.A.6.(9)/1 und PW.A.6.(9)/2 sowie PW.A.6.(10) stellen die Vorgehensweise zur Ermittlung der Arbeitsgangfolge verbal und an einem Konstruktionsbeispiel dar.

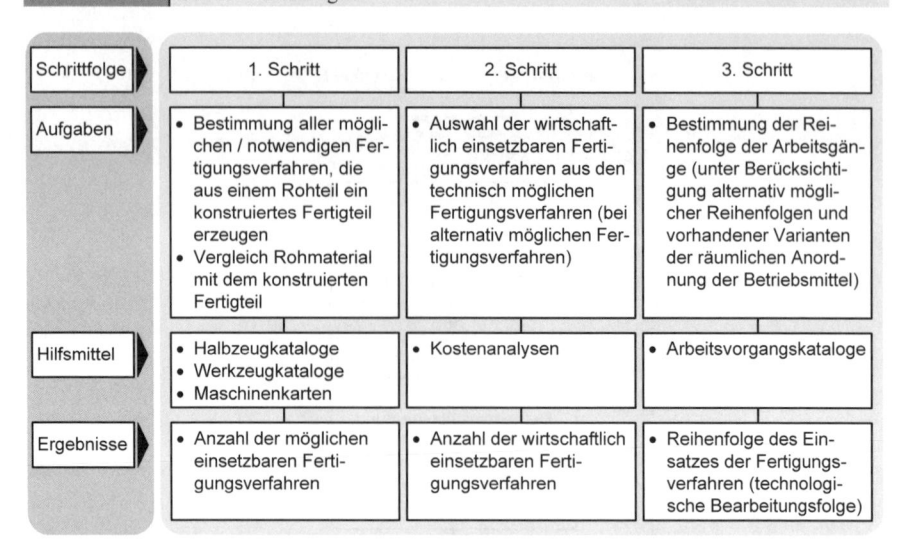

Schrittfolge	1. Schritt	2. Schritt	3. Schritt
Aufgaben	• Bestimmung aller möglichen / notwendigen Fertigungsverfahren, die aus einem Rohteil ein konstruiertes Fertigteil erzeugen • Vergleich Rohmaterial mit dem konstruierten Fertigteil	• Auswahl der wirtschaftlich einsetzbaren Fertigungsverfahren aus den technisch möglichen Fertigungsverfahren (bei alternativ möglichen Fertigungsverfahren)	• Bestimmung der Reihenfolge der Arbeitsgänge (unter Berücksichtigung alternativ möglicher Reihenfolgen und vorhandener Varianten der räumlichen Anordnung der Betriebsmittel)
Hilfsmittel	• Halbzeugkataloge • Werkzeugkataloge • Maschinenkarten	• Kostenanalysen	• Arbeitsvorgangskataloge
Ergebnisse	• Anzahl der möglichen einsetzbaren Fertigungsverfahren	• Anzahl der wirtschaftlich einsetzbaren Fertigungsverfahren	• Reihenfolge des Einsatzes der Fertigungsverfahren (technologische Bearbeitungsfolge)

Bild PW.A.6.(9)/1: Schritte zur Ermittlung der Arbeitsgangfolge (Teil 1)

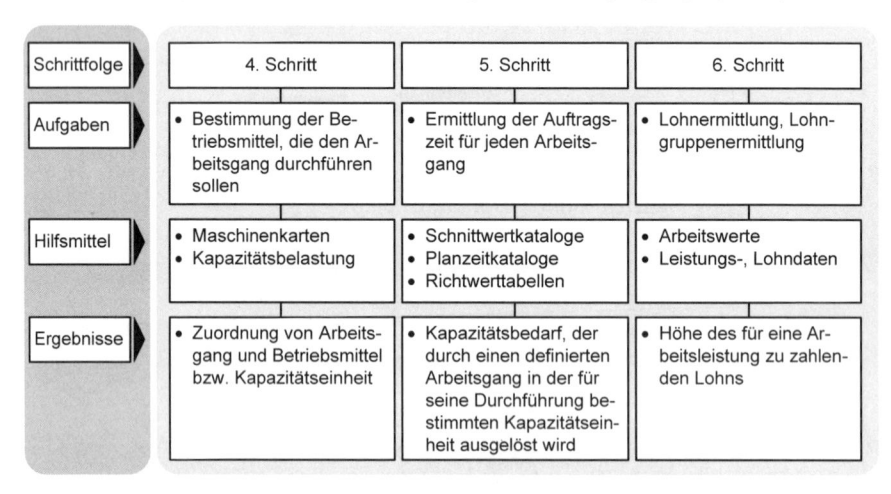

Schrittfolge	4. Schritt	5. Schritt	6. Schritt
Aufgaben	• Bestimmung der Betriebsmittel, die den Arbeitsgang durchführen sollen	• Ermittlung der Auftragszeit für jeden Arbeitsgang	• Lohnermittlung, Lohngruppenermittlung
Hilfsmittel	• Maschinenkarten • Kapazitätsbelastung	• Schnittwertkataloge • Planzeitkataloge • Richtwerttabellen	• Arbeitswerte • Leistungs-, Lohndaten
Ergebnisse	• Zuordnung von Arbeitsgang und Betriebsmittel bzw. Kapazitätseinheit	• Kapazitätsbedarf, der durch einen definierten Arbeitsgang in der für seine Durchführung bestimmten Kapazitätseinheit ausgelöst wird	• Höhe des für eine Arbeitsleistung zu zahlenden Lohns

Bild PW.A.6.(9)/2: Schritte zur Ermittlung der Arbeitsgangfolge (Teil 2)

Das in Bild PW.A.6.(10) dargestellte Beispiel zeigt, dass aus einem Rohmaterial (Stange gewalzt) ein konstruiertes Fertigteil entstehen soll. Der Vergleich der Form des eingesetzten Rohmaterials mit dem konstruierten Einzelteil verdeutlicht, dass folgende Arbeitsgänge durchgeführt werden müssen:

▶ Drehen zur Herausarbeitung planer Endflächen und rotationssymmetrischer Formelemente

▶ Schleifen zur Sicherstellung der geforderten Oberflächengüte

▶ Bohren zur Anfertigung der Bohrung

▶ Sägen zum Ablängen des Rohlings

Forschung und Entwicklung 107

```
┌─────────────────────────────────────────────────────────────┐
│        Notwendige Fertigungsverfahren zur                    │
│        Herausarbeitung der konstruierten Form                │
│                                                              │
│   DREHEN      SCHLEIFEN      BOHREN      SÄGEN               │
│                                                              │
│ Herausarbei- │ Sicherung der │ Anfertigung │ Ablängen des    │
│ tung rotati- │ geforderten   │ der Bohrung │ Rohlings        │
│ onssymmetri- │ Oberflächen-  │             │                 │
│ scher Form-  │ güte          │             │                 │
│ elemente     │               │             │                 │
└─────────────────────────────────────────────────────────────┘

┌─────────────────────────────────────────────────────────────┐
│  Bestimmung einer sinnvollen Bearbeitungsfolge               │
│  (Arbeitsgangfolge) und Maschinenzuordnung                   │
│                                                              │
│  1. SÄGEN    2. DREHEN    3. BOHREN    4. SCHLEIFEN          │
│                                                              │
│   Säge-       Dreh-        Bohr-        Schleif-             │
│   maschine    maschine     maschine     maschine             │
└─────────────────────────────────────────────────────────────┘

┌─────────────────────────────────────────────────────────────┐
│              Schritte der Formänderung                       │
└─────────────────────────────────────────────────────────────┘
```

Rohmaterial Stange, gewalzt → Zeit- und Lohnermittlung → Einzelteilkonstruktion

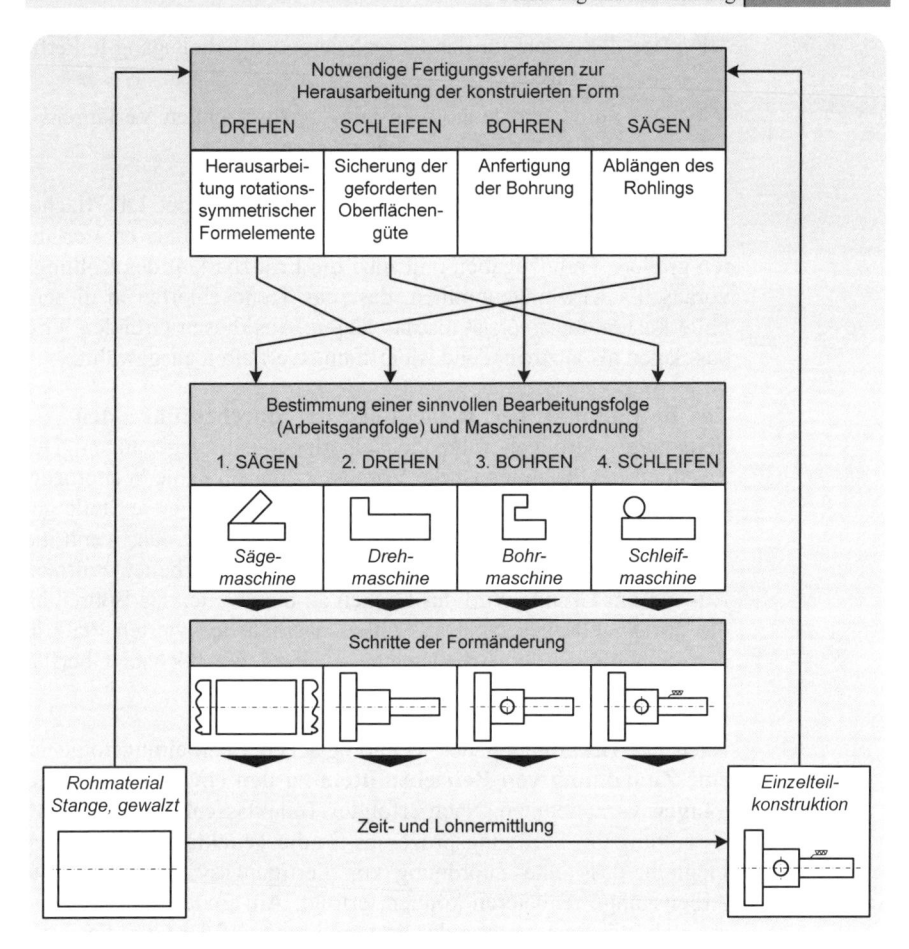

Bild PW.A.6.(10):   *Beispiel für die Ermittlung der Arbeitsgangfolge*

Am Beispiel des Sägens sollen hier alternative Fertigungsverfahren benannt werden, die ebenfalls in der Lage sind, ein Ablängen zu erreichen. Solche Verfahren sind z. B. das Brennschneiden, das Trennschleifen und das Scheren. Die Auswahl erfolgt aus technischen und / oder wirtschaftlichen Gründen. Als solche sind zu nennen:

▶ Die Anwendbarkeit der Verfahren in Abhängigkeit von den Maßen des Rohlings (z. B. Durchmesser)
▶ Die Qualitätsanforderungen an die mit dem Verfahren zu realisierende Werkstückoberfläche
▶ Die Erhitzbarkeit des Materials
▶ Die Materialverluste durch Trennzugaben

▶ Der Zeitbedarf für den zu realisierenden Arbeitsgang je Fertigungsverfahren

▶ Das Stundenkostennormativ des einzusetzenden Verfahrens / der einzusetzenden Maschine u. a.

Das Scheren führt häufig zu Randverformungen der Oberfläche, das Brennschneiden benötigt im Vergleich zu den anderen Verfahren größere Trennzugaben und setzt die Erhitzbarkeit des Rohlings voraus. Es wird angenommen, dass das Trennschleifen in diesem Falle kostenintensiver ist als das Sägen. Aus diesen Gründen wird das Sägen als anzuwendendes Fertigungsverfahren ausgewählt.

Zur **Bestimmung der Reihenfolge der durchzuführenden Arbeitsgänge** wird von folgenden Überlegungen ausgegangen: Der Zuschnitt des Rohlings ist die Voraussetzung für seine Weiterbearbeitung. Aus diesem Grunde wird das Sägen an die erste Stelle gesetzt. Das Bohren sollte erst dann durchgeführt werden, wenn die rotationssymmetrischen Formelemente herausgearbeitet wurden. Aus diesem Grunde wird das Drehen an die zweite, das Bohren an die dritte Stelle gesetzt. Das Schleifen erhält den vierten Platz in der Reihenfolge der Arbeitsgänge, weil es die höchste Oberflächengüte erzeugt.

Nach der Bestimmung der technologischen Bearbeitungsfolge ist eine **Zuordnung von Betriebsmitteln zu den einzelnen Arbeitsgängen** vorzunehmen. Nach erfolgter Teileklassenbildung und der Gestaltung des Fertigungsprozesses für die Teileklassen ist es auch möglich, dass eine Zuordnung von Fertigungssystemen, die alle Arbeitsgänge realisieren können, erfolgt. Am Ende dieses Prozesses steht die Bestimmung der Fertigungszeit auf der Grundlage der bereits beschriebenen Ablaufarten sowie die Ermittlung des Lohns, der für jeden Arbeitsgang zu berechnen ist.

Die zur Herstellung eines Einzelteils notwendigen Arbeitsgänge sind abhängig von der Form des Einzelteils, die aus einem Rohling herauszuarbeiten ist. Jedes Formelement benötigt zu seiner Herstellung eine Maschine, die zu einem bestimmten Fertigungsverfahren gehört. So werden z. B. für die Herstellung rotationssymmetrischer Formelemente Drehmaschinen benötigt. Bohrungen werden in der Regel von Bohrmaschinen angefertigt. Ebene Flächen erhält man durch das Fräsen oder das Schleifen usw.

Betriebsmittel-systematik

So wie aus Rationalisierungsgründen eine Systematik für die Verschlüsselung der Form herzustellender Einzelteile entwickelt wurde, ist es auch sinnvoll, eine **Systematik einsetzbarer Werkzeugmaschinen** aufzubauen, um die **Zuordnung von Arbeitsgang und Maschine** zu erleichtern.

Ein Beispiel dafür wird in folgendem Bild PW.A.6.(11) gegeben.

1. Stelle		2. Stelle Maschinengrundtyp		3. Stelle Maschinenart	
0	Maschinen der Umformtechnik	0	**Drehmaschinen**	0	**Kurzdrehmaschinen**
1	Maschinen der spanlosen Umformung	1	Bohrmaschinen	1	Spitzendrehmaschinen
2	Maschinen für das Zerteilen	2	Fräsmaschinen	2	Kopierdrehmaschinen
3	**Maschinen für das Spanen (geometrisch bestimmte Schneideform)**	3	Hobel- und Stoßmaschinen	3	Revolverdrehmaschinen
4	Maschinen für das Spanen (geometrisch unbestimmte Schneideform)	4	Räummaschinen	4	Automatendrehmaschinen
5	Maschinen für das Abtragen	5	Sägemaschinen	5	Schwer- und Walzendrehmaschinen
6	Maschinen für das Fügen	6	Feilmaschinen	6	Plandrehmaschinen
7	Maschinen und Anlagen zur Änderung der Stoffeigenschaften und zur Oberflächenbeschichtung	7	Bohr-, Dreh- und Fräswerke	7	Karusseldrehmaschinen
8	Maschinen für das Prüfen und Messen	8	Bearbeitungszentren	8	Sonderdrehmaschinen
9	Handarbeitsplätze	9		9	

(Rows 2–5 der 1. Stelle umfassen: Maschinen für das Trennen)

Bild PW.A.6.(11): Systematik für die Verschlüsselung von Werkzeugmaschinen (vgl. WARNECKE, H.-J. [Produktionsbetrieb 1] S. 259)

I. Begriffe zur Selbstüberprüfung

- ✓ Grundlagenforschung
- ✓ Angewandte Forschung
- ✓ Produktentwicklung
- ✓ Neu- und Weiterentwicklung
- ✓ Produktlebenszyklus
- ✓ Produktplanung
- ✓ Produktkonzipierung
- ✓ Produktkonstruktion
- ✓ Bauteilgeometrie
- ✓ Erzeugniszeichnung
- ✓ Stückliste
- ✓ Erzeugnisstrukturbaum
- ✓ Arbeitsplan
- ✓ Teilesortiment
- ✓ Teileklasse
- ✓ Formenschlüssel
- ✓ Prozessentwicklung
- ✓ Betriebsmittelsystematik
- ✓ Arbeitsplanerstellung
- ✓ Arbeitsgang
- ✓ Arbeitsgangfolge

II. Weiterführende Literatur

- ❏ BROCKHOFF, Klaus:
    [Forschung] Forschung und Entwicklung. Planung und Kontrolle.
    5. Auflage, München, Wien 1999

- ❏ CORSTEN, Hans:
    Produktionswirtschaft. Einführung in das industrielle Produktionsmanagement.
    12. Auflage, München, Wien 2009

- ❏ HANSMANN, Karl-Werner:
    Industrielles Management.
    8. Auflage, München, Wien 2006

- ❏ HAUSCHILDT, Jürgen / SALOMO, Sören:
    [Innovationsmanagement] Innovationsmanagement.
    5. Auflage, München 2011

- *WARNECKE, Hans-Jürgen:*
  [Produktionsbetrieb 1] Der Produktionsbetrieb: Band 1. Organisation, Produkt, Planung.
  3. Auflage, Berlin, Heidelberg, New York 1995

- *WIENDAHL, Hans-Peter:*
  [Betriebsorganisation] Betriebsorganisation für Ingenieure.
  7. Auflage, München, Wien 2010

- *ZÄPFEL, Günther:*
  Taktisches Produktions-Management.
  2. Auflage, München, Wien 2000

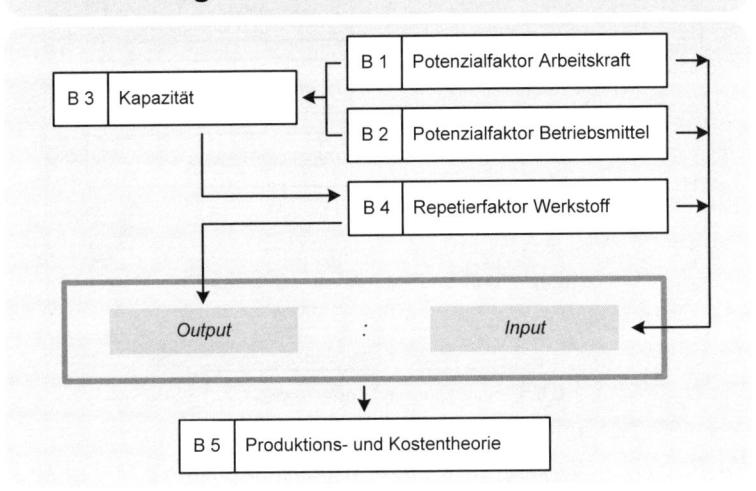

B WIRKUNG ELEMENTARER PRODUKTIONSFAKTOREN

B / Wirkung elementarer Produktionsfaktoren

```
                        ┌──────┬─────────────────────────────┐
              ┌────────▶│ B 1  │ Potenzialfaktor Arbeitskraft│──▶
┌─────┬──────┐│         ├──────┼─────────────────────────────┤
│ B 3 │Kapazität◀┘      │ B 2  │ Potenzialfaktor Betriebsmittel│──▶
└─────┴──────┘          └──────┴─────────────────────────────┘
      │                 ┌──────┬─────────────────────────────┐
      └────────────────▶│ B 4  │ Repetierfaktor Werkstoff    │──▶
                        └──────┴─────────────────────────────┘
        ┌──────────────────────────────────────────────┐
        │     Output          :            Input       │◀──
        └──────────────────────────────────────────────┘
                        │
                        ▼
                  ┌──────┬─────────────────────────────┐
                  │ B 5  │ Produktions- und Kostentheorie│
                  └──────┴─────────────────────────────┘
```

Bild PW.B.(1):   *Wirkung elementarer Produktionsfaktoren*

Die **Elementarfaktoren Arbeitskraft** und **Betriebsmittel** leisten Potenzialbeiträge für die Durchführung des Produktionsprozesses. Sie **bilden** die **Kapazität**, die Voraussetzung für die Produktion ist, | Kapazität und bestimmen ihr Quantum.

> Die **Arbeitskräfte** und **Betriebsmittel** wirken mittels ihrer Kapazität auf den Repetierfaktor **Werkstoff** ein, um zielgerichtet **Produkte** hervorzubringen. Dabei werden die Werkstoffe verändert. Sie gehen in die **Erzeugnisse** ein und werden damit zur materiellen Substanz des Output.

Die Potenzialfaktoren Arbeitskraft und Betriebsmittel und der Repetierfaktor Werkstoff bilden den Input des Produktionsprozesses. Sie sind sowohl für die Bildung des Input als auch des Output verantwortlich.

Die Analyse der Beziehung Output zu Input ist Gegenstand der Produktions- und Kostentheorie (vgl. Abschnitt B.5).

1 Potenzialfaktor Arbeitskraft

B / Wirkung elementarer Produktionsfaktoren

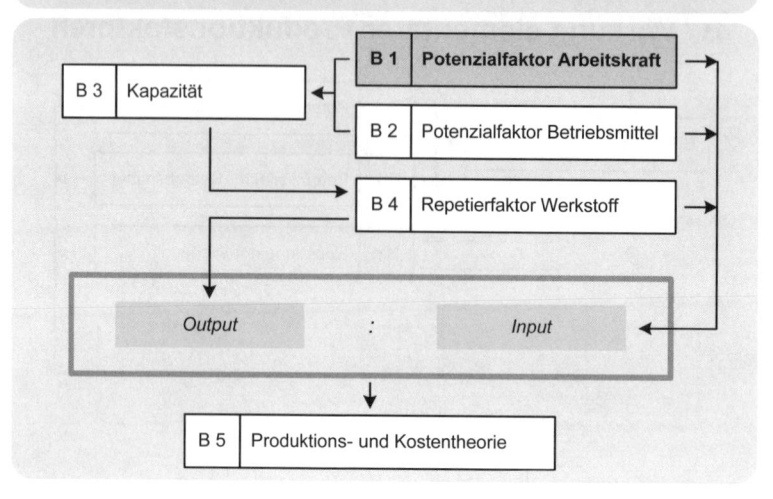

B 3	Kapazität

B 1	Potenzialfaktor Arbeitskraft
B 2	Potenzialfaktor Betriebsmittel
B 4	Repetierfaktor Werkstoff

Output : Input

B 5	Produktions- und Kostentheorie

Bild PW.B.1.(1):   Wirkung elementarer Produktionsfaktoren (Arbeitskraft)

1.1 Arbeit und Leistung des Potenzialfaktors Arbeitskraft

Arbeit Tätigkeit

Die von den Arbeitskräften geleistete **Arbeit** ist eine **Tätigkeit**, die der **Erreichung** betrieblicher **Ziele** dient.

Geistige und körperliche Arbeit

Die Arbeit des Potenzialfaktors Arbeitskraft ist auf die Herstellung geplanter Produkte und Leistungen konzentriert. Dazu ist sowohl **geistige** als auch **körperliche** (muskelmäßige) **Arbeit** notwendig. Jede Arbeit benötigt beide Bestandteile. Qualitativ unterschiedliche Arbeitsaufgaben bedürfen eines unterschiedlichen „Mischungsverhältnisses" von geistiger und körperlicher Arbeit. Der Muskeleinsatz in der körperlichen Arbeit zur Durchführung bestimmter Arbeitsoperationen am Werkstück ist immer auch begleitet von geistiger Arbeit, die das Erkennen von Zusammenhängen und Wechselbeziehungen ebenso beinhaltet, wie Tätigkeiten des Vergleichens, des Bewertens und des Ableitens von Schlussfolgerungen und Urteilen.

Leistung

Unter der **Leistung** wird eine nach Art, Menge und Qualität bestimmte **Arbeit pro Zeiteinheit** verstanden. Die Leistung ist das Resultat der Arbeit.

Die **Menge** der in einem Produktionsprozess hergestellten Produkte und Leistungen hängt aus der Sicht des Potenzialfaktors Arbeitskraft ab von der

- **Anzahl** der Arbeitskräfte (Leistungsquerschnitt), die am Produktionsprozess beteiligt sind,
- **Einsatzzeit** jeder Arbeitskraft pro Arbeitstag und der Dauer des Einsatzes der Arbeitskräfte in Arbeitstagen (Leistungsdauer) sowie
- **Leistung** pro Arbeitskraft und Zeiteinheit (Leistungsintensität messbar als Zeitgrad).

Die **tägliche Arbeitszeit** pro Arbeitskraft ist tarifrechtlich geregelt. Ausgehend von einem geplanten Produktionsprogramm ist der Bedarf an Arbeitskräften, das heißt die Anzahl und die Einsatzdauer für die Durchführung der definierten Produktionsaufgabe, bestimmbar. Die Grundlage dafür bildet der Kapazitätsbedarf des geplanten Produktionsprogramms, der sich aus

- dem nach Fertigungsverfahren gegliederten Fertigungszeitbedarf der Erzeugnisse und
- der Stückzahl der zu produzierenden Erzeugnisse

errechnet.

Der **Kapazitätsbedarf** stellt sich als **Fertigungszeitbedarf** dar (Fertigungszeit bzw. Vorgabezeit ist aus Sicht der Arbeitskräfte Auftragszeit, aus Sicht der Betriebsmittel Belegungszeit). | Kapazitätsbedarf, Fertigungszeitbedarf

Diesem Fertigungszeitbedarf muss durch einen adäquaten Zeiteinsatz von Arbeitskräften entsprochen werden, wenn der Erzeugnisbedarf befriedigt werden soll. Bei der Bestimmung der notwendigen Arbeitskräftezahl wird von einem durchschnittlichen Leistungsangebot je Arbeitskraft pro Zeiteinheit ausgegangen, das sich in einem definierten Maß der Erfüllung / Inanspruchnahme der Vorgabezeit je Arbeitsauftrag dokumentiert.

Ist eine Steigerung der Leistung der Arbeitskräfte pro Zeiteinheit möglich, d. h. der Arbeiter benötigt pro Arbeitsaufgabe weniger als die vorgegebene Bearbeitungszeit, so sinkt die Zahl der für die Bedarfsbefriedigung notwendigen Arbeitskräfte. Im umgekehrten Falle steigt die Zahl der benötigten Arbeitskräfte.

> Die **Erhöhung der Leistungsintensität steigert nicht** den durch die eingesetzten Arbeitskräfte **bereitgestellten Zeitfonds**, der für die Erledigung von Produktionsaufgaben zur Verfügung steht, **sondern sie senkt** den **Kapazitätszeitbedarf** durch nicht in Anspruch genommene Vorgabezeiten für Arbeitsaufgaben. | Leistungsintensität

Ausgehend vom Fertigungszeitbedarf ist der Arbeitskräftebedarf:
- ▶ Quantitativ bestimmbar
  (Anzahl der Arbeitskräfte und ihr Zeitfonds)
- ▶ Qualitativ bestimmbar
  (Qualifikation, Fähigkeiten und Fertigkeiten)
- ▶ Zeitlich bestimmbar
  (Einsatzzeitpunkt und Einsatzdauer)

Personal-beschaffung

Ist der Arbeitskräftebedarf größer als der Arbeitskräftebestand, sind **Personalbeschaffungsmaßnahmen** einzuleiten. Diese sind entweder **unternehmensintern** durch Mehrarbeit, Umsetzung, Versetzung oder **unternehmensextern** über Agenturen für Arbeit sowie Arbeitskräftevermittlungen und Stellenausschreibungen realisierbar.

Von ganz besonderer Bedeutung ist für ein Unternehmen die Frage danach, wie es möglich wird, die menschliche Arbeitsleistung zu steigern.

Die Grundlage der Arbeitsleistung oder der Leistungsabgabe bildet die **Leistungsfähigkeit**.

Leistungs-fähigkeit

Die **Leistungsfähigkeit** ist das individuelle Potenzial jeder Arbeitskraft, Arbeitsaufgaben zu erfüllen.

Die Leistungsfähigkeit wird durch das „**in der Lage sein**", also das „**Können**", bestimmt.

Die **Voraussetzungen** dafür, dass eine Leistungsfähigkeit existiert, sind gliederbar in:

(1) **Qualifikationsvoraussetzungen**
Sie werden besonders durch die **Ausbildung**, die **Arbeitserfahrung** und die **Begabung**, definierte Arbeiten durchzuführen, bestimmt.

(2) **Konstitutionsvoraussetzungen**
Sie sind durch **Alter**, **Geschlecht** und den **Tagesrhythmus** bestimmt.

(3) **Arbeitsumweltvoraussetzungen**
Ausdruck für die Arbeitsumweltvoraussetzungen sind die eingesetzte **Technik** und **Technologie**, die **Organisation** der Arbeit und besonders die **Gestaltung des Arbeitsplatzes**.

Die bewusste Ausnutzung von Einflussfaktoren, deren Wirkung zu einer Verbesserung der Voraussetzungen für die Leistungsfähigkeit führt, zielt auf eine Steigerung der Leistungsfähigkeit ab (vgl. Bild PW.B.1.(2)).

Voraussetzungen **für** die Leistungsfähigkeit	Einflussfaktoren **auf** die Leistungsfähigkeit
Qualifikationsvoraussetzungen • Ausbildung • Arbeitserfahrung • Arbeitsbegabung	**Qualifikationseinflüsse** • Schulung • Fortbildung • Weiterbildung
Konstitutionsvoraussetzungen • Alter • Geschlecht • Tagesrhythmus	**Zeitliche Einflüsse** • Arbeitszeitregime • Pausenregime • Erholung
Arbeitsumweltvoraussetzungen • Technik, Technologie • Organisation • Arbeitsplatz	**Arbeitsumwelteinflüsse** • Arbeitsplatzgestaltung

Bild PW.B.1.(2):   *Voraussetzungen für die Leistungsfähigkeit und ihre Einflussfaktoren*

Solche Einflüsse entstehen durch

▶ Schulungen, **Weiterbildungen** der Arbeitskräfte,

▶ Erholungsphasen, die durch **Arbeitszeit- und Pausenregime** abgesichert werden sowie eine

▶ ergonomische **Gestaltung der Arbeitsplätze**.

Neben der Leistungsfähigkeit wird die Arbeitsleistung besonders von der **Leistungsbereitschaft** beeinflusst.

> Die **Leistungsbereitschaft** ist die Bereitschaft, dem Unternehmen die vorhandene Leistungsfähigkeit zur Verfügung zu stellen.

| Leistungsbereitschaft

Die Leistungsbereitschaft wird also durch das „**Wollen**" bestimmt. **Voraussetzungen** für die Leistungsbereitschaft sind:

(1) **Leistungsmotivation**
   (Bedürfnisse, Interessen, Arbeitsbedingungen u. a.)
(2) **Arbeitszufriedenheit**
(3) **Leistungsanerkennung**
(4) **Monetäre Zufriedenheit**
(5) **Stellung in der Arbeitsgruppe**

Die bewusste Nutzung von Einflussfaktoren, deren Wirkung zu einer Verbesserung der Voraussetzungen für die Leistungsbereitschaft führt, zielt auf eine Steigerung der Leistungsbereitschaft ab (vgl. Bild PW.B.1.(3)).

Teil B / Wirkung elementarer Produktionsfaktoren

Voraussetzungen für die Leistungsbereitschaft:
- Leistungsmotivation
- Arbeitszufriedenheit
- Leistungsanerkennung
- Monetäre Zufriedenheit
- Stellung in der Arbeitsgruppe

Einflussfaktoren auf die Leistungsbereitschaft:
- Soziale Einflüsse
  - Arbeitsgruppe
  - Führungsstil
- Arbeitsinhalt
  - Arbeitsaufgabe
  - Arbeitsmethode
- Monetäre Einflüsse
  - Entgelt
  - Lohnform
  - Arbeitsbewertung
- Außerbetriebliche Einflüsse
  - Soziale
  - Rechtliche
  - Ökonomische

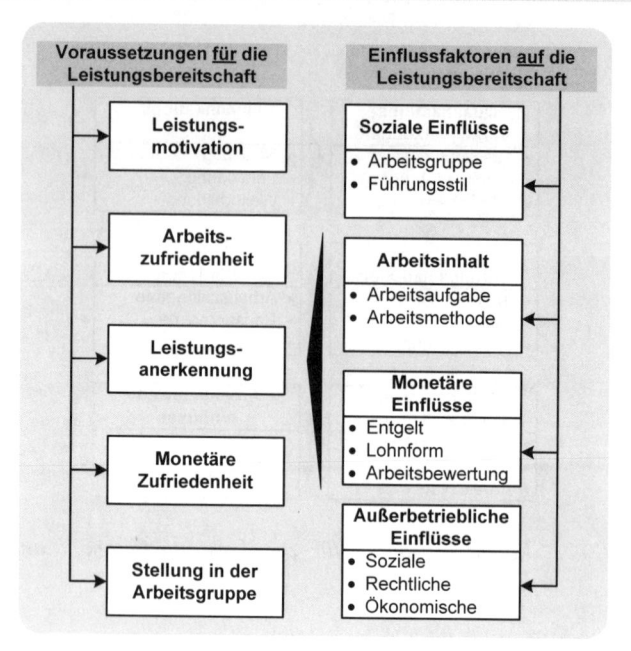

Bild PW.B.1.(3): Voraussetzungen für die Leistungsbereitschaft und ihre Einflussfaktoren

Leistungsabgabe

Die **Leistungsabgabe** (Leistung) einer Arbeitskraft wird bestimmt durch die **Leistungsfähigkeit** und die **Leistungsbereitschaft**.

Die Leistungsfähigkeit und die Leistungsbereitschaft werden durch wirkende Voraussetzungen beeinflusst.

Eine Erhöhung der Leistungsfähigkeit kann durch Einflussfaktoren zur Verbesserung der Voraussetzungen für die Leistungsfähigkeit erreicht werden.

Eine Erhöhung der Leistungsbereitschaft kann durch Einflussfaktoren zur Verbesserung der Voraussetzungen für die Leistungsbereitschaft erreicht werden (vgl. Bild PW.B.1.(4)).

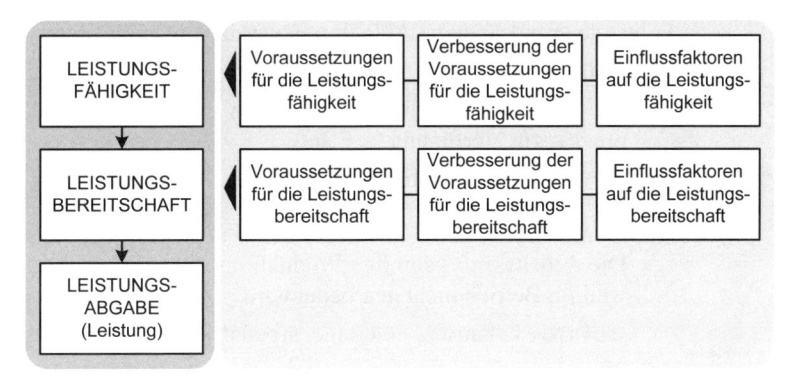

Bild PW.B.1.(4): Leistungsabgabe und ihre Einflussgrößen

1.2 Zeitermittlung

Die Zeitermittlung für Arbeitskräfte im Produktionsprozess dient aus analytischer Sicht der Systematisierung differenzierter Tätigkeiten und Unterbrechungen der Tätigkeiten im Arbeitsablauf.

| Zeitermittlung

Danach gliedert sich der Einsatz der Arbeitskräfte im Produktionsprozess nach **Ablaufarten** (vgl. Bild PW.B.1.(5)).

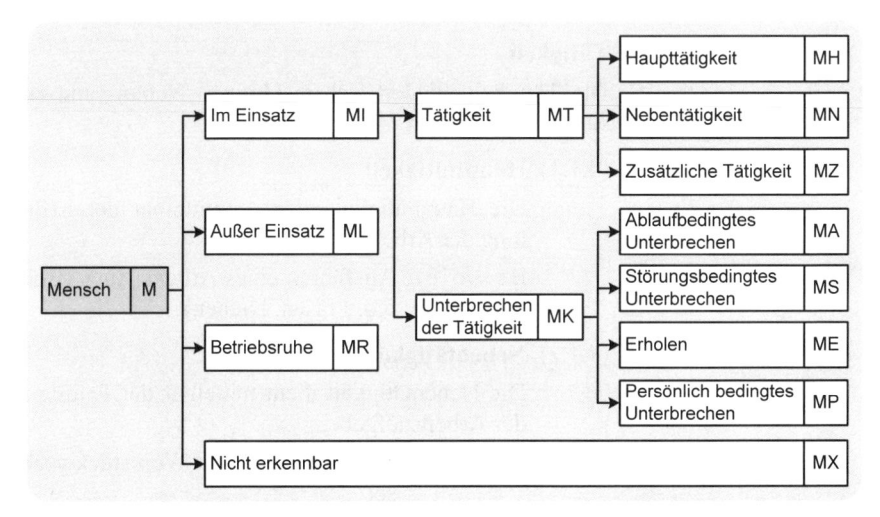

Bild PW.B.1.(5): Analyse der Ablaufarten bezogen auf den Menschen (nach REFA [Methodenlehre] S. 25)

Folgende grundsätzliche Ablaufarten werden unterschieden:

(1) **Außer Einsatz**

Die Arbeitskraft steht nicht für einen Einsatz im Produktionsprozess zur Verfügung.

B e i s p i e l : Krankheit, Urlaub

(2) **Betriebsruhe**

Die Arbeitskraft kann ihre Produktionsaufgaben nicht erfüllen, weil im Betrieb nicht gearbeitet wird.

B e i s p i e l : Pausen, Feiertage, arbeitsfreie Wochenenden

(3) **Nicht erkennbar**

Der beobachtete Ablaufabschnitt ist nicht eindeutig einer Ablaufart zuzuordnen. Die Arbeitskraft befindet sich außerhalb des Betrachtungsbereichs.

(4) **Im Einsatz**

Die Einsatzzeit gliedert sich in die Bestandteile Tätigkeit und Unterbrechen der Tätigkeit.

Der Inhalt der Tätigkeit wird bestimmt durch die im Arbeitsplan (vgl. Abschnitt A.6.2.3) definierte Arbeitsaufgabe. So können z. B. als Arbeitsaufgabe das Vorbereiten eines Arbeitsplatzes für die Durchführung einer bestimmten Arbeitsoperation (Rüsten) oder die konkrete Ausführung des Arbeits-(vor)-gangs unterschieden werden.

(4.1) **Tätigkeit**

Die Tätigkeit gliedert sich in **Haupt-**, **Neben-** und **zusätzliche Tätigkeit**.

(4.1.1) **Haupttätigkeit**

Die Haupttätigkeit dient unmittelbar der Erfüllung der Arbeitsaufgabe.

B e i s p i e l : Ausführen eines Arbeitsgangs (Bohren, Fräsen, Drehen)

(4.1.2) **Nebentätigkeit**

Die Nebentätigkeit dient mittelbar der Erfüllung der Arbeitsaufgabe.

B e i s p i e l : Maschine schalten, Werkstückwechsel

(4.1.3) **Zusätzliche Tätigkeit**

Die Arbeitskraft führt notwendige Tätigkeiten durch, deren Ablauf bzw. Inhalt nicht vorherbestimmbar ist. Sie beruht i. d. R. auf organisatorischen, technischen oder Informationsmängeln und wird ohne besonderen Auftrag durchgeführt.

B e i s p i e l : Nacharbeit infolge Ausschuss

(4.2) **Unterbrechen der Tätigkeit**

Das Unterbrechen der Tätigkeit kann **ablaufbedingt**, **störungsbedingt**, **erholungsbedingt** oder **persönlich bedingt** sein.

(4.2.1) **Ablaufbedingtes Unterbrechen**

Die Arbeitskraft wartet **planmäßig** auf die Beendigung von Ablaufabschnitten des Betriebsmittels.

B e i s p i e l : Abwarten des Erreichens der Arbeitstemperatur, Abwarten der Abkühlung nach Glüh- oder Schweißprozessen

(4.2.2) **Störungsbedingtes Unterbrechen**

Die Arbeitskraft unterbricht ihre Tätigkeit **unplanmäßig** infolge technischer, organisatorischer oder Informationsmängel.

B e i s p i e l : Warten auf die Zeichnung, Warten auf die Reparatur, Warten auf das Werkstück, Warten auf das Werkzeug

(4.2.3) **Erholen (erholungsbedingtes Unterbrechen)**

Die Arbeitskraft unterbricht ihre Tätigkeit, um die aus der Tätigkeit resultierende Arbeitsermüdung abzubauen.

B e i s p i e l : Ausruhen nach dem Heben einer Last, Ausruhen nach starker Konzentration

(4.2.4) **Persönlich bedingtes Unterbrechen**

Die Arbeitskraft unterbricht ihre Tätigkeit aus nicht arbeitsablaufbedingten, sondern aus persönlichen Gründen.

B e i s p i e l : Privates Telefonat, privates Gespräch mit Kollegen

Aus der Gliederung der Ablaufarten wird durch eine Synthese der Zeitbestandteile eine Gliederung der Zeitarten. Sie ist gemeinsam mit der Gliederung der Zeitarten eines Betriebsmittels die Voraussetzung für die Festlegung der Zeitbestandteile der Vorgabezeit für einen Fertigungsauftrag.

1.3 Arbeitsgestaltung
1.3.1 Definition

Arbeits-gestaltung | **Arbeitsgestaltung** ist das Schaffen eines aufgabengerechten, optimalen Zusammenwirkens von
- ▶ arbeitenden Menschen,
- ▶ Betriebsmitteln und
- ▶ Arbeitsgegenständen

durch zweckmäßige Organisation von Arbeitssystemen unter Beachtung menschlicher Leistungsfähigkeit und Bedürfnisse (vgl. REFA [Arbeitsstudium 1] S. 70).

Der Begriff des **Arbeitssystems** hat für die Arbeitsgestaltung zentrale Bedeutung. Mit diesem Begriff ist keine spezielle Betrachtungsebene des Arbeitsprozesses gekennzeichnet. Es kann sowohl der Teil eines Arbeitsplatzes als auch ein ganzer Betrieb gemeint sein – häufig ist jedoch die Ebene des Arbeitsplatzes angesprochen.

Arbeitssystem | Das **Arbeitssystem** dient der Erfüllung von Arbeitsaufgaben, indem Menschen und Betriebsmittel zusammenwirken (vgl. dazu Bild PW.B.1.(6)), (nach REFA [Arbeitsstudium 2] S. 35).

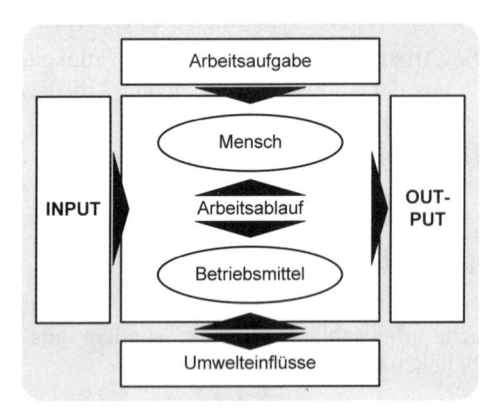

Bild PW.B.1.(6):   Arbeitssystem (nach REFA [Arbeitsstudium 2] S. 58)

Um ein aufgabengerechtes, optimales Zusammenwirken von Mensch, Betriebsmittel und Arbeitsgegenstand zu erreichen, können aus dem definierten Arbeitssystem folgende **sieben Gestaltungsobjekte** abgeleitet werden (vgl. Bilder PW.B.1.(7)/1 und PW.B.1.(7)/2).

Gestaltungs-objekte	Aus dem Arbeitssystem abgeleitete Gestaltungsobjekte			
	Arbeits-aufgabe 1	Input 2	Arbeits-ablauf 3	Mensch 4
Frage nach...	Dem Zweck der Arbeitsaufgabe	Dem Systeminput	Dem Verlauf in Raum und Zeit	Den Tätigkeiten des Menschen
Gegenstand / Inhalte	Aufforderung, Weisung an den Menschen zielorientierte Tätigkeiten zu realisieren	Objekte, die im Sinne der Arbeitsaufgabe in • ihrem Zustand • ihrer Form • ihrer Lage verändert oder verwendet werden	Zusammenwirken von • Mensch (AK) • Betriebsmittel (BM) • Werkstoff (WS) bzw. Arbeitsgegenstand, -objekt	Durchführung der Arbeitsaufgabe zur Transformation des Input in den Output

Beispiele / Merkmale	• Werkstücke bearbeiten
	• Versandposten verpacken
	• Teile transportieren
		• Stoffe
		  - Rohstoffe
		  - Halbfabrikate
		  - Datenträger
		• Informationen
		  - Arbeitsanweisungen
		  - Konstruktionszeichnungen
		  - Arbeitspläne
		• Energie
			• Methoden, Verfahren
			• Schrittfolgen
			  - Technologische Bearbeitungsfolge
			  - Organisatorische Bearbeitungsfolge
				• Kraft
				• Leistungsfähigkeit
				• Fähigkeitsprofil
				• Qualifikation
				• Flexibilität
				  - Zeitliche
				  - Inhaltliche

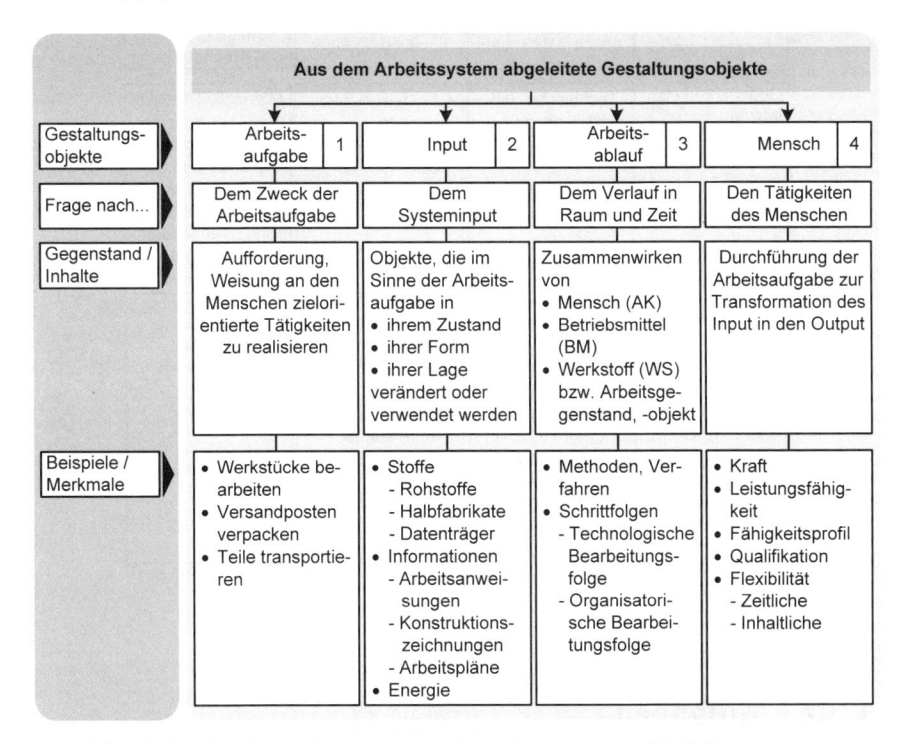

Bild PW.B.1.(7)/1: Gestaltungsobjekte des Arbeitssystems (Teil 1)

Mit der Definition der Gestaltungsobjekte ist die Grundlage für eine systematische Vorgehensweise im Rahmen der Arbeitsgestaltung gegeben. Das bedingt jedoch, dass **vor** jeder Überlegung zu gestalterischen Maßnahmen das zu verändernde Arbeitssystem exakt definiert werden muss.

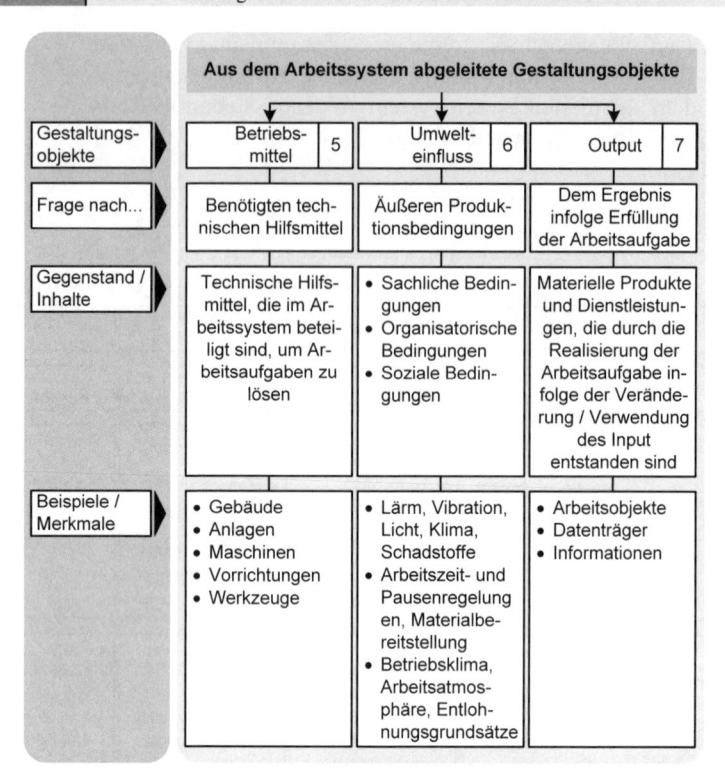

Gestaltungsobjekte	Aus dem Arbeitssystem abgeleitete Gestaltungsobjekte		
	Betriebsmittel 5	Umwelteinfluss 6	Output 7
Frage nach...	Benötigten technischen Hilfsmittel	Äußeren Produktionsbedingungen	Dem Ergebnis infolge Erfüllung der Arbeitsaufgabe
Gegenstand / Inhalte	Technische Hilfsmittel, die im Arbeitssystem beteiligt sind, um Arbeitsaufgaben zu lösen	• Sachliche Bedingungen • Organisatorische Bedingungen • Soziale Bedingungen	Materielle Produkte und Dienstleistungen, die durch die Realisierung der Arbeitsaufgabe infolge der Veränderung / Verwendung des Input entstanden sind
Beispiele / Merkmale	• Gebäude • Anlagen • Maschinen • Vorrichtungen • Werkzeuge	• Lärm, Vibration, Licht, Klima, Schadstoffe • Arbeitszeit- und Pausenregelungen, Materialbereitstellung • Betriebsklima, Arbeitsatmosphäre, Entlohnungsgrundsätze	• Arbeitsobjekte • Datenträger • Informationen

Bild PW.B.1.(7)/2: Gestaltungsobjekte des Arbeitssystems (Teil 2)

1.3.2 Aufgaben

Aufgaben der Arbeitsgestaltung | Aus der Definition der Arbeitsgestaltung können die Aufgaben dieses Funktionsbereichs abgeleitet werden.

> Grundlegende **Aufgabe der Arbeitsgestaltung** ist es, für ein **optimales Zusammenwirken** von **Mensch, Betriebsmittel** und **Arbeitsgegenstand** zu sorgen.

Ausgangspunkte sind

▶ die zu lösende Arbeitsaufgabe und

▶ der Mensch (mit seiner Leistungsfähigkeit und seinen Bedürfnissen).

Hierzu ist durch die Arbeitsgestaltung eine große Zahl von unterschiedlichen Aufgaben zu lösen.

Grundlage der nachfolgenden Systematisierung ist wiederum das Arbeitssystem. Zunächst werden Aufgaben zur Gestaltung des Arbeitssystems, dann der Systemumwelt und schließlich der Zusammenarbeit der einzelnen Arbeitssysteme genannt (vgl. Bild PW.B.1.(8)).

```
                        Arbeitsgestaltung
        ┌───────────────────┼───────────────────┐
        ▼                   ▼                   ▼
   Gestaltung           Gestaltung          Gestaltung
 der Arbeitsplätze   der Arbeitsumgebung  der Arbeitsorganisation
• Technisch-technologisch  • Lärm          • Arbeitsstrukturierung
• Sicherheitstechnisch     • Vibration     • Organisationsformen
• Anthropometrisch         • Beleuchtung   • Arbeitszeitregelung
• Physiologisch            • Klima
• Informationstechnisch    • Gefahrstoffe
• Psychologisch
```

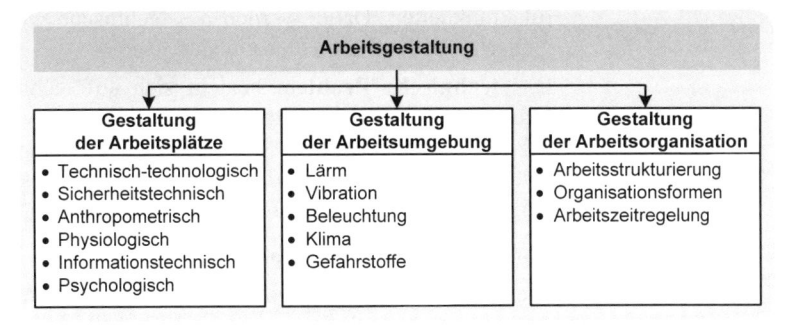

Bild PW.B.1.(8):   *Aufgaben der Arbeitsgestaltung*

(1) Gestaltung der Arbeitsplätze

Die **Gestaltung der Arbeitsplätze** umfasst Maßnahmenkomplexe, die darauf gerichtet sind, Arbeitsplätze so zu gestalten, dass sie für die daran arbeitenden Arbeitskräfte bestmögliche, leistungsfördernde Arbeitsbedingungen schaffen.

Gestaltung von Arbeitsplätzen

Das geschieht unter Berücksichtigung der zu lösenden Arbeitsaufgaben an Arbeitsobjekten und der technisch-technologischen Rahmenbedingungen.

Folgende Gestaltungskomplexe sind zu unterscheiden:

(1.1) Technisch-technologische Gestaltung

Die **technisch-technologische Gestaltung** spielt insbesondere bei der grundlegenden Neugestaltung, die auch **konzeptive** Arbeitsgestaltung genannt wird, und weniger bei nachträglicher Verbesserung von Arbeitssystemen, der **korrektiven** Arbeitsgestaltung, eine Rolle.

Technisch-technologische Gestaltung von Arbeitsplätzen

Technologische Gestaltung von Arbeitsplätzen bedeutet, Entscheidungen darüber zu treffen, in welcher Weise, d. h. durch den Einsatz welches Arbeitsverfahrens, das Arbeitsobjekt verändert werden soll.

Technische Gestaltung bedeutet, Entscheidungen darüber zu treffen, mit welchen technischen Sachmitteln gearbeitet wird. D. h. es wird der Technisierungsgrad, also die Arbeitsteilung zwischen Mensch und Maschine, festgelegt.

Sicherheitstechnische Gestaltung von Arbeitsplätzen

(1.2) **Sicherheitstechnische Gestaltung**

Die sicherheitstechnische Gestaltung dient der Beseitigung von Unfallgefährdungen und Vermeidung von Berufskrankheiten. Dabei werden das technische und das menschliche Problem unterschieden.

Das **technische Problem** bezieht sich auf technische Mängel und sicherheitswidrige Zustände **und** deren Behebung. Das **menschliche Problem** verdeutlicht sicherheitswidriges Verhalten, das Einhalten von Vorschriften, die Personalaufsicht und Arbeitsunterweisung.

Anthropometrische Gestaltung von Arbeitsplätzen

(1.3) **Anthropometrische Gestaltung**

Die anthropometrische Gestaltung beinhaltet die Anpassung des Arbeitsplatzes an die Körpermaße und -haltung des Menschen. Gegenstand der Betrachtungen sind z. B. Arbeitsplatzabmessungen, Wirkraum des Menschen, Gestaltung von Werkzeugen und Stellteilen, Positionierung von Anzeigen, Sicherheitsabstände.

Physiologische Gestaltung von Arbeitsplätzen

(1.4) **Physiologische Gestaltung**

Die physiologische Gestaltung beinhaltet die Anpassung der Arbeitsmethode, des Arbeitsverfahrens und der Arbeitsbedingungen (d. h. der Arbeitssituation) an die Eigenarten und Fähigkeiten des Menschen. Zu beachten sind Körperkraft, Dauer und Schwere der Arbeit, Vermeidung von Krafteinsatz nach oben, Haltearbeit und einseitige Belastung.

Informationstechnische Gestaltung von Arbeitsplätzen

(1.5) **Informationstechnische Gestaltung**

Die informationstechnische Gestaltung sichert eine Arbeitsplatzgestaltung, die der Arbeitskraft die Informationen verfügbar macht, die ihr die notwendigen Entscheidungen und Handlungen bei der Realisierung der Arbeitsaufgabe ermöglicht.

Im Mittelpunkt stehen dabei die Sinne des Menschen: Sehen, Hören, Tasten, Fühlen (z. B. Ertasten von Schaltern, Ablesen von Anzeigen, optische Verfolgung von Arbeiten u. Ä.)

Psychologische Gestaltung von Arbeitsplätzen

(1.6) **Psychologische Gestaltung**

Ziel der psychologischen Gestaltung ist es, eine angenehme Arbeitssituation und ein gutes Betriebsklima für den Arbeitenden zu schaffen.

Durch das Wirken externer Motivationsfaktoren sollen die Leistungsbereitschaft erhöht und die Sicherheit verbessert werden. Das Spektrum möglicher Maßnahmen ist sehr breit. Information und Kommunikation, Handlungsspielraum und Entscheidungsfreiheit, Wettbewerb, Pausengestaltung, aber auch Farbgestaltung, Pflanzen und eventuell Musik am Arbeitsplatz gehören dazu. Auch die Ordnung und Sauberkeit am Arbeitsplatz sind Komponenten der psychologischen Gestaltung.

(2) **Gestaltung der Arbeitsumgebung (Arbeitsumwelt)**

Bei der **Gestaltung der Arbeitsumgebung** geht es vor allem um die Verhinderung gesundheitlicher Gefährdungen und die Steigerung der Leistungsbereitschaft. In vielen Fällen sind Gesundheits-, Leistungs- und Komfortgrenzen definiert (z. B. für Lärm, Vibration, Klima, Gefahrstoffe).

Gestaltung der Arbeitsumgebung

(2.1) **Lärmbekämpfung**

Die Lärmbekämpfung ist darauf gerichtet, die für den Menschen ungünstigen Wirkungen auf seine Gesundheit und Leistung abzuschwächen bzw. zu eliminieren. Im Rahmen der Lärmbekämpfung sind drei Hauptwege in folgender Reihenfolge wirksam zu machen: **Verhinderung der Lärmentstehung**, **Verhinderung der Lärmausbreitung** (Schalldämmung und Schalldämpfung) und **individueller Lärmschutz**.

Lärmbekämpfung

(2.2) **Vibrationsbekämpfung**

Die Bekämpfung belastender mechanischer Schwingungen (Vibrationen) erfolgt mit einer Strategie, die mit der Lärmbekämpfung vergleichbar ist. Die Hauptwege sind hier **Vermeidung bzw. Verminderung der Schwingungserregung, Verminderung der Schwingungsausbreitung** und **individuelle Schutzmaßnahmen**.

Vibrationsbekämpfung

(2.3) **Gestaltung der Beleuchtung**

Die Beleuchtung beeinflusst die Sehleistung des Menschen maßgeblich und steht unmittelbar mit der Arbeitsleistung, der Sicherheit und dem Wohlbefinden im Zusammenhang. Die Gestaltung der Beleuchtung konzentriert sich insbesondere auf eine **angemessene Beleuchtungsstärke**, eine **harmonische Helligkeitsverteilung**, eine **Begrenzung der Blendung** sowie auf die **Lichtrichtung und Lichtfarbe**.

Gestaltung der Beleuchtung

Klimagestaltung

(2.4) **Gestaltung des Klimas**

Die Leistungsfähigkeit und das Wohlbefinden werden wesentlich von den **Klimafaktoren Lufttemperatur, Luftfeuchtigkeit, Luftgeschwindigkeit** und **Wärmestrahlung** beeinflusst. Außerdem wirken solche **nicht klimatischen Faktoren** wie die **Schwere der zu leistenden Arbeit**, der **Bekleidungszustand** und die **Expositionszeit**.

Maßnahmen im Sinne der **Klimagestaltung** sollten in folgender Reihenfolge Anwendung finden: **Reduzierung der thermischen Belastung** in der produktionsvorbereitenden Phase, globale **arbeitsraumbezogene Gestaltung, örtliche Gestaltung am Arbeitsplatz, organisatorische Gestaltungsmaßnahmen** und **individuelle Schutzmaßnahmen**.

Schutzmaßnahmen gegen Gefahrstoffe

(2.5) **Schutzmaßnahmen gegen Gefahrstoffe**

Gefahrstoffe sind im Arbeitsprozess verwendete feste, flüssige oder gasförmige Stoffe oder Zubereitungen, die durch ihre Eigenschaften ein Schadenspotenzial für die Gesundheit des Menschen enthalten.

Schutzmaßnahmen sollten in folgender Reihenfolge wirksam werden: **Vermeidung von Schadstoffen** im Arbeitsprozess (durch Verwendung ungefährlicher Arbeitsstoffe oder Änderung des Produktionsverfahrens), **Information über Gefährlichkeit von Schadstoffen, Anwendung von Schutzmaßnahmen, Bereitstellung persönlicher Schutzausrüstungen** (z. B. Augen-, Atemschutz).

Gestaltung der Arbeitsorganisation

(3) **Gestaltung der Arbeitsorganisation**

Bei der Arbeitsplatzgestaltung und bei der Gestaltung der Arbeitsumwelt wurde von einzelnen Arbeitssystemen ausgegangen, d. h. es wurden Mikro-Systeme gestaltet.

Die **Gestaltung der Arbeitsorganisation** orientiert sich auf die Gestaltung des reibungslosen Zusammenwirkens aller Mikrosysteme, der Vorbereitung und Durchführung der Produktion und der Verwaltung. Damit werden Makro-Systeme zum Gestaltungsgegenstand (vgl. Bild PW.B.1.(9)).

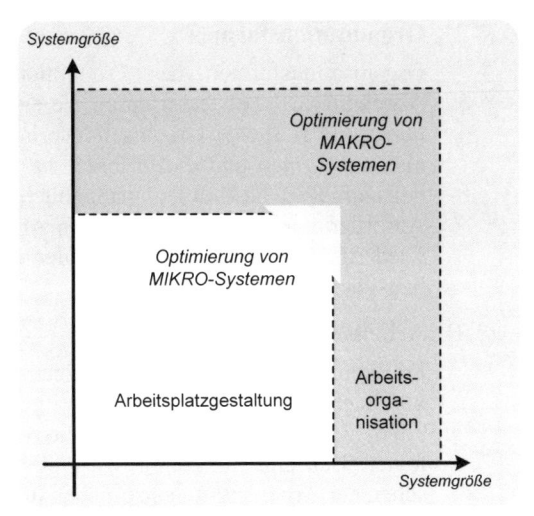

Bild PW.B.1.(9):   Arbeitsplatzgestaltung und Arbeitsorganisation (i. A. a. HETTINGER, T. / WOBBE, G. [Arbeitswissenschaft 2] S. 28)

Die **Arbeitsorganisation** ist strukturierbar in folgende Schwerpunktaufgaben:

- Festlegung des **Arbeitsinhalts** der einzelnen Arbeitssysteme (Arbeitsteilung), d. h. Bestimmung des **sachlichen Aspekts**
- Bestimmung der **räumlichen Anordnung und Zuordnung der Arbeitssysteme**, d. h. Beachtung des **räumlichen Aspekts**
- Festlegung des grundsätzlichen **zeitlichen Arbeitsablaufs und der Arbeitszeitgestaltung**, d. h. Berücksichtigung des **zeitlichen Aspekts**

Daraus resultieren drei Schwerpunkte für die Arbeitsorganisation: Arbeitsstrukturierung, Organisationsformen, Arbeitszeitregelung.

(3.1) **Arbeitsstrukturierung**

Bei der Arbeitsstrukturierung geht es darum, zu realisierende Arbeitsinhalte mit den Fähigkeiten und Interessen der Arbeitskräfte in Einklang zu bringen.

Formen der Arbeitsstrukturierung sind Job-Enlargement (Arbeitserweiterung), Job-Enrichment (Arbeitsbereicherung), Job-Rotation (Systematischer Aufgabenwechsel) und Gruppenarbeit (teilautonome Arbeitsgruppen).

Arbeitsstrukturierung

Organisations-formen

(3.2) **Organisationsformen**

Organisationsformen des Produktionsprozesses (vgl. Abschnitt C.1) entstehen durch die Kombination räumlicher und zeitlicher Organisationsprinzipien. Die Organisationsformen und die in ihnen zu realisierenden Arbeitsaufgaben bestimmen maßgeblich die spezifischen Anforderungen an die dort tätigen Arbeitskräfte. Diese wiederum definieren die zu lösenden Aufgaben der Arbeitsgestaltung.

Arbeitszeit-regelung

(3.3) **Arbeitszeitregelung**

Differenzierte Arbeitszeitregelungen gestatten eine Flexibilisierung der Arbeitszeit. Dabei geht es um die Entkoppelung der individuellen Arbeitszeit von der festgelegten Betriebszeit. Damit wird einerseits den Wünschen der Arbeitskräfte entsprochen und andererseits die Möglichkeit geschaffen, kapazitive Belastungsspitzen beherrschen zu können.

Formen der Arbeitszeitregelung sind **Gleitzeitarbeit** und **flexible Pausenregelung**, **Teilzeitarbeit** (u. a. Job-Sharing), **Schichtarbeit**, **variable Verteilung der Arbeitszeit**.

1.3.3 Ziele
1.3.3.1 Wirtschaftlichkeit und Humanisierung

Arbeits-gestaltung

Mit der **Arbeitsgestaltung** werden vor allem **zwei Hauptziele** verfolgt:

▶ Es soll die **Wirtschaftlichkeit** des Betriebs durch eine Verbesserung des Wirkungsgrads von Arbeitssystemen erhöht werden.

▶ Es soll eine **Humanisierung** der Arbeit, d. h. eine menschengerechte Gestaltung der Arbeit erreicht werden.

Wichtige **Elemente der Humanisierung** sind: Sicherung der Gesundheit durch Vermeidung von Unfällen und Betriebskrankheiten, hohe Arbeitssicherheit, verträgliche Beanspruchungen, menschliches Wohlbefinden.

Zwischen den Hauptzielen der Arbeitsgestaltung existiert häufig ein Spannungsfeld, d. h. diese Ziele befinden sich in Konkurrenz. Das liegt daran, dass nicht immer und unmittelbar eine menschengerechte Gestaltung der Arbeit auch im Dienste der Wirtschaftlichkeit steht.

Es ist jedoch falsch, wenn behauptet wird, dass eine grundsätzliche Zielkonkurrenz besteht. Für bestimmte arbeitsgestaltende Maßnahmen ist durchaus eine Zielkomplementarität möglich.

Oft muss bei der optimalen Gestaltung eines Arbeitssystems ein Kompromiss zwischen der Erfüllung fundierter Belange des arbeitenden Menschen (gesicherte arbeitswissenschaftliche Erkenntnisse) und den wirtschaftlichen Erfordernissen des Unternehmens gefunden werden.

> Bei der Diskussion des Zusammenhangs zwischen **Wirtschaftlichkeit und Humanisierung** sollte berücksichtigt werden, dass die **Wirtschaftlichkeit die Grundlage der Humanisierung** des Arbeitslebens ist.

Wirtschaftlichkeit und Humanisierung

Zwei Aspekte sind besonders bedeutsam:
(1) Es müssen finanzielle Mittel zur Durchführung von konkreten Humanisierungsmaßnahmen bereitstehen.
(2) Humanisierungsmaßnahmen selbst müssen wirtschaftlich, d. h. effizient durchgeführt werden.

Die Ursachen für die oft vorschnell angenommene Zielkonkurrenz sind:
- Kosten der Arbeitsgestaltung fallen zu konkreten Zeitpunkten (oft sofort) an und sind in der Regel exakt quantifizierbar
- Nutzen der Arbeitsgestaltung tritt erst später ein und kann dann oft kaum exakt quantifiziert werden

Der Nutzen der Arbeitsgestaltung kann in
- einer langfristigen Leistungssteigerung,
- einem Leistungs- und Erlöszuwachs,
- einer Belastungsreduzierung,
- einer Senkung der Fluktuation und des Absentismus und in
- einer geringeren Zahl von Störungen und Unfällen

bestehen.

1.3.3.2 Hierarchie von Bewertungskriterien und -ebenen

ROHMERT entwickelte im Jahre 1982 eine Hierarchie von Bewertungsebenen, die MEIER im Zusammenhang mit den Zielen der Arbeitsgestaltung bildhaft darstellt (vgl. Bild PW.B.1.(10)).

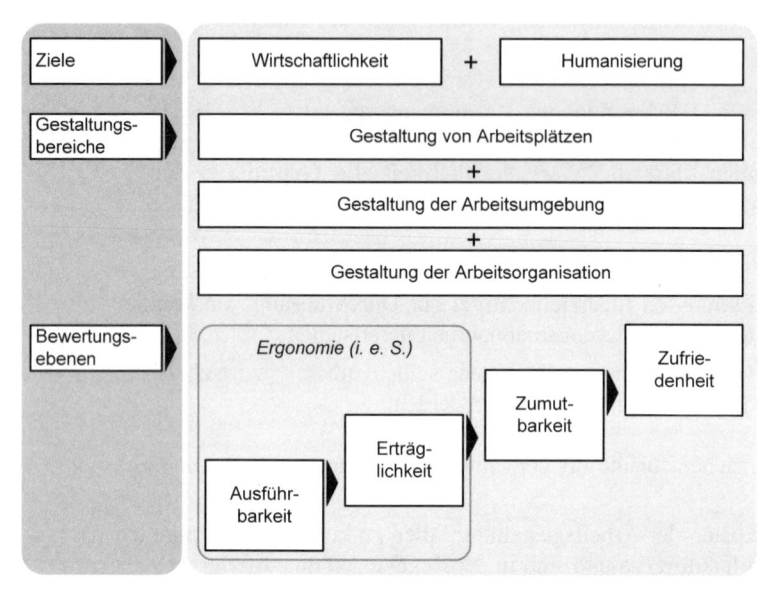

Bild PW.B.1.(10): Ziele und Bewertungsebenen der Arbeitsgestaltung (nach MEIER in HARDENACKE, H. et al. [Arbeitswissenschaft 1] S. 55)

> Die **Bewertungsebenen** bzw. **Zielkriterien** der **Arbeitsgestaltung** heißen **Ausführbarkeit, Erträglichkeit, Zumutbarkeit** und **Zufriedenheit**. Sie stellen eine Konkretisierung des allgemeinen Ziels der Humanisierung der Arbeit dar.

Ausführbarkeit

(1) **Ausführbarkeit**

Eine Arbeit ist ausführbar, wenn ein Mensch ohne Gefährdung seines Lebens und bei Berücksichtigung seiner biologischen Gegebenheiten tätig werden kann. Im Mittelpunkt der Betrachtungen stehen deshalb **Belastungsobergrenzen** und **Maximalkräfte**. Es ist zu gewährleisten, dass die Arbeitsaufgabe den Körpermaßen und Körperkräften entspricht und die Arbeitsgegenstände und Informationen vom menschlichen Sinnesapparat wahrgenommen werden können.

(2) **Erträglichkeit**

Eine Arbeit ist erträglich, wenn **Dauerleistungsgrenzen** eingehalten werden. Dauerleistungsgrenzen sind an genau festgelegte Bedingungen geknüpft und geben an, wie lange definierte Leistungen ausgeführt werden können, ohne dass diese Belastungen zu Gesundheitsschäden führen.

Bewertungsgrundlagen bilden arbeitswissenschaftlich gesicherte Erkenntnisse bezogen auf:

- Kreislauf, Heben und Tragen von Lasten, Haltearbeit
- Sehen, Hören, Erschütterungen, Tastsinn, Bewegungssinn
- Klima, Kälte, Gase, Staub, Rauch, Dämpfe, Strahlung
- Arbeitszeit

Dauerleistungsgrenzen sind naturwissenschaftlich begründet sowie wirtschaftlich und gesellschaftlich bestimmt. Die Dauerleistungsgrenzen sind an genau determinierte Bedingungen geknüpft.

(3) **Zumutbarkeit** (Beeinträchtigungsfreiheit)

Eine Arbeit ist zumutbar, wenn sie nach übereinstimmender Auffassung der Mehrheit der Betroffenen unter gegebenen (gesellschaftlichen, technischen und organisatorischen) Umweltbedingungen gerade noch hingenommen werden kann. Damit im Zusammenhang steht die Akzeptanz der Arbeit und ihrer Bedingungen durch die jeweils Betroffenen.

Es können bestimmte Arbeiten als ausführbar und erträglich bezeichnet werden, trotzdem sie von den Betroffenen als nicht zumutbar empfunden werden (z. B. Arbeit am Fließband, Reinigungsarbeiten, schmutzige Arbeiten). Die Berücksichtigung naturwissenschaftlicher Erkenntnisse ist aus diesem Grunde um soziale Aspekte zu ergänzen.

(4) **Zufriedenheit** (Selbstverwirklichung)

Eine Arbeit führt zur Zufriedenheit des Arbeitnehmers, wenn er durch die Arbeit den Zustand vollständigen geistigen, körperlichen und sozialen Wohlbefindens erreicht. Die Erreichung der Zufriedenheit ist wesentlich von den Bedürfnissen der Arbeitskräfte abhängig.

Die Zufriedenheit ist mit naturwissenschaftlichen Methoden nicht messbar. Sie wird im Rahmen von sozialwissenschaftlichen Untersuchungen analysiert.

Es ist fraglich, ob ein Zustand dauernder Zufriedenheit erreichbar und anzustreben ist.

Ausführbarkeit, Erträglichkeit, Zumutbarkeit und Zufriedenheit sind Ebenen einer Hierarchie, d. h. die niedrigere Wertungsebene muss verwirklicht sein, bevor die nächst höhere Ebene in Angriff genommen werden kann (vgl. Bild PW.B.1.(11)).

Wissenschaftsmethodische Ansätze der Arbeitswissenschaft	Beurteilungsebenen menschlicher Arbeit	Problemkreise und Zuordnung zu Einzeldisziplinen
Naturwissenschaftlich	Ausführbarkeit	Anthropometrisches, psychologisches und technisches Problem → Ergonomie i. e. S.
	Erträglichkeit	Arbeitsphysiologisches, arbeitsmedizinisches und technisches Problem → Ergonomie und Arbeitsmedizin
Individualbezogen / Kollektivbezogen	Zumutbarkeit	Soziologisches und ökonomisches Problem → Arbeitssoziologie, Arbeitspsychologie, Personalwirtschaftslehre, Rationalisierungsforschung
Kulturwissenschaftlich	Zufriedenheit	(Sozial-) Psychologisches und ökonomisches Problem → Arbeits- und Sozial- / Individualpsychologie, Personalwirtschaftslehre

Bild PW.B.1.(11): Bewertungsebenen für die Beurteilung der menschlichen Arbeit (vgl. ROHMERT in HARDENACKE, H. et al. [Arbeitswissenschaft 1] S. 55)

Wird die bewertende Rangfolge nicht eingehalten, so kann die Arbeitskraft trotz hoher Zufriedenheit mit der Arbeitsaufgabe Schaden nehmen.

1.3.4 Konzept und Methoden

Objekte der Arbeitsgestaltung sind Arbeitssysteme. Da oft auch schon einfache Arbeitssysteme durch eine große Zahl von Faktoren beeinflusst werden, ist eine auf die Hauptziele ausgerichtete Arbeitsgestaltung eine sehr komplexe Aufgabe. Daraus resultiert die Notwendigkeit, eine systematische und methodische Vorgehensweise anzuwenden. Dazu müssen auf der Grundlage einer Konzeption die richtigen Methoden und grundsätzlichen Vorgehensweisen ausgewählt werden.

1.3.4.1 Belastungs-Beanspruchungs-Konzept

Das **Belastungs-Beanspruchungs-Konzept** ist ein zentrales Forschungsanliegen der Arbeitswissenschaft und damit auch der Arbeitsgestaltung. Es wurde als Ursache-Wirkungs-Beziehung aus der technischen Mechanik abgeleitet (vgl. Bild PW.B.1.(12)).

| Belastungs-Beanspruchungs-Konzept |

Leistungsangebot	Beanspruchung	Belastung
Physische und psychische Leistungsfähigkeit und -bereitschaft	niedrig — hoch	Arbeitsaufgabe, Arbeitsplatz, Arbeitsumgebung, soziale Einbindung

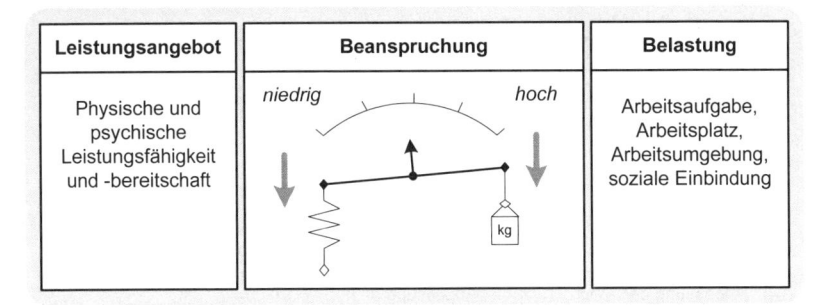

Bild PW.B.1.(12): *Belastungs-Beanspruchungs-Konzept als mechanisches Modell (nach LAURIG, W. [Ergonomie 1] S. 37)*

Die in diesem Modell verwendeten Grundbegriffe sind wie folgt definiert:

Die **Belastung** ist die Gesamtheit der Einflüsse, die im Arbeitssystem auf den Menschen einwirken. Sie ist ein vor allem arbeitssystembezogener Begriff. | Belastung

▶ Die **Beanspruchung** ist die Gesamtheit von Auswirkungen der Arbeit und der Arbeitssituation auf den Menschen. Beanspruchung ist ein vor allem personenbezogener Begriff. | Beanspruchung

▶ Das **Leistungsangebot** setzt sich aus **Leistungsfähigkeit** und **Leistungsbereitschaft** zusammen und besitzt jeweils eine physische und eine psychische Komponente.

Aus dem **Belastungs-Beanspruchungs-Konzept** resultieren folgende Aussagen:

▶ Gleiche Belastungen können bei verschiedenen Menschen unterschiedliche Beanspruchungen zur Folge haben. Die Beanspruchung stellt die Reaktion auf einwirkende Belastungen dar.

▶ Belastungen stellen Ursachen dar, Beanspruchungen sind Wirkungen und Folgen der Belastungen **und** unterliegen individuellen Prägungen.

Aus dem Belastungs-Beanspruchungs-Konzept kann eine grundsätzliche methodische Vorgehensweise für die Arbeitsgestaltung abgeleitet werden (vgl. Bild PW.B.1.(13)).

```
┌─────────────────────────────────────────┬──────────────────────┐
│         Ursache:                        │      Wirkung:        │
│    Gestaltungsbereich                   │  Beurteilungsbereich │
│                                         │                      │
│ Arbeitsaufgabe      Mensch              │                      │
│ Arbeitsplatz                            │                      │
│ Arbeitsumgebung                         │                      │
│                                         │                      │
│   [Belastung] ▶ [Leistungsangebot] ▶ [Beanspruchung]           │
└─────────────────────────────────────────┴──────────────────────┘
        ▲                    ▲
   Sachliche            Persönliche
   Komponente           Komponente

 Gestaltungsgrundsatz  Gestaltungsgrundsatz   Beurteilungskriterien
 Anpassung der Arbeit  Anpassung des          Ausführbarkeit,
 an den Menschen       Menschen an die Arbeit Erträglichkeit,
                                              Zumutbarkeit,
                                              Zufriedenheit
```

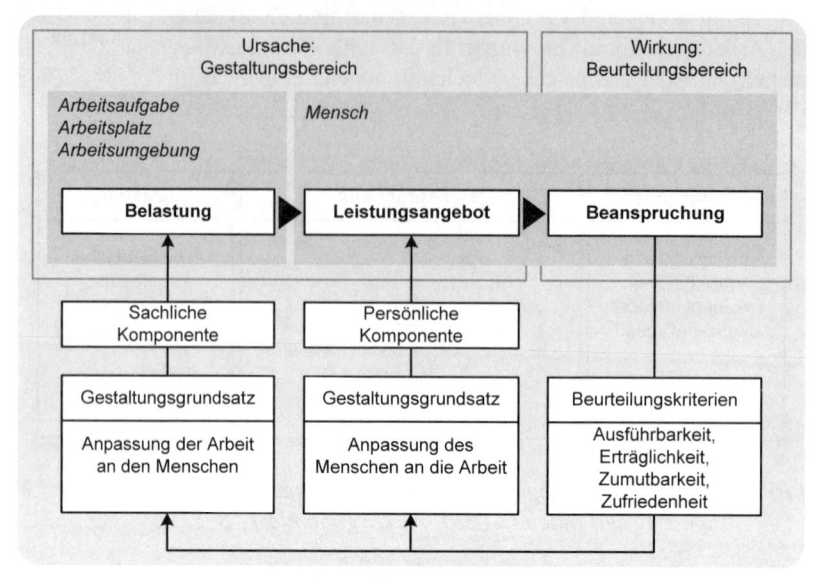

Bild PW.B.1.(13):   *Beurteilungs- und Gestaltungsansätze aus dem Belastungs-Beanspruchungs-Konzept (nach* HARDENACKE, *H. et al. [Arbeitswissenschaft 1] S. 70)*

Das Belastungs-Beanspruchungs-Konzept hat zwei Funktionen im Rahmen der Arbeitsgestaltung zu erfüllen:

(1) Systematisierung grundlegender Begriffe der Arbeitsgestaltung

(2) Systematisierung der im Rahmen der Arbeitsgestaltung erforderlichen Analysen des menschlichen Arbeitsprozesses

In der bisher dargestellten Form ist nur eine grobe und grundsätzliche Vorgehensweise möglich. Aus diesem Grunde wurde das Belastungs-Beanspruchungs-Konzept weiterentwickelt (vgl. LUCZAK, H. [Arbeitswissenschaft 3] S. 33 ff.).

1.3.4.2 Methodische Vorgehensweisen

Nachfolgende grundsätzliche Vorgehensweisen werden im Rahmen der Arbeitsgestaltung unterschieden.

(1) **Analytische und synthetische Vorgehensweise**

Analytisch oder untersuchend bedeutet: | Analytische Arbeitsgestaltung

- Der Arbeitsgestalter sammelt Daten und wertet sie aus.
- Er beobachtet Arbeitsabläufe systematisch.
- Er analysiert die Einflussfaktoren.

Synthetisch oder gestaltend bedeutet: | Synthetische Arbeitsgestaltung

- Der Arbeitsgestalter geht von allgemeinen Erfahrungen und Grundsätzen aus.
- Er wendet sie auf die konkrete Aufgabe an.

Schwerpunkt muss die Synthese sein, denn die Arbeit soll besser gestaltet werden. Die Analyse ist dafür eine notwendige Voraussetzung.

(2) **Korrektive und konzeptive Vorgehensweise**

Die Arbeitsgestaltung kann zu verschiedenen Zeitpunkten der Lebenszyklen von Arbeitssystemen ansetzen.

Korrektiv bedeutet, dass die Arbeitsgestaltung bestehende Arbeitssysteme verändert. Häufig werden bestehende Arbeitssysteme den Anforderungen menschlicher Arbeit angepasst. Die korrektive Arbeitsgestaltung dient der Verbesserung mangelhafter Systeme oder der Weiterentwicklung vorhandener Systeme. | Korrektive Arbeitsgestaltung

Konzeptiv bedeutet, dass die Arbeitsgestaltung sich mit neuen, zu entwickelnden Arbeitssystemen beschäftigt. Hierbei bildet häufig die Technologie bzw. die technische Umsetzung den Betrachtungsschwerpunkt. Die davon abgeleiteten Erfordernisse menschlicher Arbeit können von vornherein berücksichtigt werden. Das führt zu einer hohen Wirksamkeit der Arbeitsgestaltung bei vergleichsweise geringem Aufwand. | Konzeptive Arbeitsgestaltung

Die konzeptive Arbeitsgestaltung setzt in der Systemvorbereitung ein und ist damit der korrektiven Arbeitsgestaltung, welche bestehende Systeme verändert, zeitlich vorgelagert.

(3) **Sequenzielle und integrierte Vorgehensweise**

Die Arbeitsgestaltung unterscheidet die Gestaltungsbereiche Technologie, Technik, Organisation und Ergonomie.

Bei der **sequenziellen** Gestaltung werden die einzelnen Gestaltungsbereiche im Rahmen eines Phasenkonzepts nacheinander durchlaufen. Die Entscheidung für eine Gestaltungs- | Sequenzielle Arbeitsgestaltung variante in einem Bereich ist der Ausgangspunkt für die nachfolgenden Überlegungen. Der Planungsprozess ist transparent. In jeder Phase sind fest umrissene Aufgaben zu lösen. Der Nachteil der sequenziellen Vorgehensweise besteht darin, dass Wechselwirkungen zwischen den Gestaltungsbereichen unzulässig eingeschränkt werden. Dadurch können unerwünschte Nebenwirkungen in Folge vorausgegangener Entscheidungen entstehen.

Integrierte Arbeitsgestaltung

Bei der **integrierten** Gestaltung werden bei jeder Entscheidung alle relevanten Gestaltungsziele berücksichtigt. Das bedeutet z. B., dass schon bei technologischen und technischen Festlegungen ergonomische Probleme und Aspekte der Arbeitsgestaltung berücksichtigt werden. Auf diesem Weg können bessere Lösungen gefunden werden. Der Planungs- und Gestaltungsprozess ist jedoch weniger überschaubar. Die fachlichen Fähigkeiten einzelner Personen oder Berufsgruppen werden besonders bei der Gestaltung komplexer Systeme häufig überfordert. Daraus resultiert die Notwendigkeit des Einsatzes von Planungsteams bei größeren Projekten. Das übersteigt häufig die Möglichkeiten kleiner und mittlerer Unternehmen.

1.3.4.3 Eingesetzte Methoden

Die vorgestellten Methoden unterscheiden sich bezüglich der Detailliertheit und der Anzahl der Stufen der Vorgehensweisen.

(1) **Vier-Stufen-Methode**

Die Vier-Stufen-Methode beschreibt eine häufig gewählte Vorgehensweise zur Lösung von Aufgaben im Rahmen der Arbeitsgestaltung (vgl. Bild PW.B.1.(14)).

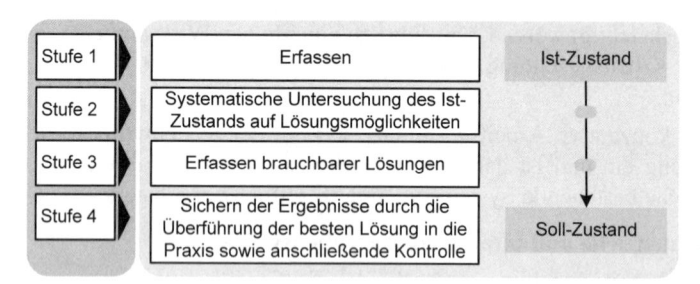

Stufe 1	Erfassen	Ist-Zustand
Stufe 2	Systematische Untersuchung des Ist-Zustands auf Lösungsmöglichkeiten	
Stufe 3	Erfassen brauchbarer Lösungen	
Stufe 4	Sichern der Ergebnisse durch die Überführung der besten Lösung in die Praxis sowie anschließende Kontrolle	Soll-Zustand

Bild PW.B.1.(14): *Traditionelle Vier-Stufen-Methode der Arbeitsgestaltung (vgl. HETTINGER, T. / WOBBE, G. [Arbeitswissenschaft 2] S. 50)*

Ihr wesentlicher Nachteil besteht darin, dass an Stelle der konzeptiven eine korrektive Arbeitsgestaltung realisiert wird. Ihr Anwendungsgebiet sind kleine Systeme, die einen hohen Aufwand für den Einsatz umfassender Untersuchungsmethoden nicht rechtfertigen.

(2) **Zehn-Stufen-Methode**

Mit zunehmender Systemgröße werden Methoden erforderlich, die sich von jeglichen Restriktionen, die den Lösungsraum einengen würden, lösen. Der Zehn-Stufen-Methode liegt folgendes Modell des Idealsystems von NADLER zugrunde (vgl. Bild PW.B.1.(15)).

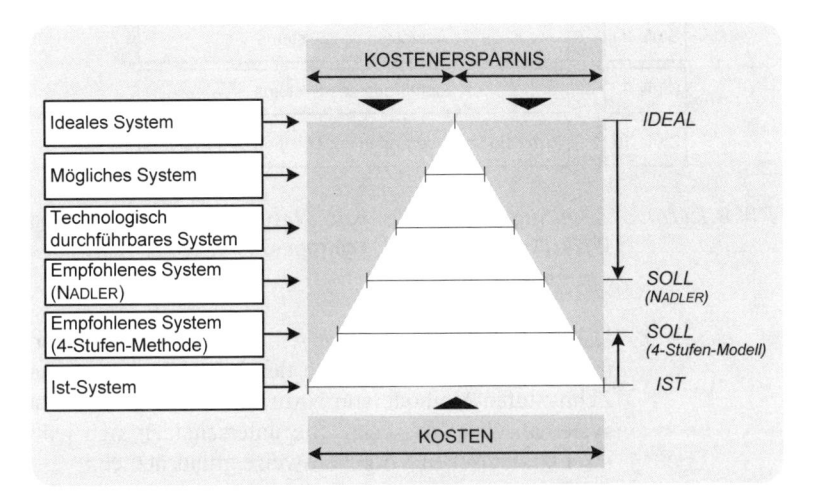

Bild PW.B.1.(15): Ideal-System von NADLER (i. A. a. HETTINGER, T. / WOBBE, G. [Arbeitswissenschaft 2] S. 52)

Zur Realisierung dieses Modells werden zehn Schritte empfohlen (vgl. Bild PW.B.1(16)). Von besonderer Bedeutung ist der zweite Schritt. Dafür ist der Einsatz von Kreativitätstechniken erforderlich.

Die Vorteile der Zehn-Stufen-Methode bestehen in der Loslösung vom Ist-Zustand und in einer prospektiv-retrograden Vorgehensweise, die schöpferische Momente aktiviert.

Den Schwerpunkt bilden das zu erreichende Ziel und die adäquate Auswahl einzusetzender Methoden und Verfahren.

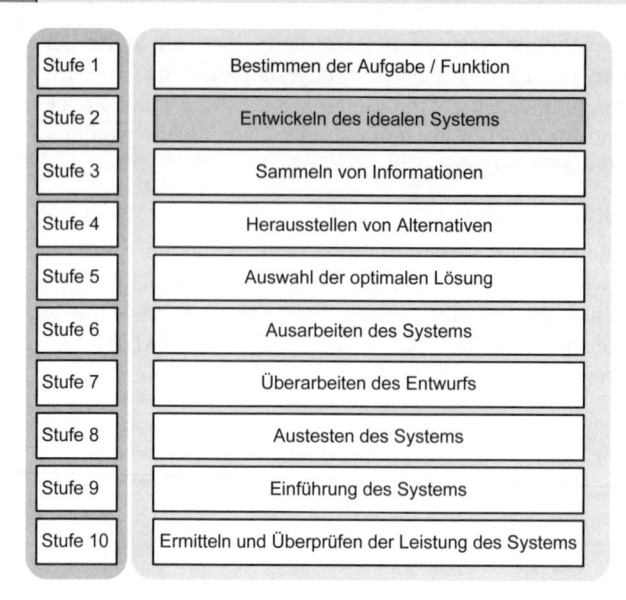

Stufe 1	Bestimmen der Aufgabe / Funktion
Stufe 2	Entwickeln des idealen Systems
Stufe 3	Sammeln von Informationen
Stufe 4	Herausstellen von Alternativen
Stufe 5	Auswahl der optimalen Lösung
Stufe 6	Ausarbeiten des Systems
Stufe 7	Überarbeiten des Entwurfs
Stufe 8	Austesten des Systems
Stufe 9	Einführung des Systems
Stufe 10	Ermitteln und Überprüfen der Leistung des Systems

Bild PW.B.1.(16): Zehn-Stufen-Methode von NADLER zur Realisierung von Wirksystemen (vgl. HETTINGER, T. / WOBBE, G. [Arbeitswissenschaft 2] S. 53)

Dabei wird eine konzeptive Arbeitsgestaltung realisiert. Die traditionelle Vorgehensweise der Arbeitsgestaltung und die Zehn-Stufen-Methode von NADLER orientieren beide auf ein systematisches Vorgehen. Sie unterscheiden sich jedoch in ihrer strategischen Vorgehensweise grundsätzlich.

Eine für die Praxis zu empfehlende Vorgehensweise ist die von REFA entwickelte Sechs-Stufen-Methode der Arbeitsgestaltung. Sie berücksichtigt beide bisher diskutierten Methoden.

(3) **Sechs-Stufen-Methode von REFA**

Diese Methode (vgl. Bild PW.B.1.(17)) ist in der Praxis erprobt und vielseitig anwendbar.

Die einzelnen Stufen beinhalten folgende Sachverhalte:

▶ **Stufe 1: Ziele setzen**

Diese Stufe ist eine Vorstufe zur eigentlichen Arbeitsgestaltung.

Dabei müssen sich die Ziele der Arbeitsgestaltung an den Unternehmenszielen orientieren. Es erfolgt eine besondere Konzentration auf **Kostenziele**, **humane Ziele**, **organisatorische Ziele** und **Terminziele** (vgl. Abschnitt A.3.3).

Potenzialfaktor Arbeitskraft

Stufe	Inhalt	Entscheidung
Stufe 1 Ziele setzen	1. Kostenziele 2. Humane Ziele 3. Organisatorische Ziele 4. Terminziele	Aufgabenabgrenzung verändern
Stufe 2 Aufgabe abgrenzen	1. Systemgröße 2. Rationalisierungsansätze 3. Minimalanforderungen 4. Projektgruppe 5. Terminplanung	Ist-Zustand analysieren? → ja: Ist-Zustandsanalyse durchführen / nein Ist-Aufgabenabgrenzung richtig? ja / nein
Stufe 3 Ideale Lösung suchen	Nach idealen und allen denkbaren Lösungsmöglichkeiten suchen	Forschen und Entwickeln Ist-Aufgabenabgrenzung veränderbar? ja / nein
Stufe 4 Daten sammeln, praktikable Lösungen entwickeln	Daten und Informationen sammeln, technisch machbare und wirtschaftliche Lösungsalternativen suchen	Ist Zielsetzung erreichbar? ja / nein
Stufe 5 Optimale Lösung auswählen	Beste Lösung auswählen nach technischen, wirtschaftlichen, humanen und rechtlichen Aspekten	
Stufe 6 Lösung einführen, Zielerfüllung kontrollieren	Lösung einführen und Zielerfüllung kontrollieren	

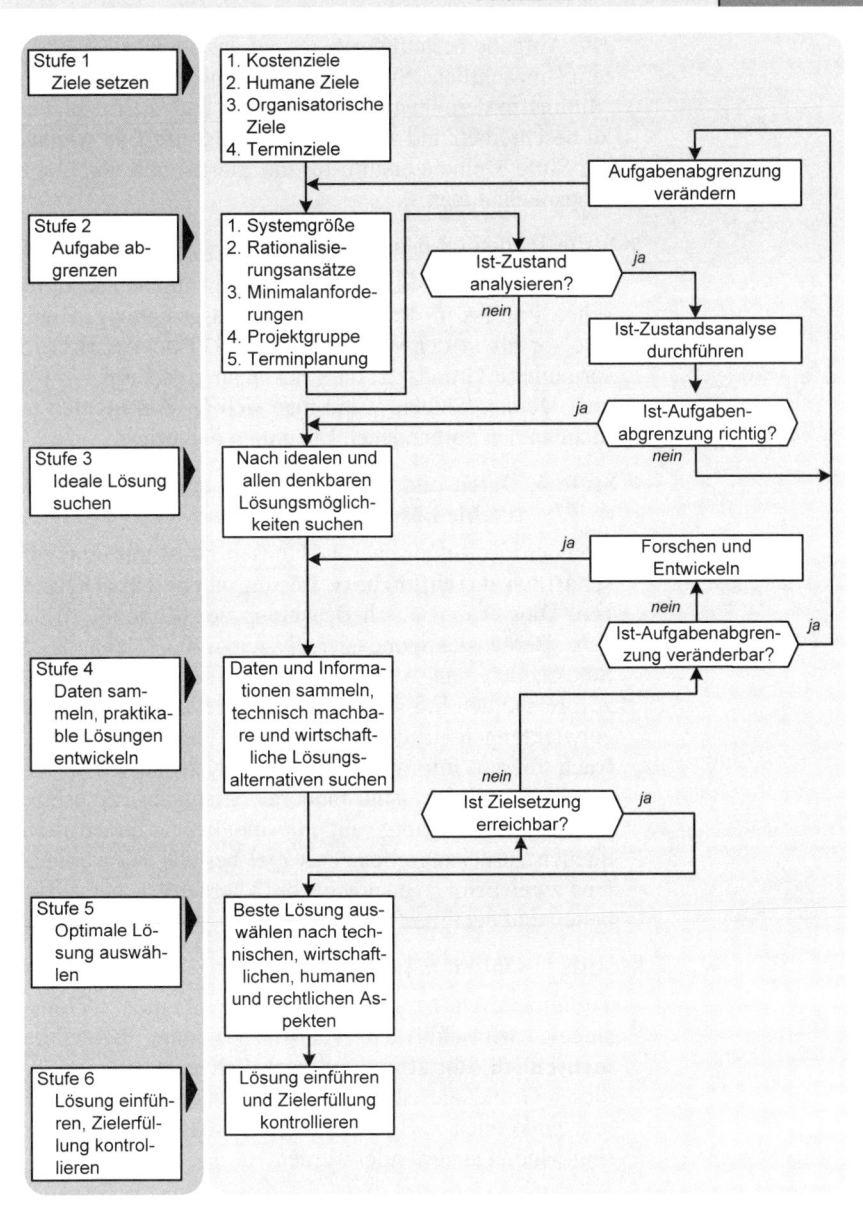

Bild PW.B.1.(17): Sechs-Stufen-Methode der Systemgestaltung von REFA (vgl. REFA [Arbeitsgestaltung 3] S. 79)

▶ **Stufe 2: Aufgabe abgrenzen**

Mit der Stufe 2 wird der **Handlungsrahmen** für die eigentliche Gestaltungsaufgabe festgelegt.

Die Aufgabe besteht darin, das zu gestaltende Arbeitssystem hinsichtlich Systemgröße, Rationalisierungsansatz, Minimalforderungen, Projektgruppe und Terminplanung zu beschreiben und abzugrenzen. Die Stufe 2 ist wie auch die Stufe 1 eine Vorstufe für die Erarbeitung von Gestaltungsmaßnahmen.

▶ **Stufe 3: Ideale Lösung suchen**

Die Stufen 3 und 4 beinhalten den eigentlichen schöpferischen Prozess im Rahmen der Arbeitsgestaltung. Hierbei gilt vor allem der von NADLER (vgl. Bild PW.B.1.(15)) formulierte Grundsatz, dass nur dann gute Ergebnisse erzielt werden können, wenn man sich **an den idealen** und nicht an den vorhandenen **Lösungen orientiert**.

▶ **Stufe 4: Daten und Informationen sammeln und praktikable Lösungen entwickeln**

Von der ideal-utopischen Lösungsebene ist **auf eine wirtschaftlich durchführbare Lösungsebene zurückzukehren**. Dies erfolgt durch Beachtung der Minimalforderungen, Berücksichtigung der Systemgröße, Kenntnis der Stückzahlen und Akzeptanz des Rationalisierungsansatzes. Es werden Informationen über alle wesentlichen Neuentwicklungen auf dem betreffenden Fachgebiet benötigt. Nach diesen Informationen muss systematisch gesucht werden. Auch hier sind moderne Methoden einzusetzen, und es ist notwendig, auf alle möglichen Informationsquellen zurückzugreifen. Das Ziel besteht darin, mindestens zwei Erfolg versprechende Alternativen herauszuarbeiten und detailliert zu behandeln.

▶ **Stufe 5: Optimale Lösung auswählen**

Zu überprüfen ist, ob die Lösungsvarianten **technisch sicher**, **wirtschaftlich realisierbar** und **betreibbar**, **menschlich zumutbar** und **rechtlich zulässig** sind. Auf dieser Grundlage ist ein Variantenvergleich durchzuführen. Es können z. B. eine Nutzwertanalyse oder ein Scoring-Modell angewendet werden.

▶ **Stufe 6: Lösung einführen und Zielerfüllung kontrollieren**

Zur Einführung der Lösung müssen alle erforderlichen Genehmigungen vorliegen. Bei der Einführung sind unterschiedliche Aspekte zu beachten. Dazu gehören z. B. technische, ökonomische und psychologische Sachverhalte.

1.3.5 Arbeitsgestaltung und Arbeitswissenschaft

Die **Arbeitsgestaltung** ordnet sich in das Gesamtsystem der **Arbeitswissenschaft** ein und besitzt in diesem Rahmen eine zentrale Bedeutung (vgl. Bild PW.B.1.(18)).

Arbeitsgestaltung und Arbeitswissenschaft

Die **Arbeitswissenschaft** ist die Wissenschaft von den Gesetzmäßigkeiten und Wirkungsbedingungen der menschlichen Arbeit. Sie beschäftigt sich im Einzelnen mit

- Erscheinungsformen der menschlichen Arbeit,
- Voraussetzungen und Bedingungen, unter denen sich die Arbeit vollzieht,
- Wirkungen und Folgen, die sie auf den Menschen hat und
- Faktoren, durch die Arbeit, Bedingungen und Wirkungen menschengerecht beeinflusst werden.

Die Arbeitswissenschaft besteht aus einem theoretischen und einem praktischen Teil.

Der **theoretische Teil** sind die Bezugswissenschaften (Aspektwissenschaften) und vor allem deren spezifische Bestandteile, die für die Arbeitswissenschaft von Interesse sind. Diese sind die Quellen und das theoretische Fundament für die Arbeitswissenschaft.

Der **praktische Teil** ist das praxeologische System oder das Arbeitsstudium. Praxeologisch bedeutet, dass nach den Bedürfnissen und Interessen der Praxis geordnetes Wissen bereitgestellt wird. Es geht nicht vorrangig um die Begründung oder den Beweis der vermittelten Inhalte, sondern um deren Anwendung.

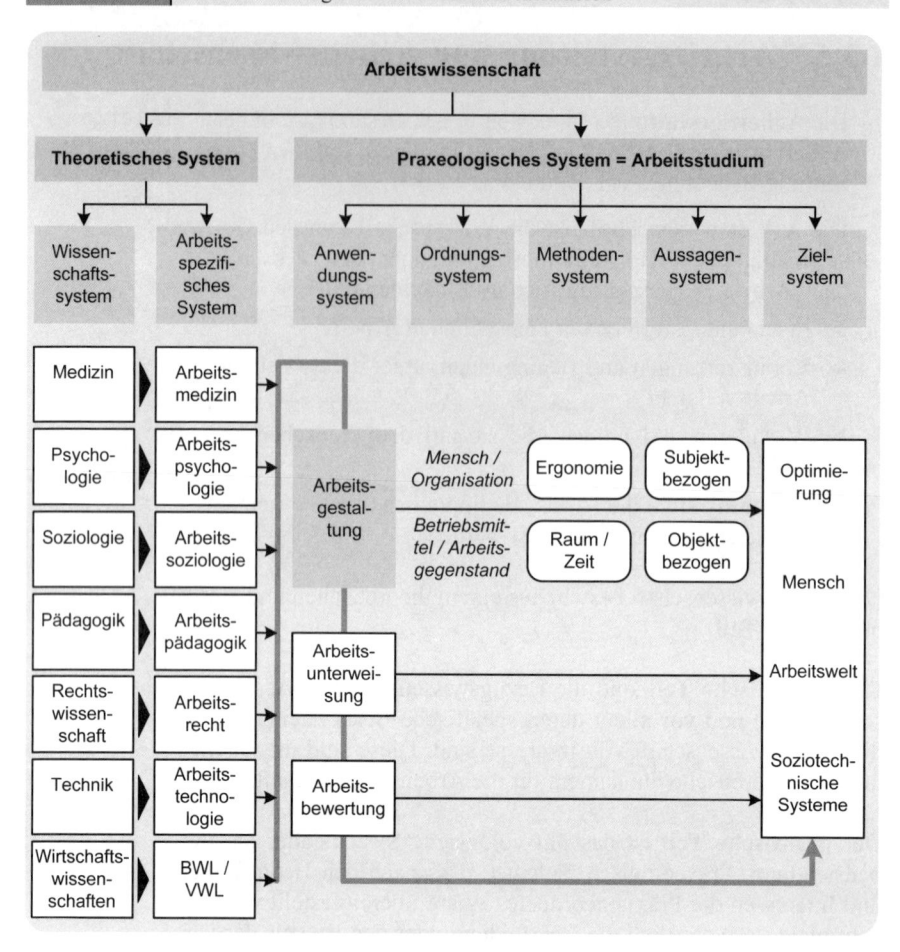

Bild PW.B.1.(18): Gesamtsystem der Arbeitswissenschaft (nach HETTINGER, T. / WOBBE, G. [Arbeitswissenschaft 2] S. 19)

Von besonderer Bedeutung ist das **grundsätzliche Vorgehen** im Rahmen des praxeologischen Systems. Aus der Darstellung kann Folgendes abgeleitet werden:

▶ Das für die Arbeitsgestaltung erforderliche Wissen resultiert aus dem theoretischen System der Arbeitswissenschaft.

▶ Zuerst muss die ergonomische Situation am Arbeitsplatz analysiert und optimiert werden. Damit ist das unmittelbare Arbeitssystem (der Arbeitsplatz) Gegenstand der Betrachtung.

▶ Danach ist für eine optimale räumlich-zeitliche Einordnung der betrachteten Arbeitssysteme in das Gesamtsystem zu sorgen (die Arbeitsorganisation).

- ▶ Durch die Arbeitsunterweisung soll die Arbeitskraft bestmöglich auf die am Arbeitsplatz zu realisierenden Aufgaben eingestellt werden. Die notwendigen Fertigkeiten, Kenntnisse und Erfahrungen sind zu vermitteln.
- ▶ Die Arbeitsbewertung beurteilt die sachlichen Anforderungen einer Tätigkeit bei vorliegender Normalleistung. Eine Arbeitsbewertung ist Grundlage für die Gestaltung der Arbeit, für eine leistungsgerechte Entlohnung und für die Personalorganisation.
- ▶ Auf der Grundlage der ersten fünf Schwerpunkte ist die Optimierung von Arbeitssystemen möglich.

1.3.6 Arbeitsgestaltung und Produktionswirtschaft

Zwischen der Arbeitsgestaltung und der Produktionswirtschaft gibt es eine Reihe von Beziehungen, die sich aus den jeweiligen Definitionen ableiten.

Arbeitsgestaltung und Produktionswirtschaft

Dabei kann davon ausgegangen werden, dass die Arbeitsgestaltung wesentliche Voraussetzungen für die Durchführung von Produktionsprozessen – unter Berücksichtigung von wirtschaftlichen und sozialen Aspekten – schafft.

Folgende **Gemeinsamkeiten** beider Fachdisziplinen sind ableitbar:
- ▶ Gegenstand der Betrachtungen ist der Prozess der Leistungserstellung
- ▶ Ausgangspunkt ist die Lösung von Arbeitsaufgaben
- ▶ Ziel ist das optimale Zusammenwirken der Elementarfaktoren
- ▶ Dominanz der sozio-ökonomischen Betrachtungsweise

Folgende **Unterschiede** sind feststellbar:
- ▶ Bei der Arbeitsgestaltung steht der Mensch mit seiner Leistungsfähigkeit und seinen Bedürfnissen im Mittelpunkt der Betrachtungen, während sich die Produktionswirtschaft gleichberechtigt mit allen drei Elementarfaktoren beschäftigt.
- ▶ Die Arbeitsgestaltung fasst den Menschen als bio-soziales Wesen auf und untersucht, wie seine Leistungsfähigkeit optimal wirksam gemacht werden kann. Für die Produktionswirtschaft ist der Mensch ein Elementarfaktor, der eine Leistungsfähigkeit auf einem bestimmten Niveau besitzt. Als Potenzialfaktor ist er an der Bildung der Kapazität beteiligt. Sein Kapazitätsbeitrag ist bestimmbar. Für die vom Menschen durchzuführenden Arbeitsoperationen müssen Vorgabezeiten erarbeitet werden.

▶ Die Arbeitsgestaltung konzentriert sich auf die Phase der Produktionsvorbereitung, während die Produktionswirtschaft sowohl die Vorbereitung als auch die Durchführung der Produktion umfasst.

Damit wird deutlich, dass die Arbeitsgestaltung für die Produktionswirtschaft eine wichtige Grundlage darstellt.

> Die **Produktion** kann nur dann im Sinne hoher ökonomischer und sozialer Ziele beherrscht werden, wenn die dazu erforderlichen Arbeitsprozesse optimal gestaltet sind. Die Ziele für eine solche optimale **Gestaltung von Arbeitsprozessen** sind aus den produktionswirtschaftlichen Zielen abzuleiten.

Eine wirksame Planung und Steuerung der Produktion ist nur auf der Basis realer Vorgabezeiten für alle erforderlichen Arbeitsprozesse möglich. Diese Vorgabezeiten werden wesentlich von den im Rahmen der Arbeitsgestaltung einzusetzenden Maßnahmen beeinflusst. Die sich dabei ergebenden Zeitgrößen werden im Rahmen des Arbeitsstudiums ermittelt und vorgegeben.

I. Begriffe zur Selbstüberprüfung

- ✓ Arbeit
- ✓ Tätigkeit
- ✓ Geistige und körperliche Arbeit
- ✓ Leistung
- ✓ Leistungsintensität
- ✓ Leistungsfähigkeit
- ✓ Leistungsbereitschaft
- ✓ Leistungsabgabe
- ✓ Zeitermittlung für die Arbeitskraft
- ✓ Ablaufarten des Einsatzes der Arbeitskräfte
- ✓ Arbeitsgestaltung
- ✓ Arbeitssystem
- ✓ Aufgaben der Arbeitsgestaltung
- ✓ Gestaltung von Arbeitsplätzen
- ✓ Gestaltung der Arbeitsumgebung
- ✓ Gestaltung der Arbeitsorganisation
- ✓ Wirtschaftlichkeit und Humanisierung
- ✓ Ausführbarkeit einer Arbeit
- ✓ Erträglichkeit einer Arbeit
- ✓ Zumutbarkeit einer Arbeit
- ✓ Zufriedenheit des Arbeitnehmers mit einer Arbeit
- ✓ Belastungs-Beanspruchungs-Konzept
- ✓ Methodische Vorgehensweise der Arbeitsgestaltung
- ✓ Arbeitsgestaltung und Arbeitswissenschaft
- ✓ Arbeitsgestaltung und Produktionswirtschaft

II. Weiterführende Literatur

- ❑ CORSTEN, Hans:
  Produktionswirtschaft. Einführung in das industrielle Produktionsmanagement.
  12. Auflage, München, Wien 2009

- ❑ GUTENBERG, Erich:
  Grundlagen der Betriebswirtschaftslehre Band I: Die Produktion.
  24. Auflage, Berlin, Heidelberg, New York 1983

- ❑ HARDENACKE, Herbert / PEETZ, Willi / WICHARDT, Günter:
  [Arbeitswissenschaft 1] Arbeitswissenschaft.
  München 1985

❑ HETTINGER, Theodor / WOBBE, Gerd (Hrsg.):
[Arbeitswissenschaft 2] Kompendium der Arbeitswissenschaft. Optimierungsmöglichkeiten zur Arbeitsgestaltung und Arbeitsorganisation.
Ludwigshafen 1993

❑ LAURIG, Wolfgang:
[Ergonomie 1] Grundzüge der Ergonomie. Erkenntnisse und Prinzipien. REFA-Fachbuchreihe Betriebsorganisation.
4. Auflage, Berlin, Köln 1992

❑ LUCZAK, Holger / SCHLICK, Christopher / BRUDER, Ralph:
[Arbeitswissenschaft 3] Arbeitswissenschaft.
3. Auflage, Berlin, Heidelberg, New York 2010

❑ REFA (Hrsg.):
REFA-Methodenlehre der Betriebsorganisation: Arbeitsgestaltung in der Produktion.
2. Auflage, München 1993

❑ REFA (Hrsg.):
REFA-Methodenlehre der Betriebsorganisation: Grundlagen der Arbeitsgestaltung.
2. Auflage, München 1993

❑ REFA (Hrsg.):
[Arbeitsgestaltung 3] REFA-Methodenlehre des Arbeitsstudiums Teil 3: Kostenrechnung, Arbeitsgestaltung.
7. Auflage, München 1985

❑ REFA (Hrsg.):
[Arbeitsstudium 1] REFA-Fachbuchreihe Betriebsorganisation: Ausgewählte Methoden des Arbeitsstudiums.
München 1993

❑ REFA (Hrsg.):
[Arbeitsstudium 2] REFA-Lexikon Betriebsorganisation. Arbeitsstudium, Planung und Steuerung.
3. Auflage, Berlin, Köln 1977

❑ REFA (Hrsg.):
[Methodenlehre] Methodenlehre des Arbeitsstudiums.
Teil 2 Datenermittlung
München 1978

- *SCHMIDTKE, Heinz (Hrsg.):*
    Ergonomie.
    3. Auflage, München, Wien 1993

- *WÖHE, Günter / DÖRING, Ulrich:*
    Einführung in die Allgemeine Betriebswirtschaftslehre.
    24. Auflage, München 2010

2 Potenzialfaktor Betriebsmittel

B / Wirkung elementarer Produktionsfaktoren

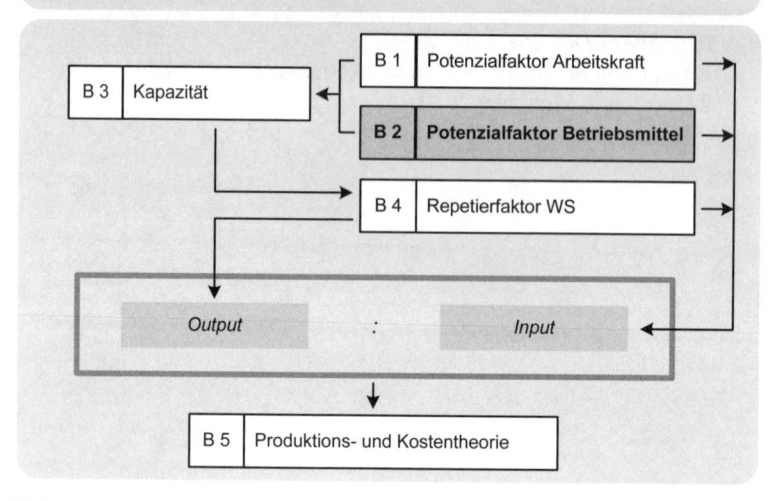

- B 1 Potenzialfaktor Arbeitskraft
- B 3 Kapazität
- B 2 Potenzialfaktor Betriebsmittel
- B 4 Repetierfaktor WS
- Output : Input
- B 5 Produktions- und Kostentheorie

Bild PW.B.2.(1): Wirkung elementarer Produktionsfaktoren (Betriebsmittel)

Moderne industrielle Produktionsprozesse sind dadurch gekennzeichnet, dass die Ausstattung der im Produktionsprozess tätigen Arbeitskräfte mit Betriebsmitteln ständig steigt. Es ist sogar festzustellen, dass häufig maschinelle Anlagen bis dato von Arbeitskräften durchgeführte Arbeitsaufgaben übernehmen, sich also mehr und mehr verselbstständigen.

Der Umfang der für die Betriebsmittel anfallenden Kosten ist beträchtlich. Aus diesem Grunde ist dem wirtschaftlichen Einsatz der Betriebsmittel hohe Aufmerksamkeit zu widmen.

2.1 Definition

Betriebsmittel sind **Inputfaktoren**, die dem Produktionsprozess zugeführt werden, um produzieren zu können.

Betriebsmittel sind elementare Produktionsfaktoren, sie sind **Potenzialfaktoren** und **stellen** als solche dem Unternehmen **Nutzungspotenziale zur Verfügung**.

Im Produktionsprozess wirken die Potenzialfaktoren Arbeitskräfte und Betriebsmittel auf die Arbeitsobjekte, die Werkstoffe, ein, um in zielgerichteter Arbeit Erzeugnisse hervorzubringen.

> Unter dem Begriff der **Betriebsmittel** werden alle Einrichtungen und Anlagen subsumiert, die zur **Durchführung des betrieblichen Leistungsprozesses** notwendig sind. Sie sind die **technischen Voraussetzungen** für die Durchführung des Produktionsprozesses.

| Betriebsmittel

Betriebsmittel werden aber nicht nur im eigentlichen Leistungserstellungsprozess eingesetzt, sondern **auch in allen anderen betrieblichen Funktionalbereichen**. Als Beispiele seien genannt:

▶ Betriebsmittel fertigungsnaher industrieller Dienstleistungsprozesse
(Instandhaltung, Energieversorgung, Logistik)
▶ Betriebsmittel zur Unterstützung dispositiver Produktionsfaktoren
(Planung, Betriebsführung, Finanzierung, Controlling)

Betriebsmittel sind Vermögensgegenstände, die eine **mehrmalig wiederholte**, oft viele Jahre dauernde **Nutzungsmöglichkeit** bieten. Deshalb sind sie als **Gebrauchsgüter** zu bezeichnen. Im Gegensatz zu den Verbrauchsgütern dienen sie mehreren Produktionszyklen, übertragen ihren Wert teilweise, allmählich auf die Produkte und behalten über ihren gesamten Nutzungszeitraum ihre Naturalform bei (vgl. Bild PW.B.2.(2)).

Merkmale	Gebrauchsgüter (Potenzialfaktor) Betriebsmittel, Anlagen	Verbrauchsgüter (Repetierfaktor) Umlaufmittel
Dienen dem Produktionszyklus	Mehrmals	Einmal
Wertübertragung auf das Produkt	Teilweise, allmählich	Sofort, vollkommen
Naturalform im Produktionsprozess	Bleibt erhalten	Ändert sich
Widerspiegelung im hergestellten Produkt	Wertmäßig	Stofflich und wertmäßig

Bild PW.B.2.(2):   Vergleich von Merkmalen der Gebrauchs- und Verbrauchsgüter

In der betriebswirtschaftlichen Literatur werden die Begriffe „Anlage" und „Betriebsmittel" häufig synonym verwendet.

Aus betriebswirtschaftlicher Sicht sind folgende **Arten von Betriebsmitteln** zu unterscheiden (vgl. Bild PW.B.2.(3)).

| Arten von Betriebsmitteln

```
                          Betriebsmittel
    ┌──────────────┬──────────────┬──────────────┬──────────────┐
    │ Grundstücke  │ Maschinen und│ Transport- und│    Mess-     │
    │ und Gebäude  │ maschinelle  │  Fördermittel │ und Prüfmittel│
    │              │   Anlagen    │               │              │
    ├──────────────┼──────────────┼──────────────┼──────────────┤
    │ Ver- und Ent-│ Werkzeuge und│    Lager-     │ Büro- und    │
    │ sorgungs-    │ Vorrichtungen│ einrichtungen │ Geschäfts-   │
    │ maschinen    │              │               │ ausstattungen│
    └──────────────┴──────────────┴──────────────┴──────────────┘
```

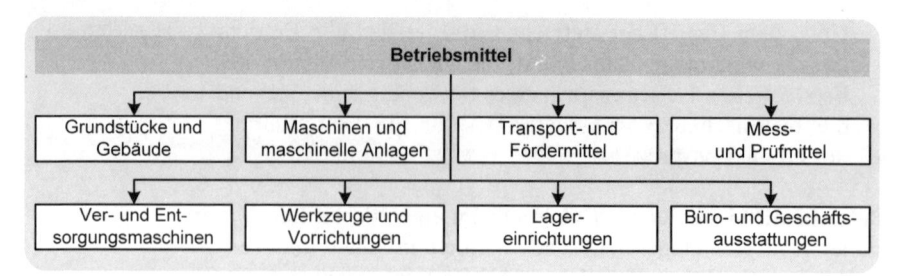

Bild PW.B.2.(3):   *Arten von Betriebsmitteln*

Grundstücke und Gebäude

(1) Grundstücke und Gebäude

Die Eigenheiten von Grundstücken sind bestimmt durch ihre Fläche, die Verkehrsanbindung, Ver- und Entsorgungsmöglichkeiten, Rechtsverhältnisse, topographische Gegebenheiten. Die Gebäude müssen mit Raum und Fläche den technischen Erfordernissen der Produktion entsprechen.

Ver- und Entsorgungsanlagen

(2) Ver- und Entsorgungsanlagen

Darunter sind Leitungs-, Rohr- und Kanalsysteme zu verstehen, die der Versorgung mit Strom, Wasser, Druckluft, Gas, Wärme sowie der Entsorgung von Abwasser, Altöl, Abwärme u. a. dienen.

Maschinen und maschinelle Anlagen

(3) Maschinen und maschinelle Anlagen

Es werden Kraftmaschinen und Arbeitsmaschinen unterschieden.

Kraftmaschinen liefern die zur Fertigung notwendige Energie (Gas, Strom, Druckluft u. a.).

Arbeitsmaschinen dienen vor allem der Herstellung von Gegenständen mit definierten Formen und Abmessungen.

Sie gliedern sich in Landmaschinen, Baumaschinen, Werkzeugmaschinen, Papiermaschinen, Textilmaschinen (vgl. Bild PW.B.2.(4)).

Von besonderem Interesse sind hier die Werkzeugmaschinen. Diese sind gliederbar in:

- **Urformmaschinen**
  Sie dienen der Herstellung fester Körper aus formlosen Stoffen (Formpressen, Druckgießen).

- **Umformmaschinen**
  Sie dienen der Formänderung (Ziehen, Walzen, Biegen).

- **Fügemaschinen**
  Sie stellen Verbindungen von Werkstücken her (Schweißen, Kleben).

- **Trennmaschinen**
  Sie dienen der Werkstofftrennung und gliedern sich in:
  - **Zerteilende Maschinen** (z. B. Brennschneiden, Scheren, Stanzen)
  - **Abtragende Maschinen** (z. B. Ätzen, Funkenerosion)
  - **Spanende Maschinen** (z. B. Bohren, Fräsen, Drehen)

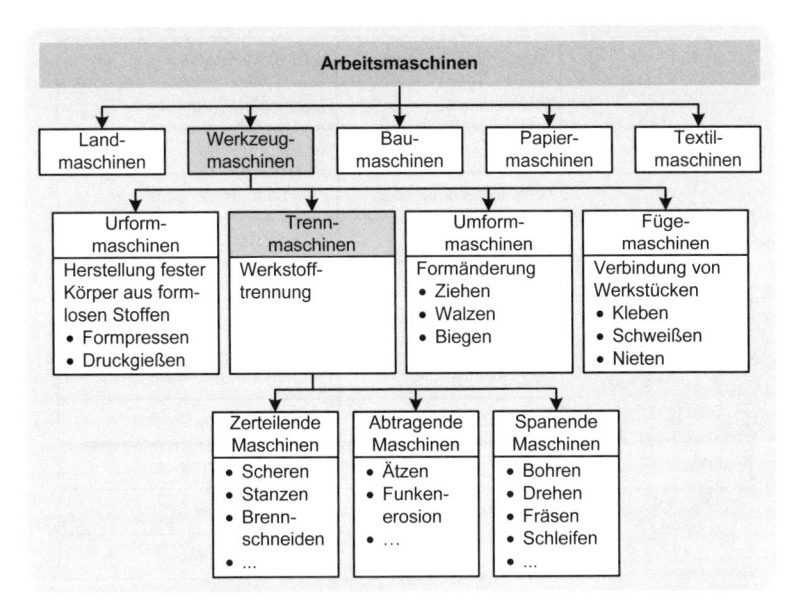

Bild PW.B.2.(4): Arten von Arbeitsmaschinen

(4) **Werkzeuge und Vorrichtungen**

Werkzeuge sind verantwortlich für die Formbildung bzw. Formänderung am Werkstück (Handwerkzeuge: Hammer, Zange, Meißel, Feile; Maschinenwerkzeuge: Bohrer, Fräser, Drehmeißel).

Vorrichtungen dienen der Vereinfachung und Sicherheit des Bearbeitungsprozesses und des Prüfprozesses. Damit bewirken sie die Einhaltung der geforderten Qualität und senken die Kosten.

(5) **Transport- und Fördermittel**

Sie ermöglichen die Ortsveränderung der Elementarfaktoren. Folgende Merkmale und Ausprägungen führen zu ihrer Differenzierung (vgl. Bild PW.B.2.(5)).

Merkmale	Merkmalsausprägung	Beispiele
Richtung	Horizontal	Rollenbahn, Kreisförderanlage
	Vertikal	Aufzug, Paternoster
	Diagonal	Förderband, Rutsche
	Horizontal und vertikal	Laufkran, Gabelstapler
Stetigkeit	Gelegentlich	Aufzug, Automobil
	Kontinuierlich	Paternoster, Förderband
Weg	Fixiert	Aufzug, Rutsche
	Technisch vorgegeben	Eisenbahn, Rollenbahn
	Frei	Hubschrauber
Einsatzmöglichkeiten	Unbegrenzt	Automobil, Hubschrauber
	Begrenzte Strecke	Förderband, Rutsche
	Begrenzter Raum	Flugförderer, Laufkran
	Punktbezogen	Aufzug, Hebezug
Installation	Fest	Rohrpost, Paternoster
	Demontabel	Förderband, Kran
	Keine	Automobil, Gabelstapler

Bild PW.B.2.(5):   Transport- und Fördermittel (vgl. STEINBUCH, P. A. / OLFERT, K. [Fertigungswirtschaft] S. 141 ff.)

Lagereinrichtungen

(6) **Lagereinrichtungen**

Sie dienen der Lagerung von Gütern (Regale, Paletten).

Mess- und Prüfmittel

(7) **Mess- und Prüfmittel**

Sie dienen der Überprüfung der Maßhaltigkeit und der Form gefertigter Werkstücke im Vergleich mit den vorgegebenen Zeichnungen (Winkelmesser, Mikrometer, Lehren).

Büro- und Geschäftsausstattungen

(8) **Büro- und Geschäftsausstattungen**

(Möbel, Kommunikationsmittel, Büromaschinen, Computer)

Häufig werden Betriebsmittel auch danach systematisiert, ob sie unmittelbar oder mittelbar am Produktionsprozess beteiligt sind und ob sie Werkverrichtungen abgeben oder nicht (vgl. Bild PW.B.2.(6)).

```
                              Betriebsmittel
                    ┌──────────────┴──────────────┐
            Betriebsmittel mit              Betriebsmittel mit
              unmittelbarer                    mittelbarer
          Produktionsbeteiligung          Produktionsbeteiligung
          ┌─────────┴─────────┐          ┌─────────┴─────────┐
    Mit Abgabe von     Ohne Abgabe von   Mit Abgabe von   Ohne Abgabe von
    Werkverrichtungen  Werkverrichtungen Werkverrichtungen Werkverrichtungen
```

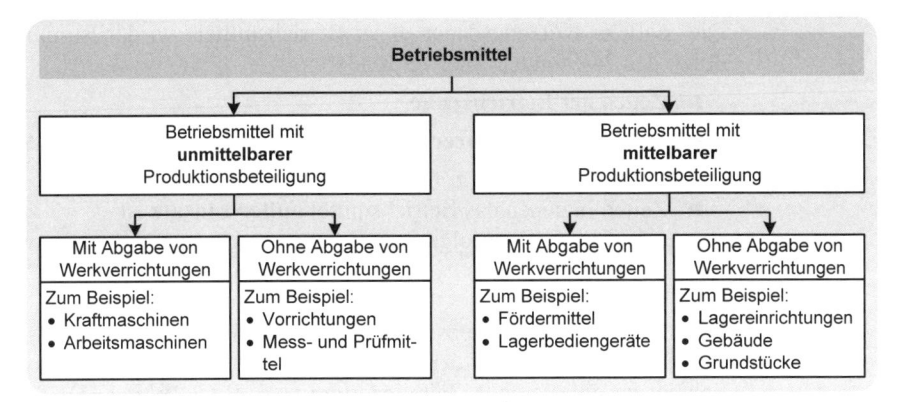

Mit Abgabe von Werkverrichtungen	Ohne Abgabe von Werkverrichtungen	Mit Abgabe von Werkverrichtungen	Ohne Abgabe von Werkverrichtungen
Zum Beispiel: • Kraftmaschinen • Arbeitsmaschinen	Zum Beispiel: • Vorrichtungen • Mess- und Prüfmittel	Zum Beispiel: • Fördermittel • Lagerbediengeräte	Zum Beispiel: • Lagereinrichtungen • Gebäude • Grundstücke

Bild PW.B.2.(6):   *Betriebsmittelsystematik unter Berücksichtigung der Produktionsbeteiligung und der Art der Abgabe von Werkverrichtungen (nach CORSTEN, H. [Produktionswirtschaft] S. 354)*

2.2 Leistung des Potenzialfaktors Betriebsmittel

> Die **Leistung eines Betriebsmittels** ist Arbeit pro Zeiteinheit. Sie ist auf die **Durchführung von Werkverrichtungen** konzentriert. Dabei geht es darum, **Arbeitsoperationen (Arbeitsgänge)** an Arbeitsobjekten durchzuführen. Die Arbeitsoperationen dienen (z. B. in der metallverarbeitenden Industrie) der Herausarbeitung von Körpern mit vorher definierten Formen und Maßen. So werden aus Werkstoffen (Bleche, Stangenmaterialien) Einzelteile, die als Bestandteile in die zu produzierenden Erzeugnisse eingehen.

Leistung des Betriebsmittels

In Abhängigkeit vom Automatisierungsgrad der Betriebsmittel (vgl. dazu Bild PW.A.4.(9)) werden die Arbeitsoperationen durch Arbeitskräfte und / oder Computer gesteuert.

Die **Menge** der in einem Produktionsprozess hergestellten Produkte und Leistungen hängt aus der Sicht des Potenzialfaktors Betriebsmittel von der

▶ **Anzahl** der Betriebsmittel, die am Produktionsprozess beteiligt sind,

▶ **Einsatzzeit** jedes Betriebsmittels pro Arbeitstag und der Dauer des Einsatzes der Betriebsmittel an Einsatztagen und

▶ **Leistung** je Betriebsmittel und Zeiteinheit

ab.

Die tägliche Nutzungsdauer eines Betriebsmittels wird bestimmt durch den 24-Stunden-Tag, vermindert um

- ▶ Zeiten der **Betriebsruhe**,
- ▶ Zeiten der **Unterbrechungen** der Nutzung des Betriebsmittels und
- ▶ Zeiten in denen das Betriebsmittel **außer Einsatz** ist
  (es steht z. B. infolge von Defekten nicht zur Nutzung zur Verfügung).

Ist der Einsatz des Betriebsmittels an die Mitwirkung von Arbeitskräften gebunden, so ist deren Schichteinsatz und die während der Schicht zu definierende Zeitgliederung (vgl. Bild PW.B.1.(5)) für die Nutzungsdauer des Betriebsmittels mitentscheidend.

Der nach Fertigungsverfahren gegliederte Kapazitätszeitbedarf eines Produktionsprogramms bestimmt, bezogen auf einen definierten Planungszeitraum und auf der Grundlage der Nutzungsdauer eines Betriebsmittels in dieser Periode, die Anzahl der Betriebsmittel je Fertigungsverfahren, die in der Planperiode benötigt werden.

$$\text{Bedarf an Betriebsmitteln eines Fertigungsverfahrens in einer Planperiode [Stück]} = \frac{\text{Kapazitätsbedarf der Planperiode [Zeit]}}{\text{Nutzungsdauer eines Betriebsmittels in der Planperiode [Zeit/Stück]}}$$

Die **Leistung** eines Betriebsmittels pro Zeiteinheit wird **durch** seine **Konstruktion**, seine technische **Ausgestaltung** und seinen **Abnutzungsgrad bestimmt**. Bei der Bestimmung des Betriebsmittelbedarfs wird von einem durchschnittlichen Leistungsangebot je Betriebsmittel ausgegangen, das sich in einem definierten Maß der Erfüllung / Inanspruchnahme der Vorgabezeit je Arbeitsauftrag (Arbeitsgang) dokumentiert.

Leistungssteigerungen der Betriebsmittel über dieses Maß hinaus bedeuten, dass für die Durchführung einer Arbeitsoperation **weniger Fertigungszeit benötigt** wird, als von der Vorgabezeit zur Verfügung gestellt wurde.

> **Leistungssteigerungen wirken kapazitätszeitbedarfssenkend**. Damit führt eine permanente Leistung, die über der durchschnittlichen Leistung liegt, zur **Verminderung des Bedarfs an Betriebsmitteln**.

2.3 Zeitermittlung

Die **Zeitermittlung für Betriebsmittel** im Produktionsprozess dient aus analytischer Sicht der Systematisierung differenzierter Nutzungsschwerpunkte und Unterbrechungen. Der Einsatz von Betriebsmitteln im Produktionsprozess gliedert sich nach **Ablaufarten** (vgl. Bild PW.B.2.(7)).

| Zeitermittlung

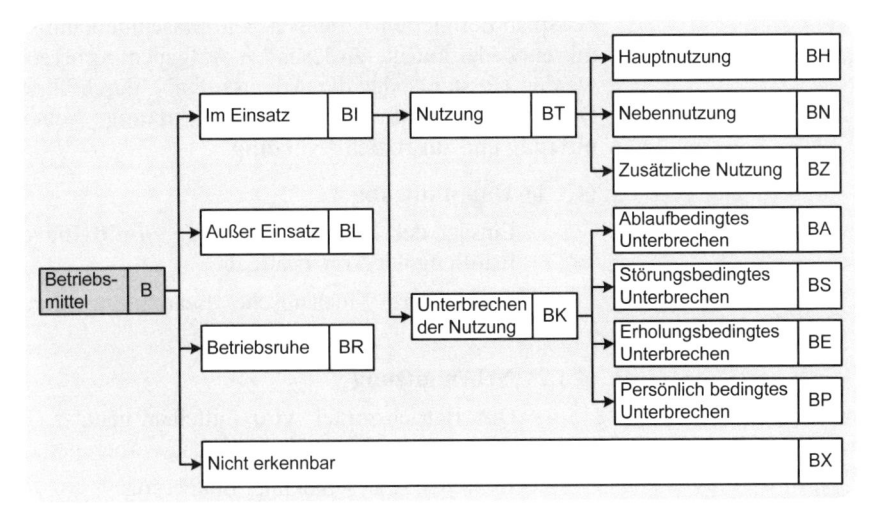

Bild PW.B.2.(7):   *Analyse der Ablaufarten bezogen auf das Betriebsmittel (nach REFA [Methodenlehre] S. 29 ff.)*

Folgende grundsätzliche Ablaufarten werden unterschieden:

(1) **Außer Einsatz**

Das Betriebsmittel steht längere Zeit nicht zum Einsatz zur Verfügung.

B e i s p i e l : Defekt

(2) **Betriebsruhe**

Das Betriebsmittel wird nicht eingesetzt, weil im Betrieb nicht gearbeitet wird.

B e i s p i e l : Feiertage und Pausen bei technisch unterbrochener Fertigung

(3) **Nicht erkennbar**

Der beobachtete Ablaufabschnitt ist nicht eindeutig einer Ablaufart zuzuordnen. Das Betriebsmittel befindet sich außerhalb des Betrachtungsbereichs.

(4) **Im Einsatz**

Das Betriebsmittel ist zur Ausführung von Arbeitsoperationen bereit und durch Fertigungsaufträge belegt. Der Einsatz gliedert sich in die Bestandteile **Nutzung** und **Unterbrechen der Nutzung**.

(4.1) **Nutzung**

Der Inhalt der Nutzung wird bestimmt durch die im Arbeitsplan definierten Aufgaben. Die Maschine kann somit entweder auf die zu lösenden Aufgaben vorbereitet werden (Rüsten) oder die Arbeitsaufgabe durchführen. Die Nutzung gliedert sich in **Hauptnutzung**, **Nebennutzung** und **zusätzliche Nutzung**.

(4.1.1) **Hauptnutzung**

Einsatz des Betriebsmittels zur **unmittelbaren** Erfüllung der Arbeitsaufgabe.

B e i s p i e l : Mechanische Bearbeitung durch Spanabhebung

(4.1.2) **Nebennutzung**

Das Betriebsmittel wird mittelbar genutzt. Es wird auf die planmäßige Nutzung vorbereitet.

B e i s p i e l : Beschickung, Entleerung

(4.1.3) **Zusätzliche Nutzung**

Die Maschine führt nicht vorausbestimmbare, nicht planbare Tätigkeiten aus. Diese Tätigkeiten beruhen auf technischen, organisatorischen oder Informationsmängeln.

B e i s p i e l : Nacharbeiten, Ausschussbeseitigung

(4.2) **Unterbrechen der Nutzung**

Das Unterbrechen der Nutzung ist **ablaufbedingt**, **störungsbedingt**, **erholungsbedingt** oder **persönlich bedingt**.

(4.2.1) **Ablaufbedingtes Unterbrechen**

Das Betriebsmittel steht **planmäßig** still.

B e i s p i e l : Belegung des Betriebsmittels mit einem Auftrag ist noch nicht möglich, da dieser noch auf der vorhergehenden Maschine bearbeitet wird.

(4.2.2) **Störungsbedingtes Unterbrechen**

Die Nutzung des Betriebsmittels wird wegen technisch-organisatorischer Störungen unterbrochen.

B e i s p i e l : Energieausfall, fehlerhaftes Material

(4.2.3) **Erholungsbedingtes Unterbrechen**

Das Betriebsmittel läuft nicht in der Erholungszeit, die der Arbeitskraft planmäßig gewährt wird.

(4.2.4) **Persönlich bedingtes Unterbrechen**

Das Betriebsmittel läuft in der Zeit nicht, in der der Arbeiter aus persönlichen Gründen seine Tätigkeit unterbricht. Die Unterbrechung ist unplanmäßig.

B e i s p i e l : Zigaretten holen, Verletzung versorgen

Aus der Gliederung der Ablaufarten wird durch eine Synthese der Zeitbestandteile eine Gliederung der Zeitarten. Deshalb werden in der technologischen Vorbereitung des Produktionsprozesses (Arbeitsplanung) die Ablaufarten mit Zeiten bewertet.

Vorgabezeiten sind Soll-Zeiten, die Arbeitskräften und Betriebsmitteln zur Verfügung gestellt werden, um Arbeitsaufgaben an Arbeitsobjekten (Werkstoffen) auszuführen (vgl. Bild PW.B.2.(8)). | Vorgabezeiten

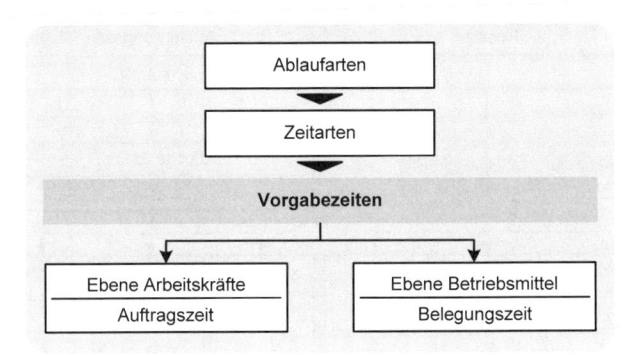

Bild PW.B.2.(8):   *Zeitbewertung der Ablaufarten zur Bestimmung der Vorgabezeiten*

Die Vorgabezeiten sind u. a. Grundlage für die:
- ▶ Bedarfsplanung (Arbeitskräfte, Betriebsmittel)
- ▶ Ermittlung des Kapazitätsbedarfs
- ▶ Entlohnung
- ▶ Durchlauf- und Terminplanung

Vorgabezeiten besitzen zwei Betrachtungsebenen:

Auftragszeit | (1) **Auftragszeit**

> Die Betrachtungsebene der **Auftragszeit** ist die Arbeitskraft. Es wird die Frage beantwortet, welche Zeit der Arbeitskraft zur Verfügung steht, um einen erteilten Fertigungsauftrag zu realisieren.

Belegungszeit | (2) **Belegungszeit**

> Die Betrachtungsebene der **Belegungszeit** ist das Betriebsmittel. Es wird die Frage beantwortet, welche Zeit ein Betriebsmittel belegt ist, um einen Fertigungsauftrag zu realisieren.

Die wesentlichen Gliederungsbestandteile der Auftragszeit und der Belegungszeit werden in den Bildern PW.B.2.(9) und PW.B.2.(10) dargestellt.

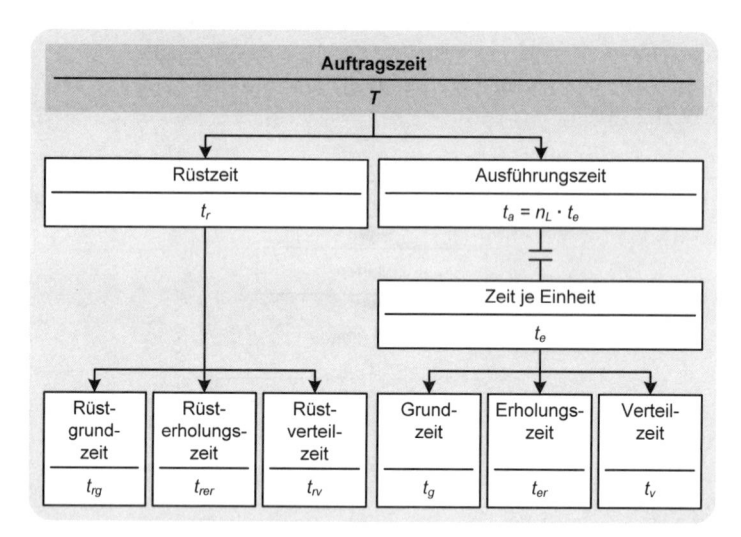

```
                         Auftragszeit
                              T
              ┌───────────────┴───────────────┐
           Rüstzeit                     Ausführungszeit
              t_r                        t_a = n_L · t_e
                                              │
                                         Zeit je Einheit
                                              t_e
      ┌───────┬───────┐              ┌───────┬───────┐
   Rüst-   Rüst-   Rüst-          Grund-  Erholungs- Verteil-
   grund-  erholungs- verteil-     zeit    zeit      zeit
   zeit    zeit    zeit
   t_rg    t_rer   t_rv           t_g     t_er      t_v
```

$t_a = n_L \cdot t_e$

Bild PW.B.2.(9):   *Gliederung der Auftragszeit (nach REFA [Arbeitsstudium] S. 221)*

Die **Auftragszeit** setzt sich zusammen aus der **Rüstzeit** und der **Ausführungszeit**.

(1) **Rüstzeit**

Die Rüstzeit besteht aus **Rüstgrundzeit, Rüsterholungszeit** und **Rüstverteilzeit**.

(1.1) **Rüstgrundzeit**

Zeit, während der das Betriebsmittel vom Menschen auf eine bestimmte Arbeit vorbereitet (gerüstet) wird.

(1.2) **Rüsterholungszeit**

Zeit, die beim Rüsten notwendig ist, um die durch das Rüsten eingetretene Ermüdung infolge überdurchschnittlicher Belastung abzubauen.

(1.3) **Rüstverteilzeit**

Zeit, die beim Rüsten zusätzlich, unplanmäßig durch eine Störung entsteht.

(2) **Zeit je Einheit**

Die Zeit je Einheit besteht aus **Grundzeit, Erholungszeit** und **Verteilzeit**.

(2.1) **Grundzeit**

Zeit, die zum Ausführen einer Mengeneinheit durch den Menschen erforderlich ist.

(2.2) **Erholungszeit**

Zeit, die für das Erholen des Menschen infolge einer überdurchschnittlichen Belastung erforderlich ist. Sie wird meist als Prozentsatz der Grundzeit zugeschlagen.

(2.3) **Verteilzeit**

Zeit, die zusätzlich zur planmäßigen Ausführung eines Auftrags durch den Menschen erforderlich ist. Sie wird als Prozentsatz der Grundzeit zugeschlagen und dient dem Ausgleich unvorhersehbarer kleiner Störungen.

Durch Multiplikation der Zeit je Einheit mit der zu produzierenden Losgröße (n_L) erhält man die **Ausführungszeit**.

Die **Belegungszeit** setzt sich zusammen aus der **Betriebsmittel-Rüstzeit** und der **Betriebsmittel-Ausführungszeit**.

```
                    Belegungszeit
                        T_bB
        ┌───────────────┴───────────────┐
  Betriebsmittel-Rüstzeit      Betriebsmittel-Ausführungszeit
        t_rB                        t_aB = n_L · t_eB
                                         │
                                Betriebsmittelzeit je Einheit
                                         t_eB
        ┌──────────┬─────────────┬──────────────┐
  Betriebsmittel- Betriebsmittel- Betriebsmittel- Betriebsmittel-
  Rüstgrundzeit   Rüstverteilzeit Grundzeit       Verteilzeit
     t_rgB            t_rvB          t_gB            t_vB
```

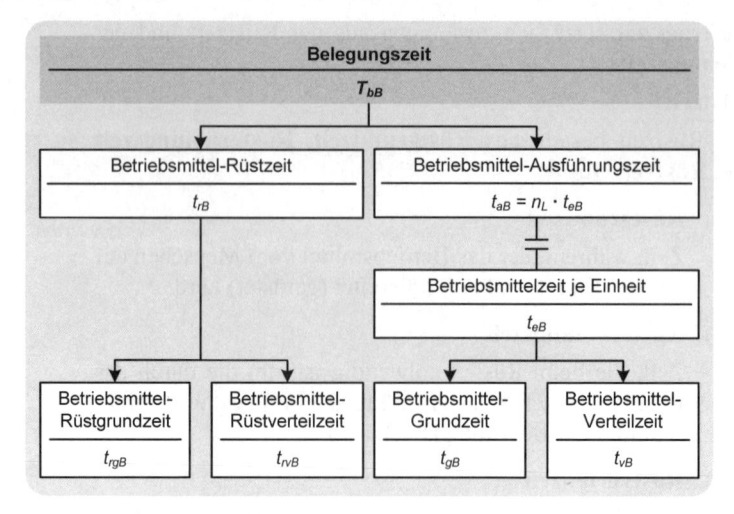

Bild PW.B.2.(10):   *Gliederung der Belegungszeit (nach REFA [Arbeitsstudium] S. 222)*

(1) **Betriebsmittel-Rüstzeit**

Die Betriebsmittel-Rüstzeit besteht aus der **Betriebsmittel-Rüstgrundzeit** und der **Betriebsmittel-Rüstverteilzeit**.

(1.1) **Betriebsmittel-Rüstgrundzeit**

Zeit, während der das Betriebsmittel gerüstet wird.

(1.2) **Betriebsmittel-Rüstverteilzeit**

Zeit, die beim Rüsten zusätzlich, unplanmäßig durch das Betriebsmittel verursacht wird.

(2) **Betriebsmittelzeit je Einheit**

Die Betriebsmittelzeit je Einheit besteht aus der **Betriebsmittelgrundzeit** und der **Betriebsmittel-Verteilzeit**.

(2.1) **Betriebsmittel-Grundzeit**

Zeit zur planmäßigen Bearbeitung einer Mengeneinheit auf einem Betriebsmittel.

(2.2) **Betriebsmittel-Verteilzeit**

Zeit, die zusätzlich zur planmäßigen Ausführung eines Ablaufs durch das Betriebsmittel erforderlich ist. Sie wird als Prozentsatz der Betriebsmittel-Grundzeit zugeschlagen.

Durch Multiplikation der Betriebsmittelzeit je Einheit mit der zu produzierenden Losgröße (n_L) erhält man die **Betriebsmittel-Ausführungszeit**.

2.4 Kosten
2.4.1 Lebenszykluskosten

Die Differenzierung der Betriebsmittelkosten steht in einem engen Zusammenhang mit dem Lebenszyklus eines Betriebsmittels / einer Anlage (vgl. Bild PW.B.2.(11)). Aus diesem Grund wird der Begriff **Lebenszykluskosten** verwendet.

> Der **Lebenszyklus einer Anlage** charakterisiert die Verweilzeit und damit die Nutzungszeit der Anlage in einem Unternehmen. Er beginnt mit der Bereitstellung der Anlage durch eine Investition und endet mit ihrer Aussonderung.

Lebenszykluskosten

Lebenszyklus einer Anlage

Innerhalb dieses Lebenszyklus sind verschiedene Lebenszyklusphasen zu unterscheiden.
Dazu gehören:
- Vorbereitung der Anlagenbeschaffung
- Durchführung der Anlagenbeschaffung
- Anlagenverfügbarkeit
- Anlagennutzung
- Anlagenaussonderung

Die **Phase der Beschaffungsvorbereitung** stellt eine Vorlaufphase dar, ohne die der Lebenszyklus nicht beginnen kann.

Jede Phase des Lebenszyklus ist durch spezifische, phasenbezogene Kosten charakterisiert (vgl. PW.B.2.(11)).

Vor Beginn des nutzungsbezogenen Lebenszyklus einer Anlage steht die **Vorbereitung der Anlagenbeschaffung**. Sie analysiert den Anlagenbedarf, führt Investitionsrechnungen für verschiedene Beschaffungsalternativen durch, holt Angebote ein und prüft sie. Alle diese Aufgaben sind mit der Entstehung von Kosten – den **Beschaffungsvorbereitungskosten** – verbunden.

Beschaffungsvorbereitungskosten

Durch die **Investition** (Anlagenbeschaffung) wird dann sichergestellt, dass eine benötigte Anlage anforderungsgerecht zur Verfügung gestellt wird. Die durch die Investition ausgelösten Kosten sind die **Beschaffungskosten**.

Beschaffungskosten

Die zuverlässige und termingerechte Bereitstellung der erforderlichen Produktionskapazität verursacht bereits **Verfügbarkeitskosten**, ohne dass die Anlage genutzt wird. Dazu gehören Versicherungskosten ebenso wie zeitablaufbedingte Abschreibungen und Instandhaltungskosten.

Verfügbarkeitskosten

164 Teil B / Wirkung elementarer Produktionsfaktoren

Anlagenkosten

Lebenszyklusphasen	Beschaffungs-vorbereitungskosten	Beschaffungskosten	Verfügbarkeitskosten	Nutzungskosten	Aussonderungskosten
	Vorbereitung der Anlagenbeschaffung	Durchführung der Anlagenbeschaffung	Physisches Vorhandensein und Produktionsbereitschaft der Anlage	Nutzung der Anlage	Aussonderung der Anlage
Beispiele	• Kosten für die Ermittlung des Anlagenbedarfs • Kosten der Investitionsrechnung (Variantenvergleich) • Kosten für die Einholung und Prüfung von Angeboten • ...	• Anschaffungskosten • Investitionskosten • Kosten für den Einbau und die Aufstellung der Anlage • ...	• Zeitablaufbedingte Abschreibungen • Versicherungskosten • Zeitablaufbedingte Instandhaltungskosten • ...	• Nutzungsbedingte Abschreibungen • Energiekosten • Nutzungsbedingte Instandhaltungskosten • Betriebskosten • ...	• Demontagekosten • Recyclingkosten • Beseitigungskosten • ...
Kostenanfall	Einmalig anfallende Kosten	Einmalig anfallende Kosten	Laufend anfallende Kosten	Laufend anfallende Kosten	Einmalig anfallende Kosten

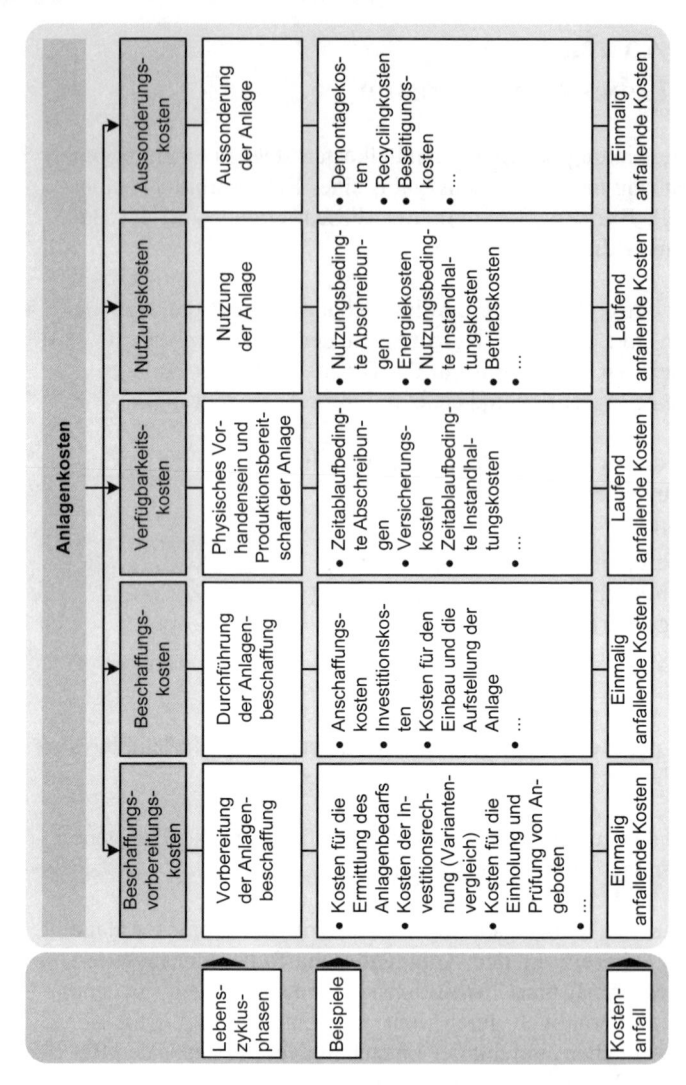

Bild PW.B.2.(11): Gliederung der Anlagenkosten (i. A. a. MÄNNEL, W. [Anlagenwirtschaft] S. 32)

Nutzungskosten | Der eigentliche **Zweck der Anschaffung** einer Anlage liegt in ihrer **Nutzung**. Die Nutzung führt zur Abnutzung und damit zum Verschleiß. Dieser hat eine Wertminderung zur Folge. Der Kostenausdruck der Wertminderung sind die **Abschreibungen**. Durch die **Instandhaltung** kann der Abnutzung entgegengewirkt werden. Sowohl die abnutzungsbedingte Wertminderung als auch die zu ihrer Verschleißkompensation eingesetzte Instandhaltung verursachen Kosten. Dabei handelt es sich um **Nutzungskosten**.

Am Ende des Lebenszyklus steht die Aussonderung der Anlage. Sie verursacht **Aussonderungskosten**. Dazu gehören u. a. Demontage-, Recycling- und Beseitigungskosten.

| Aussonderungskosten

> Die Kosten, die durch die **Ingangsetzung** und die **Beendigung** des Anlagenlebenszyklus verursacht werden, fallen einmalig an. Die während des Lebenszyklus der Anlage entstehenden Kosten (**Verfügbarkeits- und Nutzungskosten**) treten wiederholt auf. Sie sind **laufend anfallende Kosten**.

Bei der Gesamtkostenbetrachtung ist zu beachten, dass die Nutzung der Maschinen und Anlagen neben den unmittelbar von den Anlagen ausgehenden Kosten auch Kosten verursacht, die dadurch entstehen, dass andere Produktionsfaktoren wirken müssen, um eine Anlagennutzung zu ermöglichen. Das sind Kosten für

- ▶ Arbeitsvorbereitung (dispositiver Faktor),
- ▶ Einrichtung, Bedienung und Überwachung der Anlagen (Potenzialfaktor Arbeitskraft) und
- ▶ Materialverbrauch (Repetierfaktor Werkstoff).

Da **Abschreibungen** im Rahmen der Lebenszyklusbetrachtung der Anlagenkosten den **wesentlichen Kostenfaktor** darstellen, sollen sie im Folgenden gesondert analysiert werden.

| Abschreibungen

2.4.2 Abschreibungen

Im Gegensatz zu den Verbrauchsgütern, die während einer Produktionsperiode vollständig verbraucht werden und deshalb in voller Höhe ihrer Anschaffungs- bzw. Herstellungskosten als Aufwand in die Gewinn- und Verlustrechnung des Unternehmens eingehen, stehen die Betriebsmittel dem Unternehmen als Gebrauchsgüter über eine Anzahl von Jahren zu Verfügung. Sie werden über mehrere Produktionsperioden genutzt. Aus diesem Grund verteilt sich die entstehende Wertminderung auf die gesamte Nutzungsperiode (Nutzungsdauer). Sie muss für jedes Jahr erfasst und als Aufwand verrechnet werden, damit der Periodengewinn ermittelt werden kann.

> Der **Verschleiß** ist die Ursache für die Wertminderung der Betriebsmittel.
> Die **Wertminderung** ist die **Ursache der Abschreibungen**.
> Die **Abschreibungen** sind die **Kosten der Wertminderung**. Sie erfassen die Wertminderung bzw. den Wertverzehr als einen Geldbetrag.

| Abschreibungen als Kosten der Wertminderung

Die für die Abschreibungen verantwortliche Wertminderung gliedert sich in die

Nutzungs- und zeitbedingte Wertminderung

- **nutzungsbedingte Wertminderung** und
- **zeitbedingte Wertminderung** (vgl. Bild PW.B.2.(12)).

Die durch die **Nutzung** des Betriebsmittels **bedingte Wertminderung** umfasst die Komponenten

- Wertminderung durch Gebrauch und
- Wertminderung durch Substanzverringerung.

Wertminderung durch Gebrauch

Der **Gebrauch** der Betriebsmittel in der Produktion bzw. in anderen Funktionalbereichen führt auf Grund von **Abnutzungserscheinungen** wie Ermüdung, Verschleiß, Überlastungen oder Konstruktions-, Herstellungs-, Bedien- bzw. Instandhaltungsfehlern zu einer Schädigung der Elemente der Betriebsmittel.

Dabei handelt es sich um **physischen Verschleiß**, in dessen Folge notwendige Gebrauchs- und Funktionseigenschaften verloren gehen. Das führt zu einer substanziellen (absoluten) Verschlechterung der Anlageneigenschaften.

Wertminderung durch Substanzverringerung

Die **Substanzverringerung** stellt als substanzieller Abbau der Nutzungsmöglichkeiten, z. B. von Rohstoffvorkommen, ebenfalls eine Form der nutzungsbedingten Wertminderung dar.

Arten der Wertminderung als Ursachen der Abschreibung

Nutzungsbedingte Wertminderung

=> Substanzielle (absolute) Verschlechterung der Anlageneigenschaften

Gebrauch (techn. Abnutzung, Gebrauchs- / physischer Verschleiß)
- Abnutzung (Ermüdung, Verschleiß)
- Überlastung
- Konstruktions- / Herstellungsfehler
- Bedien- / Instandhaltungsfehler

Substanzverringerung (substanzieller Abbau der Nutzungsmöglichkeiten)
- Abbau von Rohstoffvorkommen (Minen, Tagebau, Ölfelder, Gasvorkommen etc.)

Gegenmaßnahmen
- Optimierung der Nutzungsbedingungen (Intensität, Umwelteinflüsse), Mitarbeiterqualifizierung
- Anlageninstandhaltung
- Anlagenausmusterung und -ersatz
- Anlagenprojektierung

Zeitbedingte Wertminderung

Fortschrittsbedingte Wertminderung

=> Nicht-substanzielle (relative) Verschlechterung der Eigenschaften (wirtschaftliche Entwertung, moralischer Verschleiß, Veraltung)

Technischer Fortschritt (techn. Überholung) Entwicklung neuer BM mit:
- Besseren Eigenschaften zum gleichen Preis
- Gleichen Eigenschaften zum niedrigeren Preis
- Besseren Eigenschaften zum günstigeren Preis

Marktveränderungen (wirtschaftliche Überholung)
- Mangelnde Verwendungsmöglichkeiten durch Änderungen in der:
  - Nachfragesituation
  - Konkurrenzsituation

Staatliche / rechtliche Auflagen (Obsoleszenz)
- Mangelnde Verwendungsmöglichkeiten durch Änderungen von staatlichen / rechtlichen Auflagen (z. B. höhere Sicherheits- / Umweltauflagen)

Gegenmaßnahmen
- Anlagenverbesserung / -modernisierung
- Anlagenaussonderung und -ersatz
- Berücksichtigung des Flexibilitätsbedarfs zur alternativen Verwendung in der Projektierung
- Erhöhung der zeitlichen Ausnutzung der Betriebsmittel

Zeitablaufbedingte Wertminderung

=> Substanzielle (absolute) Verschlechterung der Eigenschaften / Verringerung des Werts

Wertminderung ohne Nutzung (Zeit- / ruhender Verschleiß)
- Korrosion
- Verwitterung
- Materialalterung
- Zufälle / Katastrophen (Brand, Explosion, Hochwasser, Schädlingsfraß etc.)

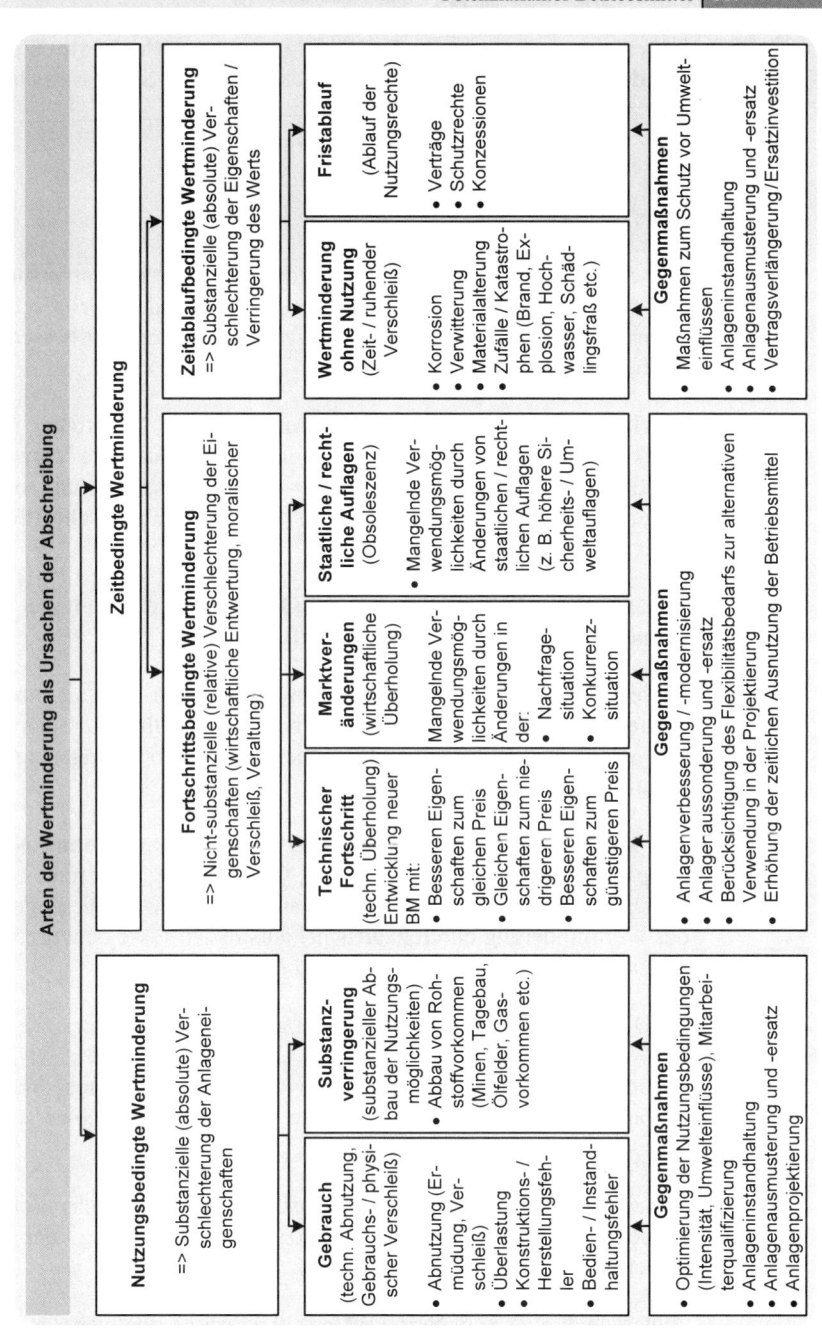

Fristablauf (Ablauf der Nutzungsrechte)
- Verträge
- Schutzrechte
- Konzessionen

Gegenmaßnahmen
- Maßnahmen zum Schutz vor Umwelteinflüssen
- Anlageninstandhaltung
- Anlagenausmusterung und -ersatz
- Vertragsverlängerung/Ersatzinvestition

Bild PW.B.2.(12): Arten der Wertminderung als Ursachen der Abschreibungen (nach NEBL, T. / PRÜß, H. [Anlagenwirtschaft] S. 76 ff.)

Zeitbedingte Wertminderung

Neben der nutzungsbedingten führt auch die **zeitbedingte Wertminderung** zum Wertverlust der Betriebsmittel. Sie lässt sich in die

- ▶ fortschrittsbedingte Wertminderung und
- ▶ zeitablaufbedingte Wertminderung

differenzieren.

Fortschrittsbedingte Wertminderung

Die **fortschrittsbedingte Wertminderung**, deren Hauptursache der **technische Fortschritt** ist, resultiert aus der **technischen Überholung** durch die Entwicklung von Anlagen mit verbesserten Eigenschaften.

Marktveränderungen führen zur Änderung der Nachfrage- und Konkurrenzsituation, in deren Folge die Einsatz- und die Verwendungsmöglichkeiten für vorhandene Anlagen eingeschränkt oder aufgehoben werden. Dabei handelt es sich um eine **wirtschaftliche Überholung**.

Ein ähnlicher Effekt entsteht aus der **Obsoleszenz der Anlagen** auf Grund von geänderten staatlichen Auflagen.

Moralischer Verschleiß, Veraltung

Diese wirtschaftliche Entwertung – in der Literatur auch als **moralischer Verschleiß** bzw. **Veraltung** bezeichnet – führt zu einer relativen, nicht-substanziellen Verschlechterung der Anlageneigenschaften.

Zeitablaufbedingte Wertminderung

Die **zeitablaufbedingte Wertminderung** findet auch **ohne Nutzung** der Anlagen durch Korrosion, Verwitterung, Alterung oder Zufallsereignisse wie Katastrophen statt. Damit wird diese Form der Wertminderung durch natürliche, äußere Einflüsse bewirkt. Für Nutzungsrechte wirkt der **Fristablauf** entsprechend.

Aufgabe der Abschreibungen

Die **Aufgabe der Abschreibungen** besteht darin, die Wertminderung von Anlagen, die durch Minderung des Gebrauchswerts entsteht, durch die monetäre Bewertung der tatsächlich ablaufenden Prozesse anhand des Buchwerts möglichst genau widerzuspiegeln.

Dabei erfassen die **planmäßigen Abschreibungen** den physischen Verschleiß infolge materieller Abnutzung durch Nutzung oder natürliche Einflüsse und den Fristablauf.

Außergewöhnlicher materieller Verschleiß sowie unerwarteter moralischer Verschleiß durch wissenschaftlich-technischen Fortschritt, Veränderungen der Marktverhältnisse oder gesellschaftlich-rechtliche Einflüsse werden durch **außerplanmäßige Abschreibungen** erfasst.

In die Kalkulation des Unternehmens können daher ursachenbedingt lediglich die planmäßigen Abschreibungen eingehen. Um der Forderung nach einer möglichst genauen, verursachungsgerechten und damit wirklichkeitsnahen Verteilung der Abschreibungen über die Nutzungsdauer gerecht zu werden, wurde eine Reihe von **Abschreibungsverfahren** entwickelt.

Abschreibungsverfahren

Abschreibungsverfahren sind durch drei Determinanten bestimmt:
- Anzusetzender **Wert**
- Kalkulierte **Nutzungsdauer**
- Unterstellter **Verschleißverlauf**

> Die **Übereinstimmung** zwischen der verschleißbedingten **Wertminderung** und dem **Abschreibungsvolumen** hängt davon ab, ob das Abschreibungsverfahren die tatsächlichen Abnutzungsprozesse realistisch widerspiegelt. Den sehr unterschiedlichen Verlaufsmöglichkeiten der Wertminderung wird durch **differenzierte Abschreibungsverfahren** entsprochen.

In Bild PW.B.2.(13) werden die wichtigsten Verfahren der **planmäßigen Abschreibung** systematisiert.

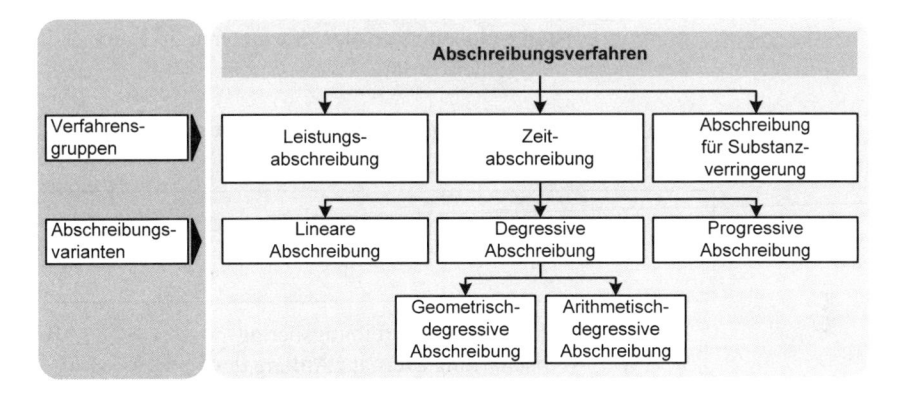

Bild PW.B.2.(13): Abschreibungsverfahren

Die Anwendung unterschiedlicher **Abschreibungsverfahren** verfolgt das Ziel, Abschreibungsbeträge zu ermitteln, die dem Wertverlust weitestgehend entsprechen.

Alle Abschreibungsverfahren gehen davon aus, dass der Anschaffungswert AW (Bruttowert) in jeder Periode j um einen absoluten Abschreibungsbetrag A_j gemindert wird. Dadurch ergibt sich der Restbuchwert RBW_j (Tageswert). Der am Ende der Nutzungsdauer ND verbleibende Restbuchwert wird als Restwert RW bezeichnet.

Die **Abschreibungsverfahren unterscheiden sich** anhand ihrer Abbildungsvorschrift der Wertminderung auf den Abschreibungsbetrag. Dafür kommen

- die Jahre der Nutzung n (bzw. die Nutzungsdauer ND),
- der Abschreibungssatz a (konstanter Anteil des Restbuchwerts),
- die Leistung L oder
- das Volumen bzw. die Menge M

in Frage.

Im Einzelnen sind die folgenden Abschreibungsverfahren zu unterscheiden:

Zeit-abschreibung

(1) **Zeitabschreibung**

Die Varianten der **Zeitabschreibung** sind die lineare, die degressive und die progressive Abschreibung.

(1.1) **Lineare Abschreibung**

Lineare Abschreibung

Die **lineare Abschreibung** ist das einfachste und am häufigsten angewendete Abschreibungsverfahren. Sie geht von der Überlegung aus, dass ein Betriebsmittel während der Nutzungsdauer einer gleichmäßigen kapazitiven Nutzung unterliegt und dass demzufolge eine gleichmäßige Entnahme von Leistungseinheiten erfolgt. Sie unterstellt damit einen linearen Verschleißverlauf.

Der jährliche Abschreibungsbetrag A_j berechnet sich nach folgender Formel:

$$A = \frac{AW - RW}{n}$$

A	– Jährlicher Abschreibungsbetrag	[€]
AW	– Anschaffungswert am Anfang des Lebenszyklus	[€]
RW	– Restwert am Ende des Lebenszyklus	[€]
n	– Anzahl der Jahre der Nutzungsdauer	[Jahre]

Die lineare Abschreibung ist – entsprechend ihrer Grundannahme – durch einen konstanten Abschreibungsbetrag gekennzeichnet ($A = A_1 = A_2 = ... = A_n$). Mit ihr ist es möglich, ein Betriebsmittel vollständig (auf Null, RW = 0) abzuschreiben.

Die graphische Umsetzung der linearen Abschreibung wird in Bild PW.B.2.(14) dargestellt.

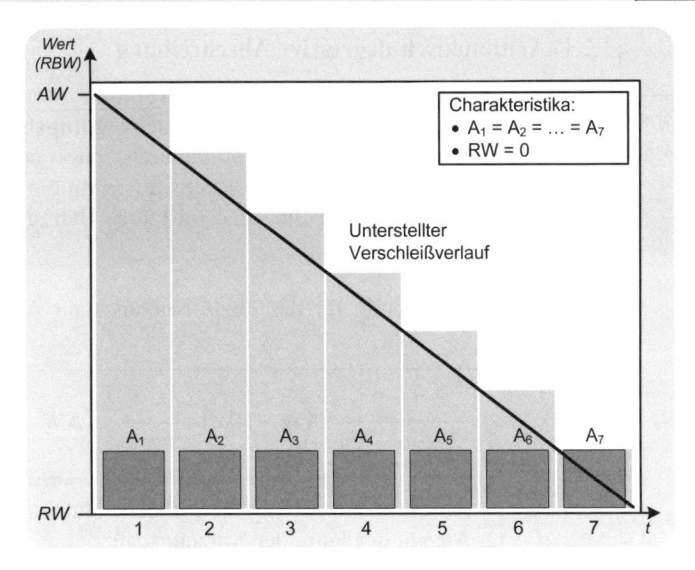

Bild PW.B.2.(14): Lineare Abschreibung

(1.2) Degressive Abschreibung

> Die **Grundidee** der **degressiven Abschreibung** besteht darin, dass sich die Gesamtkosten der Nutzung – die **Summe aus Abschreibungen und Instandhaltungskosten** – über die Nutzungsdauer weitgehend **konstant** gestalten.

(Randnotiz: Degressive Abschreibung)

Diese Annahme begründet sich aus zwei Entwicklungen:

▶ Die Kostenbelastung durch **Instandhaltungen steigt mit zunehmendem Alter** des Betriebsmittels. Deshalb werden am Anfang der Nutzungsdauer hohe Abschreibungsbeträge angesetzt, die stetig über den Nutzungszeitraum fallen.

▶ Durch hohe jährliche Abschreibungsbeträge zu Beginn der Nutzungsphase wird außerdem einer plötzlich eintretenden **Wertminderung durch technischen Fortschritt** entgegengewirkt.

Bei der degressiven Abschreibung werden zwei Varianten unterschieden: die arithmetisch-degressive und die geometrisch-degressive Abschreibung.

(1.2.1) Arithmetisch-degressive Abschreibung

Arithmetisch-degressive Abschreibung

> Die **arithmetisch-degressive Abschreibung** ist durch **gleichmäßig fallende jährliche Abschreibungsbeträge** gekennzeichnet. Diese entstehen dadurch, dass der Abschreibungsbetrag A_j – in einer Rückwärtsrechnung beginnend mit A_n – jedes Jahr um den konstanten Betrag A_n erhöht wird.

Der Abschreibungsbetrag für das letzte Nutzungsjahr A_n wird berechnet nach:

$$A_n = \frac{1}{1+2+3+..+n}(AW-RW) = \frac{2}{n(n+1)}(AW-RW)$$

A_n – Abschreibungsbetrag für das letzte Nutzungsjahr [€]
n – Anzahl der Jahre der Nutzungsdauer [Jahre]

Daraus folgt:

$$A_j = (n+1-j) \cdot A_n = \frac{2}{n}\left(1-\frac{j}{n+1}\right)(AW-RW)$$

A_j – Abschreibungsbetrag für das j-te Nutzungsjahr [€]
j – Index der Jahre der Nutzungsdauer $j = 1(1)\,n$

Die arithmetisch-degressive Abschreibung ermöglicht ebenfalls die Abschreibung auf Null.

Die graphische Umsetzung wird in Bild PW.B.2.(15) dargestellt.

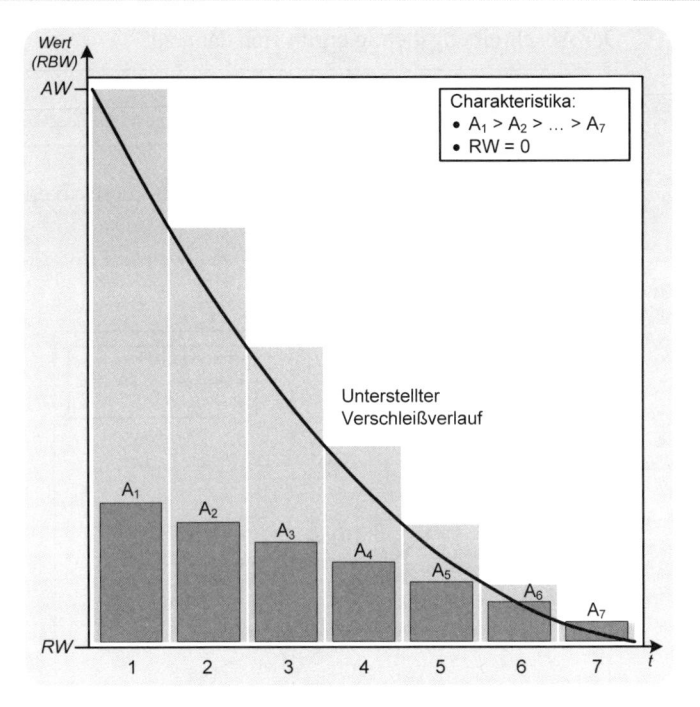

Bild PW.B.2.(15): Arithmetisch-degressive Abschreibung

(1.2.2) Geometrisch-degressive Abschreibung

Bei der **geometrisch-degressiven Abschreibung fallen** die jährlichen **Abschreibungsbeträge** über die Nutzungsdauer (allerdings nicht wie bei der arithmetisch-degressiven Abschreibung um den gleichen Betrag). Vielmehr bleibt der **Abschreibungssatz a** über die Zeit **konstant. Da** (außer im 1. Jahr) jedoch **nicht vom Anschaffungswert, sondern vom** jeweiligen **Restbuchwert abgeschrieben wird, ändert sich** der **jährliche Abschreibungsbetrag**.

Geometrisch-degressive Abschreibung

Bei gegebenem Anschaffungswert, Restwert (RW > 0) und vorgegebener Nutzungsdauer wird der jährliche Abschreibungssatz nach folgender Formel berechnet:

$$a = 1 - \sqrt[n]{\frac{RW}{AW}}$$

a — Abschreibungssatz [-]

Der Abschreibungsbetrag ergibt sich dann zu:

$$A_j = a \cdot RBW_j$$

Die graphische Darstellung der geometrisch-degressiven Abschreibung erfolgt in Bild PW.B.2.(16).

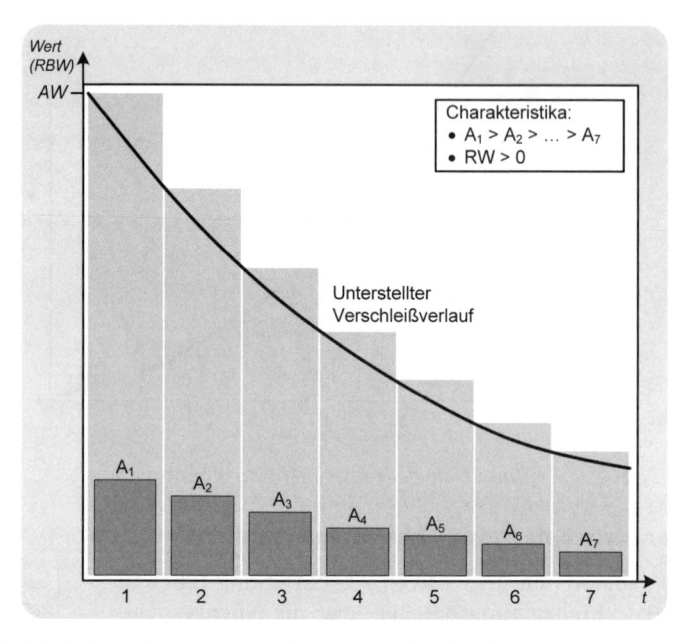

Bild PW.B.2.(16):   *Geometrisch-degressive Abschreibung*

Mit der geometrisch-degressiven Abschreibung ist es nicht möglich, eine vollständige Abschreibung des Anschaffungswerts zu erreichen (RW > 0).

Wenn eine Abschreibung auf einen Restwert zumindest nahe Null erfolgen soll, müssen die Abschreibungsbeträge zu Beginn der Nutzungsdauer sehr hoch sein.

Um trotzdem eine vollständige Abschreibung zu ermöglichen, ist es steuerlich erlaubt, während der Nutzungszeit von der **geometrisch-degressiven auf die lineare Abschreibung überzugehen**.

(1.3) Übergang von der geometrisch-degressiven zur linearen Abschreibung

Der optimale Zeitpunkt des **Übergangs von der geometrisch-degressiven zur linearen Abschreibung** ist dann erreicht, wenn die **lineare Verteilung** des Restbuchwerts auf die Restnutzungsdauer **höhere jährliche Abschreibungsbeträge** erbringt, als die Beibehaltung **der geometrisch-degressiven Abschreibungsmethode**.

Für den steuerrechtlich maximal zulässigen Abschreibungssatz von 20 % bedeutet jenes (im Beispiel) den Wechsel zur linearen Abschreibung für die letzten fünf Perioden der geplanten Nutzungsdauer.

Bild PW.B.2.(17) stellt die Zusammenhänge dar.

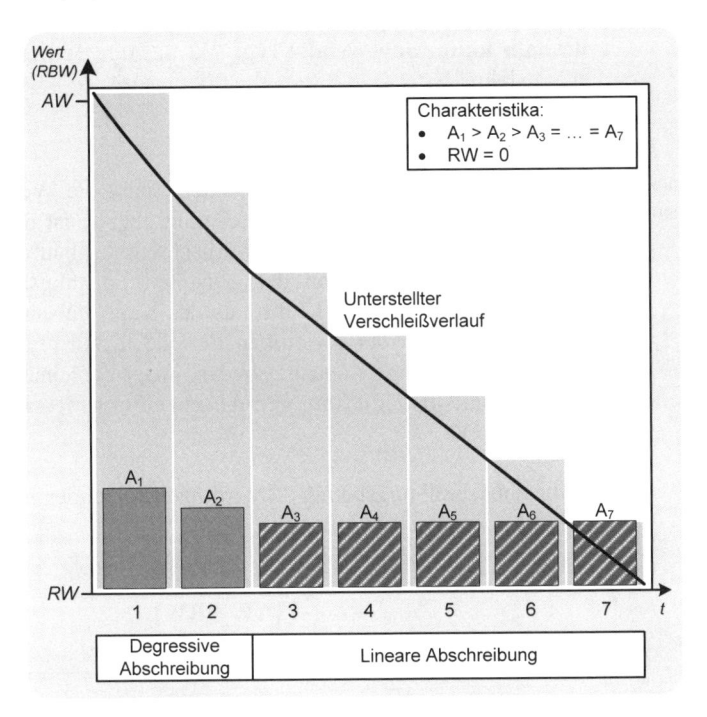

Bild PW.B.2.(17): Übergang von der geometrisch-degressiven zur linearen Abschreibung

(1.4) Progressive Abschreibung

Progressive Abschreibung
Bei der **progressiven Abschreibung** steigen die **Jahresabschreibungsbeträge über die Nutzungsdauer** an. Dies geschieht in geometrischer oder arithmetischer Reihe und in Umkehrung zum jeweiligen degressiven Verfahren.

Arithmetisch-progressive Abschreibung
Bei der **arithmetisch-progressiven Abschreibung** nimmt der Abschreibungsbetrag jährlich um einen konstanten Betrag zu.

Geometrisch-progressive Abschreibung
Die **geometrisch-progressive Abschreibung** geht von einem konstanten Abschreibungssatz aus und erfolgt in Umkehrung zur geometrisch-degressiven Methode.

Die **Anwendung** dieser beiden Verfahren **unterstellt einen progressiven Verschleißverlauf. Sie widerspricht in der Regel dem Prinzip kaufmännischer Vorsicht und wird deshalb kaum angewendet** (vgl. WÖHE, G. [Betriebswirtschaftslehre] S. 764).

(2) Leistungsabschreibung

Leistungsabschreibung
Die **Leistungsabschreibung** unterstellt, dass die Wertminderung direkt proportional zur Leistungsabgabe ist und damit keinerlei Zeitbezug hat. Der Abschreibungsbetrag wird hier in Abhängigkeit von der gesamten Leistungsabgabe über die Nutzungsdauer (Zeitfonds des Kapazitätsangebots ZF_{KA}) und die in der jeweiligen Periode in Anspruch genommene Leistung (Kapazitätsbedarf KB_Z) berechnet. **Kapazitätsinanspruchnahme** und **Abschreibungsbetrag** sind **proportional**.

Der Jahresabschreibungsbetrag A_j wird nach folgender Formel berechnet:

$$A_j = \frac{L_j}{L_n}(AW - RW)$$

L_j – Jahresleistung [LE]
L_n – Leistung über die Nutzungsdauer (Fahrleistung eines Autos) [LE]

Bild PW.B.2.(18) schematisiert dieses Verfahren am Beispiel.

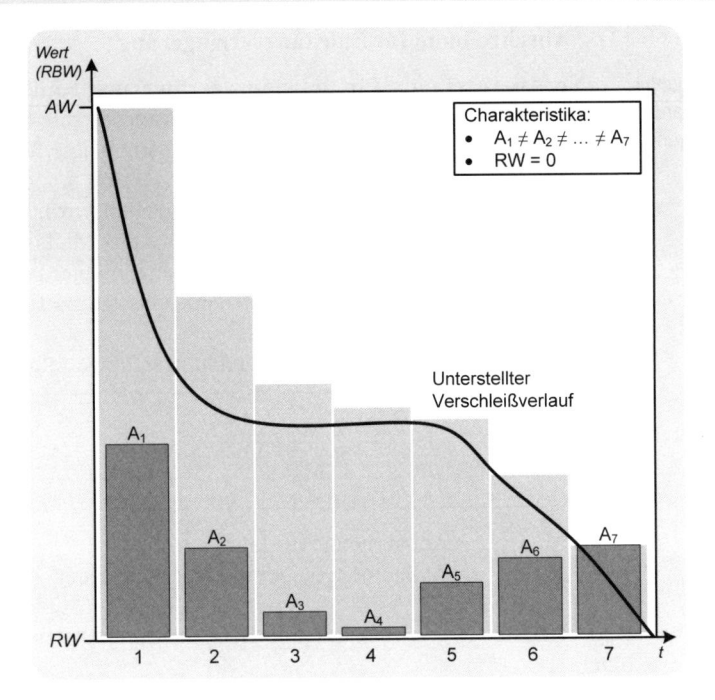

Bild PW.B.2.(18): Leistungsabschreibung

Die in Anspruch genommene Leistung hängt direkt mit dem Kapazitätszeitfonds zusammen. Deshalb kann der Abschreibungsbetrag pro Maschinenstunde der genutzten Betriebsmittel wie folgt berechnet werden:

$$A_{Mh} = \frac{AW - RW}{ZF_{KA_b}}$$

A_{Mh} – Abschreibungsbetrag pro Maschinenstunde [€/h]
ZF_{KAb} – Kapazitätsangebot des Betriebsmittels über die Nutzungsdauer [h]

Da jeder durchzuführende Arbeitsgang erzeugniskonkret ist, wäre auf dieser Grundlage eine **Verrechnung der Abschreibungen auf Kostenträger als direkte Kosten möglich**.

Die Leistungsabschreibung stellt ein theoretisch sehr sinnvolles Verfahren dar. In der Praxis wird sie aber kaum angewendet, weil der Aufwand für die genaue Erfassung der Kapazitätsinanspruchnahme je Betriebsmittel für die Vielzahl unterschiedlicher Arbeitsaufträge erheblich ist.

(3) Abschreibung für Substanzverringerung

Abschreibung für Substanzverringerung

Die **Abschreibung für Substanzverringerung** berücksichtigt, dass z. B. im Bergbau oder in Kieswerken mit fortlaufendem Abbau einer Lagerstätte der Gesamtmenge M_n eine Substanzverringerung eintritt. Da von einer homogenen Rohstoffverteilung und -qualität ausgegangen wird, ist der Abschreibungsbetrag pro abgebauter Menge M_j konstant. Damit sind die zu tätigenden Abschreibungen einer betrachteten Periode dem realisierten Substanzabbau proportional.

Der Jahresabschreibungsbetrag A_j berechnet sich wie folgt:

$$A_j = \frac{M_j}{M_n}(AW - RW)$$

M_j – Abbaumenge im Jahr j [ME]
M_n – Abbaumenge über die Nutzungsdauer [ME]

Bild PW.B.2.(19) visualisiert ein Beispiel der Substanzabschreibung.

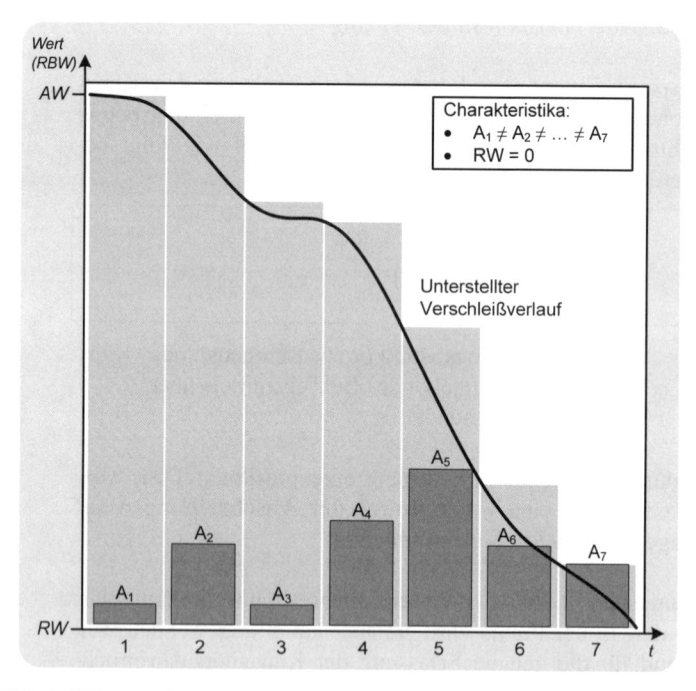

Bild PW.B.2.(19): Substanzabschreibung

Der Einsatz der verschiedenen Abschreibungsverfahren dient der **Erfassung** des **tatsächlich eingetretenen Wertverzehrs** und der verursachungsgerechten Zurechnung dieser Kosten. Dieser Forderung wird die **leistungsbezogene Abschreibung am ehesten gerecht**.

Die **Zulässigkeit** der Verfahren ist in drei Ebenen zu betrachten:

- ▶ **Steuerrechtlich** sind lediglich die lineare, die geometrisch-degressive, die Kombination aus beiden sowie die Leistungs- und Substanzabschreibung zugelassen.
- ▶ **Handelsrechtlich** sind alle Verfahren erlaubt, sofern sie den Grundsätzen ordnungsgemäßer Buchführung (GoB) entsprechen.
- ▶ **Kalkulatorisch** (internes Rechnungswesen) können alle Abschreibungsmodelle eingesetzt werden, solange sie der Zielsetzung einer möglichst realistischen Abbildung des Verlaufs der Wertminderung dienen.

Kumuliert man die realisierten Abschreibungen eines einzelnen Betriebsmittels oder einer Betriebsmittelgesamtheit (unabhängig vom angewendeten Abschreibungsverfahren), so erhält man einen Überblick über die aktuelle Verschleißsituation.

Die **Verschleißquote** ist eine Kennzahl, die zur Beurteilung des Zustands eines Betriebsmittels oder des Anlagenparks eines Unternehmens herangezogen wird. Sie bringt das Ausmaß der Wertminderung bzw. den Verschleißgrad zum Ausdruck.

Die **Verschleißquote** eines Betriebsmittels wird durch den Quotienten der über die realisierte Nutzungsdauer kumulierten Abschreibungen des Betriebsmittels (als Ausdruck des Verschleißes) und dem Anschaffungswert des Betriebsmittels (Bruttowert) bestimmt: | Verschleißquote

$$VQ_b = \frac{\sum_{j=1}^{l} A_{jb}}{AW_b} \cdot 100\%$$

VQ_b	– Verschleißquote für das Betriebsmittel b	[%]
j	– Index der Nutzungsjahre j = 1(1)n	
l	– Betrachtetes Jahr innerhalb des Nutzungszeitraums l ≤ n	
A_{jb}	– Abschreibungsbetrag für das Betriebsmittel b im Nutzungsjahr j	[€]
AW_b	– Anschaffungswert des Betriebsmittels b	[€]

Die Verschleißquote für alle Betriebsmittel des Unternehmens ist wie folgt ermittelbar:

$$VQ_{BM} = \frac{\sum_{b=1}^{v} \sum_{j=1}^{l} A_{jb}}{\sum_{b=1}^{v} AW_b} \cdot 100\%$$

VQ_{BM}	– Verschleißquote für alle Betriebsmittel eines Unternehmens	[%]
b	– Index der Betriebsmittel b = 1(1)v	
v	– Gesamtanzahl der Betriebsmittel	[Stück]

Aus der **Verschleißquote** lassen sich Schlussfolgerungen über notwendige Maßnahmen und Zeitpunkte zur Erhaltung bzw. Wiederherstellung der Leistungsfähigkeit ableiten.

2.5 Anlagenwirtschaft
2.5.1 Definition

Anlagenwirtschaft

Die **Anlagenwirtschaft** ist ein Funktionalbereich des Unternehmens.

Ihr Handlungsgegenstand ist das Sachanlagevermögen (Anlagen / Betriebsmittel). Sie sorgt dafür, dass das Unternehmen stets über die Anlagen verfügt, die es zur Erreichung seiner Ziele und zur Erfüllung seiner Aufgaben benötigt.

Dazu bedient sich die Anlagenwirtschaft des Anlagenmanagement: Leitung, Planung, Organisation und Kontrolle der Realisierung der am Anlagenlebenszyklus orientierten Maßnahmenkomplexe und Aktivitätsfelder.

Sie sichert auf diese Weise die zur produktiven Nutzung der Betriebsmittel notwendige Kapazität als quantitatives und qualitatives Kapazitätsangebot.

Die Anlagenwirtschaft verwendet zur Lösung ihrer Aufgaben Informations- und Hilfsmittel sowie Controllingwerkzeuge. Sie verfolgt das Ziel, einen größtmöglichen positiven Beitrag zum Unternehmensergebnis und zur nachhaltigen Unternehmensentwicklung zu leisten (vgl. NEBL, T. / PRÜß, H. [Anlagenwirtschaft] S. 35), (vgl. Bild PW.B.2.(20)).

Die durchzuführenden Maßnahmenkomplexe (MK) gliedern sich in Aktivitätsfelder (AF).

Der Einsatz der Maßnahmenkomplexe und Aktivitätsfelder dient der Anlagenerneuerung. Diese wird notwendig, weil die Nutzung vorhandener Anlagen zur Verringerung des Nutzungsvorrats und zum Anstieg des Verschleißes führt. Das erhöht die Ausfallwahrscheinlichkeit und verschlechtert die Qualitätsfähigkeit der Anlagen.

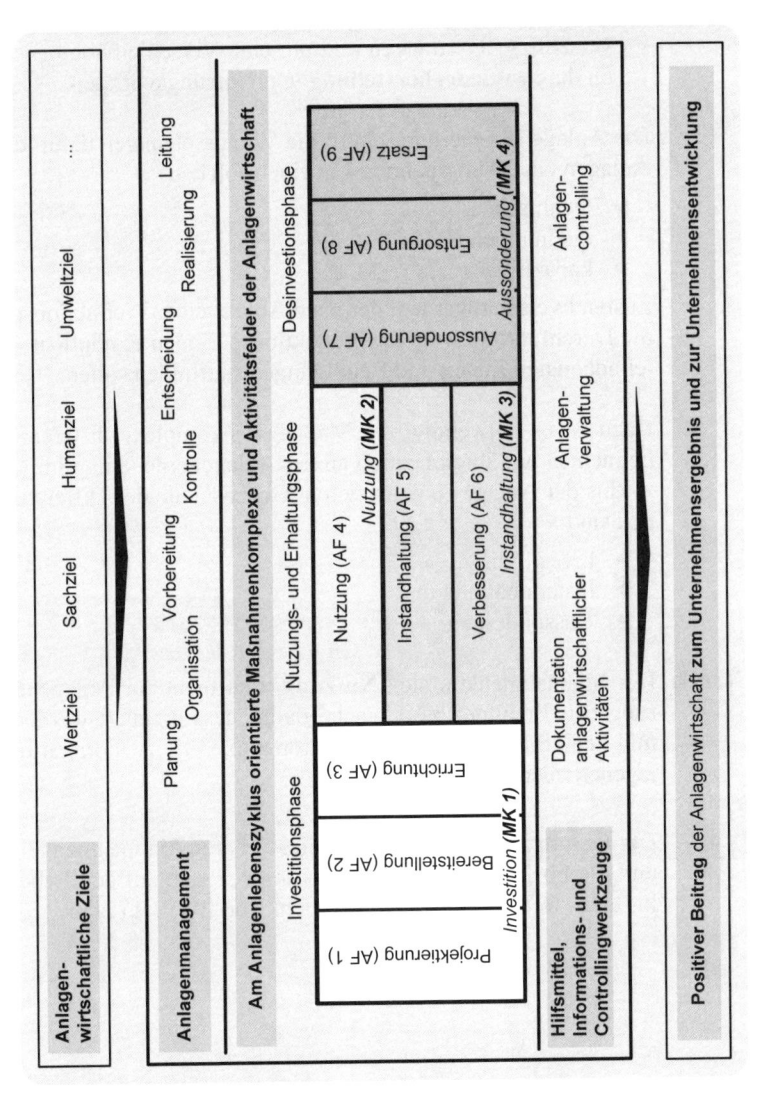

Bild PW.B.2.(20): Aspekte der Anlagenwirtschaft (nach PRÜß, H. [Anlagenwirtschaft] S. 14)

2.5.2 Anlagenerneuerung

Anlagen-reproduktion, -erneuerung

Zur Sicherung der Möglichkeit, dass auf eine beendete Produktionsperiode eine neue mit ähnlichen Bedingungen und Zielen ablaufen kann, ist eine **Anlagenreproduktion** notwendige Voraussetzung. Sie hat die Aufgabe einer **Anlagenerneuerung**. Dabei geht es um die **Wiederbeschaffung** verschlissener Anlagen und um eine Verschleißkompensation durch **Wiederherstellung** von Nutzungsvorräten.

Die Anlagenerneuerung schafft die Voraussetzungen dafür, dass die Anlagen eines Unternehmens in einen solchen

- technischen,
- qualitativen und
- kapazitiven

Zustand versetzt werden, der nach Ablauf einer Produktionsperiode die Durchführung weiterer Produktionsperioden ermöglicht, die unter adäquaten Zielen und Bedingungen stattfinden sollen.

Dazu ist es notwendig, die Maßnahmenkomplexe differenziert zu betrachten und ihren Beitrag an der Anlagenerneuerung im Lebenszyklus der Anlage zu analysieren. Gegenstände der Differenzierungen sind

- Investition,
- Instandhaltung und
- Aussonderung.

Nutzung Der Maßnahmenkomplex **Nutzung** trägt nicht zur Anlagenerneuerung bei. Er bildet die Ursache dafür, dass erneuert werden muss und beeinflusst die Maßnahmenkomplexe, die zu Formen der Anlagenerneuerung werden.

Der Gesamtzusammenhang der einsetzbaren Maßnahmenkomplexe und die Positionierung ihrer Wirkung bezogen auf den Lebenszyklus eines Betriebsmittels verdeutlicht Bild PW.B.2.(21).

Potenzialfaktor Betriebsmittel

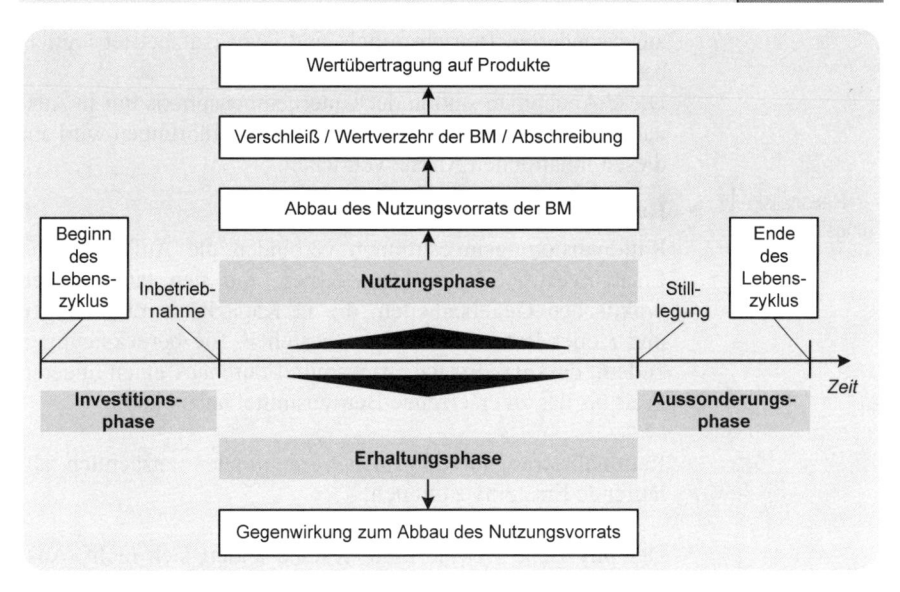

Bild PW.B.2.(21):   *Lebenszyklusphasen eines Betriebsmittels*

Die Investition ist der Oberbegriff für Prozesse, die mit sehr unterschiedlichen Zielstellungen ablaufen. Für alle produktionswirtschaftlich orientierten Investitionen gilt:

> Durch eine **Investition** wird ein Betriebsmittel für den Produktionsprozess beschafft und bereitgestellt. Sie ist der Beginn des Lebenszyklus des Betriebsmittels.

| Investition

Investitionen sind nach ihren darüber hinausgehenden Zielsetzungen zu unterscheiden in:

▶ **Erweiterungsinvestition** (I_{ERW})

    Erweiterungsinvestitionen beschaffen Betriebsmittel. Sie dienen der Erweiterung bzw. der Vergrößerung des vorhandenen Kapazitätsangebots und der Rationalisierung. Gleichzeitig werden der physische Bestand (Stückzahl) an Betriebsmitteln und das Anlagevermögen erhöht. Der Unterschied zur **Neuinvestition** besteht im Investitionszeitpunkt. Neuinvestitionen (I_{NEU}) dienen der Unternehmensgründung.

| Erweiterungsinvestition

▶ **Ersatzinvestition** (I_{ERS})

    Ersatzinvestitionen bezeichnen einen Vorgang, in dem für ein ausgesondertes Betriebsmittel ein neues beschafft wird. Dabei wird von dem theoretischen Konstrukt ausgegangen, dass weder kapazitive Veränderungen noch Rationalisierungseffekte entstehen und keine Unterschiede im Anschaffungspreis des

| Ersatzinvestition

ausgesonderten Betriebsmittels und des Ersatzbetriebsmittels bestehen.

Diese Annahmen sind in der Unternehmenspraxis nur in Ausnahmefällen relevant. In den weiteren Ausführungen wird auf diesen inhaltlichen Ansatz verzichtet.

Rationalisierungsinvestition

▶ **Rationalisierungsinvestition** (I_{RAT})

Rationalisierungsinvestitionen verbinden die Aufgaben, die Ersatzinvestitionen zu lösen haben, mit den tatsächlichen praktischen Gegebenheiten, die in Kapazitätsveränderungen und / oder Rationalisierungen bestehen. Sie berücksichtigen zudem, dass das Ersatzbetriebsmittel durchaus einen anderen Preis als das zu ersetzende Betriebsmittel haben kann.

Rationalisierungsinvestitionen verdeutlichen tatsächlich ablaufende Ersatzinvestitionen.

Der physische Betriebsmittelbestand ändert sich nicht. Ausgesonderte Betriebsmittel werden durch leistungsstärkere Betriebsmittel ersetzt, die in der Regel zu einem Ansteigen des Anlagevermögens führen. Sie sind Gegenstand der weiterführenden Betrachtungen und werden, wie in der Unternehmenspraxis üblich, im Folgenden als Ersatzinvestitionen bezeichnet.

Instandhaltung

Die **Instandhaltung** (IH) hat die Aufgabe, dem Verbrauch des Nutzungsvorrats, dem Verschleiß, entgegenzuwirken.

Im Rahmen der Instandhaltung laufen unterschiedliche Maßnahmen ab. Instandhaltungen sind nach den Teilzielstellungen dieser Maßnahmen zu unterscheiden in:

Inspektion

▶ **Inspektion**
Die Inspektion verfolgt die Aufgabe, den Verbrauch des Nutzungsvorrats zu erkennen.

Wartung

▶ **Wartung**
Die Wartung verfolgt die Aufgabe, den Verbrauch des Nutzungsvorrats zu hemmen.

Instandsetzung

▶ **Instandsetzung**
Die Instandsetzung füllt verbrauchten Nutzungsvorrat wieder auf; sie stellt den Nutzungsvorrat wieder her.

Anlagenverbesserung

▶ **Anlagenverbesserung**
Die Anlagenverbesserung bzw. Modernisierung führt zur Integration neuer technischer Entwicklungen in die Anlage.

Instandsetzung und Anlagenverbesserung sind kaum voneinander zu trennen und werden in der Regel gemeinsam realisiert.

> Die **Aussonderung** (AUS) beendet den Lebenszyklus eines Betriebsmittels.

| Aussonderung

Aus theoretischer Sicht werden
- **situative** (verschleißbedingte) Aussonderungen (AUS$_S$) und
- **konstitutive** (kapazitätsbedingte) Aussonderungen (AUS$_K$)

unterschieden.

Aussonderungen werden vollzogen durch:
- **Verschrottung** | Verschrottung
  Infolge der Verschrottung wird das Betriebsmittel demontiert und entsorgt. Es beendet seinen Lebenszyklus aus betriebswirtschaftlicher und aus volkswirtschaftlicher Sicht. Durch die Zerlegung kommt es zur physischen Vernichtung (Beseitigung) bzw. zum Recycling wieder einsetzbarer Bestandteile.
- **Verkauf** | Verkauf
  Infolge des Verkaufs wird der Lebenszyklus in einem Unternehmen beendet. Daran schließt sich ein weiterer Lebenszyklus in dem Unternehmen an, das das Betriebsmittel kauft. Aus volkswirtschaftlicher Sicht wird das Betriebsmittel weiter genutzt und es bleibt physisch erhalten.

Auch hier kann das Recycling die Grundlage der Weiternutzung darstellen (vgl. Bild PW.B.2.(22)).

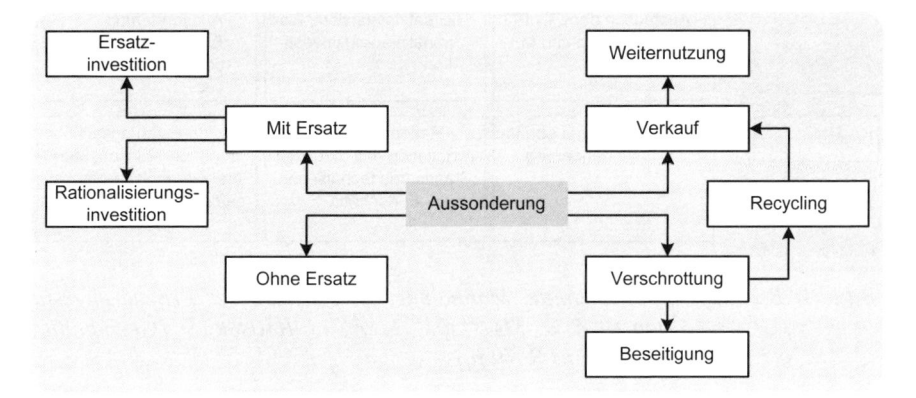

Bild PW.B.2.(22):   Entscheidungsbedarf bei Aussonderungen

Jede Aussonderung reduziert den physischen Anlagenbestand und das Anlagevermögen eines Unternehmens. An eine Aussonderung schließt sich dann eine Ersatzinvestition an, wenn nach dem Ende des Lebenszyklus des ausgesonderten Betriebsmittels auch weiterhin ein entsprechender Kapazitätsbedarf besteht und die erforderlichen finanziellen Ressourcen für den Austausch vorhanden sind.

Im Rahmen der Anlagenerneuerung ist zu definieren, an welchen Objekten relevante Maßnahmenkomplexe oder Aktivitätsfelder wirken sollen.

Stufen der Anlagenerneuerung

Aus dem Blickwinkel des zu erneuernden Objekts sind folgende **Stufen der Anlagenerneuerung** zu unterscheiden:
- Teilerneuerung
- Einzelerneuerung
- Gesamterneuerung

Bild PW.B.2.(23) fasst die Gegenstände, Maßnahmen und Effekte der Stufen der Anlagenerneuerung zusammen.

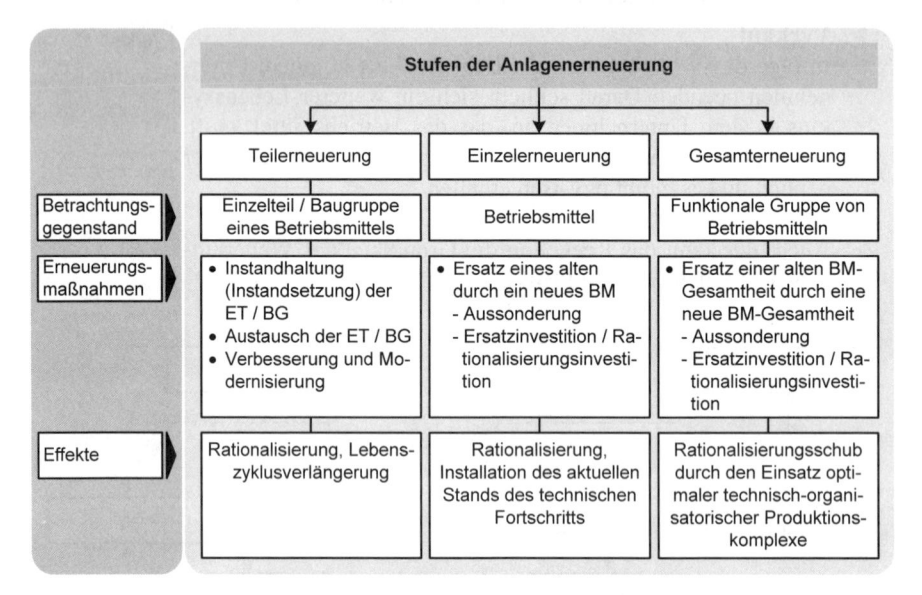

	Stufen der Anlagenerneuerung		
	Teilerneuerung	Einzelerneuerung	Gesamterneuerung
Betrachtungsgegenstand	Einzelteil / Baugruppe eines Betriebsmittels	Betriebsmittel	Funktionale Gruppe von Betriebsmitteln
Erneuerungsmaßnahmen	• Instandhaltung (Instandsetzung) der ET / BG • Austausch der ET / BG • Verbesserung und Modernisierung	• Ersatz eines alten durch ein neues BM - Aussonderung - Ersatzinvestition / Rationalisierungsinvestition	• Ersatz einer alten BM-Gesamtheit durch eine neue BM-Gesamtheit - Aussonderung - Ersatzinvestition / Rationalisierungsinvestition
Effekte	Rationalisierung, Lebenszyklusverlängerung	Rationalisierung, Installation des aktuellen Stands des technischen Fortschritts	Rationalisierungsschub durch den Einsatz optimaler technisch-organisatorischer Produktionskomplexe

Bild PW.B.2.(23): Gegenstände, Maßnahmen und Effekte der Erneuerungsstufen (i. A. a. MATTERNE, K. / TANNHÄUSER, S. [Grundmittelwirtschaft] S. 79 ff.)

Die Anwendungsgebiete der Erneuerungsstufen in Produktionsprozessen lassen sich folgendermaßen systematisieren:

(1) Die **Teilerneuerung** findet an allen Betriebsmitteln aller Organisationsformen der Fertigung statt.

(2) Die **Einzelerneuerung** findet ihr Hauptanwendungsgebiet in der verfahrensspezialisierten Fertigung, aber auch in klassi-

schen gegenstandsspezialisierten Organisationsformen der Fertigung mit einem eher geringen Kontinuitätsniveau.

(3) Die **Gesamterneuerung** besitzt ihren Wirkungsbereich insbesondere in modernen gegenstandsspezialisierten Organisationsformen mit einem hohen Grad der Mechanisierung, Automatisierung und der Anlagenverkettung sowie einem hohen Kontinuitätsniveau.

2.5.3 Komplexität

Die **Komplexität** der Anlagenwirtschaft wird durch die **Anzahl ihrer Elemente**, die **Vielfalt der Elemente**, die **Zahl der Beziehungen** zwischen den Elementen, die **Verschiedenartigkeit der Beziehungen** und die **Ungewissheit über** die **Veränderung** dieser Größen im Zeitablauf bestimmt (vgl. MILDENBERGER, U. [Produktionsnetzwerke] S. 72). | Komplexität der Anlagenwirtschaft

Die Ursache dafür besteht in einer

- unüberschaubaren **Anzahl von Varianten** möglicher Handlungsoptionen,
- **wachsenden Dynamik** der Produkt- und Prozessentwicklung,
- **hohen Variabilität** wichtiger unternehmerischer Parameter und
- **Unsicherheit** bezüglich der Prognostizierbarkeit zukünftiger **Entwicklungstendenzen**.

Die wesentliche **Folge der Komplexität** besteht in der **Intransparenz**. Besondere Gesichtspunkte bilden dabei die Intransparenz | Intransparenz

- der Informationen zu einem Problem,
- der Vielfalt wirkender Einflussgrößen auf ein Problem,
- der Kausalität von Wirkungszusammenhängen eines Problems,
- der zu erwartenden Effekte der Problemlösung und
- des Gesamtproblems für die Akteure, die die Problemlösung betreiben.

Die Komplexität (und die damit verbundene Intransparenz) der Anlagenwirtschaft dokumentiert sich insbesondere in den vorhandenen Wechselbeziehungen.

Diese lassen sich in drei Ebenen strukturieren. Die Interdependenzen bestehen zwischen

(1) **ihren** Maßnahmenkomplexen und **Aktivitätsfeldern**,
(2) **den Aktivitätsfeldern** der Anlagenwirtschaft **und** den **anderen Funktionalbereichen** des Unternehmens sowie
(3) der **Anlagenwirtschaft und** der **Unternehmensumwelt**.

Innere und äußere Komplexität

> Die Wechselbeziehungen zwischen den Maßnahmenkomplexen und den Aktivitätsfeldern der Anlagenwirtschaft verdeutlichen deren **innere Interdependenz**.
>
> Die Wechselbeziehungen zwischen den Aktivitätsfeldern der Anlagenwirtschaft und den anderen Funktionalbereichen des Unternehmens und zur Unternehmensumwelt verdeutlichen deren **äußere Interdependenz**.
>
> Die inneren und äußeren Interdependenzen der Anlagenwirtschaft sind Ausdruck ihrer **inneren und äußeren Komplexität**.
>
> Infolge der **inneren Komplexität** der Anlagenwirtschaft sind die Aktivitätsfelder in gewissen Grenzen **substituierbar**.

Die Wechselbeziehungen zwischen den Maßnahmenkomplexen Investition, Instandhaltung, Nutzung und Aussonderung werden in Bild PW.B.2.(24) dargestellt und nachfolgend erläutert.

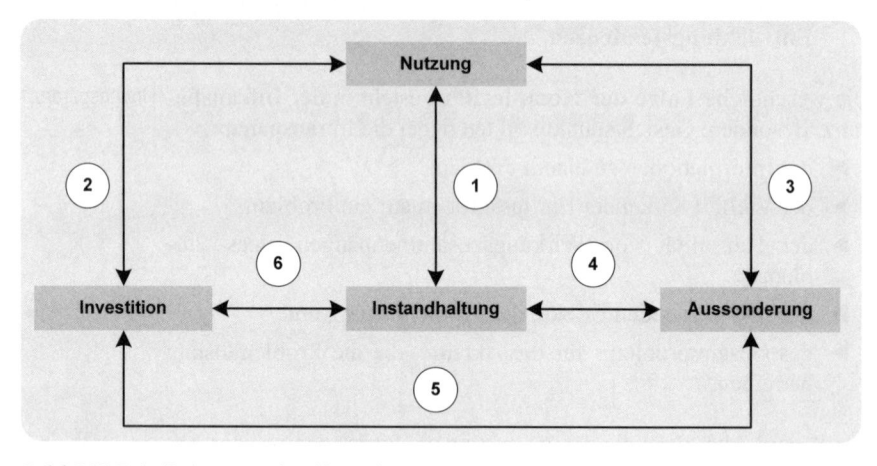

Bild PW.B.2.(24): *Wechselbeziehungen zwischen den Maßnahmenkomplexen der Anlagenwirtschaft*

▶ **Beziehung (1) Nutzung – Instandhaltung**

- Nutzung der Betriebsmittel bedeutet Wertverzehr und Wertübertragung auf die produzierten Produkte. Mit dem Wertverzehr wird der Instandhaltungsbedarf (quasi als Gegengewicht zum Wertverzehr) definiert.
- Instandhaltung ist Voraussetzung für weitere Nutzung. Instandhaltungszeiten schränken aber Nutzungszeiten ein.

▶ **Beziehung (2) Nutzung – Investition**

- Eine Erhöhung der extensiven und intensiven Nutzung der Betriebsmittel verringert den Bedarf an Erweiterungsinvestitionen auf Kosten eines Verschleißanstiegs. Daraus resultieren alternativ:
    - Bedarfsanstieg nach Ersatzinvestitionen bzw. Rationalisierungsinvestitionen
    - Wie unter (1) charakterisiert, ein Bedarfsanstieg nach Instandhaltungen
- Reichen die vorhandenen Kapazitäten trotz hoher Nutzung nicht aus, um den Bedarf nach Produkten / Leistungen zu befriedigen, zwingt das neben der Steigerung der Betriebsmittelnutzung zu Erweiterungs- bzw. Rationalisierungsinvestitionen.

▶ **Beziehung (3) Nutzung – Aussonderung**

- Nutzung bedeutet Verschleiß und Wertverzehr. Sie hat somit einerseits Einfluss auf den Gütegrad eines Betriebsmittels, also auf seine Funktionsfähigkeit und seine Fähigkeit im Produktionsprozess vorgegebene Qualitätsparameter zu erfüllen und andererseits auf seine Lebensdauer, also den Zeitpunkt der Aussonderung.
- Freie, nicht nutzbare Betriebsmittel sind durch Aussonderungen aus dem Produktionsprozess zu entfernen.

▶ **Beziehung (4) Instandhaltung – Aussonderung**

- Durch Instandhaltung kann der Aussonderungszeitpunkt verzögert werden.
- Diese möglicherweise vorhandene Absicht wird dadurch eingeschränkt, dass damit zusätzliche Kosten entstehen. Dabei ist die Beachtung eines kostenoptimalen Aussonderungszeitpunkts von Bedeutung.

▶ **Beziehung (5) Investition – Aussonderung**
- Die Beendigung des Lebenszyklus eines Betriebsmittels durch Aussonderung erfordert eine Ersatzinvestition, wenn nach wie vor ein kapazitiver Bedarf nach dem ausgesonderten Betriebsmittel vorliegt.
- Ein steigendes Aussonderungsvolumen muss mit einem entsprechend steigenden Volumen an Ersatzinvestitionen gekoppelt werden. Bei begrenzten finanziellen Budgets hat das nachhaltige Auswirkungen für die Durchführbarkeit von Erweiterungsinvestitionen.

▶ **Beziehung (6) Investition – Instandhaltung**
- Steigende Aufwendungen für Ersatzinvestitionen reduzieren den Instandhaltungsbedarf an den ersetzten Betriebsmitteln.
- Steigende Instandhaltungsaufwendungen reduzieren den Bedarf an Ersatzinvestitionen.
  - ⬆ I_{ERS} → ⬇ IH
  - ⬇ I_{ERS} → ⬆ IH
- Die Ursache für diese Tendenzen liegt darin begründet, dass beide Maßnahmen dem Wertverzehr entgegenwirken. Bezogen auf die Gesamtmasse der Betriebsmittel eines Unternehmens kann ein Quantum Wertverzehr sowohl (alternativ oder gemeinsam) durch Instandhaltung als auch durch Ersatzinvestitionen kompensiert werden.
- Erweiterungsinvestitionen infolge erhöhten Kapazitätsbedarfs vergrößern den Bestand an Betriebsmitteln und verbreitern damit das Aufgabenfeld der Instandhaltung. Infolgedessen steigt der Instandhaltungsaufwand.

Dasselbe Ziel der Anlagenerneuerung kann mit unterschiedlichen Einzelmaßnahmen oder Kombinationen aus ihnen erreichbar sein.

> In Abhängigkeit von der konkreten **Unternehmenssituation**, den wirkenden **Umweltbedingungen** und den verfolgten **Strategien sind gleichartige Reproduktionsziele mit unterschiedlichen Erneuerungsmaßnahmen erreichbar**.
>
> Die **äußere Komplexität** der Anlagenwirtschaft verdeutlicht einerseits die durch die Anlagenwirtschaft **für die Funktionalbereiche des Unternehmens verfolgten Ziele** sowie die Rückkoppelungen der Funktionalbereiche auf die Anlagenwirtschaft. Andererseits definiert sie die **Stellung der Anlagenwirtschaft im System der** auf das Unternehmen einwirkenden **Umweltfaktoren**.

Eine Wechselbeziehung bzw. ein Wirkungszusammenhang ist durch folgende **Merkmale** gekennzeichnet:
- ▶ **Richtung der Beziehung** zwischen zwei Elementen (Element 1 beeinflusst Element 2 und / oder umgekehrt)
- ▶ Art bzw. **Richtung der Wirkung**
  - Gleichgerichtete bzw. verstärkende Wirkung
  - Entgegen gerichtete bzw. abschwächende Wirkung
  - Unabhängige bzw. neutrale Wirkung
- ▶ **Intensität der Beziehung**
  - Starke Beziehung
  - Mittlere Beziehung
  - Schwache Beziehung
- ▶ **Zeithorizont der Wirkung**
  - Kurzfristige Wirkung
  - Mittelfristige Wirkung
  - Langfristige Wirkung

Folgende Darstellung (Bild PW.B.2.(25)) verdeutlicht die bewerteten Wechselbeziehungen zwischen den Aktivitätsfeldern der Anlagenwirtschaft.

Die Stärke der Verbindungslinien zwischen den Aktivitätsfeldern dokumentiert die Bewertung der Beziehungen. Durch verschieden starke Richtungspfeile wird verdeutlicht, dass die Wirkungen zwischen zwei Aktivitätsfeldern in einer Richtung stärker als in der anderen sind. Damit werden die **Wirkungszusammenhänge** analysiert und dargestellt. Sie sind Kriterien für die Gültigkeit der inneren Komplexität der Anlagenwirtschaft.

> Die **Anlagenwirtschaft** ist ein **komplexer Prozess**, in den alle beschriebenen Maßnahmen zur Erneuerung der Betriebsmittel integriert sind.

Folgende Merkmale kennzeichnen die **Komplexität** der **Anlagenwirtschaft**:

Das Vorhandensein von **Zusammenhängen und Wechselbeziehungen** zwischen den einzelnen einsetzbaren Maßnahmekomplexen und ihren Wirkungen während des Lebenszyklus eines Betriebsmittels.

Die Berücksichtigung dieses Wissens bei der Gestaltung eines alle Maßnahmenkomplexe **übergreifenden dispositiven Prozesses der Anlagenerneuerung**. Dabei gilt es besonders, **eine isolierte Betrachtung** jedes einzelnen Maßnahmenkomplexes in Form einer Ressortplanung **zu vermeiden**.

Merkmale der Komplexität der Anlagenwirtschaft

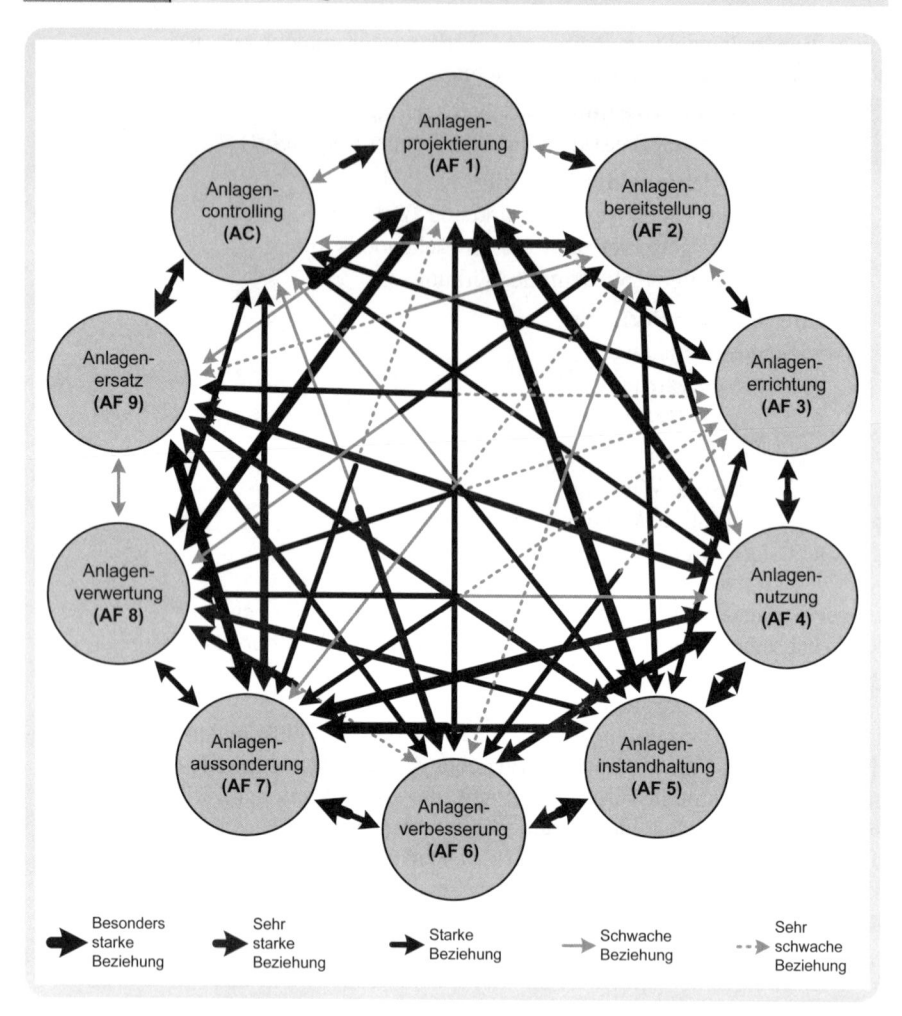

Bild PW.B.2.(25): Wechselbeziehungen zwischen den Aktivitätsfeldern der Anlagenwirtschaft (i. A. a. MÄNNEL, W. *[Anlagencontrolling]* S. 41)

▶ Das Erkennen und Nutzen der **Substituierbarkeit** der Einzelmaßnahmen der Anlagenerneuerung.

▶ Die Gestaltung einer **optimalen Kombination** der Einzelmaßnahmen zur Sicherung einer Anlagenerneuerung, die bestmöglich zur Wirtschaftlichkeitsentwicklung des Unternehmens beiträgt.

▶ Die Berücksichtigung der **Anlagennutzung** und des **Verschleißzustands** zur sinnvollen Auswahl von Einzelmaßnahmen und Maßnahmenkombinationen.

Der Beitrag der Anlagenwirtschaft zur **Wirtschaftlichkeit** eines Unternehmens ist nur dann maximierbar, wenn die **Komplexität** gesichert und im Prozess der Planung der Anlagenerneuerung umgesetzt wird.

2.5.4 Erneuerungsstrategien

Die Auswahl **anlagenwirtschaftlicher Erneuerungsstrategien** geschieht als Reaktion auf vorhandene und sich ändernde Umweltbedingungen des Unternehmens. | Erneuerungsstrategien

Die Umweltbedingungen sind besonders bestimmt durch

die gegebene Situation bzw. den Zustand, in dem sich die vorhandenen Anlagen befinden (entsteht als Ergebnis langfristiger Prozesse der Anlagenerneuerung, die in der Vergangenheit abgelaufen sind) und

sich verändernde Bedingungen auf Beschaffungs-, Absatz- und Finanzmärkten.

Die Gestaltung unterschiedlicher Erneuerungsstrategien besitzt zwei **Zielkomponenten**: | Zielkomponenten von Erneuerungsstrategien

(1) **Kapazitätskomponente**

Hier ist bei der Strategiewahl zu entscheiden, ob
- ein **Abbau** nicht benötigter Kapazität erfolgen soll,
- der **Erhalt** der vorhandenen Kapazität anzustreben ist oder
- eine **Erweiterung** der vorhandenen Kapazität zu realisieren ist.

(2) **Zustandskomponente**

Hier ist bei der Strategiewahl zu entscheiden, ob eine
- **vollständige Verschleißkompensation** zu betreiben ist oder
- **unvollständige Verschleißkompensation** akzeptiert werden soll (der Verschleiß wird dabei durch kumulierte Abschreibungen gemessen).

In jeder Erneuerungsstrategie ist sowohl die **Kapazitäts-** als auch die **Zustandskomponente** zu gestalten. | Kapazitäts-, Zustandskomponente

Daraus folgt, dass jede **Erneuerungsstrategie immer eine Kombination aus Entscheidungen über die Kapazitäts- und Zustandsgestaltung** darstellt.

Die möglichen Kombinationen sind in Bild PW.B.2.(26) zusammengefasst.

Vollständigkeit der Kompensation des Verschleißes	Umfang der erhaltenen bzw. bereitgestellten Kapazität		
	Abbau der Kapazität $AUS_K > 0$, $I_{ERW} = 0$	Erhalt der Kapazität $AUS_K = 0$, $I_{ERW} = 0$	Erweiterung der Kapazität $AUS_K = 0$, $I_{ERW} > 0$
Vollständige Erneuerung $ERN = V = AS$	Vollständige reduzierte Anlagenerneuerung	Vollständige einfache Anlagenerneuerung	Vollständige erweiterte Anlagenerneuerung
Unvollständige Erneuerung $ERN < V = AS$	Unvollständige reduzierte Anlagenerneuerung	Unvollständige einfache Anlagenerneuerung	Unvollständige erweiterte Anlagenerneuerung

AS – Abschreibung, AUS_k – Konstitutive Aussonderung, ERN – Erneuerung, I_{ERW} – Erweiterungsinvestition, V – Verschleiß.

Bild PW.B.2.(26): Kombinierte Erneuerungsstrategien (nach NEBL, T. / PRÜß, H. [Anlagenwirtschaft] S. 53)

Aus Gründen der praktischen Anwendbarkeit und einer sinnvollen Reduktion der Strategieoptionen kann auf die **unvollständige erweiterte Anlagenerneuerung** verzichtet werden, da sie sich durch Abgrenzung der Betriebsabschnitte in eine

- ▶ unvollständige einfache Anlagenerneuerung und eine
- ▶ vollständige einfache Anlagenerneuerung

aufgliedern lässt.

Auf eine Differenzierung zwischen der **vollständigen** und der **unvollständigen reduzierten Anlagenerneuerung** kann ebenfalls verzichtet werden, da eine eindeutige Unterscheidung situativer und konstitutiver Aussonderungen praktisch kaum möglich ist und in den Unternehmen auch nicht betrieben wird.

Die verbleibende Variante ist eine aus kapazitiver Sicht **reduzierte Anlagenerneuerung**.

Strategieoption der Anlagenwirtschaft	Jede **Strategieoption der Anlagenwirtschaft** unterscheidet sich von anderen Strategieoptionen durch ihre Zielstellung und die zur Realisierung der Zielstellung eingesetzten Maßnahmenkomplexe und Aktivitätsfelder sowie in der Art und Weise der Ausgestaltung des wertmäßigen Verhältnisses der Erneuerungsmaßnahmen.

Bild PW.B.2.(27) fasst diese Ansätze zusammen.

Erneuerungsstrategien der Anlagenwirtschaft

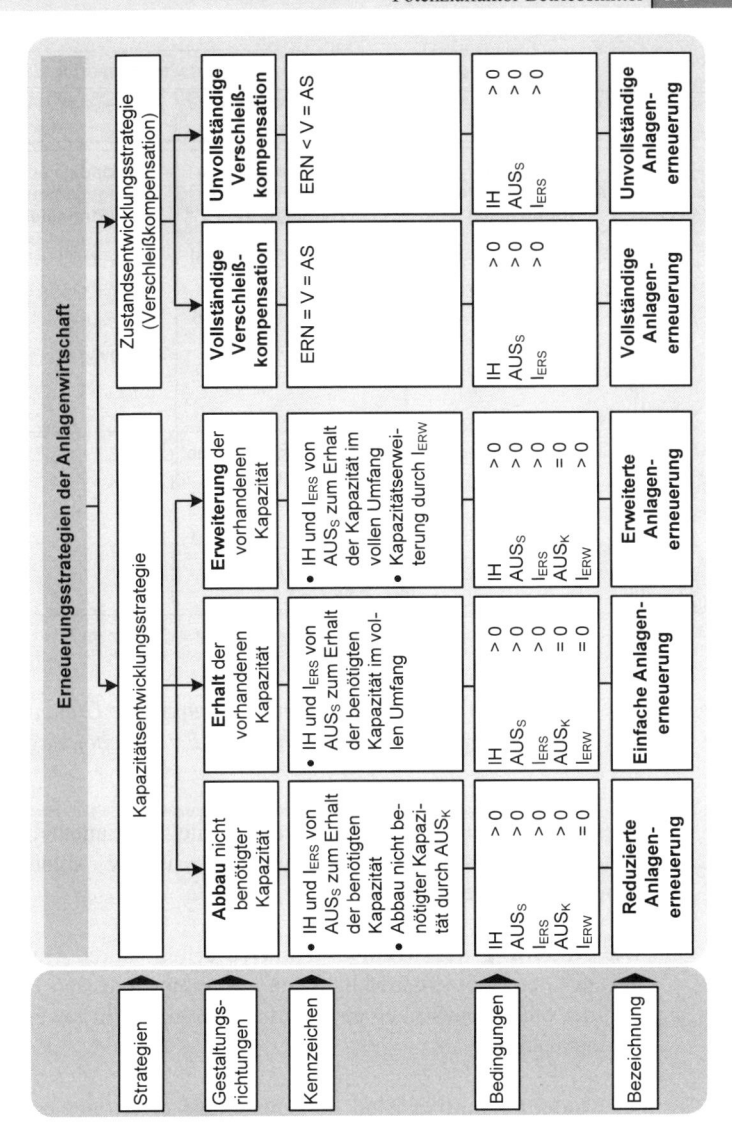

	Kapazitätsentwicklungsstrategie			Zustandsentwicklungsstrategie (Verschleißkompensation)	
Strategien					
Gestaltungs-richtungen	Abbau nicht benötigter Kapazität	Erhalt der vorhandenen Kapazität	Erweiterung der vorhandenen Kapazität	Vollständige Verschleiß-kompensation	Unvollständige Verschleiß-kompensation
Kennzeichen	• IH und I_{ERS} von AUS_S zum Erhalt der benötigten Kapazität • Abbau nicht benötigter Kapazität durch AUS_K	• IH und I_{ERS} von AUS_S zum Erhalt der benötigten Kapazität im vollen Umfang	• IH und I_{ERS} von AUS_S zum Erhalt der Kapazität im vollen Umfang • Kapazitätserweiterung durch I_{ERW}	$ERN = V = AS$	$ERN < V = AS$
Bedingungen	IH > 0 $AUS_S > 0$ $I_{ERS} > 0$ $AUS_K > 0$ $I_{ERW} = 0$	IH > 0 $AUS_S > 0$ $I_{ERS} > 0$ $AUS_K = 0$ $I_{ERW} = 0$	IH > 0 $AUS_S > 0$ $I_{ERS} > 0$ $AUS_K = 0$ $I_{ERW} > 0$	IH > 0 $AUS_S > 0$ $I_{ERS} > 0$	IH > 0 $AUS_S > 0$ $I_{ERS} > 0$
Bezeichnung	Reduzierte Anlagen-erneuerung	Einfache Anlagen-erneuerung	Erweiterte Anlagen-erneuerung	Vollständige Anlagen-erneuerung	Unvollständige Anlagen-erneuerung

Bild PW.B.2.(27): Kapazitäts- und zustandsorientierte Erneuerungsstrategien der Anlagenwirtschaft

Für jede Strategie der Anlagenerneuerung lassen sich für langfristige Betrachtungen aus den sinnvollerweise zu gestaltenden wertmäßigen Verhältnisgrößen der Erneuerungsmaßnahmen Gleichgewichtsbeziehungen ableiten. Diese werden in Bild PW.B.2.(28) dargestellt.

Vollständigkeit der Kompensation des Verschleißes	Umfang der erhaltenen bzw. bereitgestellten Kapazität		
	Abbau der Kapazität $I_{ERW} = 0$; $AUS_K > 0$	Erhalt der Kapazität $I_{ERW} = 0$; $AUS_K = 0$	Erweiterung der Kapazität $I_{ERW} > 0$; $AUS_K = 0$
Vollständige Erneuerung $ERN = V = AS$	**Reduzierte Anlagenerneuerung (Strategie 2)** Gleichgewichtsbedingung: $\Sigma AS = \Sigma AUS > \Sigma I_{ERS}$ $\gtreqless \Sigma IH \, (> \Sigma I_{ERW} = 0)$	**Vollständige einfache Anlagenerneuerung (Strategie 1)** Gleichgewichtsbedingung: $\Sigma AS = \Sigma AUS = \Sigma I_{ERS}$ $> \Sigma IH \, (> \Sigma I_{ERW} = 0)$	**Vollständige erweiterte Anlagenerneuerung (Strategie 4)** Gleichgewicht ($I_{ERW} < I_{ERS}$): $\Sigma AS = \Sigma AUS = \Sigma I_{ERS}$ $> \Sigma I_{ERW} \gtreqless \Sigma IH$ Gleichgewicht ($I_{ERW} > I_{ERS}$): $\Sigma I_{ERW} > \Sigma AS = \Sigma AUS$ $= \Sigma I_{ERS} > \Sigma IH$
Unvollständige Erneuerung $ERN < V = AS$		**Unvollständige einfache Anlagenerneuerung (Strategie 3)** Gleichgewichtsbedingung: $\Sigma AS > \Sigma AUS > \Sigma I_{ERS}$ $\gtreqless \Sigma IH \, (> \Sigma I_{ERW} = 0)$	

AS – Abschreibung, AUS – Aussonderung, AUS_K – Konstitutive Aussonderung, AUS_S – Situative Aussonderung, ERN – Erneuerung, I_{ERS} – Ersatzinvestition, I_{ERW} – Erweiterungsinvestition, IH – Instandhaltung, V – Verschleiß

Bild PW.B.2.(28): *Strategien der Anlagenerneuerung und ihre Gleichgewichtsbeziehungen (vgl. dazu auch* NEBL, T. *[Entscheidungsmodell] S. 97 ff.)*

Die Gleichgewichtsbedingungen der Strategievarianten der Anlagenerneuerung sind die Ausgangspunkte für die Ableitung von Modellnormativen.

Die **Ableitung der Modellnormative** erfolgt durch Umformung der zu Gleichgewichtsbedingungen zusammengefassten Proportionen der einzelnen Strategien und die Darstellung in jeweils **einem** Formelausdruck.

Modell-normative | **Modellnormative** sind Zusammenfassungen gewonnener theoretischer Erkenntnisse über wertmäßige Proportionen, die zwischen den Maßnahmenkomplexen der Anlagenerneuerung sowie den Abschreibungen (die den Verschleiß und damit die Notwendigkeit der Anlagenerneuerung dokumentieren) unter Berücksichtigung von Strategievarianten der Anlagenwirtschaft bestehen.

Bild PW.B.2.(29) stellt die Modellnormative der Strategievarianten dar.

Vollständigkeit der Kompensation des aufgetretenen Verschleißes	Umfang der erhaltenen bzw. bereitgestellten Kapazität			
	Abbau der betrieblichen Kapazität durch konstitutive Aussonderungen $AUS_K > 0$, $I_{ERW} = 0$	Erhalt der betrieblichen Kapazität in vollem Umfang $AUS_K = 0$, $I_{ERW} = 0$		Erweiterung der betrieblichen Kapazität $AUS_K = 0$, $I_{ERW} > 0$
Vollständige Erneuerung $ERN = V = AS$	**Reduzierte Anlagenerneuerung (Strategie 2)** • **Modellnormativ 2a** ($IH < I_{ERS}$): $\frac{\Sigma AS \mid \Sigma AUS}{\Sigma IH} > \frac{\Sigma AS \mid \Sigma AUS}{\Sigma I_{ERS}} > 1$ • **Modellnormativ 2b** ($IH = I_{ERS}$): $\frac{\Sigma AS \mid \Sigma AUS}{\Sigma IH} = \frac{\Sigma AS \mid \Sigma AUS}{\Sigma I_{ERS}} > 1$ • **Modellnormativ 2c** ($IH > I_{ERS}$): $\frac{\Sigma AS \mid \Sigma AUS}{\Sigma I_{ERS}} > \frac{\Sigma AS \mid \Sigma AUS}{\Sigma IH} > 1$	**Vollständige einfache Anlagenerneuerung (Strategie 1)** • **Modellnormativ 1**: $\frac{\Sigma AS \mid \Sigma AUS \mid \Sigma I_{ERS}}{\Sigma IH} > 1$		**Vollständige erweiterte Anlagenerneuerung (Strategie 4)** • **Modellnormativ 4.1a** ($I_{ERS} > I_{ERW} > IH$): $\frac{\Sigma AS \mid \Sigma AUS \mid \Sigma I_{ERS}}{\Sigma IH} > \frac{\Sigma AS \mid \Sigma AUS \mid \Sigma I_{ERS}}{\Sigma I_{ERW}} > 1$ • **Modellnormativ 4.1b** ($I_{ERS} > I_{ERW} = IH$): $\frac{\Sigma AS \mid \Sigma AUS \mid \Sigma I_{ERS}}{\Sigma IH} = \frac{\Sigma AS \mid \Sigma AUS \mid \Sigma I_{ERS}}{\Sigma I_{ERW}} > 1$ • **Modellnormativ 4.1c** ($I_{ERS} > IH > I_{ERW}$): $\frac{\Sigma AS \mid \Sigma AUS \mid \Sigma I_{ERS}}{\Sigma I_{ERW}} > \frac{\Sigma AS \mid \Sigma AUS \mid \Sigma I_{ERS}}{\Sigma IH} > 1$ • **Modellnormativ 4.2** ($I_{ERS} < I_{ERW}$): $\frac{\Sigma AS \mid \Sigma AUS \mid \Sigma I_{ERS}}{\Sigma IH} > 1 > \frac{\Sigma AS \mid \Sigma AUS \mid \Sigma I_{ERS}}{\Sigma I_{ERW}}$
Unvollständige Erneuerung $ERN < V = AS$		**Unvollständige einfache Anlagenerneuerung (Strategie 3)** • **Modellnormativ 3a** ($AS > I_{ERS} > IH$): $\frac{\Sigma AS}{\Sigma IH} > \frac{\Sigma AUS \mid \Sigma AS}{\Sigma I_{ERS}} > 1$ • **Modellnormativ 3b** ($AS > I_{ERS} = IH$): $\frac{\Sigma AS}{\Sigma IH} = \frac{\Sigma AUS \mid \Sigma AS}{\Sigma I_{ERS}} > 1$ • **Modellnormativ 3c** ($AS > IH > I_{ERS}$): $\frac{\Sigma AS}{\Sigma AUS \mid \Sigma I_{ERS}} > \frac{\Sigma AS}{\Sigma IH} > 1$ • **Modellnormativ 3d** ($IH > AS > I_{ERS}$): $\frac{\Sigma AS}{\Sigma AUS \mid \Sigma I_{ERS}} > 1 > \frac{\Sigma AS}{\Sigma IH}$		

AS – Abschreibungen, AUS – Aussonderungen, AUS_K – Konstitutive Aussonderungen, AUS_S – Situative Aussonderungen, ERN – Erneuerungen, I_{ERS} – Ersatzinvestition, I_{ERW} – Erweiterungsinvestition, IH – Instandhaltung, V – Verschleiß

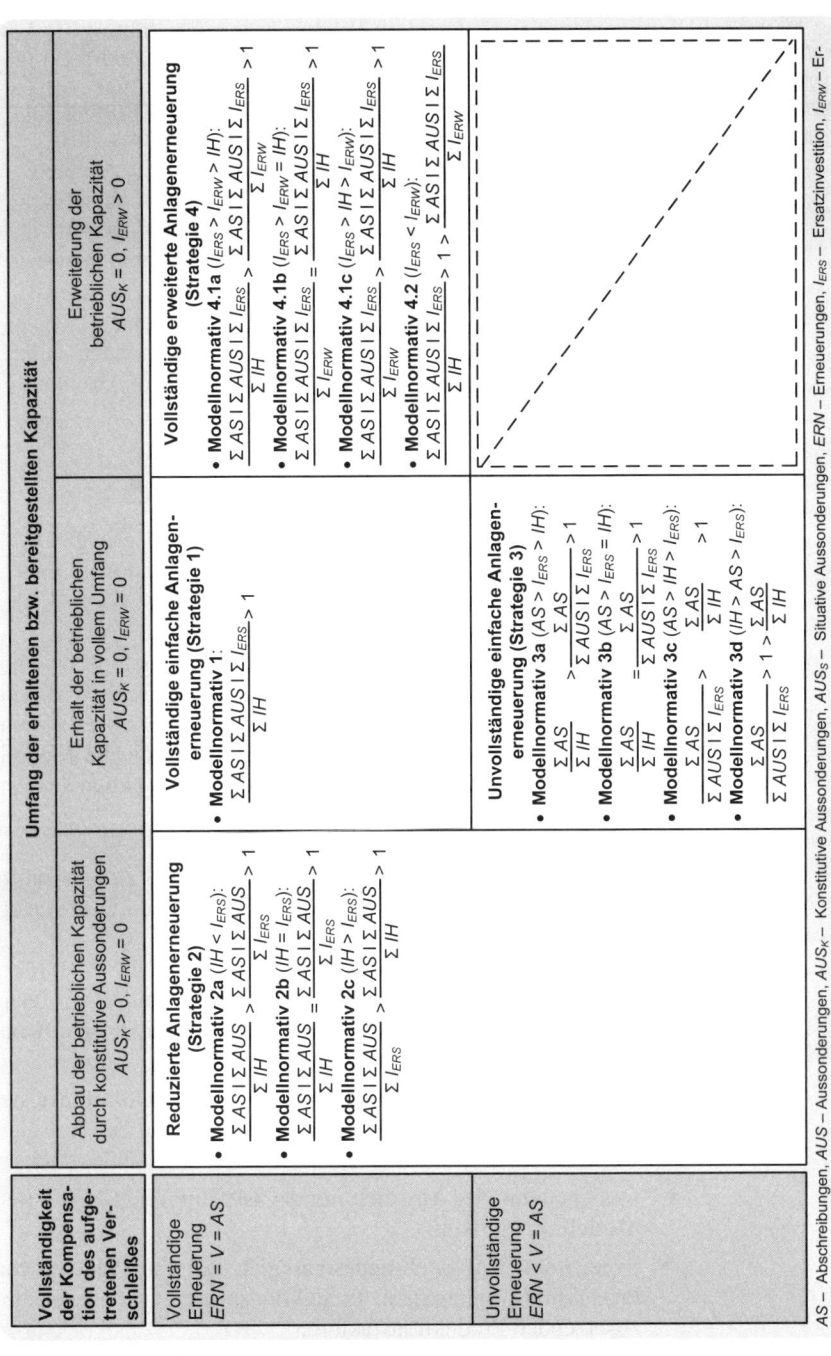

Bild PW.B.2.(29):   Systematik der Modellnormative (vgl. NEBL, T. / PRÜß, H. [Anlagenwirtschaft] S. 332)

Wirkungs-zusammenhang von Maßnahmen der Anlagenwirtschaft	Diese basieren auf folgendem **Wirkungszusammenhang** (i. A. a. MATTERNE, K. / TANNHÄUSER, S. [Grundmittelwirtschaft] S. 113):

> Ein Anstieg des **Anteils der Erweiterungsinvestitionen** am Investitionsbudget **führt zu** einem **Absinken** des realisierbaren Anteils **der Ersatzinvestitionen und** damit zu einem Absinken **des Aussonderungsvolumens**. Die nicht durch Ersatzinvestitionen realisierbare Verschleißkompensation muss durch Instandhaltungsmaßnahmen übernommen werden, die weniger produktiv sind. Ein Absinken des Anteils der Erweiterungsinvestitionen führt zur Steigerung des Ersatzinvestitionsanteils am Budget und damit verbunden zum Anstieg des Aussonderungsvolumens und zum Absinken des notwendigen Instandhaltungsaufwands.
>
> $\uparrow I_{ERW} \rightarrow \downarrow I_{ERS} \rightarrow \downarrow AUS \rightarrow \uparrow IH$
> $\downarrow I_{ERW} \rightarrow \uparrow I_{ERS} \rightarrow \uparrow AUS \rightarrow \downarrow IH$

Modell-normativ-erfüllung	Die **Modellnormativerfüllung** bzw. die Annäherung tatsächlicher Werte an die Modellnormative wirkt positiv auf die Produktivitätsentwicklung der Unternehmen.

Die Modellnormative dienen im Planungsprozess als top-down abgeleitete Orientierungsgrößen. Sie sollen ihre praktische Wirksamkeit entfalten, indem die Festlegung des Budget der zu realisierenden Maßnahmenkomplexe so erfolgt, dass die durch die Modellnormative ausgedrückten theoretischen, langfristig geltenden Anforderungen erfüllt werden.

Der Planungsprozess für kurz- und mittelfristige Zeitabschnitte muss als Iterationsprozess zur Annäherung an die theoretisch erforderlichen Proportionen gestaltet werden.

Es ist davon auszugehen, dass jedes Unternehmen seine eigene **Ausgangssituation** für die Gestaltung der **Anlagenwirtschaft** besitzt. Diese ist gekennzeichnet durch:

- ▶ Vorhandene **Istproportionen** der **Maßnahmekomplexe** der Anlagenerneuerung, die infolge der Gestaltung der Anlagenwirtschaft in abgelaufenen Zeitabschnitten entstanden sind
- ▶ Das Quantum der **Abweichung** der **Istproportionen von den Modellnormativen**
- ▶ Spezifische **Unternehmensstrategien** zur Entwicklung von Produktionsprogrammen, Produktionsprozessen und der einzusetzenden Produktionsfaktoren

Die Modellnormative, die ermittelten Istproportionen und die Unternehmensstrategie bestimmen **Richtgrößen**, die unternehmensspezifisch sind und den Fahrplan zur Annäherung von **Planproportionen** und Modellnormativen charakterisieren.

| Richtgrößen

| Planproportionen

Dieser Zusammenhang wird in Bild PW.B.2.(30) dargestellt.

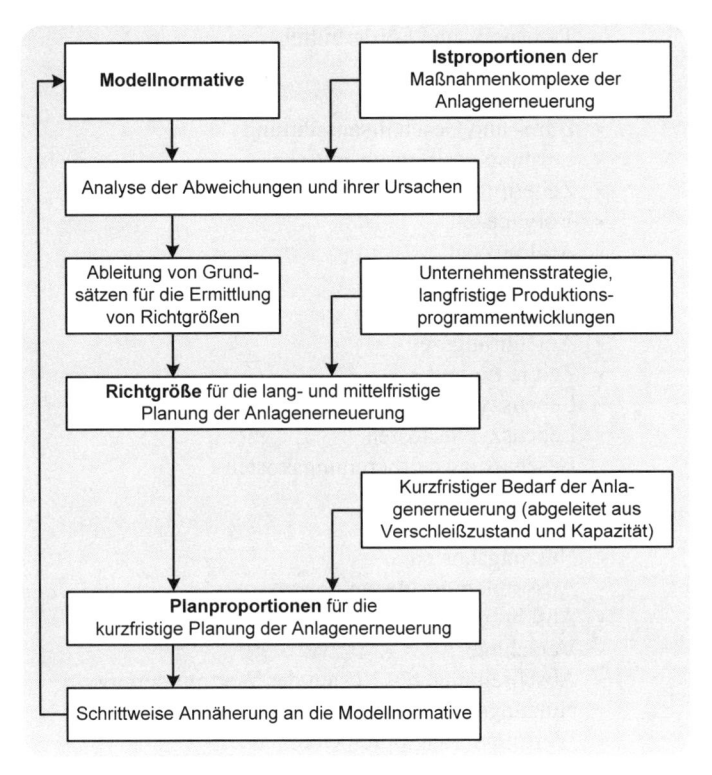

Bild PW.B.2.(30): Bedeutung der Modellnormative für die Anlagenwirtschaft und die Planung der Anlagenerneuerung

I. Begriffe zur Selbstüberprüfung

- ✓ Betriebsmittel
- ✓ Arten von Betriebsmitteln
- ✓ Grundstücke und Gebäude
- ✓ Ver- und Entsorgungsanlagen
- ✓ Maschinen und maschinelle Anlagen
- ✓ Werkzeuge und Vorrichtungen
- ✓ Transport- und Fördermittel
- ✓ Lagereinrichtungen
- ✓ Mess- und Prüfmittel
- ✓ Büro- und Geschäftsausstattung
- ✓ Leistung des Betriebsmittels
- ✓ Zeitermittlung für Betriebsmittel
- ✓ Vorgabezeit
- ✓ Auftragszeit
- ✓ Belegungszeit
- ✓ Rüstzeit
- ✓ Ausführungszeit
- ✓ Zeit je Einheit
- ✓ Lebenszyklus einer Anlage
- ✓ Lebenszykluskosten
- ✓ Beschaffungsvorbereitungskosten
- ✓ Beschaffungskosten
- ✓ Verfügbarkeitskosten
- ✓ Nutzungskosten
- ✓ Aussonderungskosten
- ✓ Abschreibungen
- ✓ Verschleiß
- ✓ Abschreibungen – Kosten der Wertminderung
- ✓ Nutzungs- und zeitbedingte Wertminderung
- ✓ Wertminderung durch Gebrauch
- ✓ Wertminderung durch Substanzverringerung
- ✓ Fortschrittsbedingte Wertminderung
- ✓ Zeitablaufbedingte Wertminderung
- ✓ Wertminderung durch technischen Fortschritt
- ✓ Wertminderung durch Marktveränderungen
- ✓ Wertminderung durch staatliche / rechtliche Auflagen (Obsoleszenz)
- ✓ Wertminderung ohne Nutzung
- ✓ Wertminderung durch Fristablauf
- ✓ Abschreibungsverfahren
- ✓ Zeitabschreibung
- ✓ Lineare Abschreibung
- ✓ Degressive Abschreibung
- ✓ Progressive Abschreibung
- ✓ Leistungsabschreibung

- ✓ Abschreibung auf Substanzverringerung
- ✓ Verschleißquote
- ✓ Anlagenwirtschaft
- ✓ Anlagenerneuerung, Anlagenreproduktion
- ✓ Nutzung der Anlage
- ✓ Investition
- ✓ Erweiterungsinvestition
- ✓ Ersatzinvestition
- ✓ Rationalisierungsinvestition
- ✓ Instandhaltung
- ✓ Inspektion
- ✓ Wartung
- ✓ Instandsetzung
- ✓ Anlagenverbesserung (Modernisierung)
- ✓ Aussonderung
- ✓ Stufen der Anlagenerneuerung
- ✓ Komplexität der Anlagenwirtschaft
- ✓ Innere und äußere Komplexität
- ✓ Erneuerungsstrategien
- ✓ Strategieoptionen der Anlagenwirtschaft
- ✓ Modellnormative
- ✓ Modellnormativerfüllung
- ✓ Richtgrößen
- ✓ Planproportionen

II. Weiterführende Literatur

- ❑ BROẞMANN, Karl-Ulrich u. a.:
  Komplexe Planung der Grundfondsreproduktion.
  Berlin (Ost) 1982

- ❑ CORSTEN, Hans:
  [Produktionswirtschaft] Produktionswirtschaft. Einführung in das industrielle Produktionsmanagement.
  12. Auflage, München, Wien 2009

- ❑ EICHLER, Christian:
  Instandhaltungstechnik.
  5. Auflage, Berlin 1990

- ❑ GALLENMÜLLER, Otto / HÜLSENBERG, Frieder:
  Intensivierung – Kapazität und Kosten.
  Berlin 1976

❑ GUTENBERG, Erich:
   Grundlagen der Betriebswirtschaftslehre. Band I: Die Produktion.
   24. Auflage, Berlin, Heidelberg, New York 1983

❑ JEHLE, Egon / MÜLLER, Klaus / MICHAEL, Horst:
   Produktionswirtschaft. Eine Einführung mit Anwendungen und Kontrollfragen.
   5. Auflage, Heidelberg 1999

❑ LUGER, Adolf E.:
   Allgemeine Betriebswirtschaftslehre. Band 1: Der Aufbau des Betriebes.
   5. Auflage, München, Wien 2004

❑ MÄNNEL, Wolfgang (Hrsg.):
   [Anlagenwirtschaft] Integrierte Anlagenwirtschaft.
   Schriftenreihe Anlagenwirtschaft.
   Köln 1988

❑ MÄNNEL, Wolfgang (Hrsg.):
   [Anlagencontrolling] Anlagencontrolling.
   2. Auflage, Lauf a. d. Pegnitz 1992

❑ MATTERNE, Kurt / TANNHÄUSER, Siegfried:
   [Grundmittelwirtschaft] Grundmittelwirtschaft in der sozialistischen Industrie in der DDR.
   3. Auflage, Berlin (Ost) 1982

❑ MILDENBERGER, Udo:
   [Produktionsnetzwerke] Selbstorganisation von Produktionsnetzwerken. Dissertation
   Deutscher Universitäts-Verlag, Wiesbaden 1998

❑ NEBL, Theodor:
   [Entscheidungsmodell] Entscheidungsmodell zur komplexen Planung der Grundfondsreproduktion in Maschinenbaubetrieben. Habilitation
   Universität Rostock 1982

❑ NEBL, Theodor / PRÜß, Henning:
   [Anlagenwirtschaft] Anlagenwirtschaft.
   München, Wien 2006

❑ PRÜß, Henning:
[Anlagenwirtschaft] Ökonomische Relevanz der komplexen Anlagenwirtschaft.
In: Schriftenreihe des Institutes für Produktionswirtschaft der Universität Rostock, Hrsg.: NEBL, Theodor
Aachen 2003

❑ REFA (Hrsg.):
[Arbeitsstudium] REFA-Fachbuchreihe Betriebsorganisation: Ausgewählte Methoden des Arbeitsstudiums.
München 1993

❑ REFA (Hrsg.):
[Methodenlehre] Methodenlehre des Arbeitsstudiums.
Teil 2 Datenermittlung.
München 1978

❑ SLABY, Dieter / KRASSELT, René:
Industriebetriebslehre: Anlagenwirtschaft.
München, Wien 1998

❑ STEINBUCH, Pitter A. / OLFERT, Klaus:
[Fertigungswirtschaft] Fertigungswirtschaft. Kompendium der praktischen Betriebswirtschaft.
7. Auflage, Ludwigshafen 1999

❑ SCHWEITZER, Marcell (Hrsg.):
Industriebetriebslehre. Das Wirtschaften in Industrieunternehmungen.
2. Auflage, München 1994

❑ WARNECKE, Hans-Jürgen:
Der Produktionsbetrieb. Band 2: Produktion, Produktionssicherung.
3. Auflage, Berlin, Heidelberg, New York 1995

❑ WILDEMANN, Horst:
Anlagenproduktivität: Leitfaden zur Steigerung der Anlageneffizienz.
München 1997

❑ WÖHE, Günter:
[Betriebswirtschaftslehre] Einführung in die Allgemeine Betriebswirtschaftslehre.
24. Auflage, München 2010

❏ ZÄPFEL, *Günther:*
  Produktionswirtschaft. Operatives Produktions-Management.
  Berlin, New York 1982

❏ ZÄPFEL, *Günther:*
  Taktisches Produktions-Management.
  2. Auflage, München, Wien 2000

3 Kapazität

B / Wirkung elementarer Produktionsfaktoren

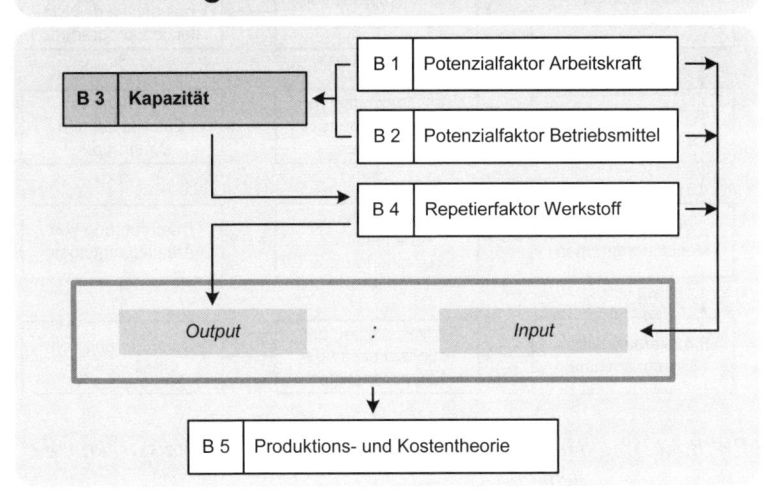

Bild PW.B.3.(1):   *Wirkung elementarer Produktionsfaktoren auf die Kapazität*

Die **Kapazität** ist das **Leistungsvermögen** einer Produktiveinheit bzw. eines Produktionssystems beliebiger Art, Größe und Struktur in einem definierten Zeitabschnitt, **das durch die Wirkung der Potenzialfaktoren Arbeitskraft und Betriebsmittel entsteht** (vgl. KERN, W. [Fertigungskapazität] S. 27). | Kapazität

Die Kapazität ist die Voraussetzung dafür, dass Produktionsaufgaben gelöst werden können.

Zur Kennzeichnung der Struktur von Produktionssystemen / Produktiveinheiten kann davon ausgegangen werden, dass die oberste Ebene das Unternehmen mit seiner Gesamtkapazität darstellt. Sie wird untergliedert in die Kapazität der Fertigungsbereiche und ihrer Organisationsformen der Fertigung. Diese wiederum gliedern sich in die Kapazität von Arbeitsplatz- / Maschinengruppen innerhalb der Organisationsform bis hin zur Kapazität eines Arbeitsplatzes / einer Maschine. Das heißt, dass sich die **Kapazitätsstruktur** eines Unternehmens aus Produktiveinheiten, die auch **Kapazitätseinheiten** genannt werden, zusammensetzt, von denen jede einen kapazitiven Beitrag zur Herstellung des Produktionsprogramms leistet (vgl. Bild PW.B.3.(2)). | Kapazitätsstruktur

206 Teil B / Wirkung elementarer Produktionsfaktoren

Kapazitätsstruktur	Kapazitätsgröße	Fertigungsaufgabe
Unternehmen / Produktionsbereich	Gesamtkapazität des Unternehmens	Herstellung der Erzeugnisse des Produktionsprogramms
Fertigungsbereiche / Organisationsformen	Teilkapazitäten von Unternehmensbereichen	Herstellung von Einzelteilen und Baugruppen
Arbeitsplatz- / Maschinengruppen	Teilkapazitäten der Arbeitsplatz- / Maschinengruppen	Durchführung von Arbeitsgangfolgen
Einzelarbeitsplatz / Einzelmaschine	Teilkapazitäten des Arbeitsplatzes / der Einzelmaschinen	Durchführung von Arbeitsgängen

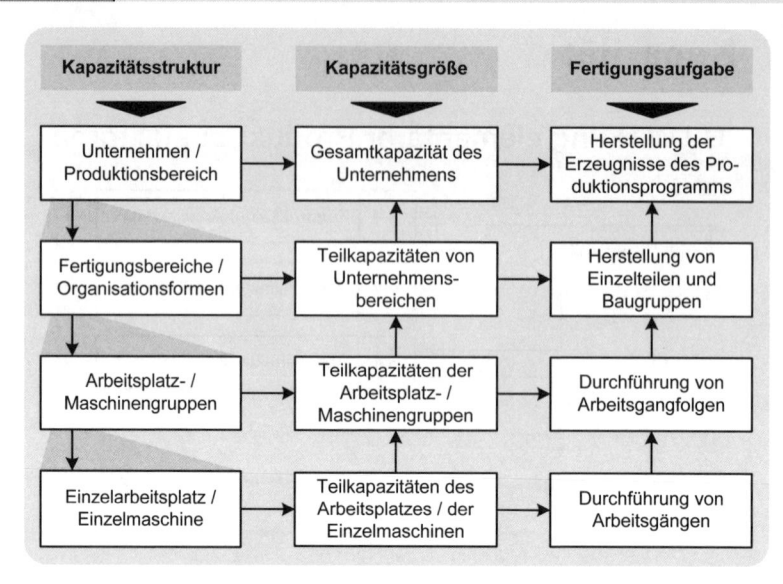

Bild PW.B.3.(2):   *Hierarchische Gliederung der Kapazitätsstruktur des Unternehmens*

Kapazitätseinheit
> Die **Produktiveinheit / Kapazitätseinheit** ist eine sachlich-räumliche Einheit von Potenzialfaktoren, die in der Lage ist, **definierte Fertigungsaufgaben** zu **lösen**.

Das Zusammenwirken von Kapazitätseinheiten bringt Erzeugnisse hervor.

Produktionssystem
> Die Gesamtheit der Kapazitätseinheiten, die an der **Herstellung eines gemeinsamen Endprodukts** beteiligt sind, nennt man **Produktionssystem**.

Kapazitätsangebot
> Als **Kapazitätsangebot** (-bestand) bezeichnet man die Kapazität, die zur Durchführung von Fertigungsaufgaben zur Verfügung steht.

Sie gliedert sich in ein:

(1) **Theoretisches Kapazitätsangebot**, das von einer größtmöglichen Verfügbarkeit der Arbeitskräfte und Betriebsmittel zur Lösung der Fertigungsaufgaben ausgeht, ohne eventuell mögliche Störungen zu beachten, d. h. es wird eine ununterbrochene Wirkung der Arbeitskräfte und Betriebsmittel angenommen.

(2) **Reales Kapazitätsangebot**, das von einer tatsächlich vorhandenen Verfügbarkeit der Arbeitskräfte und Betriebsmittel zur Lösung von Arbeitsaufgaben ausgeht, unter Beachtung der möglichen Störungen und Unterbrechungen.

> Der **Kapazitätsbedarf**, der an ein Unternehmen gerichtet ist, wird durch den konkreten Erzeugnisbedarf der zu bedienenden Märkte bestimmt.

Kapazitätsbedarf

Er ist darstellbar als:

- Produktionsprogramm → Mengen herzustellender Einzelprodukte
- Einzelprodukt → Mengen herzustellender Baugruppen und Einzelteile
- Arbeitsgang → Anzahl der je Baugruppe und Einzelteil durchzuführenden Arbeitsoperationen

Der **Arbeitsgang ist die konkrete Fertigungsaufgabe, die an eine Kapazitätseinheit der untersten Hierarchieebene der Kapazitätsstruktur gerichtet ist**. Die Durchführung einer Vielzahl von Arbeitsgängen ist die Voraussetzung zur Herstellung von Einzelteilen, Baugruppen, Erzeugnissen und Produktionsprogrammen.

Der Kapazitätsbedarf definiert zwei Anforderungen an den Fertigungsprozess:

- **Kapazitätszeitbedarf**

   Das ist der Bedarf an Fertigungszeit, der in der Kapazitätseinheit für die Lösung der Fertigungsaufgaben zur Verfügung zu stellen ist.

- **Fertigungsgenauigkeitsbedarf**

   Das ist der Bedarf an Fertigungsgenauigkeit, den die Kapazitätseinheit bei der Realisierung der Fertigungsaufgabe erbringen muss, um qualitätsgerecht zu produzieren.

Dieser Zweiteilung des Kapazitätsbedarfs folgend gliedert sich die Kapazität bzw. das Kapazitätsangebot in (vgl. Bild PW.B.3.(3)):

- **Quantitative Kapazität**

   Das ist das Quantum der verfügbaren Fertigungszeit (Zeitfonds des Kapazitätsangebots).

- **Qualitative Kapazität**

   Das ist die Spezifikation des Kapazitätszeitfonds nach den Fertigungsverfahren, den fertigungstechnischen Möglichkeiten innerhalb der Fertigungsverfahren, den technologischen Kenngrößen und der Fertigungsgenauigkeit.

```
                    KAPAZITÄTSANGEBOT
                           |
        ┌──────────────────┴──────────────────┐
        ▼                                     ▼
  Quantitatives                         Qualitatives
  Kapazitätsangebot                     Kapazitätsangebot

  Mengenmäßiges Leistungs-              Art und Güte des Leistungs-
  vermögen, verfügbares                 vermögens, differenziert nach
  Quantum an Fertigungszeit             erreichbarer Qualität und
                                        Fertigungsgenauigkeit

        ▼                                     ▼
  Zeitfonds des                         Spezifikation des Zeitfonds des
  Kapazitätangebots                     Kapazitätsangebots nach
  ZF_KA                                 möglichen Graden der
                                        Fertigungsgenauigkeit

  Kapazitätszeitbedarf                  Fertigungs-
  KB_Z                                  genauigkeitsbedarf

  Quantitativer Kapazitätsbedarf        Qualitativer Kapazitätsbedarf

  Zeitbedarf zur Lösung von             Maßgenauigkeit, Maßtoleranz,
  Fertigungsaufgaben                    Formgenauigkeit u. a.

                    KAPAZITÄTSBEDARF
```

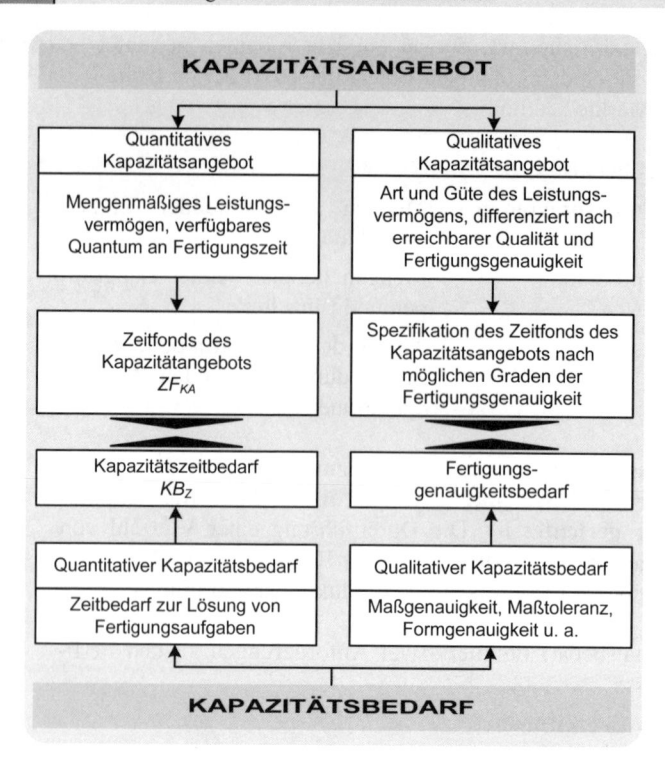

Bild PW.B.3.(3):   *Spezifikation des Kapazitätsangebots und des Kapazitätsbedarfs*

3.1 Bedeutung der Elementarfaktoren für die Bildung der Kapazität

Die **Potenzialfaktoren Arbeitskraft** und **Betriebsmittel** besitzen die **Fähigkeit zu produzieren**, Leistungen hervorzubringen. Sie sind **kapazitätsbildende Faktoren**.

Der **Repetierfaktor Werkstoff** wird durch die Potenzialfaktoren im Throughput **in Erzeugnisse umgewandelt**. Die **Werkstoffe bilden keine Kapazität**. Sie sind aber notwendige Voraussetzung dafür, dass die vorhandene Kapazität genutzt und produktiv wirksam werden kann.

Die **Bedeutung der Potenzialfaktoren** für die Kapazitätsbildung ändert sich mit der Entwicklung von niedrig zu hoch automatisierten Produktionsprozessen (vgl. Bild PW.B.3.(4)).

Kapazität 209

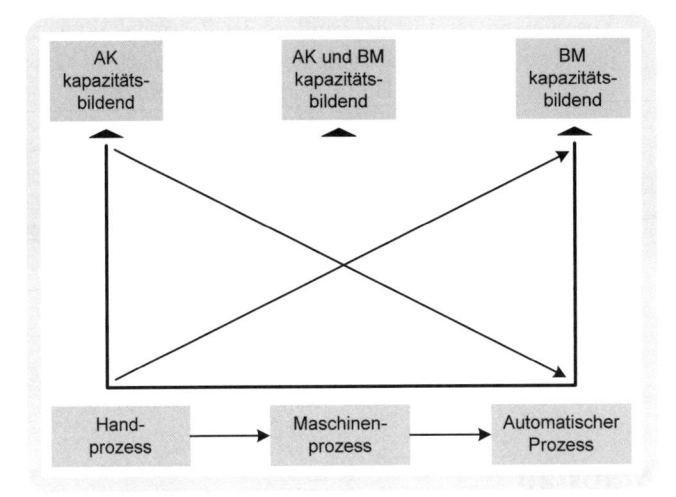

```
    AK              AK und BM            BM
kapazitäts-         kapazitäts-       kapazitäts-
  bildend            bildend            bildend
     ▲                  ▲                  ▲
      \                 |                 /
       \                |                /
        \               |               /
         \              |              /
          \             |             /
           \            |            /
            \           |           /
             \          |          /
              \         |         /
               \        |        /
                \       |       /
                 \      |      /
                  \     |     /
                   \    |    /
                    \   |   /
                     \  |  /
                      \ | /
                       \|/
   Hand-    ──▶   Maschinen-   ──▶   Automatischer
   prozess          prozess            Prozess
```

Bild PW.B.3.(4):   *Einfluss der Potenzialfaktoren auf die Kapazitätsbildung*

In **mechanisierten Handprozessen** ist die Arbeitskraft allein kapazitätsbildend, das Betriebsmittel spielt für die Kapazitätsbildung eine untergeordnete Rolle. | Handprozess

In **automatisch ablaufenden Produktionsprozessen** ist das Betriebsmittel kapazitätsbildend. Hier spielt die Arbeitskraft bei der Kapazitätsbildung eine untergeordnete Rolle. | Automatischer Prozess

In **Maschinenprozessen** ist die gemeinsame Wirkung beider Potenzialfaktoren für die Kapazitätsbildung vonnöten. Weder die Arbeitskräfte noch die Betriebsmittel sind in der Lage allein zu produzieren. Nur das unmittelbare Zusammenwirken von Arbeitskräften und Betriebsmitteln führt zur Leistungserstellung. | Maschinenprozess

> Ausgehend von mechanisierten Handprozessen nimmt der Einfluss der Arbeitskräfte auf die **Kapazitätsbildung** über alle Prozesstypen bis hin zum automatischen Produktionsprozess ab. Der Einfluss der Betriebsmittel steigt.
>
> Die **technische Ausstattung** einer Kapazitätseinheit bestimmt, ob ihr Kapazitätsbeitrag
> ▶ allein durch die Betriebsmittel,
> ▶ allein durch die Arbeitskräfte oder
> ▶ als Kombination des Wirkens von Arbeitskräften und Betriebsmitteln
>
> erbracht wird.

Zusammengefasst ist der Einfluss der Potenzialfaktoren auf die Kapazitätsbildung in Abhängigkeit vom technischen Niveau des Produktionsprozesses in Bild PW.B.3.(5) systematisch dargestellt.

Potenzialfaktoren	Prozesstypen		
	Handprozess	Maschinenprozess	Automatischer Prozess
Arbeitskraft	Kapazitätsbildend	Kapazitätsbildend	
Betriebsmittel		Kapazitätsbildend	Kapazitätsbildend

Bild PW.B.3.(5):   Bedeutung der Potenzialfaktoren für die Kapazitätsbildung

3.2   Maßstab

Kapazitätsmaßstäbe

Es werden drei wesentliche **Maßstäbe zur Messung der Kapazität** in einem Planabschnitt verwendet. Welcher Maßstab genutzt wird, hängt davon ab, welche Aussage getroffen werden soll:

(1) Gebrauchswertausdruck   [Stück]; [kg]; [m³]; [l]
(2) Wertausdruck   [€]
(3) Zeitausdruck   [min]; [h]

Gebrauchswert- und Wertausdruck

Gebrauchswertausdruck und **Wertausdruck** dienen primär **volkswirtschaftlichen Betrachtungen**.

Am Ende eines Planabschnitts ist es möglich, die hergestellten **Produkte zu zählen, mit Preisen zu bewerten und als produziertes Produktionsprogramm bzw. abgesetztes Produktionsprogramm (Output) darzustellen**. Sowohl die **Stückzahl** produzierter Erzeugnisse als auch der mit ihrem Verkauf realisierte **Umsatz** sind ein Ausdruck für die in dem betrachteten Zeitabschnitt eingesetzte Kapazität. Der Gebrauchswertausdruck und der Wertausdruck haben folgende **Nachteile**:

▶ Ihre Ermittlung erfolgt, **nachdem** der Output durch den Produktionsprozess hervorgebracht wurde (wünschenswert wäre z. B. für Planungszwecke eine Aussage über die Kapazität **vor** der Durchführung des Produktionsprozesses).

▶ Da die Ermittlung outputbezogen realisiert wird, finden eventuell mögliche Varianten der zu produzierenden Sortimente, Erzeugnistypen und ihrer Stückzahlen keine Beachtung.

▶ Für Planungszwecke ist dieser Maßstab nicht anwendbar, weil er nichts über die Kapazitäten der einzelnen betrieblichen Kapazitätseinheiten aussagt, sondern nur über die Kapazität eines Unternehmens als Ganzes.

Die **Leistung betrieblicher Kapazitätseinheiten** bildet die Grundlage der Bestimmung der Gesamtkapazitäten des Betriebs. Ihre Kapazität (Teilkapazität) ist **nicht in Gebrauchswerteinheiten** bzw. **Werteinheiten messbar**, weil in den Teilkapazitäten keine Fertigerzeugnisse hergestellt werden. Es werden einzelne Arbeitsgänge auf dem Weg vom Einzelteil zum Fertigerzeugnis durchgeführt. Diese Leistungen sind in der Regel nicht mit Preisen zu bewerten, wohl aber mit Kosten.

> Der **Zeitausdruck** dient als **Grundlage für die Planung der Kapazität der betrieblichen Kapazitätseinheiten**, indem der für die Produktion verfügbare Zeitfonds der Potenzialfaktoren über eine Zeitkalkulation ermittelt wird.

| Zeitausdruck

Der Umfang der **Kapazitätszeitfonds** wird bestimmt durch

| Kapazitäts-
| zeitfonds

- ▶ die in einem definierten Zeitabschnitt vorhandene Anzahl der Arbeitskräfte und Betriebsmittel (Kapazitätsquerschnitt) und
- ▶ die Einsatzzeit beider Elementarfaktoren.

Als Ergebnis erhält man:

- ▶ ZF_{AK} – Zeitfonds der Arbeitskräfte
- ▶ ZF_{BM} – Zeitfonds der Betriebsmittel

Mit diesen Zeitfonds, die für jede Kapazitätseinheit ermittelt werden müssen, ist für jede beliebige Variante des Produktionsprogramms, der Erzeugnissortimente und ihrer Stückzahlen eine Aussage darüber möglich, ob sie herstellbar sind oder nicht.

Die **Voraussetzungen** dafür sind die:

- ▶ Bestimmung aller je Variante des Produktionsprogramms durchzuführenden Arbeiten (Arbeitsgänge)
  Das geschieht entweder auf der Basis einer durchgeführten technologischen Vorbereitung des Produktionsprozesses für bestimmte Erzeugnisse oder auf der Grundlage von Schätzungen unter Zuhilfenahme vergleichbarer Produkte (Typenvertreter).
- ▶ Bestimmung der für jeden Arbeitsgang notwendigen Bearbeitungszeit
  Sie stellt den Zeitbedarf auf der Grundlage der ermittelten Vorgabezeiten (Auftrags- bzw. Belegungszeiten) dar.
- ▶ Bestimmung der Kapazitätseinheit für jeden durchzuführenden Arbeitsgang
- ▶ Ermittlung des Gesamtzeitbedarfs aller durchzuführenden Arbeiten, gegliedert nach Kapazitätseinheiten

Die häufig am Zeitmaßstab geübte Kritik, dass die **Leistungsintensität** nicht berücksichtigt wird, trifft nicht zu. Die **Leistungsintensität** ist erfassbar. Liegt die tatsächliche über der durchschnittlichen Leistungsintensität, die für die Bestimmung der Vorgabezeit verwendet wurde, so wird die Vorgabezeit für die Durchführung einer Arbeitsoperation nicht vollständig benötigt. Es kommt infolge der **hohen Leistungsintensität** zur **Absenkung des Kapazitätszeitbedarfs**.

Liegt die tatsächliche unter der durchschnittlichen Leistungsintensität, so reicht die Vorgabezeit zur Realisierung der Arbeitsoperationen nicht aus. Es kommt infolge der **niedrigen Leistungsintensität** zum **Anstieg des Kapazitätszeitbedarfs**.

> Eine steigende **Leistungsintensität der Potenzialfaktoren** bewirkt keine Steigerung des Kapazitätszeitfonds, wohl aber **eine Senkung des Kapazitätszeitbedarfs**.

3.3 Gliederung der betrieblichen Kapazitätsstruktur

Die Gesamtkapazität eines Unternehmens gliedert sich in Teilkapazitäten, in denen die Fertigungsaufgaben realisiert werden.

Um jedem Arbeitsgang die Kapazitätseinheit zuweisen zu können, in der er durchgeführt wird, ist die Bildung einer für die Planung und Steuerung des Produktionsprozesses rationellen Kapazitätsstruktur unerlässlich.

Kapazitätsstruktur
> Die **Kapazitätsstruktur** ist die Grundlage für die Planung und Steuerung des Produktionsprozesses sowie für die Ermittlung, Bilanzierung und bedarfsgerechte Gestaltung der Kapazität.

Die Gliederung der betrieblichen Kapazitätsstruktur steht in engem Zusammenhang mit den im Produktionsprozess vorhandenen Organisationsformen (vgl. Bild PW.B.3.(6)).

Kapazität

Kapazitätsstruktur-kennzeichnung	Unternehmen					
	Kapazitätseinheiten verfahrensspezialisierter Fertigung	Kapazitätseinheiten gegenstandsspezialisierter Fertigung				
1. Ordnung Kapazitätseinheit entspricht Organisationsform	Werkstattfertigung (WF) W_1 | W_2 | W_3 | W_n	Gegenstandsspezialisierter Fertigungsabschnitt (GFA)	Gegenstandsspezialisierte Fertigungsreihe (GFR)	Fließfertigung (FF)	Einzelplatzfertigung (EPF)	
2. Ordnung Kapazitätseinheit entspricht Arbeitsplatzgruppe innerhalb der Organisationsform	Gruppierung der Maschinen der Werkstatt in Abhängigkeit von: • Fertigungstechnischen Möglichkeiten der Fertigungsverfahren • Technologischen Kenngrößen • Erreichbarer Fertigungsgenauigkeit	Gruppierung der Maschinen nur in Ausnahmefällen, da Spezialisierung allein durch das Erzeugnis vorgegeben ist				
		In Ausnahmefällen Gruppierung nach Grundsätzen der Werkstattfertigung				
3. Ordnung Kapazitätseinheit entspricht Arbeitsplatz innerhalb der Organisationsform	ARBEITSPLÄTZE					

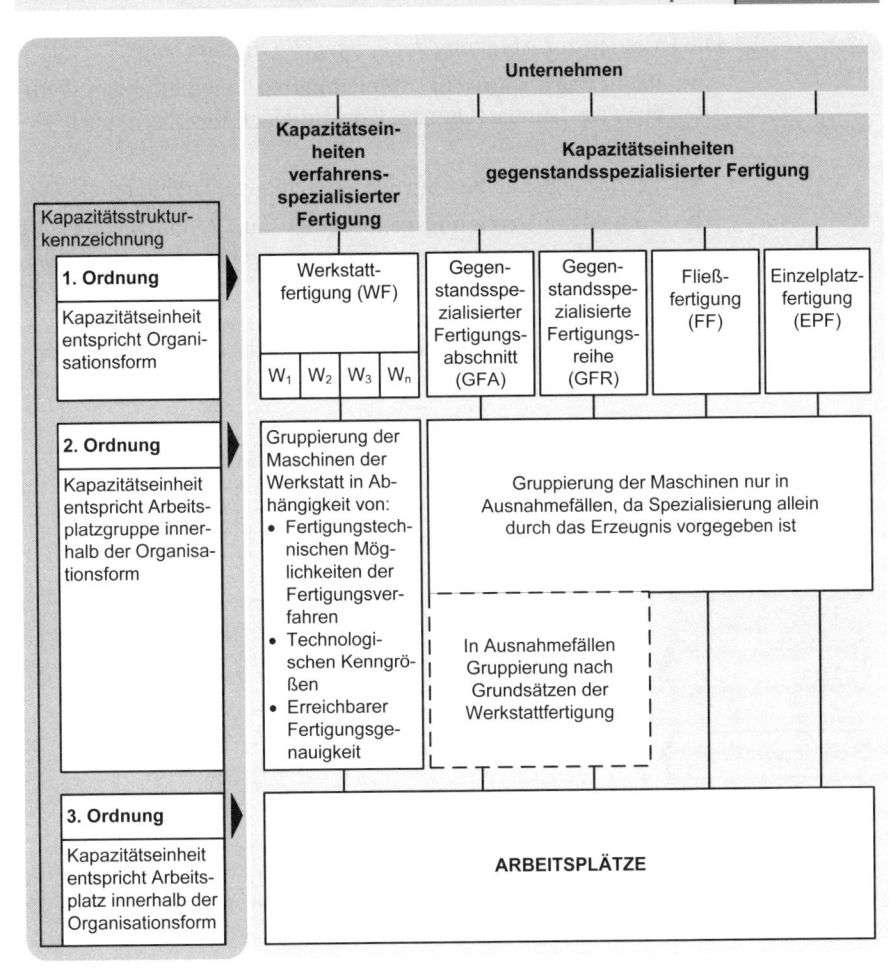

Bild PW.B.3.(6): Zusammenhang zwischen Organisationsformen und Kapazitätseinheiten

Die Aufgliederung der Organisationsformen in Kapazitätseinheiten führt zu differenzierten **Ordnungen der Kapazitätsstruktur**:

1. Ordnung: Kapazitätseinheit = Organisationsform bzw. Werkstätten in der Werkstattfertigung
2. Ordnung: Kapazitätseinheit = Arbeitsplatzgruppe / Maschinengruppe innerhalb einer Organisationsform
3. Ordnung: Kapazitätseinheit = Arbeitsplatz / Maschine innerhalb einer Organisationsform

Ordnungen der Kapazitätsstruktur

Die Kriterien zur Ableitung der 2. bzw. 3. Ordnung sind:

▶ **Fertigungstechnische Möglichkeiten** innerhalb eines Fertigungsverfahrens (Drehen: Kopierdrehen, Revolverdrehen, Polygondrehen usw.)

▶ **Technologische Kenngrößen** (Drehlänge, Drehdurchmesser)

▶ Erreichbare **Fertigungsgenauigkeit** (zur Vereinfachung wird hier in hohe und niedrige Fertigungsgenauigkeit unterschieden)

Die Systematik wird anhand eines Beispiels in Bild PW.B.3.(7) dargestellt.

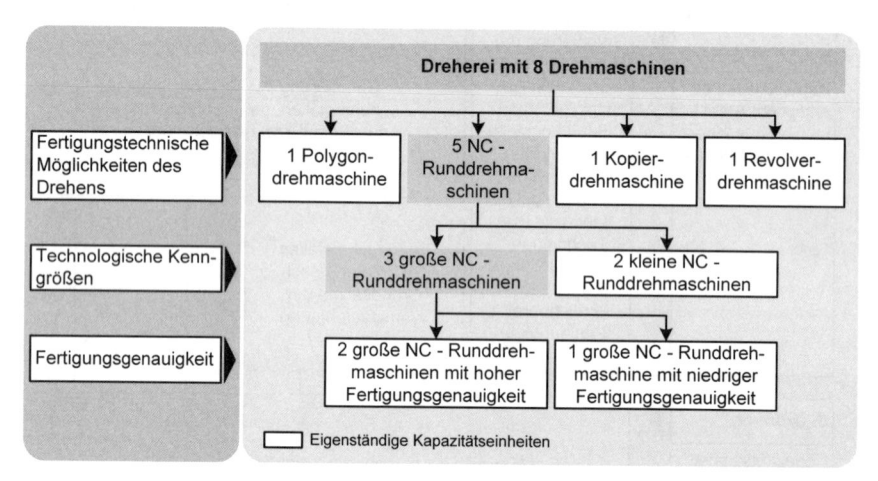

Bild PW.B.3.(7):   *Gliederung der Organisationsform Werkstattfertigung in Kapazitätseinheiten (am Beispiel einer Dreherei)*

In der Betriebspraxis ist es möglich, die Kriterien zur Ableitung der 2. und 3. Ordnung der Kapazitätsstruktur alternativ und / oder gemeinsam einzusetzen. Das Beispiel zeigt, dass die acht Drehmaschinen der Dreherei aus fünf NC-Runddrehmaschinen und je einer Polygon-, Kopier- und Revolverdrehmaschine bestehen. Ist von einer fertigungstechnischen Variante jeweils nur eine Maschine vorhanden, wird diese zu einer Kapazitätseinheit 3. Ordnung. Die Anwendung des Kriteriums „technologische Kenngrößen" teilt die fünf verbleibenden NC-Runddrehmaschinen in zwei kleine und drei große. Angenommen, die kleinen NC-Runddrehmaschinen besitzen die gleiche Fertigungsgenauigkeit, so werden sie zu einer Kapazitätseinheit 2. Ordnung. Die drei großen NC-Runddrehmaschinen gliedern sich in zwei mit hoher und eine mit niedriger Fertigungsgenauigkeit. Sie ergeben eine Kapazitätseinheit 2. Ordnung und eine Kapazitätseinheit 3. Ordnung.

Gegliedert nach o. g. Kriterien sind die betrieblichen Kapazitätseinheiten in einer **Kapazitätsmatrix** zusammengefasst darstellbar (vgl. Bild PW.B.3.(8)). | Kapazitätsmatrix

i \ j	1. Spalte Dreherei	2. Spalte Fräserei	...	n-te Spalte Montage
1. Zeile	1 Polygondrehmaschine			
2. Zeile	1 Kopierdrehmaschine			
3. Zeile	1 Revolverdrehmaschine			
4. Zeile	2 kleine NC-Runddrehmaschinen			
5. Zeile	2 große NC-Runddrehmaschinen (hohe Fertigungsgenauigkeit)			
6. Zeile	1 große NC-Runddrehmaschinen (niedrige Fertigungsgenauigkeit)			

Bild PW.B.3.(8): Kapazitätsmatrix

Die Spalten der Matrix

▶ $j = 1(1)n$

entsprechen den Organisationsformen bzw. den verschiedenen Werkstätten innerhalb der Organisationsform Werkstattfertigung (= 1. Ordnung).

Die Zeilen der Matrix

▶ $i = 1(1)m$

entsprechen den Kapazitätseinheiten innerhalb der Organisationsformen (= 2. und 3. Ordnung).

So entsteht eine Kapazitätsmatrix mit
▶ **n Spalten** und
▶ **m Zeilen**.

Die **Anzahl der Spalten** der Kapazitätsmatrix wird durch die Anzahl der gegenstandsspezialisierten Organisationsformen und die Anzahl der verschiedenen Werkstätten der Organisationsform Werkstattfertigung bestimmt.

Die **Anzahl der Zeilen** der Kapazitätsmatrix wird durch die größte Anzahl von Kapazitätseinheiten, in die sich eine Organisationsform der Fertigung gliedert, bestimmt. Alle anderen Organisationsformen setzen sich aus ebenso vielen oder weniger Kapazitätseinheiten zusammen, belegen also ggf. auch weniger Zeilen in der Matrix.

Ordnet man die in Bild PW.B.3.(7) dargestellte Dreherei in die Matrix ein, so belegt sie z. B. die erste Spalte bis hin zur sechsten Zeile. Es ergibt sich das Bild PW.B.3.(8).

> Die **technisch-technologischen Voraussetzungen** zur Lösung konkreter Fertigungsaufgaben, die der Befriedigung des Kapazitätsbedarfs dienen, sind zusammengefasst das entscheidende **Kriterium zur Definition von Kapazitätseinheiten** und zur Gliederung der Matrix der Kapazitätsstruktur. Sie sollten gleichfalls die Grundlage für die Bildung von Kostenstellen im Produktionsbereich darstellen.

Die Indizes i (Zeilen) und j (Spalten) werden zur „Adresse" im Prozess der Produktionsplanung und -steuerung.

3.4 Kapazitätsangebot, Kapazitätsbedarf und Kapazitätsbilanzierung

3.4.1 Ermittlung des Kapazitätsangebots

Zeitfonds des Kapazitätsangebots

Die Kapazitätsmatrix kennzeichnet die Kapazitätsstruktur der Unternehmen und ihre Gliederung in Kapazitätseinheiten. Zur Ermittlung des **Zeitfonds des Kapazitätsangebots** erfolgt die (vgl. Bild PW.B.3.(9)):

(1) **Zuordnung** der im Betrieb tätigen **Arbeitskräfte** zu den Kapazitätseinheiten (ij) und die Kalkulation des Zeitfonds $ZF_{AK_{ij}}$ der Arbeitskräfte je Kapazitätseinheit

(2) **Zuordnung** der im Betrieb eingesetzten **Betriebsmittel** zu den definierten Kapazitätseinheiten (ij) und die Kalkulation des Zeitfonds $ZF_{BM_{ij}}$ der Betriebsmittel je Kapazitätseinheit

Kapazität

(3) **Bestimmung des Zeitfonds** $ZF_{KA_{ij}}$ des Kapazitätsangebots je Kapazitätseinheit aus den $ZF_{AK_{ij}}$ und $ZF_{BM_{ij}}$

Dabei gilt:

(3.1) $ZF_{AK_{ij}} = ZF_{KA_{ij}}$

in einem **Handprozess**, d. h. die Arbeitskraft ist kapazitätsbildend.

(3.2) $ZF_{BM_{ij}} = ZF_{KA_{ij}}$

in einem **automatisierten Prozess**, d. h. das Betriebsmittel ist kapazitätsbildend.

(3.3) $ZF_{AK_{ij}} = ZF_{KA_{ij}}$ wenn $ZF_{AK_{ij}} < ZF_{BM_{ij}}$

(3.4) $ZF_{BM_{ij}} = ZF_{KA_{ij}}$ wenn $ZF_{BM_{ij}} < ZF_{AK_{ij}}$

(3.5) $ZF_{AK_{ij}} = ZF_{BM_{ij}} = ZF_{KA_{ij}}$ wenn $ZF_{AK_{ij}} = ZF_{BM_{ij}}$

in einem **Maschinenprozess**, d. h. der Engpass (Arbeitskraft oder Betriebsmittel) ist kapazitätsbildend.

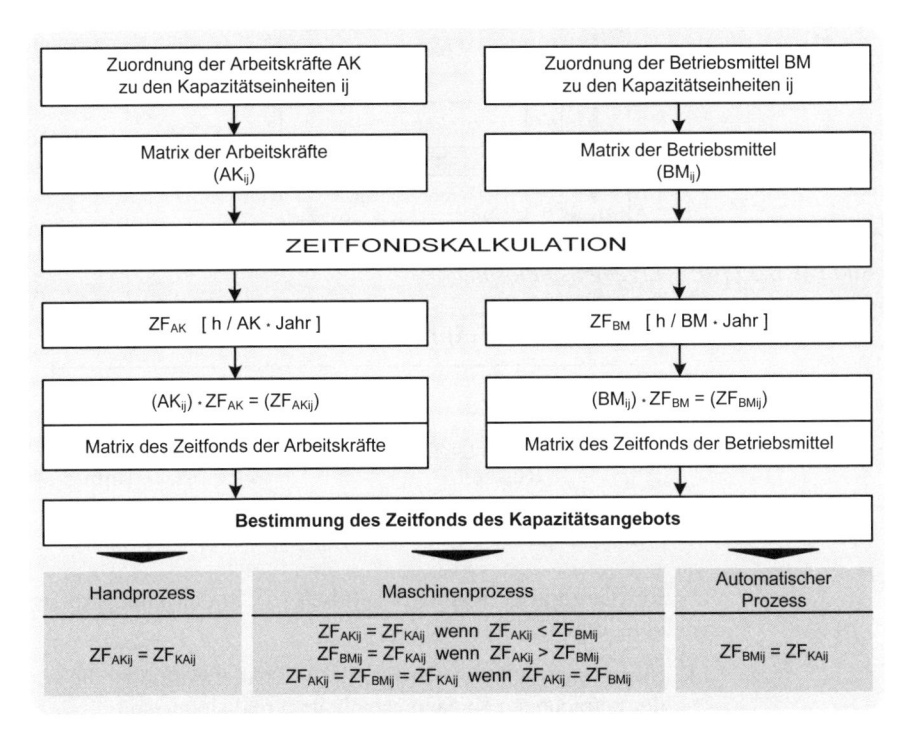

Bild PW.B.3.(9): Ermittlung des Zeitfonds des Kapazitätsangebots

3.4.2 Ermittlung des Kapazitätsbedarfs

Kapazitäts-zeitbedarf
Der an ein Unternehmen gerichtete Bedarf ist ein Erzeugnisbedarf. Dieser ist in einen **Kapazitätszeitbedarf** umzurechnen, um eine Bilanzierung auf der Ebene der Kapazitätseinheiten zu ermöglichen.

Zur Bestimmung des Zeitausdrucks des Kapazitätsbedarfs sind folgende Schritte notwendig:

(1) **Erzeugnisauflösung** aller Erzeugnisse des Produktionsprogramms (vgl. Bild PW.B.3.(10))
    Die detaillierte Behandlung dieser Problematik erfolgt im Abschnitt C.

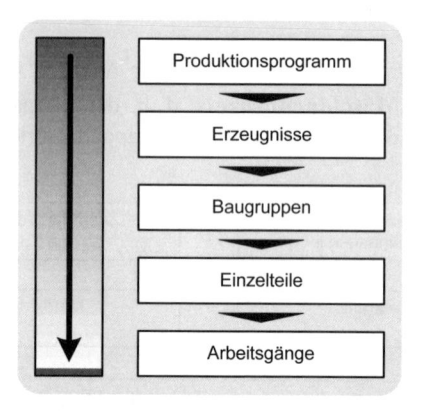

Bild PW.B.3.(10): Erzeugnisauflösung

(2) **Bestimmung der Auftragszeit für jeden Arbeitsgang**

$$T = t_r + n_L \cdot t_e$$

T	– Auftragszeit	[min]
t_r	– Rüstzeit	[min]
t_e	– Zeit je Einheit	[min/Stück]
n_L	– Losgröße	[Stück]

(3) **Festlegung der Kapazitätseinheit** (ij), in der **jeder** Arbeitsgang durchzuführen ist

(4) **Summierung der Auftragszeiten** (T) aller Aufträge, die von der betrachteten Kapazitätseinheit zu realisieren sind

Dann ergibt sich der Kapazitätszeitbedarf $KB_{Z_{ij}}$ der Kapazitätseinheit (ij) aus folgender Formel:

$$KB_{Z_{ij}} = \sum_{k=1}^{K} T_{ijk}$$

k   –   Index der Arbeitsgänge; k=1(1)K   [-]
T_{ijk} –   Auftragszeit des k-ten Arbeitsgangs in
         der Kapazitätseinheit (ij)   [min]

Für das Kapazitätsangebot und den Kapazitätsbedarf sind identische Strukturen zu wählen (vgl. Kapazitätsmatrix Bild PW.B.3.(8)).

3.4.3 Kapazitätsbilanzierung

Kapazitätsbilanzierung ist die Gegenüberstellung von Kapazitätsbedarf und Kapazitätsangebot. Dazu erfolgt die Subtraktion des Kapazitätsbedarfs vom Kapazitätsangebot je Kapazitätseinheit. Sowohl für das Kapazitätsangebot als auch für den Kapazitätsbedarf wird als Maßstab die Zeit gewählt.   *Kapazitätsbilanzierung*

Da die Matrizen

▶ $ZF_{KA_{ij}}$ und

▶ $KB_{Z_{ij}}$

sowohl in ihrer Struktur als auch im gewählten Zeitmaßstab übereinstimmen, erfolgt der Prozess der Kapazitätsbilanzierung durch die Subtraktion beider Matrizen. Als Ergebnis entsteht die Differenzmatrix (D_{ij}).

$$\left(D_{ij}\right) = \left(ZF_{KA_{ij}}\right) - \left(KB_{Z_{ij}}\right)$$

Der **Algorithmus der Kapazitätsbilanzierung** wird in Bild PW.B.3.(11) dargestellt.   *Algorithmus zur Kapazitätsbilanzierung*

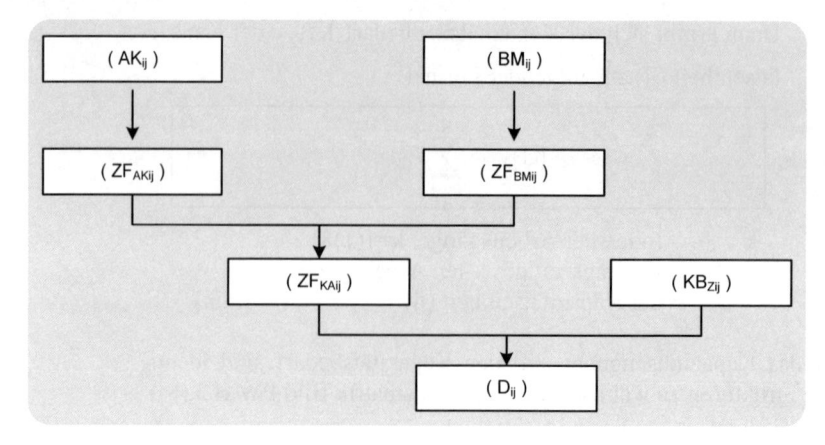

Teil B / Wirkung elementarer Produktionsfaktoren

```
( AK_ij )                    ( BM_ij )
    ↓                            ↓
( ZF_AKij )                  ( ZF_BMij )
                ↓
           ( ZF_KAij )              ( KB_Zij )
                        ↓
                     ( D_ij )
```

Bild PW.B.3.(11):   Algorithmus der Kapazitätsbilanzierung

Bilanzierungs- | Bezeichnet man die **Bilanzierungsergebnisse** je Kapazitätseinheit
ergebnisse | (Elemente der Differenzmatrix) mit d_{ij}, so sind folgende Größen zu unterscheiden (vgl. Bild PW.B.3.(12)):

(1) $d_{ij} = 0$

Das Kapazitätsangebot entspricht genau dem Kapazitätsbedarf. Somit ist eine vollständige Bedarfsbefriedigung in dieser Kapazitätseinheit möglich, ohne dass ein restliches Kapazitätsangebot verbleibt.

Galt im Maschinenprozess bei der Bestimmung des $ZF_{KA_{ij}}$:

$$ZF_{AK_{ij}} \neq ZF_{BM_{ij}}$$

so verbleibt beim größeren der beiden Zeitfonds ein freies, nicht genutztes Leistungsangebot eines Potenzialfaktors.

(2) $d_{ij} > 0$

Das Kapazitätsangebot ist größer als der Kapazitätsbedarf. Somit ist eine vollständige Bedarfsbefriedigung in dieser Kapazitätseinheit möglich. Außerdem verbleibt ein freier, nicht genutzter Zeitfonds des Kapazitätsangebots.

Galt im Maschinenprozess bei der Bestimmung des $ZF_{KA_{ij}}$:

$$ZF_{AK_{ij}} \neq ZF_{BM_{ij}}$$

so verbleibt zusätzlich beim größeren der beiden Zeitfonds ein freies, nicht genutztes Leistungsangebot eines Potenzialfaktors.

(3) $d_{ij} < 0$

Der Kapazitätsbedarf ist größer als das Kapazitätsangebot. Somit ist eine vollständige Bedarfsbefriedigung in dieser Kapazitätseinheit nicht möglich.

Galt im Maschinenprozess bei der Bestimmung des $ZF_{KA_{ij}}$:

$$ZF_{AK_{ij}} \neq ZF_{BM_{ij}}$$

so verbleibt, obwohl das Kapazitätsangebot nicht ausreicht, um den Bedarf zu befriedigen, beim größeren der beiden Zeitfonds ein freies, nicht genutztes Leistungsangebot eines Potenzialfaktors.

Merkmale	Bilanzierungsergebnisse je Kapazitätseinheit		
	$d_{ij} = 0$	$d_{ij} > 0$	$d_{ij} < 0$
Bedarfsbefriedigung	Vollständig	Vollständig	Nicht vollständig
Verbleibendes, freies Kapazitätsangebot	Liegt nicht vor	Liegt vor	Liegt nicht vor
Verbleibendes, freies Leistungsangebot eines Potenzialfaktors	Liegt vor bei $ZF_{AKij} \neq ZF_{BMij}$ im Maschinenprozess	Liegt vor bei $ZF_{AKij} \neq ZF_{BMij}$ im Maschinenprozess	Liegt vor bei $ZF_{AKij} \neq ZF_{BMij}$ im Maschinenprozess

Bild PW.B.3.(12): Ergebnisformen der Kapazitätsbilanzierung je Kapazitätseinheit

Bild PW.B.3.(13) fasst den Ablauf und die Ergebnisse der Kapazitätsbilanzierung zusammen.

Die Ergebnisse der Differenzmatrix (D_{ij}) sind Ansatzpunkte für Maßnahmen zur bedarfsgerechten Gestaltung der Kapazität (Kapazitätsabgleich).

Am Beispiel der in den Bildern PW.B.3.(7) und PW.B.3.(8) dargestellten Dreherei sollen an dieser Stelle auf graphischem Wege für eine ausgewählte Kapazitätseinheit das Kapazitätsangebot (vgl. Bild PW.B.3.(14)), der Kapazitätsbedarf (vgl. Bild PW.B.3.(15)) und die Bilanzierungsergebnisse (vgl. Bild PW.B.3.(16)) verdeutlicht werden.

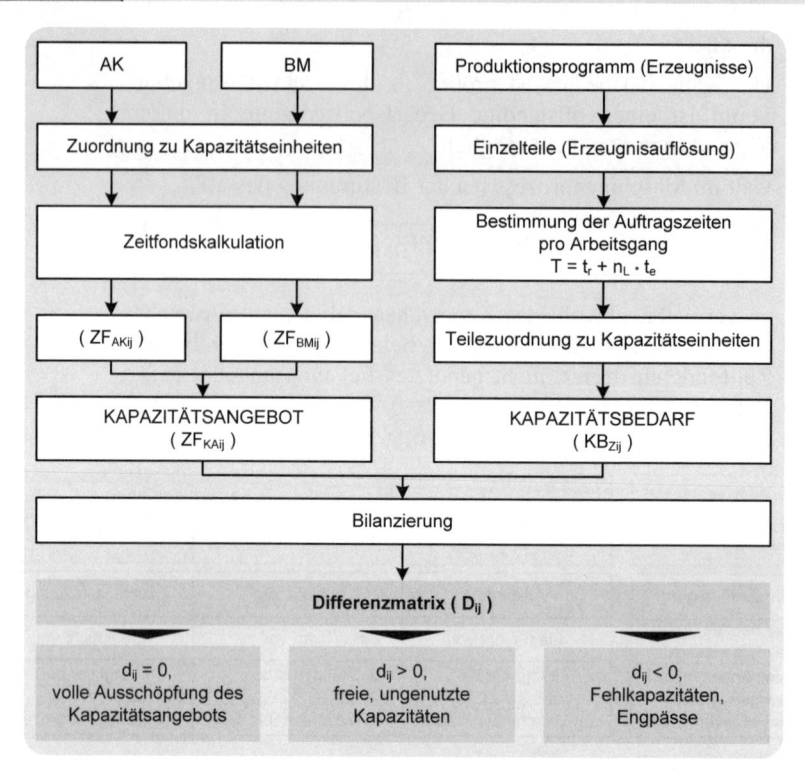

Teil B / Wirkung elementarer Produktionsfaktoren

```
        AK              BM                  Produktionsprogramm (Erzeugnisse)
         │               │                              │
         ▼               ▼                              ▼
    Zuordnung zu Kapazitätseinheiten           Einzelteile (Erzeugnisauflösung)
         │               │                              │
         ▼               ▼                              ▼
         Zeitfondskalkulation              Bestimmung der Auftragszeiten
                                                  pro Arbeitsgang
                                                 T = tr + nL · te
         │               │                              │
         ▼               ▼                              ▼
      (ZFAKij)       (ZFBMij)          Teilezuordnung zu Kapazitätseinheiten
         │               │                              │
         ▼               ▼                              ▼
         KAPAZITÄTSANGEBOT                    KAPAZITÄTSBEDARF
            (ZFKAij)                              (KBZij)
                         │                              │
                         └──────────►  Bilanzierung  ◄──┘
                                           │
                                           ▼
                              Differenzmatrix (Dij)
                ┌──────────────────┬──────────────────┬──────────────────┐
                ▼                  ▼                  ▼
           dij = 0,            dij > 0,           dij < 0,
      volle Ausschöpfung    freie, ungenutzte  Fehlkapazitäten,
      des Kapazitätsangebots  Kapazitäten      Engpässe
```

Bild PW.B.3.(13):   Ablauf und Ergebnisse der Kapazitätsbilanzierung

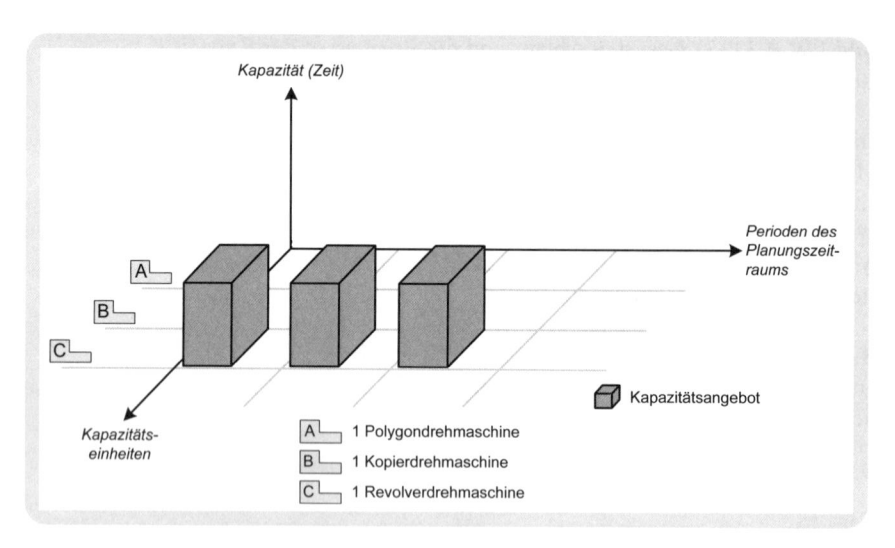

Bild PW.B.3.(14):   Beispiel Werkstattfertigung – Kapazitätsangebot der Kapazitätseinheit „C"

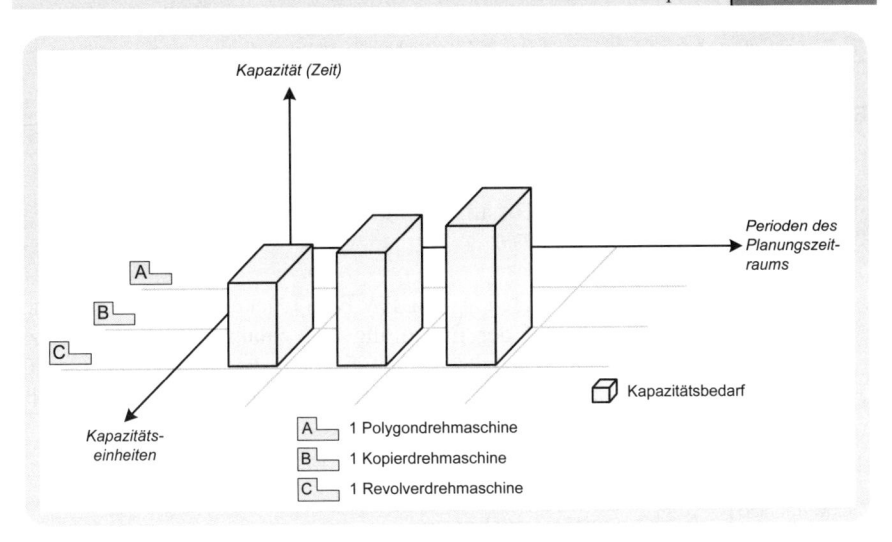

Bild PW.B.3.(15): Beispiel Werkstattfertigung – Kapazitätsbedarf der Kapazitätseinheit „C"

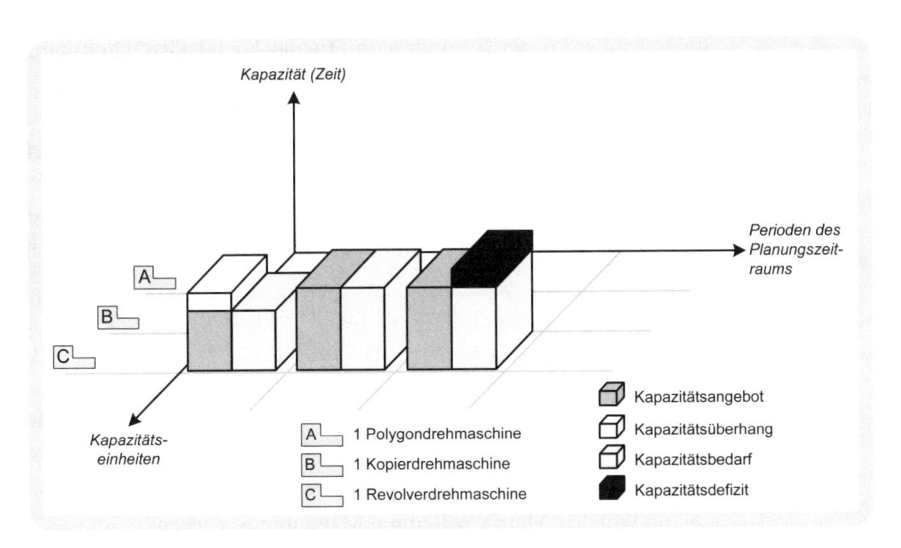

Bild PW.B.3.(16): Beispiel Werkstattfertigung – Kapazitätsbilanzierung der Kapazitätseinheit „C"

3.5 Bedarfsgerechte Gestaltung

Bedarfsgerechte Gestaltung der Kapazität

> Die **Aufgabe der bedarfsgerechten Gestaltung** der **Kapazität** besteht in der Angleichung des Zeitfonds des Kapazitätsangebots und des Kapazitätsbedarfs je Kapazitätseinheit (ij), um eine bestmögliche **Bedarfsbefriedigung** abzusichern.

Die Bilder PW.B.3.(11) und PW.B.3.(13) kennzeichnen den methodischen Ablauf der Ermittlung und Bilanzierung von Kapazitätsangebot und Kapazitätsbedarf. Soll eine bedarfsgerechte Gestaltung der Kapazität durchgeführt werden, muss dieser methodische Ablauf in umgekehrter Richtung beschritten werden.

Gestaltungsschwerpunkte

Die **Gestaltungsschwerpunkte** sind
- **Kapazitätsangebot** und
- **Kapazitätsbedarf**.

Das Kapazitätsangebot kann nur verändert werden, wenn die Zeitfonds der **Arbeitskräfte** und der **Betriebsmittel** verändert werden. Die gewählte Art der Veränderung in jeder Kapazitätseinheit hängt von dem konkreten Ergebnis der Kapazitätsbilanzierung ab.
Dabei sind folgende Fragen zu beantworten:

- Soll auf Fehlkapazität oder auf freie Kapazität reagiert werden?
- Kann das Problem durch eine Einzelmaßnahme gelöst werden, oder ist eine Kombination von Einzelmaßnahmen durchzuführen?

  Die Entscheidung darüber hängt von dem Umfang der zu schaffenden Kapazität, ökonomischen Erwägungen (Variantenvergleich) und den betrieblichen Möglichkeiten ab.

- In welchen Kapazitätseinheiten (ij) müssen die Bilanzierungsergebnisse durch Maßnahmen verändert werden?
- Welches Ergebnis erfordert welche Reaktion?
- In welcher Matrix sollen die Maßnahmen wirken?

Maßnahmenkomplexe

In Bild PW.B.3.(17) wird ein Überblick über die **Maßnahmenkomplexe** zur bedarfsgerechten Gestaltung der Kapazität in Abhängigkeit von den Verhältnissen zwischen dem Kapazitätsangebot der jeweiligen Potenzialfaktoren und dem Kapazitätsbedarf gegeben.

```
┌─────────────────────────────────────────────────────────────────────┐
│         Maßnahmen zur bedarfsgerechten Gestaltung der Kapazität     │
└─────────────────────────────────────────────────────────────────────┘
                    │                              │
                    ▼                              ▼
    ┌───────────────────────────────┐  ┌───────────────────────────────┐
    │ Änderung des Kapazitätsangebots│  │ Änderung des Kapazitätsbedarfs│
    └───────────────────────────────┘  └───────────────────────────────┘
    ┌───────────────────────────────┐  ┌───────────────────────────────┐
    │ • Erhöhung des Kapazitätsangebots│ • Erhöhung des Kapazitätsbedarfs│
    │   (vgl. Bild PW.B.3.(19))     │  │   (vgl. Bild PW.B.3.(22))     │
    │ • Senkung des Kapazitätsangebots│ • Senkung des Kapazitätsbedarfs│
    │   (vgl. Bild PW.B.3.(20))     │  │   (vgl. Bild PW.B.3.(23))     │
    │ • Umstrukturierung des Kapazitätsangebots│ • Umstrukturierung des Kapazitätsbedarfs│
    │   (vgl. Bild PW.B.3.(21))     │  │   (vgl. Bild PW.B.3.(24))     │
    └───────────────────────────────┘  └───────────────────────────────┘
```

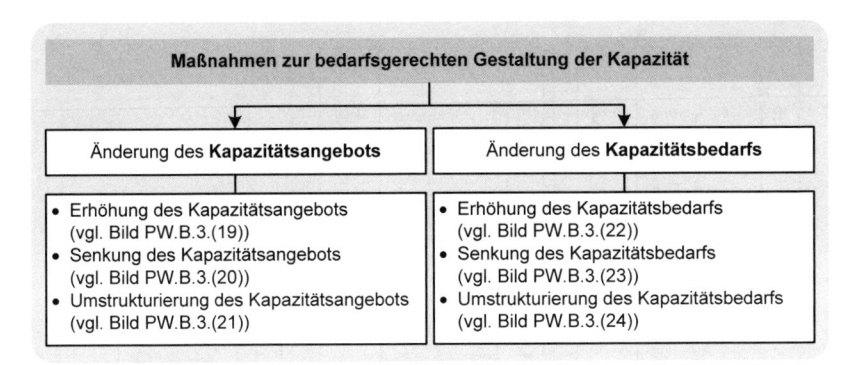

Bild PW.B.3.(17):   *Maßnahmen zur bedarfsgerechten Gestaltung der Kapazität*

Die möglichen Konstellationen zwischen den genannten Größen sind in Bild PW.B.3.(18) als Fälle 1.1 bis 3.3 dargestellt. Die Bilder PW.B.3.(19) bis PW.B.3.(24) charakterisieren daran anschließend die **Wirkungsrichtung, die Wirkungsbedingung** und die **Einzelmaßnahmen** jedes Maßnahmenkomplexes. Die Wirkungsbedingungen beziehen sich auf Bild PW.B.3.(18).

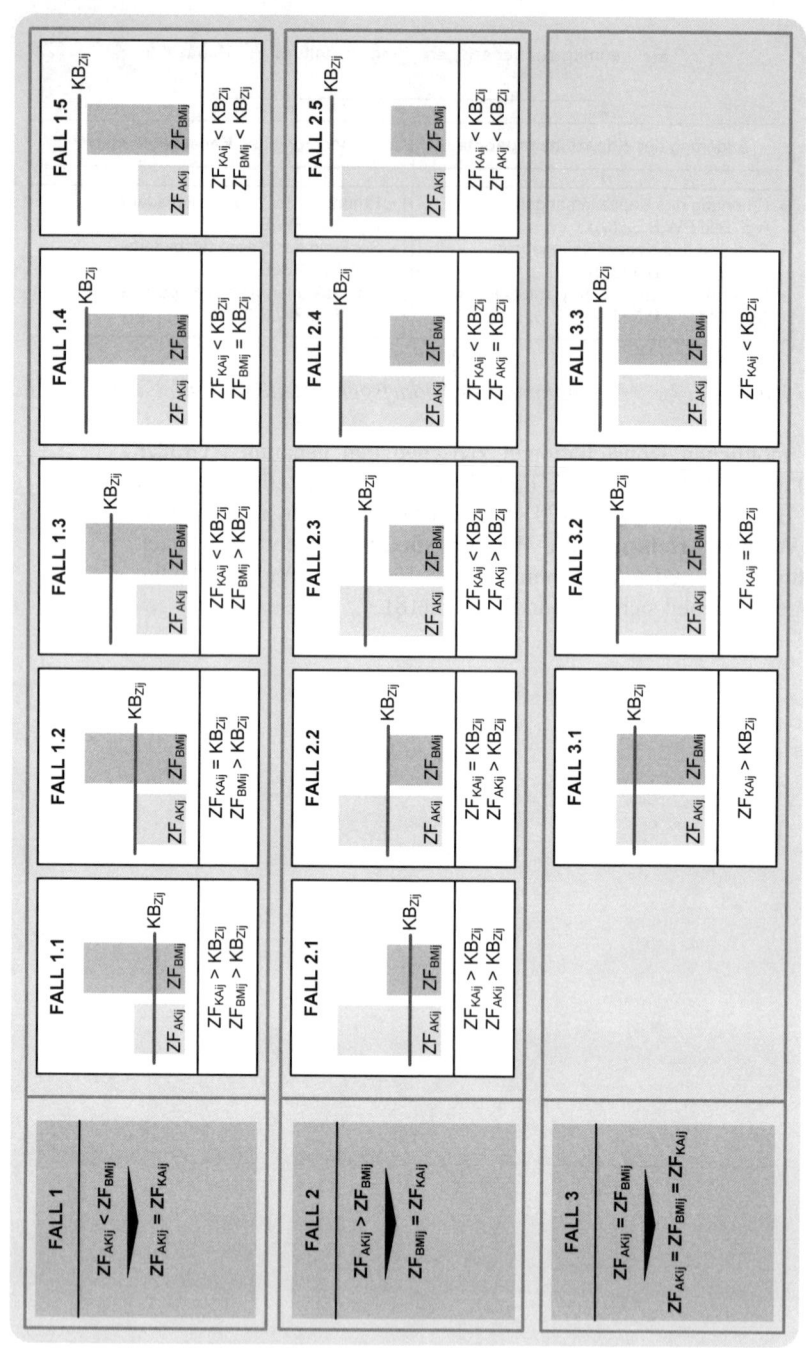

Bild PW.B.3.(18): Systematisierung möglicher Konstellationen zwischen dem Kapazitätsangebot der Potenzialfaktoren und dem Kapazitätsbedarf

Kapazität 227

Ziel der bedarfsgerechten Gestaltung der Kapazität	Erhöhung des Kapazitätsangebots		
Wirkungsrichtungen	Steigerung von ZF_{AKij}	Steigerung von ZF_{BMij}	Steigerung von ZF_{AKij} und ZF_{BMij}
Wirkungsbedingung (vgl. Bild PW.B.3.(18))	• Fall 1.3 • Fall 1.4	• Fall 2.3 • Fall 2.4	• Fall 1.5 • Fall 2.5 • Fall 3.3
Einzelmaßnahmen	• Überstunden • Zusatzschichten • Personaleinstellung • Senkung der Ausfallzeiten der Arbeitskräfte	• Inbetriebnahme von Reservemaschinen • Investitionen • Erhöhung der Schichtauslastung der Betriebsmittel • Senkung der Stillstandszeiten der Betriebsmittel	• Siehe Maßnahmen zur Steigerung von ZF_{AKij} ZF_{BMij}

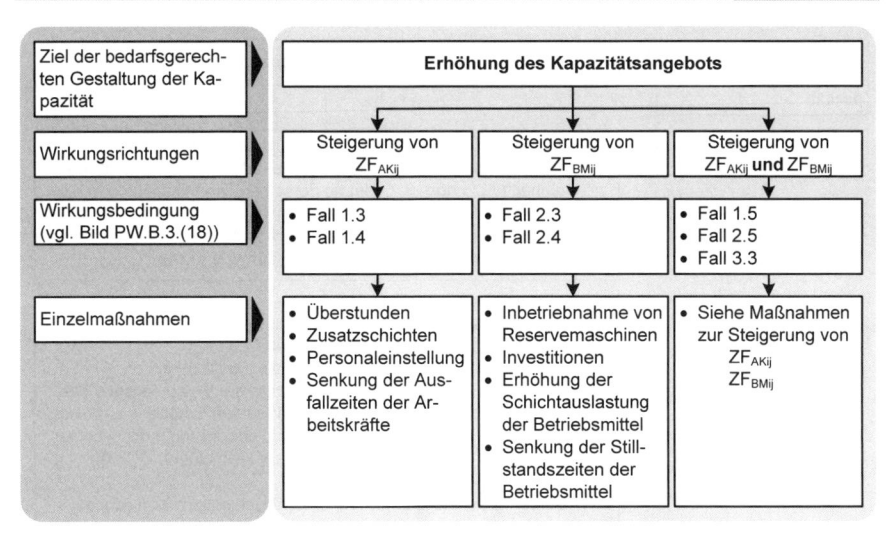

Bild PW.B.3.(19): Erhöhung des Kapazitätsangebots

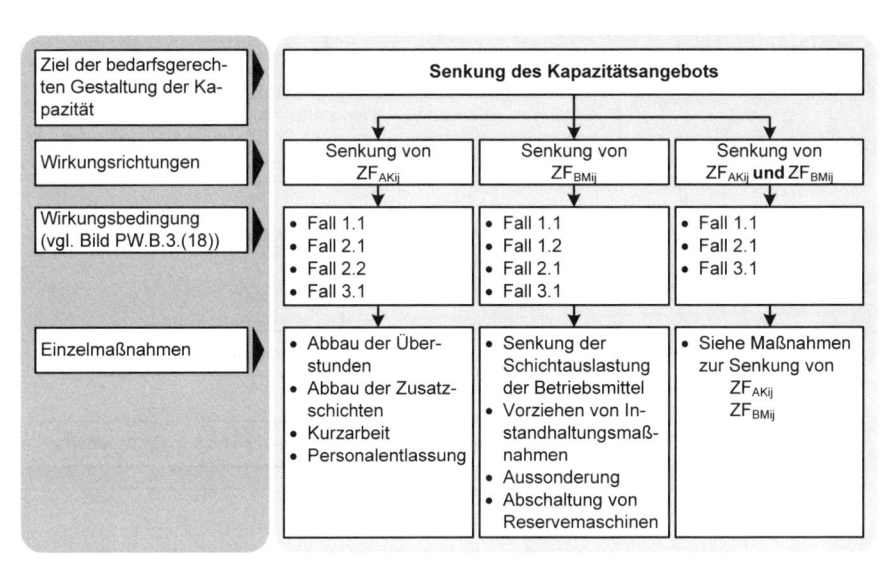

Ziel der bedarfsgerechten Gestaltung der Kapazität	Senkung des Kapazitätsangebots		
Wirkungsrichtungen	Senkung von ZF_{AKij}	Senkung von ZF_{BMij}	Senkung von ZF_{AKij} und ZF_{BMij}
Wirkungsbedingung (vgl. Bild PW.B.3.(18))	• Fall 1.1 • Fall 2.1 • Fall 2.2 • Fall 3.1	• Fall 1.1 • Fall 1.2 • Fall 2.1 • Fall 3.1	• Fall 1.1 • Fall 2.1 • Fall 3.1
Einzelmaßnahmen	• Abbau der Überstunden • Abbau der Zusatzschichten • Kurzarbeit • Personalentlassung	• Senkung der Schichtauslastung der Betriebsmittel • Vorziehen von Instandhaltungsmaßnahmen • Aussonderung • Abschaltung von Reservemaschinen	• Siehe Maßnahmen zur Senkung von ZF_{AKij} ZF_{BMij}

Bild PW.B.3.(20): Senkung des Kapazitätsangebots

228 | Teil B / Wirkung elementarer Produktionsfaktoren

Ziel der bedarfsgerechten Gestaltung der Kapazität	**Umstrukturierung des Kapazitätsangebots**
Wirkungsrichtungen	Freisetzung von ZF_{AK} in der Kapazitätseinheit (xj) 2. oder 3. Ordnung mit freier Kapazität zur Deckung des Bedarfs an ZF_{AK} in der Kapazitätseinheit (yj) 2. oder 3. Ordnung derselben Organisationsform bzw. Werkstatt (j) Senkung ZF_{AKxj} ⟶ Steigerung ZF_{AKyj}
Wirkungsbedingung (vgl. Bild PW.B.3.(18))	In der Kapazitätseinheit (xj): • Fälle 1.1 / 2.1 / 3.1 • Fälle 2.2 / 2.3 In der Kapazitätseinheit (yj): • Fälle 1.3 / 1.4 • Fälle 1.5 / 2.5 / 3.3 (unter der Voraussetzung der adäquaten Erhöhung des Zeitfonds der Betriebsmittel dieser Kapazitätseinheit ZF_{BMyj}) Es existieren gleichzeitig innerhalb einer Organisationsform (Kapazitätsstruktur 1. Ordnung) • eine Kapazitätseinheit mit freiem, nicht genutztem Kapazitätsangebot ZF_{AK} und • eine andere Kapazitätseinheit, in der ein Engpass infolge eines Mangels an Kapazitätsangebot ZF_{AK} vorliegt.
Einzelmaßnahmen	• AK-Umsetzung von Kapazitätseinheit (xj) nach Kapazitätseinheit (yj) (Umsetzung von Arbeitskräften auch in Kapazitätseinheiten anderer Organisationsformen bzw. Werkstätten möglich, wenn die dafür notwendigen Voraussetzungen wie z. B. Eignung oder Qualifikation erfüllt sind.)

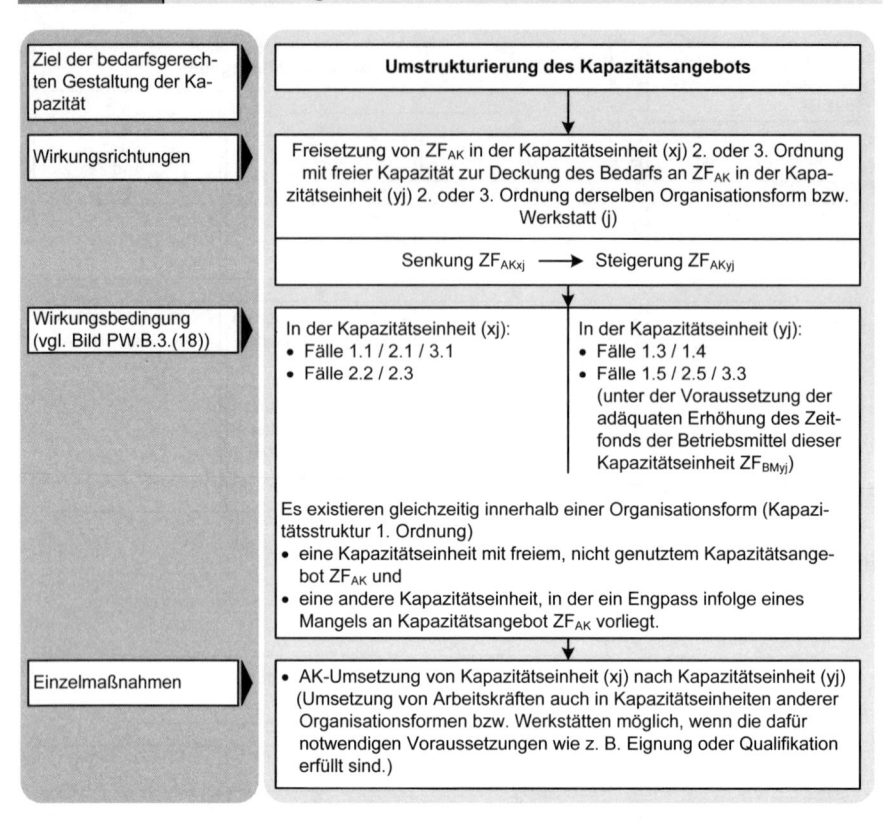

Bild PW.B.3.(21): Umstrukturierung des Kapazitätsangebots

Ziel der bedarfsgerechten Gestaltung der Kapazität	**Erhöhung des Kapazitätsbedarfs**
Wirkungsrichtungen	Nutzung freier Kapazität durch Steigerung des Kapazitätsbedarfs
Wirkungsbedingung (vgl. Bild PW.B.3.(18))	• Fälle 1.1 / 2.1 / 3.1 • Fälle 1.2 / 1.3 / 2.2 / 2.3 (unter der Voraussetzung der adäquaten Erhöhung des Zeitfonds des zweiten Potenzialfaktors dieser Kapazitätseinheit)
Einzelmaßnahmen	• Vergrößerung der Stückzahl pro Los • Zusätzliche Übernahme von Aufträgen • Terminliches Vorziehen von Aufträgen • Ausführen von Lohnarbeiten

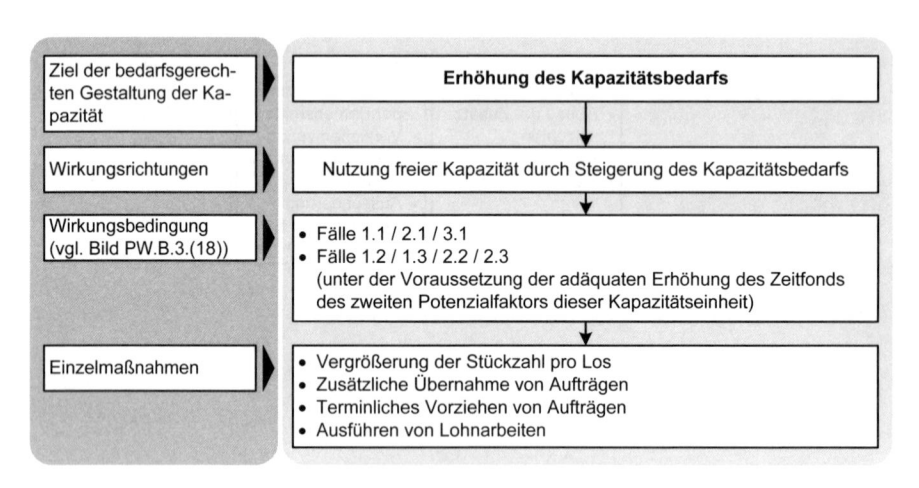

Bild PW.B.3.(22): Erhöhung des Kapazitätsbedarfs

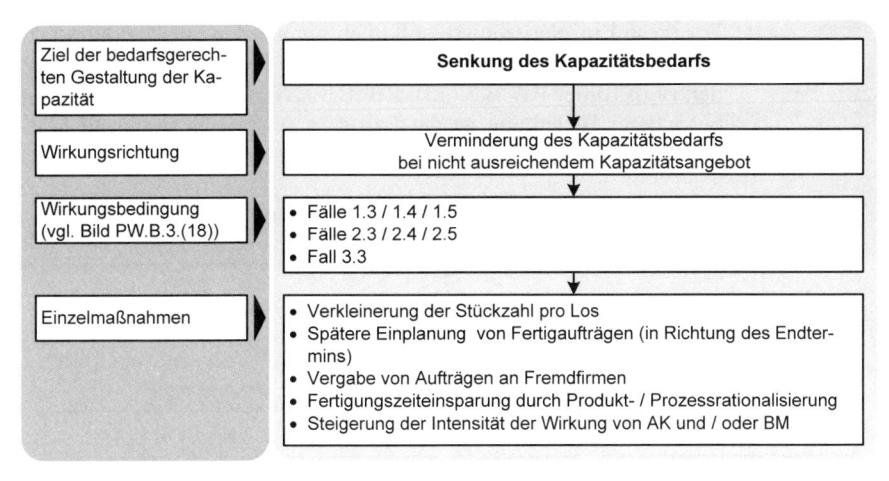

Kapazität 229

Ziel der bedarfsgerechten Gestaltung der Kapazität	**Senkung des Kapazitätsbedarfs**
Wirkungsrichtung	Verminderung des Kapazitätsbedarfs bei nicht ausreichendem Kapazitätsangebot
Wirkungsbedingung (vgl. Bild PW.B.3.(18))	• Fälle 1.3 / 1.4 / 1.5 • Fälle 2.3 / 2.4 / 2.5 • Fall 3.3
Einzelmaßnahmen	• Verkleinerung der Stückzahl pro Los • Spätere Einplanung von Fertigaufträgen (in Richtung des Endtermins) • Vergabe von Aufträgen an Fremdfirmen • Fertigungszeiteinsparung durch Produkt- / Prozessrationalisierung • Steigerung der Intensität der Wirkung von AK und / oder BM

Bild PW.B.3.(23):   Senkung des Kapazitätsbedarfs

Ziel der bedarfsgerechten Gestaltung der Kapazität	**Umstrukturierung des Kapazitätsbedarfs**
Wirkungsrichtung	Teileverlagerung (Verlagerung von Fertigungsaufträgen) aus Kapazitätseinheiten 2. und 3. Ordnung (Engpässe) in Kapazitätseinheiten 2. und 3. Ordnung mit freien Kapazitäten, die in der Regel zur selben Organisationsform gehören und die technischen Voraussetzungen besitzen, die Bearbeitung der verlagerten Fertigungsaufträge durchzuführen. Senkung KB_{Zxj} ⟶ Steigerung KB_{Zyj}
Wirkungsbedingung (vgl. Bild PW.B.3.(18))	In der Kapazitätseinheit (xj): • Fälle 1.3 / 1.4 / 1.5 • Fälle 2.3 / 2.4 / 2.5 • Fall 3.3 In der Kapazitätseinheit (yj): • Fall 1.1 • Fall 2.1 • Fall 3.1
Einzelmaßnahmen	• Umstrukturierung des Kapazitätsbedarfs durch Teileverlagerung aus Engpässen in freie, nutzbare Kapazitäten (Voraussetzung: technologische Realisierbarkeit)

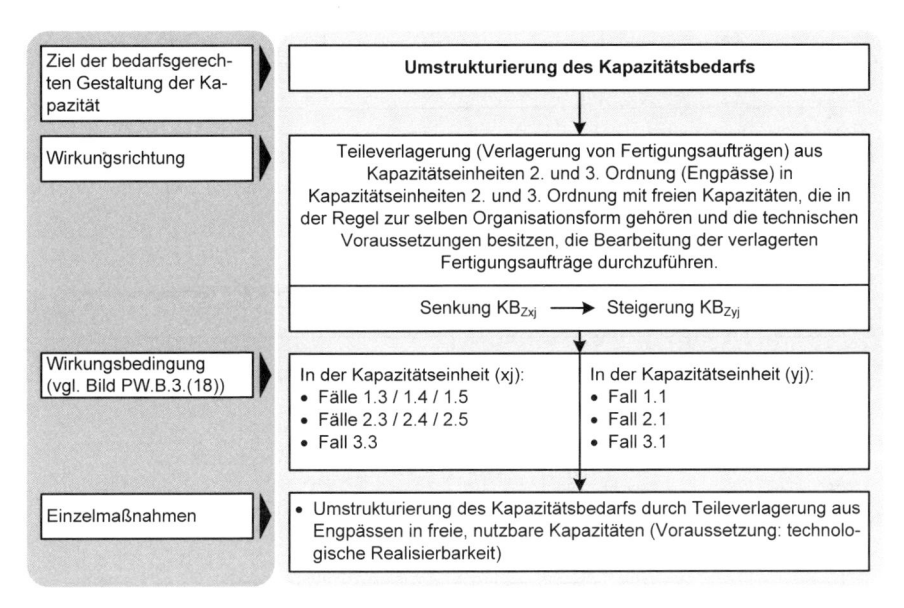

Bild PW.B.3.(24):   Umstrukturierung des Kapazitätsbedarfs

Der Einsatz von Maßnahmen zur bedarfsgerechten Gestaltung der Kapazität orientiert sich an den Bilanzierungsergebnissen in jeder Kapazitätseinheit. Diese lauten wie bereits erörtert:

▶ $d_{ij} < 0$
▶ $d_{ij} > 0$
▶ $d_{ij} = 0$

Für diese Einzelergebnisse soll nachfolgend der Entscheidungsprozess zur Auswahl sinnvoller Maßnahmen bildhaft dargestellt werden (vgl. Bilder PW.B.3.(25), PW.B.3.(26) und PW.B.3.(27)). Von besonderer Bedeutung ist der Fall $d_{ij} < 0$, weil er zwingend Maßnahmen erfordert.

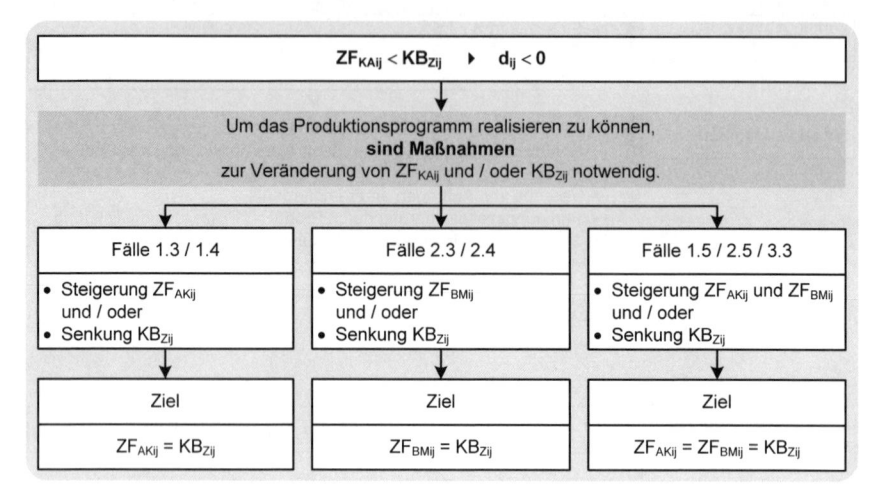

```
                    ZF_KAij < KB_Zij  ▶  d_ij < 0

        Um das Produktionsprogramm realisieren zu können,
                        sind Maßnahmen
        zur Veränderung von ZF_KAij und / oder KB_Zij notwendig.

   Fälle 1.3 / 1.4           Fälle 2.3 / 2.4           Fälle 1.5 / 2.5 / 3.3
 • Steigerung ZF_AKij       • Steigerung ZF_BMij      • Steigerung ZF_AKij und ZF_BMij
   und / oder                 und / oder                und / oder
 • Senkung KB_Zij           • Senkung KB_Zij          • Senkung KB_Zij

        Ziel                     Ziel                      Ziel
   ZF_AKij = KB_Zij         ZF_BMij = KB_Zij          ZF_AKij = ZF_BMij = KB_Zij
```

Bild PW.B.3.(25): *Entscheidungsprozess zur Auswahl von Maßnahmen zur bedarfsgerechten Gestaltung der Kapazität unter der Bedingung $d_{ij} < 0$*

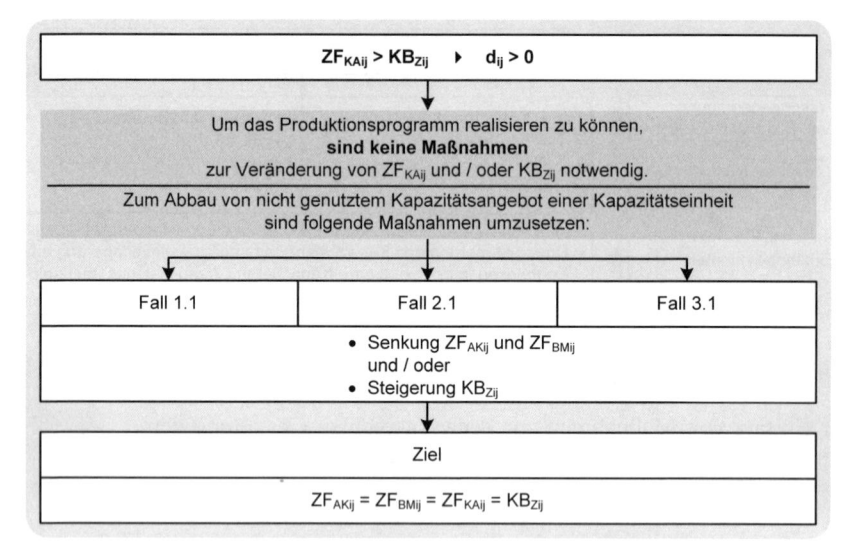

```
                    ZF_KAij > KB_Zij  ▶  d_ij > 0

        Um das Produktionsprogramm realisieren zu können,
                       sind keine Maßnahmen
        zur Veränderung von ZF_KAij und / oder KB_Zij notwendig.
   Zum Abbau von nicht genutztem Kapazitätsangebot einer Kapazitätseinheit
                sind folgende Maßnahmen umzusetzen:

        Fall 1.1                 Fall 2.1                  Fall 3.1

                  • Senkung ZF_AKij und ZF_BMij
                    und / oder
                  • Steigerung KB_Zij

                              Ziel
                 ZF_AKij = ZF_BMij = ZF_KAij = KB_Zij
```

Bild PW.B.3.(26): *Entscheidungsprozess zur Auswahl von Maßnahmen zur bedarfsgerechten Gestaltung der Kapazität unter der Bedingung $d_{ij} > 0$*

Kapazität

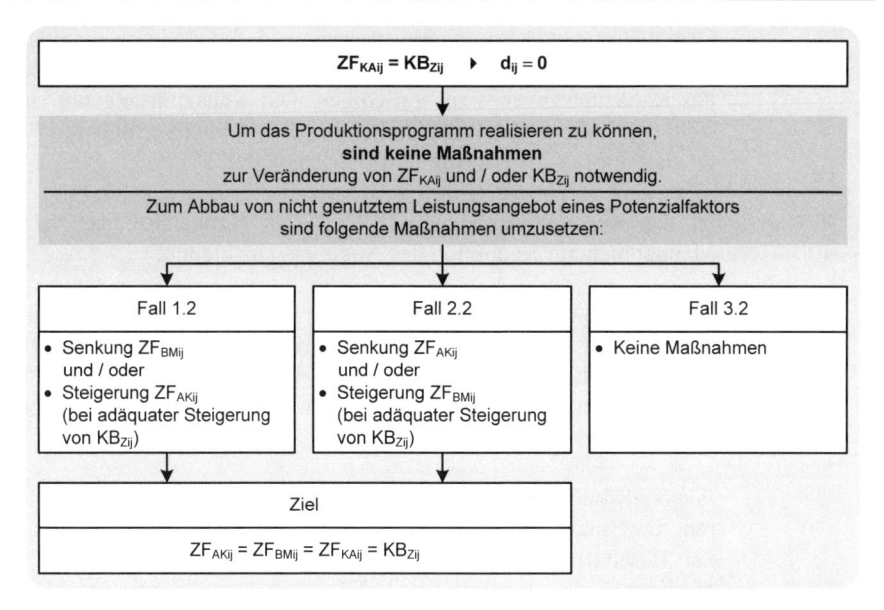

```
ZF_KAij = KB_Zij  ▶  d_ij = 0
           ↓
Um das Produktionsprogramm realisieren zu können,
sind keine Maßnahmen
zur Veränderung von ZF_KAij und / oder KB_Zij notwendig.
Zum Abbau von nicht genutztem Leistungsangebot eines Potenzialfaktors
sind folgende Maßnahmen umzusetzen:
```

Fall 1.2	Fall 2.2	Fall 3.2
• Senkung ZF_{BMij} und / oder • Steigerung ZF_{AKij} (bei adäquater Steigerung von KB_{Zij})	• Senkung ZF_{AKij} und / oder • Steigerung ZF_{BMij} (bei adäquater Steigerung von KB_{Zij})	• Keine Maßnahmen

Ziel
$ZF_{AKij} = ZF_{BMij} = ZF_{KAij} = KB_{Zij}$

Bild PW.B.3.(27): *Entscheidungsprozess zur Auswahl von Maßnahmen zur bedarfsgerechten Gestaltung der Kapazität unter der Bedingung $d_{ij} = 0$*

Die Ergebnisse der Differenzmatrix initiieren Maßnahmen zur bedarfsgerechten Gestaltung der Kapazität. Es ist zu entscheiden, wo, in welcher Matrix ($ZF_{AK_{ij}}$, $ZF_{BM_{ij}}$, $KB_{Z_{ij}}$) die zu realisierenden Maßnahmen wirken. Dabei wird der Algorithmus (Bild PW.B.3.(11)) ausgehend von der Differenzmatrix entgegen der Pfeilrichtung abgearbeitet.

Jede ausgewählte Maßnahme zur bedarfsgerechten Gestaltung der Kapazität führt zur Änderung der Differenzmatrix.

Die notwendigen Änderungen sind entsprechend dem Algorithmus zu gestalten und führen am Ende zu einem weitestgehenden Ausgleich zwischen dem Zeitfonds des Kapazitätsangebots und dem Kapazitätszeitbedarf.

Zusammenfassend ist zu konstatieren, dass die Ermittlung und bedarfsgerechte Gestaltung der Kapazität der kapazitiven Absicherung des Produktionsprogramms (Output), das aus dem Absatzprogramm abgeleitet wird, dient.

Das zu fertigende Produktionsprogramm definiert den Kapazitätsbedarf je Kapazitätseinheit. Diesen Kapazitätsbedarf gilt es durch das Kapazitätsangebot zu befriedigen. Das Kapazitätsangebot entsteht durch die je Kapazitätseinheit im Throughput verfügbaren Potenzialfaktoren Arbeitskraft und Betriebsmittel.

Ist das Kapazitätsangebot größer als der Kapazitätsbedarf, sind Maßnahmen zur Reduktion des Angebots einzuleiten.

Ist das Kapazitätsangebot kleiner als der Kapazitätsbedarf, sind Maßnahmen zur Steigerung des Angebots durchzuführen. Das geschieht durch die Identifizierung zusätzlich benötigter Arbeitskräfte und Betriebsmittel, die innerbetrieblich bzw. als Inputgrößen zu beschaffen sind.

Personal- und anlagenwirtschaftliche Maßnahmen sind zu realisieren. Das impliziert zusätzlich materialwirtschaftliche Aktivitäten zur Beschaffung der Werkstoffe, auf die die Kapazität zur Befriedigung des Kapazitätsbedarfs angewendet wird (vgl. Bild PW.B.3.(28)).

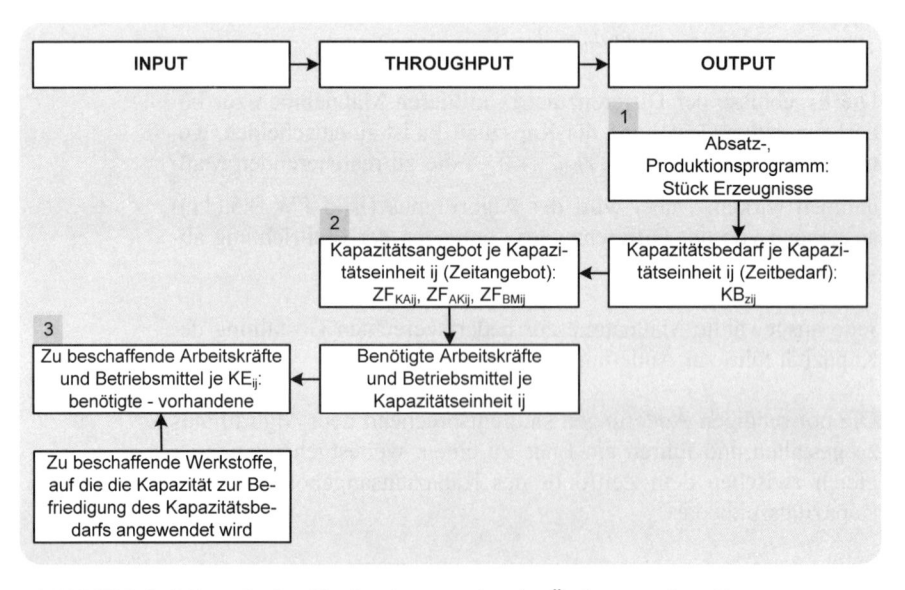

Bild PW.B.3.(28): Bedarfsbefriedigung durch Änderung des Kapazitätsangebots

I. Begriffe zur Selbstüberprüfung

✓ Kapazität
✓ Kapazitätsstruktur
✓ Kapazitätseinheit
✓ Produktionssystem
✓ Kapazitätsangebot
✓ Kapazitäts-(zeit)bedarf
✓ Handprozess
✓ Maschinenprozess
✓ Automatischer Prozess
✓ Kapazitätsmaßstab
✓ Zeitfonds
✓ Kapazitätsmatrix
✓ Zeitfonds des Kapazitätsangebots
✓ Kapazitätsbilanzierung
✓ Ergebnisse der Kapazitätsbilanzierung
✓ Bedarfsgerechte Gestaltung der Kapazität
✓ Maßnahmenkomplexe zur Gestaltung der Kapazität

II. Weiterführende Literatur

❑ CORSTEN, Hans:
   Produktionswirtschaft. Einführung in das industrielle Produktionsmanagement.
   12. Auflage, München, Wien 2009

❑ HOITSCH, Hans-Jörg:
   Produktionswirtschaft. Grundlagen einer industriellen Betriebswirtschaftslehre.
   2. Auflage, München 1993

❑ KERN, Werner:
   [Fertigungskapazität] Die Messung industrieller Fertigungskapazitäten und ihrer Ausnutzung. Grundlagen und Verfahren.
   Köln, Opladen 1962

❑ NEBL, Theodor / PRÜß, Henning:
   Anlagenwirtschaft.
   München, Wien 2006

❑ WIENDAHL, Hans-Peter:
   Betriebsorganisation für Ingenieure.
   7. Auflage, München, Wien 2010

❑ *ZÄPFEL, Günther:*
    Strategisches Produktions-Management.
    München, Wien 2000

❑ *ZÄPFEL, Günther:*
    Produktionswirtschaft. Operatives Produktions-Management.
    Berlin, New York 1982

4 Repetierfaktor Werkstoff

B / Wirkung elementarer Produktionsfaktoren

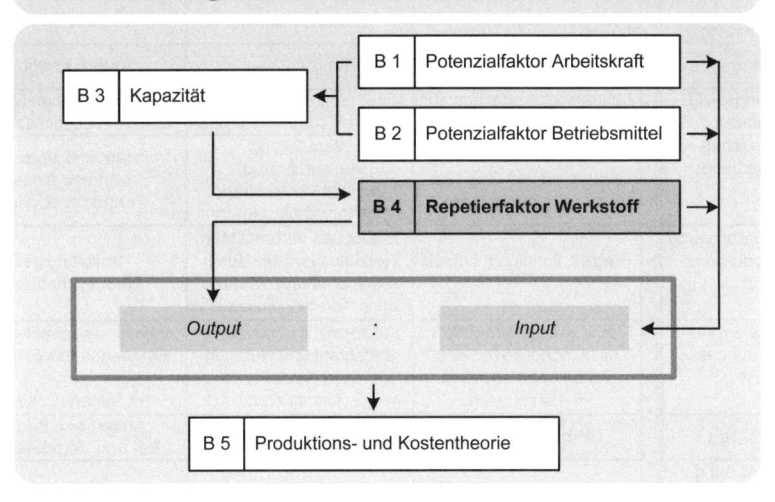

```
                    ┌──────┬─────────────────────────────────┐
                    │ B 1  │ Potenzialfaktor Arbeitskraft    │
┌──────┬──────────┐ ├──────┼─────────────────────────────────┤
│ B 3  │ Kapazität│ │ B 2  │ Potenzialfaktor Betriebsmittel  │
└──────┴──────────┘ ├──────┼─────────────────────────────────┤
                    │ B 4  │ Repetierfaktor Werkstoff        │
                    └──────┴─────────────────────────────────┘

              Output         :         Input

                    ┌──────┬─────────────────────────────────┐
                    │ B 5  │ Produktions- und Kostentheorie  │
                    └──────┴─────────────────────────────────┘
```

Bild PW.B.4.(1):   *Wirkung elementarer Produktionsfaktoren (Werkstoff)*

Repetierfaktoren sind Elementarfaktoren. Im Gegensatz zu den Potenzialfaktoren entstehen aus dem wichtigsten Bestandteil der Repetierfaktoren, den **Werkstoffen**, **Erzeugnisse**. Werkstoffe **verändern** ihre **Naturalform** und **gehen** während eines Produktionszyklus fast vollständig **in** die **produzierten Produkte** ein. Nach Ablauf eines Produktionszyklus müssen sie für die Durchführung eines nächsten Produktionszyklus erneut vollständig bereitgestellt werden. Aus diesem Zusammenhang leitet sich ihre Bezeichnung Repetierfaktor (= Wiederholfaktor) ab.

|Repetier-faktoren|

> **Repetierfaktoren** können keine Kapazität bilden, **sind** aber **Voraussetzung** dafür, **dass vorhandene Kapazitäten genutzt werden** können.

In Bild PW.B.4.(2) wird eine vergleichende Betrachtung der Elementarfaktoren vorgenommen.

Kriterien	Elementarfaktoren		
	Arbeitskraft	Betriebsmittel	Werkstoff
Faktorbezeichnung	Potenzialfaktor	Potenzialfaktor	Repetierfaktor
Güterart	-	Gebrauchsgut	Verbrauchsgut
Nutzungszeit / Einsatzzeit	Langfristig, wiederholt, für viele Produktionszyklen	Mittelfristig, wiederholt, für mehrere Produktionszyklen	Kurzfristig, einmalig, für einen Produktionszyklus
Neubeschaffungsgründe	Fluktuation, Entlassung, Änderung von Qualifikationsanforderungen	Verschleiß, Aussonderung, Kapazitätserweiterung, Technologieänderung	Vollständiger Verbrauch während eines Produktionszyklus
Erneuerungsart / Reproduktionsart	Freizeit, Erholung, Urlaub	Ersatz des verbrauchten Nutzungsvorrates durch Instandhaltung, Ersatz-, Rationalisierungsinvestition	Vollständige Neubeschaffung
Wertübertragung auf das Produkt	AK überträgt ihren Wert nicht, schafft Wert des Produkts durch Arbeit → Lohnkosten	Sukzessiv, indirekt durch Zeitablauf und Nutzung → Abschreibung	Vollständig, direkt durch Eingang in das Produkt → Materialkosten
Naturalform	Bleibt unverändert	Bleibt unverändert	Ändert sich durch Be- und Verarbeitung
Einfluss auf die Kapazitätsbildung	Kapazitätsbildend	Kapazitätsbildend	Nicht kapazitätsbildend

Bild PW.B.4.(2): *Gegenüberstellung wichtiger Bewertungskriterien von Elementarfaktoren*

Repetierfaktoren sind Werkstoffe, Hilfsstoffe und Betriebsstoffe.

Die Gliederung der Verbrauchsfaktoren / Repetierfaktoren, deren wesentlicher Bestandteil die Werkstoffe sind, wurde bereits in Bild PW.A.4.(3) dargestellt.

Werkstoffe | **Werkstoffe** sind Güter, die im Produktionsprozess zu Erzeugnissen werden. **Die Werkstoffe gehen in die Erzeugnisse ein.** Sie sind der **Hauptbestandteil der Erzeugnisse**.

Zu den Werkstoffen gehören:
- Rohstoffe (Eisen in Blöcken, Holz)
- Halbzeuge (Bleche, Profilstähle)
- Halbfabrikate (Vorgefertigte Teile, Gussteile)
- Normteile (Schrauben, Bolzen)

Arbeitsobjekt, Arbeitsgegenstand | **Werkstoffe** sind Inputfaktoren. Sie unterliegen im Throughput der **Be- und Verarbeitung**. Sie werden zu **Arbeitsobjekten**. Die Potenzialfaktoren wirken im Produktionsprozess auf die Arbeitsobjekte ein, um Erzeugnisse herzustellen.

Die Begriffe Arbeitsgegenstand und Arbeitsobjekt werden synonym verwendet.

Hilfsstoffe werden wie die restlichen Werkstoffe materielle Bestandteile der Erzeugnisse (z. B. Nägel, Leim, Niete, Schweißelektroden). Sie bestimmen nicht die wesentliche Grundsubstanz der Produkte. Sie haben eine quasi ergänzende Wirkung. | Hilfsstoffe

Betriebsstoffe sind Voraussetzungen für die Durchführung des Produktionsprozesses. Sie dienen auch der Erhaltung und Pflege der Betriebsmittel (z. B. Energie, Treibstoff, Schmier- und Kühlmittel, Reinigungsmittel). Betriebsstoffe gehen nicht stofflich in die Erzeugnisse ein. | Betriebsstoffe

Die **Eigenschaften eingesetzter Werkstoffe beeinflussen die Ergiebigkeit** der Faktorkombination im Produktionsprozess. Unterschiede in ihrer Beschaffenheit haben einen unterschiedlichen Werkstoffverbrauch und einen unterschiedlichen Einsatz der übrigen Produktionsfaktoren zur Folge (vgl. GUTENBERG, E. [Produktion] S. 123).

Als Zielstellungen für den Werkstoffeinsatz sind zu formulieren:
- **Minimierung von Werkstoffverlusten** infolge von Abfall und Ausschuss (Verhältnis Fertiggewicht zum Gewicht eingesetzter Werkstoffe)
- **Minimierung des Werkstoffverbrauchs** durch Einsatz standardisierter und genormter Materialien
- **Einsatz von Werkstoffen, die den Forderungen der Fertigung bestmöglich entsprechen** (z. B. Formgebung)

Die **Minimierung der Werkstoffverluste** und **des Werkstoffverbrauchs** vermindert gleichsam die notwendige Arbeitsleistung der Arbeitskräfte und die Inanspruchnahme der Betriebsmittel und somit den Kapazitätsbedarf.

4.1 Zeitermittlung

Die Grundlagen der **Zeitermittlung für die Werkstoffe / Arbeitsgegenstände** sind genau wie bei den Arbeitskräften und den Betriebsmitteln die definierten **Ablaufarten und deren Zeitbewertung**. | Zeitermittlung

| Ablaufarten

Bild PW.B.4.(3) verdeutlicht die Ablaufarten der Arbeitsgegenstände.

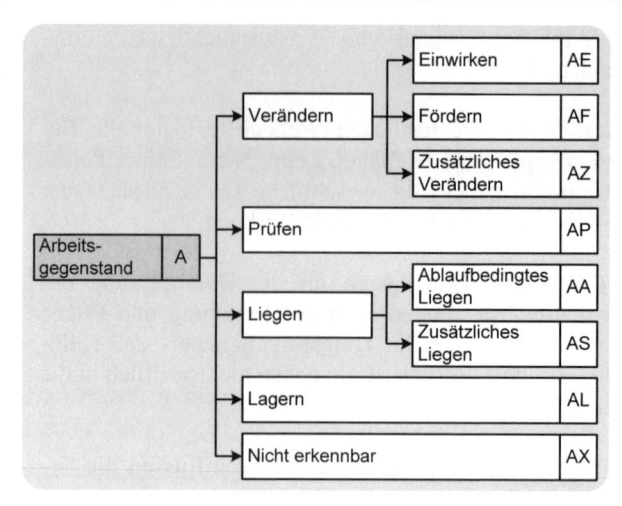

Bild PW.B.4.(3): *Analyse der Ablaufarten bezogen auf den Arbeitsgegenstand (nach REFA [Methodenlehre] S. 33)*

Folgende grundsätzliche Ablaufarten werden unterschieden:

(1) **Verändern**

Der Arbeitsgegenstand wird in seinem Zustand, seiner Art, Form oder Lage verändert. Das Verändern geschieht durch **Einwirken, Fördern** und **zusätzliches Verändern**.

(1.1) **Einwirken**

Durch das Einwirken werden entweder die Form oder der Zustand des Arbeitsgegenstands verändert. **Formänderungen** geschehen z. B. durch die Arbeitsoperationen Drehen, Fräsen, Bohren. **Zustandsänderungen** geschehen z. B. durch Erwärmen, Abkühlen, Trocknen.

(1.2) **Fördern**

Das Fördern bewirkt die **Veränderung des Orts bzw. der Lage** des Arbeitsgegenstands. Ortsveränderungen entstehen durch **Transporte** von Kapazitätseinheit zu Kapazitätseinheit, von Arbeitsplatz zu Arbeitsplatz, zwischen Kapazitätseinheiten / Arbeitsplätzen zum Lager. Die Lage eines Arbeitsgegenstands wird durch das **Handhaben** verändert. Lageveränderungen durch das Handhaben ermöglichen das Einwirken und z. B. das Prüfen der Qualität und / oder der Maßgenauigkeit nach einem durchgeführten Arbeitsgang.

(1.3) **Zusätzliches Verändern**

Zusätzliches Verändern beinhaltet das **Einwirken** auf ein Werkstück und / oder das **Fördern** eines Werkstücks. Es handelt sich dabei um nicht voraussehbare, **nicht planbare Tätigkeiten**.

B e i s p i e l : Unplanmäßiges Entgraten, Umsetzen von Arbeitsgegenständen, die z. B. an einem falschen Arbeitsplatz bereitgestellt wurden

(2) **Prüfen**

Das Prüfen beinhaltet das **Kontrollieren, Messen, Zählen, Wiegen, Sortieren, Beurteilen** von Werkstücken.

(3) **Liegen**

Das **Liegen unterbricht das Verändern und / oder Prüfen** des Arbeitsgegenstands. Das Liegen kann **ablaufbedingt** oder **störungsbedingt** sein.

(4) **Lagern**

Der Arbeitsgegenstand befindet sich im Bereich eines Lagers (z. B. Wareneingangslager, Zwischenlager).

Die Bewertung der Ablaufarten mit Zeiten führt zur Zeitermittlung für die Ablaufarten.

4.2 Materialwirtschaft

> Die **Materialwirtschaft** ist verantwortlich für die artgerechte, mengengerechte, qualitätsgerechte, termingerechte, ortgerechte und kostenoptimale Versorgung des Unternehmens mit Repetierfaktoren.

Materialwirtschaft

Sie konzentriert sich auf den Prozess der **Beschaffung** des **Inputfaktors Werkstoff**. Die Beschaffung der Elementarfaktoren Arbeitskraft und Betriebsmittel ist der Personalwirtschaft und der Anlagenwirtschaft vorbehalten.

> Die **Hauptfunktionen** der Materialwirtschaft sind:
> ▶ Materialbedarfsermittlung
> ▶ Materialdisposition
> ▶ Materialbeschaffung / Einkauf
> ▶ Materialbevorratung / Lagerung
> ▶ Entsorgung

Hauptfunktionen der Materialwirtschaft

Konzepte der Materialwirtschaft

Die Integration verschiedener materialwirtschaftlicher Funktionen in das zu lösende Aufgabenspektrum führt zu unterschiedlichen **Konzepten der Materialwirtschaft**.

Die Grundlage aller Konzepte ist die Materialbedarfsermittlung. Liegt nun der besondere Schwerpunkt auf dem Materialeinkauf, wird das als Konzept des **Einkaufs** bezeichnet. Die Ergänzung weiterer Funktionen führt über die Konzepte (vgl. Bild PW.B.4.(4)) der

- **Beschaffung**,
- **Materialwirtschaft**,
- **Logistik** bis hin zum Konzept der
- **Integrierten Materialwirtschaft**.

Konzepte	Funktionen							
	Material-bedarfs-ermitt-lung	Material-dispo-sition	Material-einkauf	Waren-an-nahme	Material-bevorra-tung / Lage-rung	Inner-betrieb-licher Trans-port	Außer-betrieb-licher Trans-port	Ent-sorgung
Des Einkaufs	x		x					
Der Beschaffung	x		x	x	x			
Der Material-wirtschaft	x	x	x	x	x	x		
Der Logistik	x	x	x	x	x	x	x	
Der integrier-ten Material-wirtschaft	x	x	x	x	x	x	x	x

Bild PW.B.4.(4): Funktionen und Konzepte der Materialwirtschaft

Die Hauptfunktionen sind in Bild PW.B.4.(5) dargestellt.

Die große Bedeutung der Materialwirtschaft für ein Unternehmen ergibt sich daraus, dass in vielen Industriebetrieben der **Anteil** der **Materialkosten an den Selbstkosten** bei **ca. 50 %** liegt (vgl. SPECHT, O. [Betriebswirtschaft] S. 157). Industriezweigabhängig schwankt dieser Wert zwischen ca. 30 % in z. B. sehr forschungsintensiven Unternehmen (Pharmaindustrie) und ca. 80 % in z. B. sehr materialintensiven Unternehmen (Ölraffinerien, Schiffbau). Daraus ergibt sich ein großes **Rationalisierungspotenzial**, das durch eine effiziente Gestaltung der Prozesse der Materialwirtschaft erschlossen werden kann.

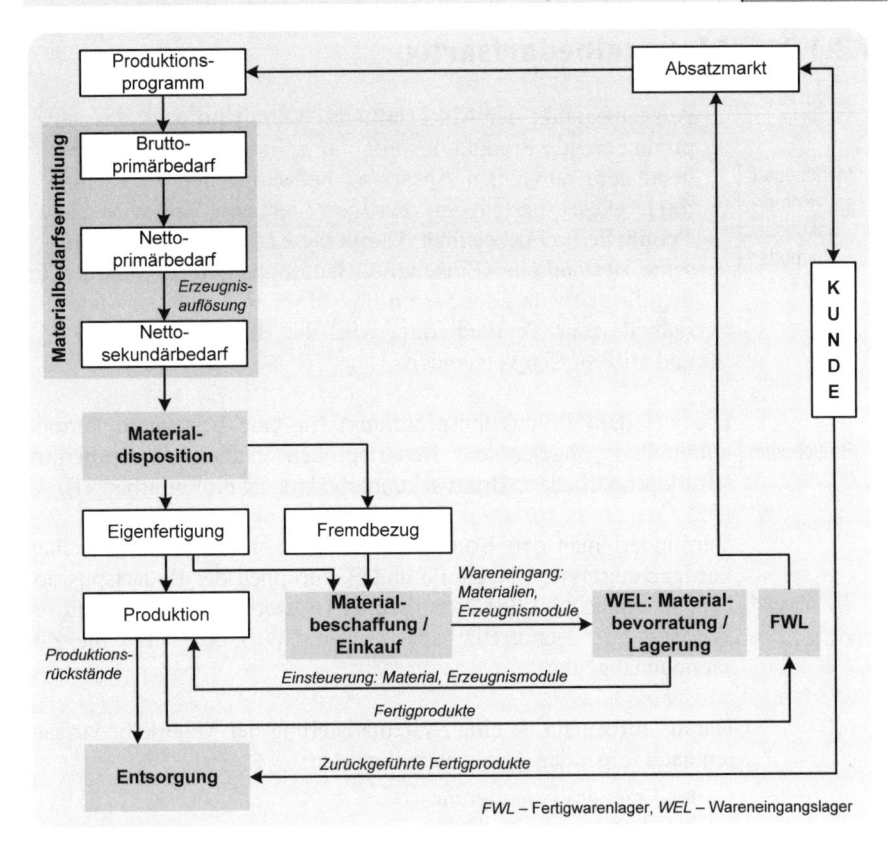

Bild PW.B.4.(5): Hauptfunktionen der Materialwirtschaft

4.2.1 Materialbedarfsermittlung

Die Aufgabe der **Materialbedarfsermittlung** besteht in der Feststellung des Materialbedarfs. Dessen Befriedigung bildet die Voraussetzung für die Herstellung eines Produktionsprogramms in einer definierten Periode.

| Materialbedarfsermittlung

Dazu ist es unerlässlich

- ▶ **Materialbedarfsarten** zu unterscheiden,
- ▶ **Methoden der Materialbedarfsermittlung** zu identifizieren und
- ▶ **Materialanalysen** durchzuführen.

4.2.1.1 Materialbedarfsarten

Marktbedarf, Primär-, Sekundär-, Tertiärbedarf

Ausgangspunkt der **Materialbedarfsermittlung** ist das zu produzierende Produktionsprogramm. Es entspricht weitgehend dem durch den Absatz zu befriedigenden **Marktbedarf**. Dieser besteht aus Fertigerzeugnissen und wird als **Primärbedarf** bezeichnet. Durch die Erzeugnisauflösung in seine Bestandteile (Einzelteile, Baugruppen) leitet sich aus dem Primärbedarf der **Sekundärbedarf** ab. Unter der Materialbedarfsart **Tertiärbedarf** wird der Bedarf an Betriebs- und Hilfsstoffen verstanden.

Bruttobedarf

Die aus dem Produktionsprogramm für eine bestimmte Periode unmittelbar abgeleiteten Bedarfsgrößen heißen **Bruttobedarf** (Bruttoprimärbedarf, Bruttosekundärbedarf, Bruttotertiärbedarf).

Nettobedarf

Vermindert man den Bruttobedarf um die im Lager befindlichen Fertigerzeugnisse, Einzelteile und Baugruppen der Bedarfspositionen, so erhält man den **Nettobedarf** (Nettoprimärbedarf, Nettosekundärbedarf, Nettotertiärbedarf). Bild PW.B.4.(6) stellt die Zusammenhänge dar.

Darauf aufbauend ist eine Systematisierung der Materialbedarfsarten nach folgenden Ansätzen realisierbar:

- ▶ Erzeugnisorientierung
- ▶ Verfahrensorientierung
- ▶ Bestandsorientierung

Bild PW.B.4.(7) definiert dafür beschreibende Charakteristika, Beispiele und die Erfassungsgrundlagen.

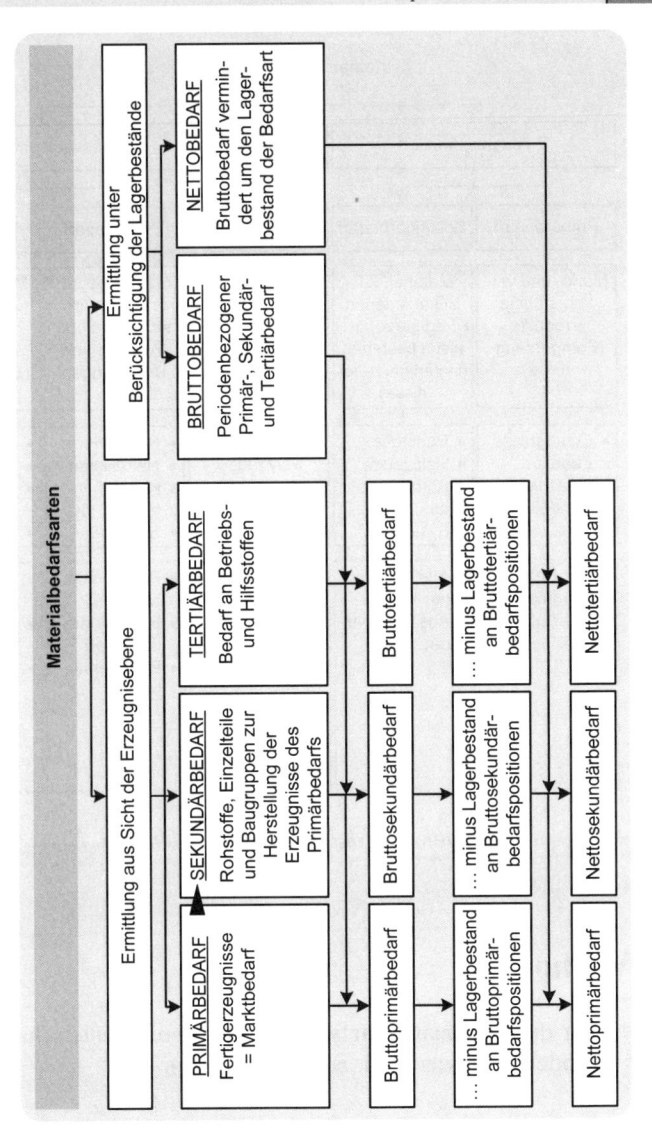

Bild PW.B.4.(6):   *Materialbedarfsarten*

	Systematik der Materialbedarfsarten				
Ansätze	Erzeugnisorientiert		Verfahrensorientiert	Bestandsorientiert	
Begriffe	Primärbedarf	Sekundärbedarf	Tertiärbedarf	Bruttobedarf	Nettobedarf
Beschreibungen	Markt- und verkehrsfähige Produkte (Fertigerzeugnisse)	Material, ET, BG aus denen Fertigerzeugnisse bestehen (Unfertigerzeugnisse)	Verbrauchsabhängige Betriebs- und Hilfsstoffe	Materialbedarf ohne Berücksichtigung von Vorräten und Bestellungen	Materialbedarf nach Abzug von Lagervorräten und Bestellungen
Beispiele	• Erzeugnisse • Zubehör • Ersatzteile • Handelswaren	• Rohstoffe • Halbzeuge • Komponenten • Systeme	• Verschleißwerkzeuge • Verbrauchsmaterial • Schmiermittel	• Rohstoffe • Halbzeuge • Komponenten: ET, BG • Systeme	• Rohstoffe • Halbzeuge • Komponenten: ET, BG • Systeme
Erfassung	• Aus Programmen • Aus Aufträgen	• Aus Stücklisten • Aus Rezepturen	• Aus Fertigungsvorschriften • Aus Fertigungsverfahren	• Bruttoprimärbedarf • Bruttosekundärbedarf • Bruttotertiärbedarf	• Nettoprimärbedarf • Nettosekundärbedarf • Nettotertiärbedarf - Materialbestand - Bestellbestand

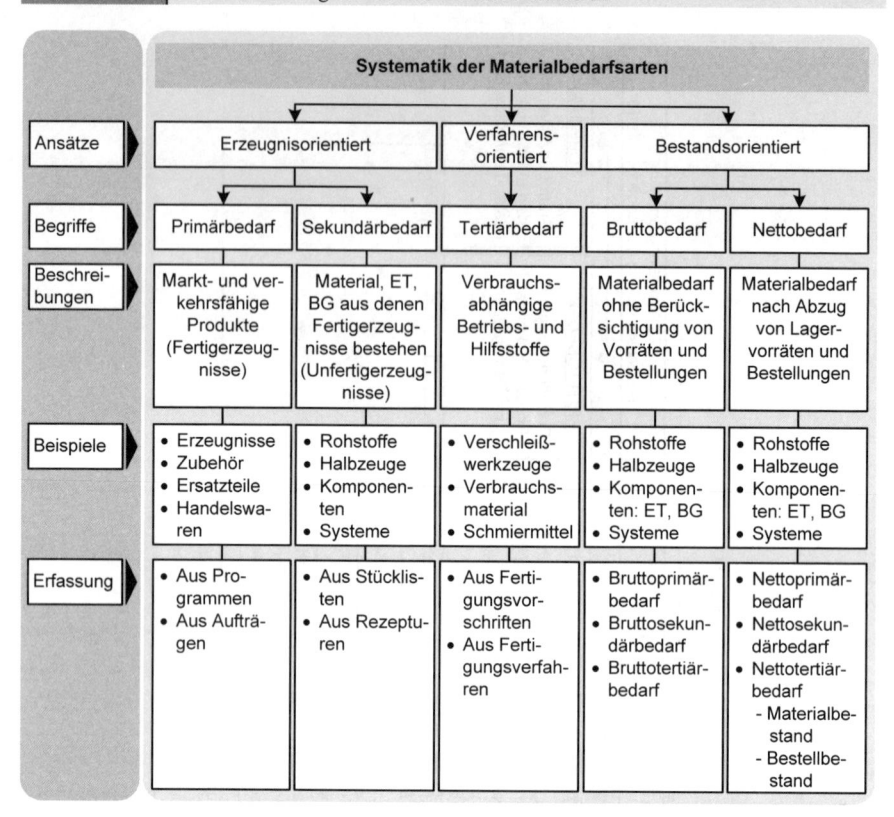

Bild PW.B.4.(7):   Systematik der Materialbedarfsarten (vgl. HIRSCHSTEINER, G. [Einkauf] S. 62)

4.2.1.2 Methoden

Methoden der Materialbedarfsermittlung

Für die **Materialbedarfsermittlung** werden unterschiedliche **Methoden** eingesetzt (vgl. Bild PW.B.4.(8)).

Deterministische Materialbedarfsermittlung

Immer dann, wenn das Produktionsprogramm aus fest definierten Aufträgen besteht, wird die **deterministische** (programmbezogene) **Materialbedarfsermittlung** angewendet. Sie beinhaltet eine exakte Bestimmung des Materialbedarfs. Ihre wesentliche Vorgehensweise ist die **Stücklistenauflösung** durch eine analytische bzw. synthetische Erzeugnisstrukturierung oder die Darstellung der Erzeugnisstruktur als Gozintograph (vgl. dazu Abschnitt C.2.3.4).

Repetierfaktor Werkstoff | 245

Deterministische Materialbedarfsermittlung (programmbezogen)	Stochastische Materialbedarfsermittlung (verbrauchsbezogen)	Heuristische Materialbedarfsermittlung (ohne Basisdaten)
Grundlagen: Primärbedarf in Form von Kundenaufträgen liegt vor	Vergangenheitsbezogene Verbrauchswerte liegen vor	Kein Datenmaterial über Kundenaufträge oder Verbrauchswerte der Vergangenheit vorhanden
Prinzipien: Exakte Bestimmung des Sekundärbedarfs	Prognose des Materialbedarfs aus den Verbrauchswerten der Vergangenheit	Schätzung des zukünftigen Materialbedarfs
Modelle: Stücklistenstruktur (I → A, B; A → D, C; B → 3, E; C → 1, 2; D → 2, 4; E → 4, 5)	Konstant, Linear, Nichtlinear ohne Wendepunkte, Saisonal (Bedarf über t)	Nichtlinear mit Wendepunkt, Zufallserscheinung, Strukturbruch (Bedarf über t)
Verfahren: • Stücklistenauflösung • Analytische Vorgehensweise • Synthetische Vorgehensweise • Gozintograph	• Methode der kleinsten Quadrate • Methode des gleitenden Mittelwerts • Exponentielle Glättung	• Analogschätzung: Ergebnisse der Vorhersage des Bedarfs einer Materialart wird auf andere Materialarten übertragen • Intuitivschätzung: Erfahrungen, Vermutungen über die Bedarfsentwicklung

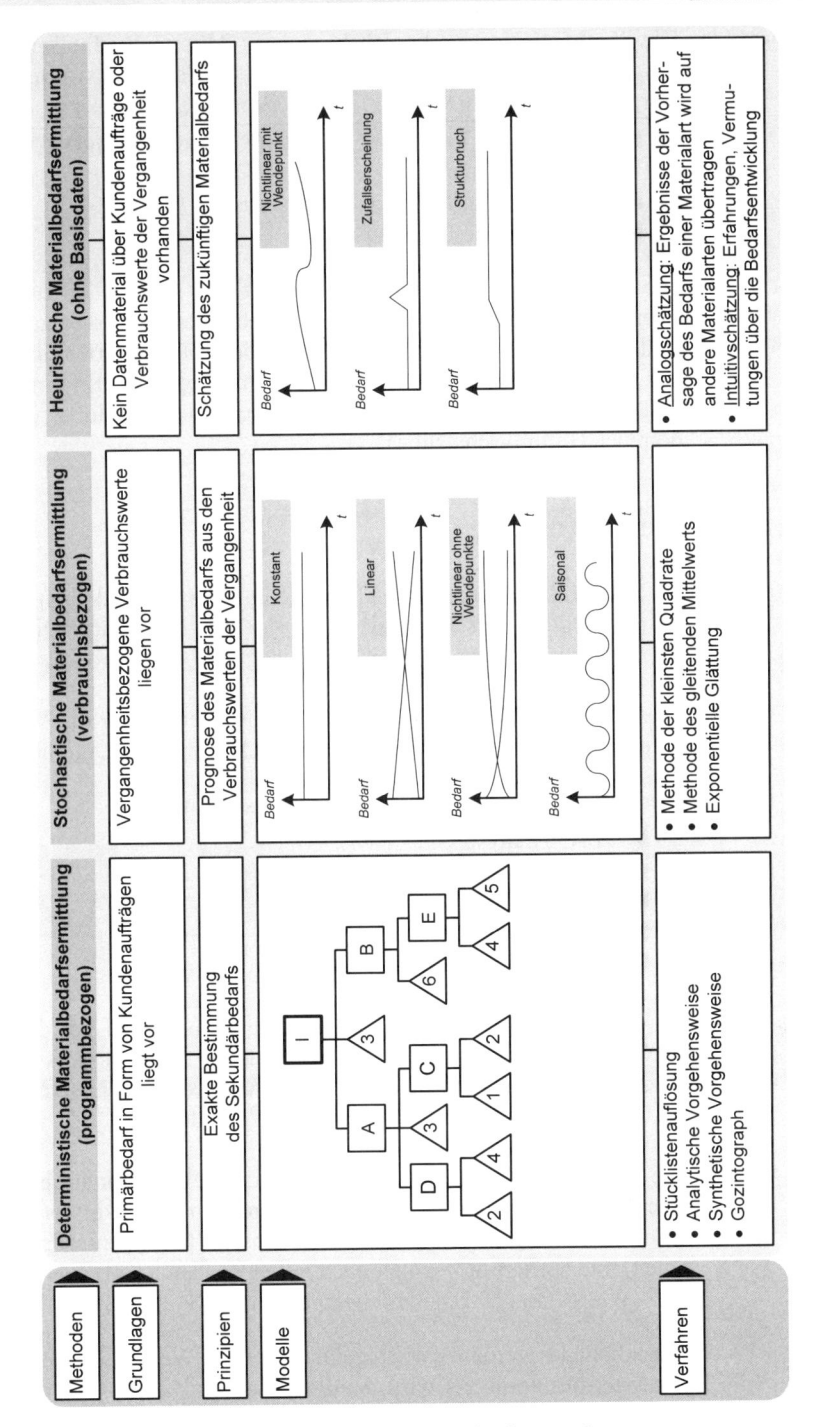

Bild PW.B.4.(8):   *Methoden der Materialbedarfsermittlung*

Stochastische Materialbedarfsermittlung — Die **stochastische** (verbrauchsbezogene) **Materialbedarfsermittlung** prognostiziert den Materialbedarf aus Verbrauchswerten der Vergangenheit. Dazu werden folgende Verfahren eingesetzt:

- Methode der kleinsten Quadrate (Regressions- und Korrelationsanalyse)
- Methode des gleitenden Mittelwerts
- Exponentielle Glättung

Heuristische Materialbedarfsermittlung — Die **heuristische Materialbedarfsermittlung** schätzt den zukünftigen Materialbedarf. Dabei werden Ergebnisse der Vorhersage des Bedarfs bestimmter Materialarten auf andere Materialarten übertragen (Analogschätzung) oder auf der Grundlage von Erfahrungen und Vermutungen Schätzungen der Bedarfsentwicklung vorgenommen (Intuitivschätzung).

4.2.1.3 Materialanalyse

Materialanalyse — **Materialanalysen** werden durchgeführt, um Besonderheiten unterschiedlicher Materialarten zu identifizieren und Rationalisierungspotenzial zu erschließen.

Diese Besonderheiten haben i. d. R. Konsequenzen für die Vorbereitung und Realisierung der Materialbeschaffung und Lagerung.

Wesentliche Methoden der Materialanalysen sind die

- ABC-Analyse,
- XYZ-Analyse,
- GMK-Analyse,
- Wertanalyse und die
- Make or Buy-Analyse.

ABC-Analyse — Um die Materialpositionen herauszufinden, denen bei der Materialbedarfsermittlung eine besondere Aufmerksamkeit zu widmen ist, hat sich die **ABC-Analyse** bewährt. Ihre Grundlage bildet ein **Wert-Mengen-Verhältnis**.

Die ABC-Analyse ermittelt „[...] je Lagerartikel den durchschnittlichen Jahresverbrauchswert aus der Menge mal Bezugswert (bei Zukaufteilen) bzw. Menge mal Herstellkosten (bei Eigenfertigungsteilen) und sortiert die Artikel nach fallenden Jahresverbrauchswerten" (WIENDAHL, H.-P. [Betriebsorganisation] S. 283).

Anschließend werden die Prozentanteile der Werkstoffe am Gesamtwert bestimmt. Es wird deutlich, dass ein kleiner Anteil von Materialarten oft einen hohen Wertanteil am Jahresmaterialverbrauch besitzt.

Die einzelnen Teilegruppen lassen sich wie folgt beschreiben:

- **A-Teile** sind Materialien mit hohem Wert, aber geringen Mengenanteilen am Jahresverbrauch (5 bis 10 % der Anzahl, aber ca. 80 % des Jahresverbrauchswerts).
- **B-Teile** sind Materialien, die ca. 20 % der Materialpositionen belegen und etwa 15 % des Jahresverbrauchswerts ausmachen.
- **C-Teile** sind Materialien mit niedrigem Wert aber hohem Mengenanteil (ca. 70 % der Materialpositionen, aber nur ca. 5 % des Wertvolumens).

Das besondere Augenmerk der Bedarfsermittlung gilt den A-Teilen. Ihre Bedarfsgrößen sollten deterministisch bestimmt werden. B-Teile werden gemischt deterministisch und stochastisch disponiert. C-Positionen werden in der Regel stochastisch oder heuristisch ermittelt.

Bild PW.B.4.(9) verdeutlicht die Verteilung der Jahresverbrauchswerte auf Materialpositionen.

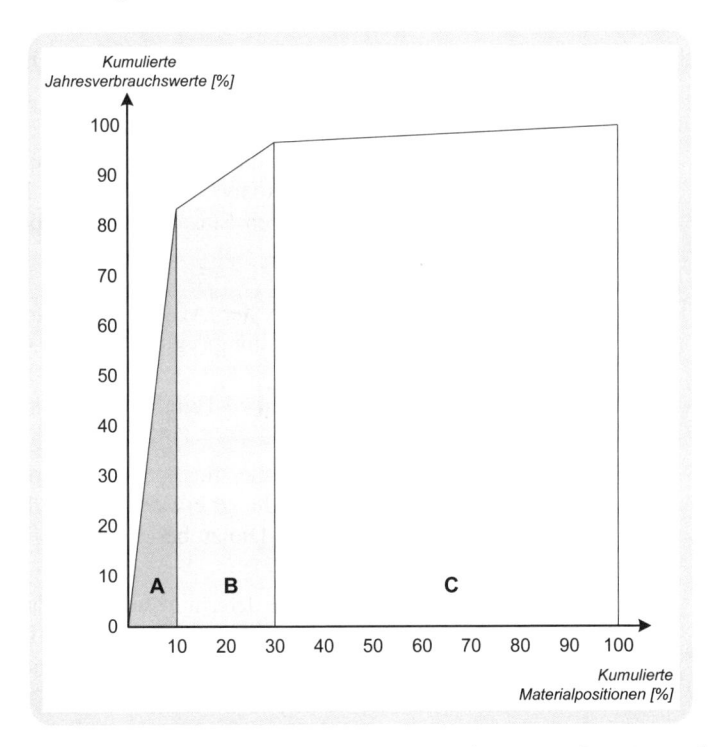

Bild PW.B.4.(9):   Verteilung von Jahresverbrauchswerten der Materialpositionen (ABC-Analyse)

XYZ-Analyse | Um eine einseitige Beurteilung der Materialarten aus der Sicht ihres Werts zu vermeiden, wird neben der ABC-Analyse häufig die **XYZ-Analyse** durchgeführt.

Sie unterteilt die Materialarten nach den Kriterien **Vorhersagegenauigkeit** des Materialverbrauchs und zu **erwartende Schwankungen** des Materialverbrauchs.

Die gebildeten Gruppen lassen sich wie folgt beschreiben:

▶ **X-Materialien** sind durch eine hohe Vorhersagegenauigkeit und einen konstanten Verbrauch gekennzeichnet.

▶ **Y-Materialien** besitzen eine mittlere Vorhersagegenauigkeit des Materialverbrauchs und einen schwankenden Verbrauch.

▶ **Z-Materialien** haben eine niedrige Vorhersagegenauigkeit und einen unregelmäßigen Verbrauch.

Mit Hilfe beider Analysen wird eine Auswahl solcher Beschaffungsmethoden möglich, die eine rationelle Beschaffung mit einem vertretbaren Aufwand garantieren.

GMK-Analyse | Die **GMK-Analyse** untersucht die Größe der zu beschaffenden Teile bzw. Materialien.

Es werden große (G), mittlere (M) und kleine (K) Teile unterschieden. Die Ergebnisse der GMK-Analyse besitzen eine besondere Bedeutung für die Auswahl und den Einsatz von Transportmitteln und Lagereinrichtungen.

Die Kombination der Ergebnisse der ABC-, XYZ- und GMK-Analysen führt zu folgender Darstellung (vgl. Bild PW.B.4.(10)).

Für das Beispiel AXG-Materialien / -Teile sind daraus folgende Verallgemeinerungen ableitbar:

▶ Es handelt sich um wertvolle, für den Produktionsprozess besonders wichtige Teile. Ihr zu erwartender Verbrauch ist konstant und voraussagbar. Die zu beschaffenden Teile sind groß.

▶ Diese Teile benötigen eine deterministische Bedarfsermittlung und eine fertigungssynchrone Einzelbeschaffung. Für diese Teile ist eine Umsetzung der JIT-Philosophie möglich und sinnvoll.

▶ Es werden große Transportmittel benötigt und es ist weder eine Eingangs- noch eine Zwischenlagerung zu erwarten.

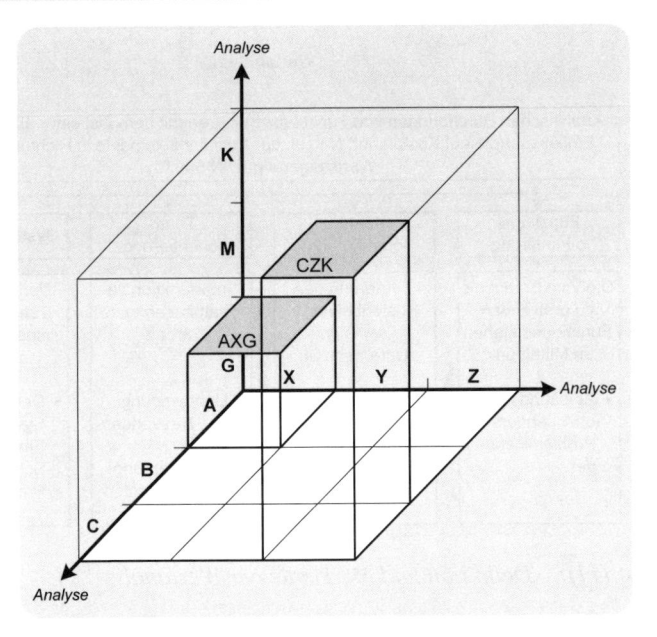

Bild PW.B.4.(10): Kombination der ABC-, XYZ- und GMK-Analyse

Bei der Wertanalyse geht es um ein analytisches Durchdringen von Erzeugnis-Funktionsstrukturen mit dem Ziel der Einflussnahme auf Kosten und Nutzen aller Funktionselemente zur Wertsteigerung.

| Wertanalyse

Die Merkmale der Wertanalyse sind (vgl. Bild PW.B.4.(11)):
- Funktionsorientierung
- Kostenorientierung
- Teamorientierung
- Systematisierung

Wertanalyse

Definition ▶	Analytisches Durchdringen von Funktionsstrukturen mit dem Ziel einer abgestimmten Einflussnahme auf Kosten und Nutzen der Funktionselemente in Richtung auf eine Wertsteigerung (DIN 69910)	

Merkmale ▶	Funktions-orientierung	Kosten-orientierung	Team-orientierung	Systematisierung
	Die vom Erzeugnis zu erfüllenden Funktionen stehen im Mittelpunkt ↓ • Ableitung funktionsorientierter Problemlösungen	Förderung des Kostenbewusstseins im Unternehmen ↓ • Ableitung kostenoptimaler funktionsorientierter Problemlösungen	Interfunktionale Teamzusammenarbeit ↓ • Überwindung des Ressortdenkens • Ausschöpfung des Ideenpotenzials	Wertanalytischen Tätigkeiten liegt eine Systematik zugrunde ↓ • Definition der Systematik und Einhaltung der Schrittfolge zur Problemlösung

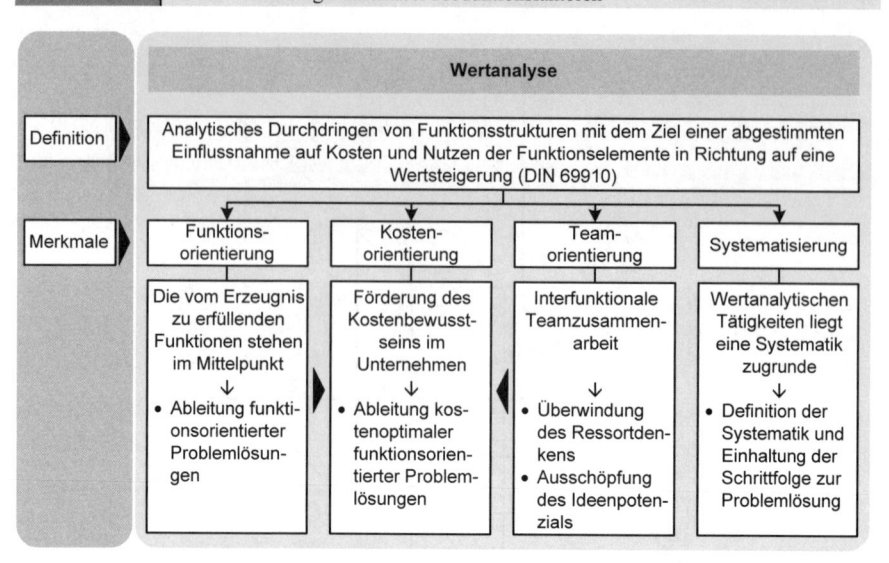

Bild PW.B.4.(11): Definition und Merkmale der Wertanalyse

Es werden vier Analyseschwerpunkte unterschieden:

▶ Erzeugnis-Wertanalyse
▶ Konzept-Wertanalyse
▶ Verwaltungs-Wertanalyse
▶ Kunden-Wertanalyse

Die Zielorientierungen dieser Schwerpunkte sind dem folgenden Bild PW.B.4.(12) zu entnehmen.

Make or Buy-Analyse	Die **Make or Buy-Analyse** untersucht die Zweckmäßigkeit, bestimmte Güter (Einzelteile, Baugruppen) selbst zu produzieren oder am Markt zu beschaffen.

Dabei geht es um Entscheidungsfindungsprozesse, die auf der Grundlage definierter und wirkender Faktoren Einflüsse auf die Gestaltung der Fertigungstiefe ausüben.

Arten von Wertanalysen

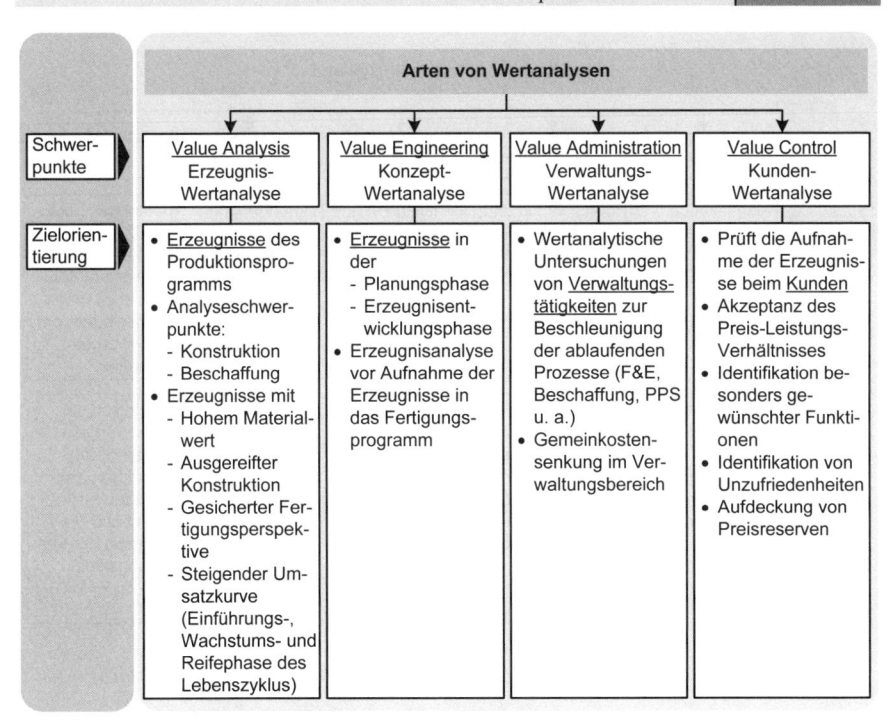

Schwerpunkte	Value Analysis Erzeugnis-Wertanalyse	Value Engineering Konzept-Wertanalyse	Value Administration Verwaltungs-Wertanalyse	Value Control Kunden-Wertanalyse
Zielorientierung	• Erzeugnisse des Produktionsprogramms • Analyseschwerpunkte: - Konstruktion - Beschaffung • Erzeugnisse mit - Hohem Materialwert - Ausgereifter Konstruktion - Gesicherter Fertigungsperspektive - Steigender Umsatzkurve (Einführungs-, Wachstums- und Reifephase des Lebenszyklus)	• Erzeugnisse in der - Planungsphase - Erzeugnisentwicklungsphase • Erzeugnisanalyse vor Aufnahme der Erzeugnisse in das Fertigungsprogramm	• Wertanalytische Untersuchungen von Verwaltungstätigkeiten zur Beschleunigung der ablaufenden Prozesse (F&E, Beschaffung, PPS u. a.) • Gemeinkostensenkung im Verwaltungsbereich	• Prüft die Aufnahme der Erzeugnisse beim Kunden • Akzeptanz des Preis-Leistungs-Verhältnisses • Identifikation besonders gewünschter Funktionen • Identifikation von Unzufriedenheiten • Aufdeckung von Preisreserven

Bild PW.B.4.(12): Analyseschwerpunkte und Zielorientierungen der Arten von Wertanalysen

Bild PW.B.4.(13) fasst Methoden, Ziele und Konsequenzen der Materialanalysen zusammen.

Weitere Methoden der Rationalisierung in der Materialwirtschaft sind z. B. die **Materialnormung, Materialstandardisierung** und die **Materialnummerung**. Die Materialnormung befasst sich mit der Vereinheitlichung der Materialarten. Die Materialstandardisierung ordnet Gegenstände, die sachlich zusammengehören, in ein Ordnungssystem ein. Die Materialnummerung dient der Identifikation der Materialien.

Materialnormung, -standardisierung, -nummerung

Teil B / Wirkung elementarer Produktionsfaktoren

	Materialanalysen				
Methoden	ABC-Analyse	XYZ-Analyse	GMK-Analyse	Wertanalyse	Make or Buy-Analyse
Ziele	Identifikation und Differenzierung wesentlicher und unwesentlicher Materialarten	Identifikation und Differenzierung der Materialarten nach Vorhersagegenauigkeit und Verbrauchswert	Identifikation und Differenzierung der Materialarten nach der Größe der Einzelmaterialien (groß, mittel, klein), Formkompliziertheit	Durchdringung von Funktionsstrukturen von Erzeugnissen mit dem Ziel der Wertsteigerung bzw. Kostensenkung	Untersuchung der Zweckmäßigkeit, bestimmte Güter selbst zu produzieren oder vom Markt zu beschaffen
Konsequenz	Unterschiedliche Behandlung wesentlicher und unwesentlicher Materialarten in der Planung, Beschaffung u. a. (Methodeneinsatz)	Unterschiedlicher Methodeneinsatz zur Bestimmung von Verbrauchsgrößen für die Bedarfsermittlung	Einsatz unterschiedlicher Transport- und Lagereinrichtungen in Abhängigkeit von der Größe der Einzelmaterialien (Transport-, Lagerkosten)	Darstellung der Beziehung von Funktion, Wert und Kosten, Erschließung von Rationalisierungspotenzial	Definition der Faktoren, die für Make or Buy sprechen, Entscheidungsfindung und Gestaltung der Fertigungstiefe

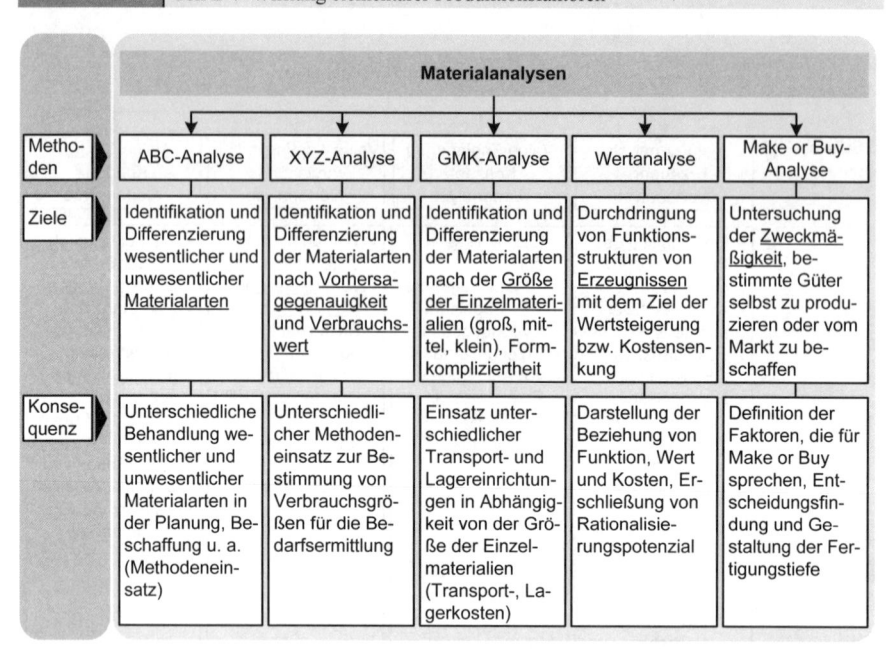

Bild PW.B.4.(13): Methoden, Ziele und Konsequenzen von Materialanalysen

4.2.2 Materialdisposition

Materialdisposition

Die **Materialdisposition** bestimmt
- ▶ welche Bedarfsgrößen durch **Eigenfertigung** oder durch **Fremdbezug** gedeckt werden (Make or Buy),
- ▶ die Bestellmengen je Bedarfsposition und
- ▶ die Bestellzeitpunkte je Bedarfsposition.

4.2.2.1 Make or Buy-Entscheidung

Make or Buy-Entscheidung

Infolge der **Make or Buy-Entscheidung** wird festgelegt, welche Bestandteile des Nettosekundärbedarfs durch **Eigenfertigung** hergestellt werden und welche **von Fremdfirmen zu beschaffen** sind. Es kann davon ausgegangen werden, dass der Nettotertiärbedarf vollständig zu beschaffen ist.

Outsourcing

Fremdbezug bedeutet Auslagerung der Fertigung von Erzeugnisbestandteilen (**Outsourcing**) und führt zur Veränderung der Fertigungstiefe.

Die **Fertigungstiefe** charakterisiert das Ausmaß, in dem die erforderlichen Be- und Verarbeitungsprozesse zur Erzeugnisherstellung selbst oder von Fremdunternehmen durchgeführt werden. | Fertigungstiefe

Sie wird durch folgenden Quotienten bestimmt:

$$\text{Fertigungstiefe} = \frac{\text{Eigenfertigungsanteil}}{\text{Eigenfertigungsanteil} + \text{Fremdbezugsanteil}}$$

Die Fertigungsanteile sind Bedarfsgrößen, die durch Fertigungszeiten bzw. Fertigungskosten bewertet werden können.

Eine Veränderung der Fertigungstiefe führt zur Veränderung der Wertschöpfung. Der Umsatz ändert sich durch eine Veränderung der Fertigungstiefe nicht.

Die **Dimensionen von Make or Buy-Entscheidungen** werden in Bild PW.B.4.(14) dargestellt.

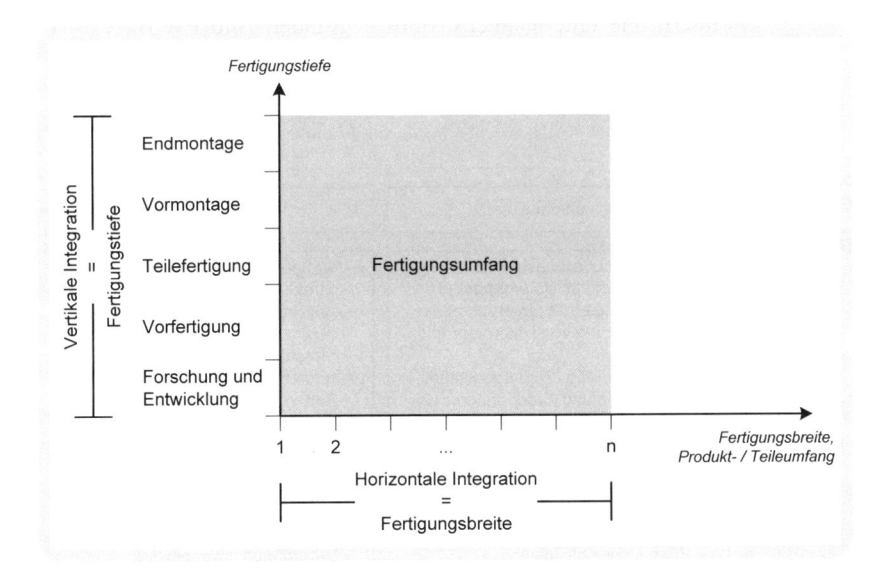

Bild PW.B.4.(14): Dimensionen von Make or Buy-Entscheidungen

Betrachtet man den gesamten Fertigungsumfang, so wird deutlich, dass für bestimmte Bestandteile

▶ kein Buy bzw.
▶ kein Make

möglich ist.

Damit ist das Feld der Make or Buy-Entscheidung geringer als der Fertigungsumfang. Die Gründe dafür sind vielfältiger Art. Sie werden in Bild PW.B.4.(15) systematisiert.

Make or Buy-Entscheidung			
	Make	Buy	
Kein Buy möglich	Feld der Make or Buy-Entscheidung		Kein Make möglich

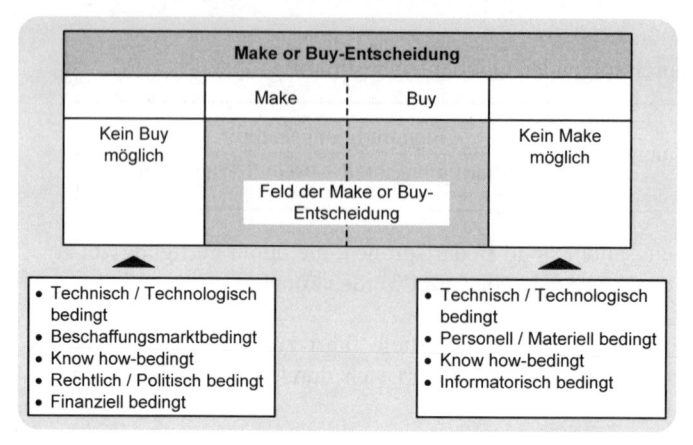

- Technisch / Technologisch bedingt
- Beschaffungsmarktbedingt
- Know how-bedingt
- Rechtlich / Politisch bedingt
- Finanziell bedingt

- Technisch / Technologisch bedingt
- Personell / Materiell bedingt
- Know how-bedingt
- Informatorisch bedingt

Bild PW.B.4.(15): Entscheidungsfeld für Make or Buy-Entscheidungen

Die Auslöser für Make or Buy-Entscheidungen sind unternehmensintern und unternehmensextern begründet. Bild PW.B.4.(16) fasst wesentliche Argumente zusammen.

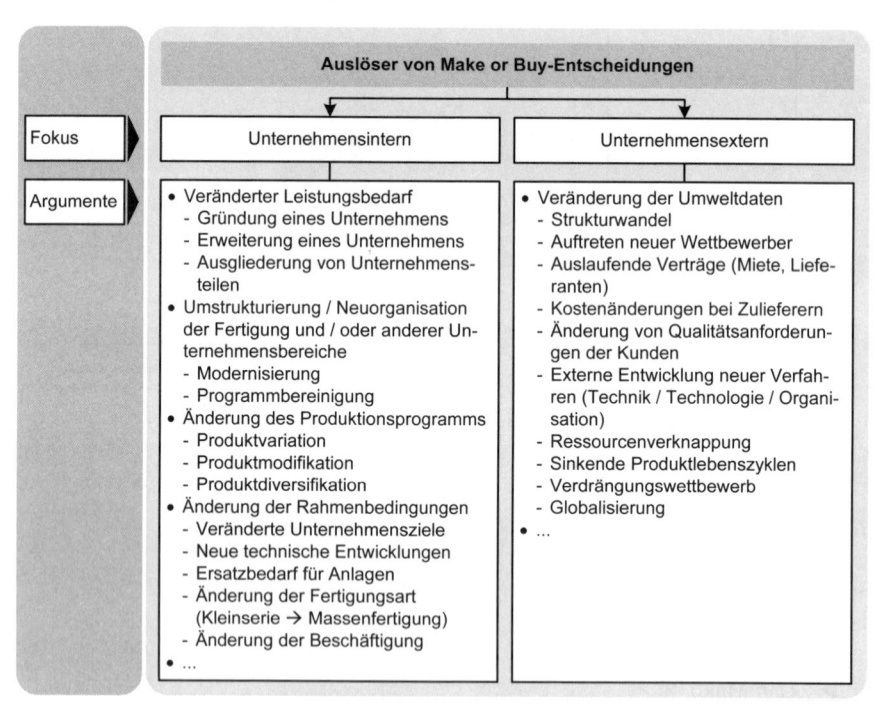

	Auslöser von Make or Buy-Entscheidungen	
Fokus	Unternehmensintern	Unternehmensextern

Argumente	• Veränderter Leistungsbedarf
	  - Gründung eines Unternehmens
	  - Erweiterung eines Unternehmens
	  - Ausgliederung von Unternehmensteilen
	• Umstrukturierung / Neuorganisation der Fertigung und / oder anderer Unternehmensbereiche
	  - Modernisierung
	  - Programmbereinigung
	• Änderung des Produktionsprogramms
	  - Produktvariation
	  - Produktmodifikation
	  - Produktdiversifikation
	• Änderung der Rahmenbedingungen
	  - Veränderte Unternehmensziele
	  - Neue technische Entwicklungen
	  - Ersatzbedarf für Anlagen
	  - Änderung der Fertigungsart (Kleinserie → Massenfertigung)
	  - Änderung der Beschäftigung
	• ...
		• Veränderung der Umweltdaten
		  - Strukturwandel
		  - Auftreten neuer Wettbewerber
		  - Auslaufende Verträge (Miete, Lieferanten)
		  - Kostenänderungen bei Zulieferern
		  - Änderung von Qualitätsanforderungen der Kunden
		  - Externe Entwicklung neuer Verfahren (Technik / Technologie / Organisation)
		  - Ressourcenverknappung
		  - Sinkende Produktlebenszyklen
		  - Verdrängungswettbewerb
		  - Globalisierung
		• ...

Bild PW.B.4.(16): Auslöser von Make or Buy-Entscheidungen

Die Entscheidungsfindung darüber, ob selbst produziert werden soll oder ob ein Outsourcing der Produktion von Erzeugnisbestandteilen realisiert wird, erfordert die Einbeziehung und Bewertung von wirkenden **Einflussfaktoren**. Solche sind u. a.:

- Qualität
- Image
- Kosten
- Ressourcenverfügbarkeit
- Kapazität
- Flexibilität

Einflussfaktoren auf Make or Buy-Entscheidungen

Besitzt ein Unternehmen Kosten- und Differenzierungsvorteile gegenüber Wettbewerbern bzw. gegenüber potenziellen Outsourcingpartnern, so sollte **Eigenfertigung** realisiert werden.

Besitzt das Unternehmen entweder Kosten- oder Differenzierungsvorteile, so ist eine **Kooperation** mit anderen Unternehmen anzustreben. Dabei geht es u. a. um den Aufbau von Entwicklungspartnerschaften, die Nutzung von Lieferantenmarken und Bietergemeinschaften.

Sind weder eigene Kosten- noch Differenzierungsvorteile vorhanden, so rückt das **Outsourcing** in den Mittelpunkt von Gestaltungslösungen.

Jede Buy-Entscheidung ist mit der Entstehung von **Transaktionskosten** verbunden. Bild PW.B.4.(17) gibt einen Überblick über die zu erwartenden Transaktionskosten.

Transaktionskosten bei Buy-Entscheidungen

Teil B / Wirkung elementarer Produktionsfaktoren

Transaktionskosten von Buy-Entscheidungen

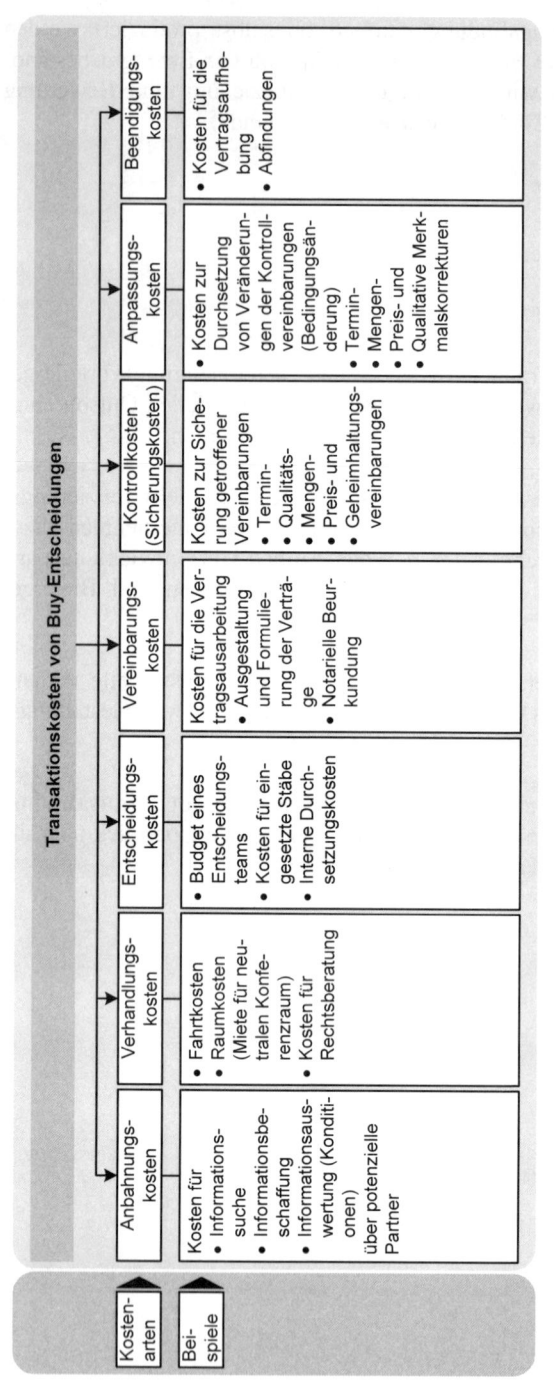

Kostenarten	Beispiele
Anbahnungskosten	Kosten für • Informationssuche • Informationsbeschaffung • Informationsauswertung (Konditionen) über potenzielle Partner
Verhandlungskosten	• Fahrtkosten • Raumkosten (Miete für neutralen Konferenzraum) • Kosten für Rechtsberatung
Entscheidungskosten	• Budget eines Entscheidungsteams • Kosten für eingesetzte Stäbe • Interne Durchsetzungskosten
Vereinbarungskosten	Kosten für die Vertragsausarbeitung • Ausgestaltung und Formulierung der Verträge • Notarielle Beurkundung
Kontrollkosten (Sicherungskosten)	Kosten zur Sicherung getroffener Vereinbarungen • Termin- • Qualitäts- • Mengen- • Preis- und Geheimhaltungsvereinbarungen
Anpassungskosten	• Kosten zur Durchsetzung von Veränderungen der Kontrollvereinbarungen (Bedingungsänderung) • Termin- • Mengen- • Preis- und Qualitative Merkmalskorrekturen
Beendigungskosten	• Kosten für die Vertragsaufhebung • Abfindungen

Bild PW.B.4.(17): Transaktionskosten von Buy-Entscheidungen

Repetierfaktor Werkstoff | 257

Für die **Eigenfertigung** stellt sich die Frage nach der Bestimmung der **kostenoptimalen Fertigungslosgröße** (vgl. dazu Abschnitt C.2.3.7) und für die **Fremdbeschaffung** die Frage nach der **kostenoptimalen Beschaffungslosgröße**.

| Kostenoptimale Fertigungs- und Beschaffungslosgröße

Beides sind sehr ähnlich gelagerte Probleme, die z. B. nach der klassischen ANDLER-Formel gelöst werden (vgl. Bild PW.B.4.(18)).

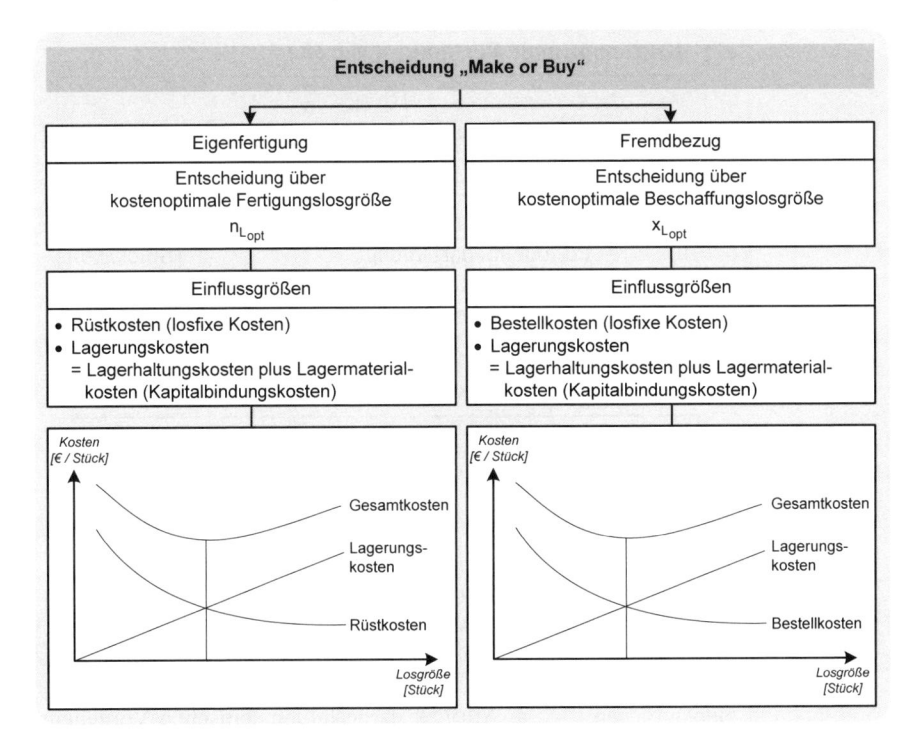

Bild PW.B.4.(18):   *Optimierungsproblem: Bestimmung der kostenoptimalen Fertigungs- und Beschaffungslosgröße*

Beide Optimierungsprobleme entstehen dadurch, dass Einflussfaktoren wirken, die mit steigenden Stückzahlen gegenläufigen Tendenzen folgen. Nachstehend genannte Kostenarten üben einen Einfluss auf die Losgrößenoptimierung aus.

Sowohl bei der Bestimmung der Fertigungs- als auch der Beschaffungslosgröße steigen die **Lagerungskosten** (Lagermaterialkosten) mit steigender Losgröße.

Mit steigender Fertigungslosgröße sinken die **Rüstkosten** pro Stück, mit steigender Beschaffungslosgröße nehmen die **Bestellkosten** pro Stück ab.

Sowohl für die Ermittlung der optimalen Fertigungslosgröße als auch der optimalen Beschaffungslosgröße wird die Gesamtkostenfunktion durch Addition der Kostenfunktionen der Einflussfaktoren gebildet. Die Bestimmung des **Minimumpunkts** der Gesamtkostenfunktionen verdeutlicht die **Stückzahl**, bei der die **geringsten Kosten** zu erwarten sind.

Die Formeln lauten:

(1) **Kostenoptimale Fertigungslosgröße**

$$n_{Lopt} = \sqrt{\frac{2 \cdot K_r \cdot n_a}{f \cdot k_s}}$$

n_{Lopt}	– Kostenoptimale Fertigungslosgröße	[Stück]
n_a	– Periodenbedarfsmenge	[Stück/Jahr]
K_r	– Rüstkosten für ein Los	[€]
k_s	– Herstellkosten (ohne Rüstkosten)	[€/Stück]
f	– Zinssatz für Lagerung	[1/Jahr]

(2) **Kostenoptimale Beschaffungslosgröße**

$$x_{Lopt} = \sqrt{\frac{2 \cdot B_K \cdot n_a}{f \cdot k_{FB}}}$$

x_{Lopt}	– Kostenoptimale Beschaffungslosgröße	[Stück]
B_K	– Bestellkosten für eine Bestellung	[€]
k_{FB}	– Kosten pro Mengeneinheit bei Fremdbezug	[€/Stück]

Neben diesen i. A. a. ANDLER dargestellten statischen Vorgehensweisen werden in der Praxis häufig Verfahren eingesetzt, die als **dynamische, deterministische Bestellmengenmodelle** bezeichnet werden.

Dynamische Bestellmengenmodelle

> Während **statische Verfahren** von dem gegebenen Bedarf eines betrachteten Zeitraums ausgehen und jeweils gleich hohe Bestellmengen definieren, gestatten **dynamische Verfahren** schwankende Bedarfe je Planperiode.

Solche Verfahren (vgl. HIRSCHSTEINER, G. [Einkauf] S. 96 f.) sind z. B.:

▶ Kostenausgleichsverfahren
▶ Gleitendes Bestellmengenverfahren
▶ Wagner-Within-Algorithmus

Dabei handelt es sich um Näherungsverfahren, die eine möglichst gute Annäherung an das Kostenoptimum anstreben. Die Grundlage ist hier wie bei der Berechnung der optimalen Bestellmenge der Vergleich zwischen den Lagerungskosten und den Bestellkosten. In den genannten Verfahren erfolgt eine Annäherung durch einen stufenweisen Kostenvergleich.

4.2.2.2 Dispositionsverfahren

> Auf der Grundlage der Entscheidung für die **Eigenfertigung** erfolgt die **Materialbeschaffung**.
>
> Auf der Grundlage der Entscheidung für den **Fremdbezug** erfolgt die Beschaffung der **fremdgefertigten Erzeugnisbestandteile**.

Dazu bedient sich die Materialdisposition der in Bild PW.B.4.(19) dargestellten **Dispositionsverfahren**. Dabei geht es insbesondere um die Bestellmengen und Bestellzeitpunkte je Bedarfsposition. | Dispositionsverfahren

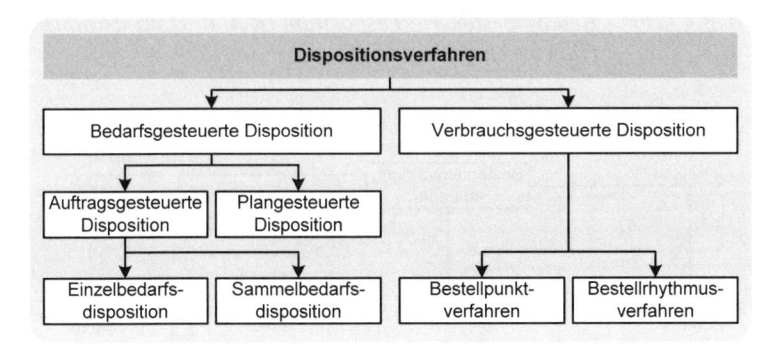

Bild PW.B.4.(19): Verfahren zur Disposition des Materialbedarfs

Es werden die bedarfsgesteuerte und die verbrauchsgesteuerte Disposition unterschieden (vgl. Bilder PW.B.4.(20) und PW.B.4.(21)).

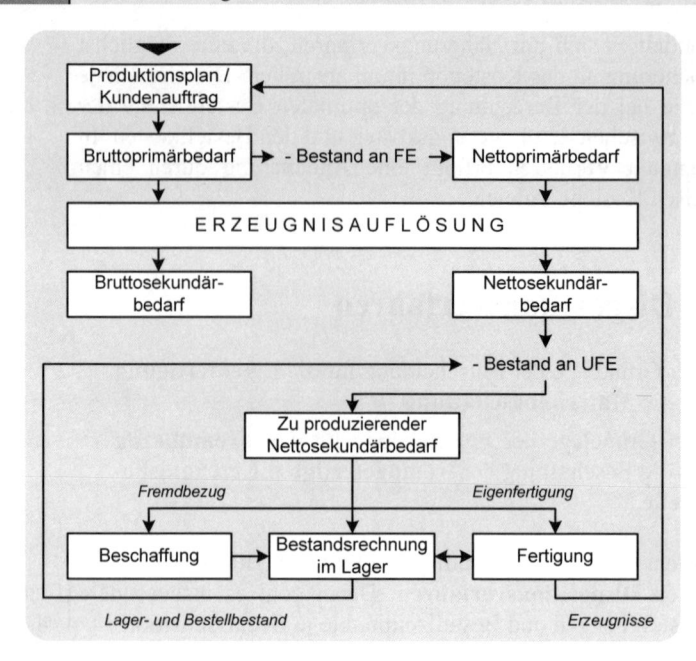

Bild PW.B.4.(20): Bedarfsgesteuerte Disposition (i. A. a. HARTMANN, H. [Materialwirtschaft] S. 347 ff.)

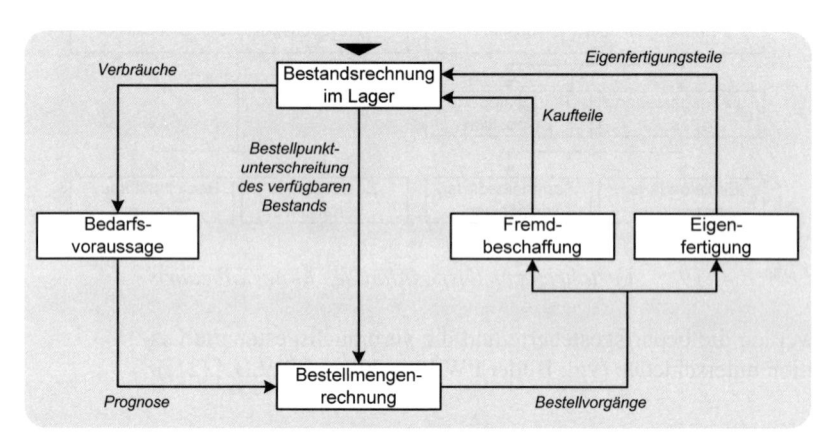

Bild PW.B.4.(21): Verbrauchsgesteuerte Disposition (nach HARTMANN, H. [Materialwirtschaft] S. 359)

Die **bedarfsgesteuerte Disposition** besteht aus der **plangesteuerten** und der **auftragsgesteuerten** Disposition. Die auftragsgesteuerte Disposition gliedert sich in die **Einzelbedarfsdisposition** und die **Sammelbedarfsdisposition**.

Die **Einzelbedarfsdisposition** ist dadurch gekennzeichnet, dass hochwertiges Material z. B. für die Einzelfertigung auch einzeln beschafft wird. Es entsteht bei diesen Bedarfspositionen kein Lagerbestand.

| Einzelbedarfsdisposition

Bei der **Sammelbedarfsdisposition** erfolgt eine Bedarfszusammenfassung von mehreren Aufträgen. Die Disposition erfolgt in regelmäßigen Zeitintervallen. Dieses Dispositionsverfahren wird häufig in der Serienfertigung angewendet.

| Sammelbedarfsdisposition

Die **plangesteuerte Disposition** bezieht sich auf den Produktionsplan, der den Bedarf der Planperiode fixiert. Die Verbrauchsgrößen der Vergangenheit, die Aufträge in der Gegenwart und der geschätzte Bedarf der Zukunft werden berücksichtigt. Die Folge sind niedrige Sicherheitsbestände, genaue Bestellzeitpunkte und genaue Bestellmengen.

| Plangesteuerte Disposition

Die **verbrauchsgesteuerte Disposition** gliedert sich in das **Bestellpunktverfahren** und das **Bestellrhythmusverfahren**:

Das **Bestellpunktverfahren** definiert den sogenannten Bestellpunkt als die Menge des verfügbaren Lagerbestands einer Materialart, bei deren Erreichen die Bestellung ausgelöst wird.

| Bestellpunktverfahren

„Der Bestellpunkt ist jene Menge in Einheiten einer Materialposition, die erforderlich ist, um den Bedarf abzudecken, der zwischen der Bestellauslösung und der Bereitstellung im Lager voraussichtlich auftreten wird." (HARTMANN, H. [Materialwirtschaft] S. 360).

Es sind zwei Entscheidungen zu fällen:
- ▶ Bestimmung der Bestellpunktmenge
- ▶ Festlegung der Höhe der Bestellmenge

Das **Bestellrhythmusverfahren** geht von festgelegten zeitlichen Intervallen der Bestandsprüfung aus. In Abhängigkeit von der ermittelten Bestandsmenge werden Bestellungen entsprechend diesem Rhythmus ausgelöst. Bestandsprüfungs- und Bestellrhythmus können gleich oder verschieden sein.

| Bestellrhythmusverfahren

Das Ziel der verbrauchsgesteuerten Disposition ist ein gleichmäßiger Lagerbestand durch Auffüllung verbrauchter Bestandsmengen unter Berücksichtigung des Produktionsbedarfs. Eine genaue Bestandsfortschreibung ist die Voraussetzung für das Funktionieren dieses Verfahrens.

Auf der Grundlage der Kenntnis der

- Absatz- und Produktionsprogramme,
- Brutto- und Nettoprimärbedarfe,
- Brutto- und Nettosekundärbedarfe und
- Make or Buy-Entscheidungen

ist das System der Materialbedarfsplanung wie in Bild PW.B.4.(22) strukturierbar.

Klassischer Ansatz

Absatzprogramm → Produktionsprogramm

Bruttoprimärbedarf → Erzeugnisauflösung → Bruttosekundärbedarf

− Bestände an FE (FWL)

= Nettoprimärbedarf

Bestände an UFE − (WEL, ZWL)

Netto- = sekundärbedarf

Problem: Nettosekundärbedarf ist nicht die Basis für das Fertigungsprogramm, da er vom Bruttoprimärbedarf ausgeht.

Veränderter Ansatz

Nettoprimärbedarf → Erzeugnisauflösung → Sekundärbedarf auf Basis des Nettoprimärbedarfs

Bestände an UFE − (WEL, ZWL)

Herzustellender Sekundärbedarf nach ET, BG =

Lösung: Der herzustellende Sekundärbedarf geht vom Nettoprimärbedarf aus.

Make / Buy

Make: Materialbedarf für herzustellendes Fertigungsprogramm

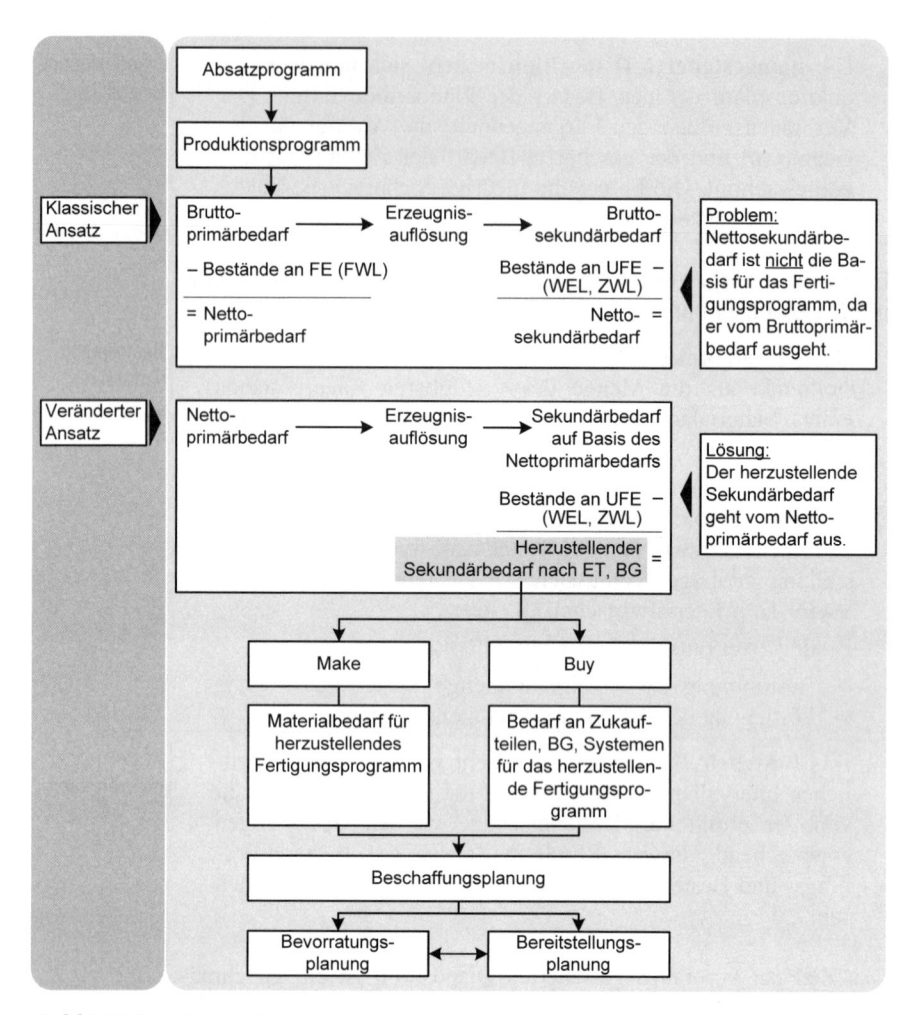

Buy: Bedarf an Zukaufteilen, BG, Systemen für das herzustellende Fertigungsprogramm

→ Beschaffungsplanung → Bevorratungsplanung ↔ Bereitstellungsplanung

Bild PW.B.4.(22): System der Materialbedarfsplanung

4.2.3 Materialbeschaffung / Einkauf

> Die **Materialbeschaffung** bzw. der **Einkauf** ist dafür verantwortlich, dass alle für die Eigenfertigung benötigten Materialien sowie die durch Fremdbezug zu beschaffenden Erzeugnismodule dem Produktionsprozess bedarfsgerecht zur Verfügung gestellt werden.

Materialbeschaffung, Einkauf

Aus der Sicht der Minimierung der Kapitalbindung ist es sinnvoll, die Materialien unmittelbar zum Verbrauchstermin in der Fertigung zu beschaffen. Die Beschaffung großer Materialmengen ist häufig preisgünstiger zu realisieren, als die Beschaffung kleiner Mengen.

Lagerbestände verringern das Risiko, das verspätete oder nicht qualitätsgerechte Lieferungen in sich bergen.

Diese Fakten zeigen, daß die Materialbeschaffung nach sehr unterschiedlichen Zielorientierungen realisiert werden kann. In der Betriebspraxis werden in der Regel **drei grundsätzliche Beschaffungsprinzipien** unterschieden:

Beschaffungsprinzipien

(1) **Einzelbeschaffung**

Einzelbeschaffung

Die Einzelbeschaffung ist das Prinzip, das der Einzelfertigung am besten entspricht. Ein breites Produktionsprogramm einmalig herzustellender Produkte würde für eine Bevorratung ein breites Lagersortiment erfordern. Hohe Lagerungskosten wären die logische Folge. Deshalb ist es günstiger, teure Spezialmaterialien und Einzelteile über die Einzelbeschaffung der Produktion zur Verfügung zu stellen. Dabei sind die Bereitstellungstermine laut Terminplan und ein zeitliches Vorhaltemaß zur Risikominimierung zu beachten.

(2) **Vorratsbeschaffung**

Vorratsbeschaffung

Mit dem Übergang von der Einzel- zur Serienfertigung wird in industriellen Unternehmen häufig Vorratsbeschaffung betrieben. Sie ist besonders für vielfach verwendete Norm- und Kleinteile sinnvoll. Vergleicht man die Vorrats- mit der Einzelbeschaffung, so sind sowohl Vor- als auch Nachteile erkennbar. Die Vorteile der Vorratsbeschaffung sind:

- ▶ Kurzfristige Verfügbarkeit der Materialien in der Fertigung
- ▶ Relative Unabhängigkeit vom Beschaffungsmarkt
- ▶ Ausschöpfung von Preisvorteilen bei der Bestellung großer Materialmengen

Den Vorteilen stehen folgende Nachteile gegenüber:
- Hohe Lagerbestände
- Hohe Lagerhaltungskosten
- Hohe Kapitalbindungskosten

Fertigungs-synchrone Beschaffung

(3) **Fertigungssynchrone Beschaffung**

Die fertigungssynchrone Beschaffung nutzt die Vorteile der Vorrats- und der Einzelbeschaffung durch Kombination beider Prinzipien.

Für bestimmte Materialarten (A-Teile) wird eine genaue Abstimmung zwischen den Fertigungsterminen und den Beschaffungsterminen vorgenommen. Für andere Materialarten (C-Teile) erfolgt eine Beschaffung größerer Mengen. Ihr Anwendungsgebiet ist die Groß- bzw. Massenfertigung.

Typisch ist, dass sich selten ein Unternehmen ausschließlich auf **ein** Beschaffungsprinzip konzentriert. Viel häufiger ist zu konstatieren, dass **verschiedene Materialarten nach unterschiedlichen Prinzipien** beschafft werden.

Stufen der Beschaffungs-durchführung

Folgende **Stufen der Beschaffungsdurchführung** sind zu unterscheiden:

(1) Bedarfsmeldung
(2) Angebotseinholung auf Grundlage der Bewertung möglicher Lieferanten
(3) Angebotsprüfung und Lieferantenauswahl
(4) Auslösen der Bestellung
(5) Beschaffungskontrolle / Bestellüberwachung
(6) Warenannahme
(7) Annahmeverweigerung / Rücksendung

Bilder PW.B.4.(23)/1 und PW.B.4.(23)/2 charakterisieren die Betrachtungsgegenstände der Stufen der Beschaffungsdurchführung.

Stufen der Beschaffungsdurchführung (Teil 1)

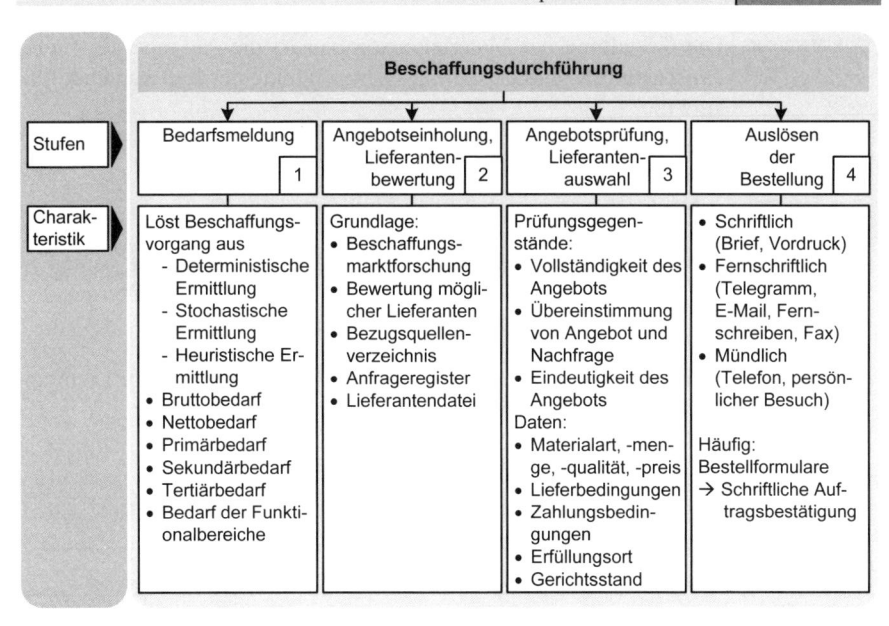

Stufen	Bedarfsmeldung (1)	Angebotseinholung, Lieferantenbewertung (2)	Angebotsprüfung, Lieferantenauswahl (3)	Auslösen der Bestellung (4)
Charakteristik	Löst Beschaffungsvorgang aus - Deterministische Ermittlung - Stochastische Ermittlung - Heuristische Ermittlung • Bruttobedarf • Nettobedarf • Primärbedarf • Sekundärbedarf • Tertiärbedarf • Bedarf der Funktionalbereiche	Grundlage: • Beschaffungsmarktforschung • Bewertung möglicher Lieferanten • Bezugsquellenverzeichnis • Anfrageregister • Lieferantendatei	Prüfungsgegenstände: • Vollständigkeit des Angebots • Übereinstimmung von Angebot und Nachfrage • Eindeutigkeit des Angebots Daten: • Materialart, -menge, -qualität, -preis • Lieferbedingungen • Zahlungsbedingungen • Erfüllungsort • Gerichtsstand	• Schriftlich (Brief, Vordruck) • Fernschriftlich (Telegramm, E-Mail, Fernschreiben, Fax) • Mündlich (Telefon, persönlicher Besuch) Häufig: Bestellformulare → Schriftliche Auftragsbestätigung

Bild PW.B.4.(23)/1: Stufen der Beschaffungsdurchführung (Teil 1)

Stufen der Beschaffungsdurchführung (Teil 2)

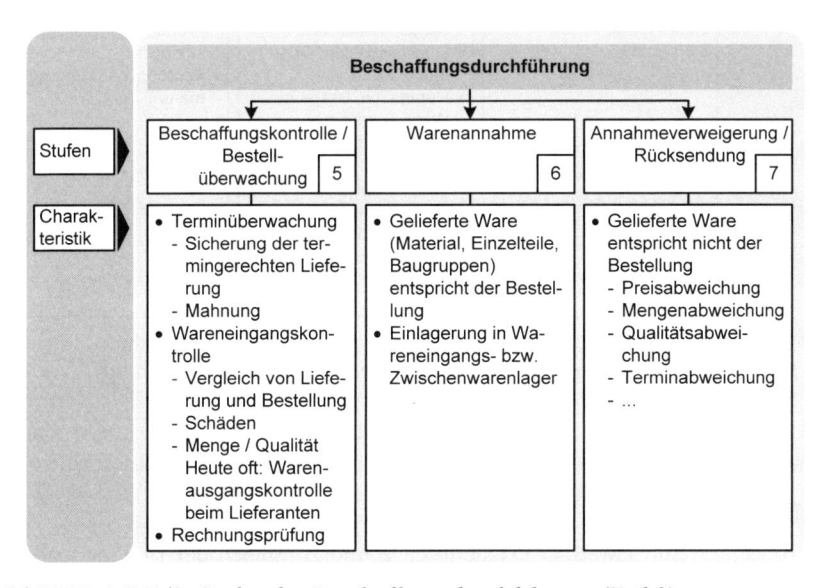

Stufen	Beschaffungskontrolle / Bestellüberwachung (5)	Warenannahme (6)	Annahmeverweigerung / Rücksendung (7)
Charakteristik	• Terminüberwachung - Sicherung der termingerechten Lieferung - Mahnung • Wareneingangskontrolle - Vergleich von Lieferung und Bestellung - Schäden - Menge / Qualität Heute oft: Warenausgangskontrolle beim Lieferanten • Rechnungsprüfung	• Gelieferte Ware (Material, Einzelteile, Baugruppen) entspricht der Bestellung • Einlagerung in Wareneingangs- bzw. Zwischenwarenlager	• Gelieferte Ware entspricht nicht der Bestellung - Preisabweichung - Mengenabweichung - Qualitätsabweichung - Terminabweichung - ...

Bild PW.B.4.(23)/2: Stufen der Beschaffungsdurchführung (Teil 2)

Die Materialbeschaffung erfolgt bei Materiallieferanten. Die Zusammenarbeit mit den Materiallieferanten ist die Grundlage für eine bedarfsgerechte Materialversorgung. Sie sollte sich auf mittel- bis langfristige Zeitabschnitte orientieren.

Lieferantenpolitik	Die Gestaltung der Materialversorgung ist die Aufgabe der **Lieferantenpolitik**. Die Gestaltungsschwerpunkte der Lieferantenpolitik sind die

- ▶ Lieferantenauswahl und -bewertung,
- ▶ Lieferantenbeeinflussung und
- ▶ Zusammenarbeit mit den Lieferanten.

Lieferantenauswahl, -bewertung	Die **Lieferantenauswahl** erfolgt auf der Grundlage seiner Lieferungen und Leistungen, der Kenntnis des Unternehmens des Lieferanten und seines Umfelds.

Bild PW.B.4.(24) fasst Einzelkriterien zusammen, die zur Lieferantenauswahl und -bewertung eingesetzt werden.

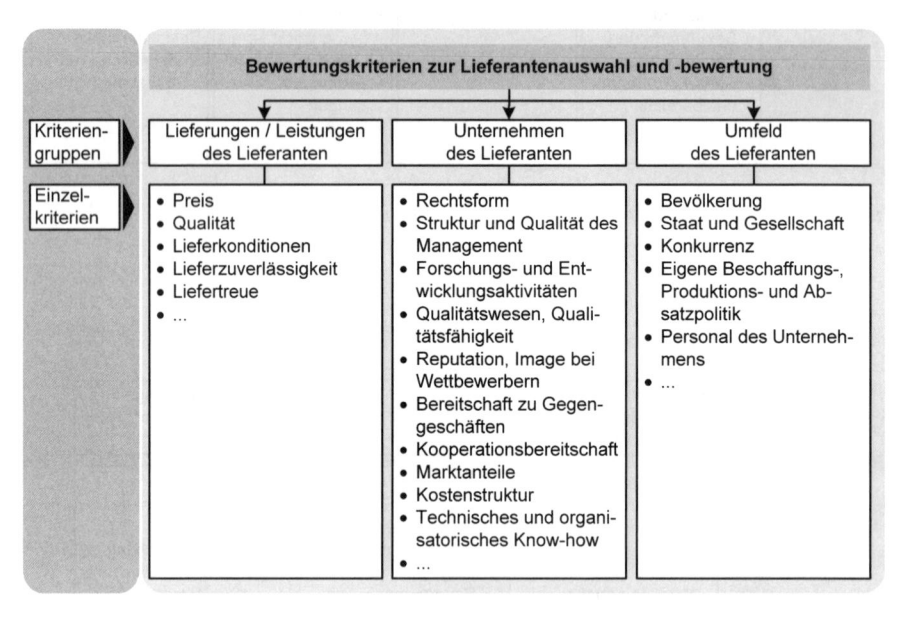

	Bewertungskriterien zur Lieferantenauswahl und -bewertung		
Kriteriengruppen	Lieferungen / Leistungen des Lieferanten	Unternehmen des Lieferanten	Umfeld des Lieferanten
Einzelkriterien	• Preis • Qualität • Lieferkonditionen • Lieferzuverlässigkeit • Liefertreue • ...	• Rechtsform • Struktur und Qualität des Managements • Forschungs- und Entwicklungsaktivitäten • Qualitätswesen, Qualitätsfähigkeit • Reputation, Image bei Wettbewerbern • Bereitschaft zu Gegengeschäften • Kooperationsbereitschaft • Marktanteile • Kostenstruktur • Technisches und organisatorisches Know-how • ...	• Bevölkerung • Staat und Gesellschaft • Konkurrenz • Eigene Beschaffungs-, Produktions- und Absatzpolitik • Personal des Unternehmens • ...

Bild PW.B.4.(24):   Kriterien der Lieferantenauswahl und -bewertung

Lieferantenbeeinflussung	Die Maßnahmen zur **Beeinflussung von Lieferanten** sind die Lieferantenwerbung, Lieferantenpflege und Lieferantenerziehung.

Bild PW.B.4.(25) stellt Ziele und Aufgaben der Lieferantenbeeinflussung dar.

Zusammenarbeit mit Lieferanten	Die **Zusammenarbeit mit Lieferanten** fokussiert auf deren Förderung und Entwicklung.

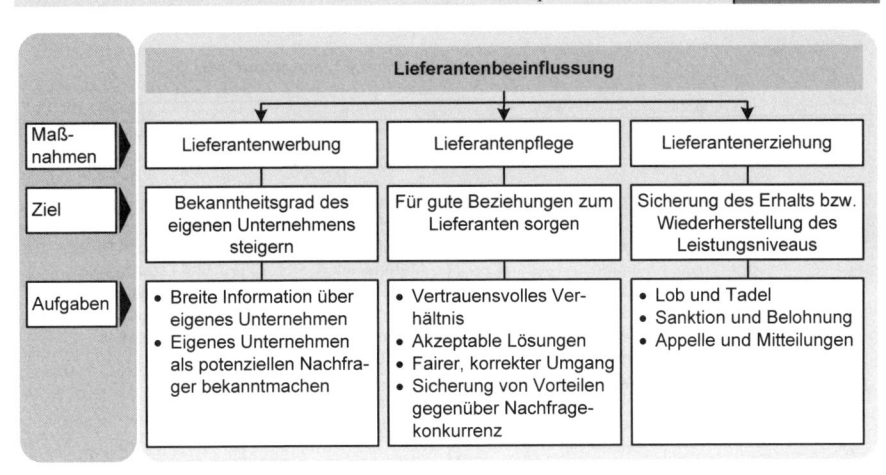

	Lieferantenbeeinflussung		
Maß-nahmen	Lieferantenwerbung	Lieferantenpflege	Lieferantenerziehung
Ziel	Bekanntheitsgrad des eigenen Unternehmens steigern	Für gute Beziehungen zum Lieferanten sorgen	Sicherung des Erhalts bzw. Wiederherstellung des Leistungsniveaus
Aufgaben	• Breite Information über eigenes Unternehmen • Eigenes Unternehmen als potenziellen Nachfrager bekanntmachen	• Vertrauensvolles Verhältnis • Akzeptable Lösungen • Fairer, korrekter Umgang • Sicherung von Vorteilen gegenüber Nachfragekonkurrenz	• Lob und Tadel • Sanktion und Belohnung • Appelle und Mitteilungen

Bild PW.B.4.(25): Maßnahmen, Ziele und Aufgaben der Lieferantenbeeinflussung

Die **Lieferantenförderung** beinhaltet insbesondere die Unterstützung und Beratung des Lieferanten zur Sicherung bzw. Verbesserung seiner Marktposition. Förderungsmaßnahmen lassen sich nach Funktionalbereichen strukturieren (vgl. Bilder PW.B.4.(26)/1 und PW.B.4.(26)/2)). | Lieferantenförderung

	Funktionalbereichsbezogene Lieferantenförderung			
Funktional-bereiche	Absatzbereich	Finanzbereich	Personalbereich	...

Förderungs-maßnahmen	• Größere Bestellungen als zur Zeit erforderlich
	• Weiterempfehlungen
	• Hinweis auf zusätzliche Kunden
	• ...
		• Vorauszahlungen
		• Darlehen
		• Bürgschaften
		• Bereitstellung von Anlagen
		• Pünktliche Rechnungsbegleichung
		• ...
			• Personalschulungen
			• Hilfeleistungen bei
			  - Steuerfragen
			  - Arbeitszeitmodellen
			  - Lohnmodellen
			• Beratung bei
			  - Hoher Fluktuation
			• ...	

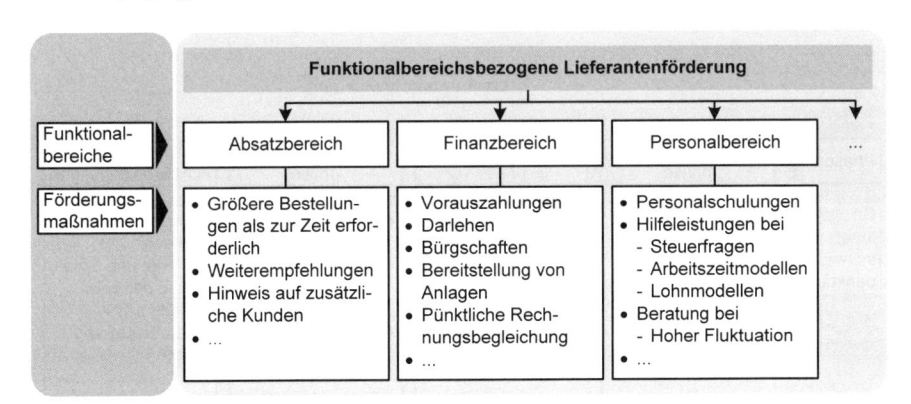

Bild PW.B.4.(26)/1: Funktionalbereichsbezogene Lieferantenförderung (Teil 1)

Funktionalbereichsbezogene Lieferantenförderung

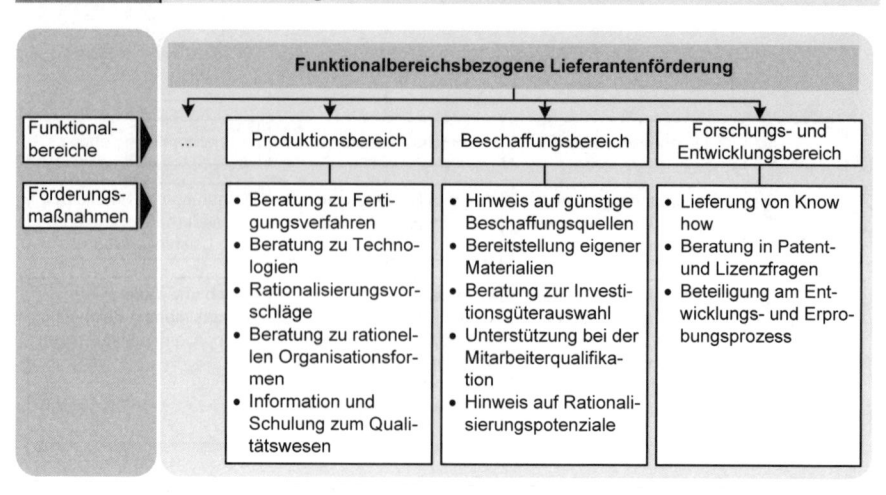

Funktionalbereiche	...	Produktionsbereich	Beschaffungsbereich	Forschungs- und Entwicklungsbereich
Förderungsmaßnahmen		• Beratung zu Fertigungsverfahren • Beratung zu Technologien • Rationalisierungsvorschläge • Beratung zu rationellen Organisationsformen • Information und Schulung zum Qualitätswesen	• Hinweis auf günstige Beschaffungsquellen • Bereitstellung eigener Materialien • Beratung zur Investitionsgüterauswahl • Unterstützung bei der Mitarbeiterqualifikation • Hinweis auf Rationalisierungspotenziale	• Lieferung von Know how • Beratung in Patent- und Lizenzfragen • Beteiligung am Entwicklungs- und Erprobungsprozess

Bild PW.B.4.(26)/2: Funktionalbereichsbezogene Lieferantenförderung (Teil 2)

Lieferantenentwicklung — Die **Lieferantenentwicklung** verfolgt das Ziel, vorhandene Lieferanten auf Entwicklungstendenzen vorzubereiten, die das beschaffende Unternehmen voraussieht. Damit wird sichergestellt, dass der Lieferant auch zukünftigen Anforderungen entsprechen kann. Phasen und Entwicklungsschwerpunkte der Lieferantenentwicklung sind in Bild PW.B.4.(27) dargestellt.

Lieferantenentwicklung

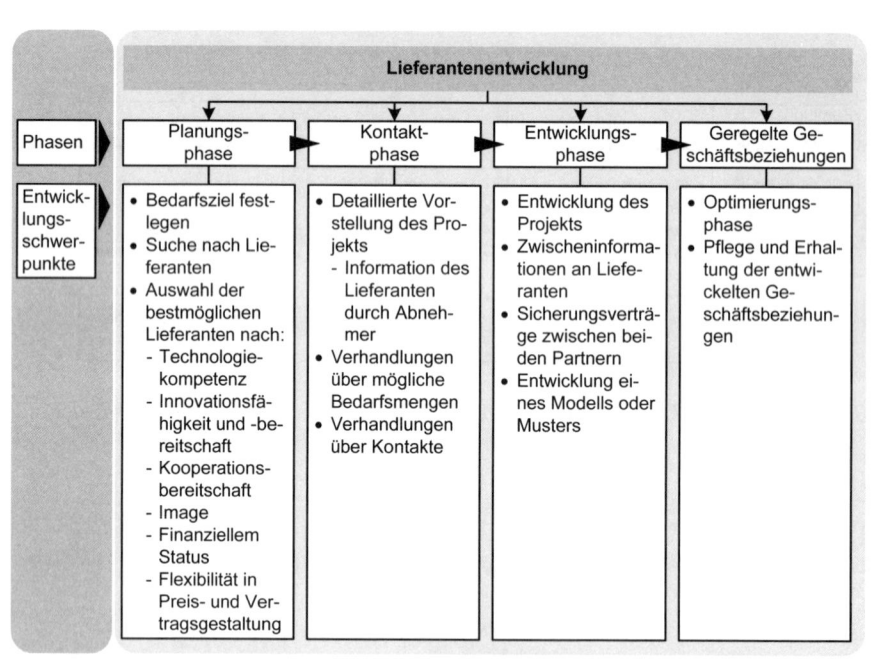

Phasen	Planungsphase	Kontaktphase	Entwicklungsphase	Geregelte Geschäftsbeziehungen
Entwicklungsschwerpunkte	• Bedarfsziel festlegen • Suche nach Lieferanten • Auswahl der bestmöglichen Lieferanten nach: - Technologiekompetenz - Innovationsfähigkeit und -bereitschaft - Kooperationsbereitschaft - Image - Finanziellem Status - Flexibilität in Preis- und Vertragsgestaltung	• Detaillierte Vorstellung des Projekts - Information des Lieferanten durch Abnehmer • Verhandlungen über mögliche Bedarfsmengen • Verhandlungen über Kontakte	• Entwicklung des Projekts • Zwischeninformationen an Lieferanten • Sicherungsverträge zwischen beiden Partnern • Entwicklung eines Modells oder Musters	• Optimierungsphase • Pflege und Erhaltung der entwickelten Geschäftsbeziehungen

Bild PW.B.4.(27): Phasen der Lieferantenentwicklung

Für die Beschaffungsdurchführung ist i. d. R. der Einkäufer verantwortlich. Die Besonderheiten des Einkaufs liegen in der Fokussierung auf die Kriterien der **Einkaufsgestaltung** (vgl. Bild PW.B.4.(28)). Solche sind z. B.:

| Einkaufs-gestaltung |

▶ Spezielle Funktionen der Einkäufer
▶ Spezialisierung auf bestimmte Einkaufsprodukte
▶ Spezialisierung auf bestimmte Fertigprodukte
▶ Konzentration auf die Lieferanten
▶ Konzentration auf Beschaffungsregionen

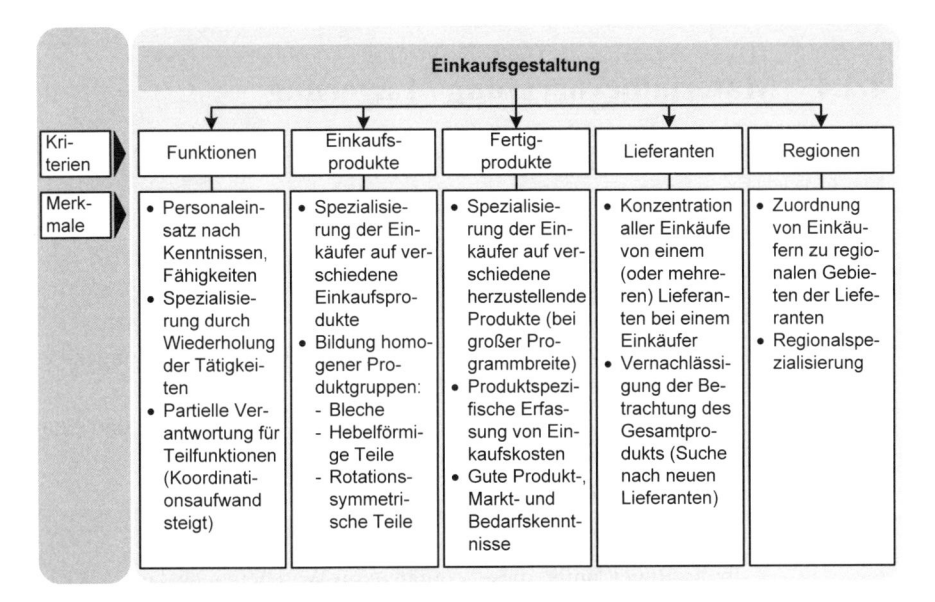

Kriterien	Funktionen	Einkaufs-produkte	Fertig-produkte	Lieferanten	Regionen
Merkmale	• Personaleinsatz nach Kenntnissen, Fähigkeiten • Spezialisierung durch Wiederholung der Tätigkeiten • Partielle Verantwortung für Teilfunktionen (Koordinationsaufwand steigt)	• Spezialisierung der Einkäufer auf verschiedene Einkaufsprodukte • Bildung homogener Produktgruppen: - Bleche - Hebelförmige Teile - Rotationssymmetrische Teile	• Spezialisierung der Einkäufer auf verschiedene herzustellende Produkte (bei großer Programmbreite) • Produktspezifische Erfassung von Einkaufskosten • Gute Produkt-, Markt- und Bedarfskenntnisse	• Konzentration aller Einkäufe von einem (oder mehreren) Lieferanten bei einem Einkäufer • Vernachlässigung der Betrachtung des Gesamtprodukts (Suche nach neuen Lieferanten)	• Zuordnung von Einkäufern zu regionalen Gebieten der Lieferanten • Regionalspezialisierung

Bild PW.B.4.(28): Kriterien und Merkmale der Einkaufsgestaltung

Die **Materialbeschaffung** unterliegt unternehmensinternen und -externen **Rahmenbedingungen**. Solche sind:

▶ **Unternehmensinterne Rahmenbedingungen der Materialbeschaffung**

- Prozesstyp / Betriebsgröße / Rechtsform
- Administration / Hierarchie
- Standort
- Forschungs- und Entwicklungsziele
- Fertigungshauptprozesse
- Fertigungsnahe industrielle Dienstleistungen
- Beschaffungs- und Absatzprozessgestaltung
- Finanzen / Liquidität

▶ **Unternehmensexterne Rahmenbedingungen der Materialbeschaffung**
- Wirtschaftspolitik
- Soziale und konventionelle Gegebenheiten
- Geographisches Umfeld
- Natürliche Umwelt
- Beschaffungsmärkte
- Infrastruktur
- Lieferanten

4.2.4 Materialbevorratung / Lagerung

Materialbevorratung, Lagerung | Die **Materialbevorratung / Lagerung** beinhaltet folgende Vorgänge:
▶ Materialeingang
▶ Materiallagerung
▶ Materialabgang

Immer dann, wenn neben den Make- auch Buy-Entscheidungen getroffen werden, entsteht zusätzlich

▶ ein Eingang von fremdgefertigten Einzelteilen (ET) und Baugruppen (BG),
▶ eine Lagerung dieser ET und BG und
▶ ein Abgang der ET und BG.

In der Regel laufen diese Vorgänge im Wareneingangslager (WEL) ab. Bevorratungen und Lagerungen finden aber auch im Zwischenlager (ZWL) und Fertigwarenlager (FWL) statt. Der Schwerpunkt dieser Betrachtung liegt auf der Materiallagerung im Wareneingangslager.

■ Materialeingang

Bestellte und gelieferte Materialien und Erzeugnisbestandteile treffen von den auf den Beschaffungsmärkten befindlichen Lieferanten in dem Unternehmen ein, das die Bestellungen ausgelöst hat. Dieser Vorgang wird als **Materialeingang** bezeichnet.

Materialeingang | Der **Materialeingang** ist eine bestandserhöhende Lagerbewegung.

Der Materialeingang erfolgt im Wareneingangslager und ist die erste Phase des Prozesses der Materiallagerung.

Die Schritte des Materialeingangs sind in Bild PW.B.4.(29) dokumentiert.

Materialeingang (-zugang)

Definition		Der Materialeingang ist die erste Phase des Prozesses der Materiallagerung.
Schritte		Materialannahme / Materialidentifizierung / Materialprüfung / Rechnungsprüfung / Erstellung der Materialeingangsbelege

Materialannahme	Materialidentifizierung	Materialprüfung	Rechnungsprüfung	Erstellung der Materialeingangsbelege
• Materialanlieferung zum Wareneingangslager • Erste Prüfung auf erkennbare Mängel	• Überpüfung, welcher Bestellung das gelieferte Material zuzuordnen ist (Auftragsnummer)	• Prüfung des Materials unter Verwendung der Lieferscheine - Menge - Art - Zeit - Qualität • Abweichungen führen zu Konsequenzen - Rückgabe - Nachbesserung	• Ergibt Materialprüfung keine Beanstandung: - Fortschreibung des Materialbestands - Begleichung der Rechnung	• Schließt Materialeingang ab • Dokumentiert, wohin das Material zu transportieren ist • Dokumentiert Lagerart • Dokumentiert bei Direktlieferung den Fertigungsbereich

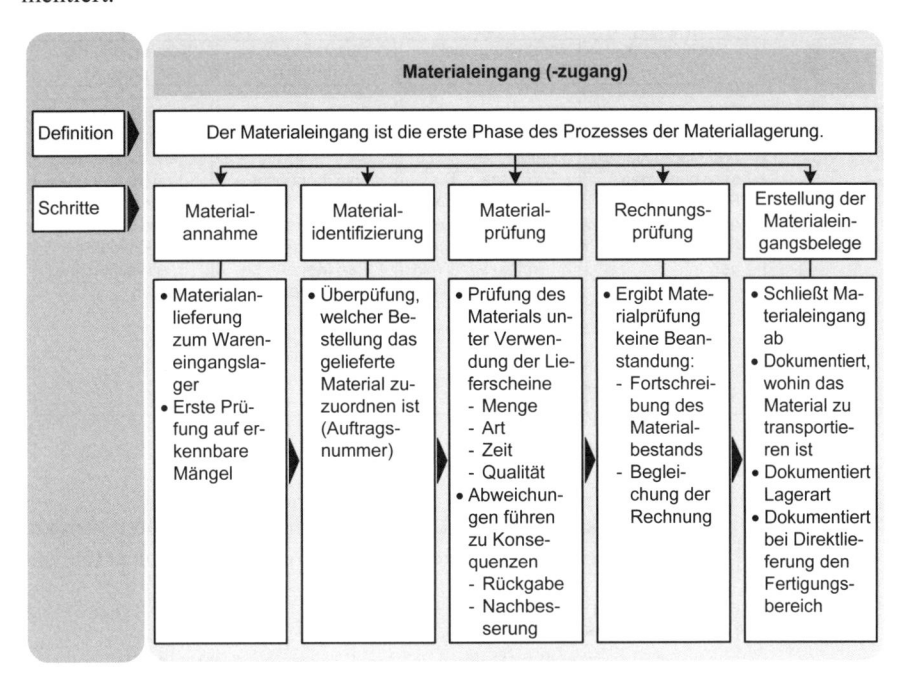

Bild PW.B.4.(29): Definition und Schritte des Materialeingangs

■ Materiallagerung

Die Funktionen der **Materiallagerung** sind in den folgenden Bildern PW.B.4.(30)/1 und PW.B.4.(30)/2 dargestellt.

| Materiallagerung |

Lagerfunktionen

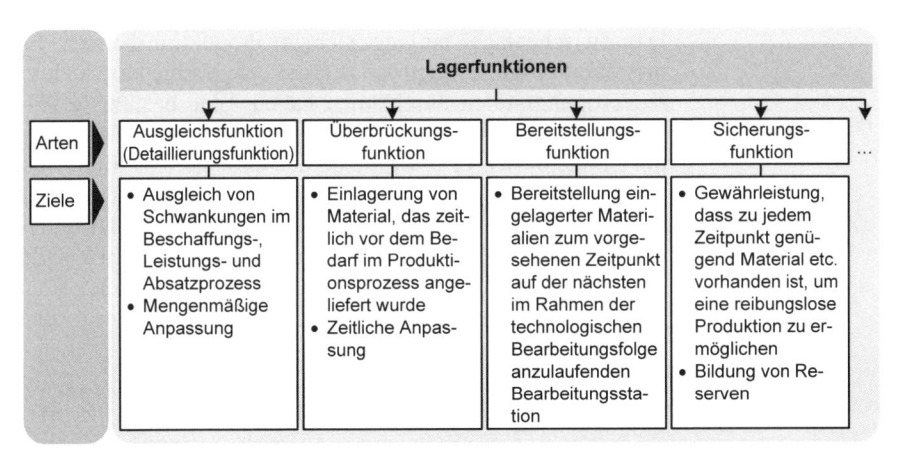

	Ausgleichsfunktion (Detaillierungsfunktion)	Überbrückungsfunktion	Bereitstellungsfunktion	Sicherungsfunktion
Arten				
Ziele	• Ausgleich von Schwankungen im Beschaffungs-, Leistungs- und Absatzprozess • Mengenmäßige Anpassung	• Einlagerung von Material, das zeitlich vor dem Bedarf im Produktionsprozess angeliefert wurde • Zeitliche Anpassung	• Bereitstellung eingelagerter Materialien zum vorgesehenen Zeitpunkt auf der nächsten im Rahmen der technologischen Bearbeitungsfolge anzulaufenden Bearbeitungsstation	• Gewährleistung, dass zu jedem Zeitpunkt genügend Material etc. vorhanden ist, um eine reibungslose Produktion zu ermöglichen • Bildung von Reserven

Bild PW.B.4.(30)/1: Lagerfunktionen (Teil 1)

Arten	Lagerfunktionen			
	Spekulations-funktion	Veredelungsfunktion (Wertschöpfungsfkt.)	Aussortierungs-funktion	Kostensenkungs-funktion
Ziele	• Einkauf und Einlagerung von Waren und Materialien zu sehr günstigen Preisen zu Terminen, die vor dem Bedarfseintritt liegen	• Lagerung zur Realisierung natürlicher Prozesse z. B.: - Trocknen von Holz - Altern von Guss - Reifen von Wein - Veredelung von Käse → Während der Lagerung findet Wertschöpfung statt	• Einlagerung solcher Waren, die - nicht benötigt werden - in anderen als den eingelagerten Mengen benötigt werden - in anderen als den eingelagerten Qualitäten benötigt werden	• Einlagerung eingekaufter Mengen, die die Bedarfsmenge übersteigen und aufgrund der großen Stückzahlen zu Preisnachlässen führten

Bild PW.B.4.(30)/2: Lagerfunktionen (Teil 2)

In Abhängigkeit von der **Art der einzulagernden Güter** werden, wie schon erwähnt, in einem Unternehmen drei **Lagerarten** unterschieden:

▶ **Wareneingangslager** (auch Werkstofflager)

Es nimmt die Werkstoffe und Erzeugnisbestandteile auf, die als Inputfaktoren in den Betrieb kommen. Das Wareneingangslager liegt somit vor dem Produktionsbereich. Es hat die Aufgabe, eine kontinuierliche Absicherung des Materialbedarfs des Produktionsprozesses zu gewährleisten. Wareneingangslager sind inputorientiert.

▶ **Zwischenlager** (auch Werkstattlager, Produktionslager)

Das Zwischenlager befindet sich im Produktionsbereich. Es nimmt unfertige Erzeugnisse auf, die bereits eine oder mehrere Fertigungsstufen durchlaufen haben. Eine bestimmte Anzahl von Arbeitsgängen aus der technologischen Bearbeitungsfolge dieser Teile wurde bereits durchgeführt. Eine weitere Bearbeitung dieser Teile muss noch erfolgen. Das Zwischenlager dient u. a. dem Ausgleich von Kontinuitätsunterschieden aufeinander folgender Kapazitätseinheiten. Es wirkt gewissermaßen als Puffer zur Aufnahme von Teilen, deren Fertigungsprozess unterbrochen ist. Zwischenlager sind throughputorientiert.

▶ **Fertigwarenlager** (auch Erzeugnislager)

Fertigwarenlager nehmen die im Produktionsprozess fertiggestellten Erzeugnisse, die zum Absatz bestimmt sind, auf. Sie sichern dadurch eine kontinuierliche Produktion, auch dann, wenn Absatzschwankungen keinen kontinuierlichen Absatz gewährleisten. Fertigwarenlager sind outputorientiert. Nicht für jedes fertiggestellte Erzeugnis besteht die Notwendigkeit oder Möglichkeit der Lagerung im Fertigwarenlager.

Fertigwarenlager

Aus der Sicht der **Standortbestimmung** für Lager sind **zentrale Lager** und **dezentrale Lager** zu unterscheiden.

Zentrale und dezentrale Lagerung

Die wesentlichen **Vorteile der Lagerzentralisation** gegenüber der Lagerdezentralisation bestehen besonders darin, dass

▶ die notwendigen Materialvorräte im Zentrallager geringer sind,

▶ in zentralen Lagern eine geringere Kapitalbindung vorliegt und damit die Kosten der Kapitalbindung geringer sind,

▶ eine bessere Nutzung der Raumkapazität und der Lagereinrichtungen vorliegt,

▶ ein wirtschaftlicherer Personaleinsatz möglich ist und

▶ es zu einer Verbesserung der Rahmenbedingungen für den Einsatz moderner Technik kommt.

Die wesentlichen **Vorteile der Lagerdezentralisation** gegenüber der Lagerzentralisation bestehen darin, dass

▶ eine kostenoptimale Versorgung getrennter Betriebsteile erfolgen kann,

▶ eine hohe Spezialisierung der Lager erreicht werden kann (angepasst an bestimmte Materialien: Blechlager, Stangenlager, Kühllager u. a.) und damit auch der Einsatz von Spezialgeräten und speziell ausgebildetem Personal erfolgt,

▶ dezentrale Lager eine besondere Nähe zum Produktionsprozess besitzen und damit eine sehr genaue Materialdisposition für die Kapazitätseinheiten möglich ist und

▶ kurze Lieferzeiten durchgesetzt werden können.

Die Aufgaben des Lagers werden in ihrer zeitlichen Folge in Bild PW.B.4.(31) dargestellt.

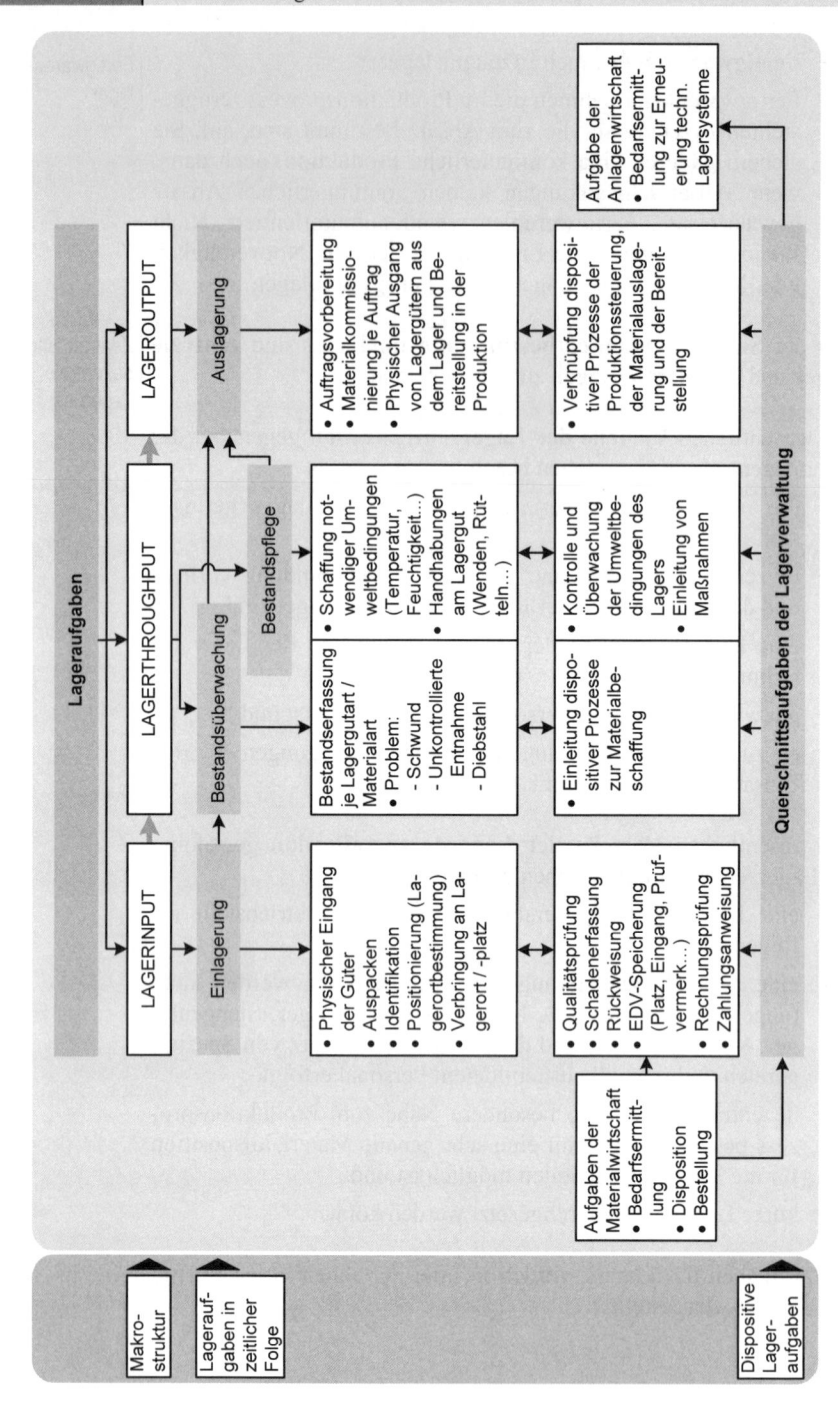

Bild PW.B.4.(31):   Lageraufgaben

■ Materialabgang

> Der **Materialabgang** ist eine bestandsvermindernde Lagerbewegung.

| Materialabgang

Der Materialabgang kann in drei Phasen geteilt werden:

- ▶ **Materialanforderung**
  Die Materialanforderung erfolgt i. d. R. durch Materialentnahmescheine, die aus Fertigungsaufträgen abgeleitet werden.

- ▶ **Materialauslagerung**
  Die Materialauslagerung dient der Versorgung des Produktionsprozesses mit den eingelagerten und angeforderten Gütern.

- ▶ **Materialerfassung**
  Die Materialerfassung dient der Dokumentation der Materialbewegung. Sie ist die Grundlage für die Verrechnung der Materialkosten auf Kostenstellen und Kostenträger.
  Das ist dadurch möglich, dass Fertigungsaufträge und Materialentnahmescheine stets erzeugniskonkret sind. Damit ist eine direkte Verrechnung der Materialkosten auf Erzeugnisse möglich.

Bild PW.B.4.(32) gibt einen Überblick über die Phasen des Materialabgangs.

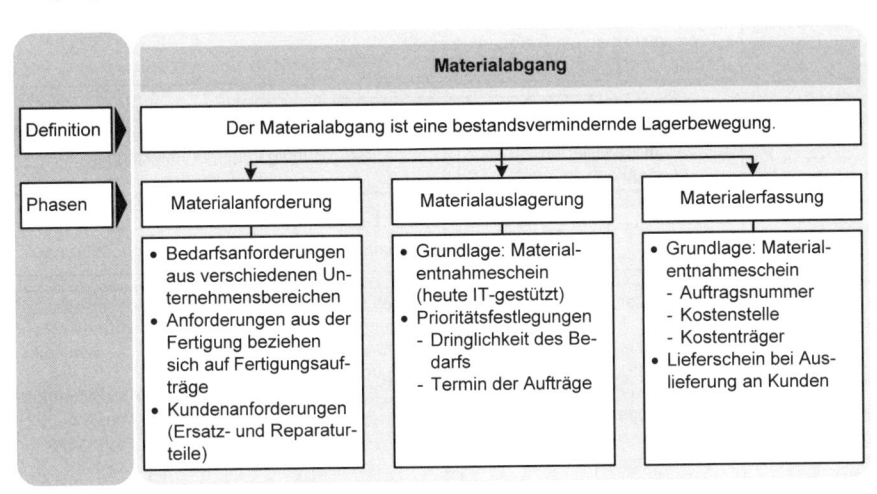

	Materialabgang		
Definition	Der Materialabgang ist eine bestandsvermindernde Lagerbewegung.		
Phasen	Materialanforderung	Materialauslagerung	Materialerfassung

	• Bedarfsanforderungen aus verschiedenen Unternehmensbereichen
	• Anforderungen aus der Fertigung beziehen sich auf Fertigungsaufträge
	• Kundenanforderungen (Ersatz- und Reparaturteile)
		• Grundlage: Materialentnahmeschein (heute IT-gestützt)
		• Prioritätsfestlegungen
		  - Dringlichkeit des Bedarfs
		  - Termin der Aufträge
			• Grundlage: Materialentnahmeschein
			  - Auftragsnummer
			  - Kostenstelle
			  - Kostenträger
			• Lieferschein bei Auslieferung an Kunden

Bild PW.B.4.(32): Definition und Phasen des Materialabgangs

Materialeingänge und Materialabgänge verändern den Materialbestand in den Lagern.

Materialbestandsänderung

Die **Materialbestandsänderung** umfasst die Materialbewegungen, die den Materialbestand in seiner Höhe verändern.

Folgende Arten der Materialbestandsänderungen sind zu unterscheiden (vgl. Bild PW.B.4.(33)):

▶ **Körperliche Bestandsänderungen**

Mit realisierten Lagergutbewegungen. Dazu gehören Materialzu- und -abgänge.

▶ **Nicht körperliche Bestandsänderungen**

Sie lösen zukünftige Lagergutbewegungen aus. Dazu gehören:

- **Beschaffungen**
  Durch Bestellungen zur Eigenfertigung

- **Reservierungen**
  Für Fertigungsaufträge, die zu einem späteren Zeitpunkt gefertigt werden

- **Stornierungen**
  Dabei handelt es sich um die Freigabe früherer Reservierungen und die Änderung des Verwendungszwecks

	Materialbestandsänderung				
Definition	Umfasst alle Bewegungen, die den Materialbestand in seiner Höhe verändern. Sie werden veranlasst durch • Produktionsplanung / -steuerung sowie • Absatz und Beschaffung.				
Arten	Körperliche Bestandsänderungen mit realisierten Lagergutbewegungen		Nicht körperliche Bestandsänderungen, die zukünftig Lagergutbewegungen auslösen werden		
	Materialzugänge	Materialabgänge	Beschaffungen	Reservierungen	Stornierungen
	• Erhöhen den Lagerbestand durch: - Inputseitige Materialeingänge - Lagerzugänge infolge Eigenfertigung	• Vermindern den Lagerbestand durch: - Geplante Abgänge durch Entnahmen - Ungeplante Abgänge durch Ausschuss, Verderb, Diebstahl	• Durch Bestellungen zur Eigenfertigung	• Vormerkungen zur Entnahme für einen Fertigungs- oder Kundenauftrag zu einem späteren Zeitpunkt	• Freigabe früherer Reservierungen ↓ • Veränderung des Verwendungszwecks

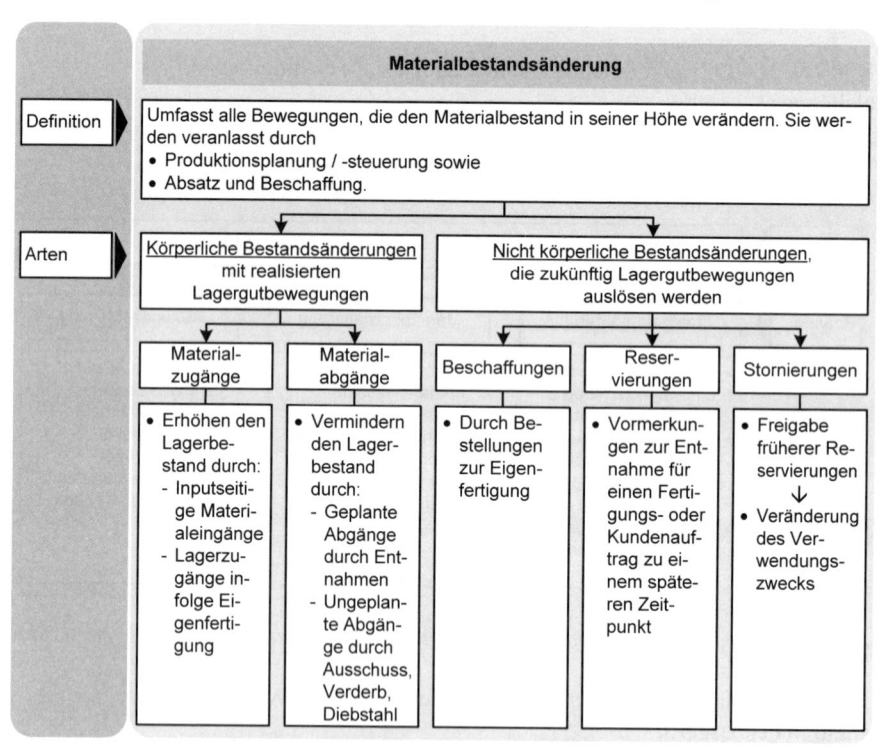

Bild PW.B.4.(33): Definition und Arten der Materialbestandsänderung

4.2.5 Materialentsorgung

Das System Umwelt und das System Wirtschaft stehen durch den Austausch von Input-Output-Gütern in Beziehung. Das Wirtschaftssystem entnimmt der Umwelt Stoffe und Energien für die Umwandlung in nutzbringende Güter.

Die Nutzung dieser Güter erfolgt in Produktions- und Konsumtionsprozessen, in Wirtschaftsbetrieben und Haushalten. Als Output des Produktionsprozesses entstehen erwünschte und unerwünschte Güter.

Zu dem unerwünschten Output gehören Materialrückstände, Abwässer, Abwärme, Abgase, Fertigungsabfälle (z. B. Späne), Müll und Sondermüll. Sie gehen in der Regel von den Wirtschaftsbetrieben an die Umwelt zurück.

Nach dem Ablauf der Nutzung des erwünschten Output gehen auch diese in der Regel an die Umwelt zurück (vgl. Bild PW.B.4.(34)). Die Verhinderung der Überschreitung der Belastbarkeit des Systems Umwelt zwingt zur Suche nach Lösungswegen (vgl. Abschnitt C.5).

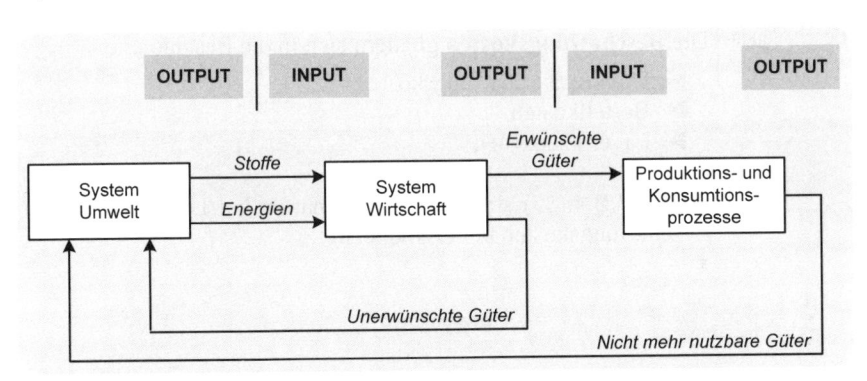

Bild PW.B.4.(34): Umweltbelastung durch Input-Output-Beziehungen der Systeme Umwelt und Wirtschaft

Ein denkbarer Weg ist die **Recyclingwirtschaft**. | Recycling

Dabei geht es um die Rückführung erneut verwendbarer Abfallstoffe in das Wirtschaftssystem. Da eine vollständige Rückgewinnung der in den Rückständen enthaltenen Rohstoffe nicht möglich ist, Rückstände nicht beliebig oft recycelt werden können und nicht alle Rückstände unter ökonomischen Bedingungen recyclebar sind, muss auch über Entsorgungsprozesse nachgedacht werden.

Die Entsorgung beinhaltet einen Komplex von Maßnahmen, die an den aus dem Produktions- oder Konsumtionskreislauf an die Umwelt abzugebenden Stoffen durchgeführt werden (dazu gehören Deponierung, Recycling, thermische Nutzung u. a.).

Material-entsorgung	Die **Materialentsorgung** beinhaltet die Beseitigung bzw. Vernichtung von unerwünschten Abprodukten des Produktionsprozesses und von Produkten (bzw. Produktbestandteilen), die nach ihrer Nutzungsphase in das herstellende Unternehmen zurückgeführt werden.

Die Materialwirtschaft und die Abfallwirtschaft müssen als Einheit betrachtet werden. Bereits bei der Produktentwicklung und der Materialbeschaffung ist über die Umweltverträglichkeit der Materialien und über die daraus abzuleitenden Konsequenzen für die Ökologie nachzudenken.

4.3 Kosten

An dieser Stelle werden Beschaffungs- und Lagerungskosten thematisiert.

Beschaffungs-kosten	Die **Beschaffungskosten** gliedern sich in die Bestandteile: ▶ Direkte Beschaffungskosten ▶ Bestellkosten ▶ Lagerungskosten

Bild PW.B.4.(35) strukturiert Kostenarten bei Eigenfertigung und Beschaffungskosten bei Fremdbezug.

```
                          Kostenarten
                               |
              ┌────────────────┴────────────────┐
              ▼                                 ▼
    Kosten bei Eigenfertigung        Beschaffungskosten bei
                                           Fremdbezug

  • Auftragsbearbeitungskosten      • Direkte Beschaffungskosten
  • Rüstkosten                      • Bestellkosten
  • Zusatzkosten bei ungünstigen    • Lagerungskosten
    Fertigungsmengen
  • Lagerungskosten
```

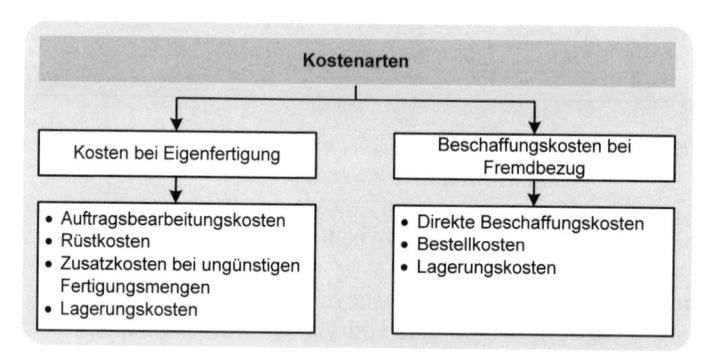

Bild PW.B.4.(35): *Kosteneinflüsse auf die Losgrößenoptimierung*

(1) **Direkte Beschaffungskosten** (auch Anschaffungskosten)

Direkte Beschaffungskosten

Grundlage der direkten Beschaffungskosten sind die **Einstandspreise**. Sie errechnen sich folgendermaßen:

Bruttoeinkaufspreis
− Preisnachlässe (Rabatte, Skonti, Boni)
+ Mindermengenaufschläge
= Nettoeinkaufspreis
+ Bezugskosten
= Einstandspreis

Steigende Bestellmengen führen in der Regel **zu steigenden Rabatten**, da große Aufträge kostengünstiger produzierbar sind als kleine Aufträge. Sinkt die Bestellmenge unter ein verträgliches Maß, so fordern die Lieferanten **Mindermengenaufschläge** mit der gleichen Begründung, weil die Rüstzeit pro Stück die Stückkosten des Lieferanten bei kleinen Mengen viel stärker als bei großen Mengen beeinflusst.

Die **Bezugskosten** setzen sich aus den Kosten für Transporte, Umschlagsleistungen, Transportversicherungen, Zölle, Provisionen u. a. zusammen.

Mit **steigender Bestellmenge** sinken die Bezugskosten pro Stück, es steigen die Preisnachlässe und der Einstandspreis sinkt.

(2) **Bestellkosten**

Die Bestellkosten gliedern sich in:
▶ Einkaufskosten
▶ Dispositionskosten
▶ Zugangskosten

(2.1) **Einkaufskosten**

Einkaufskosten

Zu den Einkaufskosten gehören u. a.:
- Kosten der Lieferantenauswahl
- Kosten für Anfragen
- Kosten für die Auswertung von Angeboten
- Vertragsabschlusskosten

(2.2) **Dispositionskosten**

Dispositionskosten

Zu den Dispositionskosten gehören u. a.:
- Kosten für Bedarfsrechnungen
- Kosten für Bestandsrechnungen
- Kosten für Bestellrechnungen
- Kosten für die Bestellüberwachung

(2.3) Zugangskosten

Zu den Zugangskosten gehören u. a.:

- Kosten für die Wareneingangsprüfung
- Kosten für die Rechnungsprüfung
- Kosten für die Verpackung und den Rückversand bei Nichtannahme der Lieferung

Bestellkosten entstehen nicht nur im Einkauf, sondern auch in der Disposition, der Warenannahme, der Warenprüfung, im Transport und in der Lagerbuchhaltung.

> Die **Bestellkosten pro Mengeneinheit** verhalten sich umgekehrt proportional zur Bestellmenge. Steigt die Bestellmenge, so sinken die Bestellkosten pro Mengeneinheit. Sinkt die Bestellmenge, so steigen die Bestellkosten pro Mengeneinheit.

(3) Lagerungskosten

Die Lagerungskosten setzen sich aus den **Lagermaterialkosten** und aus den **Lagerhaltungskosten** zusammen.

(3.1) Lagermaterialkosten

Der entscheidende Bestandteil dieses Kostenfaktors sind die Kapitalbindungskosten (Verzinsung des in Beständen gebundenen Kapitals). Des Weiteren gehen in die Lagermaterialkosten Kosten für die Versicherung von Vorräten (z. B. Feuer, Wasser, Diebstahl) sowie Kosten für Wertminderungen (z. B. Verderb, Schwund) ein.

(3.2) Lagerhaltungskosten

Die Lagerhaltungskosten setzen sich zusammen aus:

- Lagerraumkosten
- Lagerpersonalkosten
- Lagergemeinkosten

(3.2.1) Lagerraumkosten

Zu den Lagerraumkosten gehören u. a.:

- Abschreibungen auf Lagergebäude und auf Lagerausrüstungen
- Instandhaltungskosten für die Instandhaltung von Lagergebäuden und Lagerausrüstungen
- Energiekosten
- Versicherungskosten für Lagergebäude und Lagerausrüstungen

(3.2.2) **Lagerpersonalkosten**

Zu den Lagerpersonalkosten gehören:

- Personalkosten
- Personalnebenkosten für die in Lagerungsprozessen tätigen Personen

| Lagerpersonalkosten

(3.2.3) **Lagergemeinkosten**

Zu den Lagergemeinkosten zählen anteilige Verwaltungskosten und Transportkosten.

| Lagergemeinkosten

> Mit **steigender Bestellmenge** steigt das gebundene Kapital und mit ihm die Kosten aus der Kapitalbindung. Daraus folgen steigende Lagerungskosten.

Bestellmengenreduzierungen zwingen zur Steigerung der Anzahl der Bestellungen bei Absicherung eines identischen Bedarfs. Mit den Bestellmengenreduzierungen sinken die durchschnittlichen Lagerbestände. Über die Steigerung der Anzahl der Bestellungen steigen die Bestellkosten.

Den Zusammenhang zwischen den Bestellmengen, der Anzahl der Bestellungen und dem durchschnittlichen Lagerbestand zur Absicherung einer angenommenen Bedarfsgröße von 2.400 Mengeneinheiten einer Materialart verdeutlicht Bild PW.B.4.(36).

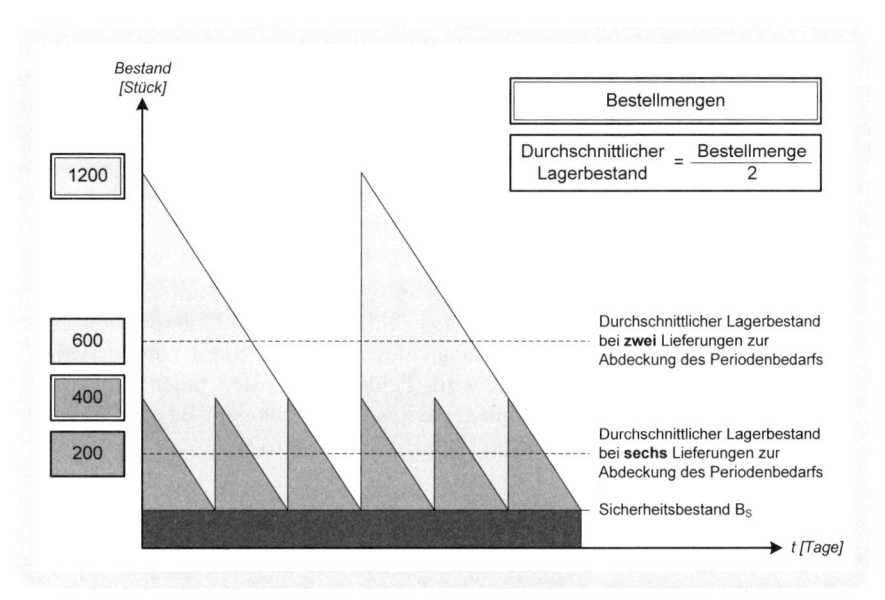

Bild PW.B.4.(36):   *Lagerbestand in Abhängigkeit von der Anzahl der Materiallieferungen und den Bestellmengen (nach HARTMANN, H. [Materialwirtschaft] S. 399)*

Zu den Beschaffungskosten sind auch Fehlmengenkosten zu zählen. Sie entstehen z. B. durch fehlerhafte Materialbedarfsermittlung, Materialdisposition oder Materialbevorratung.

Die Folge davon ist, dass das beschaffte Material den Bedarf in der Fertigung nicht deckt. Das führt dazu, dass z. B.

▶ zusätzliche Fracht- und Transportkosten für Nachbestellungen anfallen und / oder

▶ Konventionalstrafen wegen Nichtlieferung, also Nichterfüllung vertraglicher Vereinbarungen, zu zahlen sind.

In die Zukunft reichende Konsequenzen sind entgangene Aufträge oder ein verminderter Auftragseingang.

4.4 Lagerbestandsarten und Lagerbestandsstrategien

Lagerbestand | Der **Lagerbestand** kennzeichnet den Bestand an Materialien und Zukaufteilen nach Art und Menge bezogen auf einen bestimmten Zeitpunkt.

Nur in seltenen Fällen wird es möglich sein, für eine Materialart die Beschaffung und den Verbrauch so aufeinander abzustimmen, dass genau die Mengen beschafft werden, die auch verbraucht werden. Aus diesem Grunde ist für die meisten Materialarten eine Lagerung notwendig, die zu **Materialbeständen** führt.

Materialbestände

Die Materialbestandsrechnung verfolgt das Ziel, neben einer geringen Kapitalbindung gleichzeitig eine hohe Lieferbereitschaft (Servicegrad) zu realisieren.

Servicegrad | Der **optimale Servicegrad** wird bestimmt durch das Stückkostenminimum, das aus Fehlmengen- und Lagerungskosten (mit dem entscheidungsrelevanten Bestandteil Lagermaterialkosten) gebildet wird. Fehlmengenkosten fallen dann an, wenn ein vorhandener Bedarf nicht aus dem Bestand abgedeckt werden kann (vgl. Bild PW.B.4.(37)).

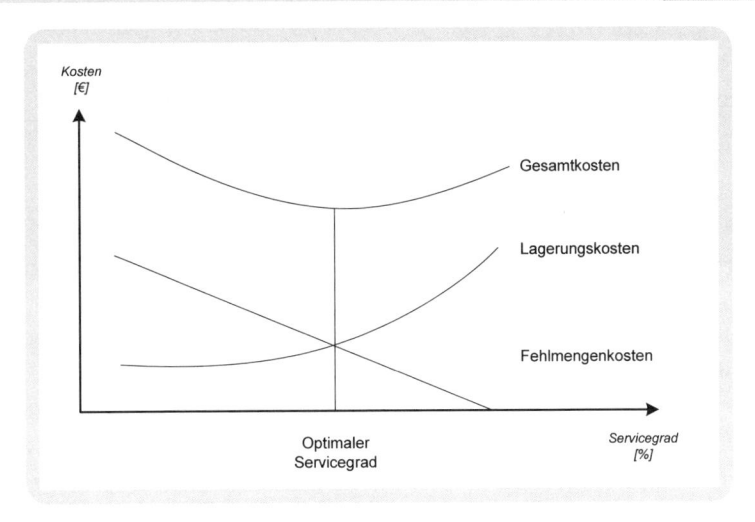

Bild PW.B.4.(37): Bestimmung des optimalen Servicegrads

Die genaue Betrachtung eines Lagers führt zur Identifikation verschiedener **Lagerbestandsarten**. Solche sind:

Lagerbestandsarten

▶ **Lagerbestand** (B_L)

Der Lagerbestand ist der Bestand an Material bzw. Zukaufteilen, der körperlich zu einem Überprüfungszeitpunkt (Inventur) am Lager vorhanden ist.

▶ **Verfügbarer Lagerbestand** (B_{L_v})

Der verfügbare Lagerbestand ist eine Teilmenge des Lagerbestands. Wird der Lagerbestand um offene Bestellungen erhöht und um Vormerkungen reduziert, erhält man den verfügbaren Lagerbestand.

▶ **Meldebestand** (B_M)

Der Meldebestand ist durch die Materialmenge bzw. Zukaufteilmenge gekennzeichnet, die zur Bedarfsdeckung zwischen den Zeitpunkten der Bestellauslösung und der Bereitstellung im Lager benötigt wird (vgl. Bild PW.B.4.(38)). Die Höhe des Meldebestands muss ausreichen, um eine reibungslose Wiederbeschaffung verbrauchter Materialien zu realisieren. Ist der Meldebestand im Lager erreicht, erfolgt die Auslösung der Materialbestellung. Der Meldebestand ist entscheidend für die Materialbeschaffung nach dem Bestellpunktverfahren.

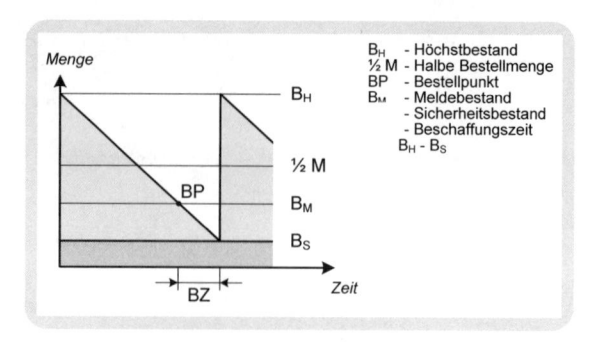

Bild PW.B.4.(38): Bestellpunktverfahren

▶ **Richtbestand** (B_R)

Der Richtbestand setzt sich aus dem Meldebestand (Bestand zum Bestellzeitpunkt) und der Bestellmenge zusammen.

▶ **Höchstbestand** (B_H)

Der Höchstbestand gibt die Materialmenge an, die maximal im Lager vorhanden sein kann.

▶ **Sicherheitsbestand** (B_S)

Der Sicherheitsbestand beinhaltet die Menge an Vorräten, die im Lager planmäßig nicht unterschritten werden darf, um die Leistungsbereitschaft des Unternehmens auch bei Unsicherheiten zu gewährleisten. Solche Unsicherheiten sind:

- **Bedarfsunsicherheit**

  Eine Bedarfsunsicherheit entsteht immer dann, wenn der ermittelte und der tatsächliche Bedarf nicht übereinstimmen.

- **Lieferunsicherheit**

  Bei der Lieferunsicherheit weichen der Soll- und der Ist-Liefertermin voneinander ab.

- **Bestandsunsicherheit**

  Eine Bestandsunsicherheit liegt dann vor, wenn der Buchbestand und der tatsächliche körperliche Lagerbestand voneinander abweichen.

▶ **Durchschnittsbestand** (B_D)

Der Durchschnittsbestand charakterisiert den durchschnittlich im Lager befindlichen Materialbestand über alle Bestandsarten.

Der Durchschnittsbestand berechnet sich als

$$B_D = \frac{\text{Bestellmenge}}{2}$$

Die Bilder PW.B.4.(39)/1 und PW.B.4.(39)/2 fassen die Merkmale dieser Bestandsarten zusammen.

	\multicolumn{4}{c}{**Materialbestandsarten**}	
Arten	Lagerbestand B_L	Verfügbarer Lagerbestand B_{LV}	Meldebestand B_M	Richtbestand B_R	...
Merkmale	Bestand, der sich zu einem definierten Zeitpunkt im Lager befindet und durch eine Inventur belegt ist	Teilmenge des Lagerbestands: Lagerbestand + offene Bestellungen − Vormerkungen = verfügbarer Lagerbestand	= Bestellpunkt (Bestellpunktbestand) Bei Erreichung dieses Bestands wird eine Materialbestellung ausgelöst (− Interner Bedarfsauftrag oder − Externe Lieferbestellung)	= Bestand zum Bestellzeitpunkt + Bestellmengen	

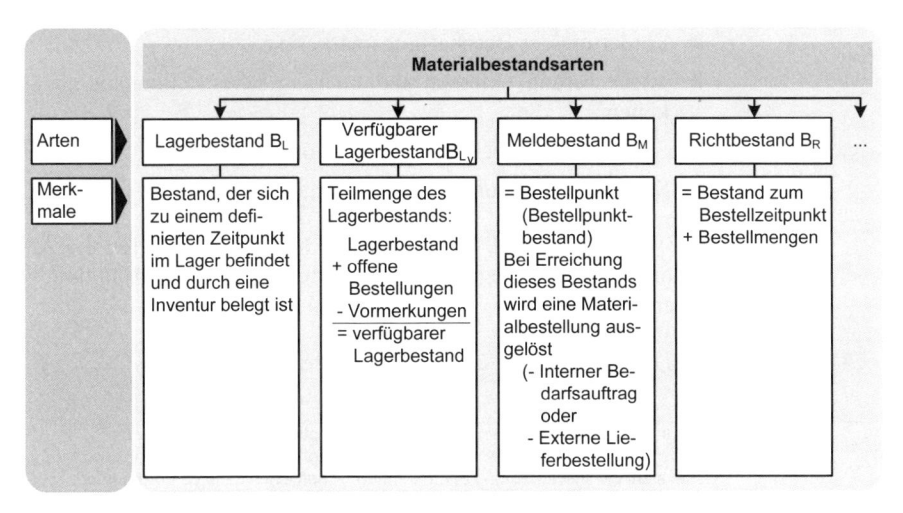

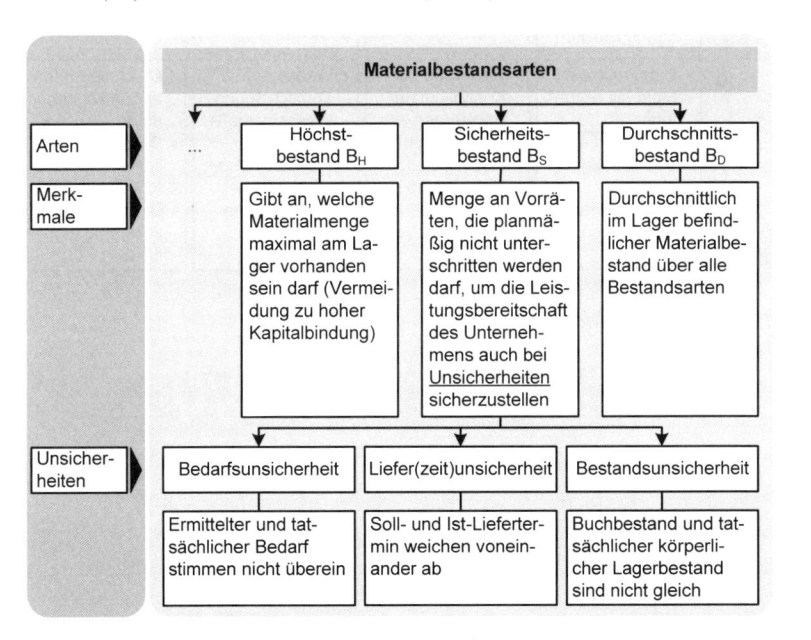

Bild PW.B.4.(39)/1: Materialbestandsarten (Teil 1)

	\multicolumn{3}{c}{**Materialbestandsarten**}
Arten	Höchstbestand B_H	Sicherheitsbestand B_S	Durchschnittsbestand B_D
Merkmale	Gibt an, welche Materialmenge maximal am Lager vorhanden sein darf (Vermeidung zu hoher Kapitalbindung)	Menge an Vorräten, die planmäßig nicht unterschritten werden darf, um die Leistungsbereitschaft des Unternehmens auch bei Unsicherheiten sicherzustellen	Durchschnittlich im Lager befindlicher Materialbestand über alle Bestandsarten
Unsicherheiten	Bedarfsunsicherheit: Ermittelter und tatsächlicher Bedarf stimmen nicht überein	Liefer(zeit)unsicherheit: Soll- und Ist-Liefertermin weichen voneinander ab	Bestandsunsicherheit: Buchbestand und tatsächlicher körperlicher Lagerbestand sind nicht gleich

Bild PW.B.4.(39)/2: Materialbestandsarten (Teil 2)

Material- | Die **Materialstrategie** basiert auf langfristig festgelegten Konzep-
strategie | tionen der Materialwirtschaft. Sie verfolgt die Verwirklichung materialwirtschaftlicher Zielstellungen des Unternehmens.

Dabei geht es insbesondere um die

- ▶ Schließung von Materialversorgungslücken,
- ▶ Straffung der Lieferantenstruktur,
- ▶ Verbesserung logistischer Prozesse,
- ▶ Förderung des Beschaffungsmarketing,
- ▶ Verbesserung externer und interner Bereitstellungsmöglichkeiten,
- ▶ Senkung der Beschaffungskosten und
- ▶ Sicherung eines effizienten Materialeinsatzes.

Die Bilder PW.B.4.(40)/1 und PW.B.4.(40)/2 strukturieren die Arten von Materialstrategien und charakterisieren deren Handlungsschwerpunkte.

	Materialstrategie			
Definition	Eine Materialstrategie beruht auf einer Konzeption, die langfristig für die Materialwirtschaft festgelegt wird. Dabei steht die Verwirklichung der materialwirtschaftlichen Ziele im Vordergrund.			
Strategiearten	Schließung von Materialversorgungslücken	Straffung der Lieferantenstruktur	Verbesserung der Logistik	Förderung des Beschaffungsmarketing
Handlungsschwerpunkte	• Durch effiziente Materialbeschaffung • Durch verbesserten Materialeinsatz • Durch Vorratsbildung	• Sicherung der Kontinuität der Belieferung • Nutzung von Kostensenkungspotenzialen	• Verbesserte Transport- und Umschlagmaßnahmen • Veränderte Lagerhaltungsmöglichkeiten	• Durch veränderte Konditionenpolitik • Durch Kooperationen mit Lieferanten • Durch neue Beschaffungsorganisation

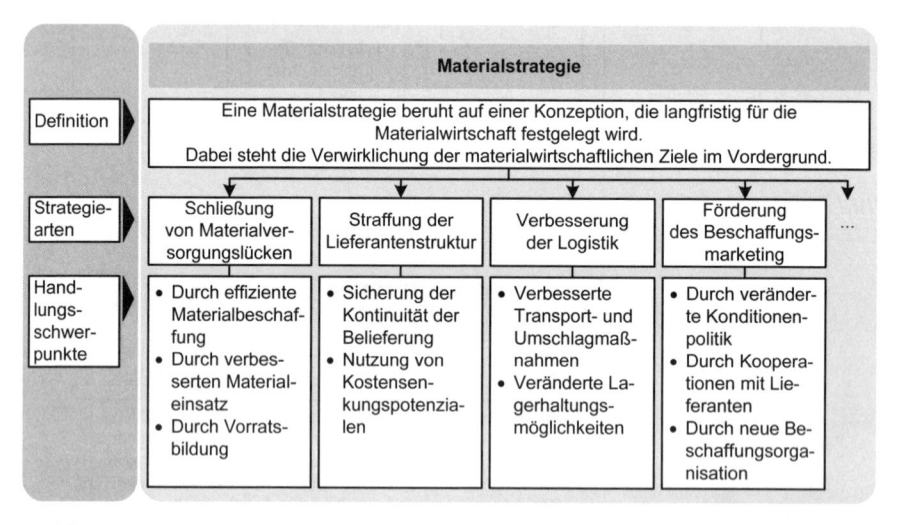

Bild PW.B.4.(40)/1: Materialstrategien (Teil 1)

	Materialstrategie			
Definition	Eine Materialstrategie beruht auf einer Konzeption, die langfristig für die Materialwirtschaft festgelegt wird. Dabei steht die Verwirklichung der materialwirtschaftlichen Ziele im Vordergrund.			
Strategiearten	...	Verbesserung der Bereitstellungsmöglichkeiten	Senkung der Beschaffungskosten	Sicherung eines effizienten Materialeinsatzes
Handlungsschwerpunkte		• Durch Investitionen in fertigungsnahe industrielle Dienstleistungen (TUL) • Durch Steigerung der Flexibilität	• Durch Reduktion der Einkaufspreise infolge Verhandlungen mit Lieferanten	• Durch ABC-Analyse • Durch XYZ-Analyse • ...

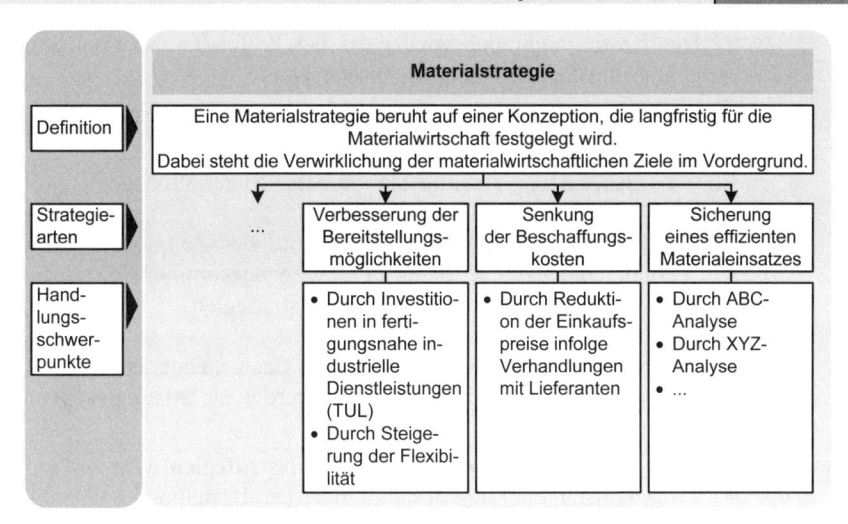

Bild PW.B.4.(40)/2: Materialstrategien (Teil 2)

Zur Umsetzung und Unterstützung der Materialstrategien werden Bestands- bzw. Lagerhaltungsstrategien entwickelt und eingesetzt.

> **Bestandsstrategien** (auch **Lagerhaltungsstrategien**) dienen der Entscheidungsfindung darüber, wie viel Material (bzw. Zukaufteile) zu welchem Zeitpunkt bereitzustellen, also wiederzubeschaffen ist.

Bestandsstrategie, Lagerhaltungsstrategie

Die Zeitpunktbestimmung erfolgt durch

▶ definierte Bestellpunkte (BP) oder
▶ festgelegte Bestellrhythmen (BR).

Bestellpunkte sind durch Bestandsmengen definiert, die nicht unterschritten werden dürfen.

> Auf **Bestellpunkten** basierende Strategien werden als **mengenbezogene Bestandsstrategien** bezeichnet.

Bestellrhythmen sind durch konstante Zeitabstände charakterisiert, die festlegen, wann Bestandsprüfungen vorzunehmen und Bestellungen auszulösen sind.

> Auf **Bestellrhythmen** basierende Strategien werden als **terminbezogene Bestandsstrategien** bezeichnet.

Die Bestimmung der wieder zu beschaffenden Materialmengen geht grundsätzlich von zwei Ansätzen aus:

- Beschaffung einer Materialmenge, die das Lager bis zum Höchstbestand (B_H) auffüllt
- Beschaffung einer kostenoptimalen Materialmenge (x_{opt})

Arten von Bestandsstrategien

Die Kombination je einer Variante der Zeitpunktbestimmung mit einer Variante der Mengenbestimmung führt zu kombinierten **Arten von Bestandsstrategien**.

Die verschiedenen Kombinationen auf Basis mengenbezogener und terminbezogener Bestandsstrategien werden als **Strategietypen** bezeichnet.

Mengenbezogene Bestandsstrategien

(1) Bei **mengenbezogenen Bestandsstrategien** wird von einem konstanten Lagerbestand, der den Bestellpunkt charakterisiert, ausgegangen.

Dieser ist kombinierbar mit folgenden Möglichkeiten zu beschaffender Materialmengen:

(1.1) Die beschaffte Materialmenge füllt das Lager bis zu dessen Höchstbestand auf. Daraus folgt als Strategietyp die **Bestellpunkt – Lagerhöchstbestand – Strategie**

Bestellpunkt – Lagerhöchstbestand – Strategie

$\Rightarrow$ BP, B_H – Strategie

Nach jeder Entnahme einer Materialart aus dem Lager wird überprüft, ob der Bestellpunkt unterschritten ist. Tritt dieser Fakt ein, wird der Lagerbestand so aufgefüllt, dass der Lagerhöchstbestand erreicht wird (vgl. Bild PW.B.4.(41)).

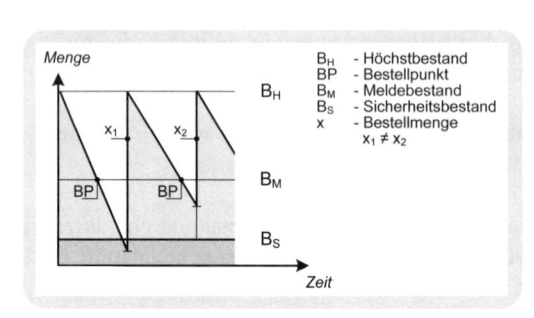

Bild PW.B.4.(41): BP, B_H – Strategie

Die Bestimmung der zu beschaffenden Materialmengen (im Zeitpunkt BP) ist mit Unsicherheiten behaftet. Solche sind:

▶ Der vom Bestellpunkt aus weitergehende Materialverbrauch

▶ Die Lieferzeit des bestellten Materials

(1.2) Die beschaffte Materialmenge entspricht der optimalen Beschaffungslosgröße. Daraus folgt als Strategietyp die **Bestellpunkt – optimale Bestellmenge – Strategie**

⇨ BP, x_{opt} – Strategie

| Bestellpunkt – optimale Bestellmenge – Strategie

Nach jeder Entnahme einer Materialart aus dem Lager wird überprüft, ob der Bestellpunkt unterschritten ist. Tritt dieser Fall ein, wird der Lagerbestand mit der für mehrere Bestellzyklen geltenden optimalen Bestellmenge aufgefüllt. Die Rhythmik der Prüfung der Bestellpunktunterschreitung wird von der Entnahmefrequenz bestimmt (vgl. Bild PW.B.4.(42)).

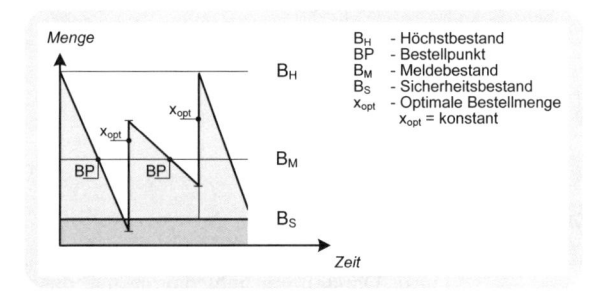

Bild PW.B.4.(42):   BP, x_{opt} – Strategie

Dieser Strategietyp ist mit folgenden Unsicherheiten versehen:

▶ Der vom Bestellpunkt aus weitergehende Materialverbrauch

▶ Die Lieferzeit des bestellten Materials

▶ Die Fähigkeit des Lagers x_{opt} aufnehmen zu können (nur dann gegeben, wenn $B_M + x_{opt} \leq B_H$)

Terminbezogene Bestandsstrategien

(2) Bei **terminbezogenen** (zeitbezogenen) **Bestandsstrategien** wird von einem konstanten Prüf- und Bestellrhythmus ausgegangen, der durch festgelegte Termine (T, 2T, ..., nT) bestimmt ist.

Dieser ist kombinierbar mit folgenden Möglichkeiten zu beschaffender Materialmengen:

(2.1) Die beschaffte Materialmenge füllt das Lager bis zu dessen Höchstbestand auf. Daraus folgt als Strategietyp die **Lagerhöchstbestand – Termin – Strategie**

Lagerhöchstbestand – Termin – Strategie

$\Rightarrow B_H, T -$ Strategie

Der Lagerbestand wird zu definierten Terminen in konstanten Zeitabständen überprüft. Es erfolgt stets eine Bestandsauffüllung bis zum Lagerhöchstbestand (vgl. Bild PW.B.4.(43)/1).

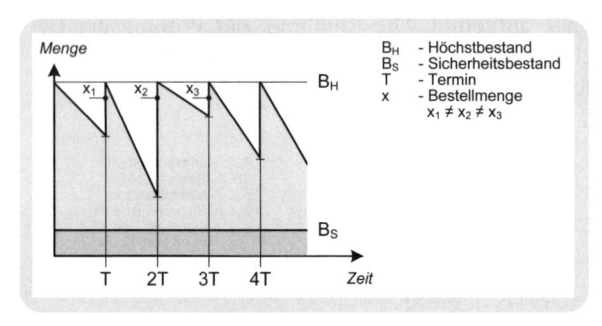

Bild PW.B.4.(43)/1: $B_H, T -$ Strategie

Diese Darstellung geht davon aus, dass keine Wiederbeschaffungszeit anfällt, also der Bestell- und der Lieferzeitpunkt identisch sind. Dabei handelt es sich in der Regel um eine vereinfachende Annahme.

Werden Wiederbeschaffungszeiten berücksichtigt, verändert sich das Bild (vgl. Bild PW.B.4.(43)/2).

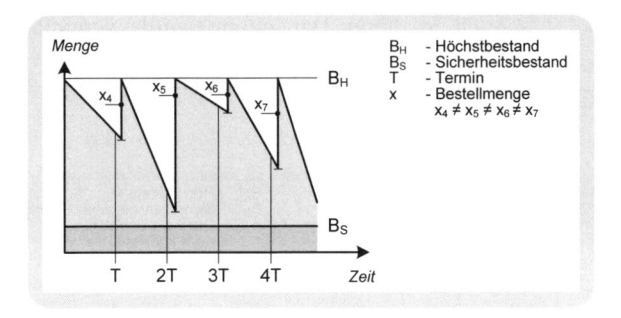

Bild PW.B.4.(43)/2: B_H, T – Strategie mit Wiederbeschaffungszeiten

Für die Bestimmung der zu beschaffenden Materialmengen bestehen folgende Unsicherheiten:

▶ Der vom Prüftermin aus weitergehende Materialverbrauch
▶ Die Lieferzeit des bestellten Materials
▶ Die Fähigkeit des Lagers, die bestellte Materialmenge aufzunehmen

(2.2) Die beschaffte Materialmenge entspricht der kostenoptimalen Beschaffungslosgröße. Daraus folgt als Strategietyp die **optimale Bestellmenge – Termin – Strategie**

| Optimale Bestellmenge – Termin – Strategie

$$\Rightarrow x_{opt}, T - \text{Strategie}$$

Der Lagerbestand wird zu definierten Terminen in konstanten Zeitabständen überprüft. Die Auffüllung des Bestands erfolgt bei dieser Strategie aber nicht um die Differenzmenge zwischen dem gemessenen Bestand um den Höchstbestand, sondern um eine optimale Beschaffungsmenge (vgl. Bild PW.B.4.(44)/1).

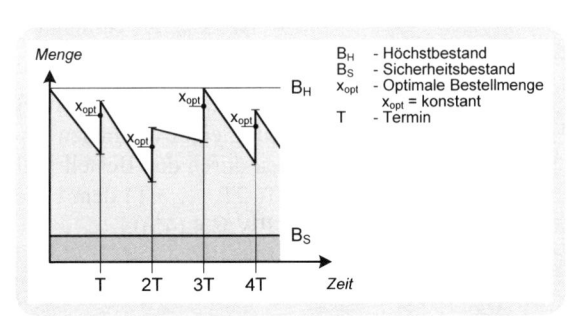

Bild PW.B.4.(44)/1: x_{opt}, T – Strategie

Auch in dieser Darstellung wurde vereinfachend auf die Einbeziehung der Wiederbeschaffungszeit verzichtet. Ihre Berücksichtigung verändert das Bild folgendermaßen (vgl. Bild PW.B.4.(44)/2).

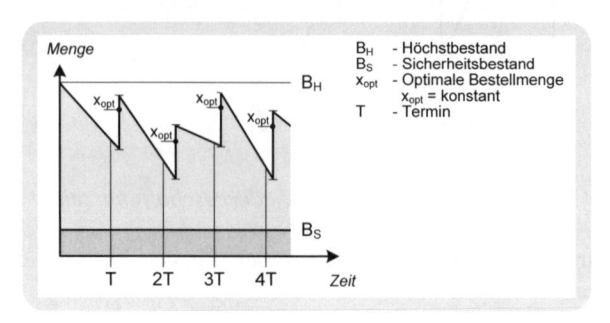

Bild PW.B.4.(44)/2: x_{opt}, T – Strategie mit Wiederbeschaffungszeiten

Bei diesem Strategietyp treten folgende Unsicherheiten auf:

▶ Fähigkeit des Lagers, x_{opt} aufzunehmen (ohne B_H zu überschreiten)

▶ Wahrscheinlichkeit, dass infolge der Zuführung von x_{opt} in der Folgeperiode B_S nicht angegriffen wird

Kombinierte Bestandsstrategientypen

(3) Die Zusammenführung von Strategietypen mengen- und terminbezogener Bestandsstrategien führt zu **kombinierten Bestandsstrategietypen**:
Folgende Varianten sind zu unterscheiden:

Bestellpunkt – optimale Bestellmenge – Termin – Strategie

(3.1) Kombiniert man mengenbezogene (Bestellpunkt) und zeitbezogene (Bestellrhythmus) Bestandsstrategien mit der Beschaffung optimaler Losgrößen x_{opt}, so erhält man als kombinierten Strategietyp die **Bestellpunkt – optimale Bestellmenge – Termin – Strategie**

⇨ BP, x_{opt}, T – Strategie

Der Lagerbestand wird zu bestimmten Terminen überprüft. Erreicht er einen definierten Bestellpunkt, so wird die Bestellung einer optimalen Losgröße x_{opt} ausgelöst und zu den durch den Bestellrhythmus festgelegten Terminen (T, 2T, ..., nT) dem Unternehmen zugeführt (vgl. Bild PW.B.4.(45)).

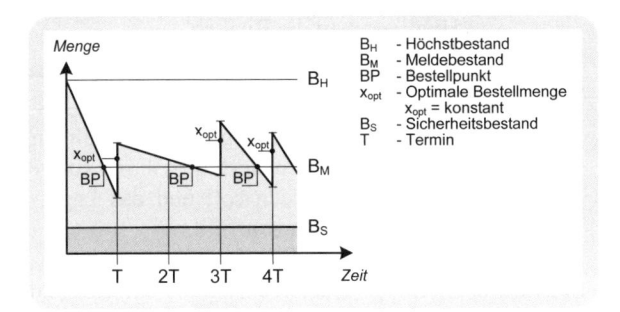

Bild PW.B.4.(45): BP, x_{opt}, T – Strategie

Auch hier bestehen die Risiken in der Möglichkeit des Lagers x_{opt} aufzunehmen und im Verlauf der Verbrauchskurve nach der Bestellung.

(3.2) Kombiniert man mengenbezogene und zeitbezogene Strategietypen mit der Absicht der Lagerauffüllung bis zum Höchststand, so erhält man als kombinierten Strategietyp die **Bestellpunkt – Lagerhöchstbestand – Termin – Strategie**

⇨ BP, B_H, T – Strategie

Bestellpunkt – Lagerhöchstbestand – Termin – Strategie

Der Lagerbestand wird zu bestimmten Terminen überprüft. Erreicht er einen definierten Bestellpunkt, wird eine solche Materialmenge bestellt, die an einem durch den Bestellrhythmus festgelegten Termin (T, 2T, ..., nT) dem Unternehmen zugeführt wird. Das Lager wird dabei bis zum Höchstbestand aufgefüllt (vgl. Bild PW.B.4.(46)).

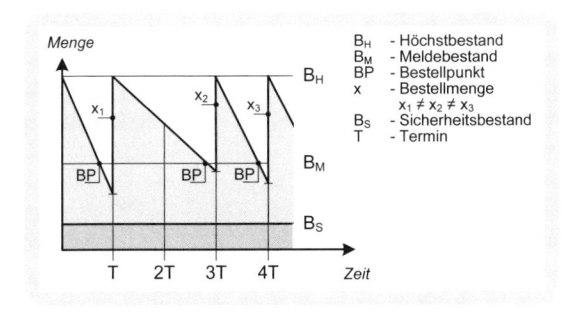

Bild PW.B.4.(46): BP, B_H, T – Strategie

Hier bestehen die Risiken
- im Verlauf der Materialverbrauchskurve nach der Materialbestellung und
- in der Bestimmung der Materialmenge, die an einem durch den Bestellrhythmus festgelegten Termin geliefert werden soll und das Lager bis zu dessen Höchstbestand auffüllt.

In Bild PW.B.4.(47) werden die dargestellten Bestandsstrategien zusammengefasst.

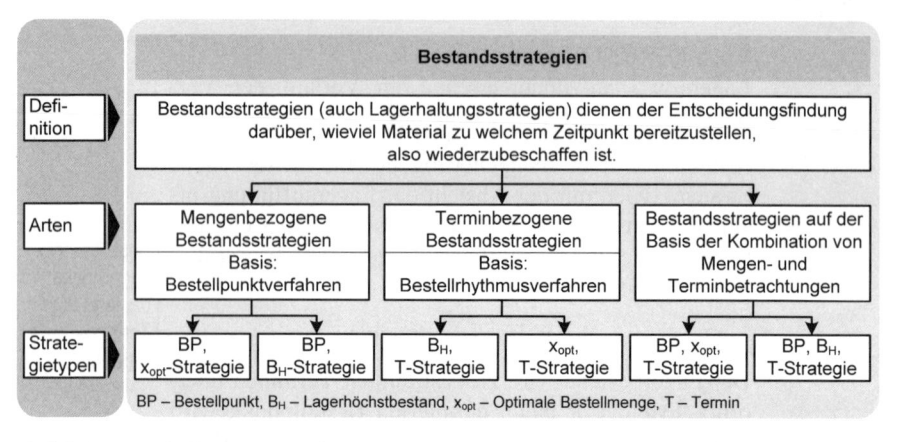

	Bestandsstrategien		
Definition	Bestandsstrategien (auch Lagerhaltungsstrategien) dienen der Entscheidungsfindung darüber, wieviel Material zu welchem Zeitpunkt bereitzustellen, also wiederzubeschaffen ist.		
Arten	Mengenbezogene Bestandsstrategien Basis: Bestellpunktverfahren	Terminbezogene Bestandsstrategien Basis: Bestellrhythmusverfahren	Bestandsstrategien auf der Basis der Kombination von Mengen- und Terminbetrachtungen
Strategietypen	BP, x_{opt}-Strategie | BP, B_H-Strategie	B_H, T-Strategie | x_{opt}, T-Strategie	BP, x_{opt}, T-Strategie | BP, B_H, T-Strategie

BP – Bestellpunkt, B_H – Lagerhöchstbestand, x_{opt} – Optimale Bestellmenge, T – Termin

Bild PW.B.4.(47):   Bestandsstrategien

I. Begriffe zur Selbstüberprüfung

- ✓ Repetierfaktor
- ✓ Arbeitsobjekt, Arbeitsgegenstand
- ✓ Werkstoffe
- ✓ Ablaufarten
- ✓ Materialwirtschaft
- ✓ Hauptfunktionen der Materialwirtschaft
- ✓ Konzepte der Materialwirtschaft
- ✓ Materialbedarfsermittlung
- ✓ Primärbedarf
- ✓ Sekundärbedarf
- ✓ Tertiärbedarf
- ✓ Bruttobedarf
- ✓ Nettobedarf
- ✓ Methoden der Materialbedarfsermittlung
- ✓ Deterministische Materialbedarfsermittlung
- ✓ Stochastische Materialbedarfsermittlung
- ✓ Heuristische Materialbedarfsermittlung
- ✓ Materialanalyse
- ✓ ABC-Analyse
- ✓ XYZ-Analyse
- ✓ GMK-Analyse
- ✓ Wertanalyse
- ✓ Make or Buy-Analyse
- ✓ Materialnormung, -standardisierung, -nummerung
- ✓ Fertigungstiefe
- ✓ Outsourcing
- ✓ Transaktionskosten bei Make or Buy-Entscheidungen
- ✓ Kostenoptimale Fertigungs- und Beschaffungslosgröße
- ✓ Dispositionsverfahren
- ✓ Bestellpunktverfahren
- ✓ Bestellrhythmusverfahren
- ✓ Materialbeschaffung, Einkauf
- ✓ Beschaffungsprinzipien
- ✓ Einzelbeschaffung
- ✓ Vorratsbeschaffung
- ✓ Fertigungssynchrone Beschaffung
- ✓ Stufen der Beschaffungsdurchführung
- ✓ Lieferantenpolitik
- ✓ Lieferantenauswahl, -bewertung
- ✓ Lieferantenbeeinflussung
- ✓ Zusammenarbeit mit Lieferanten
- ✓ Lieferantenförderung
- ✓ Lieferantenentwicklung
- ✓ Einkaufsgestaltung
- ✓ Materialbevorratung, Lagerung

- ✓ Materialeingang
- ✓ Materiallagerung
- ✓ Funktionen der Materiallagerung
- ✓ Lagerarten
- ✓ Wareneingangslager
- ✓ Zwischenlager
- ✓ Fertigwarenlager
- ✓ Zentrale und dezentrale Lagerung
- ✓ Materialabgang
- ✓ Materialbestandsänderung
- ✓ Materialentsorgung
- ✓ Recycling
- ✓ Beschaffungskosten
- ✓ Direkte Beschaffungskosten
- ✓ Bestellkosten
- ✓ Lagerungskosten
- ✓ Lagerbestand, Materialbestand
- ✓ Servicegrad
- ✓ Lagerbestandsarten
- ✓ Materialstrategie
- ✓ Bestandsstrategie, Lagerhaltungsstrategie
- ✓ Mengenbezogene Bestandsstrategien
- ✓ Zeitbezogene Bestandsstrategien
- ✓ Kombinierte Bestandsstrategietypen

II. Weiterführende Literatur

❑ ANDLER, Kurt:
Rationalisierung der Fabrikation und optimale Losgröße.
München 1929

❑ GROCHLA, Erwin:
Grundlagen der Materialwirtschaft. Das materialwirtschaftliche Optimum im Betrieb.
3. Auflage, Wiesbaden 1992

❑ GUTENBERG, Erich:
[Produktion] Grundlagen der Betriebswirtschaftslehre.
Band I: Die Produktion.
24. Auflage, Berlin, Heidelberg, New York 1983

❑ HARTMANN, Horst:
[Materialwirtschaft] Materialwirtschaft. Organisation, Planung, Durchführung, Kontrolle.
8. Auflage, Gernsbach 2002

- *HIRSCHSTEINER, Günter:*
  [Einkauf] Einkaufs- und Beschaffungsmanagement. Strategien, Verfahren und moderne Konzepte.
  2. Auflage, Ludwigshafen (Rhein) 2006

- *KAHLE, Egbert:*
  Produktion. Lehrbuch zur Planung der Produktion und Materialbereitstellung.
  4. Auflage, München, Wien 1996

- *KOPSIDIS, Rallis M.:*
  Materialwirtschaft. Grundlagen, Methoden, Techniken, Politik.
  3. Auflage, München, Wien 1997

- *OELDORF, Gerhard / OLFERT, Klaus:*
  Materialwirtschaft.
  12. Auflage, Ludwigshafen 2008

- *REFA (HRSG.):*
  [Methodenlehre] Methodenlehre des Arbeitsstudiums. Teil 2 Datenermittlung.
  München 1978

- *SPECHT, Olaf:*
  [Betriebswirtschaft] Betriebswirtschaft für Ingenieure und Informatiker.
  5. Auflage, Ludwigshafen 2000

- *WANNENWETSCH, Helmut:*
  Integrierte Materialwirtschaft und Logistik: Beschaffung, Logistik, Materialwirtschaft und Produktion.
  4. Auflage, Berlin 2010

- *WIENDAHL, Hans-Peter:*
  [Betriebsorganisation] Betriebsorganisation für Ingenieure.
  7. Auflage, München, Wien 2010

5 Produktions- und Kostentheorie

B / Wirkung elementarer Produktionsfaktoren

```
                              ┌─ B 1  Potenzialfaktor Arbeitskraft ─┐
        B 3  Kapazität  ◄─────┤                                     │
                              └─ B 2  Potenzialfaktor Betriebsmittel ┤
              │                                                     │
              └──────────────►  B 4  Repetierfaktor Werkstoff ──────┤
                                                                    │
        ┌─────────────────────────────────────────────────────┐     │
        │   Output              :              Input  ◄───────┼─────┘
        └─────────────────────────────────────────────────────┘
                                   │
                                   ▼
                        B 5  Produktions- und Kostentheorie
```

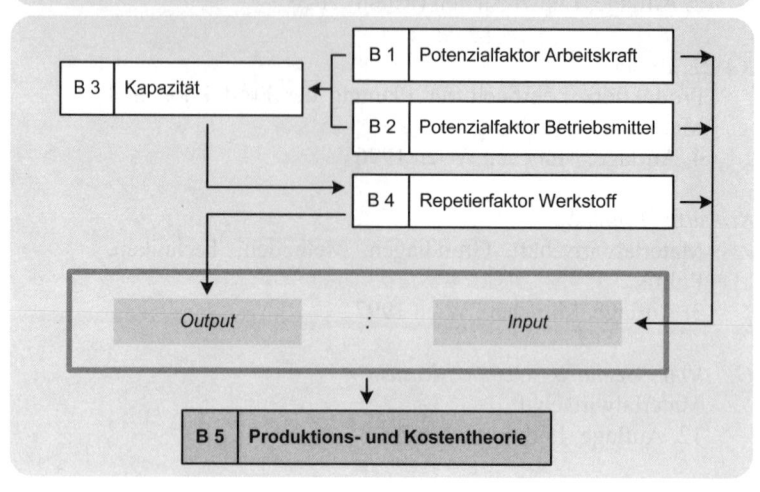

Bild PW.B.5.(1):   *Wirkung elementarer Produktionsfaktoren auf die Produktions- und Kostentheorie*

Die entscheidende Wirkung der Potenzialfaktoren Arbeitskraft und Betriebsmittel besteht in der Bildung der Kapazität und damit der Fähigkeit zu produzieren. Beide Potenzialfaktoren und der Repetierfaktor Werkstoff sind einerseits Inputgrößen des Produktionsprozesses, andererseits werden Repetierfaktoren durch die zielgerichtete Einwirkung der Potenzialfaktoren und deren Kapazität zum Output des Produktionsprozesses.

Die betriebliche Leistung entsteht als Ergebnis des Wirkens und der Kombination der Elementarfaktoren. Die Qualität dieser Kombination und damit die Ergiebigkeit werden durch die dispositiven Produktionsfaktoren bestimmt.

> Die **Aufgabe der Produktions- und Kostentheorie** ist die Untersuchung der funktionalen Beziehungen zwischen dem mengen- und wertmäßigen Input an Elementarfaktoren und dem Output an Erzeugnissen und Leistungen.

Produktions-theorie
: Die **Produktionstheorie** untersucht die quantitativen Beziehungen zwischen den im Produktionsprozess eingesetzten Elementarfaktoren (Input) und den hergestellten Produkten und Leistungen (Output).

Sie erforscht also **Mengenbewegungen** und widmet sich dadurch den „Grundtatbeständen des Unternehmensvollzugs", die GUTENBERG Produktivitätsbeziehung nennt (vgl. ALBACH, H. [Theorie der Unternehmung] S. 63).

Die **Kostentheorie** baut auf die Produktionstheorie auf. Sie untersucht die Beziehungen zwischen den zu Faktorpreisen bewerteten Elementarfaktoren, also Kosten des Input und dem mengenmäßigen Output an Produkten und Leistungen. Die Kostentheorie erforscht damit **Wertbewegungen** (vgl. Bild PW.B.5.(2)). | Kostentheorie

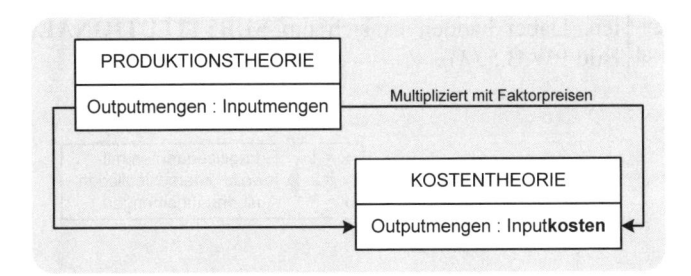

Bild PW.B.5.(2):   Gegenstand der Produktions- und Kostentheorie

5.1 Grundlagen
5.1.1 Produktionsfunktion

Die Produktionstheorie untersucht die Beziehung Faktorertrag zu Faktoreinsatz.

Zwischen beiden Größen besteht ein funktionaler Zusammenhang, der folgendermaßen darstellbar ist:

$$x = f(r_1, r_2, ..., r_n)$$

x – Ertragsmenge (produzierte Menge an Output)
r – Einsatzmenge der Elementarfaktoren 1, 2, ..., n

Dieser funktionale Zusammenhang wird als Produktionsfunktion bezeichnet.

Die **Produktionsfunktion** verdeutlicht, zu welchen Änderungen des Ertrags es kommt, wenn die Einsatzmenge der Elementarfaktoren variiert wird. | Produktionsfunktion

Die Art und Weise der Variierbarkeit des Einsatzes der Elementarfaktoren folgt bestimmten Grundregeln. Diese sind davon abhängig, wie folgende Fragestellung beantwortet wird:

> Existiert eine **technisch bedingte Koppelung** der Einsatzmengen an Elementarfaktoren für die Produktion einer bestimmten Ausbringungsmenge einer Produktart?

Substi-   Wird diese Frage mit **NEIN** beantwortet, so heißt das, dass die Möglichkeit besteht, eine bestimmte Menge einer Produktart mit verschiedenen Kombinationen von Faktoreinsatzmengen herzustellen. Dabei handelt es sich um **SUBSTITUTIONALITÄT** (vgl. Bild PW.B.5.(3)).

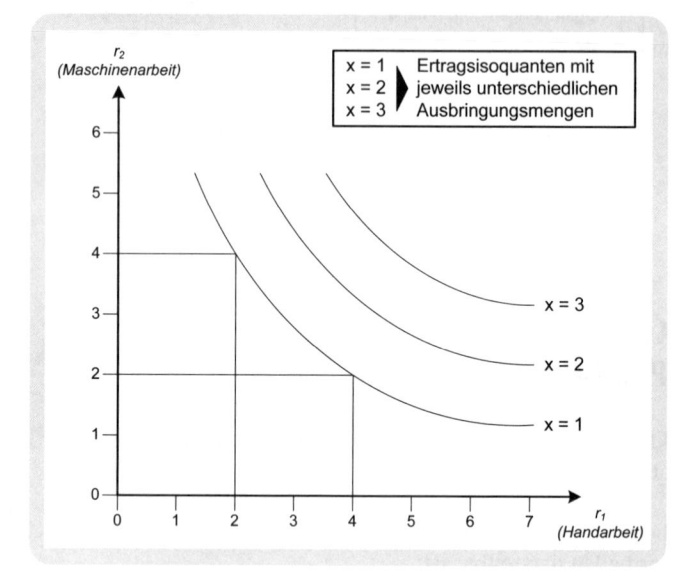

Bild PW.B.5.(3):   *Substitutionalität am Beispiel der Substituierbarkeit von Hand- durch Maschinenarbeit (nach* SCHROER, J. *[Kostentheorie] S. 20)*

Sie beschreibt die Möglichkeit der Substitution eines Einsatzfaktors durch einen anderen. Ist ein Einsatzfaktor vollständig durch einen anderen ersetzbar, so handelt es sich um **alternative Substitutionalität**.

Als **periphere Substitutionalität** wird der Fall bezeichnet, in dem ein teilweiser Ersatz der Einsatzmenge eines Einsatzfaktors durch Erhöhung der Einsatzmenge eines anderen Einsatzfaktors erreicht werden kann. Ein vollständiger Ersatz eines Einsatzfaktors durch einen anderen ist hier nicht möglich.

Wird die Frage mit **JA** beantwortet, so bedeutet das, dass eine ganz bestimmte Menge einer Produktart nur mit einem technisch bestimmten Verhältnis der Einsatzmengen der Inputfaktoren zu produzieren ist. Dabei handelt es sich um **LIMITATIONALITÄT** | Limitationalität (vgl. Bild PW.B.5.(4)).

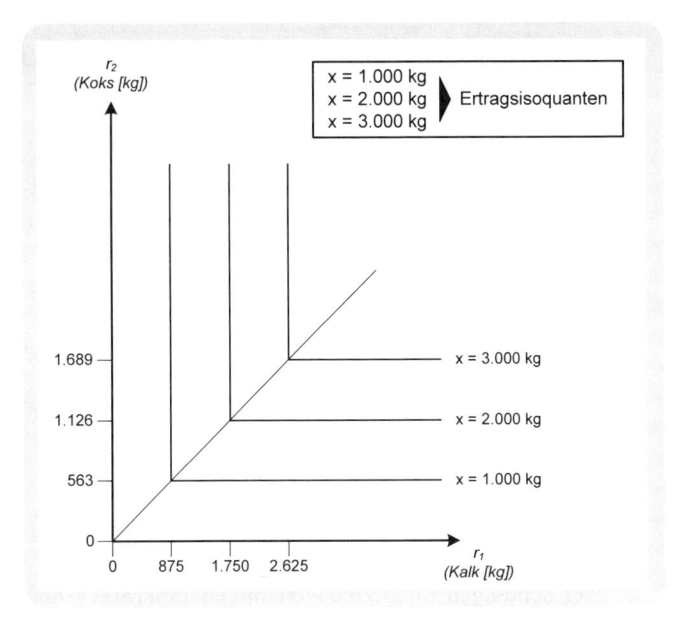

Bild PW.B.5.(4): Limitationalität am Beispiel der Karbidherstellung (nach SCHROER, J. [Kostentheorie] S. 21)

Die Variation der Einsatzmenge **einer** Faktorart würde keine Änderung der Ausbringungsmenge erzeugen.

Eine Änderung der Ausbringungsmenge ist nur möglich, wenn auf der Basis des definierten Einsatzverhältnisses eine Vergrößerung bzw. Verkleinerung der Einsatzmengen aller Einsatzfaktoren vorgenommen wird.

Ist das Verhältnis der Faktormengen eingesetzter Inputfaktoren für unterschiedliche Ausbringungsmengen gleich, spricht man von **linearer Limitationalität**. Sind für unterschiedliche Ausbringungsmengen unterschiedliche Faktoreinsatzverhältnisse notwendig, liegt **nichtlineare Limitationalität** vor.

Zur Vereinfachung der Darstellung der Zusammenhänge zwischen Einsatzfaktoren und Erträgen erfolgt die Annahme, dass für die Outputproduktion lediglich zwei Einsatzfaktoren notwendig sind.

Die Produktionsfunktion lautet dann:

$$x = f(r_1, r_2)$$

Stellt man nun die maximalen Einsatzmengen der Elementarfaktoren r_1 und r_2 als $r_{1_{max}}$ und $r_{2_{max}}$ dar, so ergibt sich eine Fläche, in der alle Mengenkombinationen von r_1 und r_2 enthalten sind (vgl. Bild PW.B.5(5)).

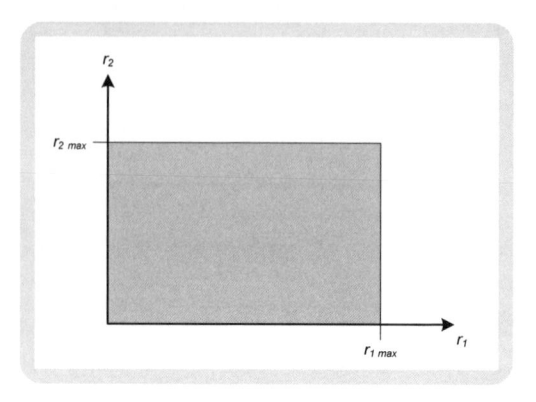

Bild PW.B.5.(5):   *Einsatzmengenkombinationen der Elementarfaktoren r_1, r_2*

Jeder beliebigen Einsatzmengenkombination (also jedem Punkt der Fläche) lässt sich der Ertrag zuordnen, der durch die Kombination der Einsatzfaktoren entsteht. Wählt man nun eine dreidimensionale Darstellungsform, so ist der Ertrag als Senkrechte über dem Punkt, der sich aus der Faktorkombination ergibt, abbildbar.

Ertragsgebirge | Für alle Varianten der Faktorkombinationen und die daraus resultierenden Erträge entsteht durch Darstellung der Ertragsfunktionen das so genannte **Ertragsgebirge**.

Grenzertrag | Der **Grenzertrag** gibt dabei an, welche Auswirkungen eine unendlich kleine (infinitesimale) Änderung des Faktoreinsatzes auf die Höhe des Ertrags hat.

Für die Substitutionalität sind verschiedene Varianten der Ertragsgebirge zu unterscheiden (vgl. Bild PW.B.5.(6)).

Produktions- und Kostentheorie | 303

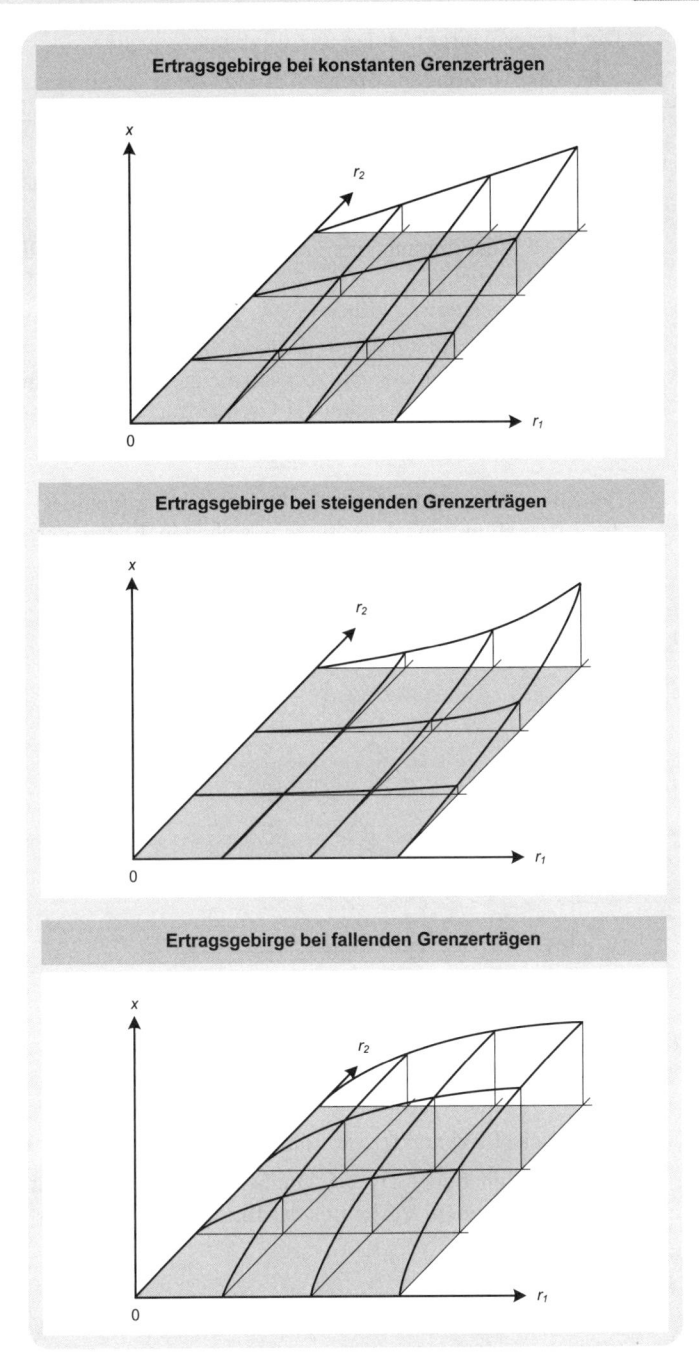

Ertragsgebirge bei konstanten Grenzerträgen

Ertragsgebirge bei steigenden Grenzerträgen

Ertragsgebirge bei fallenden Grenzerträgen

Bild PW.B.5.(6):   Ertragsgebirge bei Substitutionalität (nach WÖHE, G. [Betriebswirtschaftslehre] S. 297 ff.)

Die Ertragsgebirge werden wie folgt unterschieden:

▶ Die Ausbringungsmenge (Ertrag) steigt genau so stark wie die Einsatzmenge.
Der Grenzertrag ist konstant.

▶ Die Ausbringungsmenge steigt stärker als die Einsatzmenge.
Der Grenzertrag steigt.

▶ Die Ausbringungsmenge steigt weniger stark als die Faktoreinsatzmenge.
Der Grenzertrag fällt.

▶ Die Ausbringungsmenge steigt zunächst stärker und dann weniger stark als die Einsatzmenge. Es liegt ein zunächst steigender, dann sinkender Grenzertrag vor (Kombination der 2. und 3. Variante).

Bei Limitationalität (Beispiel: lineare Limitationalität) stellt sich die Ertragsfunktion als senkrecht stehende Ebene dar (vgl. Bild PW.B.5.(7)).

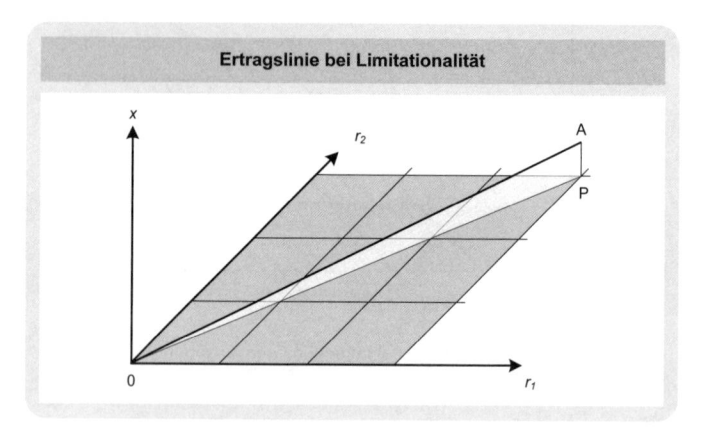

Bild PW.B.5.(7): Ertragslinie bei Limitationalität (nach WÖHE, G. [Betriebswirtschaftslehre] S. 297 ff.)

Die Strecke $\overline{0P}$ charakterisiert das Einsatzverhältnis aller möglichen Faktorkombinationen (r_1; r_2). Die Strecke $\overline{0A}$ stellt die Ertragsfunktion bei gegebenem Verhältnis der Einsatzmengen von (r_1; r_2) dar.

5.1.2 Kostenfunktion

Die Kostentheorie setzt die Kosten der Inputfaktoren in Beziehung zu den Outputmengen.
Zur Darstellung und Beeinflussung von Kostenfunktionen ist es notwendig,

- ▶ die wirkenden Kostendeterminanten zu ermitteln,
- ▶ die Kostendeterminanten nach der Stärke ihres Einflusses zu systematisieren,
- ▶ festzustellen, auf welche Art und Weise die Kostendeterminanten die Kostenhöhe beeinflussen,
- ▶ zu ermitteln, wie auf die Kosteneinflussgrößen eingewirkt werden kann und
- ▶ herauszufinden, welches die günstigste Kombination der Kosteneinflussgrößen ist.

Die in einem Unternehmen anfallenden Kosten setzen sich aus einer Vielzahl von Kostenarten zusammen.
Zur Darstellung einer Kostenfunktion stellt sich die **Frage, wie verhalten** sich die einzelnen **Kostenarten, wenn** die **Ausbringungsmenge verändert wird** (vgl. Bild PW.B.5.(8)).

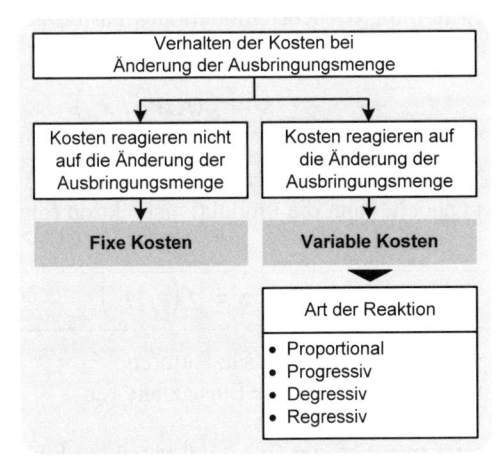

```
                Verhalten der Kosten bei
               Änderung der Ausbringungsmenge
               ┌──────────────┴──────────────┐
    Kosten reagieren nicht         Kosten reagieren auf
    auf die Änderung der           die Änderung der
    Ausbringungsmenge              Ausbringungsmenge
              ▼                            ▼
         Fixe Kosten                 Variable Kosten
                                            ▼
                                      Art der Reaktion
                                      • Proportional
                                      • Progressiv
                                      • Degressiv
                                      • Regressiv
```

Bild PW.B.5.(8): Verhalten der Kosten bei Änderung der Ausbringungsmenge

Reagiert eine Kostenart nicht auf die Veränderung der Ausbringungsmenge und bleibt unabhängig von der produzierten Stückzahl konstant, so handelt es sich um **fixe Kosten**. Reagieren die Kosten bei Veränderung der Ausbringungsmenge, so spricht man von **variablen Kosten**.

| Fixe und variable Kosten

Nach der **Art der Reaktion der Kosten auf die Ausbringungsmenge** werden verschiedene variable Kosten unterschieden:

- ▶ **Proportionale Kosten** ändern sich im gleichen Verhältnis wie die Ausbringungsmenge.
- ▶ **Progressive Kosten** ändern sich prozentual stärker als die Ausbringungsmenge.
- ▶ **Degressive Kosten** ändern sich prozentual weniger stark als die Ausbringungsmenge.
- ▶ **Regressive Kosten** haben eine gegenläufige Tendenz zur Ausbringungsmenge.

Die unterschiedlichen funktionalen Beziehungen der einzelnen Kostenarten und der Ausbringungsmengen lassen vermuten, dass die Gesamtkostenfunktion eine mathematische Funktion dritten Grades sein kann:

$$K = a + bx + cx^2 + dx^3$$

K	– Kosten	[€]
a	– Fixer Kostenbestandteil	[€]
b, c, d	– Koeffizienten der variablen Kostenbestandteile	[€/Stück]

Die Ermittlung der Kostenfunktionen basiert auf der bereits diskutierten Produktionsfunktion:

$$x = f(r_1, r_2, ... r_n)$$

Unter der Annahme, dass es sich um fixe oder variable Einsatzfaktoren handelt, kann die Produktionsfunktion folgendermaßen modifiziert werden:

$$x = f(r_f, r_v)$$

r_f	– Fixe Einsatzfaktoren	[ME]
r_v	– Variable Einsatzfaktoren	[ME]

Bewertet man nun die fixen und variablen Einsatzfaktoren mit ihren Faktorpreisen so gilt:

$$x = f(r_f \cdot p_f + r_v \cdot p_v)$$

p_f	– Preise für fixe Einsatzfaktoren	[€]
p_v	– Preise für variable Einsatzfaktoren	[€]

Da für die Produkte:

$$r_f \cdot p_f = K_f$$

K_f – Kosten für fixe Einsatzfaktoren [€]

und

$$r_v \cdot p_v = K_v$$

K_v – Kosten für variable Einsatzfaktoren [€]

gesetzt werden kann, ändert sich die Schreibweise der Kostenfunktion in:

$$x = f(K_f + K_v)$$

Da sich die Gesamtkosten K aus den fixen und variablen Kosten zusammensetzen, gilt:

$$K = K_f + K_v$$

Die Kostenfunktion ändert sich somit in:

$$x = f(K)$$

In einem Unternehmen ist die Leistung nicht als Funktion der Kosten darzustellen, sondern die **Kosten als Funktion der Leistung**. Aus diesem Grunde ist die Umkehrfunktion zu bilden.

Aus

$$x = f(K)$$

wird

$$K = g(x)$$

5.2 Ertragsgesetz als Produktionsfunktion vom Typ A

Den Ausgangspunkt der Überlegungen bildet die Produktionsfunktion:

$$x = f(r_1, r_2, ... r_n)$$

In dieser Funktion ist eine Vielzahl von Einsatzfaktoren mit unterschiedlichen Einsatzmengen enthalten. Daraus ergibt sich das Zuordnungsproblem: Welche Anteile des Ertragszuwachses sind welcher Faktorart und Faktoreinsatzmenge zuzuordnen?

Zur Vereinfachung des Problems wird angenommen, dass nur ein Einsatzfaktor variabel gestaltbar ist, alle anderen Einsatzfaktoren sollen konstant (fix) sein. Somit sind die Ertragszuwächse dem variablen Einsatzfaktor r_v zuzurechnen.

$$x = f(\underbrace{r_1, r_2, ..., r_{n-1}}_{r_f}, \underbrace{r_n}_{r_v})$$

$$x = f(r_v)$$

r_f	–	Fixe Einsatzfaktoren	[ME]
r_v	–	Variabler Einsatzfaktor	[ME]

GUTENBERG diskutiert das **Ertragsgesetz** am Beispiel der landwirtschaftlichen Produktion mit den **Bedingungen**

▶ Konstante Faktoren:

Anbaufläche, Saatgut, Düngemittel, Maschinen, Arbeitsgeräte, Getreideart, Faktorpreise

▶ Variabler Faktor:

Arbeitskraft

Der Ernteertrag ist also abhängig vom variablen Einsatzfaktor Arbeitskraft. Es soll untersucht werden, auf welche Weise die Vergrößerung der Einsatzmenge an Arbeitskräften auf den erzielten Ertrag wirkt.

Folgendes Ergebnis ist zu konstatieren:

> **Wenn man die Einsatzmenge eines Faktors (einer Faktorgruppe) bei Konstanz der Einsatzmenge aller anderen Faktoren (Faktorgruppen) sukzessive vermehrt, dann ergeben sich zunächst steigende, dann abnehmende Ertragszuwächse. Nach Erzielen des Maximums werden die Ertragszuwächse negativ** (nach GUTENBERG, E. [Produktion] S. 308).

| Ertragsgesetz

Dieses **Gesetz vom zunehmenden und abnehmenden Ertragszuwachs** wird in der Produktionstheorie als **Produktionsfunktion vom Typ A** bezeichnet.

| Produktionsfunktion vom Typ A

Die **Gesamtertragsfunktion** auf der Grundlage der Produktionsfunktion vom Typ A (Ertragsgesetz) wird in Bild PW.B.5.(9) dargestellt.

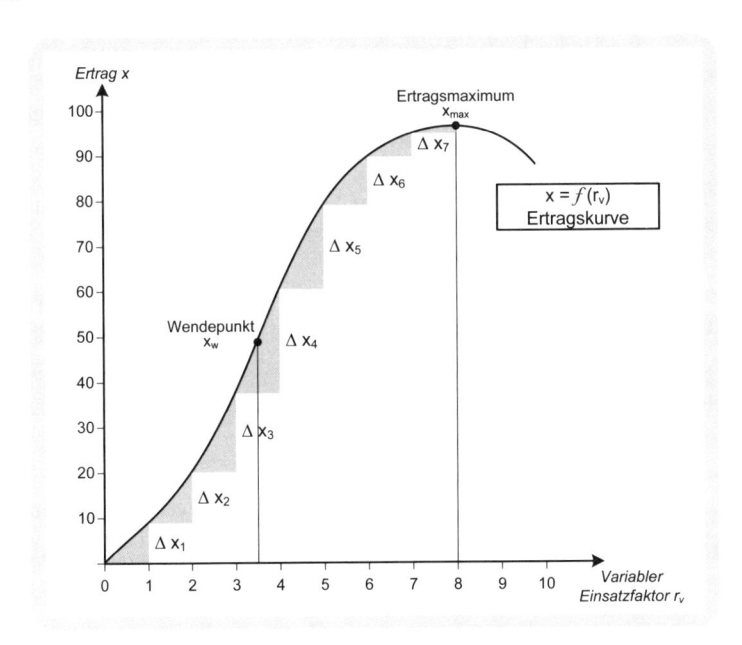

| Gesamtertragsfunktion

Bild PW.B.5.(9):   *Gesamtertragsfunktion auf Grundlage der Produktionsfunktion vom Typ A*

Bis zum Wendepunkt der Kurve entsteht ein zunehmender Ertragszuwachs. Das heißt, dass jede zusätzlich eingesetzte Arbeitskraft einen größeren Ertragszuwachs produziert. Es wird also ein steigender Grenzertrag realisiert.

Der **Grenzertrag x'** wird berechnet durch:

$$x' = \lim_{\Delta r_v \to 0} \frac{\Delta x}{\Delta r_v} = \frac{dx}{dr_v}$$

Δx — Änderung der Ertragsmenge
(z. B. $\Delta x_2 = x_2 - x_1$)

Δr_v — Änderung der Einsatzfaktormenge
(z. B. $\Delta r_{v2} = r_{v2} - r_{v1}$)

Das Maximum der Grenzertragskurve (x'_{max}) liegt unter dem Wendepunkt (x_W) der Gesamtertragskurve.

Ab dem Wendepunkt bis zum Ertragsmaximum erreicht jede zusätzlich eingesetzte Arbeitskraft zwar noch einen Ertragszuwachs, aber die Zuwachsrate des Ertragszuwachses verkleinert sich ständig. Der Grenzertrag (x') sinkt.

Nach dem Ertragsmaximum (x_{max}) nimmt der Gesamtertrag (x) bei weiterer Zuführung des variablen Faktors Arbeitskraft ab. Zusätzlich eingesetzte Arbeitskräfte haben einen ertragvernichtenden Effekt. Der Grenzertrag (x') sinkt in den negativen Bereich.

Grenzertragsfunktion — Bild PW.B.5.(10) stellt den Verlauf der **Grenzertragsfunktion** in Ableitung aus der Gesamtertragsfunktion dar.

Durchschnittsertrag — Der **Durchschnittsertrag** ($\bar{x}$) errechnet sich als Quotient aus dem Faktorertrag und der eingesetzten Menge des variablen Faktors:

$$\bar{x} = \frac{x}{r_v}$$

Legt man einen Fahrstrahl an die Gesamtertragsfunktion, so bestimmt der Punkt, in dem der Fahrstrahl zur Tangente wird, das Maximum der Durchschnittsertragsfunktion ($\bar{x}_{max}$).

Durchschnittsertragsfunktion — Bis zu diesem Maximum steigt die **Durchschnittsertragsfunktion** degressiv an. Da die Tangente an der betrachteten Stelle gleichzeitig den Anstieg der Gesamtertragsfunktion misst, gilt:

$$\bar{x}_{max} = x'$$

Dieser Punkt definiert das absolut mengenmäßige Optimum (auch Gesamtertragsoptimum) der Ertragsfunktion. Bei einer weiteren Vermehrung des Arbeitskräfteeinsatzes sinkt die Durchschnittsertragsfunktion.

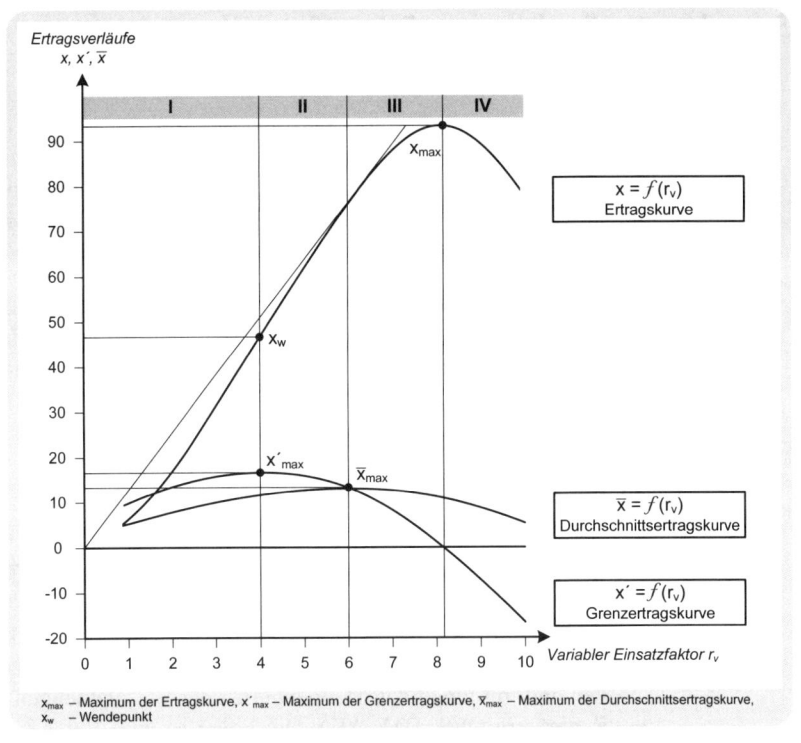

Bild PW.B.5.(10): Grenzertrags- und Durchschnittsertragsfunktion der Gesamtertragsfunktion

Aus den charakteristischen Punkten der Funktionsverläufe lassen sich vier Phasen ableiten. Diese werden im Bild PW.B.5.(11) beschrieben.

Phasen	Erträge			Endpunkte
	Gesamtertrag $x(r_v)$	Grenzertrag $x'(r_v)$	Durchschnittsertrag $\bar{x}(r_v)$	
I	Positiv progressiv steigend	Positiv degressiv steigend bis x'_{max}	Positiv steigend	x_W x'_{max}
II	Positiv degressiv steigend	Positiv progressiv fallend bis $x' = \bar{x}$	Positiv steigend bis $\bar{x}_{max}$	$\bar{x}_{max}$ $x' = \bar{x}$
III	Positiv degressiv steigend bis x_{max}	Positiv progressiv fallend bis $x' = 0$	Positiv fallend	x_{max} $x' = 0$
IV	Positiv progressiv fallend	Negativ progressiv fallend	Positiv fallend	–

Bild PW.B.5.(11): Vier-Phasen-Schema der Ertragsfunktionen

5.3 Kostenfunktion auf der Grundlage des Ertragsgesetzes

Mehr als die Frage nach dem Verhältnis von Inputmengen zu Outputmengen interessiert in der Betriebswirtschaft die Frage nach den Kosten, die durch die Erzeugung des Output entstehen. Um diese Frage beantworten zu können, ist eine Preisbewertung der Einsatzmengen an Inputfaktoren vorzunehmen.

Bewertet man die Einsatzmengen von Produktionsfaktoren, die für die Produktion von Erzeugnissen und Leistungen im Produktionsprozess eingesetzt werden, mit ihren Preisen, so erhält man Produktionskosten.

Einflussfaktoren auf die Kostenhöhe

Folgende **Einflussfaktoren** wirken **auf die Kostenhöhe**:

(1) **Produktionsprogramm**

Das Produktionsprogramm umfasst die Menge gleicher oder unterschiedlicher Erzeugnisse, die in einer Periode zu produzieren sind.

Werden die Produktionsmengen unterschiedlicher Produktarten variiert, so ändern sich die Elementarfaktorkombinationen und mit ihnen das Mengengerüst der Einsatzmengen von Realgütern (WS, BM, AK). Die Folge ist eine Veränderung der variablen Kosten.

(2) **Betriebsgröße / Kapazitätsangebot**

Die für eine bestimmte Kapazitätsgröße (Kapazitätsangebot) notwendige Präsenz von Potenzialfaktoren verursacht die von der Produktionsmenge unabhängigen fixen Kosten (zeitabhängige Abschreibungen der Betriebsmittel, Mieten, Angestelltengehälter).

Wird das bereitgestellte Kapazitätsangebot nicht vollständig ausgenutzt, so führt das zu einer Fixkostenaufteilung in Leerkosten und Nutzkosten. Leerkosten entstehen nicht, wenn die Kapazität vollständig genutzt wird. In diesem Falle sind alle Fixkosten Nutzkosten.

Die Aufteilung der Fixkosten in Leer- und Nutzkosten verläuft proportional zur Kapazitätsauslastung.

(3) **Produktionstechnik / Produktionsverfahren**

Jedes zur Erzeugnisherstellung eingesetzte Produktionsverfahren beruht auf einer speziellen Produktionstechnik und besitzt einen spezifischen Einsatz von Elementarfaktoren. Es besitzt also ein spezifisches Mengengerüst und damit auch spezifische fixe und variable Kosten.

Diese sind durch eine auf das Produktionsverfahren zugeschnittene Produktions- und Kostenfunktion beschreibbar. Eine Änderung des eingesetzten Produktionsverfahrens wird häufig notwendig, wenn steigende Produktionsmengen hervorgebracht bzw. wenn infolge des technischen Fortschritts verbesserte Verfahren eingesetzt werden. Jeder Verfahrenswechsel führt zur Veränderung der Kosten. Technisch verbesserte Produktionsverfahren benötigen gegenüber technisch weniger perfekten Verfahren häufig ein größeres Quantum an Fixkosten, dafür sinken die variablen Kosten. Damit ist für Stückzahlerhöhungen mit einem geringeren Anstieg des Kostenverlaufs zu rechnen.

(4) **Intensität der Leistung der Potenzialfaktoren**

Neben dem Vorhandensein der Potenzialfaktoren und der durch sie zur Verfügung gestellten Produktionszeit (Zeitfonds der Arbeitskräfte, Zeitfonds der Betriebsmittel) ist die Intensität der Leistung der Potenzialfaktoren die zweite entscheidende Säule der Kapazität. Steigende Leistung vergrößert die produzierte Stückzahl pro Zeiteinheit dadurch, dass pro Stück weniger Produktionszeit benötigt wird, als vorgesehen bzw. geplant wurde. Damit verteilen sich bei steigender Leistung die fixen Kosten auf eine größere Stückzahl von Produkten und es kommt zu einem Absinken der fixen Kosten pro Stück.

(5) **Produktionsablauf**

Die Organisationsform (vgl. Abschnitt C.1) des Produktionsprozesses bestimmt die Art und Weise der räumlichen Anordnung der Arbeitsplätze im Produktionsprozess sowie den zeitlichen Ablauf und die Teileweitergabe. Damit wird ein entscheidender Einfluss auf die Durchlaufzeit der Erzeugnisse ausgeübt. Die Durchlaufzeit bestimmt die Dauer der Kapitalbindung und damit die Zinskosten, die das Unternehmen zu zahlen hat.

(6) **Weitere Einflussfaktoren**
- Ausschuss
- Serien- und Losgrößen
- Faktorqualität und Faktorpreise
- Lerneffekte u. a.

Will man nun in einem Bild sowohl die Ertragsfunktion als auch die Kostenfunktion auf der Grundlage des Ertragsgesetzes darstellen, so sind folgende Grundsätze zu beachten:

Kostenfunktion ▶ Die **Kostenfunktion ist die Umkehrfunktion der Ertragsfunktion.**

Aus diesem Grunde kommt es zum Austausch der abhängigen und der unabhängigen Variablen (vgl. Bild PW.B.5.(12)), was zu einer Veränderung bzw. Doppelbelegung der Achsen des Koordinatensystems führt.

Funktionen	Variablen	
	Abhängige Variable	Unabhängige Variable
Ertragsfunktion	Ertrag / Ausstoßmenge x	Faktoreinsatzmenge r
Kostenfunktion des Ertragsgesetzes	Kosten K (Faktoreinsatzmenge r • Faktorpreis p)	Ertrag / Ausstoßmenge x

Bild PW.B.5.(12):   *Abhängige und unabhängige Variable der Ertrags- und der Kostenfunktion*

▶ Bei der Darstellung der Ertragsfunktion ist zu berücksichtigen, dass ihr Ausgangspunkt vom Nullpunkt aus um die bearbeiteten Mengen der konstant gehaltenen Einsatzfaktoren nach rechts auf der Abszisse verschoben wird.

▶ Spiegelt man die Ertragsfunktion an der Winkelhalbierenden des ersten Quadranten des Koordinatensystems (45°-Linie), so erhält man den Verlauf der Kostenfunktion (vgl. Bild PW.B.5.(13)).

Gesamtkostenfunktion   Die **Gesamtkostenfunktion (K)**

$$K = f(x)$$

setzt sich aus den fixen Kosten

$$K_f = const.$$

und der Funktion der variablen Kosten

$$K_v = f(x)$$

zusammen (vgl. Bild PW.B.5.(14)).

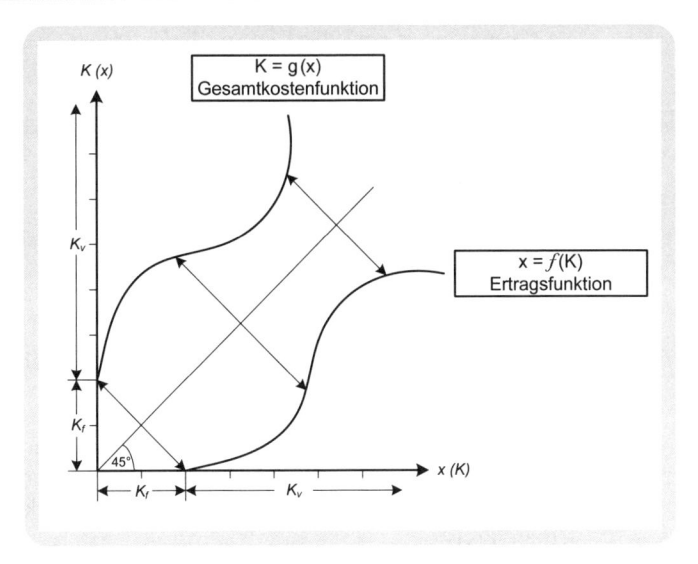

Bild PW.B.5.(13): Gesamtkostenfunktion als Umkehrfunktion der Ertragsfunktion

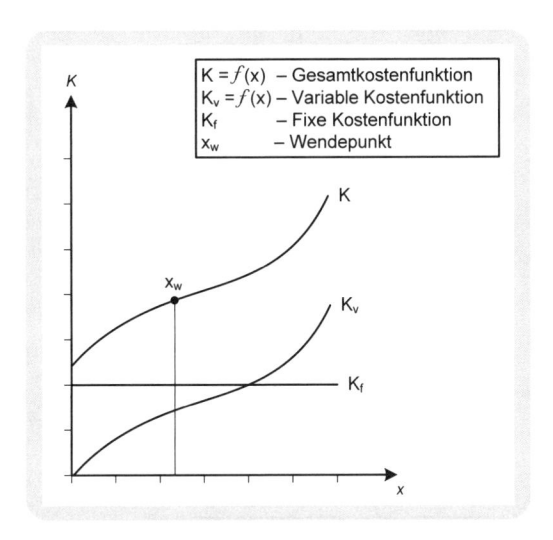

Bild PW.B.5.(14): Verlauf der Gesamtkostenfunktion

Bis zum Wendepunkt (x_w) der Gesamtkostenkurve sinken die Kostenzuwächse mit jeder Einheit der Outputsteigerung. Ab dem Wendepunkt wird mit jeder Einheit Outputsteigerung ein zunehmender Kostenzuwachs erzeugt. Das entsteht dadurch, dass, gemessen an der Kapazität der fixen Einsatzfaktoren, zu große Mengen der variablen Faktoren eingesetzt werden.

| Grenzkosten | Die **Grenzkosten** sind die Kosten, die entstehen, wenn der Output um eine Produkteinheit erhöht wird.

Die **Grenzkosten (K')** werden bestimmt durch die Beziehung:

$$K' = \lim_{\Delta r_v \to 0} \frac{\Delta K}{\Delta x} = \frac{dK}{dx}$$

ΔK – Änderung der Kosten [-]
Δx – Änderung der Ertragsmenge [-]

Sie bestimmen den Verlauf der Gesamtkosten bei vermehrtem Faktoreinsatz.

Produktionsausdehnungen sind nur sinnvoll, solange die Kosten für ein zusätzlich produziertes Erzeugnis (also die Grenzkosten) geringer sind, als der für dieses Produkt realisierbare Preis.

Die Grenzkosten sinken bis zum Wendepunkt der Gesamtkostenfunktion. Der Wendepunkt bestimmt ihren Minimumpunkt. Nach dem Wendepunkt der Gesamtkostenfunktion steigen die Grenzkosten bei vermehrtem Output an (vgl. Bild PW.B.5.(15)).

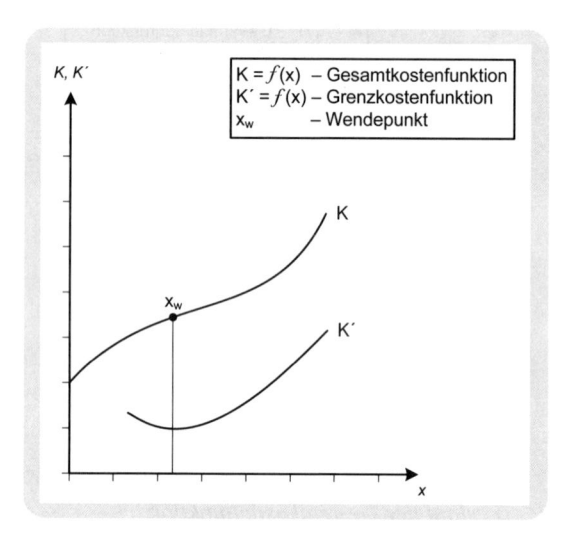

Bild PW.B.5.(15): Gesamtkostenfunktion und Grenzkostenfunktion

Die **Durchschnittskosten (k)** sind Stückkosten. Sie werden bestimmt durch die Beziehung: | Durchschnittskosten

$$k = \frac{K}{x} = \frac{Gesamtkosten}{Outputmenge}$$

k — Durchschnitts- oder Stückkosten [€/Stück] oder [€/kg]

Ersetzt man die Gesamtkosten dieser Beziehung durch die variablen Kosten bzw. durch die fixen Kosten erhält man:

$$k_v = \frac{K_v}{x} = \frac{variable\ Kosten}{Outputmenge}$$

k_v — Variable Stückkosten [€/Stück] oder [€/kg]

und

$$k_f = \frac{K_f}{x} = \frac{fixe\ Kosten}{Outputmenge}$$

k_f — Fixe Stückkosten [€/Stück] oder [€/kg]

Der Fahrstrahl, der aus dem Nullpunkt an die Gesamtkostenfunktion gelegt wird, bestimmt an der Stelle, wo er zur Tangente dieser Funktion wird, den Minimumpunkt der **Durchschnittskostenfunktion**. | Durchschnittskostenfunktion

Der Fahrstrahl, der aus dem Nullpunkt an die Funktion der variablen Kosten gelegt wird, bestimmt an der Stelle, wo er zur Tangente dieser Funktion wird, den Minimumpunkt der Funktion der variablen Stückkosten. Die fixen Stückkosten besitzen mit steigendem Output einen asymptotischen Verlauf.

Eine Gesamtdarstellung der Funktionsverläufe, die auf der Grundlage des Ertragsgesetzes beruhen, erfolgt in Bild PW.B.5.(16).

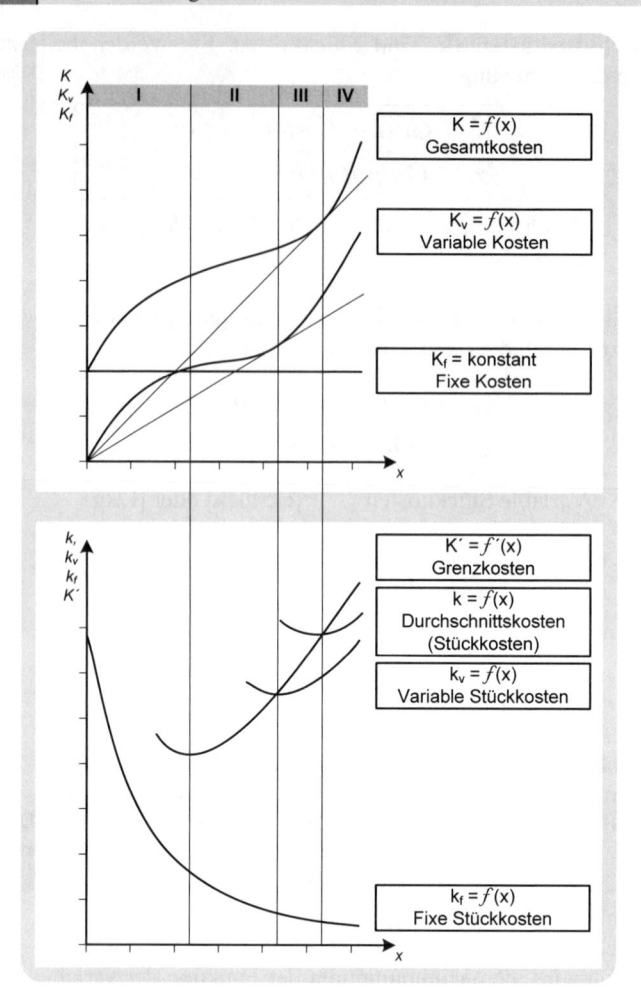

Bild PW.B.5.(16):   *Kostenfunktionsverläufe beim Ertragsgesetz*

In Bild PW.B.5.(17) werden die Charakteristika der Funktionsverläufe erläutert.

Phasen	Kosten				Endpunkte
	Gesamtkosten $K(x)$	Grenzkosten $K'(x)$	Variable Durchschnittskosten $k_v(x)$	Gesamte Durchschnittskosten $k(x)$	
I	Positiv degressiv steigend	Positiv degressiv fallend bis zum Minimum	Positiv degressiv fallend	Positiv degressiv fallend	x_W $K' = \min$
II	Positiv progressiv steigend	Positiv progressiv steigend $K' < k_v / K' < k$	Positiv degressiv fallend bis zum Minimum	Positiv degressiv fallend	Minimum der variablen Durchschnittskosten $K' = k_v / k_v = \min$
III	Positiv progressiv steigend	Positiv progressiv steigend $K' > k_v / K' < k$	Positiv progressiv steigend	Positiv degressiv fallend bis zum Minimum	Minimum der gesamten Durchschnittskosten $K' = k / k = \min$
IV	Positiv progressiv steigend	Positiv progressiv steigend $K' > k_v / K' > k$	Positiv progressiv steigend	Positiv progressiv steigend	–

Bild PW.B.5.(17):   Vier-Phasen-Schema der Kostenfunktionen

Die Schnittpunkte, die die dargestellten Kostenfunktionen mit einer von der Menge unabhängigen Preisgerade bilden, werden **kritische Punkte** genannt, die einen besonderen **Einfluss auf Wirtschaftlichkeitsüberlegungen** und **-entscheidungen** besitzen (vgl. Bild PW.B.5.(18)).

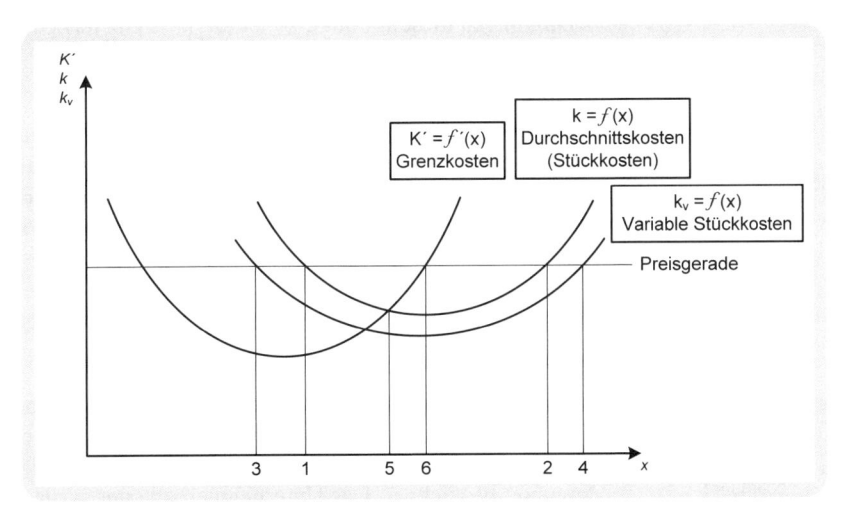

Bild PW.B.5.(18):   Kritische Punkte der Kostenfunktionen auf Basis des Ertragsgesetzes

▶ Funktion der Durchschnittskosten k = f(x)

- **Punkt 1:**

  Mit steigender Menge der hergestellten Produkte verteilen sich die fixen Kosten auf eine größere Stückzahl. Aus diesem Grunde sinken die Stückkosten (Durchschnittskosten) unter den Preis.

  Dieser Schnittpunkt zwischen der Preisgeraden und der Stückkostenkurve wird als **Nutzschwelle** bzw. **Break-even-Point** bezeichnet. Das Unternehmen kommt aus der Verlustzone in die Gewinnzone.

  Marginalie: Nutzschwelle, Break-even-Point

- **Punkt 2:**

  Dieser Punkt charakterisiert die **Nutzgrenze**. Die Durchschnittskosten steigen über den Preis, die Gewinnzone wird verlassen. Dieser Sachverhalt ist u. a. dadurch begründet, dass progressive Kostenfaktoren eine besondere Wirkung auf die Durchschnittskostenfunktion ausüben.

  Marginalie: Nutzgrenze

▶ Funktion der variablen Stückkosten $k_v = f(x)$

- **Punkt 3:**

  Für kurzfristige Zeitbetrachtungen ist die Produktion, (z. B. bei sinkenden Absatzmengen) so lange sinnvoll, wie der Preis die variablen Stückkosten deckt. Steigen die variablen Stückkosten über den Preis, so ist es günstiger, nicht zu produzieren. Dieser Schnittpunkt der Preisgeraden mit der Kurve der variablen Stückkosten wird als **Betriebsminimum** bezeichnet. Die fixen Kosten sind in diesem Punkt nicht gedeckt. Sinkt die Produktion längerfristig bis zu diesem Punkt, so ist die Existenz des Unternehmens gefährdet.

  Marginalie: Betriebsminimum

- **Punkt 4:**

  Der zweite Schnittpunkt der Kurve der variablen Stückkosten mit der Preiskurve wird als **Betriebsmaximum** bezeichnet. Auch hier gilt $p = k_v$. Eine Stückzahlerhöhung über diesen Punkt hinaus würde dazu führen, dass neben den fixen Kosten auch Teile der variablen Kosten nicht durch den Preis gedeckt wären.

  Marginalie: Betriebsmaximum

▶ Funktion der Grenzkosten $K' = f'(x)$

- **Punkt 5:**

  Dieser Punkt wird als Schnittpunkt der Grenzkostenfunktion und der Durchschnittskostenfunktion gebildet. Dieser Punkt wird als **Betriebsoptimum** oder als optimaler Kostenpunkt bezeichnet. Das Unternehmen arbeitet in diesem Punkt mit den geringsten Stückkosten.

  Marginalie: Betriebsoptimum

- **Punkt 6:**
  Dieser Punkt ist der Schnittpunkt zwischen der Preisgeraden und der Grenzkostenkurve. Er stellt das **Gewinnmaximum** (größtmögliches Volumen an Gewinn über alle Erzeugnisse) dar.

  Gewinnmaximum

5.4 Weiterführende Produktionsfunktionen

Die Gültigkeit der Produktionsfunktion vom Typ A (Ertragsgesetz) ist unter folgenden Bedingungen gegeben:

- ▶ Es wird nur eine einzige Produktart (Einproduktbetrieb) in einem einstufigen Prozess produziert.
- ▶ Die Einsatzmengen des variablen Faktors (r_v) sind beliebig teilbar und peripher substituierbar.
- ▶ Die Einsatzmengen der übrigen Faktoren (r_f) können konstant gehalten werden.
- ▶ Die Qualität der Produktionsfaktoren ist konstant.

Das Ertragsgesetz ist in der Landwirtschaft und zur Beschreibung chemischer und biologischer Prozesse anwendbar. Für technische Prozesse in der Industrie, die vor allem durch Limitationalität gekennzeichnet sind, ist die Produktionsfunktion vom Typ A nicht anwendbar.

Auf Grund dieser Bedingungen ist es **nicht möglich**, die Produktionsfunktion vom **Typ A uneingeschränkt anzuwenden**. Zwei besondere Ursachen dafür sind

- ▶ **unmittelbare Beziehungen zwischen** dem **Faktorverbrauch und** dem **Produktionsausstoß**, die in sehr vielen Unternehmen nicht bestehen und
- ▶ Kostenfunktionen, die für die Gesamtkapazität des Betriebs aufgestellt werden, wodurch es zu einer **Vernachlässigung** der **betrieblichen Teilkapazitäten** kommt.

Die **Produktionsfunktion vom Typ B** wurde von GUTENBERG entwickelt. Sie hat das Ziel, auf der Produktionsfunktion vom Typ A aufbauend, eine breitere Gültigkeit zu erreichen und die tatsächlich gegebenen Prozessbedingungen besser zu berücksichtigen. Sie ist durch folgende Merkmale gekennzeichnet:

- ▶ Nicht der gesamte Betrieb ist Betrachtungsgegenstand, sondern es wird über den Faktorverbrauch je eingesetztem Aggregat (Anlage) eine **mittelbare Beziehung zwischen Input und Output** hergestellt.

▶ Es werden **technische Einflussgrößen** als Determinanten des Faktorverbrauchs **berücksichtigt**. Dabei wird der „[...] Faktorverbrauch als Funktion technischer Merkmale des Aggregats (z-Situation) sowie der technischen Leistung [...] bzw. der ökonomischen Leistung [...] und der Einsatzzeit [...] eines Aggregates dargestellt" (ADAM, D. [Produktionsmanagement] S. 319).

▶ Die GUTENBERG-Funktion vom Typ B ist eine **limitationale Produktionsfunktion**.

▶ Es wird zwischen Potenzialfaktoren und Repetierfaktoren unterschieden. Die Verbrauchsfunktion wird für den Potenzialfaktor Betriebsmittel aufgestellt.

Verbrauchs-funktion

Die **Produktionsfunktion vom Typ B** heißt **Verbrauchsfunktion**.

> Die **Verbrauchsfunktion** zeigt den Zusammenhang zwischen dem Verbrauch an Faktoreinsatzmengen und der Leistung der Aggregate.

Der Verlauf der Verbrauchsfunktion hängt ab von

▶ den technischen Eigenschaften des Aggregats (Betriebsmittels),

▶ der Leistung, die dem Aggregat abgefordert wird und

▶ der Situation der Leistungserstellung.

Durch die Vielzahl der im Produktionsprozess eingesetzten Betriebsmittel ergibt sich eine entsprechende Anzahl von Verbrauchsfunktionen. Sie können für jeden Einsatzfaktor anders aussehen. Je Aggregat erfolgt eine Bewertung des Faktorverbrauchs durch Preise. Der Faktorverbrauch kann somit für alle Einsatzfaktoren je Leistungsgrad eines Betriebsmittels in Kosten ausgedrückt werden. Die Gesamtkostenfunktion eines Unternehmens entsteht durch Summierung der Kostenfunktionen aller Aggregate.

Auf die Produktionsfunktion vom Typ B aufbauend, wurden weiterführende Produktionsfunktionen (Typ C, D, E, F) entwickelt. Ihre Ziele sind eine weitere Konkretisierung und funktionale Abbildung der betrieblichen Wirkungsbedingungen. Im folgenden Bild PW.B.5.(19) werden wesentliche Unterscheidungskriterien und Systematisierungsmerkmale der Produktionsfunktionen zusammengefasst.

Merkmale	Produktionsfunktionen					
	Typ A (TÜRGOT, V. THÜNEN)	Typ B (GUTENBERG)	Typ C (HEINEN)	Typ D (KLOOCK)	Typ E (KÜPPER)	Typ F (MATTHES)
Funktionsart	Ertragsfunktion					
		Verbrauchsfunktion	Verbrauchsfunktion	Verbrauchsfunktion	Verbrauchsfunktion	Verbrauchsfunktion
			Belastungsfunktion	Belastungsfunktion	Belastungsfunktion	Belastungsfunktion
				Lagerfunktion	Lagerfunktion	Lagerfunktion
					Verknüpfungsfkt.	Verknüpfungsfunktion
						Zahlungsfunktion
Anzahl der Produkte	Einproduktbetrieb	Mehrproduktbetrieb				
Fertigungsart	Serienfertigung				Einzelfertigung	
Technologischer Prozess	Einstufig	Mehrstufig		Mehrstufig komplex		
Betrachtungsgegenstand	Ein Aggregat	Mehrere Aggregate	Zusammen gefertigte Aggregate, Teilprozesse, Elementarkombination	Erfassung aller Produktionsbeziehungen (alle Aggregate, Lager, Wechselbeziehungen)		
Art der Faktorkombination	Substitutional	Limitational	Substitutional und limitational			

Bild PW.B.5.(19): Systematisierungsmerkmale der Produktionsfunktionen

I. Begriffe zur Selbstüberprüfung

- ✓ Produktionstheorie
- ✓ Kostentheorie
- ✓ Produktionsfunktion
- ✓ Substitutionalität
- ✓ Limitationalität
- ✓ Ertragsgebirge
- ✓ Grenzertrag
- ✓ Grenzertragsfunktion
- ✓ Fixe und variable Kosten
- ✓ Ertragsgesetz, Produktionsfunktion vom Typ A
- ✓ Gesamtertragsfunktion
- ✓ Durchschnittsertrag
- ✓ Durchschnittsertragsfunktion
- ✓ Einflussfaktoren auf die Kostenhöhe
- ✓ Kostenfunktion
- ✓ Gesamtkostenfunktion
- ✓ Grenzkosten
- ✓ Durchschnittskosten
- ✓ Durchschnittskostenfunktion
- ✓ Nutzschwelle, Break-even-Point
- ✓ Nutzgrenze
- ✓ Betriebsminimum
- ✓ Betriebsmaximum
- ✓ Betriebsoptimum
- ✓ Gewinnmaximum
- ✓ Verbrauchsfunktion, Produktionsfunktion vom Typ B

II. Weiterführende Literatur

❑ ADAM, Dietrich:
  [Produktionsmanagement] Produktions-Management.
  9. Auflage, Wiesbaden 1998

❑ ALBACH, Horst (Hrsg.):
  [Theorie der Unternehmung] Zur Theorie der Unternehmung. Schriften und Reden von Erich GUTENBERG. Aus dem Nachlaß.
  Berlin, Heidelberg 1989

❑ BLOECH, Jürgen / BOGASCHEWSKY, Ronald / GÖTZE, Uwe / FOLKER, Roland / BUSCHER, Udo / DAUB, Anke:
  Einführung in die Produktion.
  6. Auflage, Heidelberg 2008

- *BUSSE VON COLBE, Walther / LAßMANN, Gert:*
    Betriebswirtschaftstheorie. Band 1. Grundlagen, Produktions- und Kostentheorie.
    5. Auflage, Berlin, Heidelberg, New York 1991

- *GUTENBERG, Erich:*
    [Produktion] Grundlagen der Betriebswirtschaftslehre. Band I: Die Produktion.
    24. Auflage, Berlin, Heidelberg, New York 1983

- *HEINEN, Edmund (Hrsg.):*
    Industriebetriebslehre. Entscheidungen im Industriebetrieb.
    9. Auflage, Wiesbaden 1991

- *LEBEFROMM, Uwe:*
    Produktion. Einführung in die Materialwirtschaft sowie in die Produktions- und Kostentheorie.
    München, Wien 1989

- *LUGER, Adolf E.:*
    Allgemeine Betriebswirtschaftslehre. Band 1 Der Aufbau des Betriebes.
    5. Auflage, München, Wien 2004

- *SCHROER, Johannes:*
    [Kostentheorie] Produktions- und Kostentheorie. Einführung.
    7. Auflage, München, Wien 2001

- *THOMMEN, Jean-Paul / ACHLEITNER, Ann-Kristin:*
    Allgemeine Betriebswirtschaftslehre. Umfassende Einführung aus managementorientierter Sicht.
    5. Auflage, Wiesbaden 2006

- *WÖHE, Günter:*
    [Betriebswirtschaftslehre] Einführung in die Allgemeine Betriebswirtschaftslehre.
    24. Auflage, München 2010

C WIRKUNG DISPOSITIVER PRODUKTIONSFAKTOREN

C / Wirkung dispositiver Produktionsfaktoren

- C 1 Produktionsorganisation
- C 2 Produktionsplanung und -steuerung
- C 3 Produktionslogistik
- C 4 Produktionscontrolling

Beschaffung → Produktion → Absatz

- C 5 Qualitäts- und Umweltmanagement

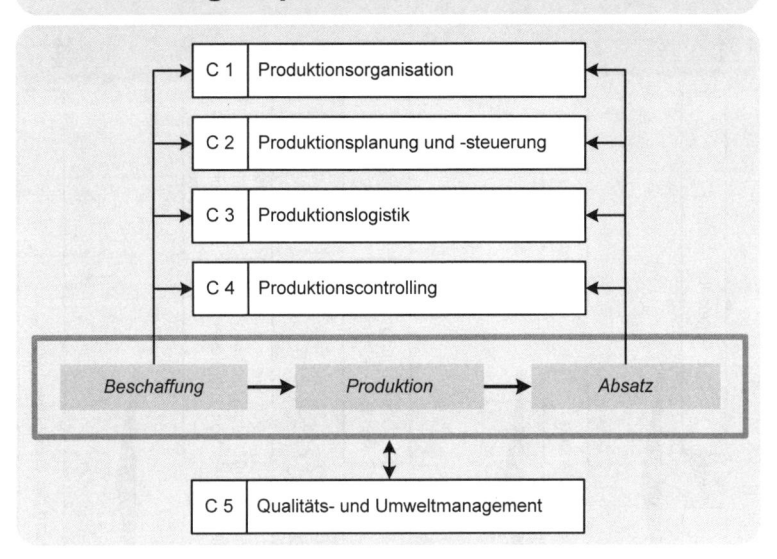

Bild PW.C.(1):   Wirkung dispositiver Produktionsfaktoren

Die **Wirkung dispositiver Produktionsfaktoren** bestimmt die Art und Weise der Gestaltung der Elementarfaktorkombination im Produktionsprozess zur Herstellung von Produkten und Leistungen. Sie ist maßgeblich verantwortlich für die Ergiebigkeit des Produktionsprozesses.

In diesem Abschnitt bilden
- ▶ Produktionsorganisation
- ▶ Produktionsplanung und -steuerung
- ▶ Produktionslogistik
- ▶ Produktionscontrolling sowie
- ▶ Qualitäts- und Umweltmanagement

die Schwerpunkte.

Bild PW.C.(2) systematisiert die Aufgaben und Wechselbeziehungen dieser Schwerpunkte.

QUALITÄTS- UND UMWELTMANAGEMENT

Integration des Qualitäts- und Umweltschutzgedankens in alle dispositiven Tätigkeiten

BETRIEBSFÜHRUNG / MANAGEMENT
- Zielentscheidung
- Mittelentscheidung

PRODUKTIONSPLANUNG
- Programmplanung
- Faktorplanung
- Prozessplanung

REALISIERUNG

PRODUKTIONSORGANISATION
- Prozessstrukturierung
- Aufgabenverteilung
- Übertragung von Befugnissen
- Regelung von Abläufen

PRODUKTIONSSTEUERUNG und -LOGISTIK
- Veranlassung von Tätigkeiten
- Durchführung von Tätigkeiten
- Überwachung von Tätigkeiten
- Realisierung von Transformationen der Arbeitsobjekte

KONTROLLE
- Überprüfung der Zielrealisierung

PRODUKTIONSCONTROLLING
- Informationsbeschaffung zur Entscheidungsfindung
- Methodenbereitstellung
- Gestaltung von Regelungsmechanismen zur Anpassung von Ist- und Sollgrößen
- Koordination dispositiver Tätigkeiten

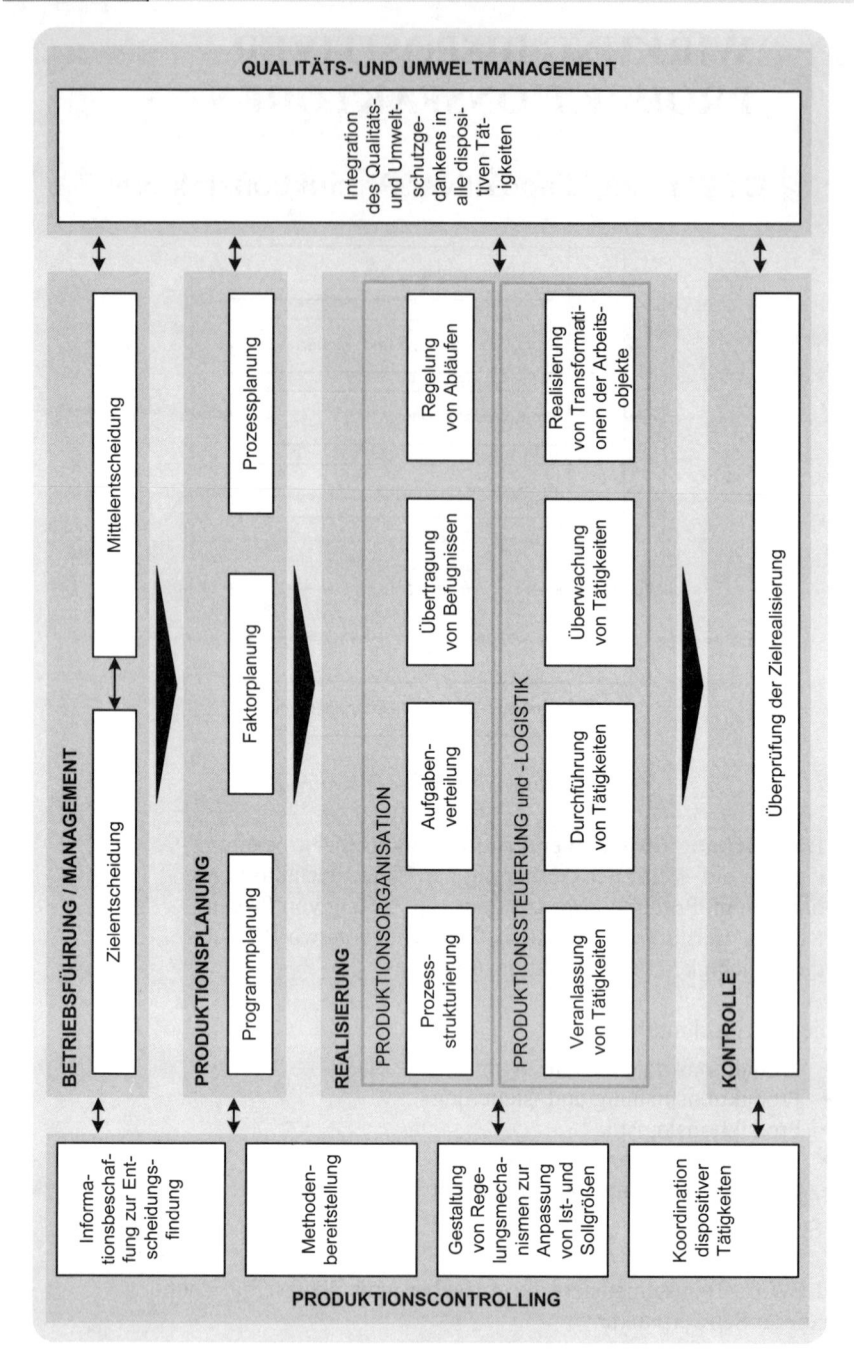

Bild PW.C.(2):   Aufgaben und Wechselbeziehungen dispositiver Tätigkeiten

1 Produktionsorganisation

C / Wirkung dispositiver Produktionsfaktoren

- C 1 Produktionsorganisation
- C 2 Produktionsplanung und -steuerung
- C 3 Produktionslogistik
- C 4 Produktionscontrolling

Beschaffung → Produktion → Absatz

- C 5 Qualitäts- und Umweltmanagement

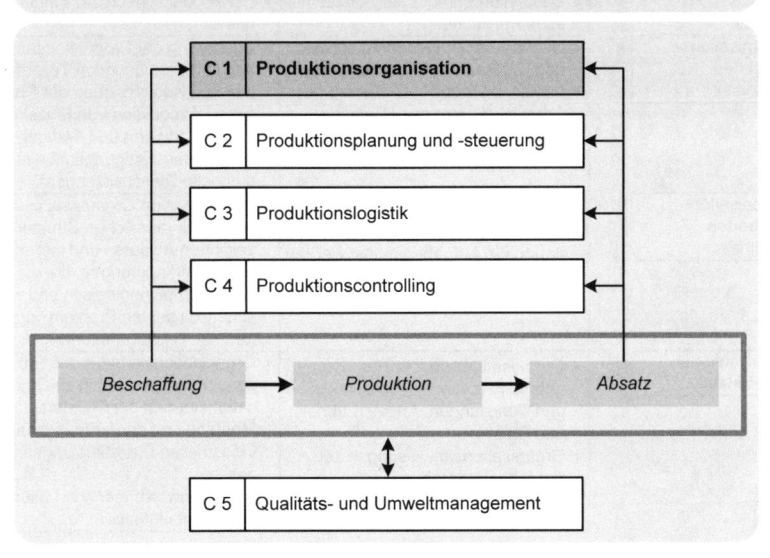

Bild PW.C.1.(1): Wirkung dispositiver Produktionsfaktoren (Produktionsorganisation)

1.1 Unternehmensorganisation und Produktionsorganisation

Die Produktionsorganisation ist Bestandteil der **Unternehmensorganisation**. Im Rahmen der Betriebswirtschaft beschäftigt sich die Managementlehre mit der Organisation des Unternehmens als Ganzes. Die Produktionswirtschaft befasst sich mit der Gestaltung der Organisation des Produktionsprozesses, in dem die Elementarfaktorkombinationen unmittelbar hergestellt werden. | Unternehmensorganisation

Bild PW.C.1.(2) gibt einen Überblick über die Ansätze der Allgemeinen Betriebswirtschaftslehre und der Produktionswirtschaft. Dabei wird nach **Organisationsobjekt**, **Organisationsaufgabe**, **Organisationsmethode** und **Organisationsergebnis** unterschieden.

Merkmale	Betrachtungsebenen	
	Management / Organisation	Produktionswirtschaft
Organisations-**objekte**	• Das Unternehmern als Ganzes mit allen Funktionen	• Der Produktionsprozess innerhalb des Unternehmens
Organisations-**aufgaben** (Analyse)	• Gliederung der Gesamtfunktionen des Unternehmens in seine Teilfunktionen und Koordinierung der Arbeiten (Forschung / Entwicklung, Beschaffung, Produktion, Absatz, Finanzierung)	• Gliederung der Produktionsaufgaben in die zu lösenden Teilaufgaben und Koordinierung der Prozesse (Produktion von Einzelteilen, Baugruppen und Fertigerzeugnissen, fertigungsnahe industrielle Dienstleistungen)
Organisations-**methoden** (Synthese)	• Zusammenführung von Teilaufgaben und Aktionseinheiten, in denen die Aufgaben gelöst werden (Stellenbildung)	• Schaffung von Organisationseinheiten mit räumlichen Strukturen, zeitlichen Abläufen und informationellen Verknüpfungen, die die technisch-technologisch und wirtschaftlich besten Problemlösungen der Teilaufgaben ermöglichen
Organisations-**ergebnisse**	• Organisationsstruktur des Unternehmens (Linien, Hauptabteilungen, Abteilungen, Arbeitsgruppen und Stäbe) • Organisationsanweisungen zur Aufgabenbearbeitung	• Organisationsstruktur des Produktionsprozesses bis hin zu Organisationsformen der Teilefertigung, Montage und der fertigungsnahen industriellen Dienstleistungsprozesse • Arbeitsanweisungen zur Lösung der Arbeitsaufgaben

Bild PW.C.1.(2):   Unterschiedliche Ansätze der Organisationslehre nach den Betrachtungsebenen des Management und der Produktionswirtschaft

Arbeitsteilung | Das **Grundproblem der Organisation** besteht sowohl aus der Sicht des Unternehmens als Ganzes als auch aus der Sicht des Produktionsprozesses in der **Festlegung der Arbeitsteilung** für eine zu lösende Aufgabe und in der Gestaltung des Zusammenwirkens der infolge der Arbeitsteilung gebildeten Organisationseinheiten / Struktureinheiten.

Die industrielle Produktion ist ohne Arbeitsteilung nicht möglich. Mit der Teilung der Arbeit in einzelne Teilprozesse, die in unterschiedlichen Organisationseinheiten durchzuführen sind, entsteht zugleich das Problem, ein rationelles Zusammenwirken durch Koordination zu gewährleisten.

Organisation | Eine **Organisation** ist ein System von dauerhaften Regelungen, welche die Aufgabenbereiche der Aufgabenträger festlegen und eine optimale Aufgabenerfüllung gewährleisten.

Die Organisation ist durch die Merkmale Zielorientierung, Arbeitsteilung, Koordination und Dauerhaftigkeit gekennzeichnet (vgl. Bild PW.C.1.(3)).

Produktionsorganisation

Faktoren der Organisation	Zielorientierung	Arbeitsteilung	Koordination	Dauerhaftigkeit
Merkmale	Die Organisation dient als Instrument zur Erreichung bestimmter Ziele, die wiederum Merkmale der Organisation sind.	Den Elementen der Organisation (Menschen, Sachmittel) werden unterschiedliche Teilaufgaben zugeordnet, die der Erreichung von Zielen dienen.	Die Organisation besteht aus Elementen, zwischen denen Beziehungen bestehen, die die Organisation regeln muss.	Die Organisation hat für einen bestimmten Zeitraum Bestand.

Organisation: Ist ein System von dauerhaften Regelungen, welche die Aufgabenbereiche der Aufgabenträger festlegen und die optimale Aufgabenerfüllung gewährleisten.

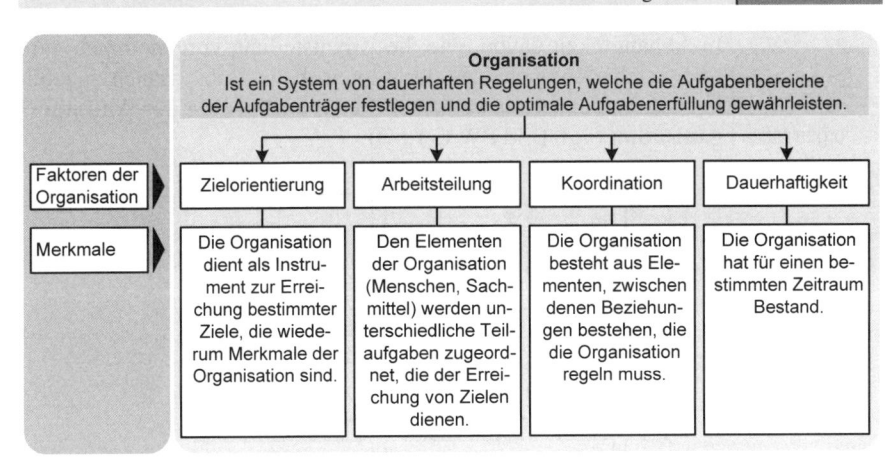

Bild PW.C.1.(3):   *Definition und Merkmale der Organisation (nach WIENDAHL, H.-P. [Betriebsorganisation] S. 15)*

Betrachtet man das Unternehmen als Organisationseinheit, so ist für sie als quasi äußeres Gestaltungsmerkmal die Festlegung der **Rechtsform** vorzunehmen. Für die innere Organisation eines Unternehmens werden **Aufbauorganisation** und **Ablauforganisation** unterschieden (vgl. Bild PW.C.1.(4)).

| Aufbau- und Ablauforganisation |

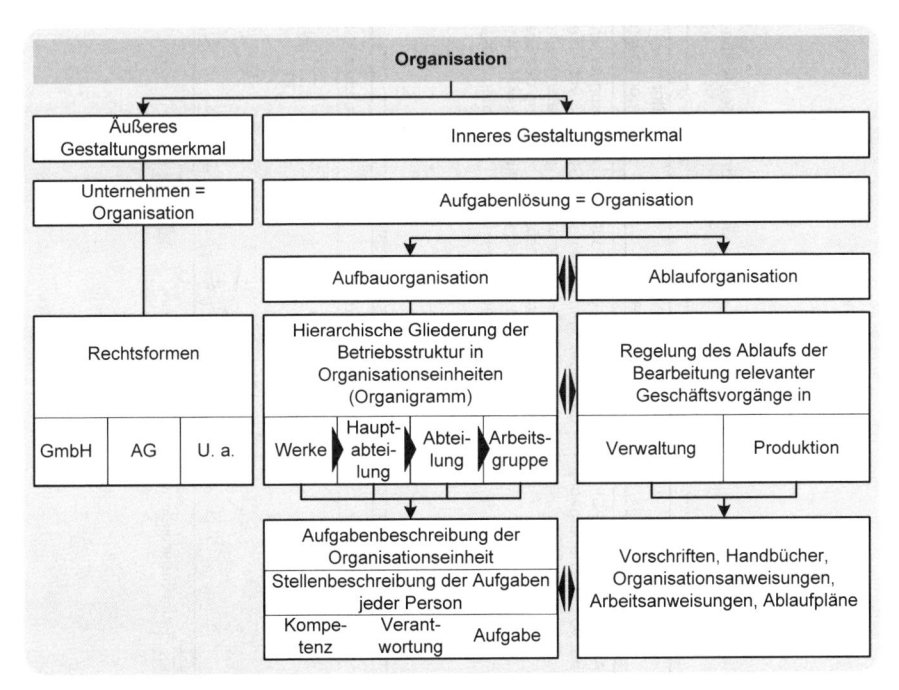

Bild PW.C.1.(4):   *Organisation eines Unternehmens*

Grundformen der Aufbauorganisation

In Abhängigkeit davon, wie die Arbeitsteilung vorgenommen wird und welche Kompetenzen den Linien- bzw. Stabsorganen zugebilligt werden, entstehen verschiedene **Grundformen der Aufbauorganisation** (vgl. Bild PW.C.1.(5)).

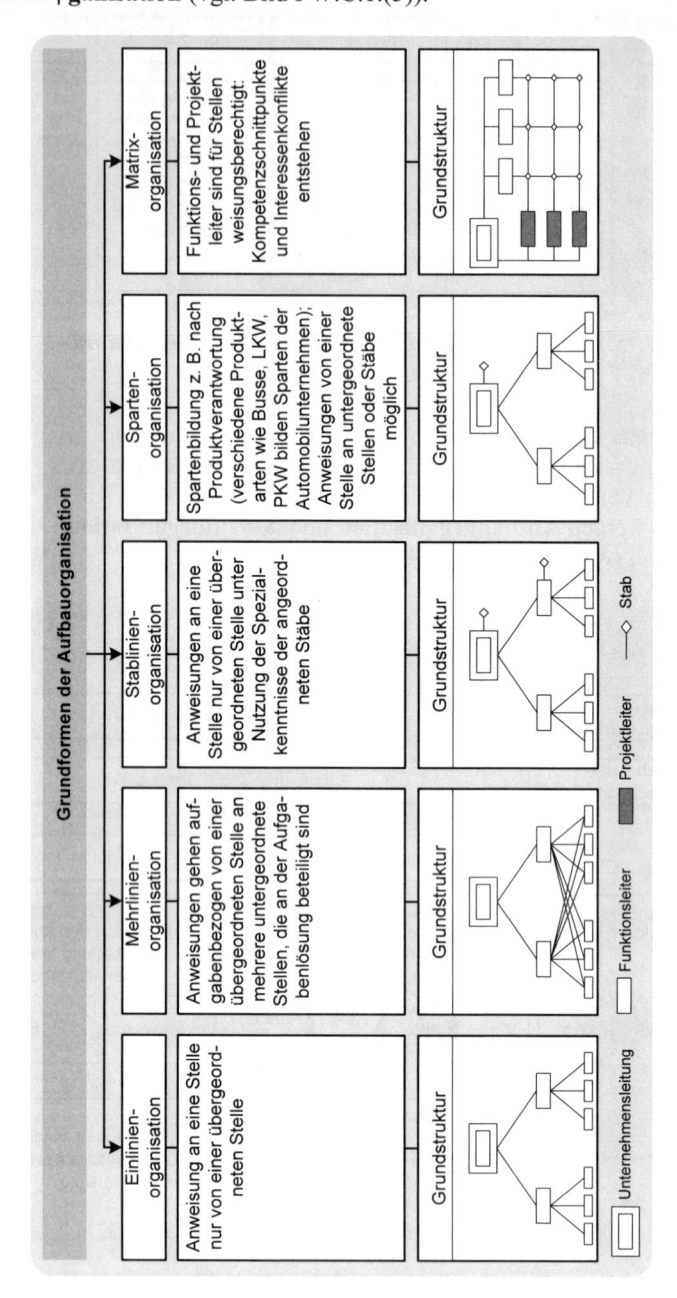

Bild PW.C.1.(5): Grundformen der Aufbauorganisation

Dabei kann die **Organisationsstruktur funktional** oder **divisional** aufgebaut sein.

| Funktionale, divisionale Organisationsstruktur

Bei der **funktionalen Struktur** werden **Linienorgane der oberen Leitungsebene in Abhängigkeit von den Funktionen des Unternehmens gebildet** (vgl. Grundformen 1-3 in Bild PW.C.1.(5)).

Bei der **divisionalen Struktur** werden die durchzuführenden **Funktionen den** verschiedenen **zu produzierenden Produkten zugeordnet** (vgl. Grundform 4 in Bild PW.C.1.(5)). Sie erscheinen also wiederholt als produktbezogene Linienorgane (vgl. dazu Bild PW.C.1.(6)).

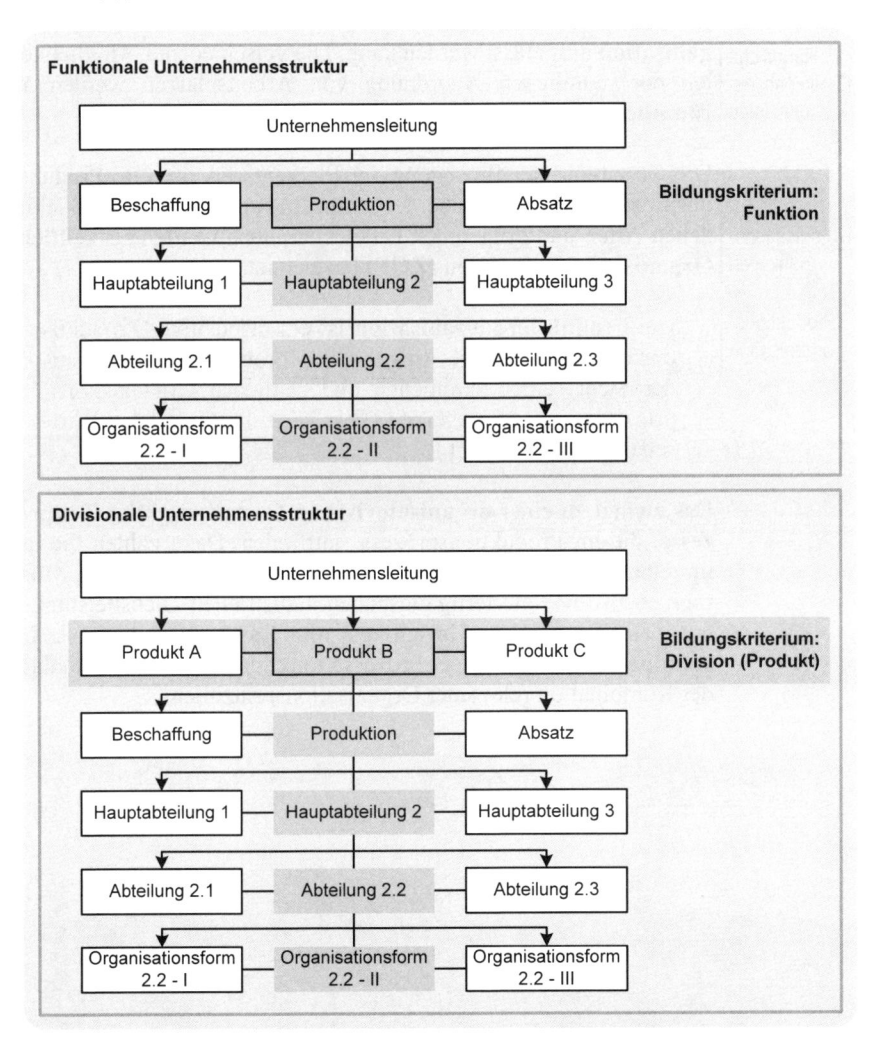

Bild PW.C.1.(6): Funktionale und divisionale Unternehmensstruktur

|Organisations-formen| Unabhängig davon, ob die Unternehmensstruktur funktional oder divisional gebildet wird, sind die **Linienorgane der untersten Ebene der Gliederung des Produktionsprozesses diejenigen, in denen sich die Faktorkombination vollzieht.** Hier wirken Arbeitskräfte und Betriebsmittel auf Arbeitsobjekte (Werkstoffe) ein, um Produkte und / oder Leistungen zu erzeugen. Die Linienorgane dieser untersten Ebene im Produktionsprozess werden als **Organisationsformen** bezeichnet.

|Räumliche Organisations-prinzipien| In diesen Linienorganen besteht in Abhängigkeit von der Art der Anordnung der Arbeitsplätze (Bearbeitungsstationen, Betriebsmittel, Maschinen) eine räumliche Struktur, die als innere **Aufbauorganisation** aufgefasst werden kann. Die verschiedenen Möglichkeiten der räumlichen Anordnung von Arbeitsplätzen werden als **räumliche Organisationsprinzipien (ROP)** bezeichnet.

|Zeitliche Organisations-prinzipien| Die Gestaltung der Bewegung der Elementarfaktoren im Produktionsprozess ist die Aufgabe der **Ablauforganisation**. Die verschiedenen Arten und Folgen der Teileweitergaben werden als **zeitliche Organisationsprinzipien (ZOP)** bezeichnet.

|Produktions-organisation| Die **Produktionsorganisation** ist ein dispositiver Produktionsfaktor. Sie hat die Aufgabe, den Produktionsprozess aus der Sicht seiner räumlichen und zeitlichen Organisationsprinzipien so zu gestalten, dass eine bestmögliche Wirtschaftlichkeit entsteht.

Das zwingt zu einer **organisatorischen Gestaltung aller Teilprozesse**, die im Produktionsprozess stattfinden. Dazu zählen die unmittelbar wertschöpfenden Teilprozesse **Teilefertigung** und **Montage** ebenso wie die fertigungsnahen industriellen Dienstleistungen wie z. B. **Transport-, Umschlags- und Lagerprozesse** sowie **Instandhaltung**. Jeder dieser Prozesse funktioniert auf der Grundlage der Kombination relevanter Organisationsprinzipien.

1.2 Organisation des Fertigungshauptprozesses Teilefertigung
1.2.1 Organisationsprinzipien
1.2.1.1 Räumliches Organisationsprinzip (ROP$_{TF}$)

> Ein **räumliches Organisationsprinzip der Teilefertigung (ROP$_{TF}$)** kennzeichnet die Art der räumlichen Anordnung von Arbeitsplätzen im Produktionsprozess.

Räumliches Organisationsprinzip der Teilefertigung

Es werden verschiedene räumliche Organisationsprinzipien unterschieden. Ein jedes charakterisiert eine spezielle räumliche Anordnungsvariante. Die unterschiedliche Art der Anordnung von Arbeitsplätzen im Produktionsprozess ist **nicht Selbstzweck**, sondern dient der Durchsetzung bestmöglicher räumlicher Voraussetzungen für einen optimalen Prozessablauf.

D. h., dass die konkreten **Anforderungen**, die ein Produktionsprogramm an einen Produktionsprozess stellt, **bei der Auswahl** der räumlichen Gestaltung dieses Produktionsprozesses **Berücksichtigung** finden müssen. Unterschiedliche Prozessanforderungen entstehen u. a. durch nachfolgende Ursachen (vgl. Bild PW.C.1.(7)).

Einfache Prozessanforderungen	Komplizierte Prozessanforderungen
Gesicherte Fertigungsperspektive	Dynamische Veränderung der Produktionsprogramme
Große Stückzahl gleicher Erzeugnisse	Ständig wechselnde Produktart mit kleinen Stückzahlen
Wenige Teileklassen mit ständig gleicher Fertigungsflussrichtung	Viele Teileklassen mit ständig wechselnder Fertigungsflussrichtung
Ständige Benutzung einer kleinen Auswahl von Fertigungsverfahren	Ständiger Wechsel einer großen Auswahl von Fertigungsverfahren
Hohe, gleichbleibende und proportionale Ausnutzung der Kapazitäten	Ständig schwankende, nicht proportionale Ausnutzung der Kapazitäten

Bild PW.C.1.(7): Ursachen für unterschiedliche Prozessanforderungen

Folgende räumliche Organisationsprinzipien werden unterschieden:

(1) **Werkstattprinzip (WP)**

> Das **Werkstattprinzip** (Verfahrensprinzip) ist dadurch gekennzeichnet, dass alle **Betriebsmittel, die zum selben Fertigungsverfahren gehören**, in einer Werkstatt räumlich zusammengefasst werden.

Werkstattprinzip

So entstehen z. B. die Werkstätten Dreherei, Fräserei, Bohrerei, Schleiferei (vgl. Bild PW.C.1.(8)).

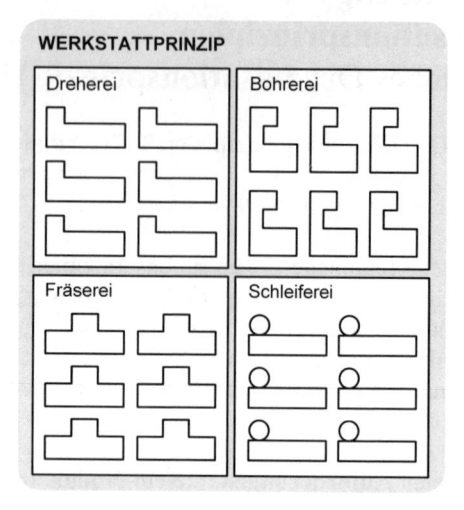

Bild PW.C.1.(8): Werkstattprinzip

Für die Teilefertigung bedeutet dieses Prinzip, dass i. d. R. nach jedem Arbeitsgang das zu bearbeitende Teil die Werkstatt verlässt und in die nächste transportiert werden muss, weil für unterschiedliche Arbeitsgänge i. d. R. auch unterschiedliche Fertigungsverfahren benötigt werden. Damit sind häufige Transporte und lange Transportwege verbunden.

(2) Erzeugnisprinzip (EP)

Erzeugnisprinzip

> Das **Erzeugnisprinzip** (Gegenstandsprinzip) ist dadurch gekennzeichnet, dass alle Betriebsmittel, die zur Herstellung eines Erzeugnisses (oder Einzelteils) benötigt werden, räumlich zusammengefasst sind. Die Betriebsmittel können zu unterschiedlichen und / oder gleichen Fertigungsverfahren gehören.

Das Erzeugnisprinzip gliedert sich in folgende **Unterprinzipien**:

(2.1) Gruppenprinzip (GP)

Gruppenprinzip

> Das **Gruppenprinzip** (Nestprinzip) ist dadurch gekennzeichnet, dass Betriebsmittel, die zur Herstellung eines begrenzten Teilesortiments erforderlich sind, räumlich zusammengefasst werden. Dabei ist die räumliche Nähe der Betriebsmittel von größerer Bedeutung als die Art ihrer Anordnung.

Es ist ein Übergangsprinzip vom Werkstatt- zum Reihenprinzip des Erzeugnisprinzips, weil es einerseits zwar unterschiedliche Fertigungsverfahren räumlich konzentriert, andererseits aber noch keine Aufstellung der Maschinen in der Reihenfolge der erforderlichen Arbeitsgänge realisiert (vgl. Bild PW.C.1.(9)).

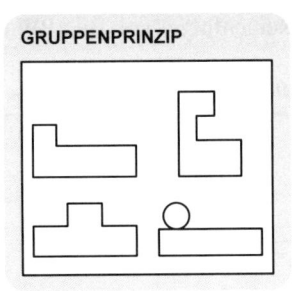

Bild PW.C.1.(9):   *Gruppenprinzip*

In höheren Formen des Gruppenprinzips erfolgt eine Integration von industriellen Dienstleistungen (z. B. Transport, Umschlag, Lagerung, Informationsversorgung) in die Organisationslösung.

Die räumliche Zusammenfassung der Maschinen, die für die Herstellung ganz bestimmter Teilesortimente benötigt werden, macht den ständigen Wechsel der Werkstatt, nachdem ein Arbeitsgang ausgeführt wurde, unnötig und sichert damit eine erhebliche Transportwegverkürzung.

Der Anteil der Arbeitsgänge, die in einer Gruppe realisiert werden, gemessen an der gesamten Anzahl der notwendigen Arbeitsgänge, steigt. Hier besitzt jedes zu bearbeitende Einzelteil seinen eigenen Fertigungsfluss, d. h. seinen eigenen Weg durch die angeordneten Betriebsmittel. Alle Teile benötigen diese Betriebsmittel, allerdings nicht in derselben Reihenfolge.

(2.2) Reihenprinzip (RP)

Das **Reihenprinzip** ist dadurch gekennzeichnet, dass alle Betriebsmittel, die zur Herstellung eines kleinen Teilesortiments erforderlich sind, räumlich zusammengefasst und in der für alle Teile übereinstimmenden Reihenfolge der Bearbeitung angeordnet werden.

| Reihenprinzip

Die räumliche Anordnung der Betriebsmittel ist auf ganz bestimmte **Teilearten / Teileklassen zugeschnitten**. Für alle zu fertigenden Teile gilt eine **gleiche Aufeinanderfolge der notwendigen Arbeitsgänge** und damit der notwendigen Betriebsmittel.

Für alle Teile ist die **Fertigungsflussrichtung identisch**. Sie benötigen dieselben Verfahren in derselben Reihenfolge (vgl. Bild PW.C.1.(10)).

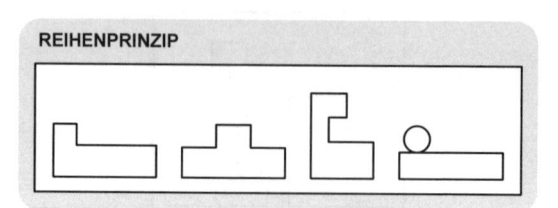

Bild PW.C.1.(10): Reihenprinzip

(2.3) Einzelplatzprinzip (EPP)

Einzelplatzprinzip

Das **Einzelplatzprinzip** ist dadurch gekennzeichnet, dass durch die Integration verschiedener Fertigungsverfahren in einer Anlage eine weitgehende Fertigbearbeitung eines Einzelteils realisiert wird, ohne dass eine Ortsveränderung des Teils erfolgt.

Das Einzelplatzprinzip integriert die unterschiedlichen Fertigungsverfahren, die für die in der Teilefertigung aufeinander folgenden Arbeitsgänge benötigt werden. Die Reihenfolge des Einsatzes der einzelnen Verfahren ist beliebig. Eine Konzentration beliebiger Fertigungsverfahren in einer Maschine ist gegenwärtig technisch noch nicht möglich.

Ein gravierender Vorteil des Einzelplatzprinzips besteht darin, dass die **Teile** in der Regel **in einer Aufspannung fertig bearbeitet** werden können, und dass zwischen den Arbeitsgängen **kein Ortswechsel** zu realisieren ist, also **Transportleistungen entfallen**.

1.2.1.2 Technologische Bearbeitungsfolge

Es werden die **technologische** und die **organisatorische Bearbeitungsfolge** unterschieden. Die technologische Bearbeitungsfolge ist das Ergebnis der Arbeitsplanung für ein Einzelteil. Sie definiert die Reihenfolge der Arbeitsgänge an einem Einzelteil / Fertigungsauftrag, die bis zu seiner Fertigstellung durchzuführen sind.

Die **technologische Bearbeitungsfolge (tBF)** ist die Reihenfolge der durchzuführenden Arbeitsgänge zur Realisierung eines Fertigungsauftrags. Sie gibt die Reihenfolge der Bearbeitungsstationen (Betriebsmittel, Arbeitsplätze) an, die nacheinander bis zur Fertigstellung des Auftrags zu durchlaufen sind.

<small>Technologische Bearbeitungsfolge</small>

Allgemein besteht das Problem darin, dass für einen beliebigen Fertigungsauftrag FA_j die Zuordnung der Bearbeitungsstationen BS_i erfolgen muss. Es gilt:

- FA_j – j-ter von insgesamt n Fertigungsaufträgen
- j – Index eines Fertigungsauftrags $j = 1(1)n$
- BS_i – i-te von insgesamt m Bearbeitungsstationen
- i – Index einer Bearbeitungsstation $i = 1(1)m$

Die technologische Bearbeitungsfolge ist **auftragsorientiert**.

Die **organisatorische Bearbeitungsfolge** wird in der Reihenfolgeplanung ermittelt (vgl. Bild PW.C.1.(11)). Sie soll im Rahmen der Produktionsplanung (vgl. Abschnitt C.2.3.9) ausführlich behandelt werden.

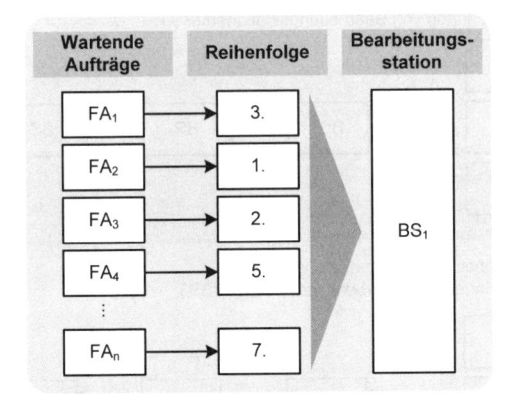

Bild PW.C.1.(11): *Organisatorische Reihenfolge für die Bearbeitung von Fertigungsaufträgen auf einer beliebigen Bearbeitungsstation*

Die **organisatorische Bearbeitungsfolge (oBF)** verdeutlicht die Reihenfolge der Bearbeitung der Fertigungsaufträge an einer Bearbeitungsstation.

<small>Organisatorische Bearbeitungsfolge</small>

Die organisatorische Bearbeitungsfolge ist **arbeitsplatzorientiert**.

Die technologische Bearbeitungsfolge steht in enger Beziehung zur Gestaltung räumlicher Organisationsprinzipien.

Aus diesem Grunde werden hier die grundsätzlichen Varianten technologischer Bearbeitungsfolgen näher erörtert. Es sind folgende Varianten zu unterscheiden:

Gleiche technologische Bearbeitungsfolge

(1) **Gleiche technologische Bearbeitungsfolge (gtBF)**

Eine bestimmte Anzahl von Aufträgen benötigt für ihre Herstellung **dieselben Fertigungsverfahren** und durchläuft diese **in der gleichen Reihenfolge**. Die Fertigungsflussrichtung ist für alle Aufträge identisch.

In Abhängigkeit davon, ob jeder Auftrag jede Bearbeitungsstation benötigt, oder ob der eine oder andere Auftrag die eine oder andere Bearbeitungsstation überspringt, werden die

▶ gleiche technologische Bearbeitungsfolge ohne Überspringen (gtBFoÜ) und die

▶ gleiche technologische Bearbeitungsfolge mit Überspringen (gtBFmÜ)

unterschieden. Beide Varianten sind im Bild PW.C.1.(12) graphisch dargestellt.

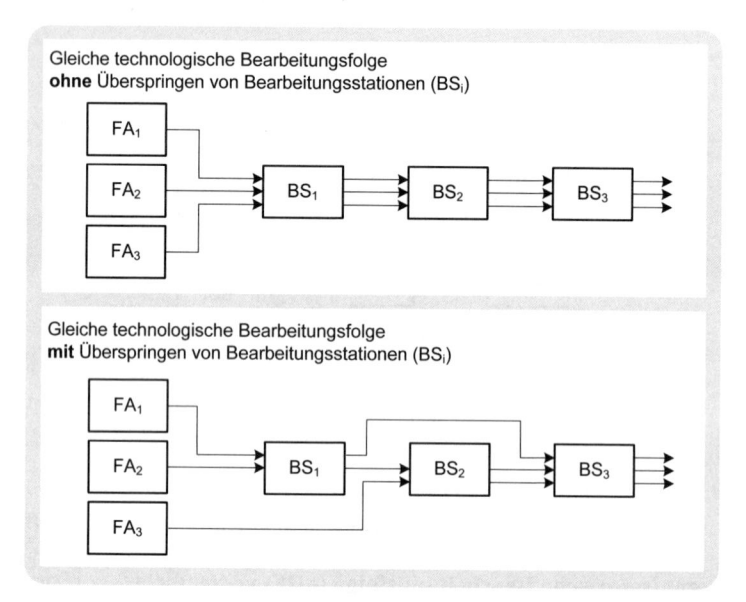

Bild PW.C.1.(12): *Varianten der gleichen technologischen Bearbeitungsfolge*

In der gleichen technologischen Bearbeitungsfolge ohne Überspringen benötigen alle Aufträge jede Bearbeitungsstation.
In der gleichen technologischen Bearbeitungsfolge mit Überspringen benötigt nicht jeder Auftrag alle Bearbeitungsstationen.

(2) **Variierende technologische Bearbeitungsfolge (vtBF)**

Eine bestimmte Anzahl von Fertigungsaufträgen benötigt für ihre Fertigstellung ein System räumlich angeordneter Maschinen mit unterschiedlichen Fertigungsverfahren. Nur wenige Teile werden alle angeordneten Maschinen benötigen. **Das Auslassen bzw. Überspringen einzelner Bearbeitungsstationen ist die Regel.** Jeder Fertigungsauftrag durchläuft das Maschinensystem auf einem anderen Pfad. Die **Fertigungsflussrichtung der Teile ist nicht identisch** (vgl. dazu Bild PW.C.1.(13)).

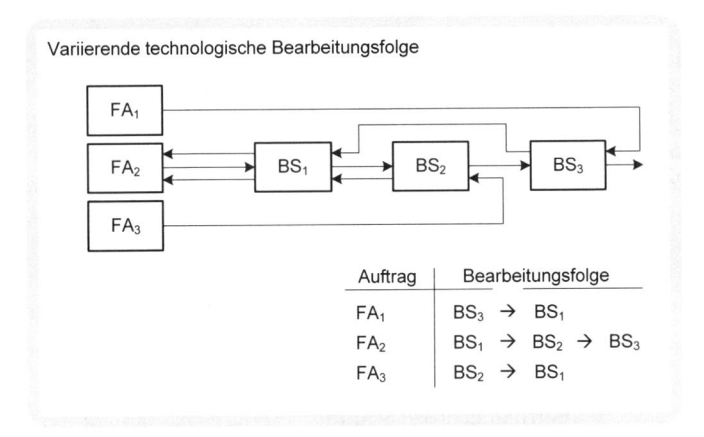

| Variierende technologische Bearbeitungsfolge |

```
Variierende technologische Bearbeitungsfolge

  FA₁
  FA₂  →  BS₁  ↔  BS₂  →  BS₃
  FA₃

          Auftrag  |  Bearbeitungsfolge
          FA₁      |  BS₃ → BS₁
          FA₂      |  BS₁ → BS₂ → BS₃
          FA₃      |  BS₂ → BS₁
```

Bild PW.C.1.(13): Variierende technologische Bearbeitungsfolge

Zwischen den räumlichen Organisationsprinzipien und den Varianten der technologischen Bearbeitungsfolgen gilt folgende Zuordnung:

▶ Das **Reihenprinzip** wird bei **gleicher technologischer Bearbeitungsfolge** angewendet.

▶ Das **Werkstattprinzip** und das **Gruppenprinzip** werden bei **variierender technologischer Bearbeitungsfolge** angewendet.

▶ Das **Einzelplatzprinzip** wird sowohl bei **gleicher technologischer Bearbeitungsfolge** als auch bei **variierender technologischer Bearbeitungsfolge** angewendet.

Die Voraussetzung für den Einsatz des **Reihenprinzips** bei gleicher technologischer Bearbeitungsfolge ist eine **große Fertigungsstückzahl mit einer gesicherten Fertigungsperspektive**. Das ist gleichfalls die Bedingung für einen hohen Grad der **Prozessautomatisierung** und für einen weitgehend ununterbrochen ablaufenden, also **kontinuierlichen Fertigungsprozess**.

Niedrige Stückzahlen wechselnder Produktarten erfordern die Durchsetzung **variierender technologischer Bearbeitungsfolgen** in den dafür zuständigen räumlichen Organisationsprinzipien. Damit verbunden ist eine hohe qualitative **Flexibilität des Fertigungsprozesses**.

Das mit dem Reihenprinzip realisierbare **Niveau der Kontinuität** ist im Werkstattprinzip und im Gruppenprinzip nicht erreichbar. Das mit dem Werkstatt- und dem Gruppenprinzip realisierbare **Niveau der Flexibilität** kann im Reihenprinzip nicht erreicht werden.

1.2.1.3 Zeitliches Organisationsprinzip (ZOP_{TF})

Zeitliches Organisationsprinzip der Teilefertigung

Ein **zeitliches Organisationsprinzip der Teilefertigung (ZOP_{TF})** kennzeichnet die jeweilige grundsätzliche Variante des zeitlichen Fertigungsablaufs und damit die Art der Teileweitergabe von Arbeitsplatz zu Arbeitsplatz im Verlauf des Fertigungsprozesses.

Dabei werden zwei grundsätzliche Möglichkeiten unterstellt:

▶ Fertigungsprozess **mit Weitergabe** der zu bearbeitenden Teile von Arbeitsplatz zu Arbeitsplatz

▶ Fertigungsprozess **ohne Weitergabe** der zu bearbeitenden Teile von Arbeitsplatz zu Arbeitsplatz

Erfolgt eine Teileweitergabe während des Fertigungsprozesses, so entsprechen die zeitlichen Organisationsprinzipien den Verlaufsformen technologischer Zyklen.

Bevor jedoch auf die Verlaufsformen technologischer Zyklen eingegangen wird, erfolgt eine **Einordnung des technologischen Zyklus in die Produktionszeit**.

■ Gliederung der Produktionszeit

Produktionszeit

Die **Produktionszeit** umfasst alle Zeitbestandteile, die zur Herstellung eines Erzeugnisses nötig sind. Darin enthalten sind sowohl wertschöpfende Aktivitäten als auch Lagerungs- und Unterbrechungszeiten (vgl. Bild PW.C.1.(14)).

```
                        Produktionszeit
                              │
           ┌──────────────────┴──────────────────┐
           ▼                                     ▼
     Produktionszyklus                    Zeit für
                                          Vorratslagerung
           │
    ┌──────┴──────────────────┐
    ▼                         ▼
 Durchlaufzeit          Betriebsruhezeit
                        (Arbeitszeitregime)
    │
    ├──────────────────────────┐
    ▼                          ▼
 Technologischer          Technisch-
    Zyklus                organisatorische
                          Unterbrechungszeiten
    │
 ┌──┴───┐
 ▼      ▼
Dauer der   Dauer der
Arbeits-    natürlichen
prozesse    Prozesse
```

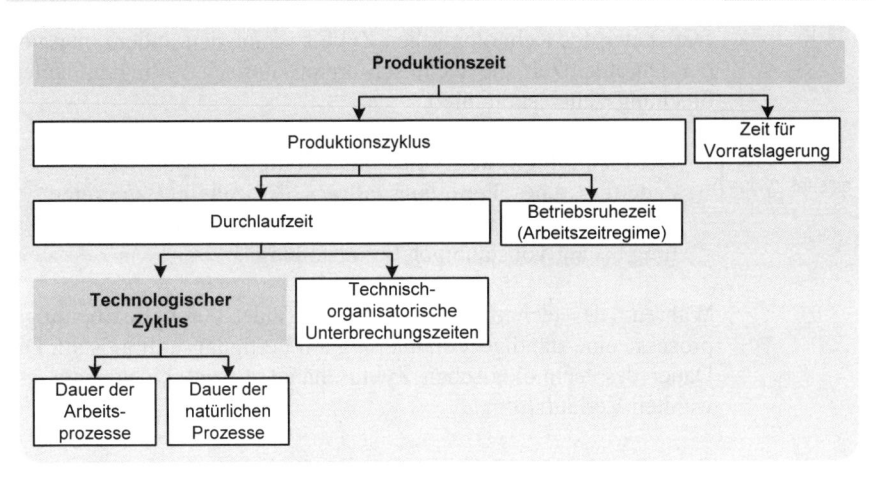

Bild PW.C.1.(14): Gliederung der Produktionszeit (vgl. ARNOLD, H. [Produktionsprozess] S. 34)

Die **Vorratslagerung** ist eine Voraussetzung für eine kontinuierliche Produktion und einen kontinuierlichen Absatz. Sie umfasst den Zeitabschnitt von der Materialbereitstellung bis zum Beginn der Bearbeitung (Eingangslager) und den Zeitabschnitt von der Fertigstellung der Erzeugnisse bis zur Auslieferung (Fertigwarenlager). Sie wird als Bestandteil der Produktionszeit betrachtet, um die gesamte Verweildauer der Werkstoffe im Unternehmen zu erfassen. | Vorratslagerung

Der **Produktionszyklus** ist der Zeitabschnitt zwischen dem Beginn der Bearbeitung und dem Abschluss der Bearbeitung, d. h. die Zeitdauer der Leistungserstellung für ein Erzeugnis. Er wird gemessen in Kalendertagen und schließt die Betriebsruhezeit mit ein. | Produktionszyklus

Die **Betriebsruhezeit** hängt vom Arbeitszeitregime ab. Sie kennzeichnet die Zeit, in der der Produktionsprozess ruht. Ruhezeiten sind Samstage, Sonntage, Feiertage, alle durch Regelungen vorgesehenen Pausen wie Mittagspause, Frühstückspause sowie die Zeitdifferenz zwischen dem Schichtregime und dem 24-Stunden-Tag. Diese Beispiele wurden auf der Grundlage einer technisch unterbrochenen Fertigung gewählt. | Betriebsruhezeit

Zieht man vom Produktionszyklus die Betriebsruhezeit ab, erhält man die Durchlaufzeit. Zur **Durchlaufzeit** gehören der technologische Zyklus, der sich in die Dauer der Arbeitsprozesse und die Dauer der natürlichen Prozesse gliedert, und die technisch-organisatorisch bedingten Unterbrechungszeiten. Die Durchlaufzeit wird gemessen in Vorlauftagen oder -abschnitten. | Durchlaufzeit

Die Dauer des technologischen Zyklus ergibt sich, indem man von der Durchlaufzeit die technisch-organisatorisch bedingten Unterbrechungszeiten subtrahiert.

Technologischer Zyklus

> Der **technologische Zyklus** umfasst die Zeitspanne der Veränderung eines Fertigungsauftrags (Einzelteil, Baugruppe, Los) im Sinne der Arbeitsaufgabe vom Beginn der Bearbeitung bis zur vollständigen Fertigstellung.

Während des technologischen Zyklus findet durch Bearbeitungsprozesse eine ständige Veränderung am Fertigungsauftrag statt. Die Dauer des technologischen Zyklus hängt wesentlich von der gewählten Verlaufsform ab.

Beim Parallelverlauf treten unter der Bedingung $t_i > t_{i+1}$ (t_i ist die Bearbeitungszeit auf dem Arbeitsplatz i) beim Arbeitsplatz i+1 Warte- und Stillstandszeiten auf. Es ergibt sich eine Unterbrechung der Bearbeitung, während am Arbeitsplatz i an diesem Fertigungsauftrag gearbeitet wird.

Natürlicher Prozess

Natürliche Prozesse sind für den Fertigungsprozess unverzichtbar. Dazu zählen z. B.:

- Alterung von Guss
- Trocknung von Farbanstrichen
- Trocknung von Holz
- Alkoholische Gärung
- Abkühlung von Werkstücken nach Glüh-, Schweiß-, Brennprozessen

Vermindert man die Zeitdauer des technologischen Zyklus um die Zeiten für natürliche Prozesse, erhält man die Dauer des Arbeitsprozesses.

Arbeitsprozess

> Der **Arbeitsprozess** charakterisiert das unmittelbare Einwirken von Arbeitskraft und Betriebsmittel auf den Werkstoff mit dem Ziel der Realisierung der Fertigungsaufgabe im Rahmen der Erzeugnisherstellung. Er wird gekennzeichnet durch die Auftragszeit T.

Der Arbeitsprozess umfasst gegenwärtig in der Werkstattfertigung ca. 10 % der Produktionszeit. Hauptansatzpunkte zur Vergrößerung dieses Anteils sind die technisch-organisatorisch bedingten Unterbrechungszeiten und die Zeiten für die Vorratslagerung.

Technisch-organisatorisch bedingte Unterbrechungszeiten sind i. d. R. Zeiten für die Durchführung von nicht wertschöpfenden industriellen Dienstleistungen. Der Transport-, Umschlags- und Lagerprozess umfasst etwa 80 % dieser Zeit. Weiterhin sind z. B. Instandhaltungszeiten Bestandteile der Unterbrechungszeiten.

> Technisch-organisatorisch bedingte Unterbrechungen

Der technologische Zyklus bildet den Ablauf des Fertigungsprozesses in der Losfertigung unter Berücksichtigung der Größenbeziehungen der Bearbeitungs- und Unterbrechungszeiten ab.

■ Technologischer Zyklus

> Die **Verlaufsformen des technologischen Zyklus** entsprechen, bei einer Fertigung **mit Weitergabe** der Teile von Arbeitsplatz zu Arbeitsplatz im Rahmen der technologischen Bearbeitungsfolge, den zu definierenden **zeitlichen Organisationsprinzipien**.

> Verlaufsformen des technologischen Zyklus

Die Betrachtungen zum technologischen Zyklus setzen folgende Grundüberlegungen voraus:

(1) **Definition des Fertigungsloses**

Die Definition der Verlaufsformen des technologischen Zyklus bedingt **Losfertigung** mit einer Stückzahl $n_L > 1$.

> Unter einem **Fertigungslos** wird eine bestimmte Anzahl konstruktiv und / oder technologisch ähnlicher (oder gleicher) Einzelteile (also unfertige Erzeugnisse) verstanden, die gemeinsam in einem Auftrag bei einmaliger Gewährung der Rüstzeit pro Arbeitsgang bzw. Arbeitsplatz gefertigt werden.

> Fertigungslos

Die **Auftragszeit** für jeden Arbeitsgang wird bestimmt nach:

> Auftragszeit

$$T = t_r + n_L \cdot t_e$$

T	– Auftragszeit	[min]
t_r	– Rüstzeit	[min]
t_e	– Zeit je Einheit	[min/Stück]
n_L	– Fertigungslosgröße	[Stück]

Wird nicht in Losen gefertigt, d. h. jedes Teil wird allein durch den Fertigungsprozess gesteuert ($n_L = 1$), dann berechnet sich die Auftragszeit je Arbeitsgang nach:

$$T = t_r + t_e$$

Ein wesentlicher **ökonomischer Effekt der Losfertigung** besteht darin, dass für **alle Teile des Loses nur einmal je Arbeitsgang die Rüstzeit gewährt wird.**

Wird die Losgröße für die Weitergabe von Arbeitsplatz zu Arbeitsplatz aufgeteilt, so entstehen **Transportlose**. Die Transportlosgröße wird bestimmt nach:

$$n_P = \frac{n_L}{v}$$

n_P – Transportlosgröße [Stück]
v – Anzahl der Transportlose [Stück]

Größenbeziehungen aufeinander folgender Arbeitsgän-

(2) **Betrachtung möglicher Größenbeziehungen der Bearbeitungszeiten aufeinander folgender Arbeitsgänge**

Folgende Größenbeziehungen der Bearbeitungszeiten aufeinander folgender Arbeitsgänge bei der Fertigung eines Loses (technologische Bearbeitungsfolge) sind möglich:

| $t_i < t_{i+1}$ | $t_i = t_{i+1}$ | $t_i > t_{i+1}$ |

t_i – Bearbeitungszeit auf dem Arbeitsplatz i
t_{i+1} – Bearbeitungszeit auf dem Arbeitsplatz i+1

Sind die aufeinander folgenden Bearbeitungszeiten unterschiedlich, d. h. $t_i \neq t_{i+1}$, entstehen Unterbrechungszeiten.

Unterbrechungszeit

(3) **Betrachtung möglicher Unterbrechungszeiten in den Verlaufsformen des technologischen Zyklus**

Bezogen auf die Elementarfaktoren sind die in Bild PW.C.1.(15) dargestellten Unterbrechungszeiten zu unterscheiden.

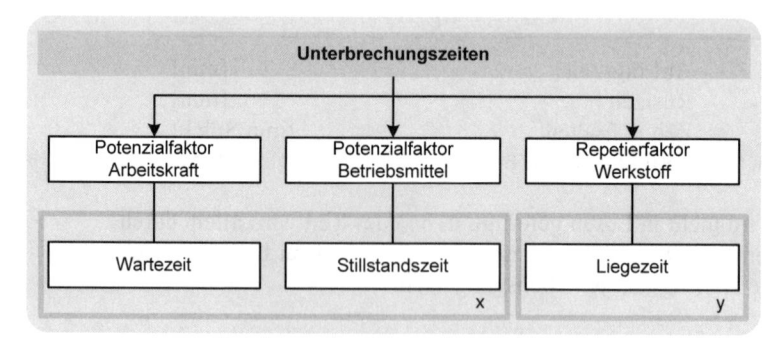

Bild PW.C.1.(15): Gliederung der Unterbrechungszeit

Produktionsorganisation

In Maschinenprozessen treten **Stillstands- und Wartezeiten** häufig gemeinsam auf. Sie verdeutlichen eine Unterbrechung des Arbeitseinsatzes der Potenzialfaktoren, die dadurch entsteht, dass der Arbeitsplatz nicht sofort nach der Bearbeitung eines Teils mit dem nächsten Teil versorgt wird. Es entsteht der Zustand des **Wartens auf Arbeit**. Die **Maschine steht still**.

Stillstands- und Wartezeit

Dagegen stellt die Liegezeit eine Unterbrechung in der Bearbeitung eines Teils zwischen zwei aufeinander folgenden Arbeitsplätzen bzw. Arbeitsgängen dar.

Die **Liegezeit** wird definiert als der Zeitabschnitt zwischen der Fertigstellung eines Teils auf einem Vorlaufarbeitsplatz und dem Beginn der Weiterbearbeitung desselben Teils auf dem in der technologischen Bearbeitungsfolge nachfolgenden Arbeitsplatz.

Liegezeit

Das Liegen kann an drei Orten stattfinden:
- Am Arbeitsplatz, der das Teil gerade bearbeitet hat
- Auf dem Transportmittel zum nächstfolgenden Arbeitsplatz
- Vor der Bearbeitung am nachfolgenden Arbeitsplatz

Stillstandszeiten von Betriebsmitteln und **Wartezeiten** von Arbeitskräften entstehen dann, wenn Teile (Arbeitsobjekte) nicht zur Bearbeitung bereitstehen bzw. wichtige Bearbeitungsinformationen nicht rechtzeitig bereitgestellt wurden.

Die Produktionsorganisation soll weitestgehend vermeiden, dass Unterbrechungszeiten entstehen. Sind Unterbrechungszeiten aus objektiven Gründen nicht zu umgehen, dann ist zu entscheiden, ob es wirtschaftlicher ist, Stillstands- und Wartezeiten oder Liegezeiten in Kauf zu nehmen. Die Entscheidung fällt auf der Grundlage der für eine Zeiteinheit der entsprechenden Unterbrechungszeit zu erwartenden Kosten.

Die **Verlaufsformen des technologischen Zyklus** charakterisieren die zeitlichen Organisationsprinzipien bei Teileweitergabe im Fertigungsprozess (vgl. ARNOLD, H. et al. [Produktionsprozess] S. 34 ff.).

Verlaufsformen des technologischen Zyklus

Folgende Verlaufsformen werden unterschieden:

(1) **Reihenverlauf (RV)**

Reihenverlauf | Der **Reihenverlauf** ist durch die Weitergabe kompletter Lose von einem zum nächsten Arbeitsplatz gekennzeichnet.

Alle Teile eines Loses werden nacheinander auf einem Arbeitsplatz gefertigt. Sind alle Teile auf diesem Arbeitsplatz fertiggestellt, werden sie gemeinsam zum nächsten Arbeitsplatz der technologischen Bearbeitungsfolge transportiert (vgl. Bild PW.C.1.(16)).

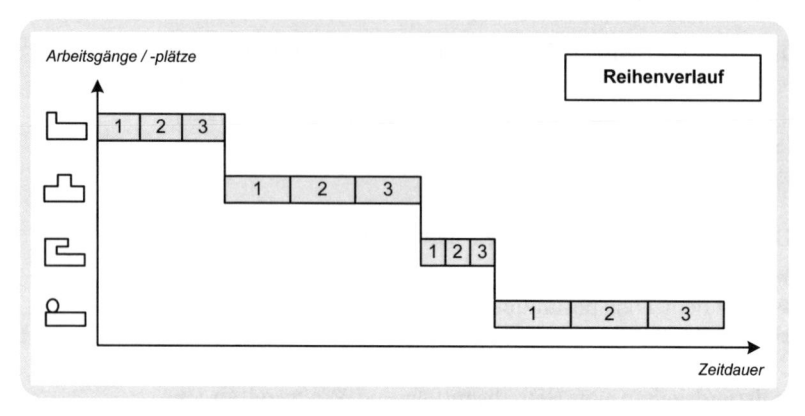

Bild PW.C.1.(16): Reihenverlauf des technologischen Zyklus

Für die Berechnung der Zyklusdauer gilt:

$$T_{TZ_{(RV)}} = n_L \cdot \sum_{i=1}^{m} t_i$$

$T_{TZ_{(RV)}}$ – Zeitdauer des technologischen Zyklus im Reihenverlauf [min]

t_i – Zeit je Einheit (Ist-Zeit) $t_i = \dfrac{t_e}{\dfrac{ZG}{100\%}}$ [min/Stück]

ZG – Zeitgrad [%]
i – Index der Arbeitsgänge; i=1(1)m

Es entstehen, unabhängig von der Beziehung

$$t_i \begin{array}{c}<\\=\\>\end{array} t_{i+1}$$

in dieser Verlaufsform, Liegezeiten (vgl. Bild PW.C.1.(17)).

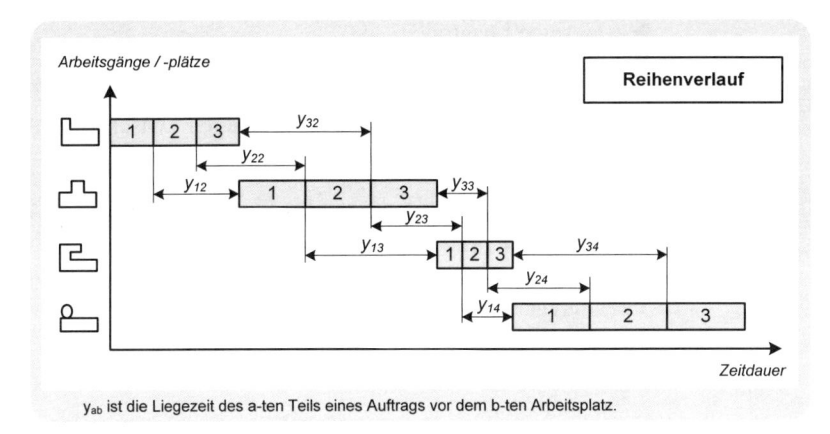

Bild PW.C.1.(17): Liegezeiten im Reihenverlauf

Stillstands- und Wartezeiten entstehen nicht, wenn man annimmt, dass vor und nach der Bearbeitung des Loses auf einem Arbeitsplatz andere Lose auf diesem Arbeitsplatz bearbeitet werden. In den Bildern PW.C.1.(16) und PW.C.1.(17) wurde nur der Durchlauf eines einzigen Loses dargestellt.

Die Annahme, dass die Reihenfolge der Teilebearbeitung auf allen Maschinen identisch ist, tritt in der Praxis höchstens zufällig auf (sie wäre nur zu erreichen durch Nummerierung aller Teile). Die tatsächliche Reihenfolge der Teile auf den Folgemaschinen ist zufällig. Damit ändern sich die einzelnen Werte y_{ab} der Darstellung. Für den gesamten Prozessablauf ist diese Änderung unerheblich, weil unabhängig von der Teilereihenfolge die Summe aller auftretenden y-Werte gleich ist.

Die **Weitergabe der Teile im Reihenverlauf** des technologischen Zyklus **führt zu** einer sehr **langen Zyklusdauer** und damit zu **ökonomisch negativen Folgen**, die mit der Verweildauer der Teile im Fertigungsprozess zusammenhängen. Besonders negativ beeinflusst werden die Kosten der Kapitalbindung.

Der Reihenverlauf ist gegenwärtig in der Betriebspraxis dominant. Das hängt damit zusammen, dass seine Durchführung leicht handhabbar und organisierbar ist und dass alle Arbeitsplätze ununterbrochen bei der Fertigstellung des Loses arbeiten können. Er erfordert **wenige Transporte**, oft aber **lange Transportwege**.

Der Reihenverlauf ist dann ökonomisch vertretbar, wenn folgende Bedingungen vorliegen:

- ▶ Geringe Losgrößen
- ▶ Kurze Zeiten je Einheit
- ▶ Lange Transportwege
- ▶ Unregelmäßige Transportverbindungen zwischen den Arbeitsplätzen

Die Absicht, die Zyklusdauer des Reihenverlaufs zu verkürzen, führt zur Gestaltung des Parallelverlaufs.

(2) **Parallelverlauf (PV)**

Der Parallelverlauf verkürzt den technologischen Zyklus im Vergleich zum Reihenverlauf erheblich.

Parallelverlauf

Der **Parallelverlauf** ist durch die sofortige Weitergabe jedes Teils zum Folgearbeitsplatz, nach seiner vollständigen Bearbeitung auf dem davor liegenden Arbeitsplatz, gekennzeichnet.

Bei sehr großen Losen wird häufig auch eine Weitergabe auf der Basis von Transportlosgrößen realisiert. Zur besseren Auslastung von Transportmitteln und zur Senkung der Häufigkeit der Transporte ist die Teileweitergabe mittels der definierten Transportlosgröße ein probates Mittel.

Die Teilestückzahl der Transportlosgröße wird auf der Basis technischer und organisatorischer Überlegungen und der zu erwartenden Kosten bestimmt.

Die **Häufigkeit der Transporte steigt beim Parallelverlauf verglichen mit dem Reihenverlauf**. Die Anwendung des Parallelverlaufs verlangt deshalb eine andere **räumliche Strukturierung** des Fertigungsprozesses, die zu einer Verkürzung der Transportwege führt.

Der Parallelverlauf sollte nur dann in der Praxis angewendet werden, wenn folgende **Grundbeziehung des Zeitbedarfs für aufeinander folgende Arbeitsgänge** gilt:

$$t_i \approx t_{i+1}$$

Sie ist die **Voraussetzung für die Taktung** bei der Teileweitergabe von Arbeitsplatz zu Arbeitsplatz. Bei identischen Bearbeitungszeiten aufeinander folgender Arbeitsplätze entstehen weder Stillstands-, Warte- noch Liegezeiten. Wenn o. g. Beziehung nicht zutrifft, kann folgende graphische Darstellung des Parallelverlaufs gegeben werden (vgl. Bild PW.C.1.(18)).

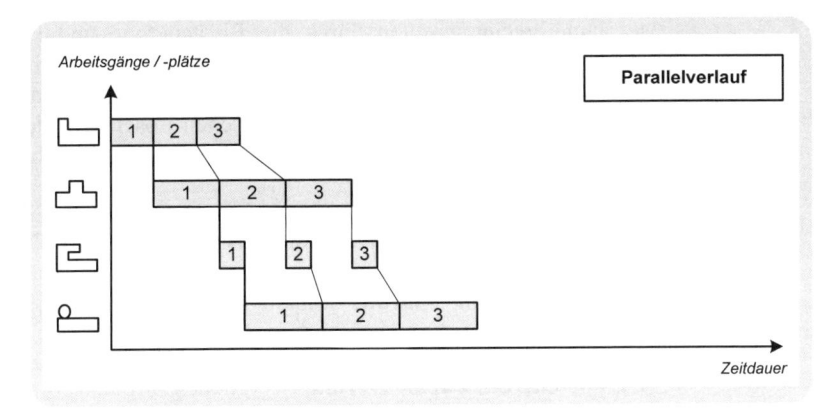

Bild PW.C.1.(18): Parallelverlauf des technologischen Zyklus

Für die gewählten Zeitbeziehungen der einzelnen Arbeitsgänge entstehen folgende Unterbrechungszeiten (vgl. dazu Bild PW.C.1.(19)).

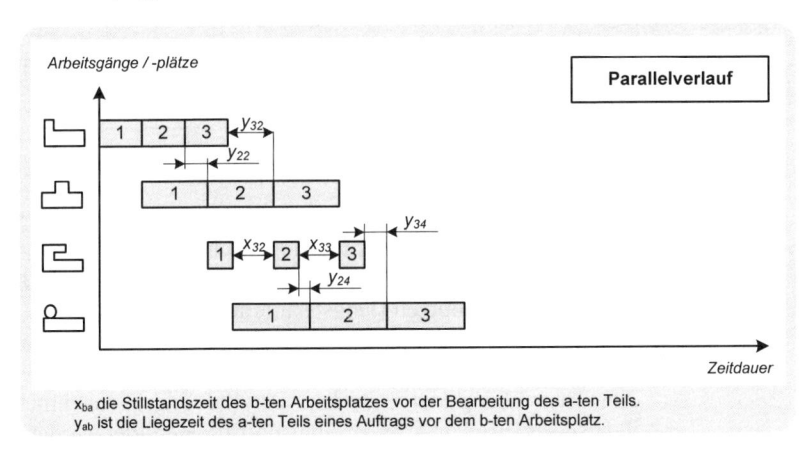

x_{ba} die Stillstandszeit des b-ten Arbeitsplatzes vor der Bearbeitung des a-ten Teils.
y_{ab} ist die Liegezeit des a-ten Teils eines Auftrags vor dem b-ten Arbeitsplatz.

Bild PW.C.1.(19): Stillstands- und Liegezeiten im Parallelverlauf

Folgende Schlussfolgerungen sind für die Betrachtungen zweier aufeinander folgender Arbeitsplätze i und i+1 verallgemeinerbar:

$$\text{Wenn } t_i = t_{i+1} \rightarrow x, y = 0$$
$$\text{Wenn } t_i > t_{i+1} \rightarrow x > 0$$
$$\text{Wenn } t_i < t_{i+1} \rightarrow y > 0$$

Da die Arbeitsplätze auf die Losbearbeitung eingerichtet sind, wirken Stillstands- und Wartezeiten als Unterbrechungen des Fertigungsablaufs. Die in der Praxis sehr häufige Nutzung dieser Unterbrechungszeiten durch die Einsteuerung und Fertigung von Einzelteilen (Arbeitsgängen), die nicht zu dem Los gehören, für das die Maschine eingerichtet wurde, führen zur Aufhebung des wesentlichen ökonomischen Loseffekts, der in der einmaligen Gewährung der Rüstzeit pro Los und Arbeitsplatz besteht.

Nach jedem Teilewechsel wäre die Rüstzeit neu zu gewähren, um die Maschine für die nächste Arbeit einzurichten. Das ist ökonomisch nicht sinnvoll, deshalb ist die Vermeidung von Stillstandszeiten anzustreben.

Die **Vorteile des Parallelverlaufs** verglichen mit dem Reihenverlauf liegen in einer erheblichen Verkürzung der Zyklusdauer und in der Verkürzung der Transportwege durch Einsatz des Reihenprinzips.

Die **Nachteile des Parallelverlaufs** liegen in einer steigenden Transporthäufigkeit und im Entstehen von Stillstands- und Wartezeiten unter der Bedingung $t_i > t_{i+1}$.

Die Formel für die Berechnung der Zeitdauer des technologischen Zyklus im Parallelverlauf lautet:

$$T_{TZ_{(PV)}} = n_P \cdot \sum_{i=1}^{m} t_i + (n_L - n_P) \cdot t_H$$

$T_{TZ\,(PV)}$ — Zeitdauer des technologischen Zyklus im Parallelverlauf [min]

t_H — Hauptzeit (längste anfallende t_i-Zeit); $t_H = \max\{t_i\}$ [min/Stück]

Zur Begrenzung der mit dem Parallelverlauf zunehmenden Transporthäufigkeit können Transportlose gebildet werden. Für sie gilt allgemein der Wertevorrat $n_L \geq n_P \geq 1$.

Transportlos

Ein **Transportlos** ist die Anzahl von Einzelteilen, die gemeinsam von Arbeitsplatz zu Arbeitsplatz transportiert werden. Als Transportlosgröße kommen alle Werte in Frage, die zu einer ganzzahligen Relation des Quotienten n_L / n_P führen.

Bei $n_P = 1$ erfolgt ein („reiner") Parallelverlauf, während bei $n_P = n_L$ kein Parallel-, sondern ein Reihenverlauf vorliegt. Bei allen Fällen $n_L > n_P > 1$ erfolgt eine gleichzeitige Bearbeitung des Fertigungsloses auf mehreren Arbeitsplätzen. Der Einfluss des Reihenverlaufs nimmt jedoch mit wachsender Transportlosgröße zu.

Dieser Einfluss wird an der dabei entstehenden längeren Dauer des technologischen Zyklus sichtbar.

Zur Vermeidung der im Falle von $t_i > t_{i+1}$ auftretenden Stillstands- und Wartezeiten erfolgt eine Änderung der Art der Teileweitergabe. Es entsteht der kombinierte Verlauf.

(3) **Kombinierter Verlauf (KV)**

Der **kombinierte Verlauf** setzt sich aus **Fragmenten** des **Reihenverlaufs** und des **Parallelverlaufs** zusammen.

| Kombinierter Verlauf

Unter der Bedingung

$$t_i \leq t_{i+1}$$

sind der kombinierte Verlauf und der Parallelverlauf identisch. Die sofortige Teileweitergabe führt hier nicht zu Stillstands- und Wartezeiten. Unter der Bedingung

$$t_i > t_{i+1}$$

würden im Parallelverlauf Stillstands- und Wartezeiten entstehen. Aus diesem Grunde wird die Teileweitergabe verändert.

Das letzte Teil des Loses kann nach seiner Fertigstellung auf Arbeitsplatz i sofort auf dem Arbeitsplatz i+1 weiterbearbeitet werden. Für alle weiteren Teile des Loses (n_L-1) wird die Weitergabe vom Arbeitsplatz i zum Arbeitsplatz i+1 so angestrebt, dass sie ohne Unterbrechung auf Arbeitsplatz i+1 bearbeitet werden können.

Der Termin für den Bearbeitungsbeginn auf dem Arbeitsplatz i+1 wird, ausgehend vom Beginntermin, für das letzte Teil des Loses auf Arbeitsplatz i+1 bestimmt durch:

$$(n_L - 1) \cdot t_{i+1}$$

Diese Formel drückt die Zeitdauer der Bearbeitung von n_L-1 Teilen auf dem Arbeitsplatz i+1 aus.
Dieser Wert wird vom Beginntermin des letzten Teils des Loses auf dem Arbeitsplatz i+1 subtrahiert und kennzeichnet den frühestmöglichen Start für die Bearbeitung der verbleibenden n_L-1 Teile auf dem Arbeitsplatz i+1.

Der auf die nächste ganze Zahl abgerundete Quotient

$$\frac{t_i \cdot n_L - t_{i+1} \cdot (n_L - 1)}{t_i}$$

definiert die Anzahl der Teile, die von Arbeitsplatz i zu Arbeitsplatz i+1 gemeinsam vor Beginn der Bearbeitung des Loses transportiert werden können.

Im Idealfall handelt es sich um n_L-1 Teile und damit fast um die komplette Losgröße (fast identisch mit dem Reihenverlauf).

Durch diese Weitergabeart werden Stillstands- und Wartezeiten, die im Parallelverlauf vorhanden waren, vermieden. Sie werden frei für die Bearbeitung anderer Teile.

In der **Annäherung der Transportlosgröße** im kombinierten Verlauf an die Transportlosgröße im Reihenverlauf sowie in der Sicherung einer **ununterbrochenen Losbearbeitung** je Bearbeitungsstation bestehen die Fragmente des Reihenverlaufs, die im kombinierten Verlauf umgesetzt werden.

Folgende Darstellung charakterisiert den kombinierten Verlauf des technologischen Zyklus (vgl. Bild PW.C.1.(20)).

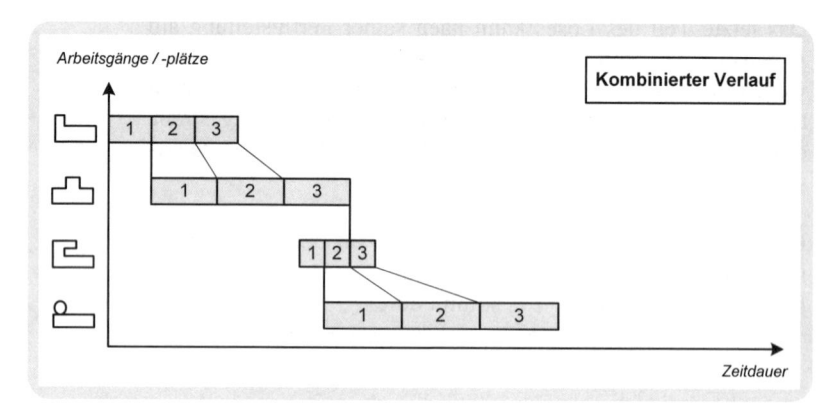

Bild PW.C.1.(20): *Kombinierter Verlauf des technologischen Zyklus*

Im **kombinierten Verlauf** des technologischen Zyklus entfallen die Stillstands- und Wartezeiten, die im Parallelverlauf negative ökonomische Effekte bewirken. Es treten lediglich Liegezeiten auf. Durch die besondere Weitergabeart, die bei der Bedingung $t_i > t_{i+1}$ angewendet wird, werden Zeiten für die Bearbeitung anderer Lose frei.

Existente Unterbrechungszeiten verdeutlicht Bild PW.C.1.(21).

Produktionsorganisation 355

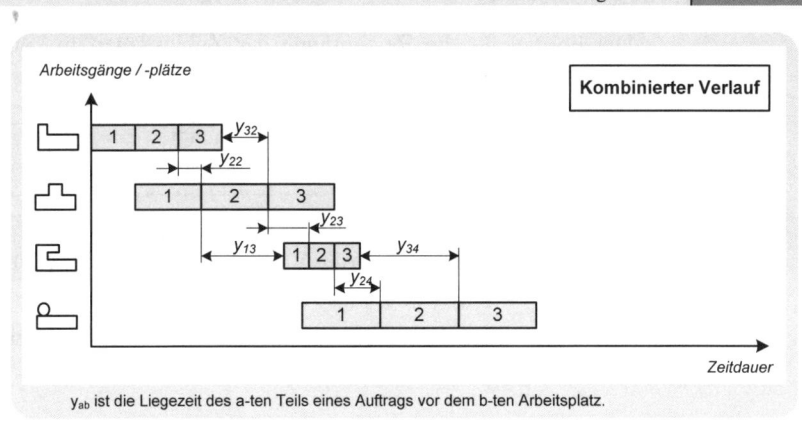

Bild PW.C.1.(21): Liegezeiten im kombinierten Verlauf

Im gewählten Beispiel führt die Einsparung der Stillstands- und Wartezeiten im Vergleich zum Parallelverlauf zu einer Verlängerung der Zyklusdauer im kombinierten Verlauf (vgl. Bild PW.C.1.(22)).

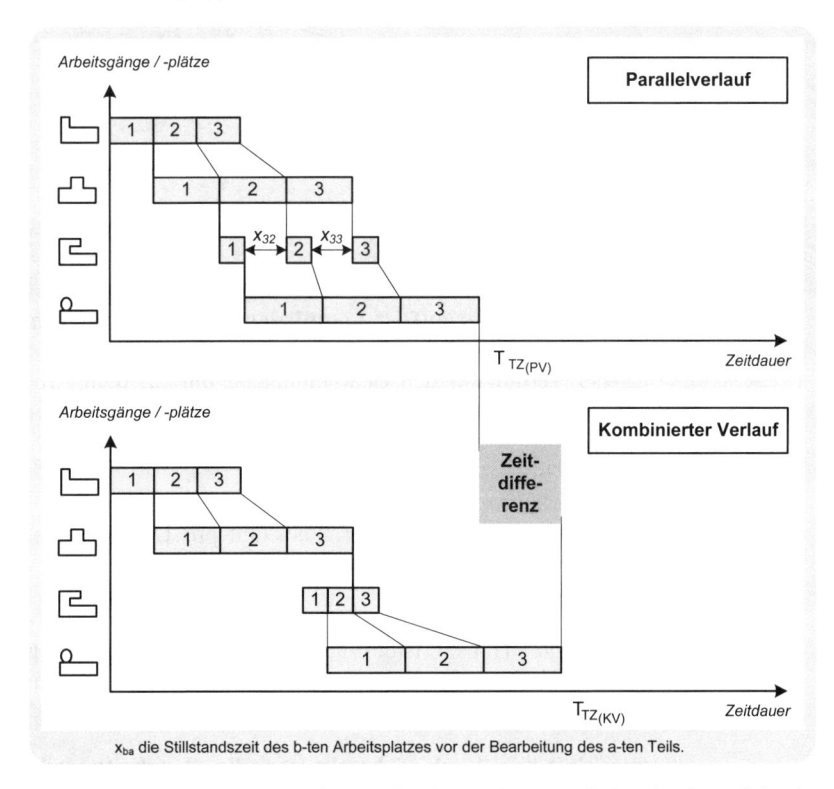

Bild PW.C.1.(22): Vergleich der Zyklusdauer des Parallelverlaufs und des kombinierten Verlaufs

Die Formel für die Bestimmung der Zyklusdauer im kombinierten Verlauf lautet:

$$T_{TZ_{(KV)}} = n_L \cdot \sum_{i=1}^{m} t_i - (n_L - n_p) \cdot \sum_{i=1}^{m-1} t_{kürz_i}$$

$T_{TZ_{(KV)}}$ – Zeitdauer des technologischen Zyklus
im kombinierten Verlauf [min]

$t_{kürz_i}$ – Kürzeste t_i-Zeit zweier aufeinander
folgender Arbeitsgänge; [min/Stück]
$t_{kürz_i} = \min\{t_i, t_{i+1}\}$

Für die Bestimmung von $t_{kürz_i}$ wird folgendes Beispiel gegeben (vgl. Bild PW.C.1.(23)).

Arbeitsgang	t_i [min/Stück]	$t_{kürz_i}$ [min/Stück]
1	3	
		3
2	4	
		1
3	1	
		1
4	5	
Summe	13	5

Bild PW.C.1.(23): Bestimmung der $t_{kürz_i}$-Zeit

Der kombinierte Verlauf ist komplizierter zu organisieren als der Parallelverlauf und der Reihenverlauf, weil im Falle von $t_i > t_{i+1}$ der Termin für den Bearbeitungsbeginn auf dem Arbeitsplatz i+1 genau vorausbestimmt und exakt eingehalten werden muss.

Im Reihenverlauf wird immer das ganze Los weitergegeben. Der Transportrhythmus wird von der Stückzahl pro Los und von der Bearbeitungszeit je Arbeitsgang beeinflusst.

Im Parallelverlauf erfolgt die Teileweitergabe in Transportlosen. Die festgelegte Transportstückzahl ist konstant. Der Transportrhythmus wird durch die Transportlosgröße und die Bearbeitungszeit je Arbeitsgang bestimmt.

Im kombinierten Verlauf bestimmen die Bearbeitungsdauer und die Transportlosgröße (nur bei $t_i > t_{i+1}$) **die Rhythmik des Fertigungsprozesses.**

Die kürzeste Zyklusdauer entsteht im Parallelverlauf unter der Bedingung der sofortigen Weitergabe jedes Einzelteils ($n_P = 1$).

Allgemein gilt für die Dauer des technologischen Zyklus:

$$T_{TZ_{(RV)}} > T_{TZ_{(KV)}} \geq T_{TZ_{(PV)}}$$

Damit wird deutlich, dass die längste Zyklusdauer im Reihenverlauf entsteht. Da das Hauptmotiv für die Organisation des kombinierten Verlaufs in der Vermeidung von Stillstands- und Wartezeiten besteht, ist auch akzeptabel, dass sich dabei die Dauer des technologischen Zyklus verlängern kann und somit $T_{TZ_{(KV)}} > T_{TZ_{(PV)}}$ gilt.

Da unter der Bedingung $t_i \leq t_{i+1}$ keine Stillstands- und Wartezeiten entstehen, gibt es keinen Grund, die Art der Teileweitergabe gemäß Parallelverlauf zu verändern.

Unter dieser Bedingung gilt:

$$T_{TZ_{(KV)}} = T_{TZ_{(PV)}}$$

Im Falle von $t_i > t_{i+1}$ entstehen Stillstands- und Wartezeiten, die durch eine Teileweitergabe nach dem kombinierten Verlauf vermieden werden können.

Hier stellt sich die Frage, ob für diesen Fall stets eine Verlängerung der Zyklusdauer im kombinierten Verlauf gegenüber dem Parallelverlauf zu erwarten ist bzw. unter welchen Bedingungen $T_{TZ_{(KV)}} = T_{TZ_{(PV)}}$ erhalten bleibt.

Unter folgenden Bedingungen bleiben die Zyklusdauern im kombinierten Verlauf und im Parallelverlauf gleich:

(1) Wenn die Länge der Bearbeitungszeiten der Arbeitsgänge der im Rahmen der technologischen Bearbeitungsfolge angelaufenen Arbeitsplätze **bis** zum **Arbeitsplatz, der die Hauptzeit benötigt, stetig steigt**. In dem Fall liegt die Hauptzeit auf dem letzten Arbeitsplatz der technologischen Bearbeitungsfolge.

Es gilt:

$$t_i < t_{i+1} < ... < t_{i+n} = t_H$$

Dieser Zusammenhang wird in Bild PW.C.1.(24) dargestellt.

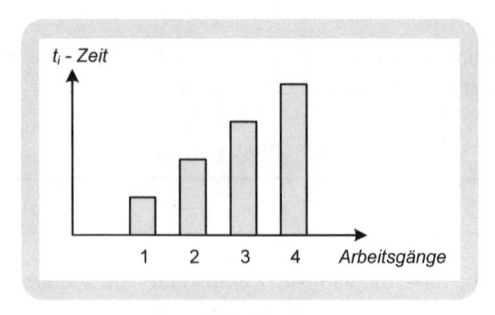

Bild PW.C.1.(24): t_i-*Zeitverteilung Fall 1*

(2) Wenn die Länge der Bearbeitungszeiten der Arbeitsgänge der im Rahmen der technologischen Bearbeitungsfolge angelaufenen Arbeitsplätze **nach** dem **Arbeitsplatz, der die Hauptzeit benötigt, stetig fällt**. In dem Fall liegt die Hauptzeit auf dem ersten Arbeitsplatz der technologischen Bearbeitungsfolge.

Es gilt:

$$t_H = t_i > t_{i+1} > ... > t_{i+n}$$

Dieser Zusammenhang wird in Bild PW.C.1.(25) dargestellt.

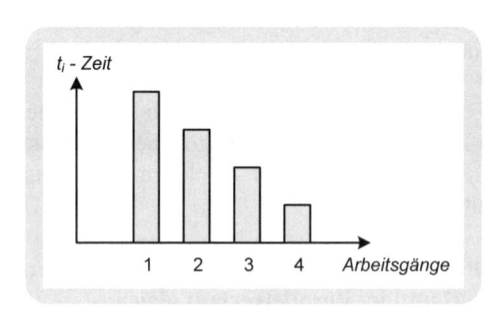

Bild PW.C.1.(25): t_i-*Zeitverteilung Fall 2*

(3) Wenn die Länge der Bearbeitungszeiten der Arbeitsgänge der im Rahmen der technologischen Bearbeitungsfolge angelaufenen Arbeitsplätze **bis** zum **Arbeitsplatz mit der Hauptzeit stetig steigt und danach stetig fällt**. In dem Fall liegt der Arbeitsplatz mit der Hauptzeit inmitten der technologischen Bearbeitungsfolge (vgl. Bild PW.C.1.(26)).

Es gilt:

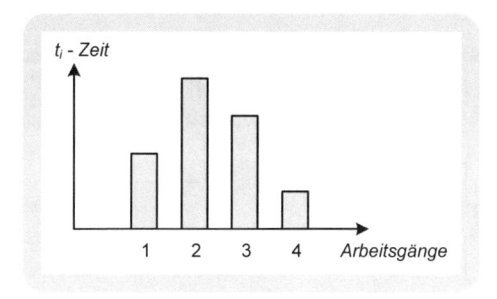

$$t_i < t_{i+1} < \ldots < t_{i+n} = t_H > \ldots > t_{i+n}$$

Bild PW.C.1.(26): t_i-*Zeitverteilung Fall 3*

Für die technologische Vorbereitung des Fertigungsprozesses bedeutet dies, dass der aus der Sicht des Kapazitätsbedarfs existierende Engpassarbeitsgang zu identifizieren ist und auf eine entsprechende harmonische Verteilung der Bearbeitungszeiten vor und nach dem Engpass Einfluss genommen werden muss.

Immer dann, wenn sich vor und nach einem betrachteten Arbeitsgang Arbeitsgänge mit einer längeren Bearbeitungsdauer befinden, führt das Vermeiden von Stillstands- und Wartezeiten durch den kombinierten Verlauf zu einer Verlängerung der Dauer des technologischen Zyklus im Vergleich zum Parallelverlauf.

1.2.2 Organisationsformen (OF_{TF})
1.2.2.1 Klassische Organisationsformen

Eine **klassische Organisationsform der Teilefertigung (OF_{TF})** entsteht durch die Kombination eines räumlichen Organisationsprinzips (ROP_{TF}) mit einem zeitlichen Organisationsprinzip (ZOP_{TF}).

Klassische Organisationsformen der Teilefertigung

■ Kombinationsmöglichkeiten aus ROP_{TF} und ZOP_{TF}

Die räumlichen und zeitlichen Organisationsprinzipien gestatten eine **Vielzahl von Kombinationsmöglichkeiten**. Nicht jede davon kann den Anspruch erheben, technisch-technologisch und / oder ökonomisch sinnvoll zu sein.

Kombinationsmöglichkeiten

Die folgende Darstellung (vgl. Bild PW.C.1.(27)) verdeutlicht technisch praktikable und betriebswirtschaftlich sinnvolle Kombinationsmöglichkeiten von räumlichen und zeitlichen Organisationsprinzipien zu Organisationsformen.

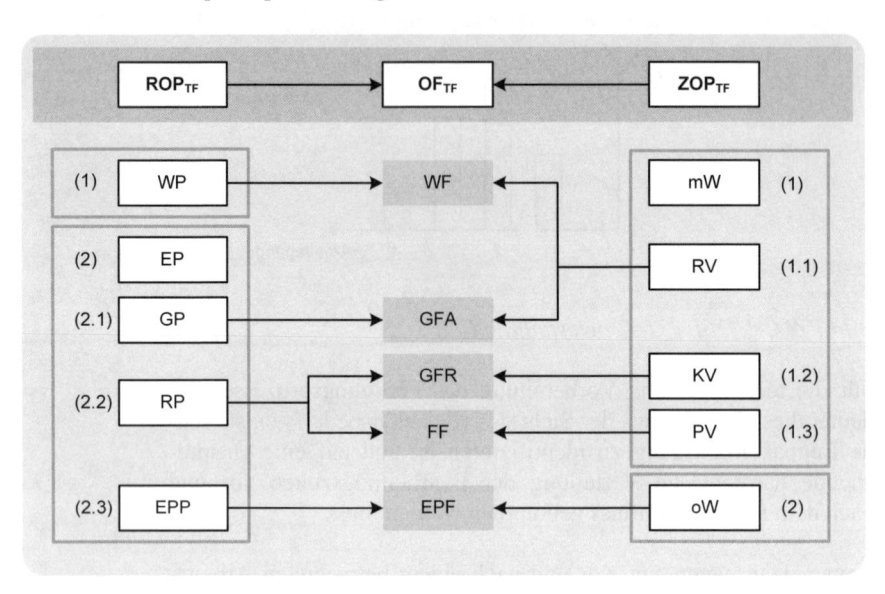

Bild PW.C.1.(27):   Bildung der Organisationsformen aus der Kombination von räumlichen und zeitlichen Organisationsprinzipien

Die dargestellten Kombinationen kennzeichnen die **klassischen Varianten der Organisationsformen**.

Kombiniert man (vgl. Bild PW.C.1.(28))

Werkstattfertigung
▶ Reihenverlauf (RV) mit dem Werkstattprinzip (WP) entsteht die **Werkstattfertigung (WF)**,

Fertigungsabschnitt
▶ Reihenverlauf (RV) mit dem Gruppenprinzip (GP) entsteht der **gegenstandsspezialisierte Fertigungsabschnitt (GFA)**,

Fertigungsreihe
▶ Kombinierten Verlauf (KV) mit dem Reihenprinzip (RP) entsteht die **gegenstandsspezialisierte Fertigungsreihe (GFR)**,

Fließfertigung
▶ Parallelverlauf (PV) mit dem Reihenprinzip (RP) entsteht die **Fließfertigung (FF)**,

Einzelplatzfertigung
▶ Prinzip ohne Weitergabe (oW) der Teile mit dem Einzelplatzprinzip (EPP) entsteht die **Einzelplatzfertigung (EPF)**.

ROP$_{TF}$ \ ZOP$_{TF}$		WP	EP		
			GP	RP	EPP
	RV	WF	GFA		
mW	KV			GFR	
	PV			FF	
oW					EPF

Bild PW.C.1.(28):   Organisationsformen der Teilefertigung

Die Fertigbearbeitung eines Einzelteils erfolgt in den Organisationsformen auf unterschiedliche Weise (vgl. Bild PW.C.1.(29)).

In der **Werkstattfertigung (WF)** wird das Werkstück in verschiedenen Werkstätten mit unterschiedlichen Fertigungsverfahren bearbeitet. Jedes Werkstück durchläuft die Werkstätten auf verschiedenen Fertigungspfaden. In jeder Werkstatt wird je Teil in der Regel ein Arbeitsgang realisiert. Das Werkstück ist dann fertiggestellt, wenn es die in seiner technologischen Bearbeitungsfolge festgelegten Fertigungsverfahren in den entsprechenden Werkstätten angelaufen hat und die Arbeitsgänge realisiert wurden.

Jedes Werkstück (einer Teileklasse) durchläuft die in einem **gegenstandsspezialisierten Fertigungsabschnitt (GFA)** angeordneten Maschinen, die zu gleichen und / oder verschiedenen Verfahren gehören, auf unterschiedlichen Fertigungspfaden. Die Fertigungsflussrichtung der Teile ist nicht identisch. Die Teile der Teileklassen werden in der für sie installierten Organisationsform in der Regel fertig bearbeitet.

Jedes Werkstück einer Teileklasse, für die die **gegenstandsspezialisierte Fertigungsreihe (GFR)** aufgebaut wurde, durchläuft die Maschinen in der Reihenfolge ihrer räumlichen Anordnung. Die Fertigungsflussrichtung ist für alle Teile gleich. In dieser Organisationsform erfolgt in der Regel eine Fertigbearbeitung.

Jedes Werkstück einer Teileklasse durchläuft die Maschinen, die in der **Fließfertigung (FF)** in Reihe angeordnet sind, in der Reihenfolge ihrer räumlichen Anordnung. Die Fertigungsflussrichtung aller Teile ist identisch. Der Weitergaberhythmus zwischen den Arbeitsplätzen wird durch Taktung bestimmt. Es erfolgt eine Fertigbearbeitung.

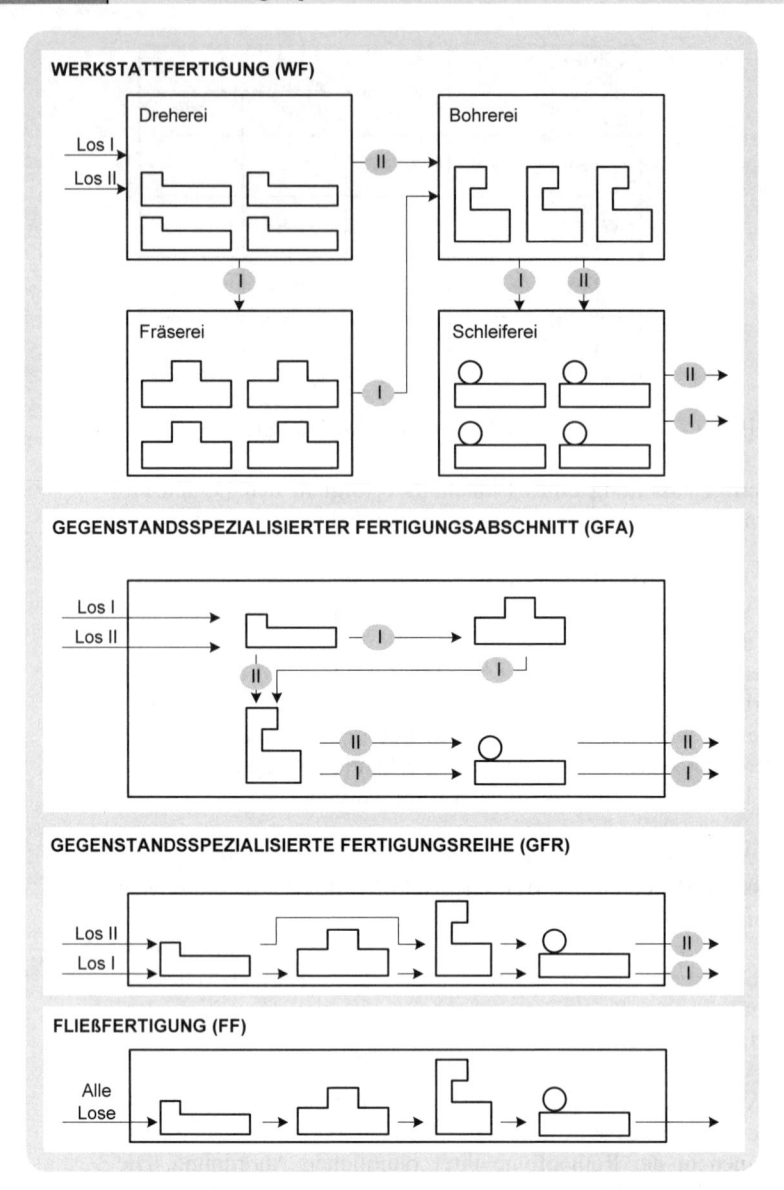

Bild PW.C.1.(29): Fertigungsflussrichtungen in Organisationsformen

In der **Einzelplatzfertigung (EPF)** werden alle Arbeitsgänge zur Fertigbearbeitung eines Werkstücks an einer Maschine komplett realisiert. Die Reihenfolge der durchzuführenden Arbeitsgänge ist beliebig. Zwischen den Arbeitsgängen finden keine Transporte statt. Die Möglichkeit zur Fertigbearbeitung hängt von der Möglichkeit der Integration aller benötigten Fertigungsverfahren in die Bearbeitungsstation ab.

Die Organisationsformen besitzen unterschiedliche Fähigkeiten zur Flexibilität und Kontinuität.

■ Flexibilität und Kontinuität

Jede Organisationsform besitzt eine ihr spezifische Fähigkeit zur Flexibilität und Kontinuität. Der Vergleich der organisationsformbezogenen Potenziale zu Flexibilität und Kontinuität findet sich in Bild PW.C.1.(30).

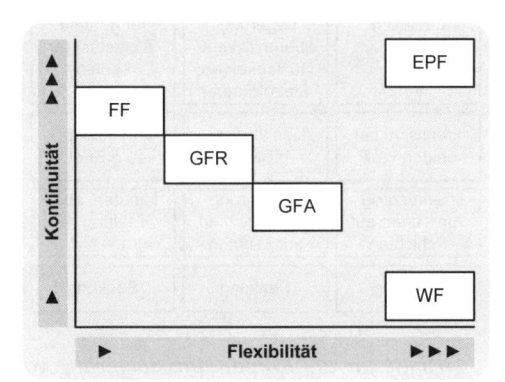

Bild PW.C.1.(30): Flexibilität und Kontinuität der Organisationsformen

Kontinuität ist der Grad der ununterbrochenen Bearbeitung der Arbeitsobjekte. Sie wächst bei der Teilebearbeitung in den Organisationsformen in der Richtung: | Kontinuität

$$WF \rightarrow GFA \rightarrow GFR \rightarrow FF \rightarrow EPF$$

Die **Gründe** dafür sind in Bild PW.C.1.(31) dargestellt. Grundlage dieser Entwicklungstendenz sind folgende Kriterien:

▶ Länge der Transportwege
▶ Technisches Niveau der TUL-Prozesse
▶ Technologische Bearbeitungsfolge
▶ Dauer der Übergangszeiten zwischen Betriebsmitteln

Die **Flexibilität** (vgl. Bild PW.A.4.(8)) der Organisationsformen wächst in folgender Richtung: | Flexibilität

$$FF \rightarrow GFR \rightarrow GFA \rightarrow WF \rightarrow EPF$$

Die **Gründe** dafür werden in Bild PW.C.1.(32) dargestellt. Grundlage dieser Entwicklungstendenz sind folgende Kriterien:

▶ Fertigungsstruktur und Anzahl integrierbarer Fertigungsverfahren
▶ Technologische Bearbeitungsfolge

Kontinuität ▶▶▶

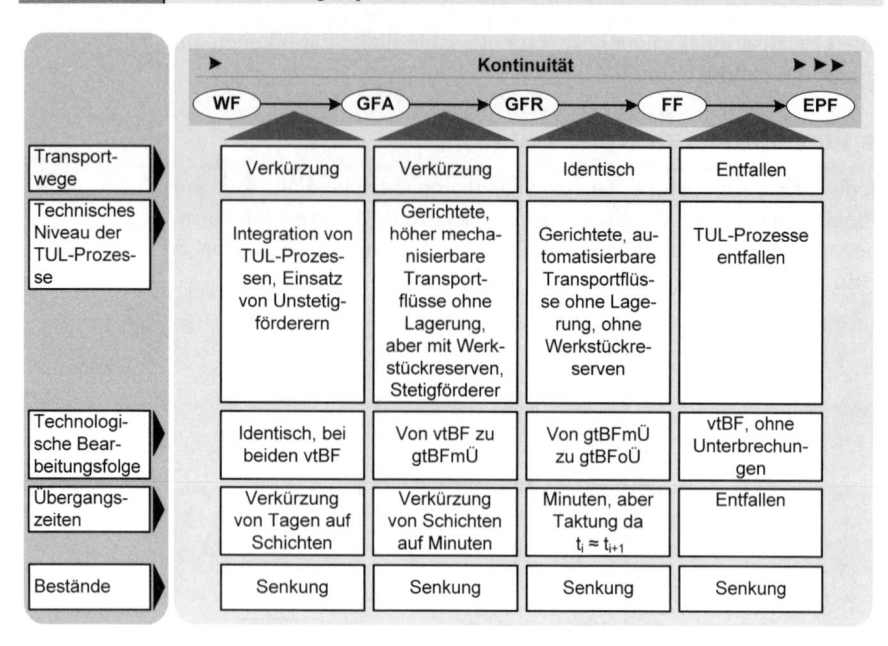

	WF →	GFA →	GFR →	FF →	EPF
Transportwege	Verkürzung	Verkürzung	Identisch	Entfallen	
Technisches Niveau der TUL-Prozesse	Integration von TUL-Prozessen, Einsatz von Unstetigförderern	Gerichtete, höher mechanisierbare Transportflüsse ohne Lagerung, aber mit Werkstückreserven, Stetigförderer	Gerichtete, automatisierbare Transportflüsse ohne Lagerung, ohne Werkstückreserven	TUL-Prozesse entfallen	
Technologische Bearbeitungsfolge	Identisch, bei beiden vtBF	Von vtBF zu gtBFmÜ	Von gtBFmÜ zu gtBFoÜ	vtBF, ohne Unterbrechungen	
Übergangszeiten	Verkürzung von Tagen auf Schichten	Verkürzung von Schichten auf Minuten	Minuten, aber Taktung da $t_i \approx t_{i+1}$	Entfallen	
Bestände	Senkung	Senkung	Senkung	Senkung	

Bild PW.C.1.(31): Gründe für die Kontinuitätssteigerung von der Werkstattfertigung bis zur Einzelplatzfertigung

Flexibilität ▶▶▶

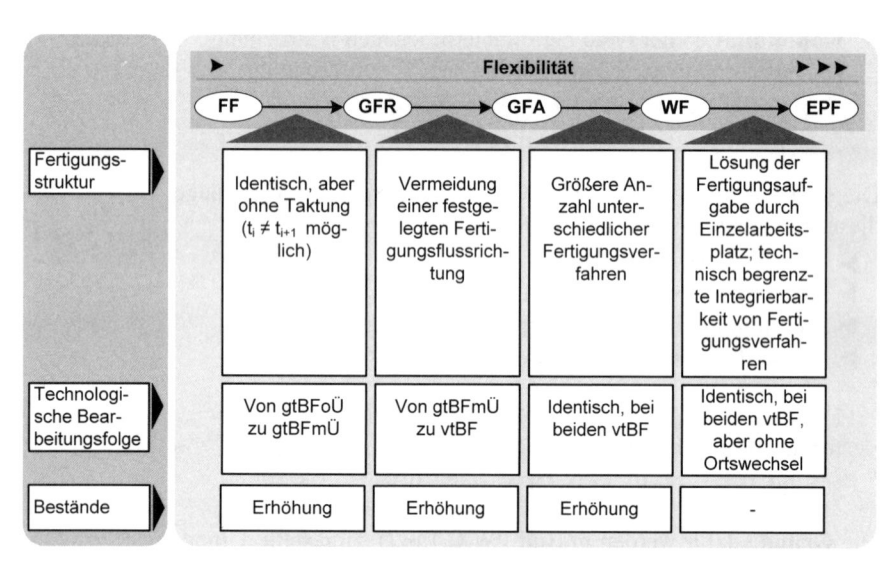

	FF →	GFR →	GFA →	WF →	EPF
Fertigungsstruktur	Identisch, aber ohne Taktung ($t_i \neq t_{i+1}$ möglich)	Vermeidung einer festgelegten Fertigungsflussrichtung	Größere Anzahl unterschiedlicher Fertigungsverfahren	Lösung der Fertigungsaufgabe durch Einzelarbeitsplatz; technisch begrenzte Integrierbarkeit von Fertigungsverfahren	
Technologische Bearbeitungsfolge	Von gtBFoÜ zu gtBFmÜ	Von gtBFmÜ zu vtBF	Identisch, bei beiden vtBF	Identisch, bei beiden vtBF, aber ohne Ortswechsel	
Bestände	Erhöhung	Erhöhung	Erhöhung	-	

Bild PW.C.1.(32): Gründe für die Flexibilitätssteigerung von der Fließfertigung zur Einzelplatzfertigung

Das Wachstum der Flexibilität in dieser Richtung hat damit zu tun, dass starre Fertigungsstrukturen auf der Grundlage fester Fertigungsflussrichtungen aufgelöst werden und somit ein Übergang von der gleichen technologischen Bearbeitungsfolge zur variierenden technologischen Bearbeitungsfolge möglich wird.

Die Flexibilitätssteigerung besteht in der Werkstattfertigung gegenüber dem gegenstandsspezialisierten Fertigungsabschnitt vor allem in der Möglichkeit, eine in der Werkstattfertigung vorhandene größere Anzahl von Fertigungsverfahren einzusetzen.

Die Flexibilität der Einzelplatzfertigung ist ein Spezialproblem. Innerhalb der in einem Einzelplatz integrierbaren Fertigungsverfahren kommt die Flexibilität der Einzelplatzfertigung der des gegenstandsspezialisierten Fertigungsabschnitts oder der Werkstattfertigung nahe oder übertrifft diese sogar. Bezogen auf die begrenzte Fähigkeit zur Integration beliebiger Fertigungsverfahren in ein Einzelplatzsystem bleibt die Flexibilität aber in definierbaren Grenzen.

Die Auswahl rationeller Organisationsformen wird durch den Einsatz ausgewählter Kennziffern erleichtert.

■ Ausgewählte Kennziffern zur Bestimmung rationeller Organisationsformen

Die Kennziffern **Spezialisierungsgrad, Geschlossenheitsgrad** und **Wechselgrad** werden hier diskutiert, weil über sie eine Beziehung zwischen den Fertigungsarten und den für sie relevanten Organisationsformen hergestellt werden kann.

> Der **Spezialisierungsgrad (S)** gibt an, inwieweit sich ein Arbeitsplatz oder mehrere Arbeitsplätze einer Organisationsform auf die Durchführung eines Arbeitsgangs (pro Arbeitsplatz) konzentrieren.

Spezialisierungsgrad

Kann ein Arbeitsplatz nur einen Arbeitsgang ausführen, besitzt er die höchste Spezialisierung. Der Spezialisierungsgrad hat den Wert $S = 1$. Es handelt sich um eine **Spezialmaschine**, die z. B. in der Fließfertigung eingesetzt wird.

Mit zunehmender Anzahl unterschiedlicher Arbeitsgänge, die an einem Arbeitsplatz durchgeführt werden können, verringert sich die Spezialisierung. Der Spezialisierungsgrad sinkt. Eine **Universalmaschine**, die z. B. in der Werkstattfertigung eingesetzt wird, kann eine Vielzahl verschiedener Arbeitsgänge durchführen. Der Spezialisierungsgrad hat einen Wert $S \ll 1$.

Allgemein gilt die Beziehung:

$$S = \frac{m}{\sum_{i=1}^{m} z_i}$$

S — Spezialisierungsgrad; $0 < S \leq 1$ [-]
z_i — Anzahl der unterschiedlichen Arbeits- [Stück]
gänge am Arbeitsplatz i
i — Index der Arbeitsplätze; i = 1(1)m
m — Anzahl der Arbeitsplätze in der [Stück]
betrachteten Organisationsform

Es wird ein durchschnittlicher Spezialisierungsgrad der aus m Arbeitsplätzen bestehenden Organisationsform berechnet.

Geschlossen- Der **Geschlossenheitsgrad (G)** einer Organisationsform
heitsgrad gibt an, welcher Anteil der insgesamt an einem Teil / Teilesortiment durchzuführenden Arbeitsgänge in einer Organisationsform durchgeführt wird.

Der Geschlossenheitsgrad wird berechnet nach der Beziehung:

$$G = \frac{\sum_{j=1}^{n} g_j}{\sum_{j=1}^{n} z_j}$$

G — Geschlossenheitsgrad; $0 < G \leq 1$ [-]
g_j — Anzahl der Arbeitsgänge des Teils j, die
in einer Organisationsform gefertigt
werden [Stück]
z_j — Gesamtanzahl der Arbeitsgänge des
Teils j [Stück]
j — Index der Teile; j = 1(1)n

Der Geschlossenheitsgrad ist ein wesentliches Kriterium für den Aufbau gegenstandsspezialisierter Organisationsformen.

Das Ziel besteht darin, einen Geschlossenheitsgrad von G = 1 zu erreichen, also alle durchzuführenden Arbeitsgänge in einer Organisationsform zu realisieren. Der Geschlossenheitsgrad einer Organisationsform ist sowohl für ein Teil (d. h. n = 1) oder ein Teilesortiment (d. h. n > 1) berechenbar.

Um begründete Entscheidungen zur Auswahl von Organisationsformen treffen zu können, wird neben dem Geschlossenheitsgrad der Wechselgrad verwendet.

> Der **Wechselgrad (W)** einer Organisationsform gibt an, wie oft ein Teil im Verlauf der Bearbeitung die Organisationsform wechselt, und zwar im Bezug zur Anzahl der maximal möglichen Wechsel.

| Wechselgrad

Der Wechselgrad wird berechnet nach der Beziehung:

$$W = \frac{\sum_{j=1}^{n} w_j}{\sum_{j=1}^{n} w_{max_j}}$$

W   –   Wechselgrad; $0 \leq W \leq 1$ [-]
w_j –   Anzahl der tatsächlichen Wechsel des Teils j   [Stück]
w_{max_j} –   Anzahl der maximal möglichen Wechsel des Teils j; $w_{max_j} = z_j - 1$ [Stück]

Folgende zusammenfassende Systematisierung ist möglich (vgl. Bild PW.C.1.(33)).

Fertigungsarten		S	G	W	Organisationsformen
	Massenfertigung (MF)	0,3 – 1	1	0	Fließfertigung (FF)
Serienfertigung (SF)	Großserienfertigung (GSF)	0,1 – 0,3	> 0,8	< 0,2	Gegenstandsspezialisierte Fertigungsreihe (GFR)
	Mittelserienfertigung (MSF)	0,01 – 0,1	> 0,6	< 0,5	Gegenstandsspezialisierter Fertigungsabschnitt (GFA)
	Kleinserienfertigung (KSF)	0,005 – 0,01	> 0,6 < 0,6	< 0,5 > 0,5	Gegenstandsspezialisierter Fertigungsabschnitt (GFA) und Werkstattfertigung (WF)
	Einzelfertigung (EF)	< 0,005	< 0,6	> 0,5	Werkstattfertigung (WF)
		0,01 – 0,1	1	0	Einzelplatzfertigung (EPF)

Bild PW.C.1.(33): Zusammenhang zwischen Fertigungsart und Organisationsform

Die Einzelplatzfertigung kann alternativ für alle anderen Organisationsformen eingesetzt werden. Sie ist sowohl für die Massen-, Serien- als auch Einzelfertigung einsetzbar. Stückzahlbedingte Kapazitätsprobleme werden durch zusätzliche Einzelplätze gelöst (vgl. Bild PW.C.1.(34)).

Die Einsatzmöglichkeit der Einzelplatzfertigung hängt davon ab, welche Fertigungsverfahren in einem Einzelplatzsystem integrierbar sind und damit welche Teileklassen bearbeitet werden können. Sie erreicht einen Geschlossenheitsgrad, der gegen 1 geht und einen Wechselgrad, der gegen 0 geht:

- $G_{EPF} \rightarrow 1$
- $W_{EPF} \rightarrow 0$

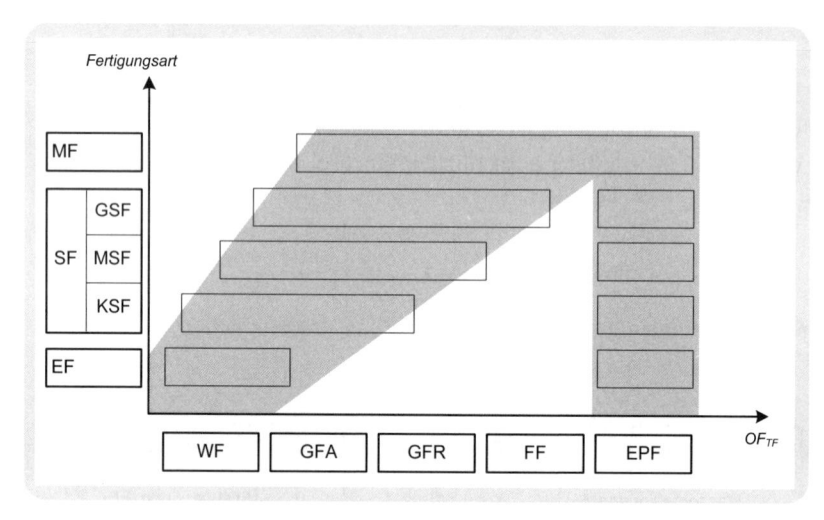

Bild PW.C.1.(34):   Einsatzfelder der Organisationsformen

Darin ist sie mit der Fließfertigung vergleichbar. Dagegen ist sie weit weniger spezialisiert als ein Fließsystem, was ihr die Flexibilität eines gegenstandsspezialisierten Fertigungsabschnitts oder einer Werkstattfertigung verleiht.

Ein Gesamtüberblick über die Unterscheidungsmerkmale der klassischen Organisationsformen und daraus ableitbare Vor- und Nachteile werden in Bild PW.C.1.(35) gegeben.

Merkmale	Organisationsformen der Teilefertigung			
	WF	GFA	GFR	FF	EPF
Räumliches Organisationsprinzip	WP	GP	RP	RP	EPP
Zeitliches Organisationsprinzip	RV	RV	KV	PV	oW
Technologische Bearbeitungsfolge	vtBF	vtBF	gtBFmÜ	gtBFoÜ	vtBF
Transportweg	Lang	Kurz	Kurz	Kurz	Keine Transporte
Transporthäufigkeit	Gering	Gering	Hoch	Sehr hoch	Keine Transporte
Transportmittel	Techn. einfach	Techn. einfach	Techn. anspruchsvoll	Techn. anspruchsvoll	Keine Transporte
Durchlaufzeit	Lang	Mittel	Kurz	Sehr kurz	Sehr kurz
Bestände	Hoch	Mittel	Gering	Gering	Sehr gering
Übersichtlichkeit	Sehr unübersichtlich	Unübersichtlich	Übersichtlich	Übersichtlich	Übersichtlich
Steuerbarkeit	Schlecht	Mittel	Gut	Sehr gut	Gut
Qualifikation des Bedienpersonals	Sehr hoch	Hoch	Mittel	Niedrig	Hoch
Geschlossenheitsgrad	G ≤ 0,6	G ≥ 0,6	G ≥ 0,8	G = 1	G = 1
Flexibilität	Sehr hoch	Hoch	Niedrig	Sehr niedrig	Hoch
Kontinuität	Niedrig	Mittel	Hoch	Sehr hoch	Sehr hoch
Fertigungsart	EF / KSF	KSF / MSF	MSF / GSF	GSF / MF	EF bis MF
Fixkosten	Niedrig	Mittel	Hoch	Sehr hoch	Sehr hoch
Variable Kosten	Hoch	Mittel	Niedrig	Sehr niedrig	Sehr niedrig

Bild PW.C.1.(35): Merkmale klassischer Organisationsformen der Teilefertigung

1.2.2.2 Mischformen klassischer Organisationsformen

Mischformen | Die klassischen Organisationsformen besitzen in der Betriebspraxis teilweise modifizierte Formen. Diese sollen als **Mischformen** bezeichnet werden (vgl. RATH, K. [Fertigungsorganisation] S. 20 ff.).

■ Mischformen der Werkstattfertigung

In der Werkstattfertigung treten zwei Arten von Mischformen auf, die folgendermaßen gekennzeichnet sind:

(1) **Zuordnung von Maschinen zu einer Werkstatt, die nicht zu den Fertigungsverfahren der dort angeordneten Maschinen gehören.**

Der Grund dafür ist die Häufung bestimmter immer wiederkehrender Arbeitsgangfolgen (z. B. Drehen – Bohren). Das Aufstellen einer Bohrmaschine in der Dreherei erspart für alle Teile, bei denen in der technologischen Bearbeitungsfolge Bohren auf Drehen folgt, den Weg in die Bohrerei (vgl. Bild PW.C.1.(36)). Damit wird ein erster Schritt in Richtung eines gegenstandsspezialisierten Fertigungsabschnitts gemacht.

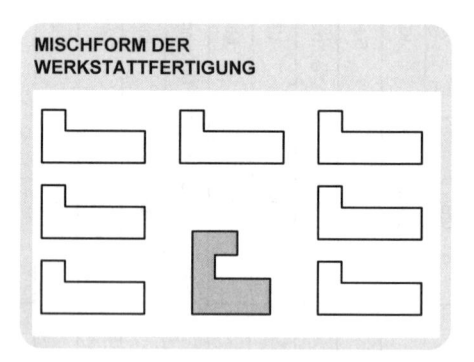

Bild PW.C.1.(36): Mischform der Werkstattfertigung (vgl. RATH, K. [Fertigungsorganisation] S. 21)

(2) **Maschinen, die zum selben Fertigungsverfahren gehören, werden auf Grund ihrer unterschiedlichen fertigungstechnischen Möglichkeiten gegenstandsspezialisiert genutzt.**

Ein Beispiel dafür wird in Bild PW.C.1.(37) gegeben. Zur Herstellung eines Bolzens werden fünf Arbeitsgänge auf Drehmaschinen realisiert, die nach dem Reihenprinzip aufgestellt sind.

Produktionsorganisation

Arbeitsgang	Drehmaschinen				
	I NC-Runddrehmaschine	II NC-Runddrehmaschine	III Polygondrehmaschine	IV Kopierdrehmaschine	V Gewindedrehmaschine
Arbeitsgang	Zentrieren	Lang- und Plandrehen	Herausarbeitung Bolzenkopf	Herausarbeitung Bolzenschaft	Drehen des Gewindes
Graphische Darstellung					
tBF / Fertigungsflussrichtung	1. Arbeitsschritt	2. Arbeitsschritt	3. Arbeitsschritt	4. Arbeitsschritt	5. Arbeitsschritt

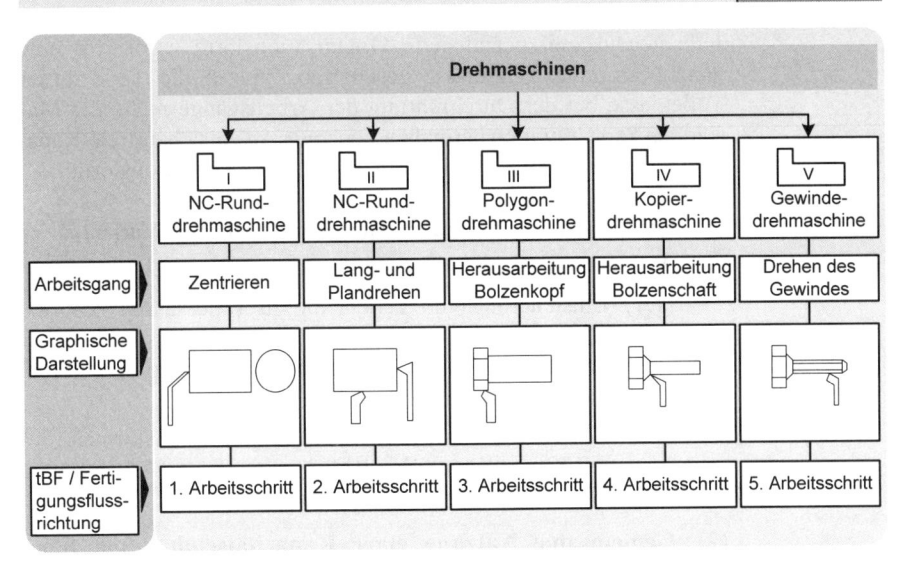

Bild PW.C.1.(37): Gegenstandsspezialisierung durch verschiedene fertigungstechnische Möglichkeiten des Drehens in der Bolzenfertigung (nach RATH, K. [Fertigungsorganisation] S. 24)

(1) Zentrieren: → NC-Runddrehmaschine
(2) Lang- und Plandrehen: → NC-Runddrehmaschine
(3) Herausarbeiten des Bolzenkopfs: → Polygondrehmaschine
(4) Herausarbeitung des Bolzenschafts: → Kopierdrehmaschine
(5) Gewindedrehen: → Gewindedrehmaschine

Hierbei handelt es sich um einen ersten Schritt in Richtung auf eine gegenstandsspezialisierte Fertigungsreihe.

Der entscheidende **Grund** für das Entstehen von **Mischformen** in der **Werkstattfertigung** ist darin zu sehen, dass erste **Schritte in Richtung Gegenstandsspezialisierung** gegangen werden.

Mischformen der Werkstattfertigung

■ Mischformen gegenstandsspezialisierter Organisationsformen

Der entscheidende **Grund** für das Entstehen von **Mischformen in gegenstandsspezialisierten Organisationsformen** ist in der verschiedenartigen **Ausnutzung freier Kapazitäten** in einzelnen Kapazitätseinheiten (Maschinen) dieser Organisationsformen zu sehen.

Mischformen der gegenstandsspezialisierten Organisationsformen

Jede gegenstandsspezialisierte Organisationsform wurde für eine ganz bestimmte Teileklasse geschaffen. Nutzen die Teile dieser Teileklasse bei der Durchführung der Arbeitsgänge nicht alle Maschinen kapazitiv gleichermaßen hoch aus, so entstehen freie Kapazitäten in einzelnen Kapazitätseinheiten der Organisationsform.

Die Ausnutzung freier Kapazitäten erfolgt durch zwei Varianten:

(1) **Teileeinsteuerung** zur Kapazitätsausnutzung

    (1.1) Einsteuerung von Teilen, die zu Teileklassen gehören, für die keine eigenständigen Organisationsformen aufgebaut wurden, in die Kapazitätseinheiten mit freien, nutzbaren Kapazitäten.

    (1.2) Einsteuerung von Teilen aus Organisationsformen, deren Kapazität zur Bearbeitung aller Teile (Arbeitsgänge ihrer Teileklasse) nicht ausreicht.

(2) **Gemeinsame Nutzung einer Kapazitätseinheit** mit freier Kapazität **durch zwei** gleichartige oder unterschiedliche **Organisationsformen**.

Es kommt dann dazu, dass die Kapazitätseinheit mit freier Kapazität zum überlappenden Bestandteil zweier Organisationsformen werden kann. Das können zwei gegenstandsspezialisierte Fertigungsabschnitte sein oder auch in Ausnahmefällen ein gegenstandsspezialisierter Fertigungsabschnitt und eine gegenstandsspezialisierte Fertigungsreihe (vgl. dazu Bild PW.C.1.(38)).

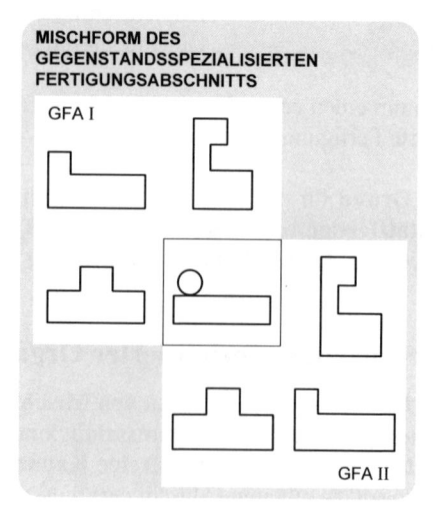

Bild PW.C.1.(38): Durch zwei gegenstandsspezialisierte Fertigungsabschnitte gemeinsam genutzte Kapazitätseinheit (nach RATH, K. [Fertigungsorganisation] S. 29)

Mischformen durch Teileeinsteuerungen werfen keine Struktur-, wohl aber Organisationsprobleme auf, die besonders in der Abstimmung der organisatorischen Bearbeitungsreihenfolge eingesteuerter Teile und der Teile, für die die Organisationsform aufgebaut wurde, liegen.

Die gemeinsame Nutzung einer Kapazitätseinheit durch verschiedene Organisationsformen erfordert besondere Strukturierungen. Das betrifft insbesondere die räumliche Lage der Organisationsformen und die überlappende Verkettung ihrer Glieder.

Es sind auch spezielle Organisationsprobleme zu lösen. Das betrifft vor allem die

- ▶ „Vorfahrtsregeln" für Teile der einen oder anderen Organisationsform an der gemeinsamen Kapazitätseinheit und die
- ▶ Abstimmung unterschiedlicher zeitlicher Organisationsprinzipien, wenn das gemeinsame Glied durch unterschiedliche Organisationsformen genutzt wird (z. B. GFA – GFR).

Mischformen, an denen die Einzelplatzfertigung beteiligt ist, entstehen dann, wenn in einer Einzelplatzfertigung keine Komplettbearbeitung realisiert werden kann. Zur Durchsetzung der Komplettbearbeitung kann dann z. B. eine Integration der Einzelplatzfertigung in einen gegenstandsspezialisierten Fertigungsabschnitt erfolgen.

Bild PW.C.1.(39) liefert einen systematischen Überblick über Mischformen.

Bild PW.C.1.(39): Mischformen klassischer Organisationsformen der Teilefertigung

1.2.2.3 Einfluss der Fertigungsanforderungen auf die Auswahl von Organisationsformen

Die Spannweite der Reaktionsfähigkeit der Organisationsformen der Teilefertigung auf verschiedene **Fertigungsanforderungen** ist sehr unterschiedlich zu bewerten.

Sie hängt in starkem Maße von ihrer Flexibilität ab. Sehr häufig ist festzustellen, dass verfahrensspezialisierte Organisationsformen durch entsprechende Kapazitätsanpassungen Fertigungsaufgaben realisieren, die sinnvollerweise in gegenstandsspezialisierten Organisationsformen durchzuführen wären. Das ist in der Regel mit Ergiebigkeitsverlusten verbunden.

So sind beispielsweise mit der Werkstattfertigung durchaus Großserien produzierbar, wenn die einzelnen Werkstätten kapazitiv entsprechend ausgestattet sind. Die aber notwendigerweise entstehenden langen Durchlaufzeiten und damit Kapitalbindungszeiten lassen für diese Aufgabe eine höhere Ergiebigkeit vermuten, wenn eine gegenstandsspezialisierte Organisationsform anstelle der Werkstattfertigung aufgebaut würde.

Anforderungen an einen Fertigungsprozess

Für die sinnvolle **Auswahl und Gestaltung rationeller Organisationsformen** spielen folgende **Anforderungen** an den Fertigungsprozess (die auch Grundlage der Teileklassenbildung sind) eine entscheidende Rolle:

- ▶ **Konstruktive und technologische Ähnlichkeit** der zu produzierenden Teile
- ▶ **Wiederholcharakter** im Fertigungsprozess
- ▶ **Benötigte Fertigungsverfahren**
- ▶ **Art der technologischen Bearbeitungsfolge** bei der Teileherstellung
- ▶ **Ausnutzung** vorhandener bzw. zu schaffender **Kapazitäten** sowie die mögliche Schwankungsbreite der Kapazitätsausnutzung
- ▶ **Proportionalität des Kapazitätsbedarfs je Fertigungsverfahren**
- ▶ **Fertigungsperspektive** u. a.

Diese Werte sind in der Praxis leicht erfassbar. Sie verdeutlichen aber auch, dass erst nachdem das zu produzierende Erzeugnisprogramm in einer Erzeugnisauflösung in seine Bestandteile (Baugruppen, Einzelteile) zergliedert wurde, klare teilebezogene Aussagen über diese Faktoren zu erzielen sind.

Damit muss die Behauptung relativiert werden, dass die auf der Grundlage von Fertigerzeugnissen definierten Fertigungsarten für die Wahl der Organisationsform entscheidend sind.

Die Einzelteile bzw. die Gruppen von Einzelteilen mit identischen Fertigungsanforderungen (Teileklassen) gestatten erst eine sinnvolle Wahl der Organisationsform. So ist es durchaus denkbar, dass die Einzelproduktion eines Erzeugnisses bei diversen Einzelteilen dieses Erzeugnisses zu kleinen bzw. auch zu großen Stückzahlen führen kann. Das lässt ganz andere Schlussfolgerungen in Bezug auf die zu wählende Organisationsform für die Teilefertigung zu, als das vor der Erzeugnisauflösung zu vermuten gewesen wäre (z. B. Abraumbagger und benötigte Kugellager für seine Fördereinrichtungen).

Für die vier stilisierten Teileklassen wird in Bild PW.C.1.(40) der Zusammenhang von Anforderungen an den Produktionsprozess mit der Wahl der Organisationsform, die diesen Anforderungen bestmöglich entspricht, dargestellt. Die verwendete Vorgehensweise ist aus didaktischen Gründen stark vereinfacht. Die dargestellte Kriterienauswahl ist praxisbezogen beliebig erweiterbar.

Unterscheidungs-kriterien	Teileklassen			
	1. Teileklasse	2. Teileklasse	3. Teileklasse	4. Teileklasse
1. Fertigungsverfahren / Arbeitsgang	Für alle Teile identisch	Für alle Teile identisch	Für alle Teile identisch	Teile benötigen unterschiedliche Fertigungsverfahren
2. Technologische Bearbeitungsfolge	Gleiche technologische Bearbeitungsfolge **ohne** Überspringen von Arbeitsplätzen	Gleiche technologische Bearbeitungsfolge **mit** Überspringen von Arbeitsplätzen	Variierende technologische Bearbeitungsfolge	Variierende technologische Bearbeitungsfolge
3. Zeitbedarf pro Arbeitsgang	Proportional	Nicht proportional	Nicht proportional	Nicht proportional
4. Kapazitätsauslastung	Hoch	Hoch	Schwankend	Stark schwankend
	↓ FF	↓ GFR	↓ GFA	↓ WF
Zuordnung von Organisationsformen der Fertigung zu den Teileklassen	Auf Grund technologischer Voraussetzungen und fertigungstechnischer Realisierbarkeit alternativ möglich: **EPF**			

Bild PW.C.1.(40): Zusammenhang zwischen Teileklassen und Organisationsformen der Teilefertigung

In der Praxis ist eine Einteilung in lediglich vier Teileklassen kaum denkbar. Eine Vielzahl zusätzlich (über die Unterscheidungskriterien hinaus) wirkender Faktoren vergrößert die Teileklassenzahl.

Bei der gewählten Darstellung geht es primär um die **grundsätzliche methodische Vorgehensweise** für die von den Teileklassen ausgehende Entscheidung über die Auswahl von Organisationsformen.

Teileklassen | Das Anforderungsprofil, das die Grundlage für die Auswahl und Gestaltung effizienter Organisationsformen bildet, wird durch Teileklassen dokumentiert. **Teileklassen** werden durch das Zusammenfassen von Einzelteilen mit identischen fertigungstechnischen Ansprüchen gebildet.

Die Unterscheidungskriterien der Teileklassen gestatten die Ableitung räumlicher und zeitlicher Organisationsprinzipien, die in ihrer Kombination die relevante Organisationsform ergeben.

Als bedeutsam erscheint die Tatsache, dass es in der Regel aus kapazitiven Gründen nicht möglich ist, für jede Teileklasse eine separate Organisationsform der Fertigung zu realisieren. Der Kapazitätsbedarf einer Teileklasse ist oft zu gering, um eine akzeptable Auslastung der Kapazität der notwendigen Organisationsform zu erreichen. In solchen Fällen ist die technische und organisatorische Möglichkeit der Zuordnung der Teile in Organisationsformen, die für andere Teileklassen geschaffen wurden, zu überprüfen und die bestmögliche Variante zu realisieren (vgl. dazu Mischformen der Organisationsformen, Abschnitt C.1.2.2.2). Dabei wird eine Zuordnung der Teile zu Organisationsformen vorgenommen, die ein niedrigeres Kontinuitätsniveau besitzen, als von der entsprechenden Teileklasse gefordert.

Für die Entscheidung über den Einsatz der Einzelplatzfertigung als Organisationsform gibt es sehr unterschiedliche Voraussetzungen. Die Realisierungsentscheidung kann als Alternative zur Fließfertigung, der gegenstandsspezialisierten Fertigungsreihe, dem gegenstandsspezialisierten Fertigungsabschnitt und extrem auch der Werkstattfertigung getroffen werden.

Eine Einzelplatzfertigung ist sehr flexibel gegenüber den differenzierten Anforderungen, die die entsprechenden Teileklassen charakterisieren. Ihr sind aber, wie bereits besprochen, Grenzen in den Möglichkeiten der technischen Realisierbarkeit gesetzt.

Die Einzelplatzfertigung ist immer dann sehr gut anwendbar, wenn die Kapazitätsbedarfsgrößen, die an die einzelnen Fertigungsverfahren gerichtet sind, **nicht** proportional sind, also in anderen Organisationsformen mit Kontinuitätsverlusten gerechnet werden muss. Da diese Disproportionen bei der Einzelplatzfertigung nicht zu Unterbrechungszeiten führen, sind hier eine hohe Kontinuität und Kapazitätsauslastung und im Rahmen ihrer fertigungstechnischen Möglichkeiten auch hohe Flexibilität erreichbar.

Nachfolgend wird die Auswahl der Organisationsformen für die vier Teileklassen auf graphischem Wege verdeutlicht (vgl. Bilder PW.C.1.(41), PW.C.1.(42), PW.C.1.(43) und PW.C.1.(44)). Die gewählte Schrittfolge folgt der Nummerierung aus Bild PW.C.1.(40).

TEILEKLASSE 1

1. Fertigungsverfahren / Arbeitsgänge

Drehen — Bohren — Fräsen — Schleifen

☑ Identische Fertigungsverfahren

2. Technologische Bearbeitungsfolge

⟶ Fertigungsflussrichtung ⟶

☑ Gleiche technologische Bearbeitungsfolge ohne Überspringen von Bearbeitungsstationen

→ **Reihenprinzip (RP)**

3. Proportionalität des Kapazitätsbedarfs pro Arbeitsgang

Kapazität

Kapazitätsangebot
Kapazitätsbedarf

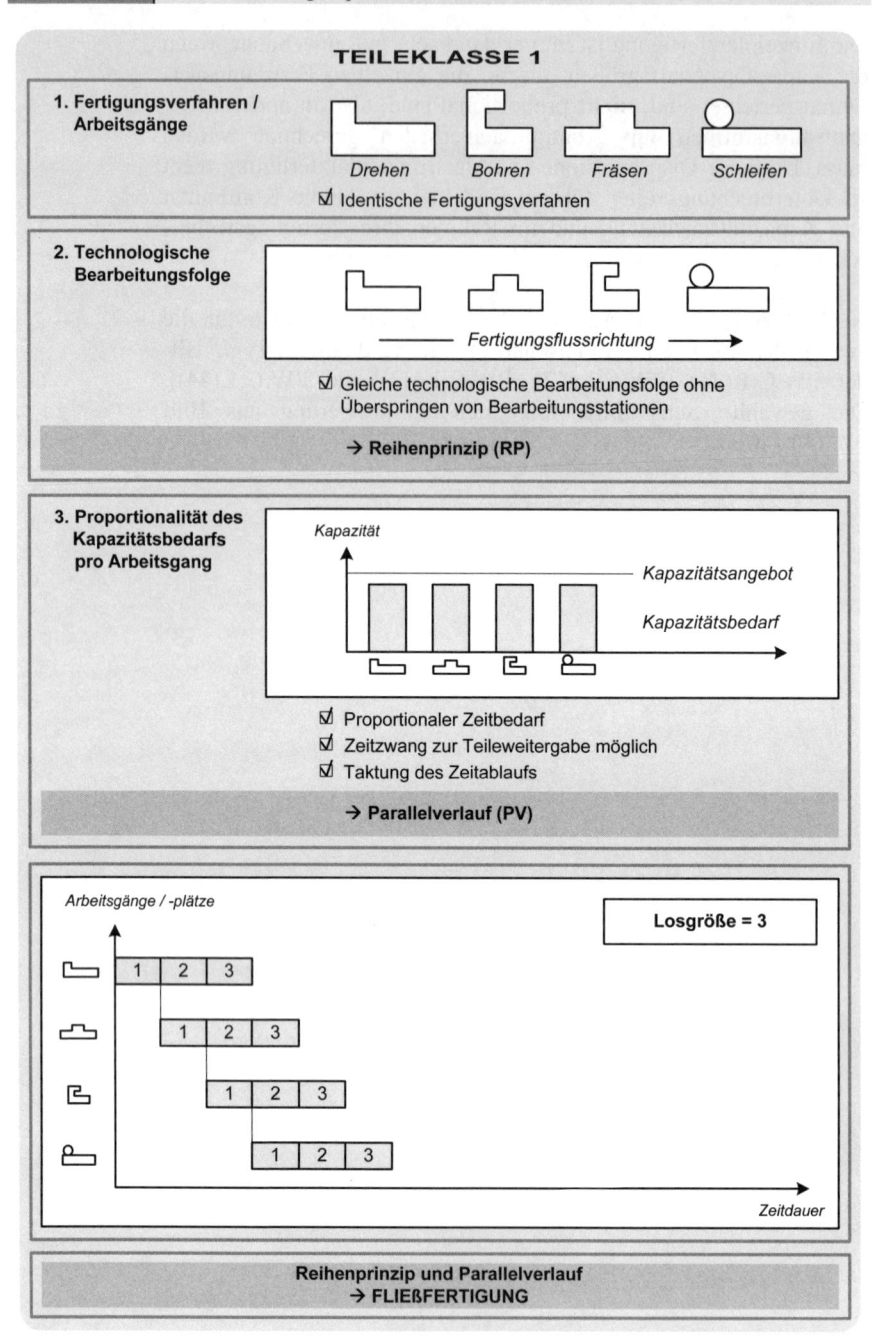

☑ Proportionaler Zeitbedarf
☑ Zeitzwang zur Teileweitergabe möglich
☑ Taktung des Zeitablaufs

→ **Parallelverlauf (PV)**

Arbeitsgänge / -plätze

Losgröße = 3

Zeitdauer

Reihenprinzip und Parallelverlauf
→ **FLIEßFERTIGUNG**

Bild PW.C.1.(41): Ableitung der Organisationsform für Teileklasse 1

TEILEKLASSE 2

1. Fertigungsverfahren / Arbeitsgänge

Drehen   Bohren   Fräsen   Schleifen

☑ Identische Fertigungsverfahren

2. Technologische Bearbeitungsfolge

———— Fertigungsflussrichtung ⟶

☑ Gleiche technologische Bearbeitungsfolge mit Überspringen von Bearbeitungsstationen

→ **Reihenprinzip (RP)**

3. Proportionalität des Kapazitätsbedarfs pro Arbeitsgang

Kapazität

Kapazitätsangebot

Kapazitätsbedarf

Arbeitsplätze

☑ Nicht proportionaler Zeitbedarf
☑ Zeitzwang zur Teileweitergabe nicht möglich
☑ Keine Taktung

→ **Kombinierter Verlauf (KV)**

Arbeitsgänge / -plätze

Losgröße = 3

Zeitdauer

Reihenprinzip und kombinierter Verlauf
→ **GEGENSTANDSSPEZIALISIERTE FERTIGUNGSREIHE**

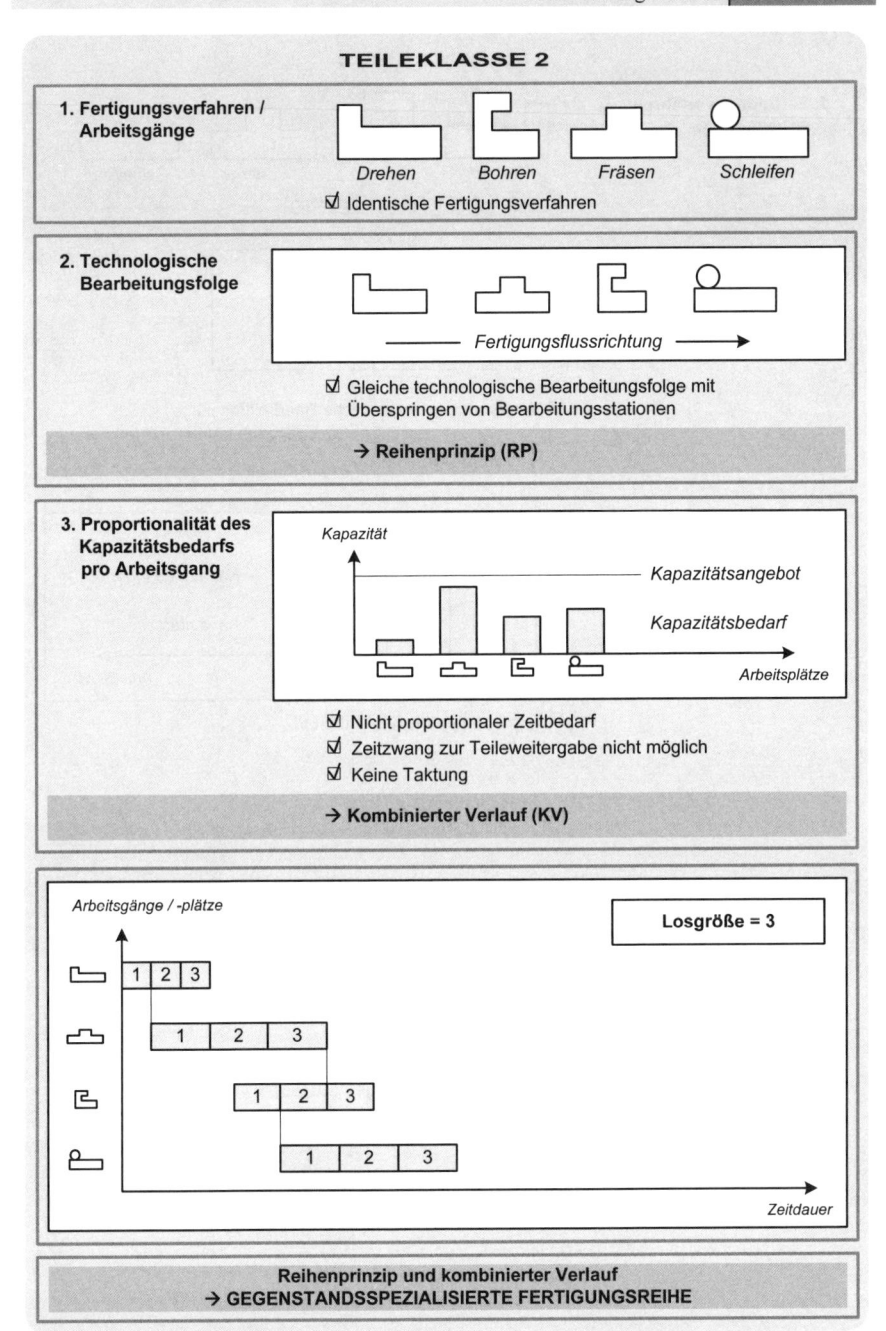

Bild PW.C.1.(42): Ableitung der Organisationsform für Teileklasse 2

TEILEKLASSE 3

1. Fertigungsverfahren / Arbeitsgänge

Drehen   Bohren   Fräsen   Schleifen

☑ Identische Fertigungsverfahren

2. Technologische Bearbeitungsfolge

☑ Variierende technologische Bearbeitungsfolge

Übergang vom Reihenprinzip der Maschinenanordnung zum
→ **Gruppenprinzip (GP)**

3. Proportionalität des Kapazitätsbedarfs pro Arbeitsgang

Kapazität

Kapazitätsangebot

Kapazitätsbedarf

Arbeitsplätze

☑ Nicht proportionaler Zeitbedarf

→ **Reihenverlauf (RV)**
Mit unterschiedlichen Fertigungspfaden für jedes Teil

Arbeitsgänge / -plätze

Losgröße = 3

Zeitdauer

Gruppenprinzip und Reihenverlauf
→ **GEGENSTANDSSPEZIALISIERTER FERTIGUNGSABSCHNITT**

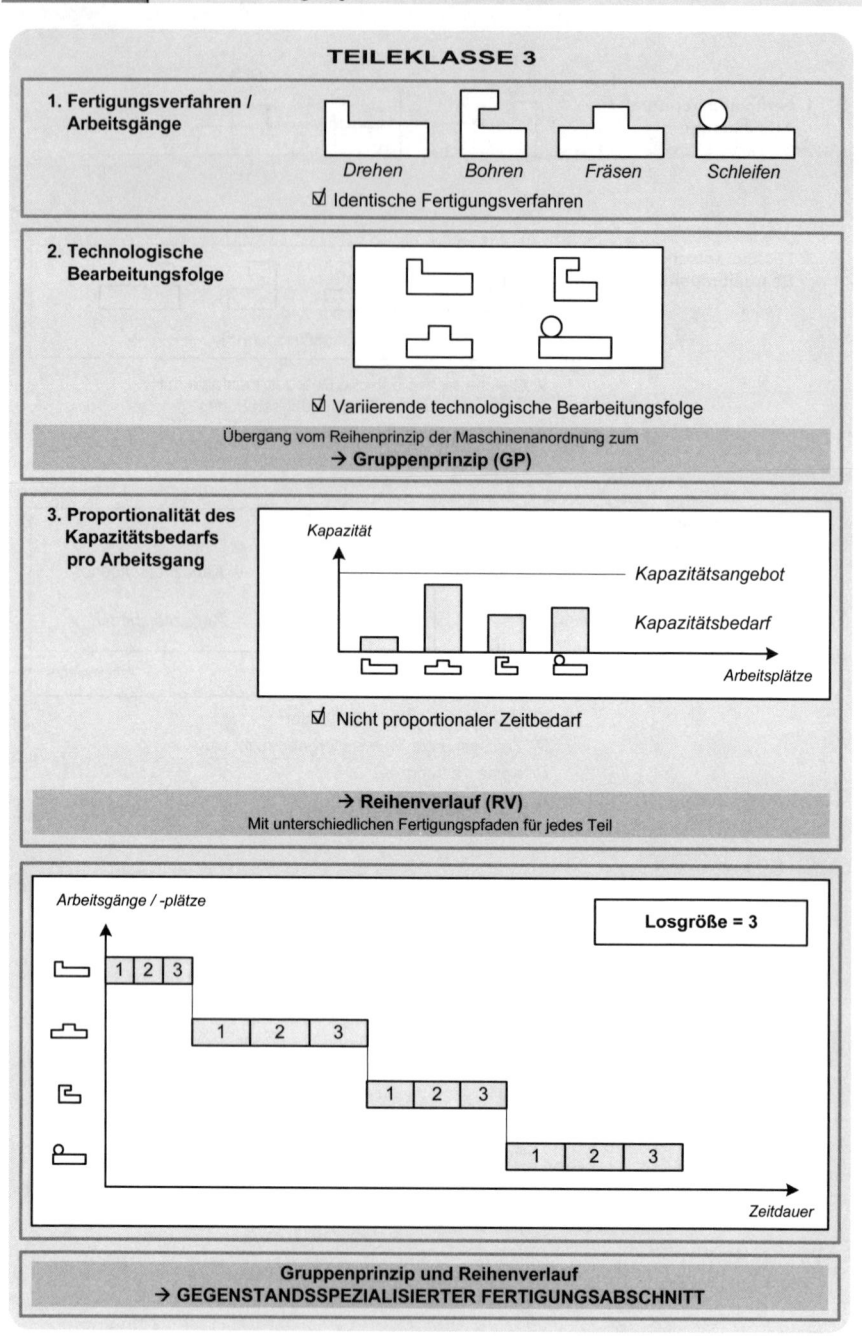

Bild PW.C.1.(43): Ableitung der Organisationsform für Teileklasse 3

TEILEKLASSE 4

1. Fertigungsverfahren / Arbeitsgänge

Drehen   Bohren   Fräsen   Schleifen   Hobeln

☑ Unterschiedliche Fertigungsverfahren
☑ Anzahl eingesetzter Fertigungsverfahren nimmt zu

2. Technologische Bearbeitungsfolge

Dreherei | Bohrerei | Hobelei
Fräserei | Schleiferei |

☑ Variierende technologische Bearbeitungsfolge

Übergang vom Gruppenprinzip der Maschinenordnung zum
→ **Werkstattprinzip (WP) – auch Verfahrensprinzip**

3. Proportionalität des Kapazitätsbedarfs pro Arbeitsgang

Kapazität — Kapazitätsangebot — Kapazitätsbedarf — Arbeitsplätze

☑ Nicht proportionaler Zeitbedarf

→ **Reihenverlauf (RV)**
Mit unterschiedlichen Fertigungspfaden für jedes Teil

Arbeitsgänge / -plätze   Losgröße = 3

Zeitdauer

Werkstattprinzip und Reihenverlauf
→ **WERKSTATTFERTIGUNG**

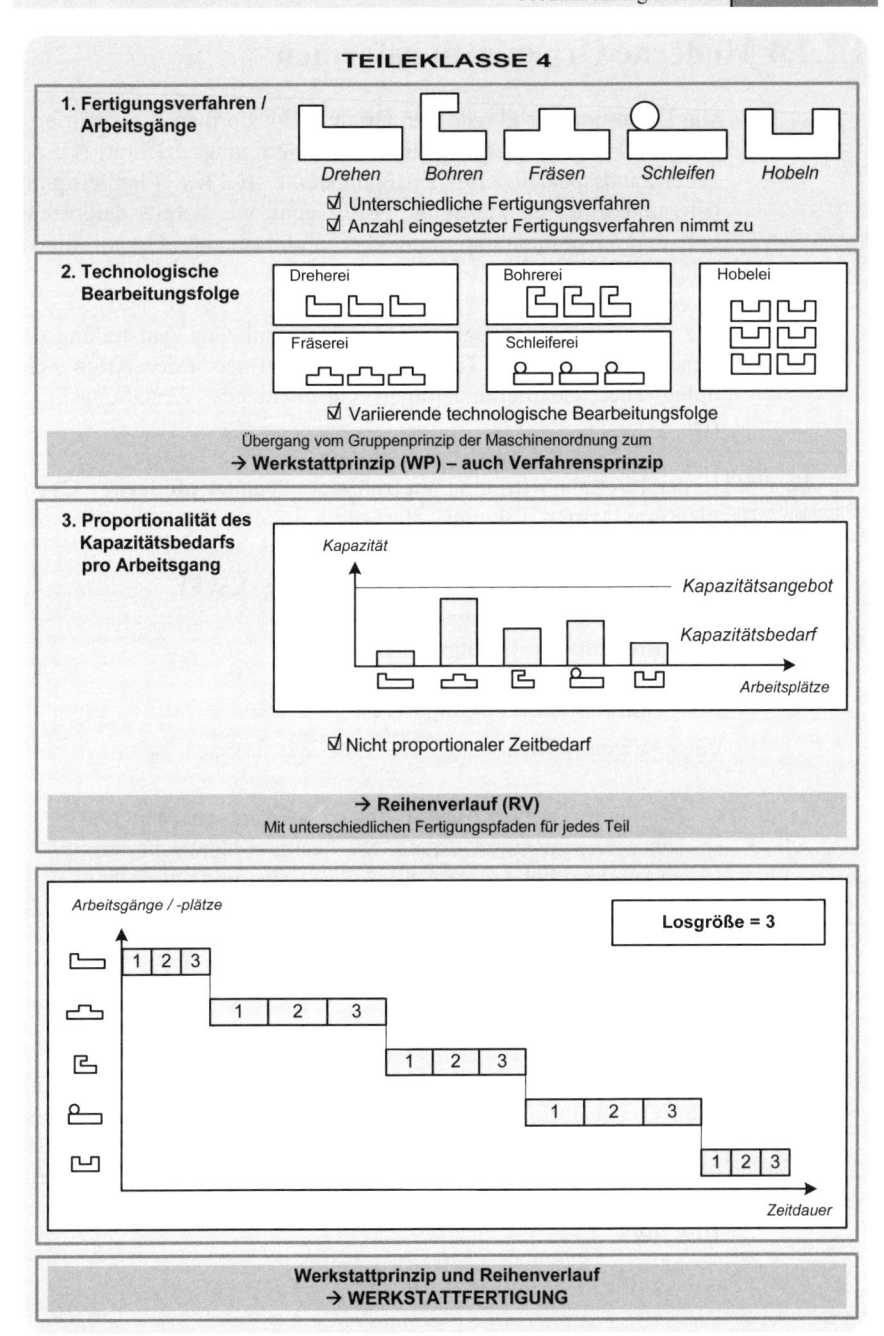

Bild PW.C.1.(44): Ableitung der Organisationsform für Teileklasse 4

1.2.2.4 Moderne Organisationsformen

Die Definition der klassischen Organisationsformen Werkstattfertigung (WF), gegenstandsspezialisierter Fertigungsabschnitt (GFA), gegenstandsspezialisierte Fertigungsreihe (GFR), Fließfertigung (FF) und Einzelplatzfertigung (EPF) geht, wie bereits dargestellt, von einer Kombination räumlicher und zeitlicher Organisationsprinzipien aus.

Die verschiedenen Möglichkeiten der räumlichen Aufstellung der Arbeitsplätze und der Teileweitergabe sind neben den Arten technologischer Bearbeitungsfolgen entscheidende Gestaltungskriterien.

Moderne Organisationsformen der Teilefertigung

In der Literatur wird eine Vielzahl so genannter **moderner Organisationsformen** diskutiert. Hier soll auf

- ▶ **Bearbeitungszentrum (BAZ),**
- ▶ **Kontinuierliche Werkstattfertigung (KWF),**
- ▶ **Flexible Fertigungszelle (FFZ)**
- ▶ **Flexibles Fertigungssystem (FFS),**
- ▶ **Flexible Fließfertigung (FFF) und**
- ▶ **Starre Fließfertigung (SFF)**

eingegangen werden.

> **Moderne Organisationsformen** basieren auf den klassischen Organisationsformen. Sie besitzen identische räumliche und zeitliche Organisationsprinzipien und unterscheiden sich von den klassischen Organisationsformen durch **differenzierte Niveaustufen der technischen Ausgestaltung** und damit der Mechanisierung und der Automatisierung.

■ Technisches Organisationsprinzip (TOP$_{TF}$)

Technisches Organisationsprinzip der Teilefertigung

Die Varianten der technischen Ausgestaltung können als **technische Organisationsprinzipien der Teilefertigung (TOP$_{TF}$)** verstanden werden. Sie bilden neben den räumlichen (ROP$_{TF}$) und den zeitlichen Organisationsprinzipien (ZOP$_{TF}$) gewissermaßen die dritte Dimension zur Bildung moderner Organisationsformen (vgl. Bild PW.C.1.(45)).

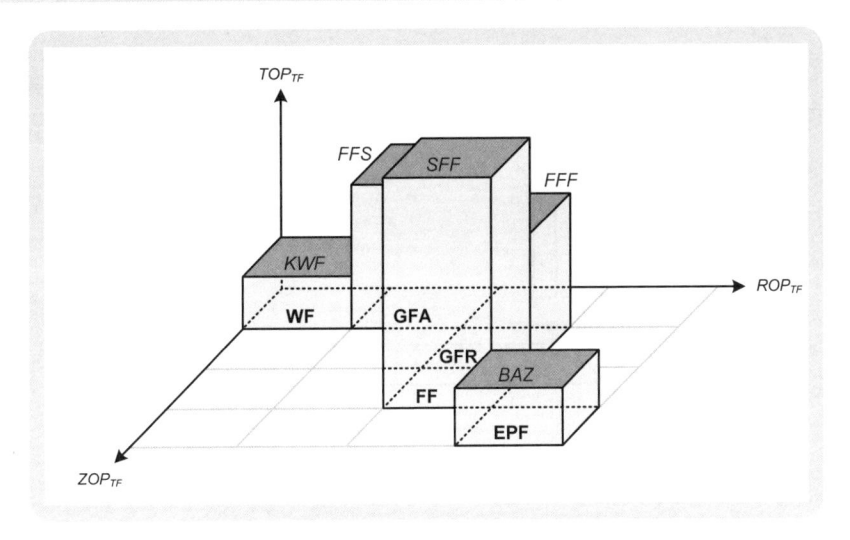

Bild PW.C.1.(45): Klassische Organisationsformen – Grundlage moderner Organisationsformen

Die Charakterisierung der technischen Ausgestaltung erfordert eine systematische Strukturierung des **Techniksystems**. SILBERBACH unterscheidet in (vgl. SILBERBACH, K. [Technische Gestaltungskriterien] S. 109) | Techniksystem und seine Teilsysteme

▶ **Bearbeitungssystem**,
▶ **Transportsystem**,
▶ **Handhabungssystem** und
▶ **Lagersystem**.

Die technische Ausgestaltung betrifft demzufolge vier Teilsysteme, die parallel zu analysieren sind. Das bedeutet eine Differenzierung der Ausgestaltungsvarianten nach diesen Teilsystemen (vgl. Bild PW.C.1.(46)).

Zur technischen Ausgestaltung gehört auch das Informationssystem. Bearbeitung, Transport, Handhabung und Lagerung von Werkstoffen, Arbeitsobjekten und Erzeugnissen sind nur dann effizient zu realisieren, wenn die dafür erforderlichen Informationen diese Prozesse begleiten, ihnen vorauseilen und ihnen nachfolgen.

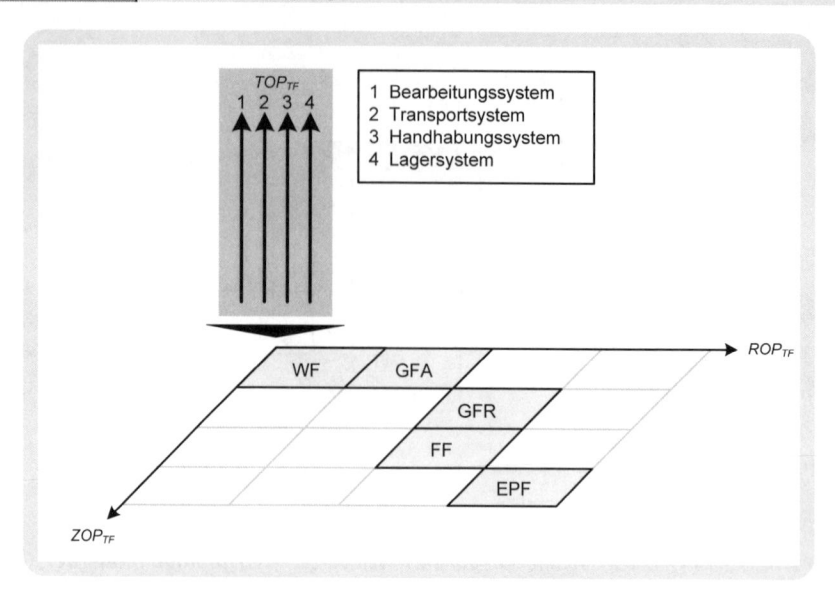

Bild PW.C.1.(46): Differenzierung der technischen Organisationsprinzipien durch die Bestandteile des Techniksystems

Techniksystem | Das Informationssystem besitzt gegenüber den vorgenannten Systemen jedoch (bezüglich der Organisationsformen) keine gestaltende Funktion. Es ist dem Niveau dieser Systeme anzupassen und durchdringt alle vier **Teilsysteme des Techniksystems**.

Aus diesem Grund wird nachfolgend das Informationssystem nicht speziell behandelt, sondern seine Integration in die anderen technischen Teilsysteme unterstellt.

■ Teilsysteme des Techniksystems

Bearbeitungssystem | Das **Bearbeitungssystem** besteht aus Bearbeitungsmitteln. Diese dienen der direkten oder indirekten Form-, Substanz- oder Fertigungszustandsänderung auf mechanische bzw. chemisch-physikalische Art.

Die Bearbeitungsmittel charakterisieren im Bereich der Teilefertigung **den Ort der unmittelbaren Leistungserstellung** und damit den **Hauptprozess**.
Bezüglich der ablauforganisatorischen Gestaltung eines Produktionssystems und den daraus erwachsenden ökonomischen Wirkungen wird unterschieden in

▶ **universell einsetzbare Betriebsmittel (Universalmaschinen)** und
▶ **speziell einsetzbare Betriebsmittel (Spezialmaschinen)**.

Universalmaschinen können eine Vielzahl unterschiedlicher Arbeitsgänge realisieren. Ihre hohe Flexibilität sichert einen längerfristigen Einsatz trotz kürzer werdender Produktlebenszyklen. | Universalmaschine

Mit **Spezialmaschinen** kann in der Regel nur ein Arbeitsgang durchgeführt werden. Der hohe Grad der Arbeitsteilung führt zwangsläufig dazu, dass weitere Bearbeitungsmittel für eine Fertigbearbeitung benötigt werden. Eine Verkettung erfordert zusätzliche Handhabungs-, Transport- und Lagervorgänge. | Spezialmaschine

In Bild PW.C.1.(47) sind ausgewählte Beispiele für Bearbeitungsmittel in Abhängigkeit vom Automatisierungsgrad aufgeführt.

Bearbeitung	Universal	Spezial
Steigender Automatisierungsgrad ↑	Bearbeitungszentrum (z. B. CNC-Maschine, automatischer Werkzeug- und Werkstückwechsel, Werkzeugspeicher)	Automat (z. B. nockengesteuerter Drehautomat, automatischer Werkzeug- und Werkstückwechsel, Werkzeugspeicher)
	Handbediente Universalmaschine (manueller Werkzeugwechsel)	Handbediente Spezialmaschine (manueller Werkzeugwechsel)
	Manuelle Bearbeitung	Manuelle Bearbeitung

Bild PW.C.1.(47): Bearbeitungsmittel in Abhängigkeit vom Automatisierungsgrad (nach SILBERBACH, K. [Technische Gestaltungskriterien] S. 116)

In modernen Organisationsformen der Teilefertigung kommt es zur **Integration fertigungsnaher industrieller Dienstleistungen**. Dazu zählen Transport, Handhabung und Lagerung (siehe auch Abschnitt A.5.4).

> Das **Transportsystem** setzt sich aus **Transportmitteln** und eventuell notwendigen **Trägereinrichtungen** (Transporthilfsmitteln) zusammen, die vorwiegend der **Ortsveränderung von Gütern** (Werkstoffen) dienen. | Transportsystem
> Die Transportmittel führen die **Transportvorgänge** durch.

Sie bilden die technische Voraussetzung für die Realisierung des innerbetrieblichen Materialflusses.

Ihre Aufgabe besteht im Transportieren, Verteilen, Kommissionieren und Puffern der im betrieblichen Leistungsprozess anfallenden Werk-, Hilfs-, Betriebs- und Abfallstoffe.

In der Literatur existiert eine Vielzahl von Systematisierungen der Transportmittel. Der im Produktionsprozess auftretende kontinuierliche oder unterbrochene Materialfluss liefert dabei das entscheidende Kriterium.

Danach lassen sich

- ▶ **unstetig arbeitende Transportmittel (Unstetigförderer)** und
- ▶ **stetig arbeitende Transportmittel (Stetigförderer)**

unterscheiden.

Stetigförderer

Stetigförderer erzeugen einen kontinuierlichen oder diskret kontinuierlichen Materialfluss und arbeiten während eines längeren Zeitabschnitts, wobei ihre **Antriebe**, falls vorhanden, im **stationären Dauerbetrieb** laufen. Ihre Be- und Entladung erfolgt während des Betriebs. Sie besitzen **grundsätzlich** ortsfeste Trägereinrichtungen wie z. B. Schienen oder Ständer, was sie bezüglich ihrer Flexibilität einschränkt und sie für andere Betriebsmittel zum Hindernis macht.

Unstetigförderer

Unstetigförderer besitzen eine hohe Anpassungsfähigkeit an wechselnde Transportaufgaben. Es können nahezu beliebige Transportaufgaben gelöst werden. Unstetigförderer sind selten ortsfest und weisen größere Arbeitsräume als Stetigförderer auf. Die Systemleistung bei Unstetigförderern kann durch die Variation der Anzahl der eingesetzten Geräte flexibel gestaltet und dem Transportaufwand angepasst werden.

Die höhere Flexibilität der Unstetigförderer ist allerdings auch mit einem höheren Aufwand der dispositiven Steuerung verbunden. Jedem Fahrzeug muss eine Bedienperson oder eine eigene Steuerung zugeordnet werden.

In Bild PW.C.1.(48) sind die häufig in der Praxis vorkommenden Transportmittel im Bereich der Teilefertigung nach den beschriebenen Kriterien in Abhängigkeit vom Grad der Automatisierung systematisiert.

Transport	Unstetig			Stetig	
Trägereinrichtung des Transportmittels	Keine	Instationär	Stationär	Stationär	Stationär
Transportmittel	Instationär	Instationär	Instationär	Instationär	Keine
Steigender Automatisierungsgrad ↑	Fahrerloses Transportsystem	Automatisches Regalbediengerät, automatischer Kran	Automatisches Kanal- und Verteilfahrzeug, automatischer Aufzug	Automatischer Schleppkreis- und Kippschalenförderer	Fallrohr, Rutsche
	Gabelstapler, Schlepper	Portalkran, Brückenkran, Hängekran	Hydraulikaufzug, Seilaufzug, Elektrohängebahn, Säulendrehkran	Paternoster, Bandförderer, Wandertisch	-
	Manueller Transport (z. B. Handwagen)	Manueller Transport (z. B. Brückenkran mit Flaschenzug)	Manueller Transport (z. B. Trolleybahn, Rollbahn, Flaschenzug)	-	-

Bild PW.C.1.(48): *Transportmittel in Abhängigkeit vom Automatisierungsgrad (nach SILBERBACH, K. [Technische Gestaltungskriterien] S. 120)*

Die **Trägereinrichtung eines Transportmittels** kann, sofern sie vorhanden ist, **flurgebunden** (z. B. Hallenboden), **aufgeständert** (z. B. Stützen) oder **flurfrei** (z. B. Hallendecke) sein. In Abhängigkeit von ihrem kinematischen Verhalten unterscheidet man **stationäre** und **instationäre** Trägereinrichtungen. Die Transportmittel nutzen die vorhandenen Trägereinrichtungen, um an den Ort der Materialübergabe bzw. -übernahme zu gelangen. Durch die Kombination von Trägereinrichtungen und Transportmitteln sind unterschiedliche Bewegungsabläufe möglich, die einen ein-, zwei- oder dreidimensionalen Bewegungsraum zulassen.

Der Übergang zwischen Unstetig- und Stetigförderern ist fließend. Durch ein Hintereinanderschalten mehrerer Unstetigförderer mit nur einer Transporteinrichtung, also ohne Pendelverkehr, entsteht ein Quasi-Stetigförderer. Er vereint die Vorteile eines Stetigförderers (z. B. großer Durchsatz) und die Vorteile eines Unstetigförderers (z. B. große Flexibilität, geringe Hindernisbildung).

> Das **Handhabungssystem** setzt sich aus **Handhabungsmitteln** zusammen, die vorwiegend der **Lageveränderung von Material, Arbeitsobjekten, Erzeugnissen und anderen Gegenständen** (z. B. Werkzeuge) dienen.

Handhabungs-system

Handhabungsmittel führen **Handhabungsvorgänge** durch, die im Bereich von Lager- und Fertigungseinrichtungen bzw. Arbeitsplätzen erfolgen.

Die durch den Transport erfolgte zielgerichtete Ortsveränderung erfordert in den meisten Fällen im Anschluss daran eine ebenso zielgerichtete Lageveränderung, um z. B. eine Übergabe zu einem anderen Bearbeitungs-, Transport- oder Handhabungsmittel zu ermöglichen.

Im Rahmen der vom Materialfluss durchzuführenden Operationen stellt das Handhaben insbesondere in Bezug auf die Automatisierung die wohl größte Herausforderung dar. Die Fähigkeiten der menschlichen Hand müssen durch technische Mittel ersetzt werden.

Das Handhaben setzt geometrisch bestimmte Körper voraus, bei denen nicht nur die Position, sondern auch die Orientierung im Raum entscheidend ist.

> Nach VDI-Richtlinie 2860 bedeutet **Handhaben** das Schaffen, definierte Verändern oder vorübergehende Aufrechterhalten einer vorgegebenen räumlichen Anordnung von geometrisch bestimmten Körpern in einem Bezugskoordinatensystem.

Das wichtigste Kriterium des Handhabens ist, neben der Zeit und der Menge, die Bewegungsbahn. Folgende Unterteilung ist möglich:

- ▶ Variabel arbeitende Handhabungsmittel
- ▶ Konstant arbeitende Handhabungsmittel

Variabel arbeitende Handhabungsmittel

Variabel arbeitende Handhabungsmittel sind in der Lage, unterschiedliche Bewegungsbahnen mit unterschiedlichen Erzeugnissen zu realisieren. Sie zeichnen sich durch eine **hohe Flexibilität** aus, erfordern aber mit steigendem Automatisierungsgrad einen hohen technischen Aufwand, z. B. durch den Einsatz schneller und komfortabler Steuerungen, flexibler Greifer und intelligenter Sensorik.

Konstant arbeitende Handhabungsmittel

Konstant arbeitende Handhabungsmittel bewegen sich bis auf wenige Ausnahmen immer entlang der gleichen Bahn und sind nur für ein Erzeugnis ausgelegt. Eine Automatisierung ist durch den Einsatz einfacher mechanischer Steuerungen leicht möglich.
Sie sind gekennzeichnet durch eine **geringe Flexibilität** und damit nur bei einer entsprechend großen Stückzahl sinnvoll einsetzbar.

In Bild PW.C.1.(49) sind anhand ausgewählter Beispiele die Handhabungsmittel in Abhängigkeit vom Automatisierungsgrad systematisiert.

Handhabung	Variabel		Konstant
Integrierter Transport	Vorhanden	Nicht vorhanden	Nicht vorhanden
Handhabungsmittel	Instationär	Stationär	Stationär
↑ Steigender Automatisierungsgrad	Mobiler Roboter (z. B. fahrerloses Transportsystem und Industrieroboter)	Stationärer Roboter (z. B. Industrieroboter)	Einlegegeräte, Einzweckeinrichtungen
	Verfahrbare Manipulatoren bzw. Teleoperatoren	Ortsfeste Manipulatoren bzw. Teleoperatoren	Ortsfeste Manipulatoren bzw. Teleoperatoren mit wenigen Bewegungsachsen
	Manuelle Handhabung zur Lageveränderung inklusive einer Ortsveränderung	Manuelle Handhabung zur Lageveränderung	Manuelle Handhabung zur Lageveränderung

Bild PW.C.1.(49): Handhabungsmittel in Abhängigkeit vom Automatisierungsgrad (nach SILBERBACH, K. *[Technische Gestaltungskriterien]* S. 123)

Das **Lagersystem** setzt sich aus **Lagermitteln** zusammen, die zum **Abstellen und Aufbewahren von Material, Erzeugnissen und anderen Gegenständen** dienen. | Lagersystem

Sie werden für **Lagervorgänge** genutzt. Je nach Typ des Lagers dienen sie zur **Überbrückung einer Zeitdauer** oder **zur Änderung der Struktur der Zusammensetzung von Lagergütern** zwischen Zu- und Abgang.

Generell unterscheidet man zwischen **Lagern mit und ohne Einsatz von Regalen**, wobei man bei Lagern ohne Regale von einer **Bodenlagerung** und bei Lagern mit Regalen von einer **Regallagerung** spricht.

Wenn der Boden als Lagermittel dient, handelt es sich um eine **statische Lagerung** (z. B. Blocklagerung, Zeilenlagerung). Das Lagergut (z. B. Einzelteile) verbleibt von der Einlagerung bis zur Auslagerung in Ruhe. Werden Regale als Lagermittel genutzt, kann es sich um eine **statische** oder **dynamische** Lagerung handeln. | Statische Lagerung

Bei einer **dynamischen Lagerung** wird das Lagergut nach dem Einlagern bewegt. Das kann innerhalb eines feststehenden (stationären) Regals oder mit einem beweglichen (instationären) Regal erfolgen. | Dynamische Lagerung

Wird von **Automatisierung im Bereich des Lagers** gesprochen, sind damit die technischen Systeme (z. B. Transportmittel im Lager) und **nicht der Lagervorgang an sich gemeint**.

Durch den integrativen Charakter der Lagersysteme ergibt sich eine Vielzahl von Systematisierungsansätzen. Für die Auswahl eines geeigneten Lagersystems in Abhängigkeit von der Organisationsform wird folgende Untergliederung bezüglich des kinematischen Verhaltens der Lagergüter gewählt:

▶ **Statische Lagerung**
▶ **Dynamische Lagerung**

Eine zusammenfassende Darstellung des Zusammenhangs zwischen der Lagerart und dem Automatisierungsgrad wird anhand von ausgewählten Beispielen in Bild PW.C.1.(50) gegeben.

Lagerung	Statisch	Dynamisch (mit Transport bzw. Handhabung)	
Lagermittel	Stationär	Stationär (Lagergutbewegung)	Instationär (Lagermittelbewegung)
↑ Steigender Automatisierungsgrad	-	Durchlaufregal mit automatischem Kanal- bzw. Verteilfahrzeug	Regal auf fahrerlosem Transportsystem
	-	Maschinell angetriebenes Durchlaufregal	Maschinell angetriebenes Umlaufregal
	-	Manuell angetriebenes Durchlaufregal	Manuell angetriebenes Verschiebe- bzw. Verschiebeumlaufregal, Handwagen

Bild PW.C.1.(50): *Lagermittel in Abhängigkeit vom Automatisierungsgrad (nach SILBERBACH, K. [Technische Gestaltungskriterien] S. 127)*

Da bei einer statistischen Lagerung keine Bewegung der Lagergüter erfolgt, gibt es keinen Automatisierungsansatz. Bei der dynamischen Lagerung wird unterschieden, ob die Lagergutbewegung innerhalb eines stationären bzw. mit einem instationären Lagermittel erfolgt.

Aus der Sicht der Darstellung unterschiedlicher Beispiele für die Automatisierung der Teilsysteme des Techniksystems ist es möglich, eine Achseneinteilung der technischen Organisationsprinzipien vorzunehmen und damit die Stufen der Automatisierung bzw. Mechanisierung zu benennen.

Bild PW.C.1.(51) gibt dafür einen Überblick.

TOP: Beispiel Bearbeitungssytem

Moderne Organisationsformen			KWF	FFS	FFF	SFF	BAZ
↑ Steigender Automatisierungsgrad	Automaten	A₃					
	Handbediente Maschinen	A₂					
	Manuelle Bearbeitung	A₁					
Klassische Organisationsformen			WF	GFA	GFR	FF	EPF

TOP: Beispiel Transportsystem

Moderne Organisationsformen			KWF	FFS	FFF	SFF	BAZ
↑ Steigender Automatisierungsgrad	Automatische Transportsysteme	A₃					
	Arbeitskraftunterstützter maschineller Transport	A₂					
	Manueller Transport	A₁					
Klassische Organisationsformen			WF	GFA	GFR	FF	EPF

TOP: Beispiel Handhabungssystem

Moderne Organisationsformen			KWF	FFS	FFF	SFF	BAZ
↑ Steigender Automatisierungsgrad	Roboter	A₃					
	Manipulatoren / Teleoperatoren	A₂					
	Manuelle Handhabung	A₁					
Klassische Organisationsformen			WF	GFA	GFR	FF	EPF

TOP: Beispiel Lagersystem

Moderne Organisationsformen			KWF	FFS	FFF	SFF	BAZ
↑ Steigender Automatisierungsgrad	Regal mit automatischem Transportsystem	A₃					
	Maschinell angetriebenes (dynamisches) Regal	A₂					
	Manuelle Lagerung	A₁					
Klassische Organisationsformen			WF	GFA	GFR	FF	EPF

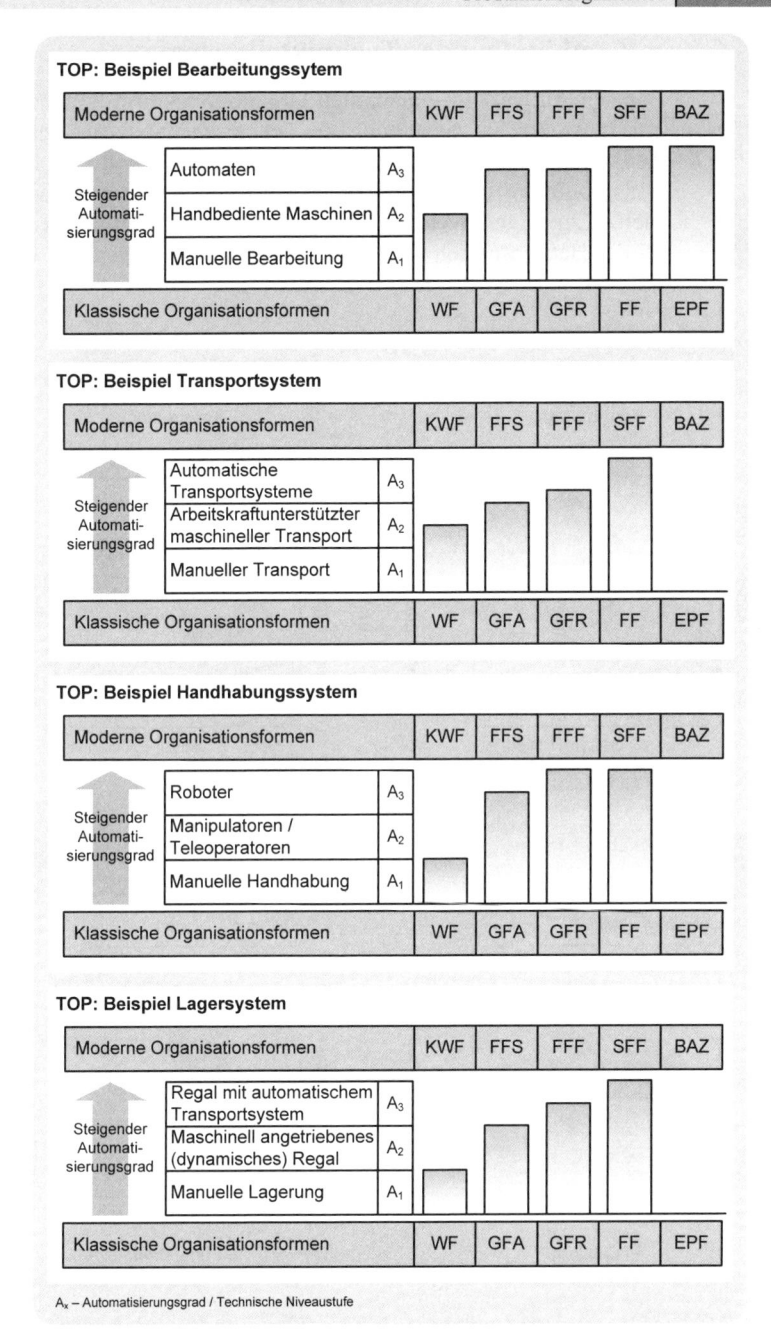

A_x – Automatisierungsgrad / Technische Niveaustufe

Bild PW.C.1.(51): Automatisierungsstufen der Teilsysteme des Techniksystems

Zur Bildung moderner Organisationsformen ist zuerst eine sinnvolle Kombination der Teilsysteme des Techniksystems vorzunehmen.

■ Kombination der Technikteilsysteme

Für den Aufbau einer modernen Organisationsform kommt es auf eine passgerechte Gestaltung des technischen Niveaus aller vier Teilsysteme an. Dazu ist es sinnvoll, in Abhängigkeit vom Produktionsprogramm und seinen Merkmalen Stückzahl und Variantenvielfalt zu zeigen, welche Beziehung zur Flexibilität und Kontinuität der Betriebsmittel, Transportmittel, Handhabungsmittel und der Lagerart besteht (vgl. Bild PW.C.1.(52)).

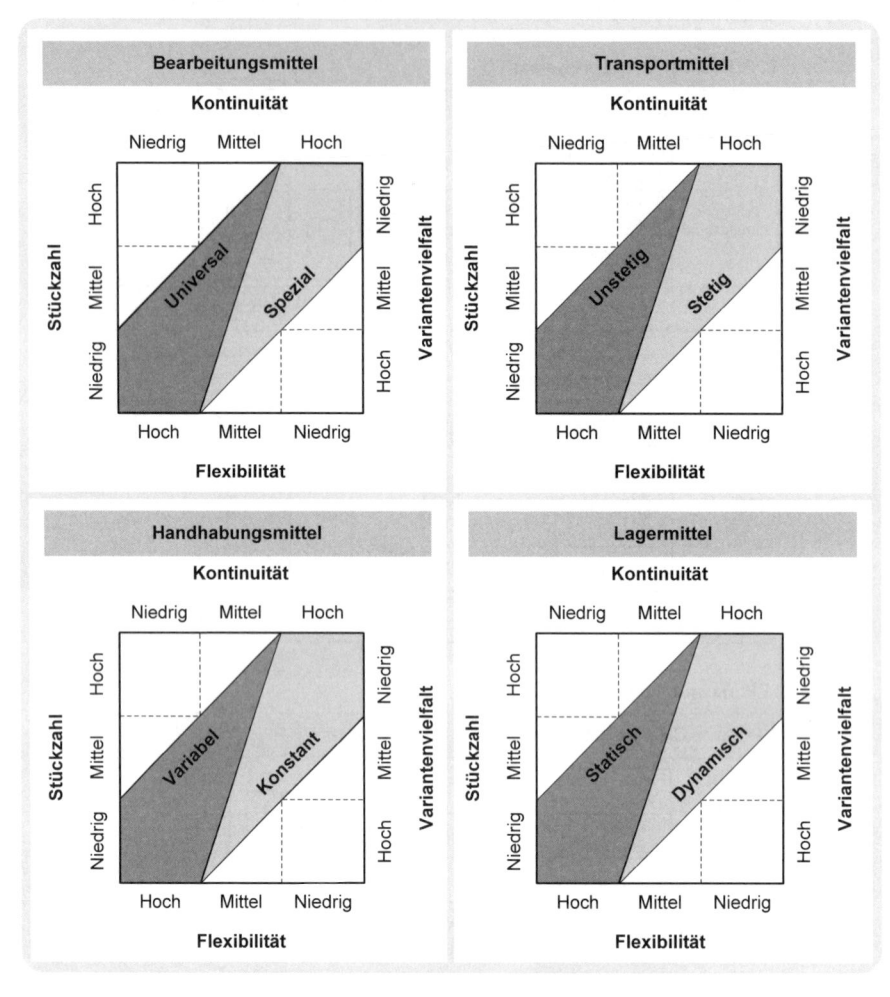

Bild PW.C.1.(52): Zusammenhang zwischen Flexibilität und Kontinuität der Bearbeitungs-, Transport-, Handhabungs- und Lagermittel in Abhängigkeit vom Produktionsprogramm (nach SILBERBACH, K. [Technische Gestaltungskriterien] S. 117 ff.)

> Der **Aufbau jeder modernen Organisationsform** erfordert bezüglich der technischen Ausgestaltung eine spezifische Auswahl und sinnvolle Kombination alternativer Varianten einzusetzender Bearbeitungsmittel, Transportmittel, Handhabungsmittel und Lagerungsarten.
>
> Die **Auswahl** wird durch die zu lösenden Produktionsaufgaben (Stückzahl, Variantenvielfalt) und damit durch den geforderten Beitrag der Organisationsform zur Flexibilität und Kontinuität des Fertigungsprozesses bestimmt.

Ausgehend von den in Bild PW.C.1.(52) vorgestellten Einzeldarstellungen zu dieser Problematik entwickelt SILBERBACH (vgl. SILBERBACH, K. [Technische Gestaltungskriterien] S. 60) eine Ebenendarstellung. Das **Ebenenmodell** geht davon aus, dass jede moderne Organisationsform auf eine klassische Organisationsform aufbaut und verdeutlicht die Entscheidungsvarianten zur Ausgestaltung des Techniksystems (vgl. Bild PW.C.1.(53)). | Ebenenmodell

Auf die Einbeziehung der Einzelplatzfertigung wird verzichtet, weil sie ohne Transporte und Lagerungen zwischen den Arbeitsgängen auskommt.

Es wird verdeutlicht, dass **senkrechte Projektionen** von den klassischen Organisationsformen auf die modernen Organisationsformen in den für die Technikteilsysteme strukturierten Ebenen genau die Felder berühren, die **sinnvolle Ausstattungsvarianten** darstellen (Fall 1).

Fall 2 zeigt eine **nicht senkrechte Projektion**. In diesem Beispiel wird die Technikausstattung beliebig – ebenenbezogen nicht abgestimmt – gewählt. Das führt dazu, dass keine praktisch sinnvolle moderne Organisationsform entstehen kann. Das konstruierte technisch / organisatorische Gebilde kann ökonomischen Ansprüchen nicht genügen.

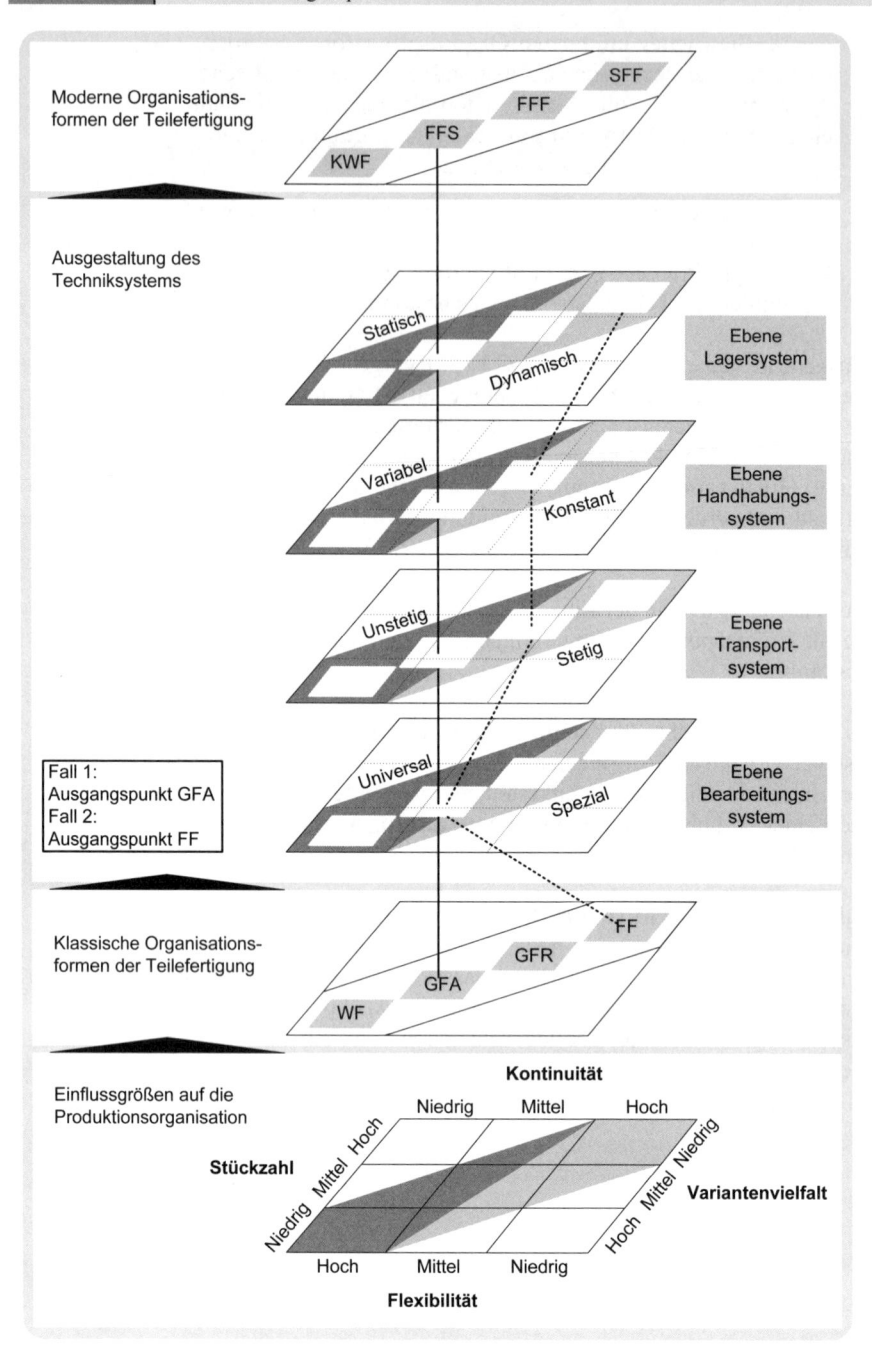

Bild PW.C.1.(53): Ebenenmodell des Zusammenhangs zwischen Organisationsformen der Teilefertigung und den Technikteilsystemen (nach SILBERBACH, K. [Technische Gestaltungskriterien] S. 132)

Bild PW.C.1.(54) ordnet den klassischen Organisationsformen in tabellarischer Form die Wirkungsfelder der Technikteilsysteme zu.

Moderne Organisationsformen	Basis: Klassische Organisationsformen	Technikteilsysteme			
		Bearbeitung	Transport	Handhabung	Lagerung
Kontinuierliche Werkstattfertigung KWF	Werkstattfertigung WF	Universal	Unstetig / Integriert	Variabel	Statisch / Integriert
Flexibles Fertigungssystem FFS	Gegenstandsspezialisierter Fertigungsabschnitt GFA	Universal	Unstetig	Variabel	Statisch
Flexible Fließfertigung FFF	Gegenstandsspezialisierte Fertigungsreihe GFR	Spezial	Stetig	Konstant	Dynamisch
Starre Fließfertigung SFF	Fließfertigung FF	Spezial	Stetig	Konstant	Dynamisch

Bild PW.C.1.(54): Zusammenhang zwischen Organisationsformen und den Technikteilsystemen

Es zeigt wesentliche Eigenschaften einzusetzender Techniksysteme. Innerhalb dieser Felder bestehen Auswahloptionen für die konkret einzusetzende Technik. Ein Überblick wurde dafür bereits im vorherigen Teilabschnitt gegeben. Die modernen Organisationsformen sind folgendermaßen zu charakterisieren:

■ Moderne Organisationsformen

Die moderne Variante der Werkstattfertigung ist eine **kontinuierliche Werkstattfertigung (KWF)**. Sie nutzt die vorhandenen Flexibilitätsvorteile, die gegenüber den anderen Organisationsformen bestehen und vermindert die Kontinuitätsnachteile, die der klassischen Werkstattfertigung immanent sind (vgl. THEBUD, N. [Dienstleistungen] S. 111 ff.). Dies geschieht durch die Integration der fertigungsnahen industriellen Dienstleistungsprozesse Informationsmanagement, innerbetrieblicher Transport und innerbetriebliche Lagerung.

Kontinuierliche Werkstattfertigung

Die Analyse einer Vielzahl relevanter fertigungsnaher industrieller Dienstleistungen ergab, dass auf die Kontinuitätssteigerung in der Werkstattfertigung insbesondere das Informationsmanagement und die innerbetriebliche Logistik, mit den Teilbereichen innerbetrieblicher Transport und innerbetriebliche Lagerung, wirken.

Die passgerechte Gestaltung eines Informationssystems der modernen Werkstattfertigung besteht in dem je Werkstatt zu integrierenden Produktionsleitsystem und einem übergeordneten Produktionslogistik-Leitsystem, das die Bearbeitungs-, Transport- und Lagerprozesse koordiniert und steuert.

Für die Organisation des innerbetrieblichen Transports und der innerbetrieblichen Lagerung werden zur Werkstattfertigung passende Organisationsformen ausgewählt (vgl. dazu die Abschnitte C.1.4, C.1.5 und C.1.6). Dabei handelt es sich um den ungerichteten Lostransport sowie um Bereitstellungs- und Aufnahmelager, die in die Werkstatt integriert werden.

> Während es in der **klassischen Werkstattfertigung** zur Anhäufung von Beständen kommt, um eine hohe und kontinuierliche Kapazitätsauslastung zu erzeugen, sorgen in der **kontinuierlichen Werkstattfertigung** das passgerechte Informationsmanagement sowie eine neue Philosophie der Lager- und Transportintegration für die Sicherung einer Flexibilität und hohen Kontinuität der Auftragsbearbeitung sowie für die Elimination unnötiger Unterbrechungszeiten.

Flexible Fertigungszelle | Die **flexible Fertigungszelle (FFZ)** ist nach REFA ein einstufiges Produktionssystem, das „imstande ist [...] an mindestens zwei unterschiedlichen Werkstücken mehr als einen Arbeitsgang [...] durchzuführen." (REFA [Betriebsorganisation] S. 48).
Bild PW.C.1.(55) stellt den prinzipiellen Aufbau einer flexiblen Fertigungszelle dar.

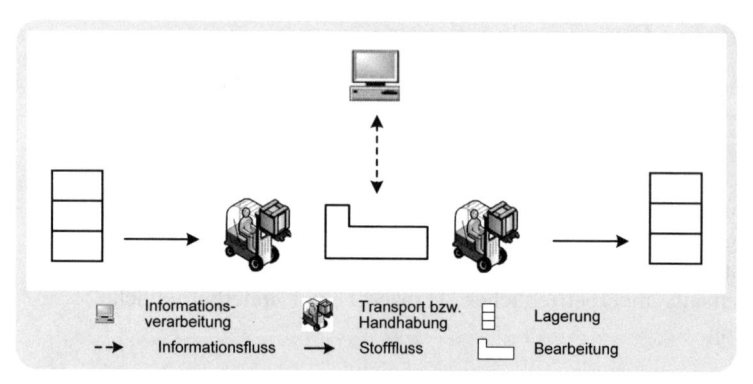

Bild PW.C.1.(55):   Aufbau einer flexiblen Fertigungszelle

Die flexible Fertigungszelle ist ein Einzelplatzsystem mit dem Anspruch, einzelne Arbeitsgänge, i. d. R. aber keine Komplettbearbeitung von Teilen bzw. Teileklassen, zu realisieren. Damit sollte sie **nicht als eigenständige Organisationsform** gelten. Sie wird zum

Bestandteil anderer Organisationsformen, z. B. eines flexiblen Fertigungssystems.

In flexiblen Fertigungszellen sind neben dem Bearbeitungssystem (z. B. Universalmaschine) Werkstück- und Werkzeugspeicher sowie notwendige Zuführungs-, Einstellungs- und Korrektureinrichtungen integriert. Eine materialflussseitige Verkettung von mehreren eingesetzten Zellen liegt nicht vor. Die dazu notwendigen Unterstützungsprozesse Transport, Handhabung und Lagerung entfallen.

Das **Bearbeitungszentrum (BAZ)** ist ein System der Einzelplatzfertigung, in dem eigenständig ohne Ortswechsel eine Komplettbearbeitung von Teilen angestrebt wird. Dabei ist eine variierende technologische Bearbeitungsfolge möglich, die ohne Unterbrechungen, unabhängig von der Länge der aufeinander folgenden Arbeitsgänge, durchgeführt wird. Gleichartige Bearbeitungszentren sind als sich **ersetzende** Fertigungssysteme zu bezeichnen. | Bearbeitungszentrum

Wird die notwendige technologische Bearbeitungsfolge nicht komplett auf einem Bearbeitungszentrum realisiert, sondern z. B. auf zwei Bearbeitungszentren verteilt, spricht man von sich **ergänzenden** Fertigungssystemen.

Flexible Fertigungssysteme (FFS) sind Mehrmaschinensysteme. Sie basieren auf dem gegenstandsspezialisierten Fertigungsabschnitt mit Gruppenprinzip und Reihenverlauf. Sie erheben den Anspruch auf Komplettbearbeitung und haben damit in der Regel einen Geschlossenheitsgrad von G = 1. Die eingesetzten Maschinen ergänzen oder ersetzen sich in der Fertigbearbeitung. Eine variierende technologische Bearbeitungsfolge ist realisierbar. | Flexibles Fertigungssystem

Das flexible Fertigungssystem ist ein mehrstufiges komplexes Produktionssystem, in dem alle vier Teilsysteme des Techniksystems integriert sind (vgl. Bild PW.C.1.(56)). Häufig kommt es zu einer Außenverkettung der Bearbeitungsstationen.

Die **starre Fließfertigung (SFF)** ist ein mehrstufiges Produktionssystem, das aus einem Bearbeitungs-, Transport-, Handhabungs- und Lagersystem besteht. Eventuell vorhandene Kapazitätsreserven sichern eine begrenzte Mengenflexibilität. Dieses System ist in der Regel für ein Produkt mit großen Fertigungsstückzahlen ausgelegt. Eine qualitative Flexibilität existiert nicht. Die Bearbeitungsmittel sind meistens hoch spezialisierte Maschinen, die teilweise nur zur Durchführung eines Arbeitsgangs geeignet sind. Um eine Fertigbearbeitung zu erreichen, müssen sich **ergänzende** Bearbeitungsmittel eingesetzt werden. Es liegt ein hoher Grad der Automatisierung vor. | Starre Fließfertigung

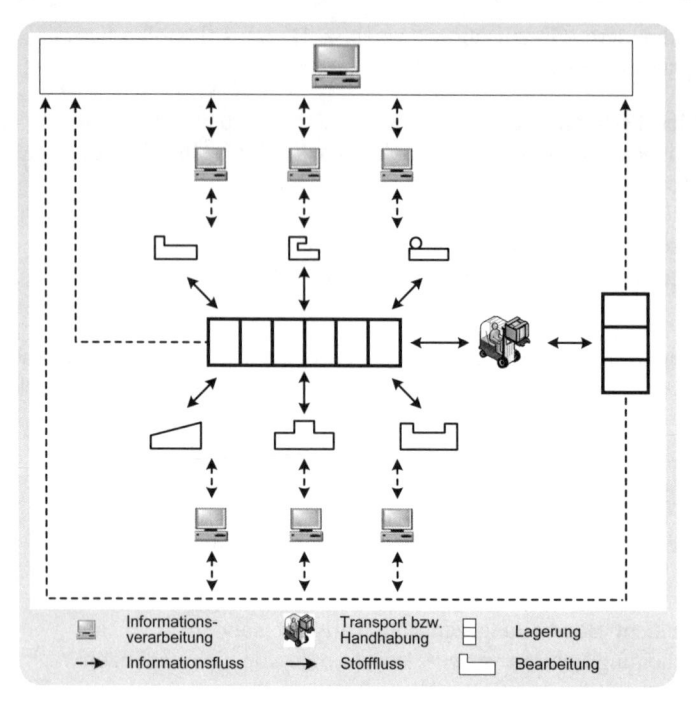

Bild PW.C.1.(56): Aufbau eines flexiblen Fertigungssystems (nach SILBER-BACH, K. [Technische Gestaltungskriterien] S. 148)

Alle beteiligten Teilsysteme sind durch eine so genannte Innenverkettung starr miteinander verbunden. Das heißt, sie selbst sind integraler Bestandteil des Materialflusses, für den gilt, dass er auf der Grundlage der gleichen technologischen Bearbeitungsfolge ohne Überspringen abläuft. In der starren Fließfertigung sind die Arbeitsgänge getaktet (vgl. Bild PW.C.1.(57)). Stör- bzw. Ausgleichspuffer sichern kontinuierliche Abläufe.

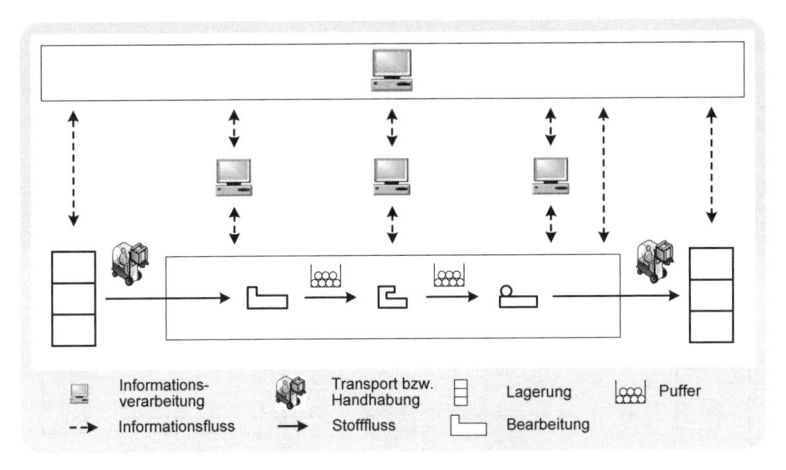

Bild PW.C.1.(57): Aufbau einer starren Fließfertigung (nach SILBERBACH, K. [Technische Gestaltungskriterien] S. 146)

Die **flexible Fließfertigung (FFF)** ist ein mehrstufiges Produktionssystem, das sich aus einem Bearbeitungs-, Transport-, Handhabungs- und Lagersystem zusammensetzt. Sie ist für die Herstellung einer begrenzten Produktpalette mit nur wenigen Varianten geeignet. Im Unterschied zur beschriebenen starren Fließfertigung ist durch die Kombination von Außen- und Innenverkettung ein Überspringen einzelner Bearbeitungsstationen bzw. ein Materialfluss entgegengesetzt der Haupttransportrichtung möglich. Es kommen Bearbeitungsmittel zum Einsatz, die sich ergänzen, aber keinem Taktzwang unterliegen und eine Komplettbearbeitung realisieren.

| Flexible Fließfertigung

Um ein kontinuierliches Arbeiten zu ermöglichen, sind Ausgleichspuffer notwendig, deren Dimensionierung von der Variantenvielfalt (Bearbeitungsfolgen, Bearbeitungszeiten) der zu fertigenden Produkte abhängt. Gegenüber der starren Fließfertigung ist sie durch eine steigende Flexibilität und sinkende Kontinuität gekennzeichnet. Die Anforderungen an eine Automatisierung steigen. In Bild PW.C.1.(58) ist der Aufbau einer flexiblen Fließfertigung dargestellt.

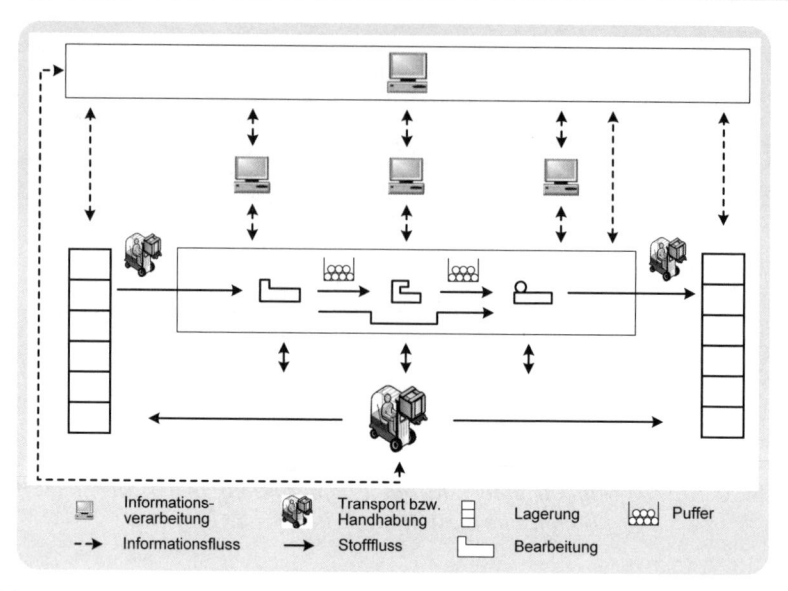

Teil C / Wirkung dispositiver Produktionsfaktoren

Bild PW.C.1.(58):   *Aufbau einer flexiblen Fließfertigung (nach SILBERBACH, K. [Technische Gestaltungskriterien] S. 147)*

Bild PW.C.1.(59) gibt einen zusammenfassenden Überblick über die Systematisierung moderner Organisationsformen auf der Grundlage ihrer technischen Ausgestaltung und weiterer Unterscheidungskriterien.

Kontinuierliche Werkstattfertigung KWF	Flexibles Fertigungssystem FFS	Flexible Fließfertigung FFF	Starre Fließfertigung SFF	Bearbeitungszentrum BAZ
	Automatische Ablaufsteuerung einzelner Maschinenfunktionen			
	Automatischer Werkzeugwechsel			
	Automatischer Werkstückwechsel			
	Integrierte Material- und Informationsflusssysteme			
Integrierte fertigungsnahe industrielle Dienstleistungsprozesse				
• Transport • Lagerung		• Transport • Lagerung • Instandhaltung		
	Mehrmaschinensysteme (mehrstufiger Prozess)			Einzelmaschine (einstufiger Prozess)
Ergänzender / Ersetzender BM-Einsatz ohne Verkettung ungetaktet	Ergänzender / Ersetzender BM-Einsatz Außenverkettung ungetaktet	Ergänzender BM-Einsatz Außen- und Innenverkettung ungetaktet	Ergänzender BM-Einsatz Innenverkettung getaktet	Ersetzender / Ergänzender BM-Einsatz ohne Verkettung ungetaktet
Komplettbearbeitung		Angestrebte Komplettbearbeitung		
Viele Werkstücke, Einschränkung: vorhandene Fertigungsverfahren	Mehrere Werkstücke, Einschränkung: vorhandene Fertigungsverfahren	Mehrere Werkstücke, Einschr.: vorhandene Fertigungsverfahren, Fertigungsflussrichtung	Ein Werkstück, Einschr.: vorhandene Fertigungsverfahren, Fertigungsflussrichtung	Viele Werkstücke, Einschränkung: integrierte Fertigungsverfahren
Hohe Produktartflexibilität, Mengenflexibilität: Kapazitätsproblem	Hohe Produktartflexibilität, Mengenflexibilität: Kapazitätsproblem	Geringe Produktartflexibilität, kaum Mengenflexibilität	Keine Produktartflexibilität, kaum Mengenflexibilität	Hohe Produktartflexibilität, Mengenflexibilität: Kapazitätsproblem

Bild PW.C.1.(59): Moderne Organisationsformen der Teilefertigung auf der Grundlage ihrer technischen Ausgestaltung

In ausgewählten Organisationsformen kann Gruppenarbeit organisiert werden. Dabei übernimmt die Gruppe eigenverantwortlich eine ganzheitliche Aufgabe in einem räumlich zusammengefassten Arbeitssystem, nämlich der Organisationsform.

Ein **wesentliches Unterscheidungsmerkmal** moderner Organisationsformen der Teilefertigung ist ihre **Fähigkeit zur Flexibilität und / oder Kontinuität**.

Die **Flexibilität** und die **Kontinuität** werden von der **Automatisierung der Arbeitsvorgänge** und der Möglichkeit der **Komplettbearbeitung der Teile** beeinflusst.

> Die **Automatisierung** sichert eine quasi ohne Unterbrechungen ablaufende Produktion innerhalb der Organisationsform. Die **Komplettbearbeitung** verhindert, dass die Teile eine Organisationsform im Verlaufe ihrer Herstellung verlassen müssen, um in einer anderen weiterbearbeitet zu werden. Sie verhindert dadurch Transporte zwischen den Organisationsformen, die zwangsläufig zu Unterbrechungen im Fertigungsfluss führen würden.

Je höher ein Prozess automatisiert ist, umso komplizierter ist seine Umstellung auf neue Produktarten. Die Automatisierung, die mit einer gleichen technologischen Bearbeitungsfolge verbunden ist, schränkt die Fähigkeit zur Produktartänderung ein.

Die Möglichkeit zur Komplettbearbeitung lässt vermuten, dass eine Organisationsform über eine größere Anzahl integrierter Fertigungsverfahren verfügt, als eine andere, in der eine Komplettbearbeitung nicht möglich ist. Eine größere Anzahl integrierter Fertigungsverfahren schafft für diese Organisationsform eine bessere Möglichkeit, flexibel auf Produktartänderungen zu reagieren.

| Kontinuität moderner Organisationsformen | Aus der Sicht der **Kontinuität** und der **Flexibilität** kann folgende Platzverteilung vorgenommen werden (vgl. Bild PW.C.1.(60)). |

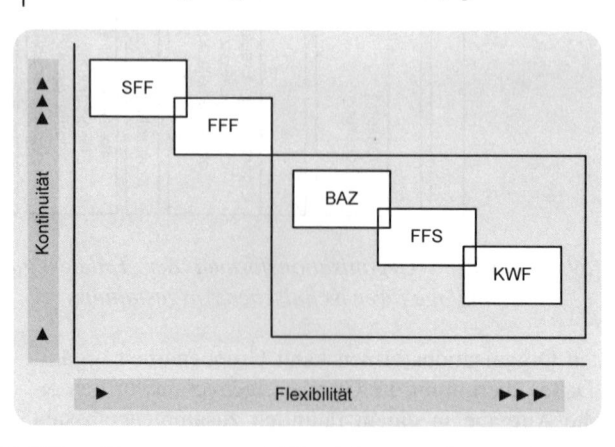

Bild PW.C.1.(60):   Kontinuität und Flexibilität moderner Organisationsformen der Teilefertigung

Die starre Fließfertigung (SFF) erreicht die höchste Kontinuität. Sie arbeitet gewissermaßen ohne Unterbrechungen. Der zweite Platz geht an die flexible Fließfertigung (FFF). Die ebenfalls sehr hohe Möglichkeit der Automatisierung lässt kontinuierliche Abläufe erwarten. Unterbrechungen entstehen durch ein mögliches Umrüsten zur Produktion eines ähnlichen Erzeugnisses. Beide Organisationsformen sichern eine weitgehende Komplettbearbeitung. Die Vergabe des dritten bis fünften Platzes entscheidet sich zwischen der kontinuierlichen Werkstattfertigung (KWF), dem flexiblen Fertigungssystem (FFS) und dem Bearbeitungszentrum (BAZ).

Aus der Sicht automatisierbarer Vorgänge rangiert das flexible Fertigungssystem vor dem Bearbeitungszentrum und der kontinuierlichen Werkstattfertigung.

Diese Reihenfolge wird aus der Sicht einer möglichen Komplettbearbeitung der Teile einer Teileklasse relativiert. Sowohl das flexible Fertigungssystem als auch das Bearbeitungszentrum verfolgen das Ziel der Fertigbearbeitung, auf einem begrenzten Raum ohne gravierende Transportunterbrechungen. Auch die kontinuierliche Werkstattfertigung realisiert eine Komplettbearbeitung, allerdings mit größeren Transport- und Lagerungsunterbrechungen.

Die Reihenfolge aus Sicht der Kontinuität lautet Bearbeitungszentrum vor flexiblem Fertigungssystem und kontinuierlicher Werkstattfertigung.

Unter Berücksichtigung beider Einflussgrößen, der Automatisierung und der Komplettbearbeitung, ist eine absolut eindeutige Reihung schwer möglich. Sie ist nur im Einzelfall am praktischen Beispiel der konkret zu lösenden Fertigungsaufgaben zu realisieren.

Die modernen Organisationsformen besitzen eine sehr unterschiedliche Fähigkeit zur Flexibilität.

| Flexibilität moderner Organisationsformen |

Das flexible Fertigungssystem, die kontinuierliche Werkstattfertigung und das Bearbeitungszentrum sind im Rahmen der integrierten Fertigungsverfahren hochflexibel. Die Anzahl der integrierbaren Fertigungsverfahren spricht für die Reihung kontinuierliche Werkstattfertigung vor flexiblem Fertigungssystem und vor Bearbeitungszentrum.

Eine weitaus geringere Flexibilität, bezogen auf die Reaktionsfähigkeit bei veränderten Erzeugnissen / Teilen, besitzt die flexible Fließfertigung, obwohl in geringem Maße Produktartwechsel durch Umrüstungen realisierbar sind.

Die starre Fließfertigung hat keine Möglichkeiten zum Wechseln der Produktart.

Die Mengenflexibilität der Organisationsformen hängt von vorhandenen freien bzw. erweiterbaren Kapazitäten ab. Diese sind bei der kontinuierlichen Werkstattfertigung, dem flexiblen Fertigungssystem und dem Bearbeitungszentrum eher gegeben, als bei den Varianten der Fließfertigung.

1.2.2.5 Entscheidungsfindung zur Auswahl von Organisationsformen

Entscheidungsfindung

Im Rahmen der **Entscheidungsfindung** zur Auswahl von Organisationsformen der Teilefertigung sind drei grundsätzliche Fragen zu beantworten:

(1) Ist eine **Beibehaltung** bzw. eine **Veränderung bestehender Grundtendenzen der Organisation** z. B. Verfahrensspezialisierung versus Gegenstandsspezialisierung für strategisch-langfristige Zeiträume vorzusehen?

→ Aus der Beantwortung dieser Frage ergeben sich **tendenzielle Empfehlungen**.

(2) Welche **klassischen Organisationsformen** (WF, GFA, GFR, FF, EPF) sind für die Lösung der Produktionsaufgaben, die in taktisch-mittelfristigen Zeiträumen anfallen werden, am geeignetsten?

→ Aus der Beantwortung dieser Frage leiten sich **Auswahlentscheidungen** für zu gestaltende klassische Organisationsformen ab.

(3) Welche **modernen Organisationsformen** (KWF, FFS, FFF, SFF, BAZ) sind auf der Grundlage der Auswahl klassischer Organisationsformen aufzubauen und wie weit ist ihre **technische Ausgestaltung** für die Teilsysteme Bearbeitung, Transport, Handhabung und Lagerung zu treiben?

→ Aus der Beantwortung dieser Frage ergeben sich **Auswahlentscheidungen** für zu gestaltende moderne Organisationsformen und die Automatisierung ihrer Teilsysteme.

Aus den Fragestellungen leitet sich der in Bild PW.C.1.(61) dargestellte Entscheidungsprozess ab, der in drei Schritte gegliedert ist.

Schritt 1
Festlegung der strategisch-langfristigen Entwicklungstendenz der Produktionsorganisation

Schritt 2
Festlegung der klassischen Organisationsformen und ihrer Organisationsprinzipien, die in taktisch-mittelfristigen Zeitabschnitten einzusetzen sind

Schritt 3
Festlegung der modernen Organisationsformen und der technischen Ausgestaltung ihrer Teilsysteme, die in taktisch-mittelfristigen Zeitabschnitten einzusetzen sind

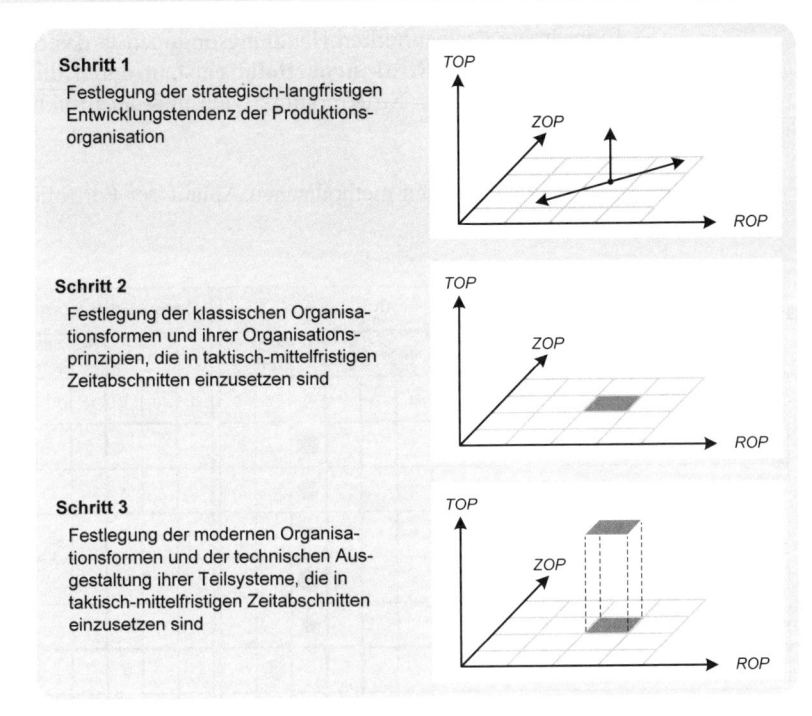

Bild PW.C.1.(61):   *Entscheidungsprozess zur Auswahl und Gestaltung von Organisationsformen der Teilefertigung*

Zur **Festlegung der strategischen Entwicklungstendenz der Produktionsorganisation** kann eine **Portfolioanalyse** eingesetzt werden (vgl. dazu WILDEMANN, H. [Portfolioanalyse] S. 88 ff.). Über folgende Teilschritte erfolgt die Ableitung von Handlungsempfehlungen: | Portfolioanalyse

(1) Erfassung der Chancen alternativer Varianten der Gestaltung der Produktionsorganisation durch Aufstellung eines **Chancenprofils** (vgl. Bild PW.C.1.(62)). | Chancenprofil

(2) Erfassung der Risiken alternativer Varianten der Gestaltung der Produktionsorganisation durch Aufstellung eines **Risikoprofils** (vgl. Bild PW.C.1.(63)). | Risikoprofil

(3) Zusammenführung beider Profile. Sie gestattet die Einschätzung der Strukturattraktivität der Varianten in einer **Attraktivitätsmatrix**. | Attraktivitätsmatrix

(4) Erfassung der relevanten Erfolgsfaktoren der alternativen Varianten mit Hilfe eines **Erfolgsfaktorenprofils** (vgl. Bild PW.C.1.(64)). Damit ist die Einschätzung der Strukturposition der Varianten möglich. | Erfolgsfaktorenprofil

Strukturportfolio |
(5) Einordnung der beurteilten Handlungsoptionen in das Strukturportfolio. Das **Strukturportfolio** entsteht durch die Zusammenführung der Strukturattraktivität und der Strukturposition.

Bild PW.C.1.(65) fasst den methodischen Ablauf der Portfolioanalyse zusammen.

Chancenprofil		Alternative I (A I)						Alternative II (A II)					
		Bewertung			Gewichtetes Profil			Bewertung			Gewichtetes Profil		
	Kriterien	g	m	h	g	m	h	g	m	h	g	m	h
Inputorientiert	Senkung der Einsatzmengen an Prod.-faktoren	x					●			x			●
	Verminderung des Bestands an Prod.-faktoren	x					●			x			●
	Verbesserte Verfügbarkeit an Prod.-faktoren	x					●		x				●
	Senkung der Kosten für Produktionsfaktoren	x					●			x			●
	Verringerung der Kapitalbindung	x					●			x			●
Throughputorientiert	Erhöhung der Produktivität des Prozesses		x				●			x			●
	Erhöhung der Fertigungstransparenz	x				●			x				●
	Erhöhung der Arten- und Mengenflexibilität		x				●			x			●
	Verringerung der Unterbrechungszeiten	x				●				x			●
	Ausbaufähigkeit eingesetzter Technologie		x			●				x			●
Outputorientiert	Steigerung der Funktionalität der Produkte	x					●		x				●
	Steigerung der Erzeugnisqualität	x					●		x				●
	Verbesserung der Serviceleistungen		x				●			x			●
	Preisreduzierung		x			●		x			●		
	Steigerung der Variantenvielfalt	x					●			x			●
Gesamtaussage Chance													

g - Gering	● Wichtig	☐ Geringe Chance
m - Mittel	● Sehr wichtig	▨ Mittlere Chance
h - Hoch	● Äußerst wichtig	■ Hohe Chance

Bild PW.C.1.(62): Beispiel eines Bewertungsrasters zur Ermittlung eines Chancenprofils bei der Bestimmung der Strukturattraktivität alternativer Varianten der Gestaltung der Produktionsorganisation (nach POENICKE, S. [Gestaltungsvarianten] S. 89)

Risikoprofil

	Kriterien	Alternative I (A I) Bewertung			Alternative I (A I) Gewichtetes Profil			Alternative II (A II) Bewertung			Alternative II (A II) Gewichtetes Profil		
		g	m	h	g	m	h	g	m	h	g	m	h
Inputorientiert	Abhängigkeit vom Zulieferer			x			●		x				●
	Verfügbarkeit benötigter Produktionsfaktoren		x			●			x			●	
	Preisentwicklung benötigter Prod.-faktoren		x			●			x			●	
	Absehbare Folgeinvestitionen	x				●				x			●
	Unsicherheit berücksichtigter Daten	x				●				x			●
Throughputorientiert	Störanfälligkeit des Prozesses			x			●	x			●		
	Integrierbarkeit in bestehende Abläufe		x			●		x			●		
	Weiterverwendbarkeit von Produktionsfaktoren		x			●			x				●
	Technologiefixierung		x			●			x				●
	Unsicherheit berücksichtigter Pläne	x				●				x			●
Outputorientiert	Geringe Nachfrage nach den Produkten	x			●			x				●	
	Vorhandene / Erwartete Konkurrenzprodukte		x			●			x			●	
	Recyclingmöglichkeiten nach Gebrauch		x			●		x				●	
	Abhängigkeit vom Handelsunternehmen		x			●			x			●	
	Unsicherheit berücksichtigter Daten	x				●				x			●
Gesamtaussage Risiko													

g - Gering	• Wichtig	☐	Geringes Risiko
m - Mittel	● Sehr wichtig	▨	Mittleres Risiko
h - Hoch	● Äußerst wichtig	■	Hohes Risiko

Bild PW.C.1.(63): Beispiel eines Bewertungsrasters zur Ermittlung eines Risikoprofils bei der Bestimmung der Strukturattraktivität alternativer Varianten der Gestaltung der Produktionsorganisation (nach POENICKE, S. [Gestaltungsvarianten] S. 32)

Erfolgsfaktorenprofil		Alternative I (A I)						Alternative II (A II)					
		Bewertung			Gewichtetes Profil			Bewertung			Gewichtetes Profil		
	Kriterien	g	m	h	g	m	h	g	m	h	g	m	h
Inputorientiert	Bestehende Finanzierungsmöglichkeiten			x			●	x					●
	Ausreichende Arbeitskräftequalifikation	x				●		x				●	
	Erwartete Akzeptanz bei den Mitarbeitern			x			●	x				●	
Throughputorientiert	Vorhandenes Know how zur Planung und Realisierung des Prozesses		x				●	x					●
	Vorhandene Erfahrung mit gleichen oder ähnlichen Technologien		x			●		x				●	
	Vorhandene technische Voraussetzungen		x			●		x				●	
Outputorientiert	Integrationsmöglichkeit in das betriebliche Umfeld	x				●		x				●	
	Reduktion ungewollten Output		x			●		x				●	
	Qualitätsfähigkeit		x			●				x			●
Gesamtaussage Erfolgsposition													

- g - Gering ● Wichtig □ Geringes Erfolgsposition
- m - Mittel ● Sehr wichtig ▨ Mittleres Erfolgsposition
- h - Hoch ● Äußerst wichtig ■ Hohes Erfolgsposition

Bild PW.C.1.(64): Beispiel eines Bewertungsrasters zur Ermittlung eines Erfolgsfaktorprofils bei der Bestimmung der Strukturposition alternativer Varianten der Gestaltung der Produktionsorganisation (nach POENICKE, S. [Gestaltungsvarianten] S. 93)

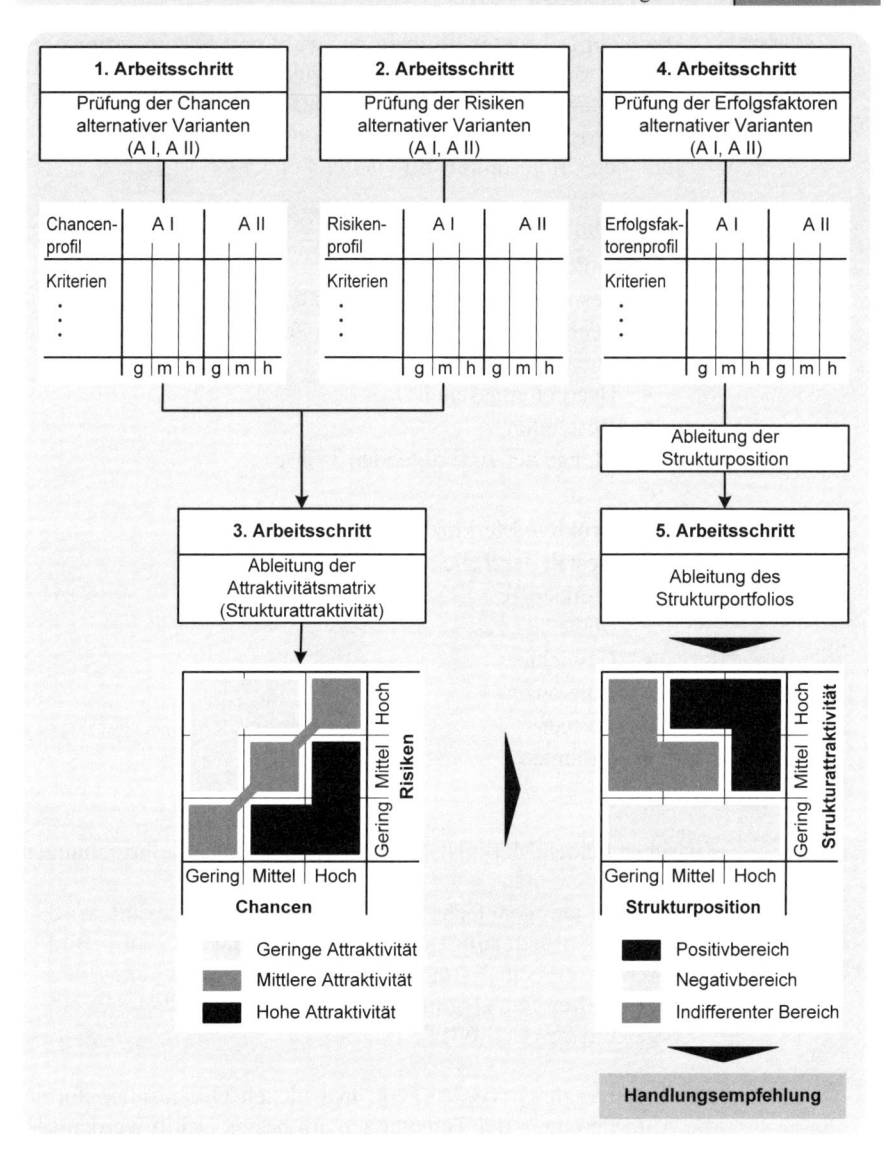

Bild PW.C.1.(65): Anwendung der Portfolioanalyse zur Ableitung strategischer Empfehlungen zur Gestaltung der Produktionsorganisation

Die **Festlegung der klassischen Organisationsformen**, die in taktisch-mittelfristigen Zeitabschnitten einzusetzen sind, basiert auf einer **technisch determinierten Auswahl** (vgl. dazu auch Abschnitt C.1.2.2.3).

Technisch determinierte Auswahl von Organisationsformen stützt sich auf die konstruktiven und technologischen Merkmale, die das zu produzierende Teilesortiment charakterisieren und quasi als Anforderungen an die zu gestaltende Organisationsform gelten können.

Technisch determinierte Auswahl von Organisationsformen

Solche Merkmale sind:
- ▶ Technologische Merkmale
  - Fertigungsverfahren / Alternative Fertigungsverfahren
  - Technologische Bearbeitungsfolge / Alternative technologische Bearbeitungsfolge
  - Bearbeitungszeiten
  - Rüstzeiten
  - Menge der zu fertigenden Teile
  - ...
- ▶ Konstruktive Merkmale
  - Gestalt der Teile
  - Werkstoffe
  - Maße
  - Gewichte
  - Toleranzen
  - Formen
  - Volumen
  - ...

Zwischen beiden Merkmalsgruppen bestehen Wechselbeziehungen.

Anforderungs-, Fähigkeitsprofil

Im Rahmen der technisch determinierten Auswahl wird einem **Anforderungsprofil je Teileklasse** (vgl. Bild PW.C.1.(66)) ein **Fähigkeitsprofil vorhandener bzw. neu zu gestaltender Organisationsformen** gegenüber gestellt (vgl. Bild PW.C.1.(67)).

Der Profilvergleich verdeutlicht, in welchen Organisationsformen die Anforderungen der Teileklassen am besten erfüllt werden können bzw. welche Organisationsform sich für die Fertigung einer bestimmten Teileklasse am besten eignet.

Dabei wird die Übereinstimmung der berücksichtigten Kriterien Fertigungsverfahren, technologische Bearbeitungsfolge und Relation der Bearbeitungszeiten (Ähnlichkeitskriterien) geprüft. Eine vorhandene Übereinstimmung ist die Grundvoraussetzung für die Zuordnung einer Teileklasse zu einer Organisationsform.

Produktionsorganisation

Soll die Entscheidung für den Aufbau einer Organisationsform für eine Teileklasse gefällt werden, sind weitere Kriterien wie die Auslastung der Kapazität der Organisationsform und eine gesicherte Fertigungsperspektive der Teileklasse (Entscheidungskriterien) zusätzlich zu untersuchen.

Strukturiertes Teilesortiment (Teileklassen)		
Kriterien	**(extreme) Ausprägungen**	
Benötigte Fertigungsverfahren	Alle ET einer TK benötigen zu ihrer Fertigung verschiedene Fertigungsverfahren	Alle ET einer TK benötigen zu ihrer Fertigung die gleichen Fertigungsverfahren
Technologische Bearbeitungsreihenfolge	Alle ET einer TK benötigen zu ihrer Fertigung verschiedene Bearbeitungsreihenfolgen	Alle ET einer TK benötigen zu ihrer Fertigung die gleichen Bearbeitungsreihenfolge
Relationen der Bearbeitungszeiten	Alle ET einer TK benötigen zu ihrer Fertigung verschiedene Bearbeitungszeiten je Bearbeitungsstation	Alle ET einer TK benötigen zu ihrer Fertigung gleiche / proportionale Bearbeitungsreihenfolgen je Bearbeitungsstation

Ergebnis: Anforderungsprofil je Teileklasse (TK)

Bild PW.C.1.(66): Anforderungsprofile von Teileklassen an Organisationsformen

Organisationsformen der Teilefertigung		
Kriterien	**(extreme) Ausprägungen**	
Realisierbare Fertigungsverfahren	Organisationsform gestattet die Realisierung vieler verschiedener Fertigungsverfahren	Organisationsform gestattet nur die Realisierung weniger Fertigungsverfahren
Technologische Bearbeitungsreihenfolge	Organisationsform gestattet eine Vielzahl verschiedener Bearbeitungsreihenfolgen	Organisationsform gestattet nur eine Bearbeitungsreihenfolge
Relationen der Bearbeitungszeiten	Organisationsform gestattet verschieden hohe Bearbeitungszeiten je Bearbeitungsstation	Organisationsform gestattet nur gleich lange / proportionale Bearbeitungszeiten je Bearbeitungsstation

Ergebnis: Fähigkeitsprofil je Organisationsform

Bild PW.C.1.(67): Fähigkeitsprofile von Organisationsformen

Liegt **Deckungsgleichheit zwischen Anforderungen und Fähigkeiten** vor, ist die entsprechende Organisationsform zu realisieren. Weichen Anforderungs- und Fähigkeitsprofil voneinander ab (vgl. Bild PW.C.1.(68), so ist eine unmittelbare Entscheidungsfindung nicht möglich. Um diese finden zu können, ist eine Wiederholung des Profilvergleichs auf jeweils niederer Niveaustufe der erreichbaren Kontinuität der Organisationsform vorzunehmen (vgl. Bild PW.C.1.(69)).

Fertigungsverfahren					Anforderungen
	Einzelteile benötigen:	Viele verschiedene Fertigungsverfahren	Fast identische Fertigungsverfahren	Weitgehend identische Fertigungsverfahren	Identische Fertigungsverfahren
	Organisationsformen gestatten:				**Fähigkeiten**
Technologische Bearbeitungsfolge (tBF)	Einzelteile benötigen:	Variierende tBF	Variierende tBF	**Anforderungen**	
				Gleiche tBF mit Überspringen	Gleiche tBF ohne Überspringen
	Organisationsformen gestatten:				**Fähigkeiten**
Relation der Bearbeitungszeiten je Bearbeitungsstation (BZ je BS)	Einzelteile benötigen:	Verschieden lange, disproportionale Bearbeitungszeiten je Bearbeitungsstation	Verschieden lange, disproportionale Bearbeitungszeiten je Bearbeitungsstation	**Anforderungen**	Gleich lange, proportionale Bearbeitungszeiten je BS
				Verschieden lange, disproportionale Bearbeitungszeiten je BS	
	Organisationsformen gestatten:				**Fähigkeiten**
Organisationsform		WF	GFA	GFR	FF

Bild PW.C.1.(68): *Schema zur Durchführung des Profilvergleichs*

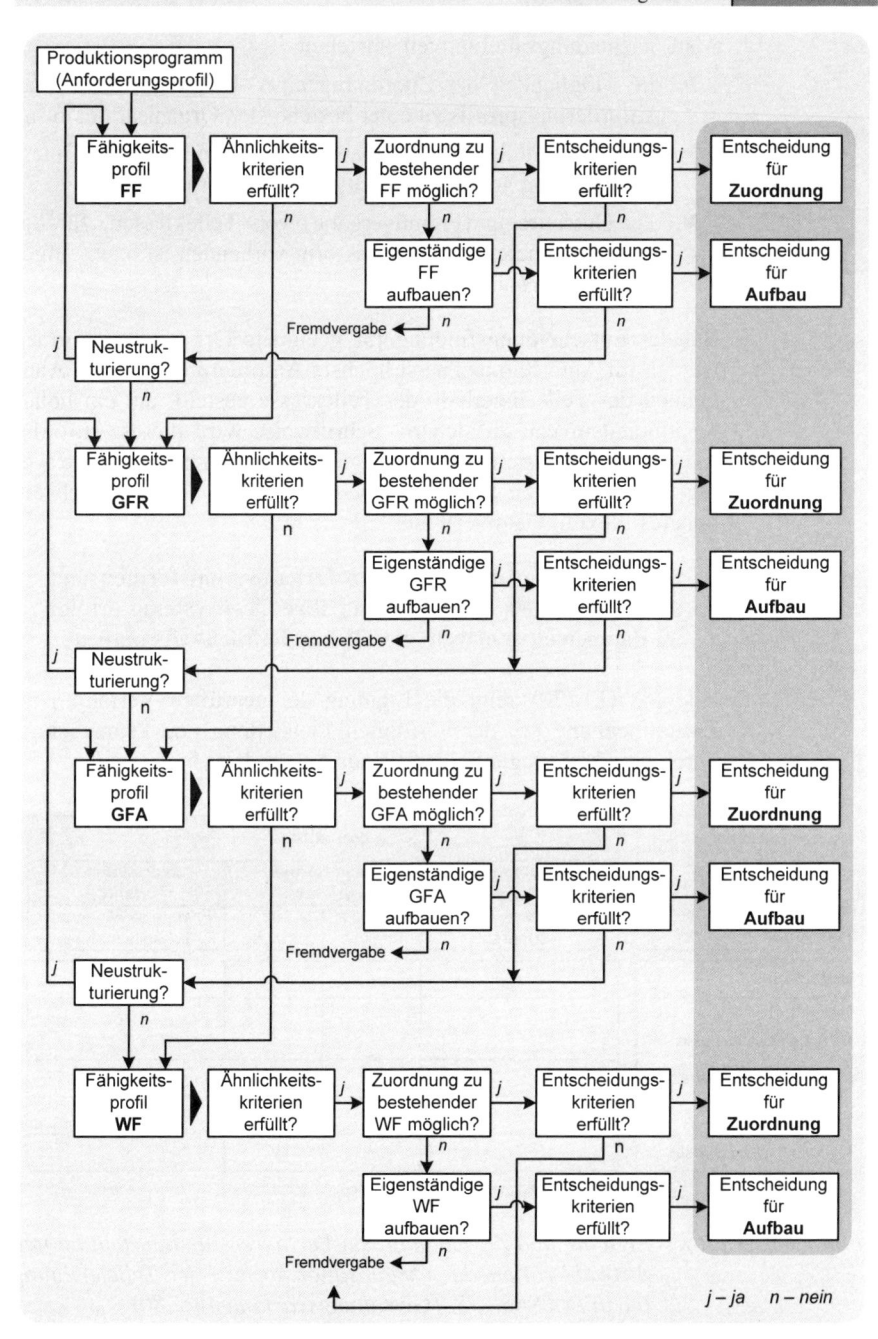

Bild PW.C.1.(69): *Algorithmus zur Auswahl zu gestaltender Organisationsformen der Teilefertigung unter Berücksichtigung vorhandener Organisationsformen (nach POENICKE, S. [Gestaltungsvarianten] S. 137)*

Als Entscheidungsalternativen entstehen
- ▶ die Möglichkeit der Zuordnung einer Teileklasse und ihres Anforderungsprofils zu einer bestehenden Organisationsform,
- ▶ die Notwendigkeit des Aufbaus einer neuen bisher im Unternehmen nicht vorhandenen Organisationsform oder
- ▶ das Outsourcing (Fremdvergabe) von Teileklassen, für die keine geeignete Organisationsform vorhanden ist bzw. aufgebaut werden soll.

Bei der Entscheidungsfindung für geeignete Organisationsformen werden im Algorithmus zuerst höchste Anforderungen an die Ähnlichkeit der Teile innerhalb der Teileklasse gestellt, um ein hohes Kontinuitätsniveau zu sichern. Schrittweise wird dieses Anforderungsniveau reduziert, was zu Organisationsformen führt, die weniger kontinuierlich arbeiten. Sie zeichnen sich jedoch durch ein höheres Flexibilitätsniveau aus.

Erweiterte Wirtschaftlichkeitsanalyse	Die **Festlegung der modernen Organisationsformen** und der **technischen Ausgestaltung ihrer Teilsysteme** erfolgt im Rahmen einer **erweiterten Wirtschaftlichkeitsanalyse**.

Bild PW.C.1.(70) zeigt die Eignung der geprüften Verfahren im Zusammenhang mit der verfolgten Zielstellung und kennzeichnet durch grau hinterlegte Felder die zur Anwendung kommenden.

Ebene der Auswahlentscheidungen	Verfahren			
	Berechnungsverfahren	Bewertungsverfahren		Beurteilungsverfahren
	Investitionsrechnungsverfahren	Portfolioanalyse	Nutzwertanalyse	Erweiterte Wirtschaftlichkeitsanalyse
Strategisch	/	✓	(✓)	(✓)
Taktisch				
• Technische Aspekte	/	/	✓	✓
• Ökonomische Aspekte	✓	/	/	✓
• Soziale Aspekte	/	/	✓	✓
• Ökologische Aspekte	/	/	✓	✓

✓ - Geeignet   (✓) - Bedingt geeignet   / - Nicht geeignet

Bild PW.C.1.(70): *Eignung und Anwendung von Verfahren zur Beurteilung und Auswahl rationeller Organisationsformen der Teilefertigung (nach POENICKE, S. [Gestaltungsvarianten] S. 80)*

Bild PW.C.1.(71) stellt einen Kriterienkatalog dar, der im Rahmen der erweiterten Wirtschaftlichkeitsanalyse angewendet werden kann, um die Auswahl moderner Organisationsformen und deren Mechanisierungs- und Automatisierungsstufen zu realisieren.

A / Ökonomische Kriterien

	A / 1	Kosten / Aufwendungen
	A / 2	Amortisationszeit
	A / 3	Kapitalwert
	A / 4	Verzinsung investierten Kapitals

B / Technisch-technologische Kriterien

B / 1		Flexibilität
	B / 1a	Artenflexibilität
	B / 1b	Mengenflexibilität
B / 2		Kontinuität
	B / 2a	Kontinuität des Einsatzes der Potenzialfaktoren
	B / 2b	Kontinuität der Bearbeitung der Repetierfaktoren
B / 3		Technik / Technologieniveau
	B / 3a	Technik / Technologieniveau des Bearbeitungssystems
	B / 3b	Technik / Technologieniveau des Transportsystems
	B / 3c	Technik / Technologieniveau des Handhabungssystems
	B / 3d	Technik / Technologieniveau des Lagerungssystems
B / 4		Integrationsfähigkeit
	B / 4a	Integrationsfähigkeit zwischen den technischen Teilsystemen innerhalb eines Produktionssystems
	B / 4b	Integrationsfähigkeit der Produktionssysteme untereinander
	B / 4c	Integrationsfähigkeit im Sinne des Prozessverhaltens
B / 5		Zeitparameter
	B / 5a	Zeitparameter Durchlaufzeit
	B / 5b	Zeitparameter Kapazitätsauslastung
	B / 5c	Zeitparameter Termintreue
B / 6		Qualitätsparameter
	B / 6a	Produktqualität
	B / 6b	Prozessqualität

C / Ökologische Kriterien

	C / 1	Umweltverträglichkeit des Prozesses
	C / 2	Umweltverträglichkeit des Produkts

D / Soziale Kriterien

	D / 1	Arbeitsbelastung
	D / 2	Arbeitsmotivation
	D / 3	Arbeitssicherheit

Bild PW.C.1.(71): Kriterien zur Entscheidungsfindung über den Einsatz moderner Organisationsformen und deren technische Ausgestaltung

Auf der Basis dieser Kriterien wird eine Nutzwertanalyse durchgeführt. Dazu wird jedem Kriterium entsprechend einer einheitlich gewählten ordinalen Bewertungsskala ein Punktwert zugeordnet. In Abhängigkeit von betrieblichen Zielstellungen kann eine differenzierte Gewichtung der Kriteriengruppen A bis D, aber auch der Einzelkriterien erfolgen. Zur Punktwertermittlung der ökonomischen Kriterien werden Investitionsrechnungsverfahren eingesetzt.

Die Multiplikation des Punktwerts je Kriterium mit dem ihm zugeordneten Gewicht führt zu einem Teilnutzwert. Die Addition der Teilnutzwerte über alle Kriterien bestimmt den Gesamtnutzwert der zu bewertenden Entscheidungsoptionen und zur Auswahl der günstigsten Alternative.

Eine zusammenfassende Übersicht über den Prozess der Entscheidungsfindung zur Auswahl von Organisationsformen der Teilefertigung gibt Bild PW.C.1.(72).

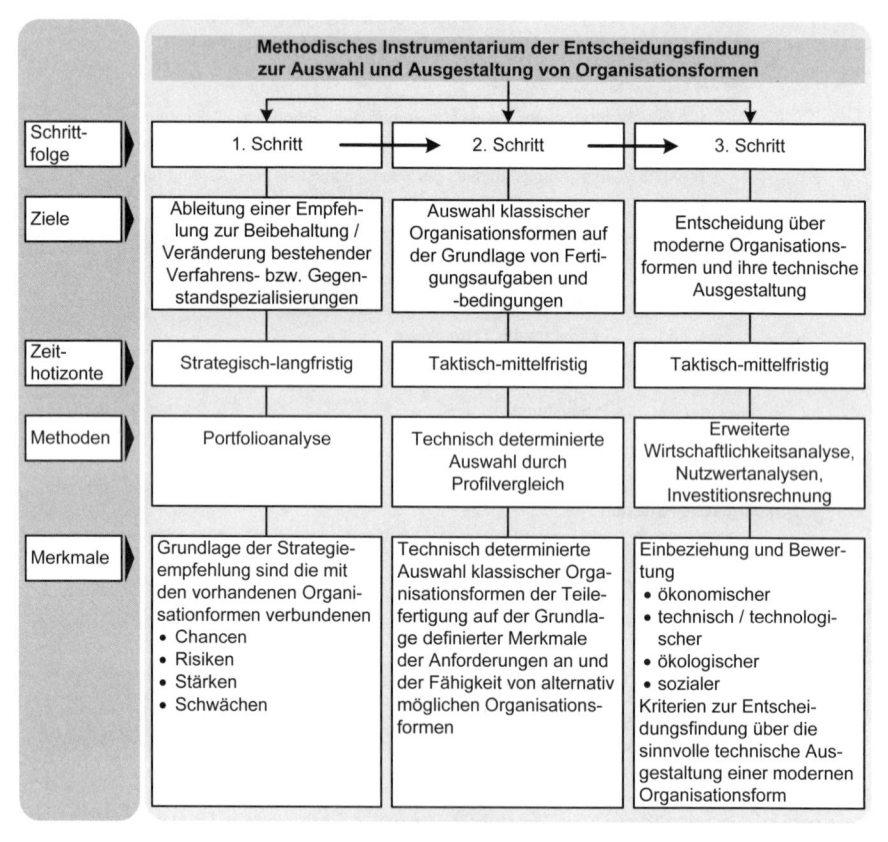

	Methodisches Instrumentarium der Entscheidungsfindung zur Auswahl und Ausgestaltung von Organisationsformen		
Schrittfolge	1. Schritt	2. Schritt	3. Schritt
Ziele	Ableitung einer Empfehlung zur Beibehaltung / Veränderung bestehender Verfahrens- bzw. Gegenstandsspezialisierungen	Auswahl klassischer Organisationsformen auf der Grundlage von Fertigungsaufgaben und -bedingungen	Entscheidung über moderne Organisationsformen und ihre technische Ausgestaltung
Zeithorizonte	Strategisch-langfristig	Taktisch-mittelfristig	Taktisch-mittelfristig
Methoden	Portfolioanalyse	Technisch determinierte Auswahl durch Profilvergleich	Erweiterte Wirtschaftlichkeitsanalyse, Nutzwertanalysen, Investitionsrechnung
Merkmale	Grundlage der Strategieempfehlung sind die mit den vorhandenen Organisationformen verbundenen • Chancen • Risiken • Stärken • Schwächen	Technisch determinierte Auswahl klassischer Organisationsformen der Teilefertigung auf der Grundlage definierter Merkmale der Anforderungen an und der Fähigkeit von alternativ möglichen Organisationsformen	Einbeziehung und Bewertung • ökonomischer • technisch / technologischer • ökologischer • sozialer Kriterien zur Entscheidungsfindung über die sinnvolle technische Ausgestaltung einer modernen Organisationsform

Bild PW.C.1.(72): Prozess der Entscheidungsfindung zur Auswahl von Organisationsformen der Teilefertigung

I. Begriffe zur Selbstüberprüfung

- ✓ Unternehmensorganisation
- ✓ Arbeitsteilung
- ✓ Organisation
- ✓ Aufbau- und Ablauforganisation
- ✓ Grundformen der Aufbau- und Ablauforganisation
- ✓ Funktionale und divisionale Organisationsstruktur
- ✓ Organisationsformen
- ✓ Räumliche Organisationsprinzipien
- ✓ Zeitliche Organisationsprinzipien
- ✓ Produktionsorganisation
- ✓ Werkstattprinzip
- ✓ Erzeugnisprinzip
- ✓ Gruppenprinzip
- ✓ Reihenprinzip
- ✓ Einzelplatzprinzip
- ✓ Technologische Bearbeitungsfolge
- ✓ Organisatorische Bearbeitungsfolge
- ✓ Gleiche technologische Bearbeitungsfolge
- ✓ Variierende technologische Bearbeitungsfolge
- ✓ Produktionszeit
- ✓ Vorratslagerung
- ✓ Produktionszyklus
- ✓ Durchlaufzeit
- ✓ Betriebsruhezeit
- ✓ Technologischer Zyklus
- ✓ Natürliche Prozesse
- ✓ Arbeitsprozess
- ✓ Verlaufsformen des technologischen Zyklus
- ✓ Fertigungslos
- ✓ Auftragszeit
- ✓ Unterbrechungszeit
- ✓ Stillstands- und Wartezeit
- ✓ Liegezeit
- ✓ Reihenverlauf
- ✓ Parallelverlauf
- ✓ Transportlos
- ✓ Kombinierter Verlauf
- ✓ Klassische Organisationsformen der Teilefertigung
- ✓ Werkstattfertigung
- ✓ Gegenstandsspezialisierter Fertigungsabschnitt
- ✓ Gegenstandsspezialisierte Fertigungsreihe
- ✓ Fließfertigung
- ✓ Einzelplatzfertigung
- ✓ Kontinuität
- ✓ Flexibilität

- ✓ Spezialisierungsgrad
- ✓ Geschlossenheitsgrad
- ✓ Wechselgrad
- ✓ Mischformen
- ✓ Mischformen der Werkstattfertigung
- ✓ Mischformen der gegenstandsspezialisierten Organisationsformen
- ✓ Anforderungen an einen Fertigungsprozess
- ✓ Teileklassen
- ✓ Moderne Organisationsformen der Teilefertigung
- ✓ Technische Organisationsprinzipien
- ✓ Techniksystem und seine Teilsysteme
- ✓ Bearbeitungssystem
- ✓ Universalmaschine
- ✓ Spezialmaschine
- ✓ Transportsystem
- ✓ Stetigförderer
- ✓ Unstetigförderer
- ✓ Handhabungssystem
- ✓ Variabel arbeitende Handhabungsmittel
- ✓ Konstant arbeitende Handhabungsmittel
- ✓ Lagersystem
- ✓ Statische Lagerung
- ✓ Dynamische Lagerung
- ✓ Kontinuierliche Werkstattfertigung
- ✓ Flexible Fertigungszelle
- ✓ Bearbeitungszentrum
- ✓ Flexibles Fertigungssystem
- ✓ Flexible Fließfertigung
- ✓ Starre Fließfertigung
- ✓ Kontinuität moderner Organisationsformen
- ✓ Flexibilität moderner Organisationsformen
- ✓ Entscheidungsfindung zur Auswahl von Organisationsformen
- ✓ Portfolioanalyse
- ✓ Chancenprofil
- ✓ Risikoprofil
- ✓ Attraktivitätsmatrix
- ✓ Erfolgsfaktorenprofil
- ✓ Technisch determinierte Auswahl von Organisationsformen
- ✓ Anforderungsprofil
- ✓ Fähigkeitsprofil
- ✓ Erweiterte Wirtschaftlichkeitsanalyse

II. Weiterführende Literatur

- ARNOLD, Hans / BORCHERT, Hans / SCHMIDT, Johannes:
  [Produktionsprozess] Der Produktionsprozess im Industriebetrieb.
  4. Auflage, Berlin (Ost) 1975

- CORSTEN, Hans:
  Produktionswirtschaft. Einführung in das industrielle Produktionsmanagement.
  12. Auflage, München, Wien 2009

- EVERSHEIM, Walter:
  Organisation in der Produktionstechnik. Band 4: Fertigung und Montage.
  2. Auflage, Düsseldorf 1989

- HOITSCH, Hans-Jörg:
  Produktionswirtschaft. Grundlagen einer industriellen Betriebswirtschaftslehre.
  2. Auflage, München 1993

- NACHTIGALL, Walter:
  Ökonomisches Formellexikon.
  Berlin 1988

- POENICKE, Sven:
  [Gestaltungsvarianten] Beurteilung und Auswahl alternativer Gestaltungsvarianten von Organisationsformen der Teilefertigung.
  In: Schriftenreihe des Institutes für Produktionswirtschaft der Universität Rostock, Hrsg.: NEBL, Theodor
  Aachen 2000

- RATH, Kerstin:
  [Fertigungsorganisation] Die Prozeßanalyse – eine Methode zur Auswahl rationeller Formen der Fertigungsorganisation in Maschinenbaubetrieben der Einzel- und Kleinserienfertigung. Dissertation
  Universität Rostock 1989

- REFA (Hrsg.):
  [Betriebsorganisation] Methodenlehre der Betriebsorganisation. Planung und Steuerung komplexer Produktionssysteme.
  2. Auflage, München 2002

❑ SILBERBACH, Karsten:
[Technische Gestaltungskriterien] Der Einfluß organisatorischer und technischer Gestaltungskriterien auf die Bildung von Organisationsformen der Teilefertigung.
In: Schriftenreihe des Institutes für Produktionswirtschaft der Universität Rostock, Hrsg.: NEBL, Theodor
Aachen 1997

❑ STEYER, Jan:
Produktionsorganisation im Transformationsprozess St. Petersburger Maschinenbauunternehmen.
In: Schriftenreihe des Institutes für Produktionswirtschaft der Universität Rostock, Hrsg.: NEBL, Theodor
Aachen 2002

❑ TEMPELMEIER, Horst / KUHN, Heinrich:
Flexible Fertigungssysteme. Entscheidungsunterstützung für Konfiguration und Betrieb.
Berlin, Heidelberg, New York 1993

❑ THEBUD, Nils:
[Dienstleistungen] Fertigungsnahe industrielle Dienstleistungen. Rationalisierungspotenzial für die Produktionsorganisation in KMU.
In: Schriftenreihe des Institutes für Produktionswirtschaft der Universität Rostock, Hrsg.: NEBL, Theodor
Aachen 2007

❑ WARNECKE, Hans-Jürgen:
Der Produktionsbetrieb 2. Produktion, Produktionssicherung.
3. Auflage, Berlin, Heidelberg, New York 1995

❑ WIENDAHL, Hans-Peter:
[Betriebsorganisation] Betriebsorganisation für Ingenieure.
7. Auflage, München, Wien 2010

❑ WILDEMANN, Horst:
[Portfolioanalyse] Produktionscontrolling. Systemorientiertes Controlling schlanker Produktionsstrukturen.
4. Auflage, München 2002

❑ ZÄPFEL, Günther:
Taktisches Produktions-Management.
2. Auflage, München, Wien 2000

1.3 Organisation des Fertigungshauptprozesses Montage

Die Bedeutung des **Fertigungsprozesses Montage** erschließt sich in einem Vergleich mit dem Fertigungshauptprozess Teilefertigung.

Während beim Anteil der Herstellkosten, der Durchlaufzeit, des Arbeitskräfteeinsatzes und der benötigten Produktionsflächen eine deutliche Dominanz der Teilefertigung vorliegt, verteilt sich der Wertschöpfungsanteil im Verhältnis 70:30 für den Montageprozess (vgl. PETERSEN, T. [Montageorganisation] S. 2).

> Da die **Produktivität** eines Unternehmens in hohem Maße **durch** die **Wertschöpfung bestimmt** wird, unterstreicht das die herausragende Bedeutung der Montage und die Notwendigkeit der rationellen Gestaltung der darin ablaufenden Prozesse.

Vergleicht man die in beiden Fertigungshauptprozessen ablaufenden Funktionen, so ist festzustellen, dass

- ▶ **Primär-** und
- ▶ **Sekundärfunktionen**

zu unterscheiden sind.

| Primär- und Sekundärfunktion

Die Primärfunktionen betreffen das **Bearbeiten** in der Teilefertigung und das **Fügen** in der Montage. Sekundärfunktionen führen notwendige Unterstützungsfunktionen aus. Zu ihnen gehören in der Teilefertigung das **Transportieren, Lagern, Handhaben und Kontrollieren**. Zusätzlich sind das Justieren sowie **Sonderfunktionen** (Erwärmen, Anpassen u. a.) für Montageprozesse typisch.

Der Montageprozess läuft in verschiedenen **Montagestufen** ab. | Montagestufen

Die erste Montagestufe, die **Vormontage**, realisiert das Montieren von Einzelteilen zu Baugruppen 1. Ordnung. | Vormontage

Die zweite Montagestufe, die **Baugruppenmontage** oder **Zwischenmontage**, realisiert das Montieren von Baugruppen höherer Ordnungen aus Einzelteilen und Baugruppen niederer Ordnungen. | Baugruppen-, Zwischenmontage

In der dritten Montagestufe, der **Endmontage**, erfolgt eine Fertigstellung der Erzeugnisse aus Einzelteilen, Baugruppen niederer und höherer Ordnung (Bild PW.C.1.(73)). | Endmontage

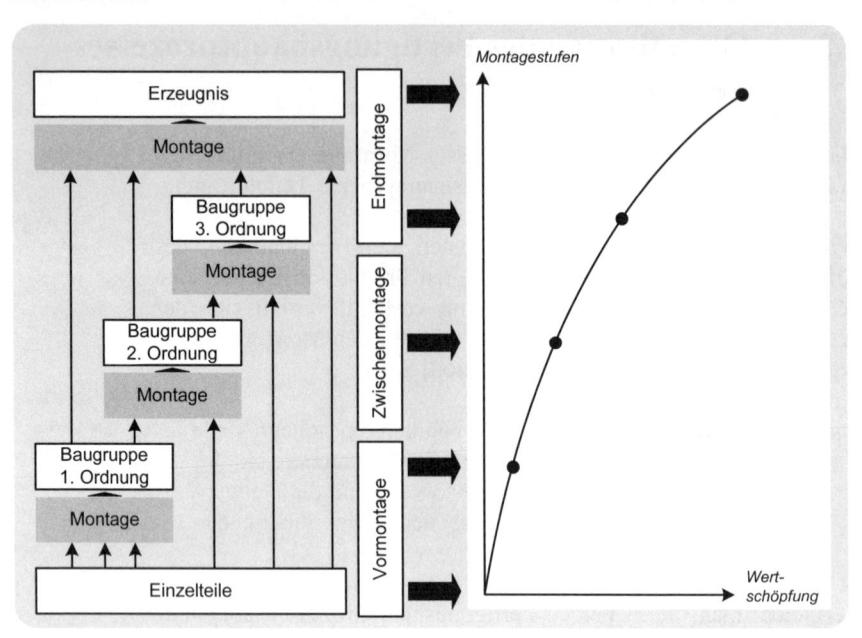

Bild PW.C.1.(73): Montagestufen und Wertschöpfung (i. A. a. WARNECKE, H.-J. [Produktionsbetrieb] S. 39 und S. 42)

Dabei wachsen sowohl der **Fertigstellungsgrad des Montageobjekts** als auch der **Wertschöpfungsanteil**.

> Im **Montageprozess** erfolgt eine **Komplettierung** über Baugruppen verschiedener Ordnung bis hin zum fertigen Erzeugnis.

Dazu ist eine spezielle Art der Organisation einzusetzen, die dem Anforderungsprofil des Produktionsprogramms an den Montageprozess bestmöglich entspricht.
Um unterschiedlichen Anforderungsprofilen auf wirtschaftliche Art und Weise gerecht werden zu können, sind verschiedene Organisationsformen der Montage einzusetzen. Diese sind theoretisch zu begründen.

Organisations-form der Montage	Eine **Organisationsform der Montage (OF_{Mo})** stellt das Anordnungs-, Beziehungs- und Regelsystem eines Montageprozesses dar und verdeutlicht die Art und Weise des Zusammenwirkens von Arbeitskräften, Betriebsmitteln und Montageobjekten auf der Grundlage räumlicher, zeitlicher und technischer Organisationsprinzipien.

1.3.1 Organisationsprinzipien
1.3.1.1 Grundlagen

Für die Darstellung der Organisationsformen der Montage kann auf das Schema der Darstellung der klassischen Organisationsformen der Teilefertigung zurückgegriffen werden. Darüber hinaus spielen kinematische Verhaltensweisen der Elementarfaktoren für die Bestimmung des zeitlichen Organisationsprinzips eine besondere Rolle.

Bei der Mehrzahl der Teilefertigungsprozesse wird davon ausgegangen, dass das Betriebsmittel und die Arbeitskraft stationär im Produktionsprozess angeordnet werden. Der Werkstoff, der synonym auch als Arbeitsgegenstand oder Arbeitsobjekt (im Montageprozess: Montageobjekt MO) bezeichnet wird, durchläuft als instationärer Faktor die fest angeordneten Arbeitsplätze.

> Praktische Erfahrungen zeigen, dass in der **Montage** für **alle drei Elementarfaktoren** gelten muss, dass sie sowohl als **stationäre** als **auch** als **instationäre** Faktoren am Montageprozess beteiligt sein können.

Damit entstehen folgende $2^3 = 8$ mögliche Varianten der **kinematischen Verhaltensweisen der Elementarfaktoren** (vgl. Bild PW.C.1.(74)).

Varianten	Kinematisches Verhalten der Elementarfaktoren	
	Stationär	Instationär
1	AK BM	MO
2	AK	BM MO
3	MO	AK BM
4	BM MO	AK
5	BM	AK MO
6	AK BM MO	
7		AK BM MO
8	AK MO	BM

Bild PW.C.1.(74): Kinematisches Verhalten von Elementarfaktoren

Davon sind die Varianten 2, 4 und 8 in der Praxis nicht typisch. Für die Varianten 1, 3, 5, 6 und 7 werden nachfolgend Anwendungsbeispiele gegeben:

- ▶ Das klassische Fließband in der Automontage ist typisch für die **Variante 1** (stationäre AK und BM, instationäre MO).
- ▶ **Variante 3** ist die Umkehrung von Variante 1 (stationäre MO, instationäre AK, BM). Die Arbeitskräfte bewegen sich unter Mitnahme der Betriebsmittel von Arbeitsgegenstand zu Arbeitsgegenstand und realisieren ihre Arbeitsaufgabe.
- ▶ **Variante 5** tritt in der Praxis eher selten auf, ist aber trotzdem im Motorenbau relevant. Arbeitskraft und Montageobjekt bewegen sich entlang der technologischen Montagefolge von einem stationär angeordneten Betriebsmittel zum nächsten usw. bis der Motor fertiggestellt ist. Jede Arbeitskraft trägt die Verantwortung für die Qualität des von ihr montierten Motors.
- ▶ In **Variante 6** sind alle Elementarfaktoren stationär. Hier wird das Erzeugnis an einem Ort ohne Ortsveränderung komplett aufgebaut.
- ▶ In **Variante 7** sind alle Elementarfaktoren instationär. Hier werden an einem bewegten Montageobjekt durch die Arbeitskräfte und Betriebsmittel Montagearbeiten vollzogen. Dabei bewegen sie sich mit dem Montageobjekt. Ein typisches Beispiel ist die PKW-Montage bei BMW.

Für die überwiegende Mehrheit praktikabler Varianten des Montageprozesses gilt:

- ▶ **Arbeitskräfte** und **Betriebsmittel** sind gemeinsam **stationär** oder
- ▶ **Arbeitskräfte** und **Betriebsmittel** sind gemeinsam **instationär**.

Für die **instationären Elementarfaktoren** müssen die **zeitlichen Organisationsprinzipien** bestimmt werden. **Instationäre Montageobjekte** besitzen in Montageprozessen prinzipiell dieselben Fortbewegungsvarianten wie in der Teilefertigung, nämlich den **Reihenverlauf** (RV), den **kombinierten Verlauf** (KV) und den **Parallelverlauf** (PV) des technologischen Zyklus.

Die Grundsätze dieser Verlaufsformen sind bis auf den kombinierten Verlauf auch auf instationäre Arbeitskräfte und Betriebsmittel im Montageprozess anwendbar.

Der kombinierte Verlauf ist für Ortswechsel von Arbeitskräften und Betriebsmitteln auszuschließen.

Die Gründe dafür liegen darin, dass er kaum organisierbar ist und die Effekte, die er bei instationären Montageobjekten erreicht, nicht auf Arbeitskräfte und Betriebsmittel übertragbar erscheinen.

Der Reihenverlauf ist für instationäre Arbeitskräfte und Betriebsmittel organisierbar und stellt eine sinnvolle Bewegungsvariante dieser Elementarfaktoren dar.

Als Beispiel wäre vorstellbar, dass eine Gruppe von Arbeitskräften gemeinsam mit den mitgeführten Betriebsmitteln an einem stationären Montageobjekt alle notwendigen Arbeiten ausführt, bevor die Gruppe geschlossen und gemeinsam zum nächsten stationären Montageobjekt weitergeht, um die dort notwendigen Arbeiten durchzuführen usw.

Der Parallelverlauf ist genau wie der Reihenverlauf **für instationäre Arbeitskräfte und Betriebsmittel organisierbar** und stellt ebenfalls eine sinnvolle Bewegungsvariante dieser Elementarfaktoren dar.

Als Beispiel wäre vorstellbar, dass eine Gruppe von Arbeitskräften sich an einem stationären Montageobjekt die anfallenden Arbeiten teilt. Die Arbeitsaufgliederung bringt eine Aufgliederung der Gruppe mit sich. Jede Teilgruppe spezialisiert sich auf einen Teilaufgabenkomplex. Nachdem die erste Teilgruppe ihre Arbeit am ersten stationären Montageobjekt beendet hat, geht sie zum zweiten stationären Montageobjekt weiter, um ihre Arbeitsaufgabe zu lösen usw. Gleichzeitig beginnt die zweite Teilgruppe ihre Arbeit am ersten stationären Montageobjekt. So arbeiten schließlich alle Teilgruppen parallel an den verschiedenen stationären Montageobjekten.

Daraus abgeleitet sind für Montageprozesse folgende zeitliche Organisationsprinzipien zu definieren:

▶ **1. Gruppe – Instationäre Montageobjekte**

   Die Weitergabe erfolgt im Reihenverlauf, Parallelverlauf oder kombinierten Verlauf. Gleichzeitig gilt für die Arbeitskräfte und Betriebsmittel, dass sie stationär sind.

▶ **2. Gruppe – Instationäre Arbeitskräfte und Betriebsmittel**

   Der Ortswechsel erfolgt im Reihenverlauf bzw. Parallelverlauf. Gleichzeitig gilt, dass es keine Weitergabe der Montageobjekte gibt.

▶ **3. Gruppe – Stationäre Arbeitskräfte, Betriebsmittel und Montageobjekte**

Es erfolgt kein Ortswechsel der Arbeitskräfte und Betriebsmittel. Während der Montage findet ebenfalls keine Weitergabe der Montageobjekte statt.

Zur Bestimmung räumlicher Organisationsprinzipien der Montage ist es notwendig, den Arbeitsplatz als entscheidende Größe aus fertigungsorganisatorischer Sicht zu definieren. Der Grund dafür ist darin zu sehen, dass Fertigungs- bzw. Montageaufgaben an den Arbeitsplatz gebunden sind. Das instationäre Verhalten der Elementarfaktoren beinhaltet die Fortbewegung von Arbeitsplatz zu Arbeitsplatz.

Arbeitsplatz | Der **Arbeitsplatz** ist der räumliche Bereich, in dem die Elementarfaktoren des Produktionsprozesses unmittelbar zusammenwirken und im Rahmen der Erzeugnisherstellung eine genau definierte Aufgabe realisieren (Arbeitsgänge, Arbeitsverrichtungen). **Der Arbeitsplatz wird bestimmt durch den Ort des Zusammenwirkens – gekennzeichnet durch den jeweils stationären Elementarfaktor** (bzw. die stationären Elementarfaktoren) und durch seine qualitativen und quantitativen Voraussetzungen (Kapazitätseigenschaften), die die Grundlage für die Lösung der Arbeitsaufgaben bilden.

1.3.1.2 Räumliches Organisationsprinzip (ROP_{Mo})

Räumliches Organisationsprinzip der Montage | Die **räumlichen Organisationsprinzipien der Montage** (ROP_{Mo}) beinhalten die Art der räumlichen Anordnung der Elementarfaktoren

▶ Arbeitskräfte,
▶ Betriebsmittel und
▶ Werkstoffe (Montageobjekte)

im Montageprozess (vgl. Bild PW.C.1.(75)).

Die **räumlichen Organisationsprinzipien** der **Montage** (ROP_{Mo}) und der **Teilefertigung** (ROP_{TF}) sind identisch.

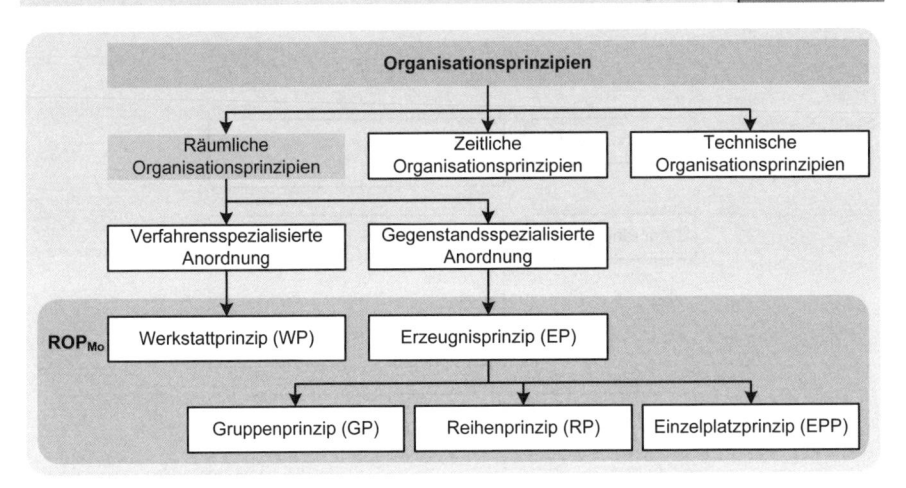

Bild PW.C.1.(75): Räumliche Organisationsprinzipien der Montage (ROP$_{Mo}$)

Das **Werkstattprinzip** der Montage beinhaltet die Konzentration identischer Montageverfahren in einer Werkstatt. Ein typisches Beispiel dafür ist die Schweißerei, aber auch die Spezialisierung von Fügearbeiten beim Nieten, Verschrauben, Kleben ist denkbar.

Das **Gruppenprinzip** der Montage beinhaltet die zusammenfassende Anordnung von Montageplätzen mit unterschiedlichen Montageverfahren bzw. Montageaufgaben zur Montage eines begrenzten Baugruppensortiments. Dabei ist die räumliche Nähe der Montageplätze von größerer Bedeutung als die Art ihrer Anordnung.

Das **Reihenprinzip** der Montage beinhaltet die Anordnung der Montageplätze / Montageverfahren in Abhängigkeit von der technologischen Montagefolge zur Herstellung von Baugruppen / Enderzeugnissen. Bild PW.C.1.(76) beinhaltet verschiedene Gestaltungsvarianten des Reihenprinzips.

Das **Einzelplatzprinzip** der Montage orientiert darauf, dass ein Montageobjekt an einem Montageplatz unter Einsatz verschiedener Montageverfahren komplett montiert wird, ohne dass eine Ortsveränderung des Montageobjekts erfolgt.

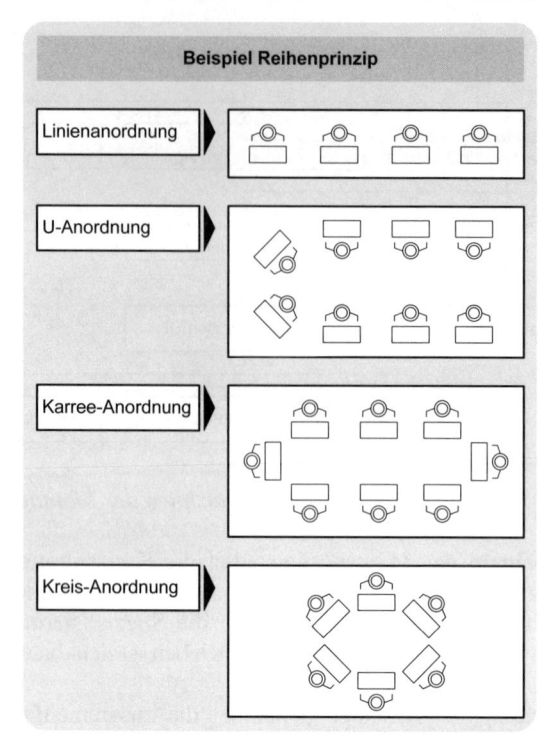

Bild PW.C.1.(76): *Varianten des räumlichen Organisationsprinzips: Beispiel Reihenprinzip (i. A. a. ALBER, T. / WESTKÄMPER, E. [Montageprozesse] S. 426)*

1.3.1.3 Zeitliches Organisationsprinzip (ZOP$_{Mo}$)

Zeitliches Organisationsprinzip der Montage	Die **zeitlichen Organisationsprinzipien der Montage** (**ZOP**$_{Mo}$) beinhalten die Arten des zeitlichen Montageablaufs und damit die Art und Weise der Bewegung der Elementarfaktoren im Montageprozess.

Zeitliche Organisationsprinzipien sind für die Elementarfaktoren zu definieren, die im Montageprozess als instationäre Elemente auftreten.

Solche sind:

▶ **Instationäre Montageobjekte – iMO**
▶ **Instationäre Potenzialfaktoren– iPF** (AK, BM)
▶ **Instationäre Elementarfaktoren – iEF** (AK, BM, MO)

Bild PW.C.1.(77) verdeutlicht zeitliche Organisationsprinzipien der Montage.

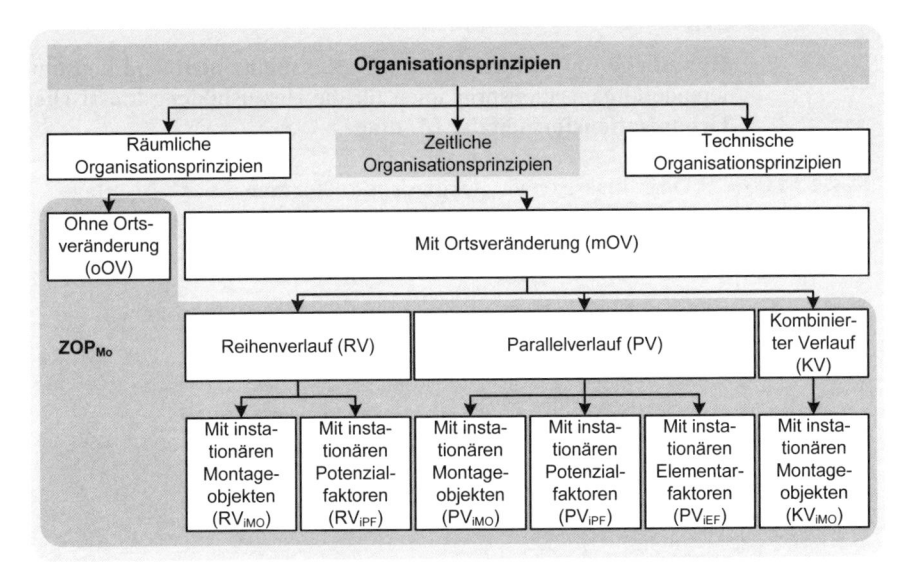

```
                        Organisationsprinzipien
                                  │
        ┌─────────────────────────┼─────────────────────────┐
   Räumliche                 Zeitliche                  Technische
Organisationsprinzipien  Organisationsprinzipien   Organisationsprinzipien
        │                         │
 ┌──────┴──────┐                  │
 Ohne Orts-                       │
 veränderung       Mit Ortsveränderung (mOV)
 (oOV)                            │
         ┌────────────────────────┼────────────────────────┐
ZOP_Mo   Reihenverlauf (RV)  Parallelverlauf (PV)    Kombinierter
                                                      Verlauf (KV)
         ┌────┬────┐         ┌────┬────┬────┐              │
      Mit   Mit    Mit    Mit    Mit    Mit
      insta insta  insta  insta  insta  insta
      tionären ...
      Montage- Potenzial- Montage- Potenzial- Elementar- Montage-
      objekten faktoren objekten faktoren faktoren objekten
      (RV_iMO) (RV_iPF) (PV_iMO) (PV_iPF) (PV_iEF) (KV_iMO)
```

Bild PW.C.1.(77):   *Zeitliche Organisationsprinzipien der Montage (ZOP_{Mo})*

Alle Elementarfaktoren können am Montageprozess stationär oder instationär in verschiedenen Kombinationen teilnehmen.

Die Art und Weise der Fortbewegung (mit Ortsveränderung) geschieht unabhängig vom instationären Faktor im Reihen-, Parallel- oder kombinierten Verlauf.
Diese unterscheiden sich nicht von den Verlaufsvarianten des zeitlichen Organisationsprinzips der Teilefertigung.

Neben den Fortbewegungsvarianten – mit Ortsveränderung – ist auch die Variante ohne Fortbewegung – also ohne Ortsveränderung – als zeitliches Organisationsprinzip in die Überlegungen einzubeziehen.

1.3.2 Organisationsformen
1.3.2.1 Klassische Organisationsformen (OF$_{Mo}$)

Räumliche und zeitliche Organisationsprinzipien sind konstituierende Organisationsprinzipien für die Herausbildung **klassischer Organisationsformen der Montage.**

Klassische Organisationsformen der Montage

Die **klassischen Organisationsformen der Montage (OF$_{Mo}$)** entstehen durch die Kombination eines räumlichen mit einem zeitlichen Organisationsprinzip der Montage.

Bild PW.C.1.(78) verdeutlicht dafür den Gestaltungsrahmen.

iMO - instationäre Montageobjekte
iPF - instationäre Potenzialfaktoren
iEF - instationäre Elementarfaktoren

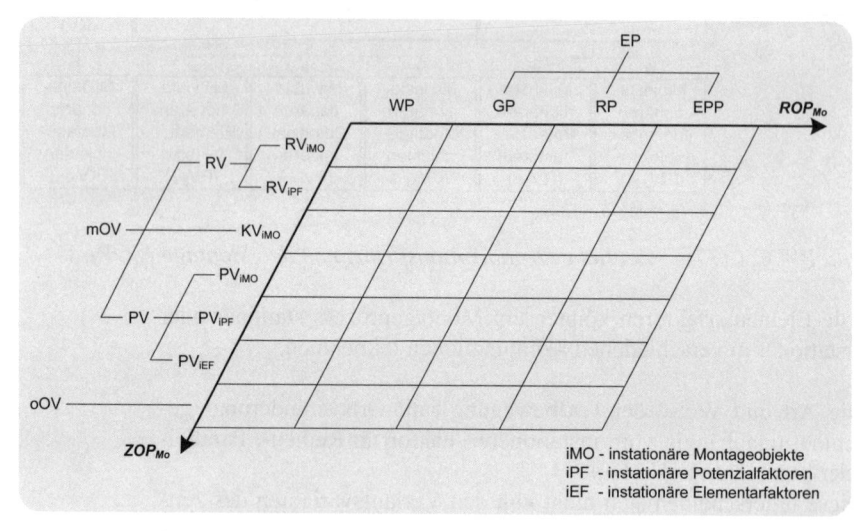

Bild PW.C.1.(78): Gestaltungsrahmen zur Kombination von räumlichen und zeitlichen Organisationsprinzipien der Montage

■ **Kombinationsvarianten aus ROP$_{Mo}$ und ZOP$_{Mo}$**

Aus den 28 Möglichkeiten der Kombination von ROP und ZOP der Montage kristallisieren sich 9 theoretisch sinnvolle und praktikable Organisationsformen der Montage (OF$_{Mo}$) heraus (vgl. dazu Bild PW.C.1.(79)).

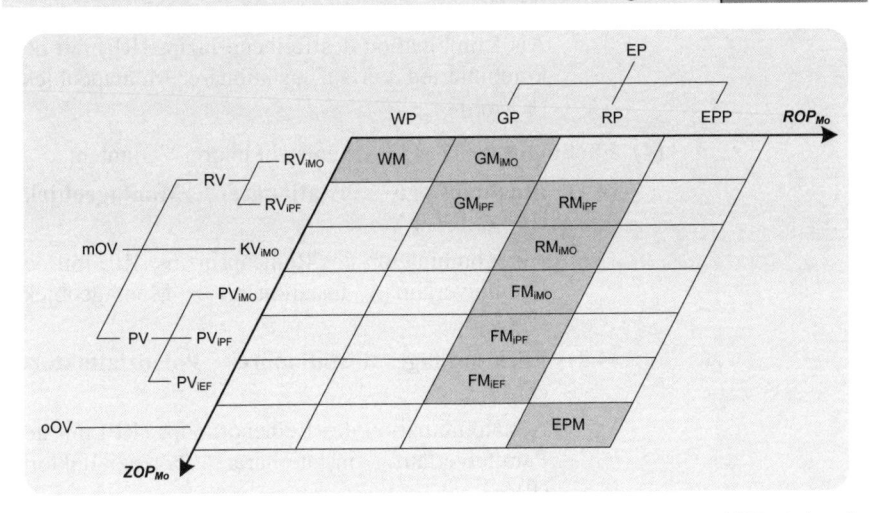

Bild PW.C.1.(79): Klassische Organisationsformen der Montage (OF_{Mo}) (nach PETERSEN, T. [Montageorganisation] S. 113)

Das sind die:

(1) **Werkstattmontage** (WM)

Sie entsteht als Kombination des Werkstattprinzips (WP) mit dem Reihenverlauf instationärer Montageobjekte (RV_{iMO}).

(2) **Gruppenmontage** (GM) – Sie entsteht in zwei Varianten:

(2.1) **Gruppenmontage instationärer Montageobjekte** (GM_{iMO})

Als Kombination des Gruppenprinzips (GP) mit dem Reihenverlauf instationärer Montageobjekte (RV_{iMO})

(2.2) **Gruppenmontage instationärer Potenzialfaktoren** (GM_{iPF})

Als Kombination des Gruppenprinzips (GP) mit dem Reihenverlauf instationärer Potenzialfaktoren (RV_{iPF})

(3) **Reihenmontage** (RM) – Sie entsteht in zwei Varianten:

(3.1) **Reihenmontage instationärer Potenzialfaktoren** (RM_{iPF})

Als Kombination des Reihenprinzips (RP) mit dem Reihenverlauf instationärer Potenzialfaktoren (RV_{iPF})

(3.2) **Reihenmontage instationärer Montageobjekte** (RM_{iMO})

Als Kombination des Reihenprinzips (RP) mit dem kombinierten Verlauf instationärer Montageobjekte (KV_{iMO})

(4) **Fließmontage** (FM) – Sie entsteht in drei Varianten:

(4.1) **Fließmontage instationärer Montageobjekte** (FM_{iMO})

Als Kombination des Reihenprinzips (RP) mit dem Parallelverlauf instationärer Montageobjekte (PV_{iMO})

(4.2) **Fließmontage instationärer Potenzialfaktoren** (FM_{iPF})

Als Kombination des Reihenprinzips (RP) mit dem Parallelverlauf instationärer Potenzialfaktoren (PV_{iPF})

(4.3) **Fließmontage instationärer Elementarfaktoren** (FM_{iEF})

Als Kombination des Reihenprinzips (RP) mit dem Parallelverlauf instationärer Elementarfaktoren (PV_{iEF})

(5) **Einzelplatzmontage** (EPM)

Sie entsteht als Kombination des Einzelplatzprinzips (EPP) mit dem Prinzip ohne Ortsveränderung (oOV).

Bei allen Organisationsformen – außer der Einzelplatzmontage – basieren die zeitlichen Organisationsprinzipien auf dem Grundsatz mit Ortsveränderung (mOV).

■ Flexibilität und Kontinuität

Flexibilität und Kontinuität von OF_{Mo}

Von besonderer Bedeutung für die Bewertung des Fähigkeitsprofils der Organisationsformen der Montage sind die **Merkmale Flexibilität und Kontinuität**.

> Die **Kontinuität** von Organisationsformen der Montage **mit stationären Potenzialfaktoren** steigt in nachstehender Reihenfolge:
>
> $WM \rightarrow GM_{iMO} \rightarrow RM_{iMO} \rightarrow FM_{iMO} \rightarrow EPM$

Die wesentlichen Gründe sind dafür:

▶ Verkleinerung bzw. Wegfall der Distanzen zwischen den Montagestationen

▶ Übergang von variierenden technologischen Montagefolgen (vtMF) zu gleichen technologischen Montagefolgen (gtMF)

- Deutliche Reduktion der Übergangszeiten zwischen den Montagestationen
- Möglichkeit zur Realisierung höherer Niveaustufen der Transport- und Lagerprozesse

Die **Kontinuität** von Organisationsformen der Montage **mit instationären Potenzialfaktoren** steigt in nachstehender Reihenfolge:

$$GM_{iPF} \rightarrow RM_{iPF} \rightarrow FM_{iPF} \rightarrow FM_{iEF}$$

Dafür sind weitgehend identische Gründe anzuführen, wie für die Kontinuitätssteigerung von Organisationsformen mit stationären Potenzialfaktoren (vgl. Bild PW.C.1.(80)).

Die **Flexibilität** von Organisationsformen der Montage **mit stationären Potenzialfaktoren** steigt in nachstehender Reihenfolge:

$$FM_{iMO} \rightarrow RM_{iMO} \rightarrow GM_{iMO} \rightarrow WM \rightarrow EPM$$

Die wesentlichen Gründe sind dafür:
- Übergang von der gleichen technologischen Montagefolge zu variierenden technologischen Montagefolgen
- Zunahme der Möglichkeit der Integration einer größeren Vielfalt von Montageverfahren
- Entfallen der Taktung und der Förderung

Die **Flexibilität** von Organisationsformen der Montage **mit instationären Potenzialfaktoren** steigt in nachstehender Folge:

$$FM_{iEF} \rightarrow FM_{iPF} \rightarrow RM_{iPF} \rightarrow GM_{iPF}$$

Dafür sind weitgehend identische Gründe anzuführen, wie für die Flexibilitätssteigerung von Organisationsformen der Montage mit stationären Potenzialfaktoren (vgl. PW.C.1.(81)).

Die zusammenfassende Einschätzung der **Eigenschaften klassischer Organisationsformen der Montage** führt zu folgender Systematik in den Bildern PW.C.1.(82)/1 und PW.C.1.(82)/2.

Eigenschaften klassischer OF_{Mo}

434 Teil C / Wirkung dispositiver Produktionsfaktoren

	Kontinuität von OF$_{Mo}$ mit stationären Potenzialfaktoren				Kontinuität von OF$_{Mo}$ mit instationären Potenzialfaktoren		
	WM	GM$_{MO}$	RM$_{MO}$	FM$_{MO}$	EPM	GM$_{IPF}$	RM$_{IPF}$	FM$_{IPF}$
Distanz zwischen Montagestationen	Verkleinerung	Verkleinerung	Identisch	Entfällt	Verkleinerung	Identisch	Identisch
Technolog. Montagefolge	vtMF, identisch	Von vtMF zu gtMFmÜ	Von gtMFmÜ zu gtMFoÜ	Von gtMFoÜ zu vtMF	Von vtMF zu gtMFmÜ	Von gtMFmÜ zu gtMFoÜ	gtMFoÜ, identisch
Dauer der Übergangszeiten[1]	Von Tagen / Std. auf Std. / Minuten	Von Std. / Minuten auf Minuten	Von Minuten auf Minuten / Sekunden	Entfällt	Minuten, identisch	Minuten, identisch	Von Minuten auf Sekunden
Technologisches Niveau der TUL-Prozesse	Integration von TUL-Prozessen für Montageobjekte	Gerichtete, höher mechanisierbare Förderung ohne Lager, aber mit Pufferlager	Hohe Automatisierung der TUL-Prozesse	TUL-Prozesse entfallen in EPM, nicht aber Transporte von Bauteilen zur EPM, hohe Automatisierung möglich	Identisch, keine Förderprozesse für MO, i. d. R. kein Transport der Potenzialfaktoren, keine Automatisierung möglich	Identisch	Hohe Automatisierung der Förderprozesse von Basisteilen (stetiger Objektfluss)
Ortsveränderung der Elementarfaktoren	Potenzialfaktoren stationär, Montageobjekte instationär, kürzere Übergangszeiten	Höhere Kontinuität durch gerichtete Ortsveränderung der Montageobjekte entlang der Prozessfolge	Identisch, höhere Kontinuität durch Überspringens und paralleles Fügen mehrerer Montageobjekte	Entfällt	MO stationär, Potenzialfaktoren instationär, gerichtete Ortsveränderung der Potenzialfaktoren entlang der Prozessfolge	Identisch, höhere Kontinuität durch Überspringens und paralleles Fügen mehrerer Montageobjekte	Synchronisation der Ortsveränderung der Elementarfaktoren während des Fügevorgangs

[1] zwischen Montagestationen

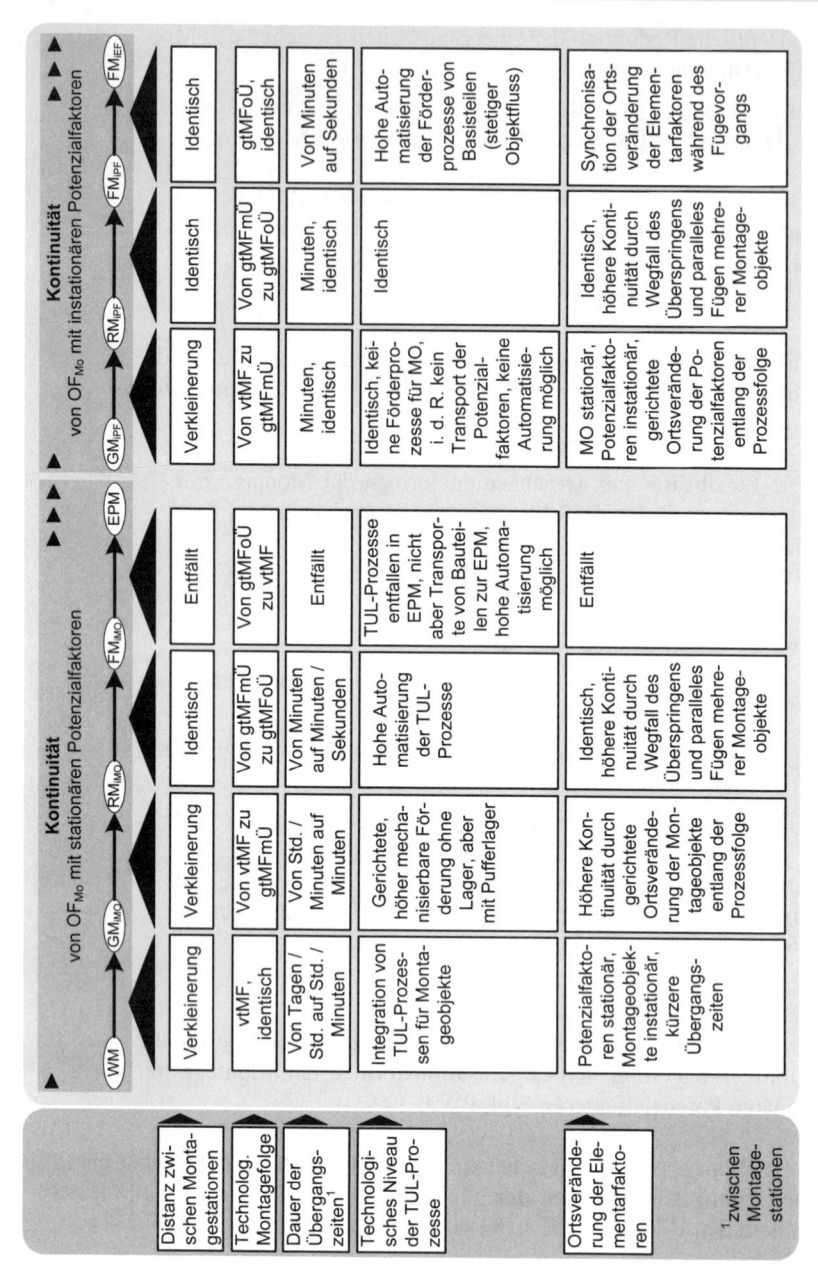

Bild PW.C.1.(80): Klassische Organisationsformen der Montage – Gründe für die Kontinuitätssteigerung (nach PETERSEN, T. [Montageorganisation] S. 142)

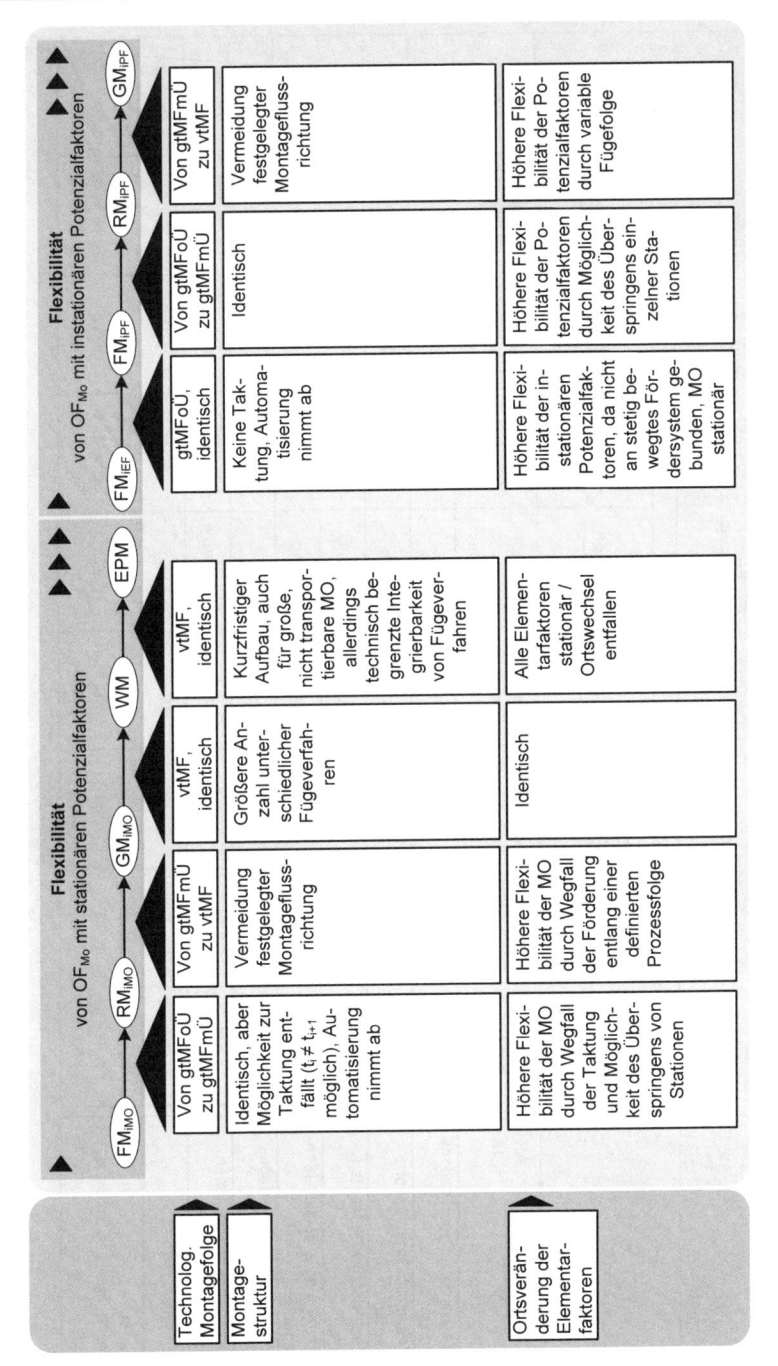

Produktionsorganisation 435

	Flexibilität von OF$_{Mo}$ mit stationären Potenzialfaktoren					Flexibilität von OF$_{Mo}$ mit instationären Potenzialfaktoren			
	FM$_{IMO}$	RM$_{IMO}$	GM$_{IMO}$	WM	EPM	FM$_{IEF}$	FM$_{IPF}$	RM$_{IPF}$	GM$_{IPF}$
Technolog. Montagefolge / Montagestruktur	Von gtMFoÜ zu gtMFmÜ	Von gtMFmÜ zu vtMF	vtMF, identisch	vtMF, identisch	gtMFoÜ, identisch	Von gtMFoÜ zu gtMFmÜ	Von gtMFmÜ zu vtMF	
	Identisch, aber Möglichkeit zur Taktung entfällt (t$_i$ ≠ t$_{i+1}$ möglich), Automatisierung nimmt ab	Vermeidung festgelegter Montageflussrichtung	Größere Anzahl unterschiedlicher Fügeverfahren	Kurzfristiger Aufbau, auch für große, nicht transportierbare MO, allerdings technisch begrenzte Integrierbarkeit von Fügeverfahren	Keine Taktung, Automatisierung nimmt ab		Vermeidung festgelegter Montageflussrichtung	
Ortsveränderung der Elementarfaktoren	Höhere Flexibilität der MO durch Wegfall der Taktung und Möglichkeit des Überspringens von Stationen	Höhere Flexibilität der MO durch Wegfall der Förderung entlang einer definierten Prozessfolge	Identisch	Alle Elementarfaktoren stationär / Ortswechsel entfallen	Höhere Flexibilität der instationären Potenzialfaktoren, da nicht an stetig bewegtes Fördersystem gebunden, MO stationär	Höhere Flexibilität der Potenzialfaktoren durch Möglichkeit des Überspringens einzelner Stationen	Höhere Flexibilität der Potenzialfaktoren durch variable Fügefolge	

Bild PW.C.1.(81): Klassische Organisationsformen der Montage – Gründe für die Flexibilitätssteigerung (nach PETERSEN, T. [Montageorganisation] S. 143)

Teil C / Wirkung dispositiver Produktionsfaktoren

Merkmale	Organisationsformen der Montage							
	WM	GM$_{IMO}$	GM$_{IPF}$	RM$_{IMO}$	RM$_{IPF}$	FM$_{IMO}$	FM$_{IPF}$	FM$_{IEF}$	EPM

Merkmale	WM	GM$_{IMO}$	GM$_{IPF}$	RM$_{IMO}$	RM$_{IPF}$	FM$_{IMO}$	FM$_{IPF}$	FM$_{IEF}$	EPM
kVW^1 zwischen Montagevorgängen AK / BM / MO	Stationär Stationär Instationär	Stationär Stationär Instationär	Instationär Instationär Stationär	Stationär Stationär Instationär	Instationär Instationär Stationär	Stationär Stationär Instationär	Instationär Instationär Stationär	Instationär Instationär Instationär	Stationär Stationär Stationär
Räumliches Organisationsprinzip	WP	GP	GP	RP	RP	RP	RP	RP	EPP
Zeitliches Organisationsprinzip	RV$_{IMO}$	RV$_{IMO}$	RV$_{IPF}$	KV$_{IMO}$	RV$_{IPF}$	PV$_{IMO}$	PV$_{IPF}$	PV$_{IEF}$	oOV
Technologische Montagefolge	vtMF	vtMF	vtMF	gtMFmÜ	gtMFmÜ	gtMFoÜ	gtMFoÜ	gtMFoÜ	vtMF
Entfernung zwischen Montageorten	Groß	Mittel	Mittel	Gering	Gering	Gering	Gering	Gering	Nicht vorhanden
Verkettung von Montagestationen	Nein	Nein	Nein	Möglich	Nein	Ja	Nein	Ja	Nein
Übergangszeit zwischen Montagestationen	Tage, Stunden	Stunden, Minuten	Minuten	Minuten	Minuten	Sekunden, Minuten	Minuten	Sekunden, Minuten	Nicht vorhanden
Durchlaufzeit	Lang	Mittel-Lang	Lang	Mittel	Lang	Kurz	Kurz-Mittel	Kurz	Sehr kurz
Unterbrechungszeit Wartezeit / Stillstandszeit / Liegezeit	Kurz^2 Kurz^2 Lang	Kurz^2 Kurz^2 Lang	Kurz^2 Kurz^2 Lang	Kurz Kurz Mittel	Kurz^2 Kurz^2 Lang	Sehr kurz Sehr kurz Sehr kurz	Kurz Kurz Kurz	Sehr kurz Sehr kurz Sehr kurz	Sehr kurz Sehr kurz Sehr kurz

^{1} kVW ... kinematische Verhaltensweisen
^{2} Mit der Annahme, dass vor und nach der Bearbeitung des Loses andere Lose montiert werden.

Bild PW.C.1.(82)/1: Eigenschaften klassischer Organisationsformen der Montage (Teil 1)

Produktionsorganisation

Merkmale	Organisationsformen der Montage							
	WM	GM_{IMO}	GM_{IPF}	RM_{IMO}	RM_{IPF}	FM_{IMO}	FM_{IPF}	FM_{IEF}	EPM
Zeitliche Bindung	Nein	Nein	Nein	Nein	Nein	Möglich, rhythmisch	Möglich, rhythmisch	Ja, kontinuierlich	Möglich
Bestände	Hoch	Hoch	Hoch	Mittel	Hoch	Niedrig	Niedrig	Niedrig	Sehr niedrig
Fertigungsart	EM-KSM	KSM	KSM	MSM-GSM	KSM	GSM-MM	KSM-MSM	MM	EM-MM
Komplexität der Produkte	Niedrig	Niedrig-Mittel	Niedrig-Mittel	Niedrig-Mittel	Niedrig-Mittel	Niedrig-Hoch	Niedrig-Mittel	Mittel-Hoch	Niedrig-Hoch
Störanfälligkeit	Gering	Mittel	Gering	Hoch	Gering	Hoch	Mittel	Hoch	↑ mit höherer Automatisierung
Reaktionsvermögen auf Bedarfsschwankungen	Hoch	Hoch	Hoch	Mäßig	Hoch	Schlecht	Schlecht	Schlecht	Sehr hoch
Flexibilität[1]	Sehr hoch	Hoch	Hoch	Niedrig	Niedrig	Sehr niedrig	Niedrig	Niedrig	Sehr hoch
Kontinuität[1]	Gering	Gering	Gering	Mittel	Gering	Sehr hoch	Hoch	Sehr hoch	Hoch
Steuerbarkeit	Schwer	Schwer	Schwer	Mäßig	Gut	Gut	Gut	Gut	Sehr gut
Übersichtlichkeit	Sehr unübersichtlich	Unübersichtlich	Unübersichtlich	Übersichtlich	Übersichtlich	Übersichtlich	Übersichtlich	Übersichtlich	Sehr übersichtlich
Qualifikation der Arbeitskräfte	Hoch	Hoch	Mittel-Hoch	Niedrig-Mittel	Mittel	Niedrig	Niedrig	Niedrig	Niedrig-Hoch
Art der Betriebsmittel	Universal	Mehrzweck	Mobil, Mehrzweck	Spezial	Mehrzweck	Spezial	Mobil, spezial	Mobil, spezial	Universal-Spezial

[1] Ein unmittelbarer Vergleich dieser Eigenschaften zwischen den Organisationsformen ist nur bedingt möglich. Siehe hierzu detailliertere Analyse im Vorfeld.

Bild PW.C.1.(82)/2: Eigenschaften klassischer Organisationsformen der Montage (Teil 2)

1.3.2.2 Moderne Organisationsformen

■ Technisches Organisationsprinzip (TOP$_{Mo}$)

Technisches Organisationsprinzip der Montage

Ein **technisches Organisationsprinzip der Montage (TOP$_{Mo}$)** beinhaltet den Einsatz von Betriebsmitteln mit einem definierten technischen Niveau zur Lösung von Montageaufgaben.

Techniksystem

Die Grundlage für die Bestimmung der technischen Organisationsprinzipien bildet das **Techniksystem eines Montageprozesses**. Das Techniksystem besteht aus folgenden **Teilsystemen**:

- ▶ **Füge**system
- ▶ **Förder**system
- ▶ **Handhabungs**system
- ▶ **Lager**system
- ▶ **Mess- und Prüf**system

Technische Teilsysteme

Die **technischen Teilsysteme bestimmen** die **technischen Organisationsprinzipien** (TOP$_{Mo}$) (vgl. Bild PW.C.1.(83)).

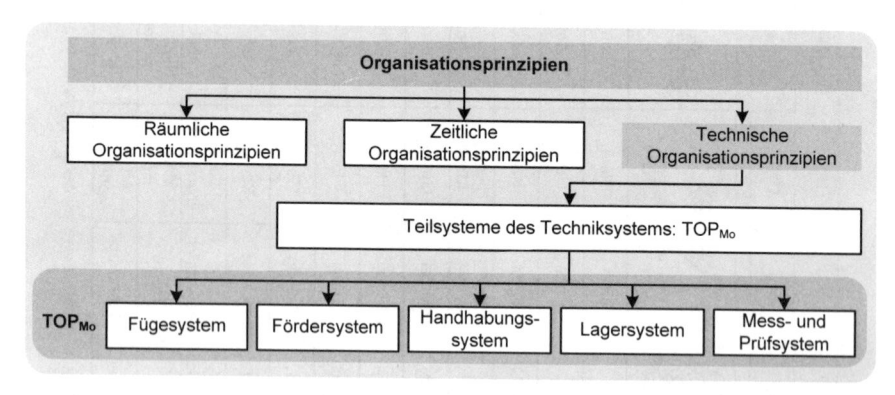

Bild PW.C.1.(83): *Technische Organisationsprinzipien der Montage (TOP$_{Mo}$) (nach PETERSEN, T. [Montageorganisation] S. 175)*

Alle fünf **Teilsysteme** können auf **unterschiedlichen Niveaustufen der Automatisierung** ausgestaltet werden.
Die Niveaustufen sind bewusst zu wählen und über alle Bestandteile der Techniksysteme aufeinander abzustimmen. Gelingt dies nicht, ist mit ökonomischen Verlusten zu rechnen.

Während die Kombination räumlicher und zeitlicher Organisationsprinzipien zur Herausbildung „klassischer" Organisationsformen der Montage führte, werden zur **Bildung „moderner" Organisationsformen technische Organisationsprinzipien zusätzlich** in die Kombination **einbezogen**.

■ Kombination der Teilsysteme des Techniksystems

Aus einer Kombinations„**fläche**" (ROP + ZOP) entsteht ein Kombinations„**raum**" (ROP + ZOP + TOP).
Dieser Kombinationsraum kann für jedes Techniksystem gebildet werden (vgl. Bild PW.C.1.(84)).

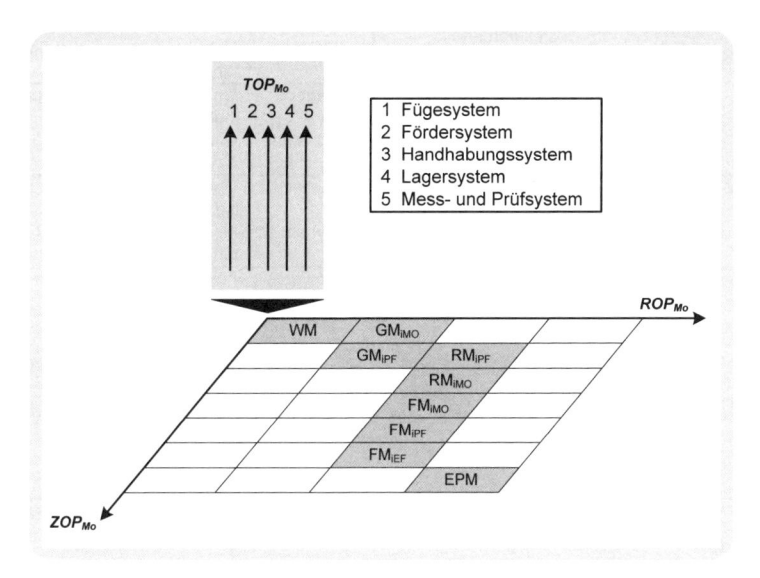

Bild PW.C.1.(84): Achseneinteilung technischer Organisationsprinzipien der Montage

Die Merkmalsausprägungen der technischen Organisationsprinzipien und ihre Charakteristik werden in Bild PW.C.1.(85) dargestellt. Ihre graphische Verallgemeinerung verdeutlicht Bild PW.C.1.(86).

TOP$_{Mo}$	Merkmalsausprägungen	Charakteristik	
Fügen	Konstant und variabel arbeitende Fügemittel	• Konstant:	Einzweckgeräte mit einer Bewegungsbahn
		• Variabel:	Mehrzweckgeräte mit mehreren Bewegungsbahnen
Fördern	Stetigförderer und Unstetigförderer	• Stetig:	Ununterbrochener, kontinuierlicher Materialfluss
		• Unstetig:	Unterbrochener, diskontinuierlicher Materialfluss
Handhaben	Variabel und konstant arbeitende Handhabungsmittel	• Variabel:	Unterschiedliche Bewegungsbahnen
		• Konstant:	Eine Bewegungsbahn
Lagern	Statische und dynamische Lagerung	• Statisch:	Ohne Bewegung des eingelagerten Guts
		• Dynamisch:	Mit Bewegung des eingelagerten Guts
Messen und Prüfen	Universelle und spezielle Mess- und Prüfmittel	• Universell:	Für Vielzahl von Mess- und Prüfvorgängen
		• Speziell:	Für einen (oder sehr wenige) Mess- und Prüfvorgänge

Bild PW.C.1.(85): Technische Organisationsprinzipien und ihre Merkmalsausprägungen

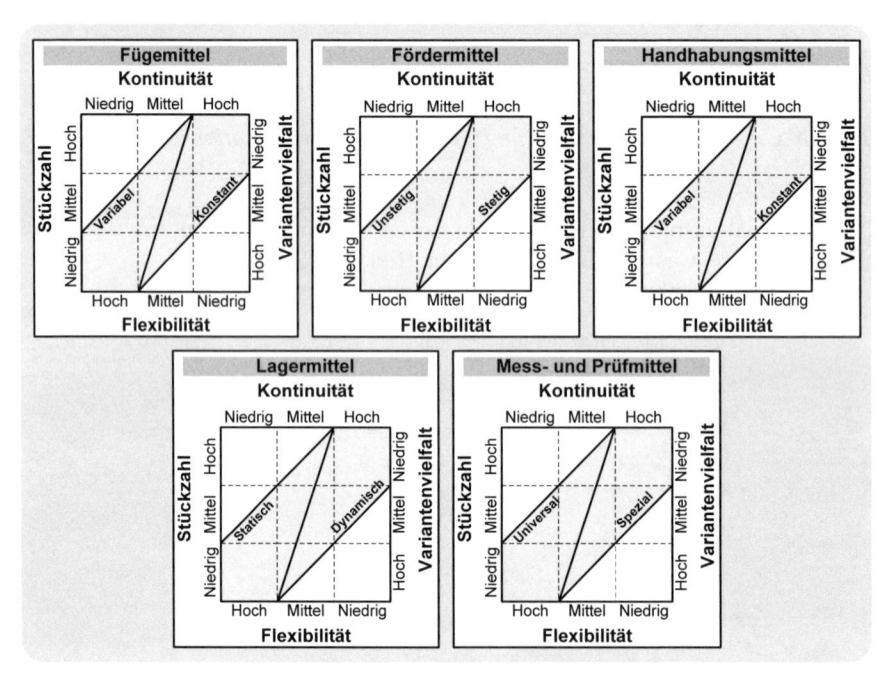

Bild PW.C.1.(86): Zusammenhänge zwischen Merkmalsausprägungen der technischen Organisationsprinzipien und den Anforderungskriterien an den Montageprozess (nach PETERSEN, T. [Montageorganisation] S. 165 ff.)

Fasst man die Einzeldarstellungen der Merkmalsausprägungen der TOP und die Anforderungsprofile, die an Montageprozesse gerichtet sind, zusammen, so ergibt sich eine **Ebenendarstellung**, die **sinnvolle Kombinationen der Teilsysteme** verdeutlicht (vgl. Bild PW.C.1.(87)).

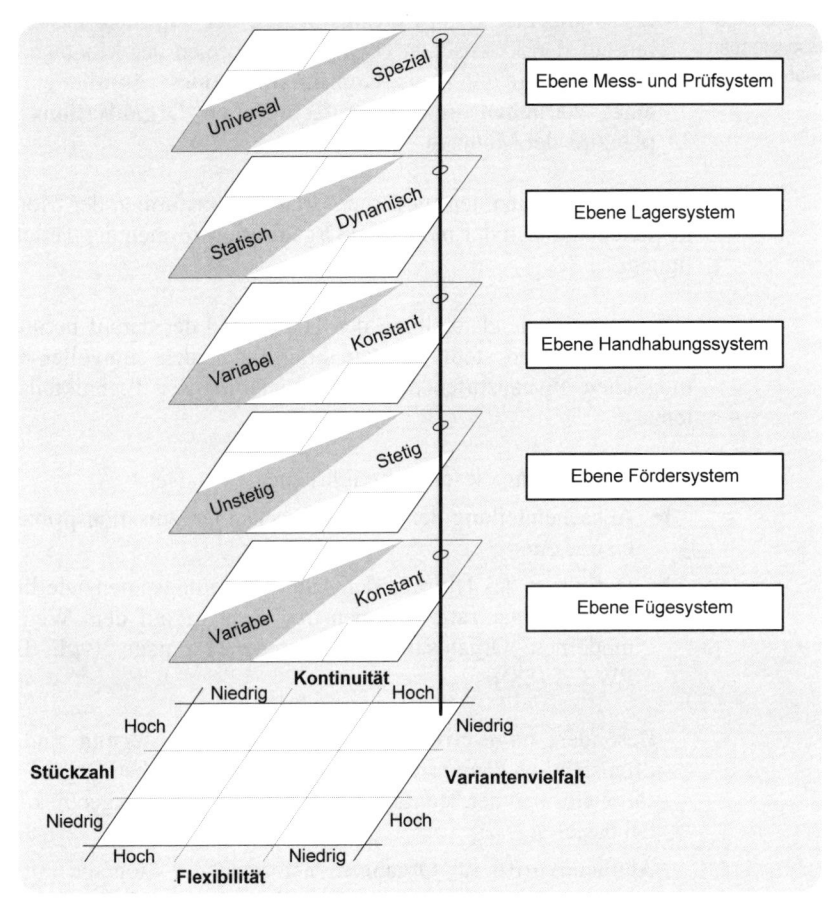

Bild PW.C.1.(87): Ebenendarstellung des Zusammenhangs zwischen technischen Teilsystemen

Eine sinnvolle Kombination ist dann gegeben, wenn z. B. ein konstantes Fügesystem mit einem stetigen Fördersystem, einem konstanten Handhabungssystem, einem dynamischen Lagersystem und einem speziellen Mess- und Prüfsystem als Einheit der TOP kombiniert wird und die Niveaustufen der Automatisierung dieser Teilsysteme aufeinander abgestimmt werden. Das geschieht in einer **senkrechten Projektion** durch die in Schichten dargestellten technischen Organisationsprinzipien der Montage.

> **Weichen technische Konzeptionen von dieser senkrechten Projektion ab**, so reduziert sich die Passgerechtigkeit der TOP$_{Mo}$ an definierte Anforderungsprofile. Dann ist mit **negativen technischen und ökonomischen Konsequenzen** zu rechnen.

Moderne Organisationsformen der Montage

> Die **modernen Organisationsformen der Montage** basieren auf den klassischen Organisationsformen der Montage. Sie entstehen durch die **Kombination eines räumlichen, eines zeitlichen und eines technischen Organisationsprinzips** der Montage.

Die Bildungsprinzipien moderner Organisationsformen der Montage gleichen denen der modernen Organisationsformen der Teilefertigung.

Neben der Ebenendarstellung der TOP$_{Mo}$ und der darauf beruhenden Kombination stellt sich die Frage nach den sinnvollen und möglichen Niveaustufen der Automatisierung der Technikteilsysteme.

Die Beantwortung dieser Frage führt zur

- ▶ Achseneinteilung der fünf technischen Organisationsprinzipien und zur
- ▶ Definition des Niveaus der Automatisierungspotenziale klassischer Organisationsformen der Montage auf dem Weg zu modernen Organisationsformen der Montage (vgl. Bild PW.C.1.(88)).

> Besonders **hohe Niveaustufen der Automatisierung** sind offensichtlich dann erreichbar, wenn die klassischen Organisationsformen der Montage auf instationären Montageobjekten basieren.
> Ähnliches trifft für Organisationsformen der Montage mit instationären Elementarfaktoren und für die Einzelplatzmontage zu.

TOP: Beispiel Fügesystem

Steigender Automatisierungsgrad ↑	Elektronisch überwachtes und gesteuertes Fügemodul	A_3
	Handbediente mechanische Fügemittel	A_2
	Manuelles Fügen	A_1

Basisorganisationsformen — WM, GM$_{iMO}$, GM$_{iPF}$, RM$_{iMO}$, RM$_{iPF}$, FM$_{iMO}$, FM$_{iPF}$, FM$_{iEF}$, EPM

TOP: Beispiel Fördersystem

Steigender Automatisierungsgrad ↑	Automatische Fördersysteme	A_3
	Arbeitskraftunterstützte maschinelle Förderung	A_2
	Manuelle Förderung	A_1

Basisorganisationsformen — WM, GM$_{iMO}$, GM$_{iPF}$, RM$_{iMO}$, RM$_{iPF}$, FM$_{iMO}$, FM$_{iPF}$, FM$_{iEF}$, EPM

TOP: Beispiel Handhabungssystem

Steigender Automatisierungsgrad ↑	Roboter mit sich selbst generierenden Programmen	A_3
	Pick-and-Place-Geräte	A_2
	Manuelle Handhabung	A_1

Basisorganisationsformen — WM, GM$_{iMO}$, GM$_{iPF}$, RM$_{iMO}$, RM$_{iPF}$, FM$_{iMO}$, FM$_{iPF}$, FM$_{iEF}$, EPM

TOP: Beispiel Lagersystem

Steigender Automatisierungsgrad ↑	Regal mit automatischem Förderzeug	A_3
	Maschinell angetriebenes Regal	A_2
	Manuell angetriebenes Regal	A_1

Basisorganisationsformen — WM, GM$_{iMO}$, GM$_{iPF}$, RM$_{iMO}$, RM$_{iPF}$, FM$_{iMO}$, FM$_{iPF}$, FM$_{iEF}$, EPM

TOP: Beispiel Mess- und Prüfsystem

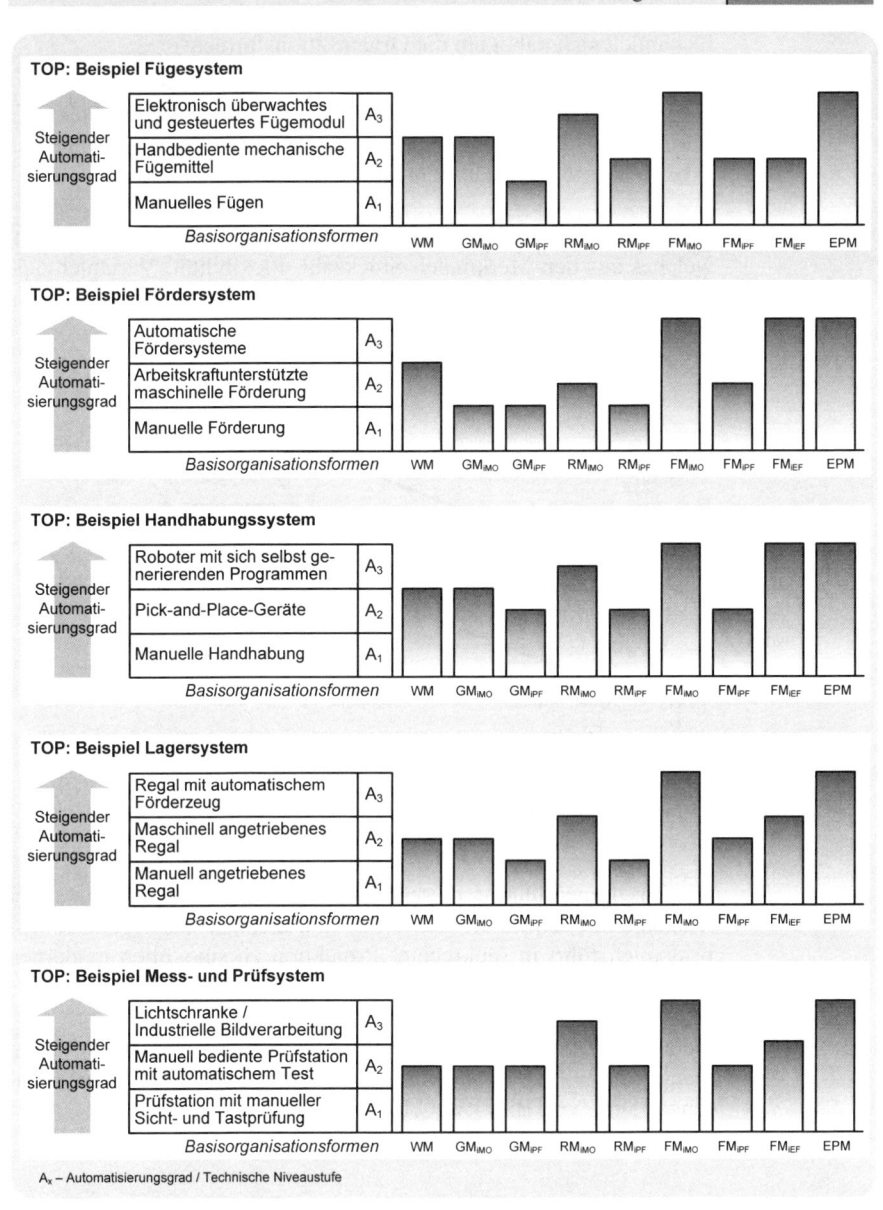

Steigender Automatisierungsgrad ↑	Lichtschranke / Industrielle Bildverarbeitung	A_3
	Manuell bediente Prüfstation mit automatischem Test	A_2
	Prüfstation mit manueller Sicht- und Tastprüfung	A_1

Basisorganisationsformen — WM, GM$_{iMO}$, GM$_{iPF}$, RM$_{iMO}$, RM$_{iPF}$, FM$_{iMO}$, FM$_{iPF}$, FM$_{iEF}$, EPM

A_x – Automatisierungsgrad / Technische Niveaustufe

Bild PW.C.1.(88): Niveaustufen der Automatisierungspotenziale technischer Organisationsprinzipien der Organisationsformen der Montage (nach PETERSEN, T. [Montageorganisation] S. 216)

Am Beispiel klassischer Organisationsformen der Montage mit **instationären** Montageobjekten und **stationären** Arbeitskräften und Betriebsmitteln soll der Weg zu modernen Organisationsformen der Montage verdeutlicht werden.

Es handelt sich dabei um die Organisationsformen:

- FM_{iMO}: Fließmontage mit instationären Montageobjekten
- RM_{iMO}: Reihenmontage mit instationären Montageobjekten
- GM_{iMO}: Gruppenmontage mit instationären Montageobjekten
- WM: Werkstattmontage

Ordnet man diese vier Organisationsformen in das Quadrat ein, welches aus den Merkmalen Stückzahl, Flexibilität, Variantenvielfalt und Kontinuität gebildet wird, so entsteht Bild PW.C.1.(89).

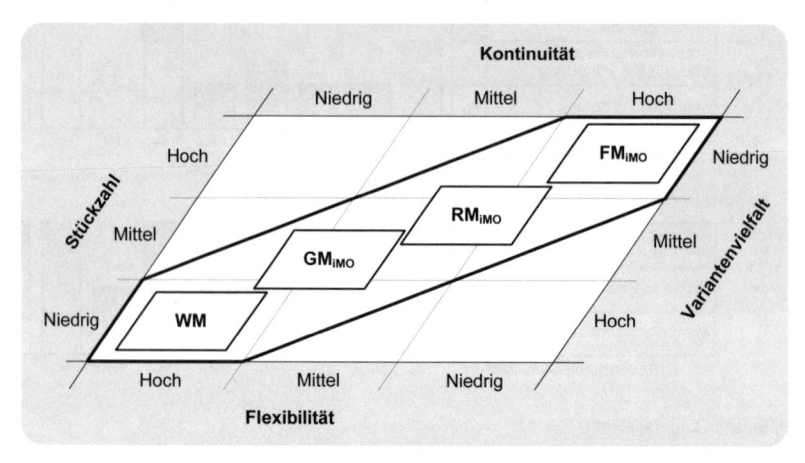

Bild PW.C.1.(89):   *Einflussgrößen auf klassische Organisationsformen der Montage mit instationären Montageobjekten*

Die Zusammenführung dieser klassischen Organisationsformen der Montage mit den für sie relevanten fünf technischen Organisationsprinzipien führt in senkrechter Projektion zu sinnvollen modernen Organisationsformen der Montage.

Gebrochene Projektionen führen zu Kombinationen, die technisch wenig sinnvoll sowie ökonomisch eher fragwürdig und damit abzulehnen sind (vgl. Bild PW.C.1.(90)).

Produktionsorganisation 445

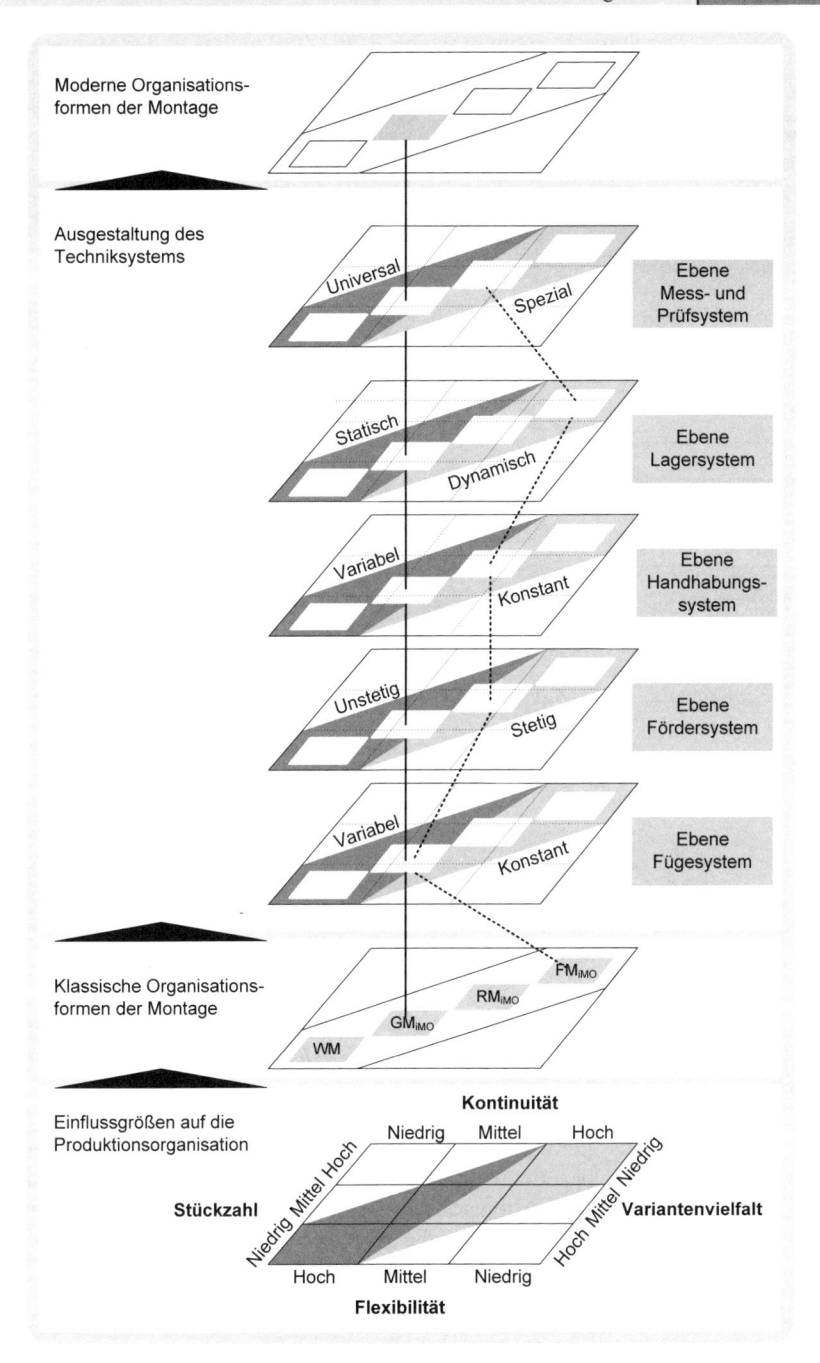

Bild PW.C.1.(90): Systematik der Bildung moderner Organisationsformen der Montage aus klassischen Organisationsformen der Montage

Gestaltungs-gebirge der TOP$_{Mo}$

Durch die Kombination von ROP, ZOP und TOP der Montage entsteht für jede der fünf TOP-Varianten über den klassischen OF$_{Mo}$ eine separate Ebene. Dabei führen die unterschiedlichen Niveaustufen der Automatisierung quasi zu einem „**Gestaltungsgebirge**".

Dieses Gebirge verdeutlicht das Automatisierungspotenzial für jede klassische Organisationsform der Montage aus der Sicht der jeweiligen TOP-Variante.

Bild PW.C.1.(91) stellt diesen Zusammenhang am Beispiel der Ebene des Fördersystems dar.

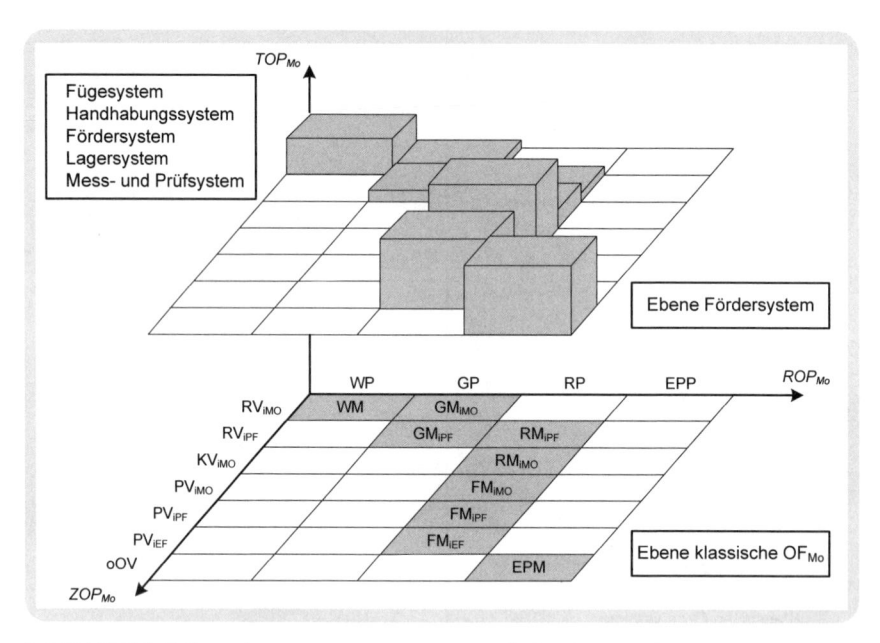

Bild PW.C.1.(91): Automatisierungspotenzial für klassische Organisationsformen der Montage auf Ebene des Fördersystems

Erweitert man das Modell um die Ebenen der restlichen vier Technikteilsysteme, also aller technischen Organisationsprinzipien, so entsteht das Ebenenmodell des Zusammenhangs zwischen klassischen Organisationsformen der Montage und den möglichen Niveaustufen der TOP$_{Mo}$, die zur Herausbildung der modernen Organisationsformen der Montage führen (vgl. Bild PW.C.1.(92)).

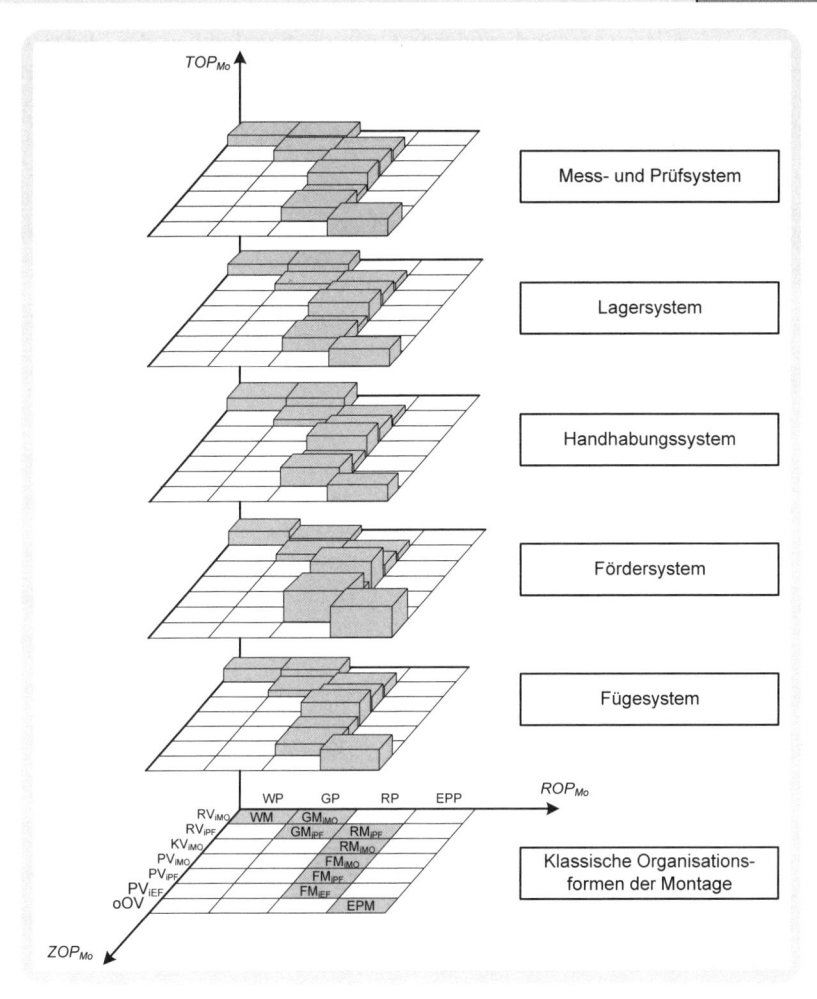

Bild PW.C.1.(92): Ebenenmodell des Zusammenhangs zwischen klassischen Organisationsformen der Montage und Niveaustufen der technischen Organisationsprinzipien (nach PETERSEN, T. [Montageorganisation] S. 218)

Die Möglichkeit zur **Ausschöpfung** der Säulenhöhen **der Niveaustufen der Automatisierung** je Organisationsform der Montage hängt neben dem Anforderungsprofil der Montageprogramme von der erreichbaren Wirtschaftlichkeit der modernen Organisationsformen der Montage ab.

Unabhängig davon, welche Niveaustufe der Automatisierung für jedes technische Organisationsprinzip gestaltet wird, ändert sich die Bezeichnung der Organisationsformen nicht.

Klassische und moderne Organisationsformen der Montage besitzen sinnvollerweise **identische Bezeichnungen**. Die ursprünglich für die klassischen Organisationsformen gewählten Bezeichnungen werden für die modernen Organisationsformen der Montage übernommen.

Hier besteht ein Unterschied zu den modernen Organisationsformen der Teilefertigung. Für sie werden die im Schrifttum eingeführten Bezeichnungen verwendet.

I. Begriffe zur Selbstüberprüfung

- ✓ Montagestufen
- ✓ Vormontage
- ✓ Zwischenmontage
- ✓ Endmontage
- ✓ Organisationsformen der Montage
- ✓ Räumliche Organisationsprinzipien der Montage
- ✓ Zeitliche Organisationsprinzipien der Montage
- ✓ Werkstattmontage
- ✓ Reihenmontage
- ✓ Fließmontage
- ✓ Einzelplatzmontage
- ✓ Flexibilität und Kontinuität der Organisationsformen der Montage
- ✓ Eigenschaften der Organisationsformen der Montage
- ✓ Technische Organisationsprinzipien der Montage
- ✓ Techniksystem
- ✓ Technische Teilsysteme

II. Weiterführende Literatur

❑ ALBER, Thomas. / WESTKÄMPER, Engelbert:
[Montageprozesse] Optimierung manueller Montageprozesse: Verkürzung sekundärer Montagezeiten.
In: wt Werkstattstechnik 89, Heft 9.
Düsseldorf 1999

❑ BULLINGER, Hans-Jörg / LUNG, Manfred:
Planung der Materialbereitstellung in der Montage.
Stuttgart 1994

❑ DAVID, Volker / KLEINE, Jürgen / PAUL, Dieter / WINGEN, Sascha:
Montagereport EUROASS: Marktorientierte Montagestrukturen.
Dortmund 2000

❑ EVERSHEIM, Walter:
Organisation in der Produktionstechnik. Band 4: Fertigung und Montage.
Düsseldorf 1989

❑ EVERSHEIM, Walter / SCHUH, Günther (Hrsg.):
    Betriebshütte: Produktion und Management.
    Berlin et al. 1996

❑ GRIESE, Dieter:
    Montageorganisation und Logistik.
    In: DAVID, Volker / KLEINE, Jürgen / PAUL, Dieter / WINGEN, Sascha: Montagereport EUROASS: Marktorientierte Montagestrukturen.
    Dortmund 2000

❑ HOLLE, Wolfgang:
    Rechnergestützte Montageplanung: Montageplanung und Simultaneous Engineering.
    München, Wien 2002

❑ HUCK, Martin:
    Produktorientierte Montageablauf- und Layoutplanung für die Robotermontage.
    Düsseldorf 1990

❑ KONOLD, Peter / REGER, Herbert:
    Angewandte Montagetechnik: Produktgestaltung, Planung, Systeme und Komponenten.
    Braunschweig, Wiesbaden 1997

❑ KÜPPER, Hans-Ulrich / HELBER, Stefan:
    Ablauforganisation in Produktion und Logistik.
    3. Auflage, Stuttgart 2004

❑ LOTTER, Bruno / SCHILLING, Werner:
    Manuelle Montage: Planung – Rationalisierung – Wirtschaftlichkeit.
    Düsseldorf 1994

❑ LUCZAK, Holger / EVERSHEIM, Walter:
    Produktionsplanung und -steuerung – Grundlagen, Gestaltung, Konzepte.
    2. Auflage, Berlin, Heidelberg, New York 1999

❏ PETERSEN, Ties:
   [Montageorganisation] Organisationsformen der Montage. Theoretische Grundlagen, Organisationsprinzipien und Gestaltungsansatz.
   In: Schriftenreihe des Institutes für Produktionswirtschaft der Universität Rostock, Hrsg.: NEBL, Theodor
   Aachen 2005

❏ RATH, Kerstin:
   Die Prozeßanalyse – eine Methode zur Auswahl rationeller Formen der Fertigungsorganisation in Maschinenbaubetrieben der Einzel- und Kleinserienfertigung. Dissertation
   Universität Rostock 1989

❏ REFA (Hrsg.):
   Arbeitsgestaltung in der Produktion.
   2. Auflage, München 1993

❏ SPUR, Günther / STÖFERLE, Theodor:
   Handbuch der Fertigungstechnik – Fügen, Handhaben, Montieren. Band 5.
   München, Wien 1986

❏ WARNECKE, Hans-Jürgen:
   [Produktionsbetrieb] Der Produktionsbetrieb 2: Produktion, Produktionssicherung.
   Berlin, Heidelberg, New York 1995

❏ WARNECKE, Hans-Jürgen (Hrsg.):
   Die Montage im flexiblen Produktionsbetrieb: Technik, Organisation, Betriebswirtschaft.
   Berlin et al. 1996

❏ WESTKÄMPER, Engelbert / BULLINGER, Hans-Jörg / HORVÁTH, Péter / ZAHN, Erich (Hrsg.):
   Montageplanung – effizient und marktgerecht.
   Berlin et al. 2001

❏ ZÄPFEL, Günther:
   Strategisches Produktions-Management.
   München, Wien 2000

1.4 Organisation des fertigungsnahen industriellen Dienstleistungsprozesses innerbetrieblicher Transport

1.4.1 Grundlagen

Innerbetrieblicher Transport, innerbetriebliche Lagerung

Die **Produktionslogistik** ist ein Subsystem der Unternehmenslogistik. Sie besteht selbst aus den in Bild PW.C.1.(93) dargestellten Subsystemen

- **innerbetrieblicher Transport** und
- **innerbetriebliche Lagerung**.

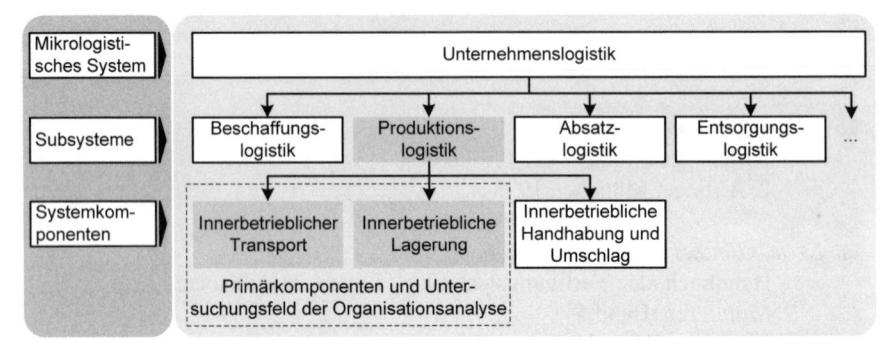

Bild PW.C.1.(93): Innerbetrieblicher Transport und innerbetriebliche Lagerung als primäre Untersuchungsobjekte der Organisationsformen der Produktionslogistik

Neben Transporten und Lagerungen erfordern räumliche und zeitliche Transformationen im Leistungserstellungsprozess die Notwendigkeit, die

- quantitative Struktur oder
- Lageorientierung der Arbeitsgegenstände

zu verändern.

Handhabungs-, Umschlagssystem

Das wird durch **Handhabungs- bzw. Umschlagssysteme** realisiert. Handhabungen sind als sekundäre Komponenten der Produktionslogistik zu qualifizieren, da weder eine räumliche noch eine zeitliche Transformation stattfindet.

> Der entscheidende Einfluss auf die **Gestaltung der Organisation von Transport- und Lagerungsprozessen** geht von den **Organisationsformen der Fertigungshauptprozesse** aus.

Daraus leiten sich die
- ▶ systemorientierte Perspektive und die
- ▶ prozessorientierte Perspektive

der Produktionslogistik ab (vgl. Bild PW.C.1.(94)).

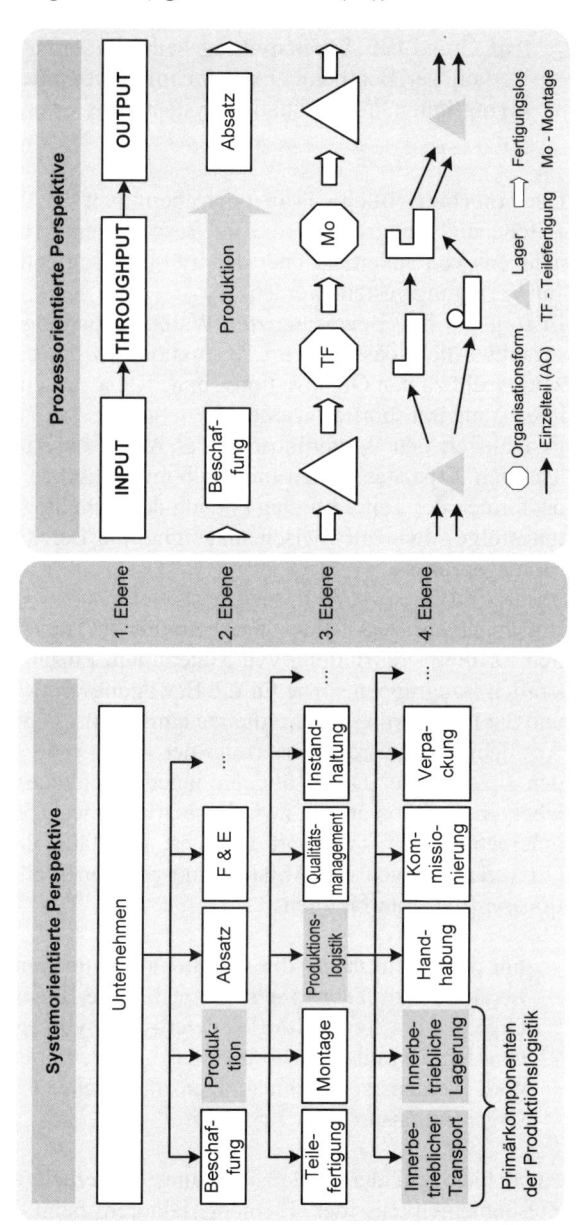

Bild PW.C.1.(94): System- und prozessorientierte Perspektive in der Produktionslogistik

| Strukturierungs-grundlage der Produktions-logistik | Die Organisationsstrukturen der Fertigungshauptprozesse, ihre klassischen und modernen Organisationsformen und deren konstituierende Organisationsprinzipien sind die **Grundlage für die organisatorische Strukturierung der Produktionslogistik**.

Auf Grund der **Arbeitsteilung** bedürfen Arbeitsobjekte im Verlauf der Bearbeitung **wiederholter räumlicher Transformationen** im Produktionssystem. Das erfordert **Transporte**.

Der **innerbetriebliche Transport** übernimmt die Werkstoffe, Einzelteile und Baugruppen, die im Beschaffungsprozess des Unternehmens von außerhalb über den zwischenbetrieblichen Transport zur Verfügung gestellt werden.
Er sorgt für ihre Bewegung zum Wareneingangslager und ist dafür verantwortlich, dass alle im Produktionsprozess benötigten Güter zeitgerecht zu den Organisations- bzw. Kapazitätseinheiten der Teilefertigung transportiert werden.
Er realisiert den Weitertransport der Arbeitsobjekte von einer zur nächsten Kapazitätseinheit innerhalb und zwischen den Organisationsformen der Teilefertigung entlang der technologischen Bearbeitungsfolge sowie zur Zwischenlagerung und Bereitstellung für den Montageprozess.

Im Montageprozess ist der innerbetriebliche Transport verantwortlich für die Bereitstellung von Materialien, Einzelteilen und zugekauften Baugruppen sowie für die Bewegung von Montageobjekten und die Einlagerung von Fertigerzeugnissen ins Fertigwarenlager.
Aus dem Fertigwarenlager erfolgt der Abtransport der abzusetzenden Erzeugnisse. Dabei übt der innerbetriebliche Transport eine Übergabefunktion an den zwischenbetrieblichen Transport aus. Der innerbetriebliche Transport realisiert ebenfalls die notwendigen Ortsveränderungen von Abfällen und gegebenenfalls anderer instationärer Elementarfaktoren.

> Für die **Bestimmung der Organisationsformen des innerbetrieblichen Transports** soll analog der Bestimmung der Organisationsformen der Teilefertigung vorgegangen werden. Die Organisationsformen des innerbetrieblichen Transports werden als Kombination aus räumlichen und zeitlichen Organisationsprinzipien gebildet.

Auch hier geht der Systematisierung differenzierter Formen des Zusammenwirkens der Elementarfaktoren beim Transport eine Analyse des räumlich-zeitlichen Verhaltens von Arbeitskräften, Betriebsmitteln und Werkstoffen bzw. Arbeitsobjekten voraus. |

Für den **Transport** sind **instationäre Elementarfaktoren** typisch. Die Arbeitskraft führt im Zusammenspiel mit dem Betriebsmittel (Transportbetriebsmittel) die räumliche Transformation an den Arbeitsobjekten (Transportobjekte) durch. Stationäres Verhalten der Transportobjekte im Transportprozess ist ausgeschlossen. Damit kann die Bewegungsstruktur (zeitliche Dimension) durch die Weitergabe der Arbeitsobjekte von Station zu Station charakterisiert werden.

Es wird ein instationäres kinematisches Verhalten der Transportmittel – unabhängig von einer konkreten technischen Ausgestaltung – unterstellt. Arbeitskräfte und Transportmittel bilden eine organisatorische Einheit. Ihr kinematisches Verhalten im Transportprozess ist damit ebenfalls **instationär**.

Die Anordnungsstruktur (**räumliche Dimension**) beim innerbetrieblichen Transport ist auf Grund instationärer Arbeitskräfte und Betriebsmittel nicht durch die Anordnung der Potenzialfaktoren im Transportsystem, sondern durch die **Struktur der resultierenden Transportwegführung im Transportablauf** charakterisiert. Die **Transportstationen** und deren Anlaufreihenfolge **determinieren die räumliche Organisation des Transportprozesses**.

Organisationsformen des innerbetrieblichen Transports lassen sich also entsprechend der o. g. Überlegung analog den Organisationsformen der Teilefertigung mit Hilfe räumlicher und zeitlicher Kriterien systematisieren.

1.4.2 Räumliches Organisationsprinzip (ROP$_{iT}$)

Räumliche Organisationsprinzipien des innerbetrieblichen Transports (ROP$_{iT}$) kennzeichnen die **Richtungsorientierung des innerbetrieblichen Transports**. Diese Richtungsorientierung wird determiniert durch die Charakteristik zu beliefernder **Transport- bzw. Anlaufpunkte** und die **Spezifik ihrer Verknüpfung im Sinne der Transport- und Anlaufreihenfolge**.

| Räumliches Organisationsprinzip des innerbetrieblichen Transports

Es werden
- richtungsorientierte Transporte und
- nicht richtungsorientierte Transporte

unterschieden. **Betrachtungsgegenstand** der Transporte sind die zu realisierenden **Fertigungsaufträge**.

Teil C / Wirkung dispositiver Produktionsfaktoren

Transportanlaufpunkte, Anlaufreihenfolge

Determiniert wird die **Richtungsorientierung** des innerbetrieblichen Transports durch die Gestaltung der **Transportanlaufpunkte** und ihrer **Anlaufreihenfolge**.

Aus **räumlicher Sicht** können unterschieden werden

- **Transporte mit festen Anlaufpunkten** und
- **Transporte mit variierenden Anlaufpunkten**.

Die **Anlaufreihenfolge** der Anlaufpunkte (Transportpunkte) ist

- **gleich** oder
- **variierend**.

Bei **gleicher Anlaufreihenfolge** werden die (festen) Anlaufpunkte durch die zu transportierenden Fertigungsaufträge **in identischer Abfolge durchlaufen**. Dafür ist eine spezialisierte Verknüpfung der Anlaufpunkte zu gestalten.

Bei **variierender Anlaufreihenfolge** werden die Anlaufpunkte durch **individuelle Gestaltung der Transportprozesse in nicht identischer Abfolge durchlaufen**. Dafür ist eine flexible Verknüpfung der Anlaufpunkte zu gestalten.

Räumliches Verknüpfungsprinzip des Transports

Aus der Kombination der möglichen Varianten von Anlaufreihenfolgen und Anlaufpunkten entstehen **räumliche Verknüpfungsprinzipien des innerbetrieblichen Transports**.

Bild PW.C.1.(95) liefert dazu eine Übersicht.

Anlaufpunkte	Anlaufreihenfolge	
	Variierend	Gleich
Variierend	VPVR	VPGR
Fest	FPVR	FPGR

Bild PW.C.1.(95): Räumliche Verknüpfungsprinzipien des innerbetrieblichen Transports

Es sind vier Verknüpfungsprinzipien konstatierbar:

Verknüpfungsprinzip VPVR

(1) **Variierende Anlaufpunkte mit variierender Anlaufreihenfolge (VPVR)**

Dieses Prinzip ist typisch für eine heterogene Fertigungsstruktur mit auftragsspezifischen Transportanforderungen. Geeignete Transportsysteme sind organisatorisch universell zu gestalten.

Die Abwicklung der Transportprozesse erfordert auf Grund der individuellen Transportwege einen hohen dispositiven Aufwand.

(2) **Feste Anlaufpunkte mit variierender Anlaufreihenfolge (FPVR)** — Verknüpfungsprinzip FPVR

Dieses Prinzip ist typisch für strukturähnliche Fertigungsaufträge mit auf feste Anlaufpunkte beschränkten auftragsspezifischen Transportanforderungen. Geeignete Transportsysteme können auf die variable Verknüpfung definierter Transportpunkte spezialisiert gestaltet werden. Der dispositive Aufwand der Transportsteuerung reduziert sich im Vergleich zum Verknüpfungsprinzip VPVR.

(3) **Feste Anlaufpunkte mit gleicher Anlaufreihenfolge (FPGR)** — Verknüpfungsprinzip FPGR

Dieses Prinzip ist typisch für strukturidentische Fertigungsaufträge mit identischen Transportanforderungen. Charakteristisch ist eine Produktion im Rahmen einer Großserien- bzw. Massenfertigung. Geeignete Transportsysteme sind aufgabenspezifisch hinsichtlich hoher Transportproduktivität zu gestalten. Der dispositive Aufwand der Transportprozessrealisierung ist minimal, allenfalls ist die Reaktion auf Störungen im Transportsystem ein bedeutendes organisatorisches Problem.

(4) **Variierende Anlaufpunkte mit gleicher Anlaufreihenfolge (VPGR)** — Verknüpfungsprinzip VPGR

Dieses Prinzip existiert nicht, da eine derartige Kombination logisch nicht zu begründen ist.

Bild PW.C.1.(96) systematisiert die wesentlichen Aussagen zu den Merkmalen räumlicher Verknüpfungsprinzipien.

Verknüpfungsprinzipien	VPVR	FPVR	FPGR
Bezeichnungen	Variierende Anlauf-Punkte Variierende Anlauf-Reihenfolge	Feste Anlauf-Punkte Variierende Anlauf-Reihenfolge	Feste Anlauf-Punkte Gleiche Anlauf-Reihenfolge
Merkmale			
Transportanforderungen	Auftragsspezifisch	Auftragsspezifisch	Identisch
Transportsysteme	Universell	Spezialisiert auf feste Anlaufpunkte	Spezialisiert auf gleiche Anlaufreihenfolge
Transportwege	Individuell	Individuell	Identisch
Dispositiver Aufwand	Hoch	Geringer als bei VPVR	Gering

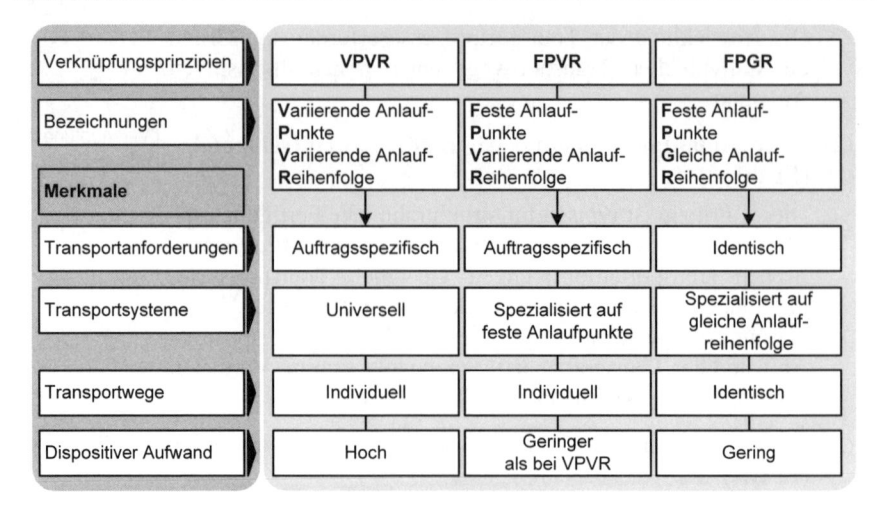

Bild PW.C.1.(96): Merkmale relevanter räumlicher Verknüpfungsprinzipien

Räumliches Organisationsprinzip des innerbetrieblichen Transports

Die **räumlichen Organisationsprinzipien des innerbetrieblichen Transports (ROP$_{iT}$)** beschreiben die Richtungsorientierung des Transportprozesses spezifiziert durch die Ausprägungen des räumlichen Verknüpfungsprinzips (vgl. Bild PW.C.1.(97)).

Charakteristik des innerbetrieblichen Transports

Nicht richtungsorientiert / Richtungsorientiert

Verknüpfungsprinzipien: VPVR | FPVR | FPGR

ROP$_{iT}$:
- Ungerichtetes Transportprinzip **UTP**
- Richtungsvariables Transportprinzip **RTP**
- Gerichtetes Transportprinzip **GTP**
- Verkettetes Transportprinzip **VTP**

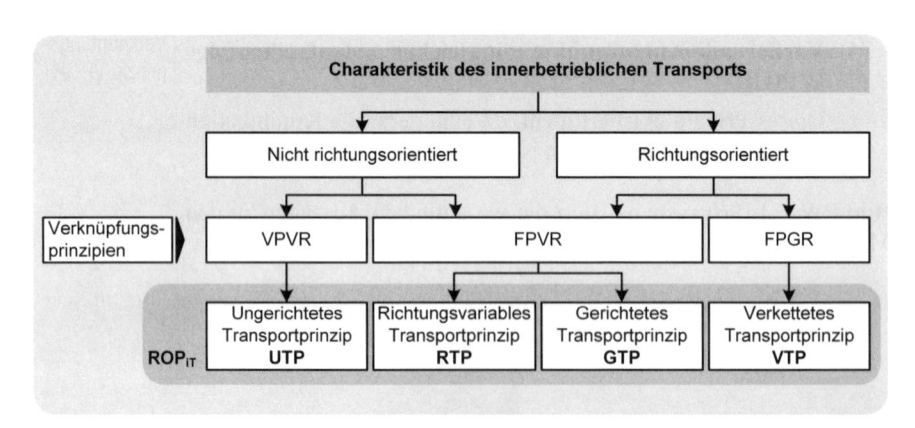

Bild PW.C.1.(97): Räumliche Organisationsprinzipien des innerbetrieblichen Transports (ROP$_{iT}$) (nach DREWS, R. [Produktionslogistik] S. 63)

Folgende **räumliche Organisationsprinzipien des innerbetrieblichen Transports** sind zu unterscheiden:

(1) **Ungerichtetes Transportprinzip (UTP)**

Beim ungerichteten räumlichen Organisationsprinzip laufen die Fertigungsaufträge im Rahmen des Transportprozesses durch die Produktion. Es werden **variierende, auftragsspezifische Anlaufpunkte in variierender, auftragsindividueller Anlauforientierung ohne generelle Richtungsorientierung** angelaufen. Dabei liegt im Regelfall nur eine jeweils begrenzte Anzahl durch das Transportsystem bedienbarer **Anlaufpunkte im Produktionsbereich** des Unternehmens **auf den auftragsindividuellen Transportwegen** der Fertigungsaufträge (vgl. Bild PW.C.1.(98)).

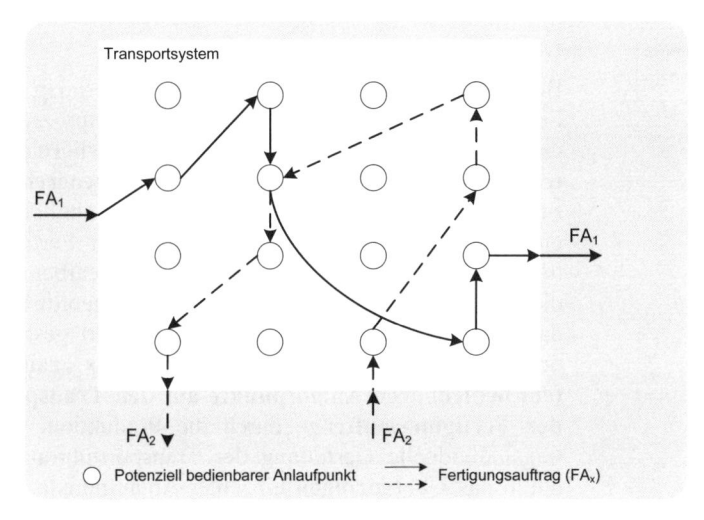

Ungerichtetes Transportprinzip

Bild PW.C.1.(98):   Ungerichtetes Transportprinzip

(2) **Richtungsvariables Transportprinzip (RTP)**

Das richtungsvariable räumliche Organisationsprinzip ist dadurch gekennzeichnet, dass die Fertigungsaufträge im Rahmen des Transportprozesses durch die Stufen ihrer Bearbeitung **feste Anlaufpunkte in variierender, auftragsindividueller Reihenfolge ohne generelle Richtungsorientierung** anlaufen. Dabei liegen in der Regel alle potenziell durch das Transportsystem bedienbaren **Anlaufpunkte im Produktionsbereich** des Unternehmens **auf den auftragsspezifischen Transportwegen** der Fertigungsaufträge (vgl. dazu Bild PW.C.1.(99)).

Richtungsvariables Transportprinzip

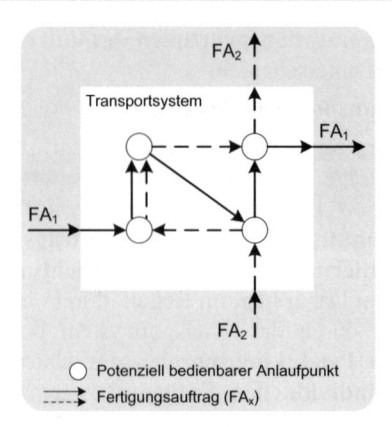

Bild PW.C.1.(99): *Richtungsvariables Transportprinzip*

Gerichtetes Transportprinzip

(3) **Gerichtetes Transportprinzip (GTP)**

Beim gerichteten räumlichen Organisationsprinzip laufen die Fertigungsaufträge im Rahmen des Transportprozesses durch die Produktion **feste Anlaufpunkte in variierender, auftragspezifischer Anlaufreihenfolge mit genereller Richtungsorientierung** an. Bedingt durch die ähnlichen Fertigungsanforderungen der Arbeitsobjekte der Fertigungsaufträge können die Kapazitätseinheiten der Bearbeitung (d. h. die Transportanlaufpunkte) räumlich so angeordnet werden, dass der Transportprozess richtungsorientiert gestaltet werden kann. Im Regelfall liegen **alle durch das Transportsystem bedienbaren Anlaufpunkte auf den Transportwegen der Fertigungsaufträge** durch die Produktion. Eine auftragsindividuelle Gestaltung der Transportführung ist aber durch das **Überspringen** einzelner Anlaufpunkte im Transportprozess **noch möglich** (vgl. Bild PW.C.1.(100)).

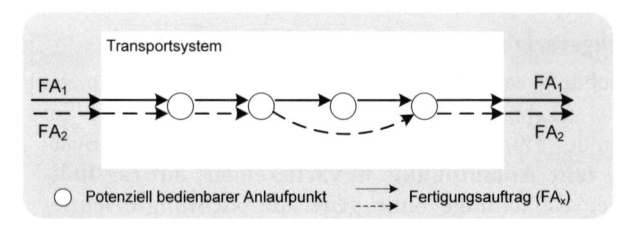

Bild PW.C.1.(100): *Gerichtetes Transportprinzip*

(4) **Verkettetes Transportprinzip (VTP)**

Beim verketteten räumlichen Transportprinzip laufen die Fertigungsaufträge im Rahmen des Transportprozesses durch die Produktion **feste Anlaufpunkte in gleicher Anlaufreihenfolge mit systembedingt determinierter Richtungsorientierung** an. Alle durch das Transportsystem bedienbaren **Anlaufpunkte im Produktionsbereich** des Unternehmens liegen **auf den identischen Transportwegen** der Fertigungsaufträge (vgl. Bild PW.C.1.(101)).

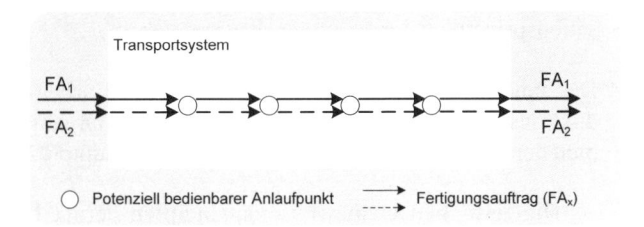

Verkettetes Transportprinzip

Bild PW.C.1.(101): Verkettetes Transportprinzip

Eine vergleichende Gegenüberstellung der räumlichen Organisationsprinzipien liefert Bild PW.C.1.(102).

Merkmale	Räumliche Organisationsprinzipien des innerbetrieblichen Transports (ROP$_{IT}$)			
	Ungerichtetes Transportprinzip UTP	Richtungsvariables Transportprinzip RTP	Gerichtetes Transportprinzip GTP	Verkettetes Transportprinzip VTP
Richtungsorientierung	Nein	Nein	Ja	Ja
Anlaufpunkte	Variierend	Fest	Fest	Fest
Anlaufreihenfolge	Variierend	Variierend	Variierend	Gleich
Flexibilität	Sehr hoch	Hoch	Gering	Sehr gering
Transportwege	Lang	Mittel	Kurz	Sehr kurz
Transporttransparenz	Niedrig	Mittel	Hoch	Sehr hoch
Koordinationsaufwand	Sehr hoch	Mittel	Gering	Sehr gering
Technische Gestaltung des Transportsystems	Universell	Tendenziell universell	Tendenziell spezialisiert	Spezialisiert, verkettet

Bild PW.C.1.(102): Gegenüberstellung der räumlichen Organisationsprinzipien des innerbetrieblichen Transports

1.4.3 Zeitliches Organisationsprinzip (ZOP$_{iT}$)

Zeitliches Organisationsprinzip des innerbetrieblichen Transports

> Ein **zeitliches Organisationsprinzip des innerbetrieblichen Transports (ZOP$_{iT}$)** kennzeichnet die Art der Teileweitergabe von Bearbeitungsstation zu Bearbeitungsstation im Produktionsprozess und damit die jeweilige grundsätzliche Variante des zeitlichen Transportablaufs.

Die zeitlichen Organisationsprinzipien des innerbetrieblichen Transports besitzen eine enge Beziehung zu den zeitlichen Organisationsprinzipien der Fertigungshauptprozesse.

Der innerbetriebliche Transport verbindet die arbeitsteiligen Produktionsschritte auf der Basis der zeitlichen Organisationsprinzipien der Organisationsformen der Fertigungshauptprozesse.

> Die **zeitlichen Organisationsprinzipien** der Teilefertigung (ZOP$_{TF}$) und des innerbetrieblichen Transports (ZOP$_{iT}$) bilden eine direkte **Schnittstelle zwischen Haupt- und Dienstleistungsprozess**.

Grundlage der Gestaltung der zeitlichen Organisationsprinzipien des Transports ist die **Transportzeit als Bestandteil der Produktionszeit** (vgl. Bild PW.C.1.(103)).

Die Einbeziehung der Transportzeit als Bestandteil ablaufbedingter Unterbrechungen in den technologischen Zyklus führt zu einer Erweiterung des technologischen Zyklus, der ursprünglich nur aus Arbeitsprozess und natürlichem Prozess besteht.

Ablaufbedingte Unterbrechungen wie Transporte, Lagerungen und Handhabungen sind in der Regel **nicht wertschöpfende Dienstleistungen**.

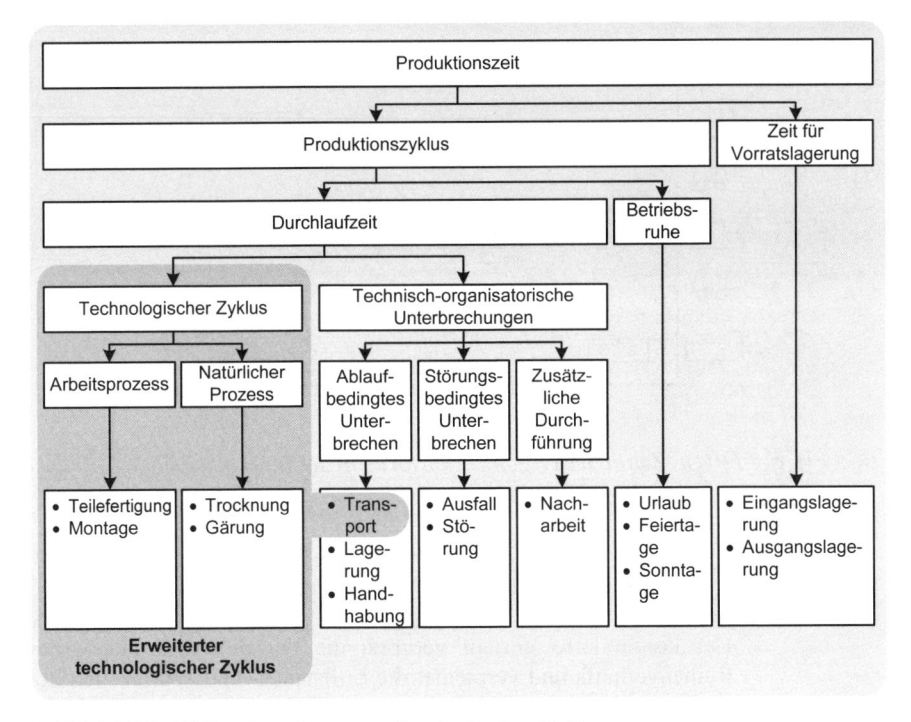

Bild PW.C.1.(103): Erweiterter technologischer Zyklus

Arbeitsteilige Produktionsprozesse erfordern die räumliche Transformation der Arbeitsobjekte von Bearbeitungsstation zu Bearbeitungsstation.

> Damit werden **Transportzeiten** zu Bestandteilen der Zeiten, die zu **Veränderungen an den Arbeitsobjekten** führen. Diese Tatsache berechtigt dazu, den technologischen Zyklus hier um Transportzeiten zu erweitern.

Die klassischen zeitlichen Organisationsprinzipien des Verlaufs technologischer Zyklen

- ▶ Reihenverlauf
- ▶ kombinierter Verlauf
- ▶ Parallelverlauf

werden folgerichtig um die Transportzeiten verändert (vgl. Bilder PW.C.1.(104), PW.C.1.(105) und PW.C.1.(106)).

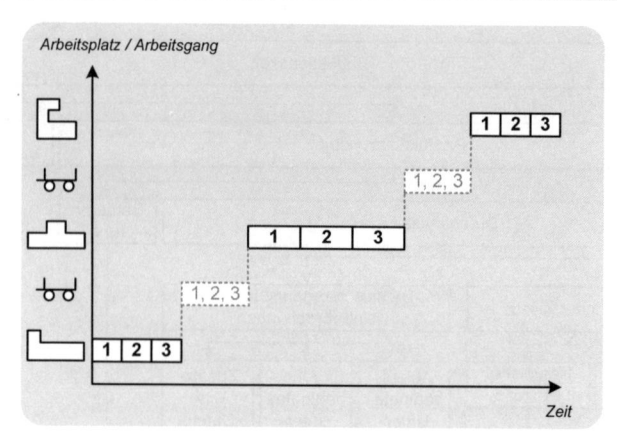

Bild PW.C.1.(104): Zeitliches Organisationsprinzip des innerbetrieblichen Transports: Reihenverlauf

Von der Weitergabe kompletter Lose im Reihenverlauf erfolgt ein Übergang zur Einzelteilweitergabe im Parallelverlauf.

Der kombinierte Verlauf verkürzt die langen Zyklusdauern des Reihenverlaufs und vermeidet die Stillstands- und Wartezeiten des Parallelverlaufs. Beim kombinierten Verlauf werden deshalb die Arbeitsobjekte in Transportlosen n_P ($1 \leq n_P \leq n_L$) weitergegeben. Es wird immer dann ein Transportprozess mit variabler Transportlosgröße ausgelöst, wenn für die ununterbrochene Bearbeitung auf der nachfolgenden Bearbeitungsstation eine Teileweitergabe erforderlich ist.

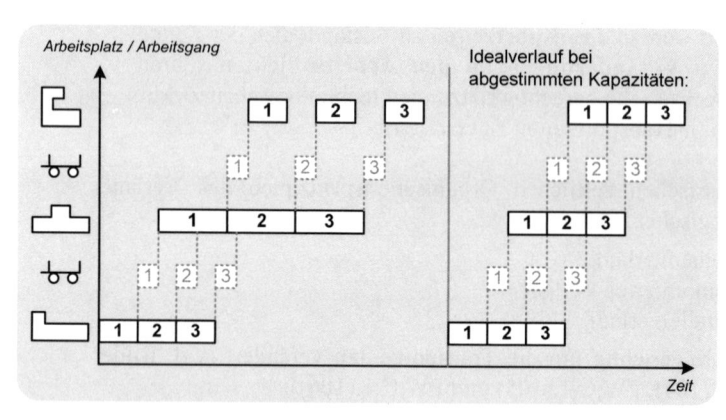

Bild PW.C.1.(105): Zeitliches Organisationsprinzip des innerbetrieblichen Transports: Parallelverlauf

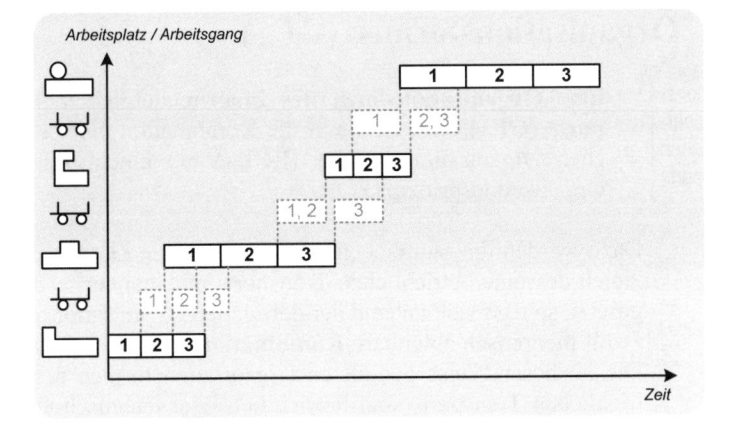

Bild PW.C.1.(106): Zeitliches Organisationsprinzip des innerbetrieblichen Transports: Kombinierter Verlauf

Einen vergleichenden Überblick charakteristischer Merkmale der dargestellten zeitlichen Organisationsprinzipien des innerbetrieblichen Transports liefert Bild PW.C.1.(107).

Merkmale	Zeitliche Organisationsprinzipien des innerbetrieblichen Transports (ZOP$_{IT}$)		
	Reihenverlauf$_{IT}$ RV$_{IT}$	Kombinierter Verlauf$_{IT}$ KV$_{IT}$	Parallelverlauf$_{IT}$ PV$_{IT}$
Transportobjekt / -menge	Fertigungslos	Transportlos	Einzelteil
Transportzeitpunkt	Nach Beendigung der Bearbeitung des **kompletten** Fertigungsloses	Nach Beendigung der Bearbeitung einer **Teilmenge** des Fertigungsloses	Nach Beendigung der Bearbeitung eines **Arbeitsobjekts** des Fertigungsloses
Transporthäufigkeit je Bearbeitungsstufe	1-mal pro Fertigungslos	Mehrmals pro Fertigungslos	n_L-mal pro Fertigungslos
Transportbedarf	Unstetig	Tendenziell stetig	Stetig
Transportrhythmus	Diskontinuierlich	Tendenziell kontinuierlich	Kontinuierlich
Erweiterte Zyklusdauer	Sehr lang	Mittel	Kurz
Koordinationsaufwand	Mittel	Sehr hoch	Gering

Bild PW.C.1.(107): Zeitliche Organisationsprinzipien des innerbetrieblichen Transports (nach DREWS, R. [Produktionslogistik] S. 72)

Ein zum zeitlichen Organisationsprinzip der Teilefertigung ohne Weitergabe (oW) entsprechendes Pendant existiert beim innerbetrieblichen Transport nicht.

1.4.4 Organisationsformen (OF$_{iT}$)

Organisationsform des innerbetrieblichen Transports

Eine **Organisationsform des innerbetrieblichen Transports (OF$_{iT}$)** entsteht durch die Kombination eines räumlichen Organisationsprinzips (ROP$_{iT}$) mit einem zeitlichen Organisationsprinzip (ZOP$_{iT}$).

Dazu werden die räumlichen und die zeitlichen Organisationsprinzipien des innerbetrieblichen Transports miteinander in Beziehung gesetzt, so dass sich anhand der definierten Organisationsprinzipien zwölf theoretisch ableitbare **Kombinationsmöglichkeiten** ergeben. Die in dieser Weise gebildeten Organisationsformen des innerbetrieblichen Transports sind hinsichtlich ihrer technisch-technologischen sowie wirtschaftlichen Relevanz zu überprüfen.

Bild PW.C.1.(108) stellt die Kombinationsvarianten zur Bildung von Organisationsformen des innerbetrieblichen Transports dar.

ROP$_{iT}$ \ ZOP$_{iT}$		RV$_{iT}$	KV$_{iT}$	PV$_{iT}$
Nicht richtungs-orientiert	UTP	Ungerichteter Lostransport **ULT**	Ungerichteter Teillostransport **UTT**	Ungerichteter Einzelteiltransport **UET**
Nicht richtungs-orientiert	RTP	Richtungsvariabler Lostransport **RLT**	Richtungsvariabler Teillostransport **RTT**	Richtungsvariabler Einzelteiltransport **RET**
Richtungs-orientiert	GTP	Gerichteter Lostransport **GLT**	Gerichteter Teillostransport **GTT**	Gerichteter Einzelteiltransport **GET**
Richtungs-orientiert	VTP	Verketteter Lostransport **VLT**	Verketteter Teillostransport **VTT**	Verketteter Einzelteiltransport **VET**

Bild PW.C.1.(108): Kombinationsmöglichkeiten zur Bildung von Organisationsformen des innerbetrieblichen Transports (nach DREWS, R. [Produktionslogistik] S. 73)

1.4.4.1 Kombinationsmöglichkeiten räumlicher und zeitlicher Organisationsprinzipien zur Bildung von Organisationsformen des innerbetrieblichen Transports

(1) **Ungerichteter Lostransport (ULT)**

> Die **Kombination** des ungerichteten räumlichen Transportprinzips (**UTP**) mit dem Reihenverlauf (**RV$_{IT}$**) ergibt die Organisationsform **ungerichteter Lostransport (ULT)**.

| Ungerichteter Lostransport

Die zu produzierenden Fertigungsaufträge werden als komplette Lose durch das System der Anlaufpunkte auf unterschiedlichen Wegen transportiert.

Bild PW.C.1.(109) verdeutlicht das Prinzip des ungerichteten Lostransports.

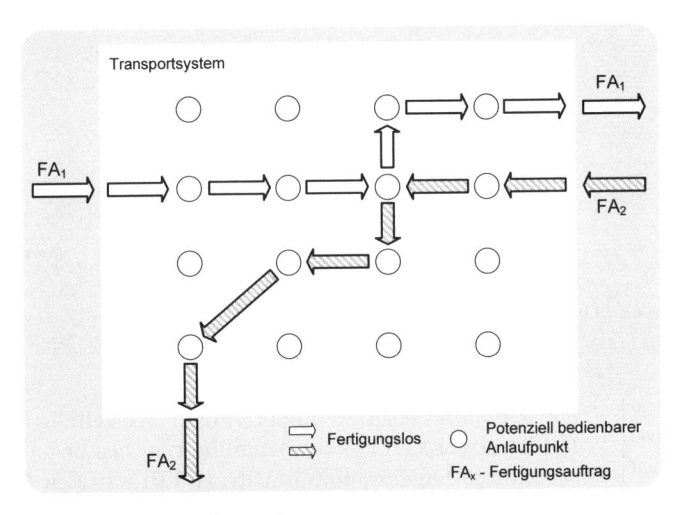

Bild PW.C.1.(109): Ungerichteter Lostransport

Als potenziell bedienbare Anlaufpunkte können Kapazitätseinheiten, Bearbeitungsstationen u. a. verstanden werden.

(2) **Ungerichteter Teillostransport (UTT)**

> Aus der **Kombination** des ungerichteten räumlichen Transportprinzips (**UTP**) mit dem kombinierten Verlauf (**KV$_{IT}$**) entsteht die Organisationsform **ungerichteter Teillostransport (UTT)**.

| Ungerichteter Teillostransport

Hier werden im Gegensatz zum ungerichteten Lostransport (ULT) gleichartige aber ursprünglich ungerichtet organisierte Transporte entsprechend der Transportloszahl je Fertigungsauftrag wiederholt. Grund für die **Aufteilung des Fertigungsloses in mehrere Transportlose** sind Maßnahmen zur Verkürzung der Zyklusdauer.

Bild PW.C.1.(110) verdeutlicht das Prinzip des ungerichteten Teillostransports.

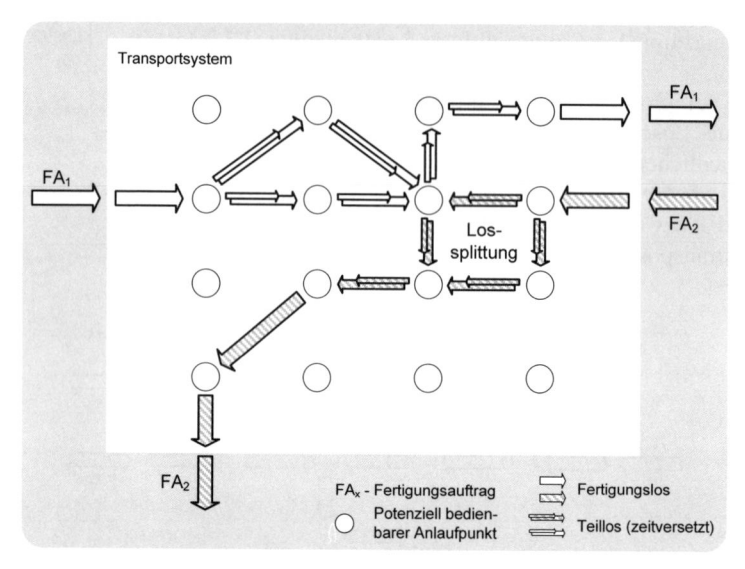

Bild PW.C.1.(110): Ungerichteter Teillostransport

(3) Ungerichteter Einzelteiltransport (UET)

Ungerichteter Einzelteiltransport

Die Organisationsform **ungerichteter Einzelteiltransport (UET)** ergibt sich aus der **Kombination** des ungerichteten räumlichen Organisationsprinzips (**UTP**) mit dem Parallelverlauf (**PV_{iT}**).

Die Einzelteile eines Fertigungsauftrags werden durch das System der Anlaufpunkte auf unterschiedlichen Wegen transportiert.

Bild PW.C.1.(111) verdeutlicht das Prinzip des ungerichteten Einzelteiltransports.

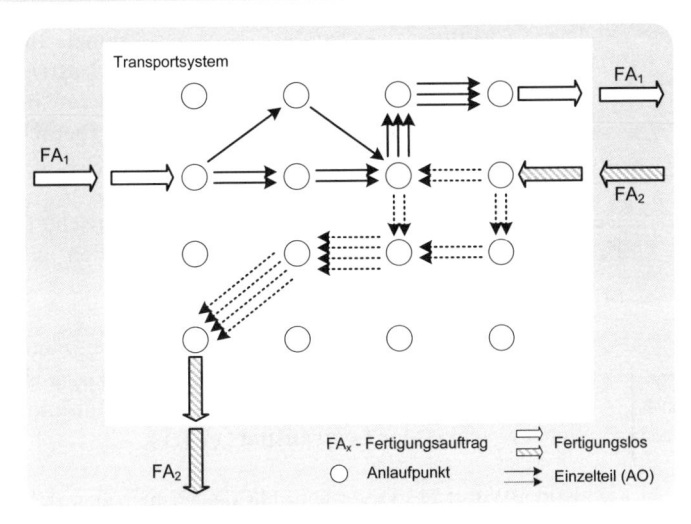

Bild PW.C.1.(111): Ungerichteter Einzelteiltransport

Die Merkmale der Varianten ungerichteter Transporte verdeutlicht Bild PW.C.1.(112).

Merkmale		ULT	UTT	UET
Transportweg	Richtung	Auftragsindividuell	Auftragsindividuell	Individuell
	Länge	Lang	Lang	Lang
Transportpunkte		Variierend	Variierend	Variierend
Anlaufreihenfolge		Variierend	Variierend	Variierend
Art der Teileweitergabe		Komplette Lose	Teillose	Einzelteile
Kontinuität der Transporte		Diskontinuierlich	Diskontinuierlich	Diskontinuierlich
Transparenz von Produktions- und Transportprozess		Schlecht, besser als UTT	Schlecht, besser als UET	Schlecht
Dispositiver Aufwand		Hoch	Höher als ULT	Sehr hoch
Praktische Relevanz		Häufig vorhanden	Nicht unüblich	Ohne Bedeutung
Zyklusdauer		Lang	Kürzer als ULT	-
Einsatzgebiet: Fertigungsart		EF, KSF	EF, KSF	-
Gesamtbewertung		Originäre OF_{iT}	Derivative OF_{iT}	Ohne praktische Bedeutung

Bild PW.C.1.(112): Merkmale von Organisationsformen des innerbetrieblichen Transports: Ungerichteter Transport

> Die Auswertung der charakteristischen Merkmale führt zur Schlussfolgerung, dass der **ungerichtete Lostransport** als eine **originäre**, der **ungerichtete Teillostransport** als eine **derivative Organisationsform** des innerbetrieblichen Transports anzusehen ist.

Der ungerichtete Einzelteiltransport ist ohne praktische Bedeutung. Er kann als Organisationsform vernachlässigt werden.

(4) **Richtungsvariabler Lostransport (RLT)**

Richtungs-
variabler
Lostransport

> Durch die **Kombination** des richtungsvariablen räumlichen Transportprinzips (**RTP**) mit dem zeitlichen Organisationsprinzip Reihenverlauf (**RV**$_{iT}$) entsteht die Organisationsform **richtungsvariabler Lostransport (RLT)**.

Bild PW.C.1.(113) verdeutlicht das Prinzip des richtungsvariablen Lostransports.

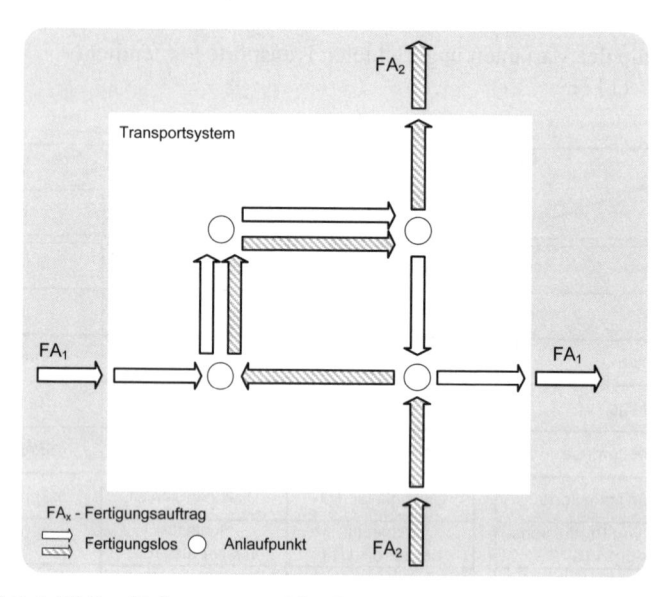

Bild PW.C.1.(113): Richtungsvariabler Lostransport

(5) **Richtungsvariabler Teillostransport (RTT)**

Richtungs-
variabler
Teillostransport

> Die **Kombination** des richtungsvariablen Transportprinzips (**RTP**) mit dem kombinierten Verlauf (**KV**$_{iT}$) ergibt die Organisationsform **richtungsvariabler Teillostransport (RTT)**.

Analog zum ungerichteten Teillostransport (UTT) liegt die Motivation zur Bildung von Transportlosen in der Verkürzung der Zyklusdauer des Fertigungsauftrags durch Lossplittung bzw. -überlappung unter Inkaufnahme höherer Transport- und Koordinationsaufwendungen.

Bild PW.C.1.(114) verdeutlicht das Prinzip des richtungsvariablen Teillostransports.

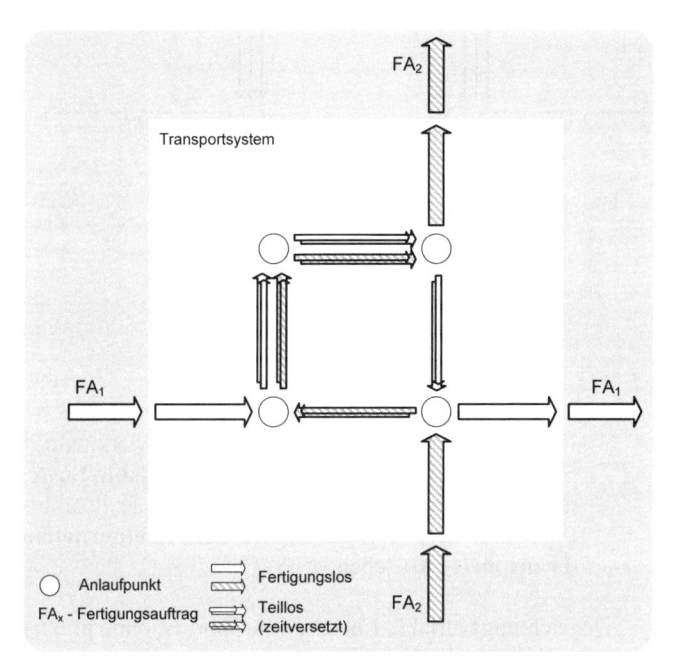

Bild PW.C.1.(114): Richtungsvariabler Teillostransport

(6) **Richtungsvariabler Einzelteiltransport (RET)**

Der **richtungsvariable Einzelteiltransport (RET)** ist eine **Kombination** des richtungsvariablen räumlichen Organisationsprinzips (**RTP**) mit dem zeitlichen Organisationsprinzip des Parallelverlaufs (**PV$_{iT}$**).

| Richtungsvariabler Einzelteiltransport

Bild PW.C.1.(115) verdeutlicht das Prinzip des richtungsvariablen Einzelteiltransports.

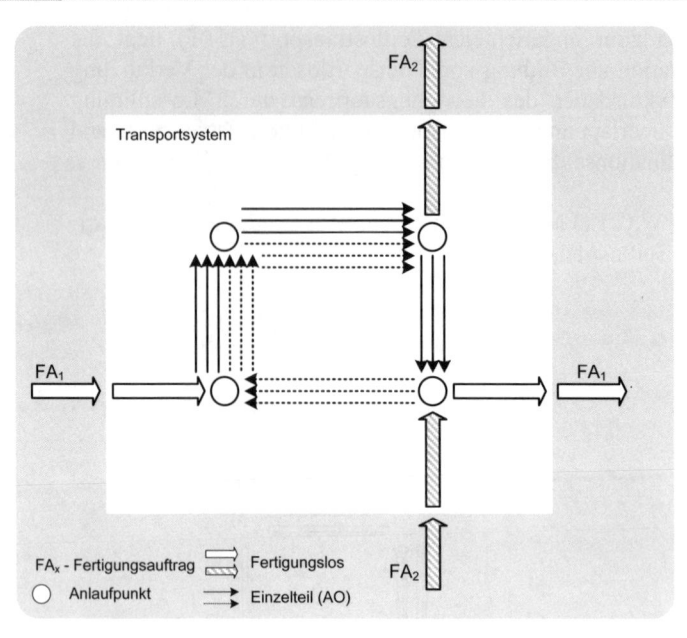

Bild PW.C.1.(115): Richtungsvariabler Einzelteiltransport

> Die Auswertung der charakteristischen Merkmale führt zur Schlussfolgerung, dass der **richtungsvariable Lostransport** als eine **originäre**, der richtungsvariable Teillostransport als eine **derivative Organisationsform des innerbetrieblichen Transports** anzusehen ist.

Der richtungsvariable Einzelteiltransport ist ohne praktische Bedeutung. Er kann als Organisationsform vernachlässigt werden.

Die Merkmale der Varianten richtungsvariabler Transporte verdeutlicht Bild PW.C.1.(116).

Produktionsorganisation

Merkmale	OF$_{iT}$	Richtungsvariabler Transport		
		RLT	RTT	RET
Transportweg	Richtung	Auftragsindividuell	Auftragsindividuell	Individuell
	Länge	Kurz	Kurz	Kurz
Transportpunkte		Konstant	Konstant	Konstant
Anlaufreihenfolge		Variierend	Variierend	Variierend
Art der Teileweitergabe		Komplette Lose	Teillose	Einzelteile
Kontinuität der Transporte		Diskontinuierlich	Diskontinuierlich	Diskontinuierlich
Transparenz von Produktions- und Transportprozess		Besser als ULT	Besser als UTT	Schlecht
Dispositiver Aufwand		Geringer als ULT	Geringer als UTT	Hoch
Praktische Relevanz		Häufig vorhanden	Nicht unüblich	Ohne Bedeutung
Zyklusdauer		Kürzer als ULT	Kürzer als UTT	-
Einsatzgebiet: Fertigungsart		Variantenfertigung	Variantenfertigung	-
Gesamtbewertung		Originäre OF$_{iT}$	Derivative OF$_{iT}$	Ohne praktische Bedeutung

Bild PW.C.1.(116): Merkmale von Organisationsformen des innerbetrieblichen Transports: Richtungsvariabler Transport

(7) **Gerichteter Lostransport (GLT)**

Aus der **Kombination** des gerichteten Transportprinzips (**GTP**) mit dem Reihenverlauf (**RV$_{iT}$**) entsteht die Organisationsform **gerichteter Lostransport (GLT)**.

| Gerichteter Lostransport

Diese Organisationsform ist durch eine gerichtete Weitergabe kompletter Lose charakterisiert. Einzelne Anlaufpunkte können ausgelassen werden. Bild PW.C.1.(117) verdeutlicht das Prinzip des gerichteten Lostransports.

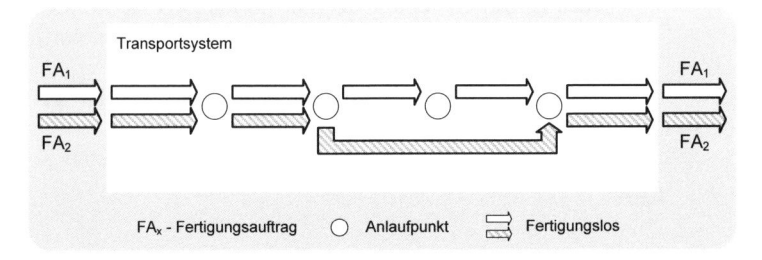

Bild PW.C.1.(117): Gerichteter Lostransport

(8) **Gerichteter Teillostransport (GTT)**

Gerichteter Teillostransport

Die **Kombination** des gerichteten räumlichen Organisationsprinzips (**GTP**) mit dem kombinierten Verlauf (**KV$_{IT}$**) ergibt die Organisationsform **gerichteter Teillostransport (GTT)**.

Diese Organisationsform ist durch eine gerichtete Weitergabe von Teillosen charakterisiert.

Bild PW.C.1.(118) verdeutlicht das Prinzip des gerichteten Teillostransports.

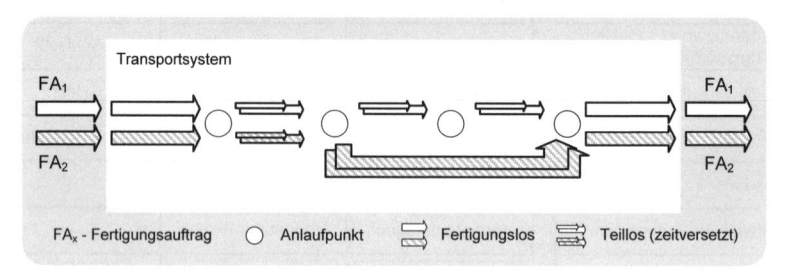

Bild PW.C.1.(118): Gerichteter Teillostransport

(9) **Gerichteter Einzelteiltransport (GET)**

Gerichteter Einzelteil-transport

Die richtungsorientierte räumliche Strukturierung des Transportprozesses nach dem gerichteten Transportprinzip (**GTP**) **kombiniert** mit der Teileweitergabe basierend auf dem Parallelverlauf (**PV$_{IT}$**) ergibt die Organisationsform **gerichteter Einzelteiltransport (GET)**.

Eine gegenüber dem gerichteten Teillostransport (GTT) beabsichtigte Verkürzung der Zyklusdauer kann zum Einsatz des gerichteten Einzelteiltransports führen. Die Zyklusdauerverkürzung wird erkauft durch das häufigere Wiederholen der Transportvorgänge zwischen den Bearbeitungsstationen, um jedes Einzelteil separat zu transportieren. Erschwerend kommt hinzu, dass nicht abgestimmte Bearbeitungszeiten vorliegen.

Bild PW.C.1.(119) verdeutlicht das Prinzip der gerichteten Einzelteilweitergabe.

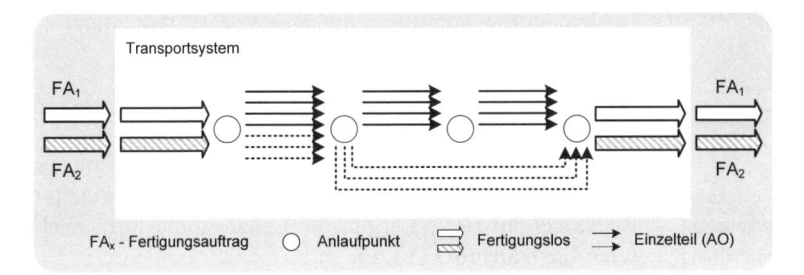

Bild PW.C.1.(119): Gerichteter Einzelteiltransport

Die Merkmale der Varianten gerichteter Transporte verdeutlicht Bild PW.C.1.(120).

OF_{IT} / Merkmale	Gerichteter Transport		
	GLT	GTT	GET
Transportweg – Richtung	Weitgehend identisch mÜ	Weitgehend identisch mÜ	Weitgehend identisch mÜ
Transportweg – Länge	Kürzer als RLT	Kürzer als RTT	Kürzer als RET
Transportpunkte	Konstant	Konstant	Konstant
Anlaufreihenfolge	Konstant mÜ	Konstant mÜ	Konstant mÜ
Art der Teileweitergabe	Komplette Lose	Teillose	Einzelteile
Kontinuität der Transporte	Kontinuierlicher als RLT	Kontinuierlicher als RTT	Kontinuierlicher als RET
Transparenz von Produktions- und Transportprozess	Hoch	Hoch	Hoch
Dispositiver Aufwand	Gering	Gering	Gering
Praktische Relevanz	Ohne Bedeutung	Häufig vorhanden	Nicht unüblich
Zyklusdauer	-	Kurz	Kurz
Einsatzgebiet: Fertigungsart	-	GSF	GSF
Gesamtbewertung	Ohne praktische Bedeutung	Originäre OF_{IT}	Derivative OF_{IT}

Bild PW.C.1.(120): Merkmale von Organisationsformen des innerbetrieblichen Transports: Gerichteter Transport

Die Auswertung der charakteristischen Merkmale führt zur Schlussfolgerung, dass der **gerichtete Teillostransport** als eine **originäre** und der **gerichtete Einzelteiltransport** als eine derivative Organisationsform **des innerbetrieblichen Transports** anzusehen ist.

Der gerichtete Lostransport ist ohne praktische Bedeutung. Er kann als Organisationsform vernachlässigt werden.

(10) **Verketteter Lostransport (VLT)**

Verketteter Lostransport | Die **Kombination** des verketteten räumlichen Transportprinzips (**VTP**) mit dem zeitlichen Organisationsprinzip des Reihenverlauf (**RV$_{iT}$**) ergibt die Organisationsform **verketteter Lostransport (VLT)**.

Komplette Lose durchlaufen das System verketteter Anlaufpunkte in immer derselben Richtung. Auslassungen von Anlaufpunkten sind ausgeschlossen.

Bild PW.C.1.(121) verdeutlicht das Prinzip des verketteten Lostransports.

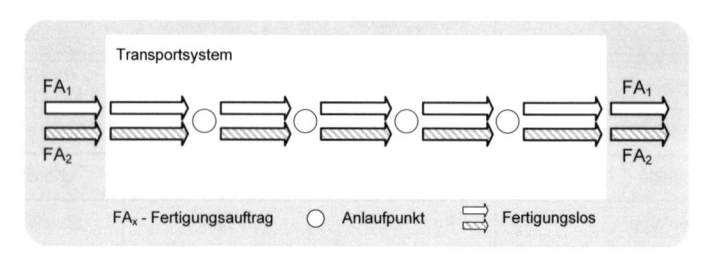

Bild PW.C.1.(121): Verketteter Lostransport

(11) **Verketteter Teillostransport (VTT)**

Verketteter Teillostransport | Der **verkettete Teillostransport (VTT)** ist das Ergebnis der **Kombination** des verketteten räumlichen Prinzips (**VTP**) mit der zeitlichen Organisation der Teileweitergabe nach dem kombinierten Verlauf (**KV$_{iT}$**).

Teillose werden durch das System verketteter Anlaufpunkte in ständig derselben Richtung transportiert.

Bild PW.C.1.(122) verdeutlicht das Prinzip des verketteten Teillostransports.

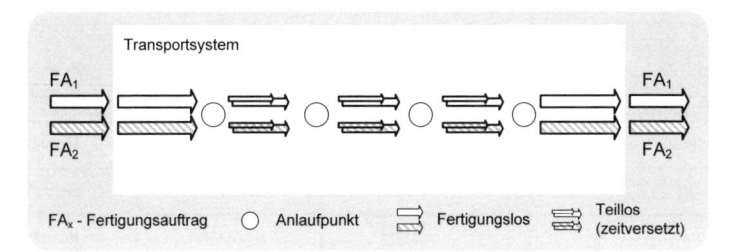

Bild PW.C.1.(122): Verketteter Teillostransport

Der verkettete Teillostransport (VTT) hat in der betrieblichen Praxis nur dann Bedeutung, wenn die ökonomischen Effekte einer besseren Auslastung von Transportmittelkapazitäten bei gleichzeitiger Senkung der Transporthäufigkeit im Vergleich zum verketteten Einzelteiltransport (VET) die Effekte höherer in Kauf zu nehmender Zyklusdauern übersteigen. Dann ist die Weitergabe definierter Transportlosgrößen ein probates Mittel.

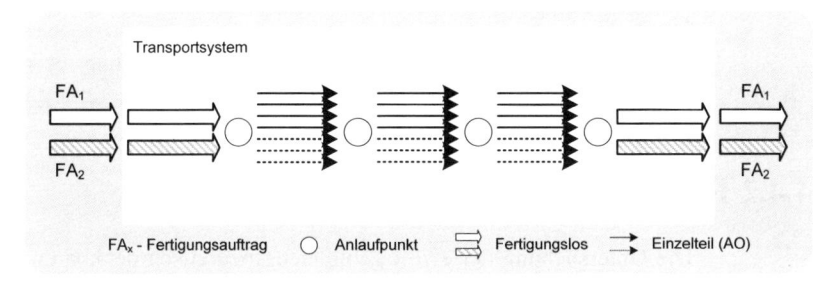

(12) **Verketteter Einzelteiltransport (VET)**

Die **Kombination** des verketteten räumlichen Transportprinzips **(VTP)** mit dem Parallelverlauf **(PV_{IT})** ergibt als Organisationsform des innerbetrieblichen Transports den **verketteten Einzelteiltransport (VET)**.

| Verketteter Einzelteiltransport

Einzelteile werden durch das System verketteter Anlaufpunkte in ständig derselben Richtung transportiert.

Bild PW.C.1.(123) verdeutlicht das Prinzip des verketteten Einzelteiltransports.

Bild PW.C.1.(123): Verketteter Einzelteiltransport

Die Merkmale der Varianten verketteter Transporte verdeutlicht Bild PW.C.1.(124).

Merkmale		Verketteter Transport		
	OF_{IT}	VLT	VTT	VET
Transportweg	Richtung	Identisch	Identisch	Identisch
	Länge	Sehr kurz	Sehr kurz	Sehr kurz
Transportpunkte		Konstant	Konstant	Konstant
Anlaufreihenfolge		Konstant	Konstant	Konstant
Art der Teileweitergabe		Komplette Lose	Teillose	Einzelteile
Kontinuität der Transporte		Kontinuierlicher als GLT	Kontinuierlicher als GTT	Kontinuierlicher als GET
Transparenz von Produktions- und Transportprozess		Hoch	Hoch	Hoch
Dispositiver Aufwand		Gering	Gering	Gering
Praktische Relevanz		Ohne Bedeutung	Nicht unüblich	Häufig vorhanden
Zyklusdauer		-	Kurz	Kurz
Einsatzgebiet: Fertigungsart		-	GSF, MF	GSF, MF
Gesamtbewertung		Ohne praktische Bedeutung	Derivative OF_{IT}	Originäre OF_{IT}

Bild PW.C.1.(124): Merkmale von Organisationsformen des innerbetrieblichen Transports: Verketteter Transport

> Die Auswertung der charakteristischen Merkmale führt zur Schlussfolgerung, dass der **verkettete Einzelteiltransport** als eine **originäre** und der **verkettete Teillostransport** als eine derivative Organisationsform **des innerbetrieblichen Transports** anzusehen ist.

Der verkettete Lostransport ist ohne praktische Bedeutung. Er kann als Organisationsform vernachlässigt werden.

1.4.4.2 Relevante Organisationsformen

Die Untersuchung der zwölf gebildeten, theoretisch denkbaren Organisationsformen des innerbetrieblichen Transports führt zur Aussortierung einiger Organisationsformen, weil

- ▶ sie **theoretisch nicht begründbar** sind,
- ▶ sie **keine technisch-technologische Relevanz** besitzen sowie
- ▶ aus wirtschaftlichen Gründen **keine Bedeutung für die Praxis** besteht.

Produktionsorganisation

Als **originäre Organisationsformen des innerbetrieblichen Transports** werden der

- ungerichtete Lostransport (ULT),
- richtungsvariable Lostransport (RLT),
- gerichtete Teillostransport (GTT),
- verkettete Einzelteiltransport (VET)

identifiziert.

Als **derivative Organisationsformen des innerbetrieblichen Transports** werden der

- ungerichtete Teillostransport (UTT),
- richtungsvariable Teillostransport (RTT),
- gerichtete Einzelteiltransport (GET),
- verkettete Teillostransport (VTT)

ermittelt (vgl. Bild PW.C.1.(125)).

ROP$_{iT}$ \ ZOP$_{iT}$		RV$_{iT}$	KV$_{iT}$	PV$_{iT}$
Nicht richtungs-orientiert	UTP	ULT →	UTT	
	RTP	RLT →	RTT	
Richtungs-orientiert	GTP		GTT →	GET
	VTP		VTT ←	VET

Bild PW.C.1.(125): Relevante Organisationsformen des innerbetrieblichen Transports (nach DREWS, R. [Produktionslogistik] S. 89)

Originäre Organisationsformen des innerbetrieblichen Transports besitzen das **Einsatzprimat** zur Lösung von Transportaufgaben. **Derivative Organisationsformen** ersetzen immer dann originäre Organisationsformen, wenn Transportprobleme unter **besonderen Praxisbedingungen** zu lösen sind.

Die derivativen Organisationsformen ungerichteter Teillostransport (UTT), richtungsvariabler Teillostransport (RTT) und gerichteter Einzelteiltransport (GET) haben Relevanz, wenn der produktionslogistischen Zielstellung möglichst kurzer Zyklusdauern hohe Bedeutung beigemessen wird.

Die Einrichtung eines verketteten Teillostransports (VTT) anstelle eines verketteten Einzelteiltransports (VET) verfolgt das Ziel, eine große Auslastung des Transportsystems zu erreichen (vgl. Bild PW.C.1.(126)).

Originäre Organisationsformen des innerbetrieblichen Transports	Gründe für den Übergang	Derivative Organisationsformen des innerbetrieblichen Transports
ULT	Verkürzung der Zyklusdauer durch: • Lossplittung • Losüberlappung	UTT
RLT	Verkürzung der Zyklusdauer durch: • Lossplittung • Losüberlappung	RTT
GTT	Verkürzung der Zyklusdauer durch Inkaufnahme von Leerkapazitäten der Produktionsfaktoren	GET
VET	Bessere Auslastung der Transportkapazitäten unter Inkaufnahme höherer Zyklusdauern	VTT

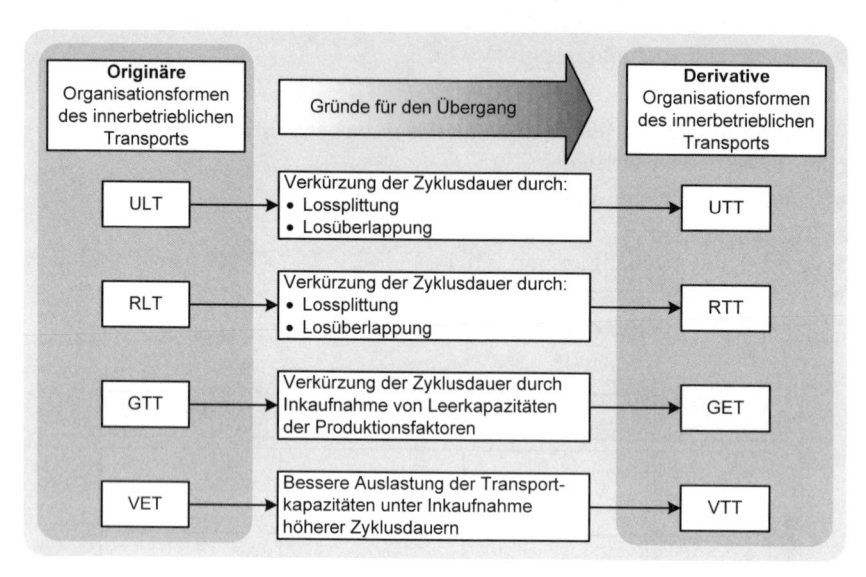

Bild PW.C.1.(126): Originäre und derivative Organisationsformen des innerbetrieblichen Transports

Die ermittelten Organisationsformen haben **systematisierenden und normentwickelnden Charakter**. Sie eröffnen sinnvolle Rationalisierungspotenziale auf der Basis theoretisch möglicher Organisationsformen und Organisationsprinzipien.

Im Sinne einer **Normstrategie** empfiehlt die vorgestellte Systematisierung nachdrücklich, die Organisation der Transportprozesse an die Organisation der Fertigungshauptprozesse anzupassen. Änderungen vorhandener Rahmenbedingungen sollten auch Überlegungen zur Veränderung der Transportorganisation nach sich ziehen.

Die nachfolgenden Untersuchungen beschränken sich auf die originären (d. h. typischen, sinnvollen) Organisationsformen des innerbetrieblichen Transports.

1.4.5 Flexibilität und Kontinuität

Die **Organisationsformen des innerbetrieblichen Transports** (OF_{iT}) sind durch **individuelle Potenziale hinsichtlich Flexibilität und Kontinuität** gekennzeichnet.

> Unter **Flexibilität** ist die **Anpassungsfähigkeit** der Organisationsformen des innerbetrieblichen Transports **an geänderte Transportanforderungen** zu verstehen.

| Flexibilität der OF_{iT}

Transportanforderungen können sich verändern durch:
- **Räumliche Kriterien**
  (Änderungen der Transportwegführung hinsichtlich zu bedienender Anlaufpunkte und deren Reihenfolge)
- **Zeitliche Kriterien**
  (Änderungen des Transportbedarfs hinsichtlich Transportmengen, Zeitpunkten des Transportanfalls und Rhythmik der Transportprozesse)
- **Technische Kriterien**
  (Änderung von Art und Eigenschaften der zu transportierenden Arbeitsobjekte)

Die Organisationsformen des innerbetrieblichen Transports sind auf Grund ihrer räumlichen und zeitlichen Strukturierung in unterschiedlicher Art und Weise in der Lage, auf Veränderungen der Rahmenbedingungen adäquat zu reagieren.

> Die **Kontinuität** der Organisationsformen des innerbetrieblichen Transports definiert das **ununterbrochene Wirken des Transportsystems zur Realisierung von Transportprozessen**.

| Kontinuität der OF_{iT}

Die Kontinuität der Organisationsformen des innerbetrieblichen Transports wird bestimmt durch:
- **Struktur des Produktionsprogramms** bzw. Teilesortiments
  (homogen bzw. heterogen)
- **Art der Transportobjekte**
  (Fertigungslose, Transportlose, Einzelteile eines Fertigungsauftrags, Gewicht, Abmessung, Empfindlichkeit u. a.)
- **Art der Transportwegführung**
  (ungerichtete, variable bzw. richtungsorientierte Transportführung)
- **Technisches Niveau des Transportsystems**
  (manuell bzw. automatisiert)

In Abhängigkeit von ihrer räumlichen und zeitlichen Strukturierung weisen die Organisationsformen des innerbetrieblichen Transports **tendenziell unterschiedliche Kontinuitäts- und Flexibilitätspotenziale** auf. Bild PW.C.1.(127) gibt dafür einen Überblick.

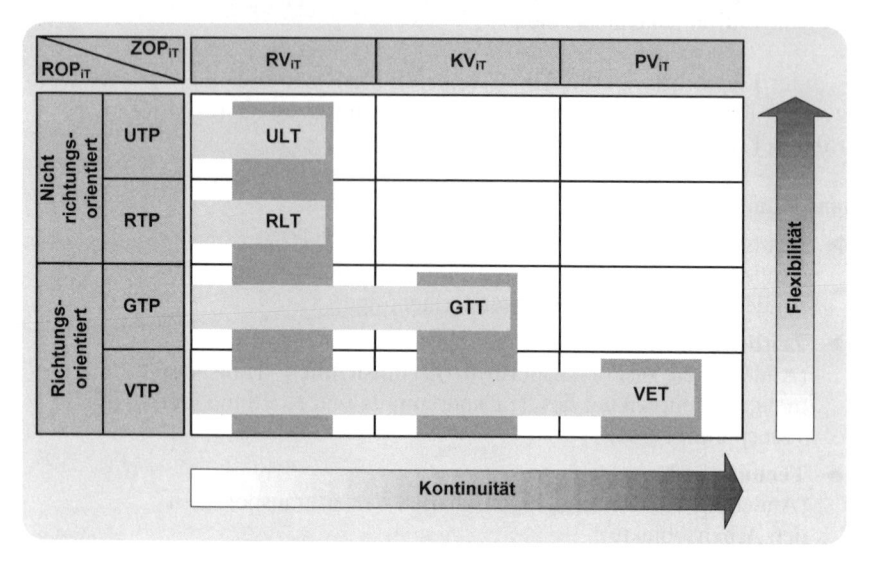

Bild PW.C.1.(127): Flexibilitäts- und Kontinuitätspotenziale der Organisationsformen des innerbetrieblichen Transports

> Die **Flexibilität** der Organisationsformen des innerbetrieblichen Transports **wächst vom geringen Potenzial des verketteten Einzeltransports (VET) in Richtung eines hohen Flexibilitätsniveaus beim ungerichteten Lostransport (ULT)**.

Die Gründe dafür vermittelt Bild PW.C.1.(128).

> Die **Kontinuität** der Organisationsformen des innerbetrieblichen Transports **wächst vom niedrigen Niveau des ungerichteten Lostransports (ULT) zum hohen Potenzial kontinuierlicher Transportprozesse beim verketteten Einzelteiltransport (VET)**.

Die Gründe dafür vermittelt Bild PW.C.1.(129).

Merkmale	VET	GTT	RLT	ULT
Transportanlaufpunkte	Fest	Fest	Fest	Variabel
Transportreihenfolge	Fest	Bedingt variabel	Variabel	Variabel
Richtungsorientierung	Ja	Ja	Nein	Nein
Transportmengen	Fest	Bedingt variabel	Variabel	Variabel
Transportzeitpunkte	Fest	Variabel	Variabel	Variabel
Transportobjekte	Fest definiert	Definiert	Bedingt variabel	Variabel
Einsetzbarkeit Transportsystem	Spezialisiert	Tendenziell spezialisiert	Bedingt universell	Universell

Flexibilität →

Bild PW.C.1.(128): Begründung von unterschiedlichen Flexibilitätspotenzialen der originären Organisationsformen des innerbetrieblichen Transports

Merkmale	ULT	RLT	GTT	VET
Teilesortiment	Heterogen	Begrenzt heterogen	Tendenziell homogen	Homogen
Transportobjekt	Fertigungslos	Fertigungslos	Teillos	Einzelteil
Transportbedarf	Unregelmäßig	Unregelmäßig	Tendenziell regelmäßig	Regelmäßig
Transportführung	Variabel	Bedingt variabel	Tendenziell fest	Verkettet
Technisches Niveau des Transportsystems	Technisch einfach, manuell	Mittel, mechanisiert	Hoch, teilautomatisiert	Sehr hoch, automatisiert

Kontinuität →

Bild PW.C.1.(129): Begründung von unterschiedlichen Kontinuitätspotenzialen der originären Organisationsformen des innerbetrieblichen Transports

Aus den gezeigten Zusammenhängen ist die **Schlussfolgerung** zu ziehen, dass **Flexibilität und Kontinuität in entgegengesetzter Beziehung** zueinander stehen.

Organisationsformen des innerbetrieblichen Transports mit hohem Flexibilitätspotenzial weisen tendenziell eine geringe Kontinuität hinsichtlich des ununterbrochenen Zusammenwirkens der Produktionsfaktoren auf, **während Organisationsformen mit hoher Kontinuität im Regelfall nur ein geringes Flexibilitätspotenzial beinhalten**.

Die Auswahl einer geeigneten Organisationsform des innerbetrieblichen Transports orientiert sich an den Flexibilitäts- und Kontinuitätsanforderungen des Produktionsprozesses, welche durch die Anforderungen des zu realisierenden Produktionsprogramms determiniert werden.

1.4.6 Technisches Organisationsprinzip (TOP$_{iT}$)

Der Gestaltung der Transportbetriebsmittel im Transportsystem kommt eine besondere Bedeutung zu. Die Gründe dafür sind

- enorme **Fortschritte** im Bereich der **Transporttechnik**,
- permanent **neue technische Entwicklungen zur Realisierung von Transportaufgaben** und eine
- nahezu unübersehbare Bandbreite praktischer **Lösungsmöglichkeiten der technischen Transportdurchführung**.

Technisches Organisationsprinzip des innerbetrieblichen Transports

Im Rahmen der **organisatorischen Strukturierung** der innerbetrieblichen Transportprozesse sind neben räumlichen und zeitlichen Kriterien auch **technisch-organisatorische Einflussfaktoren** zu berücksichtigen, die insbesondere die eingesetzten Transportbetriebsmittel betreffen. Diese bestimmen das **technische Organisationsprinzip des innerbetrieblichen Transports (TOP$_{iT}$)**.

Eine einheitliche Systematisierung der Transportbetriebsmittel ist auf Grund der Vielzahl einzubeziehender Gestaltungsparameter schwierig.

Charakteristik von Transportbetriebsmitteln

Zur Vereinfachung der Problematik erfolgt die erste **Charakterisierung der Transportbetriebsmittel auf der Grundlage der** Art und Weise der **Fortbewegung der Transportgüter** (Arbeitsobjekte).

Es wird dabei als **erstes Kriterium** eine Unterteilung vorgenommen zwischen Transportbetriebsmitteln, die einen **kontinuierlichen** bzw. **diskret kontinuierlichen** Massen- oder Transportgutstrom realisieren und Transportbetriebsmitteln, die einen **unterbrochenen, diskreten Transportgutstrom** bewirken.

Stetig-, Unstetigförderer

Entsprechend werden die Transportbetriebsmittel unterteilt in

- **Stetigförderer**
  (stetig arbeitende Transportbetriebsmittel) und
- **Unstetigförderer**
  (unstetig arbeitende Transportbetriebsmittel)

(vgl. JÜNEMANN, R. / SCHMIDT, T. [Materialflusssysteme] S. 90).

Stetigförderer erzeugen einen (diskret) **kontinuierlichen Transportgutstrom** und laufen in der Regel im **Dauerbetrieb**. Die Be- und Entladung der Transportgüter erfolgt während des Betriebs. Stetigförderer sind systembedingt grundsätzlich **auf ortsfeste Einrichtungen** (Rahmen, Antriebe etc.) **angewiesen** und können **nur definierte Transportanlaufpunkte in zumeist festgelegter Anlaufreihenfolge** bedienen. Ihre Flexibilität hinsichtlich differierender Transportanforderungen ist eingeschränkt.

Im Gegensatz dazu arbeiten **Unstetigförderer** in **Arbeitsspielen** und erzeugen einen **unterbrochenen Transportgutstrom**. Die **Übergabe**, d. h. **Be- und Entladung**, der Transportgüter erfolgt **im Stillstand** des Transportbetriebsmittels. Unstetigförderer sind **selten ortsfest** ausgeführt und können damit im Regelfall variable **Transportanlaufpunkte in variabler Anlaufreihenfolge** bedienen. Sie besitzen eine **hohe Anpassungsfähigkeit** an veränderte Transportanforderungen.

Die notwendige **Transporthäufigkeit** und die zu bewegenden **Transportmengen** sowie die Anforderungen an die **Flexibilität** und **Kontinuität** des Transportbetriebsmittels definieren dessen **Einsatzbedingungen** (vgl. dazu Bild PW.C.1.(130)).

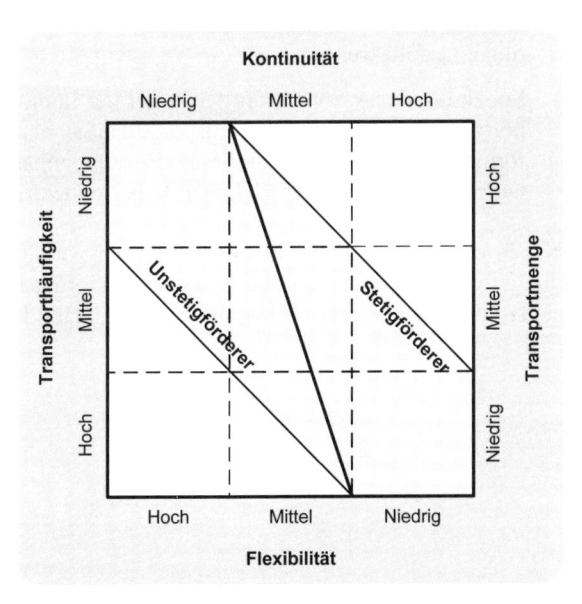

Bild PW.C.1.(130): Einsatzfelder stetiger und unstetiger Transportbetriebsmittel in Abhängigkeit von den Transportprozessanforderungen

Die Übergangsbereiche sind unscharf, ebenso wie die Unterteilung der Transportbetriebsmittel in Stetig- bzw. Unstetigförderer fließend ineinander übergeht.

Universal-, Spezialförderer

Das **zweite Kriterium** zur Systematisierung von Transportbetriebsmitteln besteht darin, ob **spezielle oder universelle Transportaufgaben** zu lösen sind. Davon ist die technische Dimensionierung des Transportsystems abzuleiten. Es werden

- **Universalförderer**
  (universell einsetzbare Transportbetriebsmittel) und
- **Spezialförderer**
  (spezialisiert einsetzbare Transportbetriebsmittel)

unterschieden.

Die Einsetzbarkeit bezieht sich sowohl auf die

- Fähigkeit zum Transport **homogener** bzw. **heterogener Transportgüter** als auch auf die
- Möglichkeit zur Realisierung **fest** definierter bzw. **variabler** Transportabläufe.

> **Universalförderer** können für heterogene Transportgüter variable Transportanlaufpunkte in variabler Reihenfolge bedienen. Durch sie können sehr flexible Transportanforderungen erfüllt werden.
>
> **Spezialförderer** können in der Regel nur homogene Transportgüter bei definierten Transportabläufen räumlich transformieren. Sie bedienen in diesem Zusammenhang feste Anlaufpunkte in zumeist gerichteter Anlaufreihenfolge.

Neben dem Transportobjekt und dem Transportablauf bestimmen die geforderte Kontinuität und Flexibilität die Einsatzfelder universeller und spezialisierter Transportmittel (vgl. Bild PW.C.1.(131)).

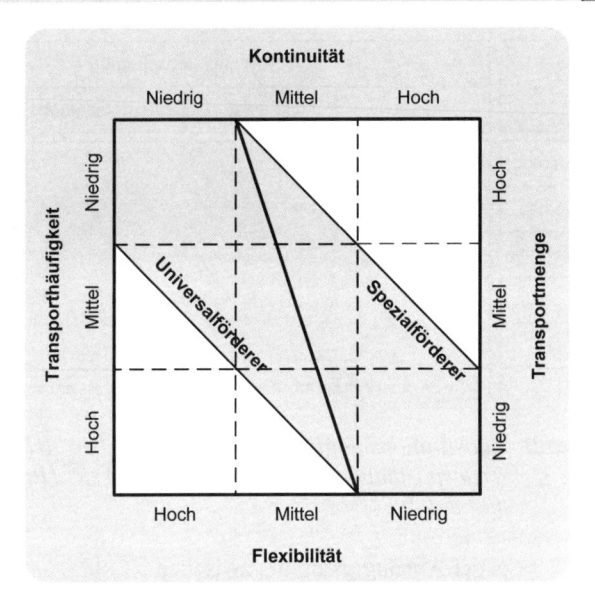

Bild PW.C.1.(131): Einsatzfelder universeller und spezialisierter Transportbetriebsmittel in Abhängigkeit von den Transportprozessanforderungen

Das **dritte Kriterium** zur technisch-organisatorischen Strukturierung von Transportprozessen ist durch das **Verhältnis der Potenzialfaktoren**

- ▶ **Transportarbeitskraft** und
- ▶ **Transportbetriebsmittel**

zueinander bestimmt.

Transportarbeitskraft und -betriebsmittel

Menschliche Arbeitskraft kann durch den Einsatz von Betriebsmitteln schrittweise substituiert werden. Der Grad der Mechanisierung bzw. Automatisierung ist ein Indikator für den Übergang von Arbeitsinhalten im Rahmen des Transportprozesses von der Arbeitskraft auf das Betriebsmittel über die Stufen der

- ▶ manuellen,
- ▶ mechanisierten,
- ▶ teilautomatisierten und
- ▶ automatisierten

Prozessrealisierung.

Bild PW.C.1.(132) verdeutlicht den **Substitutionsprozess** auf der Grundlage der **Übergabe von Arbeitsinhalten von der Transportarbeitskraft auf das Transportbetriebsmittel**.

Arbeitsinhalte	Automatisierungsgrad			
	Manuell	Mechanisiert	Teilautomatisiert	Automatisiert
Transportobjektfixierung				
Bewegungsrealisierung				
Transportobjektübergabe				
Transportmittelsteuerung				
Prozessüberwachung				

☐ Arbeitsinhalt der Arbeitskräfte ■ Arbeitsinhalt der Betriebsmittel

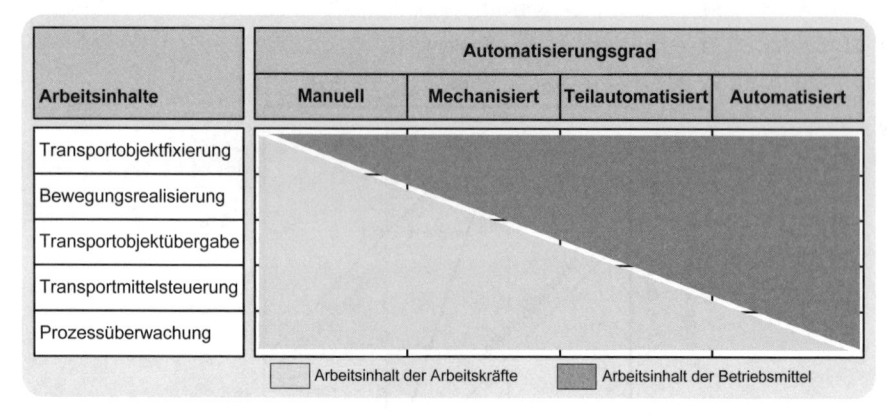

Bild PW.C.1.(132): Substitutionsmöglichkeiten menschlicher Arbeitskraft durch Transportbetriebsmittel (nach DREWS, R. [Produktionslogistik] S. 97)

Aus der Abhängigkeit, die zwischen
▶ der räumlich-zeitlichen Strukturierung des Transportprozesses,
▶ der technischen Ausgestaltung des Transportsystems und
▶ dem vorhandenen **Automatisierungspotenzial**

besteht, kann geschlussfolgert werden, dass der **Automatisierungsgrad** das Niveau der technischen Ausgestaltung von Transportsystemen kennzeichnet und damit **das technisch-organisatorische Niveau der** zu realisierenden **Transportprozesse** determiniert.

Daraus abgeleitet verdeutlicht Bild PW.C.1.(133) die Zusammenhänge zwischen den originären Organisationsformen des innerbetrieblichen Transports, den dafür zu gestaltenden Transportprinzipien und der Aufteilung der Arbeitsinhalte dokumentiert durch das Automatisierungspotenzial.

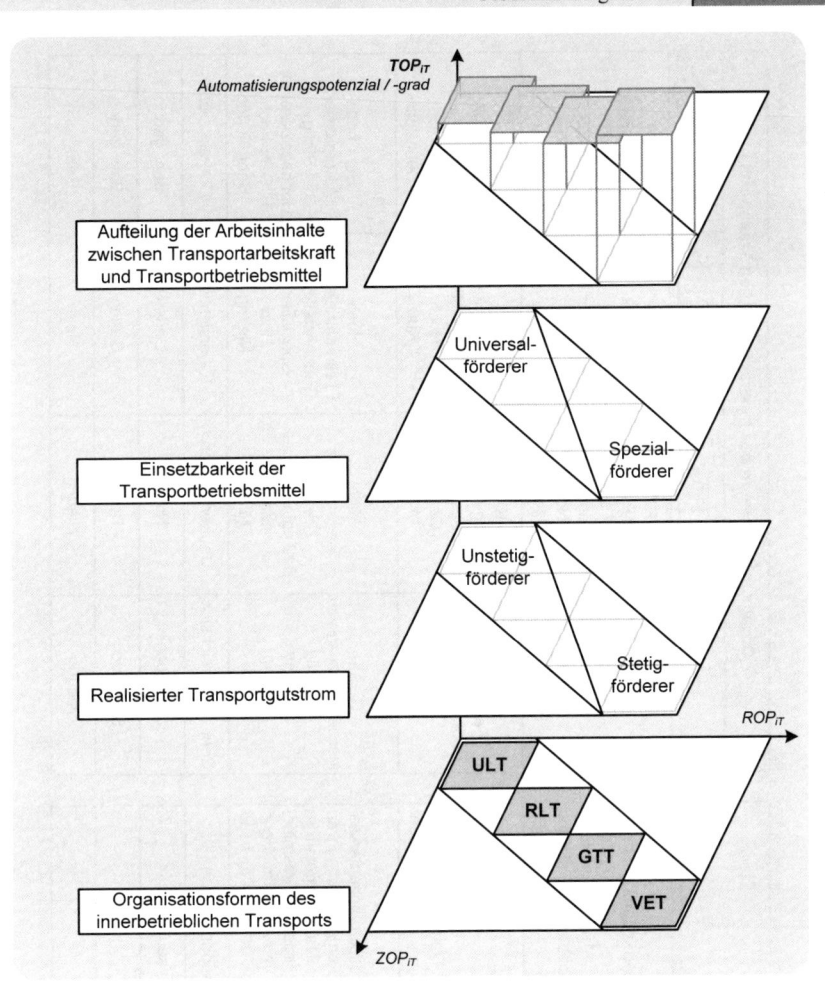

Bild PW.C.1.(133): Technisches Organisationsprinzip des innerbetrieblichen Transports (TOP$_{iT}$)

Bild PW.C.1.(134) fasst die Eigenschaften originärer Organisationsformen des innerbetrieblichen Transports zusammen.

Merkmale		Organisationsformen des innerbetrieblichen Transports			
		ULT	RLT	GTT	VET
ROP$_{IT}$	Verknüpfungsprinzip Anlaufpunkte Anlaufreihenfolge Richtungsorientierung Transportweg	**UTP** VPVR Variabel Variabel Nein Sehr lang	**RTP** FPVR Fest Variabel Nein Mittel	**GTP** FPVR Fest Bedingt variabel Ja Kurz	**VTP** FPGR Fest Gleich Ja Sehr kurz
ZOP$_{IT}$	Transportobjekt Transportbedarf Transporthäufigkeit Transportdauer	**RV$_{IT}$** Fertigungslos Unregelmäßig Gering Lang	**RV$_{IT}$** Fertigungslos Unregelmäßig Gering Mittel	**KV$_{IT}$** Transportlos Regelmäßig Hoch Kurz	**PV$_{IT}$** Einzelteil Getaktet Sehr hoch Sehr kurz
TOP$_{IT}$	Automatisierungspotenzial Automatisierungsgrad Transportgutstrom Einsetzbarkeit Transportbetriebsmittel Investitionsaufwand Laufender Transportaufwand	Gering Manuell / Mechanisiert Unstetig Universell Niedrig Hoch	Mittel Mechanisiert Unstetig Bedingt universell Mittel Mittel	Hoch Teilautomatisiert Tendenziell stetig Spezialisiert Hoch Niedrig	Sehr hoch Automatisiert Stetig Hochspezialisiert Sehr hoch Sehr niedrig
Transparenz der Transportprozesse		Sehr unübersichtlich	Unübersichtlich	Übersichtlich	Übersichtlich
Operativer Koordinationsaufwand		Sehr hoch	Hoch	Gering	Sehr gering
Flexibilität		Sehr hoch	Hoch	Gering	Sehr gering
Kontinuität		Niedrig	Niedrig	Hoch	Sehr hoch

Bild PW.C.1.(134): Eigenschaften der originären Organisationsformen des innerbetrieblichen Transports

I. Begriffe zur Selbstüberprüfung

- ✓ Innerbetrieblicher Transport
- ✓ Innerbetriebliche Lagerung
- ✓ Handhabung
- ✓ Produktionslogistik
- ✓ Räumliche Organisationsprinzipien des innerbetrieblichen Transports
- ✓ Transportanlaufpunkte
- ✓ Anlaufreihenfolge
- ✓ Räumliche Verknüpfungsprinzipien des innerbetrieblichen Transports
- ✓ Ungerichtetes Transportprinzip
- ✓ Richtungsvariables Transportprinzip
- ✓ Gerichtetes Transportprinzip
- ✓ Verkettetes Transportprinzip
- ✓ Zeitliche Organisationsprinzipien des innerbetrieblichen Transports
- ✓ Reihenverlauf
- ✓ Parallelverlauf
- ✓ Kombinierter Verlauf
- ✓ Organisationsformen des innerbetrieblichen Transports
- ✓ Ungerichteter Lostransport
- ✓ Ungerichteter Teillostransport
- ✓ Ungerichteter Einzelteiltransport
- ✓ Richtungsvariabler Lostransport
- ✓ Richtungsvariabler Teillostransport
- ✓ Richtungsvariabler Einzelteiltransport
- ✓ Gerichteter Lostransport
- ✓ Gerichteter Teillostransport
- ✓ Gerichteter Einzelteiltransport
- ✓ Verketteter Lostransport
- ✓ Verketteter Teillostransport
- ✓ Verketteter Einzelteiltransport
- ✓ Originäre Organisationsformen des innerbetrieblichen Transports
- ✓ Derivative Organisationsformen des innerbetrieblichen Transports
- ✓ Technische Organisationsprinzipien des innerbetrieblichen Transports
- ✓ Stetigförderer
- ✓ Unstetigförderer
- ✓ Universalförderer
- ✓ Spezialförderer

II. Weiterführende Literatur

- ARNOLD, Dieter / ISERMANN, Heinz / KUHN, Axel / TEMPELMEIER, Horst (Hrsg.):
  Handbuch Logistik.
  3. Auflage, Berlin, Heidelberg 2008

- ARNOLD, Hans / BORCHERT, Hans / SCHMIDT, Johannes:
  Der Produktionsprozess im Industriebetrieb.
  4. Auflage, Berlin 1975

- DREWS, Raik:
  [Produktionslogistik] Organisationsformen der Produktionslogistik – Konzeptionelle Gestaltung und Analyse der Wechselbeziehungen zu den Organisationsformen der Teilefertigung.
  In: Schriftenreihe des Institutes für Produktionswirtschaft der Universität Rostock, Hrsg.: NEBL, Theodor
  Aachen 2005

- EHRMANN, Harald:
  Logistik.
  6. Auflage, Ludwigshafen 2008

- GARBE, Eberhard:
  Transport-, Umschlag- und Lagerprozesse im Betrieb.
  Berlin 1981

- GÜNTHER, Hans-Otto / TEMPELMEIER, Horst:
  Produktion und Logistik.
  8. Auflage, Berlin, Heidelberg 2009

- JÜNEMANN, Reinhardt / SCHMIDT, Thorsten:
  [Materialflusssysteme] Materialflusssysteme: Systemtechnische Grundlagen.
  2. Auflage, Berlin, Heidelberg 2000

- WARNECKE, Hans-Jürgen:
  [Produktionsbetrieb] Der Produktionsbetrieb 2: Produktion, Produktionssicherung
  Berlin, Heidelberg, New York 1995

1.5 Organisation des fertigungsnahen industriellen Dienstleistungsprozesses innerbetriebliche Lagerung

1.5.1 Räumlich-zeitliches Verhalten der Produktionsfaktoren der Lagerung

Lagerung bedeutet Aufbewahrung von Gütern (Arbeitsobjekte, Werkstoffen, Materialien) auf einer Lagerungsfläche bzw. an einem Lagerungsort mit oder ohne Lagermitteln (vgl. MEISTERHANS / GROßMANN in MÜLLER, R. / RUPPER, P. [Produktionslogistik] S. 341) | Lagerung

Innerbetriebliche Lagerung bedeutet Aufbewahrung von Gütern in Lagern, die sich innerhalb eines produzierenden Unternehmens befinden. | Innerbetriebliche Lagerung

Die Lagerung realisiert eine **zeitliche Transformation** (Überbrückung von Zeit) **von Arbeitsobjekten im Produktionsprozess**. | Zeitliche Transformation

Die Gründe für die zeitliche Transformation sind vielfältiger Art, liegen aber im Grundsatz in einer mangelhaften Organisation des Produktionsprozesses.

Im **theoretischen Idealfall** sind Lagerungen im Produktionsprozess nicht erforderlich, da sich i. d. R. durch Lagerung weder der materielle noch der räumliche Zustand der Arbeitsobjekte verändert.

Die Ausnahme sind Lager mit Produktions- und Veredelungsaufgaben. Sie realisieren Wertschöpfungen durch natürliche Prozesse.

In der **Unternehmenspraxis** sind **Lagerungen** während des Produktionsprozesses der **Regelfall**, weil es nicht gelingt, die komplexen Fertigungs- und Transportprozesse unterbrechungsfrei zu organisieren.

Den **Mittelpunkt der Betrachtungen** zur innerbetrieblichen Lagerung bilden die **Arbeitsobjekte**. Da sie zur Realisierung der zeitlichen Transformation eingelagert wurden, werden sie auch als **Lagerungsobjekte** bezeichnet. | Lagerungsobjekt

Räumliche Transformationen von Arbeitsobjekten sind **ohne das Wirken von Potenzialfaktoren nicht denkbar, die zeitliche Transformation hingegen erfordert deren Einsatz nicht.**

Der **Potenzialfaktoreinsatz** dient der

- **Handhabung der Arbeitsobjekte beim Ein-, Aus- oder Umlagern** im Lagerungssystem,
- **Erhöhung der Wirtschaftlichkeit** der Lagerung **durch verbesserte Raumausnutzung** bzw. **verbessertes Handling** (z. B. beim Einsatz von Regalen) und der
- **Anbindung des Lagerungsprozesses an vor- oder nachgelagerte Transport- bzw. Fertigungsprozesse.**

> Die **Lagerungsobjekte** weisen ein **individuelles zeitliches Verhalten** im Rahmen der Lagerung auf. Dieses ist determiniert durch die organisatorische Gestaltung der Zu- und Abgänge der einzelnen Lagerungsobjekte eines Fertigungsauftrags.

Die **zeitliche Dimension** der Lagerung wird durch die **quantitative Struktur der Lagerungsobjekte** während des Lagerungsprozesses charakterisiert.

1.5.2 Räumliches Organisationsprinzip (ROP$_{iL}$)

Lager | **Lager** sind abgegrenzte Bereiche im Produktionssystem eines Unternehmens. In diesen Bereichen erfolgt die Aufbewahrung der Lagerungsobjekte während des Lagerungsprozesses, also die zeitliche Transformation.

Die **räumliche Dimension** der Lagerung wird durch die **Anordnungsstruktur der Lager** und die damit verbundene **Lokalisation der zu lagernden Objekte** im Produktionssystem bestimmt.

Räumliches Organisationsprinzip der innerbetrieblichen Lagerung | **Räumliche Organisationsprinzipien der innerbetrieblichen Lagerung (ROP$_{iL}$)** kennzeichnen die **räumliche Struktur der Lagerungsorte** im Produktionssystem.

Es werden **zwei Formen** der Anordnung von Lagern im Produktionssystem unterschieden:

- **Integriertes** Lager
- **Autonomes** Lager

Autonomes Lager | **Autonome Lager** befinden sich **außerhalb** der Organisationsformen der Fertigungshauptprozesse Teilefertigung und Montage.

Integrierte Lager sind **Bestandteile** der Organisationsformen der Fertigungshauptprozesse Teilefertigung und Montage. Sie sind mit den Kapazitätseinheiten der wertschöpfenden Produktionsprozesse unmittelbar verbunden.

Integriertes Lager

Die Kapazitätseinheit ist entweder identisch mit einer

- ▶ einzelnen Maschine, Bearbeitungsstation einer Organisationsform der Fertigung,
- ▶ Maschinengruppe innerhalb einer Organisationsform der Fertigung oder
- ▶ Organisationsform der Fertigung.

Die Differenzierung von Kapazitätseinheiten steht im Zusammenhang mit dem Grad der Gegenstandsspezialisierung der Organisationsformen der Fertigung.

> Je **höher** die **Kontinuität** einer Organisationsform der Fertigungshauptprozesse infolge der Gegenstandsspezialisierung ist, umso sicherer sind Kapazitätseinheit und **Organisationsform identisch**.
>
> Je **geringer** die Kontinuität ist, mit umso größerer Wahrscheinlichkeit ist eine Organisationsform in verschiedene Kapazitätseinheiten aufgliederbar.

Aus integrierten Lagern werden einzelne Maschinen einer Organisationsform der Fertigung mit Arbeitsobjekten versorgt. Integrierte Lager nehmen auch Arbeitsobjekte auf, die fertiggestellt wurden oder an denen definierte Arbeitsgänge einer technologischen Bearbeitungsfolge abgeschlossen sind. Diese verbleiben im Lager bis zur Weiterbearbeitung bzw. bis zum Weitertransport.

In dieser Weise entkoppelt die integrierte Lagerung den Wertschöpfungsprozess von ansonsten permanent erforderlichen Ver- und Entsorgungsprozessen zwischen den Kapazitätseinheiten einer Organisationsform. Integrierte Lager bilden mit ihrer produzierenden Kapazitätseinheit einen **gemeinsamen Anlaufpunkt im Transportprozess** der Fertigungsaufträge.

Die Spannweite **integrierter Lager** beinhaltet sowohl solche, die **eine** einzelne Bearbeitungsstation bedienen, als auch solche, die **mehrere** ausgewählte oder **alle Bearbeitungsstationen einer Organisationsform bedienen** (z. B. Zentrallager in einem gegenstandsspezialisierten Fertigungsabschnitt / flexiblen Fertigungssystem).

Teil C / Wirkung dispositiver Produktionsfaktoren

Integrierte Lager nehmen zu bearbeitende bzw. bearbeitete Arbeitsobjekte von Fertigungsaufträgen ebenso auf wie notwendige Materialien, die für den Fertigungsprozess an einer entsprechenden Bearbeitungs- bzw. Montagestation benötigt werden (Pufferlager für Bolzen, Muttern, Dichtungsringe u. a.).

Integrierte Lager können mit der entsprechenden Lagerungstechnik ausgestattet sein. Aber z. B. auch Paletten, in welche die Arbeitsobjekte gelegt und damit gelagert werden, sind als solche zu verstehen.

Lagerungen vor und nach einer Bearbeitungsstation erfordern nicht zwingend ein räumlich getrenntes integriertes Lager.

Bearbeitungsintegriertes Lagerungsprinzip | Die nachfolgende Strukturierung kennzeichnet das **bearbeitungsintegrierte Lagerungsprinzip (BLP)**, welches als ein **räumliches Organisationsprinzip der innerbetrieblichen Lagerung** definiert werden kann (vgl. Bild PW.C.1.(135)). Es wird hier am Beispiel **eines** Arbeitsplatzes dokumentiert.

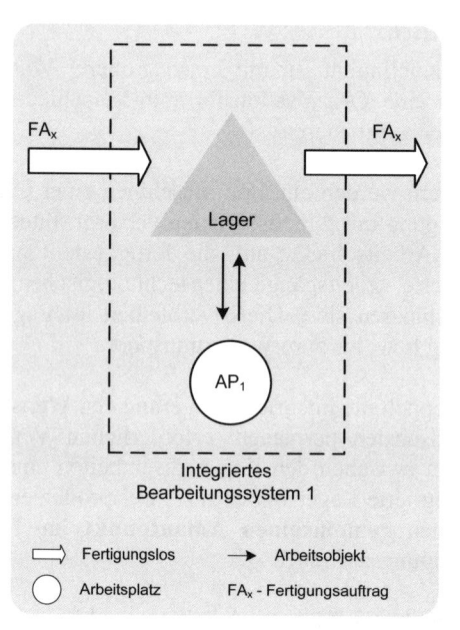

Bild PW.C.1.(135): Bearbeitungsintegriertes Lagerungsprinzip

Autonome Lager sind im Gegensatz zu den integrierten Lagern **nur mittelbar** durch die innerbetrieblichen Transport- und Handhabungssysteme **mit den wertschöpfenden Kapazitätseinheiten** von Teilefertigung und Montage **verbunden**.

Grundsätzlich können **zwei Arten** autonomer Lager differenziert werden:
- **Zentrales** Lager
- **Dezentrales** Lager

> **Zentrale Lagerung** bedeutet, dass die Arbeitsobjekte eines Fertigungsauftrags an nur einem zentralen Ort im Produktionssystem, wenn der Wertschöpfungsprozess auf Grund zeitlicher Disparitäten im Rahmen der Auftragsbearbeitung unterbrochen werden muss, gelagert werden.

Zentrale Lagerung

Der räumlichen Anordnung des Zentrallagers kommt dabei außerordentliche Bedeutung zu, weil durch den Lagerungsort die Transportwege und der daraus resultierende Transportaufwand determiniert werden.

Ein Vorteil der zentralen gegenüber der dezentralen Lagerung besteht in der Transparenz des Produktionsfortschritts und der Bestandssituation. Häufig werden die Arbeitsobjekte unterschiedlicher Fertigungsaufträge gemeinsam an einem zentralen Lagerungsort aufbewahrt.

Zentrale Lagerung bedeutet, dass die Arbeitsobjekte eines Fertigungsauftrags an einem zentralen Ort ihre zeitliche Transformation vollziehen.

> Das **Bezugsobjekt**, d. h. der Fertigungsauftrag bzw. dessen **Arbeitsobjekte bilden die zentrale Sichtweise des Lagerungsprozesses**.

Das hier definierte zentrale Lager ist nicht zwangsläufig gleichbedeutend mit dem technischen Zentrallagersystem eines Unternehmens, das selten im Produktionssystem anzutreffen ist, sondern häufig an den „Unternehmensgrenzen" zur Aufnahme des Input oder Output fungiert.

Die in Bild PW.C.1.(136) vorgenommene Darstellung beschreibt das **zentrale Lagerungsprinzip (ZLP)**, welches als ein **räumliches Organisationsprinzip der innerbetrieblichen Lagerung** definiert werden kann.

Zentrales Lagerungsprinzip

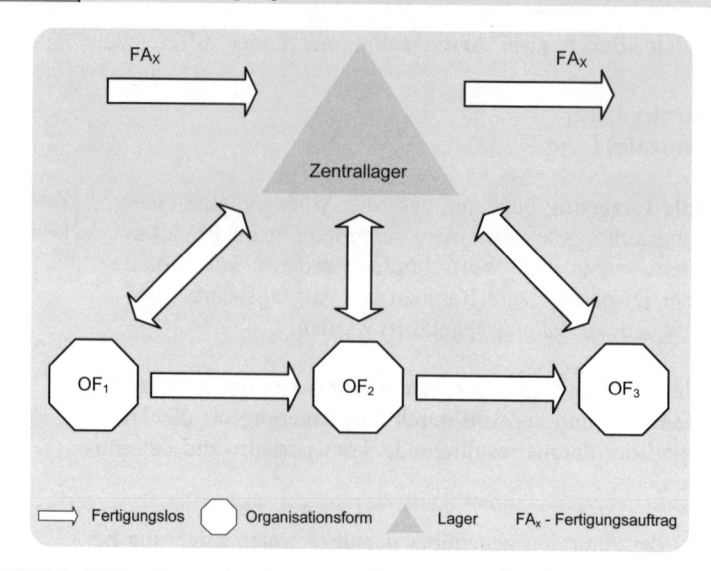

Bild PW.C.1.(136): Zentrales Lagerungsprinzip

Dezentrale Lagerung	Die **dezentrale Lagerung** bildet das Kontinuum zwischen dem bearbeitungsintegrierten Lagerungsprinzip (BLP) und dem zentralen Lagerungsprinzip (ZLP). Die Spannbreite ihrer organisatorischen Ausgestaltung ist dementsprechend breit.

Treten im Produktionsprozess Unterbrechungen auf, kann der einzelne Fertigungsauftrag bei dezentraler Lagerung an unterschiedlichen Orten zur Überbrückung der zeitlichen Disparitäten gelagert werden. Die räumliche Anordnung der dezentralen Lager im Produktionssystem verkürzt die Transportwege und senkt den Transportaufwand im Vergleich zur zentralen Lagerung. Die Bestandssituation und der damit eng verbundene Fertigungsfortschritt sind in den verteilten Lagerorten jedoch kaum transparent.

Dezentrales Lagerungsprinzip	Die in Bild PW.C.1.(137) vorgenommene Darstellung kennzeichnet das **dezentrale Lagerungsprinzip (DLP)**, welches als ein **räumliches Organisationsprinzip der innerbetrieblichen Lagerung** definiert werden kann.

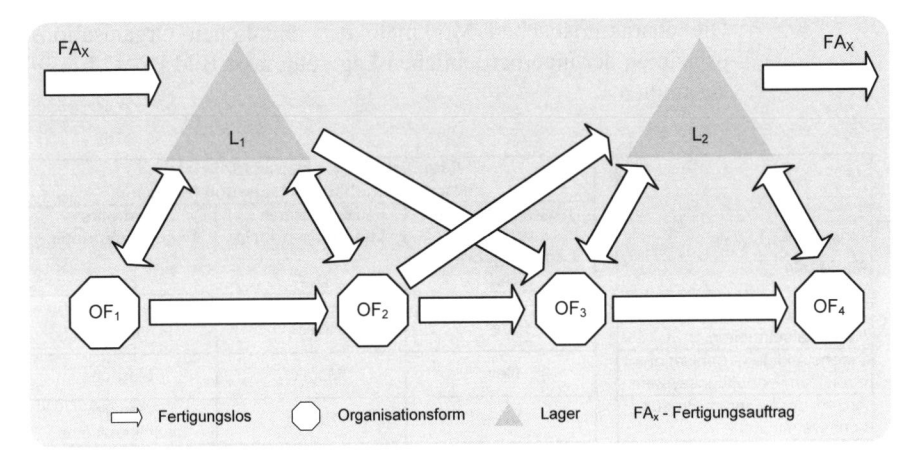

Bild PW.C.1.(137): Dezentrales Lagerungsprinzip

Die dargestellten Lagerungsprinzipien können auch miteinander kombiniert angewendet werden.

Bild PW.C.1.(138) zeigt die räumlichen Organisationsprinzipien der innerbetrieblichen Lagerung (ROP_{iL}) im Überblick (vgl. dazu auch HEINSBERG, K. [Lagerorganisation] S. 96 ff.).

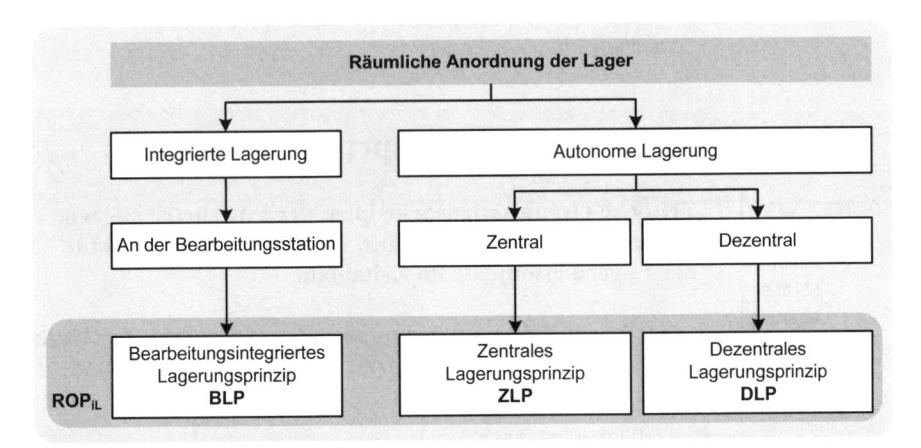

Bild PW.C.1.(138): Räumliche Organisationsprinzipien der innerbetrieblichen Lagerung (ROP_{iL}) (nach DREWS, R. [Produktionslogistik] S. 120)

Die dargestellten räumlichen Organisationsprinzipien stellen Varianten der **Zwischenlagerung** im Produktionsprozess dar. Sie sind nicht bzw. nur bedingt auf Wareneingangs- und Fertigwarenlager übertragbar.

| Zwischenlagerung

Die charakteristischen Merkmale der räumlichen Organisationsprinzipien der innerbetrieblichen Lagerung fasst Bild PW.C.1.(139) zusammen.

Merkmale	Räumliche Organisationsprinzipien der innerbetrieblichen Lagerung (ROP$_{iL}$)		
	Bearbeitungs-integriertes Lagerungsprinzip BLP	Dezentrales Lagerungsprinzip DLP	Zentrales Lagerungsprinzip ZLP
Koppelung an wertschöpfende Kapazitätseinheiten	Ja	Nein	Nein
Eigenständige Organisationseinheit im Produktionssystem	Nein	Möglich	Möglich
Anzahl der Lager im Produktionssystem	Viele	Einige	Wenige[1] bis minimal eins
Lagerungskapazität	Tendenziell gering	Mittel	Groß
Lagerungstransparenz	Gering	Mittel	Hoch
Koordinationsaufwand	Mittel bis hoch	Mittel	Gering
Technische Gestaltungsmöglichkeiten der Lagerung	Spezialisiert auf Anforderungen der Kapazitätseinheit	Sehr vielfältig	Sehr vielfältig

[1] Ggf. jeweils ein zentrales Lager in den Organisationsformen der Hauptprozesse (Teilefertigung und Montage)

Bild PW.C.1.(139): Merkmale der räumlichen Organisationsprinzipien der innerbetrieblichen Lagerung

1.5.3 Zeitliches Organisationsprinzip (ZOP$_{iL}$)

Zeitliches Organisationsprinzip der innerbetrieblichen Lagerung

Zeitliche Organisationsprinzipien der innerbetrieblichen Lagerung (ZOP$_{iL}$) beschreiben die **quantitative Struktur der Lagerungsobjekte im Zeitablauf.**

Verlaufsformen der quantitativen Struktur der Lagerungsobjekte

Folgende **Verlaufsformen der quantitativen Struktur der Lagerungsobjekte im Lagerungsprozess** können differenziert werden:

▶ Statischer Verlauf
▶ Dynamischer Verlauf
   • Emittierend
   • Absorbierend
   • Oszillierend

Statischer Verlauf

Beim **statischen Verlauf** ändert sich die quantitative Struktur der Lagerungsobjekte im Lagerungsprozess nicht. Alle Lagerungsobjekte bilden während der Lagerungszeit eine unveränderte Einheit.

Die Einlagerungsmenge M_{ein} zum Einlagerungszeitpunkt t_{ein} entspricht der Auslagerungsmenge M_{aus} zum Zeitpunkt t_{aus}. M_{ein} und M_{aus} sind identisch mit der Losgröße n_L des Fertigungsauftrags. Im Rahmen des statischen Verlaufs kommt es zu **genau einem Zugang und einem Abgang im Lager** (vgl. Bild PW.C.1.(140)).

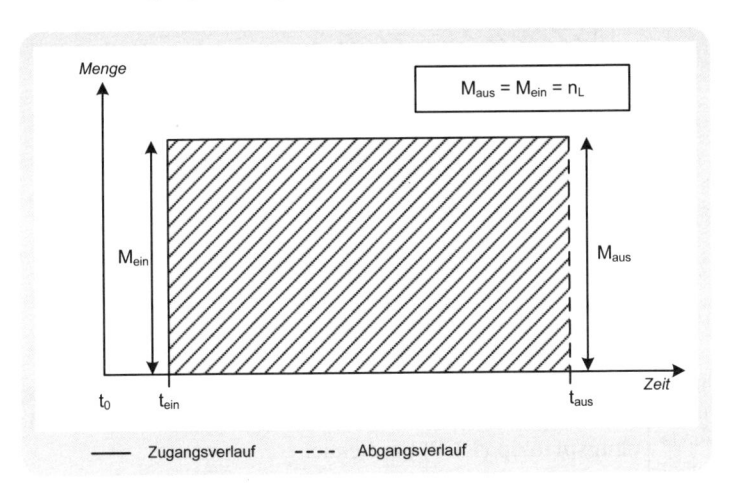

Bild PW.C.1.(140): Statischer Verlauf des Lagerungsprozesses

Dieser Verlauf der quantitativen Lagerungsobjekte im Zeitablauf wird als **statisches Lagerungsprinzip (SLP)** bezeichnet. | Statisches Lagerungsprinzip

Beim **dynamisch-emittierenden Verlauf** ändert sich die quantitative Struktur der Lagerungsobjekte planmäßig im Zeitablauf. | Dynamisch-emittierender Verlauf

Die Einlagerungsmengen M_{ein} zum Einlagerungszeitpunkt t_{ein} entspricht der Fertigungslosgröße n_L. Zu unterschiedlichen Auslagerungszeitpunkten $t_{aus(i)}$ werden Auslagerungsmengen $M_{aus(i)}$ dem Lager entnommen bzw. das Lager gibt (emittiert) die entsprechende Menge an den Bedarfsträger ab. Nach der letzten Auslagerung zum Zeitpunkt $t_{aus(x)}$ beträgt die verbleibende Lagermenge gleich Null. Die Summe aller Auslagerungsmengen $\sum M_{aus(i)}$ entspricht der Einlagerungsmenge M_{ein} bzw. der Fertigungslosgröße n_L. Im Rahmen des dynamisch-emittierenden Verlaufs werden genau **ein Lagerzugang und mehrere Lagerabgänge** der Arbeitsobjekte vollzogen (vgl. Bild PW.C.1.(141)).

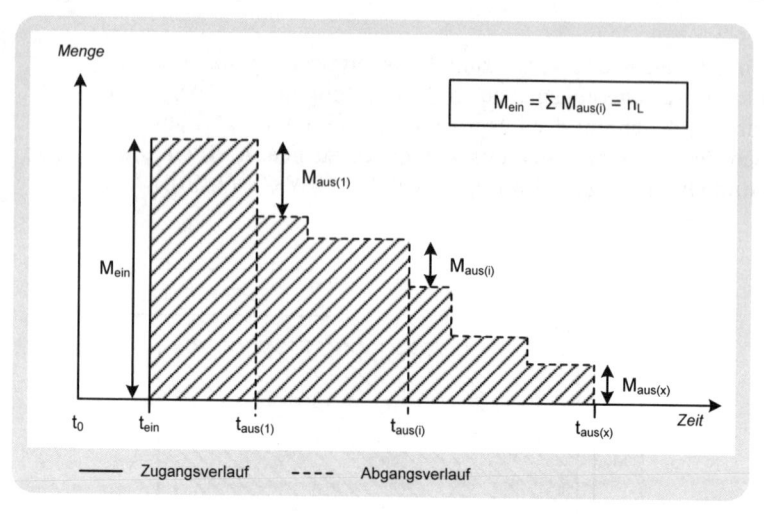

Bild PW.C.1.(141): Dynamisch-emittierender Verlauf des Lagerungsprozesses

Dynamisch-emittierendes Lagerungsprinzip	Diese Verlaufsform der quantitativen Struktur der Lagerungsobjekte im Lagerungsprozess wird als **dynamisch-emittierendes Lagerungsprinzip (ELP)** bezeichnet.
Dynamisch-absorbierender Verlauf	Beim **dynamisch-absorbierenden Verlauf** ändert sich die quantitative Struktur der Lagerungsobjekte ebenfalls planmäßig im Zeitablauf.

Vor dem ersten Einlagerungszeitpunkt $t_{ein(1)}$ beträgt die Lagerungsmenge der Arbeitsobjekte des betrachteten Fertigungsauftrags gleich Null. Zum ersten Einlagerungszeitpunkt $t_{ein(1)}$ wird eine Teilmenge $M_{ein(1)}$ des Fertigungsloses mit der Losgröße n_L im Lager aufgenommen / absorbiert. Weitere Einlagerungsmengen $M_{ein(i)}$ zu unterschiedlichen Einlagerungszeitpunkten $t_{ein(i)}$ folgen. Nachdem vom Lager alle planmäßigen Einlagerungen der Arbeitsobjekte aufgenommen wurden, entspricht die Summe der Einlagerungsmengen $\sum M_{ein(i)}$ der Fertigungslosgröße n_L. Die Auslagerungsmenge M_{aus} zum Auslagerungszeitpunkt t_{aus} entspricht der Summe der eingelagerten Teilmengen bzw. der Fertigungslosgröße. Im Rahmen des dynamisch-absorbierenden Verlaufs werden **mehrere Lagerungsobjektzugänge bei genau einem Lagerabgang** vollzogen (vgl. Bild PW.C.1.(142)).

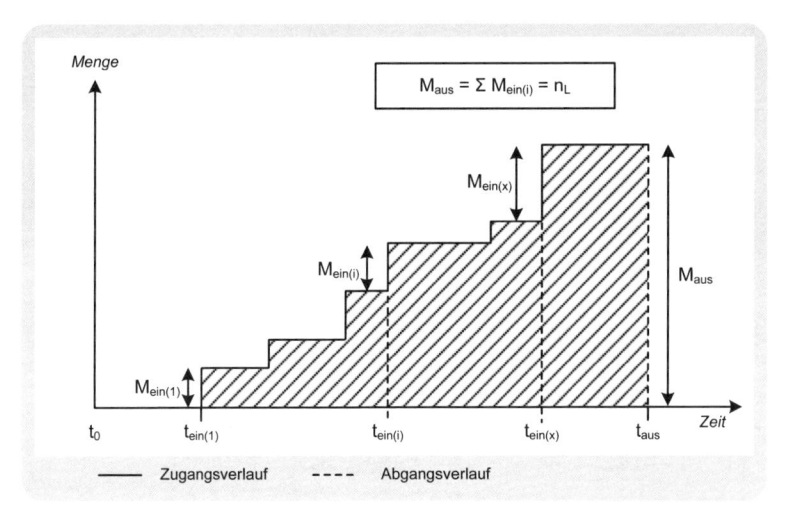

Bild PW.C.1.(142): Dynamisch-absorbierender Verlauf des Lagerungsprozesses

Dieser Verlauf der quantitativen Struktur der Lagerungsobjekte im Zeitablauf wird als **dynamisch-absorbierendes Lagerungsprinzip (ALP)** bezeichnet.	Dynamisch-absorbierendes Lagerungsprinzip
Beim **dynamisch-oszillierenden Verlauf** ändert sich die quantitative Struktur der Lagerungsobjekte im Zeitablauf in unplanmäßiger Form. Ein nach dem oszillierenden Prinzip organisiertes Lager kann sowohl Lagerungsobjekte beliebiger Mengen im Zeitablauf abgeben (emittieren) als auch aufnehmen (absorbieren). Es handelt sich demzufolge um eine **Mischform des dynamisch-emittierenden (ELP) und des dynamisch-absorbierenden Lagerungsprinzips (ALP)**. Dies ist eine **typische zeitliche Verlaufsform für Lager zur Störungspufferung**. Während der Produktionszeit eines Fertigungsauftrags können zu unterschiedlichen Einlagerungszeitpunkten $t_{ein(i)}$ **verschiedene Einlagerungsmengen** $M_{ein(i)}$ vom oszillierenden Lager **aufgenommen** (absorbiert) bzw. zu **unterschiedlichen Auslagerungszeitpunkten** $t_{aus(i)}$ **verschiedene Auslagerungsmengen** $M_{aus(i)}$ **abgegeben** (emittiert) werden (vgl. dazu Bild PW.C.1.(143)).	Dynamisch-oszillierener Verlauf

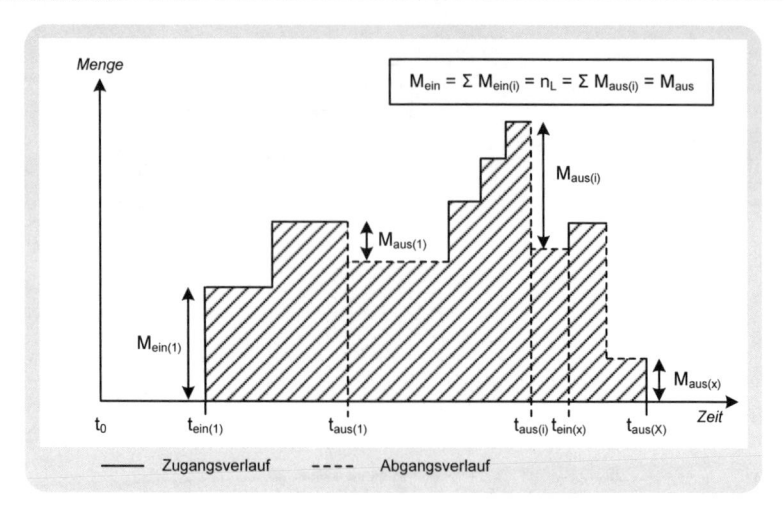

Teil C / Wirkung dispositiver Produktionsfaktoren

[Diagramm: Menge über Zeit mit Zugangsverlauf (durchgezogen) und Abgangsverlauf (gestrichelt); Formel oben: $M_{ein} = \sum M_{ein(i)} = n_L = \sum M_{aus(i)} = M_{aus}$; eingezeichnete Größen $M_{ein(1)}$, $M_{aus(1)}$, $M_{aus(i)}$, $M_{aus(x)}$ und Zeitpunkte t_0, $t_{ein(1)}$, $t_{aus(1)}$, $t_{aus(i)}$, $t_{ein(x)}$, $t_{aus(x)}$]

Bild PW.C.1.(143): Dynamisch-oszillierender Verlauf des Lagerungsprozesses

In einer **beliebigen Zeitspanne Δt** während der Bearbeitung der Arbeitsobjekte des Fertigungsauftrags im Produktionssystem **müssen sich die Ein- und Auslagerungsmengen nicht entsprechen**. **Nach Abschluss der Bearbeitung** aller Arbeitsobjekte des Fertigungsauftrags sind jedoch die **eingelagerten Mengen $\sum M_{ein(i)}$ mit den ausgelagerten Mengen $\sum M_{aus(i)}$ identisch**. Ausgleichslager für Störungen im Produktionsablauf können über längere Zeitabschnitte auch eine Lagerungsmenge von Null aufweisen. Das ist der Idealfall einer störungsfreien Produktion. Im Rahmen des dynamisch-oszillierenden Verlaufs kommt es zu **mehreren Zugängen und Abgängen unterschiedlicher Mengen** von Arbeits- bzw. Lagerungsobjekten.

Dynamisch-oszillierendes Lagerungsprinzip
Dieser, als unregelmäßig zu charakterisierende Verlauf der quantitativen Struktur der Lagerungsobjekte im Zeitablauf wird als **dynamisch-oszillierendes Lagerungsprinzip (OLP)** bezeichnet.

Bild PW.C.1.(144) zeigt die zeitlichen Organisationsprinzipien der innerbetrieblichen Lagerung (ZOP$_{iL}$) im Überblick.

Die wesentlichen Eigenschaften der differenzierten zeitlichen Organisationsprinzipien der innerbetrieblichen Lagerung sind in Bild PW.C.1.(145) zusammengefasst.

Auf Grundlage der definierten räumlichen und zeitlichen Organisationsprinzipien der innerbetrieblichen Lagerung können nachfolgend Organisationsformen als Kombination dieser Prinzipien abgeleitet werden.

Produktionsorganisation 505

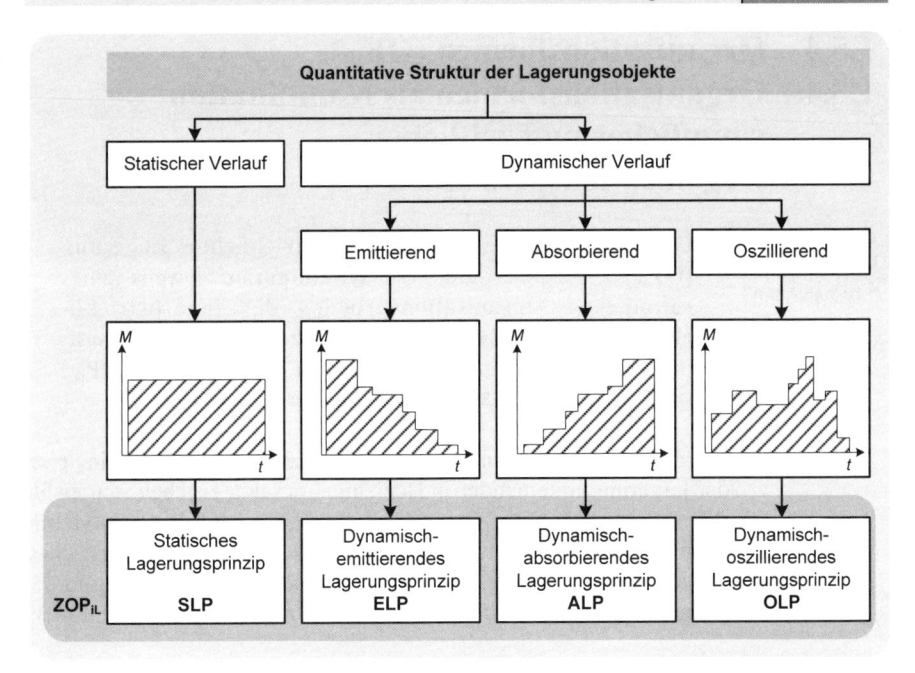

Bild PW.C.1.(144): Zeitliche Organisationsprinzipien der innerbetrieblichen Lagerung (ZOP_{iL}) (nach DREWS, R. [Produktionslogistik] S. 128)

Merkmale	Zeitliche Organisationsprinzipien der innerbetrieblichen Lagerung (ZOP_{iL})			
	Statisches Lagerungsprinzip SLP	Dynamisch-emittierendes Lagerungsprinzip ELP	Dynamisch-absorbierendes Lagerungsprinzip ALP	Dynamisch-oszillierendes Lagerungsprinzip OLP
Quantitative Struktur der Lagerungsobjekte	Statisch	Dynamisch	Dynamisch	Dynamisch
Anzahl Lagerzugänge	1	1	> 1	> 1
Anzahl Lagerabgänge	1	> 1	1	> 1
Zugangsmengen	n_L	n_L	$< n_L$	$< n_L$
Abgangsmengen	n_L	$< n_L$	n_L	$< n_L$
Regelmäßigkeit von Zugängen und Abgängen	Einmalig	Regelmäßig	Regelmäßig	Unregelmäßig
Lagerungsfunktionen	Zwischenlagerung	Versorgung der BS mit AO	Entsorgung der BS von AO	Pufferung

BS - Bearbeitungsstation   AO - Arbeitsobjekt

Bild PW.C.1.(145): Merkmale der zeitlichen Organisationsprinzipien der innerbetrieblichen Lagerung

1.5.4 Organisationsformen (OF_{iL})
1.5.4.1 Organisationsformen als Kombination räumlicher und zeitlicher Organisationsprinzipien

Organisationsform der innerbetrieblichen Lagerung

Organisationsformen der innerbetrieblichen Lagerung (OF_{iL}) entstehen durch die **Kombination** jeweils eines **räumlichen Organisationsprinzips der innerbetrieblichen Lagerung (ROP_{iL})** mit einem **zeitlichen Organisationsprinzip der innerbetrieblichen Lagerung (ZOP_{iL})** (vgl. dazu HEINSBERG, K. [Lagerorganisation] S. 88 ff.).

Werden die räumlichen und die zeitlichen Organisationsprinzipien der Lagerung miteinander in Beziehung gesetzt, ergeben sich **zwölf theoretisch mögliche Organisationsformen der innerbetrieblichen Lagerung**, die hinsichtlich ihrer technisch-technologischen sowie wirtschaftlichen Anwendbarkeit und ihrer Verbreitung in der Unternehmenspraxis zu untersuchen sind (vgl. Bild PW.C.1.(146)).

Dabei sind Interdependenzen zu anderen Teilprozessen (Teilefertigung, Transport u. a.) zu berücksichtigen.

ZOP_{iL} / ROP_{iL}	Statischer Verlauf	Dynamischer Verlauf		
	SLP	ELP	ALP	OLP
BLP	Integrierte Zwischenlagerung IZL	Integrierte Bereitstellungslagerung IBL	Integrierte Aufnahmelagerung IAL	Integrierte Pufferlagerung IPL
DLP	Dezentrale Zwischenlagerung DZL	Dezentrale Bereitstellungslagerung DBL	Dezentrale Aufnahmelagerung DAL	Dezentrale Pufferlagerung DPL
ZLP	Zentrale Zwischenlagerung ZZL	Zentrale Bereitstellungslagerung ZBL	Zentrale Aufnahmelagerung ZAL	Zentrale Pufferlagerung ZPL

Bild PW.C.1.(146): *Kombinationsmöglichkeiten zur Bildung von Organisationsformen der innerbetrieblichen Lagerung*

1.5.4.2 Kombinationsmöglichkeiten räumlicher und zeitlicher Organisationsprinzipien zur Bildung von Organisationsformen der innerbetrieblichen Lagerung

(1) **Integrierte Zwischenlagerung (IZL)**

Durch die **Kombination** des bearbeitungsintegrierten Lagerungsprinzips **(BLP)** mit dem statischen Lagerungsprinzip **(SLP)** entsteht die Organisationsform **integrierte Zwischenlagerung (IZL)**.

| Integrierte Zwischenlagerung

Charakteristika der integrierten Zwischenlagerung:
▶ Lagerung der Arbeitsobjekte eines Fertigungsauftrags direkt an der Bearbeitungsstation, ohne Änderung der quantitativen Struktur im Zeitablauf

- Lagerung **vor** der Bearbeitungsstation
  Grund: Bearbeitungsstation ist durch einen anderen Auftrag besetzt

- Lagerung **nach** der Bearbeitungsstation
  Gründe: Transportkapazität für den Transport zur nächsten Bearbeitungsstation der technologischen Bearbeitungsfolge steht nicht zur Verfügung.
  Alternative Lagerplätze in dezentralen Lagern sind nicht vorhanden.

▶ Begrenzte Lagerkapazität (relativ kleine Lager)
▶ Schlechte Transparenz des Produktionsablaufs

Die integrierte Zwischenlagerung (IZL) wird in der Unternehmenspraxis **häufig angewendet**. Das geschieht vorrangig **in verfahrensspezialisierten Organisationsformen** der Teilefertigung.

Bild PW.C.1.(147) strukturiert die wesentlichen Merkmale der integrierten Zwischenlagerung auf graphischem Wege.

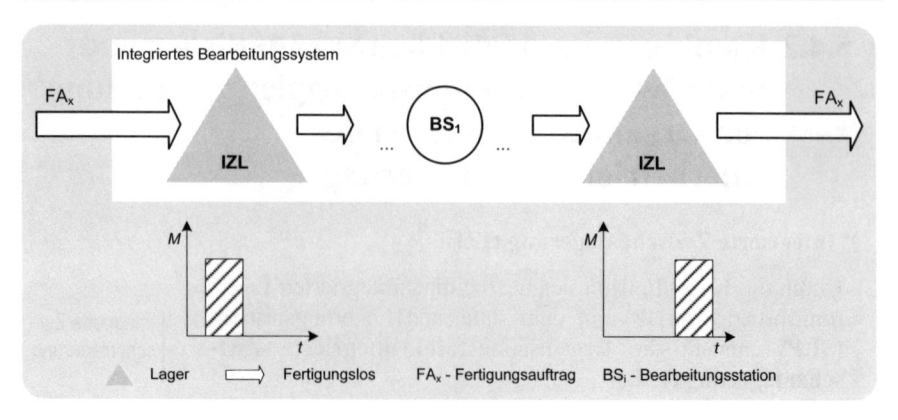

Bild PW.C.1.(147): Integrierte Zwischenlagerung

(2) Integrierte Bereitstellungs- und Aufnahmelagerung (IBL, IAL)

Integrierte Bereitstellungs-, Aufnahmelagerung IBL, IAL

Die **Kombinationen** des bearbeitungsintegrierten Lagerungsprinzips **(BLP)** mit dem dynamisch-emittierenden Lagerungsprinzip **(ELP)** bzw. mit dem dynamisch-absorbierenden Lagerungsprinzip **(ALP)** ergeben die Organisationsform **integrierte Bereitstellungslagerung (IBL) bzw. integrierte Aufnahmelagerung (IAL)**.

Charakteristika der integrierten Bereitstellungs- und Aufnahmelagerung:

▶ Die quantitative Struktur der Lagerungsobjekte ändert sich im Zeitablauf.

▶ Aus der IBL werden sukzessive Lagerungsobjekte entnommen, um die Bearbeitungsstation mit diesen zu versorgen (Losbestandteile werden einzeln oder in kleinen Teillosen weitergegeben).

▶ In der IAL werden Lagerungsobjekte nach ihrer Bearbeitung aus der Bearbeitungsstation sukzessive im Zeitablauf aufgenommen (dadurch wird die Bearbeitungsstation frei für die Aufnahme neuer Bearbeitungsobjekte aus dem IBL).

▶ IBL und IAL sind häufig in der Unternehmenspraxis anzutreffen.

▶ Im Verlauf des Bearbeitungsprozesses nimmt der Bestand der im IBL gelagerten Lose bzw. Einzelteile sukzessive ab, während der Bestand im IAL sukzessive steigt.

▶ Beide Lagerungsvarianten sind direkt an den Produktionsprozess gekoppelt (vgl. Bild PW.C.(148)). Sie treten in der Regel gemeinsam auf.

Beide Lagerungsvarianten können im Prinzip **bei allen Organisationsformen der Teilefertigung** eingesetzt werden. **Einsatzschwerpunkt** ist die **Organisationsform Werkstattfertigung**.

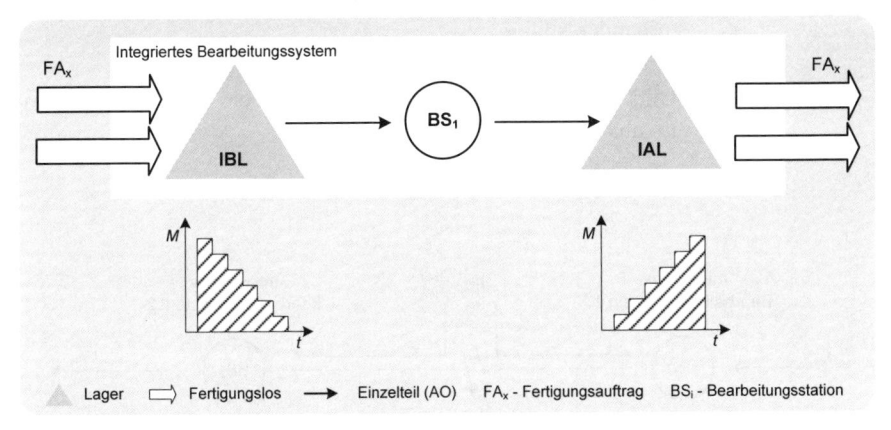

Bild PW.C.1.(148): Integrierte Bereitstellungslagerung und integrierte Aufnahmelagerung

(3) **Integrierte Pufferlagerung (IPL)**

Die Organisationsform **integrierte Pufferlagerung (IPL)** wird aus der **Kombination** des bearbeitungsintegrierten Lagerungsprinzips **(BLP)** mit dem dynamisch-oszillierenden Lagerungsprinzip **(OLP)** gebildet.

Integrierte Pufferlagerung

Charakteristika der integrierten Pufferlagerung:

▶ Zum Abfangen von Störungen im Fertigungsprozess

▶ Integration der IPL im technologischen Fluss nach solchen Bearbeitungsstationen, die eine hohe Ausfallwahrscheinlichkeit besitzen. Sie können in einer normalen Schicht mit Teilen gefüllt werden, wenn z. B. Rhythmusunterschiede (hervorgerufen durch unterschiedliche Bearbeitungszeiten) vorliegen. Liegen diese Unterschiede nicht vor, ist das Füllen des Lagers durch eine Zusatzschicht der Bearbeitungsstationen, die vor dem Puffer liegen, möglich.

▶ Der Ausfall des Transportsystems oder der im Beispiel dargestellten Bearbeitungsstation BS_1 ermöglicht bei gefülltem Puffer der Bearbeitungsstation BS_2 den Zugriff auf die gelagerten Teile. Damit wird trotz der technischen Störung die ununterbrochene Fortsetzung der Teilebearbeitung möglich (das gilt bis zur vollständigen Pufferleerung).

> **Gegenstandsspezialisierte** und **insbesondere getaktete Organisationsformen** sind anfällig gegenüber dem Ausfall einzelner Systemelemente (Bearbeitungsstationen). Das gilt deshalb ganz besonders, weil in diesen Organisationsformen der Teilefertigung i. d. R. keine Zwischenlagerungsreserven vorhanden sind.

Bild PW.C.1.(149) verdeutlicht die oben genannten Zusammenhänge.

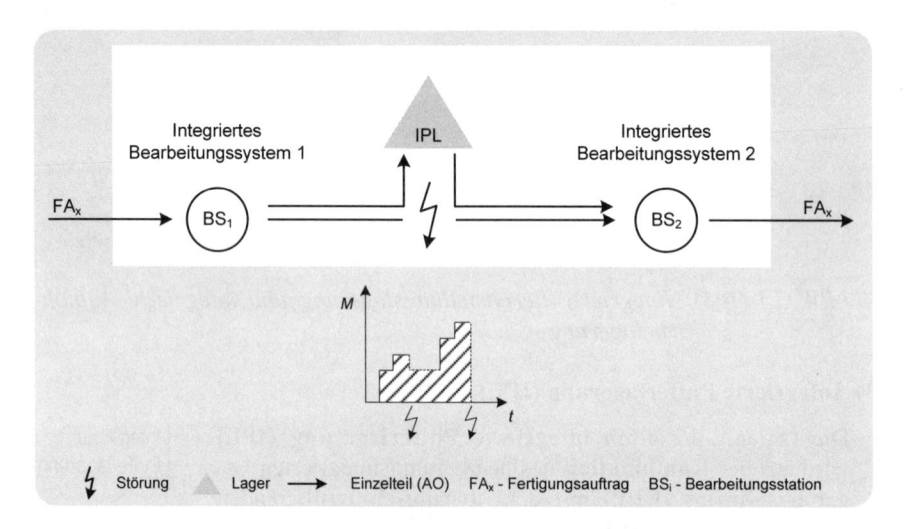

Bild PW.C.1.(149): Integrierte Pufferlagerung am Beispiel der Störung des Transportsystems

(4) Dezentrale Zwischenlagerung (DZL)

Dezentrale Zwischenlagerung
> Durch die **Kombination** des dezentralen Lagerungsprinzips **(DLP)** mit dem statischen Lagerungsprinzip **(SLP)** entsteht die Organisationsform **dezentrale Zwischenlagerung (DZL)**.

Charakteristik der dezentralen Zwischenlagerung:

▶ Die Arbeitsobjekte der Fertigungsaufträge werden während unterschiedlicher Phasen ihres Fertigungsdurchlaufs an jeweils speziellen Lagerungsorten im Produktionssystem des Unternehmens zwischengelagert, ohne dass sich dort ihre quantitative Zusammensetzung im Zeitablauf ändert.

> Die **dezentrale Zwischenlagerung tritt häufig in der Praxis** auf. Sie dient vor allem dem Ausgleich zeitlicher Disparitäten im Produktionsprozess, für deren Entstehen es sehr unterschiedliche Gründe geben kann.

Als Beispiele für Disparitäten seien folgende genannt:

- **Kapazitive Abstimmungsprobleme** zwischen Bearbeitungsstationen in Organisationsformen der Fertigung
- **Ablaufbedingte Zwischenlagerungen** beim **Übergang von Organisationsform zu Organisationsform der Teilefertigung** (Grund: verschieden zeitliche Organisationsprinzipien) bzw. **von Werkstatt zu Werkstatt**
- **Ablaufbedingte Zwischenlagerungen** beim **Übergang von der Teilefertigung zur Montage**

Trotz des Einsatzes komplexer Planungs- und Steuerungsverfahren ist in der Unternehmenspraxis die Notwendigkeit von Zwischenlagerungen kaum zu vermeiden. Der Vorteil dezentraler Zwischenlagerungen gegenüber zentralen Zwischenlagerungen liegt in der Kürze der notwendigen Transportwege (vgl. Bild PW.C.1.(150)).

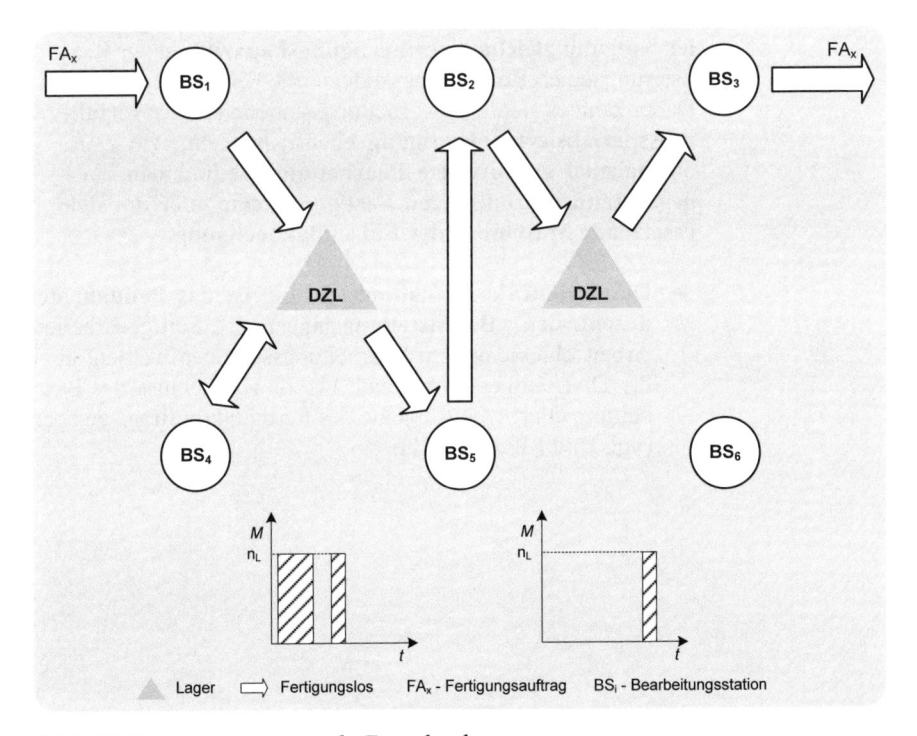

Bild PW.C.1.(150): Dezentrale Zwischenlagerung

(5) **Dezentrale Bereitstellungs- und Aufnahmelagerung (DBL, DAL)**

Dezentrale Bereitstellungs-, Aufnahmelagerung

Aus den **Kombinationen** des dezentralen Lagerungsprinzips **(DLP)** mit dem dynamisch-emittierenden Lagerungsprinzip **(ELP) bzw.** mit dem dynamisch-absorbierenden Lagerungsprinzip **(ALP)** ergeben sich die Organisationsformen **dezentrale Bereitstellungslagerung (DBL) bzw. dezentrale Aufnahmelagerung (DAL).**

Charakteristika der dezentralen Bereitstellungs- und Aufnahmelagerung:

▶ Die Arbeitsobjekte der Fertigungsaufträge (i. d. R. ganze Lose) werden an definierten Lagerstandorten im Produktionssystem gelagert.

Das dezentrale Bereitstellungslager nimmt dabei ankommende Lose / Fertigungsaufträge auf, die für mehrere Bearbeitungsstationen bestimmt sind. Diese werden aus dem dezentralen Bereitstellungslager mit Arbeitsobjekten versorgt. Die quantitative Struktur der gelagerten Objekte ändert sich im DBL im Zeitablauf.

Sinnvoll ist der Einsatz der DBL beispielsweise bei **paralleler Nutzung gleichartiger Fertigungskapazitäten** zur Realisierung einer Bearbeitungsstufe eines Fertigungsauftrags. Dabei kann es sich um Bearbeitungsstationen in der **verfahrensspezialisierten Fertigung** ebenso handeln, wie z. B. um **parallel angeordnete Bearbeitungsstationen** in einer **gegenstandsspezialisierten Fertigungsreihe** oder um **sich ersetzende Maschinen der Einzelplatzfertigung.**

▶ Die **dezentrale Aufnahmelagerung ist das Pendant der dezentralen Bereitstellungslagerung.** Fertigbearbeitete Arbeitsobjekte an den Bearbeitungsstationen werden durch die DAL aufgenommen und bis zum Abschluss der Bearbeitung aller Arbeitsobjekte des Fertigungsauftrags gelagert (vgl. Bild PW.C.1.(151)).

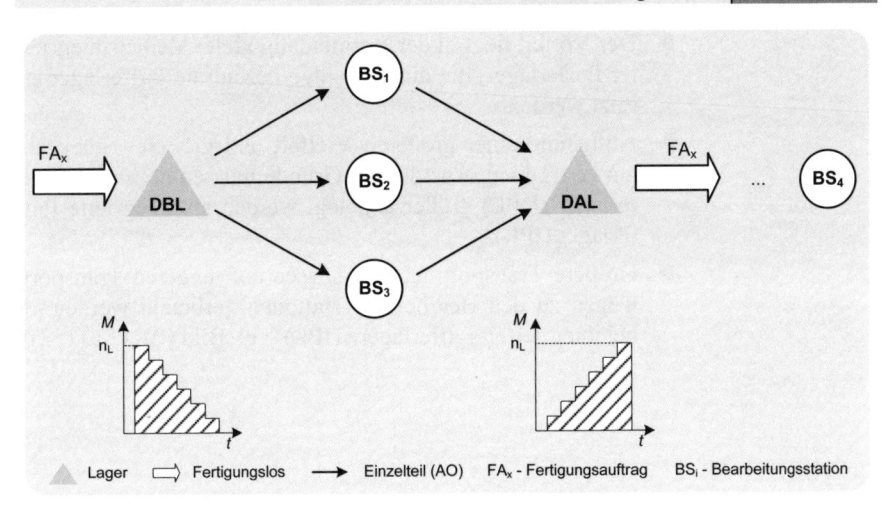

Bild PW.C.1.(151): Dezentrale Bereitstellungslagerung und dezentrale Aufnahmelagerung

Die Übergabe von Teilen aus der DBL an die Bearbeitungsstationen und von den Bearbeitungsstationen an die DAL kann auf unterschiedliche Weise erfolgen. Typischerweise werden Einzelteile übergeben, aber auch Teillose oder komplette Lose können übergeben werden.

Die Übergabevarianten werden bestimmt durch

- Transportmittel und ihre Kapazität,
- Liegeflächen für Arbeitsobjekte an den Bearbeitungsstationen und
- Einsatz unterschiedlicher zeitlicher Organisationsprinzipien.

(6) **Dezentrale Pufferlagerung (DPL)**

Die **dezentrale Pufferlagerung** ist eine Organisationsform der innerbetrieblichen Lagerung, die durch **Kombination** des dezentralen Lagerungsprinzips **(DLP)** mit dem dynamisch-oszillierenden Lagerungsprinzip **(OLP)** entsteht.

| Dezentrale Pufferlagerung

Charakteristika der dezentralen Pufferlagerung:

- Sie dient dem gemeinsamen Abfangen von Störungen **mehrerer Stationen** im Produktionssystem (im Gegensatz zur integrierten Pufferlagerung (IPL), die an eine bestimmte Bearbeitungsstation gekoppelt ist). Das theoretische Wirkprinzip ist aber identisch.

▶ Der Vorteil liegt in der Vermeidung vieler kleiner integrierter Pufferlager, die durch wenige dezentrale Pufferlager ersetzt werden.

▶ Aufnahme einer größeren Vielfalt und größerer Stückzahlen von Teilen. Aus diesem Grunde müssen dezentrale Pufferlager (DPL) größer angelegt werden als integrierte Pufferlager (IPL).

▶ Größere Transportmengen müssen auf längeren Transportwegen zu den Bearbeitungsstationen verbracht werden als bei integrierten Pufferlagern (IPL) (vgl. Bild PW.C.1.(152)).

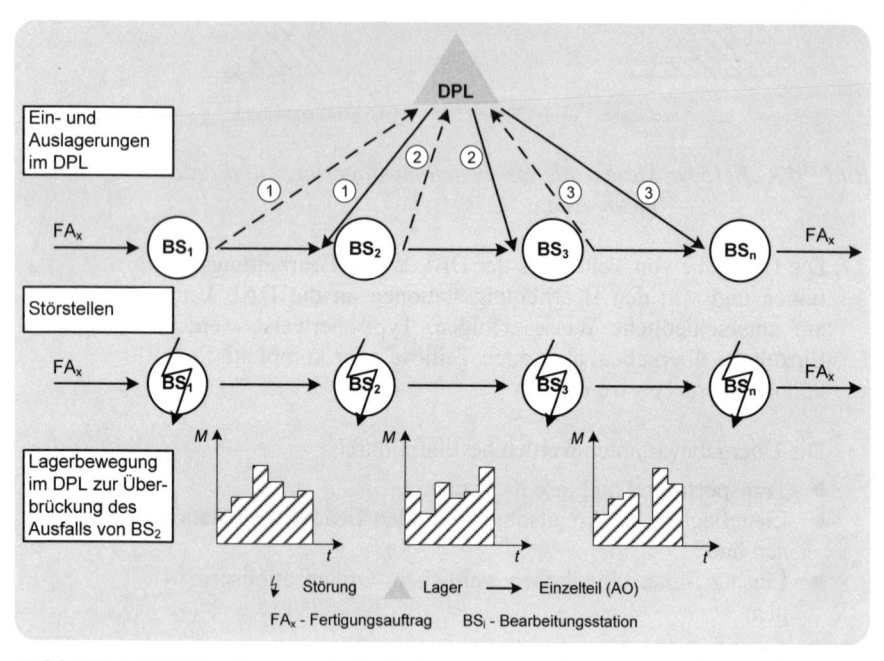

Bild PW.C.1.(152): Dezentrale Pufferlagerung am Beispiel von Störungen an Bearbeitungsstationen

Für oben dargestelltes Beispiel gilt:

▶ Der Puffer wird mit Teilen, die bis einschließlich BS_2 bearbeitet wurden, gefüllt

▶ Nach Ausfall der BS_2 entnimmt BS_3 die eingelagerten Teile und setzt die Produktion, trotz Störung an BS_2, fort. Das geschieht so lange kontinuierlich, bis der Puffer geleert ist (bzw. bis der Schaden an BS_2 behoben ist).

▶ Eine identische Vorgehensweise ist auch beim Ausfall anderer Bearbeitungsstationen denkbar (z. B. BS_3).

(7) Zentrale Zwischenlagerung (ZZL)

> Die Organisationsform **zentrale Zwischenlagerung (ZZL)** entsteht als **Kombination** des zentralen räumlichen Lagerungsprinzips **(ZLP)** mit dem zeitlichen Organisationsprinzip des statischen Verlaufs **(SLP)**.

Zentrale Zwischenlagerung

Charakteristika der zentralen Zwischenlagerung:

- ▶ Arbeitsobjekte der Fertigungsaufträge werden an einem zentralen Lagerungsort im Produktionssystem zwischengelagert, sobald eine Unterbrechung der Bearbeitung des Fertigungsauftrags aus organisatorischen Gründen nicht zu vermeiden ist. Die **quantitative Struktur** der Lagerungsobjekte **ändert sich im Zeitablauf der Zwischenlagerung nicht**.
- ▶ Die Aufbewahrung im zentralen Zwischenlager erfolgt so lange, bis die Weiterbearbeitung der Arbeitsobjekte auf der nächsten Bearbeitungsstation der technologischen Bearbeitungsfolge möglich ist.
- ▶ Für diese Variante spricht die hohe kapazitive Lagerauslastung. Dagegen sprechen lange Transportwege und die Notwendigkeit der zentralen Steuerung der Bearbeitung über das zentrale Zwischenlager.

Die **praktische Möglichkeit des Einsatzes ist gegeben**. Sie besitzt aber wegen der komplizierten Steuerungsfunktionen **eher eine geringe Relevanz** (vgl. Bild PW.C.1.(153)).

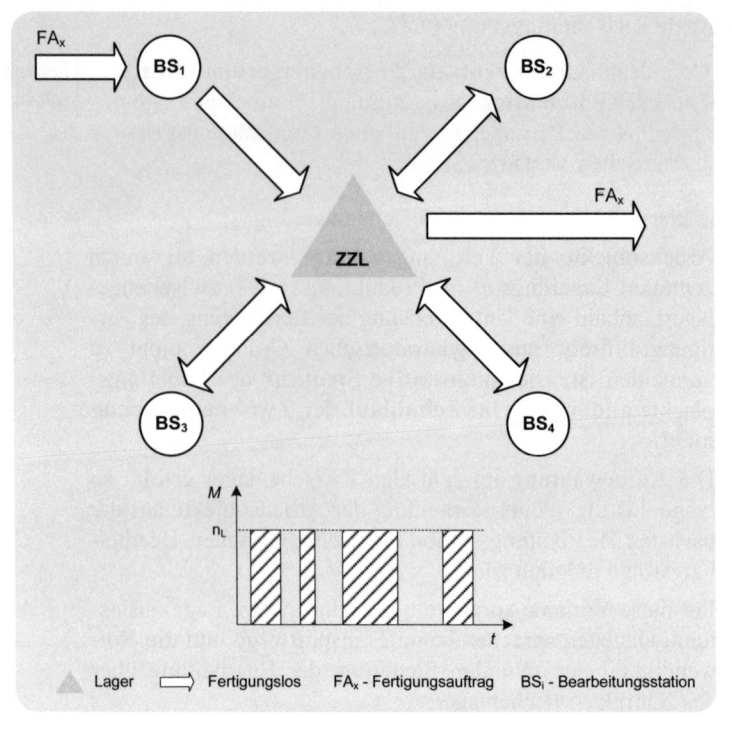

Bild PW.C.1.(153): Zentrale Zwischenlagerung

(8) **Zentrale Bereitstellungs- und Aufnahmelagerung (ZBL, ZAL)**

Zentrale Bereit-stellungs-, Auf-nahmelagerung	Die **Zentrale Bereitstellungslagerung (ZBL)** und die **zentrale Aufnahmelagerung (ZAL)** sind Organisationsformen der innerbetrieblichen Lagerung, die aus der **Kombination** des zentralen Lagerungsprinzips **(ZLP)** mit dem dynamisch-emittierenden Prinzip **(ELP) bzw.** mit dem dynamisch-absorbierenden Prinzip **(ALP)** gebildet werden.

Charakteristika der zentralen Bereitstellungs- und Aufnahmelagerung:

▶ Die Arbeitsobjekte der Fertigungsaufträge werden an einem zentralen Ort im Produktionssystem gelagert, dabei **ändert sich die quantitative Struktur der Lagerungsobjekte im Zeitablauf**. Als typisches Beispiel zur Anwendung dieser Lagerungsorganisationsformen kann die Errichtung eines zentralen, kombinierten Bereitstellungs- und Aufnahmelagers in einem gegenstandsspezialisierten Fertigungsabschnitt gelten.

▶ Die Arbeitsobjekte eines Fertigungsauftrags, die zentral im kombinierten Bereitstellungs- und Aufnahmelager gelagert sind, werden nacheinander dem Lager entnommen und einer Bearbeitungsstation zugeführt. Nach erfolgter Bearbeitung an der Bearbeitungsstation werden sie zum zentralen Lager zurückgegeben und vom Lager aufgenommen. Nach der Fertigstellung aller Arbeitsobjekte an dieser Bearbeitungsstation kann die Bearbeitung des Fertigungsauftrags an der nächsten Station in der technologischen Bearbeitungsfolge fortgesetzt werden. Dazu werden wiederum die einzelnen Arbeitsobjekte dem zentralen Bereitstellungs- und Aufnahmelager entnommen, an der folgenden Bearbeitungsstation bearbeitet und danach dem kombinierten Lager wieder zugeführt.

▶ Diese Vorgänge wiederholen sich entsprechend der zu Realisierung des Fertigungsauftrags notwendigen Abfolge von Bearbeitungsstufen an unterschiedlichen Bearbeitungsstationen.

Die **zentrale Lage des Lagers** zwischen den angeordneten Bearbeitungsstationen erlaubt den Einsatz der beschriebenen Organisationsform der innerbetrieblichen Lagerung. Diese Bedingung ist in gegenstandsspezialisierten Organisationsformen der Teilefertigung – insbesondere im gegenstandsspezialisierten Fertigungsabschnitt und im flexiblen Fertigungssystem – gegeben (vgl. Bild PW.C.1.(154)).

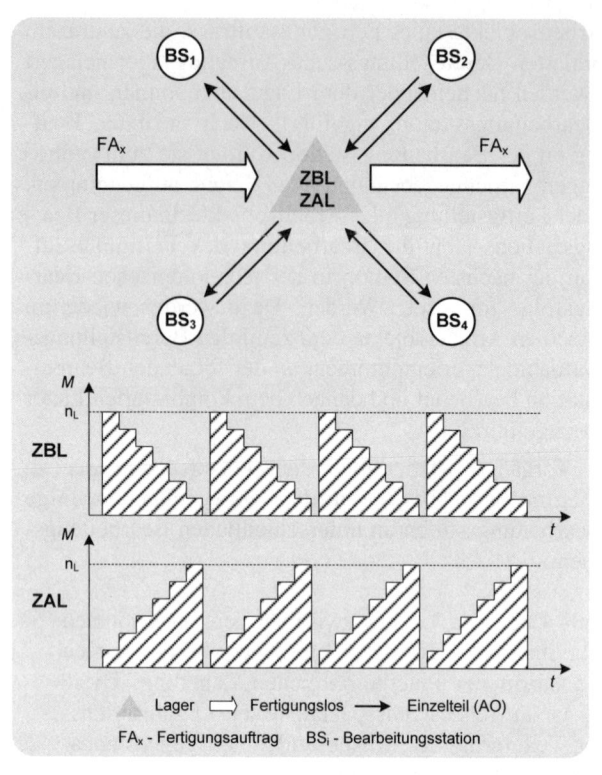

Bild PW.C.1.(154): Kombinierte zentrale Bereitstellungslagerung und zentrale Aufnahmelagerung

(9) Zentrale Pufferlagerung (ZPL)

Zentrale Pufferlagerung
> Die **Kombination** des zentralen räumlichen Lagerungsprinzips **(ZLP)** mit dem dynamisch-oszillierenden Lagerungsprinzip **(OLP)** ergibt die Organisationsform **zentrale Pufferlagerung (ZPL)**.

Diese wird in Bild PW.C.1.(155) dargestellt.

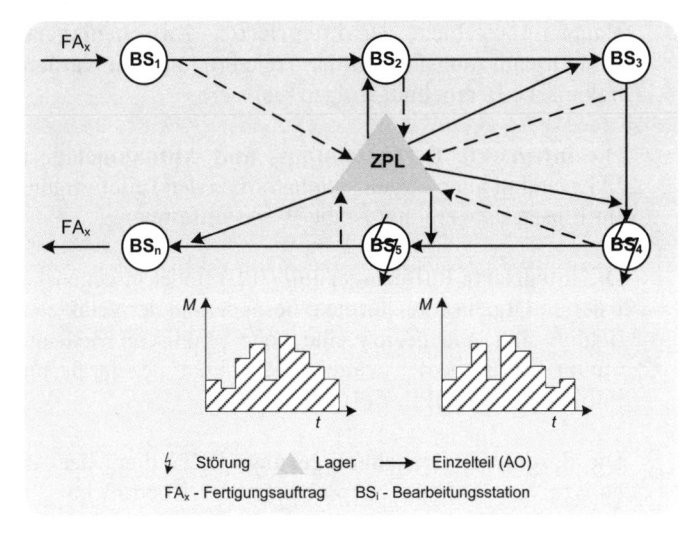

Bild PW.C.1.(155): Zentrale Pufferlagerung am Beispiel von Störungen an Bearbeitungsstationen

Die Aussagen zur dezentralen Pufferlagerung (DPL) gelten hier analog.
Die Anordnung eines zentralen Pufferlagers ist denkbar und möglich. Jedoch müssen die Nachteile eines zentralen Störungsausgleichs, die besonders in notwendigen kurzfristigen Transportoperationen im Störfall bestehen, durch die Vorteile der Zentralisation überkompensiert werden.

Während die **integrierte Pufferlagerung (IPL)** eine **hohe praktische Bedeutung** besitzt, **nimmt sie über die dezentrale Pufferlagerung (DPL) zur zentralen Pufferlagerung (ZPL) deutlich ab**.

1.5.4.3 Relevante Organisationsformen

Die Kombination der definierten vier zeitlichen Organisationsprinzipien mit den drei räumlichen Organisationsprinzipien ergibt **zwölf Organisationsformen der innerbetrieblichen Lagerung**.

Alle zwölf besitzen eine praktische Relevanz, aber eine unterschiedliche Bedeutung bezüglich ihrer Beziehung zu den Organisationsformen der Fertigungshauptprozesse.

Haupteinsatzgebiete der **integrierten Zwischenlagerung** (IZL) sind Organisationsformen der Teilefertigung, die variierende technologische Bearbeitungsfolgen realisieren.

Die **integrierte Bereitstellungs- und Aufnahmelagerung** (IBL, IAL) sind in allen Organisationsformen der Teilefertigung relevant. Ihr Einsatzschwerpunkt ist die Werkstattfertigung.

Die **integrierte Pufferlagerung** (IPL) findet in gegenstandsspezialisierten Organisationsformen, besonders in der getakteten Fließfertigung, statt. Sie besitzt eine hohe praktische Bedeutung. Diese nimmt für die beiden weiteren Varianten, dezentrale und zentrale Pufferlagerung (DPL, ZPL), deutlich ab.

Die **dezentrale Zwischenlagerung** (DZL) dient der Absicherung kapazitiver Abstimmungsprobleme, der Überbrückung von Übergängen der Fertigungsaufträge von einer zur nächsten Organisationsform der Teilefertigung sowie der Überbrückung von Übergängen zwischen der Teilefertigung und der Montage. Sie besitzt eine hohe praktische Bedeutung besonders für die Organisationsformen, die keine geschlossene Fertigbearbeitung von Aufträgen realisieren können.

Dezentrale Bereitstellungs- und Aufnahmelager (DBL, DAL) finden ihre Einsatzgebiete in der verfahrensspezialisierten Fertigung, in der Fertigungsreihe und in der Einzelplatzfertigung mit sich ersetzenden Maschinen. Sie dienen der Absicherung der parallelen Nutzung gleichartiger Fertigungskapazitäten.

Die **zentrale Zwischenlagerung** (ZZL) dürfte wegen aufwändiger Transporte und komplizierter Steuerungsprobleme eine eher geringe praktische Relevanz besitzen.

Die **zentrale Bereitstellungs- und Aufnahmelagerung** (ZBL, ZAL) finden in der gegenstandsspezialisierten Fertigung Anwendung. Sie stellen jedoch im Vergleich mit der dezentralen Bereitstellungs- und Aufnahmelagerung (DBL, DAL) die schlechteren Varianten dar.

Verfahrensspezialisierte Organisationsformen der Fertigung reagieren relativ stabil auf Störungen. **Gegenstandsspezialisierte Organisationsformen der Fertigung können i. d. R. Störungen nicht kompensieren.**
Hier kommt es zum Stillstand des Gesamtsystems, wenn Störungen an einzelnen Systemelementen auftreten und **nicht durch Puffer aufgefangen werden.**

Bild PW.C.1.(156) verdeutlicht die Varianten der Organisationsformen der innerbetrieblichen Lagerung sowie deren theoretische Relevanz.

ZOP$_{iL}$ / ROP$_{iL}$	Statischer Verlauf	Dynamischer Verlauf		
	SLP	ELP	ALP	OLP
BLP	Integrierte Zwischenlagerung IZL	Integrierte Bereitstellungslagerung IBL	Integrierte Aufnahmelagerung IAL	Integrierte Pufferlagerung IPL
DLP	Dezentrale Zwischenlagerung DZL	Dezentrale Bereitstellungslagerung DBL	Dezentrale Aufnahmelagerung DAL	Dezentrale Pufferlagerung DPL
ZLP	Zentrale Zwischenlagerung ZZL	Zentrale Bereitstellungslagerung ZBL	Zentrale Aufnahmelagerung ZAL	Zentrale Pufferlagerung ZPL

☐ Theoretisch relevante OF$_{iL}$ ▨ Unter spezifischen Bedingungen relevant

Bild PW.C.1.(156): Theoretische Relevanz der Organisationsformen der innerbetrieblichen Lagerung (nach DREWS, R. [Produktionslogistik] S. 143)

1.5.5 Technisches Organisationsprinzip (TOP$_{iL}$)

Die räumliche Transformation von Arbeitsobjekten erfordert das Wirken von Arbeitskräften. Die zeitliche Transformation (d. h. die Überbrückung von Zeit) erfordert **keine** menschliche Arbeitsleistung. Der Einsatz von Betriebsmitteln dient der Rationalisierung der Lagerungsprozesse.

Betriebsmittel, in Form von Lagerungs- und Lagerungshilfsmitteln, können in den eigentlichen Lagerungsprozess involviert sein. Die **Gründe für den Einsatz von Betriebsmitteln zur Lagerung** sind vielfältiger Natur:

▶ Verbesserte Raumausnutzung
▶ Verbessertes Handling der Lagerungsobjekte
▶ Schutz empfindlicher Lagerungsobjekte
▶ Unterstützung der Lagerungssteuerung

Grundsätzlich soll der **Einsatz von Betriebsmitteln die Wirtschaftlichkeit der innerbetrieblichen Lagerung verbessern**.

> Auf der Grundlage der **technisch-organisatorischen Betrachtung** sind zwei Lagerungsformen zu unterscheiden:
> ▶ Lagerung **ohne** technische Betriebsmittel
> ▶ Lagerung **mit** technischen Betriebsmitteln

Bei den technischen Betriebsmitteln handelt es sich im Allgemeinen um unterschiedliche Ausführungen von Regalen (vgl. JÜNEMANN, R. / SCHMIDT, T. [Materialflusssysteme] S. 6) bzw. um die Formen der Lagerung auf Fördermitteln (vgl. HEINSBERG, K. [Lagerorganisation] S. 29 ff.). Dabei geht bei einigen Betriebsmitteln mit der zeitlichen auch eine räumliche Transformation (dynamische Lagerung) einher.

Prinzipiell sind der technischen Ausgestaltung der Betriebsmittel in der Lagerung keine Grenzen gesetzt.

> Die entscheidende **Gestaltungsdeterminante** ist die Ausrichtung der Lagermittel auf ein mehr oder weniger breites Spektrum zu lagernder Arbeitsobjekte.

Vor allem Produktionssysteme mit heterogenen Produktionsprogrammen sind auf die Flexibilität der Lagereinrichtungen hinsichtlich Art und Menge aufzunehmender Lagerungsobjekte angewiesen. Zentralisierte Lagerungsformen und objektspezifische Pufferlagerungen erfordern die Ausrichtung der Lagerbetriebsmittel auf spezifische Lagerungsanforderungen.

Bild PW.C.1.(157) systematisiert innerbetriebliche Lagerungsformen aus der Sicht der technischen Betriebsmittel.

```
┌─────────────────────────────────────────────────────────────┐
│         Lagerung von Arbeitsobjekten im Produktionssystem    │
└─────────────────────────────────────────────────────────────┘
           ↓                              ↓
┌──────────────────────┐    ┌──────────────────────────────┐
│ Ohne technische      │    │ Mit technischen Betriebsmitteln│
│ Betriebsmittel       │    │                              │
└──────────────────────┘    └──────────────────────────────┘
                                  ↓              ↓
                        ┌─────────────────┐ ┌──────────────────┐
                        │ Lagerung auf    │ │ Lagerung auf     │
                        │ statischen      │ │ Fördermitteln    │
                        │ Betriebsmitteln │ │                  │
                        │ (Regalen)       │ │                  │
                        └─────────────────┘ └──────────────────┘
                                          Spezialbetriebsmittel
                        Universalbetriebsmittel

                                              Dynamische Lagerung
Statische Lagerung
```

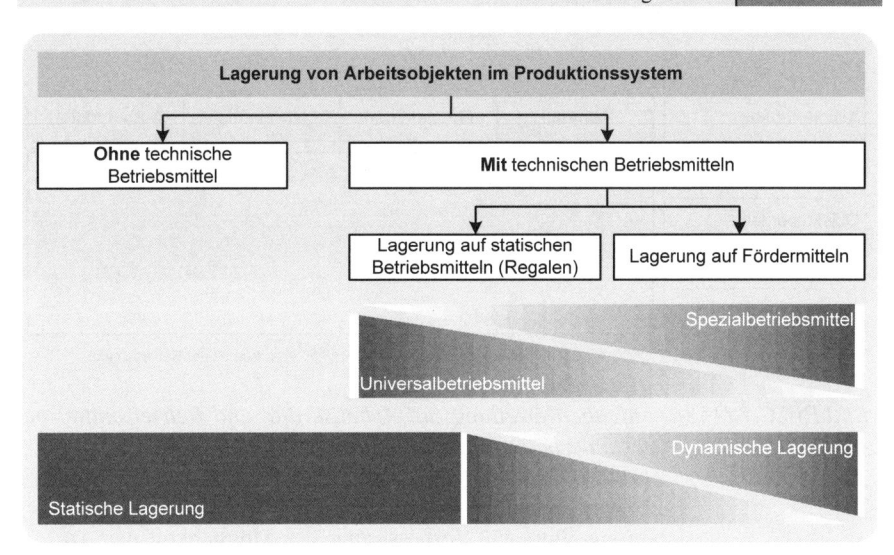

Bild PW.C.1.(157): Grundsätzliche innerbetriebliche Lagerungsformen im Produktionssystem

Einen wesentlichen Schwerpunkt der technischen Ausgestaltung bilden die **Handhabungsprozesse**, die am Anfang und am Ende von Lagerungsprozessen stattfinden. | Handhabungsprozesse

Die Einbeziehung der Handhabungsprozesse führt zu einem **erweiterten Lagerungsprozess**. Gemeint sind damit zeitliche Transformationen und Handhabungsvorgänge an den Schnittstellen

▶ Übernahme und Übergabe von Arbeitsobjekten und
▶ Ein- und Auslagerungen von Arbeitsobjekten.

Das macht eine vertikale und horizontale Bewegung z. B. durch vollautomatische Regalbediengeräte notwendig.

Der Automatisierungsgrad beschreibt das Verhältnis von Arbeitskräften und Betriebsmitteln bei der Realisierung von Arbeitsinhalten der Handhabungsvorgänge (vgl. Bild PW.C.1.(158)).

Arbeitsinhalte	Automatisierungsgrade			
	Manuell	Mechanisiert	Teilautomatisiert	Automatisiert
Objektfixierung				
Objektübergabe				
Betriebsmittelsteuerung				
Prozessüberwachung				

Arbeitsinhalt der Arbeitskräfte   Arbeitsinhalt der Betriebsmittel

Bild PW.C.1.(158): Aufgabenverteilung auf Arbeitskräfte und Betriebsmittel bei der innerbetrieblichen Lagerung

Eine zunehmende **Zentralisierung** der innerbetrieblichen Lagerung führt zur Verbesserung der Möglichkeit der **Automatisierung** der Lagerungsprozesse.

Gegenstandsspezialisierte Organisationsformen der Fertigung mit integrierten Pufferlagerungen besitzen ein höheres Potenzial zur automatisierten Reaktion auf Störungen als Pufferlagerungen in der Verfahrensspezialisierung.

Bild PW.C.1.(159) verdeutlicht die Automatisierungspotenziale der Organisationsformen der innerbetrieblichen Lagerung.

ZOP_{iL} / ROP_{iL}	Statischer Verlauf	Dynamischer Verlauf		
	SLP	ELP	ALP	OLP
BLP	IZL	IBL	IAL	IPL
DLP	DZL	DBL	DAL	DPL
ZLP	ZZL	ZBL	ZAL	ZPL

0 — 1   Maximales Automatisierungspotenzial der Organisationsform

Bild PW.C.1.(159): Automatisierungspotenziale der Organisationsformen der innerbetrieblichen Lagerung als Ausdruck des technischen Organisationsprinzips

1.5.6 Charakteristische Eigenschaften

Die Bilder PW.C.1.(160)/1 und PW.C.1.(160)/2 fassen wesentliche Eigenschaften der Organisationsformen der innerbetrieblichen Lagerung zusammen.

OF$_{IL}$ / Merkmale	Statisch – Zwischenlagerung			Dynamisch – Bereitstellungslagerung			Dynamisch – Aufnahmelagerung			Dynamisch – Pufferlagerung		
	Integriert IZL	Dezentral DZL	Zentral ZZL	Integriert IBL	Dezentral DBL	Zentral ZBL	Integriert IAL	Dezentral DAL	Zentral ZAL	Integriert IPL	Dezentral DPL	Zentral ZPL
Räumlich – Bestandteil einer OF	Ja	Möglich	Eigenständig	Ja	Ja	Eigenständig	Ja	Ja	Eigenständig	Ja	Möglich	Eigenständig
Räumlich – Permanentes Organisationselement	Bei Bedarf	Bei Bedarf	Bei Bedarf	Ja	Ja	Ja	Ja	Ja	Ja	Bei Bedarf	Bei Bedarf	Bei Bedarf
Räumlich – Anzahl im Produktionssystem	Viele	Wenige	Eins	Sehr viele	Viele	Wenige	Sehr viele	Viele	Wenige	Viele	Wenige	Eins
Räumlich – Lagerungsobjekt (bzgl. Handhabung)	Los	Los	Los	Einzelteil	Einzelteil	Einzelteil	Einzelteil	Einzelteil	Einzelteil	Teillos	Teillos	Teillos
Zeitlich – Quantitative Struktur im Zeitablauf	Konstant	Konstant	Konstant	Abnehmend	Abnehmend	Abnehmend	Zunehmend	Zunehmend	Zunehmend	Schwankend	Schwankend	Schwankend
Zeitlich – Lagerverweildauer	Mittel	Lang	Lang	Sehr kurz	Kurz	Kurz	Sehr kurz	Kurz	Kurz	Variierend	Variierend	Variierend

Bild PW.C.1.(160)/1: Eigenschaften der Organisationsformen der innerbetrieblichen Lagerung (Teil 1)

OF$_{iL}$ / Merkmale	Statisch							Dynamisch				
	Zwischenlagerung			Bereitstellungslagerung			Aufnahmelagerung			Pufferlagerung		
	Integriert	Dezentral	Zentral	Integriert	Dezentral	Zentral	Integriert	Dezentral	Zentral	Integriert	Dezentral	Zentral
	IZL	DZL	ZZL	IBL	DBL	ZBL	IAL	DAL	ZAL	IPL	DPL	ZPL
Technisch — Einsatz technischer Betriebsmittel	Möglich	Häufig	Sehr häufig	Kaum	Häufig	Sehr häufig	Kaum	Häufig	Sehr häufig	Möglich	Möglich	Häufig
Automatisierungspotenzial (Handhabung)	Gering	Mittel	Hoch	Gering	Hoch	Sehr hoch	Gering	Hoch	Sehr hoch	Mittel bis hoch	Hoch	Sehr hoch
Koppelung an Bearbeitungssysteme	Lose	Nein	Nein	Ja	An mehrere BM	Lose	Ja	An mehrere BM	Lose	Ja	An mehrere BM	Lose
Administrativ — Transparenz Gesamtbestandssituation	Schlecht	Mittel	Sehr gut	Schlecht	Mittel	Gut	Schlecht	Mittel	Gut	Mittel	Mittel	Gut
Administrativ-koordinativer Aufwand	Hoch	Mittel	Gering	Mittel	Mittel	Gering	Mittel	Mittel	Gering	Gering	Mittel	Hoch
Flexibilität der Lagerkapazitäten	Gering	Mittel	Hoch	Gering	Mittel	Hoch	Gering	Mittel	Hoch	Gering	Mittel	Hoch

Bild PW.C.1.(160)/2: Eigenschaften der Organisationsformen der innerbetrieblichen Lagerung (Teil 2)

Es wird deutlich, dass

▶ **zentrale Organisationsformen**

- eine bessere Transparenz der Bestandssituation bieten als dezentrale Lager,
- den Grundsatz einer schlanken Produktion fördern,
- den Administrations- und Koordinationsaufwand bezüglich der Lagerungsvorgänge senken (gilt nicht, wenn mit der zentralen Lagerung Aktivitäten zur Produktionssteuerung verbunden sind),
- eine höhere Flexibilität der Lagerungskapazität besitzen und damit eine große Spannweite von Lagerungsobjekten aufnehmen können.

▶ **dezentrale Organisationsformen**
- eine veränderliche quantitative Struktur der Lagerungsobjekte realisieren können,
- Versorgungsprobleme und Verteilungsprobleme schneller lösen können,
- insbesondere in gegenstandsspezialisierten Organisationsformen einzusetzen sind, um die mit der Integration fertigungsnaher industrieller Dienstleistungen in Fertigungshauptprozessen verbundenen Ergiebigkeitspotenziale auszuschöpfen.

I. Begriffe zur Selbstüberprüfung

- ✓ Lagerung
- ✓ Zeitliche Transformation
- ✓ Lagerungsobjekt
- ✓ Räumliche Organisationsprinzipien der innerbetrieblichen Lagerung
- ✓ Autonomes Lager
- ✓ Integriertes Lager
- ✓ Bearbeitungsintegriertes Lagerungsprinzip
- ✓ Zentrale Lagerung
- ✓ Zentrales Lagerungsprinzip
- ✓ Dezentrale Lagerung
- ✓ Dezentrales Lagerungsprinzip
- ✓ Zwischenlagerung
- ✓ Zeitliche Organisationsprinzipien der innerbetrieblichen Lagerung
- ✓ Verlaufsformen der quantitativen Struktur der Lagerungsobjekte
- ✓ Statischer Verlauf
- ✓ Dynamischer Verlauf
- ✓ Statisches Lagerungsprinzip
- ✓ Dynamisch-emittierendes Lagerungsprinzip
- ✓ Dynamisch-absorbierendes Lagerungsprinzip
- ✓ Dynamisch-oszillierendes Lagerungsprinzip
- ✓ Organisationsformen der innerbetrieblichen Lagerung
- ✓ Integrierte Zwischenlagerung
- ✓ Integrierte Bereitstellungslagerung
- ✓ Integrierte Aufnahmelagerung
- ✓ Integrierte Pufferlagerung
- ✓ Dezentrale Zwischenlagerung
- ✓ Dezentrale Bereitstellungslagerung
- ✓ Dezentrale Aufnahmelagerung
- ✓ Dezentrale Pufferlagerung
- ✓ Zentrale Zwischenlagerung
- ✓ Zentrale Bereitstellungslagerung
- ✓ Zentrale Aufnahmelagerung
- ✓ Zentrale Pufferlagerung
- ✓ Technische Organisationsprinzipien der innerbetrieblichen Lagerung
- ✓ Handhabungsprozesse

II. Weiterführende Literatur

- BICHLER, Klaus / KROHN, Ralf / RIEDEL, Guido / SCHÖPPACH, Frank:
  Beschaffungs- und Lagerwirtschaft.
  9. Auflage, Wiesbaden 2010

- DREWS, Raik:
  [Produktionslogistik] Organisationsformen der Produktionslogistik – Konzeptionelle Gestaltung und Analyse der Wechselbeziehungen zu den Organisationsformen der Teilefertigung.
  In: Schriftenreihe des Institutes für Produktionswirtschaft der Universität Rostock, Hrsg.: NEBL, Theodor
  Aachen 2005

- HEINSBERG, Kirsten:
  [Lagerorganisation] Systematisierung der theoretischen Grundlagen einer wirtschaftlichen Lagerorganisation.
  In: Schriftenreihe des Institutes für Produktionswirtschaft der Universität Rostock, Hrsg.: NEBL, Theodor
  Aachen 2004

- MARTIN, Heinrich:
  Transport- und Lagerlogistik: Planung, Struktur, Steuerung und Kosten von Systemen der Intralogistik.
  8. Auflage, Braunschweig, Wiesbaden 2011

- MARTIN, Heinrich:
  Praxiswissen Materialflußplanung: Transportieren, Handhaben, Lagern, Kommissionieren
  Braunschweig, Wiesbaden 1999

- MÜLLER, Roland / RUPPER, Peter:
  [Produktionslogistik] Die neue Produktionslogistik: Methoden und Instrumente zur Reduktion von Beständen und Durchlaufzeiten in der Produktion.
  Zürich 1992

- OELDORF, Gerhard / OLFERT, Klaus:
  Materialwirtschaft.
  12. Auflage, Ludwigshafen 2008

❏ *PALUPSKI, Rainer:*
Management von Beschaffung, Produktion und Absatz.
2. Auflage, Wiesbaden 2002

❏ *WANNENWETSCH, Helmut:*
Integrierte Materialwirtschaft und Logistik: Eine Einführung.
4. Auflage, Berlin, Heidelberg 2010

❏ *WILDEMANN, Horst:*
Bestände – Halbe: Leitfaden zur Senkung und Optimierung des Umlaufvermögens.
14. Auflagen, München 2010

1.6 Organisation des fertigungsnahen industriellen Dienstleistungsprozesses innerbetriebliche Logistik

Die charakterisierten **Organisationsformen des innerbetrieblichen Transports** (OF_{iT}) und der **innerbetrieblichen Lagerung** (OF_{iL}) sind die Grundlagen für die Analyse und Gestaltung der **innerbetrieblichen Logistik**.

| Innerbetriebliche Logistik

Die Ausgangspunkte dafür bilden
- das Produktionsprogramm und
- die Organisationsformen der Fertigungshauptprozesse Teilefertigung und Montage.

In diesem Rahmen laufen Transport- und Lagerungsprozesse ab.
Sie sind folgendermaßen stilisierbar (Bild PW.C.1.(161)):

Dienstleistungsprozesse ① innerhalb von Organisationsformen der Hauptprozesse
② zwischen Organisationsformen der Hauptprozesse
③ zwischen wertschöpfenden Organisationsformen und anderen Organisationsformen

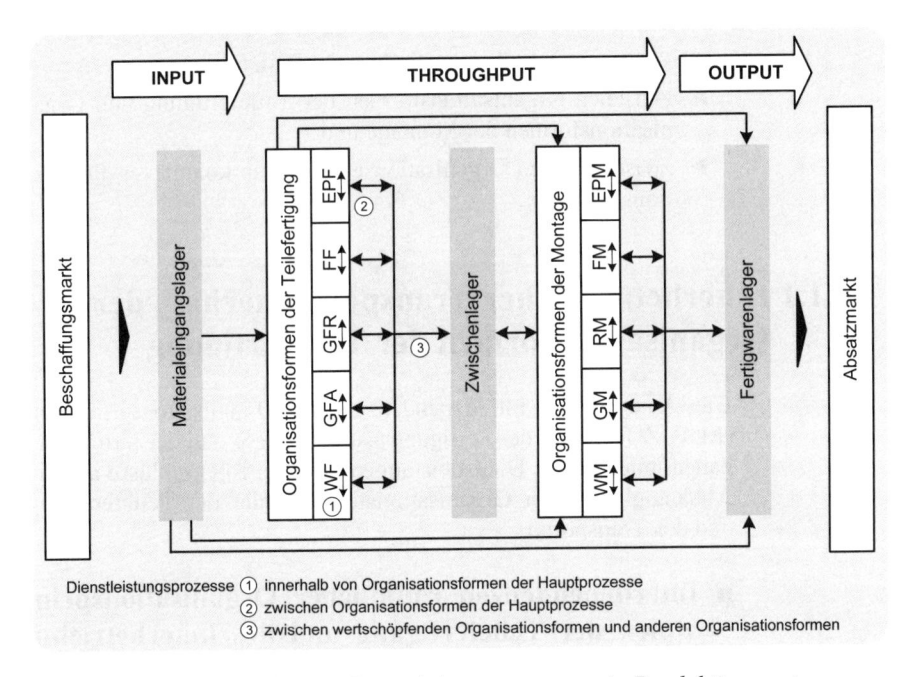

Bild PW.C.1.(161): Stilisierte Dienstleistungsprozesse in Produktionssystemen

1.6.1 Gestaltungsformen des innerbetrieblichen Transports

Arbeitsteilige Produktionssysteme erfordern die räumliche Transformation der Repetierfaktoren (und unter bestimmten Bedingungen der Potenzialfaktoren). Die Wertschöpfung wird i. d. R. an Bearbeitungsstationen vollzogen. Transporte überbrücken die Distanz zwischen den Bearbeitungsstationen entlang der technologischen Bearbeitungsfolge.

> Die **Transportvorgänge** sind eng **mit** den **wertschöpfenden Vorgängen verknüpft**.

Innerbetriebliche Transporte finden statt
- innerhalb der Organisationsformen der Teilefertigung
- (Transporte innerhalb der Organisationsformen der Montage laufen ähnlich ab wie innerhalb der Organisationsformen der Teilefertigung. Auf ihre Darstellung wird deshalb verzichtet.),
- zwischen Organisationsformen der Teilefertigung,
- zwischen Organisationsformen der Teilefertigung und Organisationsformen der Montage und
- zwischen allen Organisationseinheiten in komplexen Produktionssystemen.

1.6.1.1 Innerbetrieblicher Transport innerhalb der Organisationsformen der Teilefertigung

Die Analyse der Interdependenzen der Organisationsprinzipien (ROP, ZOP, TOP) der Fertigungshauptprozesse und der fertigungsnahen industriellen Dienstleistungen gestattet Rückschlüsse auf die Abhängigkeiten der Organisationsformen (hier der Teilefertigung und des Transports).

- **Interdependenzen räumlicher Organisationsprinzipien der Teilefertigung und des innerbetrieblichen Transports**

Vergleicht man die räumlichen Organisationsprinzipien der Teilefertigung mit denen des innerbetrieblichen Transports, so wird deutlich, dass das
- **Werkstattprinzip** besonders mit dem **ungerichteten Transportprinzip**, aber auch mit dem **richtungsvariablen Transportprinzip**,

▶ **Gruppenprinzip** besonders mit dem **richtungsvariablen Transportprinzip**, aber auch dem ungerichteten Transportprinzip,

▶ **Reihenprinzip** mit dem **gerichteten Transportprinzip** und dem **verketteten Transportprinzip**

korrespondiert (vgl. Bild PW.C.1.(162)).

ROP_{IT} \ ROP_{TF}	Werkstattprinzip WP	Erzeugnisprinzip EP		Einzelplatzprinzip EPP
		Gruppenprinzip GP	Reihenprinzip RP	
Ungerichtetes Transportprinzip UTP	■			Keine Transportvorgänge
Richtungsvariables Transportprinzip RTP		■		
Gerichtetes Transportprinzip GTP			■	
Verkettetes Transportprinzip VTP			■	

■ Adäquate Kombination

Bild PW.C.1.(162): Interdependenzen der räumlichen Organisationsprinzipien der Teilefertigung und des innerbetrieblichen Transports

■ Interdependenzen zeitlicher Organisationsprinzipien der Teilefertigung und des innerbetrieblichen Transports

Vergleicht man die zeitlichen Organisationsprinzipien der Teilefertigung mit denen des innerbetrieblichen Transports, so wird deutlich, dass die begrifflich identischen Organisationsprinzipien untereinander korrespondieren (vgl. Bild PW.C.1.(163)).

ZOP_{IT} \ ZOP_{TF}	Mit Weitergabe mW			Ohne Weitergabe oW
	Reihenverlauf RV	Kombinierter Verlauf KV	Parallelverlauf PV	
Reihenverlauf RV_{IT}	■			Keine Transportvorgänge
Kombinierter Verlauf KV_{IT}		■		
Parallelverlauf PV_{IT}			■	

■ Adäquate Kombination

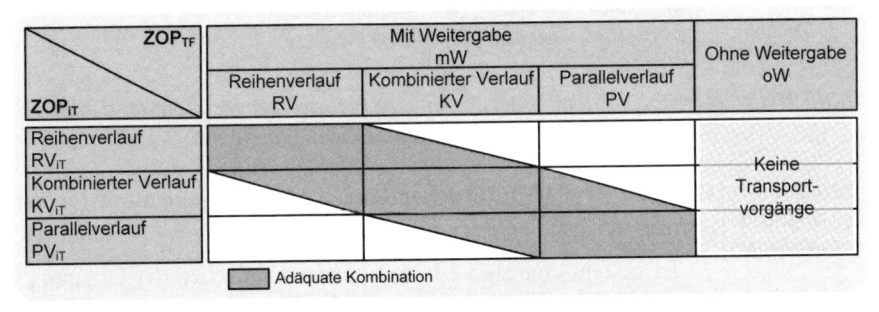

Bild PW.C.1.(163): Interdependenzen der zeitlichen Organisationsprinzipien der Teilefertigung und des innerbetrieblichen Transports

- **Interdependenzen zwischen Organisationsformen der Teilefertigung und Organisationsformen des innerbetrieblichen Transports**

Beziehungen zwischen OF_{TF} und OF_{iT}

Aus den zuvor beschriebenen Interdependenzen der Organisationsprinzipien von Teilefertigung und innerbetrieblichem Transport lässt sich in der Kombination ableiten, welche normierenden **Beziehungen zwischen Organisationsformen der Teilefertigung (OF_{TF}) und** den sie begleitenden **Organisationsformen des innerbetrieblichen Transports** (OF_{iT}) bestehen (vgl. Bild PW.C.1.(164)).

ROP_{TF} / ROP_{iT}	WP	EP		
		GP	RP	EPP
UTP	●	◐	○	N. d.
RTP	◐	●	○	N. d.
GTP	○	○	●	N. d.
VTP	○	○	●	N. d.

ZOP_{TF} / ZOP_{iT}	mW			oW
	RV	KV	PV	
RV_{iT}	●	◐	○	N. d.
KV_{iT}	◐	●	◐	N. d.
PV_{iT}	○	◐	●	N. d.

● Kombinationspräferenz   ◐ Mögliche Kombination
○ Untypische Kombination   N. d. – Nicht definiert

Bild PW.C.1.(164): Interdependenzen der Organisationsprinzipien der Teilefertigung und des innerbetrieblichen Transports

Interdependenzen der Organisationsformen

Hinsichtlich der **Interdependenzen der Organisationsformen** gilt:

Es besteht eine starke Interdependenz zwischen der Organisationsform der Teilefertigung **Werkstattfertigung** und der Organisationsform des innerbetrieblichen Transports **ungerichteter Lostransport**.

Es besteht eine starke Interdependenz zwischen der Organisationsform der Teilefertigung **gegenstandsspezialisierter Fertigungsabschnitt (GFA)** und der Organisationsform des innerbetrieblichen Transports **richtungsvariabler Lostransport (RLT)**.

Es besteht eine starke Interdependenz zwischen der Organisationsform der Teilefertigung **gegenstandsspezialisierte Fertigungsreihe (GFR)** und der Organisationsform des innerbetrieblichen Transports **gerichteter Teillostransport (GTT)**.

Es besteht eine starke Interdependenz zwischen der Organisationsform der Teilefertigung **Fließfertigung (FF)** und der Organisationsform des innerbetrieblichen Transports **verketteter Einzelteiltransport (VET)**.

Für die **Einzelplatzfertigung (EPF)** ist eine sequenzielle Fertigbearbeitung aller Teile eines Fertigungsloses an einer Maschine charakteristisch. Innerhalb dieser Organisationsform finden **keine Transporte** statt. Entsprechend korrespondiert aus der theoretischen Ableitung keine (originäre bzw. derivative) Organisationsform des innerbetrieblichen Transports mit dieser Organisationsform der Teilefertigung.

Es gibt keine Zwangsbeziehungen zwischen den Organisationsformen der Teilefertigung (OF_{TF}) und den Organisationsformen des innerbetrieblichen Transports (OF_{iT}). Untypische Kombinationsvarianten können durchaus in der Lage sein, ein gegebenes Produktionsprogramm zu realisieren. Sie führen aber dazu, dass mögliche Effizienzpotenziale nicht ausgeschöpft werden.

Die vorgenannten Zusammenhänge sind in Bild PW.C.1.(165) zusammengefasst.

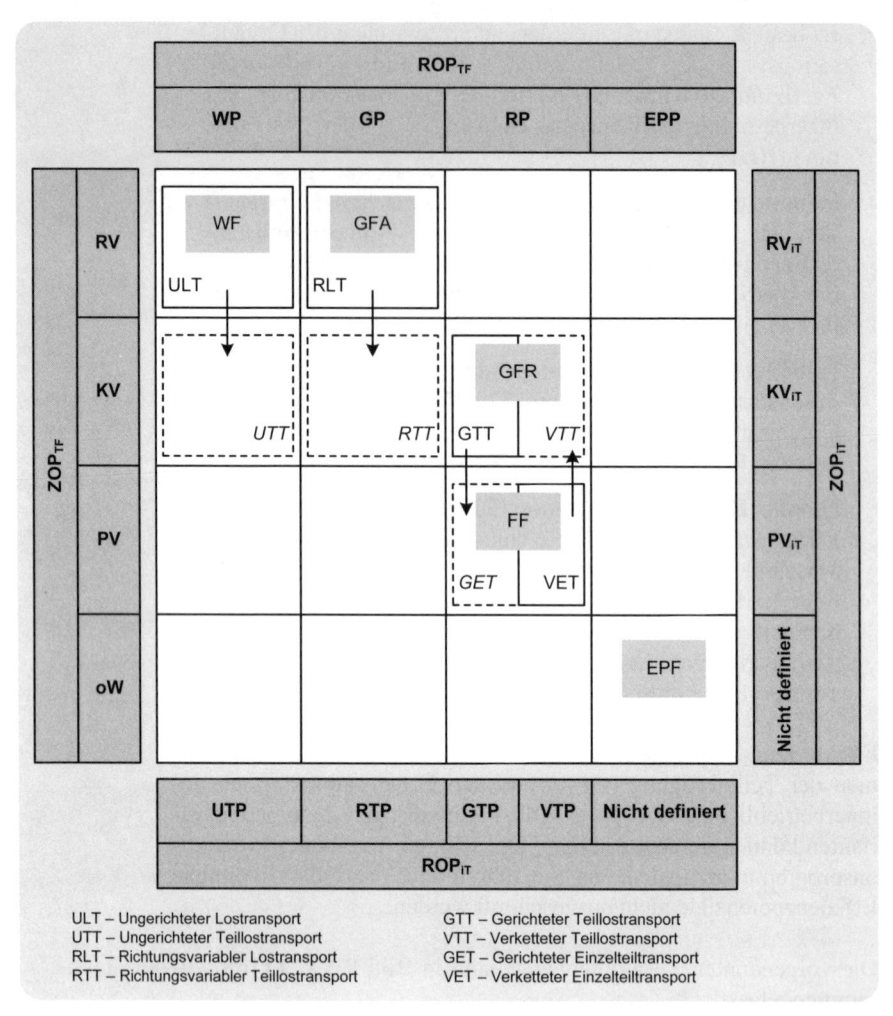

Bild PW.C.1.(165): Interdependenzen der Organisationsformen der Teilefertigung und des innerbetrieblichen Transports innerhalb der Organisationsformen der Teilefertigung (nach DREWS, R. [Produktionslogistik] S. 170)

Die mögliche Integration technischer Organisationsprinzipien soll hier an den beiden Extrema Werkstattfertigung und Fließfertigung dargestellt werden.

(1) **Werkstattfertigung (WF)**

Die Werkstattfertigung ist gekennzeichnet durch

- ▶ universelle Bearbeitungsmaschinen,
- ▶ einen hohen Anteil Arbeitsleistung der Arbeitskräfte,
- ▶ einen geringen Automatisierungsgrad und
- ▶ einen ungerichteten Lostransport (ULT):
  - Unstetiger Transportgutstrom
  - Flexible, universelle Transportmittel
  - Sporadisch auftretende Transportanforderungen
    $\Rightarrow$ Hoher manueller Anteil an der Transportleistung
  - Hoher koordinierender Aufwand für die individuelle Transportaufgabe
    $\Rightarrow$ Der Automatisierungsgrad des ungerichteten Lostransports ist eher niedrig.

(2) **Fließfertigung (FF)**

Die Fließfertigung ist gekennzeichnet durch

- ▶ den Einsatz von Spezialmaschinen,
- ▶ immer wiederkehrende identische Produktionsaufgaben
  $\Rightarrow$ Substitution menschlicher Arbeitsleistung durch Maschinen,
- ▶ einen hohen Automatisierungsgrad der wertschöpfenden Bearbeitung und
- ▶ den verketteten Einzelteiltransport (VET):
  - Hohe Anzahl identischer Transportaufgaben
    $\Rightarrow$ Einsatz spezialisierter Transportbetriebsmittel
  - Substitution der menschlichen Arbeitskraft im Transport bis hin zur Vollautomatisierung

Die Darstellung der beiden Extrema Werkstattfertigung und Fließfertigung verdeutlicht Entwicklungstendenzen, in die die restlichen Organisationsformen der Teilefertigung und die für sie relevanten Organisationsformen des innerbetrieblichen Transports in Bild PW.C.1.(166) eingeordnet werden.

Es wird deutlich, dass die **Interdependenzen** zwischen der technischen Ausgestaltung der Bearbeitungs- und Transportsysteme stark ausgeprägt sind.

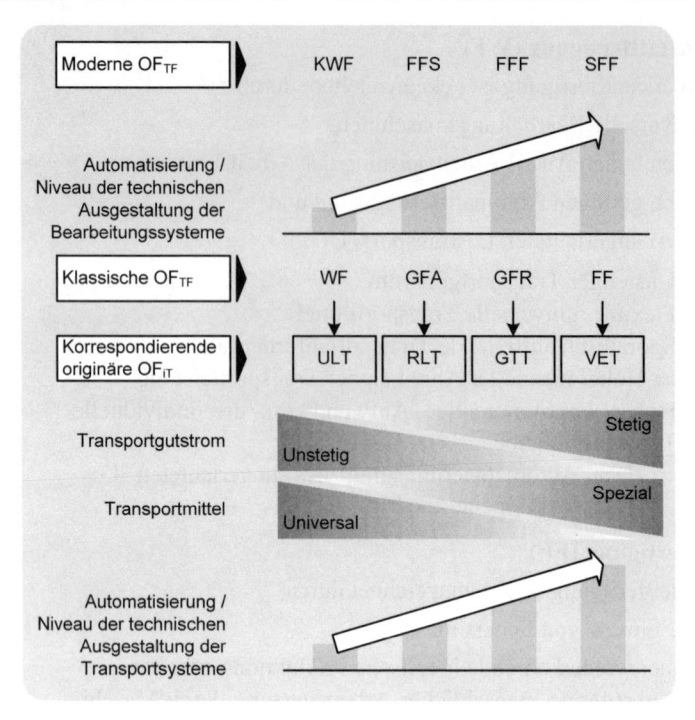

Teil C / Wirkung dispositiver Produktionsfaktoren

Bild PW.C.1.(166): Interdependenzen der technischen Ausgestaltung von Teilefertigung und dem innerbetrieblichen Transport

1.6.1.2 Innerbetrieblicher Transport zwischen Organisationsformen der Teilefertigung und anderen Organisationseinheiten

> **Transporte verbinden die Organisationsformen** der Teilefertigung miteinander, sie verbinden die Teilefertigung und die Montage und sie verbinden die Organisationsformen der Fertigungshauptprozesse mit solchen Organisationseinheiten wie Zwischenlagern, dezentralen Lagern, Qualitätsprüfstellen u. a.

- **Innerbetrieblicher Transport zwischen Organisationsformen der Teilefertigung**

Realisiert eine Organisationsform in der Bearbeitung eines Auftrags einen Geschlossenheitsgrad $G = 1$, was Komplettbearbeitung ohne Wechsel der Organisationsform bedeutet, so sind **Transporte** zu anderen bearbeitenden Organisationsformen **nicht notwendig**.

Transporte zwischen den Organisationsformen der Fertigung sind nur dann zu realisieren, wenn es zu einer Komplettbearbeitung des Einsatzes **mehrerer** Organisationsformen bedarf (es gilt in allen beteiligten Organisationsformen G < 1).

In beiden Fällen sind innerbetriebliche Transporte zur Materialbereitstellung und zum Abtransport des fertigen Auftrags notwendig.

Bild PW.C.1.(167) verdeutlicht die Transportbeziehungen zwischen Organisationsformen der Teilefertigung und arbeitet die dafür relevanten originären und derivativen Organisationsformen des innerbetrieblichen Transports heraus.

Bild PW.C.1.(167): Transportrelationen zwischen den Organisationsformen des innerbetrieblichen Transports (nach DREWS, R. [Produktionslogistik] S. 175)

Es dominieren **ungerichtete Lostransporte** (ULT) zwischen den Organisationsformen der Teilefertigung. Dies liegt in der Tatsache begründet, dass aus produktionsorganisatorischer Sicht hohe Geschlossenheitsgrade bei der Gestaltung der Organisationsformen der Teilefertigung Zielpriorität besitzen. Schnittstellen zwischen Organisationsformen erfordern einen hohen Koordinationsaufwand.

> **Geschlossenheitsgrade kleiner eins** (G < 1) und damit verbundene notwendige Transporte zwischen den Organisationsformen der Teilefertigung sind entweder **Ausdruck eines auffällig heterogenen Produktionsprogramms oder einer unvollkommenen Produktionsorganisation**.

Die derart hervorgerufenen Transporte weisen dann tendenziell auch eher einen geringeren Organisationsgrad auf und sind durch eine geringe Kontinuität bei gleichzeitig hoher Flexibilität gekennzeichnet.

Während es in der Teilefertigung darum geht, aus den eingesetzten Rohstoffen die geometrische Form, die Beschaffenheit und die Oberfläche der Einzelteile herauszuarbeiten, erfolgt im Montageprozess eine Komplettierung über Baugruppen verschiedener Ordnung bis hin zum fertigen Erzeugnis.

Intensive Koppelungen zwischen Teilefertigung und Montage sind oftmals dann zu beobachten, wenn die der Teilefertigung entstammenden Einzelteile eine substanzielle Komponente des Enderzeugnisses darstellen. Unter Umgehung von Zwischenlagerungen kann es hier zu einer nahezu unterbrechungsfreien Weitergabe der Teile zwischen der Teilefertigung und der Montage kommen.

Hauptherausforderung aus produktionslogistischer Sicht ist bei der Montage das zeitgerechte und wirtschaftliche Zusammenführen der Einzelteile zur Faktorkombination am Montagearbeitsplatz.

> Die **Organisationsformen der Montage** werden, wie die Organisationsformen der Teilefertigung, durch die Kombination räumlicher und zeitlicher Organisationsprinzipien gebildet. In Montageprozessen gilt jedoch, dass **alle drei Elementarfaktoren sowohl als stationäre als auch als instationäre** Faktoren beteiligt sein können.

Die in Abschnitt C.1.3 dargestellten Organisationsformen der Montage (vgl. PETERSEN, T. [Montageorganisation]) stellen die technisch und wirtschaftlich sinnvollen Kombinationsvarianten räumlicher und zeitlicher Organisationsprinzipien dar.

> Beim **Übergang** zwischen den Organisationsformen der **Teilefertigung** und den Organisationsformen der **Montage** determiniert im Regelfall die Organisationsform mit dem **niedrigeren Kontinuitätspotenzial** die adäquate Organisationsform des innerbetrieblichen Transports.

Die auf einer losweisen Bearbeitung der Einzelteile je Arbeitsgang beruhenden Organisationsformen der Teilefertigung Werkstattfertigung (WF) und gegenstandsspezialisierter Fertigungsabschnitt (GFA) werden typischerweise durch sporadische Transporte in Fertigungslos- bzw. Transportlosgröße mit den entsprechenden Organisationsformen der Montage verbunden.

Währenddessen können die mit langfristiger Fertigungsperspektive aufgebauten gegenstandsspezialisierten Organisationsformen gegenstandsspezialisierte Fertigungsreihe (GFR) und Fließfertigung (FF) quasi mit den nachfolgenden Montageprozessen verkettet werden. Die Verknüpfung kann zu einer unterbrechungsfreien Integration von Teilefertigungs- und Montageprozessen in einer integrierten Fließfertigung-Montage-Reihe (FFMR) führen. Eine derartige Integration wäre durch Einzelteilweitergabe vom Beginn der Bearbeitung bis zur Erzeugnisfertigstellung gekennzeichnet (vgl. Bild PW.C.1.(168)).

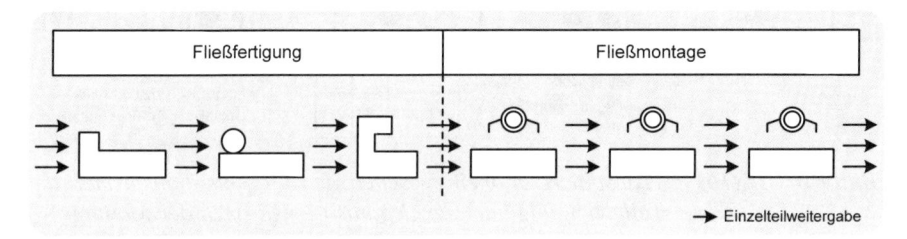

Bild PW.C.1.(168): Integrierte Fließfertigung-Montage-Reihe (vgl. dazu auch PETERSEN, T. [Montageorganisation] S. 120 ff.)

Bild PW.C.1.(169) stellt **typische Transportbeziehungen zwischen den Organisationsformen der Teilefertigung und den Organisationsformen der Montage** dar. Die für diese Transportaufgaben relevanten originären und derivativen Organisationsformen des innerbetrieblichen Transports werden entsprechend zugeordnet.

| Transporte zwischen OF$_{TF}$ und OF$_{Mo}$

> Der **innerbetriebliche Transport** zwischen der Teilefertigung und der Montage wird überwiegend durch **unregelmäßig** auftretende, **nicht richtungsorientierte Transportprozesse** realisiert.

Dies gilt vor allem auch für das aus der Teilefertigung stammende Teilesortiment, das keine Hauptkomponenten des Erzeugnisses beinhaltet.

Bild PW.C.1.(169): Transportrelationen zwischen den Organisationsformen der Teilefertigung und den Organisationsformen der Montage

■ Innerbetrieblicher Transport in komplexen Produktionssystemen

Die Schnittstellen des Produktionssystems an den Grenzen des Unternehmens bestehen zu den

▶ Beschaffungs- und
▶ Absatzmärkten.

Zwischen diesen Schnittstellen, also innerhalb des Unternehmens, laufen

▶ sowohl wertschöpfende physische Transformationsvorgänge
▶ als auch unterstützende räumliche und zeitliche Transformationsprozesse

ab.

> Der **innerbetriebliche Transport** verbindet die arbeitsteiligen Organisationseinheiten im Produktionssystem (vgl. Bild PW.C.1.(170)).

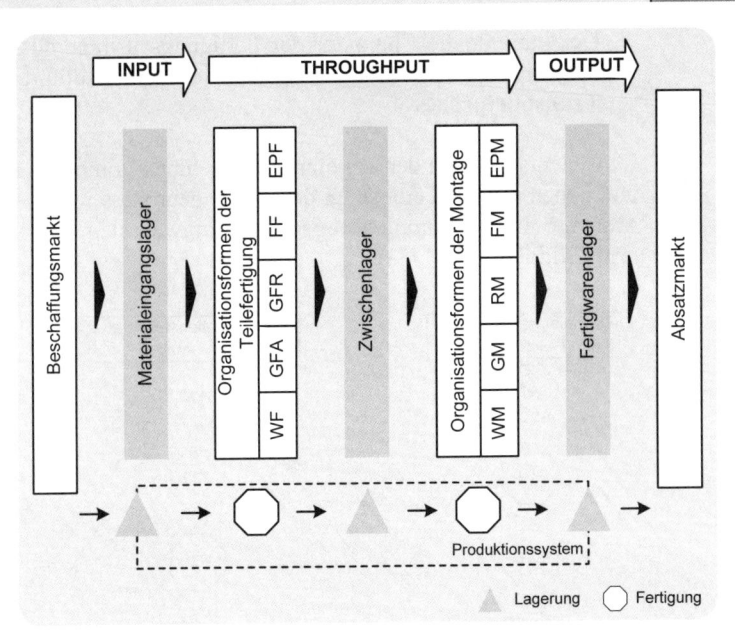

Bild PW.C.1.(170): Stilisierte Komponenten komplexer Produktionssysteme

Die Form der Verknüpfung produzierender Organisationseinheiten durch Transportprozesse in Produktionssystemen ist maßgeblich vom Produktionsprogramm bestimmt. Ein heterogenes Produktionsprogramm stellt andere Anforderungen an die Gestaltung des innerbetrieblichen Transports als ein homogenes Produktionsprogramm mit langfristiger Fertigungsperspektive.

Heterogene Produktionsprogramme stellen je Fertigungsauftrag unterschiedliche Fertigungsanforderungen. Die notwendigen Transportprozesse besitzen individuellen Charakter, es handelt sich um **nicht richtungsorientierte Transportprozesse**.

Der **individuelle Charakter der Fertigungsaufträge** bestimmt die Wahl der einzusetzenden Organisationsformen der Teilefertigung und Montage und tendiert i. d. R. in Richtung **Verfahrensspezialisierung**.

Die Fertigstellung aller Teile eines Fertigungsauftrags an der letzten Bearbeitungsstation einer Organisationsform der Fertigungshauptprozesse initiiert die Weitergabe an die nächste Organisationseinheit. Dies kann ein Lager, aber auch eine andere Organisationsform im Produktionssystem sein.

In der Teilefertigung erfolgt i. d. R. eine losweise Weitergabe.

Der individuelle Charakter der Fertigungsaufträge determiniert den **individuellen Charakter** der durchzuführenden **Transportprozesse.**

Zwischenlager nach der Teilefertigung nehmen komplette Lose auf und geben i. d. R. Teillose an den Montageprozess weiter. Aus der Montage werden komplette Lose ins Fertigwarenlager transportiert (vgl. Bild PW.C.1.(171)).

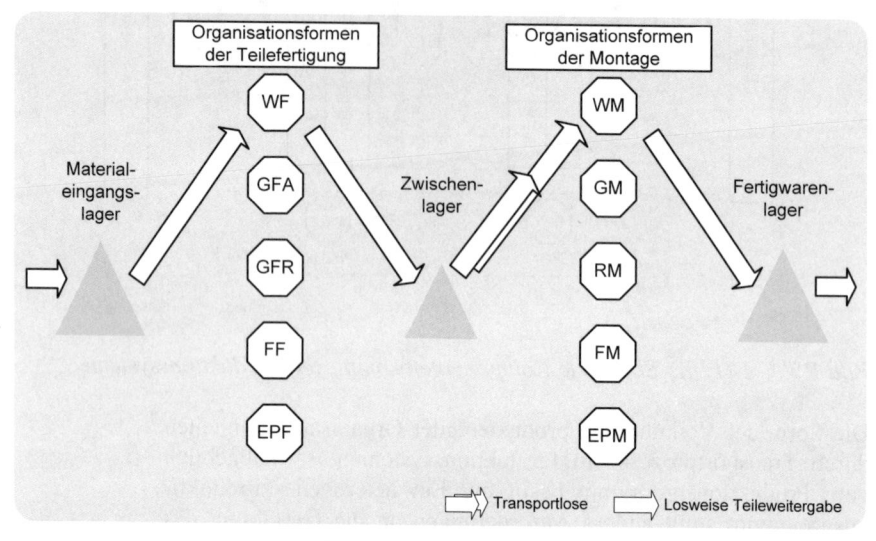

Bild PW.C.1.(171): Innerbetrieblicher Transport bei einem heterogenen Produktionsprogramm

Bei homogenen Produktionsprogrammen sind die Anforderungen der Fertigungsaufträge an den Produktionsprozess weitgehend identisch.

Die Anlaufpunkte im Produktionssystem und deren Reihenfolge sind vordefiniert und für einen längeren Zeitraum konstant. Zur Verbindung der Anlaufpunkte sind Transportprozesse zu organisieren, die **richtungsorientiert** häufig **wiederholende Transportrelationen** realisieren.

Diese **verbinden gegenstandsspezialisierte Organisationsformen der Teilefertigung und der Montage**. Es besteht die prinzipielle Möglichkeit, die Organisationseinheiten (Organisationsformen der Teilefertigung und Montage sowie vor-, zwischen- und nachgeordnete Lager) durch eine Einzelteilweitergabe oder eine Transportlosweitergabe miteinander zu verbinden. Bild PW.C.1.(172) verdeutlicht Transporte für homogene Produktionsprogramme.

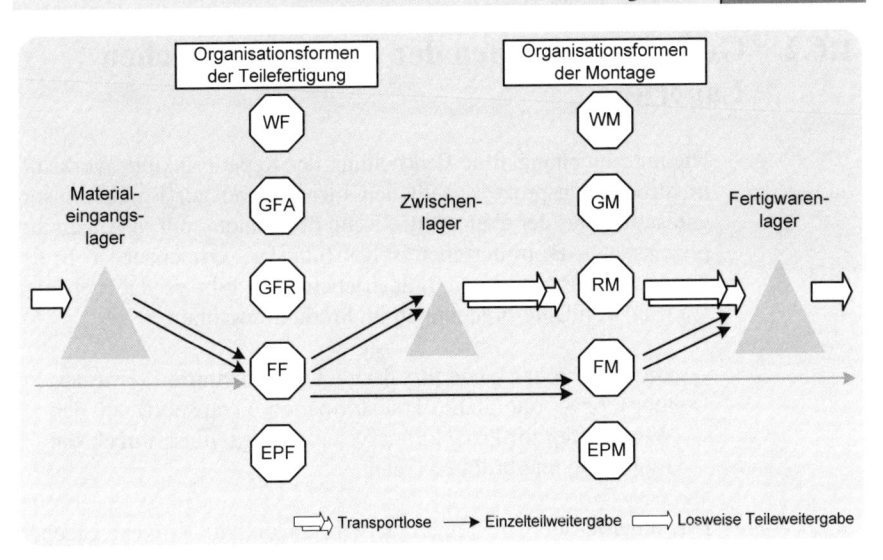

Bild PW.C.1.(172): Innerbetrieblicher Transport bei einem homogenen Produktionsprogramm

Die aus den Produktionsprogrammen resultierenden Transportanforderungen und ihre Konsequenzen für die Auswahl von Organisationsformen des innerbetrieblichen Transports strukturiert Bild PW.C.1.(173).

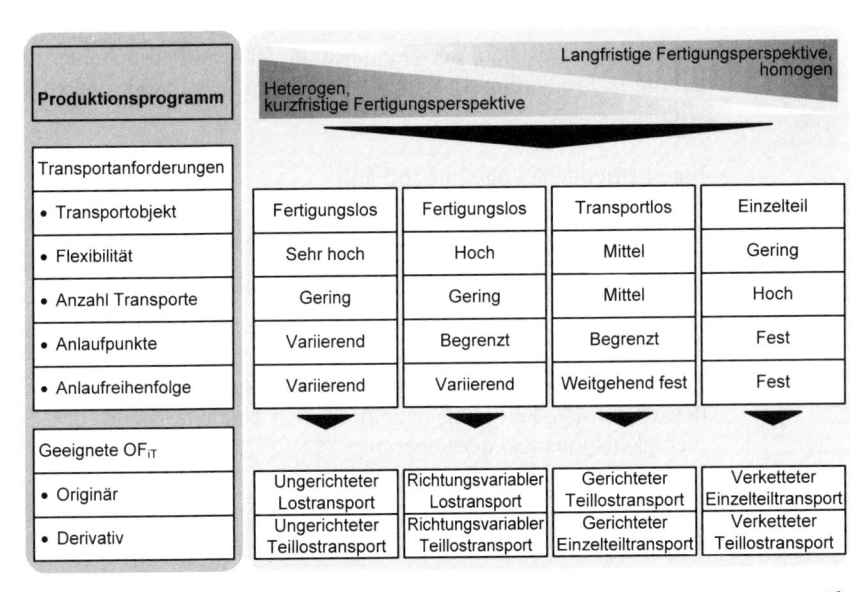

Produktionsprogramm	Heterogen, kurzfristige Fertigungsperspektive		Langfristige Fertigungsperspektive, homogen	
Transportanforderungen				
• Transportobjekt	Fertigungslos	Fertigungslos	Transportlos	Einzelteil
• Flexibilität	Sehr hoch	Hoch	Mittel	Gering
• Anzahl Transporte	Gering	Gering	Mittel	Hoch
• Anlaufpunkte	Variierend	Begrenzt	Begrenzt	Fest
• Anlaufreihenfolge	Variierend	Variierend	Weitgehend fest	Fest
Geeignete OF$_{iT}$				
• Originär	Ungerichteter Lostransport	Richtungsvariabler Lostransport	Gerichteter Teillostransport	Verketteter Einzelteiltransport
• Derivativ	Ungerichteter Teillostransport	Richtungsvariabler Teillostransport	Gerichteter Einzelteiltransport	Verketteter Teillostransport

Bild PW.C.1.(173): Innerbetrieblicher Transport in Produktionssystemen in Abhängigkeit vom Produktionsprogramm (nach DREWS, R. [Produktionslogistik] S. 183)

1.6.2 Gestaltungsformen der innerbetrieblichen Lagerung

Die unterbrechungsfreie Bearbeitung des Repetierfaktors Werkstoff im Produktionsprozess stellt den Idealzustand der Produktionsorganisation dar, der aber wohl – wenn überhaupt – nur in Apparaturprozessen, z. B. in der chemischen Industrie, erreichbar ist. In der Unternehmenspraxis von Industriebetrieben gibt es dagegen eine Vielzahl von Unterbrechungen im Produktionsablauf.

> Die Zeit, in der keine **physische Transformation** (Bearbeitung) bzw. räumliche Transformation (Transport) an den Werkstoffen im Produktionssystem erfolgt, muss **durch die Lagerung** überbrückt werden.

Die innerbetriebliche Lagerung wird in diesem Kontext zu einer Dienstleistungsfunktion und ist in diesem Zusammenhang eng mit den Haupt- und anderen Dienstleistungsprozessen im Produktionssystem verbunden.

> Die höchste **Ergiebigkeit von Produktionsprozessen** ist nur erreichbar, wenn die Organisation von Hauptprozessen und fertigungsnahen industriellen Dienstleistungsprozessen bestmöglich aufeinander abgestimmt sind.

Deshalb lohnt es sich, der Organisation der innerbetrieblichen Lagerung in Produktionssystemen entsprechende Aufmerksamkeit zu widmen.

Innerbetriebliche Lagerung tritt auf:

- ▶ Innerhalb der Organisationsformen der wertschöpfenden Hauptprozesse der Teilefertigung und Montage
- ▶ Zwischen den verschiedenen Organisationseinheiten
- ▶ An den Schnittstellen von Produktionssystemen

Die Ausprägungen ihrer Organisationsformen und die Interdependenzen zu den Fertigungshauptprozessen charakterisieren das Ergiebigkeitspotenzial der Lagerung.

1.6.2.1 Innerbetriebliche Lagerung innerhalb der Organisationsformen der Teilefertigung

- **Interdependenzen räumlicher Organisationsprinzipien der Teilefertigung und der innerbetrieblichen Lagerung**

Vergleicht man die Anforderungen, die die räumlichen Organisationsprinzipien der Teilefertigung an die räumlichen Organisationsprinzipien der innerbetrieblichen Lagerung stellen, kommt man zu folgenden Schlussfolgerungen:

(1) **Werkstattprinzip (WP)**

Im Werkstattprinzip kann die Lagerung sowohl **zentral** für alle Werkstätten als auch **dezentral** je Werkstätte erfolgen (vgl. Bild PW.C.1.(174)).

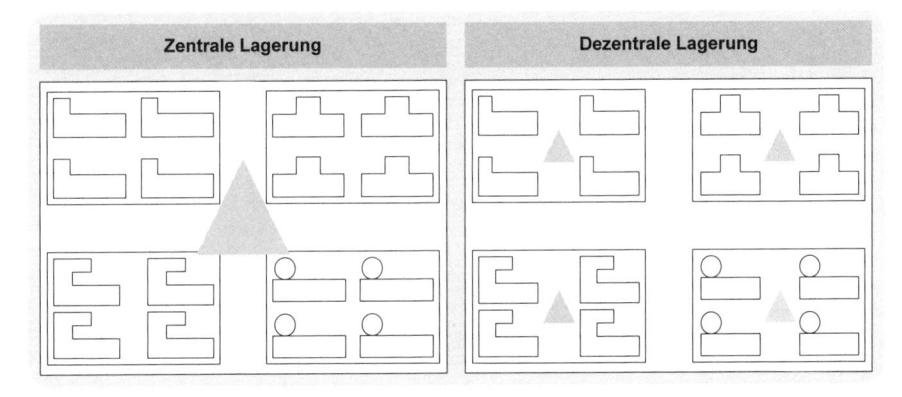

Bild PW.C.1.(174): Zentrale und dezentrale Lagerung in Organisationsformen nach dem Werkstattprinzip (vgl. auch HEINSBERG, K. [Lagerorganisation] S. 98 ff.)

Das **Werkstattprinzip verlangt nach** einer Gestaltung des **räumlichen Organisationsprinzips der innerbetrieblichen Lagerung**, das ein **Höchstmaß an Flexibilität** gestattet.

| Lagerung im Werkstattprinzip

Hinsichtlich der Interdependenz der räumlichen Organisationsprinzipien gilt:

> Es bestehen starke und mittlere **Interdependenzen** zwischen dem räumlichen Organisationsprinzip der Teilefertigung **Werkstattprinzip** und allen räumlichen Organisationsprinzipien der innerbetrieblichen Lagerung:
> ▶ **Bearbeitungsintegriertes Lagerungsprinzip (BLP)**
> ▶ **Dezentrales Lagerungsprinzip (DLP)**
> ▶ **Zentrales Lagerungsprinzip (ZLP)**

(2) **Gruppenprinzip (GP)**

Im Gruppenprinzip kann die innerbetriebliche Lagerung **zentral** oder **dezentral** organisiert sein. Die höhere Transparenz spricht für eine zentrale Anordnung des Lagers. Die dezentrale Lageranordnung ist prinzipiell möglich, sie besitzt aber eine untergeordnete Bedeutung (vgl. Bild PW.C.1.(175)).

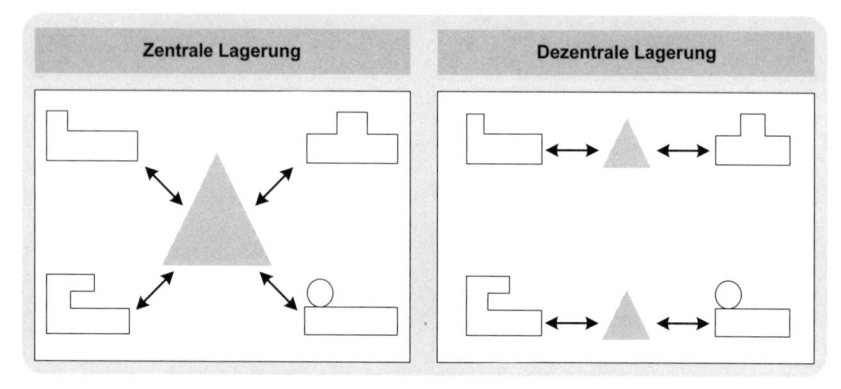

Bild PW.C.1.(175): Zentrale und dezentrale Lagerung in Organisationsformen nach dem Gruppenprinzip

Lagerung im Gruppenprinzip

> Das **Gruppenprinzip verlangt nach** einer Gestaltung des **räumlichen Organisationsprinzips der innerbetrieblichen Lagerung**, das eine **hohe Flexibilität** gestattet.

Hinsichtlich der Interdependenz der räumlichen Organisationsprinzipien gilt:

> Es bestehen starke und mittlere **Interdependenzen** zwischen dem räumlichen Organisationsprinzip der Teilefertigung **Gruppenprinzip** und den räumlichen Organisationsprinzipien der innerbetrieblichen Lagerung:
> ▶ **Bearbeitungsintegriertes Lagerungsprinzip (BLP)**
> ▶ **Dezentrales Lagerungsprinzip (DLP)**
> ▶ **Zentrales Lagerungsprinzip (ZLP)**

(3) **Reihenprinzip (RP)**

Beim Reihenprinzip sind Fertigungsaufträge mit identischen Fertigungsanforderungen und größeren Stückzahlen typisch. Es entstehen aus organisatorischer Sicht keine Unterbrechungen des Fertigungsablaufs. Mögliche Störungen bei den Potenzialfaktoren können jedoch den Aufbau bearbeitungsintegrierter bzw. dezentraler Formen der Pufferlagerung wirtschaftlich sinnvoll erscheinen lassen (vgl. Bild PW.C.1.(176)).

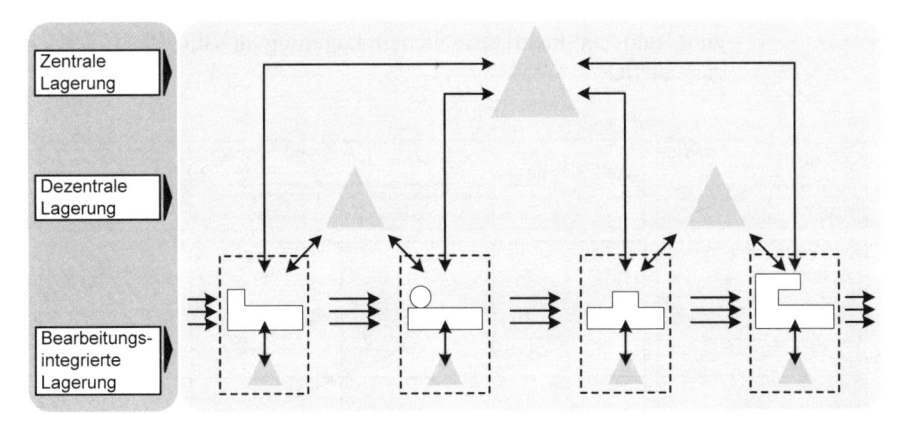

Bild PW.C.1.(176): Mögliche Lagerungsformen in Organisationsformen nach dem Reihenprinzip

Im Regelfall durchlaufen die Einzelteile eines Fertigungsauftrags die im **Reihenprinzip** angeordneten Maschinen unterbrechungsfrei. Deshalb besitzt die **Lagerung** hier nur eine **untergeordnete Bedeutung**.

| Lagerung im Reihenprinzip

Hinsichtlich der Interdependenz der räumlichen Organisationsprinzipien gilt:

Teilefertigungen nach dem **Reihenprinzip** erfordern aus organisatorischer Sicht tendenziell **keine** innerbetrieblichen Lagerungsprozesse innerhalb dieser Organisationsformen der Teilefertigung.

(4) **Einzelplatzprinzip (EPP)**

Für das Einzelplatzprinzip gibt es aus organisatorischer Sicht keinen Anlass für die innerbetriebliche Lagerung innerhalb der Organisationsform der Fertigung.

Hinsichtlich der Interdependenz der räumlichen Organisationsprinzipien gilt:

Lagerung im Einzelplatzprinzip

Teilefertigungen nach dem **Einzelplatzprinzip** erfordern aus organisatorischer Sicht tendenziell **keine** innerbetrieblichen Lagerungsprozesse innerhalb dieser Organisationsformen der Teilefertigung.

Zusammenfassend sind die Überschneidungsfelder sinnvoller Kombinationen **räumlicher** Organisationsprinzipien der Teilefertigung und der innerbetrieblichen Lagerung in Bild PW.C.1.(177) dargestellt.

ROP$_{iL}$ \ ROP$_{TF}$	Werkstattprinzip WP	Erzeugnisprinzip EP		
		Gruppenprinzip GP	Reihenprinzip RP	Einzelplatzprinzip EPP
Bearbeitungsintegriertes Lagerungsprinzip BLP				
Dezentrales Lagerungsprinzip DLP				
Zentrales Lagerungsprinzip ZLP				

☐ Adäquate Kombination

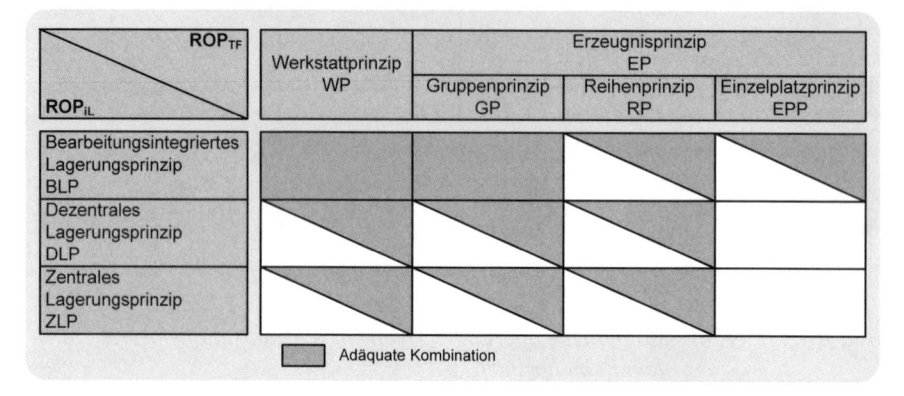

Bild PW.C.1.(177): Interdependenzen der räumlichen Organisationsprinzipien der Teilefertigung und der innerbetrieblichen Lagerung

■ **Interdependenzen zeitlicher Organisationsprinzipien der Teilefertigung und der innerbetrieblichen Lagerung**

Vergleicht man die Anforderungen, die die zeitlichen Organisationsprinzipien der Teilefertigung (ZOP$_{TF}$) an die zeitlichen Organisationsprinzipien der innerbetrieblichen Lagerung (ZOP$_{iL}$) stellen, kommt man zu folgenden Schlussfolgerungen:

▶ Zwischen dem Reihenverlauf und dem emittierenden und absorbierenden Lagerungsprinzip bestehen starke Interdependenzen.

▶ Der Parallelverlauf kann grundsätzlich ohne innerbetriebliche Lagerung innerhalb der Organisationsform der Fertigung auskommen.

▶ Zwischen dem kombinierten Verlauf und dem emittierenden und absorbierenden Lagerungsprinzip bestehen starke Interdependenzen.

Produktionsorganisation

▶ Das Prinzip ohne Weitergabe der Teile kommt innerhalb der Organisationsform der Teilefertigung ohne innerbetriebliche Lagerung aus.

Zusammenfassend sind in Bild PW.C.1.(178) die Überschneidungsfelder sinnvoller Kombinationen **zeitlicher Organisationsprinzipien der Teilefertigung und der innerbetrieblichen Lagerung** dargestellt.

Zusammenhänge zwischen ZOP_{TF} und ZOP_{iL}

ZOP_{iL} \ ZOP_{TF}	Mit Weitergabe mW			Ohne Weitergabe oW
	Reihenverlauf RV	Kombinierter Verlauf KV	Parallelverlauf PV	
Statisches Lagerungsprinzip SLP	◩	◩	◩	◩
Emittierendes Lagerungsprinzip ELP	■	■		◩
Absorbierendes Lagerungsprinzip ALP	■			◩
Oszillierendes Lagerungsprinzip OLP			◩	

☐ Adäquate Kombination

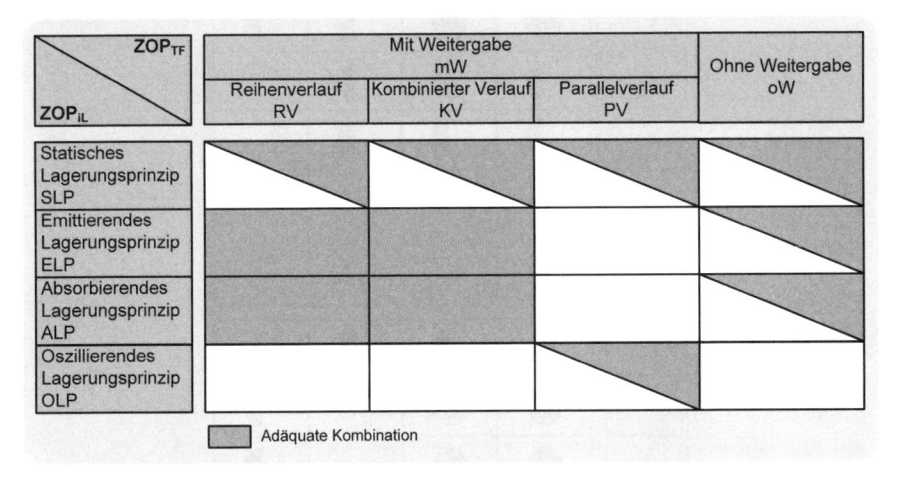

Bild PW.C.1.(178): Interdependenzen der zeitlichen Organisationsprinzipien der Teilefertigung und der innerbetrieblichen Lagerung

■ **Interdependenzen zwischen Organisationsformen der Teilefertigung und Organisationsformen der innerbetrieblichen Lagerung**

Zwischen den Organisationsprinzipien der Teilefertigung und der innerbetrieblichen Lagerung sowie des innerbetrieblichen Transports bestehen vielfältige **Wechselbeziehungen**. Die Wechselbeziehungen der Organisationsprinzipien der Teilefertigung zu den **Organisationsprinzipien des Transports sind stärker ausgeprägt als zu den Organisationsprinzipien der Lagerung.**

Der **innerbetriebliche Transport** ist eine **zwingend** notwendige Dienstleistung zur Überbrückung räumlicher Distanzen. Die innerbetriebliche **Lagerung** ist häufig eine **optionale Dienstleistung** als Folge der Abwägung zwischen

▶ Kosten zur Vermeidung von Unterbrechungen und
▶ Kosten in Folge nicht verhinderter Unterbrechungen, die zur Lagerung führen.

In Bild PW.C.1.(179) werden die Interdependenzen zwischen den Organisationsprinzipien der Teilefertigung und der innerbetrieblichen Lagerung zusammengefasst.

ROP_{TF} / ROP_{IL}	WP	EP		
		GP	RP	EPP
BLP	●	●	◐	◐
DLP	◐	◐	◐	○
ZLP	◐	◐	◐	○

ZOP_{TF} / ZOP_{IL}	mW			oW
	RV	KV	PV	
SLP	◐	◐	◐	◐
ELP	●	●	○	◐
ALP	●	●	○	◐
OLP	○	○	◐	○

● Kombinationspräferenz ◐ Mögliche Kombination
○ Untypische Kombination

Bild PW.C.1.(179): Interdependenzen der Organisationsprinzipien der Teilefertigung und der innerbetrieblichen Lagerung

> Die **Organisationsformen der innerbetrieblichen Lagerung** werden ebenso wie die klassischen Organisationsformen der Teilefertigung durch Kombination räumlicher und zeitlicher Organisationsprinzipien gebildet.

Die vorhergehenden Betrachtungen zu den Zusammenhängen der Organisationsprinzipien der Fertigung, des Transports und der Lagerung lassen für die Organisationsformen der Teilefertigung folgende Verallgemeinerungen zu (vgl. Bild PW.C.1.(180)).

ZOP$_{iL}$ / ROP$_{iL}$	Statischer Verlauf	Dynamischer Verlauf		
	SLP	ELP	ALP	OLP
BLP	IZL ◐◐◐ N.d. ◐	IBL ●●◐◐○	IAL ●◐◐◐○	IPL ○○○◐○
DLP	DZL ◐◐◐◐○	DBL ◐◐◐○○	DAL ◐◐◐○○	DPL ○○○◐○
ZLP	ZZL ◐◐◐◐○	ZBL ◐◐◐○○	ZAL ◐◐◐○○	ZPL ○○○◐○

| WF | GFA | GFR | FF | EPF |

● Starke Interdependenzen   ◐ Potenzielle Interdependenzen   ○ Keine Interdependenzen

N.d. – Nicht definiert

Bild PW.C.1.(180): Interdependenzen der Organisationsformen der Teilefertigung und den Organisationsformen der innerbetrieblichen Lagerung (nach DREWS, R. [Produktionslogistik] S. 206)

Die aus den identifizierten Interdependenzen der Organisationsprinzipien der Teilefertigung und innerbetrieblichen Lagerung hergeleiteten Abhängigkeiten zwischen der Organisation der Teilefertigung und den Organisationsformen der innerbetrieblichen Lagerung stellen **technisch-organisatorisch bzw. ökonomisch sinnvolle Kombinationsvarianten dar**.

Die dargestellten Zusammenhänge sind die **Grundlage** für die **Analyse konkreter Situationen der betrieblichen Praxis** und der **Ableitung von Gestaltungsstrategien normativer Natur**. Aus theoretischer Sicht als untypisch charakterisierte Kombinationsvarianten können nur im Ausnahmefall praktische Lösungen innerbetrieblicher Lagerungsprobleme darstellen.

■ Implikationen technischer Organisationsprinzipien

Mit der Festlegung geeigneter räumlicher und zeitlicher Prinzipien für die Realisierung eines Produktionsprogramms ist der Grundstein für die Planung und **Gestaltung des technischen Niveaus** eines Produktionssystems gelegt.

Grundsätzlich sind Potenzialfaktoren für den eigentlichen Lagerungsvorgang nicht erforderlich. Für die der Lagerung vor- und nachgeschalteten Handhabungsvorgänge ist das Wirken der Potenzialfaktoren aber unerlässlich.

Wirtschaftliche Gründe wie

▶ Verbesserung der Raumausnutzung,
▶ Vereinfachung des Handling der Lagerungsobjekte,
▶ Verbesserung des Schutzes empfindlicher Materialien u. a.

sprechen für den Einsatz von Betriebsmitteln in der Lagerung.

Das Spektrum möglicher **Lagermittel** reicht von einfachen, universell für eine Vielzahl von Lagerungsobjekten einsetzbaren Regalen bis hin zu komplexen ggf. nur speziell für ein kleines Teilesortiment zugeschnittene Lagermittel.

Die Spezifik der Interdependenzen der technischen Ausgestaltung von Teilefertigung und innerbetrieblicher Lagerung wird in Bild PW.C.1.(181) dargestellt.

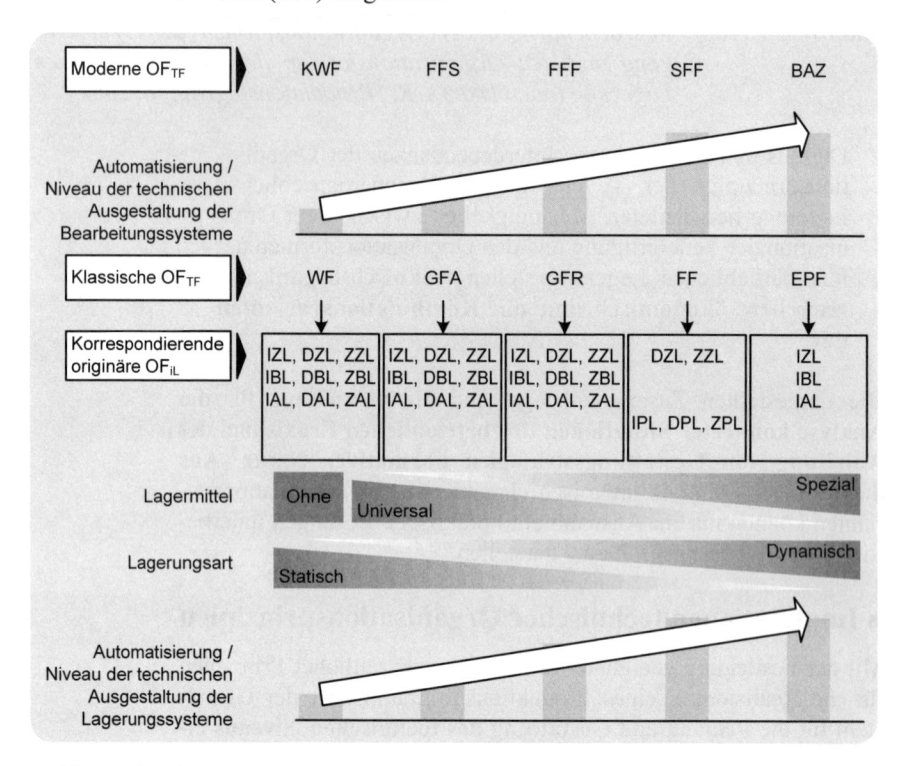

Bild PW.C.1.(181): Interdependenzen der technischen Ausgestaltung der Teilefertigung und der innerbetrieblichen Lagerung

> Die **Niveaus der technischen Ausgestaltung** von Bearbeitungssystemen und Lagerungssystemen verhalten sich zueinander **komplementär**. Eine **automatisierte Fertigung** wird tendenziell **durch automatisierte Lagerungsvorgänge unterstützt**.

> Beides ist wirtschaftlich sinnvoll, wenn in ihrer Vielfalt begrenzte Produktionsprogramme mit langfristiger Fertigungsperspektive effizient hergestellt werden sollen. Zeichnet sich das Produktionsprogramm durch **Heterogenität** aus, so sind sowohl **Bearbeitungssysteme als auch Lagerungssysteme tendenziell universell konfiguriert** und mit einem vergleichsweise **hohen Anteil menschlicher Arbeitsleistung** versehen.

1.6.2.2 Innerbetriebliche Lagerung als eigenständige Organisationseinheit im komplexen Produktionssystem

■ **Innerbetriebliche Lagerung an den Schnittstellen von komplexen Produktionssystemen**

Komplexe Produktionssysteme sind in ihre Unternehmensumwelt eingebettet. Sie sind individuelle Systemelemente im übergeordneten volkswirtschaftlichen System. Die Wertschöpfung der Produktionssysteme von Unternehmen besteht in der typischen Transformation der eingesetzten Rohstoffe in höherwertige, absatzfähige Erzeugnisse.

> **Unternehmen versorgen sich** auf der Eingangsseite ihrer Produktionssysteme **mit geeigneten Rohstoffen.** Diese werden von anderen Wirtschaftseinheiten auf dem Beschaffungsmarkt bezogen. Auf der Ausgangsseite der Produktionssysteme verkaufen die Unternehmen die höherwertigen **Produktionsergebnisse auf dem Absatzmarkt** (vgl. Bild PW.C.1.(182)).

Die Schnittstellen sowohl auf der Eingangs- als auch auf der Ausgangsseite eines Produktionssystems zur Unternehmensumwelt werden typischerweise durch Organisationseinheiten der innerbetrieblichen Lagerung, durch das **Materialeingangslager** bzw. durch das **Fertigwarenlager** realisiert. | Materialeingangs-, Fertigwarenlager

In das **Materialeingangslager** gehen Rohstoffe vom Beschaffungsmarkt ein. Damit werden sie als Arbeitsgegenstände zum (temporären) Bestandteil des Produktionssystems. Die Arbeitsgegenstände verbleiben bis zum Abruf durch die Hauptprozesse, d. h. durch die Organisationsformen der Teilefertigung bzw. Montage, im Materialeingangslager.

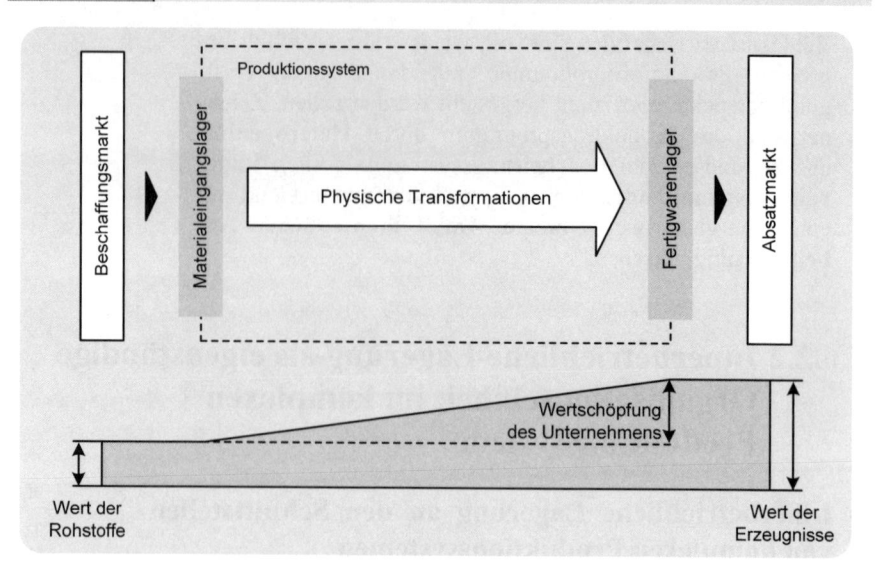

Bild PW.C.1.(182): Innerbetriebliche Lagerung als Schnittstellen der betrieblichen Wertschöpfung

Das Materialeingangslager ist Quelle verfügbarer Rohstoffe zur Entnahme für die physische Transformation im Rahmen des Produktionsprozesses. Aus zeitlichen Organisationsgesichtspunkten steht im Materialeingangslager die Menge an Rohstoffen, Einzelteilen und Baugruppen zur Realisierung des Produktionsprogramms zur Verfügung und wird in Teilmengen an die Organisationsformen der Hauptprozesse abgegeben.

Im Produktionsprozess erfolgt mit der physischen Transformation die in Bild PW.C.1.(182) dargestellte Wertschöpfung.

Auf der letzten Bearbeitungsstation (bzw. Montagestation) wird aus den im Produktionsprozess bearbeiteten Arbeitsgegenständen das Fertigerzeugnis. Diese Station beendet den Wertschöpfungsprozess. Die Fertigerzeugnisse werden in das **Fertigwarenlager** transportiert (Ausnahmen sind z. B. sehr große Fertigerzeugnisse, wie Schiffe, für die naturgemäß keine Fertigwarenlager eingerichtet werden) und von dort den Kunden zur Verfügung gestellt.

Fertigwarenlager in Produktionssystemen sind nach den räumlichen Organisationsprinzipien zentrales (ZLP) oder dezentrales (DLP) Lagerungsprinzip und nach dem zeitlichen Organisationsprinzip mit Änderung der quantitativen Struktur im Zeitablauf in Form des absorbierenden Lagerungsprinzips (ALP) organisiert.

Resultierende typische Organisationsformen des Fertigwarenlagers sind die **dezentrale Aufnahmelagerung (DAL) bzw. die zentrale Aufnahmelagerung (ZAL)**.

Typische Organisationsformen für **Materialeingangs- und Fertigwarenlager** sind in Bild PW.C.1.(183) dargestellt.

ROP_{iL} \ ZOP_{iL}	Statischer Verlauf SLP	Dynamischer Verlauf		
		ELP	ALP	OLP
BLP	IZL	IBL	IAL	IPL
DLP	DZL	DBL	DAL	DPL
ZLP	ZZL	ZBL	ZAL	ZPL

Materialeingangslager: DBL, DZL, ZBL, ZZL
Fertigwarenlager: DAL, ZAL

Bild PW.C.1.(183): Typische Organisationsformen für Materialeingangs- und Fertigwarenlager in Produktionssystemen

■ Innerbetriebliche Lagerung innerhalb komplexer Produktionssysteme

In komplexen Produktionssystemen gibt es im Regelfall innerbetriebliche Lagerung in Form **eigenständiger Organisationseinheiten**, um

▶ den Fertigungsablauf zwischen Organisationseinheiten zu entkoppeln,

▶ die Ver- und Entsorgung von Organisationseinheiten der Fertigungshauptprozesse zu gewährleisten und / oder

▶ gegebenenfalls Störungen von Organisationseinheiten auszugleichen.

Innerbetriebliche **Lagerungen zur Entkoppelung** von Organisationseinheiten sind in Form selbstständiger Organisationseinheiten in Produktionssystemen als **dezentrale oder zentrale Zwischenlagerungen (DZL, ZZL)** realisiert. | Lagerung zur Entkoppelung

Vor allem gegenstandsspezialisierte Organisationseinheiten der wertschöpfenden Fertigungshauptprozesse können zur Ver- und Entsorgung mit bzw. von Teilen der Fertigungsaufträge an selbstständige Organisationseinheiten der innerbetrieblichen Lagerung angeschlossen sein.

	Teil C / Wirkung dispositiver Produktionsfaktoren
Lagerung zur Ver- und Entsorgung	Innerbetriebliche **Lagerung** findet in komplexen Produktionssystemen als **zentrale Organisationsform der Bereitstellungs- bzw. Aufnahmelagerung (ZBL, ZAL)** oder als **dezentrale Organisationsform der Bereitstellungslagerung (DBL) bzw. Aufnahmelagerung (DAL)** statt.
Pufferlagerung	**Störungen** von Organisationseinheiten können im Produktionssystem durch **Pufferlagerungen** für eine endliche Zeitspanne ausgeglichen werden.

Die Einrichtung von Pufferlagern in Produktionssystemen ist abhängig von

▶ den Interdependenzen der Organisationseinheiten untereinander,

▶ der Abwägung des Risikopotenzials möglicher Störungen und

▶ den zusätzlichen Kosten der Pufferlagerung.

Sind die Organisationseinheiten eines Produktionssystems sehr eng miteinander verzahnt, können Puffer den Komplettausfall des Gesamtsystems bei Störung einzelner Organisationseinheiten temporär verhindern.

Lagerung zum Ausgleich von Störungen	Innerbetriebliche **Lagerungen zum Ausgleich von Störungen** der Organisationseinheiten komplexer Produktionssysteme sind als **dezentrale Pufferlagerung (DPL)** oder **zentrale Pufferlagerung (ZPL)** realisiert (vgl. dazu Bild PW.C.1.(184)).

ROP$_{IL}$ \ ZOP$_{IL}$	Statischer Verlauf SLP	Dynamischer Verlauf		
		ELP	ALP	OLP
BLP	IZL	IBL	IAL	IPL
DLP	DZL	DBL	DAL	DPL
ZLP	ZZL	ZBL	ZAL	ZPL
	Entkoppelung	Ver- und Entsorgung		Störungsausgleich

Bild PW.C.1.(184): Typische Organisationsformen innerbetrieblicher Lagerungen in Produktionssystemen

1.6.3 Gestaltungsformen der innerbetrieblichen Logistik

Unter **Gestaltungsformen der Produktionslogistik** ist die Zusammenführung von Organisationsformen des Transports, der Lagerung und der Teilefertigung zu verstehen.

■ Komplexe Produktionslogistiktypen

Die **Grundlage** dieser Zusammenfassung bildet das **Anforderungsprofil des zu realisierenden Produktionsprogramms.**

Besondere Bedeutung besitzen in diesem Fall die Produktionsstruktur (heterogen vs. homogen) und die Fertigungsperspektive (kurzfristig vs. langfristig) (vgl. Bild PW.C.1.(185)).

Fertigungsperspektive	Heterogen	Homogen
Langfristig	**Klein- und Mittelserienfertigung** • Parallele Fertigung unterschiedlicher Produkte im Serienmaßstab • Balance zwischen Teilspezialisierungen und universeller Realisierung der Fertigungsanforderungen 0 % Flexibilitätspotenzial des Produktionssystems 100 %	**Massenfertigung** • Wiederholcharakter der Fertigung • Spezialisierung auf definierte Fertigungsanforderungen 0 % Flexibilitätspotenzial des Produktionssystems 100 %
Kurzfristig	**Einzelfertigung** • Einmalcharakter der Fertigung • Individuelle Realisierung der Fertigungsanforderungen 0 % Flexibilitätspotenzial des Produktionssystems 100 %	**Klein- und Mittelserienfertigung** • Sequenzielle Auflage kleinerer Serien • Umrüstung des Produktionssystems nach Abschluss einer Serie erforderlich 0 % Flexibilitätspotenzial des Produktionssystems 100 %

Produktionsprogrammstruktur

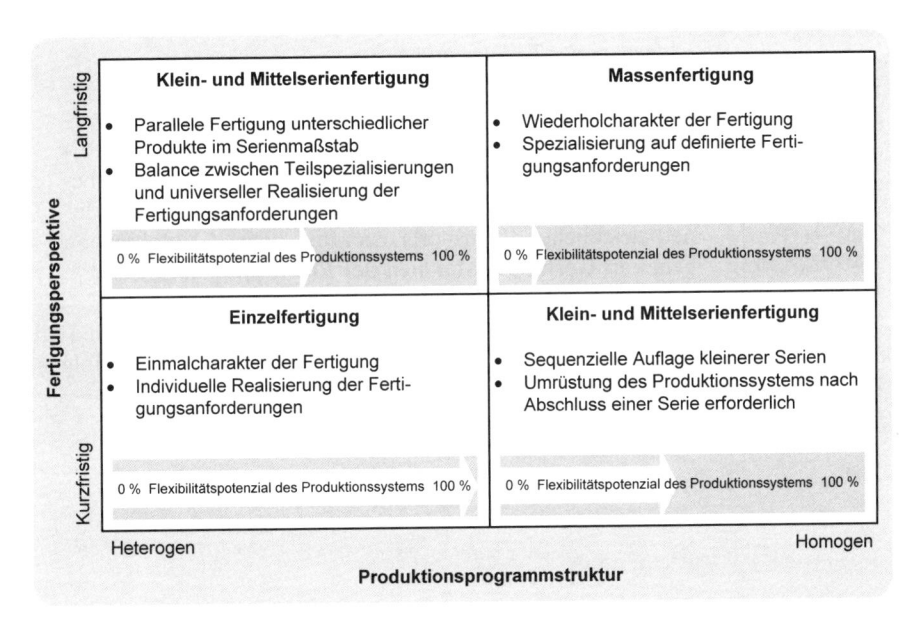

Bild PW.C.1.(185): Abhängigkeit des Produktionssystems von den Fertigungsanforderungen des Produktionsprogramms

Die daraus resultierenden Anforderungen an den Produktionsprozess und die folglich abgeleiteten Organisationsformen stilisiert Bild PW.C.1.(186).

Unterscheidungs-kriterien	Teileklassen			
	1. Teileklasse	2. Teileklasse	3. Teileklasse	4. Teileklasse
Fertigungsverfahren / Arbeitsgang	Für alle Teile identisch	Für alle Teile identisch	Für alle Teile identisch	Teile benötigen unterschiedliche Fertigungsverfahren
Technologische Bearbeitungsfolge	gtBFoÜ	gtBFmÜ	vtBF	vtBF
Zeitbedarf pro Arbeitsgang	Proportional	Nicht proportional	Nicht proportional	Nicht proportional
Kapazitäts-auslastung	Hoch	Hoch	Schwankend	Sehr schwankend
Zuordnung von Organisationsformen der Fertigung zu den Teileklassen	FF	GFR	GFA	WF
	Auf Grund technologischer Voraussetzungen und fertigungstechnischer Realisierbarkeit alternativ möglich: **EPF**			

Bild PW.C.1.(186): Zusammenhang zwischen Teileklassen und Organisationsformen der Teilefertigung

Gestaltungsformen der Produktionslogistik

Den Teileklassen und den für sie relevanten klassischen Organisationsformen des Fertigungshauptprozesses Teilefertigung lassen sich nun die Organisationsformen der innerbetrieblichen Lagerung und die Organisationsformen des innerbetrieblichen Transports zuordnen. Diese Kombination generiert **Gestaltungsformen der Produktionslogistik**.

DREWS fasst diese zu Produktionslogistiktypen zusammen (vgl. DREWS, R. [Produktionslogistik] S. 218). Sie sind im nachfolgenden Bild PW.C.1.(187) dargestellt.

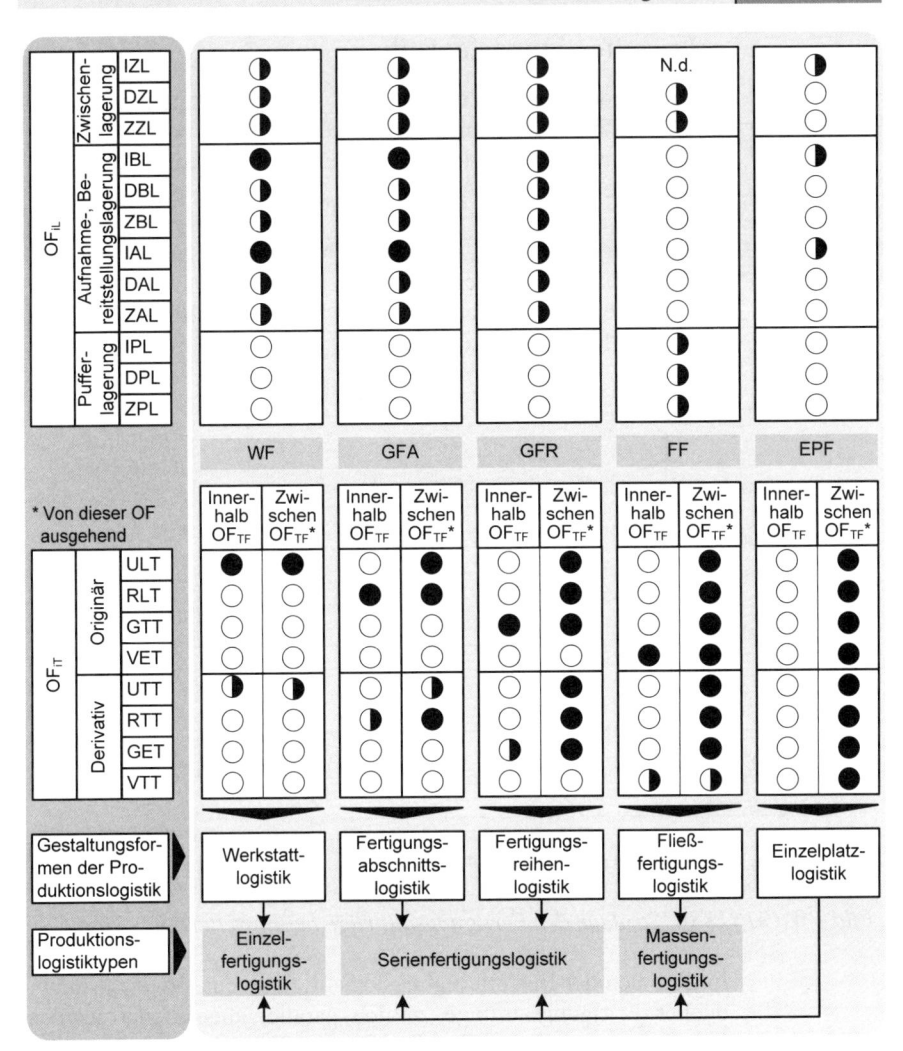

Bild PW.C.1.(187): Stilisierte Produktionslogistiktypen

Produktionssysteme der betrieblichen Praxis sind typischerweise durch einen **Produktionslogistiktyp** dominiert. Ein Produktionssystem kann auch mehrere Produktionslogistiktypen für unterschiedliche Bestandteile des zu realisierenden Produktionsprogramms integrieren.

| Produktionslogistiktyp

■ Einzelfertigungslogistik

Einzel-
fertigungs-
logistik

In Produktionssystemen mit **Einzelfertigungslogistik** (Werkstattlogistik) muss eine Vielzahl von Fertigungsaufträgen mit differenzierten Fertigungsanforderungen gleichzeitig realisiert werden.

Jeder Fertigungsauftrag, der in das Produktionssystem eingesteuert wird, hat einen weitgehend einmaligen Charakter. Das gilt für notwendige Fertigungsverfahren und die technologische Bearbeitungsfolge (vgl. Bild PW.C.1.(188)).

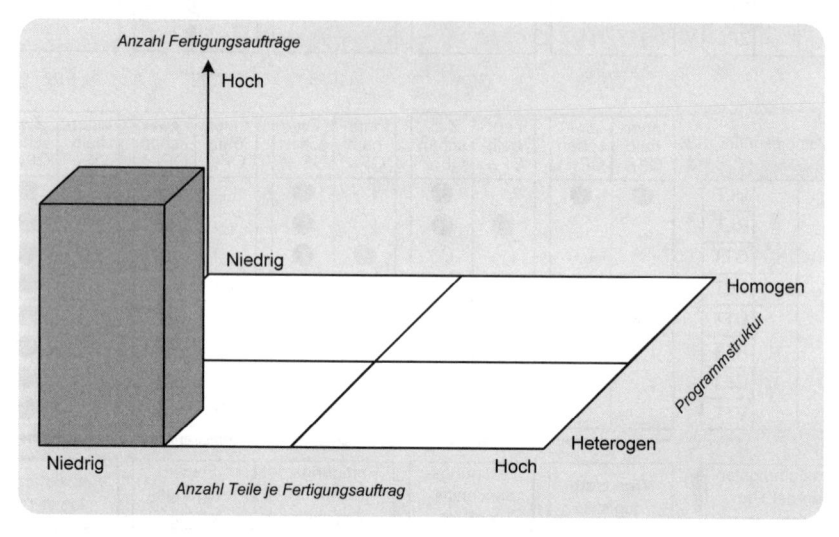

Bild PW.C.1.(188): Struktur der Fertigungsaufträge bei Einzelfertigungslogistik

Im Rahmen der Einzelfertigungslogistik muss eine Vielzahl individueller Fertigungsaufträge zeitlich parallel abgearbeitet werden. Die Anforderungen an Koordination und Transparenz im Produktionssystem sind extrem hoch.

Ein Fertigungsauftrag wird von Organisationseinheit zu Organisationseinheit weitergegeben. Eine Aufsplittung in Teilaufträge ist in der Regel nicht zulässig.

Der **ungerichtete Lostransport (ULT)** ist die **präferierte Organisationsform des innerbetrieblichen Transports** sowohl zwischen als auch innerhalb der verfahrensorientierten Organisationsformen der wertschöpfenden Fertigungshauptprozesse.

Bild PW.C.1.(189) veranschaulicht die dargestellten Zusammenhänge.

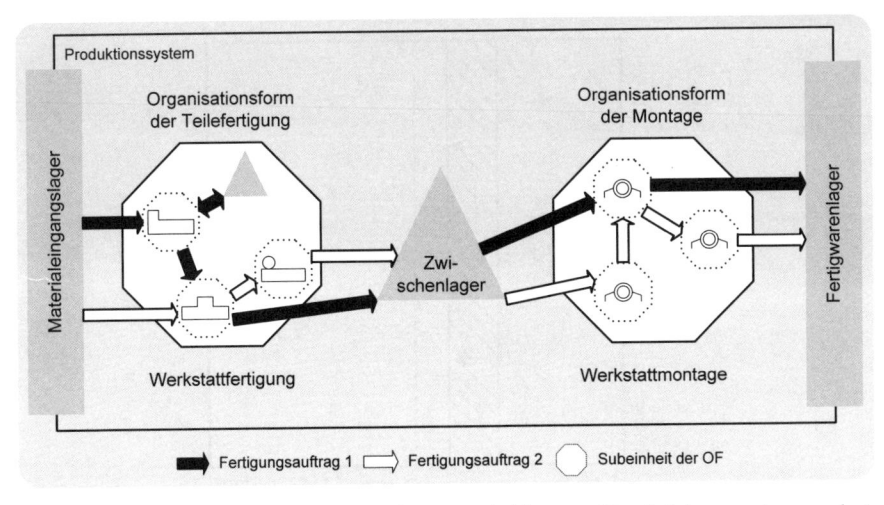

Bild PW.C.1.(189): *Typisches Erscheinungsbild von Produktionssystemen bei Einzelfertigungslogistik*

Zwischenlagerungen zur Entkoppelung des Fertigungsablaufs von Fertigungsaufträgen innerhalb und zwischen aufeinander folgenden wertschöpfenden Organisationseinheiten sind in dezentraler bzw. zentraler Form einzurichten (DZL, ZZL).

> Im Spannungsfeld zwischen erforderlicher Flexibilität und anzustrebender Kontinuität der Produktionslogistik im Produktionssystem richtet sich der **Fokus bei der Einzelfertigungslogistik auf die Steigerung der Kontinuität bei gleichzeitigem Erhalt der notwendigen Flexibilität** (vgl. Bild PW.C.1.(190)).

Das geschieht insbesondere durch die **Verbesserung** des **Informationsmanagement** und die Verkürzung von Transportwegen bzw. Transportzeiten (vgl. THEBUD, N. [Dienstleistungen] S. 43).

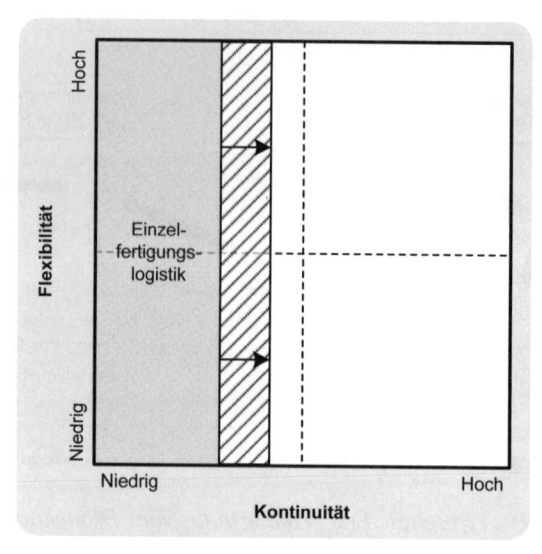

Bild PW.C.1.(190): Spannungsfeld von Kontinuität und Flexibilität bei Einzelfertigungslogistik

■ Massenfertigungslogistik

Massen-
fertigungs-
logistik

> In Produktionssystemen mit **Massenfertigungslogistik** (Fließfertigungslogistik) werden wenige Fertigungsaufträge mit tendenziell identischen Fertigungsanforderungen und sehr hohen Stückzahlen realisiert.

Die Fertigungsaufträge, die vorwiegend sequenziell in ein derartiges Produktionssystem eingesteuert werden, haben wiederholenden Charakter (vgl. Bild PW.C.1.(191)).

Die wertschöpfenden Organisationseinheiten der Teilefertigung und Montage sind typischerweise gegenstandsspezialisiert organisiert. Die Effizienz des Gesamtsystems durch eine möglichst unterbrechungsfreie, kontinuierliche Produktion steht im Mittelpunkt der organisatorischen Anstrengungen sowohl hinsichtlich der Haupt- als auch der Dienstleistungsfunktionen.

> Der **verkettete Einzelteiltransport (VET) ist die präferierte Organisationsform des innerbetrieblichen Transports** sowohl zwischen als auch innerhalb der Organisationsformen der Wertschöpfungsprozesse von Teilefertigung und Montage.

Bild PW.C.1.(192) verdeutlicht die dargestellten Zusammenhänge.

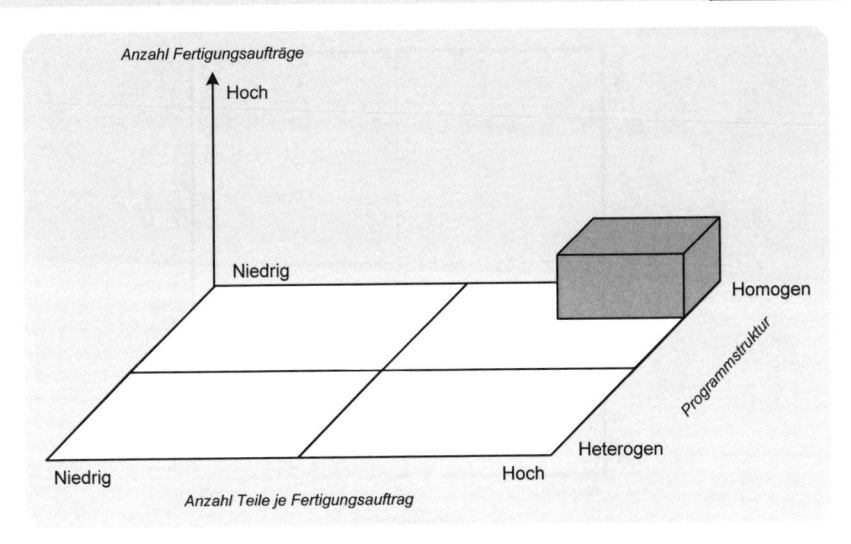

Bild PW.C.1.(191): Struktur der Fertigungsaufträge bei Massenfertigungslogistik

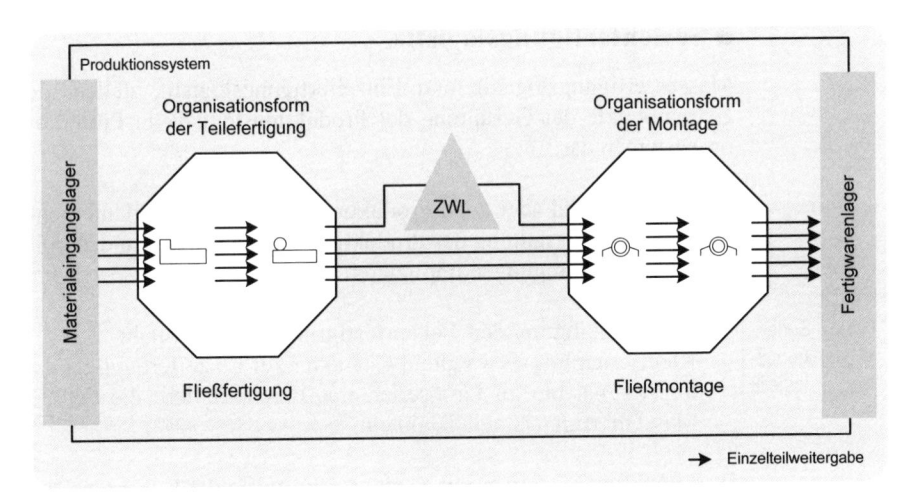

Bild PW.C.1.(192): Typisches Erscheinungsbild von Produktionssystemen bei Massenfertigungslogistik

Im Spannungsfeld zwischen erforderlicher Flexibilität und möglichst hoher Kontinuität der Produktionslogistik im Produktionssystem richtet sich der **Fokus bei der Massenfertigungslogistik auf die Steigerung der Flexibilität bei gleichzeitiger Sicherstellung eines hohen Kontinuitätsniveaus** (vgl. Bild PW.C.1.(193)).

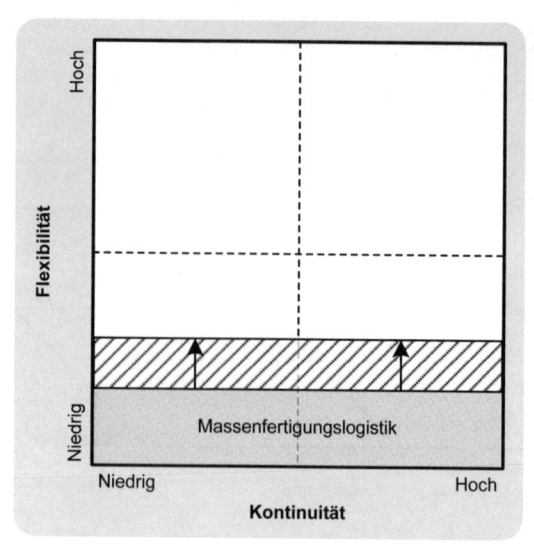

Bild PW.C.1.(193): Spannungsfeld von Kontinuität und Flexibilität bei Massenfertigungslogistik

■ Serienfertigungslogistik

Massenfertigungslogistik und Einzelfertigungslogistik stellen die Extrempunkte der Gestaltung der Produktionslogistik in Produktionssystemen dar.

Sehr typisch sind aber auch Produktionsprogramme von Unternehmen, die eine Gestaltung der Produktionslogistik zwischen den beiden Extremausprägungen implizieren.

| Serien-fertigungs-logistik | Die Spannbreite der **Serienfertigungslogistik** reicht von Kleinserien mit verwandtem Charakter zur Einzelfertigungslogistik bis hin zu Großserien mit Eigenschaften, die der Massenfertigungslogistik ähneln. |

In Produktionssystemen mit **Serienfertigungslogistik** werden Fertigungsaufträge mit tendenziell ähnlichen Fertigungsanforderungen und mittleren Stückzahlen entweder zeitlich parallel oder sequenziell eingesteuert.

Tendenziell wiederholen sich die Fertigungsaufträge in ihrer Grundstruktur, unterscheiden sich aber in individuellen Details des Fertigungsablaufs (vgl. Bild PW.C.1.(194)).

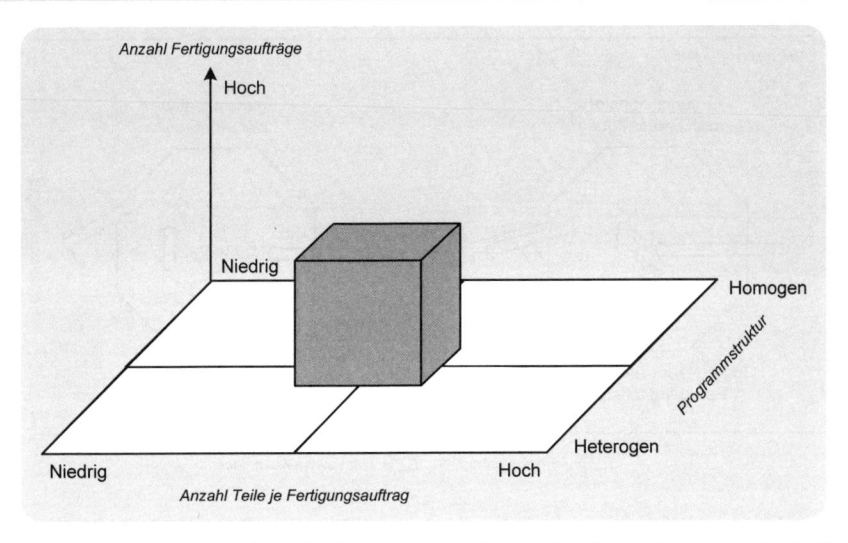

Bild PW.C.1.(194): Struktur der Fertigungsaufträge bei Serienfertigungslogistik

Die wertschöpfenden Organisationseinheiten der Teilefertigung und Montage können unter den genannten Voraussetzungen

- ▶ gegenstandsspezialisiert als Gruppe,
- ▶ gegenstandsspezialisiert als Reihe oder
- ▶ in Form der integrierten Einzelplatzbearbeitung, aber auch
- ▶ in Ausnahmefällen verfahrensspezialisiert

organisiert sein.

Beim Übergang von der Einzel- zur Serienfertigungslogistik gewinnt die Möglichkeit der Teillosweitergabe an Bedeutung (gegenüber dem Reihenverlauf mit Gesamtlosweitergabe).

> Der **richtungsvariable Lostransport (RLT)** ist die **präferierte Organisationsform des innerbetrieblichen Transports** bei der Realisierung von **Kleinserien** sowohl zwischen als auch innerhalb der Organisationsformen der wertschöpfenden Fertigungshauptprozesse.

Bild PW.C.1.(195) verdeutlicht die Zusammenhänge.

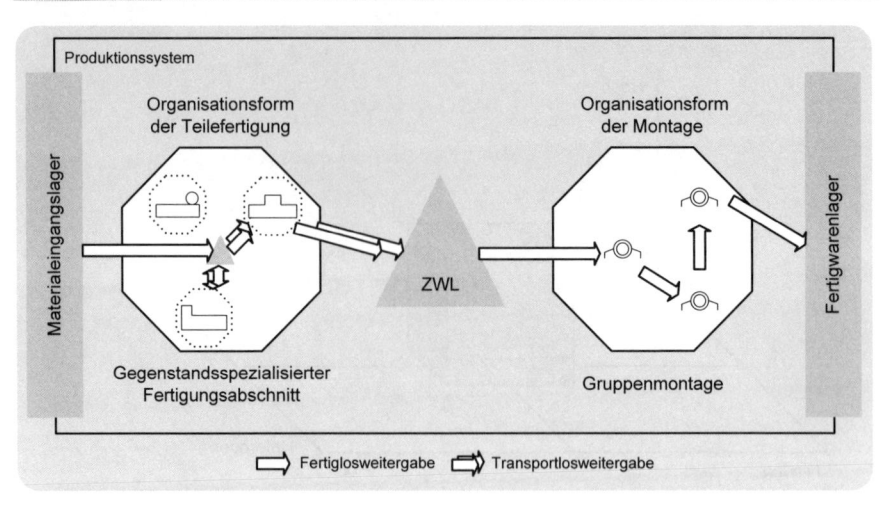

Bild PW.C.1.(195): Typisches Erscheinungsbild von Produktionssystemen bei Kleinserienfertigung

Zwischenlagerung

> **Zwischenlagerungen** zur Entkoppelung des Fertigungsablaufs von Fertigungsaufträgen innerhalb und zwischen aufeinander folgenden Organisationseinheiten sind **in dezentraler bzw. zentraler Form (DZL, ZZL)** einzurichten.

Durch Großserien geprägte Produktionssysteme ähneln in den charakteristischen Gestaltungskriterien der Produktionsorganisation der Massenfertigungslogistik. Die wertschöpfenden Organisationseinheiten der Teilefertigung und Montage sind daher typischerweise gegenstandsspezialisiert als Reihe angeordnet.

Die Dienstleistungsfunktionen innerbetrieblicher Transport und innerbetriebliche Lagerung können auf die in der Tendenz ähnlichen Fertigungsanforderungen des Produktionsprogramms ausgerichtet werden.

> Mit der Weitergabe von Teilmengen der Fertigungsaufträge ist der **gerichtete Teillostransport (GTT) die adäquate Organisationsform des innerbetrieblichen Transports** innerhalb und zwischen den Organisationseinheiten der Teilefertigung und Montage.

Bild PW.C.1.(196) verdeutlicht die Zusammenhänge.

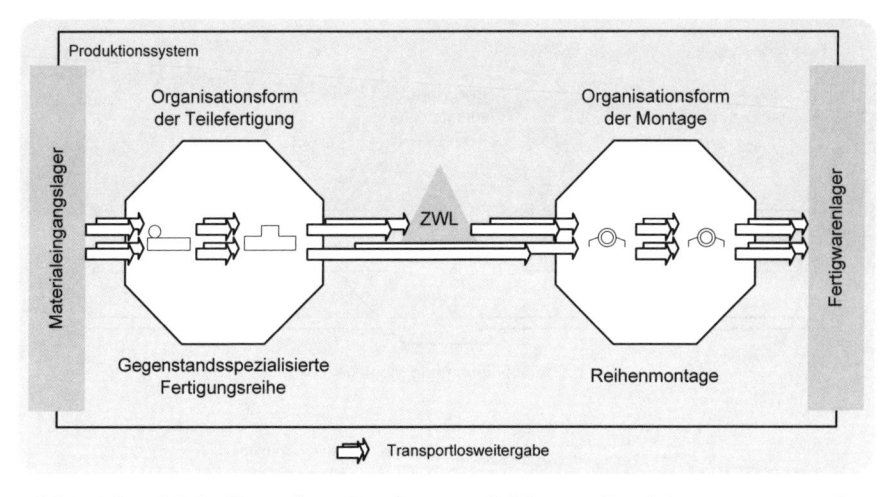

Bild PW.C.1.(196): Typisches Erscheinungsbild von Produktionssystemen bei Großserienfertigung

Zwischenlagerungen zur Entkoppelung des Fertigungsablaufs – auf Grund von Unterbrechungen durch lokale Engpässe – sind **in dezentraler bzw. zentraler Form (DZL, ZZL)** im Produktionssystem vorzusehen.

Eine Sonderstellung nimmt die Serienfertigung auf Basis der integrierten Bearbeitung am Einzelplatz ein. Die Spannbreite reicht von der Realisierung von Kleinserien bis zur Großserienfertigung.

Die zu realisierenden Fertigungsaufträge können grundverschieden, ähnlich oder identisch hinsichtlich der Anforderungen an Fertigungsverfahren und -ablauf sein, solange alle notwendigen wertschöpfenden Bearbeitungsschritte in das als Einzelplatz konfigurierte Produktionssystem integrierbar sind.

Der **innerbetriebliche Transport und die Lagerung** sind in der wertschöpfenden Organisationseinheit Einzelplatzfertigung **nicht erforderlich**. Im Idealfall einer Komplettbearbeitung am Einzelplatz muss nur die Ver- und Entsorgung von und zu den Schnittstellen des Produktionssystems durch innerbetriebliche Transportprozesse sichergestellt werden.

Bild PW.C.1.(197) verdeutlicht die Zusammenhänge.

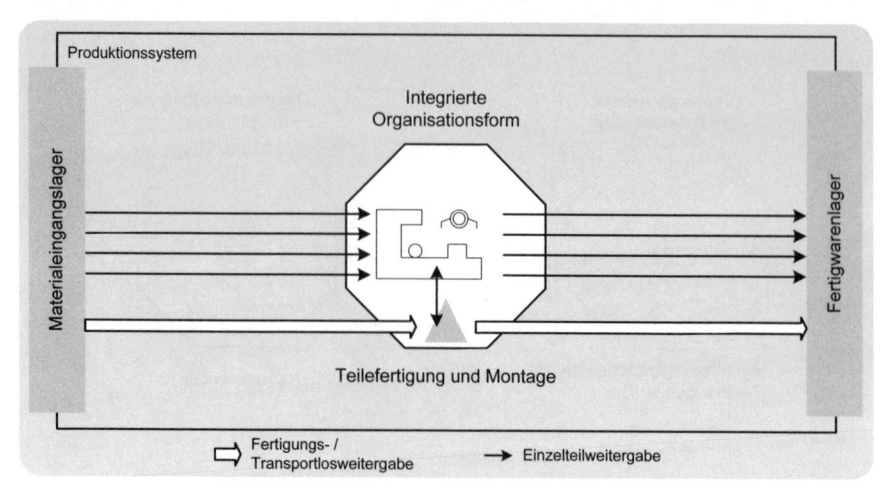

Bild PW.C.1.(197): Typisches Erscheinungsbild von Produktionssystemen bei integrierter Einzelplatzfertigung (Bearbeitungszentrum)

Die Serienfertigungslogistik trägt zur Steigerung der Kontinuität und der Flexibilität bei. Die Erhöhung der Flexibilität bei gleichzeitiger Sicherung eines hohen Kontinuitätsniveaus ist anzustreben (vgl. Bild PW.C.1.(198)).

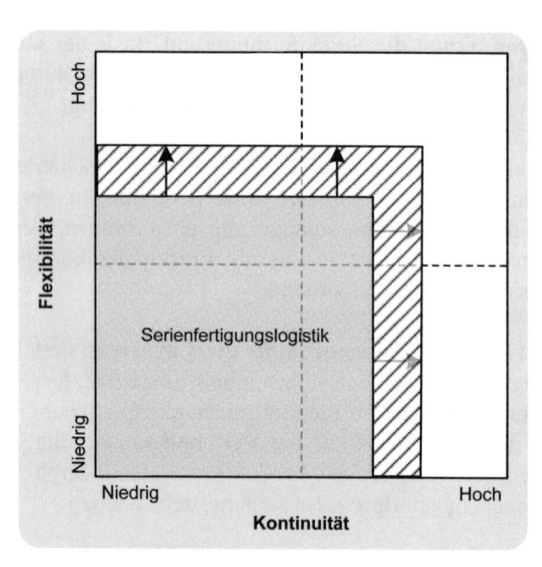

Bild PW.C.1.(198): Spannungsfeld von Kontinuität und Flexibilität bei Serienfertigungslogistik

■ Überblick über komplexe Produktionslogistiktypen

Das zu realisierende Produktionsprogramm determiniert den Produktionslogistiktyp eines Produktionssystems.

> Die Spannweite der **Fertigungsarten** zieht sich von der Einzelfertigung zur Massenfertigung. Jede dieser Fertigungsarten bedarf einer **gesonderten Form der Produktionsorganisation der Fertigungshauptprozesse und einer angepassten Form der innerbetrieblichen Logistik.**

Bild PW.C.1.(199) verdeutlicht die Zusammenhänge.

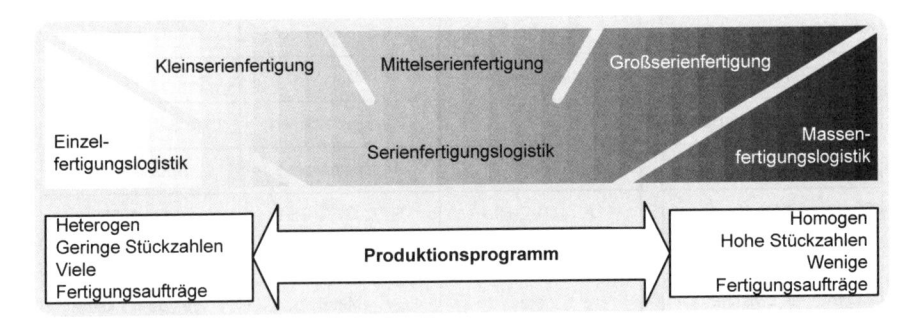

Bild PW.C.1.(199): Zusammenhang zwischen Produktionsprogramm und Produktionslogistiktyp

Die Serienfertigungslogistik deckt die gesamte Spannbreite der Produktionslogistik in Produktionssystemen zwischen den beiden Extremausprägungen ab. Ihre konkrete Ausgestaltung kennt viele Varianten in der Unternehmenspraxis.

Bild PW.C.1.(200) fasst die charakteristischen Eigenschaften der Produktionslogistiktypen zusammen.

Eigenschaften	Produktionslogistiktypen		
	Einzel-fertigungslogistik	Serien-fertigungslogistik	Massen-fertigungslogistik
Produktionsprogramm	Heterogen	Tendenziell heterogen	Homogen
Fertigungsaufträge	Viele	Mittel	Wenige
Stückzahl pro Fertigungsauftrag	Gering	Mittel	Sehr hoch
Flexibilität	Sehr hoch	Hoch	Gering
Kontinuität	Gering	Mittel	Hoch
Transparenz	Gering	Mittel	Hoch
Koordinationsaufwand	Sehr hoch	Tendenziell hoch	Gering
Anzahl Transporte	Wenige	Mittel	Viele
Gleichartigkeit Transporte	Gering	Tendenziell hoch	Sehr hoch
Transportmittel	Universell	Teilspezialisiert	Spezialisiert
Typische OF_{iT}	ULT, UTT, RLT	RTT, GTT, GET	VET, VTT
Lagerungen innerhalb OF	Viele	Bei Bedarf	Nicht erforderlich
Lagerungen zwischen OF	Viele	Mittel	Wenige bis keine
Lagerungsmittel	Viele	Mittel	Wenige bis keine
Typische OF_{iL}	Alle (außer Puffer)	Zwischenlagerungen	Pufferlagerungen
Typische OF_{TF}	WF	GFA, GFR, EPF	FF
Typische OF_{Mo}	WM	GM, RM, EPM	FM
Automatisierungs-potenzial	Gering	Mittel	Hoch

Bild PW.C.1.(200): Charakteristische Eigenschaften der Produktionslogistikty-pen

I. Begriffe zur Selbstüberprüfung

- ✓ Innerbetriebliche Logistik
- ✓ Beziehungen der Organisationsformen der Teilefertigung zu den Organisationsformen des innerbetrieblichen Transports
- ✓ Innerbetrieblicher Transport zwischen den Organisationsformen der Teilefertigung
- ✓ Innerbetrieblicher Transport zwischen den Organisationsformen der Montage
- ✓ Innerbetrieblicher Transport zwischen den Organisationseinheiten in komplexen Produktionssystemen
- ✓ Innerbetriebliche Lagerung innerhalb wertschöpfender Hauptprozesse der Teilefertigung und der Montage
- ✓ Innerbetriebliche Lagerung zwischen verschiedenen Organisationseinheiten
- ✓ Innerbetriebliche Lagerung an den Schnittstellen von Produktionssystemen
- ✓ Interdependenzen zwischen Organisationsformen der Teilefertigung und Organisationsformen der innerbetrieblichen Lagerung
- ✓ Pufferlager
- ✓ Lagerung zum Ausgleich von Störungen
- ✓ Lagerung zur Ver- und Entsorgung
- ✓ Einzelfertigungslogistik
- ✓ Fertigungsabschnittslogistik
- ✓ Fertigungsreihenlogistik
- ✓ Fließfertigungslogistik
- ✓ Einzelplatzlogistik
- ✓ Werkstattlogistik
- ✓ Serienfertigungslogistik
- ✓ Massenfertigungslogistik

II. Weiterführende Literatur

- ❏ DREWS, Raik:
  [Produktionslogistik] Organisationsformen der Produktionslogistik – Konzeptionelle Gestaltung und Analyse der Wechselbeziehungen zu den Organisationsformen der Teilefertigung.
  In: Schriftenreihe des Institutes für Produktionswirtschaft der Universität Rostock, Hrsg.: NEBL, Theodor
  Aachen 2005

❏ GUDEHUS, Timm:
  Logistik I: Grundlagen, Verfahren und Strategien.
  3. Auflage, Berlin, Heidelberg 2006

❏ GUDEHUS, Timm:
  Logistik II: Netzwerke, Systeme und Lieferketten.
  3. Auflage, Berlin, Heidelberg 2006

❏ HEINSBERG, Kirsten:
  [Lagerorganisation] Systematisierung der theoretischen Grundlagen einer wirtschaftlichen Lagerorganisation.
  In: Schriftenreihe des Institutes für Produktionswirtschaft der Universität Rostock, Hrsg.: NEBL, Theodor
  Aachen 2004

❏ ISERMANN, Heinz:
  Logistik: Gestaltung von Logistiksystemen.
  2. Auflage, Landsberg / Lech 1998

❏ KOETHER, Reinhard:
  Technische Logistik.
  3. Auflage, München, Wien 2007

❏ LUCZAK, Holger / WEBER, Jürgen / WIENDAHL, Hans-Peter (Hrsg.):
  Logistik-Benchmarking.
  2. Auflage, Berlin, Heidelberg 2004

❏ PETERSEN, Ties:
  [Montageorganisation] Organisationsformen der Montage. Theoretische Grundlagen, Organisationsprinzipien und Gestaltungsansatz.
  In: Schriftenreihe des Institutes für Produktionswirtschaft der Universität Rostock, Hrsg.: NEBL, Theodor
  Aachen 2005

❏ PFOHL, Hans-Christian:
  Logistiksysteme: Betriebswirtschaftliche Grundlagen.
  8. Auflage, Berlin, Heidelberg 2010

❏ SCHULTE, Gerd:
  Material- und Logistikmanagement.
  2. Auflage, München 2001

❑ THEBUD, Nils:
   [Dienstleistungen] Fertigungsnahe industrielle Dienstleistungen. Rationalisierungspotenzial für die Produktionsorganisation in KMU.
   In: Schriftenreihe des Institutes für Produktionswirtschaft der Universität Rostock, Hrsg.: NEBL, Theodor
   Aachen 2007

❑ WIENDAHL, Hans-Peter:
   Erfolgsfaktor Logistikqualität: Vorgehen, Methoden und Werkzeuge zur Verbesserung der Logistikleistung.
   2. Auflage, Berlin, Heidelberg 2002

1.7 Organisation des fertigungsnahen industriellen Dienstleistungsprozesses Instandhaltung

Die Durchführung von Instandhaltungsmaßnahmen bedarf einer auf alle Maßnahmenkomplexe der Anlagenwirtschaft abgestimmte Vorbereitung, Planung und Realisierung (vgl. NEBL, T. / PRÜß, H. [Anlagenwirtschaft] S. 34).

Die Instandhaltungsrealisierung tangiert das Problem der Instandhaltungsorganisation.

| Organisations-form der Instandhaltung | Die **Organisationsformen der Instandhaltung** werden – genau wie die Organisationsformen der Fertigung – durch räumliche, zeitliche sowie technische Organisationsprinzipien und deren Kombinationen bestimmt. |

Die Identifikation der theoretisch möglichen Organisationsformen der Instandhaltung ist die Voraussetzung dafür, dass eine unter technischen und ökonomischen Kriterien sinnvolle Zuordnung genau der Organisationsform der Instandhaltung zu einer Organisationsform der Fertigung getroffen werden kann, deren Fähigkeitsprofil das Anforderungsprofil bestmöglich trifft (vgl. RUNGE, P. [Instandhaltung] S. 32 ff.). In diesem Sinne wird die Instandhaltung zu einer fertigungsnahen industriellen Dienstleistung.

Nachfolgende Ausführungen beziehen sich auf die Eigeninstandhaltung in betrachteten Unternehmen. Die Fremdinstandhaltung durch externe Dienstleister bleibt hier ausgeblendet.

1.7.1 Räumliches Organisationsprinzip (ROP$_{IH}$)

Das räumliche Organisationsprinzip der Instandhaltung basiert auf dem **räumlichen Anordnungsprinzip der Instandhaltungskapazität** und auf dem **aufgabenbezogenen** (inhaltlichen) **Abgrenzungsprinzip der Instandhaltungskapazität**.

| Räumliches Anordnungs-prinzip | Das **räumliche Anordnungsprinzip** definiert den Ort, an dem sich die Instandhaltungskapazität (z. B. als Instandhaltungswerkstatt) im Unternehmen befindet (vgl. Bild PW.C.1.(201)). |

Dafür sind prinzipiell zwei Möglichkeiten zu unterscheiden:

- ▶ **Autonome Instandhaltungskapazität** | Autonome Instandhaltungskapazität
  Sie ist durch eigenständige Instandhaltungswerkstätten gekennzeichnet, die entweder
  - **zentral angeordnet** sind und damit **keine** direkte **Anbindung an die Organisationsformen der Fertigungshauptprozesse** besitzen. Sie sind **organisationsformfern** angeordnet.
    Dies wird dokumentiert durch das **zentralisierte Anordnungsprinzip**. | Zentralisiertes Anordnungsprinzip
    oder
  - **dezentral angeordnet** sind und damit **eine** direkte **Anbindung an die Organisationsformen der Fertigungshauptprozesse** besitzen. Sie sind **organisationsformnah** angeordnet.
    Dies wird dokumentiert durch das **dezentralisierte Anordnungsprinzip**. | Dezentralisiertes Anordnungsprinzip

Die Bezeichnungen organisationsformfern und organisationsformnah beziehen sich auf die räumliche Position der Instandhaltungskapazität zu den Organisationsformen der Fertigungshauptprozesse.

- ▶ **Integrierte Instandhaltungskapazität** | Integrierte Instandhaltungskapazität
  Sie ist durch die Integration der Instandhaltungskapazität in den unmittelbaren Fertigungsprozess gekennzeichnet. Das bedeutet, dass die Instandhaltung zum integralen Bestandteil der Organisationsformen der Fertigungshauptprozesse wird. Sie ist **organisationsformintegriert** angeordnet.
  Die **Integration** erfolgt in der Regel **mit** einer **Zuordnung der Instandhaltungskapazität zu** ausgewählten **Bearbeitungsstationen** (Anlagen).
    Dies wird dokumentiert durch das **integrierte Anordnungsprinzip**. | Integriertes Anordnungsprinzip

578 | Teil C / Wirkung dispositiver Produktionsfaktoren

```
                    Räumliches Anordnungsprinzip der Instandhaltungskapazität
                                              │
    ┌──────────────┐          ┌───────────────┴───────────────┐
    │Lokalisierung │          │                               │
    │der Instand-  │───▶      │   Autonom         Integriert  │
    │haltungs-     │          │      │                │       │
    │kapazität     │          │  ┌───┴────┐           │       │
    └──────────────┘          │Zentrale  Dezentrale   │       │
                              │Instand-  Instand-     │       │
                              │haltung   haltung      │       │
    ┌──────────────┐          │   │         │         │       │
    │ Anordnungs-  │───▶   Zentralisiertes Dezentralisiertes Integriertes
    │ prinzipien   │       Anordnungs-    Anordnungs-     Anordnungs-
    └──────────────┘       prinzip        prinzip         prinzip
```

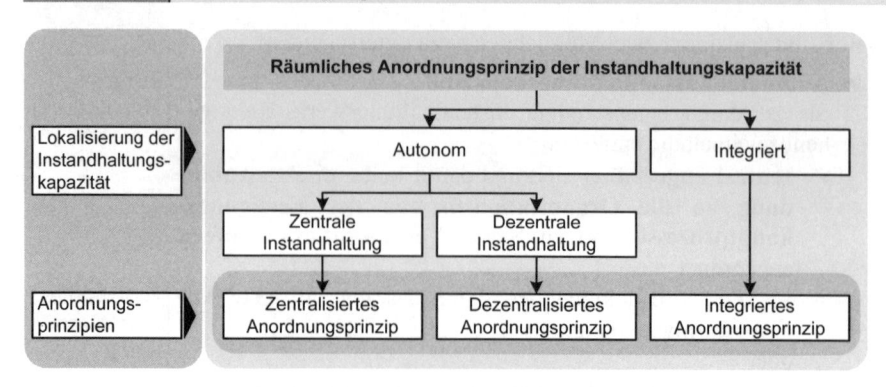

Bild PW.C.1.(201): Räumliches Anordnungsprinzip der Instandhaltungskapazität (i. A. a. MAASER, F. [Instandhaltungsorganisation] S. 70)

| Aufgabenbezogenes Abgrenzungsprinzip | Das **aufgabenbezogene** inhaltliche **Abgrenzungsprinzip** definiert unterschiedliche Aufgaben, die durch die Instandhaltungskapazität zu lösen sind. Damit eng verbunden ist die Spezialisierung der Instandhaltung (vgl. Bild PW.C.1.(202)). |

Es sind prinzipiell drei Möglichkeiten zu unterscheiden:

Generalisierte Instandhaltung

▶ **Generalisierte Instandhaltung**
Sie ist dadurch gekennzeichnet, dass **alle** anfallenden **Instandhaltungsaufgaben** an **allen Instandhaltungsobjekten** realisiert werden.

Eine inhaltliche **Spezialisierung** auf Instandhaltungsverfahren oder Fertigungsverfahren oder spezielle Betriebsmittel **liegt nicht vor**.

Generalisiertes Abgrenzungsprinzip

Sie wird dokumentiert durch das **generalisierte Abgrenzungsprinzip**.

Verfahrensorientierte Instandhaltung

▶ **Verfahrensorientierte Instandhaltung**
Sie ist dadurch gekennzeichnet, dass für die Bildung von Instandhaltungswerkstätten eine **Spezialisierung auf ausgewählte Instandhaltungsverfahren** realisiert wird.

In deren Folge entstehen z. B. Instandhaltungswerkstätten für Schlosserarbeiten, für Elektronik, für Hydraulik oder für Mess- und Prüftätigkeiten. Jede dieser Werkstätten löst durch ihre Spezialisierung relevante Instandhaltungsaufgaben an allen Instandhaltungsobjekten jedes Fertigungsverfahrens.

Verfahrensorientiertes Abgrenzungsprinzip

Sie wird dokumentiert durch das **verfahrensorientierte Abgrenzungsprinzip**.

Objektorientierte Instandhaltung

▶ **Objektorientierte Instandhaltung**
Sie ist dadurch gekennzeichnet, dass für die Bildung von Instandhaltungswerkstätten eine **Spezialisierung auf Instand-**

haltungsobjekte ausgewählter Fertigungsverfahren** vorgenommen wird.

In deren Folge entstehen z. B. Instandhaltungswerkstätten für Drehmaschinen oder Fräsmaschinen. Jede dieser Instandhaltungswerkstätten löst die durch ihre Spezialisierung relevanten Instandhaltungsaufgaben an allen Instandhaltungsobjekten des entsprechenden Fertigungsverfahrens.

Sie wird dokumentiert durch das **objektorientierte Abgrenzungsprinzip**.

| Objektorientiertes Abgrenzungsprinzip

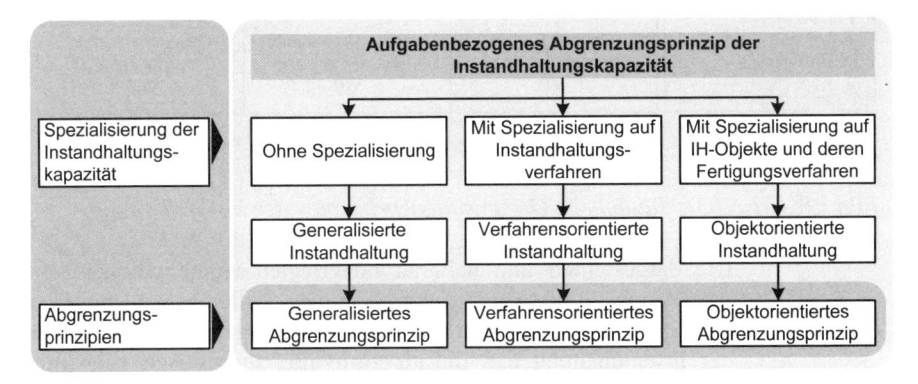

Bild PW.C.1.(202): Aufgabenbezogenes Abgrenzungsprinzip der Instandhaltungskapazität (i. A. a. MAASER, F. [Instandhaltungsorganisation] S. 73)

Durch die Kombination je eines räumlichen Anordnungsprinzips mit je einem aufgabenbezogenen Abgrenzungsprinzip entstehen **räumliche Organisationsprinzipien der Instandhaltung (ROP$_{IH}$)** (vgl. Bild PW.C.1.(203)).

| Räumliches Organisationsprinzip der Instandhaltung

Das räumliche Organisationsprinzip der Instandhaltung verdeutlicht, von **welcher, wo angeordneten Instandhaltungskapazität, welche Instandhaltungsaufgaben** an **welchen Instandhaltungsobjekten** gelöst werden.

Räumliche Organisa-tionsprinzipien der Instandhaltung (ROP$_{IH}$)	Aufgabenbezogenes Abgrenzungsprinzip		
	Generalisiert	Verfahrensorientiert	Objektorientiert
Räumliches Anordnungsprinzip Zentralisiert	Generalisiertes Zentralisationsprinzip **GZP**	Verfahrensorientiertes Zentralisationsprinzip **VZP**	Objektorientiertes Zentralisationsprinzip **OZP**
Dezentralisiert	Generalisiertes Dezentralisationsprinzip **GDP**	Verfahrensorientiertes Dezentralisationsprinzip **VDP**	Objektorientiertes Dezentralisationsprinzip **ODP**
Integriert	Generalisiertes Integrationsprinzip **GIP**	Verfahrensorientiertes Integrationsprinzip **VIP**	Objektorientiertes Integrationsprinzip **OIP**

☐ Sinnvolle Kombination   ▨ Eingeschränkt sinnvolle Kombination   ☐ Keine sinnvolle Kombination

Bild PW.C.1.(203): Räumliche Organisationsprinzipien der Instandhaltung

Die dargestellten und hellgrau hinterlegten Kombinationen von Anordnungs- und Abgrenzungsprinzipien stellen aus technischer und wirtschaftlicher Sicht die räumlichen Organisationsprinzipien der Instandhaltung dar, die als **sinnvolle, theoretisch relevante und in Unternehmen praktikable Lösungen** anzusehen sind.

Die als besonders bedeutsam erachteten ROP$_{IH}$ werden nachfolgend charakterisiert.

(1) Generalisiertes Zentralisationsprinzip (GZP)

Generalisiertes Zentralisationsprinzip

Das **generalisierte Zentralisationsprinzip (GZP)** entsteht durch die Kombination des zentralisierten Anordnungsprinzips mit dem generalisierten Abgrenzungsprinzip.

Das Ergebnis dieser Kombination ist eine **zentral** (organisationsformfern) **angeordnete generalistische Instandhaltungswerkstatt**, die **für alle Instandhaltungsobjekte** des Unternehmens, die zu verschiedensten Fertigungsverfahren gehören, **alle notwendigen Instandhaltungsverfahren** einsetzt, um die Instandhaltungsaufgaben zu lösen.

Bild PW.C.1.(204) verdeutlicht am Beispiel der Organisationsformen der Teilefertigung (OF$_{TF}$) (vgl. dazu Abschnitt C.1.2.1) die strukturelle Anordnung des GZP.

Anordnung der IH-Werkstatt und Zuordnung zu den OF$_{TF}$ beim generalisierten Zentralisationsprinzip (GZP)

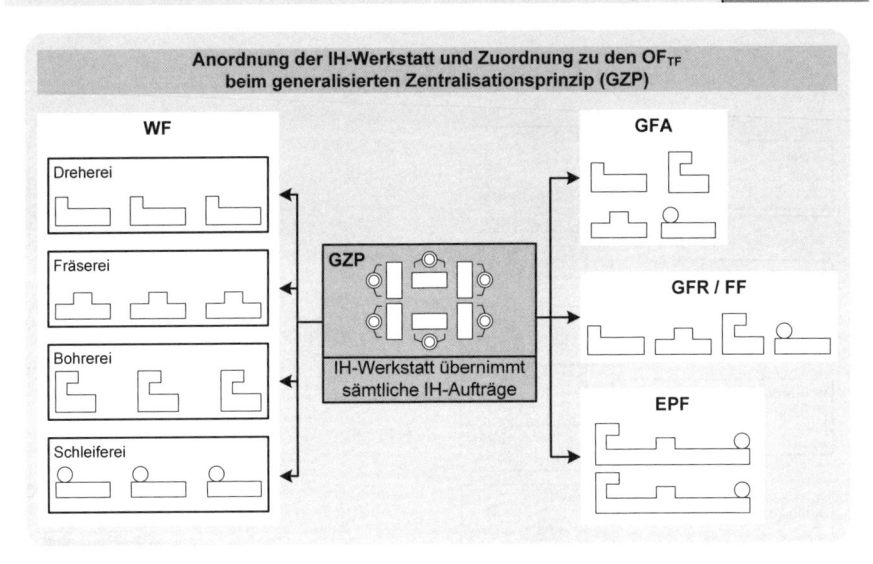

WF: Dreherei, Fräserei, Bohrerei, Schleiferei

GZP – IH-Werkstatt übernimmt sämtliche IH-Aufträge

GFA, GFR / FF, EPF

Bild PW.C.1.(204): Generalisiertes Zentralisationsprinzip (vgl. MAASER, F. [Instandhaltungsorganisation] S. 76)

(2) **Generalisiertes Dezentralisationsprinzip (GDP)**

Das **generalisierte Dezentralisationsprinzip (GDP)** entsteht durch die Kombination des räumlich dezentralisierten Anordnungsprinzips mit dem generalisierten Abgrenzungsprinzip.

| Generalisiertes Dezentralisationsprinzip

Das Ergebnis dieser Kombination sind mehrere **dezentral** angeordnete **generalistische Instandhaltungswerkstätten**. Die Dezentralisationspunkte sind in der Regel Organisationsformen des Fertigungsprozesses.
Ausgewählte Organisationsformen erhalten ihre Instandhaltungswerkstätten, die organisationsformnah angeordnet sind.
Diese setzen **alle notwendigen Instandhaltungsverfahren** ein, **um an allen zur Organisationsform gehörenden Instandhaltungsobjekten** – unabhängig von deren Fertigungsverfahren – **alle Instandhaltungsaufgaben** zu lösen.
Ihre, wie in Bild PW.C.1.(205) dargestellte Anordnung an allen relevanten OF$_{TF}$ ist prinzipiell möglich, aber nicht sinnvoll, da auch eine generalisierte Zentralwerkstatt durchaus die anfallenden Aufgaben lösen könnte.

Bild PW.C.1.(205) verdeutlicht am Beispiel der Organisationsformen der Teilefertigung (OF$_{TF}$) die strukturelle Anordnung des GDP.

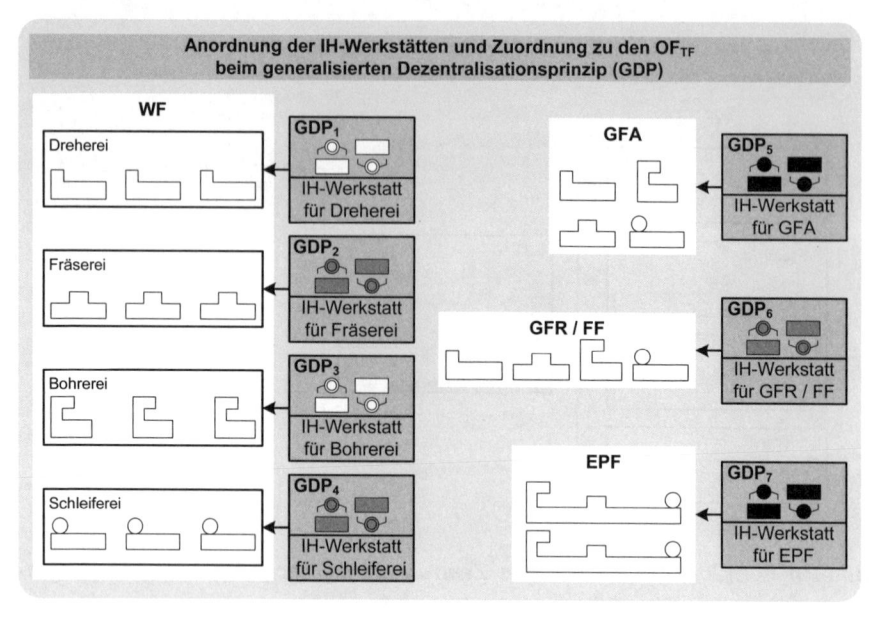

Bild PW.C.1.(205): Generalisiertes Dezentralisationsprinzip (vgl. MAASER, F. [Instandhaltungsorganisation] S. 80)

(3) Verfahrensorientiertes Zentralisationsprinzip (VZP)

Verfahrensorientiertes Zentralisationsprinzip

Das **verfahrensorientierte Zentralisationsprinzip (VZP)** entsteht durch die Kombination des zentralisierten Anordnungsprinzips mit dem verfahrensorientierten Abgrenzungsprinzip.

Das Ergebnis dieser Kombination sind **mehrere zentral** (organisationsformfern) **angeordnete Instandhaltungswerkstätten**. Jede dieser Werkstätten ist auf **ein Instandhaltungsverfahren spezialisiert**. Beispiele dafür sind Schlosser-, Elektronik-, Hydraulik- sowie Mess- und Prüfwerkstätten.
Jede Werkstatt setzt ihr Instandhaltungsverfahren an allen Instandhaltungsobjekten, die zu verschiedenen Fertigungsverfahren und Organisationsformen der Teilefertigung gehören, ein, um die notwendigen Instandhaltungsaufgaben zu lösen.
Die komplette Instandhaltung eines Instandhaltungsobjekts erfordert zwingend das Zusammenwirken mehrerer Instandhaltungswerkstätten.

Bild PW.C.1.(206) verdeutlicht am Beispiel der Organisationsformen der Teilefertigung (OF_{TF}) die strukturelle Anordnung des VZP.

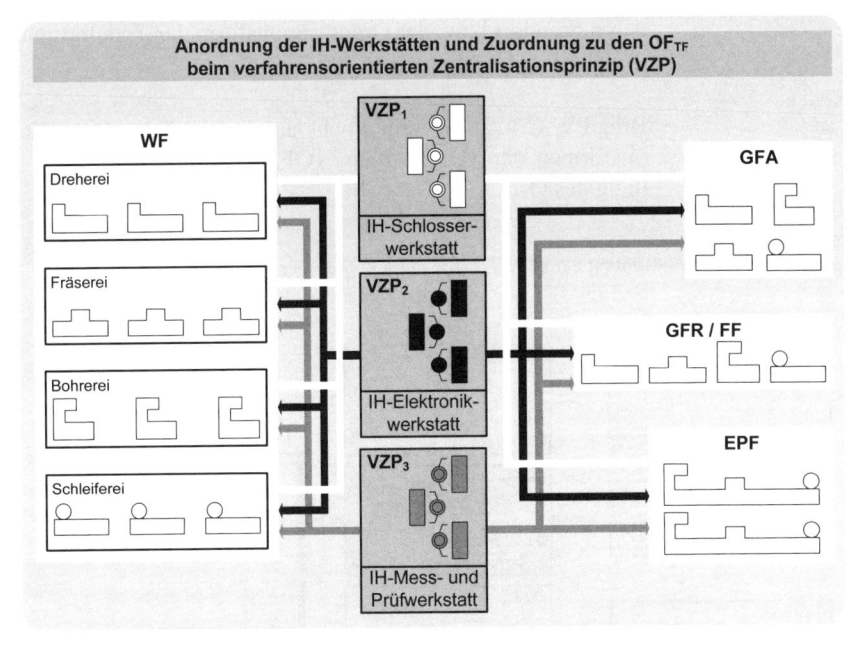

Bild PW.C.1.(206): Verfahrensorientiertes Zentralisationsprinzip (vgl. MAASER, F. [Instandhaltungsorganisation] S. 77)

(4) Objektorientiertes Zentralisationsprinzip (OZP)

Das **objektorientierte Zentralisationsprinzip (OZP)** entsteht durch die Kombination des zentralisierten Anordnungsprinzips mit dem objektorientierten Abgrenzungsprinzip.

Objektorientiertes Zentralisationsprinzip

Das Ergebnis dieser Kombination sind **mehrere zentral** (organisationsformfern) **angeordnete Instandhaltungswerkstätten**.
Jede dieser Werkstätten ist auf **ein Fertigungsverfahren (und alle Objekte dieses Verfahrens) spezialisiert**. Beispiele dafür sind Werkstätten, die auf das Drehen, das Fräsen oder das Schleifen spezialisiert sind.
Jede dieser Instandhaltungswerkstätten setzt **alle Instandhaltungsverfahren** ein, um **alle Instandhaltungsaufgaben** an **allen Betriebsmitteln des Fertigungsverfahrens, auf das sie spezialisiert ist**, zu lösen.
So wäre zum Beispiel eine Instandhaltungswerkstatt, die auf das Fräsen spezialisiert ist, für alle Instandhaltungsaufgaben, an allen Fräsmaschinen des Unternehmens – unabhängig von

deren Standort bzw. der Organisationsform der Teilefertigung, in der sie sich befinden – zuständig.

Bild PW.C.1.(207) verdeutlicht am Beispiel der Organisationsformen der Teilefertigung (OF_{TF}) die strukturelle Anordnung des OZP.

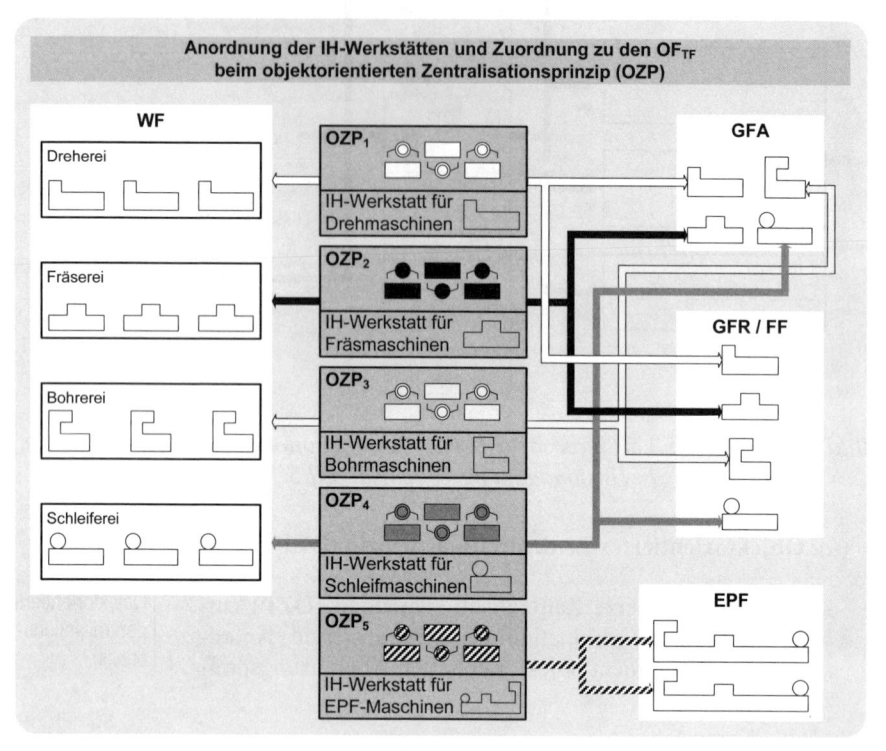

Bild PW.C.1.(207): *Objektorientiertes Zentralisationsprinzip (vgl. MAASER, F. [Instandhaltungsorganisation] S. 79)*

(5) Generalisiertes Integrationsprinzip (GIP)

| Generalisiertes Integrationsprinzip | Das **generalisierte Integrationsprinzip (GIP)** entsteht durch die Kombination des integrierten Anordnungsprinzips mit dem generalisierten Abgrenzungsprinzip. |

Diese Kombination führt zur **Anordnung** der **Instandhaltungskapazität innerhalb** der **Organisationsformen** der Fertigungshauptprozesse.

Das geschieht unmittelbar (organisationsformintern) an ausgewählten Bearbeitungsstationen, die in der Lage sind, mehrere verschiedene Fertigungsverfahren zur Bearbeitung von Arbeitsobjekten einzusetzen.

Die fertigungstechnische Integration verschiedener Fertigungsverfahren in einer Bearbeitungsstation erfordert zwingend eine Generalisierung der Instandhaltungskapazität.

Die integrative Instandhaltungskapazität löst **alle Instandhaltungsaufgaben**, die an der Bearbeitungsstation **für alle integrierten Fertigungsverfahren** anfallen.

Das Einsatzgebiet des generalisierten Integrationsprinzips ist die Organisationsform Einzelplatzfertigung.

Bild PW.C.1.(208) verdeutlicht am Beispiel der Organisationsformen der Teilefertigung (OF_{TF}) die strukturelle Anordnung des GIP.

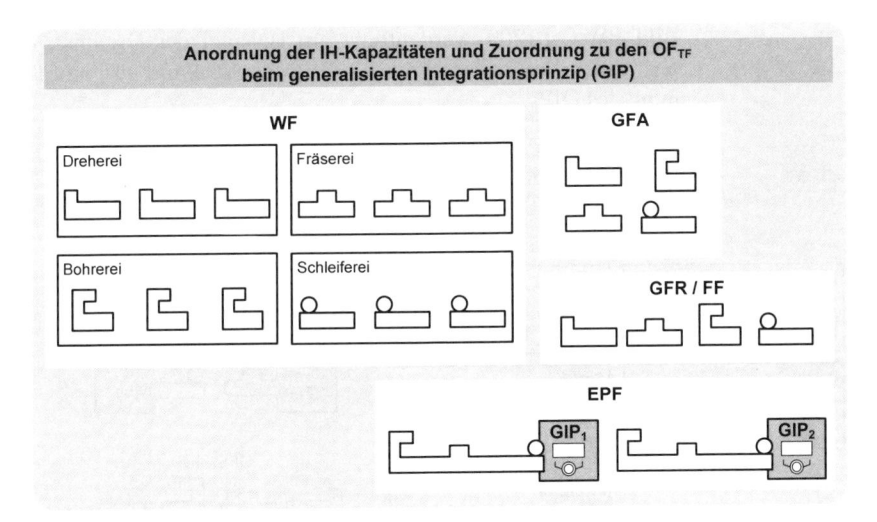

Bild PW.C.1.(208): Generalisiertes Integrationsprinzip

(6) **Objektorientiertes Integrationsprinzip (OIP)**

Das **objektorientierte Integrationsprinzip (OIP)** entsteht durch die Kombination des integrierten Anordnungsprinzips mit dem objektorientierten Abgrenzungsprinzip.

| Objektorientiertes Integrationsprinzip

Diese Kombination führt zur **Anordnung der Instandhaltungskapazität innerhalb** der **Organisationsformen** der Fertigungshauptprozesse. Das geschieht unmittelbar (organisationsformintern) an ausgewählten Bearbeitungsstationen des Fertigungsverfahrens, auf das die Instandhaltungskapazität spezialisiert ist. An dieser Bearbeitungsstation werden alle – für das von ihr repräsentierte Fertigungsverfahren – notwendigen Instandhaltungsmaßnahmen durch die integrierte Instandhaltungskapazität durchgeführt.

Die Auswahl von Bearbeitungsstationen, an denen das objektorientierte Integrationsprinzip der Instandhaltung eingesetzt wird, orientiert sich an deren Bedeutung für den Fertigungsprozess (z. B. Engpassmaschinen, hochspezialisierte Maschinen).
Solche Bearbeitungsstationen finden sich besonders in gegenstandsspezialisierten Organisationsformen der Fertigung.

Die Bearbeitungsstation und die Instandhaltungskapazität bilden einen integralen Bestandteil der Organisationsform des Fertigungsprozesses.

Bild PW.C.1.(209) verdeutlicht am Beispiel der Organisationsformen der Teilefertigung (OF_{TF}) die strukturelle Anordnung des OIP.

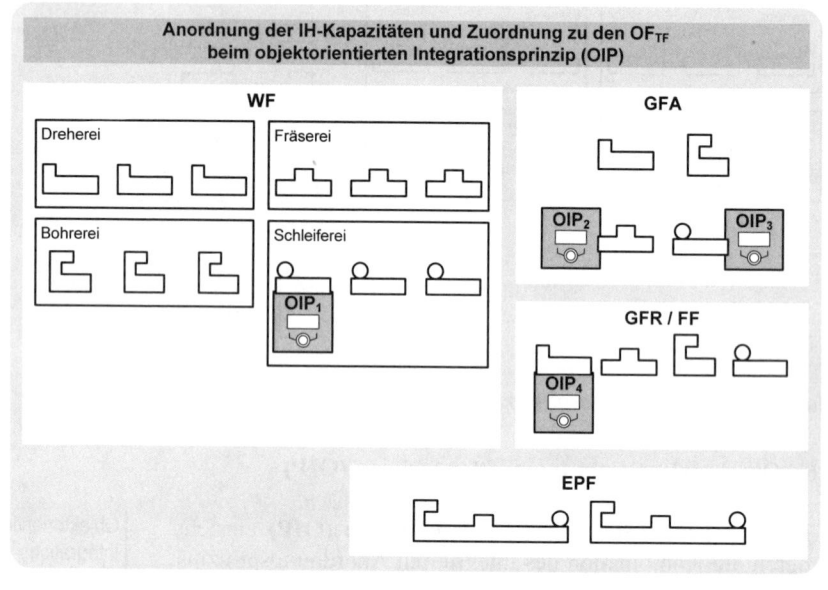

Bild PW.C.1.(209): Objektorientiertes Integrationsprinzip (vgl. MAASER, F. [Instandhaltungsorganisation] S. 85)

Es ist durchaus möglich, dass in einem Unternehmen **mehrere räumliche Organisationsprinzipien der Instandhaltung parallel eingesetzt** werden.

Die Spezialisierungsansätze der räumlichen Organisationsprinzipien der Instandhaltung sind in Bild PW.C.1.(210) zusammenfassend dargestellt.
Die dafür betrachteten **Merkmale** sind:
▶ Instandhaltungsobjekte
▶ Instandhaltungsverfahren
▶ Fertigungsverfahren
▶ Anzahl der Instandhaltungswerkstätten

Merkmale	Räumliche Organisationsprinzipien der Instandhaltung					
	GZP	GDP	VZP	OZP	GIP	OIP
IH-Objekt	Alle BM eines Unternehmens	Alle BM je OF$_{TF}$	Alle BM eines Unternehmens	Alle BM eines Fertigungsverfahrens	Ausgewählte BM mit mehreren integrierten Fertigungsverfahren	Ausgewählte BM eines Fertigungsverfahrens
IH-Verfahren	Alle IH-Verfahren	Alle benötigten IH-Verfahren je OF$_{TF}$	Ein IH-Verfahren je IH-Werkstatt	Alle IH-Verfahren	Alle benötigten IH-Verfahren für alle integrieten Fertigungsverfahren des ausgewählten BM	Alle benötigten IH-Verfahren je ausgewähltem BM
Fertigungsverfahren	Für alle Fertigungsverfahren eines Unternehmens	Für alle vorkommenden Fertigungsverfahren je OF$_{TF}$	Für alle Fertigungsverfahren eines Unternehmens	Für ein Fertigungsverfahren je IH-Werkstatt	Für alle integrierten Fertigungsverfahren des ausgewählten Objekts	Für ein Fertigungsverfahren des ausgewählten Objekts
Anzahl IH-Werkstätten	Eine	Mehrere: eine je OF$_{TF}$	Mehrere: eine je IH-Verfahren	Mehrere: eine je Fertigungsverfahren	Mehrere: eine je Objekt	Mehrere: eine je Fertigungsverfahren
Spezialisierungsform	Keine Spezialisierung	OF$_{TF}$ mit ihren • IH-Objekten • Fertigungsverfahren • Benötigten IH-Verfahren	• IH-Verfahren • IH-verfahrensorientierte Werkstätten	• Fertigungsverfahren • Fertigungsverfahrensorientierte IH-Werkstätten	• Ausgewähltes IH-Objekt und dessen integrierte Fertigungsverfahren • Alle durch das Objekt benötigten IH-Verfahren	• Ausgewähltes IH-Objekt und dessen Fertigungsverfahren • Durch das Objekt benötigte IH-Verfahren

Bild PW.C.1.(210): Spezialisierungsansätze räumlicher Organisationsprinzipien der Instandhaltung (aus dem Blickwinkel der Teilefertigung)

Die verbleibenden drei dunkelgrau und weiß hinterlegten Matrixfelder in Bild PW.C.1.(203) stellen Kombinationen dar, die o. g. Anspruch nicht oder nur zum Teil bzw. in Ausnahmefällen genügen.

Diese Einschätzung basiert auf folgenden Begründungen:

Verfahrensorientiertes Dezentralisationsprinzip
▶ Das **verfahrensorientierte Dezentralisationsprinzip (VDP)** schließt sich deshalb für die gegenstandsspezialisierte Fertigung aus, weil die Spezialisierung der Instandhaltungswerkstätten auf Instandhaltungsverfahren (eine Werkstatt = ein Verfahren) hier einerseits zu einer unübersehbaren Vielzahl von Instandhaltungswerkstätten führen würde, andererseits die Dezentralisierungspunkte nicht bzw. nicht begründbar bestimmt werden können.
Für verfahrensspezialisierte Organisationsformen der Teilefertigung besitzt das VDP sowohl theoretische als auch unternehmenspraktische Relevanz.

Verfahrensorientiertes Integrationsprinzip
▶ Das **verfahrensorientierte Integrationsprinzip (VIP)** schließt sich aus, weil es unlogisch ist, für ein Instandhaltungsobjekt innerhalb einer Organisationsform der Teilefertigung eine Vielzahl verfahrensspezialisierter Instandhaltungswerkstätten in die Organisationsform zu integrieren, in der sich das Instandhaltungsobjekt befindet.

Objektorientiertes Dezentralisationsprinzip
▶ Das **objektorientierte Dezentralisationsprinzip (ODP)** schließt sich in der gegenstandsspezialisierten Fertigung aus, weil es in jeder OF_{TF} – die als Dezentralisationspunkt gelten muss – in der Regel eine Vielzahl von Instandhaltungsobjekten mit verschiedenen Fertigungsverfahren gibt. Die Anzahl der dezentral objektorientiert anzuordnenden Instandhaltungswerkstätten steigt ins Unermessliche.
In der verfahrensspezialisierten Fertigung besäße dieses Prinzip sowohl eine theoretische als auch unternehmenspraktische Relevanz.
Die Zuordnung z. B. einer auf das Drehen spezialisierten Instandhaltungswerkstatt zu einer Dreherei hätte den Nachteil, dass nicht in der Dreherei – also in anderen OF_{TF} – befindliche Drehmaschinen von dem dann nicht mehr optimal positionierten Standort instand zu setzen wären.
Das objektorientierte Zentralisationsprinzip wäre dem objektorientierten Dezentralisationsprinzip vorzuziehen.

1.7.2 Zeitliches Organisationsprinzip (ZOP$_{IH}$)

Das zeitliche Organisationsprinzip der Instandhaltung charakterisiert den **Zeitpunkt des Wirksamwerdens der Instandhaltungskapazität an den Instandhaltungsobjekten**.

Dabei sind **zwei Betrachtungsebenen** zu unterscheiden. Sie sind mit folgenden **Fragestellungen** verbunden:
- ▶ Erfolgt die **Instandhaltung vor oder nach** dem **Eintritt** eines erwarteten **Schadens**?
- ▶ Welche verschiedenen **auslösenden zeitlichen Momente** leiten die Instandhaltung ein?

Das **Aktionsprinzip** beantwortet die erste Frage. Es ist zu unterscheiden in: | Aktionsprinzip

- ▶ **Präventives** (vorbeugendes) **Instandhaltungsprinzip**
Die **Instandhaltung** wird bei diesem Prinzip **vor dem Eintritt des erwarteten Schadens** durchgeführt | Präventives Instandhaltungsprinzip

- ▶ **Korrektives** (wiederherstellendes) **Instandhaltungsprinzip**
Die **Instandhaltung** wird bei diesem Prinzip **nach Eintritt des erwarteten Schadens** durchgeführt. | Korrektives Instandhaltungsprinzip
(vgl. MAASER, F. [Instandhaltungsorganisation] S. 90)

Die präventive Instandhaltung ist bestrebt Schäden bzw. Ausfälle der Instandhaltungsobjekte zu vermeiden.

Die korrektive Instandhaltung wird erst wirksam, wenn Schäden oder Ausfälle der Instandhaltungsobjekte zu verzeichnen sind.

Die Anlagenwartung wird in beiden Fällen durchgeführt. Die Inspektion ist Voraussetzung für die präventive Instandhaltung. Sie findet in der korrektiven Instandhaltung nicht statt.

Das **Auslösungsprinzip** beantwortet die zweite Frage. Für die Bestimmung der Zeitpunkte für die Einleitung von Instandhaltungsmaßnahmen sind folgende Prinzipien zu unterscheiden: | Auslösungsprinzip

- ▶ **Ereignisabhängiges Auslösungsprinzip**
Die Instandhaltung wird durch ein **instandhaltungsrelevantes Ereignis** wie z. B. Schaden oder Ausfall des Instandhaltungsobjekts ausgelöst. | Ereignisabhängiges Auslösungsprinzip

- ▶ **Zustandsabhängiges Auslösungsprinzip**
Die Instandhaltung wird dadurch ausgelöst, dass ein definierter (messbarer) **Mindestzustand** (Nutzungsvorrat) des Instandhaltungsobjekts erreicht oder unterschritten ist. | Zustandsabhängiges Auslösungsprinzip

Belastungsabhängiges Auslösungsprinzip

▶ **Belastungsabhängiges Auslösungsprinzip**
Die Instandhaltung wird dadurch ausgelöst, dass eine definierte **Belastungsgrenze** der Anlage, die in unmittelbarer Beziehung zur Nutzungszeit steht, erreicht oder überschritten ist (Laufzeit, Betriebsstunden).
Die Belastungsgrenze wird in der Regel vom Anlagenhersteller bestimmt.

Zeitabhängiges Auslösungsprinzip

▶ **Zeitabhängiges Auslösungsprinzip**
Die Instandhaltung wird dann ausgelöst, wenn ein dafür festgelegter **Termin** im Rahmen eines Instandhaltungszyklus erreicht ist.

Bei den letzten drei Prinzipien ist (wenn auch auf unterschiedliche Art und Weise) die **Überwachung** der **Anlagen und ihrer Zustände** notwendig, um Vermutungen über zeitnahe notwendige Instandhaltungen treffen zu können.

Das **zustandsabhängige Auslösungsprinzip** misst den konkreten **Anlagenzustand durch wiederholte Inspektionen unmittelbar.**

Das **belastungs- und das zeitabhängige Auslösungsprinzip nutzen Zeitdaten** (Laufleistung und Betriebsstunden der Anlagen, Termine), **um unmittelbar Schlussfolgerungen über den Anlagenzustand ziehen** zu können.

Diese drei Auslösungsprinzipien werden eingesetzt, um Anlagenausfälle und Schäden zu vermeiden. Sie sind inhaltlich vereinfacht zum zustandsabhängigen Auslösungsprinzip **zusammenfassbar** und dem präventiven (vorbeugenden) Aktionsprinzip zuzuordnen.

Das ereignisabhängige Auslösungsprinzip ist dagegen dem korrektiven (wiederherstellenden) Aktionsprinzip zuzuordnen.

Zeitliches Organisationsprinzip der Instandhaltung

Durch die Kombination je eines Aktionsprinzips mit je einem Auslösungsprinzip entstehen **zeitliche Organisationsprinzipien der Instandhaltung (ZOP$_{IH}$)** (vgl. Bild PW.C.1.(211)).

Zeitliche Organisations-prinzipien der Instandhaltung (ZOP$_{IH}$)	Auslösungsprinzip	
	Ereignisabhängig	Zustandsabhängig
Aktionsprinzip Präventiv		Zustandsorientiertes Präventivprinzip **ZPP**
Aktionsprinzip Korrektiv	Ereignisorientiertes Korrektivprinzip **EKP**	

☐ Sinnvolle Kombination ☐ Nicht sinnvolle Kombination

Bild PW.C.1.(211): Zeitliche Organisationsprinzipien der Instandhaltung

(1) **Ereignisorientiertes Korrektivprinzip (EKP)**

Das **ereignisorientierte Korrektivprinzip (EKP)** entsteht durch die Kombination des korrektiven Aktionsprinzips mit dem ereignisabhängigen Auslösungsprinzip.

<small>Ereignisorientieres Korrektivprinzip</small>

Dieses Prinzip ist durch die Instandhaltung infolge eines Schadens bzw. Ausfalls einer Anlage gekennzeichnet. Die durchzuführenden Maßnahmen sind durch die Instandsetzungen (evtl. in Verbindung mit einer Anlagenverbesserung) zu realisieren. (vgl. NEBL, T. / PRÜß, H. [Anlagenwirtschaft] S. 190 ff.)

Dieses zeitliche Organisationsprinzip ist einfach handhabbar. Allerdings führt es zu einer deutlichen Einschränkung der Anlagenverfügbarkeit sowie häufig zu sehr umfangreichen Schäden und Folgeschäden an den Anlagen. Bild PW.C.1.(212) verdeutlicht anhand der Kurve des Nutzungsvorrats das ereignisorientierte Korrektivprinzip. Im Bild wird von einer Auffüllung des Nutzungsvorrats auf 100 % durch die Instandsetzung ausgegangen.

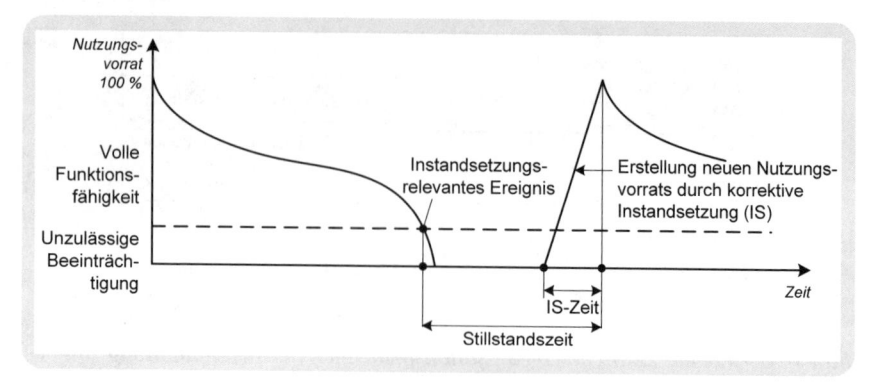

Bild PW.C.1.(212): Ereignisorientiertes Korrektivprinzip (vgl. MAASER, F. [Instandhaltungsorganisation] S. 95)

(2) Zustandsorientiertes Präventivprinzip (ZPP)

Zustands-
orientiertes
Präventivprinzip

Das **zustandsorientierte Präventivprinzip (ZPP)** entsteht durch die Kombination des präventiven Aktionsprinzips mit dem zustandsabhängigen Auslösungsprinzip.

Dieses Prinzip strebt die Vermeidung von störungsbedingten Produktionsausfällen und die Sicherung einer hohen Anlagenverfügbarkeit durch Schadensprävention an.

Dazu werden in der **ersten Variante die Ist-Zustände des Anlagenverschleißes durch wiederholte Inspektionen gemessen**, um den kritischen Ist-Zustand festzustellen, der besonders Wartungs- und vorbeugende Instandsetzungsaktivitäten (evtl. in Verbindung mit Anlagenverbesserung) auslöst.

Bild PW.C.1.(213) verdeutlicht anhand der Kurve des Nutzungsvorrats das zustandsorientierte Präventivprinzip.

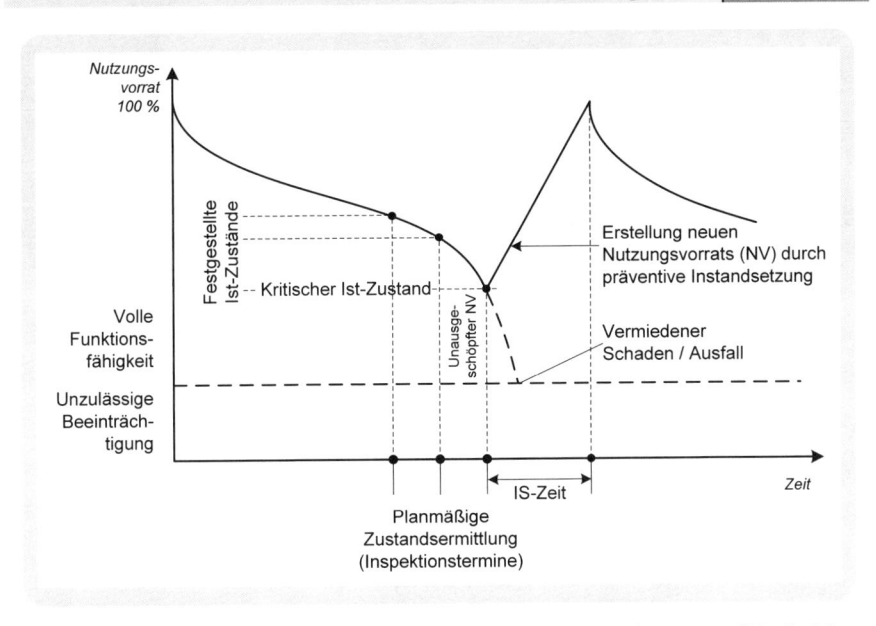

Bild PW.C.1.(213): Zustandsorientiertes Präventivprinzip (Variante I)(vgl. MAA-SER, F. [Instandhaltungsorganisation] S. 98)

Die **zweite Variante** der Zustandsermittlung und der nachfolgenden Instandhaltung basiert **nicht** auf **Inspektionen**, sondern z. B. auf **erreichten Belastungsgrenzen** (Normative der Anlagenhersteller). Auch hier wird die Vermeidung störungsbedingter Produktionsausfälle durch präventive Instandhaltung angestrebt (vgl. Bild PW.C.1. (214)).

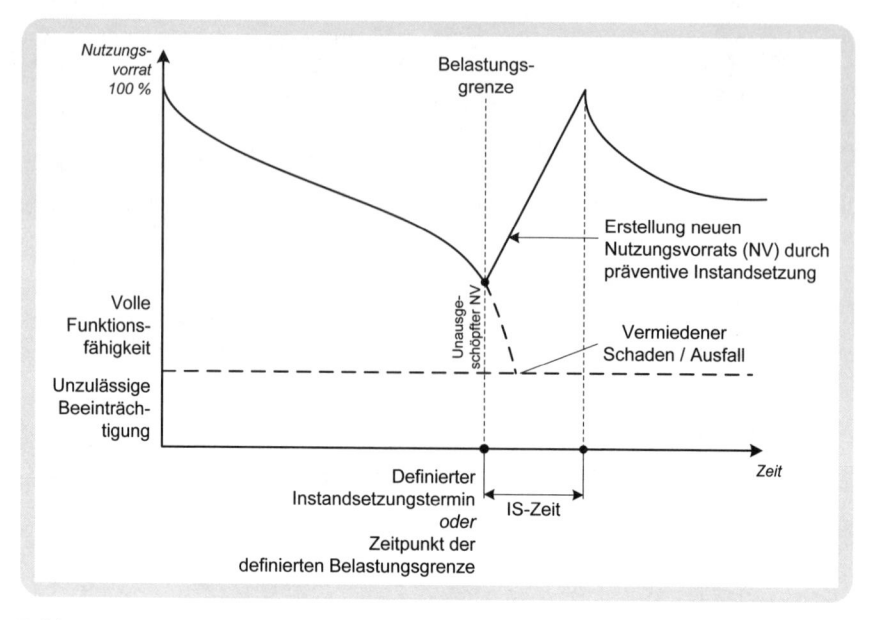

Bild PW.C.1.(214): Zustandsorientiertes Präventivprinzip (Variante II) (vgl. MAASER, F. [Instandhaltungsorganisation] S. 100)

1.7.3 Klassische Organisationsformen (OF$_{IH}$)

Klassische Organisationsform der Instandhaltung	Die Kombination je eines räumlichen mit je einem zeitlichen Organisationsprinzip der Instandhaltung führt zur Bildung von **klassischen Organisationsformen der Instandhaltung (OF$_{IH}$)**.

Die Kombination der dargestellten **zwei zeitlichen** mit den **sechs räumlichen** Organisationsprinzipien generiert **12 theoretisch mögliche Organisationsformen der Instandhaltung** (vgl. Bild PW.C.1.(215)).

ROP$_{IH}$ \ ZOP$_{IH}$	Ereignisorientiertes Korrektivprinzip EKP	Zustandsorientiertes Präventivprinzip ZPP
GZP Generalisiertes Zentralisationsprinzip	Ereignisorientierte generalisierte zentrale Instandhaltung **EGZ**	Zustandsorientierte generalisierte zentrale Instandhaltung **ZGZ**
VZP Verfahrensorientiertes Zentralisationsprinzip	Ereignis- und verfahrensorientierte zentrale Instandhaltung **EVZ**	Zustands- und verfahrensorientierte zentrale Instandhaltung **ZVZ**
OZP Objektorientiertes Zentralisationsprinzip	Ereignis- und objektorientierte zentrale Instandhaltung **EOZ**	Zustands- und objektorientierte zentrale Instandhaltung **ZOZ**
GDP Generalisiertes Dezentralisationsprinzip	Ereignisorientierte generalisierte dezentrale Instandhaltung **EGD**	Zustandsorientierte generalisierte dezentrale Instandhaltung **ZGD**
GIP Generalisiertes Integrationsprinzip	Ereignisorientierte generalisierte integrierte Instandhaltung **EGI**	Zustandsorientierte generalisierte integrierte Instandhaltung **ZGI**
OIP Objektorientiertes Integrationsprinzip	Ereignis- und objektorientierte integrierte Instandhaltung **EOI**	Zustands- und objektorientierte integrierte Instandhaltung **ZOI**

Bild PW.C.1.(215): Theoretisch mögliche klassische Organisationsformen der Instandhaltung

Die 12 theoretisch möglichen klassischen Organisationsformen der Instandhaltung werden nachfolgend charakterisiert:

(1) **Ereignisorientierte generalisierte zentrale Instandhaltung (EGZ)**

Die **Organisationsform EGZ** entsteht als Kombination des ereignisorientierten Korrektivprinzips (EKP) mit dem generalisierten Zentralisationsprinzip (GZP).

Ereignisorientierte generalisierte zentrale Instandhaltung

In dieser Organisationsform werden die für alle korrektiv instand zu haltenden Instandhaltungsobjekte des Unternehmens auftretenden stochastischen Instandhaltungsbedarfe von **einer zentralen Instandhaltungswerkstatt** befriedigt. Bis auf grundlegende Wartungsaufgaben (z. B. Ölwechsel, Schmieren, Reinigen) wird auf präventive Instandhaltungsaufgaben verzichtet. Die Anlagen werden bis zum Schadenseintritt bzw. Ausfall betrieben. **Inspektionen finden nicht statt**. Nach Schadenseintritt erfolgt zeitversetzt die **Instandsetzung**.

Diese Organisationsform besitzt eine **hohe theoretische Relevanz**. Sie ist **in der Unternehmenspraxis weit verbreitet**.

(2) Zustandsorientierte generalisierte zentrale Instandhaltung (ZGZ)

Zustandsorientierte generalisierte zentrale Instandhaltung

Die **Organisationsform ZGZ** entsteht als Kombination des zustandsorientierten Präventivprinzips (ZPP) mit dem generalisierten Zentralisationsprinzip (GZP).

Durch diese Organisationsform werden ausgehend von einer zentralen Instandhaltungswerkstatt alle zustandsabhängig präventiv instand zu haltenden Instandhaltungsobjekte regelmäßig **gewartet**, um den Verschleiß zu hemmen, und **inspiziert**, um unter weitgehender Ausnutzung des Nutzungsvorrats die notwendigen Instandsetzungsmaßnahmen vor dem Termin des zu erwartenden Schadenseintritt einzuleiten und zu realisieren.

Diese Organisationsform besitzt eine **hohe theoretische wie praktische Relevanz**.

(3) Ereignis- und verfahrensorientierte zentrale Instandhaltung (EVZ)

Ereignis- und verfahrensorientierte zentrale Instandhaltung

Die **Organisationsform EVZ** entsteht als Kombination des ereignisorientierten Korrektivprinzips (EKP) mit dem verfahrensorientierten Zentralisationsprinzip (VZP).

Mehrere zentral angeordnete und auf einzelne Instandhaltungsverfahren spezialisierte Instandhaltungswerkstätten führen nach Schadenseintritt bzw. Anlagenausfall die zu realisierenden Instandhaltungsmaßnahmen korrektiv durch. Dabei steht die Instandsetzung im Mittelpunkt.

(4) Zustands- und verfahrensorientierte zentrale Instandhaltung (ZVZ)

Zustands- und verfahrensorientierte zentrale Instandhaltung

Die **Organisationsform ZVZ** entsteht als Kombination des zustandsorientierten Präventivprinzips (ZPP) mit dem verfahrensorientierten Zentralisationsprinzip (VZP).

Mehrere zentral angeordnete und auf einzelne Instandhaltungsverfahren spezialisierte Instandhaltungswerkstätten führen in Abhängigkeit vom Anlagenzustand die zu realisierenden Instandhaltungsmaßnahmen Wartung und Instandsetzung präventiv durch.

(5) Ereignis- und objektorientierte zentrale Instandhaltung (EOZ)

Die **Organisationsform EOZ** entsteht als Kombination des ereignisorientierten Korrektivprinzips (EKP) mit dem objektorientierten Zentralisationsprinzip (OZP).

Ereignis- und objektorientierte zentrale Instandhaltung

Mehrere zentral angeordnete und auf einzelne Fertigungsverfahren spezialisierte Instandhaltungswerkstätten führen nach Schadenseintritt bzw. Anlagenausfall die zu realisierenden Instandhaltungsmaßnahmen korrektiv durch. Dabei steht die Instandsetzung im Mittelpunkt.

(6) Zustands- und -objektorientierte zentrale Instandhaltung (ZOZ)

Die **Organisationsform ZOZ** entsteht als Kombination des zustandsorientierten Präventivprinzips (ZPP) mit dem objektorientierten Zentralisationsprinzip (OZP).

Zustands- und objektorientierte zentrale Instandhaltung

Mehrere zentral angeordnete und auf einzelne Fertigungsverfahren spezialisierte Instandhaltungswerkstätten führen in Abhängigkeit vom Anlagenzustand die zu realisierenden Instandhaltungsmaßnahmen Wartung, Inspektion und Instandsetzung präventiv durch.

(7) Ereignisorientierte generalisierte dezentrale Instandhaltung (EGD)

Die **Organisationsform EGD** entsteht als Kombination des ereignisorientierten Korrektivprinzips (EKP) mit dem generalisierten Dezentralisationsprinzip (GDP).

Ereignisorientierte generalisierte dezentrale Instandhaltung

Mehrere dezentral angeordnete Instandhaltungswerkstätten mit der Fähigkeit eine Vielzahl von Instandhaltungsverfahren durchzuführen, realisieren diese korrektiv für alle Anlagen ihres Dezentralisierungsbereichs im Fertigungsprozess nach Störungseintritt bzw. Anlagenausfall.

(8) Zustandsorientierte generalisierte dezentrale Instandhaltung (ZGD)

Die **Organisationsform ZGD** entsteht als Kombination aus dem zustandsorientierten Präventivprinzip (ZPP) mit dem generalisierten Dezentralisationsprinzip (GDP).

Zustandsorientierte generalisierte dezentrale Instandhaltung

Mehrere dezentral angeordnete Instandhaltungswerkstätten mit der Fähigkeit eine Vielzahl von Instandhaltungsverfahren durchführen zu können, realisieren diese präventiv für alle Anlagen ihres Dezentralisierungsbereichs im Fertigungsprozess vor dem Anlagenausfall. Im Mittelpunkt stehen Inspektion, Wartung und Instandsetzung.

(9) **Ereignisorientierte generalisierte integrierte Instandhaltung (EGI)**

Ereignisorientierte generalisierte integrierte Instandhaltung

Die **Organisationsform EGI** entsteht als Kombination aus dem ereignisorientierten Korrektivprinzip (EKP) mit dem generalisierten Integrationsprinzip (GIP).

Die einem Instandhaltungsobjekt mit **mehreren** integrierten Fertigungsverfahren unmittelbar zugeordnete, integrierte Instandhaltungskapazität löst alle – nach Anlagenausfall oder Anlagenstörung – an diesem Objekt für seine integrierten Fertigungsverfahren durchzuführenden Instandhaltungsaufgaben. Dabei steht die Instandsetzung im Mittelpunkt.

(10) **Zustandsorientierte generalisierte integrierte Instandhaltung (ZGI)**

Zustandsorientierte generalisierte integrierte Instandhaltung

Die **Organisationsform ZGI** entsteht als Kombination aus dem zustandsorientierten Präventivprinzip (ZPP) mit dem generalisierten Integrationsprinzip (GIP).

Die einem Instandhaltungsobjekt mit **mehreren** integrierten Fertigungsverfahren unmittelbar zugeordnete, integrierte Instandhaltungskapazität löst alle zustandsbedingt durchzuführenden präventiven Instandhaltungsaufgaben für seine integrierten Fertigungsverfahren. Es werden sowohl Wartungen und Inspektionen als auch Instandsetzungen durchgeführt.

(11) **Ereignis- und objektorientierte integrierte Instandhaltung (EOI)**

Ereignis- und objektorientierte integrierte Instandhaltung

Die **Organisationsform EOI** entsteht als Kombination aus dem ereignisorientierten Korrektivprinzip (EKP) mit dem objektorientierten Integrationsprinzip (OIP).

Die einem Instandhaltungsobjekt mit **einem** Fertigungsverfahren unmittelbar zugeordnete, integrierte Instandhaltungskapazität löst alle – nach Anlagenstörung oder -ausfall – an diesem Objekt für sein Fertigungsverfahren durchzuführenden korrektiven Instandhaltungsaufgaben. Dabei steht die Instandsetzung im Mittelpunkt.

(12) **Zustands- und objektorientierte integrierte Instandhaltung (ZOI)**

> Die **Organisationsform ZOI** entsteht als Kombination aus dem zustandsorientierten Präventivprinzip (ZPP) mit dem objektorientierten Integrationsprinzip (OIP).

Zustands- und objektorientierte integrierte Instandhaltung

Die einem Instandhaltungsobjekt mit **einem** Fertigungsverfahren unmittelbar zugeordnete, integrierte Instandhaltungskapazität löst alle zustandsbedingt durchzuführenden präventiven Instandhaltungsaufgaben für sein Fertigungsverfahren. Anlagenstörungen und -ausfälle sollen dadurch vermieden werden. Es werden sowohl Wartungen und Inspektionen als auch Instandsetzungen durchgeführt.

Die Spannbreite des Einsatzes der dargestellten Organisationsformen der Instandhaltung in der Unternehmenspraxis reicht vom Einsatz **einer** Organisationsform bis zur **Kombination** des Einsatzes **mehrerer** Organisationsformen.

Die Entscheidung darüber, welche Organisationsformen einzusetzen sind, hängt von einer Vielzahl von Einflussfaktoren ab. Solche sind z. B.:

- ▶ **Unternehmensgröße** (KMU vs. Großunternehmen) und flächenmäßige Ausdehnung der Unternehmen
- ▶ **Auslastung der Instandhaltungskapazität** in Abhängigkeit von der Anzahl der Instandhaltungsobjekte, die einer Organisationsform der Instandhaltung zuzuordnen sind
- ▶ **Instandhaltungsstrategie**
- ▶ **Bedeutung der Instandhaltungsobjekte** für den Produktionsprozess, bewertet in Abhängigkeit vom
  - **Automatisierungsgrad** der Anlagen
  - **Spezialisierungsgrad** der Anlagen
  - Einsatz der **Anlage in einem Engpassbereich** der Produktion
- ▶ **Organisationsformen der Fertigungshauptprozesse**, für die bzw. in denen Instandhaltungsaufgaben zu lösen sind
- ▶ **Qualifikationsniveau der Maschinenbediener**, von dem abgeleitet durch Maschinenbediener ausgewählte Instandhaltungsaufgaben (z. B. Wartung, Inspektion, kleine Instandsetzungen) übernommen werden können oder nicht

> Eine diese Einflussfaktoren **übergreifende Betrachtung** führt zur Auswahl der für ein Unternehmen sinnvollen Organisationsformen der Instandhaltung.

Die Unternehmensgröße führt z. B. in **kleinen und mittelständischen Unternehmen** dazu, dass in der Regel **eine** bzw. **wenige Organisationsformen der Instandhaltung** eingesetzt werden. Dagegen kann es in **großen Unternehmen** notwendig sein, eine **Kombination aus mehreren Organisationsformen der Instandhaltung** einzusetzen.

Die Anzahl instand zu haltender Anlagen definiert die benötigte Instandhaltungskapazität. Einen wesentlichen Einfluss darauf übt die Entscheidung aus, ob die **korrektive oder vorbeugende Instandhaltungsstrategie** den Schwerpunkt bildet. Da häufig von einer Fokussierung auf die **präventive Instandhaltung** ausgegangen wird, liegt der Schwerpunkt der Auswahl vor allem auf Organisationsformen, die auf dem **zustandsorientierten Präventivprinzip** basieren.

Die hohe Bedeutung ausgewählter **Instandhaltungsobjekte** für den Produktionsprozess erfordert eine Orientierung der Instandhaltungsorganisation auf diese Objekte. Die **korrektive Instandhaltung verbietet sich** in diesem Falle.

Lassen zu produzierende Produktartmengen eine Ausdifferenzierung der **Organisationsformen der Fertigungshauptprozesse** in verfahrens- und gegenstandsspezialisierte Organisationsformen zu, so ist darauf mit sehr unterschiedlichen Organisationsformen der Instandhaltung zu reagieren.

Große Mengen gleichartiger Produkte machen in Großunternehmen eine **Gegenstandsspezialisierung** der Fertigungshauptprozesse verbunden mit einer **hohen Spezialisierung und Automatisierung der Anlagen** erforderlich. Dafür sind eher **zustands- und präventiv orientierte Organisationsformen der Instandhaltung** einzusetzen, die die gegenstandsspezialisierten Organisationsformen der Fertigung direkt, unmittelbar und dezentral instandhaltungsseitig betreuen.

Große Produktartbreiten mit **geringen Stückzahlen** gleichartiger Produkte orientieren in KMU auf vorwiegend **verfahrensspezialisierte Organisationsformen** der Fertigungshauptprozesse mit niedrigen Spezialisierungs- und Automatisierungsgraden der Anlagen. Sie erfordern vorwiegend **generalisierte**, auf verschiedene Fertigungsverfahren orientierte, **zentrale bzw. dezentrale Organisationsformen der Instandhaltung**.

Auf Grund wechselnder Fertigungsaufträge in KMU mit verfahrensspezialisierten Organisationsformen der Fertigung ist davon auszugehen, dass die hier eingesetzten Maschinenbediener hoch

qualifiziert und damit in der Lage sind, **ausgewählte Instandhaltungsaufgaben zu übernehmen**.
Dieser Sachverhalt liegt bei Maschinenbedienern, die auf einen Arbeitsgang in der gegenstandsspezialisierten Fertigung orientiert sind, eher nicht vor.

Diese Erkenntnisse führen zu einer Einschränkung der theoretischen und unternehmenspraktischen Relevanz der in Bild PW.C.1.(215) dargestellten Organisationsformen der Instandhaltung.

Die **theoretische Relevanz** liegt für alle dargestellten Organisationsformen der Instandhaltung vor.

Für die **praktische Relevanz** sind folgende Zusammenhänge bedeutsam:

▶ Eine **Ausdifferenzierung des generalisierten Zentralisationsprinzips** nach dem Korrektivprinzip und dem Präventivprinzip sollte unterbleiben, weil

- die Anzahl ereignisorientiert instand zu haltender Anlagen deutlich kleiner sein dürfte als die Anzahl zustandsorientiert instand zu haltender Anlagen,
- Wartungsaufgaben an ereignisorientiert instand zu setzenden Anlagen durch die zustandsorientierte generalisierte zentrale Instandhaltung zusätzlich zu realisieren sind (das führt zu einer Vermischung der Auslösungsprinzipien),
- eine zentrale Instandhaltungswerkstatt die Aufgaben korrektiver und präventiver Instandhaltung realisieren kann.

Die Kombination von EGZ und ZGZ wäre sinnvoll. Das Ergebnis wäre **eine generalisierte zentrale Instandhaltungswerkstatt (GZI)**, die unabhängig vom Auslösungsprinzip für alle Anlagen alle Instandhaltungsaufgaben realisiert.

<small>Generalisierte zentrale Instandhaltung</small>

Sie besitzt besonders in KMU eine hohe Praxisrelevanz.

▶ Eine **Ausdifferenzierung des verfahrensorientierten Zentralisationsprinzips** nach dem Korrektiv- und dem Präventivprinzip sollte unterbleiben, weil das zu einer Verdoppelung der zentral angeordneten, auf verschiedene Instandhaltungsverfahren spezialisierte Instandhaltungswerkstätten führt. Das ist weder technisch noch ökonomisch realisier- und verantwortbar.

Verfahrensorientierte zentrale Instandhaltung

Eine Kombination von EVZ und ZVZ wäre sinnvoll. Als Ergebnis wäre anzustreben, dass **mehrere Instandhaltungswerkstätten** unabhängig vom Auslösungsprinzip alle anfallenden Instandhaltungsaufgaben an allen Instandhaltungsobjekten in den auf die **Instandhaltungsverfahren orientierten zentralen Instandhaltungswerkstätten (VZI)** realisieren.

Sie besitzen eine hohe Praxisrelevanz.

▶ Eine **Ausdifferenzierung des objektorientierten Zentralisationsprinzips** nach dem Korrektiv- und dem Präventivprinzip sollte unterbleiben, weil das zu einer Verdoppelung der zentralen Instandhaltungswerkstätten, die jeweils auf Instandhaltungsobjekte eines Fertigungsverfahrens spezialisiert sind, führen würde. Das ist weder technisch noch ökonomisch sinnvoll.

Objektorientierte zentrale Instandhaltung

Die Kombination von EOZ und ZOZ wäre sinnvoll. Als Ergebnis wäre anzustreben, dass **mehrere Instandhaltungswerkstätten** unabhängig vom Auslösungsprinzip alle Instandhaltungsaufgaben an allen Instandhaltungsobjekten jeweils eines Fertigungsverfahrens in den **objektorientierten zentralen Instandhaltungswerkstätten (OZI)** realisieren.

Sie besitzen eine hohe Praxisrelevanz.

Die drei Organisationsformen der Instandhaltung
▶ generalisierte zentrale Instandhaltung (GZI),
▶ verfahrensorientierte zentrale Instandhaltung (VZI) und
▶ objektorientierte zentrale Instandhaltung (OZI)

sind in der Regel in der Unternehmenspraxis **alternativ einzusetzen**.

▶ Das **generalisierte Dezentralisationsprinzip (GDP)** ist dann sinnvoll, wenn die Instandhaltungswerkstätten organisationsformnah zu ausgewählten Organisationsformen der **gegenstandsspezialisierten Fertigung** (z. B. Fließfertigung) angeordnet werden, um präventiv deren kontinuierlichen unterbrechungsfreien Fertigungsablauf zu gewährleisten.

Anzustreben wäre hier eine **zustandsorientierte generalisierte dezentrale Instandhaltung (ZGD)**.

Sie besitzt unter o. g. Bedingungen eine hohe Bedeutung für die Unternehmenspraxis.

Die ereignisorientierte generalisierte dezentrale Instandhaltung (EGD) besitzt keine bzw. nur eine begrenzte Bedeutung. Die ereignisorientierte Instandhaltung könnte alternativ durch die Organisationsformen GZI, VZI, OZI oder die ZGD übernommen werden.

Die zustandsorientierte generalisierte dezentrale Instandhaltung (ZGD) ist gegebenenfalls durch die generalisierte zentrale Instandhaltung (GZI) ersetzbar.

Die Organisationsform ZGD bietet sich als Kombinationsvariante zu den Organisationsformen OZI, VZI und in Ausnahmefällen GZI an.

▶ Das **generalisierte Integrationsprinzip (GIP)** ist in den gegenstandsspezialisierten Organisationsformen der Fertigung auf Basis des Präventivprinzips von besonderer Bedeutung. Das gilt insbesondere bei Anlagen mit hoher Automatisierung, die eine Vielzahl verschiedener Fertigungsverfahren integrieren.
Die zustandsorientierte generalisierte integrierte Instandhaltung (ZGI) bietet sich dafür als Organisationsform der Instandhaltung an.

▶ Das **objektorientierte Integrationsprinzip (OIP)** ist in den gegenstandsspezialisierten Organisationsformen der Fertigung auf der Basis des Präventivprinzips von besonderer Bedeutung. Das gilt besonders bei Anlagen mit hoher Automatisierung, Spezialisierung und bei Engpassmaschinen, deren Ausfall zu vermeiden ist.

Eine ereignis- und objektorientierte integrierte Instandhaltung macht keinen Sinn, da die Integration der Instandhaltungskapazität lediglich zur Ausfallprävention genutzt wird.

Die zustands- und objektorientierte integrierte Instandhaltung (ZOI) bietet sich als Kombinationsvariante für alle anderen Organisationsformen der Instandhaltung an.

Nach Einschätzung ihrer Praktikabilität ändert sich die Darstellung (vgl. Bild PW.C.1.(215)) der theoretisch möglichen klassischen Organisationsformen der Instandhaltung in eine Darstellung der Organisationsformen der Instandhaltung mit einer besonderen Praxisrelevanz (vgl. Bild PW.C.1.(216)).

ROP$_{IH}$ \ ZOP$_{IH}$	EKP	ZPP
GZP	Generalisierte zentrale Instandhaltung GZI	
VZP	Verfahrensorientierte zentrale Instandhaltung VZI	
OZP	Objektorientierte zentrale Instandhaltung OZI	
GDP		Zustandsorientierte generalisierte dezentrale Instandhaltung ZGD
GIP		Zustandsorientierte generalisierte integrierte Instandhaltung ZGI
OIP		Zustands- und objektorientierte integrierte Instandhaltung ZOI

☐ Sinnvolle Kombination   ☐ Nicht sinnvolle Kombination

Bild PW.C.1.(216): Praktikable klassische Organisationsformen der Instandhaltung

Insgesamt ist zu konstatieren, dass **von den räumlichen Organisationsprinzipien** ein **dominanter Einfluss** auf die **Bildung der Organisationsformen der Instandhaltung** ausgeht.

Bild PW.C.1.(217) stellt charakterisierende Merkmale der Organisationsformen der Instandhaltung als Übersicht dar.

Merkmale	Organisationsformen der Instandhaltung					
	GZI	VZI	OZI	ZGD	ZGI	ZOI
Anordnungs-prinzip	Zentral	Zentral	Zentral	Dezentral	Integriert	Integriert
Abgrenzungs-prinzip	Generalisiert	Verfahrens-orientiert	Objekt- / Fertigungsverfahrensorien.	Generalisiert	Generalisiert	Objekt-orientiert
Aktionsprinzip	Präventiv / Korrektiv			Präventiv		
Auslösungs-prinzip	Zustand / Ereignis			Zustand		
IH-Maßnahmen	Inspektion, Wartung, Instandsetzung, Verbesserung					
Anzahl IH-Werkstätten	Eine	Mehrere	Mehrere	Mehrere	Mehrere integrierte IH-Kapazitäten	Mehrere integrierte IH-Kapazitäten
IH-Spezialisierung	Generalistisch / Gering	Auf IH-Verfahren / Mittel	Auf Objekte und Fertigungsverfahren / Mittel	Auf OF_{TF} und OF_{Mo} / Hoch	Auf alle integrierten Fertigungsverfahren einer Anlage / Gering / Hoch	Auf einzelne Anlagen / Sehr hoch
Anzahl IH-Objekte	Alle / Sehr hoch	Alle / Sehr hoch	Alle je Fertigungsverfahren / Hoch	Alle je OF_{TF} und OF_{Mo} / Mittel	= 1 / Gering	= 1 / Gering
Entfernung IH-Obj. & Werkstatt	Groß	Groß	Groß	Gering	Sehr gering / = 0	Sehr gering / = 0
Auslastung IH-Kapazität	Sehr hoch	Hoch	Hoch	Mittel	Mittel	Mittel
Ausstattungs-kosten	Hoch	Hoch	Hoch	Mittel	Hoch	Mittel
Aufgaben-flexibilität	Sehr hoch	Hoch	Hoch	Mittel	Hoch	Gering

Bild PW.C.1.(217): Charakteristische Merkmale der klassischen Organisationsformen der Instandhaltung

1.7.4 Technisches Organisationsprinzip (TOP_{IH})

Neben den räumlichen und zeitlichen Organisationsprinzipien und den durch ihre Kombination entstandenen klassischen Organisationsformen der Instandhaltung spielen die **technischen Ausgestaltungsmöglichkeiten** dieser Organisationsformen eine besondere Rolle. Sie prägen die **Fähigkeitsprofile der Instandhaltung** maßgeblich und üben damit einen wichtigen Einfluss auf die Ergiebigkeit der einzusetzenden Organisationsformen der Instandhaltung (OF_{IH}) aus.

Die **technischen Organisationsprinzipien (TOP_{IH})** werden aus dem **Techniksystem der Instandhaltung** abgeleitet.

| Technikteilsysteme der Instandhaltung

Das Techniksystem ist in folgende **Technikteilsysteme** gliederbar:

- **Instandhaltungs-Montagesystem** (IMS)
- **Instandhaltungs-Fertigungssystem** (IFS)
- **Instandhaltungs-Wartungssystem** (IWS)
- **Instandhaltungs-Inspektionssystem** (IIS)

Niveaustufen der Technikteilsysteme

Die **technische Ausgestaltung** dieser **Technikteilsysteme** lässt (nach MAASER, F. [Instandhaltungsorganisation] S. 104 ff.) folgende Differenzierung in verschiedene **Niveaustufen** zu:

- **Einfache Instandhaltung**
- **Mechanisierte Instandhaltung**
- **Teilautomatisierte Instandhaltung**

In der **einfachen Instandhaltung** bildet der **Instandhaltungspotenzialfaktor Arbeitskraft** die Instandhaltungskapazität.

In der **mechanisierten Instandhaltung** sind die **Instandhaltungspotenzialfaktoren Arbeitskraft** und **Betriebsmittel gemeinsam** kapazitätsbildend.

In der **teilautomatisierten Instandhaltung** ist der **Instandhaltungspotenzialfaktor Betriebsmittel** für die Bildung der Instandhaltungskapazität verantwortlich.

Bild PW.C.1.(218) verdeutlicht die Technikteilsysteme der Instandhaltung und deren Aufgabenspektrum sowie die dafür einsetzbaren Niveaustufen der Technikteilsysteme und deren technische Ausstattung.

Technikteilsysteme der Instandhaltung und zu lösende Aufgaben		Niveaustufen der technischen Ausgestaltung der Technikteilsysteme		
Technikteilsysteme	Aufgaben	Einfache Instandhaltung	Mechanisierte Instandhaltung	Teilautomatisierte Instandhaltung
Instandhaltungs-montagesystem (**IMS**)	• Demontage der IH-Objekte • Austausch von ET / BG • Remontage der IH-Objekte	Einsatz einfacher handgeführter Werkzeuge (Schraubenschlüssel, Montagehilfsmittel)	Montagebetriebsmittel klassischer OF_{Mo}	Montagebetriebsmittel moderner OF_{Mo}
Instandhaltungs-fertigungssystem (**IFS**)	• Aufarbeiten von ET / BG • Nacharbeiten von ET /BG	Einsatz einfacher handgeführter Werkzeuge (Hammer, Feile, Handbohrmaschine)	Teilefertigungsbetriebsmittel klassischer OF_{TF}	Teilefertigungsbetriebsmittel moderner OF_{TF}
Instandhaltungs-wartungssystem (**IWS**)	• Reinigen • Pflegen • Schützen	• Einfache Wartungsmittel • Reinigungsutensilien • Schmierstoffe	Spezialisierte Wartungstechnik (Reinigungsstrahler, -sauger, Ultraschallreinigungsanlagen)	Fest installierte, bedarfsabhängig agierende Wartungstechnik (automatische Schmierstoffgeber)
Instandhaltungsinspektions-(Mess- und Prüf-)system (**IIS**)	• Funktionsprüfung • Verschleißprüfung • Fehlersuche • Schadenaufnahme	• Keine bzw. einfache Mess- und Prüfmittel • Sichtprüfung • Hörprüfung • Mess- und Prüflehren	Spezialisierte Messtechnik (Endoskope, Thermographie, Frequenzspektrenanalyse)	Kontinuierliche Zustandsüberwachung durch fest installierte Sensoren mit Online-zustandsbewertung

Bild PW.C.1.(218): Technikteilsysteme der Instandhaltung und ihre Niveaustufen (nach MAASER, F. [Instandhaltungsorganisation] S. 110)

Für jedes Technikteilsystem ergeben sich aufgrund der Niveaustufen seiner technischen Ausgestaltung jeweils drei **technische Organisationsprinzipien der Instandhaltung (TOP$_{IH}$)** (vgl. Bild PW.C.1.(219)).

| Technisches Organisationsprinzip der Instandhaltung |

Technikteilsysteme der Instandhaltung	Niveaustufen der technischen Ausgestaltung der Technikteilsysteme		
	Einfache Instandhaltung	Mechanisierte Instandhaltung	Teilautomatisierte Instandhaltung
IH-Montagesystem (**IMS**)	TOP_{1IMS}	TOP_{2IMS}	TOP_{3IMS}
IH-Fertigungssystem (**IFS**)	TOP_{1IFS}	TOP_{2IFS}	TOP_{3IFS}
IH-Wartungssystem (**IWS**)	TOP_{1IWS}	TOP_{2IWS}	TOP_{3IWS}
IH-Inspektionssystem (**IIS**)	TOP_{1IIS}	TOP_{2IIS}	TOP_{3IIS}

Bild PW.C.1.(219): Technische Organisationsprinzipien der Instandhaltung

Für die technische Ausgestaltung der Instandhaltungs-, Montage- und Fertigungssysteme sind zwei alternative Ansätze zu unterscheiden:

▶ Vor-Ort-Montage bzw. Vor-Ort-Instandsetzung (Fertigung) am Produktionsstandort des Instandhaltungsobjekts mit
  - Stationären IH-Objekten und
  - Instationären IH-Arbeitskräften und IH-Betriebsmitteln

▶ Montage bzw. Instandsetzung (Fertigung) des Instandhaltungsobjekts nach Transport in eine zentrale IH-Werkstatt mit
  - Stationären IH-Arbeitskräften und IH-Betriebsmitteln
  - Instationären IH-Objekten

Instandhaltungstätigkeiten im Produktionsbereich erfordern niedrigere Niveaustufen der technischen Ausstattung der Technikteilsysteme als Instandhaltungstätigkeiten in zentralen IH-Werkstätten. Das ist bedingt durch die Anzahl der instand zu haltenden Objekte und die Wiederholung identischer IH-Tätigkeiten. Bei der Organisation innerbetrieblicher Instandsetzungsprozesse ist eine Dominanz der Instandhaltung **unmittelbar im Produktionsbereich** des IH-Objekts sehr wahrscheinlich.

Das Technikteilsystem Inspektion besitzt für die korrektive Instandhaltung keine Bedeutung.

Die einsetzbaren Niveaustufen der technischen Ausstattung der Technikteilsysteme unterscheiden sich für die korrektive und die präventive Instandhaltung.

Für eine wirkungsvolle präventive Instandhaltung sind höhere Niveaustufen als für die korrektive Instandhaltung einzusetzen.

1.7.5 Moderne Organisationsformen (OF_{IH})

| Moderne Organisationsform der Instandhaltung | Die Kombination je eines räumlichen Organisationsprinzips der Instandhaltung (ROP_{IH}) mit je einem zeitlichen Organisationsprinzip der Instandhaltung (ZOP_{IH}) und je einem technischen Organisationsprinzip der Instandhaltung (TOP_{IH}) führt zur Bildung **moderner Organisationsformen der Instandhaltung (OF_{IH})**. |

Fünf räumliche Organisationsprinzipien und zwei zeitliche Organisationsprinzipien bilden durch ihre Kombination die klassischen Organisationsformen der Instandhaltung.

Die dritte Komponente moderner Organisationsformen der Instandhaltung – das technische Organisationsprinzip – wird durch die vier Technikteilsysteme (IMS, IFS, IWS, IIS) dokumentiert. Das heißt, dass die Kombination von ROP_{IH} und ZOP_{IH} mit TOP_{IH} in vier Schritten über die Integration aller vier Technikteilsysteme (IMS, IFS, IWS, IIS) und deren Niveaustufen der technischen Ausgestaltung verläuft. Das Einfügen der vier Technikteilsysteme erfährt dabei eine jeweils separate Betrachtung. Bild PW.C.1.(220) stellt diesen Zusammenhang graphisch dar.

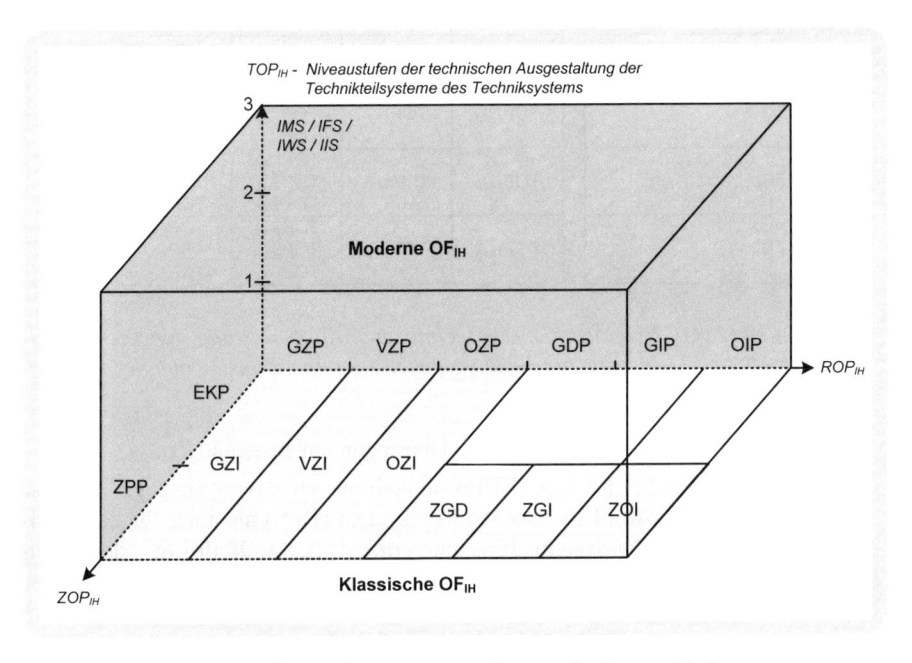

Bild PW.C.1.(220): Moderne Organisationsformen der Instandhaltung

Es entsteht als Grundmodell ein Kubus, in dem die OF_{IH} abgebildet werden. Tatsächlich handelt es sich um mehrere Kuben, die folgende Kombinationen darstellen:

▶ $ROP_{IH} + ZOP_{IH} + TOP_{IMS}$
▶ $ROP_{IH} + ZOP_{IH} + TOP_{IFS}$
▶ $ROP_{IH} + ZOP_{IH} + TOP_{IWS}$
▶ $ROP_{IH} + ZOP_{IH} + TOP_{IIS}$

Zur Vereinfachung der Problematik wird für die modernen Organisationsformen die Bezeichnung der klassischen Organisationsformen beibehalten.

Die unterschiedlichen Niveaustufen der technischen Ausgestaltung der fünf klassischen Organisationsformen der Instandhaltung durch die TOP_{IH} zur Bildung moderner OF_{IH} stellt Bild PW.C.1.(221) dar.

Technikteilsysteme der IH \ Klassische OF_{IH}	Niveaustufen der technischen Ausgestaltung der Technikteilsysteme durch TOP_{IH}			
	IMS	IFS	IWS	IIS
GZI	TOP_{1IMS}	TOP_{1IFS}	TOP_{1IWS} TOP_{2IWS}	TOP_{1IIS} TOP_{2IIS}
VZI	TOP_{1IMS}	TOP_{1IFS}	TOP_{1IWS} TOP_{2IWS}	TOP_{1IIS} TOP_{2IIS}
OZI	TOP_{1IMS}	TOP_{1IFS}	TOP_{1IWS} TOP_{2IWS}	TOP_{1IIS} TOP_{2IIS}
ZGD	TOP_{1IMS}	TOP_{1IFS}	TOP_{1IWS} TOP_{2IWS} TOP_{3IWS}	TOP_{1IIS} TOP_{2IIS} TOP_{3IIS}
ZGI	TOP_{1IMS}	TOP_{1IFS}	TOP_{1IWS} TOP_{2IWS} TOP_{3IWS}	TOP_{1IIS} TOP_{2IIS} TOP_{3IIS}
ZOI	TOP_{1IMS}	TOP_{1IFS}	TOP_{1IWS} TOP_{2IWS} TOP_{3IWS}	TOP_{1IIS} TOP_{2IIS} TOP_{3IIS}

Bild PW.C.1.(221): Niveaustufen der technischen Ausgestaltung der Technikteilsysteme für die klassischen Organisationsformen der Instandhaltung

Dabei wird von folgenden Überlegungen ausgegangen:

▶ Für die Vor-Ort-Instandhaltung ist davon auszugehen, dass sowohl für das Montagesystem (IMS) als auch für das Fertigungssystem (IFS) eine **einfach Instandhaltung** – dokumentiert durch TOP_{1IMS} und TOP_{1IFS} – einzusetzen ist.
Mechanisierungen und Teilautomatisierungen werden den Instandhaltungsvarianten vorbehalten sein, die nach dem Transport der Anlagen in die IH-Werkstätten zu realisieren sind.

▶ Unabhängig von der Generalisierung, Verfahrens- oder Objektorientierung wird in zentral angeordneten Instandhaltungswerkstätten alternativ eine **einfache oder** eine **mechanisierte** Niveaustufe der technischen Ausgestaltung der Wartungs- und Inspektionssysteme möglich sein (TOP_{1IWS}, TOP_{2IWS} / TOP_{1IIS}, TOP_{2IIS}).

▶ Für zustandsorientierte generalisierte oder objektorientierte Organisationsformen der Instandhaltung sind für das Wartungs- und Inspektionssystem alternativ sowohl **einfache, mechanisierte** als auch **teilautomatisierte** Niveaustufen der technischen Ausstattung relevant und umsetzbar (TOP_{1IWS}, TOP_{2IWS}, TOP_{3IWS} / TOP_{1IIS}, TOP_{2IIS}, TOP_{3IIS}).
Die Grundlage dafür, welche Niveaustufe zu wählen ist, bildet die besondere Bedeutung der durch die IH-Organisation betreute Einzelanlage bzw. Organisationsform der Fertigung.

> Die **Einsatzgebiete der Organisationsformen der Instandhaltung** sind die **Organisationsformen der Fertigungshauptprozesse** und die **Organisationsformen der** beteiligten **fertigungsnahen industriellen Dienstleistungen**.

Es ist zu entscheiden, welche Organisationsform der Instandhaltung in welcher Organisationsform der Fertigungshauptprozesse aus technischer und wirtschaftlicher Sicht sinnvoll einzusetzen ist.

Für die Teilefertigung ergeben sich folgende Kombinationen (vgl. Bild PW.C.1.(222)).

OF_{TF} \ OF_{IH}	GZI	VZI	OZI	ZGD	ZGI	ZOI
Werkstattfertigung	●	●	●	○	○	○
Gegenstandsspezialisierter Fertigungsabschnitt	●	○	○	◐	◐	◐
Gegenstandsspezialisierte Fertigungsreihe	◐	◐	◐	●	○	○
Fließfertigung	○	○	○	●	○	◐
Einzelplatzfertigung	○	○	○	○	●	○

● Relevante Kombination ◐ Mögliche Kombination ○ Irrelevante Kombination

Bild PW.C.1.(222): Zuordnung von Organisationsformen der Instandhaltung zu Organisationsformen der Teilefertigung (vgl. TEICHNER, I. [Produktionsorganisation] S. 113)

Die **relevanten Kombinationen** stellen sinnvolle Varianten mit einer besonderen praktischen Bedeutung dar.

Die **möglichen Kombinationen** stellen Varianten mit einer geringeren praktischen Bedeutung dar.

> Auf der Grundlage der ROP_{IH}, ZOP_{IH}, OF_{IH} und der Zuordnung der Organisationsformen der Instandhaltung (OF_{IH}) zu den Organisationsformen der Teilefertigung (OF_{TF}) erfolgt die Integration der TOP_{IH} als **Ebenenmodell** für die Ausgestaltung **moderner Organisationsformen der Instandhaltung** (vgl. Bild PW.C.1. (223)).

Da für das Montage- und Fertigungssystem (in der Vor-Ort-Montage) identische technische Niveaustufen der Ausgestaltung der OF_{IH} anzunehmen sind, erfolgt ihre graphische Darstellung in zusammenfassender Weise.

Da für das Wartungs- und Inspektionssystem identische technische Niveaustufen der Ausgestaltung der OF_{IH} anzunehmen sind, erfolgt ihre graphische Darstellung ebenfalls in zusammenfassender Weise.

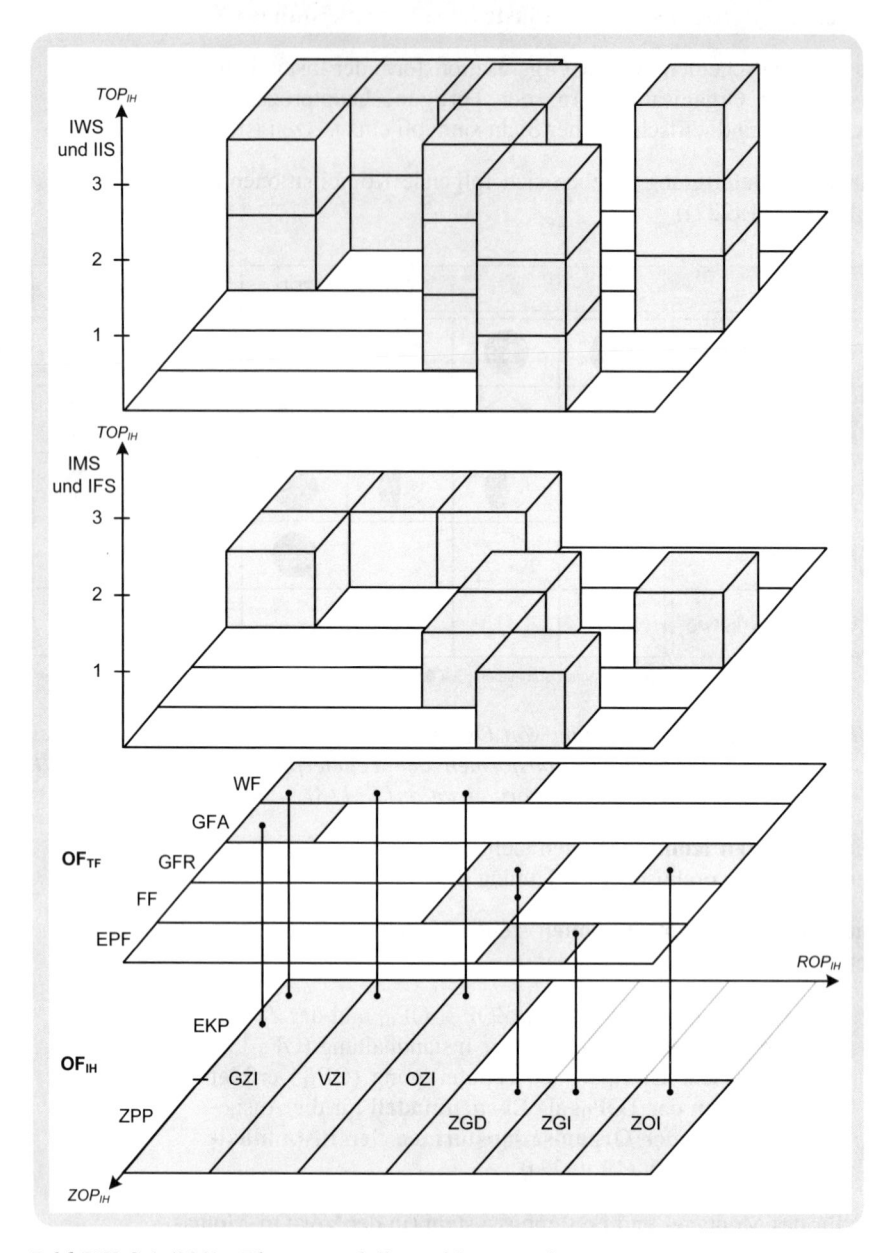

Bild PW.C.1.(223): Ebenenmodell – Bildung moderner Organisationsformen der Instandhaltung für Organisationsformen der Teilefertigung

I. Begriffe zur Selbstüberprüfung

- ✓ Räumliches Anordnungsprinzip
- ✓ Aufgabenbezogenes Abgrenzungsprinzip
- ✓ Räumliches Organisationsprinzip der Instandhaltung
- ✓ Aktionsprinzip
- ✓ Präventives Instandhaltungsprinzip
- ✓ Korrektives Instandhaltungsprinzip
- ✓ Auslösungsprinzip
- ✓ Zeitliches Organisationsprinzip der Instandhaltung
- ✓ Klassische Organisationsformen der Instandhaltung
- ✓ Praktikable klassische Organisationsformen der Instandhaltung
- ✓ Technikteilsysteme der Instandhaltung
- ✓ Moderne Organisationsformen der Instandhaltung
- ✓ Zuordnung der Organisationsformen der Instandhaltung zu Organisationsformen der Teilefertigung
- ✓ Ebenenmodell der Instandhaltung

II. Weiterführende Literatur

- ❏ CORSTEN, Hans:
    Produktionswirtschaft. Einführung in das industrielle Produktionsmanagement.
    12. Auflage, München, Wien 2009

- ❏ DREWS, Raik:
    Organisationsformen der Produktionslogistik – Konzeptionelle Gestaltung und Analyse der Wechselbeziehungen zu den Organisationsformen der Teilefertigung –
    In: Schriftenreihe des Institutes für Produktionswirtschaft der Universität Rostock, Hrsg.: NEBL, Theodor
    Aachen 2005

- ❏ EVERSHEIM, Walter:
    Organisation in der Produktionstechnik. Band 4: Fertigung und Montage.
    2. Auflage, Düsseldorf 1989

- ❏ JÜNEMANN, Reinhardt / SCHMIDT, Thorsten:
    Materialflusssysteme: Systemtechnische Grundlagen.
    2. Auflage, Berlin, Heidelberg 2000

❏ HOITSCH, Hans-Jörg:
  Produktionswirtschaft. Grundlagen einer industriellen Betriebswirtschaftslehre.
  2. Auflage, München 1993

❏ MAASER, Frank:
  [Instandhaltungsorganisation] Arbeitspapier zur Dissertation: Organisation der fertigungsnahen industriellen Dienstleistung Instandhaltung. Stand: 18.06.2011
  Universität Rostock 2011

❏ NEBL, Theodor / PRÜß, Henning:
  [Anlagenwirtschaft] Anlagenwirtschaft.
  München, Wien 2006

❏ NACHTIGALL, Walter:
  Ökonomisches Formellexikon.
  Berlin 1988

❏ PETERSEN, Ties:
  Organisationsformen der Montage. Theoretische Grundlagen, Organisationsprinzipien und Gestaltungsansatz.
  In: Schriftenreihe des Institutes für Produktionswirtschaft der Universität Rostock, Hrsg.: NEBL, Theodor
  Aachen 2005

❏ POENICKE, Sven:
  Beurteilung und Auswahl alternativer Gestaltungsvarianten von Organisationsformen der Teilefertigung.
  In: Schriftenreihe des Institutes für Produktionswirtschaft der Universität Rostock, Hrsg.: NEBL, Theodor
  Aachen 2000

❏ RATH, Kerstin:
  Die Prozessanalyse – eine Methode zur Auswahl rationeller Formen der Fertigungsorganisation in Maschinenbaubetrieben der Einzel- und Kleinserienfertigung. Dissertation.
  Universität Rostock 1989

❏ RUNGE, Peter:
[Instandhaltung] Die Gestaltung von Organisationsformen der Instandhaltung unter besonderer Beachtung ihrer Abhängigkeit von den Organisationsformen der Teilefertigung.
In: Schriftenreihe des Institutes für Produktionswirtschaft der Universität Rostock, Hrsg.: NEBL, Theodor
Aachen 2000

❏ SILBERBACH, Karsten:
Der Einfluss organisatorischer und technischer Gestaltungskriterien auf die Bildung von Organisationsformen der Teilefertigung.
In: Schriftenreihe des Institutes für Produktionswirtschaft der Universität Rostock, Hrsg.: NEBL, Theodor
Aachen 1997

❏ TEICHNER, Ines:
[Produktionsorganisation] Arbeitspapier zur Dissertation: Organisation integrierter Produktionssysteme in der kundenindividuellen Massenproduktion. Stand: 24.06.2011
Universität Rostock 2011

❏ TEMPELMEIER, Horst / KUHN, Heinrich:
Flexible Fertigungssysteme. Entscheidungsunterstützung für Konfiguration und Betrieb.
Berlin, Heidelberg, New York 1998

❏ WARNECKE, Hans-Jürgen:
Der Produktionsbetrieb 2. Produktion, Produktionssicherung.
3. Auflage, Berlin, Heidelberg, New York 1995

❏ ZÄPFEL, Günther:
Taktisches Produktions-Management.
2. Auflage, München, Wien 2000

1.8 Organisation des fertigungsnahen industriellen Dienstleistungsprozesses Informationsmanagement
1.8.1 Grundlagen

Das Informationsmanagement ist als makrostrukturübergreifende Dienstleistung aufzufassen. Als fertigungsnahe industrielle Dienstleistung fokussiert das Informationsmanagement auf den unmittelbaren Throughput – also den Produktionsprozess – als Makrostrukturbereich.

Die Gestaltung des Informationsmanagement erfordert alle dafür notwendigen Dienstleistungen der dispositiven Produktionsfaktoren (also Planung, Leitung, Organisation, Kontrolle und Controlling). Als **besonders bedeutsam** wird in diesem Zusammenhang die **Organisation** der **fertigungsnahen industriellen Dienstleistung Informationsmanagement** erachtet.

Organisation des Informationsmanagement

Hier stehen die grundsätzliche Frage nach der Gestaltung der **Organisationsformen und -konzepte des Informationsmanagement** sowie der dabei zu **beachtenden Einflussfaktoren** im Fokus.

Den Ausgangspunkt der Überlegungen bilden die in Bild PW.C.1.(224) dargestellten Unternehmens- bzw. Prozesstypen, die durch unterschiedliche Kombinationen von Merkmalsausprägungen entstehen (vgl. ZOPFF, C. [Informationsmanagement] S. 80 ff.).

Die wesentlichen Merkmale der zu lösenden Aufgaben sind:

▶ **Outputseitig**
- Standardisierungsgrad der Produkte
- Struktur der Produkte
- Art der Auftragsauslösung
- Fertigungsart

▶ **Throughputseitig**
- Fertigungsart

▶ **Inputseitig**
- Anteil des Fremdbezugs

Jedes dieser Merkmale besitzt Merkmalsausprägungen, durch die eine Aufgabenspezifikation erfolgt (vgl. dazu Bilder PW.A.4.(2), PW.A.4.(5)/1, PW.A.4.(5)/2 und PW.A.4.(11)).

Die besondere Kombination der Merkmalsausprägungen über alle fünf Merkmale charakterisiert den Prozesstyp bzw. den Unternehmenstyp (vgl. Bild PW.C.1.(224)).

Sie verdeutlichen vier verschiedene Anforderungsprofile, die an die Unternehmen gerichtet sind und für die passgerechte Fähigkeitsprofile aus Sicht der Produktionsorganisation – also auch der Organisation des Informationsmanagement – zu gestalten sind, um wirtschaftliche Erfolge zu sichern.

Prozesstyp 1

Merkmale	Merkmalsausprägungen			
Standardisierungsgrad	KI	StkV	StaV	StoV
Struktur der Erzeugnisse	MTK	MTE		GTE
Auftragsauslösungsart	AF	MIF		LF
Fertigungsart	EF	SF		MF
Anteil Fremdbezug	Fu		FgU	Fw

Prozesstyp 2

Merkmale	Merkmalsausprägungen			
Standardisierungsgrad	KI	StkV	StaV	StoV
Struktur der Erzeugnisse	MTK	MTE		GTE
Auftragsauslösungsart	AF	MIF		LF
Fertigungsart	EF	SF		MF
Anteil Fremdbezug	Fu		FgU	Fw

Prozesstyp 3

Merkmale	Merkmalsausprägungen			
Standardisierungsgrad	KI	StkV	StaV	StoV
Struktur der Erzeugnisse	MTK	MTE		GTE
Auftragsauslösungsart	AF	MIF		LF
Fertigungsart	EF	SF		MF
Anteil Fremdbezug	Fu		FgU	Fw

Prozesstyp 4

Merkmale	Merkmalsausprägungen			
Standardisierungsgrad	KI	StkV	StaV	StoV
Struktur der Erzeugnisse	MTK	MTE		GTE
Auftragsauslösungsart	AF	MIF		LF
Fertigungsart	EF	SF		MF
Anteil Fremdbezug	Fu		FgU	Fw

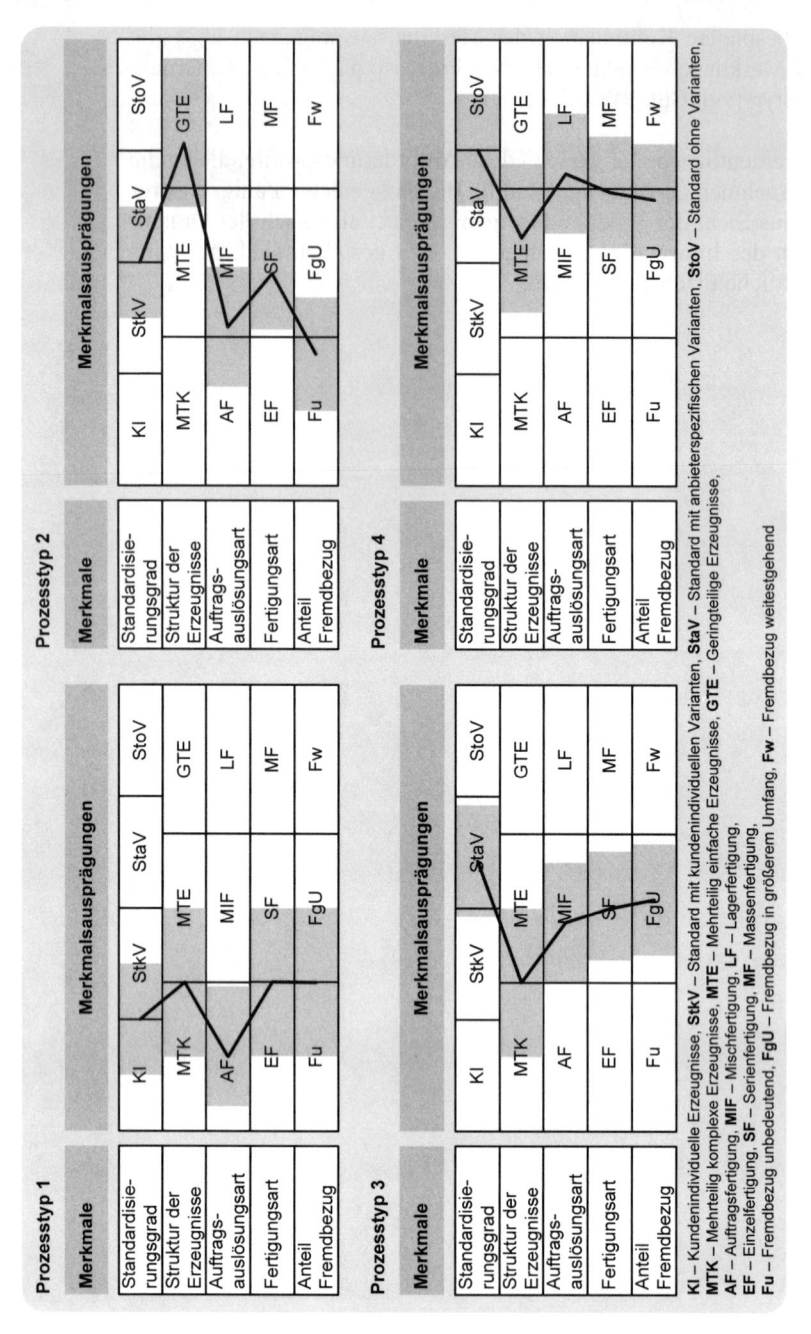

KI – Kundenindividuelle Erzeugnisse, **StkV** – Standard mit kundenindividuellen Varianten, **StaV** – Standard mit anbieterspezifischen Varianten, **StoV** – Standard ohne Varianten, **MTK** – Mehrteilig komplexe Erzeugnisse, **MTE** – Mehrteilig einfache Erzeugnisse, **GTE** – Geringteilige Erzeugnisse, **AF** – Auftragsfertigung, **MIF** – Mischfertigung, **LF** – Lagerfertigung, **EF** – Einzelfertigung, **SF** – Serienfertigung, **MF** – Massenfertigung, **Fu** – Fremdbezug unbedeutend, **FgU** – Fremdbezug in größerem Umfang, **Fw** – Fremdbezug weitestgehend

Bild PW.C.1.(224): *Prozesstypen durch unterschiedliche Kombinationen von Merkmalsausprägungen gebildet (nach ZOPFF, C. [Informationsmanagement] S. 80 ff.)*

> Die **Organisation von Produktionsprozessen** umfasst einerseits die Organisation der Fertigungshauptprozesse Teilefertigung und Montage und andererseits die Organisation der dafür zwingend benötigten fertigungsnahen industriellen Dienstleistungen innerbetrieblicher Transport und innerbetriebliche Lagerung.

Diese orientieren auf die materielle Seite der Erzeugnisherstellung in Form der Realisierung von Arbeitsoperationen bzw. zur räumlichen und zeitlichen Transformation der Arbeitsobjekte.

Das Informationsmanagement schafft die dafür notwendigen informationsseitigen Voraussetzungen.

Vor, nach und während eines Prozessschritts sind zur Steuerung des Materialflusses relevante Informationsflussstrukturen zwischen der Produktionssteuerung und der Ausführungsebene erforderlich. Diese lassen sich aus den spezifischen Materialflussstrukturen und den Organisationsformen der vier Teilprozesse Teilefertigung, Montage, innerbetrieblicher Transport und Lagerung ableiten.

Die genannten Produktionsteilprozesse sind elementare Bestandteile, auf die die Gestaltung der Organisationsformen des Informationsmanagement aufbaut (vgl. Bild PW.C.1.(225)).

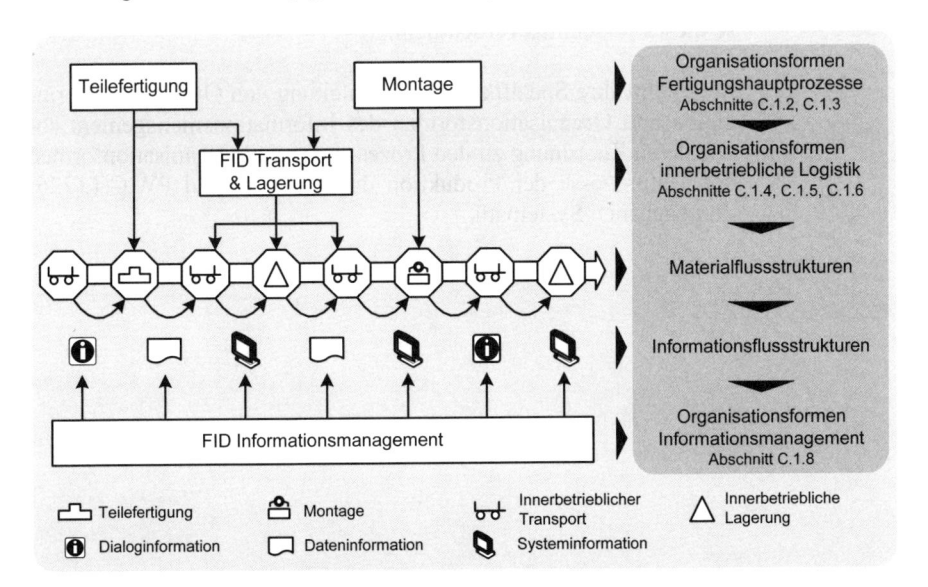

Bild PW.C.1.(225): Materialflussrelevante Produktionsteilprozesse (i. A. a. GRYTSCH, G. [Informationsmanagement] S. 48)

Die Zusammenhänge und Abhängigkeiten relevanter Einflussfaktoren auf die Gestaltung der Organisationsformen und das Organisationsmodell des Informationsmanagement sind in Bild PW.C.1.(226) dargestellt.

```
                              Prozesstypen
   ⬇ Anforderungsprofile    ⬆ Fähigkeitsprofile ⬆   Anforderungsprofile ⬇

   ┌──────────────────────┐                      ┌──────────────────────┐
   │ Organisationsformen  │   Inter-             │ Produktionssteuerung │
   │ der Produktions-     │◄─dependenzen─►       │ (Steuerungsverfahren,│
   │ teilprozesse         │                      │ Informationsbedarfe) │
   │ (OF_TF, OF_Mo,       │                      │                      │
   │  OF_iT, OF_iL)       │                      │                      │
   └──────────────────────┘                      └──────────────────────┘

   ⬇ Anforderungsprofile    ⬆ Fähigkeitsprofile ⬆   Anforderungsprofile ⬇

        Synchronisation von Material- und Informationsfluss
           Organisationsmodell des Informationsmanagement
```

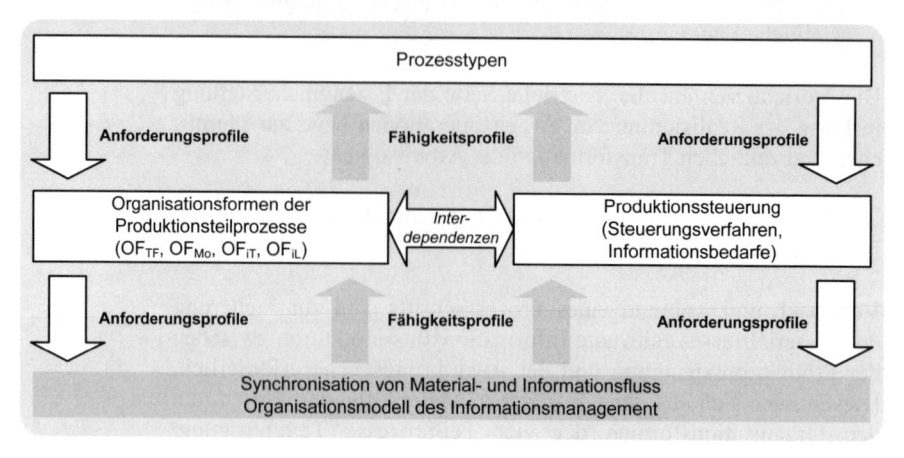

Bild PW.C.1.(226): Einflussfaktoren auf die Gestaltung des Organisationsmodells des Informationsmanagement (i. A. a. GRYTSCH, G. [Informationsmanagement] S. 80)

Damit wird gleichsam die **inhaltlich-methodische Vorgehensweise** dieses Abschnitts verdeutlicht.

Sie erfährt ihre Spezifikation zur Ableitung von Organisationsprinzipien und Organisationsformen des Informationsmanagement sowie deren Zuordnung zu den Prozesstypen und Organisationformen der Teilprozesse der Produktion durch die in Bild PW.C.1.(226) vorgegebenen Systematik.

Organisationsmodell des Informationsmanagement

Prozesstypen - Anforderungsprofile				
	Räumliches Organisationsprinzip	Zeitliches Organisationsprinzip	Technisches Organisationsprinzip	Organisationsformen
Fertigungshauptprozesse Teilefertigung / Montage	ROP_{TF} / ROP_{Mo}	ZOP_{TF} / ZOP_{Mo}	TOP_{TF} / TOP_{Mo}	OF_{TF} / OF_{Mo}
Fertigungsnahe industrielle Dienstleistung Transport / Lagerung	ROP_{iT} / ROP_{iL}	ZOP_{iT} / ZOP_{iL}	TOP_{iT} / TOP_{iL}	OF_{iT} / OF_{iL}
Fertigungsnahe industrielle Dienstleistung Informationsmanagement	ROP_{IM}	ZOP_{IM}	TOP_{IM}	OF_{IM}

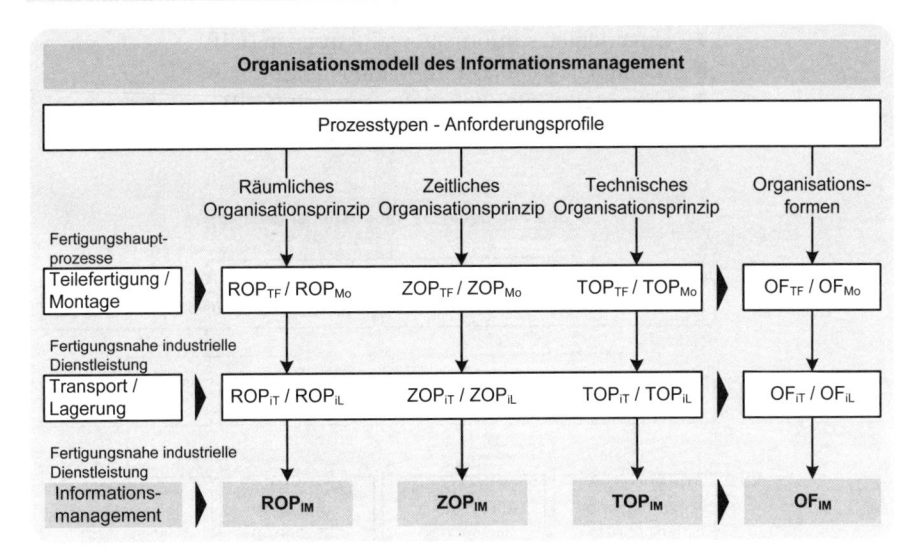

Bild PW.C.1.(227): Inhaltlich-methodische Vorgehensweise zur Ableitung der Organisationsformen und des Organisationsmodells des Informationsmanagement

1.8.2 Räumliches Organisationsprinzip (ROP_{IM})

Räumliche Organisationsprinzipien des Informationsmanagement (ROP_{IM}) charakterisieren die Richtungsorientierung des Informationsflusses. Die Richtungsorientierung wird durch die Orte der Informationsbedarfe und deren ablauforganisatorischen Verknüpfungen zu einem Informationsfluss bestimmt.

> Räumliches Organisationsprinzip des Informationsmanagement

Räumliche Organisationsprinzipien des Informationsmanagement besitzen eine ausgeprägte Synchronität zu den räumlichen Organisationsprinzipien des innerbetrieblichen Transports.

Auf der Grundlage der drei **räumlichen Verknüpfungsprinzipien**

▶ **v**ariierende **O**rte der Informationsbedarfe mit **v**ariierender Anlauf**r**eihenfolge (VOVR),

▶ **f**este **O**rte der Informationsbedarfe mit **v**ariierender Anlauf**r**eihenfolge (FOVR) und

▶ **f**este **O**rte der Informationsbedarfe mit **g**leicher Anlauf**r**eihenfolge (FOGR)

> Räumliche Verknüpfungsprinzipien

sind folgende räumliche Organisationprinzipien des Informationsmanagement zu unterscheiden (vgl. Bild PW.C.1.(228)):

▶ Ungerichtetes Informationsflussprinzip (UIP)
▶ Richtungsvariables Informationsflussprinzip (RIP)
▶ Gerichtetes Informationsflussprinzip (GIP)
▶ Verkettetes Informationsflussprinzip (VIP)

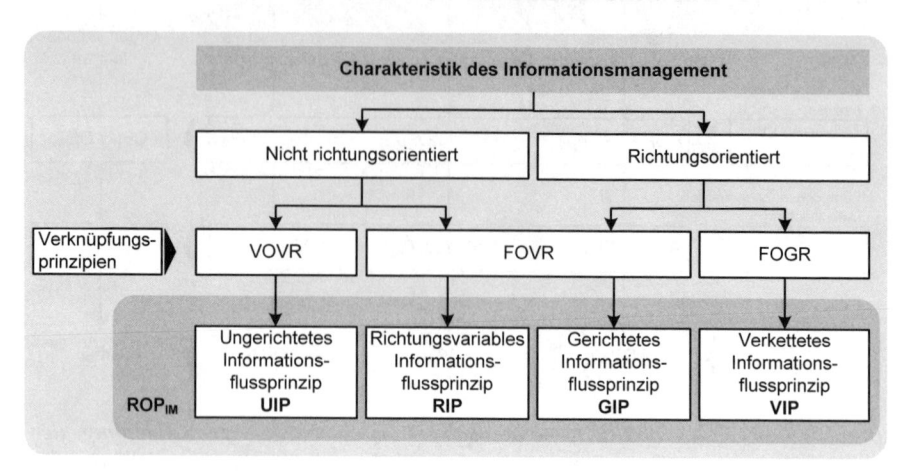

Bild PW.C.1.(228): Räumliches Organisationsprinzip des Informationsmanagement (GRYTSCH, G. [Informationsmanagement] S. 89)

Spezifische Eigenschaften der vier theoretisch relevanten räumlichen Organisationsprinzipien des Informationsmanagement sind in Bild PW.C.1.(229) dargestellt.

Merkmale	Räumliche Organisationsprinzipien des Informationsmangagement			
	Ungerichtetes Informations-flussprinzip UIP	Richtungs-variables Informations-flussprinzip RIP	Gerichtetes Informations-flussprinzip GIP	Verkettetes Informations-flussprinzip VIP
Richtungs-orientierung	Nein	Nein	Ja	Ja
Orte stattfindender Informationszyklen	Variierend	Fest	Fest	Fest
Anlaufreihenfolge	Variierend	Variierend	Variierend	Gleich
Flexibilität	Sehr hoch	Hoch	Gering	Sehr gering
Informationswege	Lang	Mittel	Kurz	Sehr kurz
Redundante Informationswege	Sehr wenige	Einige	Viele	Sehr viele
Räumliche Synchro-nität / Vertikale Integration	Synchron / Sehr gering	Bedingt synchron / Gering	Bedingt synchron / Hoch	Bedingt synchron / Sehr hoch
Transparenz im Informationsfluss	Gering	Mittel	Hoch	Sehr hoch
Formelle Steuerungsstruktur	Autonom	Autonom / Tw. überwacht	Überwacht / Tw. autonom	Überwacht
Steuerungsaufwand Informationsfluss	Sehr hoch	Mittel	Gering	Sehr gering
Horizontale Informa-tionsflussvarianten	Push	Push	Push / Pull	Push / Pull
Fehleranfälligkeit	Sehr hoch	Mittel	Gering	Sehr gering
Informationsdefizite	Häufig	Gelegentlich	Vereinzelt	Eher selten
Technische Anforderungen	Universell	Tendenziell universell	Tendenziell spezialisiert	Spezialisiert

Bild PW.C.1.(229): Gegenüberstellung der Merkmale räumlicher Organisationsprinzipien des Informationsmanagement (GRYTSCH, G. [Informationsmanagement] S. 101)

1.8.3 Zeitliches Organisationsprinzip (ZOP$_{IM}$)

Zeitliche Organisationsprinzipien des Informationsmanagement (ZOP$_{IM}$) charakterisieren die Art und Weise des zeitlichen Verhaltens von Informationszyklen in Informationsflüssen bzw. die Varianten physisch gleichzeitiger Anlaufzeitpunkte.

Zeitliches Organisations-prinzip des Informations-management

Der **Informationszyklus** setzt sich aus folgenden Zeitbestandteilen zusammen:

Informations-zyklus

- ▶ Erfassungszeit
- ▶ Verarbeitungszeit
- ▶ Speicherzeit
- ▶ Übertragungszeit

Sie stellen informationsbedingte Unterbrechungszeiten zur Durchführung von Informationszyklen dar und werden Bestandteile des technologischen Zyklus (entweder als implizite Zeitbestandteile in Form von Neben- und Verteilzeiten der Zeit je Einheit oder als explizite Zeitbestandteile, die zusätzlich zur Zeit je Einheit dokumentiert werden).

Es sind vier konstituierende **zeitliche Organisationsprinzipien** des Informationsmanagement zu unterscheiden. Sie besitzen eine hohe Synchronität zu den zeitlichen Organisationsprinzipien der Teilefertigung. Das ist dadurch begründet, dass die ZOP_{IM} insbesondere für die informationsseitige Absicherung der Teileweitergaben in den Fertigungshauptprozessen verantwortlich sind.

Die vier zeitlichen Organisationsprinzipien des Informationsmanagement sind:

ZOP_{IM} Reihenverlauf
- ▶ **Reihenverlauf (RV_{IM})**
  Die Weitergabe kompletter Lose nach Beendigung eines Arbeitsgangs ist hier kombiniert mit einem zeitlich synchronisierten Informationszyklus, der nach jedem Arbeitsgang für alle Teile des Fertigungsloses einmalig stattfindet (vgl. Bild PW.C.1.(230)).

ZOP_{IM} Parallelverlauf
- ▶ **Parallelverlauf (PV_{IM})**
  Die sofortige Weitergabe jedes Teils eines Loses nach dessen Bearbeitung ist kombiniert mit zeitlich synchronisierten Informationszyklen, die unmittelbar nach oder vor der Bearbeitung eines Teils auf einer Bearbeitungsstation stattfinden (vgl. Bild PW.C.1.(231)).

ZOP_{IM} Kombinierter Verlauf
- ▶ **Kombinierter Verlauf (KV_{IM})**
  Die Weitergabe unterschiedlich großer Teillose ist kombiniert mit unterschiedlich vielen Informationszyklen an verschiedenen Bearbeitungsstationen, die entweder kontinuierlich oder diskontinuierlich innerhalb eines Fertigungsauftrags stattfinden (vgl. Bild PW.C.1.(232)).

ZOP_{IM} Echtzeitverlauf
- ▶ **Echtzeitverlauf (EV_{IM})**
  Er ist quasi eine Beschleunigung des Parallelverlaufs. Zu jedem Fertigungsauftrag werden **während** der Bearbeitung eines Teils mehrmals Informationen ab- oder angefordert, die durch die Produktionssteuerung ausgewertet und ggf. korrigiert zurückgegeben werden. Das führt zu extrem kurzen Informationszyklen von inkrementeller Dauer. Ein hochspezialisierter Technikeinsatz ist notwendig um Informationen in Echtzeit ohne Zeitverluste bereitzustellen (vgl. Bild PW.C.1.(233)).

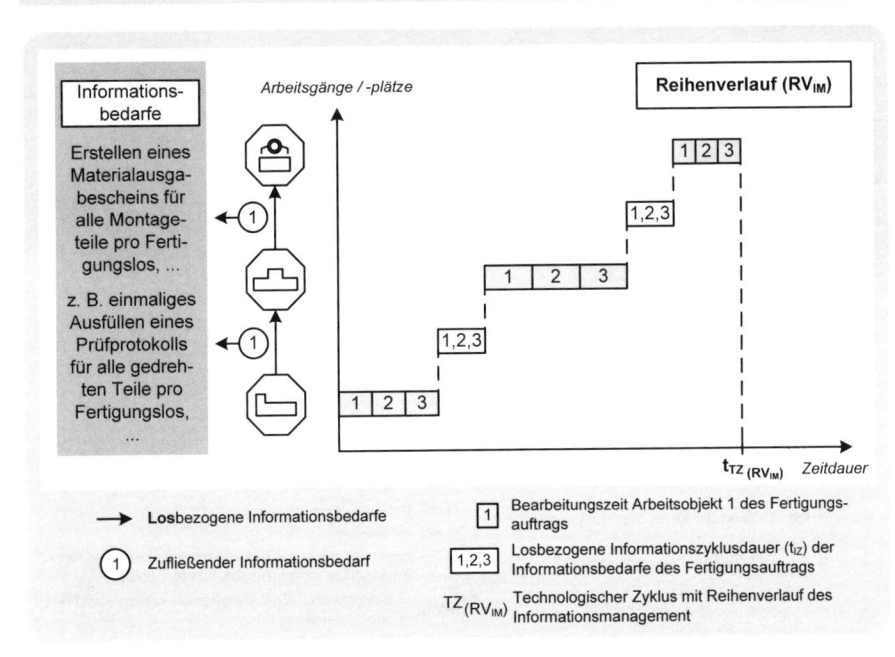

Bild PW.C.1.(230): Zeitliches Verhalten der Informationsflüsse im Reihenverlauf

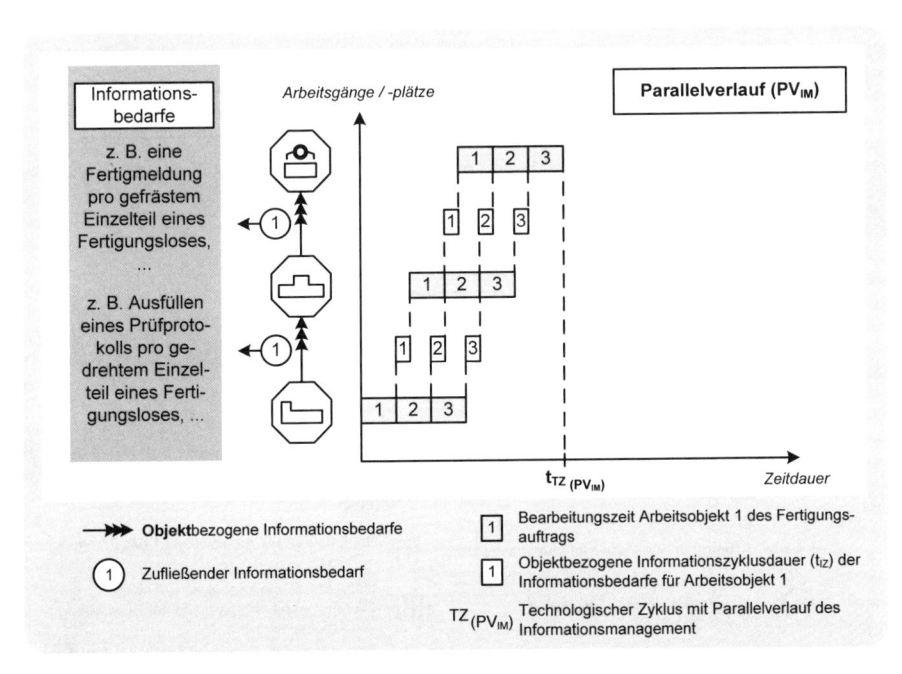

Bild PW.C.1.(231): Zeitliches Verhalten der Informationsflüsse im Parallelverlauf

Teil C / Wirkung dispositiver Produktionsfaktoren

Kombinierter Verlauf (KV$_{IM}$)

Informationsbedarfe

z. B. eine Fertigmeldung pro Teillos, für die zum Teillos gehörenden Frästeile eines Fertigungsloses, ...

z. B. Ausfüllen eines Prüfprotokolls für gedrehte Einzelteile pro Teillos, ...

Arbeitsgänge / -plätze

$t_{TZ\,(KV_{IM})}$ Zeitdauer

→→ **Teillos**spezifische Informationsbedarfe

① Zufließender Informationsbedarf

[1] Bearbeitungszeit Arbeitsobjekt 1 des Fertigungsauftrags

[1,2] Teillosspezifische Informationszyklusdauer (t_{IZ}) für Informationsbedarf (Arbeitsobjekte 1 und 2)

$TZ_{(KV_{IM})}$ Technologischer Zyklus mit kombinierten Verlauf des Informationsmanagement

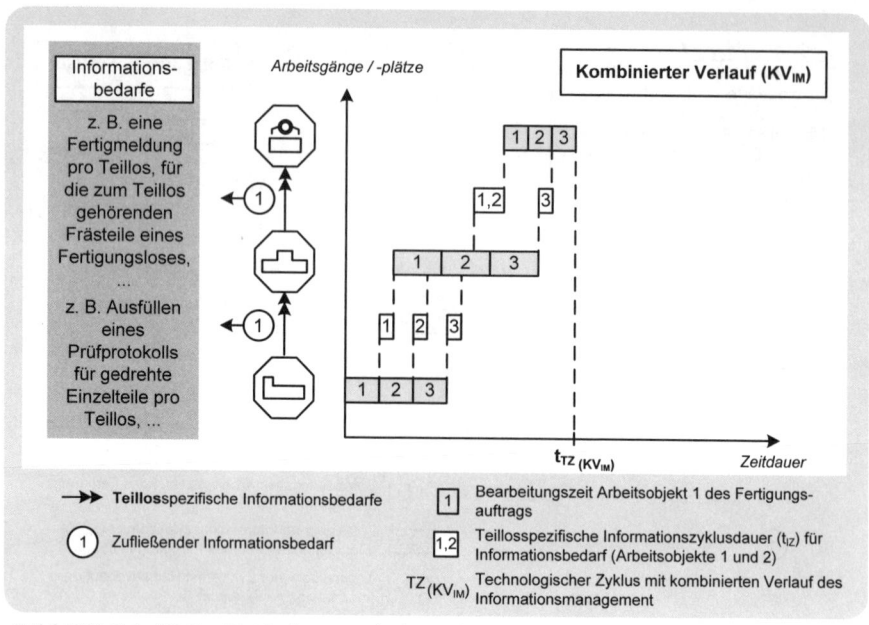

Bild PW.C.1.(232): Zeitliches Verhalten der Informationsflüsse im kombinierten Verlauf

Echtzeitverlauf (EV$_{IM}$)

Informationsbedarfe

z. B. kontinuierliches Online-Prozessmonitoring während des Fräsvorgangs pro Einzelteil, ...

z. B. kontinuierliches, automatisches Erfassen von Qualitätsparametern pro Einzelteil, während des Drehvorgangs, ...

Arbeitsgänge / -plätze

$t_{TZ\,(EV_{IM})}$ Zeitdauer

▶▶▶▶ **Arbeitsgang**bezogene Informationsbedarfe

① Zufließender Informationsbedarf

[1] Bearbeitungszeit Arbeitsobjekt 1 des Fertigungsauftrags

▯▯▯ Mehrere Informationszyklen (t_{IZ}) eines Informationsbedarfs während der Bearbeitung von Arbeitsobjekt 1, 2, 3

$TZ_{(KV_{IM})}$ Technologischer Zyklus mit Echtzeitverlauf des Informationsmanagement

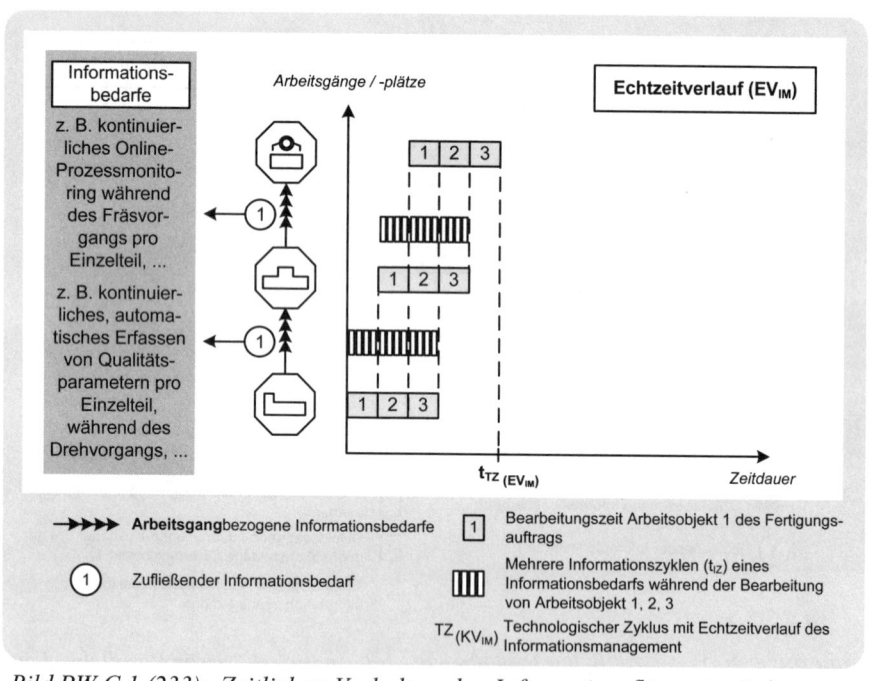

Bild PW.C.1.(233): Zeitliches Verhalten der Informationsflüsse im Echtzeitverlauf (GRYTSCH, G. [Informationsmanagement] S. 114)

In Bild PW.C.1.(234) wird ein merkmalsbezogener Vergleich der theoretisch relevanten zeitlichen Organisationsprinzipien des Informationsmanagement vorgenommen.

Merkmale	Zeitliche Organisationsprinzipien des Informationsmanagement			
	Reihenverlauf RV_{IM}	Kombinierter Verlauf KV_{IM}	Parallelverlauf PV_{IM}	Echtzeitverlauf EV_{IM}
Bezugsobjekt Informationszyklus	Fertigungslos	Teillos	Einzelteil	Einzelteil / Arbeitsgang
Zeitpunkt Informationszyklus	Nach der Bearbeitung des kompletten Fertigungsloses	Nach der Bearbeitung einer Teilmenge des Fertigungsloses	Nach der Bearbeitung eines Arbeitsobjekts	Während / Nach der Bearbeitung eines Arbeitsobjekts
Anzahl Informationszyklen	1-mal pro Fertigungslos	Mehrmals pro Fertigungslos	n_L-mal pro Fertigungslos	Vielfaches von n_L pro Arbeitsobjekt
Informationsflussverhalten	Diskontinuierlich	Diskontinuierlich	Kontinuierlich	Kontinuierlich
Ablauf Informationszyklen	Diskontinuierlich	Diskontinuierlich / Kontinuierlich	Kontinuierlich	Kontinuierlich
Informationszyklusdauer	Sehr lang	Mittel	Kurz	Extrem kurz
Reaktionsdauer Informationsfluss	Sehr lang	Mittel	Kurz	Extrem kurz
Dynamik Informationsfluss	Gering	Mittel	Hoch	Extrem hoch
Komplexität Prozessinformation	Sehr hoch	Hoch	Gering	Sehr gering
Informationskinematik Prozessinformation	Langsam	Mittel	Schnell	Extrem schnell
Technische Anforderungen	Konventionell	Offline	Online	Online / Inkrementell

Bild PW.C.1.(234): Gegenüberstellung der Merkmale zeitlicher Organisationsprinzipien des Informationsmanagement (GRYTSCH, G. [Informationsmanagement] S. 121)

1.8.4 Technisches Organisationsprinzip (TOP$_{IM}$)

Technische Organisationsprinzipien des Informationsmanagement (TOP$_{IM}$) charakterisieren die Varianten der technischen Ausgestaltung der eingesetzten Technikteilsysteme im Rahmen des Ablaufs von Informationszyklen in Informationsflüssen. Sie bestimmen das technische Fähigkeitsprofil einer Organisationsform des Informationsmanagement.

Technisches Organisationsprinzip des Informationsmanagement

Technikteilsysteme des Informationsmanagement

In Folge der informatorischen Prozesse, die in Informationszyklen ablaufen, sind folgende **Technikteilsysteme** zu identifizieren (vgl. Bild PW.C.1.(235)):

▶ Eingabesystem
▶ Verarbeitungssystem
▶ Speichersystem
▶ Übertragungssystem

Informatorische Prozesse in Informationszyklen

Eingeben (Erfassen) → Verarbeiten (Bearbeiten) → Speichern (Ablegen) → Übertragen (Ausgeben)

Eingabesystem | Verarbeitungssystem | Speichersystem | Übertragungssystem

Technikteilsysteme des Informationsmanagement

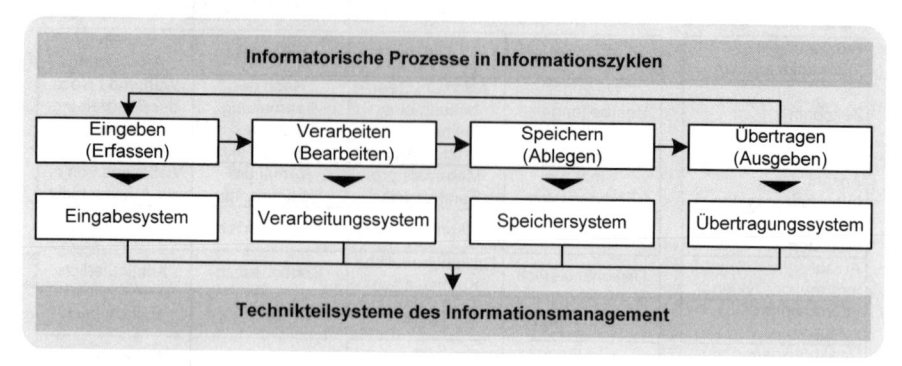

Bild PW.C.1.(235): Technikteilsysteme des Informationsmanagement

Technologiestufen der Technikteilsysteme

Für jedes **Technikteilsystem** des Informationsmanagement können **Technologiestufen** identifiziert werden, die verschiedene mögliche Gestaltungsvarianten besitzen.

Einen groben Überblick für angenommene drei Technologiestufen liefert Bild PW.C.1.(236).

Eingabesystem → Verarbeitungssystem → Speichersystem → Übertragungssystem

Technologie-stufe	Auslösung	Ausführung	Automatisierungsgrad IKS & IKT	Informations-geschwindigkeit
1	Mensch	Mensch	Konventionell	$v_1 > 0$
2	Mensch (Maschine)	Maschine (Mensch)	Halbautomatisch	$v_2 > v_1$
3	Maschine	Maschine	Automatisch	$v_3 > v_2;\ v_3 = c$

c... Lichtgeschwindigkeit, **IKS**... Informations- und Kommunikationssystem, **IKT**... Informations- und Kommunikationstechnik, **v**... Informationsgeschwindigkeit

Bild PW.C.1.(236): Bildung von Technologiestufen (GRYTSCH, G. [Informationsmanagement] S. 125)

Die Ausgangspunkte der technischen Gestaltung bilden der ablauforganisatorisch definierte

▶ **Informationsbedarf** und dessen gewähltes
▶ **Trägermedium**.

Die Ausgestaltung und Kombination der Technologiestufen ist aus technischer und ökonomischer Sicht prozesstypbezogen vorzunehmen. Eine tiefgründige Darstellung der Technologiestufen der Technikteilsysteme des Informationsmanagement findet sich in GRYTSCH (vgl. GRYTSCH, G. [Informationsmanagement] S. 131 ff).

1.8.5 Organisationsformen (OF_{IM})

Eine **Organisationsform des Informationsmanagement** (OF_{IM}) entsteht durch die **Kombinationen** eines **räumlichen Organisationsprinzips** (ROP_{IM}) **mit einem zeitlichen Organisationsprinzip** (ZOP_{IM}). Ihre technische Ausgestaltung durch ein **technisches Organisationsprinzip** (TOP_{IM}) führt zu einem spezifischen Fähigkeitsprofil des Informationsmanagement.

Organisationsformen des Informationsmanagement

Die Organisationsformen des Informationsmanagement sind in Abhängigkeit von der Spezifik der Organisationsformen der Produktionsteilprozesse (Teilefertigung, Montage, innerbetrieblicher Transport und innerbetriebliche Lagerung) zu gestalten und einzusetzen.

Aus der **Kombination** der vier **räumlichen mit** den vier **zeitlichen Organisationsprinzipien entstehen** 16 Kombinationsvarianten und damit **16 Organisationsformen des Informationsmanagement** (vgl. dazu Bild PW.C.1.(236)).

ROP_{IM} \ ZOP_{IM}	RV_{IM}	KV_{IM}	PV_{IM}	EV_{IM}
UIP	Ungerichteter losspezifischer Informationsfluss **ULI**	Ungerichteter teillosspezifischer Informationsfluss **UTI**	Ungerichteter objektspezifischer Informationsfluss **UOI**	Ungerichteter arbeitsgangspezifischer Informationsfluss **UAI**
RIP	Richtungsvariabler losspezifischer Informationsfluss **RLI**	Richtungsvariabler teillosspezifischer Informationsfluss **RTI**	Richtungsvariabler objektspezifischer Informationsfluss **ROI**	Richtungsvariabler arbeitsgangspezifischer Informationsfluss **RAI**
GIP	Gerichteter losspezifischer Informationsfluss **GLI**	Gerichteter teillosspezifischer Informationsfluss **GTI**	Gerichteter objektspezifischer Informationsfluss **GOI**	Gerichteter arbeitsgangspezifischer Informationsfluss **GAI**
VIP	Verketteter losspezifischer Informationsfluss **VLI**	Verketteter teillosspezifischer Informationsfluss **VTI**	Verketteter objektspezifischer Informationsfluss **VOI**	Verketteter Arbeitsgangspezifischer Informationsfluss **VAI**

Bild PW.C.1.(237): Kombinationsmöglichkeiten zur Bildung von Organisationsformen des Instandhaltungsmanagement (nach GRYTSCH, G. [Informationsmanagement] S. 141 und DREWS, R. [Produktionslogistik] S. 77, 143)

Die Organisationsformen des Informationsmanagement ähneln den Organisationsformen der innerbetrieblichen Logistik nach DREWS (vgl. DREWS, R. [Produktionslogistik]). Die Gemeinsamkeiten liegen im kinematischen Verhalten der logistischen Objekte in Material- und Informationsflüssen von Fertigungsaufträgen begründet.

Am Beispiel der Organisationsform ungerichteter teillosspezifischer Informationsfluss (UTI) werden

▶ der Informationsfluss und
▶ der Informationszyklus

in den Bildern PW.C.1.(238) und PW.C.1.(239) dargestellt.

Ausführungen zu den Spezifika aller weiteren Organisationsformen finden sich bei GRYTSCH (vgl. GRYTSCH, G. [Informationsmanagement] S. 149-189).

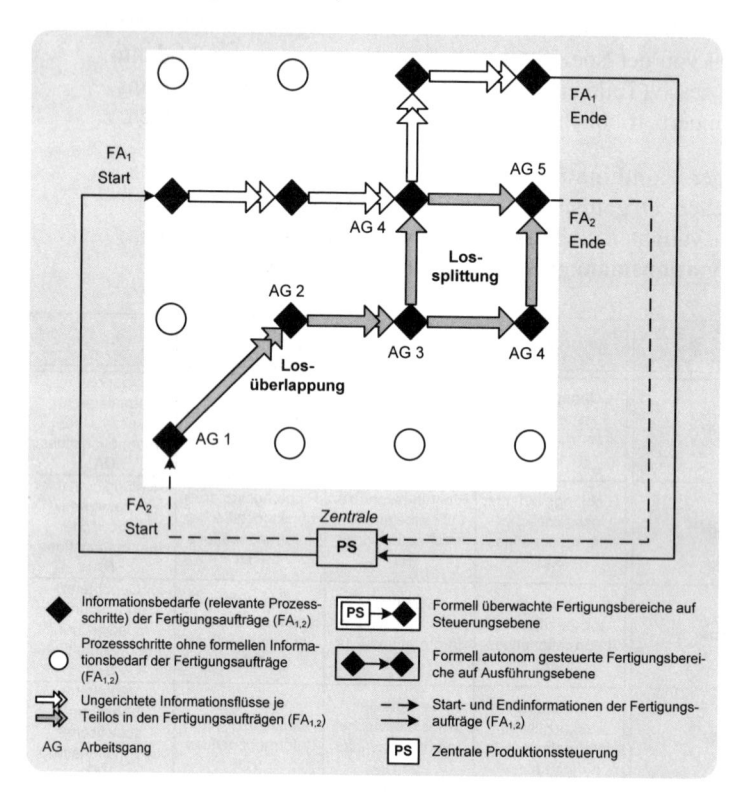

Bild PW.C.1.(238): Ungerichteter teillosspezifischer Informationsfluss (UTI) (GRYTSCH, G. [Informationsmanagement] S. 147)

Zeitverlauf	Start FA₂ AG 1	AG 2	AG 3	AG 4	AG 5 Ende FA₂
Bsp. Informationsbedarf (-inhalt) für AG i+1	Ausgedruckte Arbeitspapiere, Zeichnungen etc.	Ausgefüllter Materialausgabeschein	Ausgefülltes Prüfprotokoll Fräsvorgang	Ausgefüllter Transportauftrag	Ausgefüllter Funktionstest / Qualitätsbericht	Meldung Bestandserhöhung Fertigerzeugnisse
Anzahl IZ pro Informationsbedarf für FA₂	Einmal pro **Auftrag**	Ein Materialausgabeschein pro **Teillos**	Ein Prüfprotokoll pro **Teillos**	Ein Transportauftrag pro **Teillos**	Ein Qualitätsbericht pro **Teillos**	Eine Fertigmeldung pro **Teillos**

AG... Arbeitsgang, FA... Fertigungsauftrag, IZ... Informationszyklus, PS... Produktionssteuerung

① Zufließender horizontaler Informationsbedarf zwischen Arbeitsgängen
② Rückfließender vertikaler Informationsbedarf zur Produktionssteuerung
③ Zufließender vertikaler Informationsbedarf von der Produktionssteuerung

⟹ Informationsbedarf
→ Start- bzw. Endinformationen FA
◆ Informationsbedarfe der FA
▢ Dateninformation
▤ Systeminformation

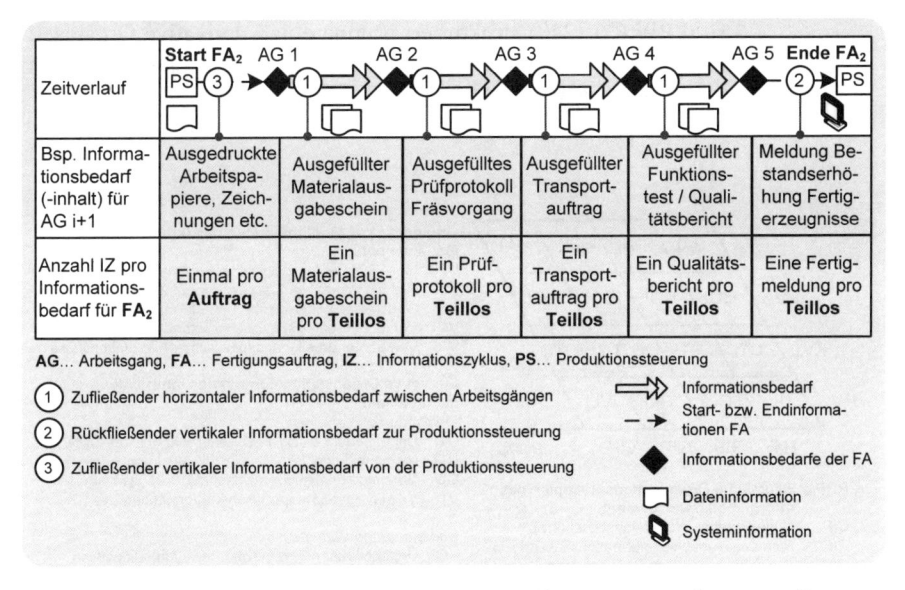

Bild PW.C.1.(239): Beispiele für Informationszyklen im ungerichteten teillosspezifischen Informationsfluss (GRYTSCH, G. [Informationsmanagement] S. 148)

Die Beurteilung der **praktischen Relevanz** der Organisationsformen des Informationsmanagement führt in Anlehnung an die Materialflussstrukturen des innerbetrieblichen Transports zur Ableitung **originärer** und **derivativer Organisationsformen des Informationsmanagement**.

Originäre Organisationsformen besitzen aus Plausibilitäts- und Wirtschaftlichkeitsgründen **eine besonders hohe praktische Relevanz**. Dazu zählen:

▶ Ungerichteter losspezifischer Informationsfluss (ULI)
▶ Richtungsvariabler losspezifischer Informationsfluss (RLI)
▶ Gerichteter teillosspezifischer Informationsfluss (GTI)
▶ Verketteter objektspezifischer Informationsfluss (VOI)
▶ Verketteter arbeitsgangspezifischer Informationsfluss (VAI)

Originäre Organisationsformen des Informationsmanagement

Derivative Organisationsformen leiten sich von den originären Organisationsformen des Informationsmanagement ab. Ihr Einsatz sollte nur dann erfolgen, wenn bestimmte eintretende Bedingungen dieses erfordern. Dabei handelt es sich z. B. um veränderte Losweitergaben (Lossplittung, Losüberlappung) oder um zeitlich unbestimmte Informationszyklen.

Derivative Organisationsformen des Informationsmanagement

632 Teil C / Wirkung dispositiver Produktionsfaktoren

Bild PW.C.1.(240) strukturiert originäre und derivative Organisationsformen im Rahmen der theoretisch insgesamt relevanten Organisationsformen.

```
                    ZOP_IM
                      ↑
         EV_IM / UAI / RAI / GAI / VAI
        PV_IM / UOI / ROI / GOI / VOI
       KV_IM / UTI / RTI / GTI / VTI
      RV_IM / ULI / RLI / GLI / VLI
            UIP   RIP   GIP   VIP   → ROP_IM
```

Originäre Organisationsformen des Informationsmanagement
- ULI Ungerichteter losspezifischer Informationsfluss
- RLI Richtungsvariabler losspezifischer Informationsfluss
- GTI Gerichteter teillosspezifischer Informationsfluss
- VOI Verketteter objektspezifischer Informationsfluss
- VAI Verketteter arbeitsgangspezifischer Informationsfluss

Derivative Organisationsformen des Informationsmanagement

Zielabhängige Varianten:
- UTI Ungerichteter teillosspezifischer Informationsfluss
- RTI Richtungsvariabler teillosspezifischer Informationsfluss
- GOI Gerichteter objektspezifischer Informationsfluss
- VTI Verketteter teillosspezifischer Informationsfluss

Übersteuernde Varianten:
- UOI Ungerichteter objektspezifischer Informationsfluss
- UAI Ungerichteter arbeitsgangspezifischer Info.-fluss
- ROI Richtungsvariabler objektspezifischer Informationsfluss
- RAI Richtungsvariabler arbeitsgangspezifischer Info.-fluss
- GAI Gerichteter arbeitsgangspezifischer Informationsfluss

Untersteuernde Varianten:
- GLI Gerichteter losspezifischer Informationsfluss
- VLI Verketteter losspezifischer Informationsfluss

ROP_IM Räumliche Organisationsprinzipien des Informationsmanagement
- UIP Ungerichtetes Informationsflussprinzip
- RIP Richtungsvariables Informationsflussprinzip
- GIP Gerichtetes Informationsflussprinzip
- VIP Verkettetes Informationsflussprinzip

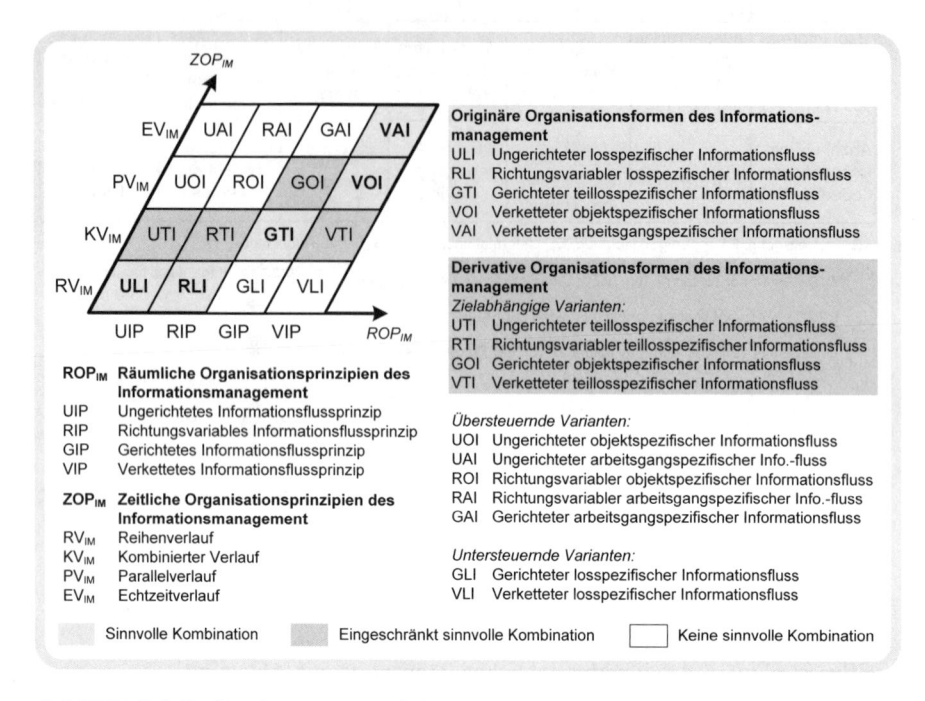

ZOP_IM Zeitliche Organisationsprinzipien des Informationsmanagement
- RV_IM Reihenverlauf
- KV_IM Kombinierter Verlauf
- PV_IM Parallelverlauf
- EV_IM Echtzeitverlauf

Sinnvolle Kombination ▨ Eingeschränkt sinnvolle Kombination ☐ Keine sinnvolle Kombination

Bild PW.C.1.(240): Originäre und derivative Organisationsformen des Informationsmanagement (GRYTSCH, G. [Informationsmanagement] S. 183)

| Fähigkeitsprofile originärer Organisationsformen | Die **Fähigkeitsprofile originärer Organisationsformen** wurden auf der Grundlage folgender Merkmale charakterisiert und in Bild PW.C.1.(241) zusammengefasst. |

Merkmale		Originäre Organisationsformen des Informationsmanagement				
		ULI	RLI	GTI	VOI	VAI
Raumaspekte	Richtungsorientierung	Nein	Nein	Ja	Ja	Ja
	Orte Informationsbedarfe	Variierend	Fest	Fest	Fest	Fest
	Anlaufreihenfolge	Variierend	Variierend	Variierend	Gleich	Gleich
	Informationswege	Lang	Mittel	Kurz	Sehr kurz	Sehr kurz
	Flexibilität	Sehr hoch	Hoch	Gering	Sehr gering	Sehr gering
Zeitaspekte	Bezugsobjekt Informationszyklus	Los	Los	Teillos	Arbeitsobjekt	Arbeitsgang
	Zeitpunkt Informationszyklus	Vor / Nach Los	Vor / Nach Los	Vor / Nach Teillos	Vor / Nach Arbeitsobj.	Während Arbeitsgang
	Anzahl Informationszyklen je Arbeitsplatz	1-mal pro Los	1-mal pro Los	x-mal pro Los	n_L-mal pro Los	$x \cdot n_L$-mal pro Los
	Informationszyklusdauer	Sehr lang	Lang bis mittel	Mittel bis kurz	Sehr kurz	Sehr kurz
	Kontinuität / Zeitliche Bindung (Taktung)	Sehr gering	Gering	Mittel	Sehr hoch	Sehr hoch
Technikaspekte	Automatisierungspotenzial	Gering	Gering bis mittel	Mittel bis hoch	Hoch	Sehr hoch
	Automatisierungsgrad der Technikteilsyst. IKS & IKT	Konventionell, teilautomatisiert			Automatisiert	Vollautomatisiert
	Einsetzbarkeit IKS & IKT	Universell	Univ. tw. spezialisiert	Spez. tw. universell	Spezialisiert	Hochspezialisiert
	Investitionsaufwand IKS & IKT	Gering bis mittel	Mittel	Mittel bis hoch	Hoch	Sehr hoch
	IKS & IKT zur Steuerung	Vereinzelt Leitstände	Vereinzelt Leitstände	Integrierte Leitstände	Integriertes Leitsystem	Integriertes Leitsystem
Sachaspekte	Dominierende Prozessinformation	Dialog- & Dokumenten- / Tw. Systeminformationen		Systeminformationen / Tw. Dokumenteninfo.		Systeminformation
	Steuerungsstruktur Informationsflusssystem	Autonom	Autonom / Tw. überwacht	Überwacht / Tw. autonom	Überwacht	Überwacht
	Komplexität Informationsbedarfe / Fertigungsaufträge	Sehr hoch	Hoch	Mittel	Gering	Sehr gering
	Variabilität Informationsbedarfe / Fertigungsaufträge	Sehr hoch	Hoch	Mittel	Gering	Sehr gering
	Prozessstandardisierung	Sehr gering	Gering	Mittel	Hoch	Sehr hoch

IKS... Informations- und Kommunikationssystem
IKT... Informations- und Kommunikationstechnik

Bild PW.C.1.(241): Fähigkeitsprofile originärer Organisationsformen des Informationsmanagement (GRYTSCH, G. [Informationsmanagement] S. 194)

1.8.6 Organisationskonzepte

Organisations-konzepte des Informations-management

Organisationskonzepte des Informationsmanagement verbinden ausgehend von den vier Prozesstypen die Organisationsformen der Fertigungsteilprozesse (Teilefertigung, Montage, innerbetrieblicher Transport, innerbetriebliche Lagerung) mit den für sie relevanten Organisationsformen des Informationsmanagement und ordnen diesen die dafür sinnvollen Steuerungsverfahren zu.

Damit findet eine **kombinatorische Zusammenführung** der bisher im Detail auf **einzelne Organisationsformen** der Fertigungsteilprozesse betrachteten Ansätze **zu komplexen Fähigkeitsprofilen** der Produktionsorganisation statt.

Diese sind passgerecht zu den Anforderungsprofilen der Prozesstypen gestaltbar. Dabei spielt die **Organisation des Informationsmanagement** eine **zentrale Rolle**. Das ist besonders deshalb der Fall, weil eine den Prozesstyp und die Organisationsform der Fertigungsteilprozesse übergreifende Steuerung von Fertigungsabläufen mit genau auf die Anforderungsprofile abgestimmten Organisationsformen des Informationsmanagement möglich wird.

Bild PW.C.1.(242) fasst die Kombination vor Organisationsformen zu praxisrelevanten Organisationskonzepten zusammen.

Produktionsorganisation

Organisationskonzepte des Informationsmanagement	Prozesstyp 1	Prozesstyp 2	Prozesstyp 3	Prozesstyp 4	
	WF	GFA	GFR	FF	Organisationsformen der Teilfertigung (OF_{TF}) — C.1.2
	WM	GM_{IMO}	RM_{IMO}	FM_{IMO}	Organisationsformen der Montage (OF_{Mo}) — C.1.3
	ULT	RLT	GTT	VET	Organisationsformen des innerbetrieblichen Transports (OF_{TT}) — C.1.4 / C.1.6
	IBL / IAL	IBL / IAL	DZL / ZZL / IBL / IAL	IPL / DPL / ZPL / DZL / ZZL	Organisationsformen der innerbetrieblichen Lagerung (OF_{IL}) — C.1.5 / C.1.6
	ULI	RLI	GTI	VOI (VAI)	Organisationsformen des Informationsmanagement (OF_{IM}) — C.1.8
	MRP II / RT / KOZ	MRP II / RT / OPT / BOA / KOZ / WT / SZ	MRP II / KANBAN / RT / CONWIP / KOZ / WT / PALMER	FZS / CONWIP / KOZ / MAA / PALMER	Ausgew. Steuerungsverfahren / Erzeugung / Freigabe FA / Organisatorische Reihenfolge — C.2.5 / C.2.3.9

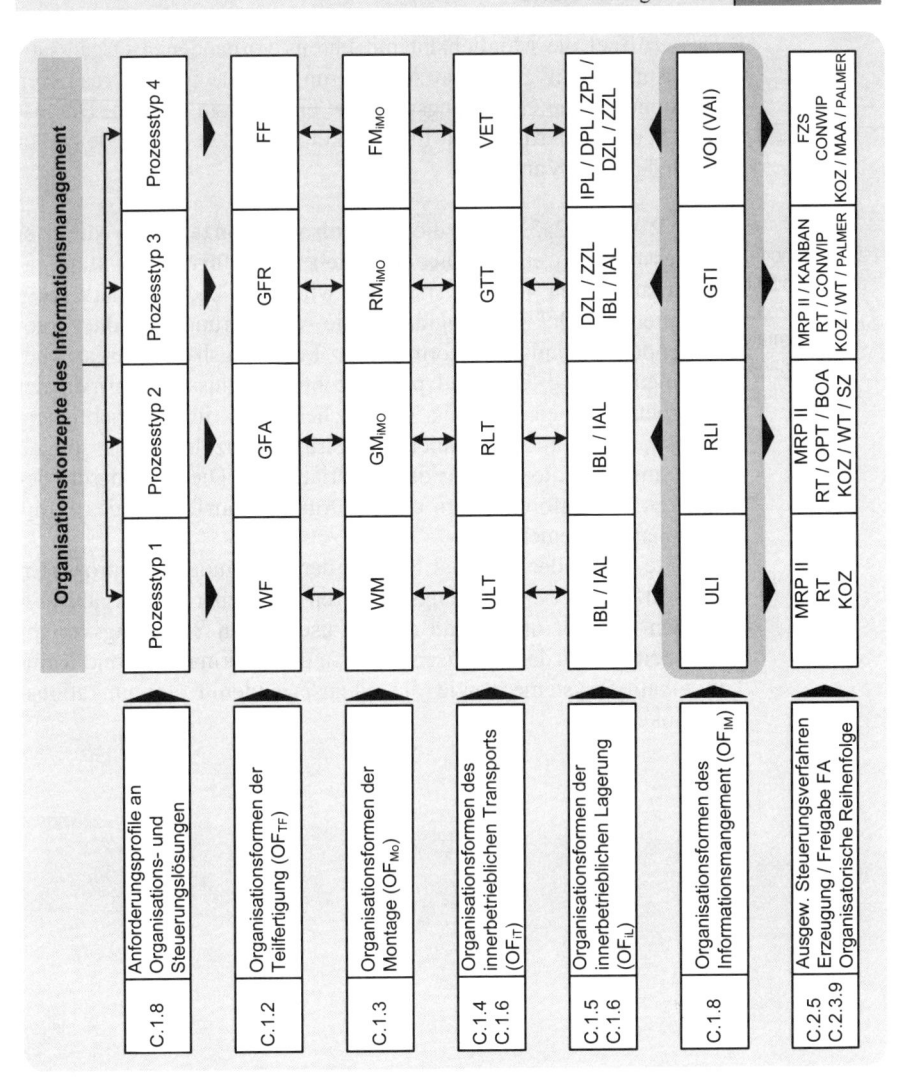

Links oben: Anforderungsprofile an Organisations- und Steuerungslösungen — C.1.8

Bild PW.C.1.(242): Kombination prozesstypbezogener Organisationsformen zu Organisationskonzepten

Die dargestellten **Zuordnungen** von **Organisationsformen zu Prozesstypen** stellen **idealisierte Gestaltungsvarianten** dar. Von diesem sind bestmögliche wirtschaftliche Erfolge zu erwarten.

Abweichungen von diesen „geraden" Wegen sind vor allem zwischen den miteinander in engem Kontakt stehenden Prozesstypen möglich (z. B. zwischen Prozesstyp 1 und 2 sowie zwischen Prozesstyp 3 und 4).

Das eröffnet die Möglichkeit mit bereits vorhandenen Organisationslösungen auf geänderte Anforderungsprofile bedingt reagieren zu können, ohne Gestaltungsprozesse einleiten zu müssen. Das geschieht dann allerdings mit Ergiebigkeitsverlusten im Vergleich zur bestmöglichen Variante.

Ebenenmodell der Organisationskonzepte des Informationsmanagement

Bild PW.C.1.(243) fasst die **Organisationkonzepte** für die vier Prozesstypen in einem **Ebenenmodell des Informationsmanagement** zusammen. In der Darstellung wird deutlich, dass marktseitig orientierte Produktionsprogramme die Anforderungen an die zu gestaltenden Organisationsformen der Fertigungshauptprozesse bestimmen. Aus diesen sind passgerechte Organisationsformen der innerbetrieblichen Logistik – bestehend aus innerbetrieblichem Transport und innerbetrieblicher Lagerung – abzuleiten. Zusammen bestimmen sie die Struktur der Materialflüsse. Diese wiederum definieren die Anforderungen an die Organisationsformen des Informationsmanagement.

Zur Steuerung der Materialflüsse in den Fertigungshauptprozessen sind differenzierte Steuerungsverfahren einsetzbar. Die organisatorischen Anforderungen und die einzusetzenden Steuerungsverfahren beeinflussen das technische Niveau der Informations- und Kommunikationssysteme sowie die einzusetzenden Kommunikationstechniken.

Produktionsorganisation 637

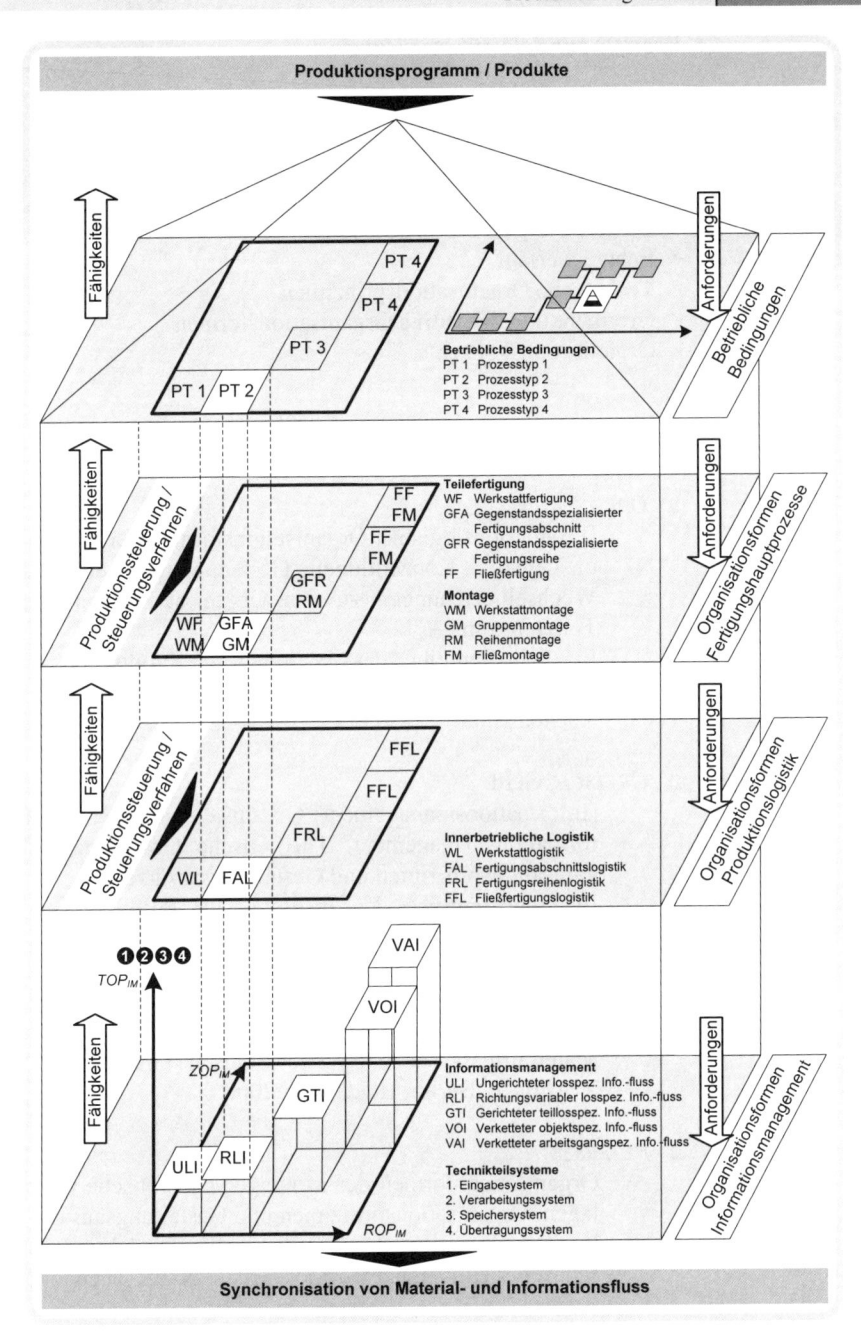

Bild PW.C.1.(243): Ebenenmodell der Organisationskonzepte des Informationsmanagement (vgl. GRYTSCH, G. [Informationsmanagement] S. 252, DREWS, R. [Produktionslogistik], ZOPFF, C. [Informationsmanagement], PETERSEN, T. [Montageorganisation])

I. Begriffe zur Selbstüberprüfung

- ✓ Prozesstypen
- ✓ Räumliche Verknüpfungsprinzipien
- ✓ Räumliche Organisationsprinzipien
- ✓ Informationszyklus
- ✓ Zeitliche Organisationsprinzipien
- ✓ Echtzeitverlauf
- ✓ Technische Organisationsprinzipien
- ✓ Originäre und derivative Organisationsformen
- ✓ Organisationskonzepte

II. Weiterführende Literatur

❏ DREWS, Raik:
[Produktionslogistik] Organisationsformen der Produktionslogistik – Konzeptionelle Gestaltung und Analyse der Wechselbeziehungen zu den Organisationsformen der Teilefertigung –
In: Schriftenreihe des Institutes für Produktionswirtschaft der Universität Rostock, Hrsg.: NEBL, Theodor
Aachen 2005

❏ GRYTSCH, Gerd:
[Informationsmanagement] Organisationsformen des Informationsmanagement. Theoretische Grundlagen, Organisationsprinzipien und Gestaltungsansätze.
In: Schriftenreihe des Institutes für Produktionswirtschaft der Universität Rostock, Hrsg.: NEBL, Theodor
Aachen 2011

❏ JÜNEMANN, Reinhardt / SCHMIDT, Thorsten:
Materialflusssysteme: Systemtechnische Grundlagen.
2. Auflage, Berlin, Heidelberg 2000

❏ PETERSEN, Ties:
Organisationsformen der Montage. Theoretische Grundlagen, Organisationsprinzipien und Gestaltungsansatz.
In: Schriftenreihe des Institutes für Produktionswirtschaft der Universität Rostock, Hrsg.: NEBL, Theodor
Aachen 2005

❑ POENICKE, Sven:
  Beurteilung und Auswahl alternativer Gestaltungsvarianten von Organisationsformen der Teilefertigung.
  In: Schriftenreihe des Institutes für Produktionswirtschaft der Universität Rostock, Hrsg.: NEBL, Theodor
  Aachen 2000

❑ ZOPFF, Claus:
  [Informationsmanagement] Informationsmanagement in kleinen und mittelgroßen (KMU) Unternehmen – Unternehmenstypologie und Gestaltungsansatz am Beispiel des Auftragsdurchlaufs der metallverarbeitenden Industrie –
  In: Schriftenreihe des Institutes für Produktionswirtschaft der Universität Rostock, Hrsg.: Nebl, Theodor
  Aachen 2005

2 Produktionsplanung und -steuerung

C / Wirkung dispositiver Produktionsfaktoren

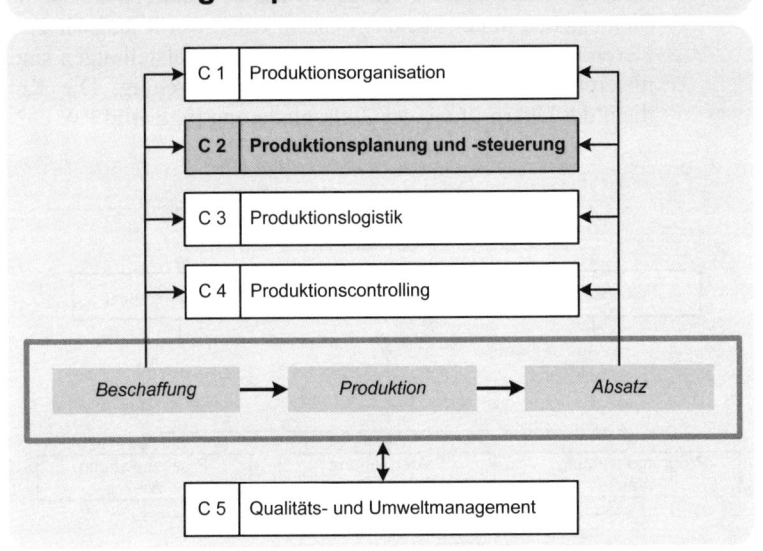

- C 1 Produktionsorganisation
- **C 2 Produktionsplanung und -steuerung**
- C 3 Produktionslogistik
- C 4 Produktionscontrolling

Beschaffung → Produktion → Absatz

- C 5 Qualitäts- und Umweltmanagement

Bild PW.C.2.(1): *Wirkung dispositiver Produktionsfaktoren (Produktionsplanung und -steuerung)*

Aus der Sicht der **Wiederholbarkeit von Planungs- und Steuerungsprozessen** sind zwei Schwerpunktaufgaben zu unterscheiden. Einerseits geht es um die **Planung und Steuerung wiederkehrender Produktionsaufgaben** im Rahmen der **Mehrfachfertigung**. Das betrifft insbesondere die Varianten der Serienfertigung und die Massenfertigung.

Andererseits sind **Planungs- und Steuerungsaufgaben** durchzuführen, die **für einmalig zu realisierende Aufgaben** relevant sind. Dazu zählen Produktionsaufgaben im Rahmen der **Einmalfertigung** ebenso wie z. B. die Realisierung von **Einzelprojekten**.

Aus der Sicht des Produktionsprozesses sind insbesondere **Forschungs- und Entwicklungsprojekte** von Interesse, die Beiträge zur Neugestaltung von Produkten und Produktionsprozessen leisten. Die Wahrnehmung der erforderlichen dispositiven Tätigkeiten erfolgt im Rahmen des **Projektmanagement**. Beide Schwerpunktaufgaben stellen spezifische Anforderungen an eine inhaltlich-methodische und organisatorische Gestaltung der Planung und Steuerung.

2.1 Phasengliederung des Produktionsmanagement

Auf Grund von Ziel- und Mittelentscheidungen der Unternehmensführung leiten sich die Aufgaben des Produktionsmanagement ab. Sie bestehen in der Planung dessen, **was**, **womit** und **wie** zu produzieren ist. Zur Realisierung der geplanten Zielstellungen sind organisierende und steuernde Tätigkeiten notwendig. Die Kontrolle dient der Überprüfung der Zielrealisierung (vgl. Bild PW.C.2.(2)).

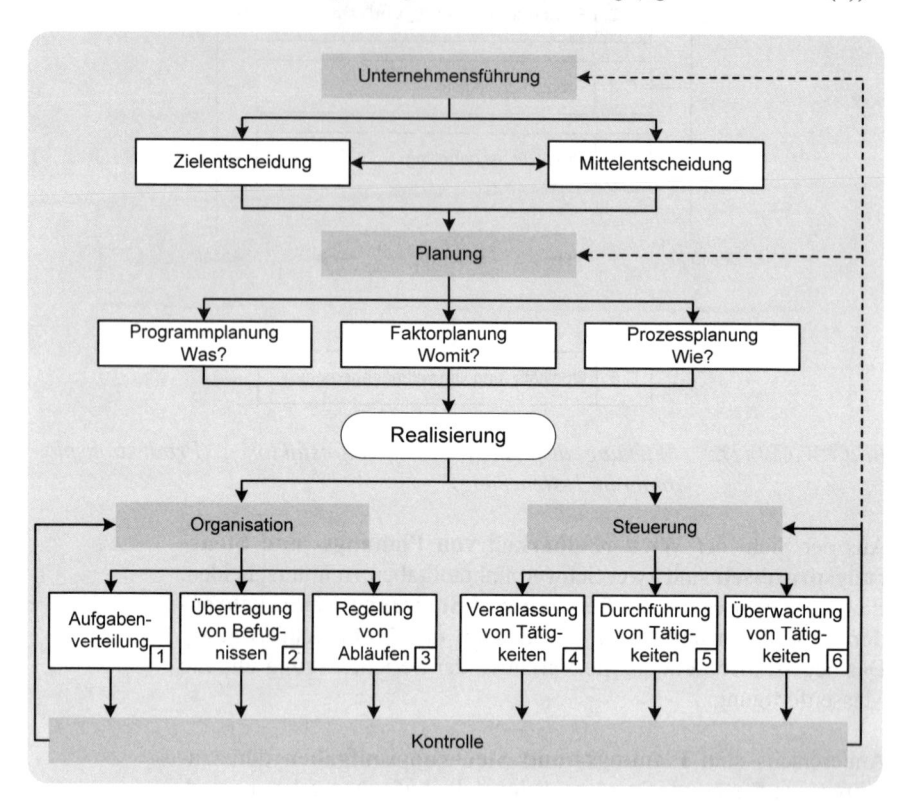

Bild PW.C.2.(2): Dispositive Faktoren des Produktionsmanagement

Produktionsmanagement | Das **Produktionsmanagement** ist in die Phasen strategisches (oder langfristiges) Produktionsmanagement, taktisches (oder mittelfristiges) Produktionsmanagement und operatives (oder kurzfristiges) Produktionsmanagement gliederbar.

> Das **strategische** und **taktische Produktionsmanagement** haben die Aufgabe, über längerfristige Zeitabschnitte Rahmenbedingungen für das operative Produktionsmanagement zu schaffen.

Die Struktur der zu lösenden Aufgaben entspricht der Makrostruktur des Produktionsprozesses (vgl. Bild PW.C.2.(3)):

- Strategisch-taktische / Operative **Programmplanung** (Output)
- Strategisch-taktische / Operative Faktorplanung (Input)
- Strategisch-taktische / Operative **Prozessplanung** (Throughput)

Programm-, Faktor-, Prozessplanung

Die **strategisch-taktische Programmplanung**
- entwirft die Wettbewerbsstrategie,
- plant die Ziele des Unternehmens,
- analysiert Absatz- und Beschaffungsmärkte,
- analysiert die Stärken und Schwächen des Unternehmens und
- plant die Produktfelder, auf denen das Unternehmen perspektivisch tätig sein wird.

Die **strategisch-taktische Faktorplanung**
- entwickelt Standortstrategien,
- führt die Fabrikplanung durch,
- plant die notwendige Entwicklung der Kapazität und
- plant die Werkstoff- und Energieabsicherung.

Die **strategisch-taktische Prozessplanung**
- entwirft auf der Grundlage der Kenntnis des Stands und der Entwicklungstendenzen der Produktionstechnik die Technologie- und Automatisierungsstrategie und
- plant die Entwicklung der Organisation der Fertigungsprozesse und der zu ihrer Unterstützung notwendigen fertigungsnahen industriellen Dienstleistungen.

Zwischen den zu lösenden Aufgaben existieren enge Wechselbeziehungen.

> Das **operative Produktionsmanagement** plant die Durchführung und steuert tatsächlich ablaufende Produktionsprozesse.
>
> Die **operative Programmplanung** bestimmt die Art und die Menge der zu produzierenden Produkte und definiert die Serien- und die Losgrößen.
>
> Die **operative Faktorplanung** bestimmt den Werkstoff- und Teilebedarf als Sekundär- bzw. Tertiärbedarf, ermittelt Nettobedarfsgrößen und ihre Bedarfszeitpunkte und definiert die Aufgaben der Eigenproduktion und der Fremdbeschaffung. Sie plant die benötigten Arbeitskräfte und Betriebsmittel.

Teil C / Wirkung dispositiver Produktionsfaktoren

	Strategisch-taktisches Produktionsmanagement			**Operatives Produktionsmanagement**		
	Strategisch-taktische Programmplanung	Strategisch-taktische Faktorplanung	Strategisch-taktische Prozessplanung	Operative Prozessplanung und -steuerung	Operative Faktorplanung	Operative Programmplanung

	• Wettbewerbsstrategie
	• Zielplanung im Rahmen der Umweltfaktoren
	• Marktanalyse
	  - Absatzmarkt
	  - Beschaffungsmarkt
	• Unternehmensanalyse
	  - Stärken und Schwächen
	  - Kostensituation
	• Produktplanung
	  - Forschung und Entwicklung neuer Produkte
	  - Produktfelddefinition
		• Standortplanung
		• Fabrikplanung (Layout, ROP)
		• Kapazitätsentwicklung
		  - Arbeitskräfte
		  - Betriebsmittel
		  - Anlagenerneuerung und -erweiterung
		  - Fertigungstiefe und -breite
		• Planung der Werkstoff und Energieabsicherung
			• Stand und Entwicklung der Produktionstechnik
			• Technologie und Automatisierungsstrategie
			• Organisation der Fertigungshauptprozesse und der unterstützenden fertigungsnahen industriellen Dienstleistungsprozesse (TUL, Instandhaltung u. a.)
			• An Produktentwicklung angepasste Prozessentwicklung
				• Kapazitäts- und Durchlaufterminierung
				• Bedarfsgerechte Gestaltung der Kapazität
				• Belastungs- und Reihenfolgeplanung
				• Steuerung des Produktionsprozesses
					• Teilebedarfs- und Werkstoffplanung
					  - Eigenproduktion
					  - Fremdbeschaffung
					• Planung benötigter
					  - Arbeitskräfte
					  - Betriebsmittel
						• Planung des Produktionsprogramms
						  - Art und Menge der Produkte
						  - Serien- und Losgrößenbestimmung

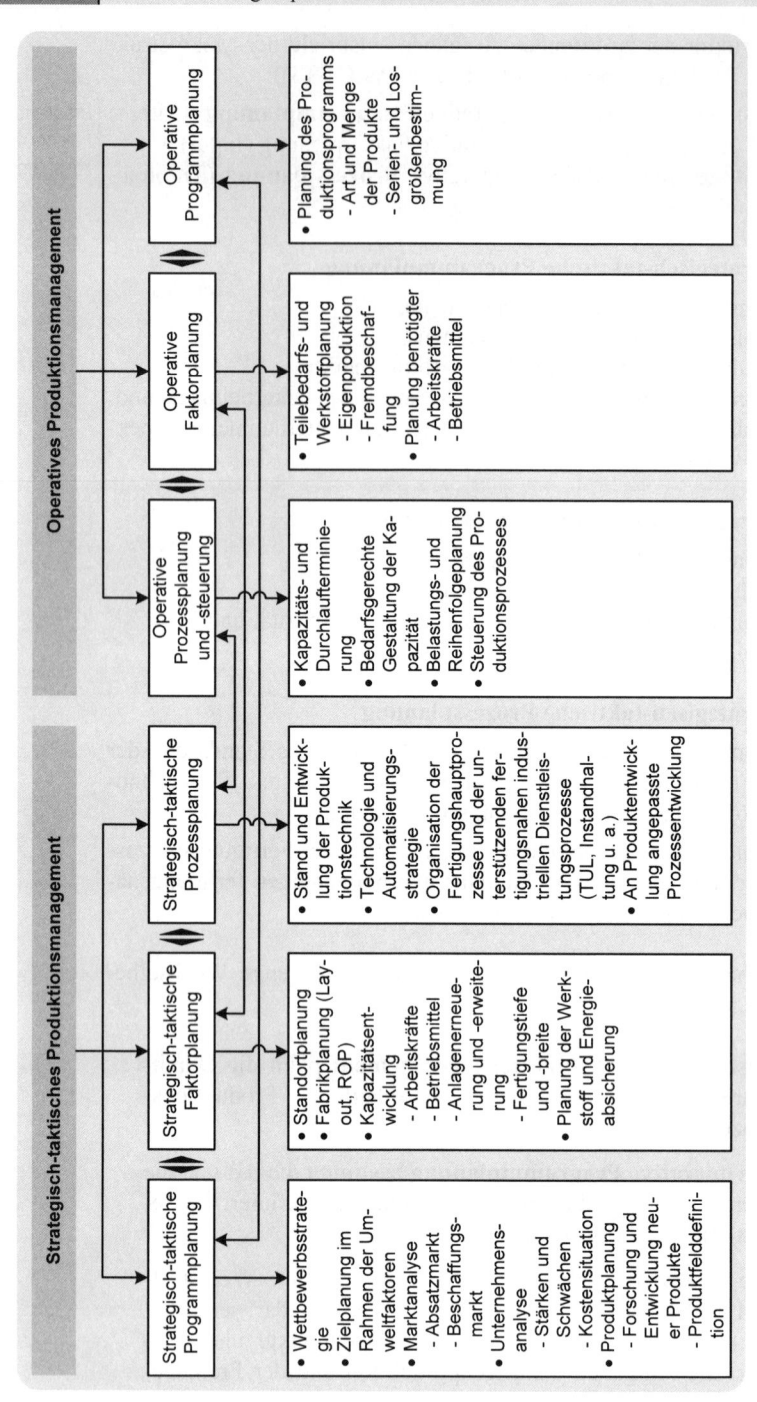

Bild PW.C.2.(3):   Aufgaben des Produktionsmanagement

Die **operative Prozessplanung und -steuerung** führt die Kapazitäts- und Durchlaufterminierung durch, plant die Belastung der Kapazitätseinheiten, definiert die Reihenfolge abzuarbeitender Aufträge und steuert den Produktionsprozess.

Die Programmplanung erfährt über die dargestellten Phasen Verfeinerungen bis hin zu den Erzeugnissen und ihren Stückzahlen, die in einem konkreten Zeitabschnitt (Planjahr) zu produzieren sind. Jede Phase der Programmplanung definiert phasenspezifische Aufgaben der Prozess- und Faktorplanung. Diese Zusammenhänge werden in Bild PW.C.2.(4) dargestellt.

Strategische Produktions-programmplanung	↔	Taktische Produktions-programmplanung	↔	Operative Produktions-programmplanung
Strategische Produktfeldentscheidung ▼ Produktdiversifikation	↔	Taktische Überprüfung der Produktfeldentscheidungen ▼ Produktkonzipierung (F & E) ▼ Varianten der Grundformen der Erzeugnisse ▼ Qualitätsstufen	↔	Produktionssortiment ▼ Erzeugnisstückzahlen ▼ Fertigungstiefe, -breite ▼ Seriengrößen ▼ Losgrößen
Standortplanung ▼ Fabriklayout ▼ Technologie- und Automatisierungsstrategie	↔	Investitionsentscheidungen ▼ Technik ▼ Technologie ▼ Organisation	↔	Benötigte Kapazität ▼ Durchlauf- und Terminplanung ▼ Belastungs- und Reihenfolgeplanung ▼ Prozesssteuerung
Strategische Prozess- und Faktorplanung	↔	Taktische Prozess- und Faktorplanung	↔	Operative Prozess- und Faktorplanung

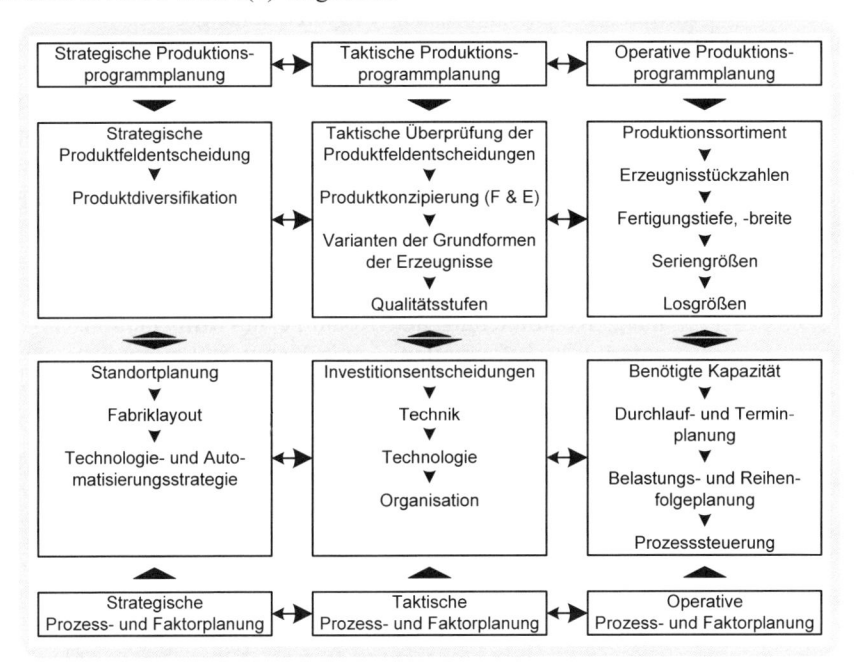

Bild PW.C.2.(4): Schwerpunkte und Wechselbeziehungen der Phasen der Programm-, Prozess- und Faktorplanung

Die **operative Produktionsplanung und -steuerung** ist der **Betrachtungsgegenstand** dieses Abschnitts. Ihre grobe Gliederung ist Bild PW.C.2.(5) zu entnehmen.

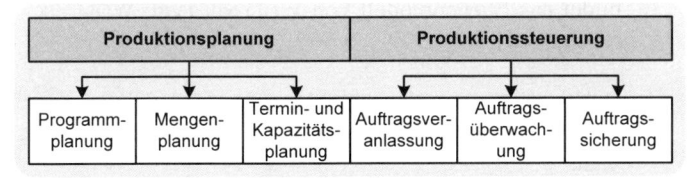

Produktionsplanung			Produktionssteuerung		
Programm-planung	Mengen-planung	Termin- und Kapazitäts-planung	Auftragsver-anlassung	Auftrags-überwach-ung	Auftrags-sicherung

Bild PW.C.2.(5): Schwerpunkte operativer Produktionsplanung und -steuerung

2.2 Informationsmanagement in Produktionsplanung und -steuerung
2.2.1 Ebenenmodell der Gestaltung des Informationsmanagement

> Für die rationelle Realisierung der **Aufgaben der Produktionsplanung und -steuerung** ist es unerlässlich ein **Informationsmanagement** zu installieren.

Informationsmanagementaufgaben
Die Ausgestaltung des benötigten **Informationsmanagement** ist von dem Kontext zu lösender **Aufgaben** abhängig.
Diese Aufgaben differieren für unterschiedliche Prozesstypen (vgl. Abschnitt C.1.8).

Jeder **Prozesstyp** benötigt für die Realisierung der PPS-Aufgaben eine spezielle Gestaltungsvariante des Informationsmanagement, die auf den Organisationsformen des Informationsmanagement basiert. | Prozes

> Das **Informationsmanagement** ist die systematische Planung, Koordinierung und Kontrolle des **Informationseinsatzes**, der **Informations- und Kommunikationssysteme** und der Informations- und Kommunikationsstrukturen mit dem Ziel, die Ressource Information am richtigen Ort, zur richtigen Zeit, in der richtigen Qualität, in der richtigen Menge und zu anforderungsgerechten Kosten unter Berücksichtigung **unterschiedlicher Bedingungen** und Anforderungen zu beschaffen, zu verarbeiten, zu speichern und zu verteilen. | Informa manage

> **Unterschiedliche Einflussfaktoren**, identische Einflussfaktoren auf einem **unterschiedlichen Niveau** und **unterschiedliche Kombinationen** von Einflussfaktoren erfordern eine unterschiedliche Gestaltung des Informationsmanagement für die charakterisierten Unternehmen (vgl. Abschnitt C.1.8).

Die Grundlage für die Gestaltung des Informationsmanagement bildet das Ebenenmodell von WOLLNIK (vgl. WOLLNIK, M. [Referenzmodell] S. 34).

Dabei geht es um die Abbildung des tatsächlichen Geschehens in Produktionsprozessen unter gleichzeitiger Reduktion der Komplexität.

Davon abgeleitet erfolgt eine Systematisierung der Gestaltungsaufgaben in einem **Modell mit vier Ebenen**.

Die **erste Ebene** stellt die **betrieblichen Bedingungen**, das sind die Merkmale der zu lösenden Aufgaben, im Rahmen der Makrostruktur dar.

Die **zweite Ebene** charakterisiert den notwendigen **Informationseinsatz zur Lösung** einer konkreten **Prozessaufgabe**.
Im hier gewählten Beispiel geht es um die Produktionsplanung und -steuerung des Auftragsdurchlaufs.

Die **dritte Ebene** definiert den **Softwareeinsatz** zur Lösung der ausgewählten Prozessaufgabe.

Die **vierte Ebene** ist den **Informationstechniken** gewidmet, die zur Lösung der Aufgabe eingesetzt werden. Dabei geht es insbesondere um den **Hardwareeinsatz**.

| Ebenenmodell des Informationsmanagement |

Bild PW.C.2.(6) stellt das **Modell des Informationsmanagement** dar.

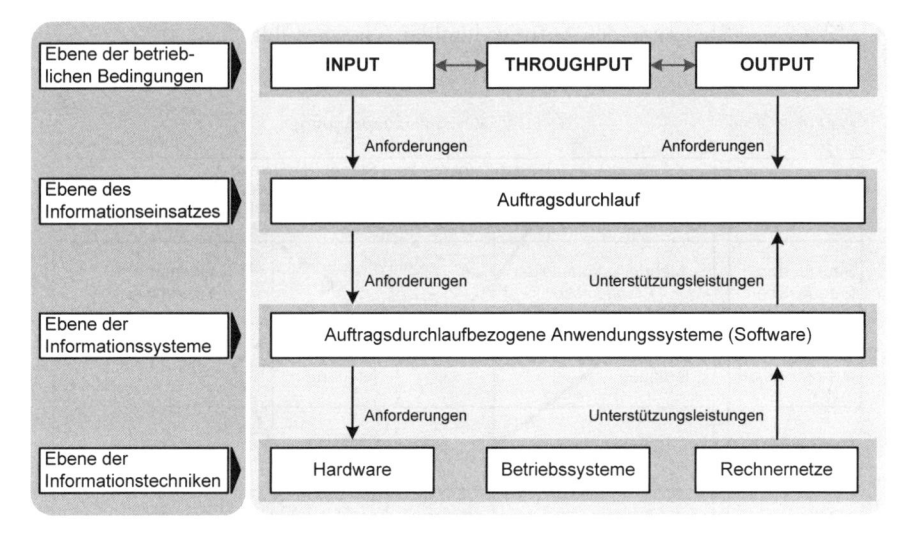

Bild PW.C.2.(6): Modell des Informationsmanagement

Die Besonderheit des Modells besteht in der Beziehung der Ebenen zueinander. Anforderungen werden top-down definiert und Unterstützungsleistungen erfolgen bottom-up.

Die Ebene der betrieblichen Bedingungen wurde bereits im Rahmen der Typisierung von Unternehmen dargestellt.

Die systematisierten Prozesstypen 1 bis 4 (vgl. S. 66 ff.) definieren unterschiedliche Anforderungen an das Informationsmanagement. Sie verlangen unterschiedliche Organisationslösungen des Informationsmanagement.

Der erste Typ charakterisiert die relevanten Bedingungen eines mittelständischen Unternehmens in der metallverarbeitenden Industrie. Kundenindividuelle mehrteilige Erzeugnisse, deren Fertigung durch Aufträge ausgelöst wird sowie Einzelfertigung mit unbedeutendem Fremdbezugsanteil kennzeichnen diesen Prozesstyp.

Vom 1. zum 4. Prozesstyp entsteht im morphologischen Kasten (vgl. Bild PW.C.2.(7)) eine deutliche Rechtsverschiebung der Merkmalsausprägungen in Richtung auf Standardprodukte, Lagerfertigung, Massenfertigung mit umfangreichem Fremdbezug von Einzelteilen und Baugruppen.

Alle Prozesstypen konnten in Praxisanalysen nachgewiesen werden.

Als **Ebene des Informationseinsatzes** wurde hier die Planung und Steuerung des Auftragsdurchlaufs ausgewählt.

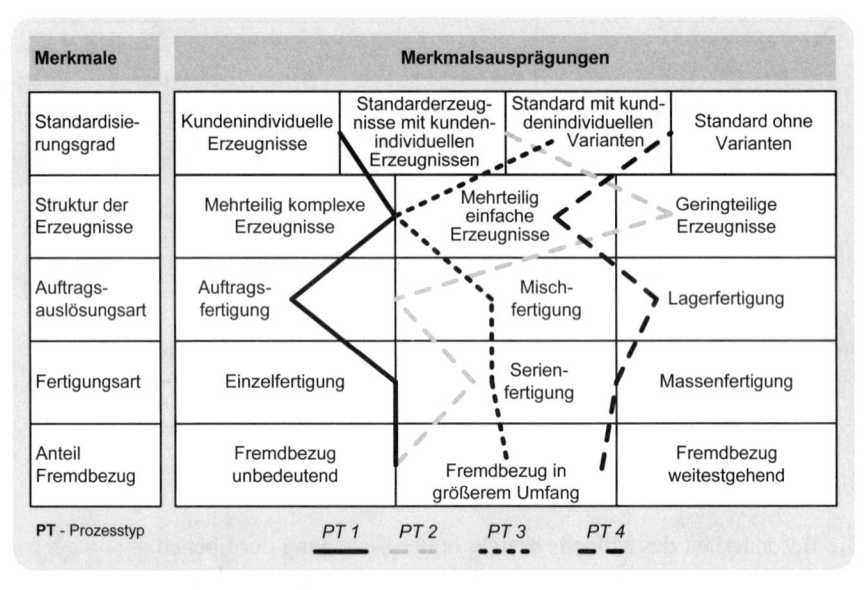

Merkmale	Merkmalsausprägungen			
Standardisierungsgrad	Kundenindividuelle Erzeugnisse	Standarderzeugnisse mit kundenindividuellen Erzeugnissen	Standard mit kundenindividuellen Varianten	Standard ohne Varianten
Struktur der Erzeugnisse	Mehrteilig komplexe Erzeugnisse	Mehrteilig einfache Erzeugnisse		Geringteilige Erzeugnisse
Auftragsauslösungsart	Auftragsfertigung		Mischfertigung	Lagerfertigung
Fertigungsart	Einzelfertigung		Serienfertigung	Massenfertigung
Anteil Fremdbezug	Fremdbezug unbedeutend		Fremdbezug in größerem Umfang	Fremdbezug weitestgehend
PT - Prozesstyp	PT 1	PT 2	PT 3	PT 4

Bild PW.C.2.(7): *Prozesstypen gebildet durch unterschiedliche Kombinationen von Merkmalsausprägungen (nach ZOPFF, C. [Informationsmanagement] S. 80 ff.)*

2.2.2 Informationsmanagement des Auftragsdurchlaufs

Der Auftragsdurchlauf ist ein wesentlicher, produktivitätsbeeinflussender Prozess. Er bedarf einer speziellen Gestaltung des Informationsmanagement, die auf den Organisationsformen des Informationsmanagement beruht.
Folgende Besonderheiten kennzeichnen den Auftragsdurchlauf im Unternehmen:

- ▶ Er ist grundsätzlich in **acht Teilprozesse** gegliedert: | Teilprozesse des Auftragsdurchlaufs
    (1) Anfragebearbeitung
    (2) Auftragsbearbeitung
    (3) Entwicklung
    (4) Arbeitsplanung
    (5) Produktionsplanung
    (6) Beschaffung
    (7) Produktionssteuerung
    (8) Versand

- ▶ Er beschreibt alle Prozesse von der Kundenanfrage bis zur Auslieferung der fertigen Produkte.

- ▶ Innerhalb der dargestellten Teilprozesse treten differenzierte Informationsbedarfe auf, es finden unterschiedliche Informationsflüsse statt.

- ▶ Die Beziehungen der einzelnen Teilprozesse unterscheiden sich in Abhängigkeit von den vier Prozesstypen. Deshalb gestalten sich die Teilprozesse des Auftragsdurchlaufs in den verschiedenen Prozesstypen deutlich unterschiedlich.

Aus der Sicht des zeitlichen Ablaufs der Teilprozesse wird in Bild PW.C.2.(8) der Auftragsdurchlauf für Prozesstyp 1 dargestellt.

Alle acht Teilprozesse sind hier auftragsbezogen durch den Kunden initiiert und laufen sukzessive nacheinander ab. Parallelitäten sind die Ausnahme. Sie entstehen nur durch eventuell mögliche lange kundenspezifische Durchlaufzeiten der Aufträge.

In Bild PW.C.2.(9) werden die Varianten des Auftragsdurchlaufs den vier Prozesstypen gegenübergestellt (vgl. ZOPFF, C. [Informationsmanagement] S. 91 ff.).

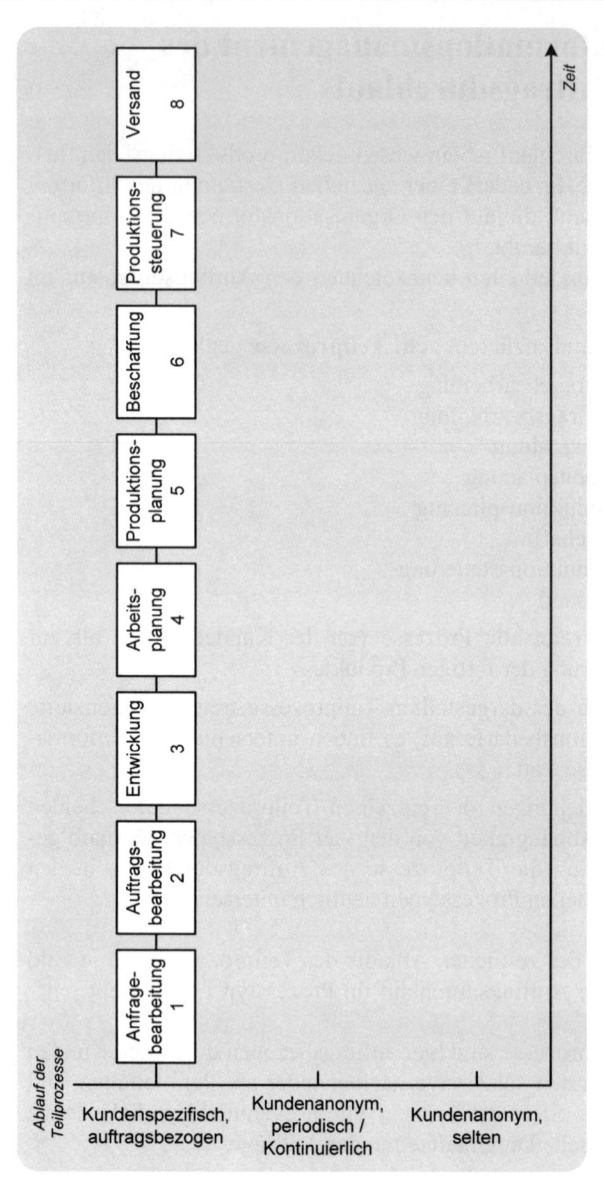

Teil C / Wirkung dispositiver Produktionsfaktoren

Bild PW.C.2.(8): Vereinfachte Darstellung des Auftragsdurchlaufs des Prozesstyps 1

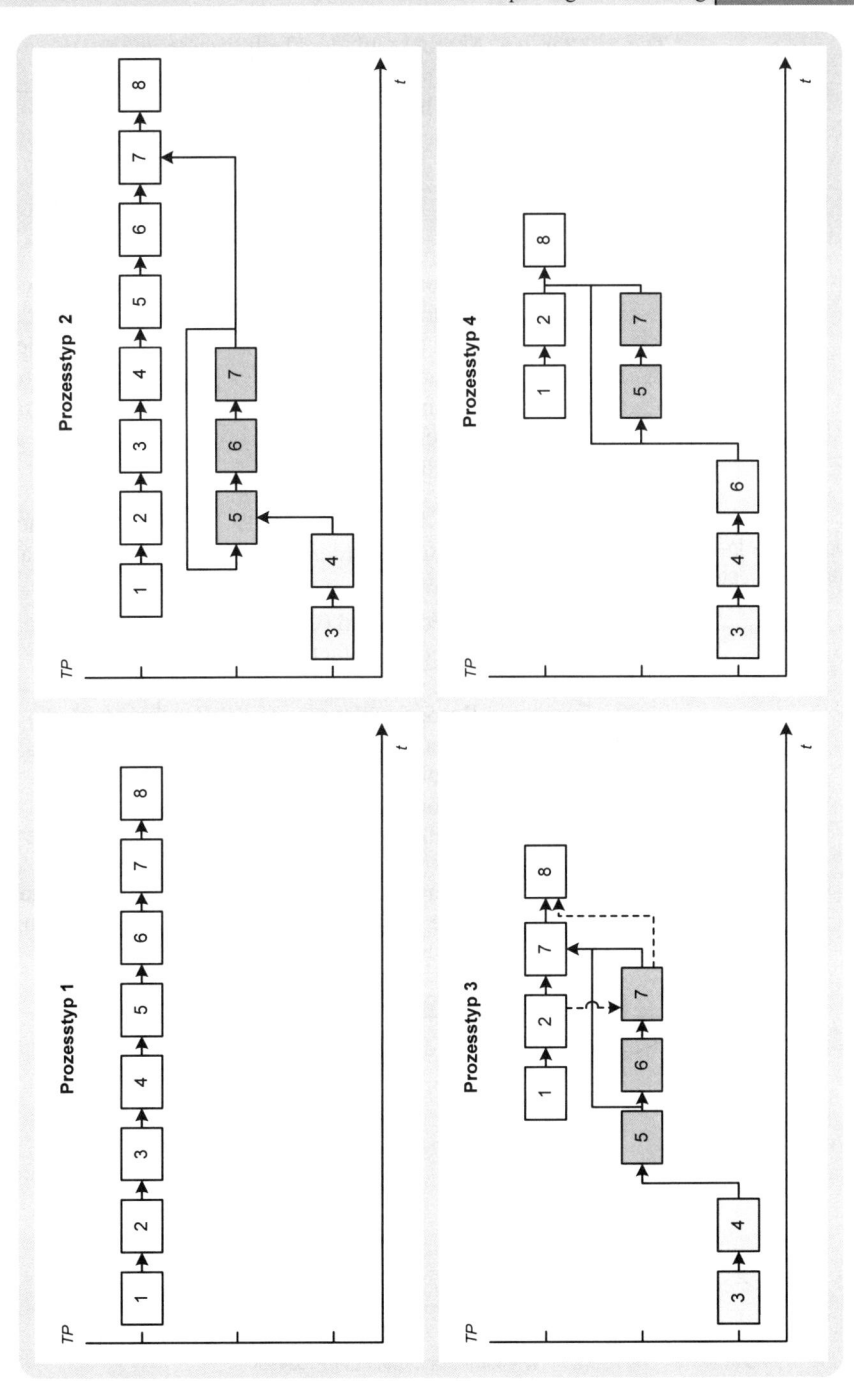

Bild PW.C.2.(9): Auftragsdurchläufe der vier Prozesstypen

> Die **sukzessive** Abarbeitung der Teilprozesse in Prozesstyp 1 wird mehr und mehr durch **parallel ablaufende, kundenanonym realisierbare Prozesse** in Prozesstyp 2 bis 4 ersetzt. Dabei reduziert sich der kundenspezifische, auftragsbezogene Anteil der Teilprozesse mehr und mehr. Die Gesamtzeit für die Bearbeitung der Teilprozesse wird dadurch verkürzt.

Auf der **Ebene der Informationssysteme** ist zu klären, welche Software für die hier betrachtete Auftragsabwicklung einzusetzen ist. Sowohl die Software- als auch die Hardwareauswahl sind nicht Gegenstand der Produktionswirtschaft. Zur Sicherung der Vollständigkeit der Betrachtung werden hier trotzdem Vorschläge unterbreitet, die aus Sicht des Verfassers zur Lösung der Aufgabe als sinnvoll und möglich erscheinen.

Software-Module zur Unterstützung der Auftragsabwicklung

Die Auftragsabwicklung kann nach ZOPFF durch folgende acht Software-Module unterstützt werden (vgl. ZOPFF, C. [Informationsmanagement] S. 142):

(1) Computer Aided Design (CAD)
(2) Computer Aided Manufacturing (CAM)
(3) OFFICE
(4) Enterprise Resource Planning (ERP-Beschaffung)
(5) Computer Aided Planning (CAP)
(6) Enterprise Resource Planning (ERP-Produktion)
(7) Enterprise Resource Planning (ERP-Vertrieb)
(8) Lagerverwaltungssysteme (LVS)

Aus der Sicht der **Standardisierung** und der **Wiederholhäufigkeit** der Prozesse ist folgende Systematisierung für Informations- und Kommunikationssysteme möglich (vgl. Bild PW.C.2.(10)):

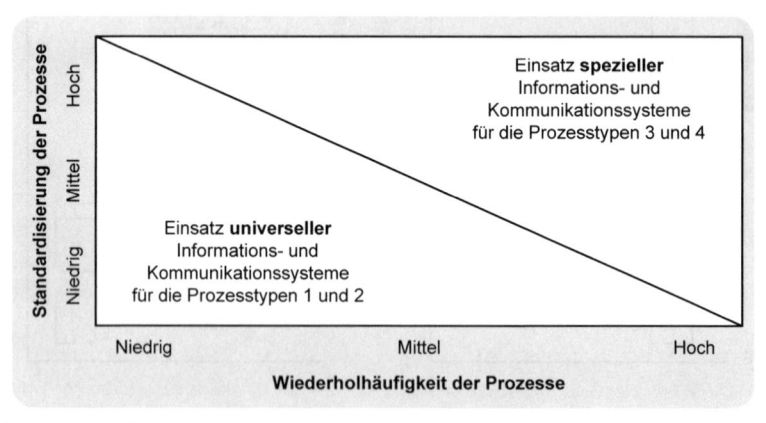

Bild PW.C.2.(10): Systematisierungsansatz für Informations- und Kommunikationssysteme

Das bedeutet für Prozesstyp 1 bis 4 folgende mögliche Modulauswahl und Zusammenstellung (graue Felder) (vgl. Bild PW.C.2.(11)).

Prozesstyp 1					Prozesstyp 2			
CAD	CAM	OFFICE	ERP-Beschaffung		CAD	CAM	OFFICE	ERP-Beschaffung
CAP	ERP-Produktion	ERP-Vertrieb	LVS		CAP	ERP-Produktion	ERP-Vertrieb	LVS

Prozesstyp 3					Prozesstyp 4			
CAD	CAM	OFFICE	ERP-Beschaffung		CAD	CAM	OFFICE	ERP-Beschaffung
CAP	ERP-Produktion	ERP-Vertrieb	LVS		CAP	ERP-Produktion	ERP-Vertrieb	LVS

Bild PW.C.2.(11): Software-Modulauswahl für Prozesstyp 1 bis 4 (nach ZOPFF, C. [Informationsmanagement] S. 142 ff.)

Auf der **Ebene der Informationstechniken** ist zu klären, welche Hardware zur Gestaltung der Auftragsabwicklung einzusetzen ist.

Es steht dafür folgende **Standard-Hardware** zur Verfügung:

(1) Client-Server
(2) Internet-Computing
(3) Prozessrechner
(4) Standard-PC

Standard-Hardware zur Unterstützung der Auftragsabwicklung

In Bild PW.C.2.(12) wird ein Vorschlag für die Prozesstypen 1 bis 4 unterbreitet (graue Felder).

Prozesstyp 1					Prozesstyp 2			
Client-Server	Internet-Computing	Prozessrechner	Standard-PC		Client-Server	Internet-Computing	Prozessrechner	Standard-PC

Prozesstyp 3					Prozesstyp 4			
Client-Server	Internet-Computing	Prozessrechner	Standard-PC		Client-Server	Internet-Computing	Prozessrechner	Standard-PC

Bild PW.C.2.(12): Hardware-Pakete der Prozesstypen 1 bis 4

Bild PW.C.2.(13) fasst die Ebenenbetrachtung zur Gestaltung des Informationsmanagement am Beispiel der Produktionsplanung und -steuerung des Auftragsdurchlaufs zusammen.

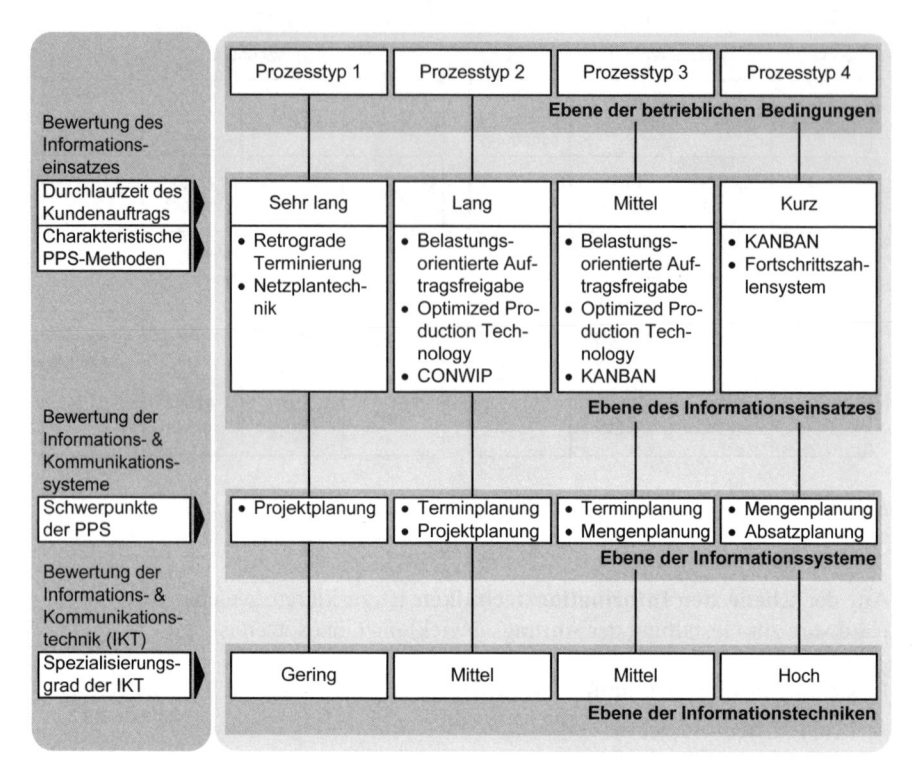

	Prozesstyp 1	Prozesstyp 2	Prozesstyp 3	Prozesstyp 4
Bewertung des Informations-einsatzes	Ebene der betrieblichen Bedingungen			
Durchlaufzeit des Kundenauftrags	Sehr lang	Lang	Mittel	Kurz
Charakteristische PPS-Methoden	• Retrograde Terminierung • Netzplantechnik	• Belastungs-orientierte Auftragsfreigabe • Optimized Production Technology • CONWIP	• Belastungs-orientierte Auftragsfreigabe • Optimized Production Technology • KANBAN	• KANBAN • Fortschrittszahlensystem
Bewertung der Informations- & Kommunikations-systeme	Ebene des Informationseinsatzes			
Schwerpunkte der PPS	• Projektplanung	• Terminplanung • Projektplanung	• Terminplanung • Mengenplanung	• Mengenplanung • Absatzplanung
Bewertung der Informations- & Kommunikations-technik (IKT)	Ebene der Informationssysteme			
Spezialisierungs-grad der IKT	Gering	Mittel	Mittel	Hoch
	Ebene der Informationstechniken			

Bild PW.C.2.(13): Zusammenfassende Ebenenbetrachtung der vier Prozesstypen

Die Prozesstypen sind quasi als Niveaustufen interpretierbar.

Die Niveaustufe 1 wird durch den Prozesstyp 1 belegt. Sie ist typisch für Unternehmen des Mittelstands. Analysiert wurden 60 Unternehmen der Metallbranche in Mecklenburg-Vorpommern. Davon entsprachen 82 % dem Prozesstyp 1. Jeweils mit 6 % waren die Prozesstypen 2 bis 4 vertreten.

Ändern sich betriebliche Rahmenbedingungen, so hat das Konsequenzen, die zur **Gestaltung weiterer Niveaustufen** des Informationsmanagement führen müssen, um eine bestmögliche **Anpassung an die zu lösenden Aufgaben** zu erreichen.

Auf der Grundlage der Ebenendarstellung des Prozesstyps 1 (vgl. Bild PW.C.2.(14)) wird in Bild PW.C.2.(15) eine Verallgemeinerung für alle Niveaustufen vorgenommen.

Ebene der betrieblichen Bedingungen	Merkmale	Merkmalsausprägungen			
	Standardisierungsgrad	KI	StkV	StaV	StoV
	Struktur der Erzeugnisse	MTK		MTE	GTE
	Auftragsauslösungsart	AF		MIF	LF
	Fertigungsart	EF		SF	MF
	Anteil Fremdbezug	Fu		FgU	Fw

Ebene des Informationseinsatzes	TP: 1 – 2 – 3 – 4 – 5 – 6 – 7 – 8 → t

Ebene der Informationssysteme				
	CAD	CAM	OFFICE	ERP-Beschaffung
	CAP	ERP-Produktion	ERP-Vertrieb	Lagerverwaltungssysteme

Ebene der Informationstechniken				
	Client-Server	Internet-Computing	Prozessrechner	Standard-PC

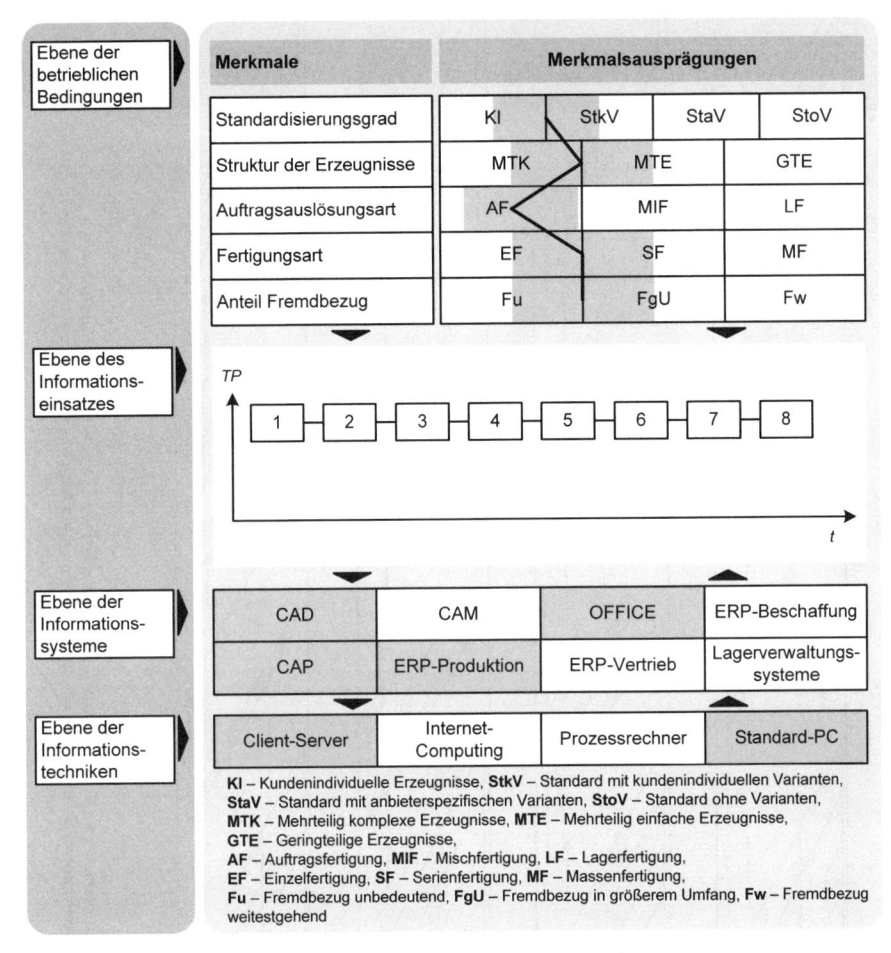

KI – Kundenindividuelle Erzeugnisse, **StkV** – Standard mit kundenindividuellen Varianten,
StaV – Standard mit anbieterspezifischen Varianten, **StoV** – Standard ohne Varianten,
MTK – Mehrteilig komplexe Erzeugnisse, **MTE** – Mehrteilig einfache Erzeugnisse,
GTE – Geringteilige Erzeugnisse,
AF – Auftragsfertigung, **MIF** – Mischfertigung, **LF** – Lagerfertigung,
EF – Einzelfertigung, **SF** – Serienfertigung, **MF** – Massenfertigung,
Fu – Fremdbezug unbedeutend, **FgU** – Fremdbezug in größerem Umfang, **Fw** – Fremdbezug weitestgehend

Bild PW.C.2.(14): Ebenendarstellung des Prozesstyps 1

Auf dieser Grundlage ist es jedem Unternehmen möglich, von der Identifikation seiner betrieblichen Bedingungen ausgehend, für die Produktionsplanung und -steuerung des Auftragsdurchlaufs sinnvolle Informationsmanagementsysteme der entsprechenden Niveaustufen zu gestalten.

Der Auftragsdurchlauf ist ein Teilprozess, der im Rahmen der Vorbereitung und Durchführung des Produktionsprozesses zu realisieren ist. Dafür wurden hier als Beispiel Ebenenbetrachtungen des Informationsmanagement durchgeführt.

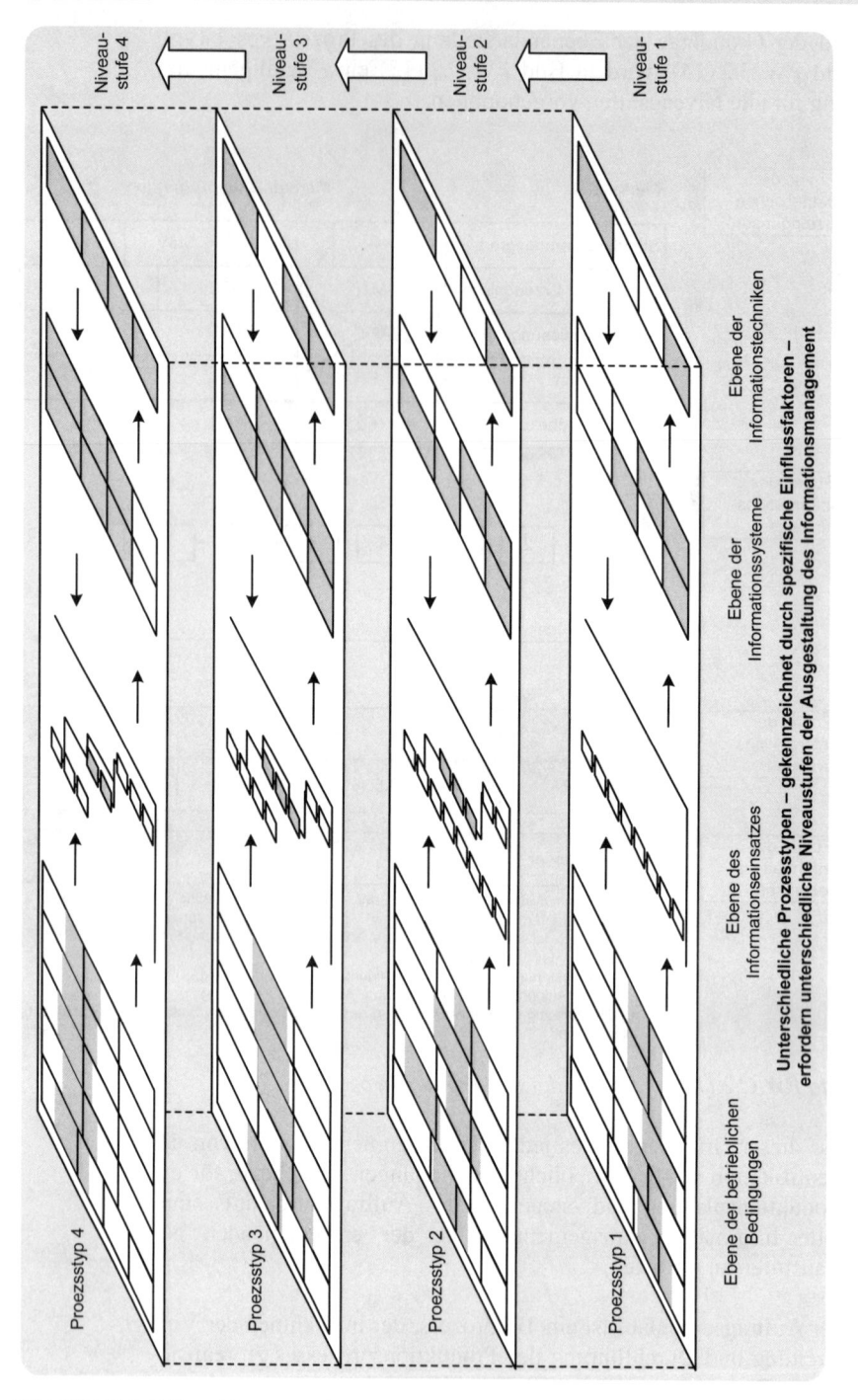

656 Teil C / Wirkung dispositiver Produktionsfaktoren

Bild PW.C.2.(15):   *Niveaustufen der Gestaltung des Informationsmanagement*

Das Aufgabenspektrum des Informationsmanagement ist in der Unternehmenspraxis erheblich breiter als im Beispiel dargestellt. Es ist verantwortlich für die informationsseitige Absicherung all jener Prozesse, die im Rahmen der technischen und betriebswirtschaftlichen Funktionen der Vorbereitung und Durchführung des Produktionsprozesses zu realisieren sind.

Einen Überblick liefert Bild PW.C.2.(16).

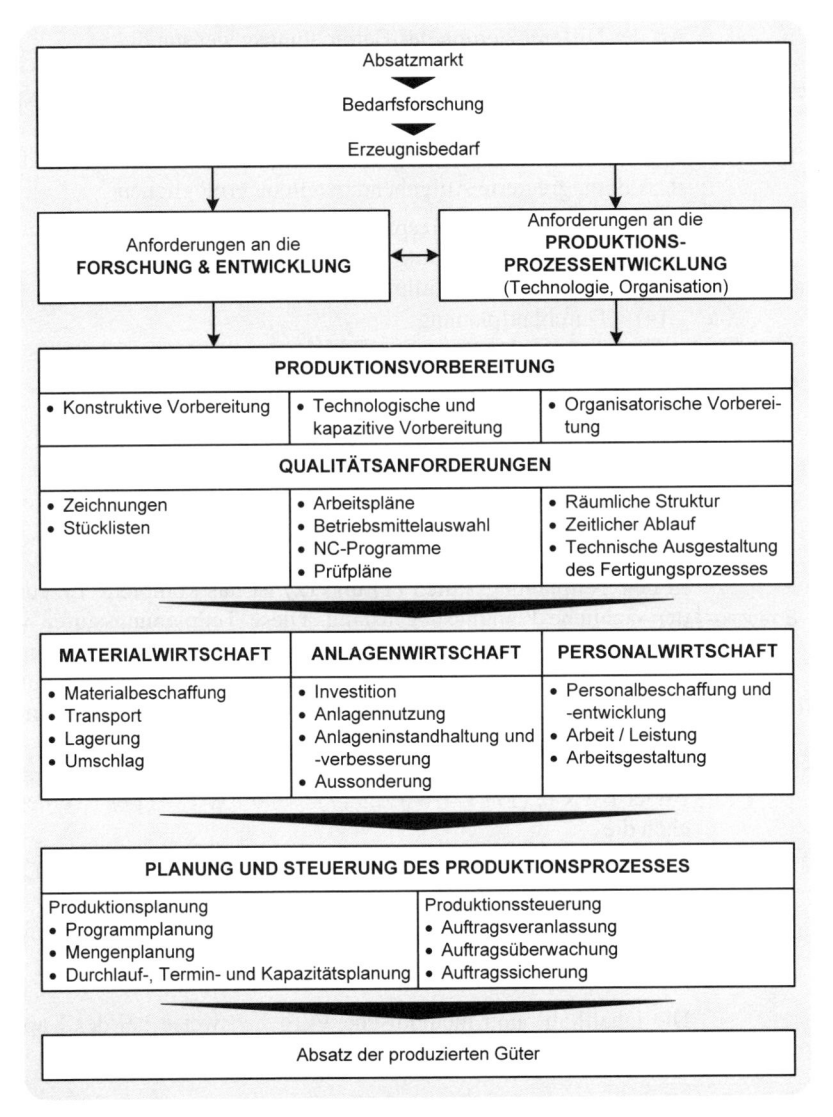

```
                        Absatzmarkt
                            ▼
                       Bedarfsforschung
                            ▼
                       Erzeugnisbedarf
```

| Anforderungen an die FORSCHUNG & ENTWICKLUNG | ↔ | Anforderungen an die PRODUKTIONS-PROZESSENTWICKLUNG (Technologie, Organisation) |

PRODUKTIONSVORBEREITUNG

| • Konstruktive Vorbereitung | • Technologische und kapazitive Vorbereitung | • Organisatorische Vorbereitung |

QUALITÄTSANFORDERUNGEN

| • Zeichnungen
• Stücklisten | • Arbeitspläne
• Betriebsmittelauswahl
• NC-Programme
• Prüfpläne | • Räumliche Struktur
• Zeitlicher Ablauf
• Technische Ausgestaltung des Fertigungsprozesses |

MATERIALWIRTSCHAFT	ANLAGENWIRTSCHAFT	PERSONALWIRTSCHAFT
• Materialbeschaffung • Transport • Lagerung • Umschlag	• Investition • Anlagennutzung • Anlageninstandhaltung und -verbesserung • Aussonderung	• Personalbeschaffung und -entwicklung • Arbeit / Leistung • Arbeitsgestaltung

PLANUNG UND STEUERUNG DES PRODUKTIONSPROZESSES

| Produktionsplanung
• Programmplanung
• Mengenplanung
• Durchlauf-, Termin- und Kapazitätsplanung | Produktionssteuerung
• Auftragsveranlassung
• Auftragsüberwachung
• Auftragssicherung |

Absatz der produzierten Güter

Bild PW.C.2.(16): Technische und betriebswirtschaftliche Funktionen in der Vorbereitung und Durchführung des Produktionsprozesses

2.3 Operative Produktionsplanung
2.3.1 Teilplanungsstufen der operativen Produktionsplanung (Übersicht)

Die Systematisierung der Aufgaben der operativen Produktionsplanung führt zur Bildung von Teilplanungsstufen. Die Anzahl der Teilplanungsstufen ist abhängig von der Strukturierung zu lösender Planungsaufgaben, vom Typ des Produktionsprozesses und von der Art der Differenzierung des Betrachtungsgegenstands.

Teilplanungsstufen — Hier sollen folgende **acht Teilplanungsstufen** (i. A. a. GRUNDIG, C. G. / SCHULZ, I. [Kurzfristige Planung] S. 221 ff.) behandelt werden, die zur Verbesserung des Verständnisses eine methodisch stark desaggregierte Aufgabendarstellung ermöglichen:

(1) Planung des Jahresproduktionsprogramms
(2) Zeitliche Verteilung des Jahresproduktionsprogramms
(3) Teilebedarfsermittlung
(4) Durchlaufplanung
(5) Terminplanung
(6) Fertigungsauftragsbildung
(7) Belastungsplanung
(8) Reihenfolgeplanung

Der zeitliche Ablauf der Bearbeitung dieser Planungsschritte erfolgt nacheinander, aber auch parallel bzw. überlappend.

Erzeugnisplanung — In den Teilplanungsstufen (1) und (2) ist das komplette Erzeugnis der sachliche Planungsgegenstand. Diese Teilplanungsstufen werden als **Erzeugnisplanung** bezeichnet. In den Teilplanungsstufen (3) bis (8) sind die Erzeugnisbestandteile der sachliche Planungsgegenstand. Diese Teilplanungsstufen werden als **Teileplanung** bezeichnet.

Teileplanung

Bilder PW.C.2.(17)/1, PW.C.2.(17)/2 und PW.C.2.(17)/3 verdeutlichen die

▶ in den Teilplanungsstufen zu lösenden Planungsaufgaben,
▶ wesentlichen Ergebnisse der Planungsschritte und
▶ inhaltlichen Verbindungen durch Rückkoppelungen infolge notwendiger Änderungen bzw. Neuplanungen.

Die inhaltliche und methodische Vorgehensweise bei der Kapazitätsbilanzierung wurde bereits in Abschnitt B.3 beschrieben.

Die **Kapazitätsbilanzierung** ist die **Hauptmethode der Produktionsplanung**. Sie ist bis auf die Teilebedarfsermittlung, die Durchlaufplanung und die Fertigungsauftragsbildung für alle Teilplanungsstufen relevant. Mit fortschreitender Teilplanungsstufe verkürzt sich der Bilanzierungszeitraum. Je kürzer der Bilanzierungszeitraum ist, umso eingeschränkter ist die Palette der einsetzbaren Maßnahmen zum Bilanzausgleich.

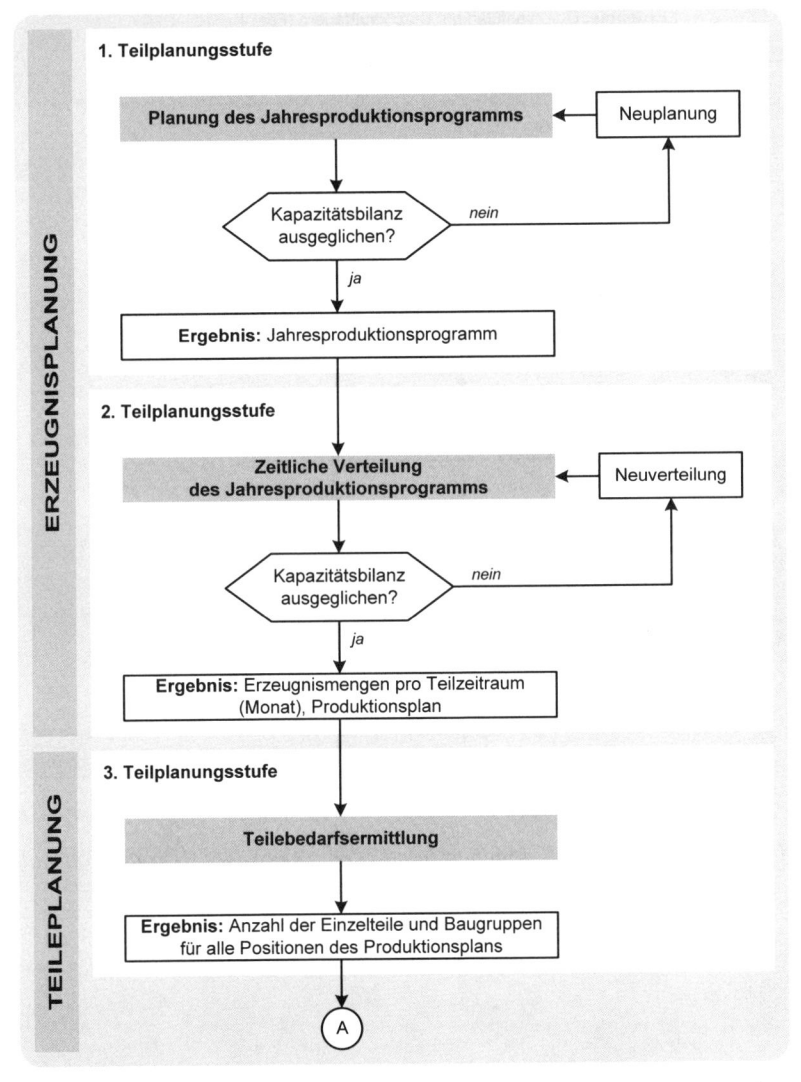

Bild PW.C.2.(17)/1: Teilplanungsstufen der operativen Produktionsplanung (Teil 1)

660 | Teil C / Wirkung dispositiver Produktionsfaktoren

TEILEPLANUNG

(A)

4. Teilplanungsstufe

Durchlaufplanung

Ergebnis: Durchlaufplan mit Durchlaufdauern (Fristen) für jeden Arbeitsgang aller Einzelteile, Baugruppen und Erzeugnisse

5. Teilplanungsstufe

Terminplanung

Kapazitätsbilanz ausgeglichen? — nein → (1)

ja

Ergebnis: Terminplan mit Beginn- und Endtermin aller Arbeiten zur Herstellung von Einzelteilen, Baugruppen und Erzeugnissen; Bereitstellungstermine

6. Teilplanungsstufe ← (2)

Fertigungsauftragsbildung

Ergebnis: Terminierte Einzelteil- und Baugruppenaufträge; Losgrößen

(B)

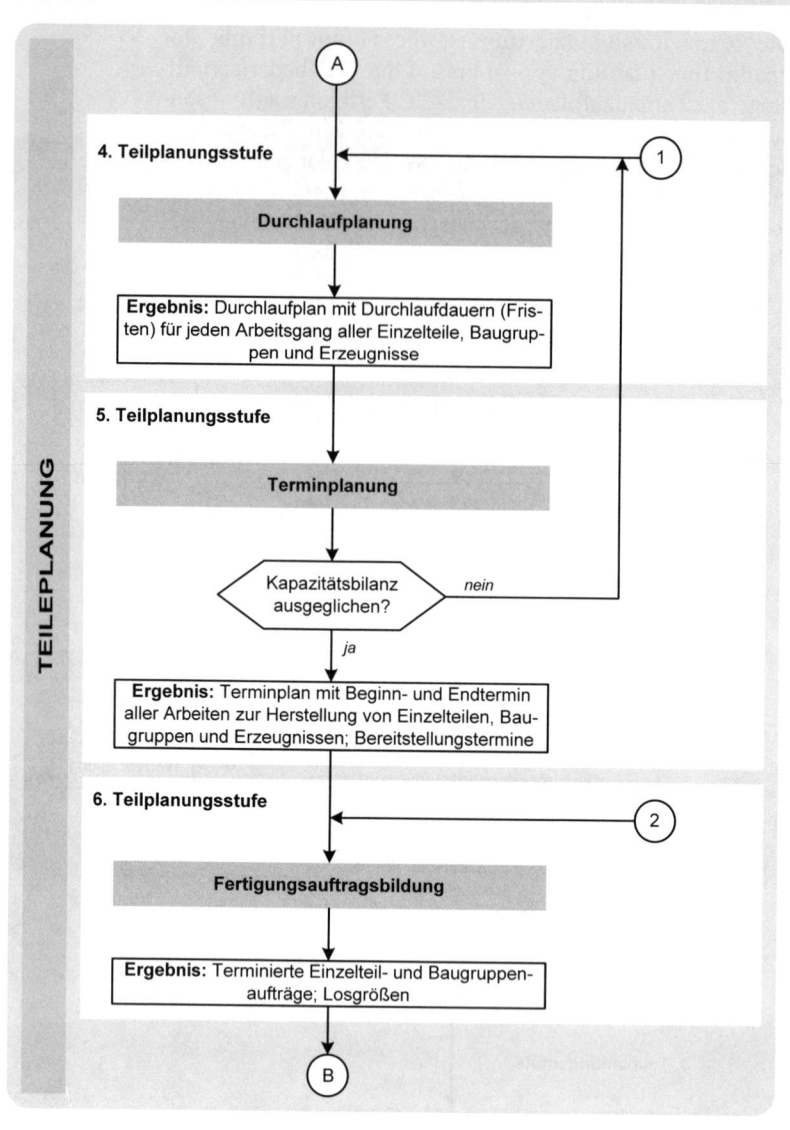

Bild PW.C.2.(17)/2: Teilplanungsstufen der operativen Produktionsplanung (Teil 2)

Produktionsplanung und -steuerung | 661

TEILEPLANUNG

(B)

7. Teilplanungsstufe

Belastungsplanung

Kapazitätsbilanz ausgeglichen? — nein → Änderung → (1) (2)

ja

Ergebnis: Fertigungsaufträge je Kapazitätseinheit im Belastungszeitraum

8. Teilplanungsstufe

Reihenfolgeplanung

Kapazitätsbilanz ausgeglichen? — nein → Änderung

ja

Ergebnis: Optimale Reihenfolge (organisatorische Bearbeitungsfolge) der Bearbeitung von Fertigungsaufträgen je Kapazitätseinheit

(1) (2)

| Auftragsveranlassung | Auftragsüberwachung | Auftragssicherung |

PRODUKTIONSSTEUERUNG

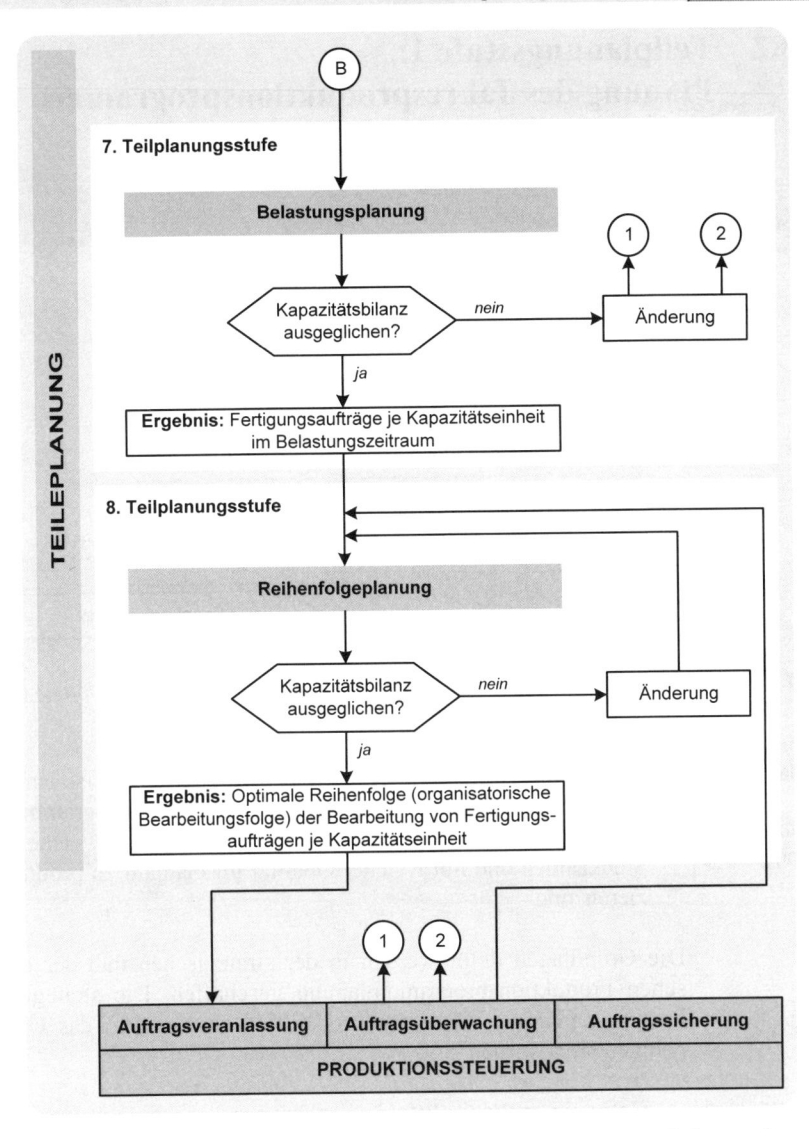

Bild PW.C.2.(17)/3: Teilplanungsstufen der operativen Produktionsplanung (Teil 3)

2.3.2 Teilplanungsstufe 1: Planung des Jahresproduktionsprogramms

Operative Produktionsplanung

1. Planung des Jahresproduktionsprogramms
2. Zeitliche Verteilung des Jahresproduktionsprogramms
3. Teilebedarfsermittlung
4. Durchlaufplanung
5. Terminplanung
6. Fertigungsauftragsbildung
7. Belastungsplanung
8. Reihenfolgeplanung

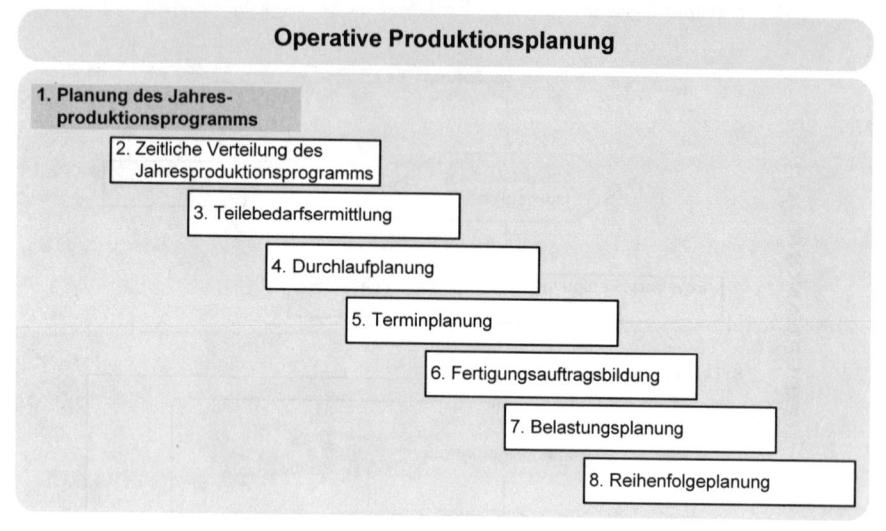

Bild PW.C.2.(18): Teilplanungsstufen der operativen Produktionsplanung (Planung des Jahresproduktionsprogramms)

Planung des Jahresproduktionsprogramms
: Die **Planung des Jahresproduktionsprogramms** ist eine Teilplanungsstufe der operativen (kurzfristigen) Programmplanung. Sie legt fest, welche Erzeugnisarten mit welchen Stückzahlen und mit welcher Qualität im Planjahr zu produzieren sind.

Die Grundlagen dafür werden in der strategischen und der taktischen Produktionsprogrammplanung geschaffen. Die strategische Programmplanung wählt das Produktfeld aus, in dem das Unternehmen tätig werden soll.

Produktfeld
: Unter einem **Produktfeld** versteht man die Gesamtheit von Produktvarianten, die sich auf ein allgemeines Grundprodukt zurückführen lassen. Das heißt, die zum gleichen Produktfeld gehörenden Erzeugnisse sind Erscheinungsformen desselben Grundprodukts.

Bild PW.C.2.(19) gibt Beispiele für Produktfelder und deren Untergliederung.

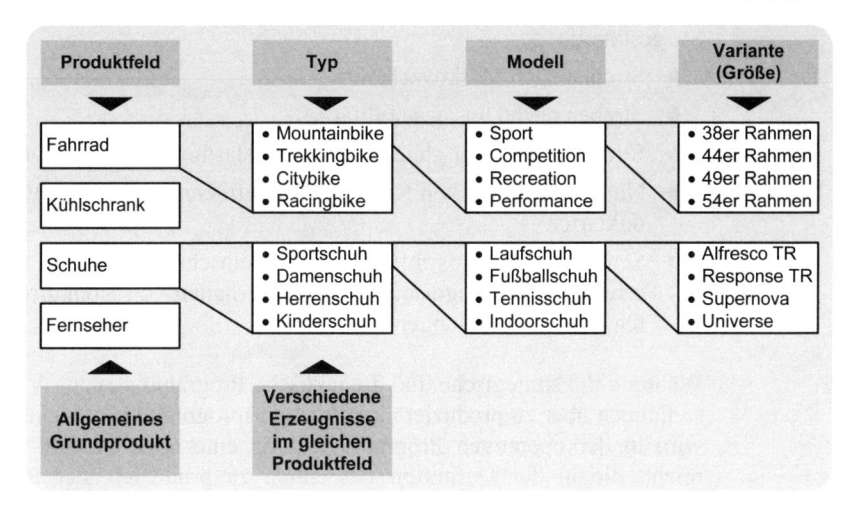

Produktfeld	Typ	Modell	Variante (Größe)
Fahrrad / Kühlschrank	• Mountainbike • Trekkingbike • Citybike • Racingbike	• Sport • Competition • Recreation • Performance	• 38er Rahmen • 44er Rahmen • 49er Rahmen • 54er Rahmen
Schuhe / Fernseher	• Sportschuh • Damenschuh • Herrenschuh • Kinderschuh	• Laufschuh • Fußballschuh • Tennisschuh • Indoorschuh	• Alfresco TR • Response TR • Supernova • Universe
Allgemeines Grundprodukt	Verschiedene Erzeugnisse im gleichen Produktfeld		

Bild PW.C.2.(19):   *Beispiele für Produktfelder und deren Untergliederung*

Die Entscheidung über das Produktfeld ist sowohl eine Aufgabe, die vor der Unternehmensgründung gelöst werden muss, als auch eine periodisch wiederkehrende Aufgabe zur Sicherung der Unternehmensexistenz.

Das Produktfeld gestattet ableitende Entscheidungen zur Gestaltung bzw. Veränderung der

▶ Produktionstechnik
▶ Technologie,
▶ Produktionsorganisation und der
▶ Kapazität.

Die taktische Programmplanung bereitet die operative Programmplanung vor, indem sie folgende Aufgaben löst:

▶ Produktkonzipierung
▶ Fällen von Entscheidungen darüber, ob verschiedene Erzeugnisvarianten im selben Produktfeld produziert werden
▶ Fällen von Entscheidungen über die Anzahl der zu produzierenden Qualitätsstufen
▶ Fällen von Entscheidungen zur Fertigungsbreite und Fertigungstiefe
▶ Konzipierung des Produktionsapparats und seiner personellen Ausgestaltung

Industrieunternehmen sind häufig auf mehreren Produktfeldern tätig. Die Kombination mehrerer Produktfelder wird als **Produktdiversifikation** bezeichnet. | Produktdiversifikation

Sie gestattet:

- ▶ Streben nach Marktwachstum
- ▶ Streben nach Umsatzstabilität
- ▶ Streben nach einer gleichmäßigen Auslastung der Kapazität
- ▶ Nutzbarmachung von Komplementäreffekten verwandter Produktarten
- ▶ Senken des Risikos infolge von Fehleinschätzungen über die erreichbare Erzeugnisqualität, das Verhalten von Konkurrenten, Preisentwicklungen u. Ä.

Während die strategische und die taktische Programmplanung Vorstellungen über zu produzierende Erzeugnisprogramme entwickeln, wird in der operativen Programmplanung eine neue Qualität erreicht, die in der Definition tatsächlich zu produzierender Programme besteht. Diese Programme berücksichtigen neben den Ergebnissen der strategischen und taktischen Planungsphasen die konkrete Kapazitäts- und Bedarfssituation. Die Bedarfssituation wird durch folgende Bestandteile gekennzeichnet (vgl. Bild PW.C.2.(20)):

- ▶ Erteilte Kundenaufträge
- ▶ Prognostizierte Kundenaufträge auf der Grundlage von Angeboten auf Kundennachfragen
- ▶ Prognostizierte kundenanonyme Lageraufträge, die sich auf Vergangenheitsdaten und Absatzprognosen stützen

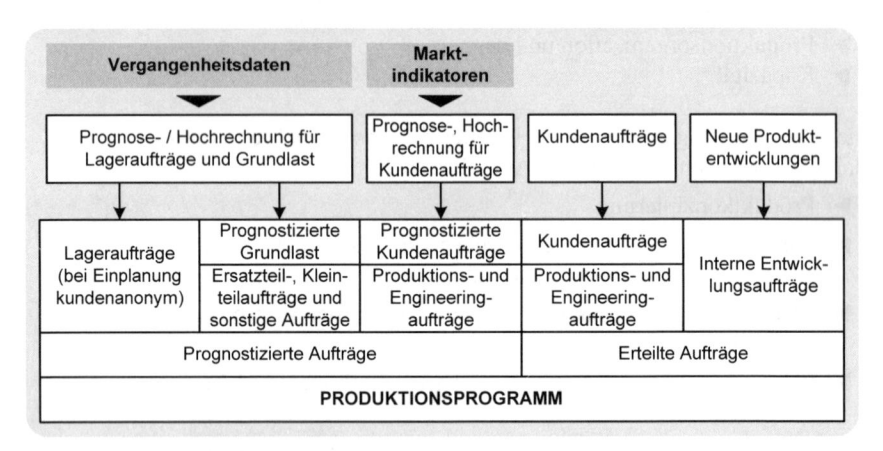

Vergangenheitsdaten		Markt-indikatoren			
Prognose- / Hochrechnung für Lageraufträge und Grundlast		Prognose-, Hochrechnung für Kundenaufträge	Kundenaufträge	Neue Produktentwicklungen	
Lageraufträge (bei Einplanung kundenanonym)	Prognostizierte Grundlast Ersatzteil-, Kleinteilaufträge und sonstige Aufträge	Prognostizierte Kundenaufträge Produktions- und Engineeringaufträge	Kundenaufträge Produktions- und Engineeringaufträge	Interne Entwicklungsaufträge	
Prognostizierte Aufträge			Erteilte Aufträge		
PRODUKTIONSPROGRAMM					

Bild PW.C.2.(20): Zusammensetzung des Produktionsprogramms (nach PITRA, L. [Grobplanung] S. 89)

In Abhängigkeit von der Höhe des Auftragsbestands und der vorhandenen Kapazität werden verschiedene Methoden der Produktionsplanung eingesetzt, um die Produktarten und Stückzahlen zu bestimmen, die als Bestandteile des Produktionsprogramms aufgenommen werden. Solche Methoden sind u. a.:

▶ Mengenbetrachtungen mit Hilfe von Zahlungsreihen (Investitionsrechnung)
▶ Mengenbetrachtungen mit Hilfe von Preisabsatzfunktionen, Kostenfunktionen und Umsatzfunktionen
▶ Mengenbetrachtungen mit der Deckungsbeitragsrechnung:
  • Ohne Kapazitätsbeschränkungen
  • Mit einem Engpass
  • Mit mehreren Engpässen

Die beiden erstgenannten Methoden werden für Mengenbetrachtungen in strategischen und taktischen Planungsphasen angewendet. Mengenbetrachtungen mit der Deckungsbeitragsrechnung sind für die operative Planung des Jahresproduktionsprogramms einsetzbar. Aus diesem Grunde werden sie hier näher betrachtet.

> Das **Produktionsprogramm** umfasst die in einem Zeitraum (Jahr) von einem Betrieb zu produzierenden Produkte nach Art und Menge.

Die Produktart wird durch die Festlegung des Produktfelds und die Produktdiversifikation bestimmt.

Auf die Bestimmung der Menge wirken folgende Einflussgrößen:

▶ K_f – Fixe Kosten [€]
▶ k_{vj} – Variable Kosten der Produktart j [€/Stück]
▶ p_j – Preis der Produktart j [€/Stück]
▶ x_j – Produktionsmenge der Produktart j [Stück]
▶ b_i – Verfügbare Kapazität der Inputart i [h]
▶ a_{ij} – Produktionskoeffizient der Produktart j bei Inanspruchnahme der Inputart i [h/Stück]
▶ h_j – Absatzobergrenze der Produktart j (Nachfragemenge) [Stück]
▶ u_j – Absatzuntergrenze der Produktart j [Stück]
▶ d_j – Deckungsbeitrag der Produktart j [€/Stück]
▶ i – Index der Inputart (z. B. Kapazitätseinheit), i = 1(1)m
▶ j – Index der Produktart, j = 1(1)n

> Für Mengenbestimmungen **ohne Kapazitätsbeschränkungen** gilt: Es werden die Produkte produziert, deren Deckungsbeiträge positiv sind.

Bei

$$d_j = p_j - k_{vj}$$

gilt somit:

$p_j - k_{vj} > 0$ bzw.

$p_j > k_{vj}$

Längerfristig betrachtet müssen auch die Fixkosten K_f gedeckt werden, d. h.:

$$\sum_{j=1}^{n}(p_j - k_{vj}) \cdot x_j \geq K_f$$

Es ist auch die Absatzober- und -untergrenze zu berücksichtigen:

$u_j \leq x_j \leq h_j$

> Wenn **eine Kapazitätsbeschränkung** (ein Engpass) vorliegt, sind diejenigen Produkte vorrangig zu produzieren, deren **Deckungsbeiträge** in Bezug auf die Beanspruchung der Kapazität im **Engpass** am größten sind.

Bei bekanntem Produktionskoeffizient a_{ij} und gegebener verfügbarer Kapazität b_i gilt folgende Beziehung:

$$\sum_{j=1}^{n} a_{ij} \cdot x_j \leq b_i$$

Die Produkte werden nach der Größe ihrer relativen Deckungsbeiträge im Engpass geordnet. Der relative Deckungsbeitrag wird bestimmt durch den Quotienten:

$$\frac{\text{Deckungsbeitrag}}{\text{Kapazitätsinanspruchnahme im Engpass}} = \frac{d_j}{a_{ej}}$$

a_{ej} — Produktionskoeffizient der Produktart j bei Inanspruchnahme der Engpasskapazitätseinheit e   [h/Stück]

Das Erzeugnis mit dem größten Quotienten wird als erstes in die Mengenermittlung einbezogen. Seine Stückzahl wird unter Berücksichtigung der Kapazitätsgrenze des Engpasses b_e bis zur Absatzobergrenze h_j erhöht.

Danach wird auf gleiche Weise mit dem Erzeugnis verfahren, das den zweitgrößten Deckungsbeitrag besitzt usw. Die Kapazitätsgrenze des Engpasses bestimmt die noch produzierbare Stückzahl der letzten einbezogenen Produktart.

Es ist ebenfalls die Absatzober- und -untergrenze zu berücksichtigen:

$$u_j \leq x_j \leq h_j$$

Nach Bestimmung der Produktmengen muss gelten:

$$\sum_{j=1}^{n} a_{ej} \cdot x_j \leq b_e$$

b_e — Verfügbare Kapazität im Engpass [h]

Liegen **mehrere Engpässe** vor, so ist die für einen Engpass abgeleitete Entscheidungsregel nicht mehr gültig, da für jeden Engpass unterschiedliche Prioritätsreihenfolgen der Produktarten aus der Beziehung **Deckungsbeitrag zu Kapazitätsverbrauch** entstehen. Das Problem ist durch lineare Optimierung lösbar.

| Deckungsbeitrag

Es stellt sich in folgender allgemeiner Schreibweise dar:

Zielfunktion:

$$\sum_{j=1}^{n} d_j \cdot x_j \Rightarrow \max$$

Nebenbedingungen:

- ▶ Kapazität: $\sum_{j=1}^{n} a_{ij} \cdot x_j \leq b_i$
- ▶ Absatz: $x_j \leq h_j$
- ▶ Nichtnegativität: $x_j \geq 0$

2.3.3 Teilplanungsstufe 2: Zeitliche Verteilung des Jahresproduktionsprogramms

Operative Produktionsplanung

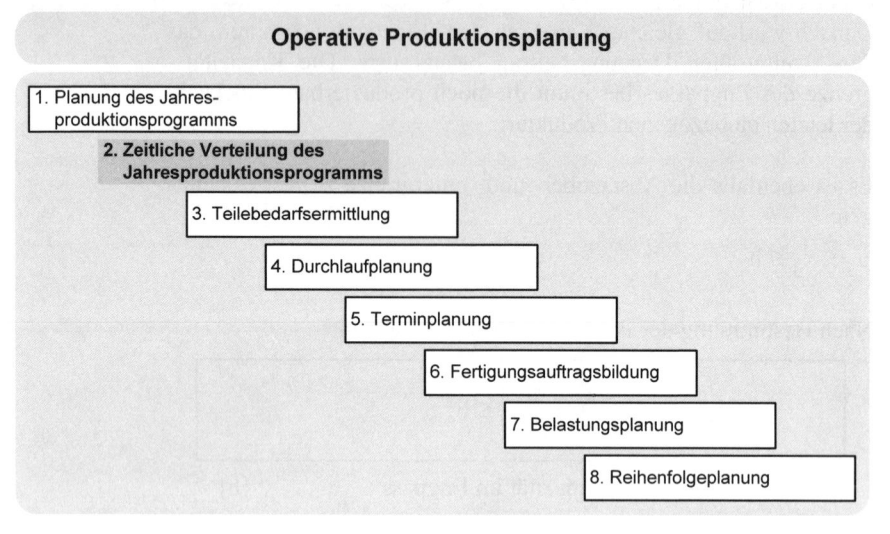

1. Planung des Jahresproduktionsprogramms
2. Zeitliche Verteilung des Jahresproduktionsprogramms
3. Teilebedarfsermittlung
4. Durchlaufplanung
5. Terminplanung
6. Fertigungsauftragsbildung
7. Belastungsplanung
8. Reihenfolgeplanung

Bild PW.C.2.(21): *Teilplanungsstufen der operativen Produktionsplanung (Zeitliche Verteilung des Jahresproduktionsprogramms)*

Zeitliche Verteilung des Jahresproduktionsprogramms

In dieser Teilplanungsstufe erfolgt eine **zeitliche Verteilung** des Jahresproduktionsprogramms auf die Zeitabschnitte einer Planperiode (z. B. Monate, Quartale des Planjahrs).

Bei einer gegebenen Verteilung des Absatzvolumens über die Planperiode (Jahr) geht es darum, eine zeitliche Verteilung des Produktionsprogramms auf die Zeitabschnitte (Monate) so vorzunehmen, dass eine hohe Auslastung der Kapazität je Teilzeitraum ebenso gewährleistet ist, wie eine kostengünstige Programmverteilung.

Wird in einem Zeitabschnitt mehr produziert als abgesetzt, so steigen die Lagerbestände, es entstehen zusätzliche Lagerkosten. Ist das Absatzvolumen größer als das Produktionsvolumen eines Zeitabschnitts, entstehen, sofern die Stückzahldifferenz nicht dem Lager entnommen werden kann, Kosten fehlender Lieferbereitschaft.

ADAM schlägt zwei mögliche Lösungen vor (vgl. ADAM, D. [Produktionsmanagement] S. 526 ff.):

- ▶ „Totale **Emanzipation**" mit gleich großen Produktionsmengen in allen Zeitabschnitten unabhängig von Absatzschwankungen | Emanzipation
- ▶ „**Synchronisation**", in der die Produktionsmenge der schwankenden Absatzmenge je Zeitabschnitt angepasst wird | Synchronisation

THOMMEN / ACHLEITNER definieren darüber hinausgehend (vgl. THOMMEN, J.-P. / ACHLEITNER, A.-K. [Betriebswirtschaftslehre] S. 366 f.):

- ▶ „**Eskalation**" als Kombination von Synchronisation mit Emanzipation | Eskalation

Eine treppenförmige Anpassung der Produktion an den schwankenden Absatz soll zu einer Minimierung der Lagerhaltungskosten und der Kosten für die Betriebsbereitschaft führen (vgl. Bild PW.C.2.(22)).

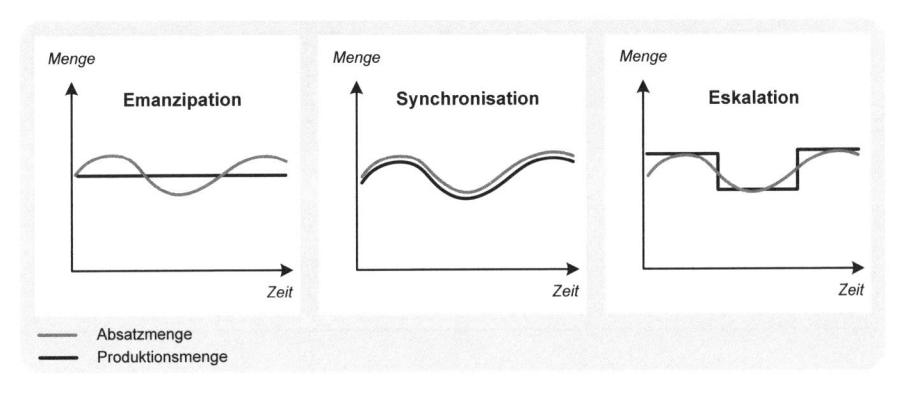

Bild PW.C.2.(22): Emanzipation, Synchronisation und Eskalation

2.3.3.1 Rechnerisch gleichmäßige Aufteilung

Die **rechnerisch gleichmäßige Aufteilung** des Jahresproduktionsprogramms geht von der Überlegung aus, dass monatlich $1/_{12}$ der Jahresproduktionsmenge jeder Erzeugnisart j zu produzieren ist. Damit folgt sie der Emanzipation. | Rechnerisch gleichmäßige Aufteilung

Die rechnerisch gleichmäßige Aufteilung setzt einen hohen Bedarf mit gesicherter Fertigungs- und Absatzperspektive für alle Erzeugnisarten voraus (Massenfertigung bzw. Großserienfertigung).

Die Berechnungsformel lautet:

$$xm_j = \frac{xa_j}{12}$$

xm_j – Monatsstückzahl der
Erzeugnisart j [Stück/Monat]
xa_j – Jahresstückzahl der
Erzeugnisart j [Stück/Jahr]

Nicht ganzzahlige Ergebnisse sollten zu einer Stückzahlaufrundung in den ersten Monaten des Jahres führen. Diese wird am Jahresende durch monatliche Stückzahlreduktionen ausgeglichen. Der gleichmäßigen Verteilung folgend, müssen am Jahresende die Monatsstückzahlen prinzipiell nur um ein Stück geringer ausfallen, als am Jahresanfang. Die Stückzahlverteilung könnte folgendes Ergebnis haben (vgl. Bild PW.C.2.(23)).

Erzeug-nisarten	Monate											
	Januar	Februar	März	April	Mai	Juni	Juli	August	September	Oktober	November	Dezember
1	xm_1	xm_1	xm_1	xm_1	xm_1	xm_1	xm_1-1	xm_1-1	xm_1-1	xm_1-1	xm_1-1	xm_1-1
2	xm_2	xm_2	xm_2	xm_2	xm_2	xm_2	xm_2	xm_2	x_{m2}-1	xm_2-1	xm_2-1	xm_2-1
⋮ j ⋮	xm_j	xm_j	xm_j	xm_j	xm_j	xm_j	xm_j	xm_j	xm_j	xm_j	xm_j	xm_j
n	xm_n	xm_n	xm_n	xm_n-1	xm_n-1	xm_n-1	xm_n-1	xm_n-1	xm_n-1	xm_n-1	xm_n-1	xm_n-1

Bild PW.C.2.(23): Ergebnis der rechnerisch gleichmäßigen Aufteilung eines Jahresproduktionsprogramms

Nach der erfolgten Verteilung des Jahresproduktionsprogramms ist eine Bilanzierung des Kapazitätsangebots pro Monat mit dem durch das Monatsproduktionsprogramm ausgelösten Kapazitätszeitbedarf durchzuführen.

Der **Kapazitätstest** wird in folgenden Schritten durchgeführt:

(1) **Bestimmung des Kapazitätsbedarfs** a_{ij}, den **ein** Stück der Erzeugnisart j in den Kapazitätseinheiten i benötigt, in denen es produziert wird.

(2) **Ermittlung des Kapazitätsbedarfs** $KB_{Z_{ij}}$ [h/Monat], den die **Monatsstückzahl** xm_j jeder Erzeugnisart j in jeder Kapazitätseinheit i zu ihrer Produktion benötigt:

$$KB_{Z_{ij}} = a_{ij} \cdot xm_j$$

(3) **Summierung des Kapazitätsbedarfs** $KB_{Z_{ij}}$ [h/Monat] je **Kapazitätseinheit** über alle n Erzeugnisarten:

$$KB_{Z_i} = \sum_{j=1}^{n} a_{ij} \cdot xm_j$$

(4) Durchführung der **Kapazitätsbilanzierung**:

$$ZF_{KA_i} \overset{<}{\underset{>}{=}} KB_{Z_i}$$

(5) Einleitung von **Maßnahmen zur bedarfsgerechten Gestaltung** der Kapazität (unter Berücksichtigung der Änderung der Verteilung des Jahresproduktionsprogramms)

Die rechnerisch gleichmäßige Verteilung führt dazu, dass stets alle Erzeugnisarten im gesamten Planzeitraum parallel produziert werden.

2.3.3.2 Realisierung von Streifenprogrammen

Das **Streifenprogramm** ist eine Art der zeitlichen Produktionsprogrammverteilung, die dann anzuwenden ist, wenn die Erzeugnisarten in verschiedenen Zeitabschnitten der Planperiode produziert werden sollen (Saisonprodukte). Es kann als Variante der Synchronisation oder der Eskalation verstanden werden.

Zeitliche Aufteilung durch Streifenprogramme

Die in unterschiedlichen Zeitabschnitten des Jahres zu produzierenden Produktarten besitzen eine **konstruktive und / oder technologische Ähnlichkeit** und nutzen die vorhandenen Kapazitäten durch etwa **proportionale Bedarfsgrößen**.

In Abhängigkeit davon, in welcher Saison die Produkte zu produzieren sind, erfolgt die Bestimmung ihrer Reihenfolge. Die Gesamtkapazität des Unternehmens wird in der jeweiligen Saison darauf konzentriert, die gesamte Jahresmenge der entsprechenden Produktart fertigzustellen. Eine parallele Produktion verschiedener Produktarten wird ausgeschlossen.

Das Jahresproduktionsprogramm einer Produktart, das in einer Saison produziert wird, wird als „Streifen" bezeichnet. Daher bekommt die Methode ihren Namen. Es entsteht z. B. folgende Verteilung (vgl. Bild PW.C.2.(24)).

Erzeug-nisarten	Monate											
	Januar	Februar	März	April	Mai	Juni	Juli	August	September	Oktober	November	Dezember
1	xm_1	xm_1	xm_1									
2				xm_2	xm_2	xm_2	xm_2					
j								xm_j	xm_j			
n										xm_n	xm_n	xm_n

Bild PW.C.2.(24):   Zeitliche Verteilung eines Jahresproduktionsprogramms als Streifenprogramm

Die Durchsetzung dieser Methode erfordert folgende Lösungsschritte:

(1) **Bestimmung der maximal möglichen Stückzahl pro Monat xm_j für jeden Streifen**

Dazu wird folgende Formel angewendet:

$$xm_j = \min_i \left\{ \frac{ZF_{KA_i}}{a_{ij}} \right\}$$

xm_j — Maximale Monatsstückzahl der Erzeugnisart j   [Stück/Monat]

ZF_{KA_i} — (Monats-) Zeitfonds des Kapazitätsangebots der Kapazitätseinheit i   [h/Monat]

a_{ij} — Kapazitätsbedarf zur Herstellung eines Stücks der Erzeugnisart j in der Kapazitätseinheit i   [h/Stück]

Ist die berechnete Stückzahl xm_j nicht ganzzahlig, so ist auf die nächste ganze Zahl abzurunden.

Die **maximal mögliche Erzeugnisstückzahl** eines Monats wird durch die Kapazitätseinheit bestimmt, die die geringste **Durchlassfähigkeit** besitzt, also den **Engpass** darstellt.

(2) **Bestimmung der Laufzeit des ersten Streifens**

Die Laufzeit L_1 des ersten Streifens wird berechnet nach der Formel:

$$L_1 = \frac{xa_1}{xm_1}$$

L_1 — Laufzeit des ersten Streifens [Monat/Jahr]
xa_1 — Jahresstückzahl der Erzeugnisart 1 [Stück/Jahr]
xm_1 — Maximale Monatsstückzahl der Erzeugnisart 1 im ersten Monat [Stück/Monat]

Ist L_1 nicht ganzzahlig, so erfolgt eine Aufrundung auf die nächste ganze Zahl. In diesem Falle liegt die Stückzahl im letzten Monat des Streifens unter der maximal möglichen Monatsstückzahl xm_1. Es entsteht eine Reststückzahl.

(3) **Bestimmung der Reststückzahl im letzten Monat des ersten Streifens**

Die im letzten Monat des ersten Streifens zu produzierende Reststückzahl $xm_{1(R)}$ wird folgendermaßen bestimmt:

$$xm_{1(R)} = xa_1 - xm_1 \cdot (L_1 - 1)$$

$xm_{1(R)}$ — Reststückzahl der Erzeugnisart 1 im letzten Monat des Streifens [Stück/Monat]

Wenn im letzten Monat des ersten Streifens eine **Stückzahlreduktion** unter die berechnete Maximalstückzahl pro Monat erfolgt, verbleibt in diesem Monat in den Kapazitätseinheiten eine **freie, durch $xm_{1(R)}$ nicht vollständig genutzte Kapazität**.

(4) **Bestimmung der Restkapazität nach Produktion der Reststückzahl $xm_{j(R)}$**

Sie wird folgendermaßen bestimmt:

$$ZF_{KA_{i(R)}} = ZF_{KA_i} - \left(a_{ij} \cdot xm_{j(R)}\right)$$

$ZF_{KA_{i(R)}}$ — Restkapazität der Kapazitätseinheit i [h/Monat]
$xm_{j(R)}$ — Reststückzahl der Erzeugnisart j im letzten Monat des Streifens [Stück/Monat]

Überlappungs-stelle

Die freie Kapazität im letzten Monat des Streifens und die Sicherstellung ihrer produktiven Nutzung eröffnen die Möglichkeit und die Notwendigkeit, **den Folgestreifen bereits in diesem Monat zu beginnen.** In diesem Monat kommt es zur **Produktion zweier Erzeugnisarten.** Es entsteht eine **Überlappungsstelle** von zwei Streifen (vgl. Bild PW.C.2.(25)).

Erzeug-nisarten	Monate											
	Januar	Februar	März	April	Mai	Juni	Juli	August	September	Oktober	November	Dezember
1	xm$_1$	xm$_1$	xm$_{1(R)}$									
2			xm$_{2(Ü)}$	xm$_2$	xm$_2$	xm$_2$	xm$_{2(R)}$					
⋮ j ⋮						xm$_{j(Ü)}$	xm$_j$	xm$_j$	xm$_{j(R)}$			
n										xm$_{n(Ü)}$	xm$_n$	xm$_n$

Bild PW.C.2.(25): *Streifenprogramm mit Überlappungsstellen*

Unter Berücksichtigung der Überlappungsstelle verändert sich die anfangs dargestellte Programmverteilung.

Der Folgestreifen beginnt nicht mit der maximal möglichen Monatsstückzahl, sondern mit der Stückzahl in der Überlappungsstelle xm$_{j(Ü)}$, die geringer ist als die maximale Monatsstückzahl.

(5) **Bestimmung der Anfangsstückzahl, mit der das Folgeerzeugnis j in der Überlappungsstelle produziert werden kann**

Die Berechnungsformel lautet:

$$xm_{j(Ü)} = \min_{i} \left\{ \frac{ZF_{KA_{i(R)}}}{a_{ij}} \right\}$$

xm$_{j(Ü)}$ — Maximal produzierbare Stückzahl des Folgeerzeugnisses in der Überlappungsstelle [Stück/Monat]

Ist die berechnete Stückzahl xm$_{j(Ü)}$ nicht ganzzahlig, so ist auf die nächste ganze Zahl abzurunden.
Im Monat nach der Überlappungsstelle wird der Streifen mit der maximal möglichen Monatsstückzahl fortgesetzt.

(6) **Laufzeitbestimmung für alle nach dem ersten Streifen zu realisierenden Streifen**

Die Laufzeit wird wie folgt berechnet:

$$L_j = \frac{xa_j - xm_{j(Ü)}}{xm_j}$$

L_j	–	Laufzeit des Streifens j	[Monat/Jahr]
xa_j	–	Jahresstückzahl der Erzeugnisart j	[Stück/Jahr]

Ist L_j nicht ganzzahlig, erfolgt eine Aufrundung auf die nächste ganze Zahl.

Es ist möglich, dass alle Streifen mit einer Reststückzahl im letzten Monat enden können. Daraus ergibt sich der nächste Schritt.

(7) **Reststückzahlbestimmung für alle nach dem ersten Streifen folgenden Streifen**

Wenn ein Streifen mit einer Reststückzahl endet, beginnt der Folgestreifen mit einer Stückzahl in der Überlappungsstelle, die kleiner ist als die maximal mögliche Monatsstückzahl:

$$xm_{j(Ü)} < xm_j$$

Für die Reststückzahlbestimmung der Folgestreifen gilt:

$$xm_{j(R)} = xa_j - xm_{j(Ü)} - xm_j \cdot \left(L_j - 1\right)$$

Die Planung des Streifenprogramms sollte nach folgendem Algorithmus erfolgen (vgl. Bild PW.C.2.(26)).

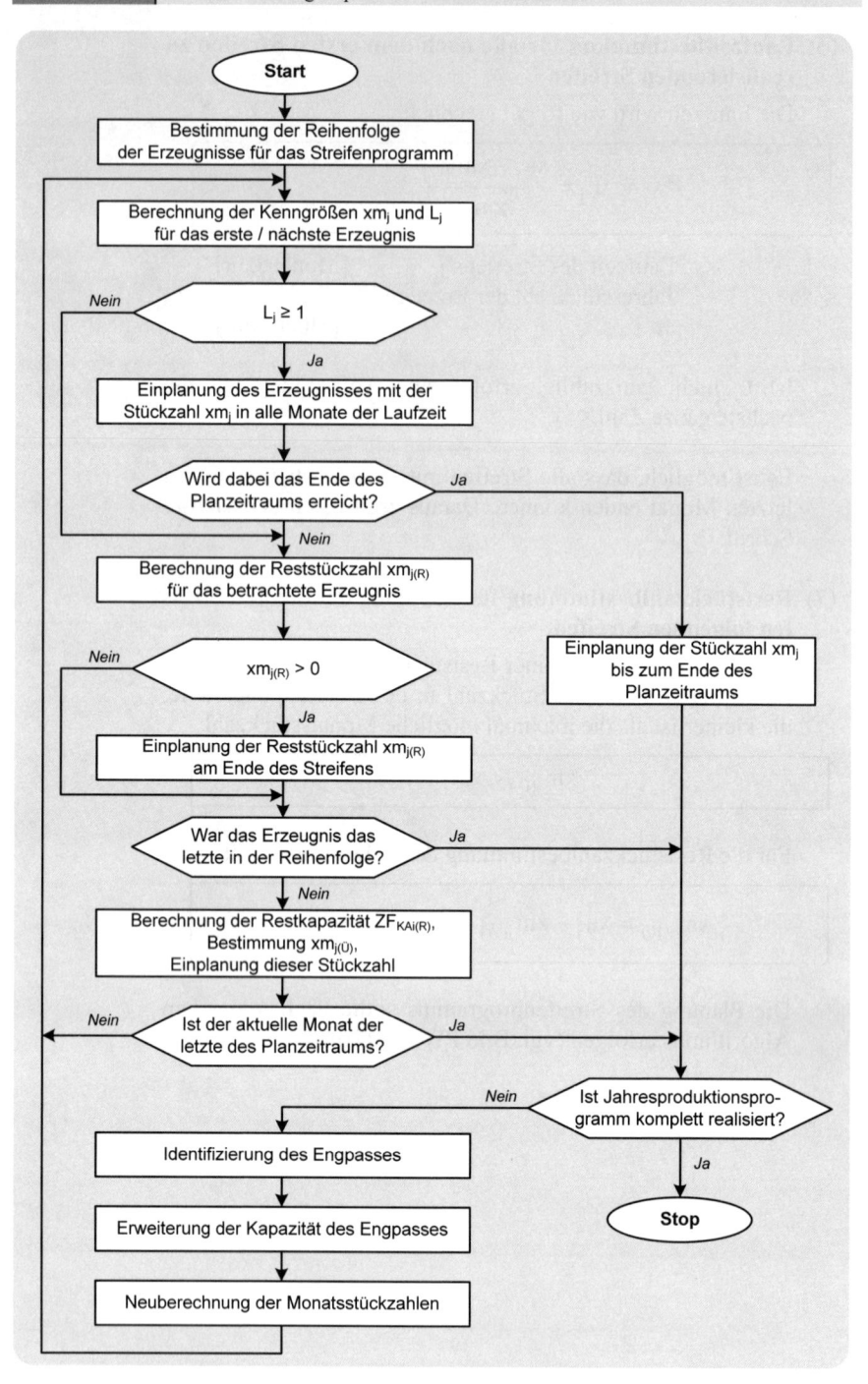

Bild PW.C.2.(26): Algorithmus zur Planung von Streifenprogrammen

2.3.3.3 Blockung von Produktionsprogrammen

Bei der **Blockung von Produktionsprogrammen** geht es darum, eine solche Stückzahlenkombination aller Erzeugnisarten zu bestimmen, die eine auf den Zeitabschnitt (Monat) bezogene **maximale Kapazitätsauslastung** sichert.

| Blockung von Produktionsprogrammen

Diese optimale Stückzahlenkombination wird als **Block** bezeichnet und soll in möglichst vielen Zeitabschnitten produziert werden.

| Block

In einem ersten Schritt werden durch lineare Optimierung die Erzeugnisstückzahlen eines Blocks bestimmt. Das Optimierungsziel ist die bestmögliche monatliche Kapazitätsauslastung. Damit wird die Produktion der geplanten Jahresstückzahl gesichert. So entsteht für den ersten Monat des Verteilungszeitraums ein optimales Monatsprogramm, das eine bestimmte Anzahl von Monaten produziert werden kann.

Die **Laufzeit eines Blocks** wird durch den Minimalwert des auf die nächste ganze Zahl abgerundeten Quotienten ($Q_{j(I)}$) aus den Jahresstückzahlen (bzw. der nach Produktion eines Blocks verbleibenden Reststückzahlen) und den optimalen Monatsstückzahlen je Erzeugnis bestimmt.

| Laufzeit eines Blocks

$$\begin{aligned}
xa_1 : xm_{1(I)} &= Q_{1(I)} \\
xa_2 : xm_{2(I)} &= Q_{2(I)} \\
&\vdots \\
xa_j : xm_{j(I)} &= Q_{j(I)} \\
&\vdots \\
xa_n : xm_{n(I)} &= Q_{n(I)}
\end{aligned}$$

xa_j — Jahresstückzahl des Erzeugnisses j [Stück/Jahr]

$xm_{j(I)}$ — Optimale Monatsstückzahl des Erzeugnisses j im I. Block [Stück/Monat]

$Q_{j(I)}$ — Laufzeit des Erzeugnisses j im I. Block (Quotient aus der Jahresstückzahl und der optimalen Monatsstückzahl des Erzeugnisses j des I. Blocks) [Monat/Jahr]

Teil C / Wirkung dispositiver Produktionsfaktoren

Laufzeit-bestimmung

Für die **Laufzeitbestimmung** gilt:

$$L_I = \min_j \left\{ \frac{xa_j}{xm_{j(I)}} \right\} = \min_j \left\{ Q_{j(I)} \right\}$$

L_I — Laufzeit des I. Blocks [Monat/Jahr]

Wenn der Quotient $Q_{j(I)}$ abgerundet wird, existiert für mindestens eine Erzeugnisart j eine Reststückzahl, die sinnvollerweise im Monat nach der Laufzeit des ersten Blocks zu produzieren ist. Diese Reststückzahl beansprucht das Kapazitätsangebot nicht vollständig. Es verbleibt eine Restkapazität. Diese Restkapazität bildet die Grundlage für die Optimierung der Stückzahlen der Erzeugnisarten, die im ersten Block noch nicht abgearbeitet wurden und Bestandteile des zweiten Blocks sind.

Dieser zweite Block besitzt im Beispiel nur die Laufzeit von einem Monat. Für den Folgemonat ist neu zu optimieren, weil die Jahresstückzahl mindestens einer Erzeugnisart abgearbeitet wurde und die volle Monatskapazität für die Bestimmung des dritten Blocks zur Verfügung steht.

Bei der Laufzeitbestimmung des dritten Blocks sind die Jahresstückzahlen um die bereits gefertigten Stückzahlen der vorangegangenen Blöcke zu reduzieren. Diese dargestellte Methode ist für die Stückzahl- und Laufzeitbestimmung aller Folgeblöcke adäquat anzuwenden.

Die Gesamtverteilung könnte dann folgendes Bild PW.C.2.(27) besitzen. Dabei kennzeichnet z. B. das Kürzel $xm_{1(RI)}$ die Reststückzahl der Erzeugnisart 1 nach Beendigung des ersten Blocks.

Erzeugnisarten	Monate											
	Januar	Februar	März	April	Mai	Juni	Juli	August	September	Oktober	November	Dezember
1	$xm_{1(I)}$	▶▶	$xm_{1(I)}$	$xm_{1(RI)}$	0	0	0	0	0	0	0	0
2	$xm_{2(I)}$	▶▶	$xm_{2(I)}$	$xm_{2(II)}$	$xm_{2(III)}$	▶▶	$xm_{2(III)}$	$xm_{2(RIII)}$	0	0	0	0
3	$xm_{3(I)}$	▶▶	$xm_{3(I)}$	$xm_{3(II)}$	$xm_{3(III)}$	▶▶	$xm_{3(III)}$	$xm_{3(IV)}$	$xm_{3(V)}$	$xm_{3(RV)}$	0	0
4	$xm_{4(I)}$	▶▶	$xm_{4(I)}$	$xm_{4(II)}$	$xm_{4(III)}$	▶▶	$xm_{4(III)}$	$xm_{4(IV)}$	$xm_{4(V)}$	$xm_{4(VI)}$	$xm_{4(VII)}$	$xm_{4(VII)}$
	L_I			L_{II}	L_{III}			L_{IV}	L_V	L_{VI}	L_{VII}	

Bild PW.C.2.(27): *Beispiel einer zeitlichen Verteilung auf der Basis der Blockung von Produktionsprogrammen*

2.3.4 Teilplanungsstufe 3: Teilebedarfsermittlung

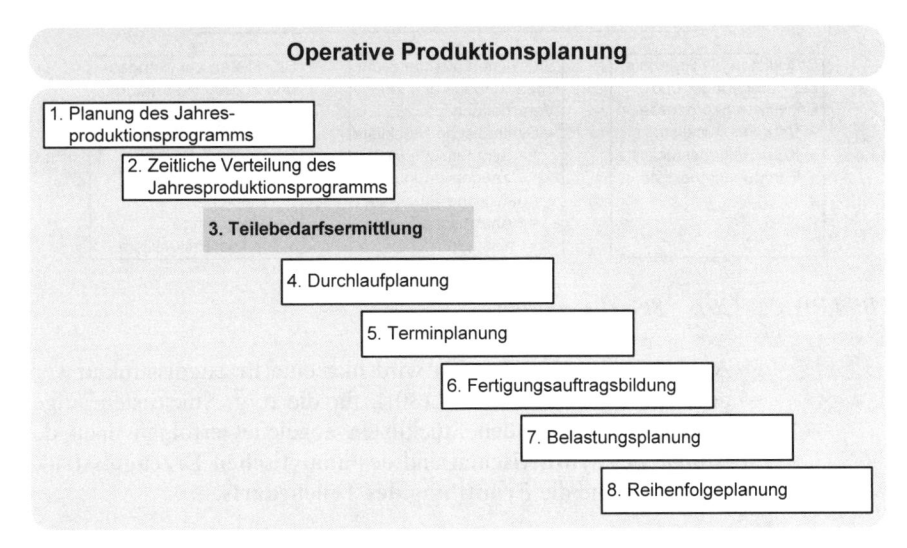

Operative Produktionsplanung

1. Planung des Jahresproduktionsprogramms
2. Zeitliche Verteilung des Jahresproduktionsprogramms
3. **Teilebedarfsermittlung**
4. Durchlaufplanung
5. Terminplanung
6. Fertigungsauftragsbildung
7. Belastungsplanung
8. Reihenfolgeplanung

Bild PW.C.2.(28): Teilplanungsstufen der operativen Produktionsplanung (Teilebedarfsermittlung)

Die wesentlichen Methoden der Bedarfsermittlung wurden im Abschnitt B.4.2.1 erläutert. Die nachfolgenden Ausführungen konzentrieren sich auf die Stücklistenauflösung zur Ermittlung des Sekundärbedarfs für mehrteilige Stückgüter.

> Die **Teilebedarfsermittlung** hat die Aufgabe, die **Erzeugnisse in ihre Baugruppen (BG) und Einzelteile (ET) aufzulösen** und die **Häufigkeit ihres Vorkommens** im Erzeugnis zu **ermitteln** sowie den **Bedarf** an Einzelteilen und Baugruppen pro Planperiode zu **bestimmen**. Die Grundlage bilden die **Stückliste** und der **Erzeugnisstrukturbaum**.

| Teilebedarfsermittlung

Bild PW.C.2.(29) systematisiert die Stücklistenarten.

Folgende **Stücklistenarten** sollen näher erläutert werden: | Stücklistenarten
- Mengenübersichtsstückliste
- Einfache Strukturstückliste
- Mehrstufige Strukturstückliste
- Baukastenstückliste

Teil C / Wirkung dispositiver Produktionsfaktoren

```
                        Stücklistenarten
    ┌───────────────────────┼───────────────────────┐
Stücklisten als Ergebnis   Stücklisten aus der Sicht   Stücklisten zur Mengen-
der Forschungs- und        ihres Aufbaus und ihrer     und Erzeugnisstrukturer-
Entwicklungsprozesse       Verarbeitung                mittlung
• Verkaufsstückliste       • Synthetische Stückliste   • Mengenübersichts-
• Konstruktionsstückliste    => Synthetische Er-         stückliste
• Fertigungsstückliste       zeugnisstruktur           • Strukturstückliste
                           • Analytische Stückliste      - Einfache
                             => Analytische Erzeug-      - Mehrstufige
                             nisstruktur               • Baukastenstückliste
```

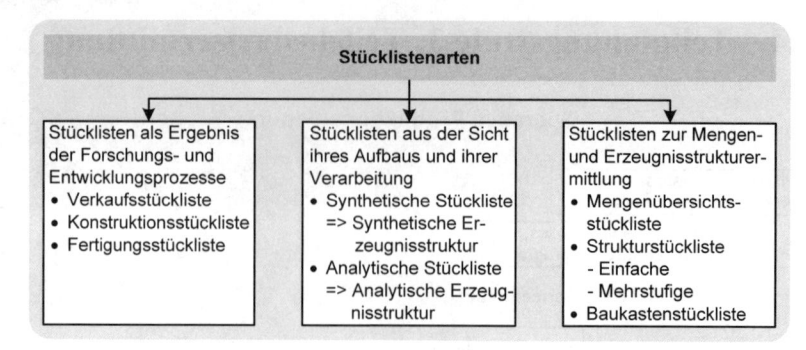

Bild PW.C.2.(29):   *Stücklistenarten*

Aus methodischen Gründen wird hier eine Erzeugnisstruktur vorgegeben (vgl. Bild PW.C.2.(30)), für die o. g. Stücklisten aufgestellt werden. Aus den Stücklisten abgeleitet erfolgen dann der Aufbau des **synthetischen** und des **analytischen Erzeugnisstrukturbaums** und die **Ermittlung des Teilebedarfs**.

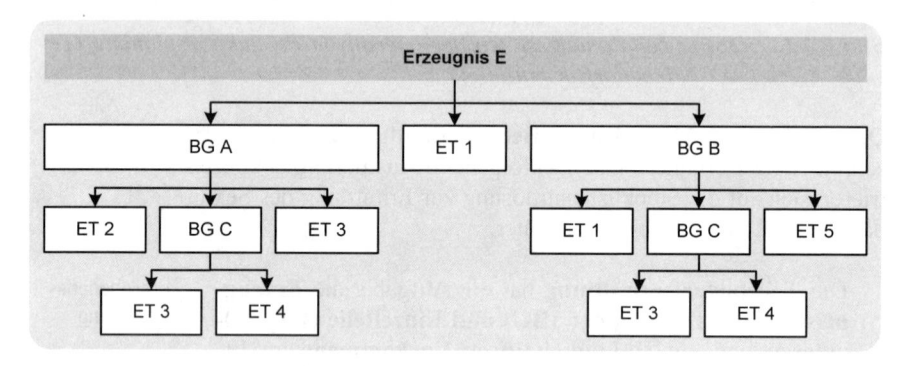

```
                        Erzeugnis E
        ┌───────────────────┼───────────────────┐
       BG A                ET 1                BG B
   ┌────┼────┐                         ┌────────┼────────┐
  ET 2 BG C ET 3                      ET 1    BG C     ET 5
       ┌─┴─┐                                   ┌─┴─┐
      ET 3 ET 4                                ET 3 ET 4
```

Bild PW.C.2.(30):   *Strukturbaum des Erzeugnisses E*

Mengenüber-   Die **Mengenübersichtsstückliste** (vgl. Bild PW.C.2.(31)) führt alle
sichtsstückliste   im Erzeugnis vorkommenden Erzeugnisbestandteile mit ihren Identitätsnummern **einmal** auf, benennt sie und stellt die gesamte Menge ihres Vorkommens dar. Aus der Mengenübersichtsstückliste geht die Erzeugnisstruktur nicht hervor.

Erzeugnis E

Identitäts-Nr.	Erzeugnisbestandteil	Menge
BG A	Baugruppe	1
BG B	Baugruppe	1
BG C	Baugruppe	2
ET 1	Einzelteil	2
ET 2	Einzelteil	1
ET 3	Einzelteil	3
ET 4	Einzelteil	2
ET 5	Einzelteil	1

Bild PW.C.2.(31): Mengenübersichtsstückliste des Erzeugnisses E

Die **einfache Strukturstückliste** (vgl. Bild PW.C.2.(32)) verdeutlicht die Struktur des gesamten Erzeugnisses, benennt alle Bestandteile mehrfach (in Abhängigkeit ihres mehrfachen Vorkommens als Bestandteile verschiedener übergeordneter Komponenten) und stellt die Mengen des Vorkommens bezogen auf die übergeordnete Komponente dar. | Einfache Strukturstückliste

Erzeugnis E

Erzeugnis E besteht aus	Bezeichnung	Menge
E		
A	Baugruppe A	1
C	Baugruppe C	1
3	Einzelteil 3	1
4	Einzelteil 4	1
2	Einzelteil 2	1
3	Einzelteil 3	1
B	Baugruppe B	1
C	Baugruppe C	1
3	Einzelteil 3	1
4	Einzelteil 4	1
1	Einzelteil 1	1
5	Einzelteil 5	1
1	Einzelteil 1	1

Bild PW.C.2.(32): Einfache Strukturstückliste des Erzeugnisses E

| Mehrstufige Strukturstückliste | Die **mehrstufige Strukturstückliste** (vgl. Bild PW.C.2.(33)) stellt die Struktur des Produkts in mehreren Stufen, also nicht als Gesamtstruktur, dar. |

Strukturstückliste 1. Stufe		
Erzeugnis E besteht aus	Bezeichnung	Menge bezogen auf E
E		
A	Baugruppe A	1
C	Baugruppe C	1
2	Einzelteil 2	1
3	Einzelteil 3	1
B	Baugruppe B	1
C	Baugruppe C	1
1	Einzelteil 1	1
5	Einzelteil 5	1
1	Einzelteil 1	1

Strukturstückliste 2. Stufe		
Baugruppe C besteht aus	Bezeichnung	Menge bezogen auf C
C		
3	Einzelteil 3	1
4	Einzelteil 4	1

Bild PW.C.2.(33): Mehrstufige Strukturstückliste des Erzeugnisses E

Die erste Stufe umfasst alle unmittelbar ins Endprodukt eingehenden Bestandteile. In der zweiten Stufe und in den weiteren Stufen wird die Struktur von Baugruppen niederer Ordnung dargestellt, die Bestandteile von Baugruppen höherer Ordnung sind. Die Bestandteile werden mehrfach benannt. Die Mengen des Vorkommens werden, bezogen auf die übergeordneten Komponenten, dargestellt.

| Baukastenstückliste | Die **Baukastenstückliste** (vgl. Bild PW.C.2.(34)) gliedert die Erzeugnisstruktur in die Bestandteile, die unmittelbar in das Erzeugnis eingehen und in die einzelnen im Produkt enthaltenen Baugruppen mit ihren Bestandteilen. Die Bestandteile werden je nach ihrem mehrfachen Vorkommen in unterschiedlichen Baugruppen auch |

mehrfach benannt. Die Menge des Vorkommens der Identitätsnummern bezieht sich immer auf die übergeordnete Baugruppe. Gesamtmengendarstellungen erfolgen nicht.

Baukastenstückliste		
Erzeugnis E besteht aus	**Bezeichnung**	**Menge**
A	Baugruppe	1
B	Baugruppe	1
1	Einzelteil	1
Baugruppe A besteht aus	**Bezeichnung**	**Menge**
C	Baugruppe	1
2	Einzelteil	1
3	Einzelteil	1
Baugruppe B besteht aus	**Bezeichnung**	**Menge**
C	Baugruppe	1
1	Einzelteil	1
5	Einzelteil	1
Baugruppe C besteht aus	**Bezeichnung**	**Menge**
3	Einzelteil	1
4	Einzelteil	1

Bild PW.C.2.(34): Baukastenstückliste des Erzeugnisses E

In Bild PW.C.2.(35) werden die Vor- und Nachteile der verschiedenen Stücklistenarten zusammengefasst.

Die **einfache Strukturstückliste**, die **mehrstufige Strukturstückliste** und die **Baukastenstückliste** sind sehr gut als **Grundlage für** den **Aufbau** eines **Erzeugnisstrukturbaums** geeignet.

Die **Baukastenstückliste** eignet sich besonders gut zum Aufbau des **analytischen Strukturbaums**. Beide Varianten der **Strukturstückliste** eignen sich besonders gut zum Aufbau des **synthetischen Strukturbaums**.

Beim Aufbau des **analytischen Erzeugnisstrukturbaums** bildet das Fertigerzeugnis den Ausgangspunkt. Es wird in seine Bestandteile aufgelöst. Die Auflösung erfolgt über mehrere Ebenen, die als **Auflösungsstufen** bezeichnet werden.

| Analytischer Erzeugnisstrukturbaum

	Stücklistenarten			
	Mengenübersichtsstückliste	Einfache Strukturstückliste	Mehrstufige Strukturstückliste	Baukastenstückliste
Vorteile	• Gibt die Gesamtmengen der benötigten Identitätsnummern ohne Mehrfachnennungen an	• Zeigt Strukturübersicht für das gesamte Erzeugnis	• Gibt stufenweise getrennte Übersicht über die Struktur des Erzeugnisses - **1. Stufe**: Bestandteile, die direkt in das Endprodukt eingehen - **Nachfolgende Stufen**: Bestandteile von Baugruppen niederer Ordnung	• Strukturiert nach Bestandteilen von Baugruppen unterschiedlicher Ordnung • Gesamtstrukturübersicht aus Baukästen ableitbar
Nachteile	• Erzeugnisstruktur ist nicht ersichtlich	• Mehrfachnennungen gleicher Identitätsnummern • Gesamtstückzahl jeder Identitätsnummer ist nicht ersichtlich (aber ableitbar)	• Mehrfachnennungen gleicher Identitätsnummern • Gesamtstückzahl jeder Identitätsnummer ist nicht ersichtlich (aber ableitbar)	• Mehrfachnennungen gleicher Identitätsnummern • Gesamtstückzahl jeder Identitätsnummer ist nicht ersichtlich (aber ableitbar)

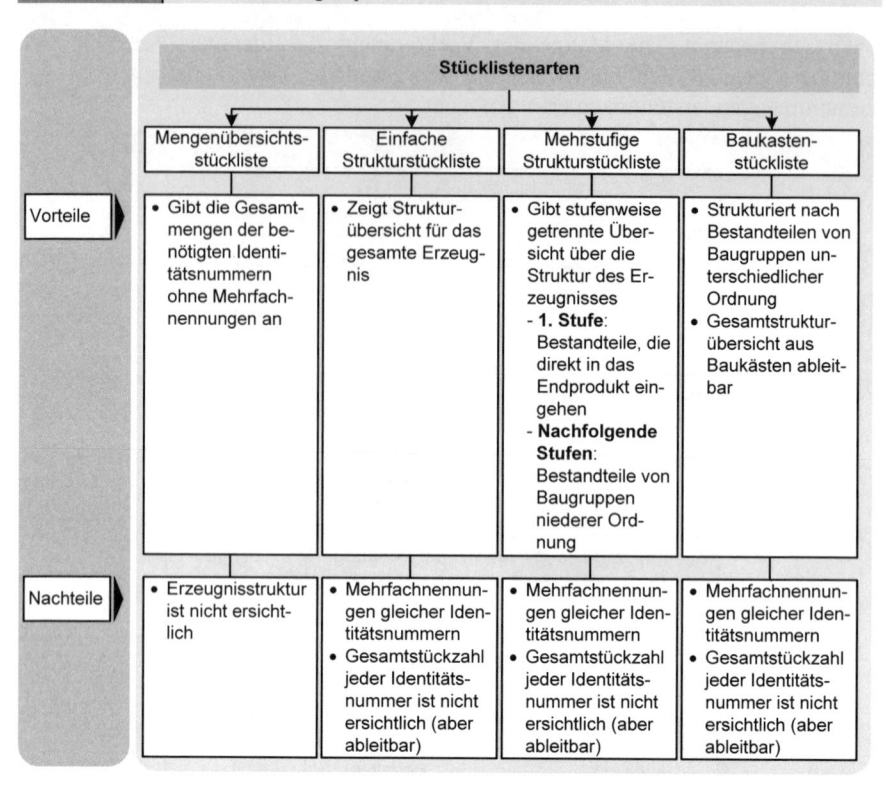

Bild PW.C.2.(35):   Vor- und Nachteile der Stücklistenarten

Die **0. Auflösungsstufe** wird durch das **Fertigerzeugnis** belegt, die erste durch die in der Baukastenstückliste dargestellten unmittelbaren Bestandteile des Fertigerzeugnisses. Jeder dieser Bestandteile ist weiter aufzugliedern, bis in der letzten Auflösungsstufe nur noch Einzelteile vorkommen.

In jeder Auflösungsstufe (eine Ausnahme bildet die letzte Auflösungsstufe) liegt eine **gemischte Anordnung von Einzelteilen und Baugruppen verschiedener Ordnungen** vor. Legt man ausgehend von der letzten Auflösungsstufe bis zum Fertigerzeugnis eine Zeitachse an den Strukturbaum, so wird ersichtlich, dass die analytische Erzeugnisstruktur den **technologischen Ablauf** der Erzeugnisherstellung **unter der Bedingung der Anordnung** der Erzeugnisbestandteile **zum spätestmöglichen Zeitpunkt** verdeutlicht.

Bild PW.C.2.(36) stellt den analytischen Strukturbaum des Erzeugnisses E dar.

Produktionsplanung und -steuerung 685

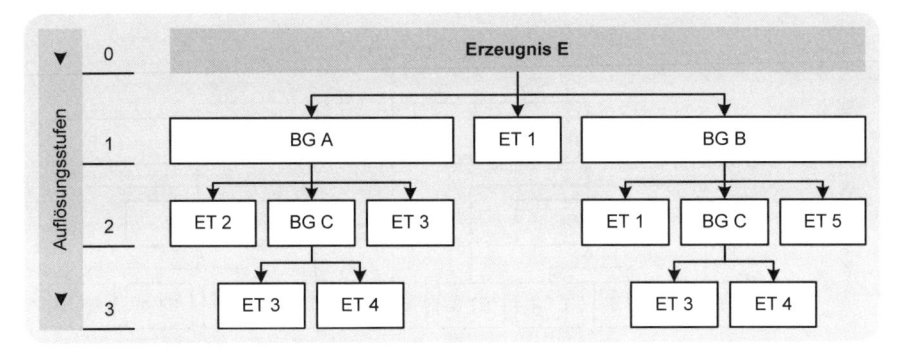

```
Auflösungsstufen
0  Erzeugnis E
1  BG A        ET 1        BG B
2  ET 2  BG C  ET 3        ET 1  BG C  ET 5
3  ET 3  ET 4              ET 3  ET 4
```

Bild PW.C.2.(36): Analytischer Erzeugnisstrukturbaum des Erzeugnisses E

Beim Aufbau **des synthetischen Erzeugnisstrukturbaums** bilden die **Einzelteile** den **Ausgangspunkt**. Über **Komplettierungsstufen** entstehen Baugruppen niederer und höherer Ordnung bis hin zum Fertigerzeugnis.

| Synthetischer Erzeugnisstrukturbaum

Die Einzelteile sind daran zu erkennen, dass sie in keine weiteren Bestandteile zergliederbar sind.

In jeder Komplettierungsstufe kommt es im Gegensatz zur analytischen Erzeugnisstruktur zu einer **reinen Anordnung der Erzeugnisbestandteile**:

0. Komplettierungsstufe: Einzelteile
1. Komplettierungsstufe: Baugruppen erster Ordnung
n-te Komplettierungsstufe: Baugruppen n-ter Ordnung
Letzte Komplettierungsstufe: Erzeugnis

Interpretiert man die im Bild PW.C.2.(37) dargestellten Pfeilspitzen als Zeitachse, so wird deutlich, dass auch der synthetische Strukturbaum den **technologischen Ablauf** der Erzeugnisherstellung kennzeichnet. Allerdings erfolgt die **Teile- bzw. Baugruppenanordnung zum frühestmöglichen Zeitpunkt.**

Bild PW.C.2.(37) verdeutlicht die synthetische Struktur des Erzeugnisses E.

An die Verbindungslinien der Erzeugnisbestandteile können die Stückzahlen des Vorkommens untergeordneter in übergeordneten Erzeugnisbestandteilen geschrieben werden. Zur Verhinderung redundanter Mehrfachdarstellungen einzelner Bestandteile im Erzeugnisstrukturbaum finden Gozintographen Anwendung.

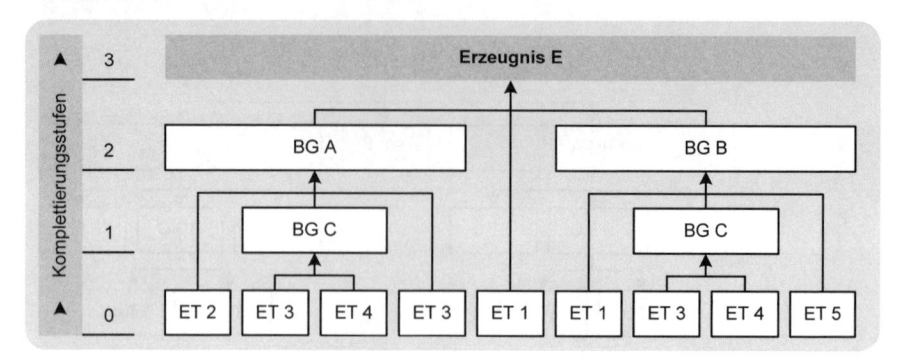

Bild PW.C.2.(37): *Synthetischer Erzeugnisstrukturbaum des Erzeugnisses E*

Gozintograph | Ein **Gozintograph** ist ein gerichteter, bewerteter Graph, der folgendermaßen zu definieren ist (vgl. ZÄPFEL, G. [Produktionsmanagement] S. 64 ff.):

$$GG = (Q, H, h)$$

GG – Gozintograph
Q – Knotenmenge (Menge aller Erzeugnisse, Baugruppen und Einzelteile)
H – Pfeilmenge (Input-Output-Beziehung) oder technologische Mengenbeziehung
h – Pfeilbewertung zur Darstellung der Mengeneinheiten, mit denen ein Element in ein übergeordnetes Element eingeht

Für den Erzeugnisstrukturbaum aus Bild PW.C.2.(37) wird folgender Gozintograph aufgestellt (vgl. Bild PW.C.2.(38)).

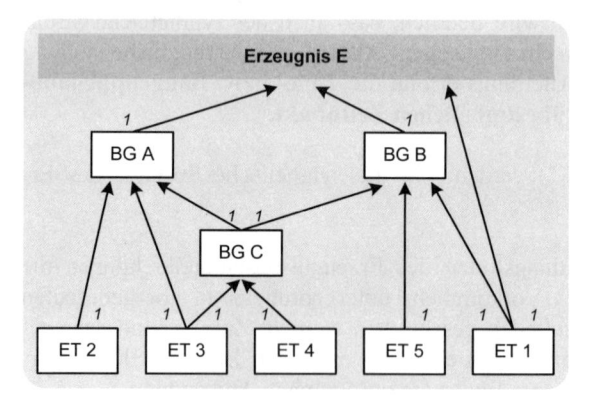

Bild PW.C.2.(38): *Gozintograph des Erzeugnisses E*

```
Q = {E ; BG A ; BG B; BG C; ET 1; ET 2; ET 3;
     ET 4; ET 5}
H = {(BG A, E); (BG B, E); (BG C, BG A); (BG C,
     BG B); (ET 2, BG A); (ET 3, BG A); (ET 3,
     BG C); (ET 4, BG C); (ET 5, BG B); (ET 1,
     BG B); (ET 1, E)}
h = (BG A, E) → 1; (BG B, E) → 1; (BG C, BG A)
    → 1; (BG C, BG B) → 1; (ET 2, BG A) → 1;
    (ET 3, BG A) → 1; (ET 3, BG C) → 1; (ET 4,
    BG C) → 1; (ET 5, BG B) → 1; (ET 1, BG B)
    → 1; (ET 1, E) → 1
```

Abgeleitet aus den Strukturbäumen sind die **Häufigkeiten des Vorkommens** der Erzeugnisbestandteile, also die **Teilebedarfsgrößen**, ermittelbar. Dazu werden in die Verästelungen des Strukturbaums die jeweiligen Stückzahlen des Vorkommens der Bestandteile eingetragen. Für jede Komponente erfolgt auf ihrem Weg in das Endprodukt eine Multiplikation der Stückzahlen des Vorkommens und danach eine Zusammenfassung der Bedarfswerte je Identitätsnummer.

Am **Beispiel von ET 4** ergibt sich:

- ET 4   ist einmal in BG C enthalten.
- BG C   ist einmal in BG A enthalten.
- BG A   ist einmal im Erzeugnis E enthalten.

Von ET 4 wird also 1 · 1 · 1 = 1 Stück auf dem Weg über BG A benötigt.

- ET 4   ist einmal in BG C enthalten.
- BG C   ist einmal in BG B enthalten.
- BG B   ist einmal im Erzeugnis E enthalten.

Von ET 4 wird also 1 · 1 · 1 = 1 Stück auf dem Weg über BG B benötigt.

Zusammengefasst werden von ET 4 zwei Stück benötigt, um das Erzeugnis E zu produzieren.

Nachdem für jede Komponente die Häufigkeit ihres Vorkommens im Erzeugnis ermittelt wurde, steht der **Teilebedarf** fest, der **zur Produktion einer Einheit** der entsprechenden Erzeugnisart benötigt wird. | Teilebedarf

Abgeleitet aus der in Bild PW.C.2.(37) dargestellten Erzeugnisstruktur ergibt sich die nachfolgend in Bild PW.C.2.(39) dargestellte Häufigkeit des Vorkommens aller Erzeugnisbestandteile.

Komplettierungs-stufen	Bezeichnung	Menge	Menge gesamt
3	Erzeugnis E	1	1
2	Baugruppe A	1	1
	Baugruppe B	1	1
1	Baugruppe C	1	2
	Baugruppe C	1	
0	Einzelteil 4	1	2
	Einzelteil 3	1	3
	Einzelteil 2	1	1
	Einzelteil 3	1	
	Einzelteil 1	1	2
	Einzelteil 1	1	
	Einzelteil 5	1	1
	Einzelteil 3	1	
	Einzelteil 4	1	

Bild PW.C.2.(39): Teilebedarf der Erzeugnisbestandteile (Bruttosekundärbedarf)

Die ermittelten Stückzahlen der Erzeugnisbestandteile sind mit der Produktionsmenge des Erzeugnisses in der Planperiode zu multiplizieren, um die Gesamtstückzahlen der zu produzierenden (bzw. zu beschaffenden) Komponenten zu erhalten.

2.3.5 Teilplanungsstufe 4: Durchlaufplanung

Operative Produktionsplanung

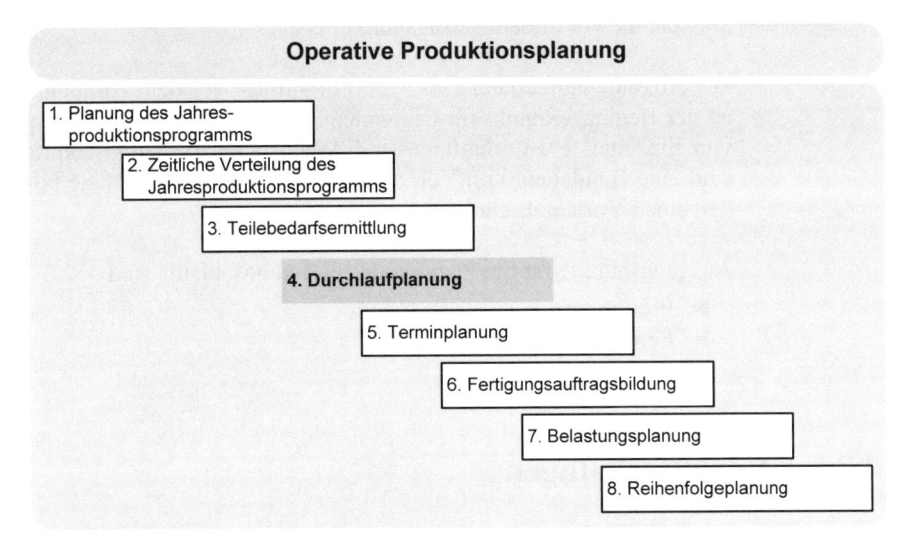

1. Planung des Jahresproduktionsprogramms
2. Zeitliche Verteilung des Jahresproduktionsprogramms
3. Teilebedarfsermittlung
4. **Durchlaufplanung**
5. Terminplanung
6. Fertigungsauftragsbildung
7. Belastungsplanung
8. Reihenfolgeplanung

Bild PW.C.2.(40): Teilplanungsstufen der operativen Produktionsplanung (Durchlaufplanung)

In der **Durchlaufplanung** wird der **zeitliche, aber terminlose** Fertigungsablauf eines Erzeugnisses geplant. Das Ergebnis der Durchlaufplanung ist ein Durchlaufplan mit Darstellung der Ablaufstruktur und der Angabe der **Durchlaufzeit**.

| Durchlaufplanung

| Durchlaufzeit

Dabei handelt es sich um die **Zeitdauer**, die ein **Erzeugnis** benötigt, um alle **zu seiner Herstellung** notwendige Kapazitätseinheiten zu durchlaufen, in denen die Bearbeitungsaufgaben (Arbeitsgänge) durchgeführt werden.

Der **sachliche Planungsgegenstand** ist der **Arbeitsgang**. Für alle durchzuführenden Arbeitsgänge wird ihre **Dauer in Arbeitstagen** definiert. Ausgehend von einem **Bezugspunkt** sind damit ihre **Anfangs- und Endzeitpunkte** bestimmbar.

| Bezugspunkt

Dieser Bezugspunkt ist in der **Vorwärtsplanung** der Startzeitpunkt für die Erzeugnisherstellung. In der **Rückwärtsplanung** wird als Bezugspunkt der Fertigstellungszeitpunkt des Erzeugnisses gewählt.

Alle durchzuführenden und einzuplanenden Aktivitäten werden auf den Bezugspunkt – also z. B. den Fertigstellungszeitpunkt – bezogen.

Vorlauftage, Vorlaufabschnitte: Das Zeitmaß für eine Aktivität (Start, Dauer, Ende) wird in diesem Falle in **Vorlauftagen** (VLT) oder **Vorlaufabschnitten** (VLA) gemessen, die vor diesem Bezugspunkt liegen.

Die Aussage lautet dann z. B.: „X Vorlauftage vor dem Nullpunkt ist der Beginnzeitpunkt für den ersten Arbeitsgang zur Herstellung von Einzelteil 1". Vorlauftage sind Arbeitstage, Vorlaufabschnitte sind eine Bündelung von Vorlauftagen (z. B. fünf Vorlauftage bilden einen Vorlaufabschnitt).

Ausgangspunkte für die Planung des Fertigungsablaufs sind:
▶ Produktart
▶ Fertigungsstückzahl
▶ Organisationsformen

2.3.5.1 Voraussetzungen

Folgende Dokumente sind Voraussetzungen dafür, dass ein Durchlaufplan erstellt werden kann:

▶ **Erzeugnisdokumentation**
  - Zeichnungen
  - Stücklisten des jeweiligen Produkts
▶ **Ergebnisse** der Teilplanungsstufe „**Teilebedarfsermittlung**"
  - Erzeugnisstruktur
  - Häufigkeit des Vorkommens der Teile und Baugruppen im Erzeugnis
▶ **Arbeitsplan** (vgl. Bild PW.C.2.(41))
  - Arbeitsgang- und Arbeitsplatzfolge
  - Zuordnung von Arbeitsgängen zu Kapazitätseinheiten
  - Vorgabezeiten (Auftragszeit bzw. Belegungszeit)
▶ **Normative für die Dauer der natürlichen Prozesse**
  - Vorschriften
  - Richtlinien
▶ **Normative für die Dauer der technisch-organisatorisch bedingten Unterbrechungen**
  - Übergangszeitmatrix

Matrix der Übergangszeiten [Tage]

	Kapazitätseinheit (nach)					
Kapazitätseinheit (von)		1	2	3	4	5	...
	1	0	2	1	3	2	...
	2	2	0	1	3	2	...
	3	1	3	0	2	1	...
	4	3	1	2	0	3	...
	5	2	2	1	3	0	...
	:	:	:	:	:	:	:

Kapazitätseinheit Nr. 4 — Übergangszeit — **Kapazitätseinheit Nr. 1** — Übergangszeit — **Kapazitätseinheit Nr. 5**

t_{r1} | $n_L \cdot t_{e1}$ t_{r2} | $n_L \cdot t_{e2}$ t_{r3} | $n_L \cdot t_{e3}$

Durchführungszeit des 1. Arbeitsgangs | Durchführungszeit des 2. Arbeitsgangs | Durchführungszeit des 3. Arbeitsgangs

Arbeitsplan

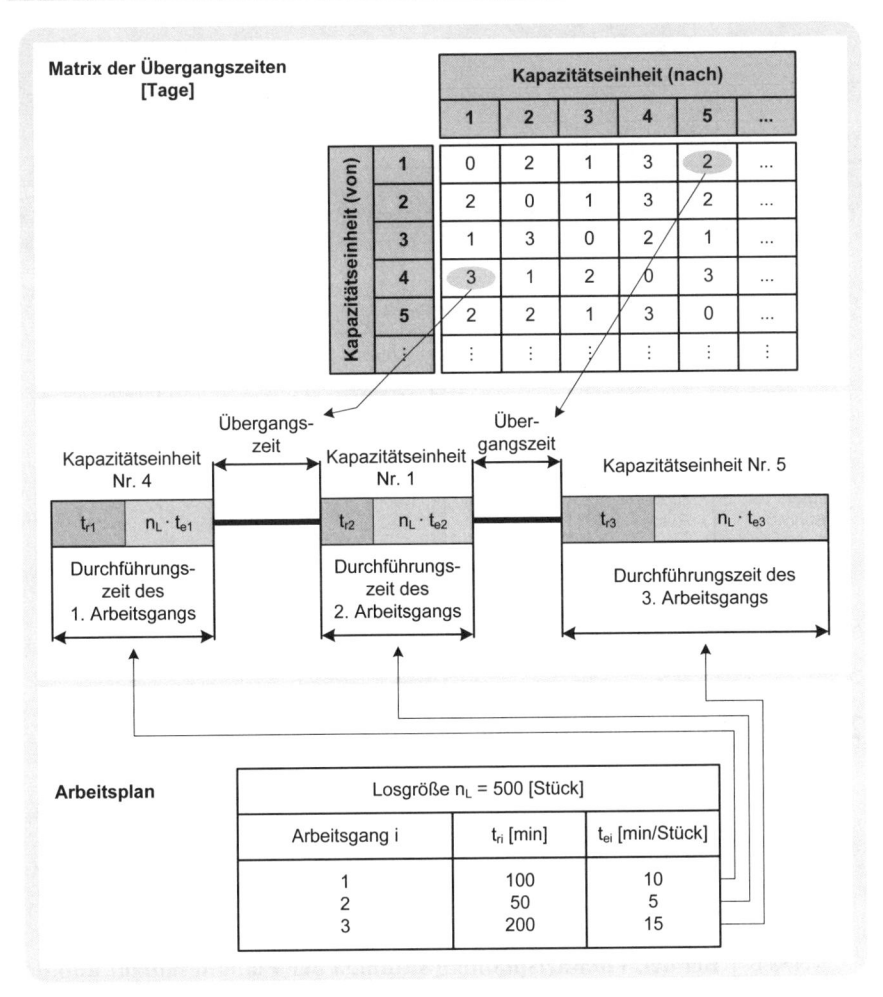

Losgröße n_L = 500 [Stück]

Arbeitsgang i	t_{ri} [min]	t_{ei} [min/Stück]
1	100	10
2	50	5
3	200	15

Bild PW.C.2.(41):   *Ursprung von Informationen für die Durchlaufplanung*

Die **Erzeugnisstruktur** entspricht der Struktur des Durchlaufplans. Mit den Angaben des **Arbeitsplans** erfolgt die Bestimmung der Durchführungszeit jedes Arbeitsgangs über die Berechnung der Auftragszeit. Die **Übergangszeitmatrix** verdeutlicht auf der Grundlage von Erfahrungswerten die Zeitdauer, die für den Übergang von einer Kapazitätseinheit auf die nächste im Rahmen der technologischen Bearbeitungsfolge notwendig ist.

Bild PW.C.2.(42) kennzeichnet die Bestandteile der Durchlaufzeit.

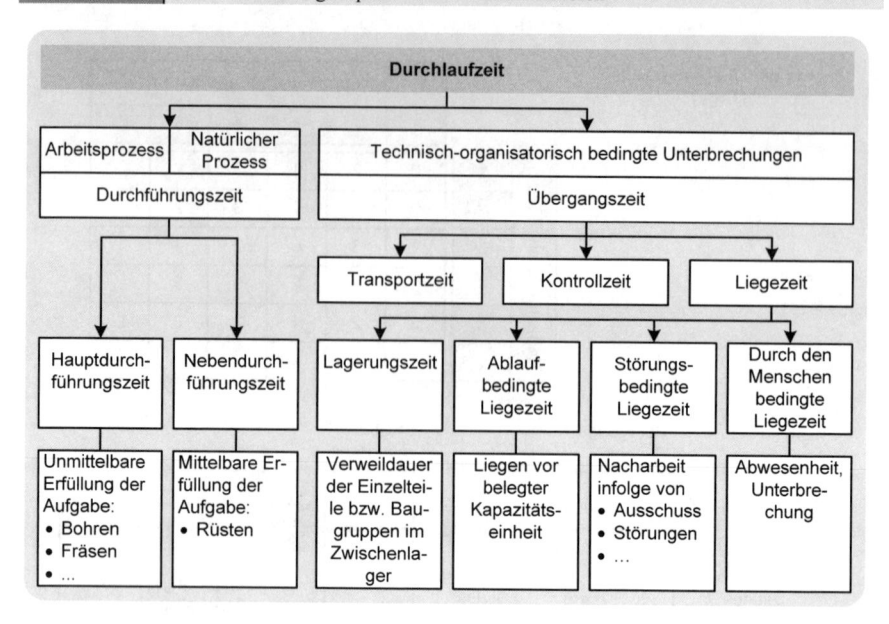

Bild PW.C.2.(42): Gliederung der Durchlaufzeit

2.3.5.2 Ablauf

Die Durchlaufplanung kann, wie bereits dargestellt, als

▶ Vorwärtsplanung oder
▶ Rückwärtsplanung

gestaltet werden.

Vorwärtsplanung | **Bei der Vorwärtsplanung stimmen der Planungsablauf und der Fertigungsablauf überein.** Ausgangspunkt ist der Startzeitpunkt der Erzeugnisherstellung. Die Beginn- und Endzeitpunkte aller Arbeitsgänge werden in der Richtung des technologischen Ablaufs der Erzeugnisherstellung errechnet. Es wird der Fertigstellungszeitpunkt bestimmt.

Rückwärtsplanung | **Bei der Rückwärtsplanung erfolgt der Planungsablauf entgegen dem technologischen Ablauf.** Den Ausgangspunkt bildet der festgelegte Fertigstellungszeitpunkt. Dieser wird häufig als Nullpunkt bezeichnet.

Die Bestimmung der Beginn- und Endzeitpunkte aller Arbeitsgänge erfolgt gegen die Richtung des technologischen Ablaufs. Es wird der Startzeitpunkt errechnet, mit dem ein definierter Fertigstellungszeitpunkt eingehalten werden kann.

Bei der **Vorwärtsplanung** wird eine **frühestmögliche Einplanung von Vorgängen** / Arbeitsgängen realisiert. Sie setzt den synthetischen Strukturbaum in einen Durchlaufplan um.

Bei der **Rückwärtsplanung** wird eine **spätestmögliche Einplanung von Vorgängen** / Arbeitsgängen realisiert. Sie setzt den analytischen Strukturbaum in einen Durchlaufplan um.

In Bild PW.C.2.(43) wird anhand eines gewählten Beispiels gezeigt, welche Unterschiede in der Durchlaufplanung für ein Erzeugnis entstehen, wenn die Vorwärts- oder die Rückwärtsplanung als Methoden angewendet werden.

Hier soll nur auf die Rückwärtsplanung eingegangen werden. Durch die damit verbundene spätestmögliche Einplanung der Arbeitsgänge wird im Vergleich zur Vorwärtsplanung die Kapitalbindung reduziert und auf Pufferzeiten verzichtet. Die Länge der Durchlaufzeit für das Erzeugnis ist bei Vorwärts- und Rückwärtsplanugn identisch.

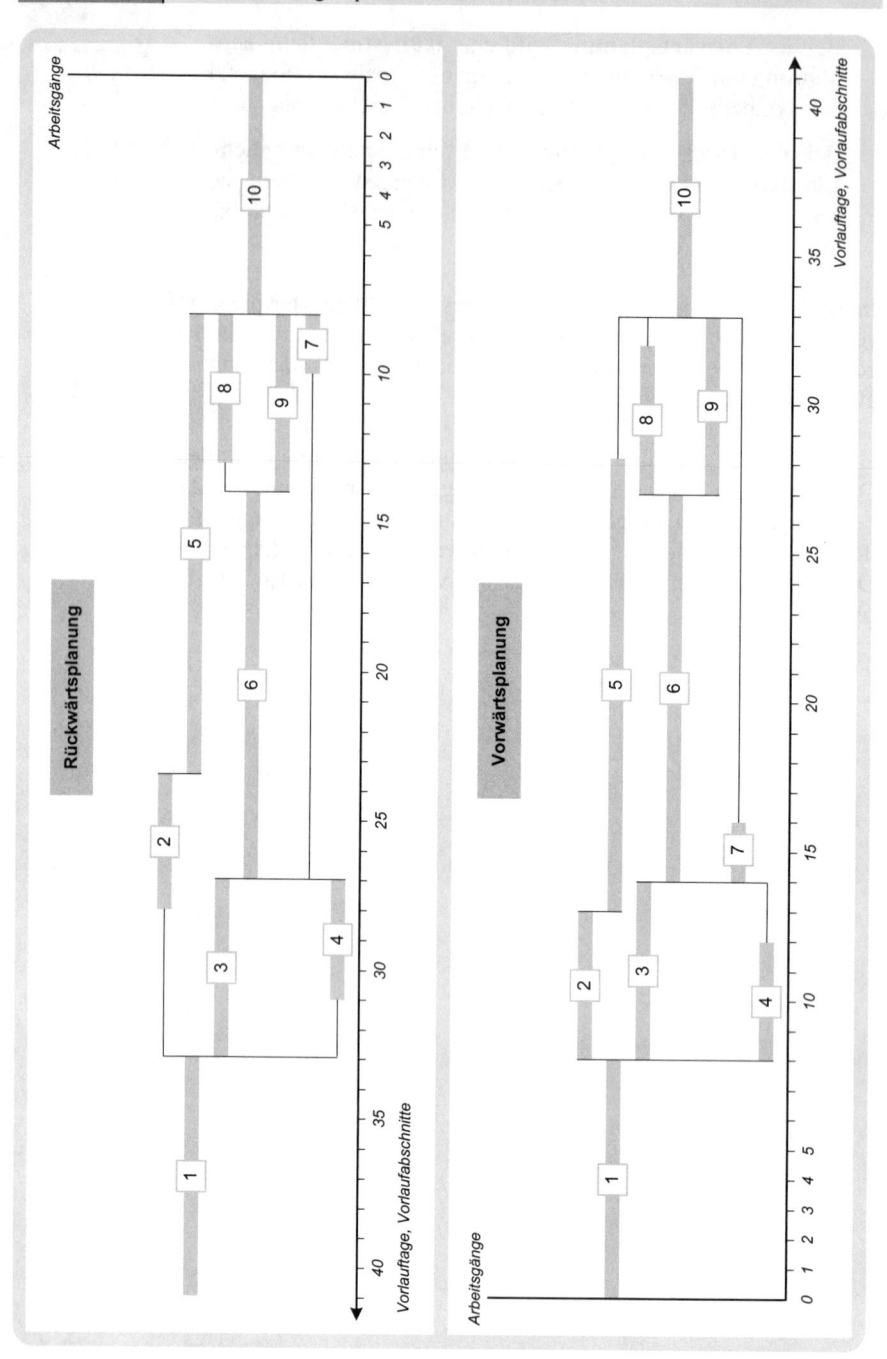

Bild PW.C.2.(43): Durchlaufpläne eines Erzeugnisses bei alternativem Einsatz der Vorwärts- und Rückwärtsplanung

Beim Aufbau des Durchlaufplans kann nach folgenden **Schritten** vorgegangen werden: | Schrittfolge

(1) **Graphische Darstellung des groben technologischen Ablaufs** der Erzeugnisherstellung | Grober technologischer Ablauf

Die Grundlage dafür bilden die Erzeugnisstückliste und der daraus abgeleitete Erzeugnisstrukturbaum.

Für den in Bild PW.C.2.(30) entwickelten Strukturbaum ergibt sich durch Rechtsdrehung um 90° und durch die Einbeziehung einer Zeitachse folgender grober technologischer Ablauf der Erzeugnisherstellung (vgl. Bild PW.C.2.(44)).

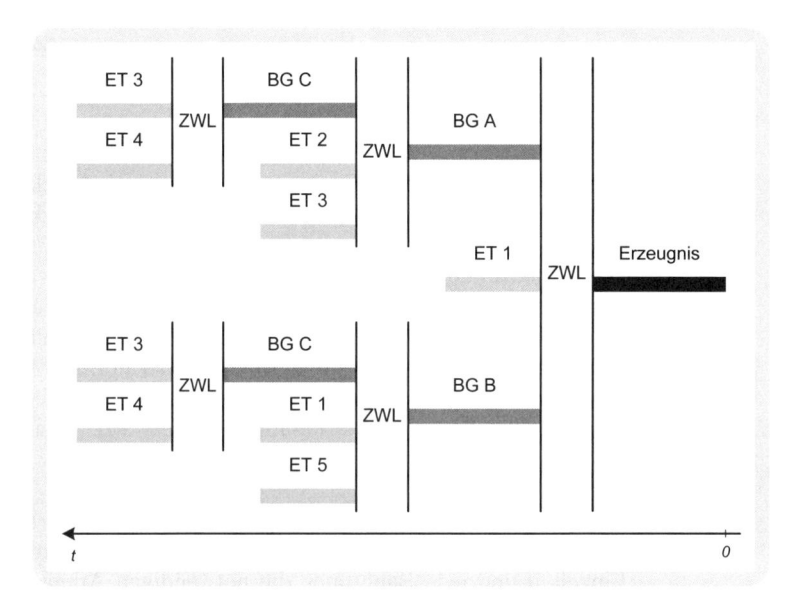

Bild PW.C.2.(44): Grobdarstellung des technologischen Ablaufs zur Herstellung des Erzeugnisses E

In diesem Bild wird die grundsätzliche zeitliche Struktur der Fertigung verdeutlicht. Es erfolgt noch keine Unterteilung der einzelnen dargestellten Balken in Arbeitsgänge. Die genauen Zeitdauern sind noch nicht ersichtlich.

(2) **Bestimmung des Bezugspunkts** (Nullpunkt) | Bestimmung des Bezugspunkts

Als Bezugspunkt sind verschiedene Zeitpunkte denkbar, so z. B.:

▶ Versandende
▶ Ende des Prüflaufs
▶ Ende der Endmontage

Mit der Wahl des Bezugspunkts wird bestimmt, welche Aktivitäten einzubeziehen sind und auf welche in der Durchlaufplanung verzichtet werden kann. Die Entscheidung hängt von spezifischen Gegebenheiten der Unternehmen ab. Im Beispiel wird als Bezugspunkt der Abschluss der Endmontage gewählt.

Bestimmung der Durchführungszeit

(3) **Bestimmung der Durchführungszeit von Arbeitsgängen**

Beim Arbeitsprozess ist die Zeitdauer davon abhängig, ob in **Losen** gefertigt wird oder nicht und in welcher **Organisationsform** der Fertigungsprozess durchgeführt wird.

Die Zeitbestimmung in der Werkstattfertigung erfolgt nach der Formel:

$$T = t_r + n_L \cdot t_e$$

T	– Auftragszeit	[min]
t_r	– Rüstzeit	[min]
t_e	– Zeit je Einheit	[min/Stück]
n_L	– Losgröße	[Stück]

Die Zeitbestimmungen sind dann zu differenzieren, wenn in **gegenstandsspezialisierten Organisationsformen** gefertigt wird. Die Zeitermittlung erfolgt hier für die gesamte Dauer des technologischen Zyklus auf der Grundlage der Formeln für die **Bestimmung der Zyklusdauer** (GFA: Reihenverlauf, GFR: kombinierter Verlauf, FF: Parallelverlauf – vgl. dazu Bild PW.C.2.(45)).

Die Zeitermittlung in der Einzelplatzfertigung erfolgt analog der Werkstattfertigung. Der Arbeitsplan bestimmt für jedes Einzelteil und jede Baugruppe die notwendigen Arbeitsgänge und die Arbeitsgangfolge. Er gibt die Rüstzeit t_r und die Zeiten je Einheit t_e für jeden Arbeitsgang vor. Somit ist die Zeitdauer je Arbeitsgang bzw. für jeden technologischen Zyklus bestimmbar. Diese kann in Abhängigkeit vom Zeitgrad erhöht oder gesenkt werden.

Beim natürlichen Prozess erfolgt die Zeitdauerbestimmung anhand von Normativwerten, die auf Erfahrungswerte zurückgehen.

Bestimmung der Übergangszeit

(4) **Bestimmung der Übergangszeit** zwischen aufeinander folgenden Arbeitsgängen.

Die Übergangszeit setzt sich zusammen aus:
- ▶ Transportzeit
- ▶ Kontrollzeit
- ▶ Liegezeit

Die Liegezeit setzt sich zusammen aus:

- Lagerungszeit
- Ablaufbedingte Liegezeit
- Störungsbedingte Liegezeit
- Durch den Menschen bedingte Liegezeit (vgl. Bild PW.C.2.(42))

Die **Liegezeitbestandteile** werden auf der Grundlage von **Erfahrungswerten** bestimmt und zu **Übergangszeitnormativen** zusammengefasst. Die Länge der Übergangszeit wird durch die Art der Wechsel der Kapazitätseinheiten beeinflusst. Es werden unterschieden:

▶ Wechsel innerhalb einer Kapazitätseinheit

▶ Wechsel zwischen verschiedenen Kapazitätseinheiten derselben Organisationsform

▶ Wechsel zwischen verschiedenen Organisationsformen innerhalb einer Werkhalle

▶ Wechsel zwischen verschiedenen Organisationsformen verschiedener Werkhallen

▶ Wechsel zwischen verschiedenen Betriebsteilen

Die **Länge der Übergangszeiten** hängt maßgeblich vom räumlichen Abstand der Kapazitätseinheiten und von der Länge der Warteschlangen vor der anzulaufenden Kapazitätseinheit ab. In einer verfahrensspezialisierten Fertigung sind die Übergangszeiten i. d. R. länger als in einer gegenstandsspezialisierten Fertigung. | Übergangszeiten

Übergangszeitmatrizen beinhalten die für jeden beliebigen Wechsel der Kapazitätseinheiten notwendigen Übergangszeiten. | Übergangszeitmatrix

In Bild PW.C.2.(45) sind die Formeln für die Bestimmung der Dauer der Arbeitsperiode und die Dimensionen der Übergangszeiten je Organisationsform zusammengefasst.

Mit der Bestimmung der **Zeitdauern für Arbeitsgänge** und der **Übergangszeiten** ist es möglich, ausgehend von der Darstellung des groben technologischen Ablaufs einen **Durchlaufplan aufzubauen**, der für jedes Einzelteil und jede Baugruppe die Arbeitsgänge abbildet.

Organisationsform	Bestimmung der Durchführungszeit	Dimension der Übergangszeit
WF	$T = t_r + n_L \cdot t_e$	Tage
GFA	$T_{TZ_{(R)}} = n_L \sum_{i=1}^{m} t_i$	Stunden
GFR	$T_{TZ_{(K)}} = n_L \sum_{i=1}^{m} t_i - (n_L - n_P) \sum_{i=1}^{m-1} t_{kürz_i}$	Minuten
FF	$T_{TZ_{(P)}} = n_P \sum_{i=1}^{m} t_i + (n_L - n_P) \cdot t_H$	Sekunden
EPF	$T = t_r + n_L \cdot t_e$	-

Bild PW.C.2.(45): Bestimmung der Durchführungs- und Übergangszeit

Bei einer **geschlossenen Fertigung** ($G = 1$), z. B. eines Einzelteils in einer **gegenstandsspezialisierten Organisationsform**, werden die Übergangszeiten von Maschine zu Maschine so klein, daß sie nicht mehr in Vorlauftagen, dem Maßstab der Durchlaufplanung, dargestellt werden können. Hier wird die **Arbeitsperiode für den gesamten technologischen Zyklus als geschlossener Balken dargestellt**.

Bild PW.C.2.(46) verdeutlicht die für die Werkstattfertigung zu berücksichtigenden Zeitbestandteile und Erfahrungswerte für ihre Dauer.

Bestimmung der Zwischenlagerungszeiten

(5) **Bestimmung von Zwischenlagerungszeiten**

Zwischenlagerungszeiten sind **Bestandteile der Übergangszeiten** zwischen Fertigungsbereichen. Es sind **vor jedem Montageprozess** Zwischenlagerungszeiten vorzusehen. Das gilt für Vormontage-, Zwischenmontage- und Endmontageprozesse. Für die Bestimmung der Zwischenlagerungszeiten gelten Normativwerte.

Produktionsplanung und -steuerung

[Diagramm: Durchlaufzeitbestandteile]

Durchlaufzeit des Fertigungsauftrags — ZWL

| Rüsten | Bearbeiten | Liegen (nach Bearbeitung) | Fördern | Liegen (vor Bearbeitung) | Rüsten | Bearbeiten | Liegen (nach Bearbeitung) | Fördern | Liegen (vor Bearbeitung) |

10 % (Durchführungszeit) — 90 % (Übergangszeit) — 10 % (Durchführungszeit) — 90 % (Übergangszeit)

Förderzeit	Kontrollzeit	Liegezeit
2 %	3 %	85 %

Lagerungszeit	Ablaufbedingte Liegezeit	Störungsbedingte Liegezeit	Durch Menschen bedingte Liegezeit
5 %	75 %	3 %	2 %

Bestandteile und ihre Zeitanteile an der DLZ (= 100 %)

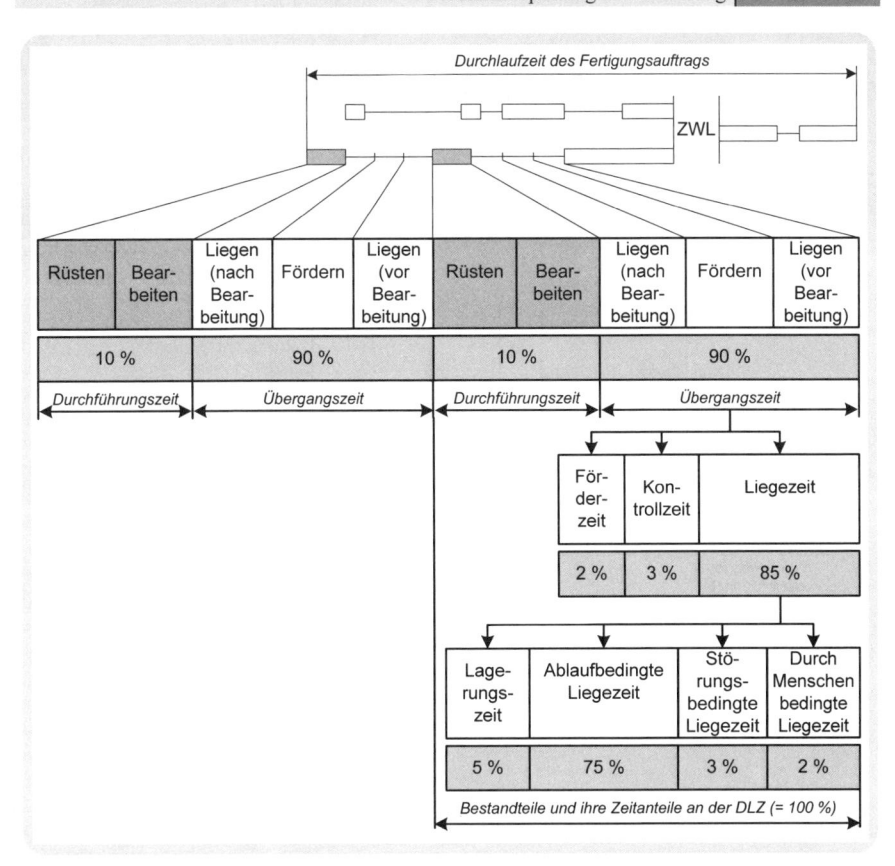

Bild PW.C.2.(46): Durchlaufzeitbestandteile und ihre Zeitanteile bei Werkstattfertigung (i. A. a. WIENDAHL, H.-P. [Betriebsorganisation] S. 263 f.)

(6) Graphische Darstellung des Durchlaufplans

Da eine zeitliche, aber terminlose Planung erfolgt, kann davon ausgegangen werden, dass keine Kapazitätsbeschränkungen vorliegen. Aus diesem Grund wird die Fertigung der Einzelteile parallel (gleichzeitig, nebeneinander) geplant.

In Bild PW.C.2.(47) wird unter Annahme beliebiger Arbeitsgänge, Arbeitsgangdauern und Übergangszeiten ein **Durchlaufplan** ausgehend von der Grobdarstellung des technologischen Ablaufs für Erzeugnis E dargestellt (vgl. Bild PW.C.2.(44)).

Randnotiz: Graphische Darstellung des Durchlaufplans

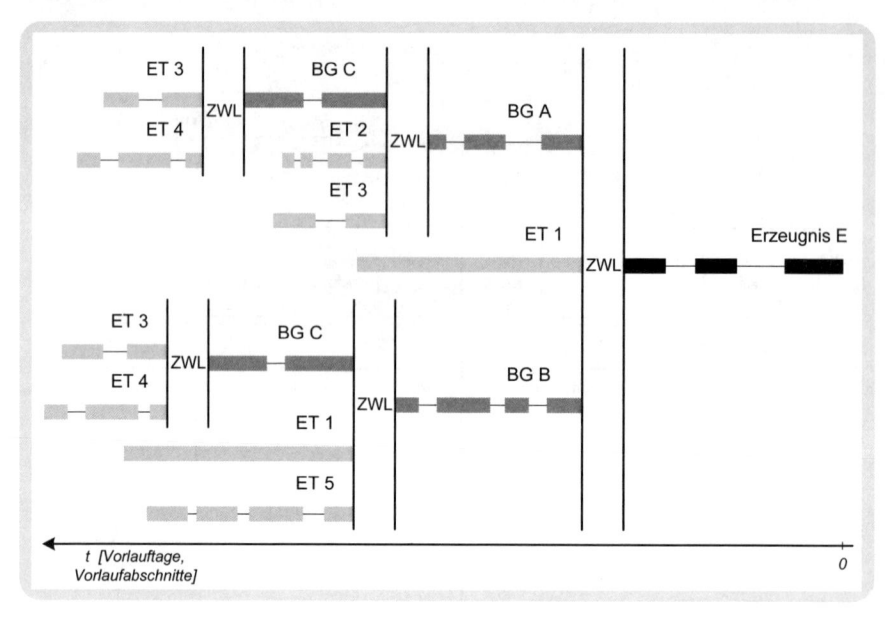

700 Teil C / Wirkung dispositiver Produktionsfaktoren

Bild PW.C.2.(47): Durchlaufplan für das Erzeugnis E

2.3.6 Teilplanungsstufe 5: Terminplanung

Operative Produktionsplanung

1. Planung des Jahresproduktionsprogramms
2. Zeitliche Verteilung des Jahresproduktionsprogramms
3. Teilebedarfsermittlung
4. Durchlaufplanung
5. **Terminplanung**
6. Fertigungsauftragsbildung
7. Belastungsplanung
8. Reihenfolgeplanung

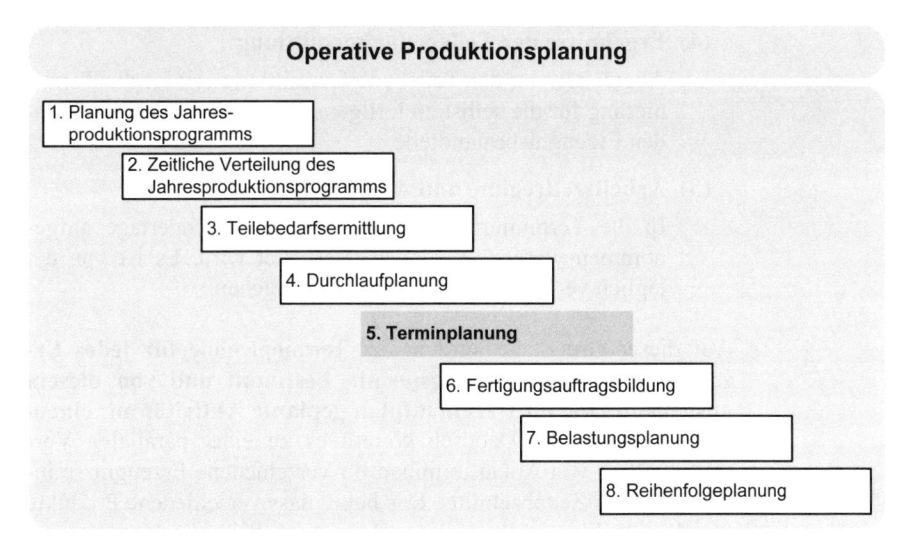

Bild PW.C.2.(48): Teilplanungsstufen der operativen Produktionsplanung (Terminplanung)

Im Durchlaufplan wird die Durchlaufzeit, die für die Herstellung eines Erzeugnisses benötigt wird, in Vorlauftagen bzw. Vorlaufabschnitten, ausgehend vom Bezugspunkt, dargestellt.

> Die **Terminplanung** hat die Aufgabe, die in der Durchlaufplanung ermittelten terminlosen Zeitabläufe in **terminierte Zeitabläufe** umzurechnen.

| Terminplanung

Dafür sind folgende Grundlagen notwendig:

(1) **Vereinbarte Vertragstermine**

Sie werden bei Bestellproduktion durch Kunden definiert.

(2) **Ergebnisse der zeitlichen Verteilung von Produktionsprogrammen**

Sie berücksichtigen neben den mit Kunden vereinbarten Terminen für die Erzeugnisauslieferung auch die nicht terminlich festgelegten Produkte der Lagerproduktion (vgl. Bild PW.C.2.(20)).

(3) **Ergebnisse der Durchlaufplanung**

Die Durchlaufplanung realisiert die zeitliche Festlegung aller Aktivitäten bis hin zum Arbeitsgang. Des Weiteren wird die auf das Erzeugnis bezogene innerzyklische Parallelität der durchzuführenden Aktivitäten (z. B. gleichzeitiges, paralleles

Bearbeiten von Einzelteilen) und damit der pro Zeiteinheit entstehende Kapazitätsbedarf bestimmt.

(4) **Ergebnisse der Teilebedarfsermittlung**

Abgeleitet von der Teilebedarfsermittlung erfolgt die Terminierung für die selbst zu fertigenden und für die zu bestellenden Erzeugnisbestandteile.

(5) **Arbeitszeitregime und Arbeitstage**

In die Terminierung können nur die Kalendertage aufgenommen werden, an denen gearbeitet wird. Es ist von der täglich verfügbaren Arbeitszeit auszugehen.

Auf dieser Grundlage wird in der Terminplanung **für jedes Erzeugnis der Fertigstellungstermin bestimmt und von diesem ausgehend jede im Durchlaufplan geplante Aktivität mit einem Termin versehen**. Dadurch kommt es zu einer parallelen Verschachtelung von Ablaufterminen für verschiedene Erzeugnisse innerhalb eines Zeitabschnitts. Das heißt, dass verschiedene Produkte gleichzeitig hergestellt werden. Daraus resultiert die **Konkurrenz mehrerer Aufträge um die Kapazität der Kapazitätseinheiten**.

Dilemma der Ablaufplanung

Damit im Zusammenhang steht das **Dilemma der Ablaufplanung**. Es konkurrieren zwei Zielstellungen, die sich gegenläufig beeinflussen.

Das **erste Ziel** ist die **maximale Kapazitätsauslastung**. Das erfordert ein möglichst ununterbrochenes Arbeiten der Potenzialfaktoren Arbeitskraft und Betriebsmittel. Damit wäre sichergestellt, dass die Stillstands- und Wartezeiten gegen Null gehen.

Das **zweite Ziel** ist die **minimale Durchlaufzeit**. Die Voraussetzung dafür ist ein möglichst ununterbrochenes Bearbeiten der Arbeitsobjekte. Damit ist garantiert, dass die Liegezeiten gegen Null gehen.

Der Unterschied zu dem in den Teilplanungsstufen 1 und 2 gelösten Kapazitätsproblem besteht in der Terminplanung in der **höheren Auflösung des Arbeitsgegenstands**. Nicht mehr die kompletten Erzeugnisse, sondern die zur Teilefertigung bzw. Montage **durchzuführenden Fertigungsaufträge (Folge von Arbeitsgängen je Einzelteil und Baugruppe) sind Gegenstand der Betrachtungen**.

Es wird nunmehr deutlich, ob die im Rahmen der Erzeugnisplanung (zwangsläufig gröberen) Kapazitätsbetrachtungen praktisch auch realisierbar sind.

Falls sich trotz der schon grob gesicherten Proportionen im Detail wesentliche Abweichungen zwischen Kapazitätsangebot und -bedarf ergeben sollten, sind entsprechende Maßnahmen des Kapazitätsabgleichs festzulegen und durchzusetzen.

Neben der **Fertigungsterminierung** muss die Terminplanung die **Bestellauslösung**, die eventuell notwendige **Auslösung von Entwicklungsaufträgen** und die **Auftragsausschreibung** terminieren, damit alle terminlichen Voraussetzungen für die Produktion geschaffen werden (vgl. Bild PW.C.2.(49)).

```
┌─────────────────┐   ┌─────────────────┐   ┌─────────────────┐
│  Kapazitätsplan │   │   Durchlaufplan │   │    Absatzplan   │
└────────┬────────┘   └────────┬────────┘   └────────┬────────┘
         │                     ▼                     │
         │            ┌─────────────────┐            │
         └───────────▶│   Terminplan    │◀───────────┘
                      └────────┬────────┘
        ┌──────────────┬───────┴───────┬──────────────┐
        ▼              ▼               ▼              ▼
┌──────────────┐┌──────────────┐┌──────────────┐┌──────────────┐
│ Terminierung ││ Terminierung ││ Terminierung ││ Terminierung │
│Entwicklungs- ││Arbeitsbeleg- ││Bestellauslö- ││Fertigungs-   │
│aufträge      ││erstellung    ││sung          ││prozess       │
└──────┬───────┘└──────┬───────┘└──────┬───────┘└──────┬───────┘
       ▼               ▼               ▼               ▼
┌──────────────┐┌──────────────┐┌──────────────┐┌──────────────┐
│Terminplan für││Bereitstellung││Bereitstellung││Bereitstellung│
│Entwicklungs- ││Arbeitsbelege ││Materialien   ││Kapazitäten   │
│aufträge      ││              ││              ││              │
└──────────────┘└──────┬───────┘└──────┬───────┘└──────┬───────┘
                       └───────────────┼───────────────┘
                                       ▼
                  ┌─────────────────────────────────────┐
                  │ Durchführung des Fertigungsprozesses│
                  └─────────────────────────────────────┘
```

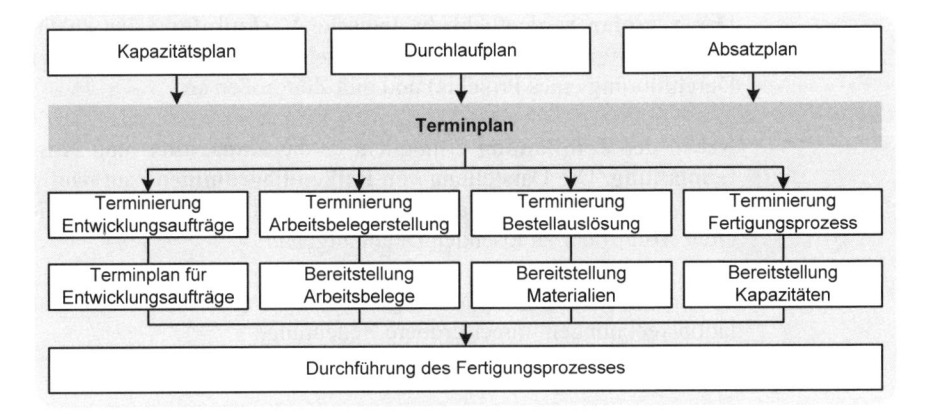

Bild PW.C.2.(49):   *Schematische Darstellung der Terminplanung*

Die Terminplanung kann grundsätzlich als

- Vorwärtsterminierung,
- Rückwärtsterminierung und
- kombinierte Terminierung

erfolgen.

Bei der **Vorwärtsterminierung** werden, ausgehend vom Starttermin, alle Anfangs- und Endtermine für die Arbeitsgänge und der Fertigstellungstermin für das Erzeugnis ermittelt. Bei der **Rückwärtsterminierung** werden, ausgehend vom Fertigstellungstermin des Erzeugnisses, alle End- und Anfangstermine für die Arbeitsgänge ermittelt. Bei der **kombinierten Terminierung** werden unter Beachtung der Kapazitätsgrenzen die Beginn- und Endtermine durch abwechselndes Vorwärts- und Rückwärtsterminieren bestimmt.

Für die Terminplanung großer und tief strukturierter Projekte wird häufig die **Netzplantechnik** für die Planung und Überwachung des zeitlichen Fortschritts der Produktentstehung angewendet (vgl. Abschnitt C.2.6).

Die Netzplantechnik ist eine Methode, mit deren Hilfe alle durchzuführenden Aktivitäten in einem geeigneten Detaillierungsgrad aufgezeigt, die Vorgänge im Sinne einer Ausführungsreihenfolge geordnet, ihre Ausführungszeiten bestimmt, zeitliche Spielräume ermittelt und die Vorgänge identifiziert werden, von deren pünktlicher Durchführung die Einhaltung des Endtermins abhängig ist.

Der **Netzplan** verdeutlicht die **logische Verknüpfung der zu lösenden Aufgaben** bei der Herstellung eines Erzeugnisses (oder der Durchführung eines Projekts) und gibt Zeitgrößen an.

Neben der **Zeitplanung** ermöglicht er die **Kapazitäts-** und **Kostenplanung**. Die Darstellung von **Balkendiagrammen** baut häufig auf der Netzplantechnik auf und verdeutlicht den **genauen zeitlichen Ablauf** der zu lösenden Detailaufgaben.

Im Rahmen der Terminplanung gewinnt die Anwendung von Simulationsrechnungen immer größere Bedeutung.

2.3.7 Teilplanungsstufe 6: Fertigungsauftragsbildung

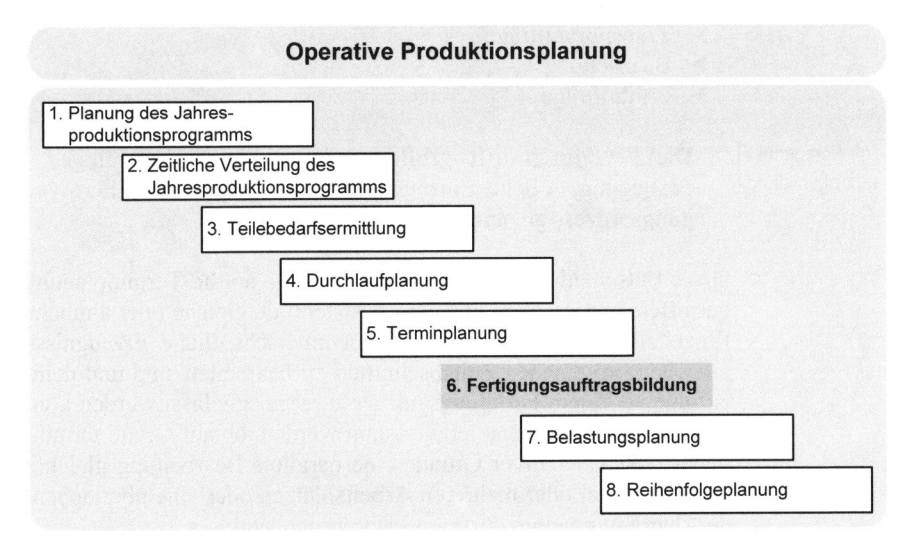

Operative Produktionsplanung

1. Planung des Jahresproduktionsprogramms
2. Zeitliche Verteilung des Jahresproduktionsprogramms
3. Teilebedarfsermittlung
4. Durchlaufplanung
5. Terminplanung
6. **Fertigungsauftragsbildung**
7. Belastungsplanung
8. Reihenfolgeplanung

Bild PW.C.2.(50): Teilplanungsstufen der operativen Produktionsplanung (Fertigungsauftragsbildung)

In einem Unternehmen gibt es eine Vielzahl von **ursprünglichen und abgeleiteten Aufträgen**, in deren Rahmen auch der Fertigungsauftrag einzuordnen ist (vgl. Bild PW.C.2.(51)).

Ursprüngliche Aufträge:
- Außerbetriebliche Bestellungen: Kundenaufträge, Vorratsaufträge
- Innerbetriebliche Bestellungen: Ersatzteilaufträge, Betriebsaufträge, Anlagenaufträge

Auftragsumwandlung

Abgeleitete Aufträge:
- Entwicklungsaufträge, Beschaffungsaufträge, Fertigungsaufträge, Lagerversandaufträge
- Bereitstellungsaufträge, Prüfaufträge, Bearbeitungsaufträge, Transportaufträge

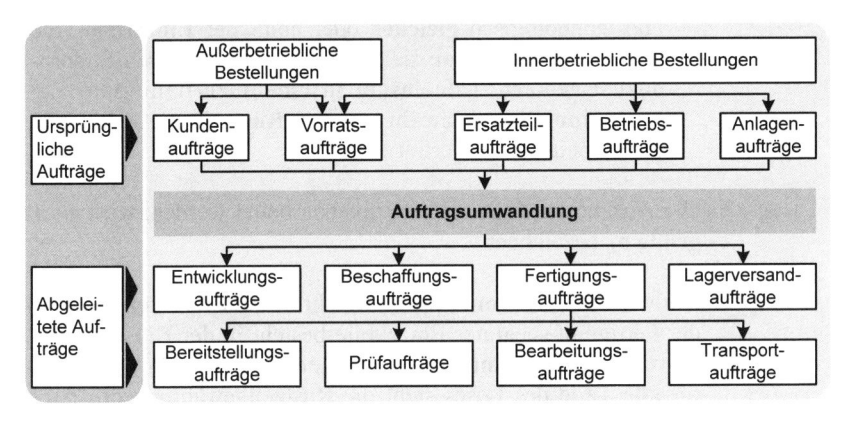

Bild PW.C.2.(51): Ursprüngliche und abgeleitete Aufträge (nach SCHWEITZER, M. [Industriebetriebslehre] S. 681)

Der **Fertigungsauftrag** ist eine schriftliche Aufforderung an eine Kapazitätseinheit zur Realisierung einer Fertigungsaufgabe. Er enthält Angaben zur Art, Menge, Qualität und zum Termin der Bearbeitung eines Einzelteils oder eines Loses. | Fertigungsauftrag

Der Fertigungsauftrag schließt ein:
- ▶ Bereitstellungsaufträge
- ▶ Transportaufträge
- ▶ Bearbeitungsaufträge
- ▶ Prüfaufträge

Fertigungs-auftragsbildung | Die **Fertigungsauftragsbildung** beinhaltet die endgültige Festlegung, welche Einzelteile und Baugruppen den Fertigungsprozess gemeinsam durchlaufen.

Diese Entscheidung kann erst im Anschluss an die Terminplanung getroffen werden, weil erst dann feststeht, ob gleiche oder ähnliche Einzelteile und Baugruppen, die in unterschiedliche Erzeugnisse eingehen, in gleichen Zeitabschnitten zu bearbeiten sind und demzufolge zu einem Fertigungsauftrag zusammengefasst werden können. Zugleich kann erst jetzt erkannt werden, ob auf Grund terminlicher oder kapazitiver Gründe eine parallele Bearbeitung gleicher Teile auf zwei oder mehreren Arbeitsplätzen oder eine überlappende Abarbeitung eines Auftrags erforderlich sind.

Von zentraler Bedeutung für diese Phase der Produktionsplanung ist die Festlegung, **welche und wie viele Einzelteile und Baugruppen in Losen zu fertigen sind**. Gleichzeitig ist die Kenntnis der optimalen Losgröße notwendig.

Los | Ein **Los** besteht aus einer bestimmten Anzahl **konstruktiv** und technologisch **gleicher** oder ähnlicher **Einzelteile**, die unabhängig davon, ob sie zu einem oder mehreren Endprodukten gehören, **gemeinsam in einem Fertigungsauftrag** unter **einmaliger Gewährung der Rüstzeit** je Arbeitsgang und Arbeitsplatz gefertigt werden.

Losgröße | Die Anzahl der Teile, die als Los bearbeitet werden, wird als **Losgröße n_L** bezeichnet.

Der wesentliche **ökonomische Effekt der Losfertigung** gegenüber der Fertigung separater Einzelteile besteht in der **Einsparung von Rüstzeit t_r**. Der **einmaligen** Rüstzeitgewährung pro Arbeitsgang für **alle** Teile des Loses steht die Rüstzeitgewährung pro Arbeitsgang für jedes einzelne Teil gegenüber, wenn nicht in Losen gefertigt wird.

Wirtschaftliche Losgröße | Die Ermittlung der Losgröße, die produziert werden soll, ist ein zentrales Problem der Fertigungsauftragsbildung. Dabei geht es um die **Bestimmung der wirtschaftlichen Losgröße** (optimale oder kostenoptimale Losgröße).

Das **Grundmodell zur Ermittlung optimaler Losgrößen** geht auf ANDLER zurück (vgl. ANDLER, K. [Losgröße]). | Grundmodell

Für die Bestimmung der optimalen Losgröße sind folgende Kosteneinflüsse zu berücksichtigen:

(1) **Einricht- oder Rüstkosten K_r pro Los** | Einricht- oder Rüstkosten

Sie entstehen durch die Vorbereitung des Arbeitsplatzes zur Fertigung eines Loses. Einricht- oder Rüstkosten sind Fixkosten. Sie werden nach folgender Formel bestimmt:

$$K_r = t_r \left[l_r \left(1 + \frac{q_L}{100\%} \right) + k_h \right] + k_{SP}$$

K_r	– Einricht- oder Rüstkosten pro Los	[€]
t_r	– Rüstzeit	[h]
l_r	– Lohnkosten je Stunde „Rüstzeit"	[€/h]
q_L	– Lohngemeinkostenzuschlagssatz	[%]
k_h	– Stundenkostennormativ zur Verrechnung technologischer Gemeinkosten	[€/h]
k_{SP}	– Kosten für spezielle Fertigungsmittel, die nur bei der Herstellung des betrachteten Loses benötigt werden	[€]

(2) **Herstellkosten k_s für jedes Teil** | Herstellkosten

Sie entstehen durch die Fertigung jedes einzelnen Teils des Loses. Es handelt sich um variable Kosten. Sie werden nach folgender Formel bestimmt:

$$k_s = k_m + k_e$$

k_s	– Herstellkosten je Teil	[€/Stück]
k_m	– Materialkosten je Teil	[€/Stück]
k_e	– Fertigungskosten je Teil	[€/Stück]

$$k_m = k_M \cdot \left(1 + \frac{q_M}{100\%} \right)$$

$$k_e = t_e \left[l_e \left(1 + \frac{q_L}{100\%} \right) + k_h \right]$$

k_M	– Materialeinzelkosten je Teil	[€/Stück]
q_M	– Materialgemeinkostenzuschlagssatz	[%]
t_e	– Zeit je Einheit	[h]
l_e	– Lohnkosten je Stunde „Zeit je Einheit"	[€/h]

Lagerungs- (3) **Lagerungskosten k_b**
kosten

Sie entstehen durch die Lagerung bzw. Bereithaltung jedes einzelnen Teils des Loses. Es handelt sich um variable Kosten. Sie werden nach folgender Formel ermittelt:

$$k_b = f \cdot k_s$$

k_b — Lagerungskosten je Teil während der Planperiode [€/(Stück • Jahr)] (insbesondere sind hier Lagermaterialkosten zu berücksichtigen)

f — Zinssatz für Lagerung [1/Jahr]

Bild PW.C.2.(52) zeigt die Lagerbestandsentwicklung einer Planperiode bei drei Losauflagen.

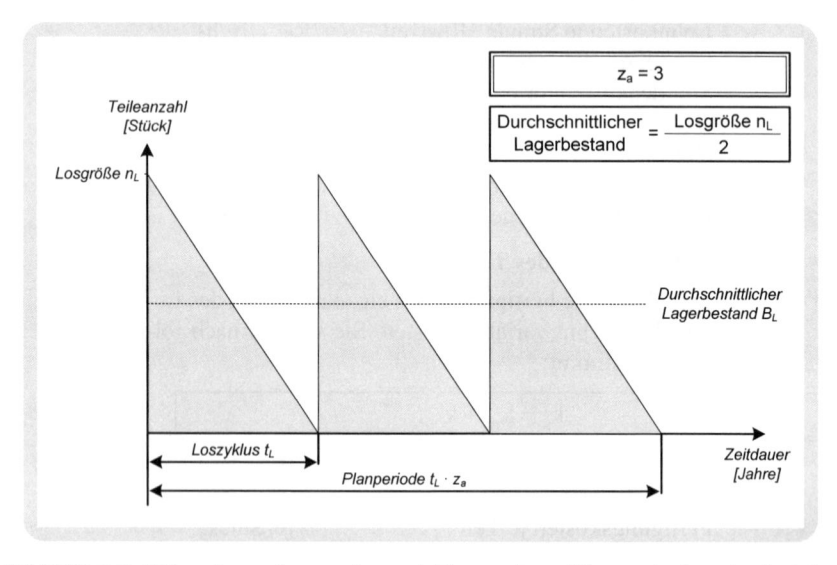

Bild PW.C.2.(52): Lagerbestandsentwicklung einer Planperiode mit drei Losauflagen

Aus dem Bild sind ableitbar:

▶ **Anzahl z_a der Losauflagen**

$$z_a = \frac{n_a}{n_L}$$

z_a — Anzahl der Losauflagen [1/Jahr]
n_a — Jahresbedarf [Stück/Jahr]
n_L — Losgröße [Stück]

▶ **Loszyklus t_L** (Zeitdauer zwischen zwei Losauflagen)

$$t_L = \frac{1}{z_a} = \frac{n_L}{n_a}$$

t_L – Loszyklus [Jahr]

▶ **Durchschnittlicher Lagerbestand B_L**

$$B_L = \frac{n_L}{2}$$

B_L – Durchschnittlicher Lagerbestand [Stück]

Die **Lagerungskosten K_b** pro Los werden nach folgender Formel bestimmt:

$$K_b = k_b \cdot \frac{n_L}{2} \cdot t_L$$

K_b – Lagerungskosten pro Los [€]

Bild PW.C.2.(53) zeigt die Zusammenfassung aller Kosteneinflussfaktoren für die Bestimmung der optimalen Losgröße.

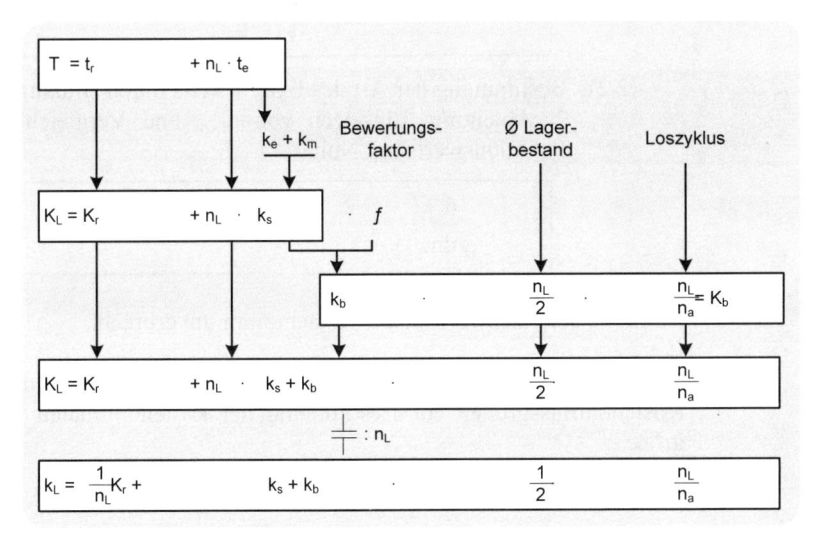

Bild PW.C.2.(53): Zusammenfassung aller Kosteneinflussfaktoren auf die Bestimmung der optimalen Losgröße

Die Variablen K_L und k_L haben dabei folgende Bedeutung:

- K_L – Kosten pro Los [€]
- k_L – Kosten pro Teil eines Loses [€/Stück]

Kostenoptimale Losgröße

Die **Bestimmung der kostenoptimalen Losgröße** erfolgt auf folgendem Wege (vgl. auch Bild PW.C.2.(53)):

(1) Optimierungskriterium:

$$k_L = \frac{K_L}{n_L} = \frac{1}{n_L} \cdot K_r + k_S + \frac{1}{2} \cdot k_b \cdot \frac{n_L}{n_a}$$

(2) Extremwertbildung:

(2.1) Bestimmung der Lage des Extremwerts durch Bildung der ersten Ableitung und Nullsetzung der Funktion:

$$\frac{dk_L}{dn_L} = -\frac{1}{n_{L_{opt}}^2} \cdot K_r + \frac{1}{2} \cdot k_b \cdot \frac{1}{n_a} = 0$$

Auflösung nach $n_{L_{opt}}$:

$$n_{L_{opt}} = \sqrt{\frac{2 \cdot K_r \cdot n_a}{k_b}}$$

(2.2) Bestimmung der Art des Extremwerts durch Bildung der 2. Ableitung, Einsetzen von $n_{L_{opt}}$ und Vergleich des Funktionswerts mit Null:

$$\frac{d^2 k_L}{dn_L^2} = \frac{2}{n_{L_{opt}}^3} \cdot K_r > 0 \Rightarrow \text{Minimum}$$

Damit ist der Nachweis für ein Kostenminimum erbracht.

In Bild PW.C.2.(54) erfolgt die Darstellung der Funktionen der Kosteneinflussgrößen zur Bestimmung der kostenoptimalen Losgröße.

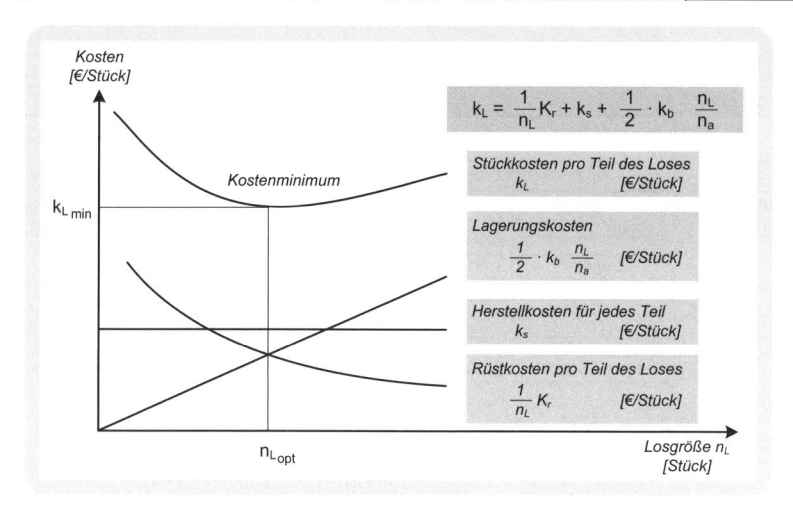

Bild PW.C.2.(54): Abhängigkeit der Kosten pro Teil eines Loses

Ein Teilebedarf kann durch **Eigenfertigung** oder durch **Fremdbezug** befriedigt werden. In beiden Fällen ist das Problem der Losgrößenermittlung zu lösen (vgl. Abschnitt B.4.2.2). Dabei kommt es zu strukturellen Ähnlichkeiten (vgl. GLASER, H. [Produktionswirtschaft] S. 3). Diese werden in Bild PW.C.2.(55) dargestellt.

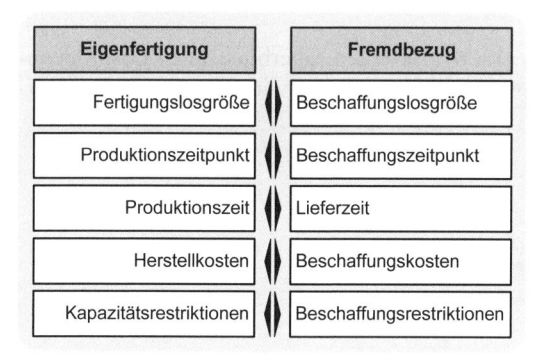

Eigenfertigung	Fremdbezug
Fertigungslosgröße	Beschaffungslosgröße
Produktionszeitpunkt	Beschaffungszeitpunkt
Produktionszeit	Lieferzeit
Herstellkosten	Beschaffungskosten
Kapazitätsrestriktionen	Beschaffungsrestriktionen

Bild PW.C.2.(55): Strukturelle Ähnlichkeit der Losgrößenermittlung im Fertigungs- und Beschaffungsprozess

Die Möglichkeit der Bestimmung **alternativer Stückzahlen pro Los** führt zu folgenden grundsätzlichen **ökonomischen Auswirkungen** (vgl. Bild PW.C.2.(56)).

Teil C / Wirkung dispositiver Produktionsfaktoren

	Alternative Losgrößen			
Anzahl der Lose	Wenige große Lose		Viele kleine Lose	
Mengenwirkung	Geringe Auflagenhäufigkeit	Große Lagerbestände	Hohe Auflagenhäufigkeit	Geringe Lagerbestände
Kostenwirkung Eigenfertigung	Geringe Rüstkosten	Hohe Lagerungskosten	Hohe Rüstkosten	Geringe Lagerungskosten
Kostenwirkung Fremdbezug	Geringe Beschaffungskosten	Hohe Lagerungskosten	Hohe Beschaffungskosten	Geringe Lagerungskosten

Bild PW.C.2.(56): Ökonomische Auswirkungen alternativer Losgrößen (nach SCHMID, U. [Losgrößenbestimmung] S. 584)

Aufbauend auf das Grundmodell zur Ermittlung optimaler Losgrößen wurde in der Literatur eine Vielzahl von erweiterten Modellansätzen diskutiert. Sie betreffen insbesondere die

▶ Losgrößenermittlung für einen mehrstufigen Produktionsprozess und die

▶ Einbeziehung begrenzter Kapazitäten in die Losgrößenermittlung.

HOITSCH gibt einen Überblick über Losgrößenmodelle (vgl. HOITSCH, H.-J. [Produktionswirtschaft] S. 385).

2.3.8 Teilplanungsstufe 7: Belastungsplanung

Operative Produktionsplanung

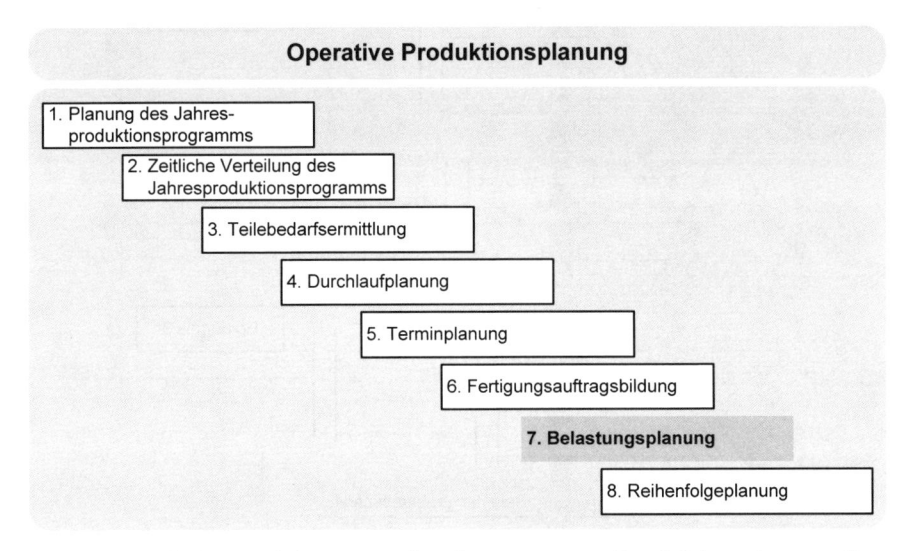

1. Planung des Jahresproduktionsprogramms
2. Zeitliche Verteilung des Jahresproduktionsprogramms
3. Teilebedarfsermittlung
4. Durchlaufplanung
5. Terminplanung
6. Fertigungsauftragsbildung
7. **Belastungsplanung**
8. Reihenfolgeplanung

Bild PW.C.2.(57): Teilplanungsstufen der operativen Produktionsplanung (Belastungsplanung)

In der **Belastungsplanung** wird der technologisch bedingte und durch die Durchlaufterminierung fixierte **Arbeitszeitaufwand** der in **einem gewählten Planabschnitt** zu produzierenden Fertigungsaufträge **dem** in den Kapazitätseinheiten vorhandenen **Kapazitätsangebot gegenübergestellt**. Es findet eine **Kapazitätsbilanzierung** statt, in deren Folge ggf. Maßnahmen zur bedarfsgerechten Gestaltung der Kapazität eingeleitet werden.

Belastungsplanung

2.3.8.1 Kapazitätsbilanzierung in der Belastungsplanung

Die abgeschlossene Durchlauf- und Terminplanung führt dazu, dass alle terminierten Durchlaufpläne der zu produzierenden Erzeugnisse eine taggenaue bzw. schichtgenaue Verteilung über die gesamte Planperiode erfahren haben. Sie sind strukturiert bis in den einzelnen Arbeitsgang.

Bild PW.C.2.(58) verdeutlicht für drei parallel zu fertigende Erzeugnisse ein mögliches Ergebnis der Terminplanung.

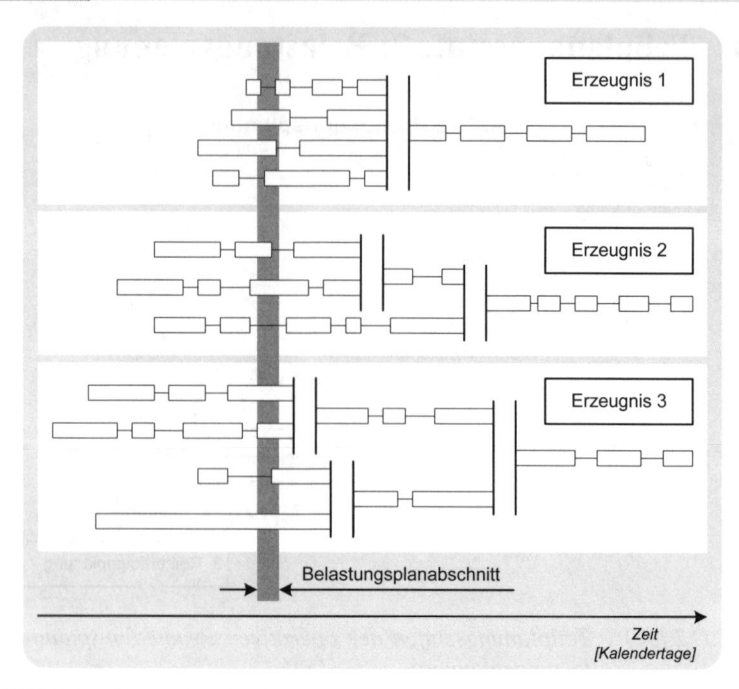

Bild PW.C.2.(58): Planabschnitt zur Ermittlung des Kapazitätsbedarfs in der Belastungsplanung

Belastungs- | In der Darstellung wird ein beliebig gewählter **Belastungsplanab-**
planabschnitt | **schnitt** herausgestellt. Er besitzt die Dauer eines Arbeitstags. Vor diesem Abschnitt liegen vorgelagerte Belastungsplanabschnitte, nach diesem Abschnitt liegen nachgelagerte Belastungsplanabschnitte.

Die terminierten Arbeitsaufgaben überstreichen häufig mehrere Belastungsplanabschnitte. Nichteinhaltungen geplanter Termine führen dazu, dass nachgelagerte Abschnitte mit zeitlich verschobenen Fertigungsaufgaben zusätzlich belastet werden.

Für jeden Belastungsplanabschnitt ist im Rahmen der Belastungsplanung zu prüfen, ob die zugeordneten Fertigungsaufgaben gelöst werden können oder ob Ausgleichsmaßnahmen zur Lösung entstandener Probleme erforderlich sind.

> In der Belastungsplanung findet eine **Gegenüberstellung** des in den Kapazitätseinheiten verfügbaren **Kapazitätsangebots mit** den **Kapazitätsbedarfsgrößen** statt, die im Belastungsplanabschnitt durch die zu realisierenden Fertigungsaufgaben entstehen.

Am Beispiel des gewählten Belastungsplanabschnitts soll eine Belastungsplanung erfolgen. Die Darstellung zeigt, welche Erzeugnisse im Planabschnitt produziert werden.

Es wird deutlich, dass in der dargestellten Planperiode Fertigungsaufträge, die zu drei verschiedenen Erzeugnissen gehören, bearbeitet werden. Ihre Bearbeitung erfolgt in verschiedenen bzw. gleichen Kapazitätseinheiten. Zur **Kapazitätsbilanzierung** in der Planperiode, für die eine Belastungsplanung durchgeführt wird, sind folgende **Schritte** zu gehen:

| Schrittfolge der Belastungsplanung

(1) **Identifizierung der konkreten Fertigungsaufträge**
- Feststellung jeder Kapazitätseinheit (ij), in der sie im Belastungszeitraum produziert werden sollen (vgl. Bild PW.B.3.(8))
- Ermittlung des Kapazitätsbedarfs, den jeder Auftrag im Belastungszeitraum an die durch ihn belegte Kapazitätseinheit richtet

(2) **Zusammenfassung der Fertigungsaufträge**, die dieselbe Kapazitätseinheit belegen und **Ermittlung des gesamten Kapazitätsbedarfs für jede Kapazitätseinheit (ij)** im Belastungszeitraum

(3) **Ermittlung des Kapazitätsangebots** jeder im Belastungsplanabschnitt benötigten Kapazitätseinheit

(4) **Durchführung der Kapazitätsbilanzierung** in jeder Kapazitätseinheit und Darstellung der Bilanzierungsergebnisse

(5) Festlegung von Reaktionen im Rahmen der **bedarfsgerechten Gestaltung der Kapazität**

Bild PW.C.2.(59) verdeutlicht die Zuordnung von Fertigungsaufgaben zu Kapazitätseinheiten und stellt für eine Kapazitätseinheit die Kapazitätsbilanzierung dar. Dabei gehen im gewählten Beispiel in den Kapazitätsbedarf zwei Größen aus dem Belastungsplanabschnitt sowie ein noch nicht abgearbeiteter Auftragsbestand aus vorherigen Belastungsplanabschnitten ein.

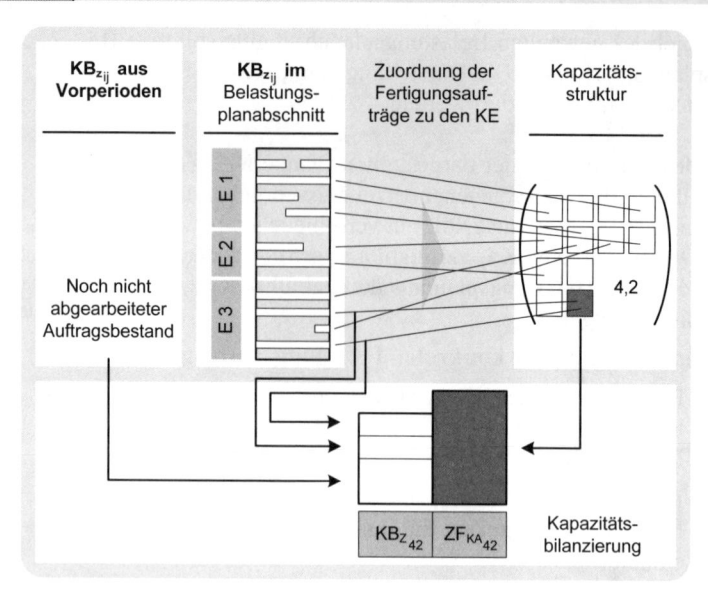

Bild PW.C.2.(59): Belastungsplanung für den dargestellten Planabschnitt

2.3.8.2 Maßnahmen zur bedarfsgerechten Gestaltung der Kapazität in der Belastungsplanung

Die am häufigsten angewendeten Maßnahmen sind:
- ▶ Änderung der Fertigungslosgröße
- ▶ Auftragsverschiebung
- ▶ Auftragsstreckung
- ▶ Auftragsstauchung
- ▶ Auftragsunterbrechung

Änderung der Fertigungslosgröße | Die **Änderung der Fertigungslosgröße** führt zur Verschlechterung der Beziehung Stückzahl der kostenoptimalen Losgröße zur tatsächlich produzierten Losgröße. Jede Abweichung der produzierten Stückzahl von der wirtschaftlich optimalen Stückzahl eines Loses führt zu Mehrkosten, die gewinnmindernd wirken. Hier wird die Produzierbarkeit eines Fertigungsauftrags infolge begrenzter Kapazitäten des Belastungszeitraums durch Abweichung von der optimalen Losgröße erkauft.

Alle anderen genannten Maßnahmen sind gewissermaßen Steuerungsmöglichkeiten zur Überbrückung zeitweilig im analysierten Belastungsplanabschnitt auftretender Kapazitätsprobleme (vgl. Bild PW.C.2.(60)).

Produktionsplanung und -steuerung | 717

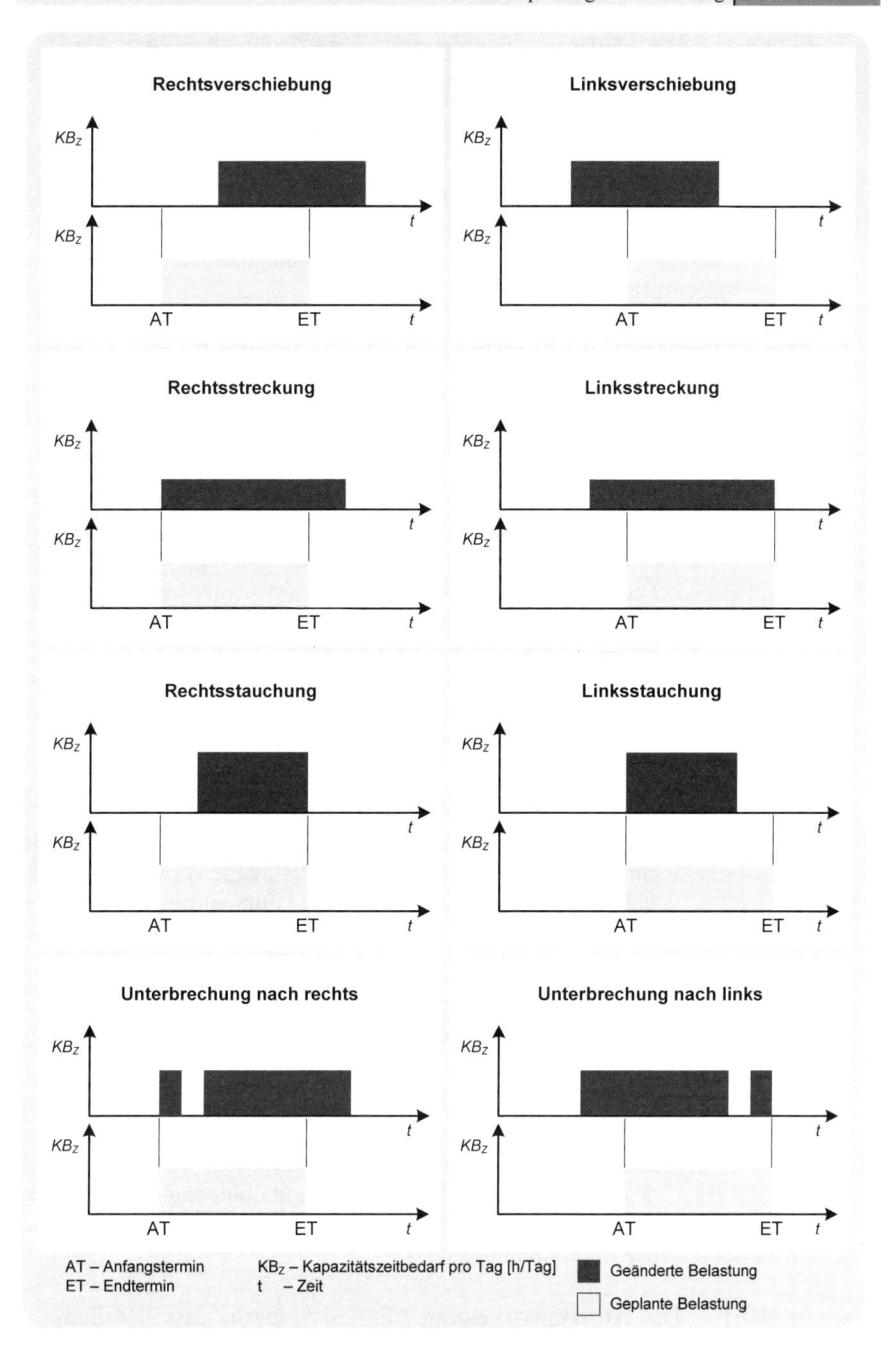

Bild PW.C.2.(60): Maßnahmen zur bedarfsgerechten Gestaltung der Kapazität in der Belastungsplanung

Auftrags-
verschiebung

Die **Auftragsverschiebung** sorgt dafür, dass der Fertigungsauftrag, soweit es sich nicht um einen im Sinne der Terminplanung kritischen Auftrag handelt, teilweise oder ganz aus dem überbelasteten Zeitabschnitt entfernt wird.

Die Dauer der Kapazitätsbindung durch den Fertigungsauftrag sowie die in Anspruch genommene Kapazitätshöhe bleiben unverändert. Es sind die Rechtsverschiebung und die Linksverschiebung der Aufträge zu unterscheiden.

Rechts-
verschiebung

Rechtsverschiebung bedeutet:
- ▶ Der tatsächliche Anfangstermin des Auftrags liegt später als der geplante Anfangstermin.
- ▶ Der Auftrag wird in Richtung auf den Endtermin der Erzeugnisherstellung nach hinten verschoben. Das heißt Anfangs- und Endtermin des Auftrags liegen später als geplant.
- ▶ Rechtsverschiebung eines Fertigungsauftrags kann bei enger Terminplanung dazu führen, dass der Endtermin der Erzeugnisfertigstellung nicht eingehalten werden kann.

Häufig werden Terminprobleme, die durch Rechtsverschiebungen entstehen, durch kürzere Zwischenlagerungszeiten, die dann wie Zeitpuffer wirken, kompensiert.

Links-
verschiebung

Linksverschiebung bedeutet:
- ▶ Der Fertigungsauftrag wird **teilweise,** durch eine Vorverlegung des Beginnzeitpunkts, aus dem kritischen Belastungsplanabschnitt entfernt. Die Auftragsfreigabe muss also früher erfolgen.
- ▶ Auch hier bleiben der Zeitraum der Kapazitätsinanspruchnahme und die Höhe der über diese Zeitperiode in Anspruch genommenen Kapazität gleich den ursprünglich geplanten Werten.
- ▶ Die Linksverschiebung eines Auftrags gefährdet den Endtermin der Erzeugnisfertigstellung i. d. R. nicht. Sie verlängert allerdings die Verweildauer des Auftrags im Produktionsprozess. Damit erhöht sich die Kapitalbindung gegenüber der geplanten Durchlaufvariante. Es entstehen höhere Kosten aus der Kapitalbindung.

Auftrags-
streckung

Die **Auftragsstreckung** führt nicht dazu, dass der Fertigungsauftrag aus dem Belastungsplanabschnitt teilweise (oder ganz) entfernt wird. Die Streckung bedeutet, dass über einen längeren als geplanten Zeitraum eine niedrigere als geplante Kapazitätsinanspruchnahme erfolgt.

- Der geplante Belastungsplanabschnitt wird durch den Fertigungsauftrag voll belegt. Allerdings wird in diesem Zeitabschnitt weniger Kapazität in Anspruch genommen als geplant.
- Die zusätzlich benötigte Kapazität nimmt der Fertigungsauftrag außerhalb des Belastungsplanabschnitts auf. In Abhängigkeit davon, ob die zusätzliche Kapazitätsaufnahme vor oder nach dem analysierten Belastungsplanabschnitt liegt, wird von einer **Linksstreckung** oder einer **Rechtsstreckung** gesprochen. Die ökonomischen Auswirkungen sind mit denen der Rechts- bzw. Linksverschiebung vergleichbar.

| Die **Auftragsstauchung** ist dadurch gekennzeichnet, dass der Fertigungsauftrag | Auftragsstauchung |

- innerhalb des geplanten Belastungsplanabschnitts abgearbeitet werden kann und
- eine kürzere als die geplante Zeit für seine Herstellung benötigt, dafür aber über seine Herstellungszeit eine höhere Kapazitätsinanspruchnahme realisiert.

Die Auftragsstauchung orientiert sich daran, entweder den Anfangs- oder den Endtermin einzuhalten. Eine auf den Anfangstermin orientierte Stauchung heißt **Linksstauchung**, eine auf den Endtermin orientierte heißt **Rechtsstauchung**. | Linksstauchung

Rechtsstauchung

Auftragsstauchungen sind dann relevant, wenn im Belastungsplanabschnitt Unterzeitabschnitte überbelastet und andere Unterzeitabschnitte unterbelastet sind. Beide Varianten sind sehr effektiv. Sie besitzen keine Negativauswirkungen auf die Termintreue der Erzeugnisproduktion und damit auf die vorgenommene Durchlaufterminierung.

Die Rechtsstauchung führt zu einer notwendigen, später als geplanten Auftragsfreigabe. Die Verkürzung der Verweildauer des Auftrags im Produktionsprozess bzw. in der gerade belegten Kapazitätseinheit ist die Folge.

Die Linksstauchung führt zu einer früher als geplanten Fertigstellung des Auftrags in der belegten Kapazitätseinheit und damit wahrscheinlich zu einer Verlängerung der Liege- bzw. Lagerzeit vor der Weiterbearbeitung in der nächsten Kapazitätseinheit.

| Die **Auftragsunterbrechung** führt dazu, dass im Belastungsplanabschnitt die Auftragsbearbeitung aus Kapazitätsgründen ausgesetzt und dann zeitverzögert beendet wird. | Auftragsunterbrechung

In der entstehenden Lücke zwischen den von einem Auftrag in Anspruch genommenen Kapazitäten wird ein anderer Auftrag produziert (dem z. B. höhere Priorität eingeräumt wird). Die Auftragsunterbrechung vernichtet den ökonomischen Effekt der Losfertigung.

Erfolgt eine Auftragsunterbrechung, muss die entsprechende Maschine (oder der Arbeitsplatz) für die Bearbeitung des in der „Lücke" zu produzierenden Auftrags umgerüstet werden. Wird nach der „Lücke" am davor angearbeiteten Los weiter gearbeitet, ist erneut eine Umrüstung der Maschine für das Los notwendig, für das die Maschine ursprünglich bereits vorbereitet (aufgerüstet) worden war.

Für das betrachtete Los, das eine Unterbrechung in seiner Bearbeitung erfahren hat, ist zu konstatieren, dass nicht wie ursprünglich notwendig, die Rüstzeit einmal benötigt wurde, sondern sie wurde zweimal benötigt. Sollten mehrere Unterbrechungen entstehen, erhöht sich die Anzahl der Rüstzeiten entsprechend.

Unterbrechung nach links
Unterbrechung nach rechts

In Abhängigkeit davon, ob der geplante Anfangs- oder der Endtermin eingehalten werden soll, sind Unterbrechungen nach links bzw. Unterbrechungen nach rechts zu unterscheiden. Eine Endterminorientierung führt zur **Unterbrechung nach links**. Eine Anfangsterminorientierung führt zu einer **Unterbrechung nach rechts**.

Die Endterminorientierung zwingt dazu, die Fertigung des Auftrags vor dem geplanten Anfangstermin zu beginnen. Die vorzeitige Auftragsauslösung und verlängerte Verweildauer des Auftrags im Fertigungsprozess sind die Folge.

Die Anfangsterminorientierung zwingt dazu, über den geplanten Endtermin hinaus an der Auftragsfertigung zu arbeiten. Terminprobleme für das Fertigerzeugnis können die logische Folge sein.

> Unabhängig davon, welche Maßnahmen zur Sicherung des Belastungsausgleichs realisiert wurden, ist festzustellen, dass **das Quantum der für die Auftragsfertigung notwendigen Kapazität stets gleich groß bleibt** (d. h. die Flächen auf der graphischen Darstellung sind alle gleich groß).

2.3.9 Teilplanungsstufe 8: Reihenfolgeplanung

Operative Produktionsplanung

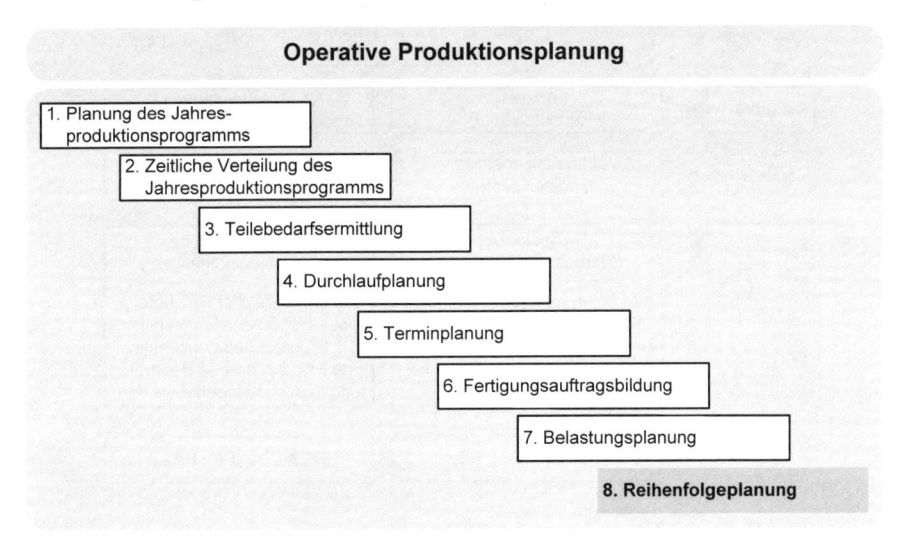

1. Planung des Jahresproduktionsprogramms
2. Zeitliche Verteilung des Jahresproduktionsprogramms
3. Teilebedarfsermittlung
4. Durchlaufplanung
5. Terminplanung
6. Fertigungsauftragsbildung
7. Belastungsplanung
8. **Reihenfolgeplanung**

Bild PW.C.2.(61): *Teilplanungsstufen der operativen Produktionsplanung (Reihenfolgeplanung)*

2.3.9.1 Problembeschreibung

Die Reihenfolgeplanung wird auch als Maschinen- oder Arbeitsplatzbelegungsplanung bezeichnet. Sie ist ein Bestandteil der Ablaufplanung (vgl. Bild PW.C.2.(62)).

Die **Reihenfolgeplanung** bestimmt, in welcher Reihenfolge die vor einer Bearbeitungsstation auf ihre Bearbeitung wartenden (besser: liegenden) Fertigungsaufträge durch diese Bearbeitungsstation zu bearbeiten sind. Das Ergebnis der Reihenfolgeplanung ist die **organisatorische Bearbeitungsfolge**.	Reigenfolgeplanung Organisatorische Bearbeitungsfolge

```
                        Ablaufplanung
              Zuordnung von Aufträgen und Maschinen
```

	Arbeits- ablaufplanung	Reihenfolgeplanung / Arbeitsplatzbelegungsplanung
Aufgaben	Maschinenfolgebestimmung für einen Auftrag	Auftragsfolgebestimmung für eine Maschine
Ergebnisse	Technologische Bearbeitungsfolge (tBF) gibt an, in welcher Reihenfolge ein Fertigungsauftrag FA_x die zu seiner Herstellung notwendigen Bearbeitungsstationen BS_i durchläuft.	Organisatorische Bearbeitungsfolge (oBF) gibt an, in welcher Reihenfolge vor einer Bearbeitungsstation BS_i liegende Fertigungsaufträge FA_x durch diese Bearbeitungsstation bearbeitet werden.
	FA_x ▶ $BS_1, BS_3, BS_2,...$	BS_i ▶ $FA_2, FA_1, FA_4,...$

Bild PW.C.2.(62): Einordnung der Reihenfolgeplanung in die Ablaufplanung

Bei der Zuordnung der Fertigungsaufträge zu den Bearbeitungsstationen sind folgende **Prämissen** zu beachten:

(1) Jeder Auftrag muss eine bestimmte vorgegebene Folge von Bearbeitungsstationen durchlaufen (technologische Bearbeitungsfolge). Jeder Arbeitsgang wird auf einer anderen Bearbeitungsstation realisiert.

(2) Kein Auftrag kann gleichzeitig auf mehr als einer Bearbeitungsstation bearbeitet werden (d. h. Reihenverlauf). Keine Bearbeitungsstation kann gleichzeitig mehr als einen Auftrag bearbeiten.

(3) Die Rüst-, Bearbeitungs- und Transportzeiten sind bekannt und liegen fest.

(4) Produktions- und Lagerkapazitäten stellen keine Begrenzung der Produktionsmöglichkeiten dar.

(5) Alle Aufträge werden fehlerfrei bearbeitet.

Die Planungsansätze der Reihenfolgeplanung sind zu unterscheiden nach:

▶ **Art der Ankunft** der Aufträge in der Organisationsform (z. B. Werkstatt in der Werkstattfertigung)

Es sind die **statische** und die **dynamische** Reihenfolgeplanung zu unterscheiden.
Bild PW.C.2.(63) charakterisiert ihre Merkmale.

▶ **Determiniertheit von Parametern** relevanter Datenkonstellationen

Es wird zwischen **deterministischen** und **stochastischen** Reihenfolgemodellen unterschieden.

Ein deterministisches Modell ist dadurch gekennzeichnet, dass alle für die Reihenfolgeplanung relevanten Informationen (z. B. Auftragsmengen, technologische Bearbeitungsfolge, Termine, Bearbeitungszeiten) zum Zeitpunkt der Planung und während der Planperiode bekannt und eindeutig bestimmt sind.

Ein stochastisches Modell ist dadurch gekennzeichnet, dass keine eindeutigen Informationen (z. B. Ankunftszeitpunkte der Aufträge, neu eintreffende Aufträge, technologische Bearbeitungsfolge, Bearbeitungszeiten) vorliegen. Für die benötigten Daten werden statistische Wahrscheinlichkeitsaussagen in Form von Zufallszahlen angegeben.

Planungsansätze der Reihenfolgeplanung	
Statisch	Dynamisch
• Alle Aufträge stehen gleichzeitig zu Beginn der Planungsperiode bereit • Zu belegende Bearbeitungsstationen sind frei	• Zu bearbeitende Aufträge treffen sukzessive während der Planperiode an den zu belegenden Bearbeitungsstationen ein • Benötigte Bearbeitungsstationen sind zu Planungsbeginn belegt
Reihenfolgeproblem wird einmalig zu Beginn der Planperiode gelöst	Reihenfolgeproblem wird während der Planperiode wiederholt aufgeworfen und gelöst
Praxisfern	Praxisnah
Geringer Planungsaufwand	Hoher Planungsaufwand

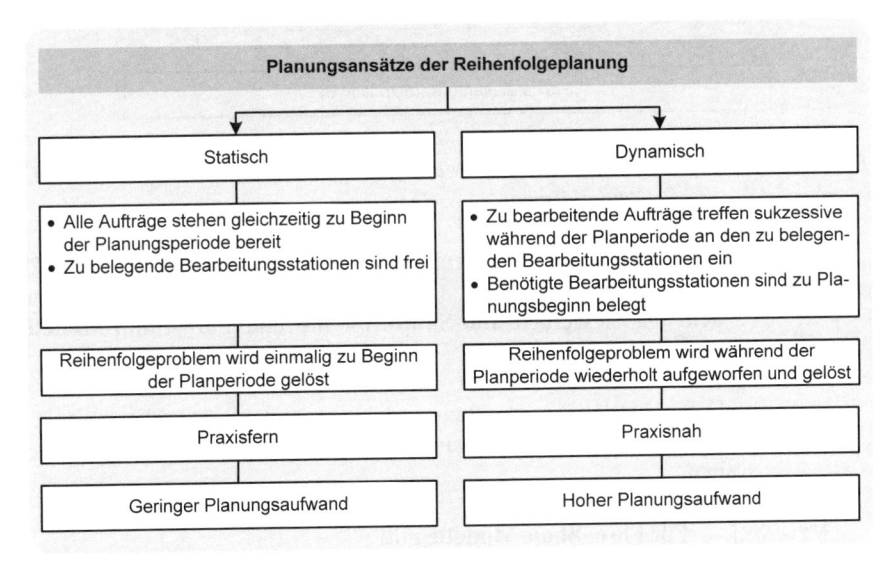

Bild PW.C.2.(63): Planungsansätze der Reihenfolgeplanung

Die paarweise aufgeführten Reihenfolgemodelle
▶ statisch-dynamisch und
▶ deterministisch-stochastisch
sind beliebig kombinierbar.

Eine besondere Praxisrelevanz besitzen die Kombinationen (vgl. Bild PW.C.2.(64))

- ▶ statisch-deterministisch und
- ▶ dynamisch-stochastisch.

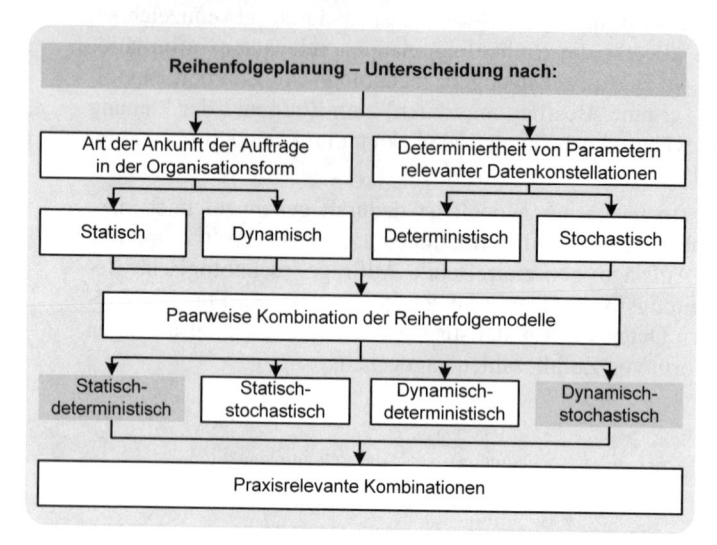

Bild PW.C.2.(64): Sichtweisen der Reihenfolgeplanung (nach NEIDHARDT, U. [Prioritätsregeln] S. 25)

Die Reihenfolgeplanung muss für verfahrensspezialisierte und für gegenstandsspezialisierte Organisationsformen durchgeführt werden. Dabei werden **Job-Shop-Modelle** und **Flow-Shop-Modelle** unterschieden.

Diese Modelle verdeutlichen die Zusammenhänge, die zwischen technologischen und organisatorischen Bearbeitungsfolgen bestehen.

Flow-Shop-Modell

Für **Flow-Shop-Modelle** gilt:

Bei gleicher technologischer Bearbeitungsfolge (räumliches Organisationsprinzip: Reihenprinzip) ändert sich die einmal gewählte organisatorische Bearbeitungsfolge nicht. Sie gilt für alle Bearbeitungsstationen, die von den Fertigungsaufträgen zu durchlaufen sind (vgl. Bild PW.C.2.(65)).

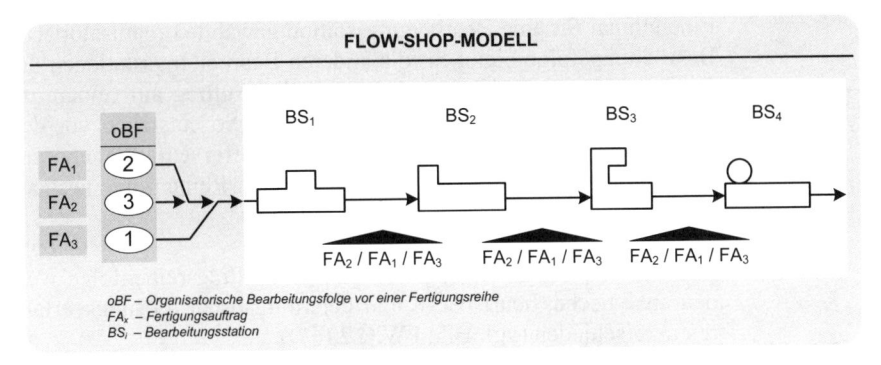

Bild PW.C.2.(65): Flow-Shop-Modell

Für **Job-Shop-Modelle** gilt:
Bei variierender technologischer Bearbeitungsfolge (räumliches Organisationsprinzip: Werkstattprinzip, Gruppenprinzip) durchläuft jeder Fertigungsauftrag das Maschinensystem auf einem eigenständigen Wege. Vor jeder Maschine entsteht die Frage nach der organisatorischen Bearbeitungsfolge neu (vgl. Bild PW.C.2.(66)).

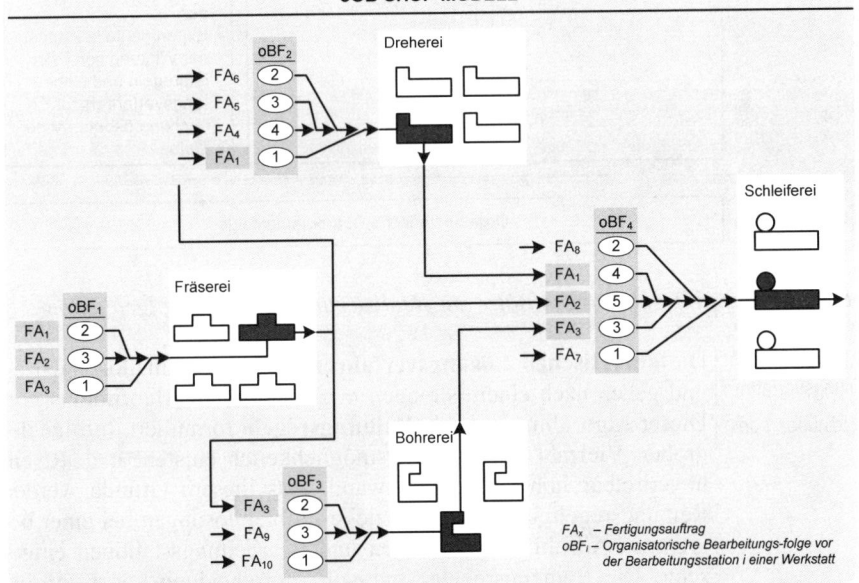

Job-Shop-Modell

Bild PW.C.2.(66): Job-Shop-Modell

Eine einmal für eine Bearbeitungsstation gewählte organisatorische Bearbeitungsfolge bleibt für die anderen Bearbeitungsstationen der Organisationsform nicht erhalten, da jeder Auftrag auf seinem eigenständigen Wege das System durchläuft. So entstehen vor den Bearbeitungsstationen Warteschlangen mit **unterschiedlichen** Aufträgen, die zu einer erneuten Bestimmung der Reihenfolge je Bearbeitungsstation zwingen.

Zur Bestimmung der zu produzierenden Auftragsreihenfolge werden analytische, heuristische und deterministische Lösungsverfahren unterschieden (vgl. Bild PW.C.2.(67)).

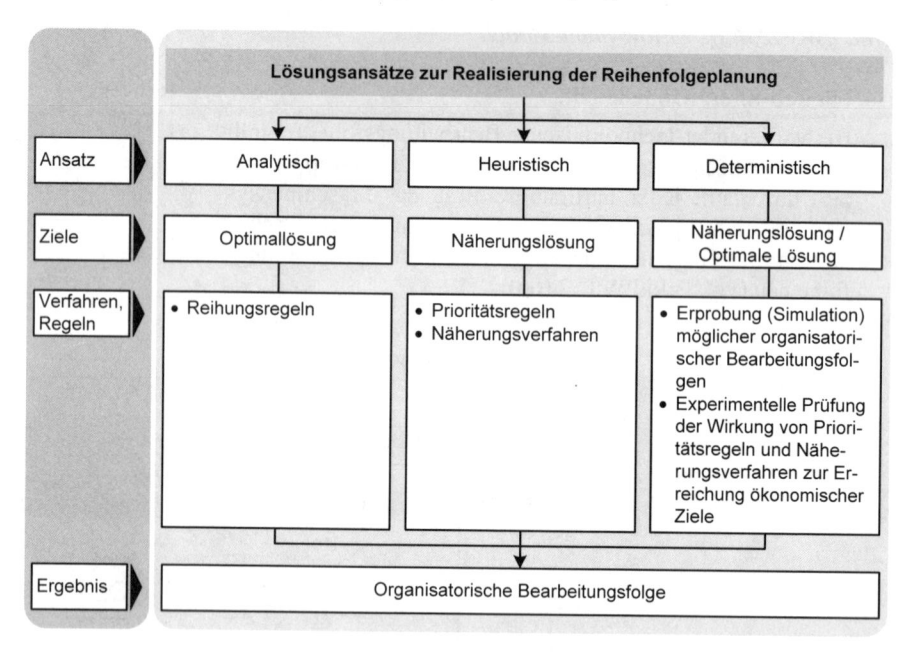

Ansatz	Analytisch	Heuristisch	Deterministisch
Ziele	Optimallösung	Näherungslösung	Näherungslösung / Optimale Lösung
Verfahren, Regeln	• Reihungsregeln	• Prioritätsregeln • Näherungsverfahren	• Erprobung (Simulation) möglicher organisatorischer Bearbeitungsfolgen • Experimentelle Prüfung der Wirkung von Prioritätsregeln und Näherungsverfahren zur Erreichung ökonomischer Ziele
Ergebnis	Organisatorische Bearbeitungsfolge		

Bild PW.C.2.(67): Lösungsansätze zur Realisierung der Reihenfolgeplanung

Analytische Lösungsverfahren
Reihungsregeln

Die **analytischen Lösungsverfahren** streben Optimallösungen an und gehen nach einem strengen mathematischen Algorithmus vor. Dieser Algorithmus wird in **Reihungsregeln** formuliert. Infolge der großen Vielzahl von Reihungsmöglichkeiten entsteht i. d. R. ein unvertretbar hoher Rechenaufwand. Aus diesem Grunde werden Reihungsregeln oft nur für spezielle Problemlösungen bei einer begrenzten Anzahl von Aufträgen und Bearbeitungsstationen eingesetzt. Die Reihungsregeln sind vom Entscheidungsträger infolge komplizierter Algorithmen häufig kaum nachvollziehbar.

Heuristische Verfahren streben eine Näherungslösung an. Es werden **Prioritätsregeln** und **Näherungsverfahren** (Vorrang-, Dringlichkeitsregeln) angewandt. Sie sind einfach handhabbar, benötigen geringen Rechenaufwand und sind vom Entscheidungsträger i. d. R. leicht nachvollziehbar. Ihr Haupteinsatzgebiet ist die wiederholte Reihenfolgebestimmung in Job-Shop-Modellen. | Heuristische Lösungsverfahren

Die **deterministische Simulation** verfolgt das Ziel, auf experimentellem Weg, Aussagen über sinnvolle organisatorische Bearbeitungsfolgen zu erhalten. Dabei werden vorgegebene Alternativen untersucht, an denen Veränderungen vorgenommen werden können. | Deterministische Simulation

In diesem Zusammenhang gibt es zwei Anwendungsfelder, die mit folgenden Fragestellungen gekennzeichnet werden können:
- Was passiert, wenn ...?
- Was ist zu tun, damit ...?

Mit der Simulation kann z. B. gezeigt werden, mit welchen Prioritätsregeln welche ökonomische Zielstellung besonders gut erreicht werden kann.

2.3.9.2 Prioritätsregeln

Prioritätsregeln sind Vorschriften, nach denen festgelegt wird, in welcher Reihenfolge die vor einer Maschine in einer Warteschlange befindlichen Aufträge bearbeitet werden. | Prioritätsregeln

Den Ausgangspunkt für die Definition von Prioritätsregeln bilden **Prioritätskriterien**. Solche sind u. a.:
- Bearbeitungszeit bzw. Restbearbeitungszeit (Processing Time)
- Fertigstellungstermin bzw. Liefertermin (Due Date)
- Anzahl der Bearbeitungsschritte (Number of Operations)
- Ankunftszeit (Arrival Time)
- Kosten (Costs)
- Durchlaufzeit (Flow Time)

Die Bilder PW.C.2.(68)/1 und PW.C.2.(68)/2 liefern eine Übersicht über **elementare, einfache, eindimensionale Prioritätsregeln**. Die Strukturierung erfolgt in Abhängigkeit von dem jeweils zugrunde gelegten Prioritätskriterium. Die Bezeichnung der Prioritätsregel, ihre Abkürzung und Definition sowie die Beschreibung zur Bestimmung der höchsten Priorität bilden den Rahmen der Darstellung. | Elementare, einfache Prioritätsregeln

Prioritäts-kriterium	Abkürzung (deutsch / englisch)	Name der Prioritätsregel	Definition	Beschreibung: Die höchste Priorität in der Warteschlange vor einer Maschine erhält der Auftrag....
(Rest-) Bearbeitungszeit bzw. Processing Time	KOZ / SPT	Kürzeste Operationszeit-Regel / Shortest Processing Time-Rule	$p_j(t) = b_{ij}$	... mit der kürzesten Operationszeit (Bearbeitungszeit, Produktionszeit).
	LOZ / LPT	Längste Operationszeit-Regel / Longest Processing Time-Rule	$p_j(t) = -b_{ij}$	... mit der längsten Operationszeit (Bearbeitungszeit, Produktionszeit).
	KGB / SIO	Kleinste Gesamtbearbeitungszeit-Regel / Shortest Gross Immanent Operation Time-Rule	$p_j(t) = \sum_{i=1}^{m} b_{ij}$	... mit der kleinsten Gesamtbearbeitungszeit auf allen Maschinen.
	GGB / LIO	Größte Gesamtbearbeitungszeit-Regel / Largest Gross Immanent Operation Time-Rule	$p_j(t) = -\sum_{i=1}^{m} b_{ij}$	... mit der größten Gesamtbearbeitungszeit auf allen Maschinen.
	KRB / KFR / SRPT	Kürzeste Restbearbeitungszeit-Regel / Kürzeste Fertigungsrestzeit-Regel / Shortest Remaining Processing Time-Rule	$p_j(t) = \sum_{i=a}^{m} b_{ij}$	... mit der kleinsten Summe der Bearbeitungszeiten der noch auszuführenden Operationen.
	GRB / LFF / LRPT	Größte Restbearbeitungszeit-Regel / Längste Fertigungsrestzeit-Regel / Longest Remaining Processing Time-Rule	$p_j(t) = -\sum_{i=a}^{m} b_{ij}$	... mit der größten Summe der Bearbeitungszeiten der noch auszuführenden Operationen.
Liefer-, Fertigstellungstermin, Terminschranke bzw. Due Date	FFT / FLT / EDD	Frühester Fertigstellungstermin-Regel / Frühester Liefertermin-Regel / Earliest Due Date-Rule	$p_j(t) = LT_j$	... mit dem frühesten Liefer- bzw. Fertigstellungstermin.
	k. A.	Verspätungsregel / Terminüberschreitungsregel	$p_j(t) = D_j - LT_j$ $p_j(t) = C_j - LT_j$	... der die größte Verspätung hinsichtlich seines Fertigstellungstermins aufweist.
	MOD	Modified Operation Due Date-Rule	$p_j(t) = \max\{LT_{ji}, t + b_{ij}\}$	... mit dem kleinsten modifizierten Operationstermin, der sich aus dem Maximum des Operationstermins und dem frühestmöglichen Zeitpunkt der Beendigung des Arbeitsgangs ergibt.
	SZ / Slack	Schlupfzeit-Regel / Least Slack Time-Rule	$p_j(t) = LT_j - t - \sum_{i=a}^{m} b_{ij}$	... mit dem geringsten Schlupf (d. h. mit der geringsten Differenz zwi. der verbleibenden Zeit bis zum geplanten Liefertermin abzgl. der reinen Bearbeitungszeit in allen folgenden Bearbeitungsstufen).

$p_j(t)$ – Prioritätswert (value) des j-ten Auftrags zum Zeitpunkt t; b_{ij} – Bearbeitungszeit des j-ten Auftrags auf der i-ten Maschine, m – Gesamtanzahl der Operationen bzw. Maschinen (i = 1(1) m), a – Index der Operation bzw. Maschine ab der eine Bearbeitung noch zu realisieren ist (1 < a ≤ m) LT_j – Wunschfertigstellungstermin (due date) eines Auftrags j an Maschine i, D_j – Durchlaufzeit des Auftrags j, C_j – Fertigstellungszeit des Auftrags j, t – Zeitpunkt, an dem die Maschinenbelegung stattfindet

Bild PW.C.2.(68)/1: Elementare Prioritätsregeln (Teil 1) (nach NEIDHARDT, U. [Prioritätsregeln] S. 59 ff.)

Prioritäts-kriterium	Abkürzung (deutsch / englisch)	Name der Prioritätsregel	Definition	Beschreibung: Die höchste Priorität in der Warteschlange vor einer Maschine erhält der Auftrag....
Anzahl der Bearbeitungs-schritte bzw. Number of Operations	WAA FOPNR	Wenigste noch auszuführende Arbeitsgänge-Regel (Kleinste Restarbeitsganganzahl-Regel) Fewest Number of Operations Remaining-Rule	$p_j(t) = k_i - i + 1$	...mit der kleinsten Anzahl der noch auszuführenden Arbeitsgänge (Restoperationen).
	MAA MOPNR	Meiste noch auszuführende Arbeitsgänge-Regel (Größte Restarbeitsganganzahl-Regel) Most Number of Operations Remaining-Rule	$p_j(t) = -(k_i - i + 1)$	...mit der größten Anzahl der noch auszuführenden Arbeitsgänge (Restoperationen).
Ankunftszeit bzw. Arrival Time und Zufallszahl bzw. Random	WZ FIFO FCFS	Warte- und Liegezeit-Regel (Auftragseingangsregel) First In, First Out-Rule First Come, First Served-Rule	$p_j(t) = C_{ji-1}$ bzw. $p_j(t) = D_{ji-1}$	...mit dem frühesten Ankunftszeitpunkt in der Warteschlange bzw. der bei der Maschine m als erster eintrifft bzw. der die längste Wartezeit vor der Maschine in Kauf nehmen musste.
	LCFS	Last Come, First Served-Rule	k. A.	...mit dem spätesten Ankunftszeitpunkt in der Warteschlange bzw. der bei der Maschine m als letzter eintrifft bzw. der die kürzeste Wartezeit vor der Maschine verbracht hat.
	ZUF RAND oder Random	Zufallsregel Random Number-Rule	$p_j(t) = z_{ij}$	...mit dem kleinsten bzw. größten Wert einer gleichverteilten Zufallsvariable im Intervall [0,1], der zufällig ermittelt wird. (Jeder Auftrag erhält zu Beginn dieselbe Wahrscheinlichkeit zugeordnet.)
Anfangs-termin bzw. Start Date	FAT ESD	Frühester Anfangstermin-Regel Earliest Start Date-Rule	k. A.	...mit dem in der Fertigungsterminplanung berechneten frühesten Anfangstermin der zur Bearbeitung ausstehenden Fertigungsaufträge.
Kosten bzw. Costs	WT	Wert-Regel	k. A.	...der den höchsten Produktendwert hat oder dessen Produktwert vor Ausführung des jeweiligen Arbeitsgangs der größte ist (dynamische Wertregel).

$p_j(t)$ – Prioritätswert (value) des j-ten Auftrags zum Zeitpunkt t, k_i – Anzahl der für einen Auftrag noch auszuführenden Arbeitsgänge, i – Index der Maschinen der technologischen Bearbeitungsfolge, D_{ij} – Durchlaufzeit von Operation i des Auftrags j, C_{ij} – Fertigstellungszeit von Operation i des Auftrags j, z_{ij} – Zufallsvariable des Auftrags j auf Maschine i

Bild PW.C.2.(68)/2: Elementare Prioritätsregeln (Teil 2) (nach NEIDHARDT, U. [Prioritätsregeln] S. 59 ff.)

Kombinierte Prioritätsregeln | Bild PW.C.2.(69) verdeutlicht Beispiele für **kombinierte, mehrdimensionale Prioritätsregeln**. Im Mittelpunkt steht die Art der Verknüpfung miteinander kombinierter Regeln (additiv, multiplikativ, alternativ).

Die Systematisierung von Prioritätsregeln erfolgt in Bild PW.C.2.(70).

Abkürzung (deutsch / englisch)	Name der Prioritätsregel	Kombinierte Prioritätsregeln bzw. Prioritätskriterien	Art der Verknüpfung	Beschreibung: Die höchste Priorität in der Warteschlange vor einer Maschine erhält der Auftrag … bzw. verbale Darlegung der Vorgehensweise
KOZ-FAT	Kürzeste Operationszeit-/ Frühester Anfangstermin-Regel	1. KOZ 2. FAT	Additiv	Priorität wird durch Addition der getrennt nach der KOZ-Regel und der FAT-Regel bestimmten Einzelwerte berechnet.
KOZ-FAT-WT	Kürzeste Operationszeit-/ Frühester Anfangstermin-/ Wert-Regel	1. KOZ 2. FAT 3. WT	Additiv	Priorität wird durch Addition der drei getrennt nach der KOZ-Regel, FAT-Regel und Wert-Regel ermittelten Einzelwerte berechnet.
P+WKR$_{min}$	Operationszeit P / Verbleibende Gesamtbearbeitungszeit WKR (Work Remaining Rule)	1. P 2. WKR	Additiv	Priorität erhält der Auftrag mit dem kleinsten Wert aus der Summe der nächsten Bearbeitungszeit und der verbleibenden Gesamtbearbeitungszeit.
P+WKR$_{max}$	Operationszeit P / Verbleibende Gesamtbearbeitungszeit WKR (Work Remaining Rule)	1. P 2. WKR	Additiv	Priorität erhält der Auftrag mit dem größten Wert aus der Summe der nächsten Bearbeitungszeit und der verbleibenden Gesamtbearbeitungszeit.
COVERT	Cost Over Time-Rule	1. Slack 2. KOZ	Multiplikativ	… mit dem größten Quotienten aus Verspätungskostensatz und Bearbeitungszeit.
SPT/GGB	Smallest Ratio of Processing Time to Total Work-Rule	1. Bearbeitungszeit 2. GGB	Multiplikativ	… mit dem kleinsten Verhältnis aus Bearbeitungszeit und Gesamtbearbeitungszeit auf allen Maschinen.
P/WKR$_{min}$	Operationszeit P / Verbleibende Gesamtbearbeitungszeit WKR (Work Remaining Rule)	1. P 2. WKR	Multiplikativ	… mit dem kleinsten Quotienten aus der nächsten Bearbeitungszeit zur verbleibenden Gesamtbearbeitungszeit.
P/WKR$_{max}$	Operationszeit P / Verbleibende Gesamtbearbeitungszeit WKR (Work Remaining Rule)	1. P 2. WKR	Multiplikativ	… mit dem größten Quotienten aus der nächsten Bearbeitungszeit zur verbleibenden Gesamtbearbeitungszeit.
P/TWK$_{min}$	Operationszeit P / Vollständige Gesamtbearbeitungszeit TWK (Total Work Rule)	1. P 2. TWK	Multiplikativ	… mit dem kleinsten Quotienten aus der nächsten Bearbeitungszeit zur vollständigen Gesamtbearbeitungszeit.
P/TWK$_{max}$	Operationszeit P / Vollständige Gesamtbearbeitungszeit TWK (Total Work Rule)	1. P 2. TWK	Multiplikativ	… mit dem größten Quotienten aus der nächsten Bearbeitungszeit zur vollständigen Gesamtbearbeitungszeit.
TSPT-C	Truncated Shortest Processing Time-Rule	1. SPT 2. Wartezeit	Alternativ	… der gemäß der SPT-Regel bestimmt wurde, es sei denn, die Wartezeit eines Auftrags hat einen bestimmten konstanten Wert überschritten. In diesem Fall wird der Auftrag mit der höchsten Überschreitung bevorzugt.
KOZ/FAT	Kürzeste Operationszeit-/ Frühester Anfangstermin-Regel	1. KOZ 2. FAT	Alternativ	… der nach der KOZ-Regel bestimmt wurde, aber nur solange, wie der geplante Anfangstermin für eine Bearbeitung noch nicht erreicht ist. Andernfalls wird die FAT-Regel angewendet.

Bild PW.C.2.(69): Kombinierte Prioritätsregeln (nach NEIDHARDT, U. [Prioritätsregeln] S. 71 ff., TEICHNER, M. [Reihenfolgeplanung] S. 84 ff.)

Prioritätsregeln

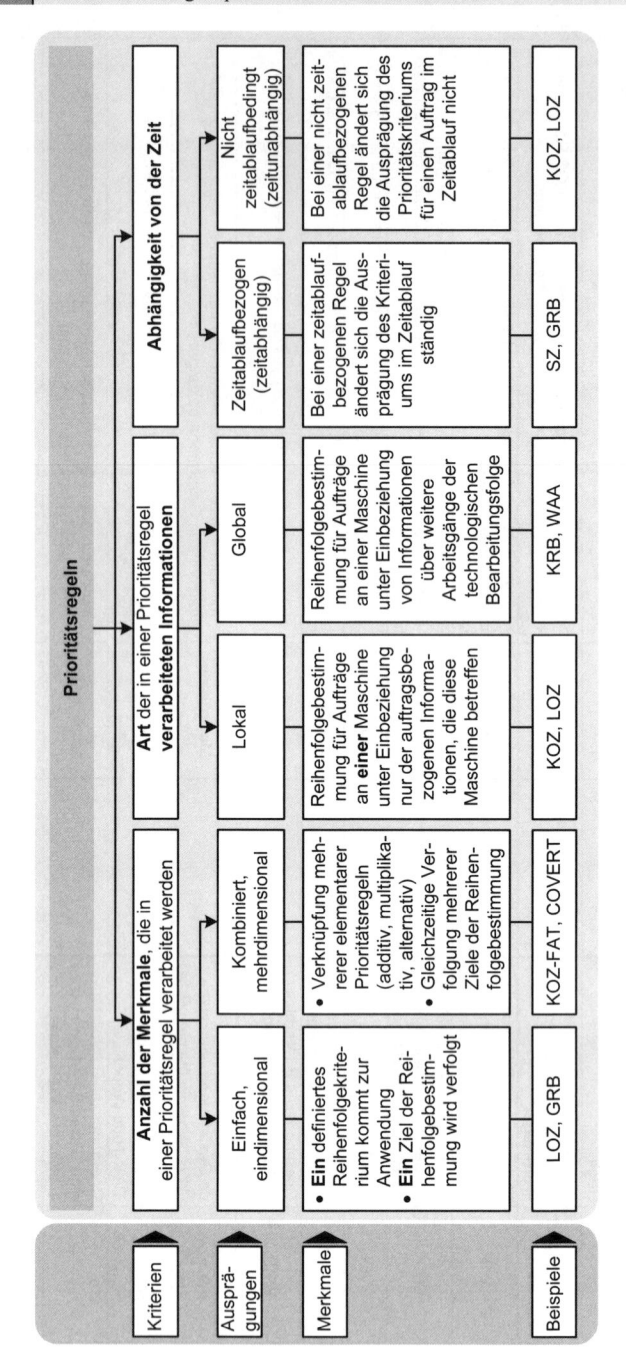

Kriterien	Anzahl der Merkmale, die in einer Prioritätsregel verarbeitet werden		Art der in einer Prioritätsregel verarbeiteten Informationen		Abhängigkeit von der Zeit	
Ausprägungen	Einfach, eindimensional	Kombiniert, mehrdimensional	Lokal	Global	Zeitablaufbezogen (zeitabhängig)	Nicht zeitablaufbedingt (zeitunabhängig)
Merkmale	• **Ein** definiertes Reihenfolgekriterium kommt zur Anwendung • **Ein** Ziel der Reihenfolgebestimmung wird verfolgt	• Verknüpfung mehrerer elementarer Prioritätsregeln (additiv, multiplikativ, alternativ) • Gleichzeitige Verfolgung mehrerer Ziele der Reihenfolgebestimmung	Reihenfolgebestimmung für Aufträge an **einer** Maschine unter Einbeziehung nur der auftragsbezogenen Informationen, die diese Maschine betreffen	Reihenfolgebestimmung für Aufträge an einer Maschine unter Einbeziehung von Informationen über weitere Arbeitsgänge der technologischen Bearbeitungsfolge	Bei einer zeitablaufbezogenen Regel ändert sich die Ausprägung des Kriteriums im Zeitablauf ständig	Bei einer nicht zeitablaufbezogenen Regel ändert sich die Ausprägung des Prioritätskriteriums für einen Auftrag im Zeitablauf nicht
Beispiele	LOZ, GRB	KOZ-FAT, COVERT	KOZ, LOZ	KRB, WAA	SZ, GRB	KOZ, LOZ

Bild PW.C.2.(70):   *Systematisierung von Prioritätsregeln*

2.3.9.3 Einsatzziele

Die konkrete Situation im Produktionsprozess, die von Betrachtungsfall zu Betrachtungsfall sehr unterschiedlich sein kann, bestimmt, welche Prioritätsregeln einzusetzen sind, um eine im Sinne der Problemsituation günstige Veränderung herbeizuführen.

Folgende Zielstellungen können fokussiert werden:
- Verkürzung der Durchlaufzeit der Aufträge
- Einhaltung der vorgegebenen Termine
- Reduktion der Kapitalbindung
- Sicherung einer hohen Kapazitätsauslastung

Es gibt keine elementare (eindimensionale) Prioritätsregel, die alle üblichen Ziele der Maschinenbelegung erfüllen kann. Gewichtungen der eindimensionalen Regeln oder die o. g. Kombinationen sind Versuche, ein verbreitertes Zielfeld durch Prioritätsregeln zu bearbeiten.

Mit dem **Einsatz von Prioritätsregeln** werden folgende **Ziele** verfolgt (vgl. auch ZÄPFEL, G. [Produktionsmanagement] S. 217 ff.): | Einsatzziele von Prioritätsregeln

(1) **Minimierung der Durchlaufzeiten** mit den Differenzierungen

    (1.1) Minimierung der maximalen Durchlaufzeit
    (1.2) Minimierung der mittleren Durchlaufzeit
    (1.3) Minimierung von Liegezeiten

> Die auf die **Durchlaufzeit bezogenen Ziele** sind generell im Hinblick auf übergeordnete Erfolgsgrößen daran orientiert, durch den möglichst schnellen Produktionsfluss, die Kapitalbindungskosten der Aufträge gering zu halten.

(2) **Maximierung der Kapazitätsauslastung**

> Die auf die **Kapazitätsauslastung bezogenen Ziele** sind darauf gerichtet, eine hohe produktive Nutzung der Kapazitäten zu erreichen und damit die Unterbrechungszeiten eingesetzten Potenzialfaktoren je Leistungseinheit gering zu halten.

(3) **Minimierung von Terminabweichungen** mit den Differenzierungen

    (3.1) Minimierung der maximalen Verspätung
    (3.2) Minimierung der Summe aller Verspätungen

> Die auf die **Reduzierung der Terminabweichung bezogenen Ziele** verfolgen eine vertragsgerechte Belieferung der Kunden.

(4) **Minimierung entscheidungsrelevanter Kosten** (z. B. Fertigungs- und Leerkosten sowie Zwischen- und Endlagerkosten)

Auf Grund der Marktentwicklung vollzog sich ein Wandel der Zielorientierung von der Maximierung der Kapazitätsauslastung zur Minimierung der Durchlaufzeit und der Terminabweichungen und der damit verbundenen Minimierung der Bestände.

In der Literatur gibt es eine übereinstimmende Wertung ausgewählter Prioritätsregeln in Bezug auf die erreichbare konkrete Zielrealisierung. Diese geht auf HOSS zurück, der 1965 eine Übersicht über ausgewählte Prioritätsregeln und deren Wirksamkeit auf bestimmte Zielsetzungen darstellte (vgl. Bild PW.C.2.(71)).

Optimierungsziele	Prioritätsregeln			
	KOZ-Regel (Kürzeste Operationszeit-Regel)	KRB-Regel (Kürzeste Restbearbeitungszeit-Regel)	WT-Regel (Dynamische Wert-Regel)	SZ-Regel (Schlupfzeit-Regel)
Maximale Kapazitätsauslastung	Sehr gut	Gut	Mäßig	Gut
Minimale Durchlaufzeit	Sehr gut	Gut	Mäßig	Mäßig
Minimale Zwischenlagerungskosten	Gut	Mäßig	Sehr gut	Mäßig
Geringe Terminabweichung	Schlecht	Mäßig	Mäßig	Sehr gut

Bild PW.C.2.(71): Vergleich der Wirksamkeit wichtiger Prioritätsregeln (nach HOSS, K. [Fertigungsablaufplanung] S. 168)

NEIDHARDT fasst die Literaturdiskussion, die seitdem zur Wirksamkeit von Prioritätsregeln geführt wurde, zusammen (vgl. NEIDHARDT, U. [Prioritätsregeln] S. 96 f.).

Auszüge daraus vermittelt Bild PW.C.2.(72).

Praxisanalysen zum Einsatz von Prioritätsregeln verdeutlichen, dass Bearbeitungsreihenfolgen von Aufträgen, die vor einer Bearbeitungsstation liegen, besonders durch folgende Regeln bestimmt werden:

- ▶ Frühester Fertigstellungstermin (FFT, EDD)
- ▶ Eintreffen der Aufträge an der Bearbeitungsstation (FCFS)
- ▶ Benötigte Bearbeitungszeit der Aufträge an den Bearbeitungsstationen (KOZ)

Prioritätsregeln	Ziele					
	Maximale Kapazitätsauslastung	Minimale Durchlaufzeit	Minimale Zwi.-lagerungskosten	Minimale Terminabweichung	Hohe Störsicherheit	Einfache Anwendung
Kürzeste Operationszeit (KOZ)	Sehr gut	Sehr gut	Gut	Schlecht		Sehr gut
Kleinste Gesamtbearbeitungszeit (KGB)		Gut				Gut
Längste Operationszeit (LOZ)	Schlecht	Mäßig	Schlecht	Schlecht		Sehr gut
Größte Gesamtbearbeitungszeit (GGB)			Gut	Gut	Gut	Gut
Kürzeste Restbearbeitungszeit (KRB)	Gut	Gut	Mäßig	Mäßig		Gut
Größte Restbearbeitungszeit (GRB)	Mäßig	Schlecht	Schlecht	Gut	Gut	Gut
Earliest Due Date (EDD)		Mäßig		Mäßig - gut		Gut
Modified Operation Due Date (MOD)				Gut		
Schlupfzeit-Regel (SZ)	Gut	Mäßig	Mäßig	Sehr gut	Gut	
Meiste noch auszuführende Arbeitsgänge (MAA)				Gut	Sehr gut	Gut
First Come, First Served (FCFS)	Mäßig	Schlecht	Schlecht	Schlecht - mäßig		Sehr gut
Zufalls-Regel (Random)	Schlecht	Schlecht	Schlecht	Schlecht		Sehr gut
Dynamische Wert-Regel (WT)	Mäßig	Mäßig	Sehr gut	Mäßig		
Cost Over Time (COVERT)	Sehr gut	Gut	Gut	Mäßig		

Bild PW.C.2.(72)/1: Wirksamkeit von Prioritätsregeln zur Erreichung ausgewählter Zielkriterien (Literaturmeinungen) (Teil 1) (vgl. NEIDHARDT, U. [Prioritätsregeln] S. 117)

Lediglich 14 % der befragten Unternehmen verwenden mehr als ein Prioritätskriterium zur Einplanung ihrer Aufträge auf den Bearbeitungsstationen. Fast alle Befragten favorisieren eine Einregel-Strategie, wovon zwei Drittel nach dem frühesten Fertigstellungstermin entscheiden (vgl. NEBL, T. / DIKOW, A. [Produktivitätsoffensive] S. 106).

Von entscheidender Bedeutung für die ökonomische Wirksamkeit von Prioritätsregeln ist deren Einfluss auf die Erreichung angestrebter Zielstellungen in der Reihenfolgeplanung.

Erfüllung von Zielstellungen durch Prioritätsregeln

TEICHNER analysiert für den statischen Planungsansatz unter definierten Nebenbedingungen durch **Simulation, welche Prioritätsregeln am besten geeignet sind, differenzierte Zielstellungen bei der Bestimmung organisatorischer Bearbeitungsfolgen zu erreichen** (vgl. TEICHNER, M. [Reihenfolgeplanung] S. 129 ff.).

Den Ausgangspunkt der Simulation bilden 241 generierte und analysierte Modelle mit 10 bis 100 Aufträgen und 5 bis 20 Maschinen auf der Basis der Testinstanzen von FISHER und THOMPSON (vgl. FISCHER, H. / THOMPSON, G. [JSSR] S. 225-251).

Als wesentliches Ergebnis wurden für alle untersuchten Prioritätsregeln und **pro Zielstellung Ränge gebildet**, die darstellen, wie oft eine Regel im Vergleich zu den anderen Regeln ein besseres Ergebnis für die jeweilige Zielerreichung realisiert hat.

Detailergebnisse der Zielerreichung durch Prioritätsregeln

Folgende **Detailergebnisse** sind zu konstatieren:

▶ Die ankunftsbezogenen Regeln FCFS und LCFS schneiden bei allen Zielstellungen relativ schlecht ab. Gleiches gilt für LOZ.

▶ KOZ liefert – mit Ausnahme von Zykluszeit und Kapazitätsauslastung – gute bis sehr gute Ergebnisse.

▶ Die Regeln EDD und KGB liefern bei allen Zielstellungen bis auf die Zykluszeit sehr gute Ergebnisse.

▶ Die Zielstellungen Minimierung der mittleren Durchlaufzeit und der gesamten Liegezeit wird durch P+WKR$_{min}$, KRB, KGB und EDD am erfolgreichsten realisiert.

▶ GRB liefert nur sehr gute Ergebnisse bei der Minimierung der Zykluszeit und somit auch bei der Auslastung.

▶ Die Regel SZ$_{min}$ erreicht beim Optimierungsziel maximale Terminüberschreitung den besten Rang.

▶ Ebenfalls sehr gut schneiden die verknüpften Regeln P/WKR$_{min}$ und P/TWK$_{min}$ bei der Zielstellung Minimierung der Zykluszeit ab.

▶ Die kombinierte Regel P/WKR$_{max}$ liefert nur bei der Minimierung der Zykluszeit ein gutes Ergebnis.

▶ Die auf die Anzahl der Operationen ausgerichteten Regeln schneiden bei allen Zielstellungen mäßig bis schlecht ab.

▶ WAA erzielt bei dem Anteil verspäteter Aufträge und der mittleren Durchlaufzeit gute Ergebnisse. MAA dagegen ausschließlich bei der Zykluszeit.

Bild PW.C.2.(72)/2 liefert einen Gesamtüberblick über die erzielten Simulationsergebnisse. Dargestellt werden die erreichten Ränge der elementaren und kombinierten Prioritätsregeln je Optimierungsziel.

Prioritäts-regeln		Optimierungsziele							
		Kapazitäts-auslastung	Zykluszeit	Mittlere Durchlaufzeit	Gesamte Liegezeit	Maximale Termin-überschreitung	Gesamte Termin-überschreitung	Anteil verspä-teter Aufträge	Gesamte Ter-minabweichung
Elementar	FCFS	16	16	23	23	17	20	23	20
	LCFS	19	19	10	10	21	13	10	15
	KOZ	12	12	5	5	4	3	6	3
	LOZ	26	26	25	25	28	27	24	28
	KRB	25	25	2	2	15	5	2	6
	GRB	2	2	27	27	20	26	27	25
	KGB	21	21	3	3	2	1	3	1
	GGB	18	18	14	14	27	22	11	24
	EDD	21	21	3	3	2	1	3	1
	SZ$_{min}$	17	17	12	12	1	7	12	8
	SZ$_{max}$	20	20	11	11	25	21	9	21
	WAA	24	24	6	6	22	11	5	12
	MAA	4	4	26	26	19	24	28	23
Kombiniert	P+WKR$_{min}$	23	23	1	1	10	4	1	4
	P+WKR$_{max}$	6	6	28	28	23	28	26	27
	P/TWK$_{min}$	3	3	8	8	18	9	7	9
	P/TWK$_{max}$	27	27	24	24	24	25	25	26
	P/WKR$_{min}$	1	1	15	15	7	14	15	13
	P/WKR$_{max}$	28	28	19	19	26	23	14	22

Bild PW.C.2.(72)/2: *Wirksamkeit der Prioritätsregeln zur Erreichung ausgewählter Zielkriterien (Simulationsergebnisse) (Teil 2) (nach TEICHNER, M. [Reihenfolgeplanung] S. 196 f.)*

Die Berücksichtigung der erzielten Ergebnisse eignet sich dann sehr gut, wenn Auftragsbestände vor einer Bearbeitungsstation unter einer **einzigen Zielsetzung** bearbeitet werden sollen.

In der Unternehmenspraxis ist die Situation, in der Einzelzielstellungen Bestandteile von Zielbündeln sind, häufig anzutreffen.

Für ein **Zielsystem**, das alle betrachteten Zielstellungen als gleichwertig erachtet, **ist KOZ als wirksamste Regel zu identifizieren. Sie wird gefolgt von KGB, EDD und GRB.**

Die **Simulation ausgewählter Verbesserungsverfahren** (z. B. Tabu Search, Simulated Annealing, Old Bachelor Acceptance) analysierte die Fragestellung, ob Verbesserungsverfahren bessere Ergebnisse der Zielerreichung, am Beispiel Minimierung der Zykluszeit, im Vergleich zu den Prioritätsregeln realisieren (vgl. TEICHNER, M. [Reihenfolgeplanung] S. 96 ff.).

Simulation von Verbesserungsverfahren

Ein großer Teil der Jop-Shop-Modelle konnte durch Verbesserungsverfahren im Bereich um 10 % verbessert werden.

Prioritätsregeln dominieren den produktionswirtschaftlichen Alltag in den Unternehmen dennoch. Vor allem in kleinen und mittleren Unternehmen sind sie trotz der geringeren Leistungsfähigkeit den Verbesserungsverfahren vorzuziehen, da der Einsatz von **Verbesserungsverfahren mit einem hohen Aufwand** an informationstechnischer Unterstützung einhergeht.

Der Vergleich der Prioritätsregeln untereinander ergibt ein ausgewogenes Bild elementarer und kombinierter Regeln. **Im Einzelfall ist den elementaren Regeln der Vorzug zu gewähren**, da sie weitgehend ohne technische Unterstützung, schnell und zielorientiert eingesetzt werden können und sich ihre Logik dem Anwender problemlos erschließt.

2.3.9.4 Ausgewählte Verfahren zur Ermittlung organisatorischer Bearbeitungsfolgen

In diesem Abschnitt werden folgende Verfahren vorgestellt, deren Anwendung die Reihenfolge der Maschinenbelegung durch die zu fertigenden Aufträge bestimmt:

- ▶ Reihungsregel von JOHNSON
- ▶ Näherungsverfahren nach SOKOLIZIN
- ▶ Näherungsverfahren nach PALMER
- ▶ KOZ-Regel
- ▶ KRB-Regel

JOHNSON reiht eine beliebig große Anzahl von Aufträgen auf zwei Maschinen. Alle anderen dargestellten Verfahren reihen eine beliebige Anzahl von Aufträgen $j = 1(1)n$ auf einer beliebigen Anzahl von Bearbeitungsstationen $i = 1(1)m$.

(1) **Reihungsregel von JOHNSON**

Reihungsregel von JOHNSON

In der **Reihungsregel von JOHNSON** wird folgendes **Grundprinzip** angewendet: **Reihung nach den Bearbeitungszeiten, die jeder Auftrag** auf jeder Maschine für seine Fertigung **benötigt**.

Aus der Bearbeitungszeitmatrix (a_{ij}) wird der kleinste Wert ermittelt. Liegt dieser auf der ersten Maschine, also im ersten Arbeitsgang der technologischen Bearbeitungsfolge, so erhält der Auftrag den ersten Platz in der zu bestimmenden organisatorischen Bearbeitungsfolge. Liegt er auf der zweiten Maschine, also im zweiten Arbeitsgang, so bekommt der Auftrag den letzten Platz der Bearbeitungsfolge.

Der gereihte Auftrag wird gestrichen. Nun wird der beschriebene Vorgang wiederholt. Der nächste Auftrag erhält den zweiten bzw. den vorletzten Platz der Bearbeitungsfolge wieder in Abhängigkeit davon, ob sein Minimalwert auf der ersten oder zweiten Maschine liegt. Dieser Vorgang wird so lange wiederholt, bis alle Aufträge in die organisatorische Bearbeitungsfolge eingeordnet wurden.

Bild PW.C.2.(73) stellt das Ablaufdiagramm des JOHNSON-Algorithmus dar.

In Bild PW.C.2.(74) wird, über dieses Grundprinzip hinausgehend, auch der Fall behandelt, dass mehrere gleich große Minimalwerte vorliegen.

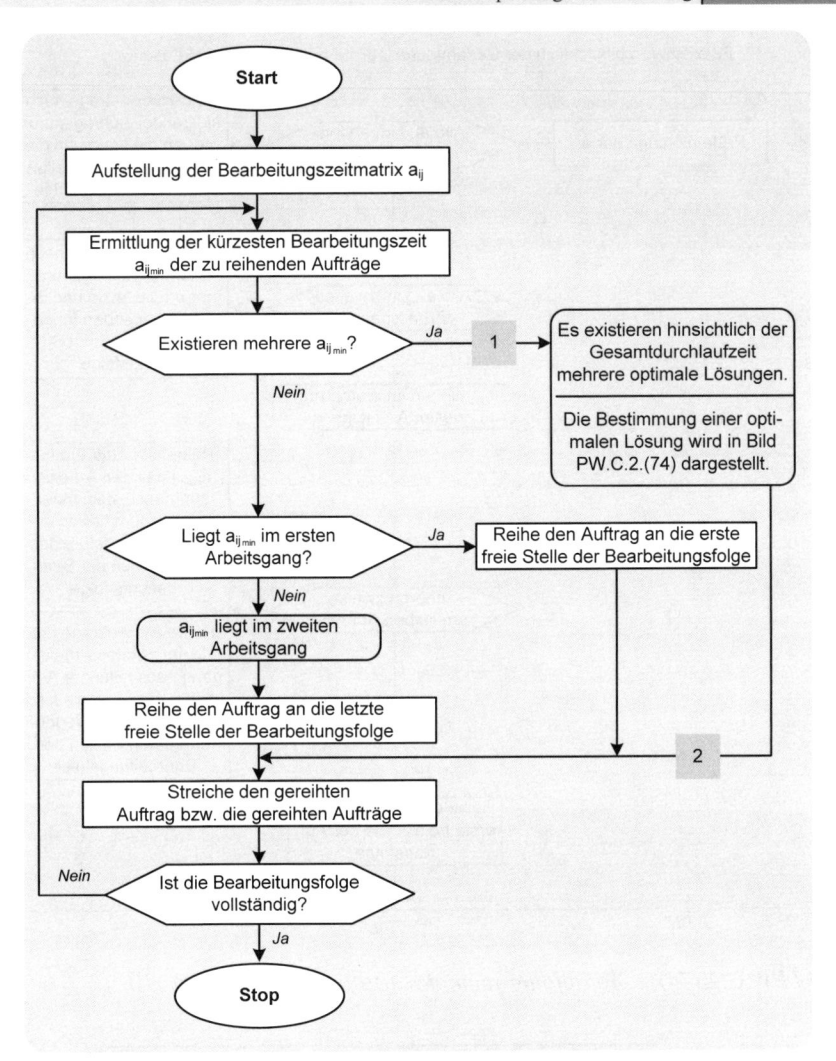

Bild PW.C.2.(73): Ablaufdiagramm des JOHNSON-Algorithmus (I)

Bild PW.C.2.(75) gibt ein Beispiel für die Bestimmung einer organisatorischen Bearbeitungsfolge nach der Reihungsregel von JOHNSON.

Es existieren hinsichtlich der Gesamtdurchlaufzeit mehrere optimale Lösungen

1 — Prüfe die Lage der $a_{ij_{min}}$

Alle $a_{ij_{min}}$ im ersten Arbeitsgang? — Ja → Reihe die Aufträge nach steigender Auftragsnummer an die erste und die folgenden freien Stellen der Bearbeitungsfolge

Nein ↓

Alle $a_{ij_{min}}$ im zweiten Arbeitsgang? — Ja → Reihe die Aufträge nach fallender Auftragsnummer an die letzte und die davor liegenden freien Stellen der Bearbeitungsfolge

Nein ↓

$a_{ij_{min}}$ liegen im ersten **und** zweiten Arbeitsgang

↓

Gehören zwei $a_{ij_{min}}$ zum selben Auftrag? — Nein → Reihe alle Aufträge mit $a_{ij_{min}}$ im ersten Arbeitsgang nach steigender Auftragsnummer an die erste und die folgenden freien Stellen der Bearbeitungsfolge

Ja ↓

Reihe alle Aufträge mit $a_{ij_{min}}$ im zweiten Arbeitsgang nach fallender Auftragsnummer an die letzte und die davor liegenden freien Stellen der Bearbeitungsfolge

Reihe den Auftrag an die erste freie Stelle der Auftragsfolge

2 ←

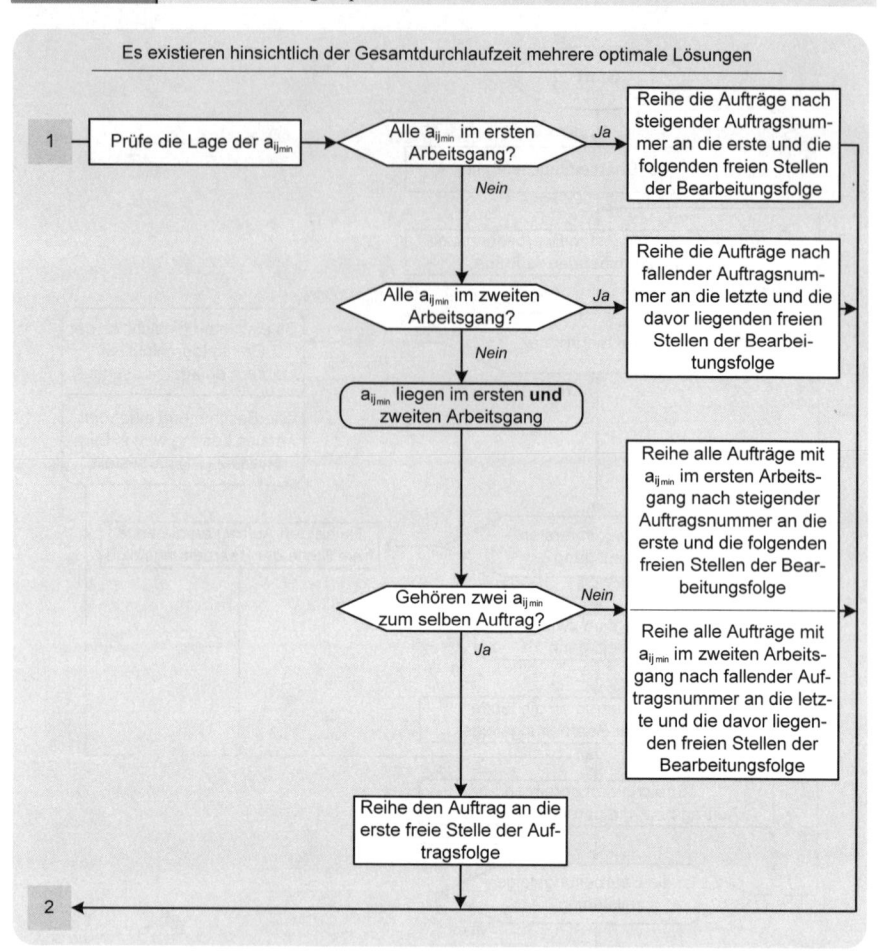

Bild PW.C.2.(74): Ablaufdiagramm des JOHNSON-Algorithmus (II)

					a_{ij}					
i \ j	1	2	3	4	5	6	7	8	9	10
1	12	8	10	20	15	17	7	16	27	15
2	15	6	12	25	30	13	24	9	11	41
Rang	3	10	2	6	4	7	1	9	8	5

Reihenfolge der Aufträge j → 7 – 3 – 1 – 5 – 10 – 4 – 6 – 9 – 8 – 2

a_{ij} – Bearbeitungszeit des j-ten Auftrags auf der i-ten Maschine

Bild PW.C.2.(75): Beispiel für die Anwendung der Reihungsregel nach JOHNSON

(2) **Näherungsverfahren nach SOKOLIZIN**

Das **Näherungsverfahren nach SOKOLIZIN reiht** j Aufträge gleicher technologischer Bearbeitungsfolge auf i Maschinen **nach abnehmender Differenz der Bearbeitungszeiten des letzten und des ersten Arbeitsgangs**.

| Näherungs-
| verfahren nach
| SOKOLIZIN

Bild PW.C.2.(76) gibt ein Beispiel für die Bestimmung einer organisatorischen Bearbeitungsfolge nach dem Näherungsverfahren von SOKOLIZIN.

i \ j	1	2	3	4	5
1	10	5	7	-	3
2	4	8	3	2	5
3	2	3	2	4	7
4	15	9	1	-	3
$a_{mj} - a_{1j}$	+5	+4	-6	+2	0
Rang	1	2	5	3	4

Reihenfolge der Aufträge j → 1 – 2 – 4 – 5 – 3

Bild PW.C.2.(76): Beispiel für die Anwendung des Näherungsverfahrens nach SOKOLIZIN

(3) **Näherungsverfahren nach PALMER**

Im Näherungsverfahren nach PALMER wird für j Aufträge auf i Maschinen der numerische Neigungsindex S_{ij} berechnet.

$$S_{ij} = c_i \cdot a_{ij}$$

$$c_i = \frac{2 \cdot i - (m+1)}{2}$$

i – Maschinennummer, abgeleitet aus der technologischen Bearbeitungsfolge
m – Gesamtanzahl der von den Aufträgen in der technologischen Bearbeitungsfolge benötigten Maschinen

Im Anschluss daran wird für jeden Auftrag über alle in der technologischen Bearbeitungsfolge von ihm anzulaufenden Maschinen eine Summierung der S_{ij}-Werte vorgenommen.

Näherungsverfahren nach PALMER

Das **Näherungsverfahren nach PALMER reiht** j Aufträge gleicher technologischer Bearbeitungsfolge auf i Maschinen **nach fallender Ordnung der Spaltensummen** S_{ij}.

Bild PW.C.2.(77) gibt ein Beispiel für die Bestimmung einer organisatorischen Bearbeitungsfolge nach dem Näherungsverfahren von PALMER.

i \ j	a_{ij}					c_i	$S_{ij} = c_i \cdot a_{ij}$				
	1	2	3	4	5		1	2	3	4	5
1	10	5	7	4	3	-1,5	-15,0	-7,5	-10,5	-6,0	-4,5
2	4	8	3	2	5	-0,5	-2,0	-4,0	-1,5	-1,0	-2,5
3	2	3	2	3	7	+0,5	+1,0	+1,5	+1,0	+1,5	+3,5
4	15	9	1	5	3	+1,5	+22,5	+13,5	+1,5	+7,5	+4,5
$\sum_{i=1}^{4} S_{ij}$							+6,5	+3,5	-9,5	+2,0	+1,0
Rang							1	2	5	3	4

Reihenfolge der Aufträge j → 1 – 2 – 4 – 5 – 3

Bild PW.C.2.(77): Beispiel für die Anwendung des Näherungsverfahrens nach PALMER

(4) **Prioritätsregel KOZ**

Prioritätsregel KOZ

Die **Prioritätsregel KOZ reiht** j Aufträge auf i Maschinen **nach steigender Dauer der Bearbeitungszeiten** a_{ij}, die **auf der ersten Maschine** benötigt werden.

Bild PW.C.2.(78) gibt ein Beispiel für die Bestimmung einer organisatorischen Bearbeitungsfolge nach der Prioritätsregel KOZ.

i \ j	1	2	3	4	5	6
1	8	10	3	5	12	7
2	20	6	4	12	8	6
3	15	8	16	6	5	14
Rang	4	5	1	2	6	3

Reihenfolge der Aufträge j → 3 – 4 – 6 – 1 – 2 – 5

Bild PW.C.2.(78): Beispiel für die Anwendung der Prioritätsregel KOZ

(5) **Prioritätsregel KRB**

Die **Prioritätsregel KRB reiht** j Aufträge auf i Maschinen **nach steigendem Wert der Summe der Restbearbeitungszeit** noch zu realisierender Arbeitsgänge.

| Prioritätsregel KRB

Bei gleich großen Restbearbeitungszeiten ist die Auftragsreihung beliebig. Es ist in diesem Falle sinnvoll, ein zweites Reihungsverfahren zu Rate zu ziehen. Im folgenden Beispiel wird Auftrag 3 vor Auftrag 4 gereiht, weil die Prioritätsregel KOZ eine entsprechende Reihung empfiehlt.

Bild PW.C.2.(79) gibt ein Beispiel für die Bestimmung einer organisatorischen Bearbeitungsfolge nach der Prioritätsregel KRB.

i \ j	1	2	3	4	5	6
1	8	10	3	5	12	7
2	20	6	4	12	8	6
3	15	8	16	6	5	14
$\sum_{i=1}^{3} a_{ij}$	43	24	23	23	25	27
Rang	6	3	1	1	4	5

Reihenfolge der Aufträge j → 3 – 4 – 2 – 5 – 6 – 1

Bild PW.C.2.(79): Beispiel für die Anwendung der Prioritätsregel KRB

2.3.9.5 Potenzialmethode von ROY

Potenzialmethode von ROY

Die **Potenzialmethode von ROY** ist ein **Verfahren zur Bestimmung der Durchlaufzeit für** alle durch die Reihungsregeln, Prioritätsregeln und Näherungsverfahren ermittelten **Auftragsreihenfolgen** von j Aufträgen auf i Maschinen.

Diese Methode setzt eine gleiche technologische Bearbeitungsfolge voraus. Den Ausgangspunkt bildet die Bearbeitungszeitmatrix (a_{ij}). Sie ordnet jedem Auftrag j für seine Fertigung auf jeder Maschine i eine Bearbeitungsdauer a_{ij} zu.
Die Potenzialmethode bestimmt ausgehend von der

- ▶ technologischen Bearbeitungsfolge,
- ▶ organisatorischen Bearbeitungsfolge und den
- ▶ Bearbeitungszeiten

für jeden Auftrag j auf jeder Maschine i einen Fertigstellungszeitpunkt f_{ij}. Dieser wird als **Potenzial** bezeichnet.

Zur Bestimmung der Durchlaufzeit erfolgt eine Umrechnung der Bearbeitungszeiten a_{ij} in Potenziale f_{ij}. Dazu wird folgende Schrittfolge realisiert:

1. Schritt: Bestimmung des Potenzials f_{11}

Der 1. Auftrag benötigt zu seiner Fertigstellung auf der 1. Maschine die Bearbeitungszeit a_{11}. Die erste Maschine hat nach a_{11} Zeiteinheiten den ersten Auftrag fertiggestellt.

$$f_{11} = a_{11}$$

2. Schritt: Bestimmung der Potenziale f_{1j} aller Aufträge auf der ersten Maschine

Der Fertigstellungszeitpunkt des 2. Auftrags auf der 1. Maschine ist:

$$f_{12} = f_{11} + a_{12}$$

Der Fertigstellungszeitpunkt des n-ten Auftrags auf der 1. Maschine wird bestimmt durch:

$$f_{1n} = f_{11} + a_{12} + a_{13} + \ldots + a_{1n}$$

3. Schritt: Bestimmung der Potenziale f_{i1} des ersten Auftrags auf allen Maschinen

Der Fertigstellungszeitpunkt des 1. Auftrags auf der 2. Maschine ist

$$f_{21} = f_{11} + a_{21}$$

Der Fertigstellungszeitpunkt des 1. Auftrags auf der m-ten Maschine wird dann bestimmt durch

$$f_{m1} = f_{11} + a_{21} + a_{31} + \ldots + a_{m1}$$

4. Schritt: Bestimmung der Potenziale des zweiten bis n-ten Auftrags auf der zweiten bis m-ten Maschine

Gilt

$$f_{12} > f_{21}$$

kommt es zu einer **Stillstands- und Wartezeit** der zweiten Maschine nach Beendigung des ersten Auftrags. Der Übergabezeitpunkt des zweiten Auftrags auf die zweite Maschine wird dann durch den Fertigstellungszeitpunkt des zweiten Auftrags auf der ersten Maschine bestimmt:

$$f_{22} = f_{12} + a_{22}$$

Gilt

$$f_{12} < f_{21}$$

kommt es zu einer **Liegezeit** des zweiten Auftrags vor seiner Bearbeitung auf der zweiten Maschine. Der Übergabezeitpunkt des zweiten Auftrags auf die zweite Maschine wird dann durch den Fertigstellungszeitpunkt des ersten Auftrags auf der zweiten Maschine bestimmt.

$$f_{22} = f_{21} + a_{22}$$

Gilt

$$f_{12} = f_{21}$$

so entstehen weder Stillstands- und Wartezeiten noch Liegezeiten.

Rechnet man nach dem im 4. Schritt dargestellten Algorithmus weiter, so kann man alle Potenziale für alle Aufträge auf allen Maschinen bestimmen.

> Das **letzte Potenzial f_{mn} entspricht der Durchlaufzeit** der zu produzierenden Aufträge auf allen Maschinen.

Für die Bestimmung der innerhalb der Durchlaufzeit auftretenden Liegezeiten y_{ij} und Stillstands- und Wartezeiten x_{ij} gilt:

$$(1) \quad f_{i-1,j} = f_{i,j-1}$$

- $x_{ij} = 0$
- $y_{ij} = 0$

$$(2) \quad f_{i-1,j} > f_{i,j-1}$$

- $x_{ij} = f_{i-1,j} - f_{i,j-1}$
- $y_{ij} = 0$

$$(3) \quad f_{i-1,j} < f_{i,j-1}$$

- $x_{ij} = 0$
- $y_{ij} = f_{i,j-1} - f_{i-1,j}$

Bild PW.C.2.(80) gibt ein Beispiel für die Anwendung der Potenzialmethode zur Bestimmung der Durchlaufzeit. Die Grundlage bildet die nach der KRB-Regel ermittelte Auftragsfolge.

a_{ij}

i \ j	3	4	2	5	6	1
1	3	5	10	12	7	8
2	4	12	6	8	6	20
3	16	6	8	5	14	15

f_{ij}

i \ j	3	4	2	5	6	1
1	3	8	18	30	37	45
2	7	20	26	38	44	65
3	23	29	37	43	58	80

Bild PW.C.2.(80): Beispiel für die Anwendung der Potenzialmethode von ROY

2.3.9.6 Leistungsfähigkeit ausgewählter Verfahren

Auf Grund der komplexen Problemstruktur bei Reihenfolgeproblemen gibt es keine methodischen Vorgehensweisen, die für beliebige Anwendungsbedingungen optimale Lösungen liefern. Die Ermittlung solcher Lösungen ist stets an sehr enge Anwendungsbedingungen gebunden. Deshalb werden Näherungsverfahren und Prioritätsregeln eingesetzt, um durch heuristische Vorgehensweisen akzeptable Lösungen zu finden.

Die Basis für die Beurteilung der Leistungsfähigkeit dieser Verfahren ist der Erreichungsgrad des determinierten Ziels. Die nachfolgenden Aussagen fokussieren auf das Ziel „Minimierung der Gesamtdurchlaufzeit".

Durch die Methode der Vollenumeration wird die **organisatorische Bearbeitungsfolge mit der kürzesten Gesamtdurchlaufzeit** ermittelt. Sie ist der Maßstab, an dem die durch die Näherungsverfahren und Prioritätsregeln bestimmten Reihenfolgen gemessen werden. Dazu wird die Gesamtdurchlaufzeit der durch Näherungsverfahren und Prioritätsregeln ermittelten Reihenfolge berechnet. Auf dieser Grundlage kann der Grad der Annäherung an die kürzeste Durchlaufzeit quantifiziert werden:

$$\text{Optimalitätsgrad } O = \frac{\text{Kürzeste Gesamtdurchlaufzeit}}{\text{Gesamtdurchlaufzeit der ermittelten Bearbeitungsfolge}}$$

Für den **Optimalitätsgrad** O gilt: $O \leq 1$. Bei $O = 1$ ist die optimale Lösung zu 100 % erreicht. Mit sinkendem Grad O wächst die Entfernung von der optimalen Lösung.

| Optimalitätsgrad

Mit einer genügend großen Anzahl von Experimenten kann in dieser Form auf die **Leistungsfähigkeit** der Näherungsverfahren und Prioritätsregeln geschlossen werden.

Die dabei erzielten Ergebnisse wurden ermittelt, indem die Bearbeitungsdauer der Arbeitsgänge durch einen Zufallszahlengenerator bestimmt und für jeden im Diagramm angegebenen Datenpunkt eine große Anzahl von Simulationsexperimenten durchgeführt wurden (vgl. Bild PW.C.2.(81)).

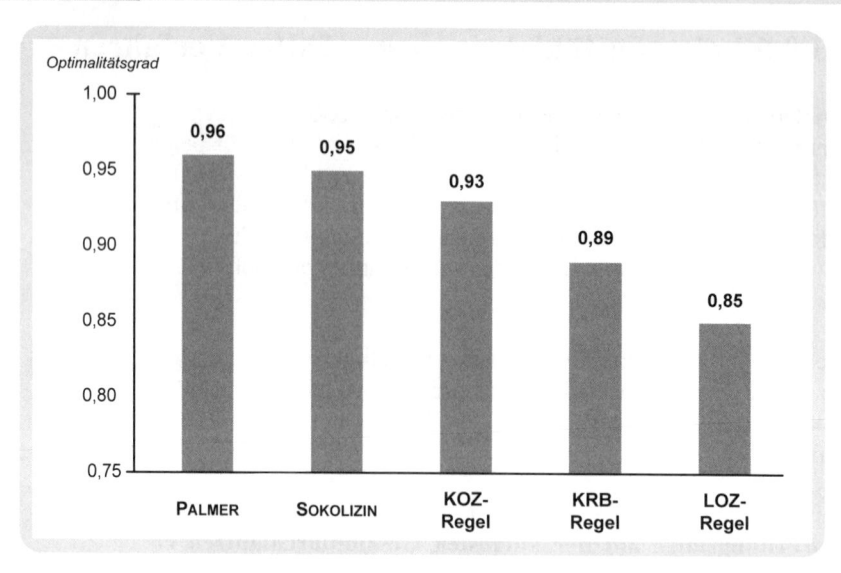

Bild PW.C.2.(81): Leistungsfähigkeit der Verfahren bzw. Regeln zur Bestimmung der optimalen organisatorischen Bearbeitungsfolgen (Gesamteinschätzung)

Es wird deutlich, dass mit der **zielführenden Beachtung der Dauer aller Arbeitsgänge (PALMER) die besten Ergebnisse erzielt** werden und dass sich auch dann recht gute Ergebnisse einstellen, wenn dafür gesorgt wird, dass das Fertigungssystem möglichst schnell mit Aufträgen „gefüllt" wird (KOZ-Regel). Die entgegengesetzte Vorgehensweise (LOZ-Regel) führt eher zum „Blockieren" des Gesamtsystems und zu dementsprechend schlechten Zielerreichungsgraden.

Zusätzlich zur Analyse der Leistungsfähigkeit der Näherungsverfahren und Prioritätsregeln wurde auch die **Abhängigkeit der Leistungsfähigkeit von der Anzahl der zu bearbeitenden Aufträge** untersucht (vgl. Bild PW. C.2.(82)).

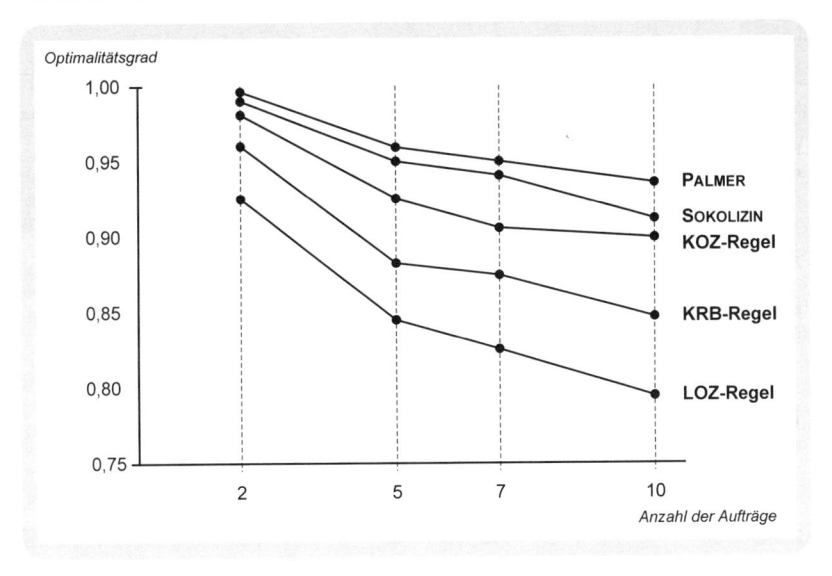

Bild PW.C.2.(82): Leistungsfähigkeit der Verfahren bzw. Regeln in Abhängigkeit von der Anzahl der zu bearbeitenden Aufträge

Es kann festgestellt werden, dass

▶ die **Reihung der Leistungsfähigkeit** (PALMER → SOKOLIZIN → KOZ → KRB → LOZ) für jede untersuchte Auftragsanzahl gilt,

▶ mit **wachsender Auftragsanzahl** eine Verringerung der **Leistungsfähigkeit eintritt** und die Entfernung von der optimalen Lösung zunimmt sowie

▶ die Notwendigkeit der fundierten Auswahl des methodischen Instrumentariums mit steigender Auftragsanzahl wächst.

2.3.10 Zusammenfassung der Schwerpunkte der Teilplanungsstufen

In diesem Kapitel erfolgt für die behandelten acht Teilplanungsstufen der operativen Produktionsplanung eine **Zusammenfassung der Inhaltsschwerpunkte** (vgl. Bild PW.C.2.(83)) nach den Kriterien:

▶ Sachlicher Planungsgegenstand
▶ Örtlicher Planungsgegenstand
▶ Zeitlicher Planungsgegenstand
▶ Aufgabe der Teilplanungsstufe
▶ Methoden der Teilplanungsstufe

Teilplanungsstufen	Inhalte				
	Sachlicher Gegenstand	Örtlicher Gegenstand	Zeitlicher Gegenstand	Aufgabe	Methode
(1) Planung des Jahresproduktionsprogramms	Erzeugnis	Kapazitätseinheit, Organisationsform, Arbeitsplatzgruppe	Jahr	Ermittlung des Jahresproduktionsprogrammms	• Kapazitätsbilanzierung • Deckungsbeitragsrechnung
(2) Zeitliche Verteilung des Jahresproduktionsprogramms	Erzeugnis	Kapazitätseinheit, Organisationsform, Arbeitsplatzgruppe	Quartal, Monat	Ermittlung der Monatsproduktionsprogramme	• Gleichmäßige Verteilung • Streifenprogramme • Blockung • Kapazitätsbilanzierung
(3) Teilebedarfsermittlung	Erzeugnis, Baugruppe, Einzelteil	–	Planperiode	Ermittlung des Bedarfs an Einzelteilen und Baugruppen	• Erzeugnisstrukturbaum • Häufigkeitsermittlung
(4) Durchlaufplanung	Erzeugnis, Baugruppe, Einzelteil, Arbeitsgang	Kapazitätseinheit, Organisationsform, Arbeitsplatzgruppe	Vorlaufabschnitt, Vorlauftag	Ermittlung des zeitlichen aber terminlosen Ablaufs der Erzeugnisherstellung	• Vorwärtsplanung • Rückwärtsplanung • Zeitdauerbestimmung
(5) Terminplanung	Erzeugnis, Baugruppe, Einzelteil, Arbeitsgang	Kapazitätseinheit, Organisationsform, Arbeitsplatzgruppe	Planabschnitt, Kalendertag	Ermittlung des terminlichen Ablaufs der Erzeugnisherstellung	• Umrechnung der Vorlaufabschnitte in Planabschnitte • Lösung von Kapazitätsproblemen
(6) Fertigungsauftragsbildung	Baugruppe, Einzelteil	–	Planperiode	Ermittlung zusammenhängend zu fertigender Stückzahlen	• Kostenoptimale Losgröße
(7) Belastungsplanung	Fertigungsauftrag Baugruppe, Einzelteil, Arbeitsgang	Kapazitätseinheit, Organisationsform, Arbeitsplatzgruppe, Arbeitsplatz	Planabschnitt, Tag, Schicht	Ermittlung der Belastung von Kapazitätseinheiten durch Fertigungsaufträge	• Kapazitätsbilanzierung • Bedarfsgerechte Gestaltung der Kapazität
(8) Reihenfolgeplanung	Fertigungsauftrag Baugruppe, Einzelteil, Arbeitsgang	Kapazitätseinheit, Organisationsform, Arbeitsplatzgruppe, Arbeitsplatz	Planabschnitt, Tag, Schicht	Ermittlung der Reihenfolge der Fertigungsaufträge pro Arbeitsplatz	• Prioritätsregeln • Näherungsverfahren • Reihungsregeln

Bild PW.C.2.(83): Inhaltsschwerpunkte der Teilplanungsstufen der operativen Produktionsplanung

2.4 Produktionssteuerung

Die **Produktionssteuerung** gliedert sich in drei Hauptaufgaben: | Produktionssteuerung
- Auftragsveranlassung
- Auftragsüberwachung
- Auftragssicherung (Störungsbeherrschung)

> Die **Auftragsveranlassung** beinhaltet die Freigabe der Aufträge und ihre Einsteuerung in den Fertigungsprozess. | Auftragsveranlassung

Dazu sind folgende Einzelaufgaben zu lösen:
- Freigabe der Fertigungsaufträge
- Verwaltung des Auftragsbestands
- Ausfertigung und Ausgabe von Arbeitspapieren
- Bereitstellung und Transport von Material, Werkzeugen und Fertigungsmitteln
- Zuordnung der Fertigungsaufträge zu den betrieblichen Kapazitätseinheiten (Arbeitsverteilung)
- Verfügbarkeitsprüfung der Kapazität

In Abhängigkeit davon, aus welcher Hierarchieebene der Organisationsstruktur die Auftragseinsteuerung erfolgt, spricht man von **zentraler** oder **dezentraler Arbeitsverteilung**. | Auftragsverteilung

Die **zentrale Arbeitsverteilung** erfolgt häufig über einen **Leitstand**. Die in der Terminplanung erstellten Belegungslisten je Kapazitätseinheit sind die Grundlage für die Belegung der Kapazitätseinheiten. Häufig sind Arbeitsverteiler zwischen dem Leitstand und den einzelnen Arbeitsplätzen strukturiert. Sie veranlassen die Durchführung der Arbeiten an den Arbeitsplätzen. Die Rückmeldungen laufen über die Meister in Richtung Leitstand. | Leitstand

Die **dezentrale Arbeitsverteilung** erfolgt durch den Werkstattmeister. Er stützt sich auf Ecktermine, die von der Fertigungssteuerung vorgegeben werden. Die Auftragskartei und die Belegungsliste sind Hilfsmittel für den Meister im Rahmen der dezentralen Arbeitsverteilung.

> Die **Produktionssteuerung** beinhaltet Maßnahmen, die dafür sorgen, dass der tatsächliche Fertigungsablauf und der geplante Fertigungsablauf weitestgehend in Übereinstimmung gebracht werden.

Den Ausgangspunkt der Fertigungssteuerung bilden die Ergebnisse der Produktionsplanung sowie die Kenntnis des Ist-Fertigungsablaufs.

Auftrags- überwachung	Die Ermittlung des Ist-Fertigungsablaufs ist Aufgabe der **Auftragsüberwachung**. Rückmeldungen aus dem Produktionsprozess an die Planung dokumentieren den tatsächlichen Fertigungsablauf.
Auftrags- sicherung	Abweichungen zwischen dem geplanten und dem tatsächlichen Fertigungsablauf erfordern den Einsatz von Maßnahmen zur **Auftragssicherung**.

Alle Varianten der Fertigungssteuerung bedürfen der Rückmeldung der Ist-Daten aus dem Produktionsprozess.

Die Rückmeldungen sind neben der Fertigungssteuerung auch für die Lohnabrechnung und die Nachkalkulation im Rahmen der Betriebsabrechnung unverzichtbar.

Unter Angabe der erzeugnisbezogenen Auftragsnummer, der Arbeitsgangnummer und der Nummer der Kapazitätseinheit (Arbeitsplatz- / Maschinennummer) werden folgende Informationen durch die Rückmeldung an die Planung übermittelt:

- ▶ Fertigstellungszeitpunkt
- ▶ Für die Fertigstellung benötigte Vorgabezeit
- ▶ Aufwand für Nacharbeit infolge Ausschuss
- ▶ Ort, an dem sich der Auftrag zum Rückmeldezeitpunkt befindet

Neben der Steuerung des Fertigungsablaufs realisiert die Rückmeldung auch die Aufgabe (z. B. in der Auftragsproduktion), genaue Auskunft über den Stand der Bearbeitung / Fertigstellung eines Auftrags geben zu können und damit eine termingerechte Fertigstellung zu beeinflussen.

In Maschinenprozessen ist der Arbeiter für die Datenerfassung der Rückmeldung verantwortlich. Neben den Fertigungsaufgaben ist das eine von ihm zu lösende Zusatzaufgabe.
Sie erfordert das Ausfüllen entsprechender Belegformulare und das Weitergeben dieser Belege. Eine Vernachlässigung dieser Aufgabe führt zu Informationsverspätungen.

Die Vereinfachung des Rückmeldeverfahrens (Vereinfachung der Belege, Automatisierung von Rückmeldungen) sowie die Bindung der Freigabe eines Folgeauftrags an die Belegabgabe erhöhen die Genauigkeit des Rückmeldeverfahrens.

Das Funktionieren der Produktionssteuerung hängt in starkem Maße von der Art der eingesetzten Datenträger und der Qualität ihrer Informationen ab. Es sind Werkstattbelege und Dispositionsbelege zu unterscheiden.

Zu den **Werkstattbelegen** gehören:

- Begleitkarte
- Materialentnahmeschein
- Kontrollschein
- Lohnschein

| Werkstattbelege

Zu den **Dispositionsbelegen** gehören:

- Terminkarte
- Belastungskarte

| Dispositionsbelege

Die **Begleitkarte** (auch Laufkarte genannt) begleitet den Fertigungsauftrag durch den Fertigungsprozess. Sie dient der ständigen Identifizierung des Fertigungsauftrags und der Steuerung notwendiger Transporte zwischen den Bearbeitungsstationen. Diese Aufgabe kann sie erfüllen, da auf ihr die technologische Bearbeitungsfolge verzeichnet ist.

Der **Materialentnahmeschein** dient sowohl der Erfassung der Lagerabgänge als auch der Abrechnung des Materialverbrauchs je Kostenträger.

Der **Kontrollschein** erfasst den auftretenden Ausschuss, veranlasst Nacharbeiten und Nachbestellungen und sichert somit die geforderte Qualität.

Der **Lohnschein** beinhaltet neben der Arbeitsaufgabe die dafür geplante Vorgabezeit und die Lohngruppe, der diese Arbeit entspricht. Er ist die Grundlage für die Lohnberechnung.

Die **Terminkarte** dient der Überwachung der Fertigung von der Auftragseinsteuerung bis hin zur Fertigstellung des Auftrags.

Die **Belastungskarte** ist die Grundlage für die Abstimmung von Kapazitätsangebot und Kapazitätsbedarf je Kapazitätseinheit.

Die Werkstatt- und Dispositionsbelege werden alle aus den Arbeitsplänen abgeleitet. Es handelt sich um Ganz- oder Teilabzüge des Arbeitsplans.

2.5 Methoden und Verfahren

Produktionsplanung und -steuerung

Die **Produktionsplanung und -steuerung (PPS)** umfasst die Gesamtheit aller organisatorischen Arbeiten zur komplexen Auftragsabwicklung im Industrieunternehmen vom Beginn der Auftragsbearbeitung bis zum Versand des Erzeugnisses.

Die Produktionsplanung und -steuerung ist zu den anspruchsvollsten dispositiven Aufgaben des Unternehmens zu rechnen. Bild PW.C.2.(84) gibt eine Übersicht über die **Planungsgrößen**, die **Funktionen** und die **wichtigsten Daten**, die mit der Auftragsabwicklung im Zusammenhang stehen.

Planungsgrößen der PPS	Funktionen der PPS	Daten (Beispiele)
Festlegung der Erzeugnisse nach Art, Menge und Termin (Primärbedarf)	Produktionsprogrammplanung	• Kundenaufträge • Absatzprognosen • Stücklisten
Bestimmung des Bedarfs an Einzelteilen und Baugruppen unter Beachtung der Lagerbestände (Netto-Sekundärbedarf)	Mengenplanung	• Lagerbestände • Vorgabezeiten • Liegezeiten
Ermittlung der Startzeitpunkte der Fertigungsaufträge bzw. Arbeitsgänge in jeder Kapazitätseinheit	Termin- und Kapazitätsplanung	• Kapazitätsangebote • Losgrößen • Terminvorgaben
Freigabe und Verteilung der Fertigungsaufträge auf die Kapazitätseinheiten	Auftragsveranlassung	• Prioritäten • Ist-Daten zu Aufträgen und Kapazitäten
Überwachung des Baufortschritts der Aufträge und Kapazitätsüberwachung, Maßnahmen der Störungsbeherrschung	Auftragsüberwachung	• Korrigierte Soll-Vorgaben

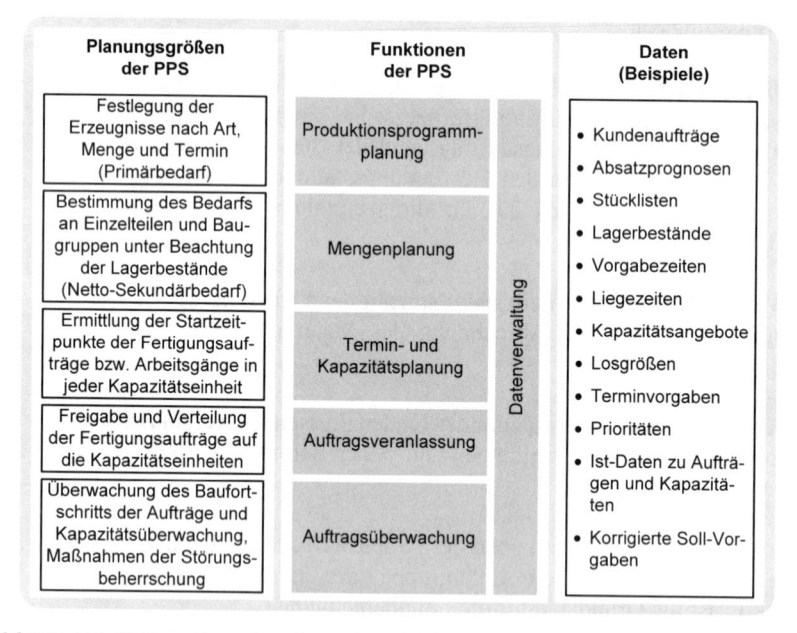

(Datenverwaltung)

Bild PW.C.2.(84): *Grundstruktur der PPS (i. A. a. MILLING, P. / ZÄPFEL, G. [Produktionsstrukturen] S. 25)*

Veränderte wirtschaftliche Rahmenbedingungen, die moderne Produktionstechnik, der Computereinsatz in der Fertigung und ein grundlegender Wandel im Prozess der Leistungserstellung, sind gekennzeichnet durch:

▶ Kürzere Produktlebenszyklen
▶ Steigende Variantenvielfalt
▶ Kürzere Lieferfristen
▶ Kleinere Losgrößen
▶ Zunehmende Beachtung individueller Kundenwünsche
▶ Mangelhafte Prognostizierbarkeit künftiger Bedarfe

Sie sorgen für erhebliche Veränderungen bei der Realisierung der Planungsfunktionen. Um auch unter diesen komplizierten Bedingungen wettbewerbsfähig zu sein, müssen die Unternehmen eine **kundenfreundliche und kostengünstige Produktion** sichern.

> Die **Produktionsplanung und -steuerung** ist eine wesentliche **Aufgabe des operativen Produktionsmanagement**. Sie sorgt maßgeblich für eine **reibungslose Auftragsabwicklung**.
>
> Damit beeinflusst sie die Länge der Durchlauf- und Lieferzeiten und die Einhaltung vereinbarter Termine und ermöglicht eine **kundenfreundliche Produktion**.
>
> Die PPS trägt Verantwortung für die Höhe der Bestände und das Niveau der Kapazitätsauslastung der Maschinen und Anlagen und ermöglicht damit eine **kostengünstige Produktion**.

| Kundenfreundliche Produktion

| Kostengünstige Produktion

Der Einsatz leistungsfähiger PPS-Systeme sowie moderner Methoden und Verfahren der PPS ist ein wesentliches Mittel zur Sicherung der Wettbewerbsfähigkeit. Die Prozesse der Auftragsabwicklung werden immer komplizierter und die Leistungsfähigkeit der auf dem Markt angebotenen PPS-Systeme nimmt ständig zu.

Deshalb fällt es zunehmend schwerer, die in diesem Zusammenhang relevanten Prozesse zu analysieren, zu gestalten und zu optimieren. Die im Bild PW.C.2.(84) dargestellte Grundstruktur der PPS bietet dazu nur einen sehr groben Ansatz. Dieses konzeptionelle Defizit kann durch die Nutzung des **Aachener PPS-Modells** überwunden werden (vgl. LUCZAK, H. / EVERSHEIM, W. [Aachener PPS-Modell]).

| Aachener PPS-Modell

Dieses Modell wurde als Referenzmodell entwickelt. Es gibt eine Empfehlung für die Organisation der Auftragsabwicklung im Unternehmen. Dabei handelt es sich um einen allgemeingültigen Standard, der den jeweiligen konkreten Bedingungen anzupassen ist.

Das Aachener PPS-Modell besteht aus **vier verschiedenen Teilmodellen** (Aufgaben-, Prozess-, Funktions- und Datenmodell) und wurde für **vier verschiedene Auftragsabwicklungstypen** (Auftrags-, Rahmenauftrags-, Varianten- und Lagerfertiger) entwickelt (vgl. Bild PW.C.2.(85)).

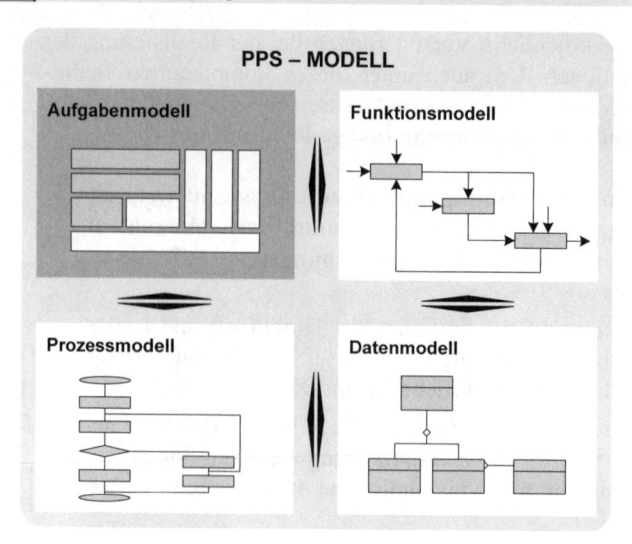

Bild PW.C.2.(85): Teilmodelle des Aachener PPS-Referenzmodells (vgl. LUCZAK, H. / EVERSHEIM, W. [Aachener PPS-Modell] S. 3)

Die Trennung in vier Teilmodelle erfolgt gedanklich-abstrakt, damit die Komplexität auf jeweils wesentliche Aspekte reduziert werden kann. Zwischen den Sichten gibt es enge Beziehungen, die eine konsequente Trennung nicht immer eindeutig ermöglichen.

Aufgabenmodell | Das **Aufgabenmodell** gliedert die Gesamtaufgabe der Produktionsplanung und -steuerung in Kernaufgaben und übergreifende Querschnittsaufgaben (vgl. Bild PW.C.2.(86)).

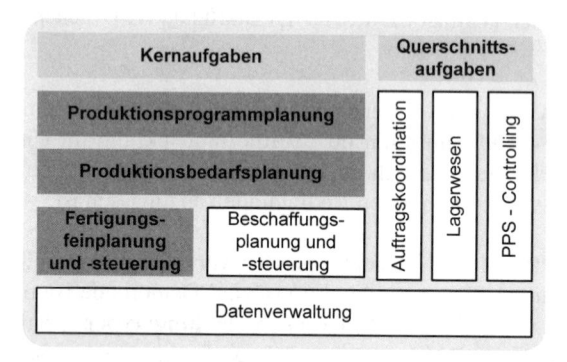

Bild PW.C.2.(86): Aufgabenmodell (nach LUCZAK, H. / EVERSHEIM, W. [Aachener PPS-Modell] S. 7)

Im **Prozessmodell** wird die Abarbeitung der Aufgaben und der einzelnen Arbeitsschritte in ihrer zeitlich-logischen Verknüpfung betrachtet. Gegenüber dem Aufgabenmodell werden hier die Dimension „Zeit" sowie die Reihenfolge und Parallelität der Aufgabenerfüllung integriert. | Prozessmodell

Im Rahmen des **Funktionsmodells** werden die Aufgaben und Arbeitsschritte in EDV-Systemen durch kleine Programmbausteine realisiert. Funktionen werden dabei als inhaltlich genau definierte Vorgänge (Verarbeitungsregeln) aufgefasst. Sie transformieren die Eingabedaten in Ausgabedaten. | Funktionsmodell

Im **Datenmodell** werden die Prozessabläufe auf der Grundlage von Informationen abgebildet. Informationen werden durch Daten repräsentiert. Es werden Objekte definiert, Objektstufen entwickelt, Attribute den Objekten zugeordnet und Attribute beschrieben. | Datenmodell

> Das **Aachener PPS-Modell** stellt eine allgemeingültige Strukturierung der Elemente und Zusammenhänge der Auftragsabwicklung dar. Auf dieser Basis können die unternehmensspezifischen Ist- bzw. Soll-Zustände systematisch untersucht und abgebildet werden. Damit liegt ein Instrumentarium vor, um die Auftragsabwicklung zu überprüfen und effizienter zu gestalten.

Mit der Schaffung effizienter Strukturen und der Anwendung moderner Methoden und Verfahren der PPS werden identische Zielstellungen verfolgt.

Von den in Theorie und Praxis häufig diskutierten **Methoden und Verfahren** werden folgende behandelt:

- Just-In-Time JIT
- Material Requirements Planning MRP
- Manufacturing Resource Planning MRP II
- Optimized Production Technology OPT
- Retrograde Terminierung RT
- Belastungsorientierte Auftragsfreigabe BOA
- Produktion auf Abruf KANBAN
- Constant Work in Process CONWIP
- Fortschrittszahlensystem FZS

Unter einer **Methode** versteht man ein System von Vorschriften und Regeln, die Anweisungen dafür geben, wie eine Aufgabe oder ein Problem bei Beachtung einer gegebenen Zielstellung zu lösen ist. | Methode

Verfahren | Ein **Verfahren** ist ein System zur Lösung technisch-organisatorischer Aufgaben, das auf einer Methode basiert und die erforderlichen Hilfsmittel (z. B. Hardware und Software) einschließt.

Methoden und Verfahren der PPS | Die **Methoden und Verfahren der PPS**, wurden ausgehend von den existierenden Wettbewerbsbedingungen entwickelt. Sie werden zur Sicherung einer kundenfreundlichen und kostengünstigen Produktion eingesetzt. Sie sind Grundlage für die in großer Anzahl angebotenen PPS-Systeme.

(1) **Just-In-Time (JIT)**

JIT-Philosophie | Just-In-Time ist eine **bereichs- und firmenübergreifende Philosophie**. Mit dieser Philosophie wird die Synchronisation aller mit der Beschaffung, der Produktion und dem Absatz verbundenen Teilprozesse angestrebt.

Das **Ziel der Just-In-Time**-Philosophie besteht darin, dass die Produktionsfaktoren genau zur richtigen Zeit wirksam werden und eine bedarfsgerechte Produktion ermöglichen. Dazu muss **das richtige Gut in der richtigen Menge, in der richtigen Qualität, zur richtigen Zeit am richtigen Ort** sein.

Die Anwendung von JIT verfolgt jegliche Art von Unterbrechungen im Wertschöpfungsprozess zu vermeiden. Damit wird der veränderten Gewichtung der Erfolgsfaktoren Rechnung getragen. Neben Menge, Qualität und Preis ist der **Faktor Zeit** als Durchlaufzeit, Lieferzeit und Termineinhaltung die entscheidende Quelle von Wettbewerbsvorteilen. Die Unternehmensstrategie: Sicherung einer hohen Lieferfähigkeit und kurzer Lieferzeiten durch hohe Bestände („Just-In-Case") gehört auf Grund der damit verbundenen Kosten und Risiken in vielen Fällen der Vergangenheit an.

Allerdings ist zu konstatieren, dass eine unterbrechungsfreie und bestandslose Produktion unter den in den Unternehmen gegebenen Bedingungen oft weder möglich noch sinnvoll ist. Entscheidend ist vielmehr die konsequente Denk- und Handlungsweise beim **Abbau unnötiger Unterbrechungen und Bestände** in Richtung einer Bestandsoptimierung und einer absatzsynchronen Produktion.

Bild PW.C.2.(87) zeigt, dass die Methoden und Verfahren der PPS auf der Just-In-Time-Philosophie basieren.

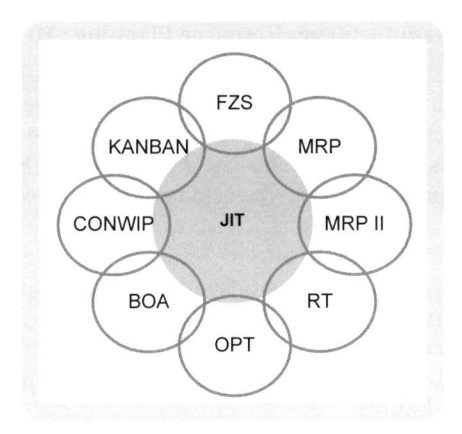

Bild PW.C.2.(87): Methoden und Verfahren der PPS im Rahmen von JIT

Um im Sinne von JIT wirksam zu werden, können die unterschiedlichsten Maßnahmen angewendet werden. Möglich sind z. B. Fertigungssegmentierung, Einführung optimaler Organisationsformen, Rüstzeitreduzierung sowie Techniken des Qualitätsmanagement. Dazu gehört vor allem auch die durch die PPS zu erreichende Verbesserung der Auftragsabwicklung mit den Schwerpunkten Bestands- und Flussoptimierung sowie Engpassbeherrschung.

(2) **Material Requirements Planning (MRP)**

Das MRP-System ist eine **rechnergestützte Materialbedarfsplanung**, die dafür sorgt, dass die internen und externen Bestellungen (d. h. die Fertigungs- und Beschaffungsaufträge) nicht nur die richtigen Teile und richtigen Mengen enthalten, sondern auch die **genauen Bedarfszeitpunkte** angegeben werden.

| Material Requirements Planning

Die erfolgreiche Anwendung von MRP setzt die

▶ exakte Ermittlung des Produktionsprogramms,
▶ Kenntnis der Erzeugnisstruktur und der Durchlaufpläne,
▶ eindeutige Kennzeichnung aller Einzelteile, Baugruppen und Erzeugnisse,
▶ hohe Datenqualität und die
▶ exakte Bestandsinformation über alle Teile

voraus.

Die MRP-Anwendung führt zu deutlichen Reduzierungen der Materialbestände. MRP war die Grundlage für weitere Entwicklungen im Rahmen der rechnergestützten PPS.

(3) **Manufacturing Resource Planning (MRP II)**

Trotz der durch **MRP** erzielten Fortschritte waren die auf diesem Wege erzeugten **Pläne kapazitätsseitig häufig nicht abgesichert**. Daraus resultierte die Notwendigkeit, MRP und die Kapazitätsrechnung zu koppeln und beide Planungsstufen durch einen Regelkreis miteinander zu verbinden.

Manufacturing Resource Planning

Das **MRP II-Konzept** bezieht neben der Mengenplanung weitere PPS-Funktionen (Produktionsprogrammplanung, Termin- und Ablaufplanung, Datenverwaltung) in die rechentechnische Lösung ein. **Alle Teilpläne** innerhalb der logistischen Kette werden **rechentechnisch** miteinander **verknüpft**.

Durch Anwendung von MRP II wird der Prozess der Leistungserstellung ausgehend von den gegebenen Fertigungsressourcen (insbesondere den Kapazitäten im Fertigungsbereich, aber auch dem Niveau der Rüst-, Transport- und Lagerzeiten) optimiert. Bild PW.C.2.(88) verdeutlicht die Struktur und die inhaltlichen Schwerpunkte von MRP II.

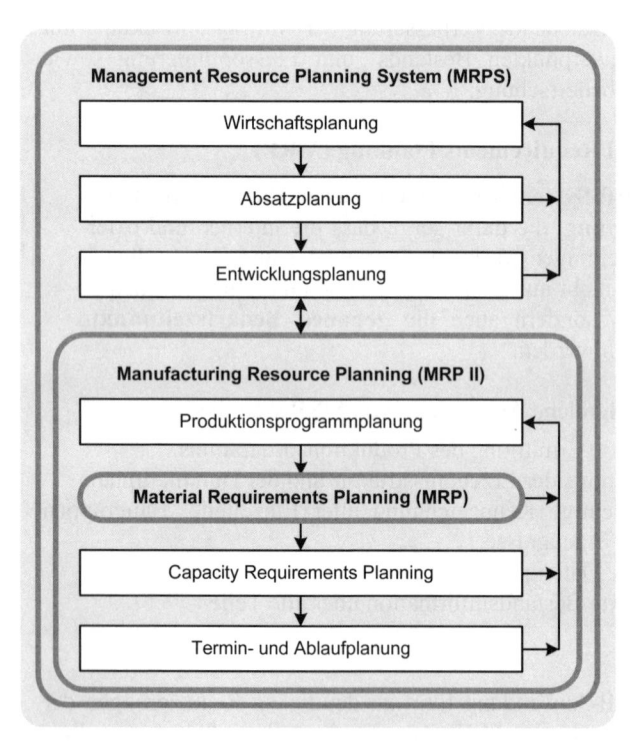

Bild PW.C.2.(88): Struktur und Inhaltsschwerpunkte von MRP II (vgl. SCHEER, A.-W. [Industriebetrieb] S. 35)

Um weiterführende Rationalisierungseffekte zu erreichen, wurde die Rechnerintegration nicht nur auf die PPS-Funktionen, sondern auch auf die Wirtschafts-, Absatz- und Entwicklungsplanung ausgedehnt. So werden zusätzliche Ressourcen erschlossen. Dieses Konzept wird als **Management Resource Planning System (MRPS)** bezeichnet.

Management Resource Planning System

Durch die Weiterentwicklung der Rechentechnik und der Softwaretechnologie ist es möglich, alle technischen, organisatorischen, betriebswirtschaftlichen und administrativen Abläufe im Unternehmen zu vernetzen und sie schon in der Planungsphase inhaltlich und zeitlich aufeinander abzustimmen. Da dieses Konzept alle Unternehmensressourcen (Arbeitskräfte, Betriebsmittel, Werkstoffe, Informationen, Finanzen, Beschaffung, Distribution, Standorte u. a.) in die Planung einbezieht, wird es heute unter der Bezeichnung **Enterprise Resource Planning (ERP)** diskutiert.

Enterprise Resource Planning

(4) **Optimized Production Technology (OPT)**

Das Ziel des OPT-Systems ist die **Optimierung des Fertigungsablaufs** eines Unternehmens. Es werden ein hoher Output, geringe Bestände, eine verbesserte Termineinhaltung und niedrigere Kosten angestrebt.

Optimized Production Technology

OPT wurde **für die Werkstattfertigung entwickelt**, in der der gesamte Fertigungsablauf durch einige wenige Engpasskapazitäten bestimmt wird.

Dabei wird der gesamte Fertigungsablauf simuliert. Daraus sind folgende Schlussfolgerungen ableitbar:
- Erreichbare Effekte durch OPT
- Identifikation der Engpasskapazitäten
- Zerlegung des gesamten Auftragsnetzes in ein Netz der kritischen und in ein Netz der nicht-kritischen Kapazitätseinheiten (vgl. Bild PW.C.2.(89))

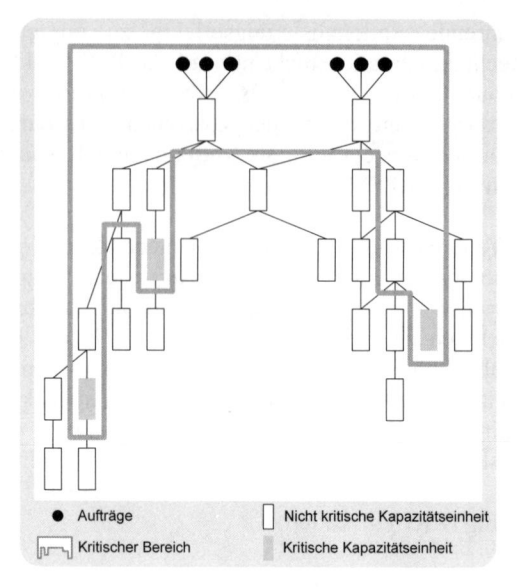

Bild PW.C.2.(89): Netzwerk mit kritischem Bereich bei OPT (i. A. a. ADAM, D. [Produktionsmanagement] S. 639)

Es wird angestrebt, einen maximalen Durchsatz an Erzeugnissen zu erzielen. Das wird z. B. durch

- ▶ Vorwärtsterminierung,
- ▶ Losgrößenanpassung,
- ▶ Reihenfolgeanpassung und
- ▶ Rüstzeitreduzierung

realisiert.

Engpassaufweitungen sind insbesondere durch

- ▶ Sicherheitsbestände (Puffer),
- ▶ planmäßig vorbeugende Instandhaltung und den
- ▶ Einsatz von Springern

möglich.

Ausgehend von Engpassbetrachtungen (Termine und Bestände) werden die Kapazitäten eingeplant, die keine Engpässe darstellen. Dabei wird eine Rückwärtsplanung vorgenommen, weil das Sicherheitsbedürfnis dieser Kapazitätseinheiten nicht so groß ist wie im Engpass. Da dieses Prinzip für mehr als 90 % aller Arbeitsplätze angewendet wird, kommt es zur Reduktion der Gesamtbestände des Fertigungssystems.

Der theoretische Ansatz von OPT konzentriert sich auf folgende Schwerpunkte:

▶ Der Materialfluss und nicht die Kapazitätsauslastung ist zu optimieren.

▶ Bei der Organisation von Fertigungsprozessen ist von den Engpässen auszugehen.

▶ Es ist zwischen Fertigungslosen und Transportlosen zu unterscheiden.

▶ Die Durchlaufzeit ist Ergebnis und nicht Ausgangspunkt der Planung.

| Theoretischer Ansatz von OPT

Durch Anwendung der OPT-Methode wird der Fertigungsablauf auf der Grundlage der vorhandenen Ressourcen optimiert. Es muss auf folgende **Probleme** hingewiesen werden:

▶ Die **Planungsergebnisse** sind **hochempfindlich** gegenüber Störungen.

▶ Die vorgegebenen Mengen und **Termine müssen unbedingt eingehalten werden**.

▶ Der **Entscheidungsspielraum** für das Werkstattpersonal ist **äußerst gering**.

(5) **Retrograde Terminierung (RT)**

Die **Retrograde Terminierung (RT)** ist ein Verfahren der zentralen PPS, das sich auf die Beherrschung der Terminsituation im Fertigungsablauf konzentriert.

| Retrograde Terminierung

Folgende **Bedingungen** gelten:

▶ Es dominiert die Werkstattfertigung.

▶ Es sind wenige, große Erzeugnisse mit vernetzter Produktstruktur herzustellen (z. B. Erzeugnisse des Maschinen- und Anlagenbaus).

▶ Die Reihenfolge der Aufträge, die Auftragszusammensetzung und die zeitliche Koordination von parallel ablaufenden Fertigungsprozessen sind ausschlaggebend für die Durchlaufzeiten, die Termineinhaltung der Aufträge und die Auslastung der Arbeitsplätze (vgl. Bild PW.C.2.(90)).

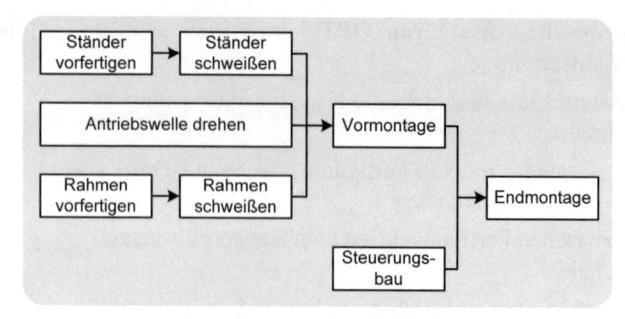

Bild PW.C.2.(90): *Netz eines für die Anwendung der retrograden Terminierung typischen Erzeugnisses (vgl. ADAM, D. [Fertigungssteuerung] Teil II S. 98)*

Die retrograde Terminierung wird in drei **Arbeitsschritten** realisiert:

(1) Ausgehend vom Soll-Liefertermin wird isoliert für jeden Auftrag des Produktnetzes rückwärts terminiert, ohne Beachtung von Kapazitätsgrenzen. Es entstehen Wunschtermine für die Belegung der Arbeitsplätze.

(2) Es wird ein provisorischer Belegungsplan erarbeitet, in dem (jetzt für alle Aufträge) die Arbeitsoperationen in der Reihenfolge der Wunschstarttermine den Arbeitsplätzen zu dem frühestmöglichen Zeitpunkt zugeordnet werden. Es entsteht ein praktisch durchführbarer Belegungsplan, der geringe ablaufbedingte Stillstandszeiten besitzt, jedoch noch schlecht an die Soll-Liefertermine angepasst ist, weil die Arbeitsoperationen so früh wie möglich eingeordnet sind.

(3) Es wird ein endgültiger Belegungsplan erarbeitet, in dem die Arbeitsoperationen in Richtung der Soll-Liefertermine (nach hinten) verschoben werden.

Ziel der retrograden Terminierung ist es, durch eine Reihung der Arbeitsaufgaben eine bessere terminliche Abstimmung des Teile- und Auftragsflusses zu erreichen. Es sollen **Eckdaten und ein Arbeitsprogramm für die Werkstätten** erarbeitet, aber keine minutengenaue Maschinenbelegung berechnet werden.

Die retrograde Terminierung ist als Mensch-Maschine-System konzipiert, bei dem ein Disponent über verschiedene Parameter den Fertigungsablauf und damit letztlich die Zielgrößen der PPS beeinflussen kann.

(6) Belastungsorientierte Auftragsfreigabe (BOA)

Für den Einsatz von BOA werden folgende **Anwendungsbedingungen** vorausgesetzt:

- Werkstattfertigung
- Große Anzahl „kleiner" Aufträge (d. h. relativ kurze Auftragszeiten)
- Viele verschiedene Aufträge (d. h. unterschiedliche Auftragszeiten und Bearbeitungsfolgen)
- Hohe Auslastung der Kapazitätseinheiten

Anlass zur Entwicklung von **BOA** war die Tatsache, dass in vielen Unternehmen der Fertigungsablauf nicht mehr beherrscht wurde. Die Fertigungssituation war durch eine schlechte Termineinhaltung, durch zu lange und zu stark streuende Durchlaufzeiten sowie durch zu hohe Bestände gekennzeichnet. | Belastungsorientierte Auftragsfreigabe

Die Lösung des Problems ist die Interpretation eines Arbeitsplatzes als Trichter (eine Werkstatt ist dann als ein System von Trichtern zu interpretieren) und die Darstellung des Fertigungsablaufs in einem Durchlaufdiagramm.

Bild PW.C.2.(91) verdeutlicht den Arbeitsplatz als Trichter.

Folgender gesetzmäßiger Zusammenhang (auch als **Trichterformel** bezeichnet) besteht: | Trichterformel

$$D = \frac{B}{L}$$

D – Mittlere gewichtete arbeitsgangbezogene Durchlaufzeit aller Aufträge [Tag]
B – Mittlerer Bestand aller Aufträge vor dem Arbeitsplatz [h]
L – Mittlere Leistung des Arbeitsplatzes [h/Tag]

Voraussetzungen für die Gültigkeit:

- Übereinstimmung von Anfangs- und Endbestand im Untersuchungszeitraum
- Abarbeitung der Aufträge nach der FCFS-Regel

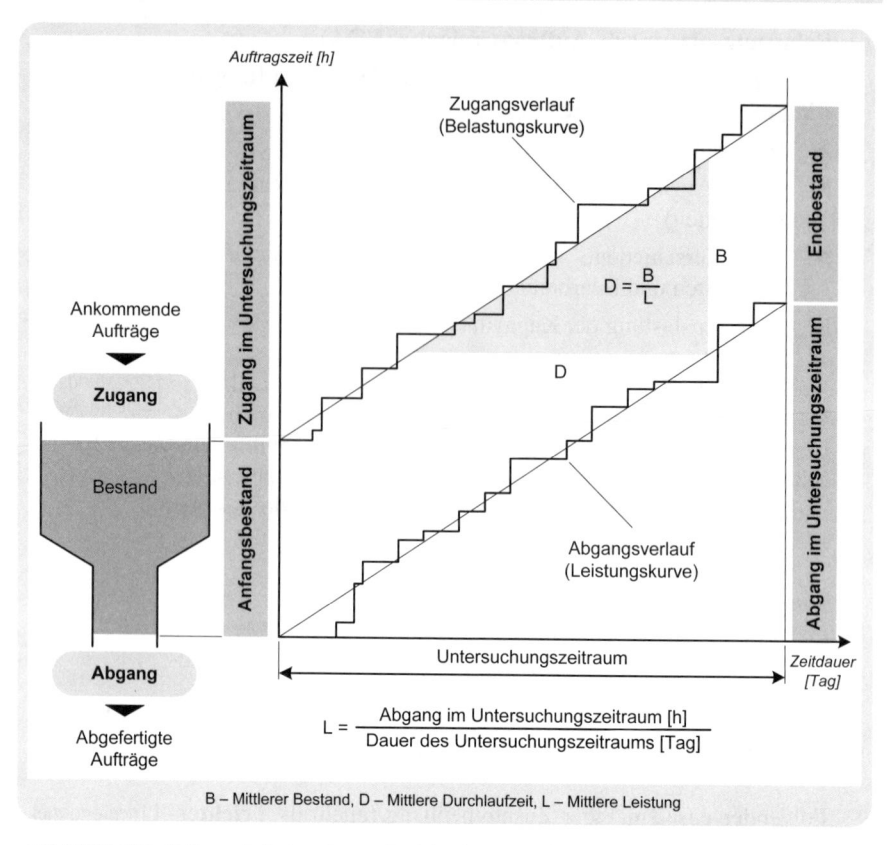

Bild PW.C.2.(91): Arbeitsplatz als Trichter und Durchlaufdiagramm (i. A. a. WIENDAHL, H.-P. in ADAM, D. [Produktionsmanagement] S. 619)

Aus der Trichterformel kann abgeleitet werden, dass eine **Reduzierung** der (mittleren) **Durchlaufzeit nur über** eine **Senkung der** (mittleren) **Bestände** möglich ist, denn die (mittlere) Leistung eines gut ausgelasteten Arbeitsplatzes kann für den zu betrachtenden Zeitraum als konstant angesehen werden. Der Bestand muss so klein wie nötig bemessen werden, d. h. er muss auch bei unterschiedlich großen Auftragszeiten und bei kleinen Störungen als Puffer wirksam werden und für eine gute Auslastung sorgen.

Über den Auftragszulauf pro Zeiteinheit (also die Belastung) kann die Bestandshöhe gezielt beeinflusst werden. Damit wird die Belastung zur Steuergröße.

Die BOA beinhaltet **zwei Arbeitsschritte**:

(1) **Durchlaufterminierung**

Mit der Durchlaufterminierung werden alle nicht dringenden Aufträge für künftige Berechnungen zurückgestellt und es wird die Reihenfolge (geordnet nach den Plan-Beginnterminen) der Aufträge ermittelt, in der im zweiten Arbeitsschritt die mögliche Freigabe zu überprüfen ist.

(2) **Auftragsfreigabe**

Ein Auftrag wird freigegeben, wenn keiner der Arbeitsplätze, die vom Auftrag angelaufen werden müssen, überlastet ist. Das Maß für die Überlastung eines Arbeitsplatzes ist die pro Arbeitsplatz definierte Belastungsschranke (z. B. 200 % seiner Kapazität). Da ein in der technologischen Bearbeitungsfolge an hinterer Stelle liegender Arbeitsgang die Werkstatt erst in einer künftigen Periode belasten wird, stellt er im Vergleich zu einem Arbeitsgang, der an vorderer Stelle steht, eine geringere Belastung dar. Es erfolgt durch einen vorgegebenen Algorithmus eine Abwertung des Arbeitsinhalts (Auftragszeit) dieses Arbeitsgangs.

Bild PW.C.2.(92) stellt die Arbeitsschritte der belastungsorientierten Auftragsfreigabe dar.

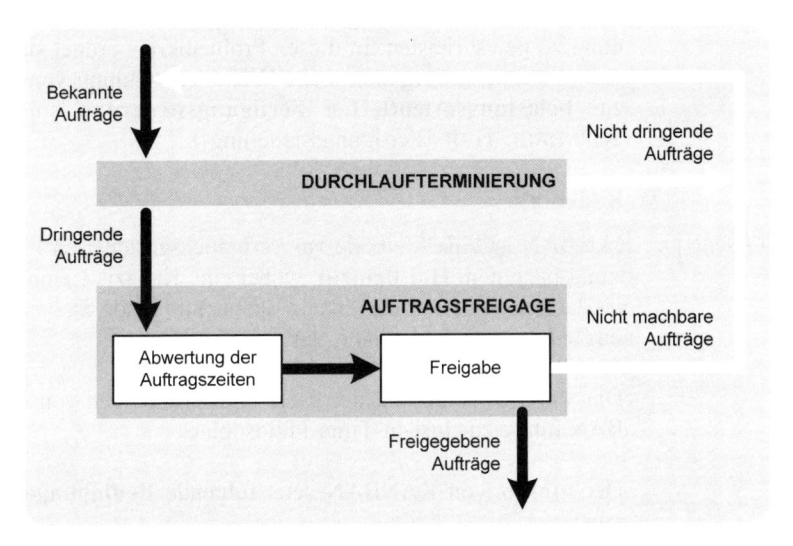

Bild PW.C.2.(92): *Arbeitsschritte der BOA (i. A. a. WIENDAHL, H.-P. [Fertigungsregelung] S. 289)*

> Mit der **BOA** sind eine **Reduzierung der Durchlaufzeiten** und eine **Verbesserung der Termineinhaltung durch gezielte Bestandssenkung** möglich, ohne dass sich das Niveau der Auslastung wesentlich verschlechtert.

Dieses Verfahren ist durch relativ einfache rechentechnische Lösungen anwendbar, denn es finden keine Feinplanung und kein damit verbundener Kapazitätsabgleich statt. Der dispositive Handlungsspielraum ist groß. Es wird aber ein exaktes und aktuell arbeitendes **Rückmeldesystem** und das Führen arbeitsplatzbezogener **Bestandskonten** vorausgesetzt.

Die BOA wird z. T. hinsichtlich zweier Aspekte kritisiert:
- Fehlende Verknüpfung zu den der BOA vorangehenden PPS-Funktionen
- Ungenügende Beachtung des Zusammenhangs zwischen Fertigungsauftrag und übergeordneten Baugruppen und Erzeugnissen

Die Anwendung von BOA erfordert es demnach stets, die Fertigungsbedingungen zu überprüfen und entsprechende Voraussetzungen für eine erfolgreiche praktische Nutzung zu schaffen.

Insbesondere ist eine enge Verknüpfung zur Produktionsplanung zu gewährleisten. In diesen Problemkreis ordnet sich die von WIENDAHL vorgenommene Weiterentwicklung von BOA zur **belastungsorientierten Fertigungssteuerung** ein (vgl. WIENDAHL, H.-P. [Fertigungssteuerung]).

(7) **KANBAN**

> **KANBAN** ist eine Methode zur verbrauchsgesteuerten Fertigung nach dem **Hol-Prinzip**, wobei eine Kapazitätseinheit erst dann produzieren darf, wenn die nachfolgende Stelle einen Bedarf angemeldet hat („Supermarkt-Prinzip").

Die Verallgemeinerung der Ziele und Grundideen von KANBAN führte zur Just-In-Time-Philosophie.

Der Einsatz von KANBAN setzt folgende **Bedingungen** voraus:
- Der Fertigungsprozess ist als Reihenfertigung (**Reihenprinzip** der Anordnung der Arbeitsplätze) organisiert.
- Es werden einfache, standardisierte Teile mit **gleicher technologischer Bearbeitungsfolge**, aber unterschiedli-

chem Zeitbedarf pro Arbeitsgang, die ständig gefragt sind, hergestellt.
▶ Nicht mehr als zehn Arbeitsplätze (Bearbeitungsstationen) sind in Reihe angeordnet und jeweils durch ein Zwischenlager (Puffer) getrennt.
▶ Der Teiletransport erfolgt in standardisierten Behältern.

Die Fertigung wird durch die letzte Bearbeitungsstation ausgelöst. Diese entnimmt dem vorgelagerten Puffer einen Behälter mit einem vorbereiteten Los und bearbeitet dieses. Die entstehende Lücke im Puffer wird erkannt und durch die Tätigkeit der davor liegenden Bearbeitungsstation aufgefüllt. Diese bezieht ihr Material wiederum aus einem vorgelagerten Puffer usw. (vgl. Bild PW.C.2.(93)).

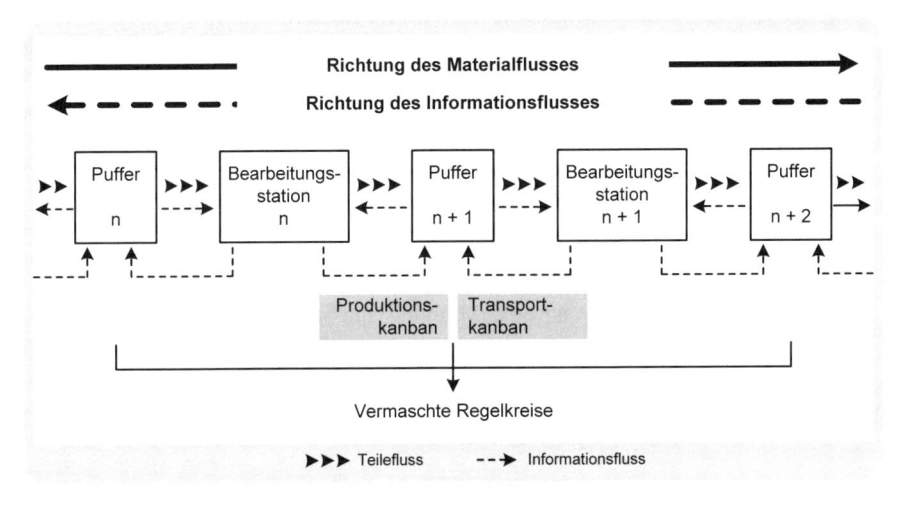

Bild PW.C.2.(93): Informations- und Teilefluss im KANBAN-System

Der Anstoß zur Fertigung erfolgt entgegen der Materialflussrichtung. Jede Bearbeitungsstation holt sich die (und nur die!) zu bearbeitenden Teile aus dem Puffer. Informations- und Teilefluss sind entgegengesetzt gerichtet. Der Informationsfluss wird durch **vermaschte Regelkreise** realisiert, die jeweils zwischen Bearbeitungsstation und Puffer wirksam werden.

Die einzigen Datenträger in diesem System sind die „Kanbans". Das sind Karten mit den für die Fertigung und die Lagerung der Teile unbedingt erforderlichen Angaben. Zu einem vollen Behälter im Puffer gehören jeweils ein **Produktions-** und ein **Transport-Kanban**. Diese Kanbans lösen die Ferti- | Produktions- und Transport-Kanban gung und / oder den Transport aus, dienen der Identifikation der zu bearbeitenden Teile und des Lagerorts im Puffer.

Das KANBAN-System ist eine **dezentrale Fertigungssteuerung**, denn fast alle Aktivitäten zur Beherrschung des Fertigungsablaufs werden durch das Bedienungspersonal realisiert. Aufgabe der Zentrale ist es lediglich, die Anzahl der Behälter im Puffer zu bestimmen, die Kanbans auszufüllen und die reibungslose Funktionsweise des Systems zu kontrollieren.

Bemerkenswert ist, dass es bei Anwendung des KANBAN-Systems keine traditionelle Disposition gibt, es erfolgt keine Terminierung, es werden keine Prioritäten vergeben und der Einsatz von Rechentechnik ist nicht erforderlich.

Eine erfolgreiche KANBAN-Steuerung erfordert, dass neben den schon genannten Anwendungsbedingungen noch folgende **Voraussetzungen** geschaffen werden:
- ▶ Drastische Verkürzungen der Rüstzeiten
- ▶ Absolute Qualitätssicherheit
- ▶ Hohe Zuverlässigkeit der Betriebsmittel
- ▶ Hohe Flexibilität und Zuverlässigkeit der Arbeitskräfte

(8) **Constant Work in Process (CONWIP)**

Constant Work in Process

CONWIP ist eine Methode zur Steuerung von Fertigungshauptprozessen bei variantenreicher Produktion, die auf Prinzipien von KANBAN zurückgreift und gleichzeitig Grundsätze berücksichtigt, die zur Entwicklung von BOA führten (vgl. SPEARMAN, M. L. et al. [CONWIP] S. 879 ff.).

Die Grundidee besteht darin, Fertigungsprozesse so zu steuern, dass die **Bestände** an unfertigen Erzeugnissen (= Work in Process) auf ein **konstant niedriges Niveau** begrenzt werden. Das sichert kurze und stabile Durchlaufzeiten (vgl. WIENDAHL, H.-P. et al. in KOETHER, R. [BOA und CONWIP] S. 154 ff.).

Ein ähnlicher Ansatz wird durch BOA verfolgt. Im Gegensatz zu BOA basiert CONWIP aber auf den **Grundlagen**
- ▶ der gleichen technologischen Bearbeitungsfolge der Fertigungsaufträge und dem
- ▶ Reihenprinzip der Anordnung von Bearbeitungsstationen.

Beide Grundlagen treffen auch bei KANBAN zu. Die bei KANBAN nach jedem Arbeitsplatz benötigten Puffer werden bei CONWIP eingespart, da sie in einer variantenreichen Produktion zu unangemessen hohen Beständen führen würden.

Die Fertigung wird bei CONWIP (wie bei KANBAN) durch die Entnahme von Produkten aus dem Warenausgangslager nach dem letzten Arbeitsplatz der Fertigungsreihe ausgelöst. Allerdings wird diese Information nicht wie bei KANBAN an den letzten Arbeitsplatz, sondern an den Anfang der Fertigungsreihe geleitet (vgl. Bild PW.C.2.(94)).

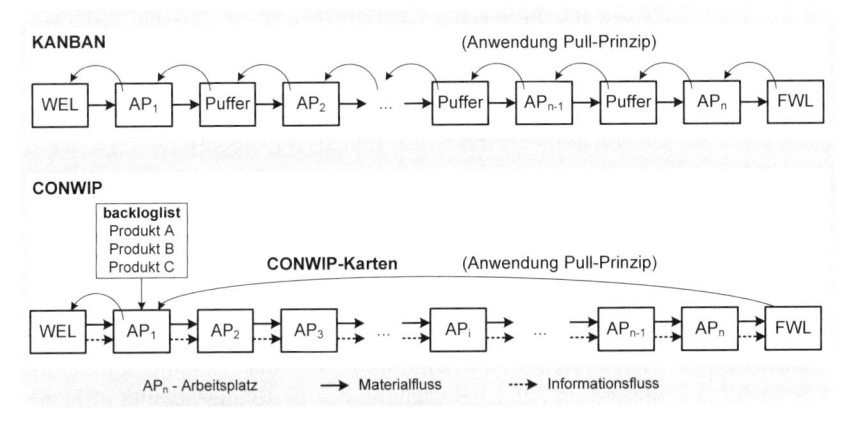

Bild PW.C.2.(94): Vergleich von CONWIP und KANBAN

Als Informationsträger dienen CONWIP-Karten. Eine solche Karte ist jeweils an einem Behälter mit den zu bearbeitenden Teilen befestigt.

Bei Entnahme einer Teileart bzw. eines Fertigerzeugnisses aus dem Warenausgangslager wird die entsprechende CONWIP-Karte vom betreffenden Behälter abgelöst und an den ersten Arbeitsplatz gesandt. Das Eintreffen der Karte am ersten Arbeitsplatz löst die Freigabe des nächsten Fertigungsauftrags aus. Welcher Auftrag dabei als nächster gestartet wird, ist in der Rückstandsliste (backloglist) festgelegt. Es wird nicht unbedingt (wie bei KANBAN) die Herstellung des Produkts, das als letztes aus dem Warenausgangslager entnommen wurde, angestrebt. Die Rückstandsliste wird zentral vorgegeben, kann aber durch das Fertigungspersonal in einem definierten Rahmen aktualisiert werden.

Mit der Anzahl der CONWIP-Karten und den damit verbundenen Behältern mit Teilen wird (wie bei KANBAN) das Bestandsniveau im Fertigungssystem festgelegt. Im Gegensatz zu KANBAN besitzt das Fertigungssystem im „Ruhezustand" (d. h. ohne Entnahmen aus dem Warenausgangslager), auf Grund der nicht vorhandenen Puffer zwischen den Arbeitsplätzen, keine Bestände.

Die auf der Basis eines großen Regelkreises über das gesamte Fertigungssystem organisierte Auftragsfreigabe sorgt für ein im Zeitablauf relativ konstantes Bestandsniveau.

Nach der Freigabe eines Auftrags für den ersten Arbeitsplatz erfolgt die Bearbeitung (analog BOA) nach den Grundsätzen des Bring-Prinzips (Push-System). Im Falle von Warteschlangen vor einem Arbeitsplatz erfolgt die Bearbeitung nach der FCFS-Regel (First come, first served-Regel).

(9) **Fortschrittszahlensystem (FZS)**

Das FZS wird seit den 60er Jahren erfolgreich in der Automobilindustrie zur Planung und Steuerung des Materialflusses angewendet.

Fortschrittszahlensystem

Im **Fortschrittszahlensystem** wird das gesamte Produktionssystem zur Überwachung des Fertigungsablaufs in Kontrollblöcke gegliedert. Ein Kontrollblock kann eine Fertigungsstufe aber auch ein einzelner Arbeitsplatz sein. Pro **Kontrollblock** wird eine **Zählstation** eingerichtet, die die Aufgabe hat, eintreffende und / oder abgefertigte Teile, Baugruppen oder Erzeugnisse zu identifizieren, zu zählen und auf dieser Grundlage Fortschrittszahlen als kumulierte Zahlenwerte zu ermitteln.

Bild PW.C.2.(95) stellt den Zusammenhang zwischen der Fertigungsstruktur und den Fortschrittszahlen als Fortschrittszahlendiagramm dar.

FERTIGUNGSSTRUKTUR

→ z_1 → TF → z_2 → ZWL → z_3 → Mo → z_4 →

FORTSCHRITTSZAHLENDIAGRAMM

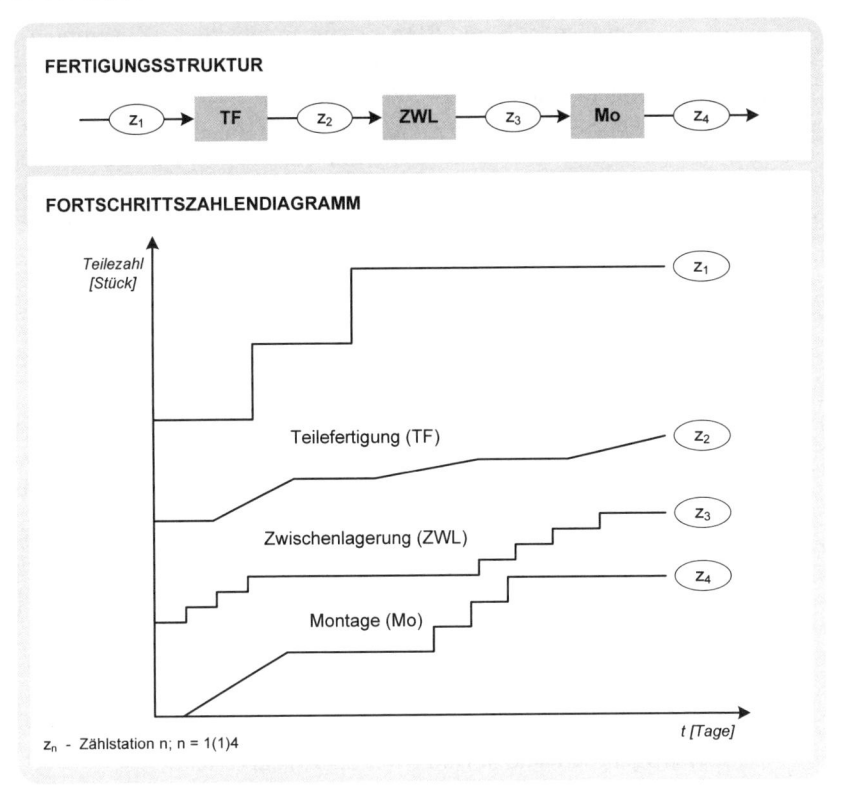

Teilezahl [Stück]

- z_1
- Teilefertigung (TF) — z_2
- Zwischenlagerung (ZWL) — z_3
- Montage (Mo) — z_4

z_n - Zählstation n; n = 1(1)4

t [Tage]

Bild PW.C.2.(95): Fertigungsstruktur und Fortschrittszahlendiagramm

Die so ermittelte Ist-Fortschrittszahl wird mit einem Plan oder der Fortschrittszahl anderer Kontrollblöcke verglichen. Damit kann ermittelt werden:

▶ Fortschritt der planmäßigen Auftragsbearbeitung (Plan-Ist-Vergleich)

▶ Entwicklung des Arbeitstempos in den verschiedenen Kontrollblöcken (Auf- oder Abbau mengen- und zeitmäßiger Puffer)

Auf dieser Grundlage können zielgerichtete Maßnahmen zur besseren Gestaltung des Fertigungsablaufs eingeleitet werden (z. B. Überstunden, Arbeitskräfteumsetzung, Teileverlagerung, Rationalisierung).

Die Anwendung des FZS ist auf die Zulieferbereiche ausdehnbar und somit auch zur Planung und Überwachung der Zusammenarbeit zwischen den Unternehmen nutzbar.

> Zwischen **FZS** und **BOA** existieren inhaltliche **Zusammenhänge**. In beiden Fällen wird die Leistung von Kapazitätseinheiten in ihrem zeitlichen Verlauf erfasst und daraus Schlussfolgerungen für eine bessere Gestaltung des Ablaufs abgeleitet. Während bei BOA der Arbeitsinhalt (d. h. die Auftragszeit) erfasst wird, reicht es bei dem FZS aus, die Anzahl der eintreffenden oder abgefertigten Teile zu registrieren.

Diese Vereinfachungen gegenüber BOA sind möglich, weil das FZS folgende **Anwendungsbedingungen** unterstellt:

▶ Es dominiert die **Großserien- oder Massenfertigung**.

▶ Es wird ein **Produkt mit technologisch einfacher Struktur** über einen längeren Zeitraum unverändert gefertigt.

▶ Die Produktion ist als **Fließfertigung** oder Fertigungsreihe organisiert.

Da bei der Anwendung des FZS stets auf aktuelle Daten zurückgegriffen werden kann, erübrigen sich aufwendige Bestandsführungs- und Reservierungssysteme.

Die prinzipiellen Einsatzgebiete der Methoden und Verfahren der PPS aus der Sicht der Organisationsformen der Fertigung und der Fertigungsart sind in Bild PW.C.2.(96) dargestellt.

Organisationsformen	Fertigungsarten			
	Einzelfertigung	Klein- und Mittelserienfertigung	Großserienfertigung	Massenfertigung
Werkstattfertigung	RT	OPT BOA		
Fertigungsabschnitt			CONWIP	
Fertigungsreihe			KANBAN	
Fließfertigung				FZS

Bild PW.C.2.(96): Einsatzschwerpunkte von Methoden und Verfahren der PPS (i. A. a. BUSCH, U. [PPS-System] S. 53)

Auf die Einbeziehung von JIT und MRP II in die Darstellung wird verzichtet, da es sich nicht um konkrete Methoden, sondern um Philosophien bzw. konzeptionelle Ansätze handelt.

2.6 Projektmanagement
2.6.1 Grundlagen

Die bisher behandelten Methoden und Verfahren der Produktionsplanung und -steuerung sind für sich wiederholende, zum Teil standardisierte Produktionsprozesse der Mehrfachfertigung entwickelt worden.

Neben diesen finden auch einmalig durchzuführende Produktionsprozesse der Einzelfertigung und Innovationsprozesse statt. Diese unterscheiden sich von den ständig wiederkehrenden Produktionsprozessen. Sie besitzen den Charakter von **Projekten**.

> Ein **Projekt** ist nach DIN 69901-5 „[...] ein Vorhaben, das im Wesentlichen durch eine **Einmaligkeit der Bedingungen** in ihrer Gesamtheit gekennzeichnet ist". Solche Bedingungen sind u. a. Zielvorgaben, zeitliche, finanzielle und kapazitive Begrenzungen sowie eine projektspezifische Organisation.

| Projekt

Die Gegenüberstellung der Merkmale von Prozessen mit Projektcharakter und wiederholenden Produktionsprozessen erfolgt in Bild PW.C.2.(97).

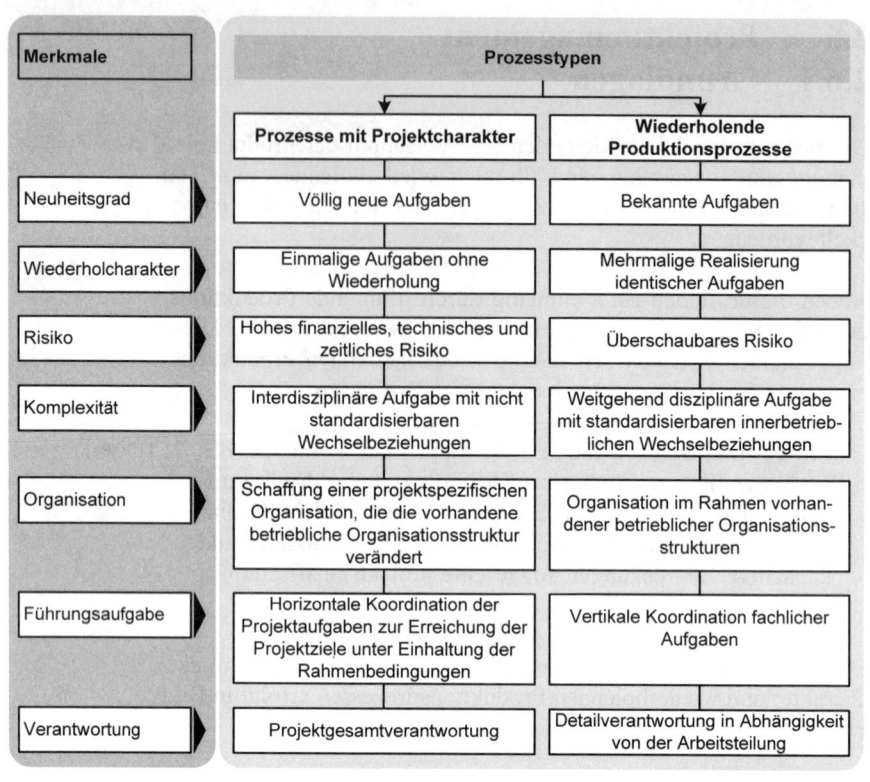

Merkmale	Prozesstypen	
	Prozesse mit Projektcharakter	**Wiederholende Produktionsprozesse**
Neuheitsgrad	Völlig neue Aufgaben	Bekannte Aufgaben
Wiederholcharakter	Einmalige Aufgaben ohne Wiederholung	Mehrmalige Realisierung identischer Aufgaben
Risiko	Hohes finanzielles, technisches und zeitliches Risiko	Überschaubares Risiko
Komplexität	Interdisziplinäre Aufgabe mit nicht standardisierbaren Wechselbeziehungen	Weitgehend disziplinäre Aufgabe mit standardisierbaren innerbetrieblichen Wechselbeziehungen
Organisation	Schaffung einer projektspezifischen Organisation, die die vorhandene betriebliche Organisationsstruktur verändert	Organisation im Rahmen vorhandener betrieblicher Organisationsstrukturen
Führungsaufgabe	Horizontale Koordination der Projektaufgaben zur Erreichung der Projektziele unter Einhaltung der Rahmenbedingungen	Vertikale Koordination fachlicher Aufgaben
Verantwortung	Projektgesamtverantwortung	Detailverantwortung in Abhängigkeit von der Arbeitsteilung

Bild PW.C.2.(97): *Unterscheidungsmerkmale von Prozessen mit Projektcharakter (Projekte) und sich wiederholenden Produktionsprozessen*

Im Gegensatz zu den **Prozessen mit Wiederholcharakter** – für die die **P**roduktions**p**lanung und -**s**teuerung eingesetzt wird, wird für **Prozesse mit Projektcharakter** das **Projektmanagement** angewendet.

Aufgaben, die den Charakter von Projekten besitzen, sind folgendermaßen strukturierbar (vgl. Bild PW.C.2.(98)).

Projektmanagement | Das **Projektmanagement** ist ein auf die Realisierung von Projekten, unter Einhaltung definierter Rahmenbedingungen, ausgerichtetes Führungskonzept. Dabei geht es um die projektspezifische Gestaltung und Lösung der dispositiven Aufgaben Planung, Steuerung, Organisation und Kontrolle sowie des Projektcontrolling, die sich wesentlich von denen in wiederholenden Produktionsprozessen laufenden Aufgaben unterscheiden.

Projekttypen	Inhalte / Ergebnisse
(1) Studien, Expertisen	Wissenschaftliche und technische Erkenntnisse über Ursache-Wirkungs-Zusammenhänge (häufig Vorläufer von Projekten mit Aussagen über Aufgabenstellung und Realisierbarkeit)
(2) Entwicklung von Produkten	
(2.1) Neuentwicklung	Ein neues Produkt wird entwickelt und in den Markt eingeführt
(2.2) Weiterentwicklung	Produktanpassungen an veränderte Bedarfsentwicklungen
(3) Entwicklung von Produktionsprozessen	
(3.1) Technische Neuentwicklung	Installation neuer Technik und Technologie
(3.2) Technische Weiterentwicklung (Rationalisierung)	Prozessrationalisierung durch punktuellen Einsatz technisch-technologischer Verbesserungen, Modernisierungen
(3.3) Organisationsentwicklung	Anpassung der Organisation der Produktionshauptprozesse und der Organisation fertigungsnaher industrieller Dienstleistungsprozesse an die Produkt-, Programmanforderungen
(4) Entwicklung von Informationssystemen	Einführung von Datenverarbeitungssystemen (PPS, CIM)

Bild PW.C.2.(98): Aufgaben mit Projektcharakter (i. A. a. KRAUS, G. / WESTERMANN, R. [Projektmanagement] S. 15)

2.6.2 Projektorganisation

Die **Projektorganisation** schafft die organisatorischen Voraussetzungen für die Projektrealisierung.

| Projektorganisation

Als Grundformen der Projektorganisation sind zu unterscheiden:
(1) **Reines** Projektmanagement (auch autonomes Projektmanagement)
(2) **Matrix**-Projektmanagement (auch Management by Projects)
(3) **Einfluss**-Projektmanagement (auch Stab-Projektmanagement)

Es handelt sich dabei um Varianten der Aufbauorganisation von Projekten.

Das **reine Projektmanagement** ist dadurch gekennzeichnet, dass im Rahmen der Aufbauorganisation eines Unternehmens die Projektaufgabe mit einem eigenständigen Linienorgan versehen wird (vgl. Bild PW.C.2.(99)).

| Reines Projektmanagement

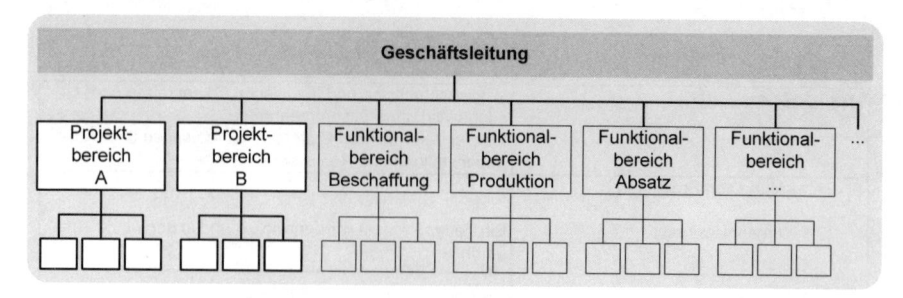

Bild PW.C.2.(99): *Reine Projektorganisation*

Matrix-Projekt-management Das **Matrix-Projektmanagement** wird sehr häufig eingesetzt. In diesem Modell haben sowohl die Linien- als auch die Projektverantwortlichen Zugriff auf die Mitarbeiter der Funktionalstruktur der Linienorgane. Sie werden quasi zu „Dienern zweier Herren". Aus diesem Grund sind die Kompetenzen und Verantwortlichkeiten eindeutig zu regeln. Häufig kommt es zur Trennung zwischen fachlich-funktionalen und disziplinarischen Weisungen zwischen dem Projektleiter und dem Leiter des Funktionalbereichs. Bild PW.C.2.(100) stellt das Matrix-Projektmanagement dar.

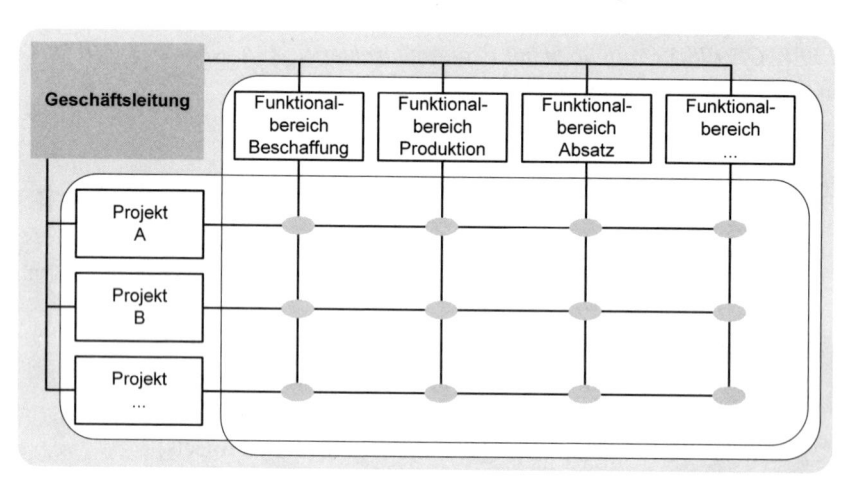

Bild PW.C.2.(100): *Matrix-Projektorganisation*

Einfluss-Projekt-management Im Rahmen des **Einfluss-Projektmanagement** wird in die bestehende hierarchische Organisationsstruktur des Unternehmens ein Stab der Geschäftsleitung installiert, über den die Projektarbeit durch den Projektleiter **koordiniert** wird. Der Projektleiter besitzt dabei kein Weisungsrecht (vgl. Bild PW.C.2.(101)), er übt Einflüsse aus, die jedoch nur über die Geschäftsleitung durchsetzbar sind.

Für die Dauer des Projekts werden Mitarbeiter aus unterschiedlichen Funktionalbereichen zur Projektrealisierung eingesetzt. Sie verbleiben dafür aber in ihrem ursprünglichen Arbeitsbereich.

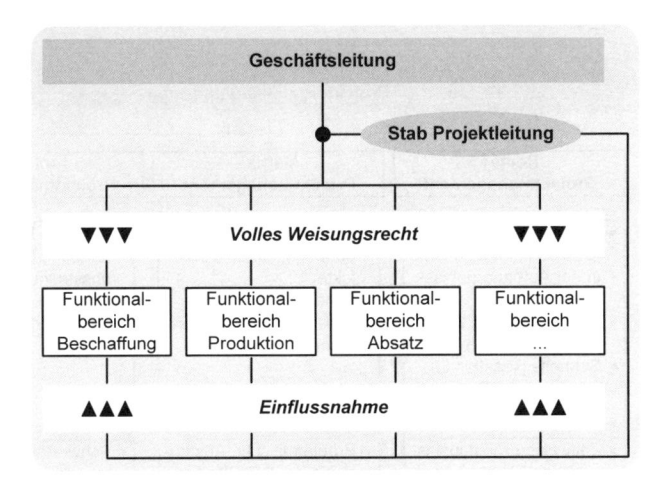

Bild PW.C.2.(101): Einfluss-Projektorganisation

Alle drei Gestaltungsvarianten der Projektorganisation besitzen Vor- und Nachteile (vgl. Bild PW.C.2.(102)).

> Die **Ablauforganisation** eines Projekts wird in starkem Maße von den zu lösenden Projektaufgaben beeinflusst.

Zur Gestaltung der Ablauforganisation wird die Erkenntnis genutzt, dass jedes Projekt einen Lebenszyklus durchläuft, der sich in charakteristische Abschnitte – **Phasen** – unterteilen lässt.

> Eine **Projektphase** ist ein zeitlicher Abschnitt im **Projektlebenszyklus**, der sachlich gegen andere Abschnitte abgegrenzt ist.

| Projektphase, Projektlebenszyklus

Bild PW.C.2.(103) gibt einen Überblick über die Inhalte denkbarer Projektphasen.

Die Abgrenzung der Phasen erfolgt durch so genannte Meilensteine.

> Ein **Meilenstein** ist ein plantreues und eindeutig überprüfbares Zwischenergebnis, das inhaltlich und terminlich definiert ist und eine Gesamtbeurteilung des Projekts erlaubt.

| Meilenstein

Zur Veranschaulichung von Meilensteinen können Ereignisse wie der Stapellauf eines Schiffs oder das Richtfest bei dem Bau eines Gebäudes genannt werden. Anhand des Erfüllungsstands der Meilensteine wird über den Fortgang des Projekts entschieden.

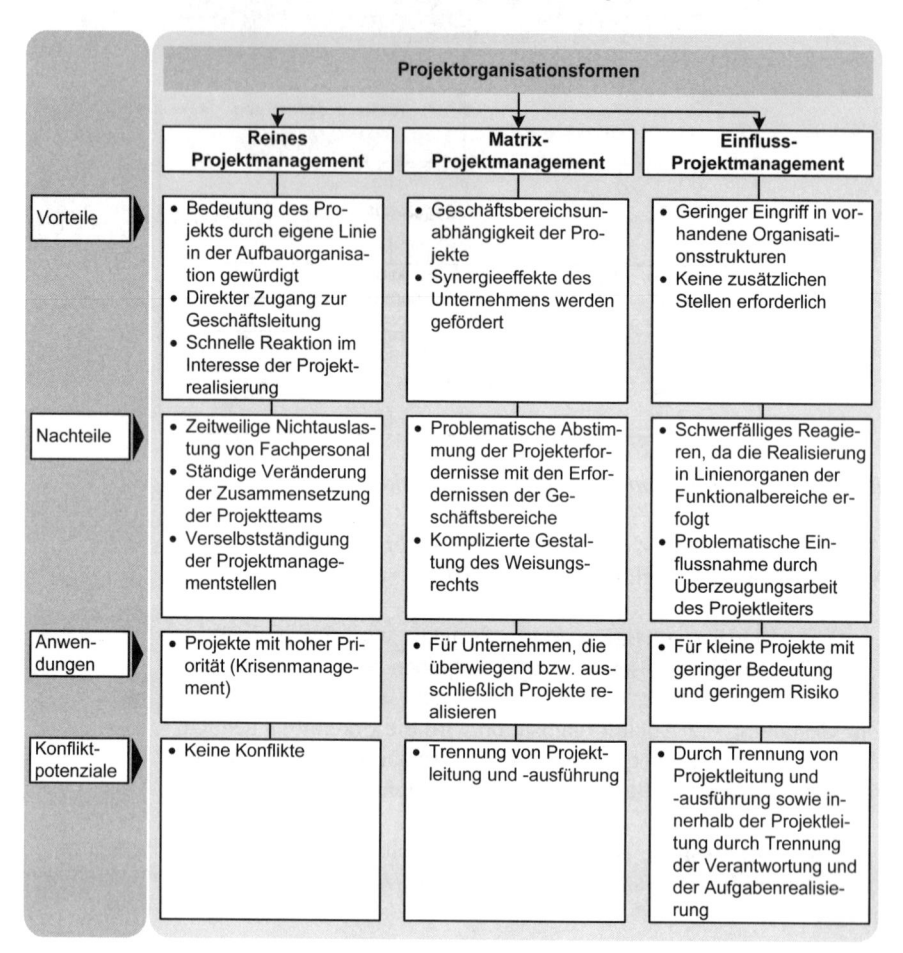

	Projektorganisationsformen		
	Reines Projektmanagement	**Matrix-Projektmanagement**	**Einfluss-Projektmanagement**
Vorteile	• Bedeutung des Projekts durch eigene Linie in der Aufbauorganisation gewürdigt • Direkter Zugang zur Geschäftsleitung • Schnelle Reaktion im Interesse der Projektrealisierung	• Geschäftsbereichsunabhängigkeit der Projekte • Synergieeffekte des Unternehmens werden gefördert	• Geringer Eingriff in vorhandene Organisationsstrukturen • Keine zusätzlichen Stellen erforderlich
Nachteile	• Zeitweilige Nichtauslastung von Fachpersonal • Ständige Veränderung der Zusammensetzung der Projektteams • Verselbstständigung der Projektmanagementstellen	• Problematische Abstimmung der Projekterfordernisse mit den Erfordernissen der Geschäftsbereiche • Komplizierte Gestaltung des Weisungsrechts	• Schwerfälliges Reagieren, da die Realisierung in Linienorganen der Funktionalbereiche erfolgt • Problematische Einflussnahme durch Überzeugungsarbeit des Projektleiters
Anwendungen	• Projekte mit hoher Priorität (Krisenmanagement)	• Für Unternehmen, die überwiegend bzw. ausschließlich Projekte realisieren	• Für kleine Projekte mit geringer Bedeutung und geringem Risiko
Konfliktpotenziale	• Keine Konflikte	• Trennung von Projektleitung und -ausführung	• Durch Trennung von Projektleitung und -ausführung sowie innerhalb der Projektleitung durch Trennung der Verantwortung und der Aufgabenrealisierung

Bild PW.C.2.(102): Vergleich der Projektorganisationsformen

Mögliche **Entscheidungssituationen** sind

▶ die **Genehmigung** der nächsten Phase,
▶ die **Nachbesserung** der vorgelegten Ergebnisse oder
▶ der **Abbruch**

des Projekts.

Mit einer solchen Vorgehensweise wird das Risiko des Scheiterns eines jeden Projekts weitgehend eingeschränkt. Aus Kostengründen ist eine Entscheidung über den Projektabbruch spätestens nach Phase B (Definitionsphase) angeraten.

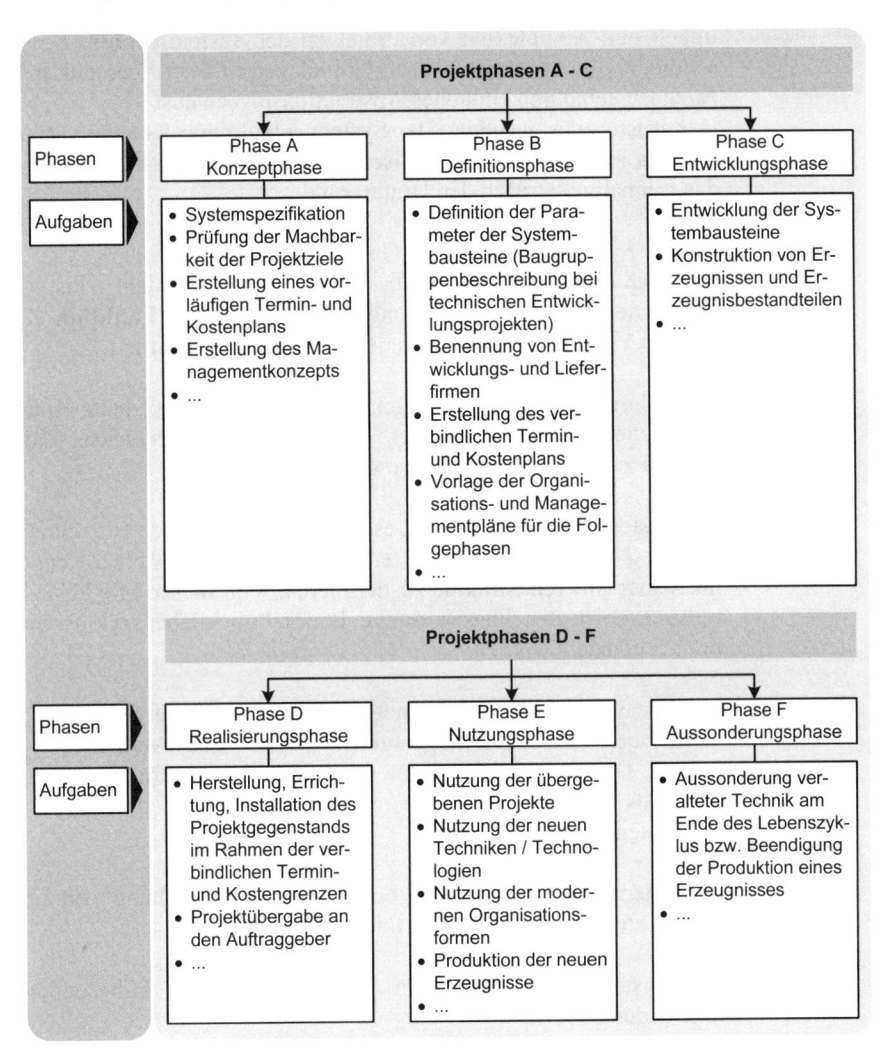

Phasen	Projektphasen A - C		
	Phase A Konzeptphase	Phase B Definitionsphase	Phase C Entwicklungsphase
Aufgaben	• Systemspezifikation • Prüfung der Machbarkeit der Projektziele • Erstellung eines vorläufigen Termin- und Kostenplans • Erstellung des Managementkonzepts • ...	• Definition der Parameter der Systembausteine (Baugruppenbeschreibung bei technischen Entwicklungsprojekten) • Benennung von Entwicklungs- und Lieferfirmen • Erstellung des verbindlichen Termin- und Kostenplans • Vorlage der Organisations- und Managementpläne für die Folgephasen • ...	• Entwicklung der Systembausteine • Konstruktion von Erzeugnissen und Erzeugnisbestandteilen • ...

Phasen	Projektphasen D - F		
	Phase D Realisierungsphase	Phase E Nutzungsphase	Phase F Aussonderungsphase
Aufgaben	• Herstellung, Errichtung, Installation des Projektgegenstands im Rahmen der verbindlichen Termin- und Kostengrenzen • Projektübergabe an den Auftraggeber • ...	• Nutzung der übergebenen Projekte • Nutzung der neuen Techniken / Technologien • Nutzung der modernen Organisationsformen • Produktion der neuen Erzeugnisse • ...	• Aussonderung veralteter Technik am Ende des Lebenszyklus bzw. Beendigung der Produktion eines Erzeugnisses • ...

Bild PW.C.2.(103): Projektphasen – Inhalte und Aufgaben (i. A. a. MADAUSS, B.-J. [Projektmanagement] S. 63 ff.)

2.6.3 Methoden
2.6.3.1 Systemtechnik

Systemtechnik | Das Projektmanagement bedient sich zur Beherrschung der Einmaligkeit und Komplexität von Projekten der **Systemtechnik**. Diese Methode, die ihre theoretischen Grundlagen in der Kybernetik hat, zeichnet sich durch ein hohes Abstraktionsniveau aus.

Damit ist bei Anwendung der Systemtechnik eine **Konzentration auf das allen Projekten Typische** möglich. Die Projektspezifik – das Einmalige – tritt in den Hintergrund.

System | > Ein **System** umfasst eine Gesamtheit von Elementen, zwischen denen Beziehungen bestehen. Das System steht selbst mit der Umwelt in Beziehung. Es ist durch seine **Funktion**, sein **Verhalten** und seine innere **Struktur** determiniert.

Diese durch die Definitionen gekennzeichneten Sachverhalte erlauben es, jedes beliebige Objekt – und somit **auch Projekte – als System zu betrachten** und zu modellieren.

Die Systemtechnik ermöglicht es, ein System als Black Box darzustellen, d. h. Funktionen und Verhalten eines Systems ohne Kenntnis seiner inneren Struktur zu definieren. Von dieser Möglichkeit muss z. B. in den Phasen A und B des Projektlebenszyklus Gebrauch gemacht werden.

> Die **Systemtechnik** begegnet der **Komplexität der Projekte** durch die **Gestaltung hierarchischer Projektstrukturen**. Dabei wird jedes Element innerhalb einer Strukturebene als separates Teilsystem angesehen und seinerseits in Unterelemente zerlegt.

Das Hierarchieprinzip wurde bereits bei der Gestaltung von Erzeugnisstrukturen angewendet (siehe Abschnitt C.2.3.4).

Die Systemtechnik findet im Projektmanagement insbesondere Anwendung bei der

- ▶ Problemanalyse,
- ▶ Zielfindung und
- ▶ Projektstrukturplanung.

Während zu den ersten beiden Aspekten auf die weiterführende Literatur verwiesen wird, wird die **Projektstrukturplanung** als ein **Schlüsselproblem des Projektmanagement** nachfolgend charakterisiert.

2.6.3.2 Realisierungsplanung

Die **Hauptaufgaben** der Realisierungsplanung von Projekten bestehen in der

- ▶ Gestaltung **einer Aufgabenübersicht über das Gesamtprojekt** und damit in der
- ▶ Schaffung von **Voraussetzungen zur Steuerung des Projektablaufs**.

Diesen Zielen dienen neben dem bereits behandelten Phasenkonzept die Instrumente **Projektstrukturplanung** und **Projektablaufplanung**.

Ergebnis der Projektstrukturplanung ist der Projektstrukturplan.

> Ein **Projektstrukturplan** zeigt die hierarchische Gliederung des Projektgegenstands. Bestandteile der hierarchischen Struktur sind die Teilaufgaben und die Arbeitspakete.

Projektstrukturplan

Die Hierarchie des Projektstrukturplans wird parallel zu den Phasen A bis C des Projektlebenszyklus mit zunehmendem Erkenntnisfortschritt über die Projektdetails bis zu den Arbeitspaketen vervollkommnet (vgl. dazu Bild PW.C.2.(104)).

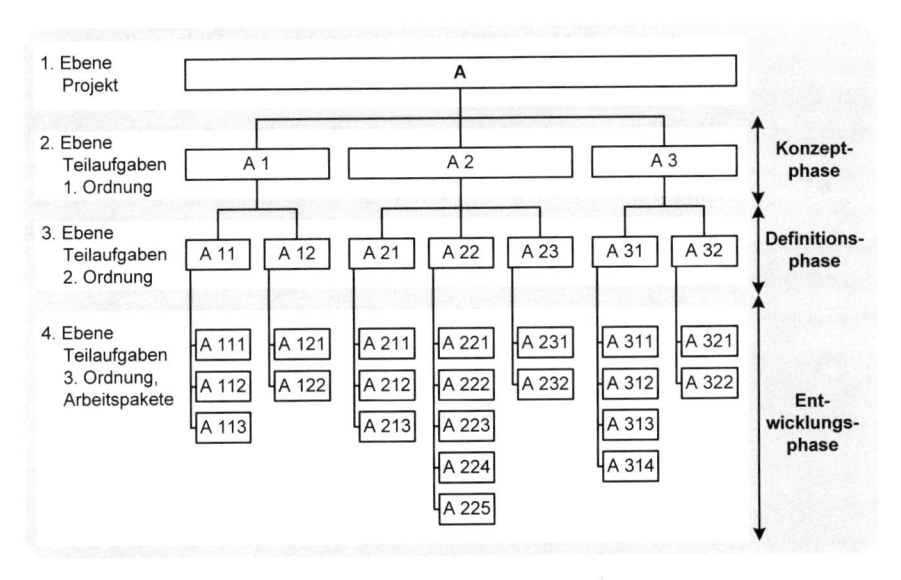

Bild PW.C.2.(104): Beispiel für einen Projektstrukturplan

Arbeitspaket | Ein **Arbeitspaket** ist das kleinste Element eines Projektstrukturplans. Ihr Inhalt ist so definiert, dass sie zu ihrer Realisierung einer organisatorischen Einheit eindeutig zugewiesen werden können.

Die Arbeitspakete sind von wesentlicher Bedeutung für weiterführende Planungsaufgaben.

Der **Projektstrukturplan** ist das entscheidende Ordnungsinstrument des Projektmanagement.

Um seiner Funktion als Ordnungsinstrument entsprechen zu können, sind alle Bestandteile des Projektstrukturplans mit einem hierarchisch aufgebauten **Code zur eindeutigen Identifikation und Zuordnung** zu verschlüsseln. Geeignete Möglichkeiten hierfür bieten numerische sowie alphanumerische Codes.

Die Codierung des Projektstrukturplans hat für alle Projektbeteiligten eine integrierende Wirkung. Sie ist Voraussetzung für die eindeutige Zuordnung aller Projektdokumente und damit ein wesentliches Hilfsmittel für das Dokumentationsmanagement.

Projektablaufplanung | Die **Projektablaufplanung** modelliert, ergänzend zur Projektstrukturplanung, den Prozess der Realisierung aller Aufgaben des Projekts. Dafür kommen im Wesentlichen die Instrumente **Meilensteinplan**, **Netzplan** und **Balkenplan** zur Anwendung.

Diese Instrumente basieren auf der **Netzplantechnik**. Ihre Grundzüge werden nachfolgend behandelt. Dabei erfolgt eine Eingrenzung auf diejenigen Verfahren, die sich international im Projektmanagement durchgesetzt haben. Sie sind in der DIN 69900/1 als Standard verfügbar.

Netzplantechnik | Die **Netzplantechnik** wird sowohl zur Ablauf- als auch zur Terminplanung von Projekten genutzt. Sie dient der **Zeit-, Kapazitäts- und Kostenplanung** und ist außerdem ein Mittel zur Planung der Struktur eines Projekts.

Zur Modellierung der Prozesse bedient sich die Netzplantechnik so genannter Ablaufelemente. Diese sind Vorgänge bzw. Ereignisse sowie Anordnungsbeziehungen.

Vorgang (Aktivität) | Ein **Vorgang** (Aktivität) ist ein Ablaufelement, das ein bestimmtes Geschehen beschreibt. Ein Vorgang besitzt eine Dauer mit einem Anfang und einem Ende.

> Ein **Ereignis** ist ein Ablaufelement, das das Eintreten eines bestimmten Zustands beschreibt. In Abgrenzung zu einem Vorgang hat ein Ereignis keine Dauer. Ein Ereignis ist an einen Zeitpunkt gebunden.

| Ereignis

Die Definitionen zeigen, dass zwischen den Ablaufelementen „Vorgang" und „Ereignis" enge logische Beziehungen bestehen. Diese werden für die Ableitung der Planungsinstrumente aus dem Prozessmodell genutzt.

> Eine **Anordnungsbeziehung (AOB)** beschreibt eine technisch-technologische Abhängigkeit zwischen Vorgängen oder Ereignissen. Diese werden als unmittelbare Vorgänger-Nachfolger-Beziehungen erfasst und dargestellt.

| Anordnungs-
| beziehung

Die typische und dominierende Form von Anordnungsbeziehungen in Netzplänen ist die **Normalfolge**. Sie ist dadurch gekennzeichnet, dass der Folgevorgang (Nachfolger) erst begonnen werden kann, nachdem der vorangegangene Vorgang (Vorgänger) beendet ist.

| Normalfolge

Weitere, weniger bedeutsame Formen der Anordnungsbeziehungen sind:

▶ **Anfangsfolge:**
   Der Beginn eines Vorgangs ist hier abhängig vom Anfang eines unmittelbaren Vorgängervorgangs.

▶ **Endfolge:**
   Das Ende eines Vorgangs ist hier abhängig vom Ende eines unmittelbaren Vorgängervorgangs.

▶ **Sprungfolge:**
   Das Ende eines Vorgangs ist hier abhängig vom Anfang eines unmittelbaren Vorgängervorgangs.

Die graphische Darstellung der Anordnungsbeziehungen erfolgt in Bild PW.C.2.(105).

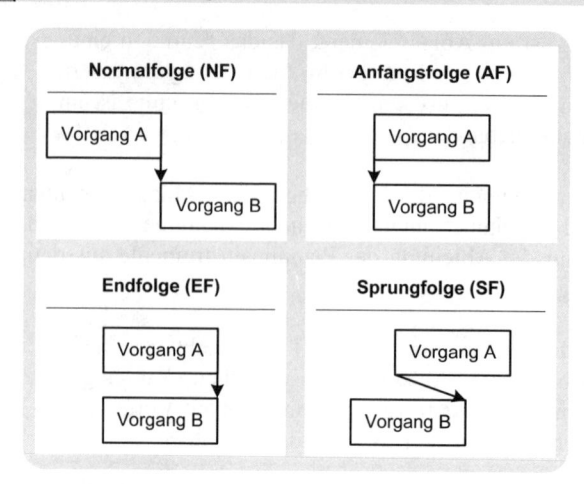

```
┌─────────────────────────┬─────────────────────────┐
│   Normalfolge (NF)      │   Anfangsfolge (AF)     │
│                         │                         │
│   [Vorgang A]           │   [Vorgang A]           │
│          ↓              │       ↓                 │
│       [Vorgang B]       │   [Vorgang B]           │
├─────────────────────────┼─────────────────────────┤
│   Endfolge (EF)         │   Sprungfolge (SF)      │
│                         │                         │
│   [Vorgang A]           │       [Vorgang A]       │
│       ↓                 │      ↙                  │
│   [Vorgang B]           │   [Vorgang B]           │
└─────────────────────────┴─────────────────────────┘
```

Bild PW.C.2.(105): Anordnungsbeziehungen in Netzplänen (so genannte „freie" Darstellung)

Als Mittel zur Verbesserung der Realitätsnähe von Netzplänen werden Zeitabstände zwischen aufeinander folgenden Vorgängen definiert. Dabei bedeutet ein positiver Zeitabstand „Warten", ein negativer „Vorziehen".

Die beiden Möglichkeiten

Abweichung von der Normalfolge sowie
Zeitverschiebung

sind nur für Vorgangsknotennetze bzw. Ereignisknotennetze anwendbar.

Netzplan | Die graphische **Darstellung** von Prozessmodellen **in Form von Netzplänen** erfolgt nach dem Prinzip gerichteter Graphen durch die Darstellungselemente „Pfeil" und „Knoten".

Ereignis-Knoten- / Vorgangs-Knoten-Netzplan | Je nach Verwendung dieser Symbole für die Visualisierung der Ablaufelemente werden

- ▶ **Ereignis-Knoten-Netzpläne** und
- ▶ **Vorgangs-Knoten-Netzpläne**

unterschieden.

Zur Modellierung von Prozessabläufen kommen Vorgangs-Knoten-Netzpläne zur Anwendung. Im Vorgangs-Knoten-Netzplan wird jeder Vorgang beschrieben und als Knoten dargestellt. Zwischen den Knoten existieren Anordnungsbeziehungen, die die Vorgänge in Form von Pfeilen verbinden.

In Ereignis-Knoten-Netzplänen treten an die Stelle der Vorgänge Ereignisse. Ereignis-Knoten-Netzpläne sind besonders als Darstellungsart von Meilensteinplänen geeignet (vgl. Bilder PW.C.2.(106) und PW.C.2.(107)).

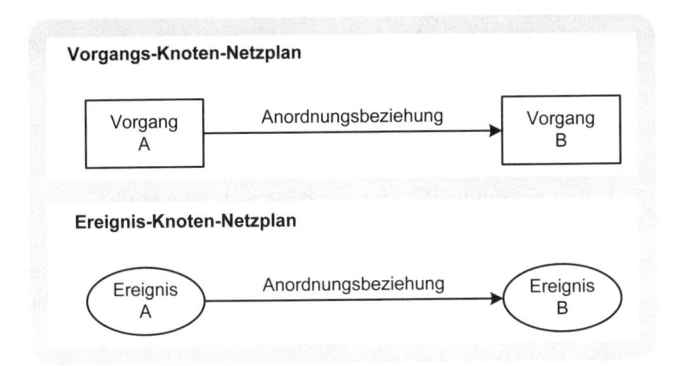

Bild PW.C.2.(106): Netzplanformen

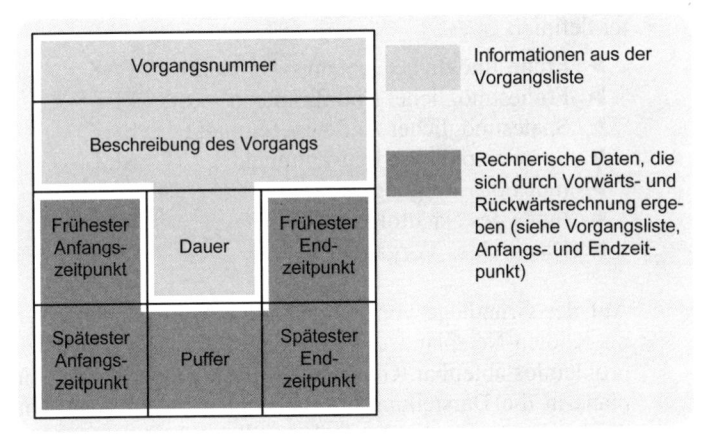

Bild PW.C.2.(107): Struktur des Vorgangsknotens (vgl. KRAUS, G. / WESTERMANN, R. [Projektmanagement] S. 112)

An die Modellierung des Prozessablaufs schließen die **Berechnung und Analyse** des Netzplans an, mittels derer folgende Ziele erreicht werden sollen:

▶ Berechnung von Gesamtdauer und Zwischenterminen des Projekts sowie Ermittlung zeitlicher Spielräume im Prozessverlauf (so genannte Pufferzeiten)

▶ Bestimmung des kritischen Wegs

Kritischer Weg

> Der **kritische Weg** ist der Weg zwischen dem Startknoten und dem Endknoten eines Netzes, auf welchem nur Vorgänge bzw. Ereignisse ohne Pufferzeiten angeordnet sind.
>
> Vorgangsverzögerungen auf diesem Weg führen zur Verlängerung der Projektdauer. Die auf diesem Weg liegenden Vorgänge werden **kritische Vorgänge** und die zugehörigen Ereignisse **kritische Ereignisse** genannt.
>
> Alle anderen Ereignisse, Wege und Vorgänge werden als **nicht kritisch** bezeichnet.

Voraussetzungen für die Netzplanrechnung sind:

- Die Netzstruktur muss einen eindeutigen Start- und einen eindeutigen Endvorgang aufweisen. Sofern der reale Prozess das nicht ermöglicht, sind fiktive Start- und Endvorgänge mit der Dauer „Null" in das Netz einzufügen.
- Die Dauer der Vorgänge muss bekannt sein. Ihre Ermittlung für die Planung erfolgt überwiegend durch Schätzung.

Für die Durchführung der Netzplanrechnung sind folgende Parameter definiert:

- Frühestmöglicher Anfangs-Zeitpunkt   FAZ
- Frühestmöglicher End-Zeitpunkt   FEZ
- Spätestmöglicher Anfangs-Zeitpunkt   SAZ
- Spätestmöglicher End-Zeitpunkt   SEZ
- Index des Vorgängers   i
- Index des Nachfolgers   j
- Dauer eines Vorgangs   D

Auf der Grundlage von Vorgangs-Knoten-Netzplänen sind Ereignis-Knoten-Netzpläne als Instrumente der Meilensteinplanung problemlos ableitbar. Gleiches gilt für die Überführung eines Netzplans in die Darstellungsart Balkenplan (auch: Gantt-Diagramm), der bevorzugt für die Terminkontrolle und -steuerung in Projekten angewandt wird.

Folgende Vorgehensweisen der Netzplanrechnung und -analyse sind zu unterscheiden:

(1) **Vorwärtsrechnung** (auch progressive Rechnung)

- Beginn mit dem Startvorgang
- $FEZ = FAZ + D$
- $FAZ_1 = 0 \rightarrow FEZ_1 = 0 + D_1$
- $FAZ_j = FEZ_i$
  $\rightarrow FAZ_j = FEZ_{i\,max}$ (bei mehreren Vorgängern)

(2) **Rückwärtsrechnung** (auch retrograde Rechnung)
- Beginn mit dem Endvorgang
- $SAZ = SEZ - D$
- $SEZ_n = FEZ_n \rightarrow SAZ_n = FEZ_n - D_n$
- $SEZ_i = SAZ_j$
  $\rightarrow SEZ_i = SAZ_{imax}$ (bei mehreren Vorgängern)

Diese Beziehungen gelten für die Normalfolgen. Bei abweichenden Anordnungsbeziehungen sind die entsprechenden Anschlusspunkte zu beachten.

(3) **Pufferzeiten und kritischer Weg**
- Gesamtpuffer (GP)
  $\rightarrow$ Zeitspanne zwischen frühester und spätester Lage eines Vorgangs
  $\rightarrow GP = SAZ - FAZ = SEZ - FEZ$
- Freier Puffer (FP)
  $\rightarrow$ Zeitspanne, um die ein Vorgang gegenüber seiner frühesten Lage verschoben werden kann, ohne die früheste Lage anderer Vorgänge zu beeinflussen
  $\rightarrow FP = FAZ_{jmin} - FEZ_i$
- Kritischer Weg
  $\rightarrow$ Der kritische Weg ist mindestens eine durchgängige Folge von Vorgängen zwischen Start- und Endvorgang ohne Pufferzeiten.

Ausgehend von der Annahme, dass auf der Grundlage der theoretischen Analyse der Produktivität ein Projekt zur praxisbezogenen Produktivitätsgestaltung durchzuführen sei, werden dafür nachfolgend

▶ Vorgangsliste,
▶ Netzplan mit dem kritischen Weg,
▶ Meilensteinplan und
▶ Balkenplan

dargestellt (vgl. Bilder PW.C.2.(108), PW.C.2.(109), PW.C.2.(110)). Es wird die vereinfachende Annahme getroffen, dass nur zwei Unternehmen untersucht werden.

Zur Unterstützung der Prozessmodellierung mit Hilfe der Netzplantechnik sowie der Realisierung aller Darstellungsvarianten steht eine Auswahl von Softwareprodukten zur Verfügung, die ständig den wachsenden Anforderungen des Projektmanagement und den sich verbessernden Möglichkeiten der Rechentechnik angepasst wird.

Die Ergebnisse der Ablaufplanung / Zeitplanung auf der Grundlage von Netzplänen sind über den dargestellten Rahmen hinaus Voraussetzung für die Ressourcen- und Kostenplanung in Projekten.

Vorgänge Nr.	Bezeichnung	Vor-gänger	Nach-folger	AOB	Dauer [Monate]
01	Projektkonzeption	-	02, 03		3
02	Projektdefinition	01	04.1, 04.2		1
03	Auswahl der Unternehmen	01	04.1, 04.2		3
04.1	Befragung Unternehmen 1	02, 03	05, 06		2
04.2	Befragung Unternehmen 2	02, 03	05, 06		2
05	Benchmarking	04.1, 04.2	07.1, 07.2	NF - 1	2
06	Entwicklung Analysemethoden	04.1, 04.2	07.1, 07.2		1
07.1	Analyse Unternehmen 1	05, 06	08.1		5
07.2	Analyse Unternehmen 2	05, 06	08.2		5
08.1	Konzeption Unternehmen 1	07.1	10.1		3
08.2	Konzeption Unternehmen 2	07.2	10.2		3
09.1	Umsetzung Unternehmen 1	10.1	11	EF	4
09.2	Umsetzung Unternehmen 2	10.2	11	EF	4
10.1	Projektbegleitung Unternehmen 1	08.1	09.1		4
10.2	Projektbegleitung Unternehmen 2	08.2	09.2		4
11	Verallgemeinerung	09.1, 09.2	12		3
12	Workshops	11	13	EF	1
13	Abschlussbericht	12	14		4
14	Wissenstransfer	13	15	NF - 1	6
15	Evaluierung	14	-	NF + 6	24
16	Wissenschaftliche Projektbegleitung	-	-	AF / EF	63

Bild PW.C.2.(108): Vorgangsliste Projekt „Produktivitätsermittlung"

Produktionsplanung und -steuerung 793

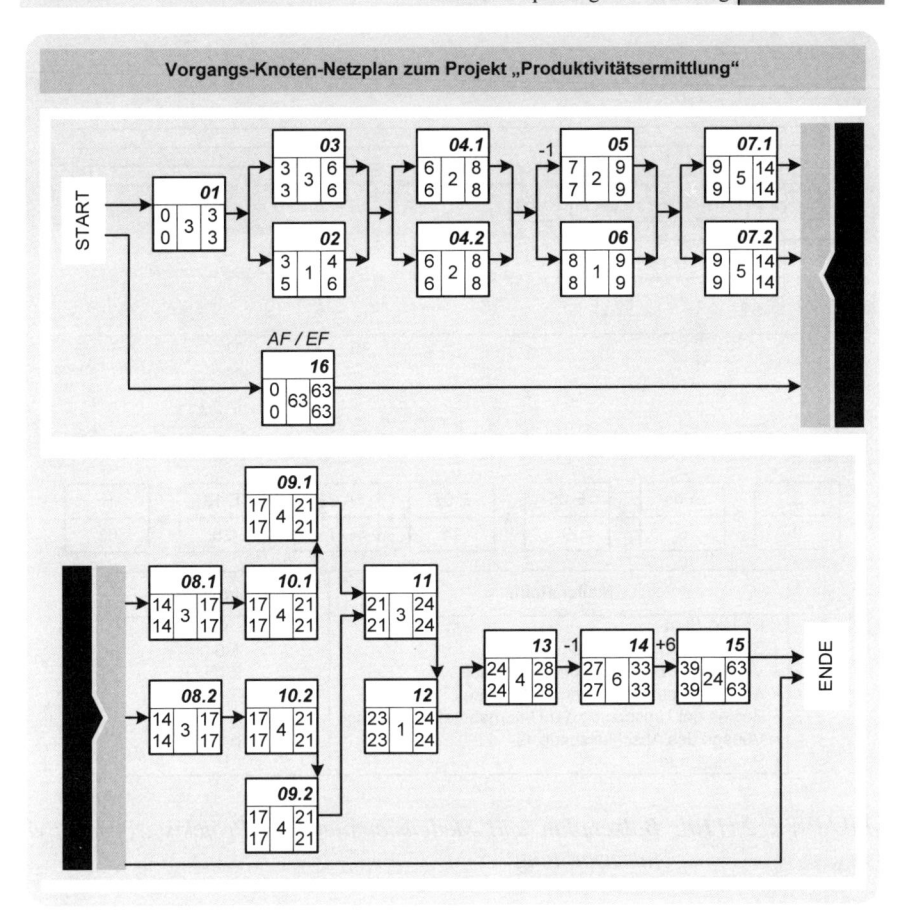

Bild PW.C.2.(109): Vorgangs-Knoten-Netzplan des Projekts „Produktivitätsermittlung"

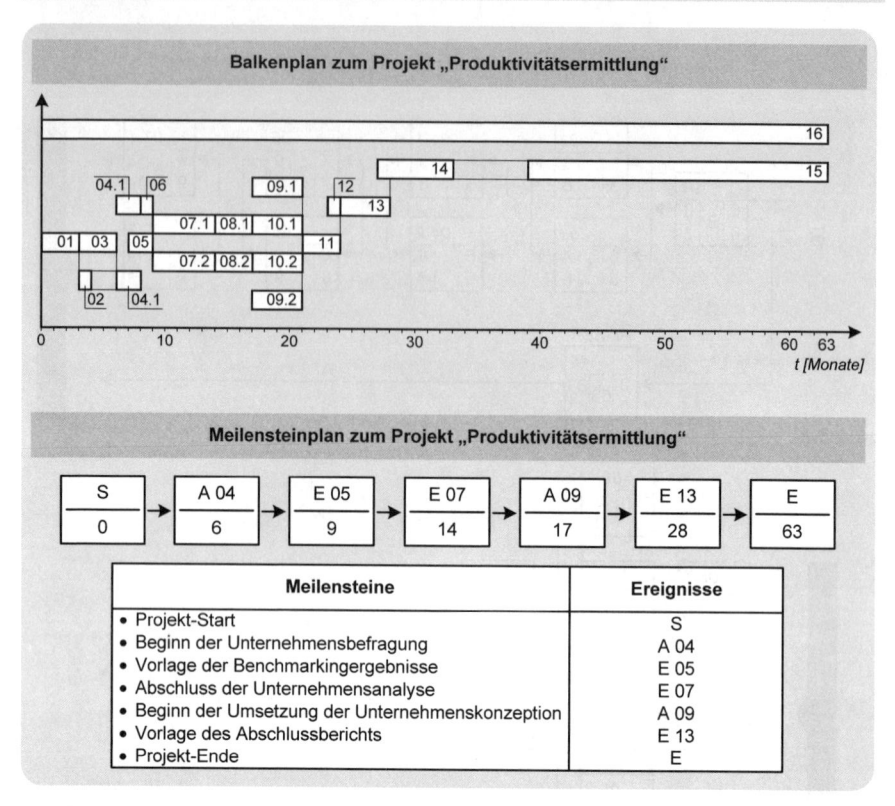

Bild PW.C.2.(110): Balkenplan und Meilensteinplan des Projekts „Produktivitätsermittlung"

2.6.4 Projektsteuerung / Projektcontrolling

Projektsteuerung
> Die **Projektsteuerung** ist die Hauptaufgabe des Projektmanagement in der Realisierungsphase. Die Voraussetzung für die Projektsteuerung ist durch die Definition des Inhalts der Arbeitspakete gegeben.

Für die Durchführung der Projektsteuerung bestehen prinzipiell zwei Möglichkeiten. Die **konventionelle Vorgehensweise** realisiert die Schrittfolge:

▶ Kontrolle der Abweichungen von Projektzielen durch Soll-Ist-Vergleiche

▶ Veranlassen von Maßnahmen zur Einhaltung der Projektziele

Der Nachteil dieser Verfahrensweise besteht in der kurzen Reaktionszeit auf die Abweichungen.

Die **Alternative** besteht in **Trendanalysen**, mit denen die Absicht verfolgt wird, voraussichtliche Abweichungen zu erkennen, bevor sie eingetreten sind.

In der Praxis der Projektsteuerung werden in zunehmendem Maße beide Vorgehensweisen angewendet. Zur Steuerung von Meilensteinergebnissen und Kostenentwicklungen werden Trendanalysen herangezogen. In der Terminsteuerung dominiert der konventionelle Soll-Ist-Vergleich.

Der Erfolg der Projektsteuerung wird maßgeblich durch die Qualität der Plangrößen bestimmt. Aus diesem Grunde ist es zweckmäßig, die Funktionen „Projektplanung" und „Projektsteuerung" für die Parameter Termine, Projektergebnisse und Kosten organisatorisch zu einem **Projektcontrolling** zusammenzuführen. | Projektcontrolling

2.6.5 Übergreifende Projektmanagementaufgaben

Die Projektmanagementaufgaben lassen sich in die Schwerpunkte
- ▶ Projektmanagement-Hauptaufgaben,
- ▶ Projektmanagement-Unterstützungsaufgaben und
- ▶ Projektmanagement-Ergänzungsaufgaben

strukturieren (vgl. Bild PW.C.2.(111)).

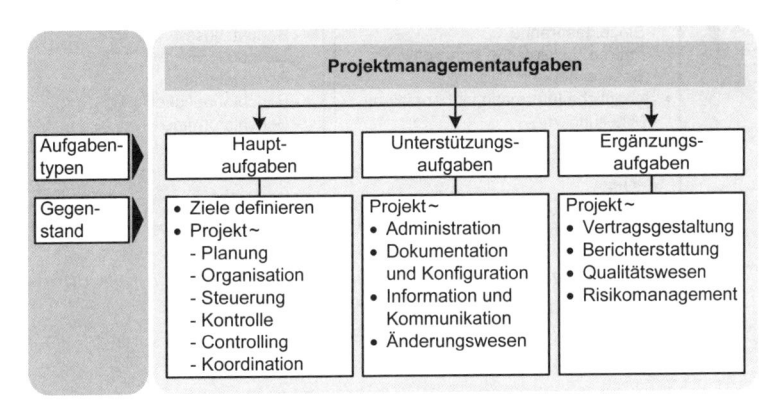

Aufgabentypen	Hauptaufgaben	Unterstützungsaufgaben	Ergänzungsaufgaben
Gegenstand	• Ziele definieren • Projekt~ - Planung - Organisation - Steuerung - Kontrolle - Controlling - Koordination	Projekt~ • Administration • Dokumentation und Konfiguration • Information und Kommunikation • Änderungswesen	Projekt~ • Vertragsgestaltung • Berichterstattung • Qualitätswesen • Risikomanagement

Bild PW.C.2.(111): Projektmanagementaufgaben (i. A. a. MADAUSS, B.-J. [Projektmanagement] S. 88 ff.)

Aus der Darstellung ist ersichtlich, dass einige Unterstützungs- und Ergänzungsaufgaben einen projektübergreifenden Querschnittscharakter besitzen.

Teil C / Wirkung dispositiver Produktionsfaktoren

Dazu gehören u. a. die Komplexe
- Information / Kommunikation – Berichterstattung,
- Dokumentation – Konfiguration / Änderungswesen und
- Risikomanagement.

In den Bildern PW.C.2.(112), PW.C.2.(113) und PW.C.2.(114) werden die je Komplex zu lösenden Aufgaben und die dabei eingesetzten Methoden dargestellt.

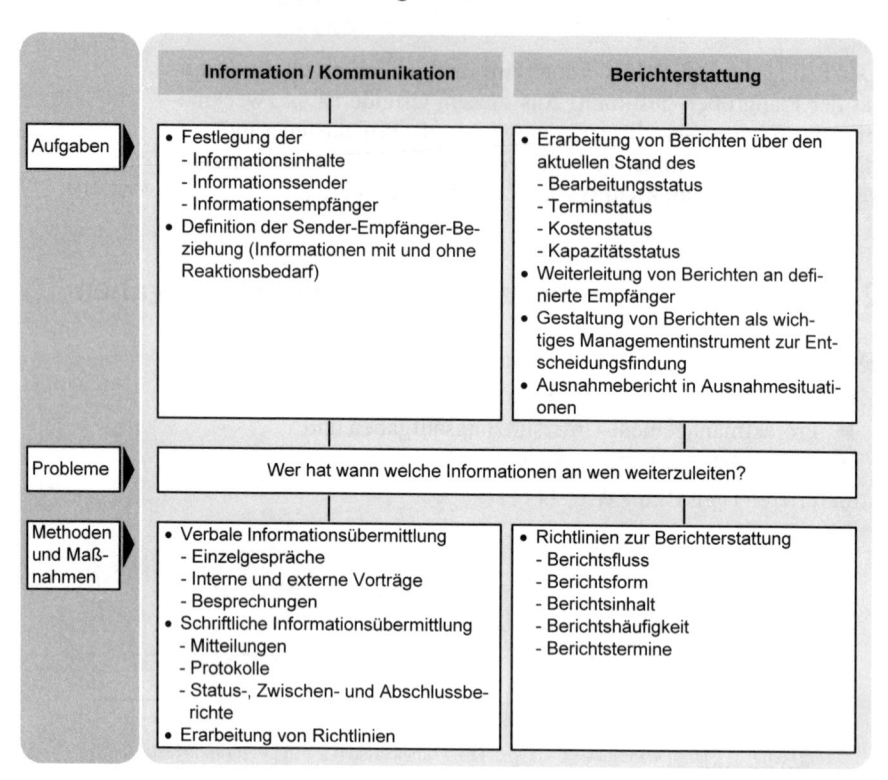

	Information / Kommunikation	Berichterstattung
Aufgaben	• Festlegung der - Informationsinhalte - Informationssender - Informationsempfänger • Definition der Sender-Empfänger-Beziehung (Informationen mit und ohne Reaktionsbedarf)	• Erarbeitung von Berichten über den aktuellen Stand des - Bearbeitungsstatus - Terminstatus - Kostenstatus - Kapazitätsstatus • Weiterleitung von Berichten an definierte Empfänger • Gestaltung von Berichten als wichtiges Managementinstrument zur Entscheidungsfindung • Ausnahmebericht in Ausnahmesituationen
Probleme	Wer hat wann welche Informationen an wen weiterzuleiten?	
Methoden und Maßnahmen	• Verbale Informationsübermittlung - Einzelgespräche - Interne und externe Vorträge - Besprechungen • Schriftliche Informationsübermittlung - Mitteilungen - Protokolle - Status-, Zwischen- und Abschlussberichte • Erarbeitung von Richtlinien	• Richtlinien zur Berichterstattung - Berichtsfluss - Berichtsform - Berichtsinhalt - Berichtshäufigkeit - Berichtstermine

Bild PW.C.2.(112): *Aufgaben und Methoden des Komplexes „Information / Kommunikation – Berichterstattung"*

Dokumentation / Konfiguration / Änderungswesen

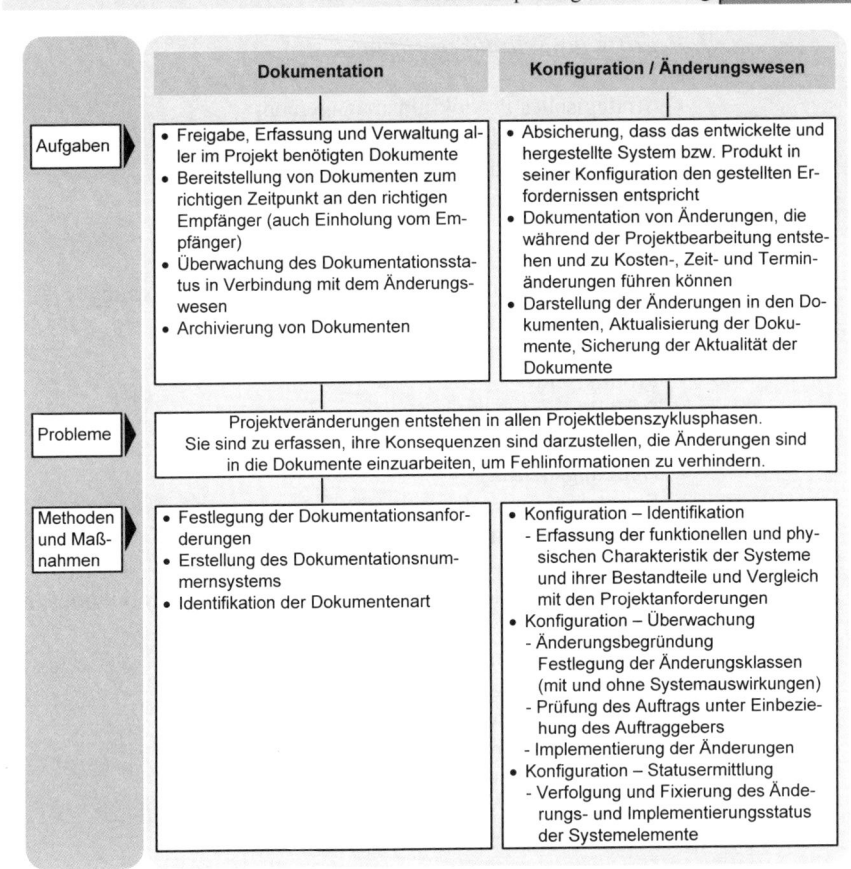

	Dokumentation	Konfiguration / Änderungswesen
Aufgaben	• Freigabe, Erfassung und Verwaltung aller im Projekt benötigten Dokumente • Bereitstellung von Dokumenten zum richtigen Zeitpunkt an den richtigen Empfänger (auch Einholung vom Empfänger) • Überwachung des Dokumentationsstatus in Verbindung mit dem Änderungswesen • Archivierung von Dokumenten	• Absicherung, dass das entwickelte und hergestellte System bzw. Produkt in seiner Konfiguration den gestellten Erfordernissen entspricht • Dokumentation von Änderungen, die während der Projektbearbeitung entstehen und zu Kosten-, Zeit- und Terminänderungen führen können • Darstellung der Änderungen in den Dokumenten, Aktualisierung der Dokumente, Sicherung der Aktualität der Dokumente
Probleme	Projektveränderungen entstehen in allen Projektlebenszyklusphasen. Sie sind zu erfassen, ihre Konsequenzen sind darzustellen, die Änderungen sind in die Dokumente einzuarbeiten, um Fehlinformationen zu verhindern.	

Methoden und Maßnahmen	• Festlegung der Dokumentationsanforderungen
	• Erstellung des Dokumentationsnummernsystems
	• Identifikation der Dokumentenart
		• Konfiguration – Identifikation
		  - Erfassung der funktionellen und physischen Charakteristik der Systeme und ihrer Bestandteile und Vergleich mit den Projektanforderungen
		• Konfiguration – Überwachung
		  - Änderungsbegründung Festlegung der Änderungsklassen (mit und ohne Systemauswirkungen)
		  - Prüfung des Auftrags unter Einbeziehung des Auftraggebers
		  - Implementierung der Änderungen
		• Konfiguration – Statusermittlung
		  - Verfolgung und Fixierung des Änderungs- und Implementierungsstatus der Systemelemente

Bild PW.C.2.(113): Aufgaben und Methoden des Komplexes „Dokumentation – Konfiguration / Änderungswesen"

Risikomanagement

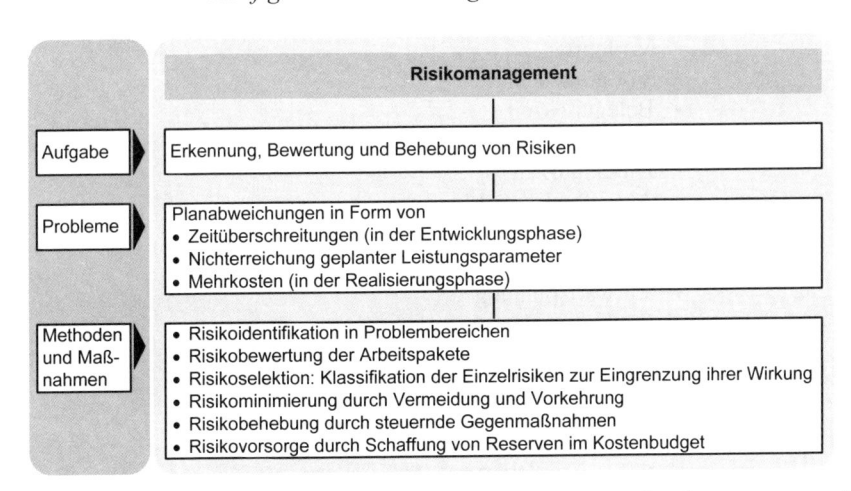

	Risikomanagement
Aufgabe	Erkennung, Bewertung und Behebung von Risiken
Probleme	Planabweichungen in Form von • Zeitüberschreitungen (in der Entwicklungsphase) • Nichterreichung geplanter Leistungsparameter • Mehrkosten (in der Realisierungsphase)
Methoden und Maßnahmen	• Risikoidentifikation in Problembereichen • Risikobewertung der Arbeitspakete • Risikoselektion: Klassifikation der Einzelrisiken zur Eingrenzung ihrer Wirkung • Risikominimierung durch Vermeidung und Vorkehrung • Risikobehebung durch steuernde Gegenmaßnahmen • Risikovorsorge durch Schaffung von Reserven im Kostenbudget

Bild PW.C.2.(114): Aufgaben und Methoden des Komplexes „Risikomanagement"

I. Begriffe zur Selbstüberprüfung

- ✓ Strategisches Produktionsmanagement
- ✓ Taktisches Produktionsmanagement
- ✓ Operatives Produktionsmanagement
- ✓ Programmplanung
- ✓ Faktorplanung
- ✓ Prozessplanung
- ✓ Teilplanungsstufen der operativen Produktionsplanung
- ✓ Erzeugnisplanung
- ✓ Teileplanung
- ✓ Produktfeld
- ✓ Produktdiversifikation
- ✓ Engpass
- ✓ Deckungsbeitrag
- ✓ Emanzipation
- ✓ Synchronisation
- ✓ Eskalation
- ✓ Rechnerisch gleichmäßige Aufteilung des Produktionsprogramms
- ✓ Streifenprogramm
- ✓ Blockung
- ✓ Überlappungsstelle
- ✓ Teilebedarfsermittlung
- ✓ Stücklistenarten
- ✓ Synthetischer Erzeugnisstrukturbaum
- ✓ Analytischer Erzeugnisstrukturbaum
- ✓ Gozintograph
- ✓ Durchlaufplanung
- ✓ Durchlaufplan
- ✓ Bezugspunkt
- ✓ Vorlauftag
- ✓ Vorlaufabschnitt
- ✓ Belegungszeit
- ✓ Übergangszeit
- ✓ Durchlaufzeit
- ✓ Ablaufbedingte Liegezeit
- ✓ Störungsbedingte Liegezeit
- ✓ Durchführungszeit
- ✓ Vorwärtsplanung
- ✓ Rückwärtsplanung
- ✓ Terminplanung
- ✓ Los
- ✓ Losgröße
- ✓ Wirtschaftliche Losgröße
- ✓ Kostenoptimale Losgröße
- ✓ Fertigungsauftrag

- ✓ Rüstkosten
- ✓ Herstellkosten
- ✓ Lagerungskosten
- ✓ Lagerhaltungs- und Lagermaterialkosten
- ✓ Stückkosten
- ✓ Belastungsabschnitt
- ✓ Auftragsverschiebung
- ✓ Auftragsstreckung
- ✓ Auftragsstauchung
- ✓ Auftragsunterbrechung
- ✓ Reihenfolgeplanung
- ✓ Organisatorische Bearbeitungsfolge
- ✓ Technologische Bearbeitungsfolge
- ✓ Job-Shop-Modell
- ✓ Flow-Shop-Modell
- ✓ Reihungsregeln
- ✓ Prioritätsregeln
- ✓ Näherungsverfahren
- ✓ Einfache und kombinierte Prioritätsregeln
- ✓ Lokale und globale Prioritätsregeln
- ✓ Zeitablaufbezogene und nicht zeitablaufbezogene Prioritätsregeln
- ✓ Einsatzziele von Prioritätsregeln
- ✓ Reihungsregel von JOHNSON
- ✓ Näherungsverfahren nach SOKOLIZIN
- ✓ Näherungsverfahren nach PALMER
- ✓ Potenzialmethode von ROY
- ✓ Auftragsveranlassung
- ✓ Auftragsverteilung
- ✓ Auftragsüberwachung
- ✓ Auftragssicherung
- ✓ Störungsbeherrschung
- ✓ Leitstand
- ✓ Aachener PPS-Modell
- ✓ Just-In-Time
- ✓ Material Requirements Planning (MRP)
- ✓ Manufacturing Resource Planning (MRP II)
- ✓ Management Resource Planning System (MRPS)
- ✓ Enterprise Resource Planning (ERP)
- ✓ Optimized Production Technology (OPT)
- ✓ Retrograde Terminierung (RT)
- ✓ Belastungsorientierte Auftragsfreigabe (BOA)
- ✓ KANBAN
- ✓ Constant Work in Process (CONWIP)
- ✓ Fortschrittszahlensystem (FZS)
- ✓ PPS
- ✓ Projekt

- ✓ Projektmanagement
- ✓ Projektorganisation
- ✓ Reines Projektmanagement
- ✓ Matrix-Projektmanagement
- ✓ Einfluss-Projektmanagement
- ✓ Projektlebenszyklus
- ✓ Projektphasen
- ✓ Meilensteine
- ✓ Systemtechnik
- ✓ System
- ✓ Projektstrukturplan
- ✓ Arbeitspaket
- ✓ Vorgang, Aktivität
- ✓ Ereignis
- ✓ Anordnungsbeziehung
- ✓ Normalfolge
- ✓ Netzplan
- ✓ Ereignis-Knoten-Netzplan
- ✓ Vorgangs-Knoten-Netzplan
- ✓ Kritischer Weg
- ✓ Projektsteuerung
- ✓ Projektcontrolling

II. Weiterführende Literatur

❏ ADAM, Dietrich:
[Produktionsmanagement] Produktions-Management.
9. Auflage, Wiesbaden 1998

❏ ADAM, Dietrich (Hrsg.):
[Fertigungssteuerung] Fertigungssteuerung (Teil I und II) Schriften zur Unternehmensführung Nr. 38/39.
Wiesbaden 1988

❏ ALTROGGE, Günter:
Netzplantechnik.
3. Auflage, München, Wien 1996

❏ ANDLER, Kurt:
[Losgröße] Rationalisierung der Fabrikation und optimale Losgröße.
München 1929

- BUSCH, Ulrich:
    [PPS-System] Entwicklung eines PPS-Systems. Praktische Anleitung für Auswahl und Realisierung von Produktions-, Planungs- und Steuerungssystemen.
    3. Auflage, Berlin 1990

- CLASEN, Uwe:
    Zeitlich-stochastische Netzpläne. Ein Hilfsmittel für das Projektmanagement. Dissertation
    Universität Rostock 1995

- CORSTEN, Hans:
    Produktionswirtschaft. Einführung in das industrielle Produktionsmanagement.
    12. Auflage, München, Wien 2009

- DIN 69901-5:
    Projektmanagement. Begriffe.
    Berlin 2009

- FISHER, H. / THOMPSON, G.:
    [JSSR] Probabilistic learning combinations of local job-shop scheduling rules.
    In: MUTH, J. / THOMPSON, G. (Hrsg.): Industrial scheduling. Englewood cliffs, New Jersey: Prentice Hall, 1963, pp. 225-251)

- GLASER, Horst:
    [Produktionswirtschaft] Material- und Produktionswirtschaft.
    3. Auflage, Düsseldorf 1986

- GRUNDIG, C.-G. / SCHULZ, I.:
    [Kurzfristige Planung] Ein Beitrag zur Beschreibung und Systematisierung der Teilaufgaben der kurzfristigen Planung.
    Wissenschaftliche Zeitschrift der TH Magdeburg 10 (1975) 2/3, S. 221-229

- HACKSTEIN, Rolf:
    Produktionsplanung und -steuerung (PPS). Ein Handbuch für die Betriebspraxis.
    2. Auflage, Düsseldorf 1989

❏ HOITSCH, Hans-Jörg:
   [Produktionswirtschaft] Produktionswirtschaft. Grundlagen einer industriellen Betriebswirtschaftslehre.
   2. Auflage, München 1993

❏ HOSS, Klaus:
   [Fertigungsablaufplanung] Fertigungsablaufplanung mittels operations-analytischer Methoden unter besonderer Berücksichtigung des Ablaufplanungsdilemmas in der Werkstattfertigung.
   Würzburg, Wien 1965

❏ JACOB, Herbert (Hrsg.):
   Industriebetriebslehre. Handbuch für Studium und Prüfung.
   4. Auflage, Wiesbaden 1990

❏ JOHNSON, S. M.:
   Optimal Two- and Three-stage Production Schedules with Setup Times Included. Nov. Research Log. Quart.
   1, Nr. 1, S. 61-68 (März 1954)

❏ KERN, Werner / SCHRÖDER, Hans-Horst / WEBER, Jürgen (Hrsg.):
   Handwörterbuch der Produktionswirtschaft. Enzyklopädie der Betriebswirtschaftslehre Band VII.
   2. Auflage, Stuttgart 1996

❏ KRAUS, Georg / WESTERMANN, Reinhold:
   [Projektmanagement] Projektmanagement mit System. Organisation, Methoden, Steuerung.
   4. Auflage, Wiesbaden 2010

❏ KÜPPER, Hans-Ulrich / HELBER, Stefan:
   Ablauforganisation in Produktion und Logistik.
   3. Auflage, Stuttgart 2004

❏ KURBEL, Karl:
   Produktionsplanung und -steuerung im Enterprise Resource Planning and Supply Chain Management.
   6. Auflage, München, Wien 2005

❏ LITKE, Hans-Dieter:
Projektmanagement. Methoden, Techniken, Verhaltensweisen.
5. Auflage, München, Wien 2007

❏ LUCZAK, Holger / EVERSHEIM, Walter:
[Aachener PPS-Modell] Aachener PPS-Modell. Das Aufgabenmodell.
Forschungsinstitut für Rationalisierung an der RWTH Aachen. Sonderdruck 6/94, 4. Auflage 1996

❏ MILLING, Peter / ZÄPFEL, Günther (Hrsg.):
[Produktionsstrukturen] Betriebswirtschaftliche Grundlagen moderner Produktionsstrukturen.
Herne, Berlin 1993

❏ MADAUSS, Bernd-J.
[Projektmanagement] Handbuch Projektmanagement.
6. Auflage, Stuttgart 2000

❏ NEIDHARDT, Urte:
[Prioritätsregeln] Einsatz von Prioritätsregeln zur Erreichung ökonomischer Zielstellungen.
In: Schriftenreihe des Institutes für Produktionswirtschaft der Universität Rostock, Hrsg.: NEBL, Theodor
Aachen 2007

❏ NEBL, Theodor / DIKOW, Andreas:
[Produktivitätsoffensive] Erschließung und Umsetzung von Produktivitätspotenzialen mittelständischer Industrieunternehmen in Mecklenburg-Vorpommern.
Projektbericht 2002

❏ PALMER, D. S.:
Sequencing jobs through a multi-stage process in the minimum total time – a quick method of obtaining a near Optimum.
Operations Research Quarterly 16 (1965) 1, S. 101-107

❏ PITRA, Luděk:
[Grobplanung] Entwicklung und Erprobung eines Instrumentariums zur Auswahl von rechnergestützten Systemen zur Grobplanung der Produktion. Dissertation
Aachen 1982

❑ RESCHKE, Hasso (Hrsg.)
   Handbuch Projektmanagement. Band 1 und 2.
   Köln 1989

❑ ROY, Bernard:
   Cheminement et connexite dans les graphes : application aux problemes d´ordonnancement.
   METRA, Serie Speciale Nr. 1, 1962

❑ SCHEER, August-Wilhelm:
   [Industriebetrieb] CIM: Der computergesteuerte Industriebetrieb.
   4. Auflage, Berlin et al. 1990

❑ SCHMID, Uwe:
   [Losgrößenbestimmung] Das Losgrößenproblem und statische Lösungsverfahren zur Losgrößenbestimmung.
   In: Das Wirtschaftsstudium 5 (1998)

❑ SCHWEITZER, Marcell (Hrsg.):
   [Industriebetriebslehre] Industriebetriebslehre. Das Wirtschaften in Industrieunternehmungen.
   2. Auflage, München 1994

❑ STEINBUCH, Pitter A. / Olfert, Klaus:
   Fertigungswirtschaft. Kompendium der praktischen Betriebswirtschaft.
   7. Auflage, Ludwigshafen 1999

❑ STEINBUCH, Pitter A. (Hrsg.):
   Projektorganisation und Projektmanagement. Schriftenreihe Moderne Organisationsformen in Praxis und Studium.
   2. Auflage, Ludwigshafen 2000

❑ SOKOLIZIN, S. A.:
   Gegenstandsabgeschlossene Abschnitte und ihre Rolle bei der Entwicklung der Fließfertigung.
   Moskau, Leningrad 1958

❑ SPEARMAN, M. L. / WOODRUFF, D. L. / HOPP, W. J.:
   [CONWIP] CONWIP: A pull alternative to Kanban.
   In: International Journal of Production Research, Jg. 28 (1990), Nr. 5, S. 879-894

❏ *TEMPELMEIER, Horst:*
Material-Logistik. Grundlagen der Bedarfs- und Losgrößenplanung in PPS-Systemen.
3. Auflage, Berlin, Heidelberg, New York 1995

❏ *TEICHNER, Matthias:*
[Informationsmanagement] Analyse der Wirksamkeit ausgewählter Verfahren der Reihenfolgeplanung für die Erreichung ökonomischer Zielstellungen.
In: Schriftenreihe des Institutes für Produktionswirtschaft der Universität Rostock, Hrsg.: NEBL, Theodor
Aachen 2010

❏ *THOMMEN, Jean-Paul / ACHLEITNER, Ann-Kristin:*
[Betriebswirtschaftslehre] Allgemeine Betriebswirtschaftslehre. Umfassende Einführung aus managementorientierter Sicht.
6. Auflage, Wiesbaden 2009

❏ *WIENDAHL, Hans-Peter:*
[Betriebsorganisation] Betriebsorganisation für Ingenieure.
7. Auflage, München, Wien 2010

❏ *WIENDAHL, Hans-Peter:*
[Fertigungsregelung] Fertigungsregelung. Logistische Beherrschung von Fertigungsabläufen auf Basis des Trichtermodells.
2. Auflage, München, Wien 1997

❏ *WIENDAHL, Hans-Peter:*
[Fertigungssteuerung] Belastungsorientierte Fertigungssteuerung. Grundlagen, Verfahrensaufbau, Realisierung.
München, Wien 1987

❏ *WIENDAHL, Hans-Peter / LOPITZSCH, Jens / NICKEL, Rouven / SCHNEIDER, Michael:*
[BOA und CONWIP] Fertigungssteuerung mit BOA und CONWIP. In: KOETHER, Reinhard (Hrsg.): Taschenbuch der Logistik.
4. Auflage, München, Wien 2011

❏ *WOLLNIK, Michael:*
  [Referenzmodell] Ein Referenzmodell für das Informationsmanagement.
  In: Informationsmanagement 3/1988 S. 34-43

❏ *ZÄPFEL, Günther:*
  Strategisches Produktions-Management.
  2. Auflage, München, Wien 2000

❏ *ZÄPFEL, Günther:*
  Taktisches Produktions-Management.
  2. Auflage, München, Wien 2000

❏ *ZÄPFEL, Günther:*
  [Produktionsmanagement] Grundzüge des Produktions- und Logistikmanagement.
  2. Auflage, Berlin, New York 2001

❏ *ZÄPFEL, Günther (Hrsg.):*
  Neuere Konzepte der Produktionsplanung und -steuerung.
  Linz 1989

❏ *ZIMMERMANN, Werner:*
  Operations Research: Quantitative Methoden zur Entscheidungsvorbereitung.
  10. Auflage, München, Wien 2001

❏ *ZOPFF, Claus:*
  [Informationsmanagement] Informationsmanagement in kleinen und mittelgroßen (KMU) Unternehmen – Unternehmenstypologie und Gestaltungsansatz am Beispiel des Auftragsdurchlaufs der metallverarbeitenden Industrie –
  In: Schriftenreihe des Institutes für Produktionswirtschaft der Universität Rostock, Hrsg.: NEBL, Theodor
  Aachen 2005

3 Produktionslogistik

C / Wirkung dispositiver Produktionsfaktoren

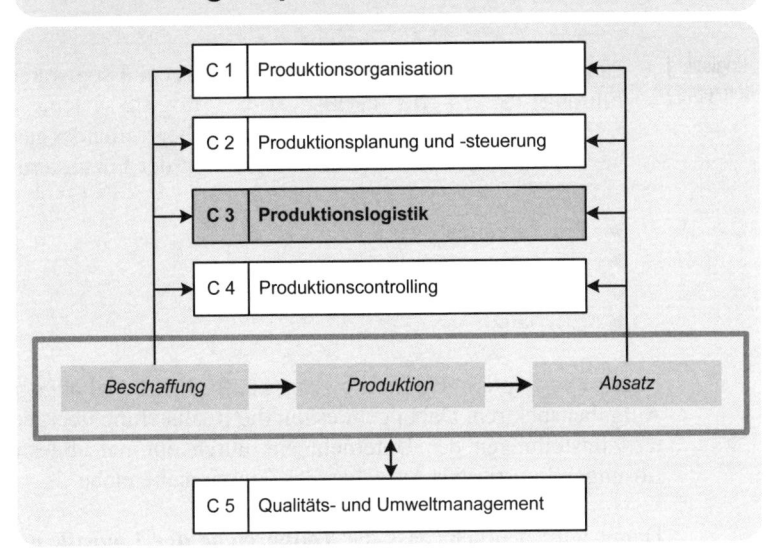

- C 1 Produktionsorganisation
- C 2 Produktionsplanung und -steuerung
- **C 3 Produktionslogistik**
- C 4 Produktionscontrolling

Beschaffung → Produktion → Absatz

- C 5 Qualitäts- und Umweltmanagement

Bild PW.C.3.(1): Wirkung dispositiver Produktionsfaktoren (Produktionslogistik)

3.1 Logistische Betrachtung der Produktion
3.1.1 Probleme und Konzeptionen

Zur Sicherung der Wettbewerbsfähigkeit muss auf veränderte Marktanforderungen mit einer entsprechenden Produkt- und Prozessdynamik reagiert werden. Dazu sind neue Ansätze, Methoden und Denkweisen erforderlich, die eine rationelle Beherrschung der Material- und Informationsflüsse im Unternehmen ermöglichen. Dabei sind bereichsübergreifende, integrierende Betrachtungen und eine konsequente Prozessorientierung erforderlich.

Im Mittelpunkt dieser Betrachtung steht die **Logistik**.

> Die **Logistik** ist eine integrierende, koordinierende Gesamtbetrachtung bisher bekannter physischer, administrativer und dispositiver Aktivitäten. Ihre auf den Material- und Warenfluss konzentrierte **Koordinationsfunktion** besitzt dabei eine zentrale Bedeutung.

| Logistik

Koordination | Die **Koordination** erfolgt einerseits zwischen den Lieferanten, dem Unternehmen und seinen Kunden. Diese wird als **horizontale Koordination bezeichnet**. Andererseits erfolgt die **Koordination vertikal** zwischen den Planungs-, Steuerungs- und Durchführungsebenen.

Logistikkonzepte | **Logistikkonzepte** sind (i. A. a. WEBER, J. et al. [Logistikeinführung] S. 75 ff., PFOHL, H.-C. [Logistiksysteme 2] S. 20 ff.) gekennzeichnet durch bereichsübergreifende, ganzheitliche Denk- und Handlungsweisen mit der Fokussierung auf:

- ▶ Prozessketten
- ▶ Gesamtkosten
- ▶ Service
- ▶ Effizienz

Logistikkonzepte integrieren bislang häufig funktional abgegrenzte Aufgabenspektren. Dabei geht es um die Realisierung übergeordneter Zielstellungen des Unternehmens durch optimal abgestimmte Lösungen logistischer Aufgaben der Funktionalbereiche.

Damit wird deutlich, dass die **Teilbereiche der Logistik mit den Funktionalbereichen eng verbunden** sind. So werden u. a. unterschieden:

Produktionslogistik |
- ▶ **Beschaffungslogistik**
- ▶ **Produktionslogistik**
- ▶ **Absatzlogistik**
- ▶ **Entsorgungslogistik**

Bild PW.C.3.(2) verdeutlicht die funktionsorientierte Darstellung der Logistikaufgaben.

> Das zentrale **Anliegen** der **Logistik** besteht in der **Koordination** der **funktional orientierten Logistikaufgaben**.

Dieses Lehrbuch konzentriert sich, seinem Grundanliegen entsprechend, auf den Schwerpunkt **Produktionslogistik**.

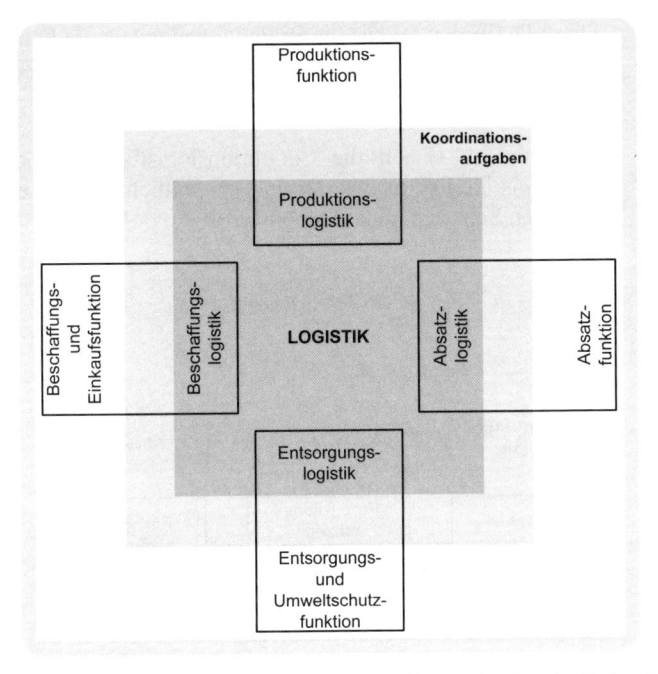

Bild PW.C.3.(2):   *Funktionsorientierte Darstellung der Logistik (i. A. a.* KUMMER, S. *[Logistik 2] S. 87)*

3.1.2 Definition und Abgrenzung

Der Begriff **Produktionslogistik** wird hier aus zwei Gesichtspunkten definiert. Sie stellen die Gestaltung der Prozesskette bzw. die Realisierung der Koordinationsfunktion in den Mittelpunkt.

> Die **Produktionslogistik** umfasst die Organisation, Planung, Steuerung und Durchführung des Materialflusses und des dazu gehörigen Informationsflusses vom Wareneingangslager zum Produktionsbereich, durch die Fertigungsstufen einschließlich Zwischenlagerung und vom Produktionsbereich zum Fertigwarenlager (**prozesskettenorientierter Ansatz**).

Prozesskettenorientierter Ansatz der Produktionslogistik

Damit wird die Beherrschung von Prozessketten bei der Leistungserstellung in den Mittelpunkt der Betrachtungen gestellt.

> Die **Produktionslogistik** ist das Management von Prozessen und Potenzialen zur koordinierten Realisierung der Materialflüsse und der dazu gehörigen Informationsflüsse in der betrieblichen Leistungserstellung (**koordinationsorientierter Ansatz**).

Koordinationsorientierter Ansatz der Produktionslogistik

Diese Definition erklärt die Produktionslogistik als Führungsaufgabe und hebt die Koordinationsfunktion als Kern logistischer Aktivitäten hervor.

Bild PW.C.3.(3) stellt die Produktionslogistik zusammen mit anderen Logistikteilbereichen dar und verdeutlicht die je Teilbereich zu lösenden Schwerpunktaufgaben.

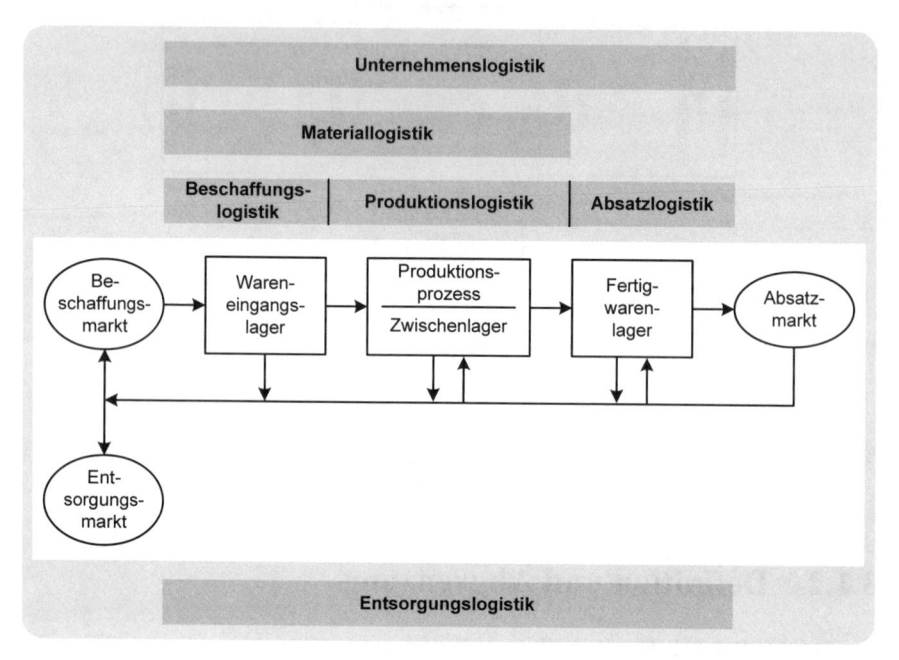

Bild PW.C.3.(3): Darstellung von Logistikbereichen (nach PFOHL, H.-C. [Logistiksysteme 2] S. 19)

3.1.3 Ziele und Aufgaben

Die Produktionslogistik ist ein Subsystem der Unternehmenslogistik. Deshalb sind die **Ziele der Produktionslogistik unmittelbar aus den Zielen der Unternehmenslogistik abzuleiten**, die wiederum aus den Unternehmenszielen resultieren.

Formalziel der Produktionslogistik | Das **Formalziel** der Produktionslogistik besteht in der Erhöhung des Logistikerfolgs durch bessere Logistikleistungen bei geringeren Logistikkosten.

Das **Sachziel** der Produktionslogistik besagt, dass die Versorgung der Produktionsstellen mit Material bzw. unfertigen Erzeugnissen und die Lieferung der Fertigerzeugnisse an das Fertigwarenlager

▶ mengen-, termin- und qualitätsgerecht und
▶ mit möglichst geringen Kosten

zu erfolgen hat.

Sachziel der Produktionslogistik

Da diese Abhängigkeit der Logistikleistung von den Logistikkosten zwar prinzipiell diskutiert, jedoch nicht operationalisiert werden kann, werden **Elemente der Logistikleistung** bzw. der **Logistikkosten** als Unterziele verwendet (vgl. Bild PW.C.3.(4)).

Logistikleistung	Logistikkosten

• Lieferzeit
• Liefertreue
• Lieferfähigkeit
• Lieferbeschaffenheit
• Lieferflexibilität
• Informationsbereitschaft
	• Transportkosten
	• Umschlagskosten
	• Lagerungskosten
	  (Lagermaterial- und
	  Lagerhaltungskosten)
	• Systemkosten

Bild PW.C.3.(4): Elemente der Logistikleistung und der Logistikkosten

Die Elemente der Logistikleistung werden auch unter der Bezeichnung **Lieferservice** zusammengefasst, wobei im Rahmen der Produktionslogistik die Bezeichnung **Versorgungsservice** zutreffender ist, weil die Versorgung der Arbeitsplätze mit Roh-, Hilfs- und Betriebsstoffen sowie Kaufteilen und unfertigen Erzeugnissen zu gewährleisten ist.

Liefer-, Versorgungsservice

> Ein wichtiges **Ziel der Produktionslogistik** besteht darin, die Elemente des Versorgungsservice im erforderlichen Niveau zu sichern und dabei die Logistikkosten zu minimieren.

In der Praxis werden für die Produktionslogistik häufig Zeit- und Mengenziele vorgegeben. Dazu zählen kurze Durchlaufzeiten, niedrige Bestände, hohe Termintreue, hohe Flexibilität und hohe Auslastung.

Das Problem dieser Zielsetzungen besteht darin, dass in der Regel weder die Wirkungen auf die Logistikleistung insgesamt, noch auf die Logistikkosten bekannt sind.

Logistik-aufgaben

Aus der Definition und den Zielen der Logistik leiten sich deren Aufgaben ab. Da diese ein sehr breites Spektrum umfassen, soll ausgehend vom **Logistikwürfel** von PFOHL eine Systematisierung der **Logistikaufgaben** (vgl. Bild PW.C.3.(5)) vorgenommen werden (vgl. PFOHL, H.-C. [Logistiksysteme 2] S. 7 ff.). Diese Darstellung ermöglicht zugleich eine Übersicht über die Aufgaben der Produktionslogistik.

Bild PW.C.3.(5): Systematisierung von Logistikaufgaben

Die Aufgaben im Rahmen des Material- und Güterflusses sind **Kernaufgaben der Logistik**. Diese physischen Prozesse sind Hauptgegenstand technischer Disziplinen (z. B. Materialflusstechnik). Ihre Organisation wurde in den Abschnitten C.1.4, C.1.5 und C.1.6 behandelt.

Die Aufgaben im Rahmen des Informationsflusses können der politischen, dispositiven oder administrativen Ebene zugeordnet werden.

Die **politische Logistikebene** schließt die **strategisch-taktische Planung von Produkten und Prozessen** ein. In diesem Rahmen sind Potenziale und Ressourcen langfristig vorzuhalten und den sich verändernden Bedingungen anzupassen.

| Politische Logistikebene

Die **dispositive Logistikebene** beinhaltet die **operative Planung und Steuerung der Auftragsabwicklung**. Dabei gilt es, die vorhandenen Potenziale und Ressourcen durch koordinierende Tätigkeiten bestmöglich aufeinander abzustimmen und zu nutzen. Hier besteht ein enger Zusammenhang zur Produktionsplanung und -steuerung.

| Dispositive Logistikebene

Die **administrative Logistikebene** umfasst insbesondere **Verwaltungsaufgaben**. Es werden zur Sicherung des Materialflusses und der dazu benötigten Informationen

▶ Aufträge geschrieben
▶ Fertigmeldungen weitergeleitet,
▶ Ergebnisse erfasst und
▶ Leistungen abgerechnet.

| Administrative Logistikebene

3.2 Operative Produktionslogistik
3.2.1 Einflussgrößen, Kenngrößen und Rahmenbedingungen

Die **operative Produktionslogistik** koordiniert für kurzfristige Zeitabschnitte die Material- und die dazu gehörigen Informationsflüsse in und zwischen den Fertigungsstufen.

Durch planende und steuernde Aktivitäten wird eine bedarfsgerechte Versorgung der Kapazitätseinheiten mit möglichst geringen Kosten angestrebt.

| Operative Produktionslogistik

Die dabei zu lösenden Entscheidungsaufgaben sind durch folgende Einflussgrößen, Kenngrößen und Rahmenbedingungen gekennzeichnet (vgl. Bild PW.C.3.(6)).

814 Teil C / Wirkung dispositiver Produktionsfaktoren

```
          ┌──────────┬──────────┬──────────┬──────────┐
          │ Rohstoff-│  Teile-  │   Vor-   │   End-   │
  ──────▶ │ bearbei- │ fertigung│ montage  │ montage  │ ──────▶
          │   tung   │          │          │          │
          └──────────┴──────────┴──────────┴──────────┘
           Material- und Informationsfluss in der Produktion
```

Einflussgrößen	Rahmenbedingungen	Kenngrößen
• Produktionsprogramm • Kapazitätsbedarf (Belastung) • Fertigungs- und Transportlosgröße • Technologische und organisatorische Bearbeitungsfolge	• Potenziale, Kapazitätseinheiten (Art, Anzahl, Struktur) • Produkte, Programme (und dafür benötigte Werkstoffe) • Fertigungsstruktur (Organisationsformen) • Informationssystem • Fertigungsprozess	• Durchlaufzeit • Termintreue • Auslastung • Bestand • Reichweite • Transportkosten • Umschlagskosten • Lagerungskosten • Systemkosten

Bild PW.C.3.(6):   *Einfluss- und Kenngrößen sowie Rahmenbedingungen für die operative Produktionslogistik*

Die **Bestände** sind das Ergebnis der Belastung und der Leistung eines Produktionssystems und deshalb als **Kenngröße** zu interpretieren. Das Bestandsniveau eines Produktionssystems beeinflusst das dort existierende Auslastungs- und Durchlaufzeitniveau.

Der optimale Bestand eines Produktionssystems ist erreicht, wenn die aus der Veränderung der Leistung und der Durchlaufzeit resultierende Summe der entscheidungsrelevanten Kosten minimal ist (vgl. Bild PW.C.3.(7)).

Produktionslogistik

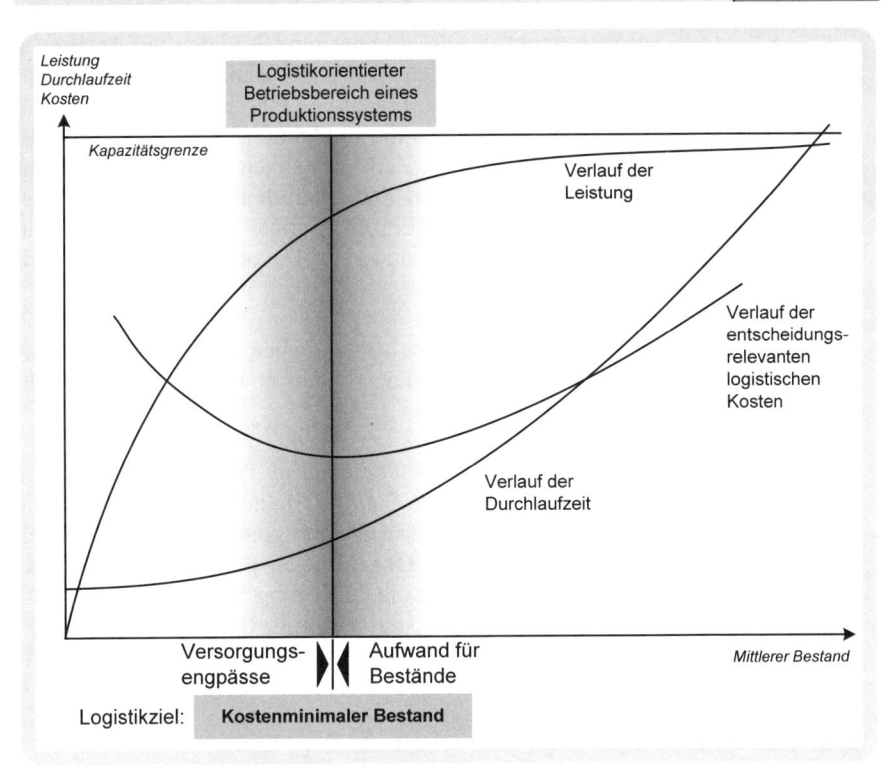

Bild PW.C.3.(7):   *Logistikbetriebsbereiche (nach JÜNEMANN, R. [Logistiksysteme 1] S. 4)*

Die **Rahmenbedingungen der operativen Produktionslogistik** lassen sich wie folgt systematisieren (vgl. Bild PW.C.3.(8)). | Rahmenbedingungen

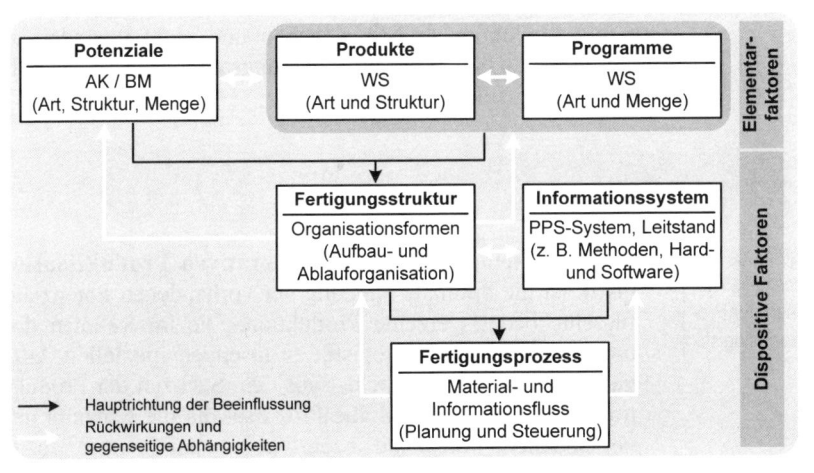

Bild PW.C.3.(8):   *Systematisierung der Rahmenbedingungen*

Den Ausgangspunkt der Produktionslogistik bilden die Ansprüche des Markts bzw. der Kunden. Die Unternehmen reagieren darauf mit Produkten, die durch ihre jeweilige Teile- und Variantenvielfalt bestimmte Anforderungen an die Produktionslogistik stellen (z. B. Form, Gewicht, Sperrigkeit, Zerbrechlichkeit, einfache oder komplexe Strukturen). Die **Markt- bzw. Kundenerfordernisse** prägen zugleich die Fertigungsart (Einzel-, Serien- Massenfertigung), in der die Produkte zu produzieren sind. Davon wird das **Produktionsprogramm** abgeleitet.

Die Produkte und Programme verdeutlichen die zu lösende **Fertigungsaufgabe** und begründen den Bedarf an Potenzialfaktoren hinsichtlich Art und Menge.

Fertigungsnahe industrielle Dienstleistungen des logistischen Prozesses

Die Herstellung von Produkten verlangt im Produktionsprozess die Kombination der eingesetzten Elementarfaktoren. Das erfordert die Festlegung der für die zu lösende Fertigungsaufgabe geeigneten **räumlichen und zeitlichen Organisationsprinzipien und Organisationsformen** ebenso wie die Festlegung sinnvoller, an die Fertigungsorganisation angepasster **Organisationsformen** der den Hauptprozess begleitenden **fertigungsnahen industriellen Dienstleistungen des logistischen Prozesses** (vgl. dazu Abschnitte C.1.4 bis C.1.6).

Zur Koordination aller Bearbeitungs-, Transport- und Lagerungsprozesse ist ein **Informationssystem** – bestehend aus Hard- und Software, Methoden und Datenbanken – erforderlich, das den zu beherrschenden Prozessen angepasst ist (vgl. dazu Abschnitt C.2.2).

Die Fertigungsstruktur und das Informationssystem sind für die operative Produktionslogistik gegeben und nicht veränderbar. In diesem Rahmen sind die Entscheidungsaufgaben der operativen Produktionslogistik zu lösen.

3.2.2 Aufgaben

Allgemeine und spezielle Aufgaben der Produktionslogistik

Die **allgemeine Aufgabe der operativen Produktionslogistik** ist die optimale Nutzung der vorhandenen Potenziale für eine bedarfsgerechte Produktion. Die im Rahmen der operativen Produktionslogistik zu lösenden **speziellen Aufgaben** leiten sich unmittelbar aus dem Sachziel der Produktionslogistik ab. Es sind alle Prozesse, die die Nutzung der vorhandenen Potenziale beeinflussen, aufeinander abzustimmen.

Dabei wird das damit verbundene Aufgabenspektrum unterschiedlich weit gefasst. Eine umfangreiche Darstellung operativer logistischer Aufgaben enthält das Bild PW.C.3.(9).

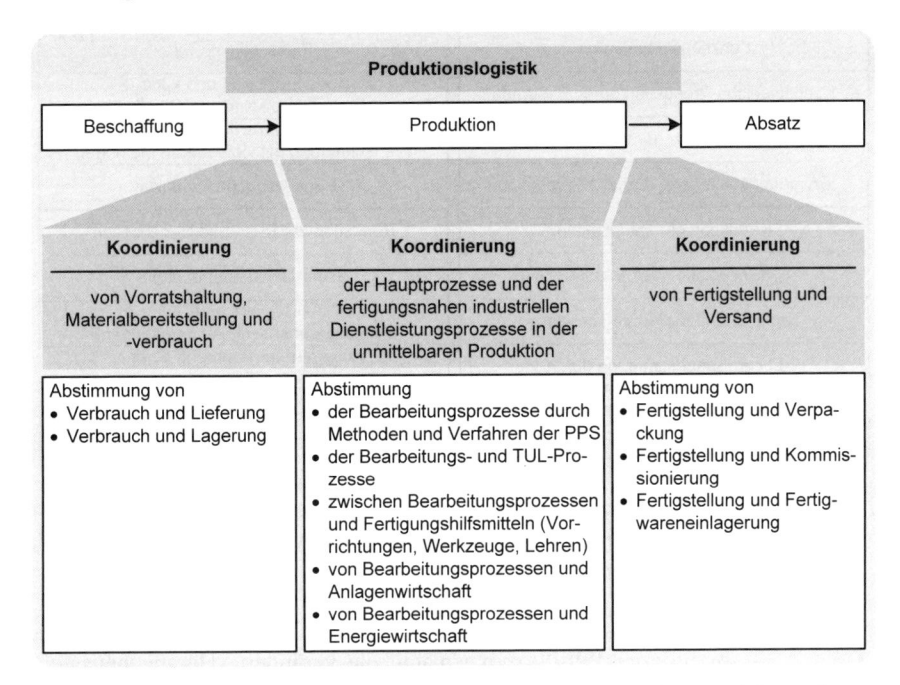

Produktionslogistik		
Beschaffung →	Produktion	→ Absatz
Koordinierung	**Koordinierung**	**Koordinierung**
von Vorratshaltung, Materialbereitstellung und -verbrauch	der Hauptprozesse und der fertigungsnahen industriellen Dienstleistungsprozesse in der unmittelbaren Produktion	von Fertigstellung und Versand
Abstimmung von • Verbrauch und Lieferung • Verbrauch und Lagerung	Abstimmung • der Bearbeitungsprozesse durch Methoden und Verfahren der PPS • der Bearbeitungs- und TUL-Prozesse • zwischen Bearbeitungsprozessen und Fertigungshilfsmitteln (Vorrichtungen, Werkzeuge, Lehren) • von Bearbeitungsprozessen und Anlagenwirtschaft • von Bearbeitungsprozessen und Energiewirtschaft	Abstimmung von • Fertigstellung und Verpackung • Fertigstellung und Kommissionierung • Fertigstellung und Fertigwareneinlagerung

Bild PW.C.3.(9):   *Systematisierung operativer Aufgaben der Produktionslogistik (i. A. a. NEUMANN, J. / PÜSCHEL, G. [Produktionslogistik 1] S. 11 ff.)*

Von besonderer Bedeutung im Rahmen **operativer logistischer Aufgaben** sind die **Koordinierung der Bearbeitungsprozesse** zwischen den Kapazitätseinheiten und die **Koordinierung der Bearbeitungsprozesse mit den Transport- und Lagerungsprozessen**.

Eine sehr starke Konzentration auf die **Koordinierung der Bearbeitungsprozesse** führt dann zwangsläufig zu der Feststellung, dass die Produktionslogistik und die Produktionsplanung und -steuerung gleichzusetzen sind. Bei der Lösung praktischer Aufgaben geht es jedoch weder um eine formale Abgrenzung noch um eine Gleichsetzung. Im Mittelpunkt der Betrachtung stehen integrierte Lösungen für die Leistungserstellung. Die Entwicklung logistikorientierter PPS-Systeme entspricht diesen Anforderungen.

Bild PW.C.3.(10) vergleicht Merkmale konventioneller und logistikorientierter PPS-Systeme.

Konventionelle PPS-Systeme	Logistikorientierte PPS-Systeme
Einzeloptimierung	Optimierung des gesamten Materialdurchlaufs
Funktionsoptimierung	Flussoptimierung
Kontinuierliche Produktion durch Bestände	Hohe Flexibilität und kurze Durchlaufzeiten durch Nutzung aller Ressourcen
Keine Betrachtung der Wertschöpfung	Optimierung der Wertschöpfung mit logistischen Methoden
Erwartungsbezogene (Lager-) Produktion	Auftragsbezogene Produktion
Reduktion der Hauptzeiten	Reduktion der Rüst- und Nebenzeiten
Einzelkostenbetrachtung	Gesamtkostenbetrachtung
Terminorientierte Auftragsfreigabe	Termin- und belastungsorientierte Auftragsfreigabe
Losgrößenbestimmung durch Minimierung von Rüst- und Lagerungskosten	Losgrößenbestimmung durch ganzheitliche Betrachtung von Durchlaufzeit, Kapitalbindung und Flexibilität
Einzeloptimierung	Optimierung des gesamten Materialdurchlaufs

Bild PW.C.3.(10): Merkmale konventioneller und logistikorientierter Produktionsplanungs- und -steuerungssysteme (nach EHRMANN, H. [Logistik 1] S. 424)

Die Gegenüberstellung der Merkmale konventioneller und logistikorientierter PPS-Systeme macht die veränderte Herangehensweise an die Problemlösung deutlich.

3.2.3 Methoden

Methoden zur Lösung operativer logistischer Aufgaben

Auf Grund des breiten Aufgabenspektrums der operativen Produktionslogistik steht eine große Anzahl von einsetzbaren Methoden zur Diskussion. Der Schwerpunkt liegt hier bei den **Methoden, die besonders zur Lösung operativer logistischer Aufgaben beitragen**. Sie sind weitgehend deckungsgleich mit den Methoden der Produktionsplanung und -steuerung (vgl. Abschnitt C.2.5).

Die **Methoden** zur operativen Lösung logistischer Aufgaben **beeinflussen** die **Kenngrößen der operativen Produktionslogistik**.

Die Wirkungsweise dieser Methoden basiert auf zwei prinzipiell unterschiedlichen Konzeptionen. Es ist zwischen der **Bestandsoptimierung** und der **Flussoptimierung** zu unterscheiden.

| Bestandsoptimierung

Die **Bestandsoptimierung** verfolgt das Ziel, einen hohen Logistikerfolg durch die optimale Dimensionierung der Bestände zu sichern. Dazu werden die Vorteile der Bestände (z. B. prompte Lieferung, Überbrückung von Störungen, Ausgleich nicht abgestimmter Kapazitäten) genutzt und deren Nachteile (z. B. Kostenverursachung, Risiko der Obsoleszenz, Flächen- bzw. Raumbedarf) möglichst gering gehalten.

Ein typisches Beispiel für die Bestandsoptimierung ist die belastungsorientierte Auftragsfreigabe (BOA).

| Flussoptimierung

Die **Flussoptimierung** versucht, den Logistikerfolg durch eine Synchronisation der an der Fertigung beteiligten Kapazitätseinheiten zu erreichen. Dazu werden die Kapazitäten aufeinander abgestimmt, in möglichst kleinen (Transport-) Losgrößen gefertigt sowie Störungen durch organisatorische und technische Maßnahmen gezielt reduziert.

Ein typisches Beispiel für die Flussoptimierung ist das KANBAN-System.

Bild PW.C.3.(11) vermittelt eine Übersicht über die Zuordnung der Methoden und Verfahren der PPS zur Bestands- und Flussoptimierung.

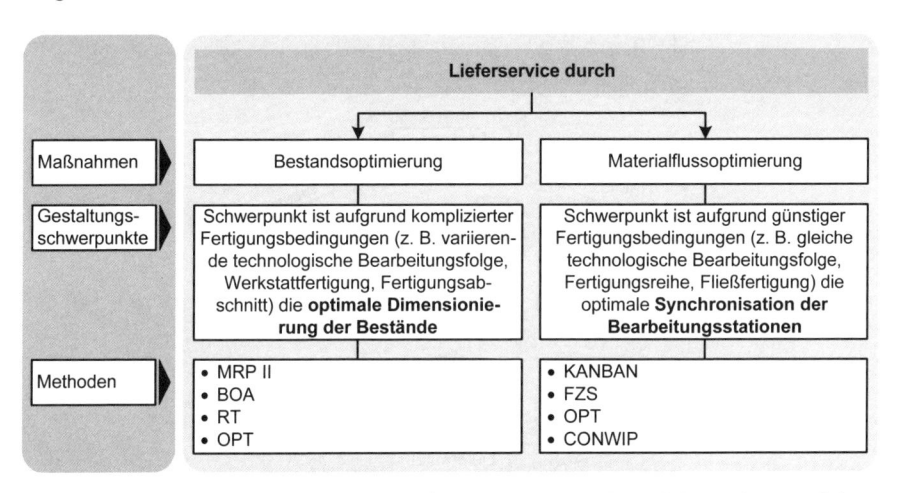

Maßnahmen	\multicolumn{2}{c}{Lieferservice durch}
	Bestandsoptimierung	Materialflussoptimierung
Gestaltungsschwerpunkte	Schwerpunkt ist aufgrund komplizierter Fertigungsbedingungen (z. B. variierende technologische Bearbeitungsfolge, Werkstattfertigung, Fertigungsabschnitt) die **optimale Dimensionierung der Bestände**	Schwerpunkt ist aufgrund günstiger Fertigungsbedingungen (z. B. gleiche technologische Bearbeitungsfolge, Fertigungsreihe, Fließfertigung) die optimale **Synchronisation der Bearbeitungsstationen**
Methoden	• MRP II • BOA • RT • OPT	• KANBAN • FZS • OPT • CONWIP

Bild PW.C.3.(11): Systematisierung der Methoden und Verfahren der Produktionslogistik (i. A. a. ZÄPFEL, G. [Produktionsstrukturen] S. 35)

3.3 Strategisch-taktische Produktionslogistik
3.3.1 Aufgaben- und Methodenübersicht

Häufig werden logistische Problemlösungen nur auf der operativen Ebene gesucht. Das bedeutet jedoch, dass der Handlungsspielraum und die Erfolgsmöglichkeiten durch die vorhandenen Rahmenbedingungen relativ eng begrenzt sind.

Sollen einschneidende Wettbewerbsvorteile durch die Logistik erzielt werden, sind diese Rahmenbedingungen selbst zum Gegenstand einer logistischen Gestaltung zu machen. Im Mittelpunkt steht dabei die Schaffung optimaler Potenziale und Ressourcen. Damit werden die Gestaltungsmöglichkeiten erweitert und der Einfluss auf den Logistikerfolg vergrößert. Gleichzeitig erweitern sich die Rahmenbedingungen. Sie entsprechen denen der allgemeinen Unternehmensentwicklung (vgl. Bild PW.C.3.(12)).

Auf Grund der langfristigen Betrachtungen und der nachhaltigen Wirkungen wird dieser Problemkreis der strategisch-taktischen Produktionslogistik zugeordnet.

Strategisch-taktische Produktionslogistik	Ausgangspunkt der **strategisch-taktischen Produktionslogistik** sind Unternehmensstrategien und Unternehmensziele sowie daraus abgeleitete Zielorientierungen der Funktionalbereiche. Dazu sind passende Logistikstrategien zu entwickeln.

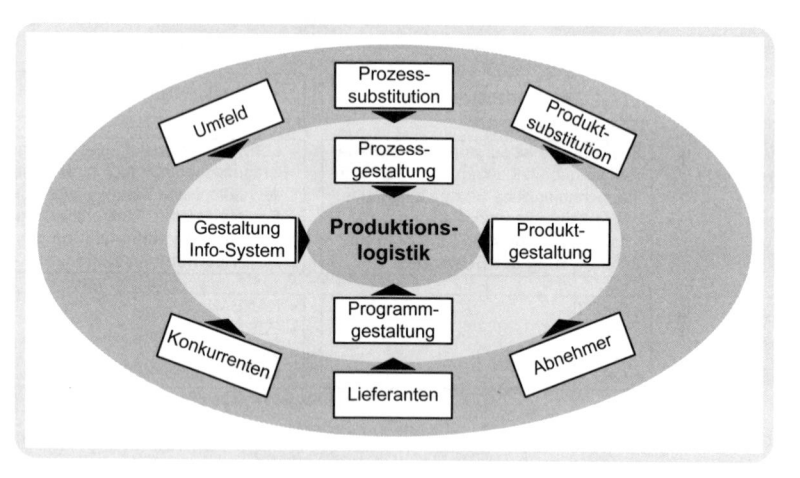

Bild PW.C.3.(12): *Rahmenbedingungen für die Produktionslogistik*

Im Bild PW.C.3.(13) werden vier Aufgabenkomplexe der strategisch-taktischen Produktionslogistik und allgemeine sowie spezielle Methoden zur Aufgabenlösung dargestellt. Die aufgeführten Methoden wurden in der Regel nicht für die Lösung logistischer Aufgaben entwickelt, können aber auch hier erfolgreich eingesetzt werden.

Nachfolgend sollen ausgewählte strategisch-taktische Logistikaufgaben charakterisiert werden, die der Produkt- bzw. der Prozessgestaltung zuzuordnen sind.

Aufgaben	Spezielle Methoden	Allgemeine Methoden
Festlegung der Logistikstrategie	• Marktanalyse • Branchenanalyse • Portfolioanalyse • Produkt-Lebenszyklus-Konzept • Konkurrentenanalyse	• Szenariotechnik • Zeitreihenanalyse • Schwachstellenanalyse • Break-Even-Analyse • Investitionsrechnung
Produktgestaltung	• ABC-, XYZ-Analyse • Wertanalyse • Wertschöpfungskette • Sensitivitätsanalyse • FMEA • CAD, CAM, CAE • Simultaneous Engineering	• Potenzialanalyse • Entscheidungsbaumverfahren • Kennzahlensysteme • Brainstorming • Methode 635 • Synektik • Morphologie
Prozessgestaltung	• Fabrikplanung • Layoutplanung • Materialflussanalyse • Fertigungssegmentierung • Nutzwertanalyse	• Bionik • Delphimethode • Simulation • Netzplantechnik • Fuzzy-Logik
Gestaltung des Informationssystems	• Informations- und Kommunikationsanalyse • Informationssegmentierung • Marktanalyse	

Bild PW.C.3.(13):   Aufgaben und Methoden der strategisch-taktischen Produktionslogistik

3.3.2 Produkt- und Prozessgestaltung
3.3.2.1 Festlegung des Variantenbestimmungspunkts

Produktvarianten unterscheiden sich durch bestimmte **Merkmale**, die zu unterschiedlichen **Produkteigenschaften** führen. Solche Merkmale sind z. B. Art und Stärke des Materials, Abmessungen, Oberflächeneigenschaften, funktionelle Varianten oder ergänzende Funktionen. Die Produktvarianten sind ein wichtiger komplexitätstreibender Faktor, der mit höherem Steuerungs-, Rüst- und Handlingsaufwand sowie in der Regel hohen Beständen verbunden ist und damit die Stückkosten erhöht.

| Produktvarianten |

Variantenbe-stimmungspunkt

> Die Produktvarianten entstehen mit einer bestimmten Bearbeitungsstufe ab einem bestimmten Arbeitsgang. Dieser kann auf der Grundlage der Arbeitspläne exakt bestimmt werden. Die Stelle, d. h. der Arbeitsgang, ab dem Varianten gebildet werden, ist der **Variantenbestimmungspunkt**.

Der mit den Varianten verbundene höhere Aufwand ist erst ab dem Variantenbestimmungspunkt aufzubringen. Davor entfällt der aus der Komplexität resultierende Zusatzaufwand.

> Die **Verschiebung des Variantenbestimmungspunkts** in Richtung Ende der logistischen Kette führt zur Reduzierung des Aufwands.

Dazu wird folgende Vorgehensweise empfohlen (vgl. WILDEMANN, H. [Just-In-Time] S. 255):

(1) Identifikation der variantenbestimmenden Einflussfaktoren
(2) ABC-Analyse auf der Ebene der Komponenten
(3) Änderung der Konstruktion und / oder der Fertigungsverfahren

Durch **Normung** und **Standardisierung** sowie durch das **Baukastenprinzip** und die **Modulbauweise** kann schon in der konstruktiven Vorbereitung der Produktion dafür gesorgt werden, dass aus möglichst vielen einheitlichen Komponenten zu einem in der Produktherstellung möglichst späten Zeitpunkt unterschiedliche Erzeugnisvarianten für die Kunden zusammengestellt werden.

Das führt dazu, dass für vorgelagerte Produktionsstufen die Variantenanzahl, die Bestände sowie der Handlings- und Verwaltungsaufwand verringert werden. Gleichzeitig werden die Prognosesicherheit und die Transparenz der Produktion erhöht. Die Fertigungslosgrößen in der Teilefertigung können in diesem Zusammenhang erhöht werden.

3.3.2.2 Festlegung der Bevorratungsebene

Produktionsprozesse können **auftragsbezogen** oder **erwartungsbezogen** organisiert werden.

Auftragsbezogene Produktion

> Bei einer **auftragsbezogenen Produktion** (Auftragsproduktion) werden alle Aktivitäten zur Produktion erst ausgelöst, wenn ein bestätigter Kundenauftrag vorliegt. So werden die kundenindividuellen Wünsche beachtet und es wird mit einem sehr geringen Bestandsniveau produziert. Allerdings ist gleichzeitig mit unabgestimmten und damit nicht optimalen Produktionsabläufen und mit langen Lieferzeiten zu rechnen.

Bei einer **erwartungsbezogenen Produktion** (Lagerproduktion) wird auf Grund von Prognosen über den zukünftigen Bedarf produziert. Dadurch werden kurze Lieferzeiten erreicht und eine wirtschaftliche Fertigung ermöglicht. Auf Grund der tendenziell abnehmenden Prognosesicherheit ist aber auch mit hohen Lagerbeständen und damit verbundenen Kosten sowie mit einem nur schwer kalkulierbaren Risiko bezüglich der Obsoleszenz der Produkte zu rechnen.

| Erwartungsbezogene Produktion

Um sowohl den Forderungen der Kunden nach individuellen Produkten und nach kurzen Lieferzeiten zu entsprechen, als auch eine wirtschaftliche Produktion zu ermöglichen, muss eine Kompromisslösung gefunden werden. Diese besteht darin, dass kundenspezifische Komponenten und höherwertige Standardteile auftragsbezogen und geringwertige Standardteile erwartungsbezogen produziert werden.

Die Schnittstelle zwischen diesen beiden Vorgehensweisen wird als **Bevorratungsebene** bezeichnet, weil die erwartungsbezogen produzierten Komponenten in Zwischenlagern bevorratet werden, um bei der auftragsbezogenen Produktion darauf zurückgreifen zu können (vgl. Bild PW.C.3.(14)).

| Bevorratungsebene

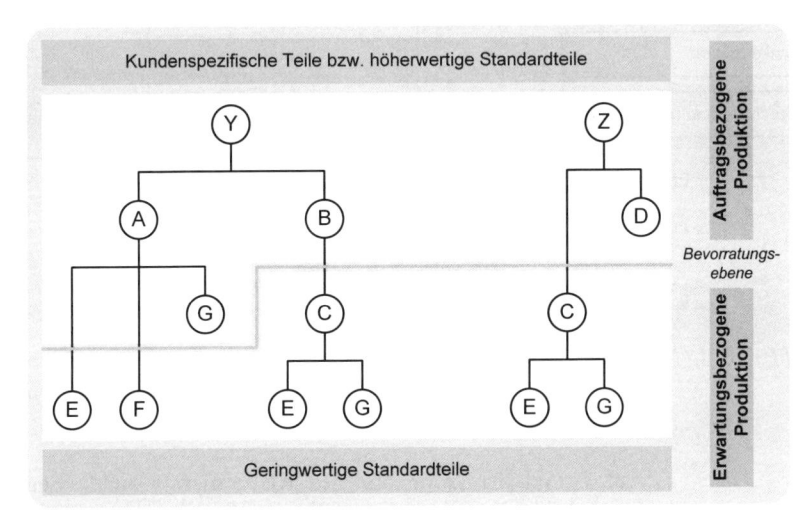

Bild PW.C.3.(14):   Bevorratungsebene (nach KURBEL, K. [PPS] S. 230)

Mit der Festlegung der Bevorratungsebene können folgende **Wirkungen** erzielt werden:

▶ Die Lieferzeiten werden kürzer als die zur Herstellung der Erzeugnisse erforderlichen Durchlaufzeiten.

▶ Das Bestandsniveau wird gegenüber einer „reinen" erwartungsbezogenen Fertigung verringert.

▶ Das Risiko der Obsoleszenz wird deutlich reduziert.

▶ Der Teilbereich der Produktion, in dem erwartungsbezogen produziert wird, kann auf Grund eines kontinuierlichen Produktionsablaufs wirtschaftlicher gestaltet werden.

Für die Wahl der Bevorratungsebene gibt es folgende prinzipielle Möglichkeiten (vgl. Bild PW.C.3.(15)).

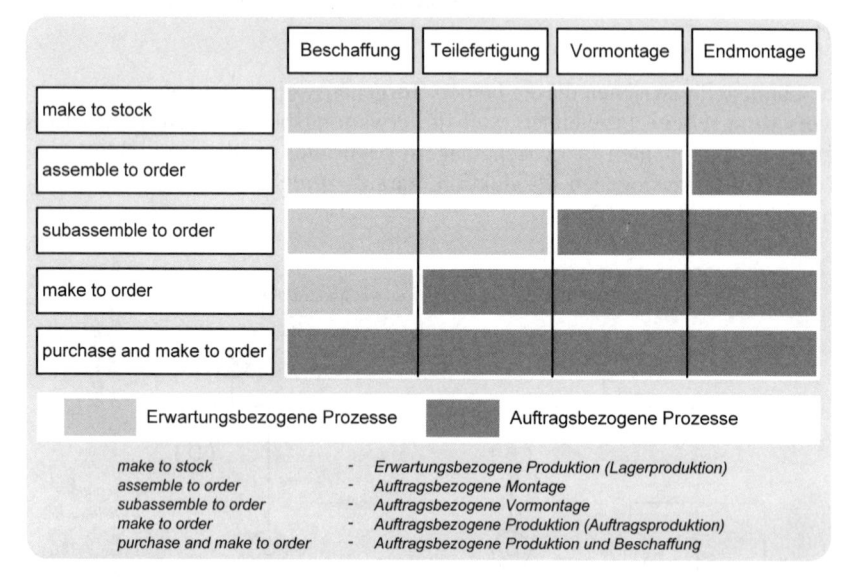

	Beschaffung	Teilefertigung	Vormontage	Endmontage
make to stock				
assemble to order				
subassemble to order				
make to order				
purchase and make to order				

■ Erwartungsbezogene Prozesse ■ Auftragsbezogene Prozesse

- make to stock — Erwartungsbezogene Produktion (Lagerproduktion)
- assemble to order — Auftragsbezogene Montage
- subassemble to order — Auftragsbezogene Vormontage
- make to order — Auftragsbezogene Produktion (Auftragsproduktion)
- purchase and make to order — Auftragsbezogene Produktion und Beschaffung

Bild PW.C.3.(15): *Typen von erwartungs- und auftragsbezogenen Prozessen der Wertschöpfungskette (nach ZÄPFEL, G. [Produktionsmanagement] S. 266)*

Auf Grund der Dominanz des Käufermarkts zielen **neue Produktionskonzepte** darauf ab, den Anteil der kundenauftragsbezogenen Produktion im Verhältnis zur erwartungsbezogenen Produktion auszudehnen.

Für die Vorverlagerung der Bevorratungsebene sind folgende **Voraussetzungen** zu erfüllen:

- Der aus der auftragsbezogenen Produktion resultierende Anteil der Durchlaufzeiten muss kürzer als die marktübliche Lieferzeit sein.
- Die Bevorratungsebene ist vor einen Wertsprung in der Wertzuwachskurve zu legen, um die Bestandskosten möglichst gering zu halten.
- Die Einzelteile und Baugruppen mit hoher Mehrfachverwendbarkeit sind erwartungsbezogen zu produzieren und zu disponieren.

Mit diesen Voraussetzungen wird der enge Bezug zur Gestaltung des Variantenbestimmungspunkts deutlich.

3.3.2.3 Prozessgestaltung

Eine logistikgerechte Prozessgestaltung ist dann erreichbar, wenn die Spezifika der Organisation von Fertigungshauptprozessen bestmöglich mit denen der logistischen Prozesse in Einklang gebracht werden.

Das **Anforderungsprofil** zur Gestaltung sowohl der Organisationsformen der Teilefertigung und Montage als auch der Organisationsformen des innerbetrieblichen Transports und der innerbetrieblichen Lagerung wird von den zu lösenden **Fertigungsaufgaben** bestimmt.

Die Gestaltung eines darauf abgestimmten **Fähigkeitsprofils** der miteinander eng verbundenen Fertigungshauptprozesse und der logistischen Dienstleistungsprozesse sichert eine hohe Ergiebigkeit.

Das erfordert, genau die Organisationsformen der Fertigungshauptprozesse mit den Organisationsformen der fertigungsnahen industriellen Dienstleistungen zu kombinieren, die ein zum Anforderungsprofil passgerechtes Fähigkeitsprofil erzeugen (vgl. Abschnitte C.1.2 bis C.1.6).

Einen darauf aufbauenden Ansatz verfolgt auch die **Fertigungssegmentierung**.

3.3.2.4 Fertigungssegmentierung

Fertigungssegmente
Fertigungssegmente sind produktorientierte organisatorische Einheiten, die mehrere Stufen der logistischen Kette umfassen können und mit denen eine spezifische Wettbewerbsstrategie verfolgt werden kann (vgl. WILDEMANN, H. [Logistikstrategien] S. 61).

Mit der **Fertigungssegmentierung** wird das Ziel verfolgt, die Kontinuitätsvorteile der Fließfertigung mit der hohen Flexibilität der Werkstattfertigung zu kombinieren.

Dazu werden die Potenzialfaktoren eines Fertigungssegments auf eine spezifische Produktionsaufgabe konzentriert. Diese Konzentration leitet sich aus der Unternehmensstrategie und den Marketingzielen ab und soll durch eine schnellere und bessere Reaktion auf Kundenwünsche Wettbewerbsvorteile erzielen.

Fertigungssegmente sind durch folgende **fünf Merkmale** definiert (vgl. WILDEMANN, H. [Logistikstrategien] S. 61 ff.):

▶ **Markt- und Zielausrichtung**

Produkte mit unterschiedlichen Wettbewerbsstrategien sollen in unterschiedlichen Fertigungsbereichen produziert werden. Dadurch werden Produkt-Markt-Produktions-Kombinationen gebildet.

▶ **Produktorientierung**

Indem Produkte mit gleichen oder ähnlichen Anforderungen in einem Fertigungsbereich zusammengefasst werden, reduziert sich der Koordinierungsaufwand, können Spezialisierungsvorteile im Segment genutzt und Leistungsverflechtungen zwischen Segmenten weitgehend ausgeschlossen werden.

▶ **Integration mehrerer Stufen der logistischen Kette**

In der höchsten Ausprägung werden alle unternehmensinternen Wertschöpfungsstufen für ein Produkt oder für ein Produktionsprogramm in einem Fertigungssegment realisiert. Das **unterscheidet ein Fertigungssegment von einer Organisationsform**, weil dort nur eine Stufe der logistischen Kette präsent ist.

▶ **Übertragung indirekter Funktionen**

Durch die Übertragung von Aufgaben der fertigungsnahen industriellen Dienstleistungen, der Steuerung und des Qualitätsmanagement gelingt sowohl eine Reduktion der Schnittstellen als auch eine Verringerung der Arbeitsteilung. Die ganzheitliche Verantwortung erhöht die Leistungsbereitschaft und Motivation der Mitarbeiter.

▶ **Kosten- und Ergebnisverantwortung**
Fertigungssegmente stellen durch ihre Selbststeuerung Leistungscenter dar und können in Abhängigkeit davon, ob die Produkte innerbetrieblich verwendet werden oder ob das Segment über einen Marktzugang verfügt, als Cost- oder Profit-Center organisiert werden.

Für die Bildung von Fertigungssegmenten werden folgende sich zum Teil ergänzende **Gestaltungsprinzipien** empfohlen (vgl. WILDEMANN, H. [Logistikstrategien] S. 63 ff.):

- ▶ Flussoptimierung
- ▶ Bildung kleiner Kapazitätsquerschnitte je Fertigungsstufe
- ▶ Räumliche Konzentration der Betriebsmittel mit variablem Layout
- ▶ Komplettbearbeitung von Teilen und Baugruppen
- ▶ Aufbau selbststeuernder Regelkreise
- ▶ Selbstkontrolle der Qualität bzw. statistische Prozesskontrolle
- ▶ Entkoppelung von Mensch und Maschine
- ▶ Teamorientierung

> Die **Fertigungssegmentierung** ist ein Konzept, das auf der Grundlage technologischer Ähnlichkeiten konstruktiv verschiedenartige Teile zu Gruppen zusammenfasst (Bildung von Teilefamilien), die in einer oder mehreren Kapazitätseinheiten gemeinsam bearbeitet werden können. Damit erfolgt ein Übergang vom Werkstatt- zum Erzeugnisprinzip mit den damit verbundenen günstigen logistischen Wirkungen hinsichtlich Transport, Lagerung sowie Planung und Steuerung.

Fertigungssegmentierung

Außerdem wird durch kleine Kapazitätsquerschnitte und ein variables Layout darauf geachtet, dass die Flexibilität möglichst erhalten bleibt.

I. Begriffe zur Selbstüberprüfung

- Logistik
- Horizontale und vertikale Koordination
- Logistikkonzepte
- Produktionslogistik
- Prozesskettenorientierter Ansatz der Produktionslogistik
- Koordinationsorientierter Ansatz der Produktionslogistik
- Materialfluss
- Informationsfluss
- Formalziel der Produktionslogistik
- Sachziel der Produktionslogistik
- Lieferservice
- Versorgungsservice
- Logistikaufgaben
- Administrative Logistikebene
- Dispositive Logistikebene
- Politische Logistikebene
- Operative Produktionslogistik
- Rahmenbedingungen der operativen Produktionslogistik
- Fertigungsnahe industrielle Dienstleistungen des logistischen Prozesses
- Allgemeine Aufgaben der Produktionslogistik
- Spezielle Aufgaben der Produktionslogistik
- Methoden zur Lösung operativer logistischer Aufgaben
- Bestandsoptimierung
- Flussoptimierung
- Strategisch-taktische Produktionslogistik
- Produktvarianten
- Variantenbestimmungspunkt
- Auftragsbezogene Produktion
- Erwartungsbezogene Produktion
- Bevorratungsebene
- Logistikgerechte Prozessgestaltung
- Produktionslogistik innerhalb von Organisationsformen der Fertigung
- Produktionslogistik zwischen Organisationsformen der Fertigung
- Produktionslogistik in modernen Organisationsformen der Fertigung
- Fertigungssegmente
- Fertigungssegmentierung

II. Weiterführende Literatur

- EHRMANN, Harald:
    [Logistik 1] Logistik.
    5. Auflage, Ludwigshafen 2005

- JÜNEMANN, Reinhardt / SCHMIDT, Thorsten:
    Materialflusssysteme. Systemtechnische Grundlagen.
    Berlin, Heidelberg, New York 2000

- JÜNEMANN, Reinhardt:
    [Logistiksysteme 1] Logistiksysteme.
    In: EVERSHEIM, Walter / SCHUH, Günther (Hrsg.): Betriebshütte: Produktion und Management. Teil 2.
    7. Auflage, Berlin, Heidelberg, New York 1996

- KUMMER, Sebastian:
    [Logistik 2] Logistik im Mittelstand. Stand und Kontextfaktoren der Logistik in mittelständischen Unternehmen.
    Stuttgart 1992

- KURBEL, Karl:
    [PPS] Produktionsplanung und -steuerung im Enterprise Resource Planning and Supply Chain Management.
    6. Auflage, München, Wien 2005

- MÜLLER, Gerhard (Hrsg.):
    Lexikon Technologie. Metallverarbeitende Industrie.
    2. Auflage, Berlin 1992

- NEUMANN, Joachim / PÜSCHEL, Gunter:
    [Produktionslogistik 1] Produktionslogistik. Lehrbrief TU Dresden, Fakultät für Wirtschaftswissenschaften.
    Dresden 1991

- PFOHL, Hans-Christian:
    Logistikmanagement. Band 1. Funktionen und Instrumente. Implementierung der Logistikkonzeption in und zwischen Unternehmen.
    Berlin, Heidelberg, New York 1994

- PFOHL, Hans-Christian:
    [Logistiksysteme 2] Logistiksysteme. Betriebswirtschaftliche Grundlagen.
    8. Auflage, Berlin, Heidelberg, New York 2010

❑ SCHEER, August-Wilhelm:
   Wirtschaftsinformatik. Referenzmodelle für industrielle Geschäftsprozesse.
   7. Auflage, Berlin, Heidelberg, New York 1997

❑ WARNECKE, Hans-Jürgen / HÜSER, Manfred:
   Revolution der Unternehmenskultur. Das Fraktale Unternehmen.
   2. Auflage, Berlin, Heidelberg, New York 1993

❑ WEBER, Jürgen:
   Logistik als Koordinationsfunktion. Zur theoretischen Fundierung der Logistik.
   In: Zeitschrift für Betriebswirtschaft 62 (1992) 8

❑ WEBER, Jürgen / WEISE, Frank-J. / KUMMER, Sebastian:
   [Logistikeinführung] Einführen von Logistik. Eine spannende Anleitung zum programmierten Erfolg.
   Stuttgart 1993

❑ WILDEMANN, Horst:
   [Just-In-Time] Das Just-In-Time Konzept. Produktion und Zulieferung auf Abruf.
   5. Auflage, München 2001

❑ WILDEMANN, Horst:
   [Logistikstrategien] Logistikstrategien.
   In: EVERSHEIM, Walter / SCHUH, Günther (Hrsg.): Betriebshütte: Produktion und Management. Teil 2.
   7. Auflage, Berlin, Heidelberg, New York 1996

❑ ZÄPFEL, Günther:
   Produktionslogistik.
   In: Zeitschrift für Betriebswirtschaft 61 (1991) 2

❑ ZÄPFEL, Günther:
   [Produktionsstrukturen] Moderne Produktionsstrukturen auf dem Weg zur „Fabrik der Zukunft".
   In: MILLING, Peter / ZÄPFEL, Günther (Hrsg.): Betriebswirtschaftliche Grundlagen moderner Produktionsstrukturen.
   Herne, Berlin 1993

❏ ZÄPFEL, Günther:
  [Produktionsmanagement] Grundzüge des Produktions-
  und Logistikmanagement.
  2. Auflage, Berlin, New York 2001

4 Produktionscontrolling

C / Wirkung dispositiver Produktionsfaktoren

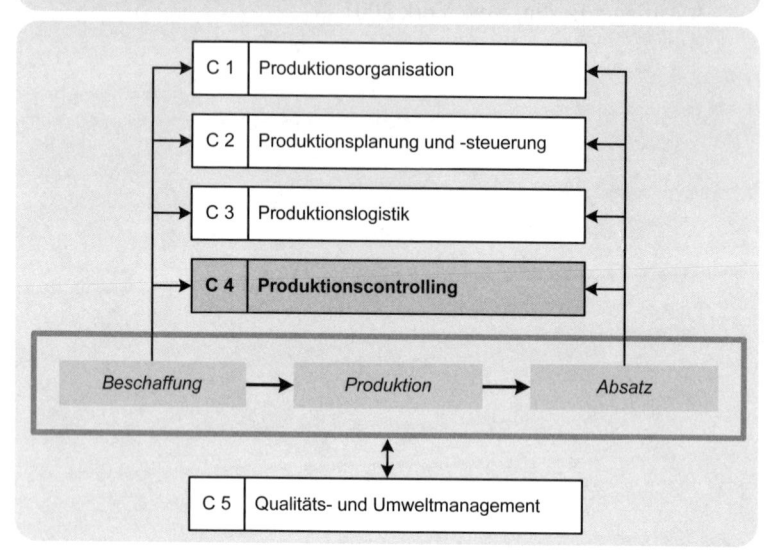

- C 1 Produktionsorganisation
- C 2 Produktionsplanung und -steuerung
- C 3 Produktionslogistik
- **C 4 Produktionscontrolling**
  - Beschaffung → Produktion → Absatz
- C 5 Qualitäts- und Umweltmanagement

Bild PW.C.4.(1): Wirkung dispositiver Produktionsfaktoren (Produktionscontrolling)

4.1 Gestaltungsgrundsätze

Auf der Grundlage exogener Daten erfolgt im Unternehmen die **Ziel- und Willensbildung** durch die Festlegung der Produktionsfunktion und ihrer Ziel-Mittel-Relation. Die methodische Basis dafür sind die:

▶ **Reflexion**

Darunter ist ein Denkprozess auf der Grundlage problemadäquaten Wissens in Form von Informationen und Modellen (Entscheidungsmodellen) zu verstehen.

▶ **Intuition**

Darunter ist ein Gestaltungsprozess auf der Grundlage begrenzten, nicht explizierbaren Wissens in Form von Erfahrungen und Schöpfertum zu verstehen.

▶ **Improvisation**

Dabei handelt es sich um reaktive Handlungsweisen ohne rationelle Vorbereitung und ohne spezifische Erfahrungen.

Die Reflexion und die Intuition stellen sinnvolle Grundlagen für die Definition der Ziel-Mittel-Relation dar. Die Improvisation ist dafür weitestgehend ungeeignet.

Die **Zieldurchsetzung** erfolgt durch Planung und Organisation. Sie sind die Grundlage für die Ableitung von

- inputorientierten   – faktorbezogenen
- throughputorientierten – prozessbezogenen und
- outputorientierten   – erzeugnisbezogenen

Anordnungen.

Die **Ausführung** der Anordnungen (Anweisungen) erfolgt durch Steuerung. Abschließend wird durch die **Kontrolle** die Übereinstimmung des Gewollten mit dem Erreichten geprüft. Als Ergebnis entstehen endogene Daten, die gegebenenfalls zur Änderung der Willensdurchsetzung oder der Ziele der Folgephasen führen.

> Das **Controlling** besitzt in diesem idealisierten Führungszyklus drei **Hauptfunktionen**:
> - **Informationsversorgungsfunktion**, die eng mit der Bereitstellung einzusetzender Methoden verbunden ist
> - **Zielbildungsfunktion**
> - **Koordinationsfunktion**

Hauptfunktionen des Controlling

Bild PW.C.4.(2) verdeutlicht die dargestellten Zusammenhänge.

> Das **Controlling** ist ein Aufgabenbereich der Unternehmensführung, dessen Ziel in der **Unterstützung der** zu realisierenden **dispositiven Prozesse** sowie in der **Aktualisierung der Zielfindung** besteht.

Die Implementierung der Controllingfunktionen in die Unternehmenspraxis erfordert eine **Controllingkonzeption**. Die **Komponenten** der Controllingkonzeption sind:

- **Controllingziele**
- **Controllingsystem**

Controllingkonzeption

Controllingziele, Controllingsystem

Die Controllingziele sind in Bild PW.C.4.(3) dargestellt.

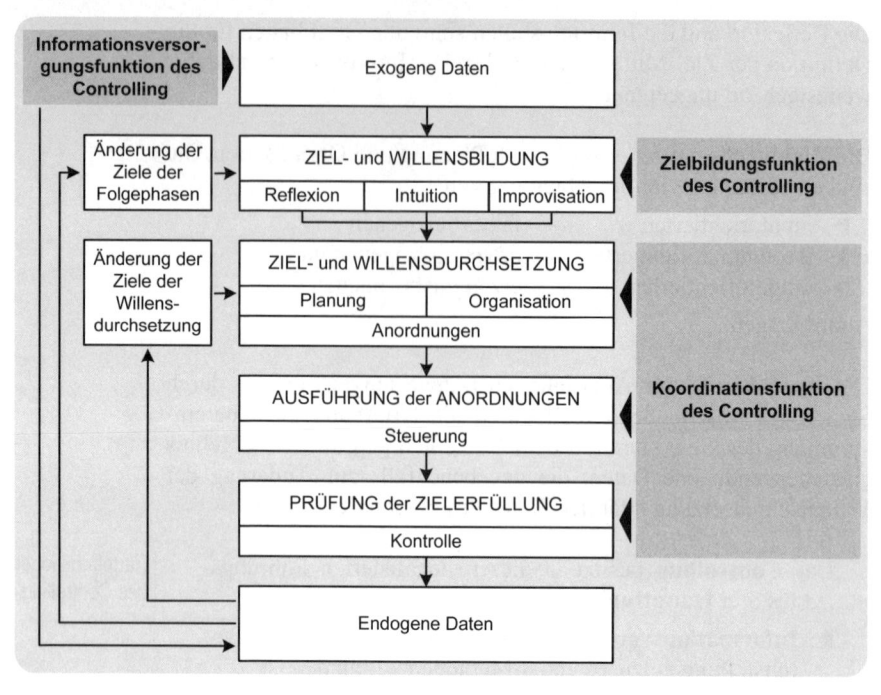

Teil C / Wirkung dispositiver Produktionsfaktoren

Bild PW.C.4.(2): Idealtypischer Führungszyklus und Controllingfunktionen (i. A. a. WEBER, J. / SCHÄFFER, U. [Controlling] S. 731)

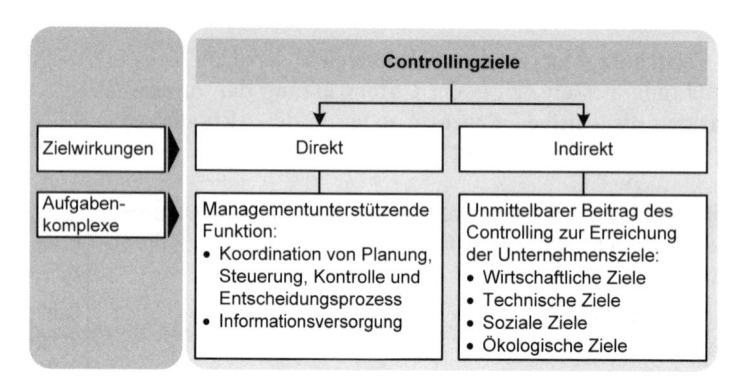

Bild PW.C.4.(3): Controllingziele

Das Controllingsystem besitzt funktionale, instrumentale und institutionale Komponenten. Die damit in Verbindung stehenden Aufgaben und Methoden werden in Bild PW.C.4.(4) dargestellt.

Controlling-komponenten	Controllingsystem		
	Funktionale Komponenten = Controllingaufgaben	**Instrumentale Komponenten** = Controllinginstrumente	**Institutionale Komponenten** = Controllingorganisation
Aufgaben und Methoden	Systembildende Aufgaben / Systemkoppelnde Aufgaben	Methoden und Verfahren, die der Erreichung der Unternehmensziele und der Erfüllung der Controllingaufgaben dienen	Gestaltung und Einordnung des Controlling in die Unternehmensstruktur
Beispiele und Instrumente	• Entwicklung • Implementierung • Überwachung • Anpassung des Planungs-, Steuerungs- und Informationssystems des Unternehmens	• Führungskoordination und Informationsversorgung der Planungs-, Steuerungs- und Kontrollprozesse	• Planungsinstrumente • Steuerungsinstrumente • Instrumente zur Informationsversorgung • Instrumente zur Führungskoordination, die vom Controlling bereitgestellt und von der Unternehmensführung genutzt werden	• Funktionale Differenzierung des Controlling • Organisatorische Verankerung in den Funktionalbereichen des Unternehmens

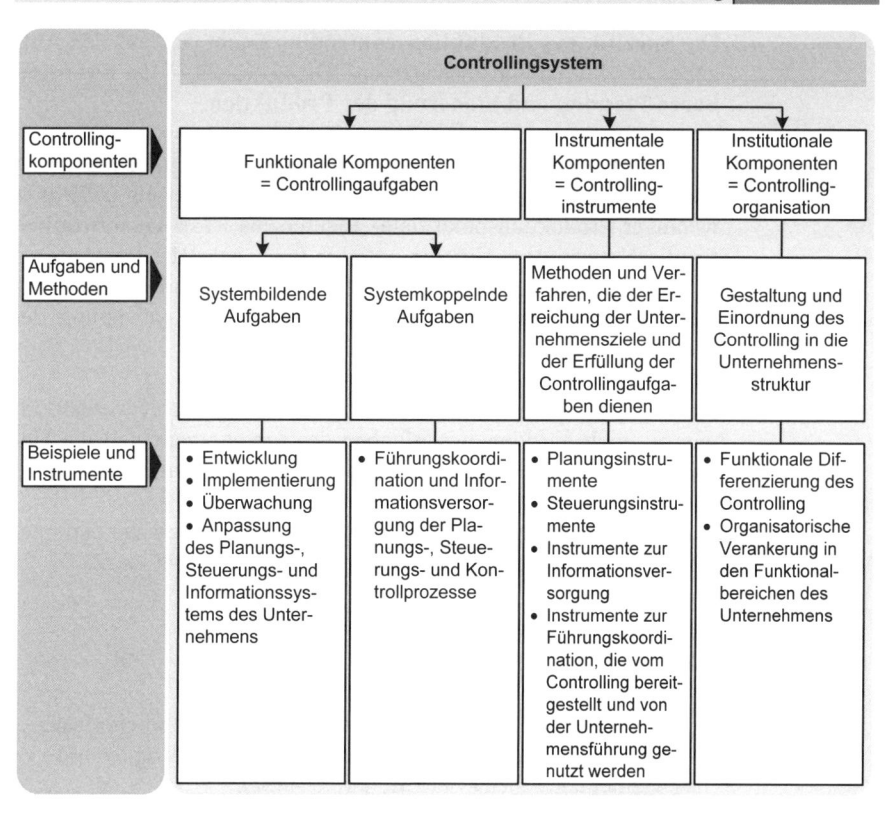

Bild PW.C.4.(4):   Controllingsystem

4.2 Definition, Ziele und Aufgaben

Der Umfang und die Vielschichtigkeit der zu lösenden Controllingaufgaben zwingen zu einer arbeitsteiligen und spezialisierten Vorgehensweise. Das führt zu einer **funktionalen Differenzierung des Controlling** und zu einer entsprechenden organisatorischen Verankerung in den Funktionalbereichen des Unternehmens. Auf dieser Grundlage entsteht das Produktionscontrolling neben dem Beschaffungscontrolling, dem Personalcontrolling u. a.

> Das **Produktionscontrolling** ist ein Subsystem des Produktionsmanagement, das die Produktionsplanung und -steuerung sowie die Informationsversorgung systembildend und systemkoppelnd koordiniert und damit das Produktionsmanagement bei der Erreichung produktionswirtschaftlicher Zielstellungen unterstützt (nach HOITSCH, H.-J. [Aufgaben] S. 606 und HORVÁTH, P. [Controlling] S. 125).

Produktionscontrolling

Die **Spezifik des Produktionscontrolling** ergibt sich aus den Aufgaben des Produktionsmanagement. Diese besteht in der **unmittelbaren Planung und Steuerung der Produktion**.

Dabei trifft das Produktionsmanagement einerseits strategische Entscheidungen über das Produktfeld und die Sicherung dafür notwendiger Produktionspotenziale; andererseits ist es verantwortlich für die Nutzung und Erhaltung dieser Potenziale, die Realisierung der Produktionsprogramme und die Erfüllung produktionswirtschaftlicher Ziele. Damit wird ein Beitrag zur Realisierung der übergeordneten Unternehmensziele geleistet.

Am Beispiel der Produktionsplanung soll hier gezeigt werden, inwieweit sich die Planungsaufgaben des Linienorgans und die Unterstützungsfunktionen des Produktionscontrolling unterscheiden.

Die Produktionsplanung erfolgt für strategische, taktische und operative Planungsphasen. Die Planungsgegenstände sind immer

- das Produktionsprogramm,
- die Produktionsfaktoren und
- der Produktionsprozess.

Die konkrete **Planausarbeitung** erfolgt im Linienorgan. Das **Produktionscontrolling** realisiert unterstützende Managementaufgaben (vgl. Bild PW.C.4.(5)).

Aufgaben der Produktionsplanung	Aufgaben des Produktionscontrolling
• Planungsziele definieren • Planprämissen erarbeiten • Planentwürfe erarbeiten • Planalternativen entwickeln und testen • Planbewertungen vornehmen • Plankorrekturen realisieren • Plan genehmigen	• Beschaffung / Generierung von Planungsinformationen • Sammlung und Bewertung von Planentwürfen • Entwicklung von Planungstechniken (Methoden, Modelle) • Aufbau und Pflege von Datenbanksystemen für die Planung • Entwicklung von Planungsalgorithmen (Vorgehensweisen, Richtlinien) • Überwachung und Kontrolle der Planerarbeitung • Koordinierung und Integration mit anderen Plänen

Bild PW.C.4.(5):   Ausgewählte Aktivitäten der Produktionsplanung und des planbegleitenden Produktionscontrolling

Die ständige Veränderung der Komplexität und Dynamik der Unternehmenssituation erfordert zunehmenden Planungsaufwand. Gleichzeitig nehmen die Chancen für die Zuverlässigkeit der Planungsergebnisse ab.

Aus dieser Situation erwächst eine wesentliche Aufgabe des Produktionscontrolling, die in der **Qualifizierung des Systems von Planung, Steuerung und Kontrolle** besteht.

Aus diesem Blickwinkel erfolgt in Bild PW.C.4.(6) eine Gegenüberstellung wesentlicher Merkmale des Produktionsmanagement und des Produktionscontrolling.

	Produktionsmanagement	Produktionscontrolling
Aufgaben	• Organisation, Planung, Steuerung und Kontrolle der Produktion • Führung der Mitarbeiter	• Koordination von Produktionsorganisation, Produktionsplanung und -steuerung sowie der Kontrolle ablaufender Produktionsprozesse • Informationsversorgung der Produktion (z. B. Betriebsdatenerfassung, Kostenrechnung)

Kompetenz	• Treffen von Entscheidungen
	  - Zielentscheidungen
	  - Mittelentscheidungen
		• Unterstützung und Beratung des Produktionsmanagement

Ergebnisverantwortung	Unmittelbar (direkt)	Mittelbar (indirekt)
Zielgrößen	• Vorwiegend Mengen- und Zeitgrößen	• Wertorientierte Größen • Mengen- und Zeitgrößen

Bild PW.C.4.(6): Gegenüberstellung von Produktionsmanagement und Produktionscontrolling

4.3 Funktionen
4.3.1 Zielbildungsfunktion

Gegenstand der **Zielbildungsfunktion** des Produktionscontrolling ist die **Ableitung von Teilzielen und Einzelzielen** (vgl. Abschnitt A.3) des Funktionalbereichs Produktion aus dem Globalziel des Unternehmens, die **Bestimmung des Zeitmaßes der Zielrealisierung** (strategische, taktische und operative Ziele) und die davon abgeleitete Zieldetaillierung sowie die **Transformation zwischen Sach- und Formalzielen**.

| Zielbildungsfunktion

| Sachziele | **Mengen- und Zeitgrößen verdeutlichen Sachziele.** Sie sind auf reale Objekte und Aktivitäten gerichtet und werden u. a. folgendermaßen repräsentiert:

- ▶ Kurze Durchlaufzeiten
- ▶ Niedrige Bestände
- ▶ Hohe Kapazitätsauslastung
- ▶ Hohe Produktartflexibilität
- ▶ Ausgezeichnete Qualität

| Formalziele | **Wertgrößen verdeutlichen Formalziele.** Sie werden u. a. folgendermaßen repräsentiert:

- ▶ Niedrige Kosten
- ▶ Hoher Deckungsbeitrag
- ▶ Hoher Gewinn
- ▶ Hohe Liquidität

Eine wesentliche **Aufgabe des Produktionscontrolling** besteht in der **Transformation** von Sach- zu Formalzielen.

Sachziele sind i. d. R. sehr differenziert, stark detailliert und im Allgemeinen wegen ihrer Objektorientierung nur eingeschränkt aggregierbar. Aus diesen Gründen sind sie für Managemententscheidungen oft kaum verwendbar. Bei entsprechender Selektion und Zuordnung sind **Sachziele** jedoch **die Orientierungsgrößen** für Ausführende im Unternehmen, insbesondere **im Produktionsprozess**.

Im Gegensatz dazu sind **Formalziele problemlos und auf beliebigem Niveau aggregierbar** und damit als Zielgrößen in ihrer Anzahl reduzierbar. Formalziele haben für das Management eine herausragende Bedeutung.

Ziele drücken sich häufig in **Kennzahlen** aus. Während **absolute Kennzahlen** quantifizierbare Sachverhalte darstellen, bilden **Verhältniszahlen** Relationen zwischen absoluten Zahlen. Diese sind für den Produktionsprozess von besonderer Bedeutung, weil durch sie Ergiebigkeitsgrößen wie Produktivität, Wirtschaftlichkeit oder Rentabilität dargestellt werden können.

> Die **Produktivität** stellt dabei eine **Verhältniszahl** dar, die ein **Formalziel** (Wertschöpfung als Outputgröße) mit einem **Sach- bzw. Formalziel** (Arbeitskraft, Betriebsmittel, Werkstoff als Inputgröße) verknüpft.

Die Erreichung produktionswirtschaftlicher Ziele setzt die Lösung **systembildender und systemkoppelnder Aufgaben** durch das Produktionscontrolling voraus (vgl. Bild PW.C.4.(7)). | Systembildende, systemkoppelnde Aufgaben

	Unterstützung des Produktionsmanagement durch Koordination	
	von Produktionsplanung und -steuerung	mit der Informationsversorgung
System-bildung	Aufbau und Anpassung des Produktionsplanungs- und -steuerungssystems in Bezug auf: • Struktur (strategisch / operativ, langfristig / kurzfristig) • Inhalt (Produktionsprogrammplanung, Teilebedarfsermittlung u. a.) • Organisation der Planung, Steuerung und Kontrolle • Instrumente der Planung, Steuerung und Kontrolle (Planungsmodelle, Softwarepakete)	Aufbau und Anpassung des Informationsversorgungssystems in Bezug auf: • Informationsbeschaffungs- und -aufbereitungssysteme (Betriebsdatenerfassung, Kosten- und Leistungsrechnungssystem, Investitionsrechnungssystem) • Informationsübermittlungssysteme (Produktionsberichtswesen)
System-koppe-lung	• Unterstützung bei der Aufstellung von Teilplänen der Produktion • Erstellung von Teilplänen (Investitions- und Kostenpläne des Produktionsbereichs) • Koordination der Teilpläne • Durchführung von Abweichungsanalysen im Rahmen der Produktionskontrolle	• Beschaffung und Aufbereitung von produktionswirtschaftlich relevanten Informationen • Weiterleitung von Informationen • Unterstützung bei der Erstellung von Produktionsberichten • Erstellung von Produktionsberichten (Abweichungsberichte im Rahmen der Produktionskontrolle)

Bild PW.C.4.(7): Systembildende und systemkoppelnde Aufgaben des Produktionscontrolling (i. A. a. HOITSCH, H.-J. [Aufgaben] S. 606)

Die **systembildende Aufgabe** des Produktionscontrolling besteht im **Aufbau und** in der **Anpassung** des **Produktionsplanungs- und -steuerungssystems sowie** eines darauf abgestimmten **Informationsversorgungssystems**.

Die **systemkoppelnde Aufgabe** des Produktionscontrolling realisiert **laufende Abstimmungs-** und **Unterstützungsmaßnahmen** innerhalb dieser Systeme.

4.3.2 Koordinationsfunktion

Koordinations-funktion | Die **Koordinationsfunktion** ist die übergreifende Funktion, die alle Managementaufgaben des Produktionscontrolling verbindet.

Das Produktionscontrolling muss eine komplexe Koordination sichern.

Sie wird erreicht durch:
- ▶ Gestaltung des Planungs-, Steuerungs- und Kontrollsystems
- ▶ Gestaltung des Informationsversorgungssystems
- ▶ Entwicklung, Auswahl und Einsatz wirksamer Instrumente des Produktionscontrolling
- ▶ Effiziente Koppelung der gestalteten Systeme

Bei der Umsetzung der Koordinationsfunktion sind die **Koordination „nach außen"** und die Koordination **„nach innen"** zu unterscheiden.

Die **Koordination „nach außen"** hat die Wechselwirkungen des Unternehmens mit seiner Umwelt zum Gegenstand. Sie wird auch Adaption | als **Adaption** bezeichnet.

Strategisches Controlling | Die Koordination mit der Unternehmensumwelt ist das Aufgabenfeld des **strategischen Controlling**.

Seine Bedeutung erwächst aus der Unterstützung des Management zum Erhalt der Wettbewerbsfähigkeit des Unternehmens durch Anpassung der Erfolgspotenziale an veränderte Wettbewerbsbedingungen. Voraussetzung für eine erfolgreiche Koordination mit der Umwelt ist die ständige Analyse der Umweltbedingungen sowie der strategischen Erfolgsfaktoren des Unternehmens. Bild PW.C.4.(8) zeigt die für die Produktion maßgeblichen Umweltbedingungen.

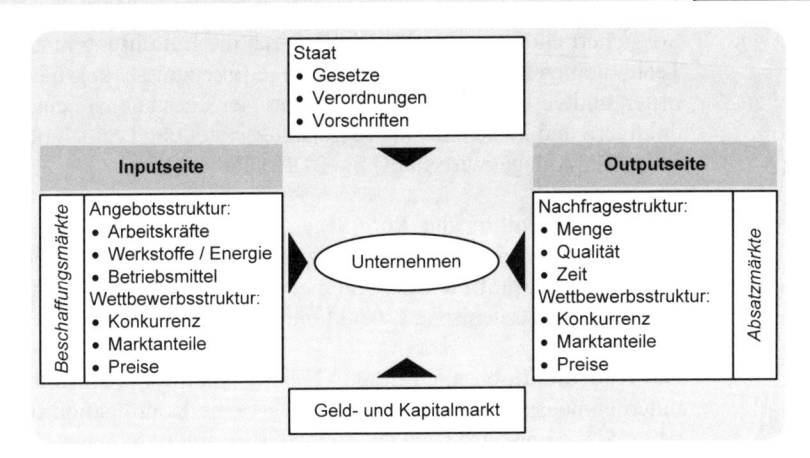

```
┌─────────────────────────────────────────────────────────────┐
│                    ┌──────────────────┐                     │
│                    │ Staat            │                     │
│                    │ • Gesetze        │                     │
│                    │ • Verordnungen   │                     │
│                    │ • Vorschriften   │                     │
│                    └──────────────────┘                     │
│         Inputseite           ▼           Outputseite        │
│  ┌──────────────────────┐        ┌──────────────────────┐  │
│  │ Angebotsstruktur:    │        │ Nachfragestruktur:   │  │
│  │ • Arbeitskräfte      │        │ • Menge              │  │
│  │ • Werkstoffe/Energie │Unternehmen• Qualität          │  │
│  │ • Betriebsmittel     │        │ • Zeit               │  │
│  │ Wettbewerbsstruktur: │        │ Wettbewerbsstruktur: │  │
│  │ • Konkurrenz         │        │ • Konkurrenz         │  │
│  │ • Marktanteile       │        │ • Marktanteile       │  │
│  │ • Preise             │        │ • Preise             │  │
│  └──────────────────────┘        └──────────────────────┘  │
│  Beschaffungsmärkte              ▲              Absatzmärkte│
│                    ┌──────────────────┐                     │
│                    │ Geld- und Kapitalmarkt │               │
│                    └──────────────────┘                     │
└─────────────────────────────────────────────────────────────┘
```

Bild PW.C.4.(8): Aspekte der Unternehmensumwelt mit Relevanz für die Produktion

Als strategische Erfolgspotenziale im Bereich Produktion können u. a. gelten:

▶ Standortstrategien
▶ Gestaltung der Fertigungstiefe und der Fertigungsbreite
▶ Technologieentwicklung mit Konzentration auf Kernkompetenzen
▶ Gestaltung der Organisationsformen des Produktionsprozesses
▶ Kapazitätsentwicklung

> **Strategische Erfolgspotenziale** sind die Voraussetzungen dafür, dass
>
> ▶ Produkte in Prozessen mit einer hohen Ergiebigkeit entstehen,
> ▶ auf Bedarfsentwicklungen mit einer ausgeprägten qualitativen und quantitativen Flexibilität reagiert werden kann und
> ▶ die Fähigkeit zur Prozess- und Erzeugnisqualität gesichert wird.

Strategische Erfolgspotenziale

Ein entscheidendes Mittel zur Entwicklung und Bewahrung der Wettbewerbsfähigkeit im Bereich Produktion ist neben der Personalentwicklung und einer rationellen Gestaltung materialwirtschaftlicher und logistischer Prozesse die **Investitionspolitik**, die im Rahmen der komplexen Anlagenerneuerung zu gestalten ist.

Sie sichert einerseits Marktvorteile durch die Einführung moderner Technologien als Basis für höherwertige Erzeugnisse, kurze Lieferzeiten und verbesserten Service. Andererseits gestattet sie eine produktivere und kostengünstigere Leistungserstellung (vgl. NEBL, T. / PRÜß, H. [Anlagenwirtschaft] S. 121 ff.).

> Das **Controlling der komplexen Anlagenerneuerung** mit dem Aspekt der Investitionen ist ein **wesentliches Moment der Koordination** des Unternehmens mit seiner Umwelt durch das strategische Produktionscontrolling.

Die **Koordination „nach innen"** befasst sich mit der Abstimmung unternehmensinterner Zielgrößen. Sie ist eine Koordination im engeren Sinne und wird auch als **Zielorientierung** bezeichnet.

Operatives Controlling | Traditionelle Konzepte des internen Controlling beschränken sich auf das **operative Controlling** und sind damit vor allem ergebnisorientiert.

Eine solche Ausrichtung birgt die Gefahr einer separaten Verfolgung des Zielkomplexes Existenzsicherung allein durch das strategische Controlling. Trotz der unterschiedlichen Aufgaben von strategischem und operativem Controlling müssen beide eine Einheit bilden.

Bild PW.C.4.(9) vergleicht wesentliche Merkmale des operativen und des strategischen Produktionscontrolling.

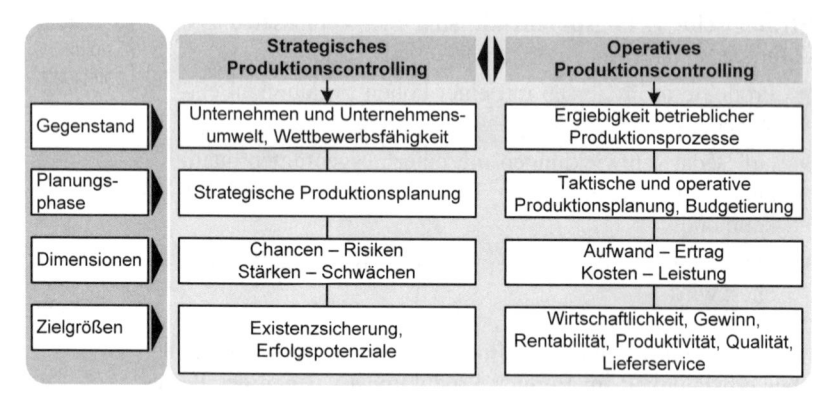

	Strategisches Produktionscontrolling	Operatives Produktionscontrolling
Gegenstand	Unternehmen und Unternehmensumwelt, Wettbewerbsfähigkeit	Ergiebigkeit betrieblicher Produktionsprozesse
Planungsphase	Strategische Produktionsplanung	Taktische und operative Produktionsplanung, Budgetierung
Dimensionen	Chancen – Risiken Stärken – Schwächen	Aufwand – Ertrag Kosten – Leistung
Zielgrößen	Existenzsicherung, Erfolgspotenziale	Wirtschaftlichkeit, Gewinn, Rentabilität, Produktivität, Qualität, Lieferservice

Bild PW.C.4.(9):   Unterscheidungsmerkmale des strategischen und operativen Produktionscontrolling (i. A. a. HORVÁTH, P. [Controlling] S. 222)

Die **Koordination strategischer** Ansätze zur Sicherung der Wettbewerbsfähigkeit **und operativer Ansätze** zur Steigerung der Ergiebigkeit des Produktionsprozesses ist eine wesentliche Aufgabe des Produktionscontrolling.

Neben der **vertikalen Koordination** des strategischen und operativen Controlling ist im Unternehmen auch die **horizontale Koordination zwischen den Funktionalbereichen** zu realisieren. Der Weg hierzu besteht in der differenzierten Zuweisung von Zielgrößen auf der Grundlage der Arbeitsteilung.

4.3.3 Informationsversorgungsfunktion

Gegenstand der **Informationsversorgungsfunktion** des Produktionscontrolling ist die Bereitstellung relevanter Informationen und Methoden für die Lösung der dispositiven Aufgaben.

Informationsversorgungsfunktion

Die Quellen für diese Informationen sind u. a. die Buchführung, die Kostenrechnung und für das Produktionscontrolling insbesondere Konstruktions- und Arbeitsplanungsunterlagen, die sachzielorientierte technisch-technologische Daten bereitstellen. Die Realisierung der Informationsversorgung erfolgt über **Informationsversorgungssysteme**. Die Struktur eines solchen Systems wird in Bild PW.C.4.(10) dargestellt.

Informationsversorgungssystem

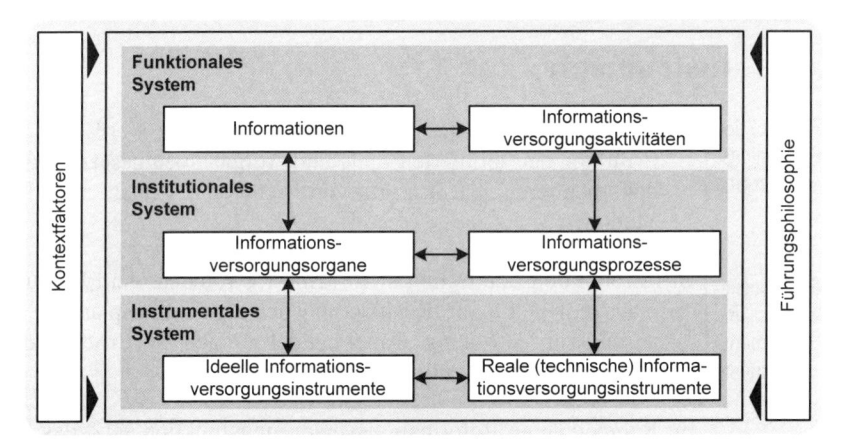

Bild PW.C.4.(10): Struktur eines Informationsversorgungssystems (nach HORVÁTH, P. *[Controlling]* S. 306 f.)

Den Schwerpunkt des Informationsversorgungssystems bilden die Aktivitäten:

- **Informationsbedarfsermittlung**
- **Informationsbeschaffung**
- **Informationsaufbereitung**
- **Informationsspeicherung**
- **Informationsübermittlung**

Die Umsetzung dieser Aktivitäten erfolgt durch Subsysteme des Informationsversorgungssystems, von denen das Rechnungswesen und das Berichtswesen alle Unternehmensbereiche erfassen. Speziell das Produktionscontrolling wird um die Betriebsdatenerfassung erweitert.

> Das **Rechnungswesen** umfasst die Aktivitäten Informationsbeschaffung, -aufbereitung und in begrenztem Umfang -speicherung.
>
> Das **Berichtswesen** übernimmt primär die Aufbereitung und Übermittlung von Informationen, in gewissem Maße auch die Beschaffung und Speicherung. Innerhalb des Berichtswesens wird mit Standardberichten, Abweichungsberichten und Bedarfsberichten gearbeitet.
>
> Die **Betriebsdatenerfassung** übernimmt im Produktionscontrolling alle Aktivitäten der Informationsversorgung für die technischen Informationen.

4.4 Instrumente

Instrumente des Produktionscontrolling

> Die **Instrumente des Produktionscontrolling** werden zur Erfüllung der definierten Ziele und Aufgaben eingesetzt. Sie dokumentieren sich in Form von Methoden, Verfahren und Modellen.

Produktionsplanungs- und -steuerungsinstrumente

Das Produktionscontrolling stellt seine Instrumente dem Produktionsmanagement für die Realisierung der Produktionsplanung und -steuerung zur Verfügung. Dabei handelt es sich um **Produktionsplanungs- und -steuerungsinstrumente**.

Informationsversorgungsinstrumente

Im Rahmen seiner Informationsversorgungsfunktion setzt das Produktionscontrolling selbst entsprechende Methoden und Verfahren ein. Es bedient sich der Produktionscontrollinginstrumente, um den Informationsbedarf befriedigen zu können. Dabei handelt es sich um **Informationsversorgungsinstrumente**.

Aus der Sicht der Informationsversorgung zählen Kennzahlensysteme, die Methoden und Verfahren der Investitionsrechnung sowie der entscheidungsorientierten Kosten- und Leistungsrechnung zu den wichtigsten Instrumenten des Produktionscontrolling.

Neben den Produktionsplanungs- und -steuerungsinstrumenten und den Informationsversorgungsinstrumenten werden in der Literatur auch **Kontrollinstrumente** behandelt. Für diese ist typisch, dass die in der Produktionsplanung und -steuerung eingesetzten Instrumente zum Teil auch Kontrollfunktionen erfüllen können bzw. zu erfüllen haben. | Kontrollinstrumente

Auch einige Informationsversorgungsinstrumente erzeugen Daten, die neben der Informationsversorgung für Kontrollzwecke nutzbar sind. Beispiele dafür sind Kennzahlen und Kennzahlensysteme, die Netzplantechnik, sukzessive Planabstimmungen, Kosten-Nutzen-Analysen u. a., mit denen z. B. Produktionsmengen, Termineinhaltungen, Erzeugnis- und Prozessqualität, Bestandsentwicklungen und Produktionskosten überwacht werden können.

> Die **Kontrollinstrumente** üben eine Doppelfunktion aus. Sie werden als Instrumente der Produktionsplanung und -steuerung und der Informationsversorgung eingesetzt und realisieren außerdem Kontrollaufgaben.

Das Produktionscontrolling koordiniert die Planung und Steuerung des Produktionsprozesses, seine Kontrolle und Überwachung sowie die Informationsversorgung als Servicefunktion des Produktionsmanagement.

In Bild PW.C.4.(11) werden ausgewählte Instrumente des Produktionscontrolling strukturiert, nach Einsatzschwerpunkten und aus der Sicht ihres Einsatzes in unterschiedlichen Planungsphasen dargestellt.

	Einsatz der Produktionscontrollinginstrumente vorwiegend in der	
	Produktionsplanung und -steuerung	Informationsversorgung
Strategisch	Analytische Instrumente: • Systemanalyse • Wertanalyse • Technologiekalender • Simulationsmodelle • … Heuristische Instrumente: • Morphologische Methode • Funktionsanalyse • … Bewertungs- und Entscheidungsinstrumente: • Lineare Programmierung • Layoutplanungsmodelle • Instandhaltungsmodelle • Entscheidungsunterstützungs- und Expertensysteme • …	Analytische Instrumente: • Chancen- / Risikenanalyse • Stärken- / Schwächenanalyse • Potenzialanalyse • Impact-Matrix-Methode • Argumentenbilanz • Kennzahlensystem • Erfahrungskurvenkonzept • … Prognostische Instrumente: • Delphi-Methode • Szenariotechnik • Relevanzbaum-Methode • Ökonometrische Modelle • Lebenszyklus-Analyse • … Bewertungs- und Entscheidungsinstrumente: • Investitionsrechnungsverfahren • Sensitivitätsanalyse • Risikoanalyse • Nutzwertanalyse • Entscheidungsunterstützungs- und Expertensysteme • …
Operativ	Analytische Instrumente: • Netzplantechnik • Simulationsmodelle • Betriebsmodelle • Betriebskennlinien • Kennzahlen- und Kennzahlensysteme • … Heuristische Instrumente: • Lagerhaltungsheuristiken • Ablaufplanungsheuristiken • Prioritätsregelheuristiken • … Bewertungs- und Entscheidungsinstrumente: • Lineare Programmierung • ABC-Analyse • Mathematische Entscheidungsmodelle • Branch- und Bound-Modelle • Entscheidungsunterstützungs- und Expertensysteme • …	Analytische Instrumente: • Grenzplankostenrechnung • Prozesskostenrechnung • Gemeinkostenwertanalyse • Kostenvergleichsrechnung • Deckungsbeitragsrechnung • Soll- / Ist-Abweichungsanalysen • Budgetierung • Break-even-Analyse • Kennzahlen- und Kennzahlensysteme • … Prognostische Instrumente: • Exponentielle Glättung • Trendextrapolation • Regressionsrechnung • … Bewertungs- und Entscheidungsinstrumente: • Kosten-Nutzen-Analyse • Entscheidungsunterstützungs- und Expertensysteme • …

Bild PW.C.4.(11): Ausgewählte Instrumente des Produktionscontrolling (nach HOITSCH, H.-J. [Aufgaben] S. 609 ff.)

4.5 Organisation

Die Institutionalisierung des Controlling ist eine Voraussetzung für die Erfüllung der Controllingaufgaben. Die Art der Einbeziehung des Controlling in die Unternehmensorganisation kann in Abhängigkeit von der Unternehmensgröße und dem zugeordneten Aufgabenspektrum auf unterschiedliche Weise erfolgen. Nachfolgend werden ausgewählte Varianten dargestellt.

Variante A: **Controlling in funktionalen Organisationen**
(vgl. Bild PW.C.4.(12))

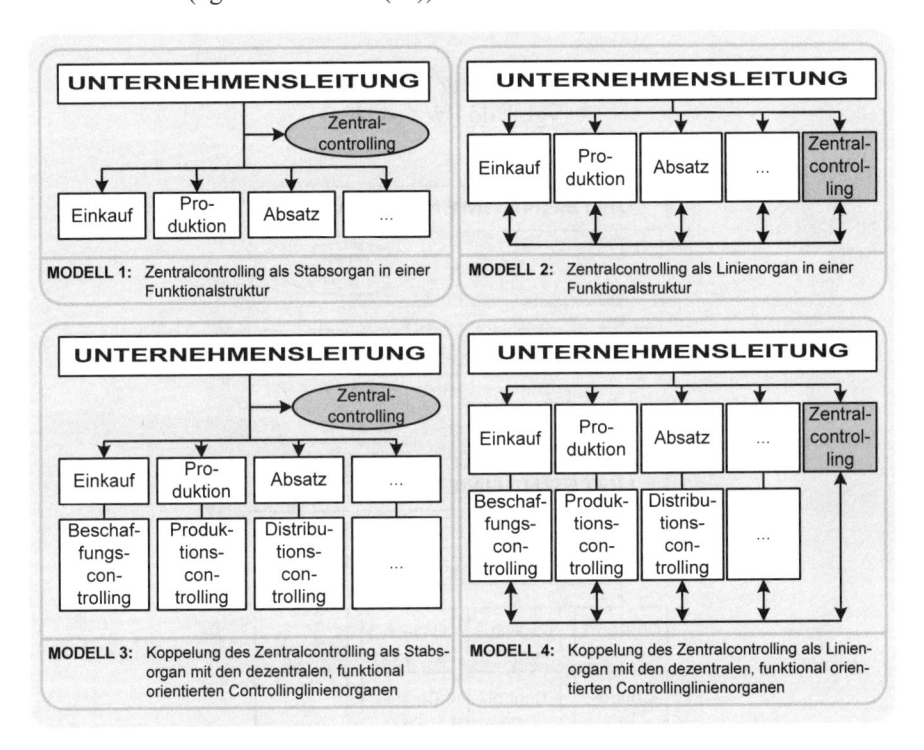

Bild PW.C.4.(12): *Koppelung des Zentralcontrolling als Linienorgan mit dezentralen, funktional orientierten Controllinglinienorganen*

In Variante A sind folgende Modelle denkbar:

▶ **Modell 1**
Zentralcontrolling als Stabsorgan in einer Funktionalstruktur

▶ **Modell 2**
Zentralcontrolling als Linienorgan in einer Funktionalstruktur

▶ **Modell 3**

Koppelung des Zentralcontrolling als Stabsorgan mit den dezentralen, funktional orientierten Controllinglinienorganen

▶ **Modell 4**

Koppelung des Zentralcontrolling als Linienorgan mit den dezentralen, funktional orientierten Controllinglinienorganen

In Modell 2 und 4 kann das Zentralcontrolling als selbstständiges Linienorgan gestaltet werden. Es kann aber auch z. B. dem Linienorgan Rechnungswesen oder Finanzen als Teilbereich zugeordnet sein.

Variante B: **Controlling in divisionalen Organisationen**
(vgl. Bild PW.C.4.(13))

MODELL 5: Zentralcontrolling als Stabsorgan in einer Divisionalstruktur

MODELL 6: Koppelung des Zentralcontrolling als Stabsorgan mit den dezentralen, divisional orientierten Controllinglinienorganen

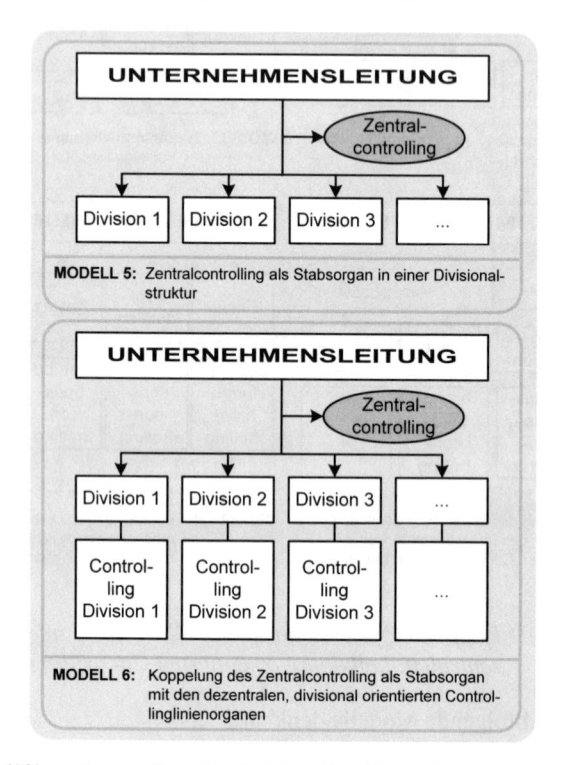

Bild PW.C.4.(13): *Controlling in divisionalen Organisationen*

In Variante B sind folgende Modelle denkbar:

▶ **Modell 5**

Zentralcontrolling als Stabsorgan in einer Divisionalstruktur

▶ **Modell 6**

Koppelung des Zentralcontrolling als Stabsorgan mit den dezentralen, divisional orientierten Controllinglinienorganen

Die Anordnung des Zentralcontrolling als Linienorgan im Rahmen einer objektorientierten divisionalen Unternehmensstruktur führt zur Vermischung divisionaler und funktionaler Organisationsansätze.

Variante C: **Controlling als Matrixorganisation**
(vgl. Bild PW.C.4.(14))

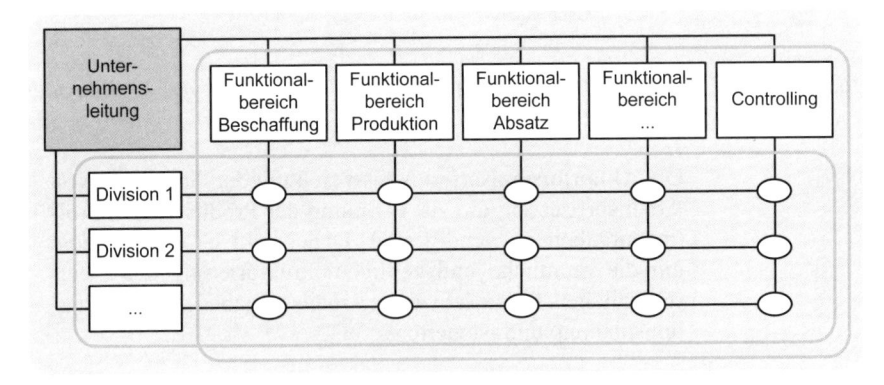

Bild PW.C.4.(14): Controlling als Matrixorganisation

Mit der **Aufbauorganisation** wird die Aufgabenverteilung zwischen den einzelnen organisatorischen Einheiten des Controlling (z. B. zentrales Unternehmenscontrolling, dezentrales Produktionscontrolling) geregelt. Dem Produktionscontrolling werden entsprechend dieser Verteilung Personal und Betriebsmittel zugeordnet sowie Kompetenzen und Verantwortung zugewiesen.

Dabei ist die Frage zu beantworten, auf welche Weise der Produktionscontroller dem Zentralcontroller und / oder dem Produktionsmanagement in fachlicher und disziplinarischer Hinsicht unterstellt werden soll. In Bild PW.C.4.(15) sind die **Unterstellungsmöglichkeiten des Produktionscontrollers** dargestellt.

| Unterstellungsmöglichkeiten des Produktionscontrollers

In der Praxis hat sich Variante 5 bewährt. Der Produktionscontroller wird dem Produktionsmanagement zwar in fachlicher und disziplinarischer Hinsicht unterstellt, dem Zentralcontroller stehen aber ein allgemeines Informationsrecht sowie spezielle (Mit-) Entscheidungsrechte u. a. bei der Auswahl des Produktionscontrollers zu.

Variante	Zentralcontroller	Produktionsmanagement
1	Fachlich und disziplinarisch	-
2	Disziplinarisch	Fachlich
3	Fachlich	Disziplinarisch
4	-	Fachlich und disziplinarisch
5	Informationsrecht, Entscheidungsrecht in System- und Verfahrensfragen, Mitentscheidungsrecht in speziellen Sachfragen	Fachlich und disziplinarisch

Bild PW.C.4.(15): Unterstellungsmöglichkeiten des Produktionscontrollers (i. A. a. HAHN, D. / LAßMANN, G. [Informationssystem] S. 324)

Die **Ablauforganisation** befasst sich mit der Gestaltung von Arbeitsprozessen, die zur Erfüllung der Produktionscontrollingaufgaben notwendig sind. Dabei geht es insbesondere um die räumliche und zeitliche Strukturierung der unterschiedlichen Prozessabläufe (Arbeitsaufgaben) der Produktionsplanung und -steuerung.

Einflussfaktoren auf die Organisation des Produktionscontrolling | Die organisatorische Gestaltung des Produktionscontrolling ist sowohl von allgemeinen Einflussfaktoren, welche insbesondere die Organisation des zentralen Unternehmenscontrolling beeinflussen, als auch von speziellen, die Produktion betreffenden **Einflussfaktoren** abhängig (vgl. Bild PW.C.4.(16)).

Allgemeine Einflussfaktoren	Spezielle Einflussfaktoren
• Unternehmensphilosophie • Unternehmenskultur • Unternehmensorganisation • Unternehmensgröße • Standortstruktur • Rechtsform • Herrschende Marktverhältnisse • Politisch-gesetzliche und sozio-kulturelle Gegebenheiten	• Breite und Tiefe des Produktionsprogramms • Fertigungsart (Einzel-, Serien-, Massenfertigung) • Organisationsform der Fertigung • Fertigungstechnologie • Produktionsbereiche im Verhältnis zur Unternehmensgröße • Produktionskostenvolumen im Verhältnis zum Gesamtkostenvolumen

Bild PW.C.4.(16): Ausgewählte Einflussfaktoren auf die Organisation des Produktionscontrolling

4.6 Einfluss der Organisationsformen der Teilefertigung auf das operative Produktionscontrolling

> **Je flexibler die Organisationsform** der Teilefertigung ist, desto größer wird i. d. R. der **Aufwand für die Produktionsplanung und -steuerung** und desto mehr Freiheitsgrade bleiben für operative Entscheidungen des Produktionsmanagement bestehen.

So erweist sich bei der Werkstattfertigung eine simultane Produktionsplanung und -steuerung als schwierig, weshalb die einzelnen Planungsschritte sukzessiv abgearbeitet werden.

Anstelle von wirtschaftlichen Zielsetzungen (minimale Kosten, maximaler Gewinn) wird von mengen- und zeitbasierten Ersatzzielen (kurze Durchlaufzeit, niedrige Bestände, hohe Kapazitätsauslastung, hohe Termintreue) ausgegangen. Dabei wird eine generelle Konformität zwischen Mengen- / Zeitzielen und Wertzielen unterstellt, die jedoch keineswegs immer gegeben ist. Zudem stehen die Ersatzziele insbesondere bei der Werkstattfertigung häufig im Widerspruch zueinander, was als **Polylemma der Ablaufplanung** bezeichnet wird (vgl. Bild PW.C.4.(17)).

Polylemma der Ablaufplanung

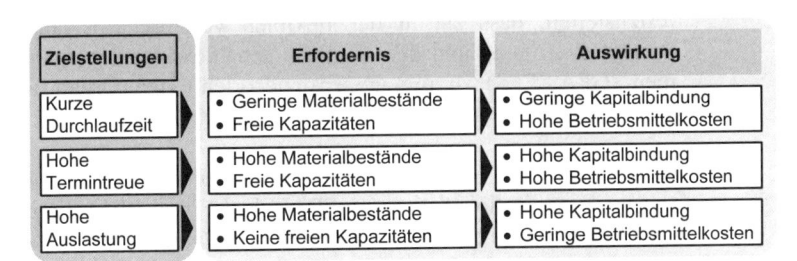

Zielstellungen	Erfordernis	Auswirkung
Kurze Durchlaufzeit	• Geringe Materialbestände • Freie Kapazitäten	• Geringe Kapitalbindung • Hohe Betriebsmittelkosten
Hohe Termintreue	• Hohe Materialbestände • Freie Kapazitäten	• Hohe Kapitalbindung • Hohe Betriebsmittelkosten
Hohe Auslastung	• Hohe Materialbestände • Keine freien Kapazitäten	• Hohe Kapitalbindung • Geringe Betriebsmittelkosten

Bild PW.C.4.(17): Polylemma der Ablaufplanung bei Werkstattfertigung (nach HACKSTEIN, R. [PPS] S. 17 ff.)

Aufgabe des Produktionscontrolling ist es, neben Mengen- und Zeitzielen auch wertorientierte Zielstellungen in die Planung und Steuerung der Produktion mit einzubeziehen, damit die Maßnahmen des Produktionsmanagement ökonomisch bewertet werden können. Bild PW.C.4.(18) verdeutlicht den Zusammenhang zwischen ausgewählten **Produktionscontrollingaufgaben** und den **Organisationsformen der Teilefertigung**.

Produktionscontrollingaufgaben in den OF$_{TF}$

Aufgaben des Produktionscontrolling / Organisationsformen der Teilefertigung	WF	GFA FFS	GFR FFF	FF SFF	EPF BAZ
Erweitertes Zielsystem zur Umgehung des „Dilemmas der Ablaufplanung"	●	◐	○	○	○
Ermittlung der wirtschaftlich optimalen Losgröße	●	◐	◐	○	○
Kostenoptimale Reihenfolgeplanung	●	●	◐	○	◐
Kapazitätscontrolling	●	◐	○	○	○
Bestandscontrolling	●	◐	○	○	○
Durchlaufzeitcontrolling	●	◐	◐	○	○
Qualitätscontrolling	●	●	●	●	●
Instandhaltungscontrolling	◐	●	●	●	●

● Große Bedeutung   ◐ Mittlere Bedeutung   ○ Geringe / Keine Bedeutung

Bild PW.C.4.(18): Zusammenhang zwischen ausgewählten Aufgaben des Produktionscontrolling und Organisationsformen der Teilefertigung

Ausschließlich das Qualitäts- und das Instandhaltungscontrolling besitzen über fast alle Organisationsformen eine identische Bedeutung. Bei allen anderen Aufgaben des Produktionscontrolling ist festzustellen, dass sie in der flexiblen verfahrensspezialisierten Werkstattfertigung und den ebenfalls sehr flexiblen Übergangsformen (GFA, FFS) zu rein gegenstandsorientierten Organisationsstrukturen eine große bis mittlere Bedeutung besitzen.

In den nach dem Reihenprinzip organisierten gegenstandsspezialisierten Organisationsformen (GFR, FFF, FF und SFF) nimmt die Flexibilität ab, es steigt die Kontinuität der ablaufenden Produktionsprozesse. Die **steigende Kontinuität geht mit einer Reduzierung des Umfangs der Produktionscontrollingaufgaben einher**. Die einzige Ausnahme bildet die Einzelplatzfertigung bezüglich der Reihenfolgeplanung (vgl. MÜLLER, V. [Produktionscontrolling] S. 29 u. S. 38).

Das **Aufgabenspektrum des Produktionscontrolling** ist in flexiblen Organisationsformen sehr groß. Es nimmt mit dem Übergang zu gegenstandsspezialisierten hochkontinuierlichen Organisationsformen ab.

Die Fähigkeit zur Umsetzung von Aufgaben des Produktionscontrolling ist in hohem Maße an das verfügbare / einsetzbare **Informationssystem** gekoppelt. Je stärker das Informationssystem ausgeprägt ist, umso leichter ist die Anwendung komplexer Controllinginstrumente. | Informationssystem und Aufgaben

Das trifft insbesondere auf moderne Organisationsformen der Teilefertigung zu, bei denen das Informationssystem neben anderen Teilsystemen unmittelbar integriert ist. Dagegen variiert bei den klassischen Organisationsformen der Teilefertigung die informationstechnische Infrastruktur vor allem mit der Art und der Größe der Unternehmen.

So ist das Haupteinsatzgebiet der Werkstattfertigung vor allem in kleinen und mittleren Unternehmen als dominante Organisationsform anzutreffen. In Großunternehmen stellt sie eher die Ausnahme dar.

> In den **klassischen Organisationsformen** sind PPS-Systeme, die Online-Betriebsdatenerfassung sowie das CAD und das CAP typische, aber nicht zwingende Ausprägungen.
>
> In den **modernen Organisationsformen** werden diese Informationssysteme gemeinsam mit CAM und CAQ zu notwendigen Bestandteilen des Informationssystems der Organisationsformen.

Die in kleinen und mittleren Unternehmen häufig begrenzten Ressourcen erschweren den Aufbau komplexer Controllingsysteme. Der Aufwand für die Implementierung einer controllinggerechten Kosten- und Leistungsrechnung ist oft zu hoch.

I. Begriffe zur Selbstüberprüfung

- ✓ Reflexion
- ✓ Intuition
- ✓ Improvisation
- ✓ Hauptfunktionen des Controlling
- ✓ Controllingkonzeption
- ✓ Controllingziele
- ✓ Controllingsystem
- ✓ Produktionscontrolling
- ✓ Zielbildungsfunktion
- ✓ Sachziele
- ✓ Formalziele
- ✓ Systembildende Aufgaben des Controlling
- ✓ Systemkoppelnde Aufgaben des Controlling
- ✓ Koordinationsfunktion
- ✓ Adaption
- ✓ Strategisches Controlling
- ✓ Operatives Controlling
- ✓ Informationsversorgungsfunktion
- ✓ Informationsversorgungssystem
- ✓ Instrumente des Produktionscontrolling
- ✓ Produktionsplanungs- und -steuerungsinstrumente
- ✓ Informationsversorgungsinstrumente
- ✓ Kontrollinstrumente
- ✓ Unterstellungsmöglichkeiten des Produktionscontrollers
- ✓ Einflussfaktoren auf die Organisation des Produktionscontrolling
- ✓ Polylemma der Ablaufplanung
- ✓ Produktionscontrollingaufgaben in den Organisationsformen der Teilefertigung
- ✓ Informationssystem und Aufgaben des Produktionscontrolling

II. Weiterführende Literatur

- ❏ *CORSTEN, Hans / FRIEDL, Birgit (Hrsg.):*
  Produktionscontrolling.
  München 1999

- ❏ *HACKSTEIN, Rolf:*
  [PPS] Produktionsplanung und -steuerung (PPS). Ein Handbuch für die Betriebspraxis.
  2. Auflage, Düsseldorf 1989

❏ HAHN, Dietger / LAßMANN, Gert:
    [Informationssystem] Produktionswirtschaft. Controlling industrieller Produktion. Band 3, 2. Teilband. Informationssystem.
    Heidelberg 1993

❏ HOITSCH, Hans-Jörg:
    [Aufgaben] Aufgaben und Instrumente des Produktions-Controllings.
    In: WiSt, 19 (1990) 12

❏ HORVÁTH, Péter:
    [Controlling] Controlling.
    11. Auflage, München 2009

❏ KÜPPER, Hans-Ulrich:
    Industrielles Controlling.
    In: SCHWEITZER, Marcell (Hrsg.) Industriebetriebslehre.
    2. Auflage, München 1994

❏ MÜLLER, Volkmar:
    [Produktionscontrolling] Konzeptionelle Gestaltung des operativen Produktionscontrolling mit Berücksichtigung von differenzierten Organisationsformen der Teilefertigung.
    In: Schriftenreihe des Institutes für Produktionswirtschaft der Universität Rostock, Hrsg.: NEBL, Theodor
    Aachen 2001

❏ NEBL, Theodor / PRÜß, Henning:
    [Anlagenwirtschaft] Anlagenwirtschaft.
    München, Wien 2006

❏ POCSAY, Alexander / RIPPLINGER, Michael:
    Controllingorientierte Fertigungssteuerung
    In: SCHEER, August-Wilhelm (Hrsg.): Fertigungssteuerung. Expertenwissen für die Praxis.
    München, Wien 1991

❏ REICHMANN, Thomas:
    Controlling mit Kennzahlen: Die systemgestützte Controlling-Konzeption mit Analyse- und Reportinginstrumenten.
    8. Auflage, München 2011

- WEBER, Jürgen / SCHÄFFER, Utz:
    [Controlling] Sicherstellung der Rationalität von Führung als Aufgabe des Controllings?
    In: DBW 6/99

- WILDEMANN, Horst:
    Produktionscontrolling: Controlling von Verbesserungsprozessen im Unternehmen.
    4. Auflage, München 2002

- ZIEGENBEIN, Klaus:
    Controlling.
    9. Auflage, Ludwigshafen 2007

5 Qualitäts- und Umweltmanagement

C / Wirkung dispositiver Produktionsfaktoren

- C 1 Produktionsorganisation
- C 2 Produktionsplanung und -steuerung
- C 3 Produktionslogistik
- C 4 Produktionscontrolling

Beschaffung → Produktion → Absatz

- C 5 Qualitäts- und Umweltmanagement

Bild PW.C.5.(1): Wirkung dispositiver Produktionsfaktoren (Qualitäts- und Umweltmanagement)

5.1 Qualitätsmanagement
5.1.1 Grundlagen

Im Mittelpunkt aller Überlegungen zur Qualität steht der Kunde. Er definiert seine Qualitätsanforderungen an das von ihm gewünschte Produkt (Output).

Diese Anforderungen bestimmen die vom Kunden definierte **Erzeugnisqualität**. Sie ist nur realisierbar, wenn der Produktionsprozess, in dem das gewünschte Produkt hergestellt werden soll (Throughput), in der Lage ist, die Qualitätsanforderungen, die an das Produkt gestellt werden, zu erfüllen. | Erzeugnisqualität

Diese Fähigkeit wird **Prozessqualität** genannt. Sie bezieht sich auf die Qualität der Fertigungshauptprozesse (Teilefertigung, Montage) sowie auf die Qualität der fertigungsnahen industriellen Dienstleistungen (Transport, Lagerung, Instandhaltung), die nicht unmittelbar zur Wertschöpfung beitragen, aber für die Outputproduktion unverzichtbar sind. | Prozessqualität

Die Bedeutung der Prozessqualität für die Qualität der gesamten Unternehmensleistung wird durch die interne Kunden-Lieferanten-Beziehung ersichtlich. Sie ist nur erreichbar, wenn genau die elementaren Produktionsfaktoren (Arbeitskräfte, Betriebsmittel und Werkstoffe) verfügbar und mit Hilfe der planenden, leitenden, organisierenden und kontrollierenden Tätigkeiten des Menschen (dispositive Faktoren) kombinierbar sind, die die Prozessqualität garantieren.

Die Potenzialfaktoren Arbeitskraft und Betriebsmittel sind entweder bereits im Unternehmen vorhanden oder müssen auf der Inputseite beschafft werden. Der Repetierfaktor Werkstoff ist nach abgelaufenen Produktionszyklen stets neu zu beschaffen, weil er weitestgehend Bestandteil der Erzeugnisse wird, die das Unternehmen auf der Outputseite verlassen. Das Management besitzt die Verantwortung dafür, dass genau die Elementarfaktoren beschafft werden, die sowohl für die Prozess- als auch für die Erzeugnisqualität

Ressourcen- | unerlässlich sind. Die beschafften Inputfaktoren definieren die **Res-**
qualität | **sourcenqualität.**

> Ist eine qualitätsgerechte **Ressourcenbeschaffung** realisiert, so kann im Produktionsprozess die Ressourcenkombination die gewünschte **Prozessqualität** und im Output die vom Kunden geforderte **Erzeugnisqualität** erreicht werden. Diese hängt sowohl von der Güte der eingesetzten Faktoren als auch von der Qualität der Elementarfaktorkombination infolge des Wirkens der dispositiven Faktoren ab.

Dabei ist zu beachten, dass die Gestaltung der Dimensionen der Qualität (Erzeugnis-, Prozess- und Ressourcenqualität) auch zu einer Verbesserung des Verhältnisses von Output zu Input führen muss, um die Ergiebigkeit der ablaufenden Prozesse zu erhöhen und damit die Wettbewerbs- und die Überlebensfähigkeit des Unternehmens zu sichern. Der Qualitätsanspruch wird so zu einer Querschnittsfunktion, die alle Bereiche der Makrostruktur umfasst und vom Kunden ausgeht.

Die in Bild PW.C.5.(2) dargestellten Zusammenhänge vereinfachen die Qualitätssystematik, in der der Kunde sowohl Beginn- als auch Endpunkt der Betrachtungen ist. Werden diese Zusammenhänge genauer analysiert, so ist festzustellen, dass zwei verschiedene Kreisläufe identifizierbar sind.

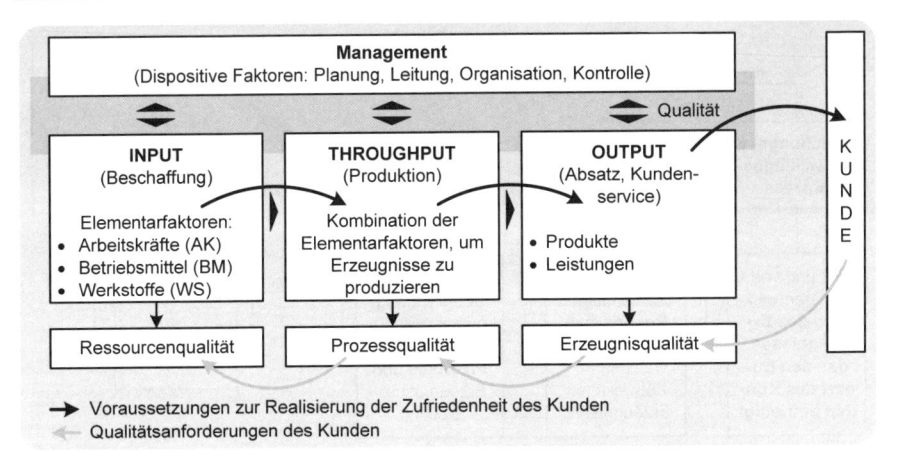

Qualitäts- und Umweltmanagement

```
┌─────────────────────────────────────────────────────────────┐  ┌─┐
│                        Management                           │  │K│
│ (Dispositive Faktoren: Planung, Leitung, Organisation,      │  │U│
│                        Kontrolle)                           │  │N│
└─────────────────────────────────────────────────────────────┘  │D│
       ⇕              ⇕                   ⇕    Qualität          │E│
┌──────────────┐ ┌──────────────┐ ┌──────────────┐               │ │
│   INPUT      │ │  THROUGHPUT  │ │   OUTPUT     │               │ │
│ (Beschaffung)│ │ (Produktion) │ │ (Absatz,     │               │ │
│              │ │              │ │  Kunden-     │               │ │
│Elementar-    │ │ Kombination  │ │  service)    │               │ │
│faktoren:     │ │ der Elemen-  │ │              │               │ │
│• Arbeits-    │ │ tarfaktoren, │ │ • Produkte   │               │ │
│  kräfte (AK) │ │ um Erzeug-   │ │ • Leistungen │               │ │
│• Betriebs-   │ │ nisse zu     │ │              │               │ │
│  mittel (BM) │ │ produzieren  │ │              │               │ │
│• Werkstoffe  │ │              │ │              │               │ │
│  (WS)        │ │              │ │              │               │ │
└──────┬───────┘ └──────┬───────┘ └──────┬───────┘               │ │
       ▼                ▼                ▼                       │ │
┌──────────────┐ ┌──────────────┐ ┌──────────────┐               └─┘
│Ressourcen-   │ │Prozess-      │ │Erzeugnis-    │◀──
│qualität      │ │qualität      │ │qualität      │
└──────────────┘ └──────────────┘ └──────────────┘
```

→ Voraussetzungen zur Realisierung der Zufriedenheit des Kunden
← Qualitätsanforderungen des Kunden

Bild PW.C.5.(2):   Qualität als Querschnittsfunktion

Der **erste Kreislauf** beginnt beim Kunden, der die Nachfrage nach einem Erzeugnis in einer bestimmten Qualität auslöst. Ist das Unternehmen, an das die Nachfrage gerichtet wurde, in der Lage, die Ressourcen-, Prozess- und Erzeugnisqualität zu realisieren, so läuft der Beschaffungs-, Produktions- / Kombinations- und Absatzprozess wie in der Makrostrukturdarstellung definiert ab.

Ist das Unternehmen dazu nicht in der Lage, so ist in einem Forschungs- und Entwicklungsprozess (vgl. dazu Abschnitt A.6) die Neu- und / oder Weiterentwicklung des Erzeugnisses, das den Bedarf des Kunden befriedigt, zu realisieren.

Daran schließt sich die Entwicklung der zum Erzeugnis passgerechten Produktionsprozesse an. Beide sind die Voraussetzung für die Definition der zu beschaffenden Ressourcen und die Einführung der für die Erzeugnisherstellung entwickelten Produktionsprozesse. Sie garantieren die Produktion und den Absatz der Erzeugnisqualität, die der Kunde nachfragt.

Damit wird deutlich, dass der Forschungs- und Entwicklungsprozess durch seine Ergebnisse alle Makrostrukturbereiche berührt, jedoch aus ablauforganisatorischer Sicht Bestandteil des Input ist (vgl. Bild PW.C.5.(3)).

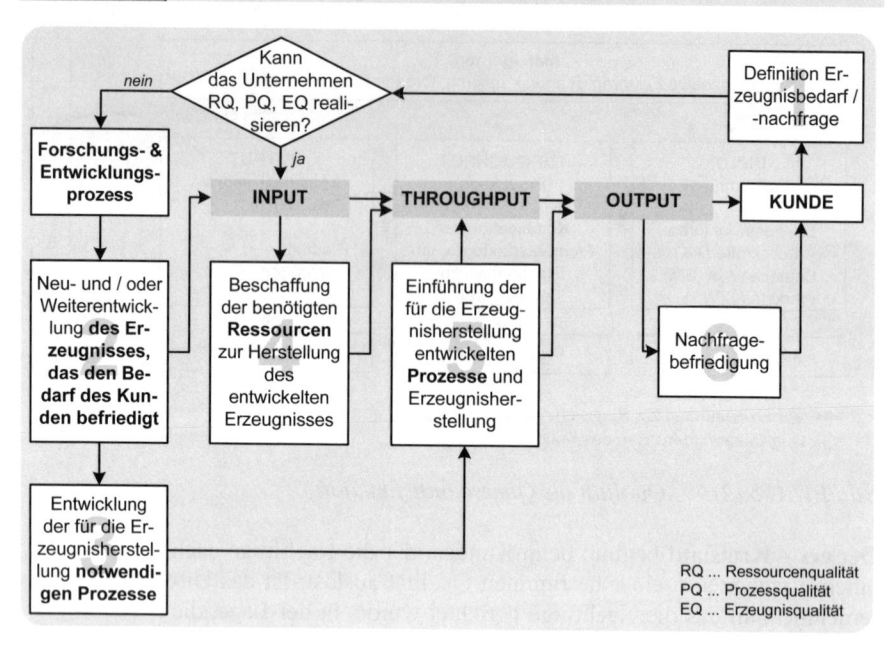

Bild PW.C.5.(3): Bedeutung der Forschung und Entwicklung zur Nachfragebefriedigung – Ausgangspunkt: Kunde

Der **zweite Kreislauf** beginnt im Forschungs- und Entwicklungsprozess, der neue Erzeugnisse entwickelt, die erst einen Kundenbedarf auslösen. Auch hier definiert der Kunde seine Anforderungen an die gewünschte Erzeugnisqualität. Sie ist die Grundlage für die im Input zu beschaffenden Ressourcen und für die parallel zur Erzeugnisentwicklung zu realisierende Prozessentwicklung.

Es ist davon auszugehen, dass sowohl die Ressourcenqualität als auch die Prozessqualität auf diese Weise den Anforderungen des Kunden an die Erzeugnisqualität genügen (vgl. Bild PW.C.5.(4)).

Eine umfassende Qualitätssicht vermittelt der Qualitätskreis (vgl. Bild PW.C.5.(5)).

Qualitätskreis

Der **Qualitätskreis** verdeutlicht, dass die Qualität eines materiellen Produkts durch das in die drei Phasen Planung, Realisierung und Nutzung gegliederte Zusammenwirken einer Vielzahl von Tätigkeitsfeldern entsteht.

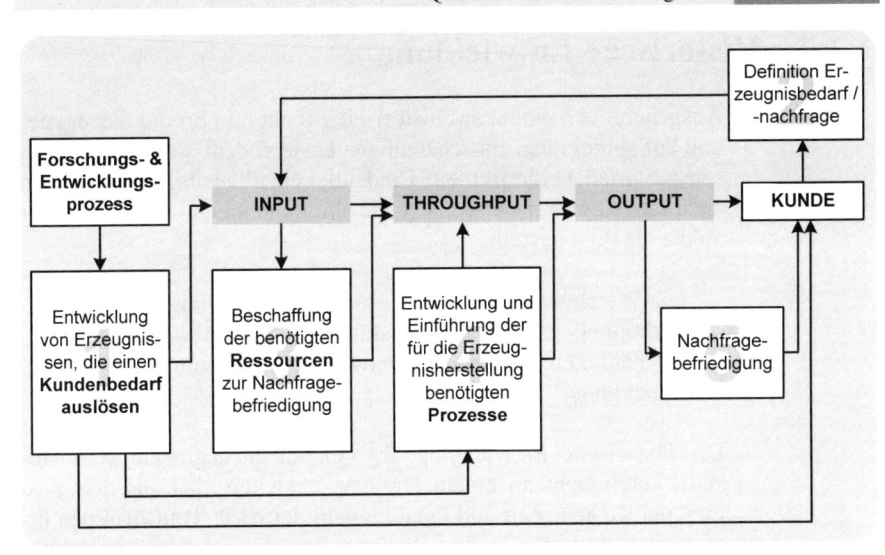

Bild PW.C.5.(4): Bedeutung der Forschung und Entwicklung zur Nachfragebefriedigung – Ausgangspunkt: Forschungs- und Entwicklungsprozess

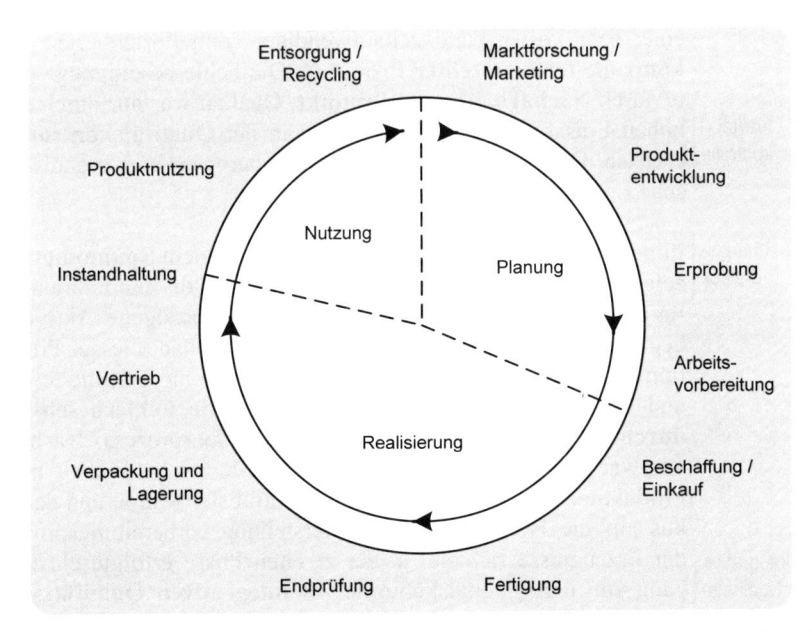

Bild PW.C.5.(5): Qualitätskreis für ein materielles Produkt (nach DIN 55350-11)

5.1.2 Historische Entwicklung

Ausgehend von einem aus historischer Sicht rein produktbezogenen und auf subjektiven Einschätzungen basierendem Verständnis, dessen Kriterien Fehlerfreiheit, Eindeutigkeit, Plausibilität und Übersichtlichkeit waren, werden heute umfangreichere Anforderungen an die Qualität gestellt.

> Die **Wettbewerbskomponente Qualität** gewinnt neben den traditionellen Wettbewerbsfaktoren Kosten bzw. Preis und der Fähigkeit zur termingerechten Lieferung immer mehr an Bedeutung.

Die historische Entwicklung des Qualitätsmanagement lässt sich stark vereinfacht an einem Dreieck darstellen, das aus den Eckpunkten Kosten, Zeit und Qualität gebildet wird. Teilt man den betrachteten Zeitraum in drei Perioden ein, die mit den Daten 1900, 1930, 1990 in Beziehung stehen, so wandelte sich die Bedeutung der definierten Eckpunkte im Zeitablauf.

Wirkungsdreieck — In der **ersten Phase** (um 1900) kann von einem **Wirkungsdreieck** gesprochen werden. Die Fehleridentifikation entstand hier infolge einer sehr kosten- und zeitaufwendigen, outputorientierten **Endkontrolle fertiggestellter Produkte**. Die Fehlerbeseitigung erfolgte durch **Nacharbeiten am Produkt**. Qualität war nur durch einen hohen Einsatz von Kosten und Zeit in der **Qualitätskontrolle** zu erzielen. Das Qualitätswesen war typischerweise eine organisatorische Einheit in der Produktion.

Qualitätskontrolle

Spannungsdreieck — In der **zweiten Phase** (um 1930) kann von einem **Spannungsdreieck** gesprochen werden. Nach wie vor stand die outputorientierte Erzeugnisqualität im Vordergrund. Qualitätsbezogene Aktivitäten begannen aber bereits in den Funktionalbereichen, die der Produktion vorgelagert waren. Die Qualitätsphilosophie orientierte mehr und mehr auf eine zunehmend **vorbeugende Fehlerbeseitigung durch Ursachenbekämpfung** im Produktionsprozess. Nach wie vor war das Qualitätswesen eine organisatorische Einheit in der Produktion, die aber immer mehr dezentralisiert wurde und den Fokus auf die Herstellungs- und Herstellungsvorbereitungsprozesse der Erzeugnisse richtete. In der zweiten Phase erfolgte ein Übergang von der Qualitätskontrolle zur **integrativen Qualitätssicherung**.

Integrative Qualitätssicherung

Das Dreieck wurde zum Spannungsdreieck, weil es zu isolierten Bemühungen kam, Zeit, Kosten und Qualität zu optimieren.

In der **dritten Phase** (um 1990) kann von einem **Gestaltungsdreieck** gesprochen werden. Es erfolgte ein Übergang von der integrativen Qualitätssicherung zu **Total Quality Konzepten**. Die Qualitätsphilosophie vertrat nun eine ganzheitliche Sichtweise, die alle Funktionalbereiche, Hierarchieebenen, Wertschöpfungsstufen integrierte und die Mitarbeiter und das Management einbezog.
Fehlervermeidung statt Fehlerbeseitigung wurde zur Handlungsmaxime. Die auf alle Bereiche der Makrostruktur orientierte **Gestaltung der Qualität** führt zur Senkung von Kosten- und Zeitaufwendungen.

| Gestaltungsdreieck |
| Total Quality Konzepte |

Der Gesamtzusammenhang ist in Bild PW.C.5.(6) dargestellt.

Teil C / Wirkung dispositiver Produktionsfaktoren

Perioden im Zeitverlauf	~ 1900	~ 1930	~ 1990
	Qualitätskontrolle – Wirkungsdreieck: Hohe Kosten, Hoher Zeitaufwand, Qualität; Funktionsbedingte Erzeugnisqualität	**Integrative Qualitätssicherung** – Spannungsdreieck: Vermeintliches Optimum (Kosten, Zeit, Qualität), da immer noch Orientierung an Erzeugnisqualität	**Total Quality Konzepte** – Gestaltungsdreieck: Hohe ganzheitliche Qualität (Erzeugnis-, Prozess-, Ressourcenqualität), Niedrige Kosten, Geringer Zeitaufwand
Charakter	Kosten und Zeit bestimmen Qualität; Kontrollierend, sortierend	Unlösbares Optimierungsproblem; Steuernd, zunehmend vorbeugend	Qualität senkt Kosten und Zeit; Integrierend
Sicht der Qualität	Endkontrolle fertig gestellter Produkte → Outputorientiert	Qualitätsbezogene Aktivitäten auch im Entwicklungs- und Herstellungsprozess → Primär outputorientiert, zunehmend throughputorientiert	Ganzheitliche Sichtweise: Ausdehnung auf alle Unternehmensbereiche und Wertschöpfungsstufen; Kundenorientierung → Output-, throughput-, inputorientiert
Ziele	Fehlerbeseitigung durch Nacharbeit	Fehlerbeseitigung durch Ursachenbekämpfung	Fehlervermeidung statt Fehlerbeseitigung
Kompetenz für Qualitätsprobleme	Qualitätswesen als organisatorische Stelle in der Produktion	Qualitätswesen als organisatorische Stelle in der Produktion → zunehmende Dezentralisierung	Beim Management und allen Mitarbeitern

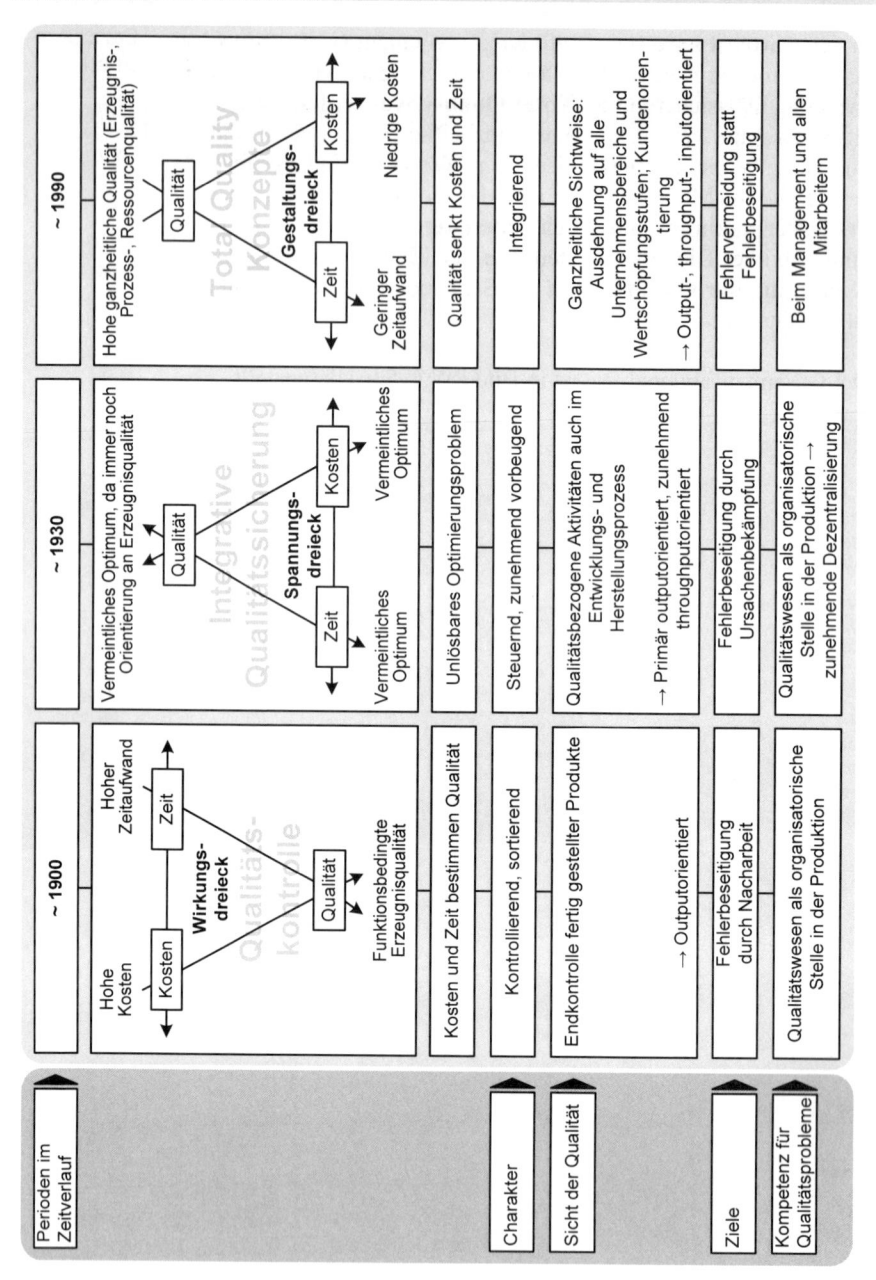

Bild PW.C.5.(6): Entwicklungsphasen und Betrachtungsschwerpunkte der Qualität (nach HANSEN, W. / KAMISKE, G. F. [Qualität] S. 239)

5.1.3 Begriffliche Abgrenzungen

Der Betrachtungsgegenstand der Qualität wird als **Einheit** bezeichnet. Sie kann ein materieller oder immaterieller Gegenstand sein. Als Einheit sind zu unterscheiden (vgl. GEIGER, W. [Qualitätslehre] S. 37 ff.) | Einheit

- ▶ das Ergebnis einer Tätigkeit oder eines Prozesses, also ein Produkt,
- ▶ die Tätigkeit oder der Prozess selbst,
- ▶ ein System (z. B. Qualitätsmanagementsystem),
- ▶ eine Person oder
- ▶ die Kombination der dargestellten Einheiten.

Das Qualitätsmanagement verfolgt die Gestaltung der **Beschaffenheit** einer Einheit mit dem Ziel, die Qualitätsanforderungen der Kunden zweckentsprechend, kostengünstig und termingerecht zu planen und bei der Realisierung der Einheit zu erfüllen.

Die **Norm DIN EN ISO 9000:2005** definiert den **Begriff der Qualität** wie folgt: „Qualität ist der Grad, in dem ein Satz inhärenter Merkmale Anforderungen erfüllt." (vgl. [DIN EN ISO 9000:2005] S. 18).

Dazu ist kritisch anzumerken:

(1) Die Definition ist zu allgemein gehalten, was zu Verständnisschwierigkeiten führt.

(2) Die in der Definition enthaltenen Begriffe „inhärent", „Merkmale", „Anforderungen" sind erklärungsbedürftig.

(3) Ein „Grad" ist immer mit einer Formel zur Messung verbunden. Im Normenwerk gibt es jedoch keinen Hinweis darauf.

Zur Schaffung einer allgemein verständlichen Definition des Begriffs Qualität ist es notwendig, die historische Entwicklung und die wesentlichen Aussagen derer, die die Entwicklung der Qualitätswissenschaft entscheidend geprägt und vorangetrieben haben mit einzubeziehen (vgl. DEMING, W. E. [Out of the crisis]; FEIGENBAUM, A. V. [Total Quality Control]; GARVIN, D. A. [Managing Quality], GEIGER, W. [Qualitätslehre]; GEIGER, W. / KOTTE, W. [Handbuch Qualität]; ISHIKAWA, K. [Total Quality Control]; MASING, W. [Handbuch Qualitätsmanagement]).

Davon ausgehend definiert SCHRÖDER (vgl. SCHRÖDER, A.-K. [Qualitätsmanagement] S. 36 ff.):

Qualität | **Qualität** ist die Relation zwischen realisierter und geforderter Beschaffenheit. Sie führt durch die interne Kundenorientierung zur Erfüllung externer Kundenanforderungen. Sie beruht auf Planung und Vorbeugung und rückt eine kontinuierliche Verbesserung aller Prozesse der Funktionalbereiche in den Mittelpunkt.

Qualitätsanforderungen werden durch den Kunden definiert. Die erreichte Qualität unterliegt der subjektiven Bewertung durch den Kunden. Er identifiziert, ob die realisierte Qualität die von ihm geforderte Beschaffenheit erfüllt.

Werden die Qualitätsanforderungen nicht erfüllt, so können Qualitätsprobleme existieren. Der Begriff leitet sich aus den Termini Qualität und Problem ab. Ein Problem kann dabei als indirekt überwindbare Abweichung des Ist-Zustands vom Soll-Zustand aufgefasst werden, d. h. der angestrebte Soll-Zustand ist mit den vorhandenen Mitteln (z. B. Wissen, Kapital und Zeit) momentan nicht erreichbar (vgl. EHRLENSPIEL, K. [Produktentwicklung] S. 53; JENKE, K. [Qualitätsprobleme] S. 17).

Es besteht somit eine Barriere zwischen der realisierten bzw. realisierbaren und der geforderten Beschaffenheit einer Einheit.
Barrieren, die die Realisierung der geforderten Beschaffenheit momentan verhindern, können z. B. fehlendes Wissen, fehlendes Kapital und fehlende Techniken / Technologien sein.

Qualitäts- problem | Vor diesem Hintergrund kann das **Qualitätsproblem** als indirekt überwindbare Abweichung zwischen realisierter und geforderter Beschaffenheit einer Einheit verstanden werden (vgl. Bild PW.C.5.(7), vgl. MASCH, C. [Qualitätscontrolling] S. 20 f.).

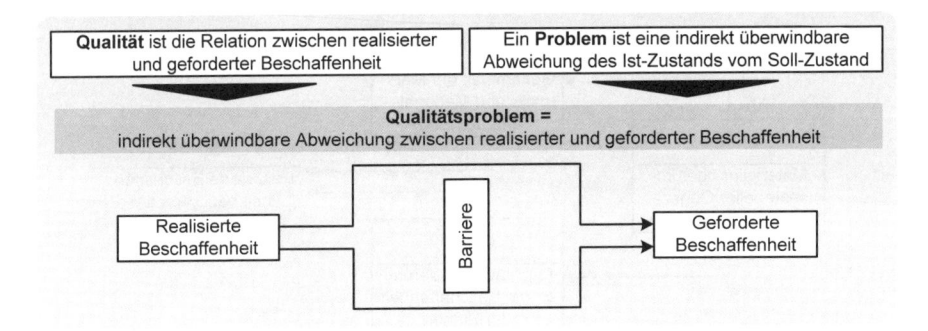

Qualität ist die Relation zwischen realisierter und geforderter Beschaffenheit

Ein Problem ist eine indirekt überwindbare Abweichung des Ist-Zustands vom Soll-Zustand

Qualitätsproblem =
indirekt überwindbare Abweichung zwischen realisierter und geforderter Beschaffenheit

Realisierte Beschaffenheit → Barriere → Geforderte Beschaffenheit

Bild PW.C.5.(7):   *Definition Qualitätsproblem (i. A. a. JENKE, K. [Qualitätsprobleme] S. 17, MASCH, C. [Qualitätscontrolling] S. 21 und SCHRÖDER, A.-K. [Qualitätsmanagement] S. 36 ff.)*

Zentrale Aspekte eines Qualitätsproblems sind demnach:

▶ Einheit
▶ Barriere
▶ Realisierte und geforderte Beschaffenheit

Zentrale Aspekte des Qualitätsproblems

Die Eigenschaften von Qualitätsproblemen leiten sich von den Qualitäts- und Problemeigenschaften ab.

Qualitätsprobleme setzen einen immateriellen Vergleich der realisierten Beschaffenheit mit der geforderten Beschaffenheit voraus, so dass Qualitätsprobleme im Ergebnis auch **immateriell** sind.
Aufgrund des Bezugs zur Einheit können Qualitätsprobleme **innerhalb der gesamten Makrostruktur, in allen Hierarchieebenen und Funktionalbereichen** auftreten.
Eine weitere Eigenschaft ist die **Subjektivität**, da Qualitätsprobleme einerseits der Beurteilung des Kunden, der die geforderte Beschaffenheit definiert und die realisierte Beschaffenheit bewertet, andererseits der Beurteilung des Unternehmens, das eine individuell stark wahrgenommene Barriere zur Realisierung der Qualitätsanforderungen bewältigen muss, unterliegen.

Wesentliche **Eigenschaften von Qualitätsproblemen** sind damit:

▶ Immaterialität
▶ Ganzheitlichkeit
▶ Subjektivität

Eigenschaften von Qualitätsproblemen

Das Qualitätsmanagement ist dafür verantwortlich, in allen betrieblichen Hierarchieebenen und Teilbereichen alles zu tun, damit ein bestmögliches Ausmaß der Anpassung der tatsächlichen Qualität als Prozessergebnis an die Qualitätsanforderungen des Kunden erreicht wird (vgl. Bild PW.C.5.(8)).

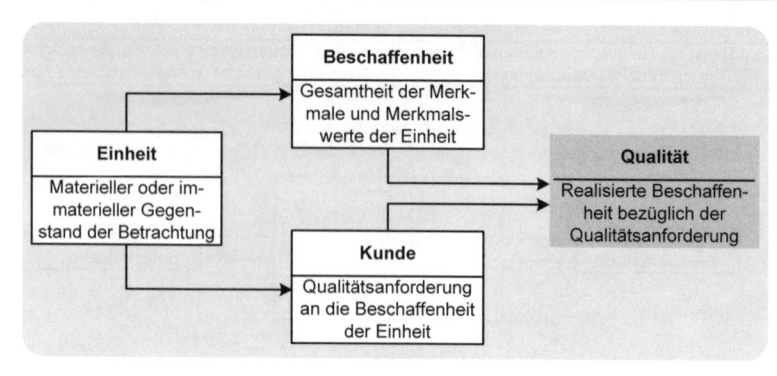

Bild PW.C.5.(8):   *Definitionen zum Qualitätsbegriff und ihre Zusammenhänge (i. A. a.* GEIGER, W. *[Qualitätslehre] S. 47)*

Wesentliche Qualitätsanforderungen sind die **Gebrauchstauglichkeit** und die **Zuverlässigkeit**.

Gebrauchstauglichkeit | Die **Gebrauchstauglichkeit** ist die Eignung eines Produkts für einen bestimmten Verwendungszweck auf Grund von Gebrauchseigenschaften, deren Beurteilung von individuellen Bedürfnissen abhängt (nach DIN 66050).

Zuverlässigkeit | Die **Zuverlässigkeit** kennzeichnet die Gebrauchstauglichkeit eines Produkts bezogen auf einen Nutzungszeitraum unter Berücksichtigung vorhandener Anwendungsbedingungen (nach DIN 55350-11).

Die Qualität eines Erzeugnisses hängt davon ab, wie es dem Qualitätsmanagement gelingt, eine sorgfältig geplante und lückenlose Lenkung, Sicherung und Verbesserung der Qualität mit Hilfe eines Qualitätsmanagementsystems durchzuführen.

Qualitätsmanagement | Das **Qualitätsmanagement** ist Bestandteil des Management. Es gestaltet dispositive Prozesse zur Umsetzung und Verbesserung der Qualität der Erzeugnisse, der Prozesse und der Ressourcen. Dabei werden alle beteiligten Funktionalbereiche und Hierarchieebenen des Unternehmens einbezogen. Das Qualitätsmanagement verfolgt das Ziel, Qualitätsanforderungen der Kunden zu befriedigen.

Damit wird das Qualitätsmanagement zu einer ebenen- und funktionsübergreifenden Aufgabe. Die **Qualitätsplanung, -lenkung, -sicherung** und **-verbesserung** sind sowohl in der **Planung**, der **Realisierung** und der **Nutzung** eines Erzeugnisses durchzuführen. Ihr Gegenstand sind die phasenbezogenen Tätigkeitskomplexe (vgl. Bild PW.C.5.(9)).

Qualitätsmanagement

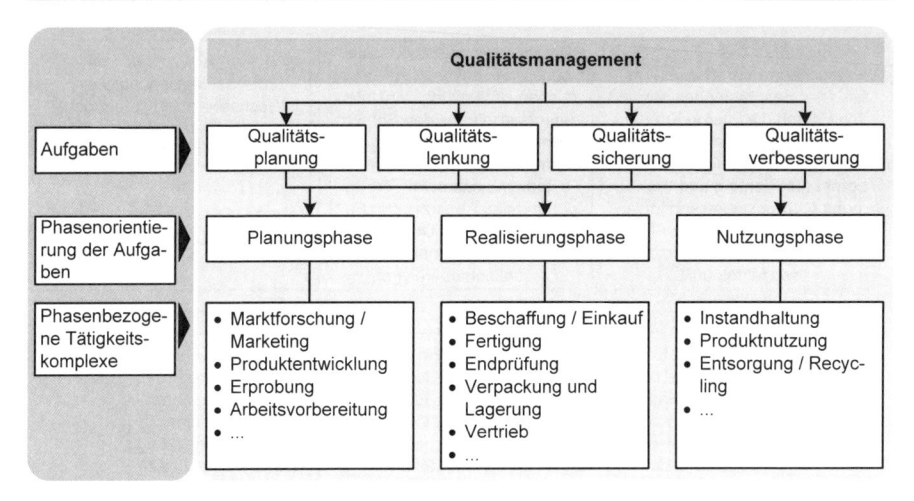

Aufgaben	Qualitäts-planung	Qualitäts-lenkung	Qualitäts-sicherung	Qualitäts-verbesserung
Phasenorientierung der Aufgaben	Planungsphase	Realisierungsphase		Nutzungsphase
Phasenbezogene Tätigkeitskomplexe	• Marktforschung / Marketing • Produktentwicklung • Erprobung • Arbeitsvorbereitung • ...	• Beschaffung / Einkauf • Fertigung • Endprüfung • Verpackung und Lagerung • Vertrieb • ...		• Instandhaltung • Produktnutzung • Entsorgung / Recycling • ...

Bild PW.C.5.(9): Bestandteile des Qualitätsmanagement

Zum Erreichen von Spitzenleistungen in Bezug auf Marktposition, Kundenzufriedenheit und Geschäftserfolg ist eine Ausweitung des Qualitätsmanagement auf alle Bereiche eines Unternehmens erforderlich. Diese Philosophie wird als umfassendes Qualitätsmanagement bzw. als **Total Quality Management (TQM)** bezeichnet.

Total Quality Management

Das Total Quality Management basiert inhaltlich auf dem Company Wide Quality Control (vgl. ISHIKAWA, K. [Total Quality Control]), das sich aus dem Total Quality Control-Ansatz entwickelte (vgl. FEIGENBAUM, A. V. [Total Quality Control]).

TQM ist eine langfristig angelegte Philosophie, die unternehmensweit, funktions- und hierarchieübergreifend eingeführt werden muss. Das Management verfolgt die TQM-Philosophie und bedient sich dabei der Planungs-, Leitungs-, Organisations- und Kontrollfunktionen, damit veränderte Kundenanforderungen in einer dynamischen Umwelt befriedigt werden. Es ist ein Idealzustand, dem sich ein Unternehmen annähern kann. Der kontinuierliche Verbesserungsprozess bildet die Grundlage für ein umfassendes Qualitätsmanagement.

Zur Erklärung des Begriffs Qualitätsmanagementsystem ist es sinnvoll über die darin enthaltenen Begriffsbestandteile durch eine kumulative Begriffsbildung den Inhalt zu erschließen (vgl. Bild PW.C.5.(10)).

Qualität stellt die Relation zwischen realisierter und geforderter Beschaffenheit dar und führt durch die interne Kundenorientierung zur Erfüllung externer Kundenanforderungen. Sie beruht auf Planung und Vorbeugung und rückt eine kontinuierliche Verbesserung aller Prozesse der Funktionalbereiche in den Mittelpunkt.	Management ist das Gestalten dispositiver Prozesse zur erfolgreichen Umsetzung der Unternehmensziele mit den Schwerpunkten der Beschaffung der Elementarfaktoren im Input, der Faktorkombination im Throughput und des Absatzes der Fertigerzeugnisse im Output sowie aller anderen dafür notwendigen Funktionalbereiche.	System ist ein „Satz von in Wechselbeziehung oder Wechselwirkung stehenden Elementen" ([DIN EN ISO 9000:2005] 3.2.1).

Das Qualitätsmanagement (**QM**) ist Bestandteil des Management. Es gestaltet dispositive Prozesse zur Umsetzung und Verbesserung der Qualität der Erzeugnisse, der Prozesse und der Ressourcen. Dabei werden alle beteiligten Funktionalbereiche und Hierarchieebenen des Unternehmens einbezogen. Das QM verfolgt das Ziel, Kundenanforderungen zu befriedigen.	Ein Managementsystem (**MS**) beinhaltet dispositive und elementare Produktionsfaktoren. Es gestaltet deren Wechselbeziehungen zur erfolgreichen, ergebnisorientierten Umsetzung definierter Unternehmensziele. In Abhängigkeit von den verfolgten Zielen kann es auf unterschiedliche Anforderungen ausgerichtet sein.

Ein Qualitätsmanagementsystem (**QMS**) ist Teil des Managementsystems eines Unternehmens mit der Fokussierung auf die Gestaltung der Qualität von Ressourcen, Prozessen und Erzeugnissen.

Bild PW.C.5.(10): Kumulative Begriffsbildung für das Qualitätsmanagementsystem (vgl. SCHRÖDER, A.-K. [Qualitätsmanagement] S. 48)

Zur Analyse der Anforderungen der Kunden und zur Gestaltung von Prozessen in Unternehmen, die zur Befriedigung der Kundenansprüche dienen, ist es sinnvoll, ein Qualitätsmanagementsystem zu installieren.

Ein Qualitätsmanagementsystem gibt den Kunden Vertrauen in die Fähigkeit des Unternehmens, qualitätsfähige Prozesse zu gestalten, die Qualitätsprodukte liefern. Außerdem ist es die Grundlage für den Nachweis der eigenen Qualitätsfähigkeit gegenüber Auftraggebern oder einer Zertifizierungsstelle.

Qualitätsmanagementsystem	Ein **Qualitätsmanagementsystem** ist Teil des Managementsystems eines Unternehmens. Es fokussiert auf die Gestaltung der Qualität von Ressourcen, Prozessen und Erzeugnissen.

Dazu gehören insbesondere im
- ▶ Input:
  - Entwicklung bedarfs- und qualitätsgerechter Erzeugnisse
  - Gestaltung einer qualitätsorientierten Produktionsvorbereitung
  - Beschaffung qualitätsgerechter Ressourcen (Elementarfaktoren)
- ▶ Throughput:
  - Realisierung einer qualitätsgerechten Kombination der Elementarfaktoren im Produktionsprozess
- ▶ Output:
  - Absatz der den Kundenbedarf befriedigenden Erzeugnisse mit dem gewünschten qualitativen Niveau inklusive der Gewährleistung, einer eventuellen Rücknahme der Erzeugnisse sowie des Service / Kundendienstes
  - Recycling

5.1.4 Aufgaben des Qualitätsmanagement
5.1.4.1 Qualitätsplanung

Ausgangspunkt der Qualitätsplanung sind die Qualitätsanforderungen der Kunden. Im Zeitablauf entwickeln sich aus den **allgemeinen Anforderungen** sehr **spezielle Anforderungen**. | Allgemeine und spezielle Anforderungen

Allgemeine Qualitätsanforderungen sind:
- ▶ Gebrauchseigenschaften
- ▶ Leistungsfähigkeit
- ▶ Zuverlässigkeit
- ▶ Instandhaltbarkeit
- ▶ Umweltverträglichkeit u. a.

Spezielle Qualitätsanforderungen sind letztlich in der **technischen Spezifikation** des Produkts determiniert. Dazu gehören: | Technische Spezifikation

- ▶ Leistungsverhalten
- ▶ Maßgenauigkeit, Toleranzen
- ▶ Lebensdauer (Laufzeit)
- ▶ Mechanisches Verhalten
- ▶ Farbtönung u. a.

Die technische Spezifikation kennzeichnet die Qualitätsmerkmale von Einzelteilen und Baugruppen des Erzeugnisses. Es werden zulässige Abweichungen von Sollwerten definiert. Die technische Spezifikation ist eine Liste messbarer qualitätsrelevanter Anforderungen (vgl. WIENDAHL, H.-P. [Betriebsorganisation] S. 365 f.).

Die Eigenschaften des Produkts werden durch die Produktkonstruktion bestimmt. Das Unternehmenspotenzial bestimmt die technische Realisierungsmöglichkeit der Qualitätsanforderungen. Das Unternehmenspotenzial und die Produktkonstruktion sind für die in der Qualitätsplanung zu treffende **Auswahl der wesentlichen Qualitätsmerkmale** für die Funktionserfüllung und die Erfüllung zugesicherter Eigenschaften verantwortlich.

Die Anpassung von Konstruktion und Potenzial gestattet die bestmögliche Bedürfnisbefriedigung (vgl. Bild PW.C.5.(11)).

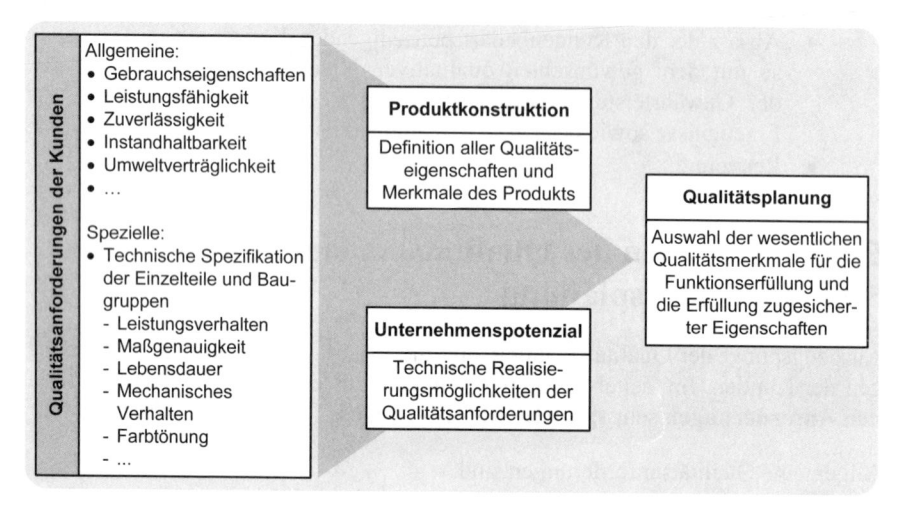

Bild PW.C.5.(11):   *Zusammenhang zwischen Qualitätsanforderungen und Qualitätsplanung*

Die in der Qualitätsplanung erarbeiteten bzw. aus den Kundenanforderungen übernommenen Spezifikationen sind die Grundlagen für die Prüfplanung.

Prüfplanung | Häufig werden die Qualitätsmerkmale zu Prüfmerkmalen. In der **Prüfplanung** wird festgelegt, mit welchen Mitteln und auf welche Art im laufenden Produktionsprozess die Werte der einzelnen Prüfmerkmale zu ermitteln sind.

JURAN (vgl. JURAN, J. M. / GRYNA, F. M. [Quality] 4.10 bis 4.24) beschreibt folgenden Fünf-Punkte-Ansatz für die Erreichung von Qualitätszielen in der Qualitätsplanung:

(1) Kundenidentifikation
 Gemeint sind sowohl externe als auch interne Kunden. Als interne Kunden werden aufeinander folgende Produktionsstufen aufgefasst.

(2) Bestimmung der Kundenansprüche
(3) Schaffung von Produkteigenschaften, die den Kundenansprüchen entsprechen
(4) Entwicklung von Prozessen, die die Erreichung der Produkteigenschaften ermöglichen
(5) Anpassung der Fähigkeit der Prozessfaktoren an vorgesehene Leistungen des Prozesses

> Die **Qualitätsplanung** ermittelt die Qualitätsanforderungen, bestimmt die Qualitätsziele, erstellt Pläne zur Zielrealisierung und definiert die Prüfbedingungen sowie die dafür einzusetzenden Mittel und Methoden (vgl. WILDEMANN, H. [Fertigungssegmentierung] S. 185).

Qualitätsplanung

5.1.4.2 Qualitätslenkung

Die Aufgaben der Qualitätslenkung resultieren aus den Vorgaben der Qualitätsplanung. Bei der Qualitätslenkung steht die **Prozessbeherrschung** in allen Bereichen im Vordergrund. Diese soll über **interne Kunden-Lieferanten-Beziehungen** verhindern, dass fehlerhafte Einheiten entstehen.

> Die **Qualitätslenkung** erfasst in allen Phasen der Produktherstellung Abweichungen der erreichten Werte von den definierten Qualitätsanforderungen. Gegenstände, die Abweichungen von den (Soll-)Vorgaben besitzen (z. B. Zeichnung, Produkt), werden in die Prozesse zurückgeführt, die sie als fehlerhaften Output verließen, um erforderliche Nachbesserungen zu realisieren (kurzfristiger Kreislauf, vgl. Bild PW.C.5.(13)).

Qualitätslenkung

Es werden die strategische (mittelbare) und die operative (unmittelbare) Qualitätslenkung unterschieden.

Die **strategische Qualitätslenkung** zielt auf die zukünftigen Realisierungsverbesserungen ab. Sie bezieht sich auf die Verbesserung der Qualitätsfähigkeit der Arbeitskräfte, Betriebsmittel und Werkstoffe, die für die Realisierung der Einheit eingesetzt werden und umfasst in diesem Zusammenhang Vorbeugungs-, Korrektur-, überwachende und qualitätsfördernde Maßnahmen.

Die **operative Qualitätslenkung** wirkt während der Realisierung der Einheit auf die Tätigkeiten und Elementarfaktoren ein, so dass die zu realisierende Beschaffenheit erlangt wird.

5.1.4.3 Qualitätssicherung

Qualitäts-sicherung | Die Bestandteile der **Qualitätssicherung** sind die **Qualitätsprüfung** und die **Qualitätsmanagement-Darlegung**.

Qualitätsprüfungen werden in allen Unternehmensbereichen und in allen Phasen des Produktlebenszyklus (Planung, Realisierung, Nutzung, vgl. Bild PW.C.5.(5)) durchgeführt.

In der Qualitätsplanung wurde die technische Spezifikation erarbeitet. Sie beinhaltet für alle Qualitätsanforderungen die genauen Qualitätsmerkmale.

Qualitäts-prüfung | Die **Qualitätsprüfung** stellt fest, inwieweit die Qualitätsmerkmale der Qualitätsanforderungen erfüllt wurden.

Die Qualitätsprüfung dient rückblickend der Feststellung der tatsächlich erreichten Qualität. Es werden Planwerte mit erreichten Istwerten verglichen. Im Vergleich dazu hat die Qualitätsüberwachung vorbeugenden Charakter. Die Qualitätsprüfung liefert Informationen für die nächste Qualitätsplanung (langfristiger Kreislauf, vgl. Bild PW.C.5.(13)) und für die Festlegung von Maßnahmen im Rahmen der Qualitätslenkung.

In der Qualitätsprüfung finden z. B. Prüfungen der Qualität der Fertigungsplanung, der Fertigung und der Erzeugnisinstandsetzung statt. Die Qualitätsprüfung ist ein Bestandteil der insgesamt durchzuführenden Prüfungen. Dazu gehören neben der Qualitätsprüfung die Terminprüfung, die Kostenprüfung und die Prüfung durchgeführter Tätigkeiten. In der Prüfung von Tätigkeiten verschmelzen Qualitätsprüfung, Terminprüfung und Kostenprüfung zu einer Einheit (nach GEIGER, W. in WIENDAHL, H.-P. [Betriebsorganisation] S. 369 ff.).

Die vielfältigen Aspekte möglicher Qualitätsprüfungen werden in Bild PW.C.5.(12) zusammengefasst.

Qualitäts- und Umweltmanagement

Phasenbezogene Qualitätsprüfungen	Qualitätsprüfungsmethoden	Merkmalsbezogene Qualitätsprüfungen

• Während der Planung
  - Entwurfsprüfung
  - Musterprüfung
  - Qualifikationsprüfung
  - ...
• Während der Herstellung
  - Eingangsprüfung
  - Fertigungsprüfung
  - Endprüfung
  - Abnahmeprüfung
  - ...
• Während der Nutzung
  - Produktverhaltensprüfung (TÜV beim Pkw)
	• Prüfumfang
	  - Stichprobenprüfung
	  - 100 %-Prüfung (alle Teile bezogen auf ein Merkmal)
	  - Vollständige Qualitätsprüfung (alle Teile, alle Merkmale)
	• Prüfung durch den Menschen
	  - Visuelle Prüfung
	  - Fertigungsprüfung
	  - Prüfung auf gleichbleibendes Erscheinungsbild
	  - ...
	• Verwertbarkeit geprüfter Teile
	  - Zerstörende Prüfung
	  - Zerstörungsfreie Prüfung
		• Einzelmerkmale
		  - Lebensdauerprüfung
		  - Härteprüfung
		  - ...
		• Merkmalsgruppen
		  - Zuverlässigkeitsprüfung
		  - Werkstoffprüfung
		  - ...
		• Merkmalsart
		  - Qualitätsprüfung auf der Grundlage quantitativer (messbarer) Merkmale

Bild PW.C.5.(12): Aspekte der Qualitätsprüfung (nach GEIGER, W. in WIENDAHL, H.-P. [Betriebsorganisation] S. 371)

Die langfristig geplanten sowie die qualitätsbezogenen Strukturen und Prozesse der Unternehmen werden systematisch erfasst.

Im **Qualitätsmanagement-Handbuch** wird die Qualitätspolitik erläutert und das Qualitätsmanagementsystem des Unternehmens beschrieben.

Qualitätsmanagement-Handbuch

Die **Qualitätsmanagement-Darlegung** definiert und charakterisiert alle Prozesse, die im Rahmen eines Qualitätsmanagementsystems ablaufen und auf die Gestaltung der Qualität von Ressourcen, Prozessen und Erzeugnissen gerichtet sind.

Qualitätsmanagement-Darlegung

Um im Wettbewerb bestehen zu können, ist eine lückenlose Dokumentation und Nachprüfbarkeit der Herstellung eines Erzeugnisses von der Idee bis zum betriebsfähigen Einsatz beim Kunden zu erstellen.

5.1.4.4 Qualitätsverbesserung

Die Aufgabe des Qualitätsmanagementsystems besteht in der **permanenten Verbesserung der Qualität** aller Ressourcen, Prozesse und Erzeugnisse des Unternehmens, um die Wettbewerbsfähigkeit zu erhöhen.

Qualitätsverbesserung

> Die **Qualitätsverbesserung** umfasst alle Maßnahmen zur Erhöhung der Fähigkeit der Erfüllung von Qualitätsanforderungen, um einen zusätzlichen Nutzen sowohl für das Unternehmen als auch für den Kunden zu erzielen.

Im Mittelpunkt steht dabei der motivierte und qualifizierte Mitarbeiter, der in allen Hierarchieebenen und Strukturbereichen Fehler vermeidet, Prozesse verbessert und eine höhere Zufriedenheit der internen und externen Kunden anstrebt.

Die Zusammenhänge zwischen der Qualitätsplanung, -sicherung, -lenkung und -verbesserung verdeutlicht Bild PW.C.5.(13). Es wird ein kurz- und ein langfristiger Kreislauf unterschieden.

Die Ergebnisse der Qualitätsplanung bilden die Grundlage für die im Fertigungsprozess zu realisierende Qualität. Die Qualitätsprüfung stellt im Rahmen der Qualitätssicherung fest, ob die tatsächlich erreichte Qualität der geplanten entspricht. Wird die geplante Qualität erreicht, kann das Produkt den Fertigungsprozess verlassen. Bei festgestellten Abweichungen wird lenkend in den Fertigungsprozess eingegriffen (kurzfristiger Kreislauf). Damit soll das Entstehen von Fehlern verhindert oder das Auftreten erneuter Fehler vermieden werden. Beim langfristigen Kreislauf steht der strategische Aspekt einer Fehlervermeidung im Vordergrund. Auf der Grundlage von Erfahrungen und Ergebnissen aus der Fertigung führt dieser Kreis zu Verbesserungen, die in die Qualitätsplanung einfließen.

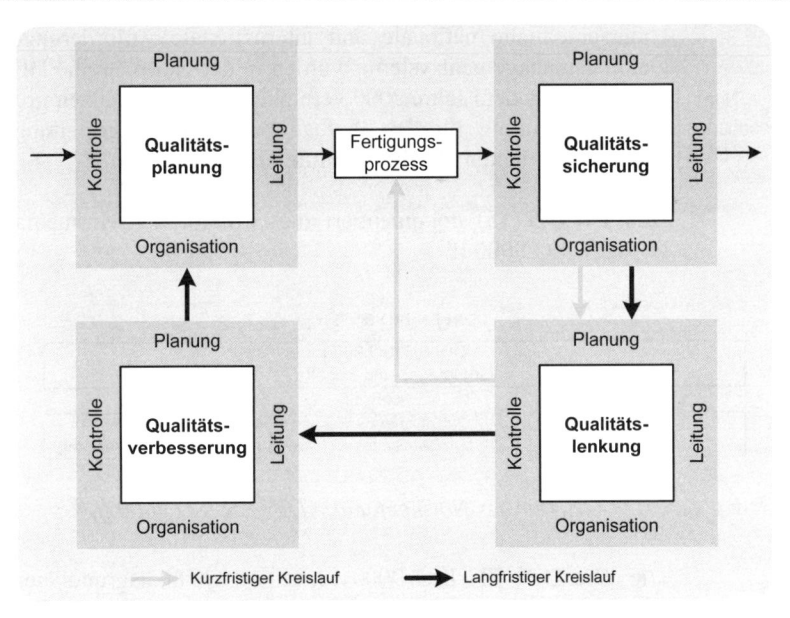

Bild PW.C.5.(13): Kurz- und langfristiger Kreislauf (nach REDEKER, G. [Qualitätssicherung] S. 1-18)

5.1.5 Qualitätsmanagementsystem

Es werden Norm- und TQM-orientierte Qualitätsmanagementsysteme unterschieden (vgl. Bild PW.C.5.(14)).

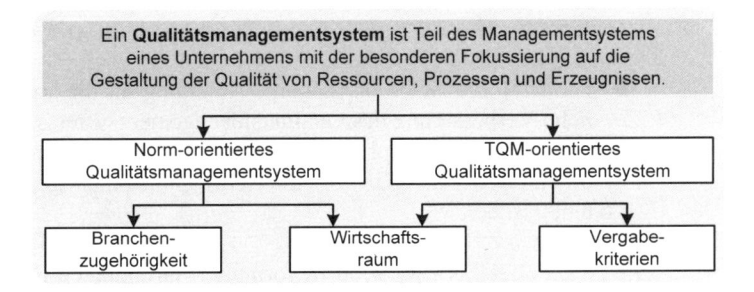

Bild PW.C.5.(14): Systematik von Qualitätsmanagementsystemen

Der Wirtschaftsraum stellt als Geltungsbereich ein Systematisierungskriterium für beide Qualitätsmanagementsysteme dar. Die Norm-orientierten Qualitätsmanagementsysteme lassen sich außerdem nach der Branchenzugehörigkeit und die TQM-orientierten nach den Vergabekriterien, mittels derer Qualitätspreise angestrebt werden, systematisieren.

Unterschiedliche nationale und internationale Anforderungen an Qualitätsmanagementsysteme wurden in der Normenreihe DIN EN ISO 9000 aus dem Jahre 2000 vereinheitlicht. Sie besitzen grundlegende Bedeutung für den Aufbau bzw. die Neugestaltung von **Norm-orientierten Qualitätsmanagementsystemen**.

Norm-orientiertes QMS

Bild PW.C.5.(15) dokumentiert die Struktur der Normenfamilie DIN EN ISO 9000 ff.

```
                    DIN EN ISO 9000 ff.
         ┌────────────────────────────────────────┐
         │         DIN EN ISO 9000                │
         │       Grundlagen und Begriffe          │
         └────────────────────────────────────────┘
                            ▼
  ┌──────────────┐   ┌──────────────────┐   ┌──────────────────────┐
  │ DIN EN ISO   │ ▶ │ Norm-orientiertes│ ◀ │ DIN EN ISO 9004      │
  │ 9001         │   │ QM-System        │   │ Leistungsverbesserung│
  │ Anforderungen│   │                  │   │                      │
  └──────────────┘   └──────────────────┘   └──────────────────────┘
```

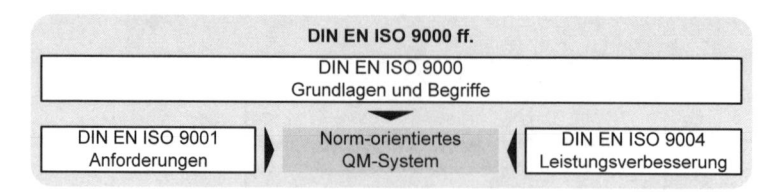

Bild PW.C.5.(15): Struktur der Normenfamilie DIN EN ISO 9000 ff.

▶ Die DIN EN ISO 9000 formuliert Qualitätsgrundlagen und -begriffe.

▶ Die DIN EN ISO 9001 charakterisiert die Anforderungen, die beim Aufbau eines Norm-orientierten Qualitätsmanagementsystems im Unternehmen umzusetzen sind.
Ihre Erfüllung ist die Grundlage für die Erteilung eines Zertifikats.

Zertifikat

Das **Zertifikat** stellt dem Unternehmen einen Befähigungsnachweis darüber aus, dass die Prozesse beherrscht werden, um ein Produkt zu erzeugen, das den Kundenanforderungen entspricht.

▶ Die DIN EN ISO 9004 gibt eine Anleitung für die kontinuierliche Verbesserung des Qualitätsmanagementsystems.
Sie ist quasi ein Leitfaden zum Übergang vom Norm-orientierten zum TQM-orientierten Qualitätsmanagementsystem.

Die Norm DIN EN ISO 9000 ff. formuliert Grundlagen für Qualitätsmanagementsysteme und legt Anforderungen an diese fest.
Durch sie wird ein Rahmen vorgegeben und definiert, was durch das Management getan werden muss, um ein Qualitätsmanagementsystem nach dieser Norm einzuführen und das Zertifikat nach der DIN EN ISO 9001 erhalten zu können.

Wie das Unternehmen dieses Ziel erreicht, bleibt offen. Damit erhalten Unternehmen die Möglichkeit, ein individuelles Qualitätsmanagementsystem auf Basis des jeweiligen Management unter gleichzeitiger Erfüllung der Anforderungen einer Norm für Qualitätsmanagementsysteme auszugestalten. Die Norm-orientierten Qualitätsmanagementsysteme legen Mindestanforderungen externer Anspruchsgruppen an das Unternehmen fest.

Ausdruck dieser praxisorientierten Normenfassung ist das Prozessmodell (vgl. Bild PW.C.5.(16)).

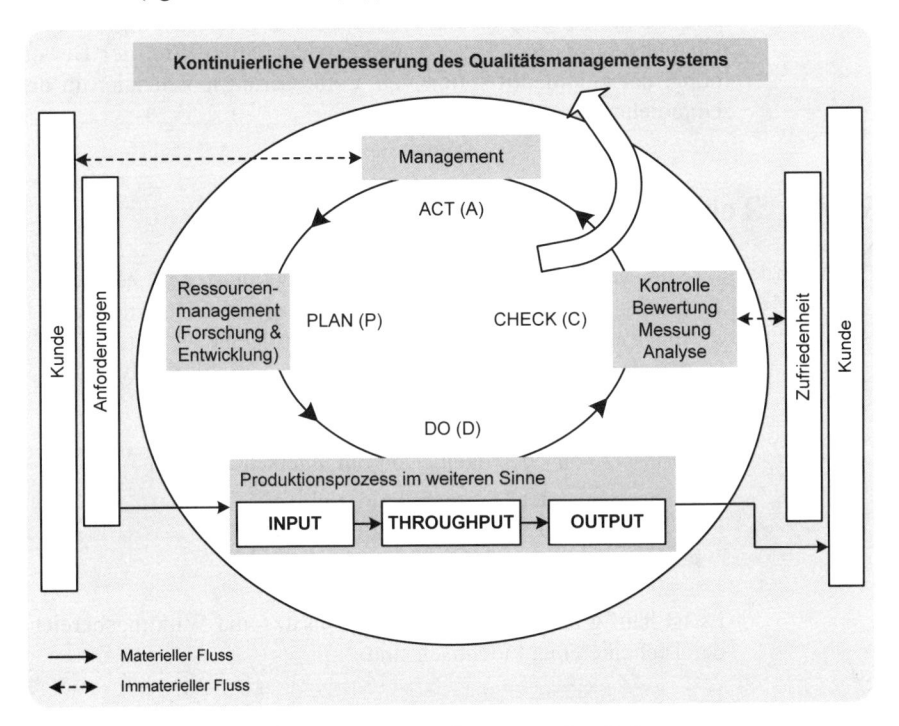

Bild PW.C.5.(16): Modell eines prozessbasierten Qualitätsmanagementsystems: PDCA-Zyklus (vgl. [DIN EN ISO 9000:2005] S. 11)

Der Nachweis der Funktionsfähigkeit eines Qualitätsmanagementsystems ist nicht von einer Zertifizierung abhängig. Bei der Entscheidung zur Einführung eines Qualitätsmanagementsystems sollte der Nutzen für das Unternehmen an erster Stelle stehen. Eine Zertifizierung ist erst dann in Erwägung zu ziehen, wenn ein Qualitätsmanagementsystem vorhanden und auch wirksam ist.

TQM-orientiertes QMS — Die **TQM-orientierten Qualitätsmanagementsysteme** sind auf kontinuierliche Verbesserungsprozesse im Unternehmen gerichtet. Sie sind damit dynamisch ausgerichtet und berühren besonders interne Anspruchsgruppen. Diese Dynamik kann mit einem Zertifikat nicht erreicht werden.

Qualitätspreise — **Qualitätspreise** bewerten TQM-orientierte Qualitätsmanagementsysteme. Sie stellen wirtschaftspolitische Instrumente dar und werden als Prämierungen für herausragende Leistungen vergeben.

Die Praxis hat gezeigt, dass nicht unbedingt die Erlangung eines Qualitätspreises das Ziel ist, sondern der lange Weg der Bewerbung, der zur Identifikation von Verbesserungspotenzialen in den Unternehmen beiträgt.

5.1.6 Techniken

Techniken des Qualitätsmanagement — Die **Techniken des Qualitätsmanagement** bestehen aus Methoden und Werkzeugen. Sie werden in Unternehmen eingesetzt, um vorhandene Qualitätsprobleme zu identifizieren und zu lösen. Mit ihnen kann auch Problemprävention betrieben werden.

Der Einsatz von Techniken erfolgt in unterschiedlichen

- ▶ Bereichen der Makrostruktur,
- ▶ Phasen der Produktentstehung und
- ▶ Hierarchieebenen des Unternehmens.

Es ist häufig zu konstatieren, dass Einsatz- und Wirkungsbereiche der Techniken nicht identisch sind.

Methoden des Qualitätsmanagement — Die **Methoden des Qualitätsmanagement** sind **prozedural** orientiert. Sie zeichnen sich durch ein planmäßiges, strukturiertes und begründetes Vorgehen zur Erreichung definierter Ziele aus.

Werkzeuge des Qualitätsmanagement — Die **Werkzeuge des Qualitätsmanagement** sind **instrumental** orientiert. Sie unterstützen den Methodeneinsatz.

Bild PW.C.5.(17) stellt einige wesentliche Techniken des Qualitätsmanagement dar. Im Mittelpunkt stehen dabei insbesondere solche Techniken, deren spezifisches Einsatzgebiet kleine und mittlere Unternehmen sind (vgl. SCHRÖDER, A.-K. [Qualitätsmanagement] S. 79 ff.).

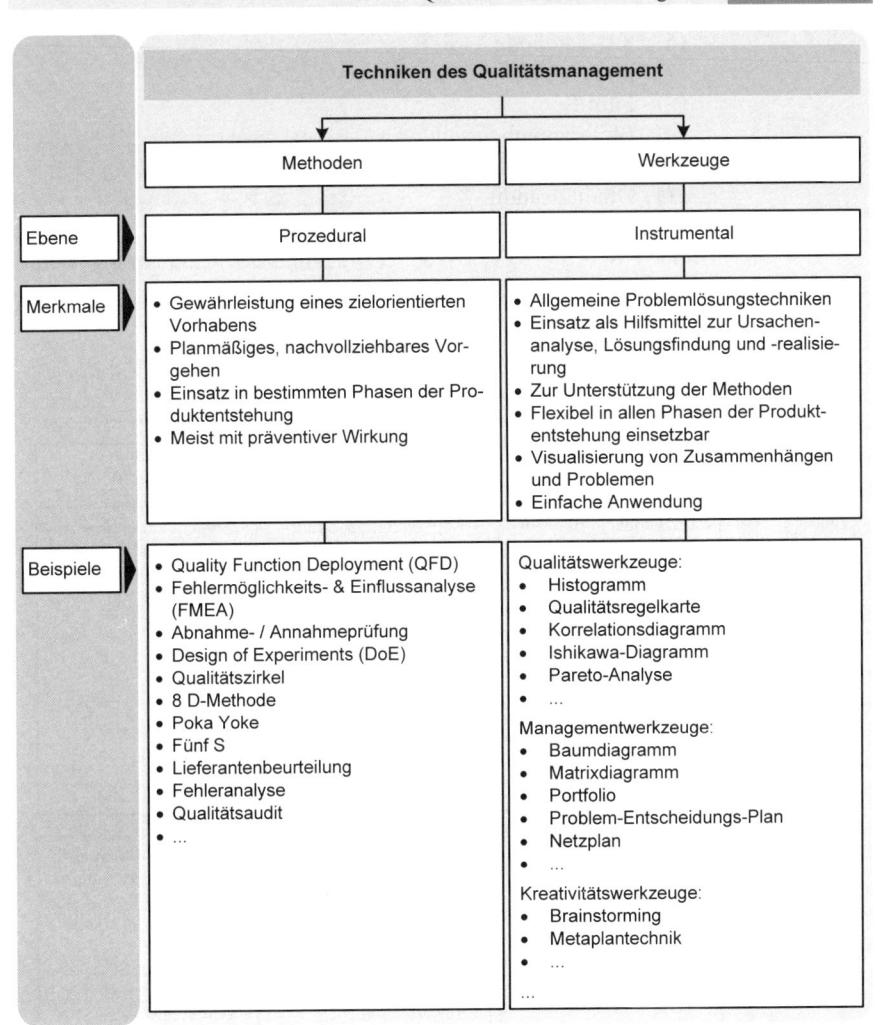

Techniken des Qualitätsmanagement

Ebene	Methoden	Werkzeuge
	Prozedural	Instrumental
Merkmale	• Gewährleistung eines zielorientierten Vorhabens • Planmäßiges, nachvollziehbares Vorgehen • Einsatz in bestimmten Phasen der Produktentstehung • Meist mit präventiver Wirkung	• Allgemeine Problemlösungstechniken • Einsatz als Hilfsmittel zur Ursachenanalyse, Lösungsfindung und -realisierung • Zur Unterstützung der Methoden • Flexibel in allen Phasen der Produktentstehung einsetzbar • Visualisierung von Zusammenhängen und Problemen • Einfache Anwendung
Beispiele	• Quality Function Deployment (QFD) • Fehlermöglichkeits- & Einflussanalyse (FMEA) • Abnahme- / Annahmeprüfung • Design of Experiments (DoE) • Qualitätszirkel • 8 D-Methode • Poka Yoke • Fünf S • Lieferantenbeurteilung • Fehleranalyse • Qualitätsaudit • …	Qualitätswerkzeuge: • Histogramm • Qualitätsregelkarte • Korrelationsdiagramm • Ishikawa-Diagramm • Pareto-Analyse • … Managementwerkzeuge: • Baumdiagramm • Matrixdiagramm • Portfolio • Problem-Entscheidungs-Plan • Netzplan • … Kreativitätswerkzeuge: • Brainstorming • Metaplantechnik • …

Bild PW.C.5.(17): Techniken des Qualitätsmanagement (nach SCHRÖDER, A.-K. [Qualitätsmanagement] S. 81)

5.1.6.1 Methoden

Folgende Methoden des Qualitätsmanagement sollen näher betrachtet werden:

(1) Quality Function Deployment (QFD)
(2) Fehlermöglichkeits- und Einflussanalyse (FMEA)
(3) Abnahme- / Annahmeprüfung
(4) Design of Experiments (DoE)
(5) Qualitätszirkel

(6) 8 D-Methode
(7) Poka Yoke
(8) Fünf S
(9) Lieferantenbeurteilung
(10) Fehleranalyse
(11) Qualitätsaudit

Bilder PW.C.5.(18)/1, PW.C.5.(18)/2 und PW.C.5.(18)/3 systematisieren Ziele und Vorgehensweisen dieser Methoden.

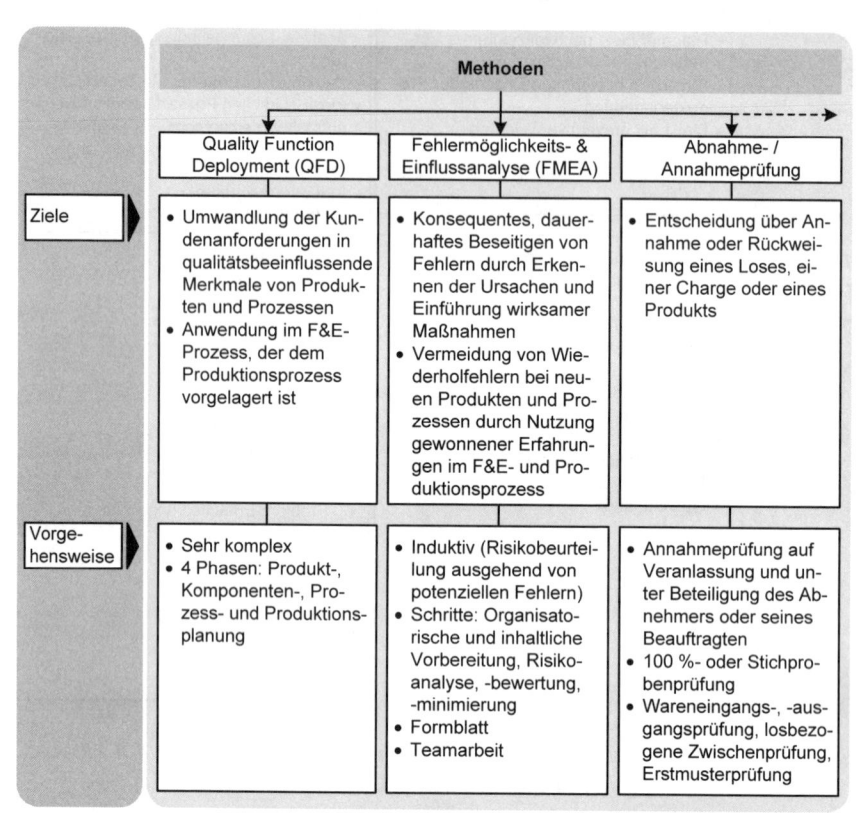

	Methoden		
	Quality Function Deployment (QFD)	Fehlermöglichkeits- & Einflussanalyse (FMEA)	Abnahme- / Annahmeprüfung
Ziele	• Umwandlung der Kundenanforderungen in qualitätsbeeinflussende Merkmale von Produkten und Prozessen • Anwendung im F&E-Prozess, der dem Produktionsprozess vorgelagert ist	• Konsequentes, dauerhaftes Beseitigen von Fehlern durch Erkennen der Ursachen und Einführung wirksamer Maßnahmen • Vermeidung von Wiederholfehlern bei neuen Produkten und Prozessen durch Nutzung gewonnener Erfahrungen im F&E- und Produktionsprozess	• Entscheidung über Annahme oder Rückweisung eines Loses, einer Charge oder eines Produkts
Vorgehensweise	• Sehr komplex • 4 Phasen: Produkt-, Komponenten-, Prozess- und Produktionsplanung	• Induktiv (Risikobeurteilung ausgehend von potenziellen Fehlern) • Schritte: Organisatorische und inhaltliche Vorbereitung, Risikoanalyse, -bewertung, -minimierung • Formblatt • Teamarbeit	• Annahmeprüfung auf Veranlassung und unter Beteiligung des Abnehmers oder seines Beauftragten • 100 %- oder Stichprobenprüfung • Wareneingangs-, -ausgangsprüfung, losbezogene Zwischenprüfung, Erstmusterprüfung

Bild PW.C.5.(18)/1: Methoden des Qualitätsmanagement (Teil 1)

Qualitäts- und Umweltmanagement

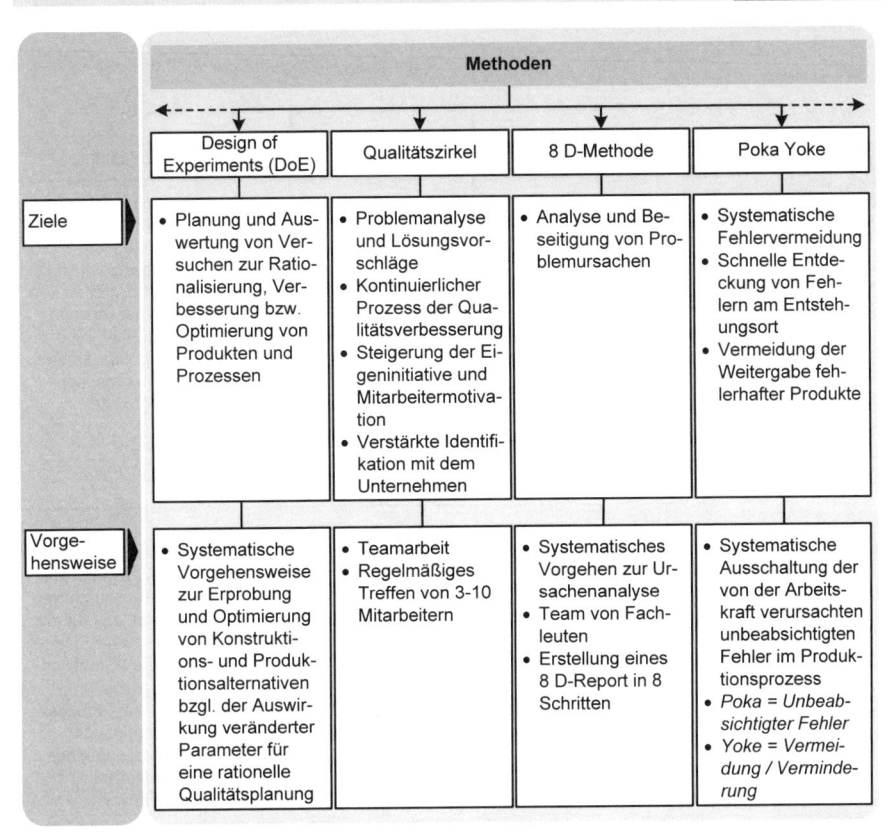

	Methoden			
	Design of Experiments (DoE)	Qualitätszirkel	8 D-Methode	Poka Yoke
Ziele	• Planung und Auswertung von Versuchen zur Rationalisierung, Verbesserung bzw. Optimierung von Produkten und Prozessen	• Problemanalyse und Lösungsvorschläge • Kontinuierlicher Prozess der Qualitätsverbesserung • Steigerung der Eigeninitiative und Mitarbeitermotivation • Verstärkte Identifikation mit dem Unternehmen	• Analyse und Beseitigung von Problemursachen	• Systematische Fehlervermeidung • Schnelle Entdeckung von Fehlern am Entstehungsort • Vermeidung der Weitergabe fehlerhafter Produkte
Vorgehensweise	• Systematische Vorgehensweise zur Erprobung und Optimierung von Konstruktions- und Produktionsalternativen bzgl. der Auswirkung veränderter Parameter für eine rationelle Qualitätsplanung	• Teamarbeit • Regelmäßiges Treffen von 3-10 Mitarbeitern	• Systematisches Vorgehen zur Ursachenanalyse • Team von Fachleuten • Erstellung eines 8 D-Report in 8 Schritten	• Systematische Ausschaltung der von der Arbeitskraft verursachten unbeabsichtigten Fehler im Produktionsprozess • *Poka = Unbeabsichtigter Fehler* • *Yoke = Vermeidung / Verminderung*

Bild PW.C.5.(18)/2: Methoden des Qualitätsmanagement (Teil 2)

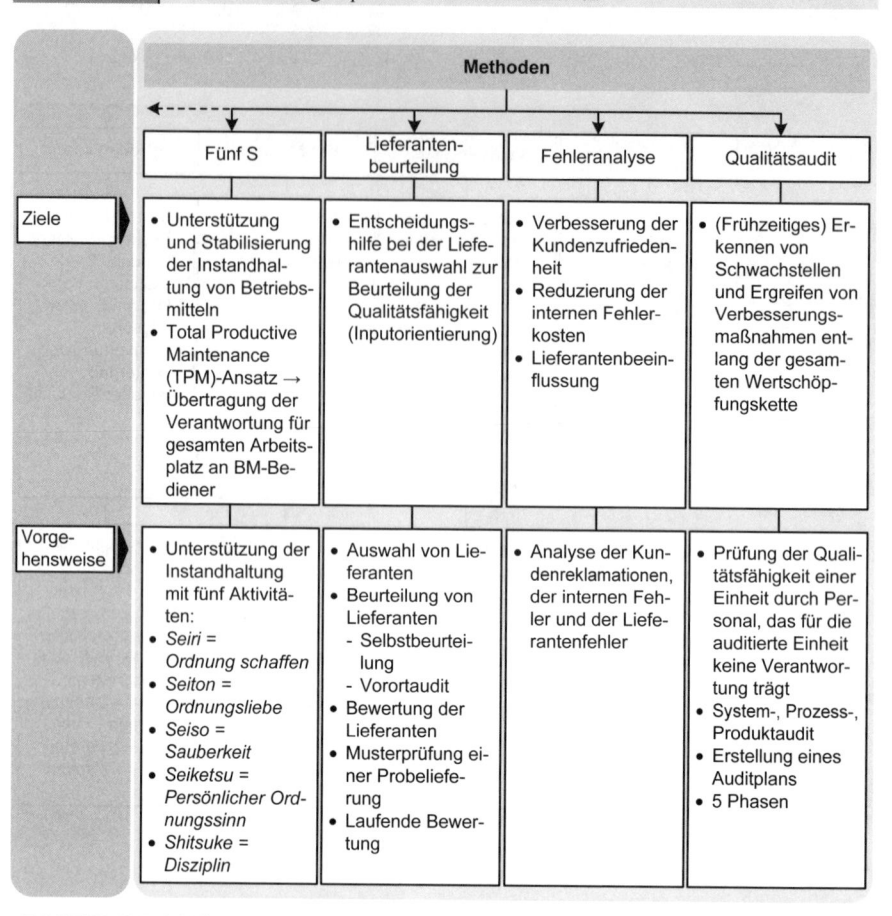

Teil C / Wirkung dispositiver Produktionsfaktoren

	Methoden			
	Fünf S	Lieferanten-beurteilung	Fehleranalyse	Qualitätsaudit
Ziele	• Unterstützung und Stabilisierung der Instandhaltung von Betriebsmitteln • Total Productive Maintenance (TPM)-Ansatz → Übertragung der Verantwortung für gesamten Arbeitsplatz an BM-Bediener	• Entscheidungshilfe bei der Lieferantenauswahl zur Beurteilung der Qualitätsfähigkeit (Inputorientierung)	• Verbesserung der Kundenzufriedenheit • Reduzierung der internen Fehlerkosten • Lieferantenbeeinflussung	• (Frühzeitiges) Erkennen von Schwachstellen und Ergreifen von Verbesserungsmaßnahmen entlang der gesamten Wertschöpfungskette

Vorgehensweise	• Unterstützung der Instandhaltung mit fünf Aktivitäten:
	• Seiri = Ordnung schaffen
	• Seiton = Ordnungsliebe
	• Seiso = Sauberkeit
	• Seiketsu = Persönlicher Ordnungssinn
	• Shitsuke = Disziplin
		• Auswahl von Lieferanten
		• Beurteilung von Lieferanten
		  - Selbstbeurteilung
		  - Vorortaudit
		• Bewertung der Lieferanten
		• Musterprüfung einer Probelieferung
		• Laufende Bewertung
			• Analyse der Kundenreklamationen, der internen Fehler und der Lieferantenfehler	• Prüfung der Qualitätsfähigkeit einer Einheit durch Personal, das für die auditierte Einheit keine Verantwortung trägt
				• System-, Prozess-, Produktaudit
				• Erstellung eines Auditplans
				• 5 Phasen

Bild PW.C.5.(18)/3: Methoden des Qualitätsmanagement (Teil 3)

5.1.6.2 Werkzeuge

Die Werkzeuge des Qualitätsmanagement werden i. d. R. in folgende Gruppen eingeteilt:

▶ **Qualitätswerkzeuge** mit der Orientierung auf
  • Fehlererfassung (Bild PW.C.5.(19))
  • Fehleranalyse (Bild PW.C.5.(20))

▶ **Managementwerkzeuge** mit der Orientierung auf
  • Lösungsfindung (Bild PW.C.5.(21))
  • Lösungsrealisierung (Bild PW.C.5.(22))

▶ **Kreativitätswerkzeuge** mit der Orientierung auf
  • Ideenfindung (Bild PW.C.5.(23))

In diesen Bildern werden insbesondere Werkzeuge dargestellt, die im Mittelstand ein besonderes Einsatzfeld besitzen.

Qualitätswerkzeuge zur Fehlererfassung

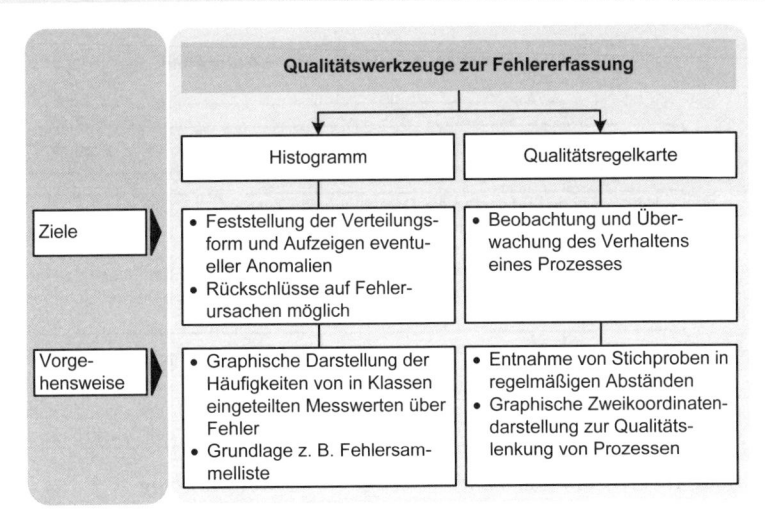

	Histogramm	Qualitätsregelkarte
Ziele	• Feststellung der Verteilungsform und Aufzeigen eventueller Anomalien • Rückschlüsse auf Fehlerursachen möglich	• Beobachtung und Überwachung des Verhaltens eines Prozesses
Vorgehensweise	• Graphische Darstellung der Häufigkeiten von in Klassen eingeteilten Messwerten über Fehler • Grundlage z. B. Fehlersammelliste	• Entnahme von Stichproben in regelmäßigen Abständen • Graphische Zweikoordinatendarstellung zur Qualitätslenkung von Prozessen

Bild PW.C.5.(19): Qualitätswerkzeuge zur Fehlererfassung

Qualitätswerkzeuge zur Fehleranalyse

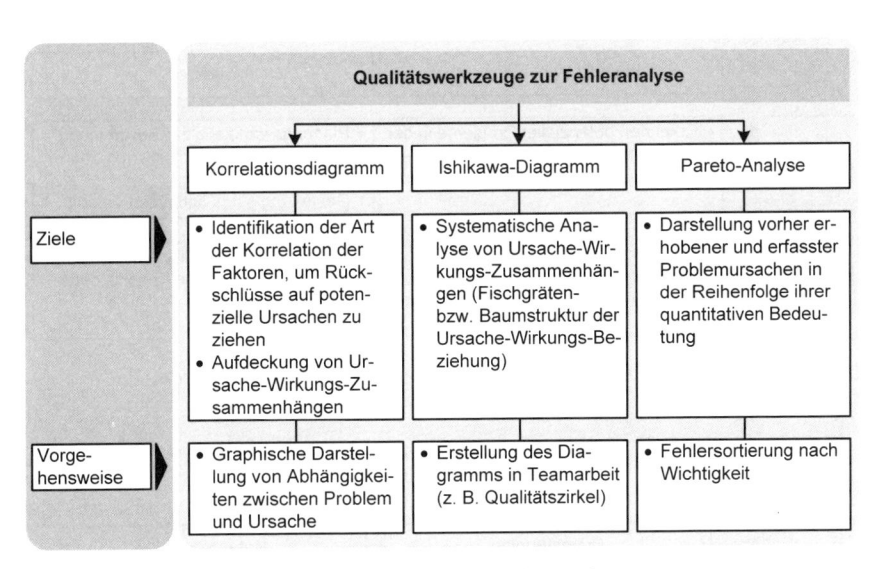

	Korrelationsdiagramm	Ishikawa-Diagramm	Pareto-Analyse
Ziele	• Identifikation der Art der Korrelation der Faktoren, um Rückschlüsse auf potenzielle Ursachen zu ziehen • Aufdeckung von Ursache-Wirkungs-Zusammenhängen	• Systematische Analyse von Ursache-Wirkungs-Zusammenhängen (Fischgräten- bzw. Baumstruktur der Ursache-Wirkungs-Beziehung)	• Darstellung vorher erhobener und erfasster Problemursachen in der Reihenfolge ihrer quantitativen Bedeutung
Vorgehensweise	• Graphische Darstellung von Abhängigkeiten zwischen Problem und Ursache	• Erstellung des Diagramms in Teamarbeit (z. B. Qualitätszirkel)	• Fehlersortierung nach Wichtigkeit

Bild PW.C.5.(20): Qualitätswerkzeuge zur Fehleranalyse

Managementwerkzeuge werden bei sehr komplexen Problemen und unvollständigen Datensammlungen als Ergänzung zu den Qualitätswerkzeugen eingesetzt. Das geschieht hauptsächlich in der ersten Phase (PLAN) des PDCA-Zyklus. Jedes dieser Werkzeuge ist bereits für sich sehr wirksam. Ein noch größerer Nutzen kann in der kombinierten Anwendung erzielt werden.

Managementwerkzeuge zur Lösungsfindung

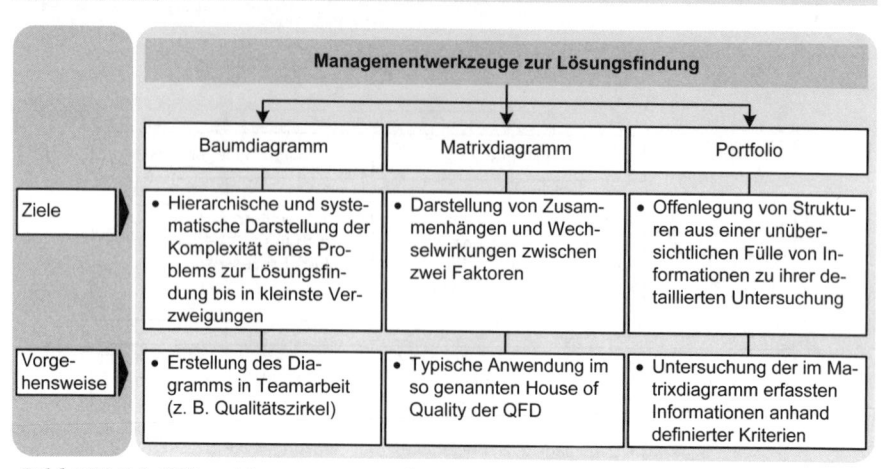

	Baumdiagramm	Matrixdiagramm	Portfolio
Ziele	• Hierarchische und systematische Darstellung der Komplexität eines Problems zur Lösungsfindung bis in kleinste Verzweigungen	• Darstellung von Zusammenhängen und Wechselwirkungen zwischen zwei Faktoren	• Offenlegung von Strukturen aus einer unübersichtlichen Fülle von Informationen zu ihrer detaillierten Untersuchung
Vorgehensweise	• Erstellung des Diagramms in Teamarbeit (z. B. Qualitätszirkel)	• Typische Anwendung im so genannten House of Quality der QFD	• Untersuchung der im Matrixdiagramm erfassten Informationen anhand definierter Kriterien

Bild PW.C.5.(21): Managementwerkzeuge zur Lösungsfindung

Managementwerkzeuge zur Lösungsrealisierung

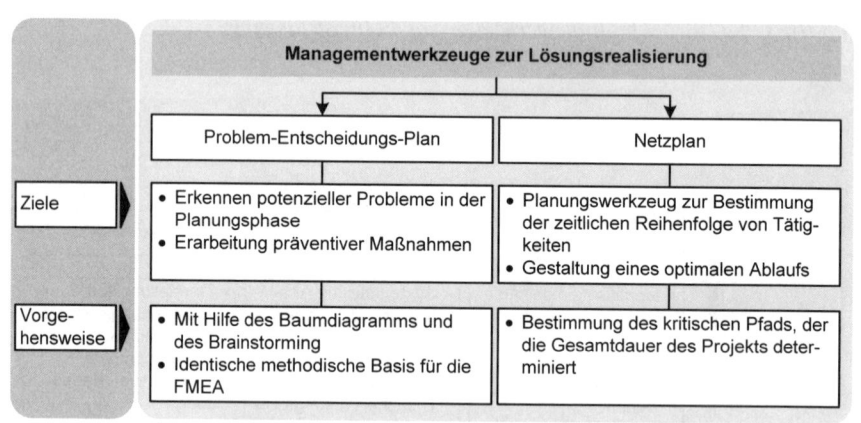

	Problem-Entscheidungs-Plan	Netzplan
Ziele	• Erkennen potenzieller Probleme in der Planungsphase • Erarbeitung präventiver Maßnahmen	• Planungswerkzeug zur Bestimmung der zeitlichen Reihenfolge von Tätigkeiten • Gestaltung eines optimalen Ablaufs
Vorgehensweise	• Mit Hilfe des Baumdiagramms und des Brainstorming • Identische methodische Basis für die FMEA	• Bestimmung des kritischen Pfads, der die Gesamtdauer des Projekts determiniert

Bild PW.C.5.(22): Managementwerkzeuge zur Lösungsrealisierung

Kreativitätswerkzeuge

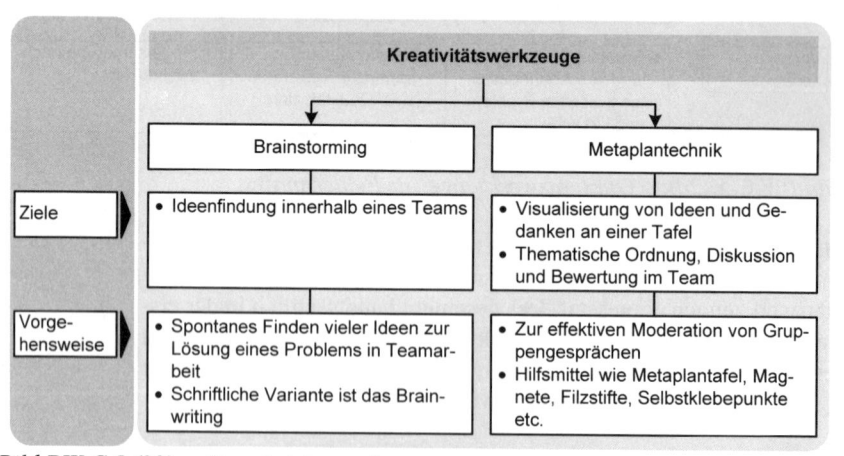

	Brainstorming	Metaplantechnik
Ziele	• Ideenfindung innerhalb eines Teams	• Visualisierung von Ideen und Gedanken an einer Tafel • Thematische Ordnung, Diskussion und Bewertung im Team
Vorgehensweise	• Spontanes Finden vieler Ideen zur Lösung eines Problems in Teamarbeit • Schriftliche Variante ist das Brainwriting	• Zur effektiven Moderation von Gruppengesprächen • Hilfsmittel wie Metaplantafel, Magnete, Filzstifte, Selbstklebepunkte etc.

Bild PW.C.5.(23): Kreativitätswerkzeuge

5.1.6.3 Systematisierung der Techniken

Die Untersuchungen von SCHRÖDER haben ergeben, dass zwei Systematisierungsansätze der Techniken des Qualitätsmanagement möglich sind (vgl. SCHRÖDER, A.-K. [Qualitätsmanagement] S. 114 ff.):

- ▶ Systematisierung durch Zuordnung der Methoden und Werkzeuge zu den **Makrostrukturbereichen**
  Dabei wird deutlich, dass nach
    - Einsatzbereichen und
    - Wirkungsbereichen

  zu unterscheiden ist.

  | Systematisierung nach Makrostrukturbereichen

- ▶ Systematisierung durch Zuordnung der Methoden und Werkzeuge zu den verschiedenen **dispositiven Aufgaben des Qualitätsmanagement**

  | Systematisierung nach Aufgaben des QM

Für die **Methoden** des Qualitätsmanagement ist zu konstatieren, dass ihre Einsatzgebiete besonders im Input und Throughput liegen. Qualitätszirkel und die 8 D-Methode werden in allen Makrostrukturbereichen eingesetzt und wirken auch in diesen Bereichen.
Das Einsatzgebiet von Poka Yoke ist der Throughput. Wirkungen dieser Methode werden in allen Makrostrukturbereichen generiert.

Eine Übersicht über Einsatz- und Wirkungsgebiete der Methoden des Qualitätsmanagement in der Makrostruktur liefert Bild PW.C.5.(24).

Methoden \ Makrostruktur	INPUT		THROUGHPUT		OUTPUT	
Quality Function Deployment (QFD)	○	●		●		●
Fehlermöglichkeits- & Einflussanalyse (FMEA)	○	●	○	●		●
Abnahme- / Annahmeprüfung	○	●	○		○	●
Design of Experiments (DoE)	○	●	○	●		
Qualitätszirkel	○	●	○	●	○	●
8 D-Methode	○	●	○	●	○	●
Poka Yoke		●	○	●		●
Fünf S	○	●	○	●		
Lieferantenbeurteilung	○	●				●
Fehleranalyse	○	●	○		○	●
Qualitätsaudit	○	●	○		○	●

○ Einsatzgebiet ● Wirkungsgebiet

Bild PW.C.5.(24): Einsatz- und Wirkungsgebiete der Methoden des Qualitätsmanagement (i. A. a. SCHRÖDER, A.-K. [Qualitätsmanagement] S. 105 ff.)

Unabhängig vom Einsatzgebiet der Methoden kommt es zu einer positiven Wirkung auf die Produkte im Output. Eine große Rolle spielt auch die Wirkung im Input, da bereits hier die Grundlage für qualitätsgerechte Prozesse gelegt wird.

Im Throughput entsteht die vergleichsweise geringste Wirkung. Es ist jedoch zu konstatieren, dass die hauptsächlich im Throughput eingesetzte Methode Poka Yoke auch dort am stärksten wirkt.

> Die in KMU eingesetzten besonders bedeutsamen **Methoden des Qualitätsmanagement** wirken im Input präventiv, verbessern die im Throughput ablaufenden Prozesse und schlagen sich im Output in der Erzeugnisqualität nieder.

Für die **Werkzeuge** des Qualitätsmanagement ist zu konstatieren, dass sie bis auf die Qualitätsregelkarte – deren Einsatzgebiet im Throughput liegt – in allen Makrostrukturbereichen eingesetzt werden können. Ihre Wirkungsgebiete liegen hauptsächlich im Input. Die Ausnahme bildet wieder die Qualitätsregelkarte. Ihr Wirkungsgebiet ist der Throughput. Der Netzplan wirkt neben dem Input auch im Throughput. Baumdiagramm, Matrixdiagramm, Portfolio und Problem-Entscheidungs-Plan kommen im Input und Output zur Wirkung (vgl. Bild PW.C.5.(25)).

Die stärkste Wirkung des Werkzeugeinsatzes ist im Input zu verzeichnen. Diesem Wirkungsgebiet kommt eine besondere Bedeutung zu, da bereits hier die Grundlage für qualitätsgerechte Prozesse gelegt wird.

Unabhängig vom Einsatzgebiet der Werkzeuge kommt es auch zu einer positiven Wirkung auf die Produkte im Output. Hier handelt es sich um ein Wirkungsfeld der Managementwerkzeuge.
Im Throughput entsteht die geringste Wirkung.

> Die in KMU eingesetzten besonders bedeutsamen **Werkzeuge des Qualitätsmanagement** wirken im Input präventiv und schlagen sich im Output in der Erzeugnisqualität nieder.

Werkzeuge \ Makrostruktur	INPUT	THROUGHPUT	OUTPUT
QUALITÄTSWERKZEUGE			
Histogramm	○ ●	○	○
Qualitätsregelkarte		○ ●	
Korrelationsdiagramm	○ ●	○	○
Ishikawa-Diagramm	○ ●	○	○
Pareto-Analyse	○ ●	○	○
MANAGEMENTWERKZEUGE			
Baumdiagramm	○ ●	○	○ ●
Matrixdiagramm	○ ●	○	○ ●
Portfolio	○ ●	○	○ ●
Problem-Entscheidungs-Plan	○ ●	○	○ ●
Netzplan	○ ●	○ ●	○
KREATIVITÄTSWERKZEUGE			
Brainstorming	○ ●	○	○
Metaplantechnik	○ ●	○	○

○ Einsatzgebiet   ● Wirkungsgebiet

Bild PW.C.5.(25): Einsatz- und Wirkungsgebiete der Werkzeuge des Qualitätsmanagement

Der zweite Systematisierungsansatz besteht in der Zuordnung der Methoden und Werkzeuge zu den dispositiven Aufgaben des Qualitätsmanagement – Qualitätsplanung, Qualitätslenkung, Qualitätssicherung und Qualitätsverbesserung.

Die Bilder PW.C.5.(26) und PW.C.5.(27) liefern dazu eine Übersicht.

Methoden \ Aufgaben	Qualitätsplanung	Qualitätslenkung	Qualitätssicherung	Qualitätsverbesserung
Quality Function Deployment (QFD)	●	○	○	○
Fehlermöglichkeits- & Einflussanalyse (FMEA)	○	●	○	●
Abnahme- / Annahmeprüfung	○	○	●	○
Design of Experiments (DoE)	●	○	○	●
Qualitätszirkel	●	○	○	●
8 D-Methode	○	○	○	●
Poka Yoke	○	●	○	●
Fünf S	○	●	○	●
Lieferantenbeurteilung	●	●	●	●
Fehleranalyse	●	●	●	●
Qualitätsaudit	○	●	●	●

● Einsetzbar ○ Nicht einsetzbar

Bild PW.C.5.(26): Zuordnung der Methoden zu den Aufgaben des Qualitätsmanagement

Das Haupteinsatzgebiet der Methoden des Qualitätsmanagement liegt in der Qualitätsverbesserung.

Die Methoden werden zwar in allen Aufgabenbereichen des Qualitätsmanagement eingesetzt, jedoch nimmt die Qualitätslenkung als Einsatzgebiet eine dominante Stellung gegenüber der Qualitätssicherung und der Qualitätsplanung ein.

Werkzeuge \ Aufgaben	Qualitäts-planung	Qualitäts-lenkung	Qualitäts-sicherung	Qualitäts-verbesserung
QUALITÄTSWERKZEUGE				
Histogramm	○	●	○	●
Qualitätsregelkarte	○	●	○	●
Korrelationsdiagramm	○	○	○	●
Ishikawa-Diagramm	○	●	○	●
Pareto-Analyse	○	●	○	●
MANAGEMENTWERKZEUGE				
Baumdiagramm	○	○	○	○
Matrixdiagramm	○	○	○	○
Portfolio	○	○	○	○
Problem-Entscheidungs-Plan	○	○	○	●
Netzplan	●	○	○	○
KREATIVITÄTSWERKZEUGE				
Brainstorming	●	●	○	●
Metaplantechnik	○	○	○	○

● Einsetzbar   ○ Nicht einsetzbar

Bild PW.C.5.(27): Zuordnung der Werkzeuge zu den Aufgaben des Qualitätsmanagement

Die **Haupteinsatzgebiete** der **Werkzeuge des Qualitätsmanagement** liegen in der Qualitätslenkung und der Qualitätsverbesserung.

In der Qualitätssicherung kommt es zu keinem Werkzeugeinsatz. In der Qualitätsplanung werden lediglich die Werkzeuge Netzplan und Brainstorming angewendet.

An dieser Stelle soll auf die Produktivität als Zielorientierung eines Unternehmens (vgl. Abschnitt A.3.3) zurückgekommen werden. In Anlehnung an das „Haus der Produktivität" (vgl. Bild PW.A.3.(19)) wird in einem schematisierten Ebenenmodell die Realisierung einer positiven Produktivitätsentwicklung durch die Gestaltung der Dimensionen der Qualität in einem **Vier-Ebenenmodell** dargestellt (vgl. Bild PW.C.5.(28)).

Vier-Ebenenmodell

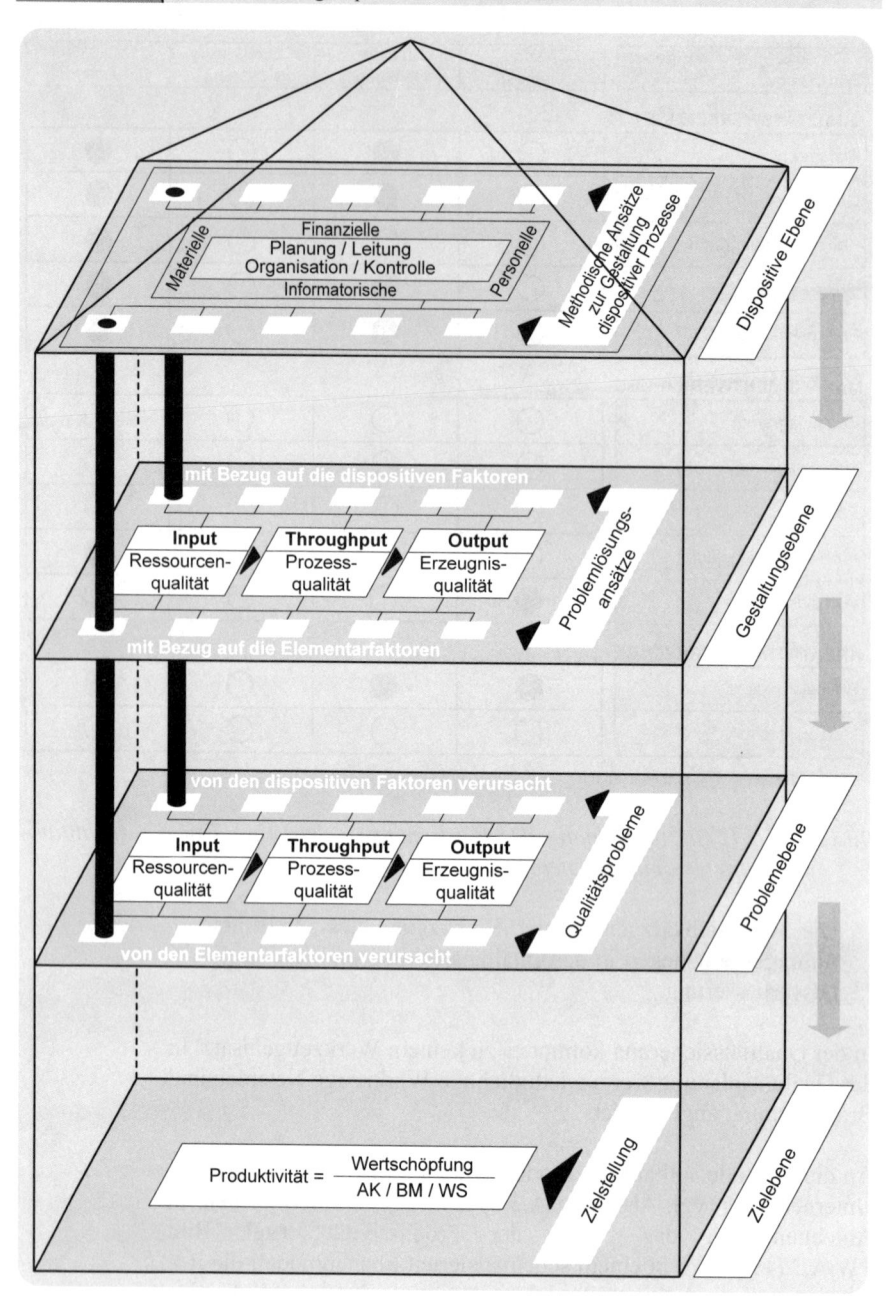

Bild PW.C.5.(28): Gestaltung der Dimensionen der Qualität zur Realisierung einer positiven Produktivitätsentwicklung

Der **Zielebene** liegt eine Zielentscheidung zugrunde. Sie lautet Erhöhung der Produktivität durch Verbesserung der Qualität. In der zweiten Ebene werden die Einflussfaktoren, die auf die Produktivität wirken, dargestellt. Sie wird als **Problemebene** bezeichnet, da an dieser Stelle Qualitätsprobleme identifiziert werden. | Zielebene

Problemebene

Problemlösungsansätze werden in der dritten Ebene, der **Gestaltungs-** bzw. **Mittelebene**, strukturiert. Hier werden die einzusetzenden Mittel benannt, durch die das Ziel erreicht werden soll. Dabei kommen Techniken des Qualitätsmanagement zur Anwendung, die die dispositiven Faktoren bei der Umsetzung der Managementaufgaben unterstützen. | Gestaltungsebene

In der **dispositiven Ebene** (Managementebene) erfolgt eine materielle, finanzielle, personelle und informatorische Planung, Leitung, Organisation und Kontrolle der Gestaltungsmaßnahmen. | Dispositive Ebene

Aus dem Vier-Ebenenmodell wird ersichtlich, dass einerseits durch die Stärkung positiver Entwicklungstendenzen der Qualität und andererseits durch die Beseitigung von Qualitätsproblemen eine Verbesserung der Produktivität erzielt werden kann. Die beiden **senkrechten Projektionen** („Schornsteine des Hauses") verdeutlichen, dass eine Verbesserung der Produktivität von den identifizierten Einflussfaktoren mit negativer Wirkung, also den Qualitätsproblemen, ausgeht. Für diese sind die möglichen und notwendigen problembezogenen Lösungsansätze (Techniken des Qualitätsmanagement) in der Gestaltungsebene auszuwählen und anzuwenden. Die Umsetzung erkannter Lösungsvarianten bedarf des Einsatzes der dispositiven Faktoren.

Die passgerechte, problemorientierte Zuordnung von identifizierten Einflussfaktoren (Qualitätsproblemen), deren Gestaltungsvarianten (Problemlösungsansätzen) und der methodischen Ansätze zur Durchführung der notwendigen dispositiven Prozesse sichert die beste Ergiebigkeitswirkung.

5.2 Umweltmanagement
5.2.1 Grundlagen

Jeder Produktionsprozess erzeugt neben gewollten Produkten stets auch ungewollte Nebenprodukte, die diesen als Output verlassen. Ungewollte Nebenprodukte in Form von Abfällen, Abwasser und Emissionen führen zu einer sofortigen Umweltbelastung.

Gewollte Produkte belasten die Umwelt häufig durch ihren Gebrauch. Sie werden dann mit Sicherheit zu einer Umweltbelastung, wenn ihr Lebens(nutzungs-)zyklus abgeschlossen ist und über ihren Verbleib entschieden werden muss.

Neben der outputseitigen Belastung der Umwelt erfolgt auch eine Belastung, die durch den Input ausgelöst wird. Es handelt sich dabei um die Entnahme von Rohstoffen und Energien, die eine elementare Voraussetzung des Produktionsprozesses darstellen.

| Umwelt-management | Das **Umweltmanagement** ist Bestandteil des Management eines Unternehmens. Es gestaltet dispositive Prozesse zur Reduktion unerwünschter Umweltwirkungen in der gesamten Wertschöpfungskette. |

| Umweltschutz | Der **Umweltschutz** ist ein Komplex von realisierbaren Maßnahmen, die diese Zielstellung unterstützen. Er ist eine Querschnittsfunktion, die alle Bereiche des unternehmerischen Wertschöpfungsprozesses betrifft. Alle Funktionalbereiche, Produkte und Prozesse werden dabei tangiert. |

Im Rahmen des Umweltschutzes lassen sich folgende Maßnahmenkomplexe unterscheiden (vgl. Bild PW.C.5.(29)):

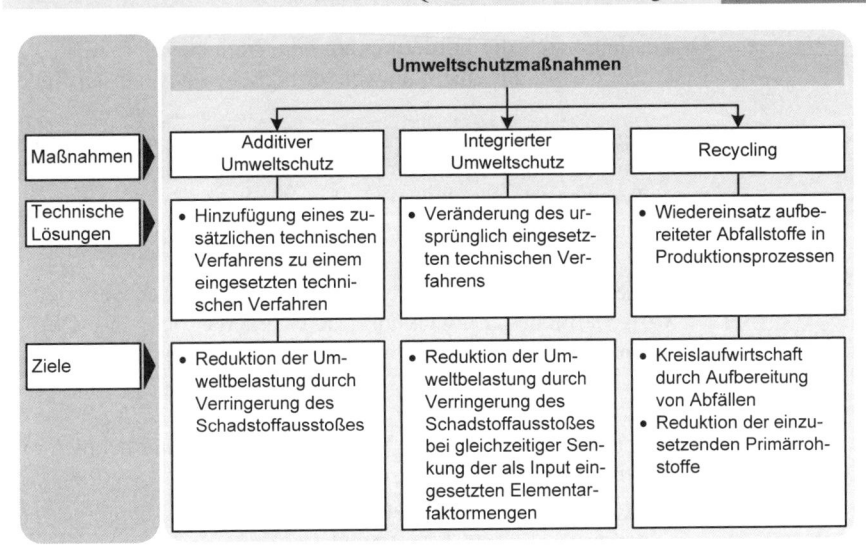

Qualitäts- und Umweltmanagement

	Umweltschutzmaßnahmen		
Maßnahmen	Additiver Umweltschutz	Integrierter Umweltschutz	Recycling
Technische Lösungen	• Hinzufügung eines zusätzlichen technischen Verfahrens zu einem eingesetzten technischen Verfahren	• Veränderung des ursprünglich eingesetzten technischen Verfahrens	• Wiedereinsatz aufbereiteter Abfallstoffe in Produktionsprozessen
Ziele	• Reduktion der Umweltbelastung durch Verringerung des Schadstoffausstoßes	• Reduktion der Umweltbelastung durch Verringerung des Schadstoffausstoßes bei gleichzeitiger Senkung der als Input eingesetzten Elementarfaktormengen	• Kreislaufwirtschaft durch Aufbereitung von Abfällen • Reduktion der einzusetzenden Primärrohstoffe

Bild PW.C.5.(29): Maßnahmen, technische Lösungen und Ziele von Umweltschutzmaßnahmen

▶ **Additiver Umweltschutz**

Um die Umweltbelastung zu reduzieren, wird einem eingesetzten technischen Verfahren ein zusätzliches technisches Verfahren hinzugefügt (z. B. Filter, Katalysator).

| Additiver Umweltschutz

▶ **Integrierter Umweltschutz**

Um die Umweltbelastung zu reduzieren, wird das ursprünglich eingesetzte technische Verfahren so verändert, dass weniger Schadstoffe ausgestoßen werden oder dass weniger Elementarfaktoren als Input des Produktionsprozesses eingesetzt werden können.

Integrierter Umweltschutz steigert die Ergiebigkeit des relevanten Produktionsprozesses (z. B. Farbgebung durch Tauchen anstelle von Spritzen).

| Integrierter Umweltschutz

▶ **Recycling**

Das Recycling ermöglicht einen teilweisen Wiedereinsatz von Abfallstoffen in der Produktion. Die Voraussetzung dafür ist häufig eine Aufbereitung der Abfallstoffe in einem separaten Produktionsprozess. Durch das Recycling werden zur Herstellung derselben Outputmenge an Erzeugnissen weniger Primärrohstoffe benötigt.

| Recycling

Umweltschutz bedeutet nicht eine absolute Vermeidung von Umweltbelastungen. Es geht um die **Umweltschonung** durch Reduktion schädigender Einflüsse und um das Beseitigen bereits entstandener Schäden.

| Umweltschutz

Daraus leitet sich die Forderung ab, den Produktionsprozess so zu gestalten, dass er auf einem umweltverträglichen Niveau stattfindet.

Streng genommen schließen sich die Produktion zur Erreichung ökonomischer Ziele wie Wirtschaftswachstum, Gewinnmaximierung, Wettbewerbsfähigkeit und ökologische Anforderungen zum Erhalt und zur Wiederherstellung der natürlichen Umwelt aus.

| Gewinn-, Umweltschutzziel | Zur Sicherung der Existenzbedingungen und einer weiteren wirtschaftlichen Entwicklung ist es unerlässlich, das **Gewinnziel** und das **Umweltschutzziel** miteinander zu verbinden. |

Die Art und Weise, wie diese Verbindung in den Unternehmen realisiert wird, kann entweder durch

- ▶ **passives** vs. **aktives Verhalten** oder
- ▶ **defensives** vs. **offensives Verhalten**

gekennzeichnet werden.

| Passives, aktives Verhalten | Das **passive Verhalten** ist durch die Bemühungen zur Einhaltung von Umweltschutzauflagen gekennzeichnet. Die Unterschreitung gesetzlicher Normen verdeutlicht ein eher **aktives Verhalten**. |

| Defensives, offensives Verhalten | Das **defensive Verhalten** orientiert auf den Verzicht besonders umweltschädigender Produkte und die Kostenminimierung infolge einer Reduktion der Inputfaktoren. Das Nutzen des Umweltschutzes als Chance und das Realisieren entsprechender Produkt- und Prozessinnovationen ist als **offensives Verhalten** zu deklarieren. |

Umweltschutzmaßnahmen kosten Geld. Sie sind aber gleichsam eine **Chance** dafür, **ökonomische Erfolge zu realisieren**. Das zeigt sich in Verbraucherreaktionen, die zu einer Steigerung der Nachfrage nach umweltfreundlichen Produkten sogar bei steigenden Preisen führen ebenso, wie im Boykott umweltschädlicher Produkte.

Auch die Entwicklung eines **positiven ökologischen Image** des Unternehmens ist wettbewerbsfördernd. Nicht zuletzt hat die **Identifikation der Mitarbeiter** mit den **ökologisch ausgerichteten Produkten und Prozessen** eine nicht unerhebliche Bedeutung für ihre Motivation und damit die Erreichung ökonomischer Ziele.

5.2.2 Umweltschutz als interdisziplinäre Aufgabe

Der Umweltschutz ist eine interdisziplinäre Aufgabe. Im Zentrum der Betrachtungen steht der Produktionsprozess als technische und betriebwirtschaftliche Disziplin.

> Die **Berücksichtigung ökologischer Aspekte** in der Planung, Steuerung, Organisation und Kontrolle der Input-Throughput-Output-Beziehungen übt Einflüsse auf die eingesetzten Produktionsfaktoren, die Gestaltung ablaufender Prozesse und die hergestellten Produkte aus, um eine Verringerung unerwünschter Umweltwirkungen zu erreichen.

Die Realisierung dieses Ansatzes stellt Ansprüche an eine Vielzahl von Wissensdisziplinen.

> Der Umweltschutz verlangt ein **Zusammenwirken im System der Wissenschaften** (vgl. Bild PW.C.5.(30)).

Umweltschutz im System der Wissenschaften

Umweltschutz als interdisziplinäre Aufgabe — Stellung im System der Wissenschaften			
Wissenschaftsdisziplin	Naturwissenschaften	Ingenieurwissenschaften	Sozialwissenschaften
Gegenstand	• Entwicklung von Theorien über Vorgänge, Abläufe und Zusammenhänge in der belebten und unbelebten Natur	• Systematische Anwendung naturwissenschaftlicher Erkenntnisse und deren Umsetzung in industrielle Verfahren	• Analyse des Menschen als soziales Wesen sowie des Verhältnisses von Mensch und Gesellschaft
Aufgaben im Rahmen des Umweltschutzes	• Schaffung naturwissenschaftlich-technischer Rahmenbedingungen für den betrieblichen Umweltschutz	• Schaffung prozess- und produkttechnischer Rahmenbedingungen für den Umweltschutz durch Neuentwicklung und Verbesserung von Verfahren, Anlagen und Produkten	• Untersuchung gesellschaftlicher Rahmenbedingungen von Umweltschutzmaßnahmen

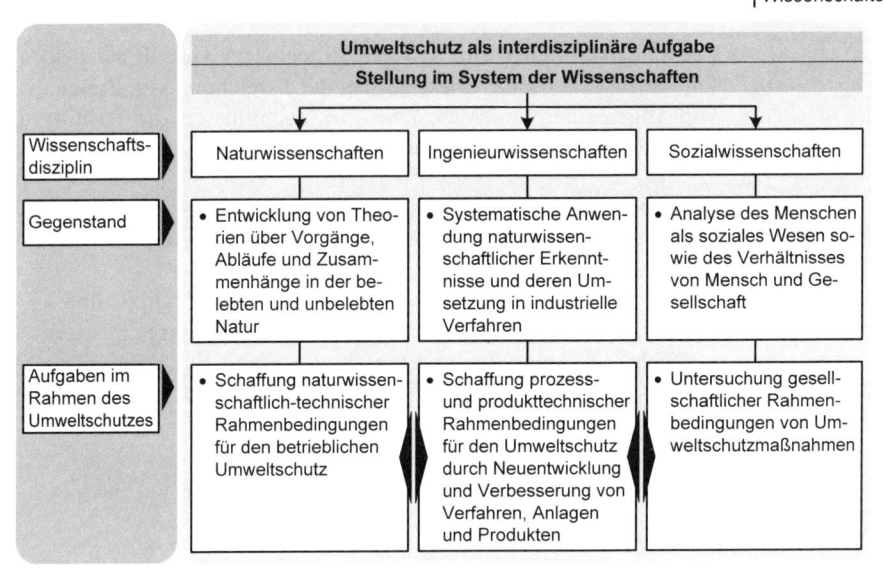

Bild PW.C.5.(30): Umweltschutz als interdisziplinäre Aufgabe – Stellung im System der Wissenschaften

Die **Naturwissenschaften** schaffen naturwissenschaftlich-technische Rahmenbedingungen für den betrieblichen Umweltschutz.

Die **Ingenieurwissenschaften** definieren prozess- und produkttechnische Voraussetzungen für den Umweltschutz. Sie realisieren Neu- und Weiterentwicklungen von Verfahren, Anlagen und Produkten.

Die **Sozialwissenschaften** untersuchen die gesellschaftlichen Rahmenbedingungen von Umweltschutzmaßnahmen (vgl. Bild PW.C.5.(31)).

Die **Philosophie** beurteilt durch die Verantwortungsethik die Zuverlässigkeit von Handlungen auch im Rahmen des wissenschaftlich-technischen Fortschritts. Sie schuf die Grundlagen für die Einbeziehung der Umweltethik in die Unternehmensziele.

In der **Soziologie** werden Wechselwirkungen zwischen Mensch und Umwelt analysiert.

Die **Politikwissenschaften** stellen Regeln zur Gestaltung des öffentlichen Lebens auf. Diese dienen der Erreichung von Zielen, die von allgemeinem Interesse sind. Sie beeinflussen die Politik zur Durchsetzung von Umweltzielen.

Die **Rechtswissenschaft** gestaltet die rechtlichen Grundlagen zur Durchsetzung gesellschaftlich gewollter Umweltziele.

> Die **Wirtschaftswissenschaften** analysieren Umweltprobleme und Umweltschutzmaßnahmen aus ökonomischer Sicht. Sie leiten daraus Empfehlungen und Entscheidungen zur ökologisch und ökonomisch günstigsten Gestaltung umweltpolitischer Instrumente ab.

Qualitäts- und Umweltmanagement

**Umweltschutz als interdisziplinäre Aufgabe
Stellung im System der Sozialwissenschaften**

Wissenschaftsdisziplin	Philosophie	Soziologie	Politikwissenschaften	Rechtswissenschaften	Wirtschaftswissenschaften
Gegenstand	• Erkenntnis des Wesens und des Zusammenhangs aller Dinge	• Bedingungen und Formen des menschlichen Zusammenlebens in der Gesellschaft	• Analyse der Politik und Aufstellung von Regeln zur Gestaltung des öffentlichen Lebens	• Recht als Mittel zur Ordnung des menschlichen Zusammenlebens	• Nutzenmaximierende Allokation von knappen Ressourcen
Aufgaben im Rahmen des Umweltschutzes	• Beurteilung der Zuverlässigkeit von Handlungen (auch des wissenschaftlich-technischen Fortschritts) durch die Verantwortungsethik • Einbeziehung der Umweltethik in das Zielsystem des Unternehmens	• Analyse von Wechselwirkungen zwischen Mensch und Umwelt	• Aufstellen von Regeln zur Gestaltung des öffentlichen Lebens zur Erreichung von Zielen, die von allgemeinem Interesse sind • Beeinflussung der Politik zur Durchsetzung von Umweltzielen	• Schaffung rechtlicher Grundlagen zur Durchsetzung von Umweltzielen	• Analyse von Umweltproblemen und Umweltschutzmaßnahmen aus ökonomischer Sicht • Ableitung von Empfehlungen zur ökologisch und ökonomisch günstigen Ausgestaltung umweltpolitischer Instrumente

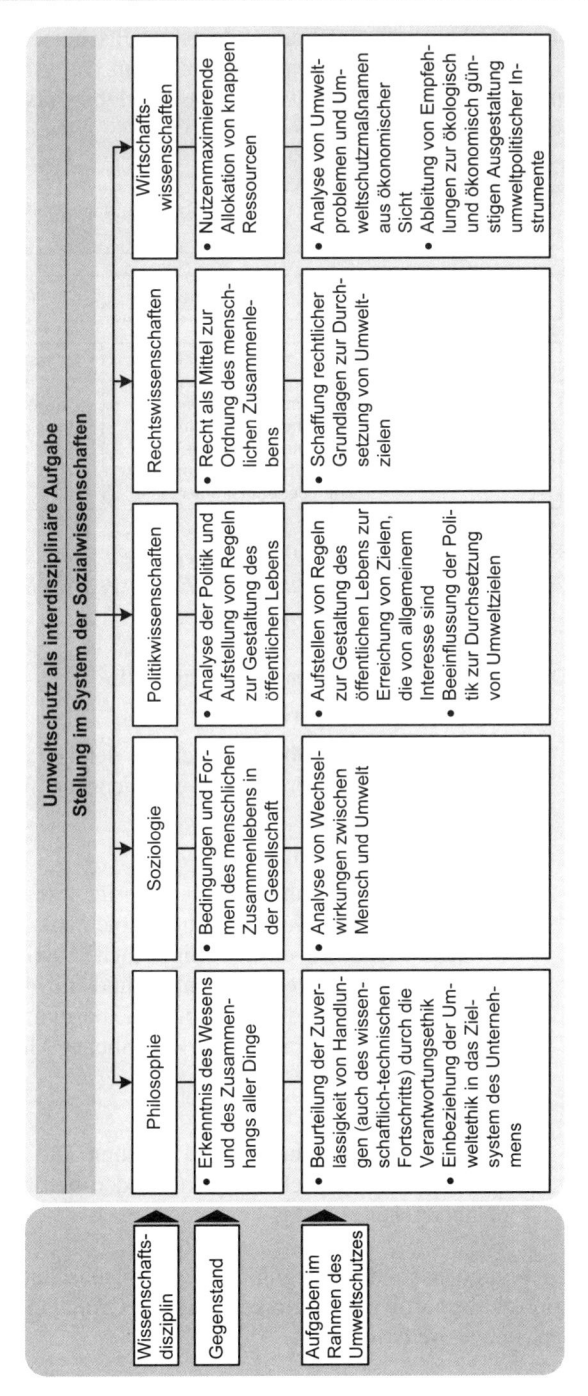

Bild PW.C.5.(31): Umweltschutz als interdisziplinäre Aufgabe – Stellung im System der Sozialwissenschaften

Integration des Umweltschutzes in die BWL	Die Frage nach der Integration des Umweltschutzes in die Produktionswirtschaft ist erst beantwortbar, wenn das Problem der **Integration des Umweltschutzes in die Betriebswirtschaftslehre** gelöst ist (vgl. Bild PW.C.5.(32)).

Sichtweisen und Problemstellungen des Umweltschutzes

Sichtweisen	Institutionell	Instrumentell	Funktional
Problemstellungen	• Herausarbeitung spezieller Umweltschutzprobleme verschiedener Wirtschaftsbereiche	• Lösung der Umweltschutzprobleme durch Entwicklung neuer methodischer Instrumentarien oder durch Übertragung vorhandener Instrumentarien	• Erfassung und Umsetzung der speziellen Umweltschutzprobleme in den betrieblichen Funktionalbereichen

Bild PW.C.5.(32): Sichtweisen und Problemstellungen der Integration des Umweltschutzes in die Betriebswirtschaftslehre (i. A. a. STEVEN, M. [Umweltschutz 2] S. 25 ff.)

Dazu sind drei Sichtweisen bedeutungsvoll:

Institutionelle Sichtweise
▶ **Institutionelle Sichtweise**

Das zu lösende Problem besteht in der Herausarbeitung der speziellen Umweltprobleme verschiedener Wirtschaftsbereiche.

Instrumentelle Sichtweise
▶ **Instrumentelle Sichtweise**

Das zu lösende Problem besteht darin, festzustellen, ob die Einbeziehung der Umweltschutzproblematik in die Betriebswirtschaftslehre zu einer völlig neuen Ausrichtung der Betriebswirtschaftslehre führen muss und mit der Entwicklung eines neuen methodischen Instrumentariums verbunden ist oder ob eine Übertragung herkömmlicher Methodiken möglich ist.

Funktionale Sichtweise
▶ **Funktionale Sichtweise**

Das Problem besteht in der Erfassung und Umsetzung der speziellen Umweltschutzaspekte in den betrieblichen Funktionalbereichen.

Die Frage nach der Integration des Umweltschutzes in die Betriebswirtschaft wird nachfolgend auf der Grundlage der funktionalen Sichtweise erörtert.

Aus funktionaler Sicht üben sowohl direkte als auch indirekte Unternehmensbereiche Einflüsse auf die betriebliche Wertschöpfung aus (vgl. Bild PW.C.5.(33)). Daraus leitet sich der Ansatz einer ökologieorientierten Wertschöpfungskette ab.

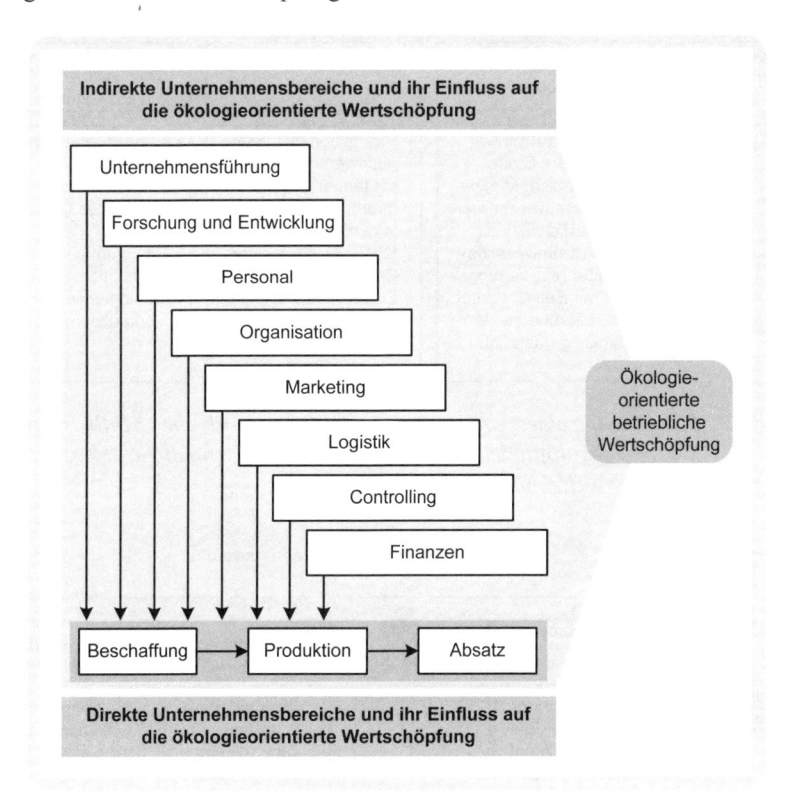

Bild PW.C.5.(33): Unternehmensbereichsorientierte Ansätze einer ökologieorientierten Wertschöpfungskette

Sowohl für die direkten als auch für die indirekten Unternehmensbereiche werden in den Bildern PW.C.5.(34), PW.C.5.(35)/1 und PW.C.5.(35)/2 ökologieorientierte Maßnahmenkomplexe dargestellt.

Direkte Unternehmensbereiche

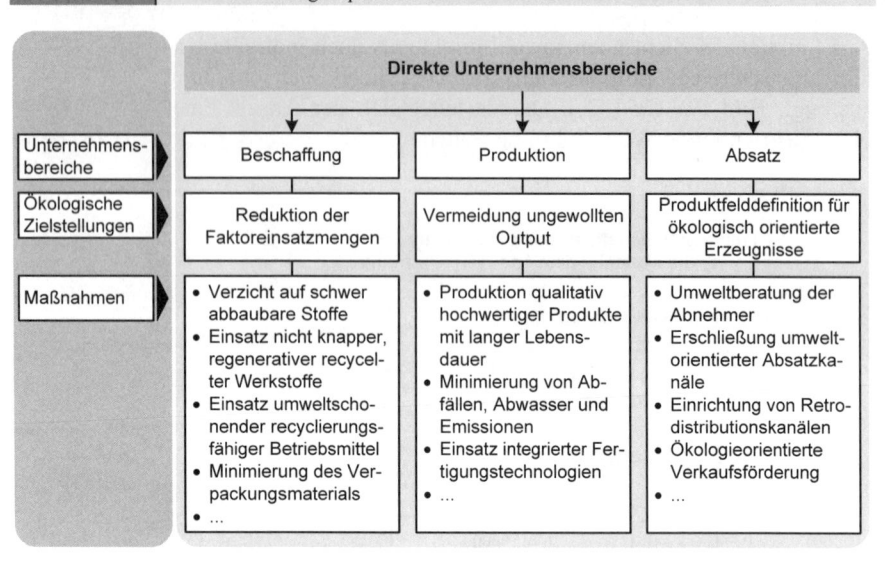

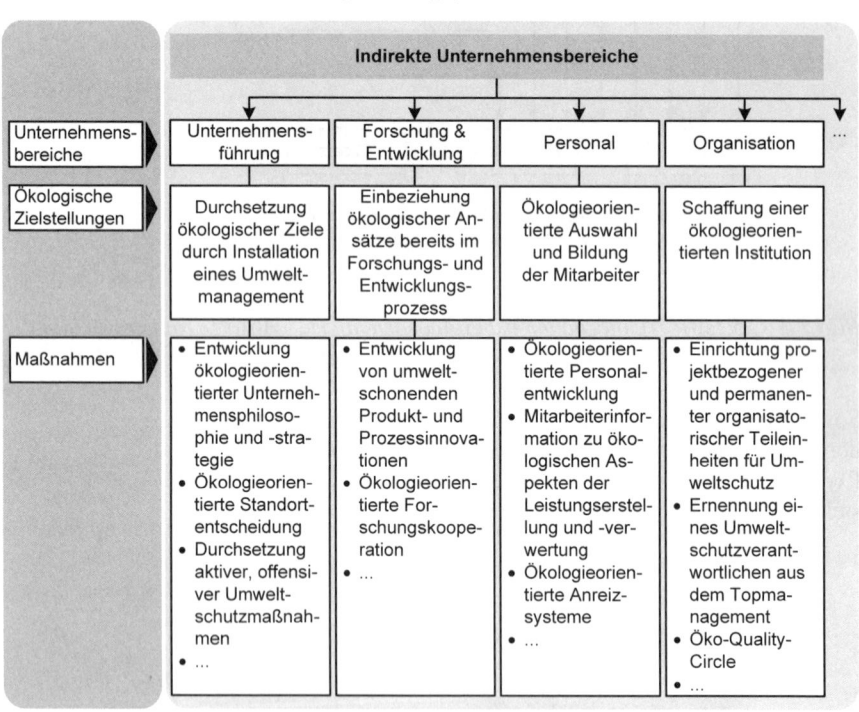

Unternehmens-bereiche	Beschaffung	Produktion	Absatz
Ökologische Zielstellungen	Reduktion der Faktoreinsatzmengen	Vermeidung ungewollten Output	Produktfelddefinition für ökologisch orientierte Erzeugnisse
Maßnahmen	• Verzicht auf schwer abbaubare Stoffe • Einsatz nicht knapper, regenerativer recycelter Werkstoffe • Einsatz umweltschonender recyclierungsfähiger Betriebsmittel • Minimierung des Verpackungsmaterials • ...	• Produktion qualitativ hochwertiger Produkte mit langer Lebensdauer • Minimierung von Abfällen, Abwasser und Emissionen • Einsatz integrierter Fertigungstechnologien • ...	• Umweltberatung der Abnehmer • Erschließung umweltorientierter Absatzkanäle • Einrichtung von Retrodistributionskanälen • Ökologieorientierte Verkaufsförderung • ...

Bild PW.C.5.(34): Direkte Unternehmensbereiche und ihr Einfluss auf die ökologieorientierte Wertschöpfung (nach SCHMID, U. [Umweltschutz 1] S. 132 ff.)

Indirekte Unternehmensbereiche

Unternehmens-bereiche	Unternehmensführung	Forschung & Entwicklung	Personal	Organisation	...
Ökologische Zielstellungen	Durchsetzung ökologischer Ziele durch Installation eines Umweltmanagement	Einbeziehung ökologischer Ansätze bereits im Forschungs- und Entwicklungsprozess	Ökologieorientierte Auswahl und Bildung der Mitarbeiter	Schaffung einer ökologieorientierten Institution	
Maßnahmen	• Entwicklung ökologieorientierter Unternehmensphilosophie und -strategie • Ökologieorientierte Standortentscheidung • Durchsetzung aktiver, offensiver Umweltschutzmaßnahmen • ...	• Entwicklung von umweltschonenden Produkt- und Prozessinnovationen • Ökologieorientierte Forschungskooperation • ...	• Ökologieorientierte Personalentwicklung • Mitarbeiterinformation zu ökologischen Aspekten der Leistungserstellung und -verwertung • Ökologieorientierte Anreizsysteme • ...	• Einrichtung projektbezogener und permanenter organisatorischer Teileinheiten für Umweltschutz • Ernennung eines Umweltschutzverantwortlichen aus dem Topmanagement • Öko-Quality-Circle • ...	

Bild PW.C.5.(35)/1: Indirekte Unternehmensbereiche und ihr Einfluss auf die ökologieorientierte Wertschöpfung (Teil 1) (nach SCHMID, U. [Umweltschutz 1] S. 132 ff.)

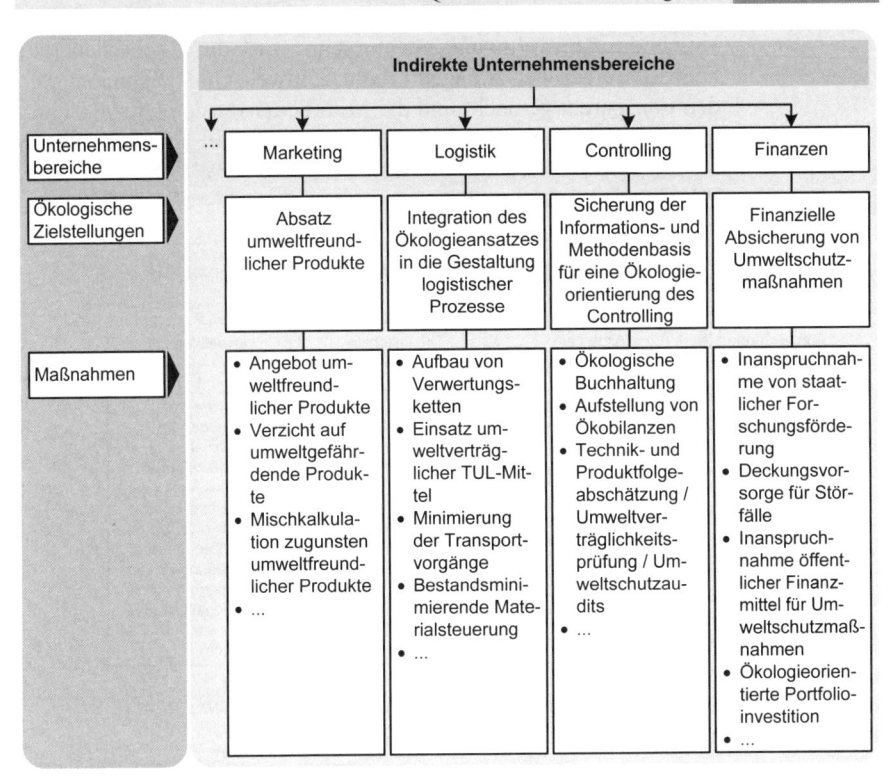

Unternehmens-bereiche	Indirekte Unternehmensbereiche			
	Marketing	Logistik	Controlling	Finanzen
Ökologische Zielstellungen	Absatz umweltfreundlicher Produkte	Integration des Ökologieansatzes in die Gestaltung logistischer Prozesse	Sicherung der Informations- und Methodenbasis für eine Ökologieorientierung des Controlling	Finanzielle Absicherung von Umweltschutzmaßnahmen
Maßnahmen	• Angebot umweltfreundlicher Produkte • Verzicht auf umweltgefährdende Produkte • Mischkalkulation zugunsten umweltfreundlicher Produkte • ...	• Aufbau von Verwertungsketten • Einsatz umweltverträglicher TUL-Mittel • Minimierung der Transportvorgänge • Bestandsminimierende Materialsteuerung • ...	• Ökologische Buchhaltung • Aufstellung von Ökobilanzen • Technik- und Produktfolgeabschätzung / Umweltverträglichkeitsprüfung / Umweltschutzaudits • ...	• Inanspruchnahme von staatlicher Forschungsförderung • Deckungsvorsorge für Störfälle • Inanspruchnahme öffentlicher Finanzmittel für Umweltschutzmaßnahmen • Ökologieorientierte Portfolioinvestition • ...

Bild PW.C.5.(35)/2: *Indirekte Unternehmensbereiche und ihr Einfluss auf die ökologieorientierte Wertschöpfung (Teil 2) (nach SCHMID, U. [Umweltschutz 1] S. 132 ff.)*

5.2.3 Umweltmanagementsystem

Ein **Umweltmanagementsystem** wird – ähnlich wie ein Qualitätsmanagementsystem – auf der Grundlage von Normen und Regeln in das Managementsystem eines Unternehmens integriert. Es implementiert in alle Funktionalbereiche und Hierarchieebenen die **Ökologie** als wesentliche Komponente des betrieblichen Entscheidungsfindungsprozesses und bezieht dabei alle Mitarbeiter ein.

Das Umweltmanagementsystem definiert unter Berücksichtigung gesetzlicher Verordnungen Umweltziele sowie Werkzeuge und Methoden zu deren Realisierung.

| Umweltmanagementsystem

Ein Umweltmanagementsystem verbessert den betrieblichen Umweltschutz und das **Umweltimage**. Es fördert eine sinnvolle Ressourcennutzung und senkt Kosten.

| Umweltimage

Durch das Umweltmanagementsystem wird die Rechtssicherheit beim Betreiben der Anlagen erhöht, Umweltschutzleistungen werden transparent gemacht und die Mitarbeiter für den Umweltschutz motiviert und sensibilisiert. Anforderungen an Umweltmanagementsysteme werden in den Bildern PW.C.5.(36)/1 und PW.C.5.(36)/2 dargestellt.

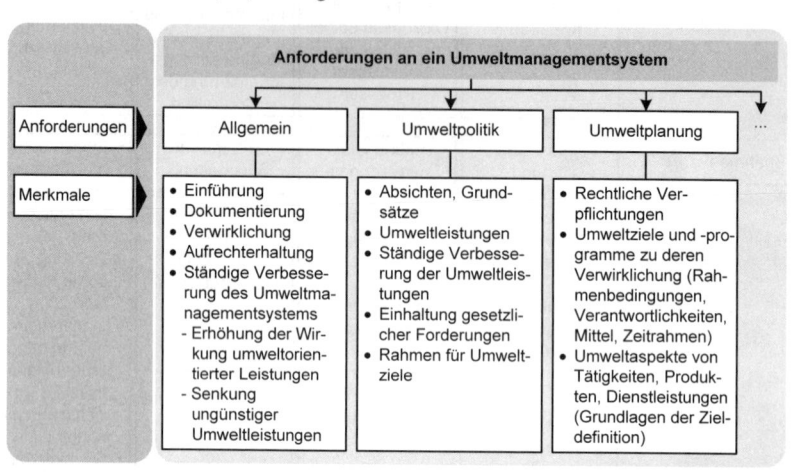

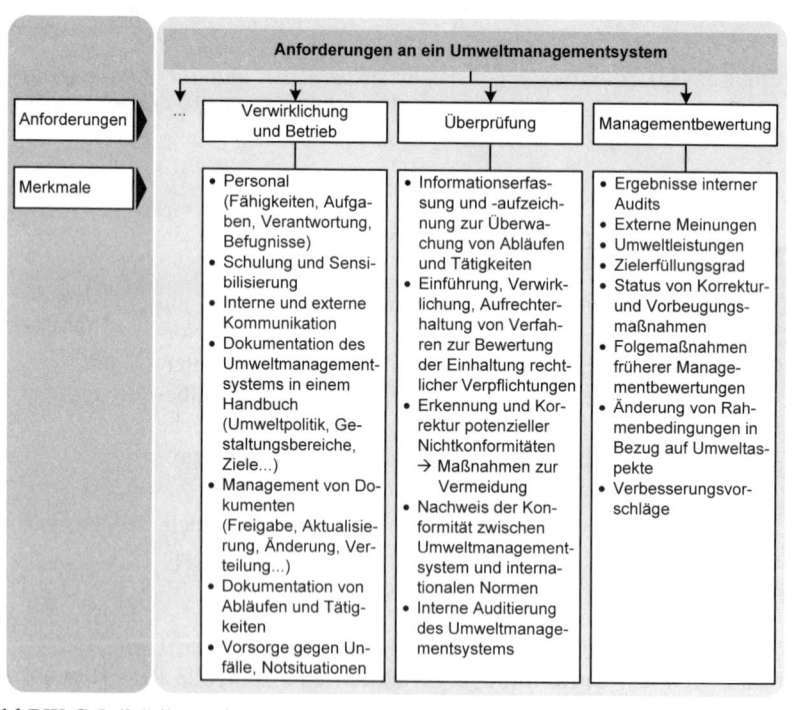

Anforderungen an ein Umweltmanagementsystem			
Anforderungen	Allgemein	Umweltpolitik	Umweltplanung ...

Merkmale	• Einführung
	• Dokumentierung
	• Verwirklichung
	• Aufrechterhaltung
	• Ständige Verbesserung des Umweltmanagementsystems
	  - Erhöhung der Wirkung umweltorientierter Leistungen
	  - Senkung ungünstiger Umweltleistungen
		• Absichten, Grundsätze
		• Umweltleistungen
		• Ständige Verbesserung der Umweltleistungen
		• Einhaltung gesetzlicher Forderungen
		• Rahmen für Umweltziele
			• Rechtliche Verpflichtungen
			• Umweltziele und -programme zu deren Verwirklichung (Rahmenbedingungen, Verantwortlichkeiten, Mittel, Zeitrahmen)
			• Umweltaspekte von Tätigkeiten, Produkten, Dienstleistungen (Grundlagen der Zieldefinition)

Bild PW.C.5.(36)/1: Anforderungen an ein Umweltmanagementsystem (Teil 1)

Anforderungen an ein Umweltmanagementsystem			
Anforderungen	... Verwirklichung und Betrieb	Überprüfung	Managementbewertung
Merkmale	• Personal (Fähigkeiten, Aufgaben, Verantwortung, Befugnisse) • Schulung und Sensibilisierung • Interne und externe Kommunikation • Dokumentation des Umweltmanagementsystems in einem Handbuch (Umweltpolitik, Gestaltungsbereiche, Ziele...) • Management von Dokumenten (Freigabe, Aktualisierung, Änderung, Verteilung...) • Dokumentation von Abläufen und Tätigkeiten • Vorsorge gegen Unfälle, Notsituationen	• Informationserfassung und -aufzeichnung zur Überwachung von Abläufen und Tätigkeiten • Einführung, Verwirklichung, Aufrechterhaltung von Verfahren zur Bewertung der Einhaltung rechtlicher Verpflichtungen • Erkennung und Korrektur potenzieller Nichtkonformitäten → Maßnahmen zur Vermeidung • Nachweis der Konformität zwischen Umweltmanagementsystem und internationalen Normen • Interne Auditierung des Umweltmanagementsystems	• Ergebnisse interner Audits • Externe Meinungen • Umweltleistungen • Zielerfüllungsgrad • Status von Korrektur- und Vorbeugungsmaßnahmen • Folgemaßnahmen früherer Managementbewertungen • Änderung von Rahmenbedingungen in Bezug auf Umweltaspekte • Verbesserungsvorschläge

Bild PW.C.5.(36)/2: Anforderungen an ein Umweltmanagementsystem (Teil 2)

Die Realisierung dieser Anforderungen soll in einem **dynamischen** und **zyklischen** Prozess eine **ständige Verbesserung** der **Umweltwirkung** des Unternehmens erzeugen (vgl. Bild PW.C.5.(37)).

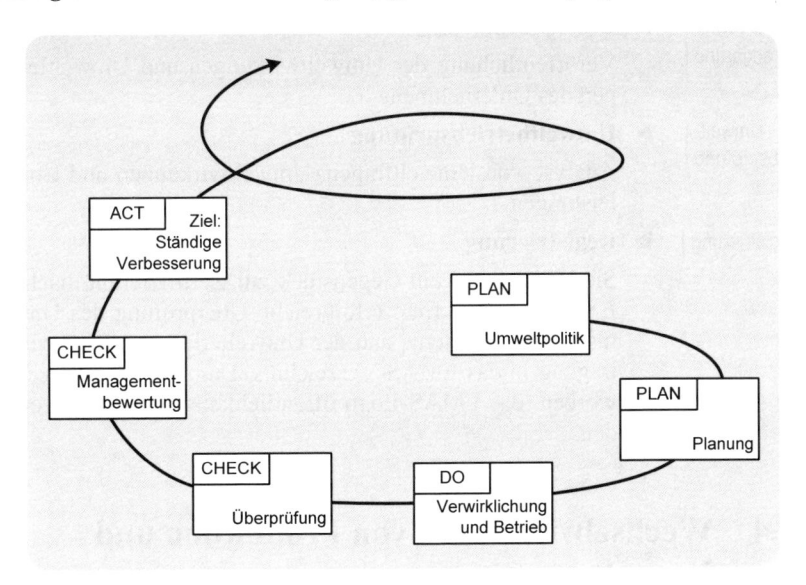

Bild PW.C.5.(37): Modell des Umweltmanagementsystems (i. A. a. [DIN EN ISO 14001])

Die **Grundlagen** für die **Einführung von Umweltmanagementsystemen** bilden die Regelwerke

- **DIN EN ISO 14000** als internationale Normenserie und
- **EMAS III** (Environmental Management Audit Scheme) als europäische Verordnung (EG Nr. 1221/2009).

Die Einzelnormen der Normenserie DIN EN ISO 14000 regeln u. a. folgende Sachverhalte:

- DIN EN ISO 14001   Aufbau und Zertifizierung eines Umweltmanagementsystems
- DIN EN ISO 14020   Produktkennzeichnung
- DIN EN ISO 14030   Auswahl und Anwendung von Indikatoren bei der Evaluierung von Umweltleistungen
- DIN EN ISO 14040   Aufstellung von Ökobilanzen
- DIN EN ISO 14062   Konzepte zur umweltgerechten Produktentwicklung und -gestaltung

Für den Aufbau eines Umweltmanagementsystems nach **EMAS III** müssen u. a. folgende **zusätzliche Anforderungen** erfüllt werden, die über die Norm DIN EN ISO 14001 hinausgehen:

Umwelterklärung
▶ **Umwelterklärung**
Veröffentlichung der Umweltwirkungen und Umweltleistungen des Unternehmens

Umweltbetriebsprüfung
▶ **Umweltbetriebsprüfung**
Analyse von Umweltfragen, Umweltwirkungen und Umweltleistungen

Registrierung
▶ **Registrierung**
Sie bildet quasi ein Gegenstück zur Zertifizierung nach DIN EN ISO 14001. Eine erfolgreiche Überprüfung des Umweltmanagementsystems und der Umwelterklärung führt zur Eintragung in das EMAS-Verzeichnis. Damit wird das Recht erworben, das EMAS-Logo öffentlichkeitswirksam zu verwenden.

5.2.4 Wechselwirkungen von Produktion und Umwelt

Die wesentlichen Wechselwirkungen von Produktion und Umwelt werden in Bild PW.C.5.(38) dargestellt.

Die **Umwelt** dient als **Rohstoffreservoir** für den Produktionsprozess. Rohstoffe und Energien werden als Inputfaktoren dem Produktionsbereich aus dem Umweltbereich zugeführt.

Produktionsabfälle
Im Throughput werden die Rohstoffe be- bzw. verarbeitet. Dabei entstehen erwünschte Outputgüter, aber auch **Produktionsabfälle**. Die Outputgüter werden einer konsumtiven oder produktiven Nutzung zugeführt. Dabei entstehen ebenfalls Abfälle. Nach Ablauf

Entsorgungsprozess
des Lebens(nutzungs-)zyklus der Produkte sind diese einem **Entsorgungsprozess** zuzuführen.

Sekundärrohstoffe
Die entstehenden Abfälle sind, wenn eine Entsorgungsfähigkeit vorliegt, zu entsorgen. Liegt diese Fähigkeit nicht vor, entstehen nicht entsorgte Abfälle. Der Entsorgungsprozess bringt neben **Sekundärrohstoffen** auch Abfälle hervor.

Die Sekundärrohstoffe werden zu Inputgrößen des Produktionsprozesses und verringern den primären Rohstoffbedarf, der aus der Umwelt zur Verfügung gestellt wird.

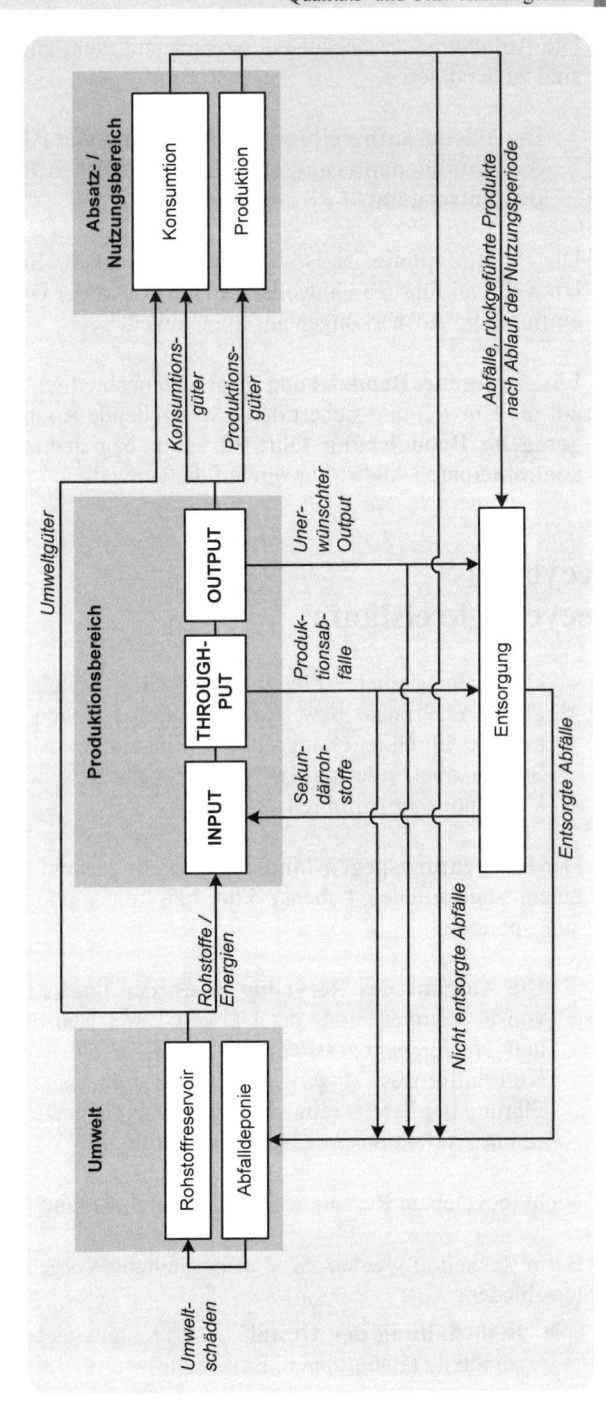

Bild PW.C.5.(38): Wechselwirkungen zwischen Umwelt, Produktions- und Nutzungsbereich

Die Abfälle des Entsorgungsprozesses und nicht entsorgte Abfälle sind zu deponieren.

Entsorgungs-funktionen | Die **Wiederaufbereitung**, das **Recycling** von Abfällen und die **Abfalldeponierung** sind die wesentlichen **Funktionen der Entsorgung**.

Abfalldeponie | Die **Abfalldeponie** ist Bestandteil der Umwelt. Sie belastet die Umwelt und führt zu Umweltschäden. Die Art der Deponierung beeinflusst die Auswirkungen auf die Umwelt.

Eine **geregelte Deponierung** begrenzt nachteilige Auswirkungen auf die Umwelt und sichert deren weitgehende Kontrolle. Eine **ungeregelte Deponierung** führt zu kaum begrenzbaren und kaum kontrollierbaren Auswirkungen auf die Umwelt.

5.2.5 Recycling
5.2.5.1 Recyclingkreisläufe

Ziel des Recycling | Das grundsätzliche **Ziel des Recycling** besteht darin, ein genutztes Produkt bzw. einen möglichst großen Anteil seiner Bestandteile (Baugruppen, Einzelteile, Materialien / Stoffe) am Ende seiner Nutzungsperiode einer erneuten Verwendung zuzuführen.

Der **Betrachtungsgegenstand** des Recycling ist ein Erzeugnis nach einem abgelaufenen Lebenszyklus bzw. einer abgelaufenen Nutzungsperiode.

Aufgabe des Recycling | Die **Aufgabe des Recycling** ist es, den linearen Durchlauf von Ressourcen – aus der Umwelt, durch den Produktions- und Nutzungsprozess, zurück in die Umwelt – in einen Kreislaufprozess zu verwandeln, in dessen Folge eine Rückführung der bereits (ein- oder mehrmals) genutzten Ressourcen in Produktionsprozesse ermöglicht wird.

Nicht recyclebare Ressourcen werden durch **Entsorgung** beseitigt.

Beim Recycling werden zwei grundsätzliche Vorgehensweisen unterschieden:

▶ **Beibehaltung der Gestalt** des Erzeugnisses bzw. seiner Bestandteile (Baugruppen, Einzelteile)

▶ **Auflösung der Gestalt** des Erzeugnisses und seiner Bestandteile

Im ersten Fall handelt es sich um **Produktrecycling**, im zweiten Fall um **Materialrecycling** (Rest- / Altstoffrecycling) (vgl. dazu Bild PW.C.5.(39)).

| Produkt-, Material- recycling

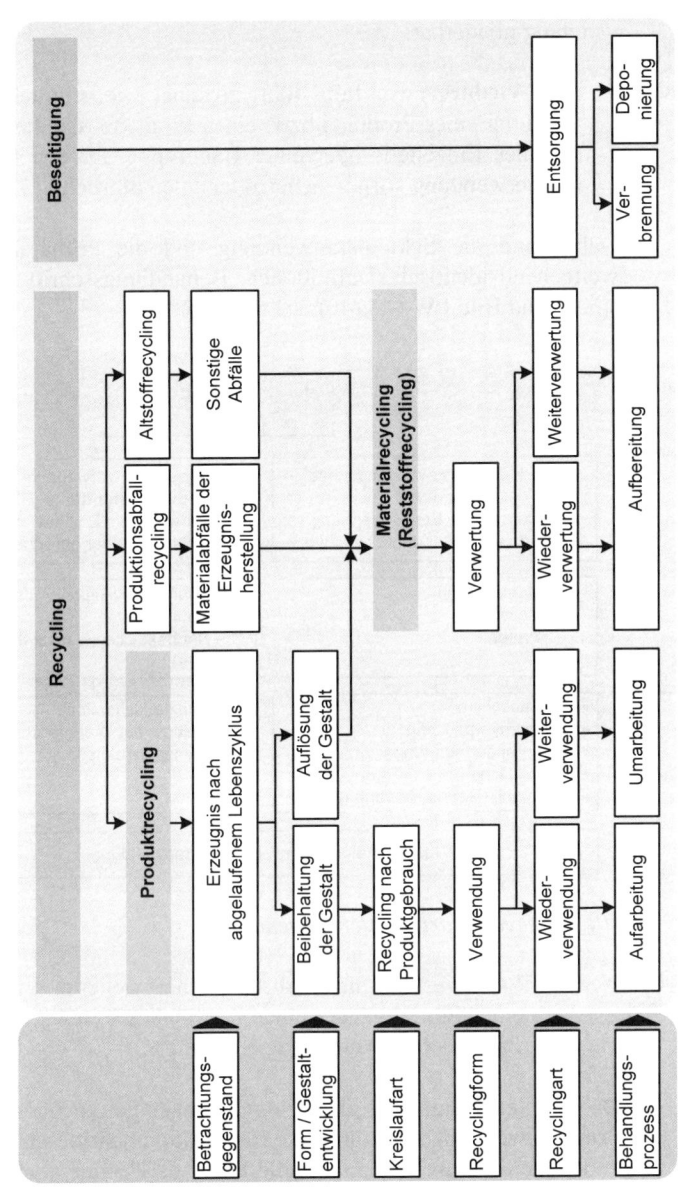

Bild PW.C.5.(39): Recyclingvarianten

| Verwendung | Die Recyclingkreislaufart Produktrecycling wird als **Verwendung** bezeichnet. |

Die Verwendung ist in die Wiederverwendung und die Weiterverwendung gliederbar.

| Wiederverwendung | Die **Wiederverwendung** führt zu einer wiederholten Verwendung eines Produkts bzw. eines Produktbestandteils, also eines Einzelteils oder einer Baugruppe, für den für die Erstverwendung vorgesehenen oder einen **ähnlichen Zweck**. |

Dabei sind die Sekundäranwendung und die Primäranwendung weitgehend identisch. Definitionen, Behandlungsschritte und Beispiele sind Bild PW.C.5.(40) zu entnehmen.

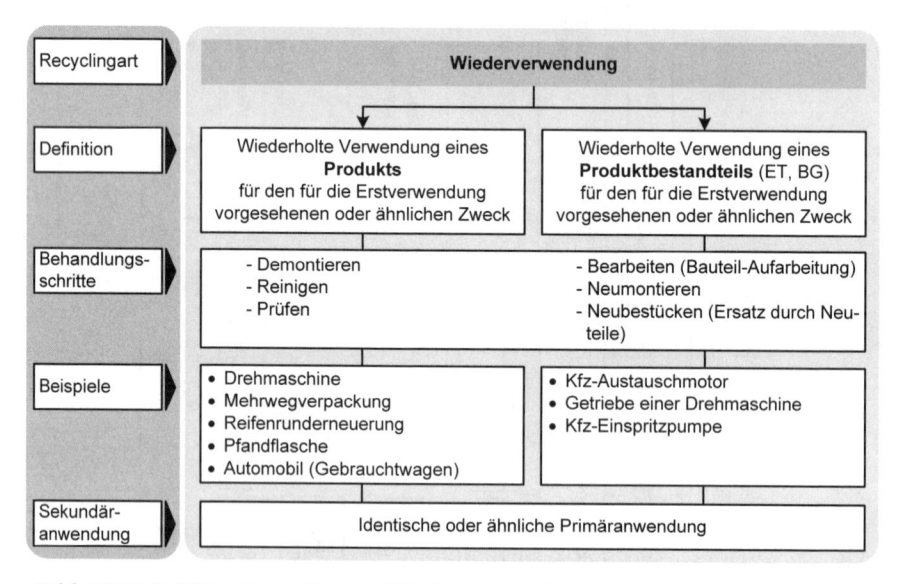

Recyclingart	Wiederverwendung	
Definition	Wiederholte Verwendung eines **Produkts** für den für die Erstverwendung vorgesehenen oder ähnlichen Zweck	Wiederholte Verwendung eines **Produktbestandteils** (ET, BG) für den für die Erstverwendung vorgesehenen oder ähnlichen Zweck
Behandlungsschritte	- Demontieren - Reinigen - Prüfen	- Bearbeiten (Bauteil-Aufarbeitung) - Neumontieren - Neubestücken (Ersatz durch Neuteile)
Beispiele	• Drehmaschine • Mehrwegverpackung • Reifenrunderneuerung • Pfandflasche • Automobil (Gebrauchtwagen)	• Kfz-Austauschmotor • Getriebe einer Drehmaschine • Kfz-Einspritzpumpe
Sekundäranwendung	Identische oder ähnliche Primäranwendung	

Bild PW.C.5.(40): Recyclingart Wiederverwendung

| Weiterverwendung | Die **Weiterverwendung** führt zu einer weiteren Verwendung eines Produkts oder eines Produktbestandteils für eine vom **Erstzweck abweichende Nutzung**. |

Dabei unterscheidet sich die Sekundäranwendung deutlich von der Primäranwendung. Definitionen, Behandlungsschritte und Beispiele der Weiterverwendung sind Bild PW.C.5.(41) zu entnehmen.

Recyclingart	Weiterverwendung	
Definition	Weitere Verwendung eines **Produkts** für eine vom Erstzweck deutlich abweichende Nutzung	Weitere Verwendung eines **Produktbestandteils** (ET, BG) für eine vom Erstzweck deutlich abweichende Nutzung
Behandlungsschritte	- Demontieren - Reinigen - Prüfen	- Bearbeiten (Bauteil-Aufarbeitung) - Neumontieren - Neubestücken (Ersatz durch Neuteile)
Beispiele	• Senfglas (1) • Joghurtbecher (2) • Eisenbahnschwelle (3) • Altreifen (4)	• Waschmaschinenmotor (5) • Fensterscheibe (6)
Sekundäranwendung (Beispiele)	Verschieden von der Primäranwendung	
	• Trinkglas (1) • Tiefkühlbox (2) • Zaunpfahl (3) • Kinderschaukel (4) • Prallschutz in Hafenanlagen (4)	• Rasenmähermotor (5) • Gewächshausscheibe (6)

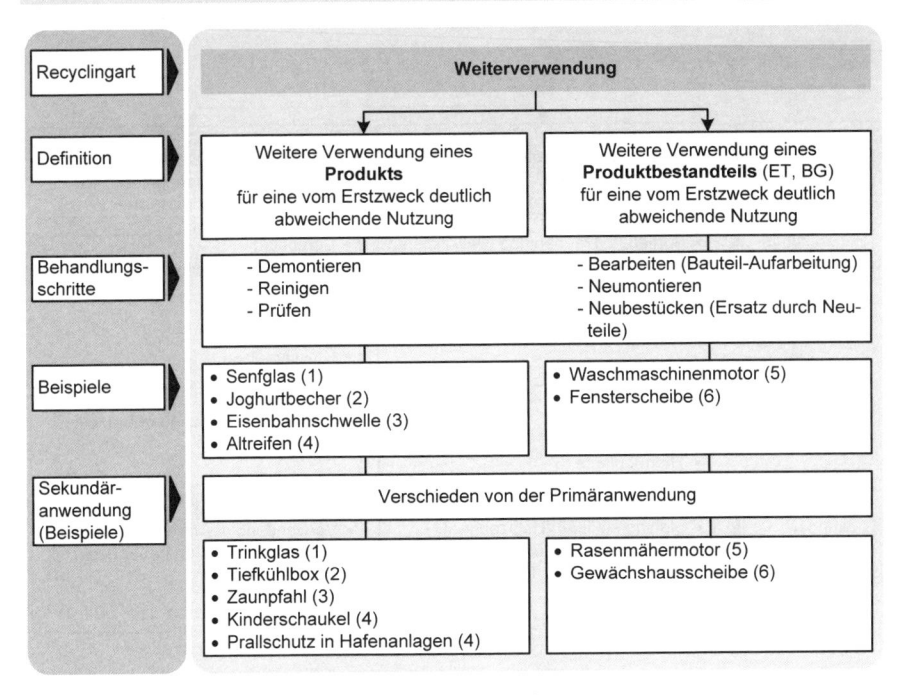

Bild PW.C.5.(41): Recyclingart Weiterverwendung

Die Recyclingkreislaufart Materialrecycling (Auflösen der Gestalt) wird auch als **Verwertung** bezeichnet. | Verwertung

Die **Verwertung ist in die Wiederverwertung und die Weiterverwertung** gliederbar.

Die **Wiederverwertung** führt zum Wiedereinsatz von Stoffen in **gleichen** Prozessen bzw. Produkten. | Wiederverwertung

Definitionen, Behandlungsschritte und Beispiele der Wiederverwertung sind Bild PW.C.5.(42) zu entnehmen.

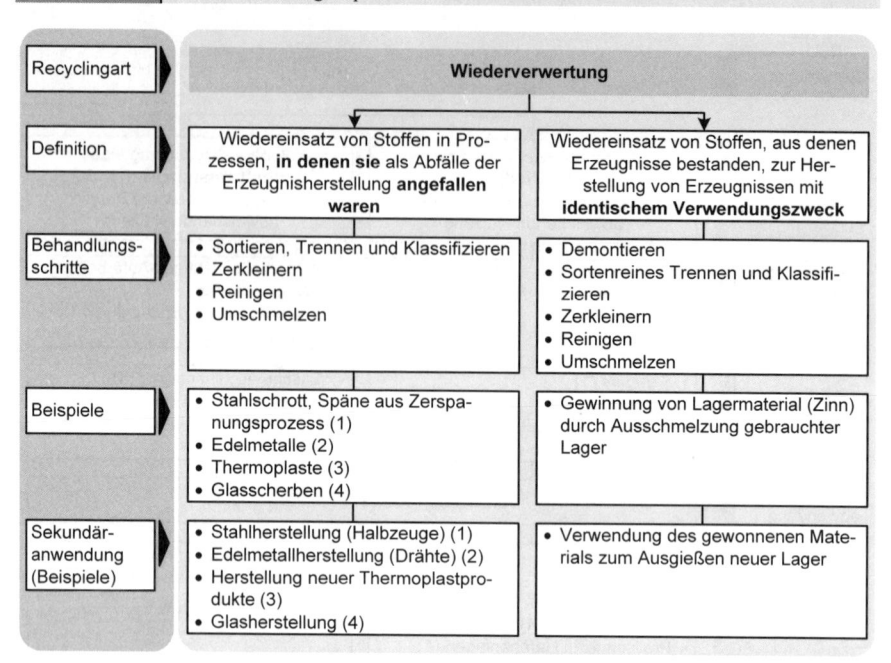

Recyclingart	Wiederverwertung	
Definition	Wiedereinsatz von Stoffen in Prozessen, **in denen sie** als Abfälle der Erzeugnisherstellung **angefallen waren**	Wiedereinsatz von Stoffen, aus denen Erzeugnisse bestanden, zur Herstellung von Erzeugnissen mit **identischem Verwendungszweck**
Behandlungsschritte	• Sortieren, Trennen und Klassifizieren • Zerkleinern • Reinigen • Umschmelzen	• Demontieren • Sortenreines Trennen und Klassifizieren • Zerkleinern • Reinigen • Umschmelzen
Beispiele	• Stahlschrott, Späne aus Zerspanungsprozess (1) • Edelmetalle (2) • Thermoplaste (3) • Glasscherben (4)	• Gewinnung von Lagermaterial (Zinn) durch Ausschmelzung gebrauchter Lager
Sekundäranwendung (Beispiele)	• Stahlherstellung (Halbzeuge) (1) • Edelmetallherstellung (Drähte) (2) • Herstellung neuer Thermoplastprodukte (3) • Glasherstellung (4)	• Verwendung des gewonnenen Materials zum Ausgießen neuer Lager

Bild PW.C.5.(42):   Recyclingart Wiederverwertung

Weiterverwertung | Die **Weiterverwertung** führt zum Einsatz von Stoffen in **anderen** Prozessen oder Produkten.

Definitionen, Behandlungsschritte und Beispiele der Weiterverwertung sind Bild PW.C.5.(43) zu entnehmen.

Qualitäts- und Umweltmanagement

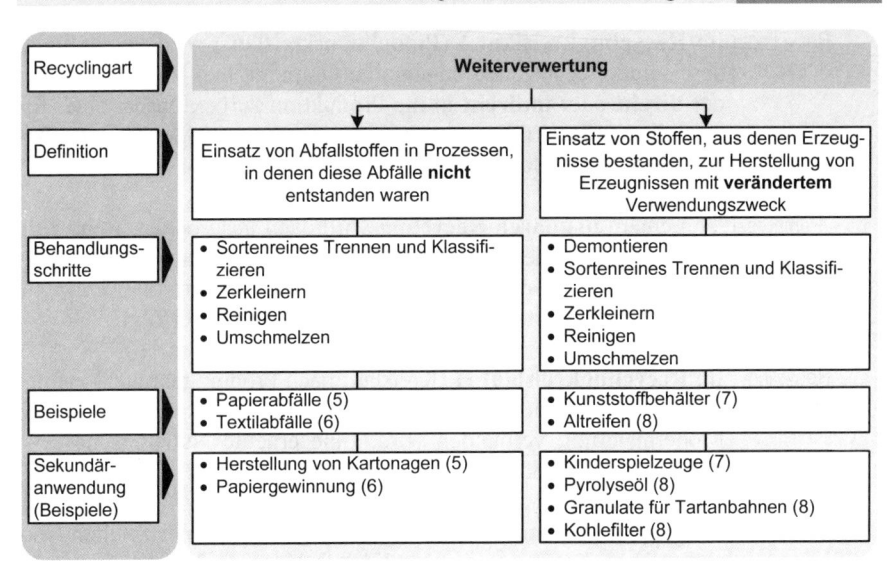

Recyclingart	Weiterverwertung	
Definition	Einsatz von Abfallstoffen in Prozessen, in denen diese Abfälle **nicht** entstanden waren	Einsatz von Stoffen, aus denen Erzeugnisse bestanden, zur Herstellung von Erzeugnissen mit **verändertem** Verwendungszweck
Behandlungsschritte	• Sortenreines Trennen und Klassifizieren • Zerkleinern • Reinigen • Umschmelzen	• Demontieren • Sortenreines Trennen und Klassifizieren • Zerkleinern • Reinigen • Umschmelzen
Beispiele	• Papierabfälle (5) • Textilabfälle (6)	• Kunststoffbehälter (7) • Altreifen (8)
Sekundäranwendung (Beispiele)	• Herstellung von Kartonagen (5) • Papiergewinnung (6)	• Kinderspielzeuge (7) • Pyrolyseöl (8) • Granulate für Tartanbahnen (8) • Kohlefilter (8)

Bild PW.C.5.(43): Recyclingart Weiterverwertung

In der Recyclingtheorie und -praxis werden die im nachfolgenden Bild PW.C.5.(44) dargestellten Recyclingkreislaufarten unterschieden.

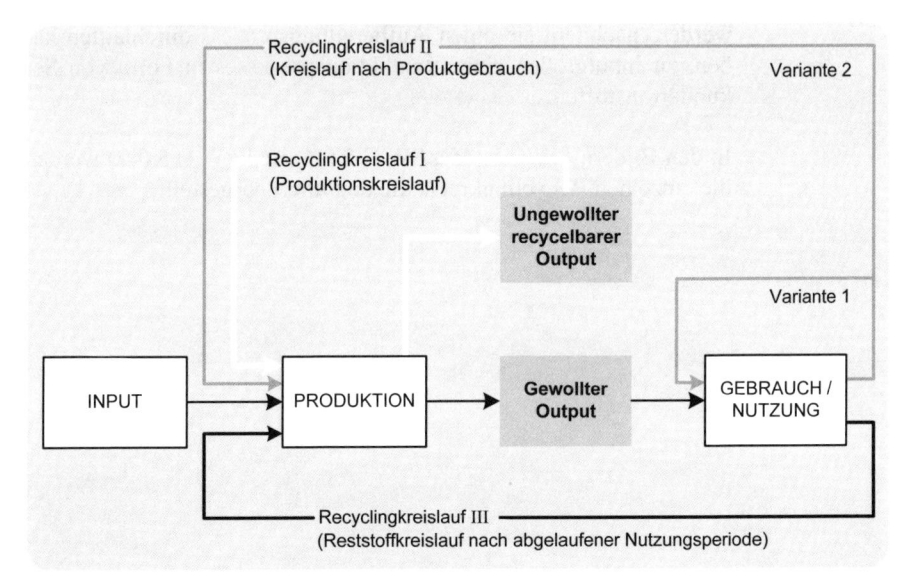

Bild PW.C.5.(44): Übersicht über die drei Arten von Recyclingkreisläufen

Recycling- kreislauf I	Im **Recyclingkreislauf I** (Produktionskreislauf) wird verdeutlicht, dass seine Gegenstände ungewollte Outputgrößen sind, die entweder **direkt** oder **indirekt** in die Produktion zurückführbar sind. Eine indirekte Rückführung erfordert eine **interne** oder **externe Behandlung** der Abfälle.
Primäres, sekundäres Recycling	Von einem **primären Recycling** wird dann gesprochen, wenn eine Rückführung in den Prozess erfolgt, aus dem der ungewollte Output stammt. Ein **sekundäres Recycling** liegt dann vor, wenn eine Rückführung in einen anderen Produktionsprozess erfolgt.
Recycling- kreislauf II	Im **Recyclingkreislauf II** (Kreislauf nach Produktgebrauch) erfolgt für Variante 1 eine Aufarbeitung genutzter Produkte, die mit einer Modernisierung verbunden wird. Eine erneute Nutzungsphase ist auf dieser Basis möglich. Während in Variante 1 das komplette Erzeugnis einer zweiten Nutzungsphase zugeführt wird, sind das in Variante 2 nur ausgewählte Einzelteile und Baugruppen des Produkts mit einem abgelaufenen Lebenszyklus. Sie gehen in neu produzierte Erzeugnisse ein.
Recycling- kreislauf III	Der **Recyclingkreislauf III** (Reststoffkreislauf nach abgelaufener Nutzungsperiode) beinhaltet die Rückführung recyclebarer Reststoffe von Erzeugnissen nach Ablauf deren Nutzungsperiode. Diese werden, nachdem sie einen Aufbereitungsprozess durchlaufen haben, zu Inputgrößen eines Produktionsprozesses in Form von Sekundärrohstoffen.

In den Bildern PW.C.5.(45), PW.C.5.(46) und PW.C.5.(47) werden die einzelnen Recyclingkreisläufe detailliert dargestellt.

Qualitäts- und Umweltmanagement 915

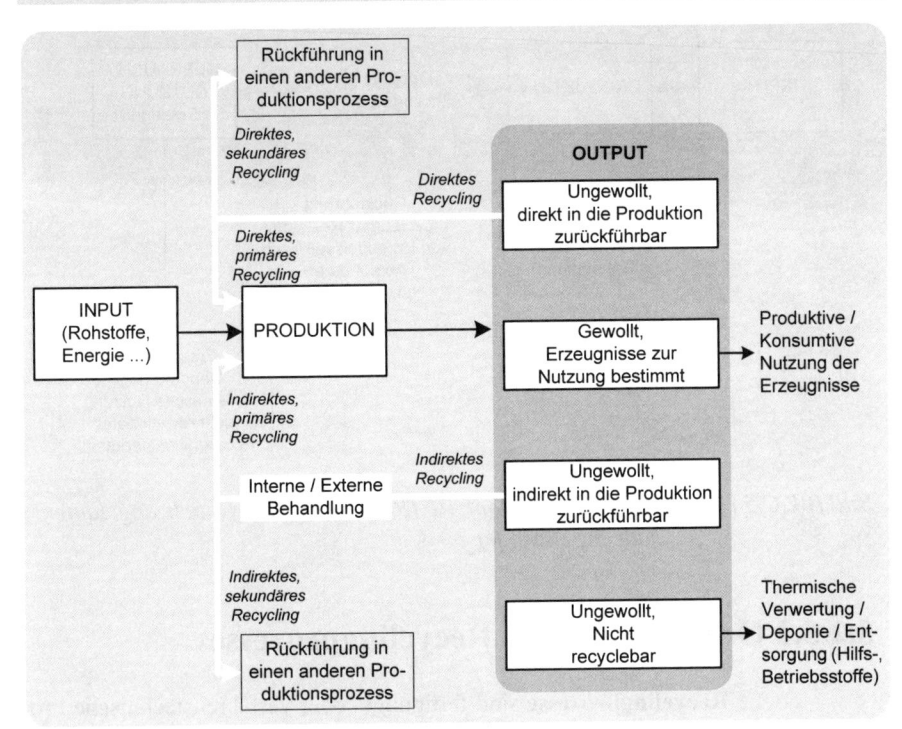

Bild PW.C.5.(45):   Recyclingkreislauf I (Produktionskreislauf)

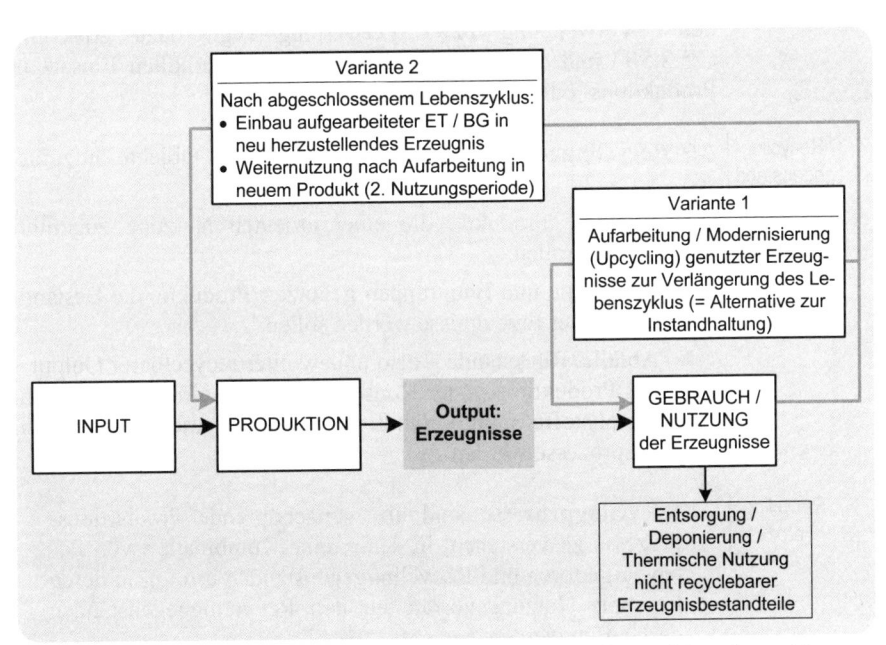

Bild PW.C.5.(46):   Recyclingkreislauf II (Kreislauf nach Produktgebrauch)

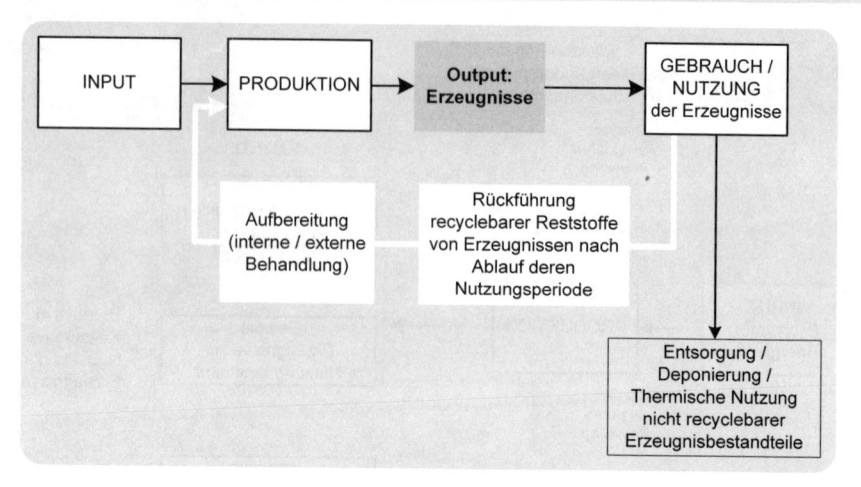

Bild PW.C.5.(47): Recyclingkreislauf III (Reststoffkreislauf nach abgelaufener Nutzungsperiode)

5.2.5.2 Organisation des Recyclingprozesses

Recyclingprozesse sind fertigungs- oder verfahrenstechnische Prozesse zur Behandlung (Aufarbeitung bzw. Aufbereitung) von Recyclinggegenständen. Sie sind in der Regel die Voraussetzung für deren Verwendung bzw. Verwertung (vgl. dazu Abschnitt C.5.2.5.1) und damit für ihren erneuten, wiederholten Einsatz in Produktions- oder Konsumtionsprozessen.

Recycling-
gegenstand

Als **Recyclinggegenstände** sind u. a. folgende Objekte aufzufassen:

- ▶ Genutzte Produkte, die einer erneuten Nutzung zugeführt werden sollen
- ▶ Einzelteile und Baugruppen genutzter Produkte, die Bestandteile neuer Erzeugnisse werden sollen
- ▶ Abfälle, Rückstände – also ungewollter recycelbarer Output – aus Produktions- oder Konsumtionsprozessen, die als Sekundärrohstoffe Inputbestandteile erneut ablaufender Produktionsprozesse werden

Recycling-
prozess

Recyclingprozesse sind als wertschöpfende Produktionsprozesse zu verstehen, in denen eine Kombination von Potenzialfaktoren und Recyclinggegenständen erfolgt, in deren Ergebnis Nutzungsvorräte an den Recyclinggegenständen geschaffen werden.
Diese bilden die Grundlage für deren erneute Nutzung.

Neben der technisch-technologischen Ausgestaltung stellt sich die Frage nach der Organisation von Recyclingprozessen.
Beide Seiten werden in starkem Maße von der zu recycelnden Abfallart, den Abfallmengen und dem Ort der Durchführung des Recyclingprozesses beeinflusst.

Auch in Recyclingprozessen sind **räumliche und zeitliche Organisationsprinzipien** identifizierbar, deren **Kombinationen die Organisationsformen des Recycling** bilden.

Das **räumliche Organisationsprinzip des Recyclingproduktionsprozesses (ROP$_{RC}$)** wird einerseits durch den Ort der Durchführung des Recyclingprozesses bestimmt und andererseits durch die Art der räumlichen Anordnung der am Recyclingprozess beteiligten Potenzialfaktoren (vgl. Bild PW.C.5.(48)).

| Räumliches Organisationsprinzip des Recycling |

```
                 Räumliches Organisationsprinzip des Recyclingprozesses
                                      │
              ┌───────────────────────┴───────────────────────┐
   Ort der Durchführung des      Unternehmensintern        Unternehmensextern
   Recyclingprozesses

   Ausprägungen der           In räumlicher Nähe    In der Reihenfolge   Als Einzelarbeits-
   räumlichen Anordnung       zueinander            des technologi-      platz (-bearbei-
   der Potenzialfaktoren                            schen Ablaufs des    tungsstation)
                                                    Recyclingprozesses

   ROP_{RC}                   Gruppenprinzip        Reihenprinzip        Einzelplatzprinzip
                              GP_{RC}               RP_{RC}              EPP_{RC}
```

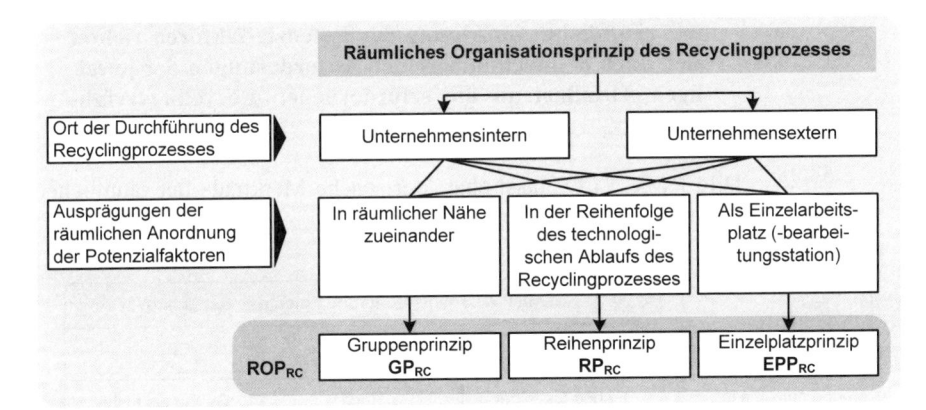

Bild PW.C.5.(48): *Räumliches Organisationsprinzip des Recyclingprozesses*
(i. A. a. ANDERS, M. [Recycling] S. 248)

Das Werkstattprinzip, das z. B. in der Teilefertigung eine große Bedeutung besaß, spielt in Recyclingprozessen in der Regel keine Rolle, weil eine räumliche Separierung verschiedener technischer Recyclingverfahren in Einzelwerkstätten weder aus technischen noch aus wirtschaftlichen Gründen als sinnvoll erscheint.

Wenn vor dem Wiedereinsatz der Recyclinggegenstände ein **Behandlungsprozess** notwendig ist, muss eine Entscheidung darüber getroffen werden, ob dieser in dem Unternehmen erfolgt, in dem die Recyclinggegenstände entstanden sind oder in einem externen Unternehmen.

Technisch einfache Behandlungsprozesse mit einer geringen Anzahl von Prozessschritten (z. B. Zerkleinerungsverfahren) und Recyclinggegenständen werden häufig **unternehmensintern** realisiert. Eine Behandlung in **externen** Unternehmen erfolgt in der Regel dann, wenn **mehrere Prozessschritte mit einer großen Zahl technisch komplizierter Behandlungsverfahren erforderlich sind.** Das trifft häufig für im Verbund vorliegende Produktionsabfälle, fertigungs- oder montagebedingte Fehlprodukte, aber auch für die Behandlung von Erzeugnissen oder Erzeugnisbestandteilen nach dem Produktgebrauch zu.

Das Sammeln solcher Recyclinggegenstände (in einer Vielzahl von Unternehmen) sichert die Mengen der jeweiligen Abfallart, die es gestatten, in Recyclingunternehmen genau die technischen und organisatorischen Lösungen zu schaffen, die eine angestrebte Wirtschaftlichkeit garantieren.

> Die **räumliche Anordnung der Potenzialfaktoren** richtet sich nach den technologischen Anforderungen der jeweiligen Abfallart an die erforderlichen Recyclingverfahren.

Bild PW.C.5.(49) fasst charakteristische Merkmale der räumlichen Organisationsprinzipien zusammen.

Merkmale	Räumliche Organisationsprinzipien des Recycling		
	GP_{RC}	RP_{RC}	EPP_{RC}
Menge der Abfallart	Gering bis mittel	Hoch	Gering bis mittel
Größe der Recyclinggegenstände	Mittel bis groß	Klein bis mittel	Mittel bis groß
Komponenten	Gemischt	Sortenrein oder gemischt	Gemischt
Technologische Bearbeitungsfolge	vtBF	gtBFmÜ / gtBFoÜ	vtBF
Wechsel der Abfallart	Möglich	Begrenzt bzw. nicht möglich	Möglich
Einsatzgebiet	Unternehmensintern und -extern	Unternehmensextern	Unternehmensintern und -extern

Bild PW.C.5.(49): Charakteristische Merkmale räumlicher Organisationsprinzipien des Recycling

Den Ausgangspunkt für die Bestimmung **zeitlicher Organisationsprinzipien des Recyclingproduktionsprozesses (ZOP$_{RC}$)** bildet die Frage

- ▶ nach den am Recyclingprozess beteiligten Elementarfaktoren,
- ▶ danach, ob diese mit oder ohne Ortsveränderung – also stationär oder instationär – am Prozess beteiligt sind und
- ▶ ob die Instationarität als kontinuierlicher (ohne Unterbrechungen) oder diskontinuierlicher (mit Unterbrechungen) Prozess abläuft.

Als Elementarfaktoren sind am Recyclingprozess die Potenzialfaktoren Arbeitskraft (AK) und Betriebsmittel (BM) sowie der Recyclinggegenstand (RG) beteiligt.

Für das kinematische Verhalten sind drei typische Varianten zu unterscheiden (vgl. Bild PW.C.5.(50)).

Varianten	Beteiligte Elementarfaktoren		
	Arbeitskraft	Betriebsmittel	Recyclinggegenstand
1. Variante	Stationär	Stationär	Instationär
2. Variante	Instationär	Instationär	Stationär
3. Variante	Stationär	Stationär	Stationär

Bild PW.C.5.(50): Varianten des kinematischen Verhaltens der am Recyclingprozess beteiligten Elementarfaktoren

Die Art der Ortsveränderung bei Instationärität erfolgt für den Recyclinggegenstand unterbrechungslos, also kontinuierlich, oder mit Unterbrechungen, also diskontinuierlich.
Die Art der Ortsveränderung der Potenzialfaktoren erfolgt bei stationärem Recyclinggegenstand in der Regel mit Unterbrechungen, also diskontinuierlich.

Die Verknüpfung des kinematischen Verhaltens der am Recyclingprozess beteiligten Elementarfaktoren mit der Art ihrer Ortsveränderung ist maßgeblich für die Identifikation zeitlicher Organisationsprinzipien des Recycling.

Die Bewegungen des Recyclinggegenstands, die als Massenstrom aufzufassen sind, können sowohl kontinuierlich als auch diskontinuierlich erfolgen.

| Zeitliches Organisationsprinzip des Recycling | Das **zeitliche Organisationsprinzip des Recyclingproduktionsprozesses (ZOP$_{RC}$)** charakterisiert die Art und Weise der Ortsveränderung der am Recyclingprozess beteiligten Elementarfaktoren (vgl. Bild PW.C.5.(51)) und deren relevante Kombinationen. |

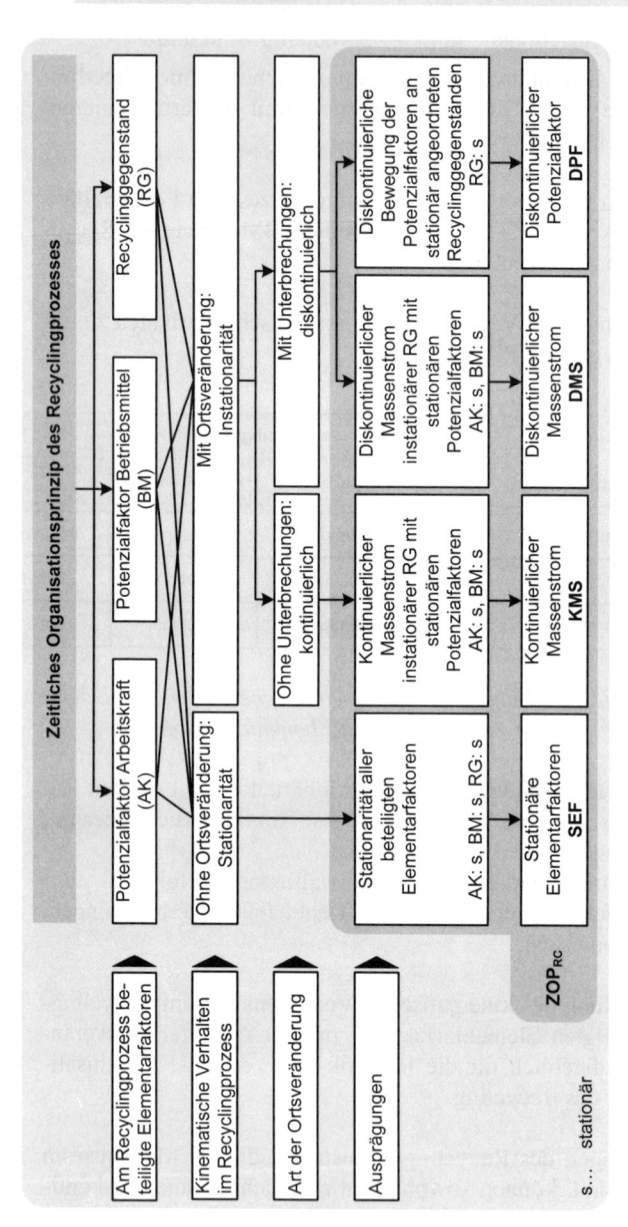

Bild PW.C.5.(51): Zeitliches Organisationsprinzip des Recyclingprozesses (i. A. a. ANDERS, M. [Recycling] S. 253)

Die Kombination eines zeitlichen und eines räumlichen Organisationsprinzips führt zu einer **Organisationsform des Recyclingproduktionsprozesses (OF$_{RC}$)**.

Organisationsform des Recycling

Bild PW.C.5.(52) zeigt relevante Kombinationsmöglichkeiten.

ZOP$_{RC}$ \ ROP$_{RC}$	GP$_{RC}$	RP$_{RC}$	EPP$_{RC}$
SEF			Einzelplatzrecycling EPR
KMS		Fließrecycling FR	
DMS	Gruppenrecycling GR	Reihenrecycling RR$_{iRG}$	
DPF		Reihenrecycling RR$_{sRG}$	

iRG... Instationäre Recyclinggegenstände
sRG... Stationäre Recyclinggegenstände

☐ Sinnvolle Kombination
☐ Nicht sinnvolle Kombination

Bild PW.C.5.(52): Organisationsformen des Recyclingprozesses (i. A. a. ANDERS, M. [Recycling] S. 256)

Die Kombination

- ▶ stationäre Elementarfaktoren (SEF) mit dem Einzelplatzprinzip (EPP$_{RC}$) führt zum Einzelplatzrecycling (EPR),
- ▶ kontinuierlicher Massenstrom (KMS) mit dem Reihenprinzip (RP$_{RC}$) führt zum Fließrecycling (FR),
- ▶ diskontinuierlicher Massenstrom (DMS) mit dem Gruppenprinzip (GP$_{RC}$) führt zum Gruppenrecycling (GR),
- ▶ diskontinuierlicher Massenstrom (DMS) mit dem Reihenprinzip (RP$_{RC}$) führt zum Reihenrecycling mit instationären Recyclinggegenständen (RR$_{iRG}$) und
- ▶ diskontinuierliche Potenzialfaktoren (DPF) mit dem Reihenprinzip (RP$_{RC}$) führt zum Reihenrecycling mit stationären Recyclinggegenständen (RR$_{sRG}$).

I. Begriffe zur Selbstüberprüfung

- ✓ Erzeugnisqualität
- ✓ Prozessqualität
- ✓ Ressourcenqualität
- ✓ Qualitätskreis
- ✓ Wirkungsdreieck
- ✓ Spannungsdreieck
- ✓ Gestaltungsdreieck
- ✓ Qualitätskontrolle
- ✓ Integrative Qualitätssicherung
- ✓ Total Quality Konzepte
- ✓ Einheit
- ✓ Qualität
- ✓ Qualitätsproblem
- ✓ Gebrauchstauglichkeit
- ✓ Zuverlässigkeit
- ✓ Qualitätsmanagement
- ✓ Total Quality Management
- ✓ Qualitätsmanagementsystem
- ✓ Prüfplanung
- ✓ Technische Spezifikation
- ✓ Qualitätsplanung
- ✓ Qualitätslenkung
- ✓ Qualitätssicherung
- ✓ Qualitätsprüfung
- ✓ Qualitätsmanagement-Handbuch
- ✓ Qualitätsmanagement-Darlegung
- ✓ Qualitätsverbesserung
- ✓ Norm-orientiertes Qualitätsmanagementsystem
- ✓ Zertifikat
- ✓ TQM-orientiertes Qualitätsmanagementsystem
- ✓ Techniken des Qualitätsmanagement
- ✓ Methoden des Qualitätsmanagement
- ✓ Werkzeuge des Qualitätsmanagement
- ✓ Vier-Ebenenmodell
- ✓ Umweltmanagement
- ✓ Additiver Umweltschutz
- ✓ Integrierter Umweltschutz
- ✓ Recycling
- ✓ Umweltschutz
- ✓ Umweltmanagementsystem
- ✓ Umwelterklärung
- ✓ Umweltbetriebsprüfung
- ✓ Registrierung
- ✓ Produktionsabfälle
- ✓ Entsorgungsprozess

- ✓ Sekundärrohstoffe
- ✓ Entsorgungsfunktionen
- ✓ Ziele des Recycling
- ✓ Aufgaben des Recycling
- ✓ Wiederverwendung
- ✓ Weiterverwendung
- ✓ Wiederverwertung
- ✓ Weiterverwertung
- ✓ Recyclingkreisläufe
- ✓ Recyclinggegenstand
- ✓ Recyclingproduktionsprozess
- ✓ Räumliches Organisationsprinzip des Recycling
- ✓ Zeitliches Organisationsprinzip des Recycling
- ✓ Organisationsformen des Recycling

II. Weiterführende Literatur

- ❏ *ADAM, Dietrich:*
    Produktions-Management.
    9. Auflage, Wiesbaden 1998

- ❏ *ANDERS, Margret:*
    [Recycling] Organisationsformen von Recyclingproduktionsprozessen. Analyse der Zusammenhänge zwischen ausgewählten Abfallarten und Recyclingkreislaufarten sowie deren Einflüsse auf die organisatorische Gestaltung von Recyclingproduktionsprozessen.
    In: Schriftenreihe des Institutes für Produktionswirtschaft der Universität Rostock, Hrsg.: NEBL, Theodor
    Aachen 2008

- ❏ *BOGASCHEWSKY, Ronald:*
    Natürliche Umwelt und Produktion. Interdependenzen und betriebliche Anpassungsstrategien.
    Wiesbaden 1995

- ❏ *DEMING, William Edwards:*
    [Out of the crisis] Out of the crisis.
    25. Auflage, Massachusetts 1997

- ❏ *DIN 55350-11:*
    Begriffe zum Qualitätsmanagement – Teil 11. Ergänzung zu DIN EN ISO 9000:2005.
    Berlin 2008

❑ *DIN 66050:*
   Gebrauchstauglichkeit. Begriff.
   Berlin 1980

❑ *DIN EN ISO 14001:*
   Umweltmanagementsysteme: Anforderungen mit Anleitung zur Anwendung.
   Berlin 2009

❑ *DIN EN ISO 9000:2005:*
   Qualitätsmanagementsysteme: Grundlagen und Begriffe.
   Berlin 2005

❑ *DIN EN ISO 9001:2008:*
   Qualitätsmanagementsysteme: Anforderungen.
   Berlin 2008

❑ *DIN EN ISO 9004:2009:*
   Leiten und Lenken für den nachhaltigen Erfolg einer nachhaltigen Organisation – Ein Qualitätsmanagementansatz.
   Berlin 2009

❑ EBEL, *Bernd:*
   Qualitätsmanagement: Konzepte des Qualitätsmanagement, Organisation und Führung, Ressourcenmanagement und Wertschöpfung.
   2. Auflage, Herne, Berlin 2003

❑ EHRLENSPIEL, *Klaus*:
   [Produktentwicklung] Integrierte Produktentwicklung. Denkabläufe, Methodeneinsatz, Zusammenarbeit.
   4. Auflage, München, Wien 2009

❑ FEIGENBAUM, *Armand Vallin:*
   [Total Quality Control] Total Quality Control.
   3. Auflage, New York et al. 1991

❑ GARVIN, *David A.:*
   [Managing Quality] Managing Quality.
   New York 1988

❑ GEIGER, *Walter:*
   [Qualitätslehre] Qualitätslehre. Einführung, Systematik, Terminologie.
   2. Auflage, Braunschweig, Wiesbaden 1994

- GEIGER, Walter:
  Qualitätslehre. Einführung, Systematik, Terminologie.
  3. Auflage, Braunschweig, Wiesbaden 1998

- GEIGER, Walter / KOTTE, Willi:
  [Handbuch Qualität] Handbuch Qualität. Grundlagen und Elemente des Qualitätsmanagements: Systeme - Perspektiven.
  5. Auflage, Wiesbaden 2008

- HANSEN, Wolfgang / KAMISKE, Gerd F. (Hrsg):
  [Qualität] Qualität und Wirtschaftlichkeit – QM-Controlling: Grundlagen und Methoden.
  Düsseldorf 2002

- ISHIKAWA, Kaoru:
  [Total Quality Control] What is total quality control? The Japanese Way.
  Englewood Cliffs 1985

- JENKE, Karsten:
  [Qualitätsprobleme] Konzept zur Lösung technischer Qualitätsprobleme in der Produktion durch Anwendung der Theorie des erfinderischen Problemlösens (TRIZ). In: Wissenschaftliche Schriftenreihe des Lehrstuhls für Fertigungstechnik und Betriebsorganisation der Technischen Universität Kaiserslautern, Hrsg.: AURICH, J.
  Kaiserslautern 2007

- JURAN, Joseph. M. / GRYNA, Frank M.:
  [Quality] Quality Control Handbook.
  5. Auflage, New York 2000

- LINß, Gerhard:
  Qualitätsmanagement für Ingenieure.
  München, Wien 2005

- MACHARZINA, Klaus / WOLF, Joachim:
  Unternehmensführung. Das internationale Managementwissen: Konzepte, Methoden, Praxis.
  7. Auflage, Wiesbaden 2010

❑ MASCH, Christian:
[Qualitätscontrolling] Arbeitspapier zur Dissertation: Beitrag des Qualitätscontrolling zur Identifikation und ökonomischen Bewertung von Qualtitätsproblemen.
Stand: 28.06.2011
Universität Rostock 2011

❑ MASING, Walter / PFEIFER, Tilo / SCHMITT, Robert (Hrsg.):
[Handbuch Qualitätsmanagement] Handbuch Qualitätsmanagement.
5. Auflage, München, Wien 2007

❑ PFEIFER, Tilo / SCHMITT, Robert:
Qualitätsmanagement. Strategien – Methoden – Techniken.
4. Auflage, München, Wien 2010

❑ REDEKER, Georg:
[Qualitätssicherung] Vorlesungsskript: Grundlagen der Qualitätssicherung.
Zitiert nach www.iq.uni-hannover.de/vorlesungen.htm
Stand 1998, abgerufen am 21.01.2000

❑ SCHMID, Uwe:
[Umweltschutz 1] Umweltschutz. Eine strategische Herausforderung für das Management.
Frankfurt / Main 1989

❑ SCHRÖDER, Anne-Katrin:
[Qualitätsmanagement] Qualitätsmanagement in kleinen und mittleren Unternehmen (KMU) – Bedeutung von Techniken des Qualitätsmanagement für die Lösung von Qualitätsproblemen.
In: Schriftenreihe des Institutes für Produktionswirtschaft der Universität Rostock, Hrsg.: NEBL, Theodor
Aachen 2006

❑ STEPHAN, Gunter / AHLHEIM, Michael:
Ökonomische Ökologie.
Berlin, Heidelberg, New York 1996

- *STEVEN, Marion:*
  [Umweltschutz 2] Produktion und Umweltschutz. Ansatzpunkte für die Integration von Umweltschutzmaßnahmen in die Produktionstheorie.
  Wiesbaden 1994

- *STOLTENBERG, Uwe / FUNKE, Michael:*
  Betriebliches Ökocontrolling. Leitfaden für die Praxis.
  Wiesbaden 1996

- *WECK, Manfred / EVERSHEIM, Walter / KÖNIG, Wilfried / PFEIFER, Tilo:*
  Wettbewerbsfaktor Produktionstechnik.
  Düsseldorf 1990

- *WIENDAHL, Hans-Peter:*
  [Betriebsorganisation] Betriebsorganisation für Ingenieure.
  7. Auflage, München, Wien 2010

- *WILDEMANN, Horst:*
  [Fertigungssegmentierung] Die modulare Fabrik. Kundennahe Produktion durch Fertigungssegmentierung.
  5. Auflage, München 1998

- *ZOLLONDZ, Hans-Dieter:*
  Lexikon Qualitätsmanagement: Handbuch des Modernen Managements auf der Basis des Qualitätsmanagements.
  München, Wien 2001

- *ZOLLONDZ, Hans-Dieter:*
  Grundlagen Qualitätsmanagement: Einführung in Geschichte, Begriffe, Systeme und Konzepte.
  2. Auflage, München, Wien 2006

Glossar

A

Aachener PPS-Modell 757

Stellt eine allgemeingültige Strukturierung der Elemente und Zusammenhänge der Auftragsabwicklung dar. Es ist in ein Aufgaben-, ein Prozess-, ein Funktions- und ein Datenmodell gegliedert.

Ablaufarten 119, 157, 237 ff.

Stellen die Möglichkeiten des unterschiedlichen Einsatzes von Elementarfaktoren im Unternehmen dar. Aus ihnen werden Zeitarten abgeleitet.

Ablauforganisation 332

Gestaltet die Bewegung instationärer Elementarfaktoren im Produktionsprozess.

Abschreibungen 165 ff.

Verdeutlichen unterschiedliche Möglichkeiten zur ökonomischen Bewertung des Verschleißes von Anlagen. Die Auswahl der Abschreibungsverfahren basiert auf der Einschätzung des während der Nutzungsphase zu erwartenden Verbrauchs des Nutzungsvorrats.

Abschreibungsverfahren 169

Sind Verfahren, die verursachungsgerechte Abschreibungsbeträge ermitteln, die dem tatsächlichen Wertverlust am ehesten entsprechen.

Anforderungsprofil 66, 410

Umfasst differenzierte Merkmale spezifischer Anforderungen, die z. B. von den zu produzierenden Erzeugnissen an den Produktionsprozess gestellt werden, in dem sie produziert werden sollen.

Anlagenerneuerung 182

Schafft die Voraussetzungen dafür, dass die Anlagen in einen technischen, qualitativen und kapazitiven Zustand versetzt werden, der die Fortsetzung der Anlagennutzung ermöglicht.

Anlagenverbesserung 184

Ist eng mit der Instandsetzung von Anlagen verbunden und führt zur Integration neuer technischer Entwicklungen in die Anlage.

Anlagenwirtschaft 180

Sorgt dafür, dass ein Unternehmen stets über die Anlagen verfügt, die es zur Erreichung seiner Ziele und zur Erfüllung seiner Aufgaben benötigt. Sie bedient sich des Anlagenmanagement zur Vorbereitung und Realisierung der am Anlagenlebenszyklus orientierten Maßnahmenkomplexe Investition, Nutzung, Instandhaltung, Aussonderung und ihrer Aktivitätsfelder.

Anordnungsbeziehung 787

Beschreibt eine technisch-technologische Abhängigkeit zwischen Vorgängen und Ereignissen, welche als unmittelbare Vorgänger-Nachfolger-Beziehungen in Netzplänen dargestellt werden.

Arbeitsgestaltung 122

Ist das Schaffen eines aufgabengerechten, optimalen Zusammenwirkens der Elementarfaktoren durch zweckmäßige Organisation von Arbeitssystemen.

Arbeitsobjekt (-gegenstand) 236

Sind Werkstoffe, auf die im Throughput Potenzialfaktoren einwirken, um Erzeugnisse herzustellen.

Arbeitspaket 786

Ist das kleinste Element eines Projektstrukturplans und kann eindeutig durch seine inhaltliche Definierung einer organisatorischen Einheit zur Realisierung zugewiesen werden.

Arbeitsplan 100, 104

Definiert für herzustellende Einzelteile das dafür einzusetzende Material, die durchzuführenden Arbeitsgänge und ihre Reihenfolge, die einzusetzenden Betriebsmittel, die je Arbeitsgang notwendige Vorgabezeit sowie den für die Arbeit zu zahlenden Lohn.

Arbeitsprozess 344

Ist die unmittelbare Einwirkung von Arbeitskraft und Betriebsmittel auf den Werkstoff bzw. auf das Arbeitsobjekt zur Realisierung der Arbeitsaufgabe.

Arbeitswissenschaft 143

Ist die Wissenschaft von den Gesetzmäßigkeiten und Wirkungsbedingungen der menschlichen Arbeit.

Aufbauorganisation 332

Verdeutlicht die innere, hierarchische Struktur einer Organisation.

Auftragsproduktion 63

Liegt vor, wenn ein Kundenauftrag die Produktion eines Erzeugnisses auslöst.

Auftragssicherung 754

Ist eine Funktion der Fertigungssteuerung. Sie leitet Maßnahmen ein, die Abweichungen zwischen dem geplanten und dem tatsächlichen Fertigungsablauf kompensieren.

Auftragsstauchung 719

Bewirkt, dass für die Bearbeitung eines Auftrags in einem kürzeren als geplanten Zeitraum eine höhere als geplante Kapazitätsinanspruchnahme erfolgt.

Auftragsstreckung 718

Bewirkt, dass für die Bearbeitung eines Auftrags in einem längeren als geplanten Zeitraum eine niedrigere als geplante Kapazitätsinanspruchnahme erfolgt.

Auftragsüberwachung 754

Ist eine Funktion der Fertigungssteuerung, die den Ist-Fertigungsablauf beobachtet und Abweichungen vom Plan-Fertigungsablauf ermittelt.

Auftragsunterbrechung 720

Bewirkt, dass die Auftragsbearbeitung aus Kapazitätsgründen aussetzt und zeitverzögert beendet wird.

Auftragsveranlassung 753

Ist eine Funktion der Fertigungssteuerung, die die Freigabe der Aufträge und ihre Einsteuerung in den Fertigungsprozess beinhaltet.

Auftragsverschiebung 718

Entfernt teilweise oder ganz einen Fertigungsauftrag aus einem überlasteten Zeitabschnitt.

Auftragszeit 160

Ist die Vorgabezeit, die einer Arbeitskraft zur Verfügung steht, um eine erteilte Arbeitsaufgabe zu erfüllen.

Aussonderung 185

Beendet den Lebenszyklus eines Betriebsmittels. Es wird in situative und konstitutive Aussonderung unterschieden.

Automatisierungsgrad 57

Verdeutlicht, auf welche Art und in welchem Ausmaß Arbeitsinhalte, die von Arbeitskräften ausgeführt wurden, durch Betriebsmittel substituiert werden.

Autonomes Lager 494

Befindet sich außerhalb der Organisationsformen der Fertigungshauptprozesse. Es sind zentrale und dezentrale autonome Lager zu unterscheiden.

B

Bearbeitungssystem 384

Besteht aus Bearbeitungsmitteln, die auf mechanische bzw. chemische / physikalische Art zur Form-, Substanz- oder Fertigungszustandsänderung dienen.

Bearbeitungszentrum 397

Ist eine moderne Organisationsform der Teilefertigung auf Grundlage der Einzelplatzfertigung.

Belastungsorientierte Auftragsfreigabe 767

Ist ein Verfahren der PPS, das eine Reduzierung der (mittleren) Durchlaufzeit über eine Senkung (mittlerer) Bestände anstrebt. Dazu wird jeder Arbeitsplatz einer Werkstatt als Trichter interpretiert, der den Auftragsbestand symbolisiert und den Fertigungsablauf als Durchlaufdiagramm darstellt.

Belastungsplanung 713

Vergleicht für jede Kapazitätseinheit das Kapazitätsangebot mit dem Kapazitätsbedarf eines Belastungsplanabschnitts.

Belegungszeit 160

Ist die Vorgabezeit für ein Betriebsmittel, damit eine Arbeitsaufgabe erfüllt werden kann.

Beschaffungskosten 163, 278 ff.

Bestehen im Rahmen der Werkstoffbeschaffung aus direkten Beschaffungs-, Bestell- und Lagerungskosten.

Bestandsoptimierung 818

Verfolgt das Ziel, einen hohen Logistikerfolg durch die optimale Dimensionierung der Bestände zu sichern.

Bestandsstrategie (Lagerhaltungsstrategie) 287 ff.

Dient der Entscheidungsfindung darüber, welche Materialien in welcher Menge zu welchem Zeitpunkt zu beschaffen und einzulagern sind.

Betriebsmittel 148 ff.

Sind alle Einrichtungen und Anlagen, die zur Durchführung des betrieblichen Leistungsprozesses notwendig sind. Sie sind dafür die technische Voraussetzung.

Betriebsruhezeit 343

Ist die Zeit, in der der Produktionsprozess ruht.

Blockung von Produktionsprogrammen 677

Ist eine Methode der zeitlichen Produktionsprogrammverteilung, bei der in einer Planperiode mit einer bestimmten Stückzahlkombination verschiedener Erzeugnisarten die höchste Kapazitätsauslastung erzielt wird.

Bruttobedarf 242

Ist der periodenbezogene Primär-, Sekundär- und Tertiärbedarf.

C

Constant Work in Process 772

Ist ein Verfahren der PPS, das Prinzipien von KANBAN und BOA verbindet.

Controlling 832 ff.

Aufgabenbereich der Unternehmensführung, dessen Ziel in der Unterstützung der zu realisierenden dispositiven Prozesse besteht. Das Controlling realisiert folgende Funktionen: Zielbildungsfunktion, Informationsversorgungs- und Koordinationsfunktion.

Controllingkonzept 833

Dient der Implementierung der Controllingfunktionen in der Unternehmenspraxis. Sie besteht aus Controllingsystem und -zielen.

D

Dezentrale Lagerung　　　　　　　　　　　　　　　　　　　　　498

Ist dadurch gekennzeichnet, dass Arbeitsobjekte eines Fertigungsauftrags an verschiedenen Orten im Produktionsprozess gelagert werden.

Dienstleistung　　　　　　　　　　　　　　　　　　　　　77 ff.

Ist ein Realgut mit immateriellem Charakter.

Differenzmatrix　　　　　　　　　　　　　　　　　　　　　219 ff.

Beinhaltet die Ergebnisse der Kapazitätsbilanzierung in allen Kapazitätseinheiten.

Dispositive Faktoren　　　　　　　　　　　　　　　　　　　　　9

Sind Bestandteile der Produktionsfaktoren. Es sind Leitung, Planung, Organisation und Kontrolle. Sie sind aus produktionswirtschaftlicher Perspektive verantwortlich für die Kombination der Elementarfaktoren im Produktionsprozess.

Durchführungszeit　　　　　　　　　　　　　　　　　　　　　696

Ist die Zeit im Produktionsprozess, die für die Durchführung der Arbeitsprozesse und der Realisierung notwendiger natürlicher Prozesse benötigt wird.

Durchlaufplanung　　　　　　　　　　　　　　　　　　　　　689

Plant den zeitlichen, aber terminlosen Fertigungsablauf eines Produkts.

Durchlaufzeit　　　　　　　　　　　　　　　　　　　　　343, 689

Ist die Zeitspanne, die von Beginn der Bearbeitung bis zur Fertigstellung eines Erzeugnisses benötigt wird. Sie gliedert sich in Durchführungs- und Übergangszeit.

Durchschnittsbestand　　　　　　　　　　　　　　　　　　　　　284

Ist der durchschnittliche Bestand eingelagerter Materialien über alle Bedarfsarten in einem definierten Zeitraum.

Dynamische Lagerung　　　　　　　　　　　　　　　　　　　　　389

Das Lagergut wird nach der Einlagerung bewegt.

Dynamischer Verlauf der Lagerung — 500

Charakterisiert ein zeitliches Organisationsprinzip der innerbetrieblichen Lagerung. Die quantitative Struktur der Lagerungsobjekte ändert sich im Lagerungsprozess. Nach der Art und Weise der Änderung der quantitativen Struktur sind der dynamisch-emittierende Verlauf, der dynamisch-absorbierende Verlauf und der dynamisch-oszillierende Verlauf zu unterscheiden.

E

Eigenfertigung — 252

Verdeutlicht den Anteil an der Wertschöpfung für ein definiertes Produktionsprogramm, der im produzierenden Unternehmen selbst realisiert wird.

Eigeninstandhaltung — 576

Ist gegeben, wenn der Standort der Instandhaltungskapazität und der der Instandhaltungsausführung unternehmensgleich sind.

Einzelplatzfertigung — 360

Ist eine Organisationsform der Teilefertigung. Sie entsteht aus der Kombination des Prinzips ohne Weitergabe der Teile mit dem Einzelplatzprinzip.

Einzelplatzprinzip — 338

Ist ein räumliches Organisationsprinzip. Durch die Integration verschiedener Fertigungsverfahren in einer Maschine wird eine weitgehende Komplettbearbeitung eines Einzelteils ohne Ortsveränderung realisiert.

Elementarfaktoren — 7

Sind Bestandteile der Produktionsfaktoren. Sie sind gegliedert in die Potenzialfaktoren Arbeitskraft und Betriebsmittel sowie den Repetierfaktor Werkstoff.

Engpass — 217, 665 ff.

Ist die Kapazitätseinheit, in der das Kapazitätsangebot kleiner ist als der Kapazitätsbedarf. Er begrenzt die mögliche Produktionsstückzahl entscheidend.

Enterprise Resource Planning 763

Ist ein System zur rechnergestützten Planung aller Unternehmensressourcen. Die Funktionsbereiche eines Unternehmens werden vernetzt und ihre Abläufe aufeinander abgestimmt. Die Produktion und damit die PPS haben hierbei eine zentrale Bedeutung.

Entsorgungsprozess 906

Ist die Beseitigung nicht recyclebarer Ressourcen.

Ereignis 787

Ist ein zeitpunktgebundenes Ablaufelement eines Netzplans, das das Eintreten eines bestimmten Zustands beschreibt.

Ergiebigkeit 18

Ist die Beziehung von Output zu Input. Es ist eine Erfolgsrelation. Es gibt drei Arten der Bestimmung: Produktivität, Rentabilität, Wirtschaftlichkeit.

Erneuerungsstrategie 193

Ist die anlagenwirtschaftliche Reaktion auf vorhandene und sich ändernde Umweltbedingungen des Unternehmens unter Beachtung der Gestaltung der Kapazität und des Verschleißzustands der Betriebsmittel.

Ersatzinvestition 183

Dient dem Ersatz eines ausgesonderten Betriebsmittels, ohne dass Rationalisierungseffekte oder eine Erhöhung des Kapazitätsangebots realisiert werden.

Erweiterungsinvestition 183

Dient der Erweiterung bzw. Vergrößerung des vorhandenen Kapazitätsangebots an Betriebsmitteln und der Rationalisierung.

Erzeugnisplanung 658

Bezeichnet die Teilplanungsstufen der operativen Produktionsplanung, deren sachlicher Gegenstand das Erzeugnis ist.

Erzeugnisprinzip 336

Ist ein räumliches Organisationsprinzip, bei dem alle Betriebsmittel, die zur Herstellung eines Erzeugnisses benötigt werden, räumlich zusammengefasst sind. Die Betriebsmittel können zu unterschiedlichen und / oder gleichen Fertigungsverfahren gehören.

Erzeugnisqualität 857

Ist die Summe der von einem Kunden definierten Qualitätsanforderungen an das von ihm gewünschte Erzeugnis.

Erzeugnisstrukturbaum 679 ff.

Wird aus der Stückliste abgeleitet. Er verdeutlicht die hierarchische Zuordnung von Einzelteilen zu Baugruppen und Baugruppen zu Endprodukten.

F

Fähigkeitsprofil 66, 410

Charakterisiert differenzierte Merkmale spezifischer Fähigkeiten, über die z. B. Produktionsprozesse verfügen, um Erzeugnisse produzieren zu können.

Fertigung 334

Umfasst die Fertigungshauptprozesse Teilefertigung und Montage.

Fertigungsauftrag 705

Ist eine Aufforderung an eine Kapazitätseinheit zur Realisierung einer Fertigungsaufgabe.

Fertigungsauftragsbildung 706 ff.

Legt fest, welche Einzelteile und Baugruppen den Produktionsprozess gemeinsam mit einem Fertigungsauftrag durchlaufen.

Fertigungsbreite 63

Ist die Anzahl der unterschiedlichen Produkttypen im Produktionsprogramm.

Fertigungslos 345

Ist eine bestimmte Anzahl konstruktiv und / oder technologisch ähnlicher oder gleicher Teile, die gemeinsam in einem Fertigungsauftrag gefertigt werden.

Fertigungsnahe industrielle Dienstleistungen 85 ff.

Sind immaterielle Leistungen von Industriebetrieben, die die Realisierung der Fertigungshauptprozesse (Teilefertigung, Montage) unterstützen. Zu ihnen gehören u. a. Transport, Lagerung, Instandhaltung und Informationsmanagement.

Fertigungssegment 826

Ist eine produktorientierte, organisatorische Einheit, die mehrere Stufen der logistischen Kette umfasst und mit der eine spezifische Wettbewerbsstrategie verfolgt werden kann.

Fertigungssegmentierung 826

Ist ein Konzept, das auf der Grundlage technologischer Ähnlichkeiten konstruktiv verschiedenartige Teile zu Gruppen zusammenfasst, die in einem oder mehreren Fertigungssegmenten gemeinsam bearbeitet werden.

Fertigungstiefe 60, 253

Charakterisiert den Wertschöpfungsanteil, welcher bei der Erzeugnisproduktion durch das Unternehmen selbst erbracht wird.

Fertigwarenlager 273

Befinden sich an der Schnittstelle zwischen Throughput und Output. Fertiggestellte und zum Absatz bestimmte Erzeugnisse erfahren im Fertigwarenlager eine Endlagerung.

Flexibilität 56, 363, 403, 432 ff., 481

Kennzeichnet die Fähigkeit eines Produktionssystems, den geänderten Anforderungen des Markts zu entsprechen. Es wird in qualitative (Produktartveränderungen) und quantitative (Mengenveränderungen) Flexibilität unterschieden.

Flexible Fertigungszelle 396

Ist ein Einzelplatzsystem, das einzelne Arbeitsgänge realisiert, aber den Anspruch einer Komplettbearbeitung nicht erhebt. Es ist keine eigenständige Organisationsform.

Flexible Fließfertigung 399

Ist eine moderne Organisationsform der Teilefertigung, die auf dem Reihenprinzip und dem kombinierten Verlauf basiert und neben dem Bearbeitungsprozess eine hohe Mechanisierung / Automatisierung integrierter fertigungsnaher industrieller Dienstleistungen anstrebt.

Flexibles Fertigungssystem 397

Ist eine moderne Organisationsform der Teilefertigung, die auf dem Gruppenprinzip und dem Reihenverlauf basiert und neben dem Bearbeitungsprozess eine hohe Mechanisierung / Automatisierung integrierter fertigungsnaher industrieller Dienstleistungen anstrebt.

Fließfertigung 360

Ist eine Organisationsform der Teilefertigung. Sie entsteht aus der Kombination des Parallelverlaufs mit dem Reihenprinzip.

Flow-Shop-Modell 724

Alle Fertigungsaufträge durchlaufen den Produktionsprozess in der gleichen Reihenfolge (gleiche technologische Bearbeitungsfolge), d. h. an allen Bearbeitungsstationen gilt die vor dem ersten Bearbeitungsschritt definierte gleiche organisatorische Bearbeitungsfolge.

Flussoptimierung 818

Versucht, den Logistikerfolg durch eine Synchronisation der an der Fertigung beteiligten Produktiveinheiten zu erreichen.

Forschung und Entwicklung 93 ff.

Ist ein Unternehmensbereich, der durch die planmäßige und systematische Kombination von Produktionsfaktoren die Gewinnung neuen Wissens ermöglicht und auf die Produkt- und Prozessentwicklung fokussiert.

Fortschrittszahlensystem 774

Ist ein Verfahren der PPS, bei dem das Produktionssystem zur Überwachung des Fertigungsablaufs in Kontrollblöcke gegliedert wird. An jedem Kontrollblock werden eintreffende bzw. abgefertigte Teile identifiziert und gezählt. Auf dieser Grundlage werden Fortschrittszahlen als kumulierte Zahlenwerte ermittelt, die Plan-Ist-Vergleiche ermöglichen.

Fremdbezug 252

Verdeutlicht den Anteil an der Wertschöpfung für ein definiertes Produktionsprogramm, der durch Outsourcing an Fremdfirmen vergeben und durch diese realisiert wird.

Fremdinstandhaltung 576

Ist gegeben, wenn der Standort der Instandhaltungskapazität und der der Instandhaltungsdurchführung sich nicht in demselben Unternehmen befinden. Externe Kapazität wird zur Instandhaltung eingesetzt.

G

Gebrauchstauglichkeit 868

Ist die Eignung eines Produkts für einen bestimmten Verwendungszweck auf Grund von Gebrauchseigenschaften, deren Beurteilung von individuellen Bedürfnissen abhängt.

Gegenstandsspezialisierte Fertigungsreihe 360

Ist eine Organisationsform der Teilefertigung. Sie entsteht aus der Kombination des Reihenprinzips mit dem kombinierten Verlauf.

Gegenstandsspezialisierter Fertigungsabschnitt 360

Ist eine Organisationsform der Teilefertigung. Sie entsteht aus der Kombination des Gruppenprinzips mit dem Reihenverlauf.

Geschlossenheitsgrad 366

Gibt an, welcher Anteil der insgesamt an einem Teil / Teilesortiment durchzuführenden Arbeitsgänge in einer Organisationsform geschlossen durchgeführt wird.

Grenzertrag 302

Gibt an, welche Auswirkungen eine marginale (kleinstmögliche) Änderung des Faktoreinsatzes auf die Ertragshöhe hat.

Grenzkosten 316

Sind die Kosten, die entstehen, wenn der Output um eine Produkteinheit erhöht wird.

Gruppenprinzip 336

Ist ein räumliches Organisationsprinzip, bei dem alle Betriebsmittel, die zur Herstellung eines begrenzten Teilesortiments erforderlich sind, räumlich (als Gruppe) zusammengefasst werden. Dabei ist die räumliche Nähe von größerer Bedeutung als die Art ihrer Anordnung.

H

Handhabungssystem 387

Besteht aus Handhabungsmitteln, die der Lageveränderung von Gütern dienen und dafür Handhabungsvorgänge durchführt.

Hauptprozess 58, 335 ff., 421 ff.

Sind alle Prozesse, die an der Produktion der Haupterzeugnisse beteiligt sind.

Herstellkosten 707

Sind variable Kosten, die bei der Fertigung jedes einzelnen Teils eines Loses entstehen.

Hilfsprozess   59, 452 ff., 493 ff., 531 ff., 576ff., 616 ff.

Ist eine fertigungsnahe industrielle Dienstleistung, welche die Haupt- und Nebenprozesse ermöglicht und unterstützt.

Höchstbestand   284 ff.

Ist die Materialmenge, die maximal im Lager vorhanden sein kann.

I

Informationsmanagement   646 ff.

Ist eine, die Makrostruktur übergreifende fertigungsnahe industrielle Dienstleistung. Ihre Ziel- und Aufgabenstellungen werden im Produktionsprozess durch spezielle Organisationsprinzipien und -formen des Informationsmanagement verfolgt.

Informationsversorgungsfunktion   843 ff.

Beinhaltet die Bereitstellung relevanter Informationen und Methoden für die Lösung der dispositiven Aufgaben durch das Controlling.

Innerbetriebliche Lagerung   493 ff.

Ist eine fertigungsnahe industrielle Dienstleistung. Sie findet in Wareneingangs-, Zwischen- und Fertigwarenlagern im Throughput statt.

Innerbetrieblicher Transport   452 ff.

Ist eine fertigungsnahe industrielle Dienstleistung. Er realisiert alle räumlichen Transformationsprozesse der Elementarfaktoren (insbesondere der Werkstoffe, Arbeitsobjekte) im Unternehmen.

Input   11

Umfasst alle Faktoren, die dem Produktionsprozess zugeführt werden.

Inspektion   184

Ist ein Bestandteil der Instandhaltung. Sie dient der Erkennung des Verbrauchs des Nutzungsvorrats.

Instandhaltung   184, 576 ff.

Wirkt dem Verbrauch des Nutzungsvorrats eines Betriebsmittels entgegen. Es sind die Maßnahmen Inspektion, Wartung, Instandsetzung und Anlagenverbesserung zu unterscheiden.

Instandsetzung   184

Ist ein Bestandteil der Instandhaltung und dient der Auffüllung des verbrauchten Nutzungsvorrats.

Integriertes Lager 495

Ist Bestandteil der Organisationsformen der Fertigungshauptprozesse.

Investition 183 ff.

Realisiert als Produktivinvestition die Beschaffung und Bereitstellung von Betriebsmitteln für den Produktionsprozess. Es wird in Neu-, Erweiterungs-, Ersatz- und Rationalisierungsinvestition unterschieden (alternativ: Finanzinvestition).

J

Job-Shop-Modell 725

Jeder Fertigungsauftrag durchläuft auf eigenständige Weise den Produktionsprozess (variierende technologische Bearbeitungsfolge), d. h. an jeder Bearbeitungsstation ist die organisatorische Bearbeitungsfolge neu zu bestimmen.

Just-In-Time 760

Ist eine bereichs- und firmenübergreifende Philosophie, die auf die Synchronisation aller mit der Beschaffung, Produktion und Absatz verbundenen Teilprozesse abzielt.

K

KANBAN 770

Ist ein Verfahren der PPS, das das Hol-Prinzip anwendet. Eine Kapazitätseinheit darf erst dann produzieren, wenn die nachfolgende Stelle einen Bedarf angemeldet hat.

Kapazität 113, 205 ff.

Ist das (maximale) Leistungsvermögen einer Kapazitätseinheit in einem definierten Zeitabschnitt, das durch die Wirkung der Potenzialfaktoren entsteht. Es ist in quantitative und qualitative Kapazität unterscheidbar.

Kapazitätsangebot 206, 216 ff.

Ist das Leistungsvermögen der Potenzialfaktoren, das zur Durchführung von Fertigungsaufgaben zur Verfügung steht.

Kapazitätsbedarf 206, 218 ff.

Ist die Leistungsanforderung, die an Unternehmen gerichtet und durch den konkreten Erzeugnisbedarf der zu bedienenden Märkte bestimmt ist.

Kapazitätsbilanzierung 219

Ist die Gegenüberstellung von Kapazitätsbedarf und -angebot in jeder Kapazitätseinheit. Dabei wird geprüft, ob das Kapazitätsangebot ausreicht, um den Kapazitätsbedarf zu befriedigen.

Kapazitätseinheit 206

Ist eine sachlich-räumliche Einheit von Potenzialfaktoren, die in der Lage ist, definierte Fertigungsaufgaben zu lösen.

Kapazitätsmatrix 215

Ist die zusammengefasste Darstellung aller Kapazitätseinheiten eines Unternehmens.

Kapazitätsstruktur 205

Ist die Grundlage für die Planung und Steuerung des Produktionsprozesses sowie für die Ermittlung, Bilanzierung und bedarfsgerechte Gestaltung der Kapazität.

Kinematisches Verhalten der Elementarfaktoren 60, 423 ff.

Verdeutlicht die Anordnung der Elementarfaktoren im Produktionsprozess. Es wird zwischen stationärem und instationärem Verhalten unterschieden.

Klassische Organisationsform 334, 359 ff., 430 ff.

Entsteht durch die Kombination eines räumlichen und eines zeitlichen Organisationsprinzips ohne Beachtung technischer Ausprägungen.

Kombinationstyp (von Produktionsprozessen) 64 ff.

Ist die Verwendung mehrerer input-, througput- und outputorientierter Merkmale zur Beschreibung eines Typs.

Kombinierter Verlauf 353

Ist ein zeitliches Organisationsprinzip. Zeitbedarfsgrößen im Rahmen der technologischen Bearbeitungsfolge aufeinander folgender Arbeitsplätze entscheiden darüber, ob die Teile eines zu produzierenden Loses weitgehend komplett oder in verschieden großen Teillosgrößen weitergegeben werden. Die Art der Weitergabe ist so organisiert, dass zwischen der Bearbeitung der Einzelteile eines Loses an keinem Arbeitsplatz Stillstands- und Wartezeiten entstehen.

Komplexität 187 ff.

Wird durch Elementenanzahl, Elementenvielfalt, Beziehungsanzahl zwischen den Elementen, Verschiedenartigkeit der Beziehungen und Ungewissheit über die Veränderung dieser Größen im Zeitablauf bestimmt.

Konstitutive Aussonderung 185

Ist die kapazitätsbedingte Aussonderung.

Kontinuierliche Werkstattfertigung 395

Ist eine moderne Organisationsform der Teilefertigung. Sie basiert auf der klassischen Organisationsform Werkstattfertigung. Ein Produktionsleitsystem dient der Koordinierung von Bearbeitungs-, Transport- und Lagerprozessen. Sie ist insbesondere für Fertigungsaufträge mit Einmalcharakter geeignet.

Kontinuität 55, 363, 402, 432 ff., 481

Ist das ununterbrochene Wirken der Elementarfaktoren im Produktionsprozess.

Koordinationsfunktion des Controlling 840 ff.

Ist die übergreifende Funktion, die alle Managementaufgaben verbindet.

Kostenfunktion 305 ff.

Verdeutlicht den Einfluss der Veränderung der Ausbringungsmenge auf die Kosten.

Kostentheorie 299

Untersucht die Beziehungen zwischen den zu Faktorpreisen bewerteten Elementarfaktoren, also den Kosten des Input, und den mengenmäßigen Output an Produkten.

Kritischer Weg 790

Ist der Weg zwischen dem Startknoten und dem Endknoten eines Netzes, auf welchem nur Vorgänge oder Ereignisse ohne Pufferzeiten angeordnet sind.

L

Lagerart 272

Wird bestimmt durch die Lage des Lagers in der Makrostruktur (Wareneingangs-, Zwischenwaren- und Fertigwarenlager), durch die Art der einzulagernden Güter, durch die räumliche Lage im Unternehmen (zentral, dezentral) u. a.

Lagerbestand 282

Ist der mengenmäßige Bestand an Materialien und Zukaufteilen, bezogen auf einen bestimmten Zeitpunkt.

Lagerproduktion 63

Es wird auf Grund von Prognosen über zukünftige Bedarfe produziert und eingelagert bevor der Verkauf erfolgt. Kundenbestellungen liegen nicht vor.

Lagersystem 389 ff.

Besteht aus Lagermitteln, die zum Abstellen und Aufbewahren von Gütern dienen. Lagervorgänge werden häufig zur zeitlichen Überbrückung genutzt.

Lagerung 493

Ist die Aufbewahrung von Gütern an einem Lagerungsort mit oder ohne Einsatz von Lagermitteln.

Lagerungskosten 280

Sind Kosten, die durch die Lagerung bzw. Bereithaltung jedes einzelnen Teils eines Loses entstehen. Sie setzen sich aus Lagermaterial- und Lagerhaltungskosten zusammen.

Lebenszyklus eines Betriebsmittels 163

Beginnt mit der Investition und endet mit der Aussonderung. Er charakterisiert die Verweilzeit und damit die Nutzungszeit eines Betriebsmittels im Unternehmen.

Leistung 114, 155

Ist Arbeit pro Zeiteinheit und wird nach Art, Menge und Qualität unterschieden.

Lieferantenpolitik 266 ff.

Beschäftigt sich mit der Lieferantenauswahl, -bewertung, -beeinflussung und der Zusammenarbeit mit Lieferanten.

Liegezeit　　　　　　　　　　　　　　　　　　　　　　　　　　　　　　347

Ist die Unterbrechung der Bearbeitung des Arbeitsobjekts.

Limitationalität　　　　　　　　　　　　　　　　　　　　　　　　　301

Eine bestimmte Menge einer Produktart kann nur durch eine bestimmte Kombination der Faktoreinsatzmengen erzielt werden.

Logistik　　　　　　　　　　　　　　　　　　　　　　　　　　　　807 ff.

Ist eine integrierende, koordinierende Gesamtbetrachtung bisher bekannter physischer, administrativer und dispositiver Aktivitäten. Zentrale Bedeutung besitzt dabei die Koordinationsfunktion bezogen auf den Material- und Warenfluss.

Logistikkonzept　　　　　　　　　　　　　　　　　　　　　　　　　808

Ist eine bereichsübergreifende, ganzheitliche Denk- und Handlungsweise bezogen auf die Logistik.

Los　　　　　　　　　　　　　　　　　　　　　　　　　　　　　　345 ff.

Ist eine Anzahl von konstruktiv und / oder technologisch gleichartigen Einzelteilen, die gemeinsam als ein Fertigungsauftrag den Produktionsprozess durchlaufen.

Losgröße　　　　　　　　　　　　　　　　　　　　　　　　　　　706 ff.

Ist die Anzahl der Teile, die als ein Los gemeinsam bearbeitet werden.

M

Makrostruktur　　　　　　　　　　　　　　　　　　　　　　　　　　　9

Ist die vereinfachte Darstellung des betrieblichen Produktionsprozesses als Input (Beschaffung), Throughput (Produktion) und Output (Absatz).

Management Resource Planning System　　　　　　　　　　　　　　763

Ist ein Verfahren der PPS, das die Rechnerintegration auf die Wirtschafts-, Absatz- und Entwicklungsplanung ausdehnt.

Manufacturing Resource Planning　　　　　　　　　　　　　　　　762

Ist ein Verfahren der PPS, das neben der Mengenplanung weitere PPS-Funktionen integriert und rechentechnisch verknüpft.

Material Requirements Planning 761

Ist ein Verfahren der PPS, das sich auf die Materialbedarfsplanung konzentriert. Der Materialbedarf wird vorausberechnet und Zeitabschnitten zugeordnet.

Materialanalyse 246 ff.

Wird durchgeführt, um Besonderheiten und Rationalisierungspotenziale unterschiedlicher Materialarten zu identifizieren.

Materialbedarfsermittlung 241

Ist die Bestimmung des Materialbedarfs nach Art und Menge für einen definierten Zeitabschnitt oder einen Fertigungsauftrag.

Materialbeschaffung (Einkauf) 259, 263 ff.

Beschafft bedarfsgerecht die für die Eigenfertigung benötigten Materialien sowie die durch den Fremdbezug zu beziehenden Einzelteile und Baugruppen.

Materialbevorratung (Lagerung) 270 ff.

Beinhaltet Materialeingang, -lagerung und -abgang.

Materialdisposition 252

Bestimmt den Anteil von Eigenfertigung und Fremdbezug sowie Bestellmengen und -zeitpunkte von Bedarfspositionen.

Materialfluss 385 ff.

Ist eine raum-zeitliche Gütertransformation.

Materialrecycling 908

Ist eine Form des Recycling, dessen Gegenstände Materialabfälle der Erzeugnisherstellung, Altstoffe und Erzeugnisbestandteile sind. Es wird auch als Reststoffrecycling bezeichnet. Seine Recyclingform ist die Verwertung.

Materialwirtschaft 239

Ist verantwortlich für die art-, mengen-, qualitäts-, termin-, ort- und kostengerechte Versorgung des Unternehmens mit Repetierfaktoren.

Maximumprinzip 16

Verlangt, dass mit einem gegebenen Ressourceneinsatz ein maximales Ergebnis erzielt wird.

Meldebestand 283

Ist der Bestand, der eine Auslösung einer Bestellung veranlasst. Er muss ausreichen, um eine reibungslose Wiederbeschaffung verbrauchter Materialien zu gewährleisten.

Mengenaspekt 52

Kennzeichnet die zu fertigende Stückzahl der Erzeugnisse.

Minimumprinzip 16

Verlangt, dass ein gegebenes Ergebnis mit minimalem Ressourceneinsatz erreicht wird.

Mischformen der Organisationsformen 370

Sind modifizierte Formen klassischer oder moderner Organisationsformen der Fertigung, die in der Praxis auftreten können.

Modellnormativ 196

Ist eine anzustrebende wertmäßige Proportion, die zwischen Maßnahmenkomplexen der Anlagenerneuerung sowie den Abschreibungen unter Berücksichtigung von Strategievarianten der Anlagenwirtschaft bestehen.

Moderne Organisationsform 382 ff., 395 ff., 438 ff.

Entsteht durch die Kombination eines räumlichen, eines zeitlichen und eines technischen Organisationsprinzips.

Montageobjekt 422 ff.

Sind Einzelteile und Baugruppen, die durch Fügeprozesse zu Fertigerzeugnissen montiert werden.

N

Nebenprozess 59

Erzeugt zum Absatz bestimmte Nebenprodukte. Er ist technisch-ökonomisch mit dem Hauptprozess verbunden, dient aber nicht dem Hauptzweck, der in der Produktion der definierten Produktfelder besteht.

Nettobedarf 242

Ist der Bruttobedarf, der um den Lagerbestand der jeweiligen Bedarfsart vermindert wurde.

Netzplantechnik 786

Dient der Termin-, Kapazitäts- und Kostenplanung eines Projekts.

Neuinvestition 183

Ist eine Erweiterungsinvestition zur Unternehmensgründung.

O

Optimized Production Technology 763

Ist ein Verfahren der PPS, dass die Optimierung des Fertigungsablaufs verfolgt. Dabei stehen die Reduzierung von Beständen, eine Verbesserung der Termineinhaltung und die Kostensenkung im Vordergrund.

Organisation 329, 847

Ist ein System von dauerhaften Regelungen, welche die Aufgabenbereiche der Aufgabenträger festlegen und eine optimale Aufgabenerfüllung gewährleisten.

Organisationsform 335 ff., 422 ff., 452 ff.

Wird für Fertigungshauptprozesse und für fertigungsnahe industrielle Dienstleistungen durch die Kombination von räumlichen, zeitlichen und technischen Organisationsprinzipien gebildet.

Organisatorische Bearbeitungsfolge 339, 721

Verdeutlicht die Reihenfolge der Bearbeitung der Fertigungsaufträge an einer Bearbeitungsstation.

Output 11

Umfasst alle Erzeugnisse und Dienstleistungen, die zur Bedarfsbefriedigung Dritter den Produktionsprozess verlassen, sowie ungewollte Outputgrößen.

P

Parallelität 55

Ist das Gesetz der Ablauforganisation, das die Gleichzeitigkeit des Wirkens der Elementarfaktoren zur Bearbeitung von Teilen eines oder mehrerer Erzeugnisse in der Fertigung beinhaltet (innerzyklische und zwischenzyklische Parallelität).

Parallelverlauf 350

Ist die sofortige Weitergabe jedes Teils eines Loses zum Folgearbeitsplatz nach der vollständigen Bearbeitung auf dem davor liegenden Arbeitsplatz.

Planung des Jahresproduktionsprogramms 662 ff.

Legt fest, welche Erzeugnisarten und Erzeugnisstückzahlen im Planjahr produziert werden sollen.

Potenzialfaktoren 7

Sind Elementarfaktoren, die die Potenz besitzen, eine Leistung hervorzubringen. Sie sind damit kapazitätsbildende Faktoren. Arbeitskräfte und Betriebsmittel sind Potenzialfaktoren.

Primärbedarf 242

Ist der Bedarf an Fertigerzeugnissen (Marktbedarf).

Primäres Recycling 914

Ist die Rückführung von ungewolltem Output in den Prozess, in dem er entstanden ist.

Prioritätsregel 727 ff.

Legt nach einer gegebenen Vorschrift fest, in welcher Reihenfolge die vor einer Maschine in einer Warteschlange befindlichen Aufträge bearbeitet werden.

Produktdiversifikation 663

Ist gegeben, wenn Erzeugnisse verschiedener Produktfelder hergestellt werden.

Produktfeld 662

Ist die Gesamtheit aller Produktvarianten, die sich auf ein allgemeines Grundprodukt zurückführen lassen.

Produktion 2

Ist die betriebliche Leistungserstellung durch die Kombination von Elementarfaktoren.

Produktionscontrolling 832 ff.

Ist ein Subsystem des Produktionsmanagement, das die Produktionsplanung und -steuerung sowie die Informationsversorgung systembildend und systemkoppelnd koordiniert und damit die Erreichung produktionswirtschaftlicher Zielstellungen unterstützt.

Produktionsfaktoren 7

Sind Voraussetzungen, die notwendig sind, um Erzeugnisse zu produzieren. Sie sind in Elementarfaktoren, dispositive Faktoren und Zusatzfaktoren gliederbar.

Produktionsfunktion 299

Ist eine funktionale Beziehung zwischen Erträgen und Inputmengen. Sie verdeutlicht Ertragsänderungen, wenn Inputmengen variiert werden.

Produktionslogistik 808

Ist Leitung, Planung, Organisation und Kontrolle der Transport- und Lagerungsprozesse in Unternehmen.

Produktionsmanagement 642

Gestaltet und lenkt den Produktionsbereich mittels dispositiver Faktoren.

Produktionsorganisation 334 ff.

Ist ein dispositiver Produktionsfaktor mit der Aufgabe, den Produktionsprozess aus Sicht seiner räumlichen, zeitlichen und technischen Organisationsprinzipien so zu gestalten, dass eine bestmögliche Wirtschaftlichkeit entsteht.

Produktionsplanung und -steuerung 756

Umfasst die Gesamtheit dispositiver Aufgaben zur komplexen Auftragsabwicklung im Unternehmen vom Beginn der Auftragsbearbeitung bis zum Versand des Erzeugnisses.

Produktionsprogramm 207, 662 ff.

Umfasst alle in einem definierten Zeitraum zu produzierenden Erzeugnisse nach Art und Menge.

Produktionssteuerung 753 ff.

Beinhaltet Maßnahmen, die dafür sorgen, dass der tatsächliche Fertigungsablauf und der geplante Fertigungsablauf weitestgehend in Übereinstimmung gebracht werden.

Produktionssystem 206

Ist die Gesamtheit aller Kapazitätseinheiten, die an der Herstellung eines gemeinsamen Endprodukts beteiligt sind.

Produktionstheorie 298

Untersucht die funktionalen Beziehungen zwischen Output und Input.

Produktionswirtschaft 1, 3

Ist eine Funktionenlehre, die sich mit betriebswirtschaftlichen Problemen der Funktion Produktion, also der Art und Weise der Erstellung von Produkten und Leistungen beschäftigt.

Produktionszyklus 343

Ist der Zeitabschnitt zwischen Beginn und Abschluss der Bearbeitung, d. h. die Zeitdauer der Leistungserstellung für ein Erzeugnis. Er schließt Bearbeitungszeiten ein.

Produktivität 18 ff.

Ist eine Ergiebigkeitsgröße, die die Wertschöpfung zum Aufwand in Beziehung setzt. Eine faktorbezogene Ausdifferenzierung des Aufwands führt zu den Teilproduktivitäten Arbeitskräfte-, Betriebsmittel- und Werkstoffproduktivität.

Produktrecycling 908

Ist eine Form des Recycling, bei der die Gestalt des Erzeugnisses bzw. seiner Bestandteile erhalten bleibt. Sie wird auch als Verwendung bezeichnet.

Produktvarianten 662, 821

Unterscheiden sich durch bestimmte Merkmale, die zu unterschiedlichen Produkteigenschaften führen.

Projekt 777

Ist ein Vorhaben, das im Wesentlichen durch seine Einmaligkeit der Bedingungen in ihrer Gesamtheit gekennzeichnet ist.

Projektmanagement 778

Ist eine auf die Realisierung von Projekten, unter Einhaltung von definierten Rahmenbedingungen, ausgerichtetes Führungskonzept.

Projektorganisation 779

Schafft die organisatorischen Voraussetzungen für die Projektrealisierung.

Projektphase 781 ff.

Ist ein zeitlicher Abschnitt im Projektlebenszyklus, der sachlich gegen andere Abschnitte abgegrenzt ist.

Projektsteuerung 794

Ist die Hauptaufgabe des Projektmanagement in der Realisierungsphase. Ihre Voraussetzung ist durch die Definition des Inhalts der Arbeitspakete gegeben.

Projektstrukturplan 785

Ist ein Ordnungsstrukturelement des Projektmanagement. Er realisiert eine hierarchische Gliederung des Projekts in Bestandteile, Teilaufgaben und Arbeitspakete.

Proportionalität 55

Ist ein Gesetz, das besagt, dass Kapazitätsbedarfe und -angebote aufeinander abgestimmt sein müssen, um kontinuierlich produzieren zu können.

Prozessgesetzmäßigkeiten 55

Charakterisieren Tatbestände, deren Einhaltung bzw. Durchführung zu ergiebigen Prozessen führt. Proportionalität, Parallelität, Rhythmizität und Kontinuität sind solche Gesetzmäßigkeiten.

Prozessqualität 857

Ist die Fähigkeit eines Produktionsprozesses, das vom Kunden gewünschte Erzeugnis mit bestimmten Anforderungen in hoher Qualität herstellen zu können.

Prozesstyp 66

Charakterisiert auf Grundlage von Merkmalen und deren Ausprägungen spezielle Anforderungsprofile, die in Produktionsprozessen durch technische und organisatorische Gestaltungsaufgaben zu lösen sind.

Puffer 558

Sind Lager (mit geringem Lagerbestand), die in die Organisationsformen der Fertigung integriert werden. Sie dienen besonders der Sicherung eines kontinuierlichen Fertigungsablaufs (Ausgleichspuffer) und der Kompensation möglicher Störungen durch Ausfall von Bearbeitungsstationen bzw. des Transportsystems (Störungspuffer).

Q

Qualität 866

Ist die Relation zwischen realisierter und geforderter Beschaffenheit. Sie führt durch die interne Kundenorientierung zur Erfüllung externer Kundenanforderungen. Sie beruht auf Planung und Vorbeugung und rückt eine kontinuierliche Verbesserung aller Prozesse der Funktionalbereiche in den Mittelpunkt.

Qualitative Kapazität 207

Ist die Art und Güte des Leistungsvermögens, differenziert nach erreichbarer Qualität und Fertigungsgenauigkeit.

Qualitätslenkung 873

Erfasst in allen Phasen der Produkterstellung Abweichungen der ereichten Werte von den definierten Qualitätsanforderungen und leitet abweichenden Output zur Nachbesserung in die Prozesse zurück.

Qualitätsmanagement 868

Gestaltet dispositive Prozesse zur Umsetzung und Verbesserung der Qualität der Erzeugnisse, der Prozesse und der Ressourcen. Es verfolgt das Ziel, Kundenanforderungen zu befriedigen.

Qualitätsmanagement-Darlegung 875

Definiert und charakterisiert alle Prozesse, die im Rahmen eines Qualitätsmanagementsystems ablaufen und auf die Gestaltung der Qualität der Ressourcen, Prozesse und Erzeugnisse gerichtet sind.

Qualitätsmanagement-Handbuch 875

Erläutert die Qualitätspolitik und beschreibt das Qualitätsmanagementsystem des Unternehmens.

Qualitätsmanagementsystem 877

Ist Teil eines Managementsystems, das auf die Gestaltung der Qualität von Ressourcen, Prozessen und Erzeugnissen fokussiert ist.

Qualitätsplanung 873

Ermittelt Qualitätsanforderungen, bestimmt Qualitätsziele, erstellt Pläne zur Zielrealisierung und definiert Prüfbedingungen sowie dafür einzusetzende Mittel und Methoden.

Qualitätsproblem 866

Ist eine indirekte überwindbare Abweichung zwischen realisierter und geforderter Beschaffenheit einer Einheit.

Qualitätsprüfung 874

Stellt fest, inwieweit die Qualitätsmerkmale der Qualitätsanforderungen erfüllt wurden.

Qualitätssicherung 874

Besteht aus Qualitätsprüfung und Qualitätsmanagement-Darlegung.

Qualitätsverbesserung 876

Umfasst alle Maßnahmen zur Erhöhung der Fähigkeit zur Erfüllung von Qualitätsanforderungen, um einen zusätzlichen Nutzen für Unternehmen und Kunden zu erzielen.

Quantitative Kapazität 207

Ist das Quantum der verfügbaren Fertigungszeit.

R

Rationalisierungsinvestition 184

Dient der Beschaffung von Betriebsmitteln, unter Realisierung von Rationalisierungseffekten.

Räumliches Organisationsprinzip
335 ff., 446, 455, 494 ff., 576 ff., 621 ff.

Kennzeichnet die Art der räumlichen Anordnung von Arbeitsplätzen im Produktionsprozess.

Recycling 895, 908 ff.

Verfolgt das Ziel, ein genutztes Produkt bzw. einen möglichst großen Anteil seiner Bestandteile am Ende einer Nutzungsperiode einer erneuten Verwendung zuzuführen. Aus linearen Durchläufen werden Kreislaufprozesse, wobei Einsparungs- und Umweltschonungsaspekte im Vordergrund stehen.

Recyclingkreislauf I 914

Ist der Produktionsrecyclingkreislauf.

Recyclingkreislauf II 914

Ist der Recyclingkreislauf nach Produktgebrauch.

Recyclingkreislauf III   914
Ist der Reststoffkreislauf nach abgelaufener Nutzungsperiode.

Reihenfolgeplanung   721 ff.
Ist eine Teilplanungsstufe der operativen Produktionsplanung. Sie bestimmt, in welcher Reihenfolge die vor einer Bearbeitungsstation wartenden Fertigungsaufträge realisiert werden (organisatorische Bearbeitungsfolge).

Reihenprinzip   337
Ist ein räumliches Organisationsprinzip. Alle Betriebsmittel, die zur Herstellung eines kleinen Teilesortiments, das in großen Stückzahlen zu produzieren ist, erforderlich sind, werden räumlich zusammengefasst und in der für alle Teile übereinstimmenden Reihenfolge der Bearbeitung angeordnet.

Reihenverlauf   348
Ist ein zeitliches Organisationsprinzip, bei dem die Weitergabe kompletter Lose von einem Arbeitsplatz zum nächsten Arbeitsplatz erfolgt.

Rentabilität   18 ff.
Ist die Relation von Gewinn zu einem monetären Faktor. Abhängig vom gewählten Faktor, ist in Kapital-, Vermögens- und Umsatzrentabilität zu unterscheiden.

Repetierfaktor   8
Ist ein Elementarfaktor, der für jede Produktionsperiode neu beschafft (repetiert) werden muss, da er weitgehend vollständig in das Erzeugnis eingeht. Er besitzt nicht die Potenz Kapazität zu bilden, ist aber die Voraussetzung dafür, dass die Kapazität eingesetzt, also dass produziert werden kann. Der Werkstoff ist ein Repetierfaktor.

Ressourcenqualität   858
Wird durch die Qualität der Inputfaktoren definiert. Sie ist Vorraussetzung für die Erzeugnis- und Prozessqualität.

Retrograde Terminierung   765
Ist ein Verfahren der PPS, das sich auf die Beherrschung der Terminsituation im Fertigungsablauf konzentriert.

Rhythmizität   55
Ist das Gleichmaß des Kapazitätseinsatzes, das zu einem gleichmäßigen Produktionsausstoß führt.

Richtbestand — 284

Ist die Summe aus Meldebestand und Bestellmenge.

Rückwärtsplanung — 692

Ist eine Methode der Durchlaufplanung. Der Planungsablauf erfolgt entgegen dem technologischen Ablauf. Ausgangspunkt ist der Fertigstellungszeitpunkt des Erzeugnisses. Die Einplanung aller Vorgänge erfolgt zum spätestmöglichen Zeitpunkt.

Rüstkosten — 40, 257, 707

Sind fixe Kosten, die bei der Vorbereitung eines Arbeitsplatzes auf einen Fertigungsauftrag entstehen.

Rüstzeit — 160

Ist ein Bestandteil der Vorgabezeit. Sie wird benötigt, um ein Betriebsmittel auf eine Arbeitsaufgabe vorzubereiten. Sie wird pro Los einmal gewährt.

S

Sekundärbedarf — 242

Ist der Bedarf an Rohstoffen, Einzelteilen, Baugruppen zur Herstellung des Erzeugnisses. Er wird aus dem Primärbedarf durch Erzeugnisauflösung abgeleitet.

Sekundäres Recycling — 914

Ist die Rückführung von ungewolltem Output in einen anderen Produktionsprozess als den, in dem er entstanden ist.

Sicherheitsbestand — 284

Ist die Bestandsmenge, die zur Aufrechterhaltung der Leistungsbereitschaft des Unternehmens nicht unterschritten werden darf.

Situative Aussonderung — 185

Ist die verschleißbedingte Aussonderung.

Spezialförderer — 486

Ist ein spezialisiert einsetzbares Transportbetriebsmittel.

Spezialisierungsgrad — 365

Gibt an, inwieweit ein Arbeitsplatz einer Organisationsform auf die Durchführung eines Arbeitsgangs spezialisiert ist.

Spezialmaschine 365
Kann i. d. R. nur einen Arbeitsgang realisieren.

Starre Fließfertigung 397
Ist eine moderne Organisationsform der Teilefertigung auf der Grundlage des Reihenprinzips und des Parallelverlaufs, die einen hohen Grad der Automatisierung aufweist und i. d. R. für ein Produkt mit großen Fertigungsstückzahlen ausgelegt ist.

Statische Lagerung 389
Ist dadurch gekennzeichnet, dass während des Lagerungsprozesses keine Bewegung der Lagergüter erfolgt.

Statischer Verlauf der Lagerung 500
Charakterisiert ein zeitliches Organisationsprinzip der innerbetrieblichen Lagerung. Die quantitative Struktur der Lagerungsobjekte ändert sich im Lagerungsprozess nicht. Die zum Einlagerungszeitpunkt eingelagerte Menge entspricht der Auslagerungsmenge zum Auslagerungszeitpunkt.

Stetigförderer 386, 484
Erzeugt einen (diskret) kontinuierlichen Materialfluss.

Stillstandszeit 347
Ist die Unterbrechung des Arbeitseinsatzes des Potenzialfaktors Betriebsmittel.

Streifenprogramm 671 ff.
Ist eine Methode der zeitlichen Produktionsprogrammverteilung, bei der die Jahresstückzahl der Erzeugnisarten in verschiedenen Zeitabschnitten der Planperiode produziert wird.

Stückliste 99
Beinhaltet alle Bestandteile (Einzelteile, Baugruppen) aus denen ein Erzeugnis zusammengesetzt wird.

Substitutionalität 300
Verdeutlicht, dass eine bestimmte Menge einer Produktart durch verschiedene Kombinationen der Faktoreinsatzmengen erzielt werden kann.

Systembildende Aufgabe des Controlling 839

Besteht im Aufbau und in der Anpassung des Produktionsplanungs- und -steuerungssystems sowie eines darauf abgestimmten Informationsversorgungssystems.

Systemkoppelnde Aufgabe des Controlling 839

Realisiert laufende Abstimmungs- und Unterstützungsmaßnahmen innerhalb der Systeme.

T

Techniken des Qualitätsmanagement 880 ff.

Bestehen aus Methoden und Werkzeugen. Sie werden eingesetzt, um vorhandene Qualitätsprobleme zu identifizieren und zu lösen.

Technisches Organisationsprinzip
382 ff., 438 ff., 484 ff., 521 ff., 605 ff., 627 ff.

Kennzeichnet die Niveaustufen der technischen Ausgestaltung des Produktionsprozesses (Techniksystem).

Technologische Bearbeitungsfolge 339 ff.

Ist die Reihenfolge der durchzuführenden Arbeitsgänge zur Realisierung eines Fertigungsauftrags. Sie gibt die Reihenfolge der Bearbeitungsstationen an, die von einem Fertigungsauftrag zu seiner Fertigstellung nacheinander zu durchlaufen sind.

Technologischer Zyklus 344

Umfasst die Zeitspanne der Veränderung eines Fertigungsauftrags im Sinne der Arbeitsaufgabe vom Beginn der Bearbeitung bis zur vollständigen Fertigstellung. Bestandteile sind Dauer der Arbeitsperiode und Dauer natürlicher Prozesse.

Teilebedarfsermittlung 670 ff.

Bestimmt, nach Auflösung des Erzeugnisses, den Bedarf an Einzelteilen und Baugruppen pro Planperiode.

Teileklasse 101, 376 ff.

Ist die Zusammenfassung von Teilen mit identischen Anforderungen an den Produktionsprozess aus fertigungstechnischer Sicht.

Teileplanung 658

Die Teilplanungsstufen der operativen Produktionsplanung, deren sachlicher Gegenstand die Bestandteile des Erzeugnisses (Einzelteile, Baugruppen) sind, werden als Teileplanung bezeichnet.

Terminplanung 701 ff.

Rechnet die terminlosen Zeitabläufe der Durchlaufplanung in terminierte Zeitabläufe um.

Tertiärbedarf 242

Ist der Bedarf an Betriebs- und Hilfsstoffen.

Throughput 11

Wird auch Produktionsprozess genannt. Hier findet die zielgerichtete Kombination der Inputfaktoren (Faktorkombination) zur Herstellung von Erzeugnissen statt. Die Potenzialfaktoren wirken unter Anleitung des dispositiven Faktors auf den Repetierfaktor ein, um Erzeugnisse herzustellen.

Total Quality Management 869

Ist eine Philosophie, die eine Ausweitung des Qualitätsmanagement auf alle Bereiche und Hierarchieebenen des Unternehmens erfordert, um Spitzenleistungen in Bezug auf Marktposition, Kundenzufriedenheit und Geschäftserfolg zu erzielen.

Transportlos 353

Ist die Anzahl von Einzelteilen eines Loses, die gemeinsam von Arbeitsplatz zu Arbeitsplatz transportiert werden.

Transportsystem 385

Setzt sich aus Transportmitteln und ggf. Trägereinrichtungen zusammen. Es dient der Ortsveränderung von Gütern und führt Transportvorgänge aus.

Typisierung von Produktionsprozessen 47 ff.

Ordnung, Systematisierung und Darstellung von realen Produktionsprozessen durch vorgegebene Merkmale und ihre Ausprägungen.

U

Übergangszeit   691, 696 ff.

Besteht aus technisch-organisatorisch bedingten Unterbrechungszeiten, die durch Transport, Kontrolle und Lagerung zwischen aufeinander folgenden Arbeitsgängen anfallen.

Umweltmanagement   894 ff.

Gestaltet dispositive Prozesse zur Reduktion unerwünschter Umweltwirkungen in der gesamten Wertschöpfungskette.

Umweltmanagementsystem   903

Implementiert in alle Funktionalbereiche und Hierarchieebenen die Ökologie als wesentliche Komponente des betrieblichen Entscheidungsfindungsprozesses und bezieht dabei alle Mitarbeiter ein.

Umweltschutz   894 f.

Ist ein Komplex von realisierbaren Maßnahmen, der die Zielstellung des Umweltmanagement unterstützt. Es ist eine Querschnittsfunktion über alle Unternehmensbereiche.

Universalförderer   486

Ist ein universell einsetzbares Transportbetriebsmittel.

Universalmaschine   50, 384

Ist eine Maschine mit geringem Spezialisierungsgrad, die eine Vielzahl verschiedener Arbeitsgänge realisieren kann.

Unstetigförderer   386, 484

Kann an wechselnde Transportaufgaben angepasst werden und erzeugt einen diskontinuierlichen Materialfluss.

V

Variantenbestimmungspunkt   822

Ist die Stelle oder der Arbeitsgang im Produktionsprozess, ab der Varianten einer Produktart gebildet werden.

Verfügbarer Lagerbestand   283

Ist der Lagerbestand, der um offene Bestellungen erhöht und um Vormerkungen reduziert wird.

Verlaufsform des technologischen Zyklus — 347 ff.

Charakterisiert zeitliche Organisationsprinzipien bei Teileweitergabe im Produktionsprozess.

Verschleißquote — 180

Bringt das Ausmaß der Wertminderung bzw. den Verschleißgrad eines Betriebsmittels oder einer Betriebsmittelgesamtheit zeitpunktbezogen zum Ausdruck. Sie wird durch den Quotienten aus kumulierten Abschreibungen und dem Anschaffungswert gemessen.

Vertikale Integration — 60

Definiert den Anteil, den ein Unternehmen an der Wertschöpfung durch Produktion selbst erbringt und auf welche Weise Produktionsvorbereitungs- sowie Forschungs- und Entwicklungsleistungen integriert sind.

Verwendung (Produktrecycling) — 909 ff.

Ist in Wieder- und Weiterverwendung gliederbar.

Verwertung (Materialrecycling) — 909 ff.

Ist in Wieder- und Weiterverwertung gliederbar.

Vorgabezeit — 159

Ist eine Soll-Zeit, die Potenzialfaktoren zur Verfügung steht, um Arbeitsaufgaben an Arbeitsobjekten auszuführen. Es wird nach Auftrags- und Belegungszeit unterschieden.

Vorgang — 786

Ist ein zeitlich begrenztes Ablaufelement, das ein bestimmtes Geschehen beschreibt.

Vorwärtsplanung — 692

Ist eine Methode der Durchlaufplanung. Der Planungsablauf und der Fertigungsablauf stimmen überein. Ausgangspunkt ist der Startzeitpunkt der Erzeugnisherstellung. Es wird der Fertigstellungszeitpunkt bestimmt indem eine frühestmögliche Einplanung aller Vorgänge realisiert wird.

W

Wareneingangslager — 272

Dienen der Aufnahme von Werkstoffen, Einzelteilen und Baugruppen, die als Inputfaktoren beschafft werden.

Wartezeit 347

Ist die Unterbrechung des Arbeitseinsatzes der Arbeitskraft.

Wartung 184

Ist ein Bestandteil der Instandhaltung. Sie hemmt den Verbrauch des Nutzungsvorrats.

Wechselgrad 367

Gibt an, wie oft ein Teil im Verlauf der Bearbeitung die Organisationsform wechselt, und zwar im Bezug zur Anzahl der maximal möglichen Wechsel.

Weiterverwendung 910 f.

Führt zu einer weiteren Verwendung eines Produkts oder eines Produktbestandteils für eine vom Erstzweck abweichende Nutzung.

Weiterverwertung 912 f.

Führt zum Einsatz von Stoffen in anderen Prozessen oder Produkten.

Werkstattfertigung 360

Ist eine Organisationsform der Teilefertigung. Sie entsteht aus der Kombination des Reihenverlaufs mit dem Werkstattprinzip.

Werkstattprinzip 335

Ist ein räumliches Organisationsprinzip, bei dem alle Betriebsmittel, die zum selben Fertigungsverfahren gehören, in einer Werkstatt räumlich zusammengefasst sind.

Werkstoff 8, 34 ff.

Ist ein Elementarfaktor, der in einer Produktionsperiode verbraucht wird und vollständig in das Erzeugnis eingeht, weshalb er für die Wiederholung des Produktionsprozesses erneut beschafft (repetiert) werden muss. Er wird deshalb als Repetierfaktor bezeichnet.

Wertanalyse 249

Ist ein analytisches Durchdringen von Erzeugnis-Funktionsstrukturen, mit dem Ziel, Wertsteigerungen kosten- und nutzenseitig zu realisieren.

Wiederverwendung 910 ff.

Führt zu einer wiederholten Verwendung des Produkts oder eines Produktbestandteils für den für die Erstverwendung vorgesehenen oder einen ähnlichen Zweck.

Wiederverwertung   **911 ff.**

Führt zum Wiedereinsatz von Stoffen in gleichen Prozessen bzw. Produkten.

Wirtschaftlichkeit   **18, 20**

Ist das Verhältnis von Wertschöpfung zur Summe der Kosten der Inputfaktoren (wertmäßige Darstellung). Sie ist quasi eine Gesamtproduktivität.

Wirtschaftlichkeitsprinzip (Rationalprinzip)   **16**

Ist Grundlage für ökonomische Überlegungen in Entscheidungsprozessen. Gliedert sich in Maximum- und Minimumprinzip.

Z

Zeit je Einheit   **161**

Ist eine Vorgabezeit, die definiert, wie viel Zeit zur Durchführung eines Arbeitsgangs verfügbar ist.

Zeitart   **122 ff., 159 ff.**

Verdeutlicht zeitlich bewertete Ablaufarten. Daraus sind Vorgabezeiten ableitbar.

Zeitliche Verteilung des Jahresproduktionsprogramms   **668 ff.**

Legt fest, welche Stückzahlen der Erzeugnisarten in verschiedenen Zeitabschnitten der Planperiode zu produzieren sind.

Zeitliches Organisationsprinzip
     334, 342 ff., 428 ff., 462 ff., 500 ff., 589 ff., 623 ff.

Kennzeichnet die Art der Teileweitergabe von Arbeitsplatz zu Arbeitsplatz im Verlauf des Produktionsprozesses. Bestimmt durch Verlaufsformen den technologischen Zyklus.

Zentrale Lagerung   **497**

Ist dadurch gekennzeichnet, dass Arbeitsobjekte eines Fertigungsauftrags an einem zentralen Ort im Produktionsprozess gelagert werden.

Zielbeziehung   **15 ff.**

Beschreibt, welche Interdependenzen zwischen Zielen bestehen (Neutralität, Komplementarität, Konkurrenz, Antinomie).

Zielbildungsfunktion des Controlling 837 ff.

Beinhaltet die Ableitung von Teil- und Einzelzielen aus dem Globalziel sowie die Bestimmung des Zeitmaßes.

Zusatzfaktoren (als Bestandteil der Produktionsfaktoren) 9

Sind externe Faktoren. Es handelt sich dabei um Dienstleistungen und indirekte Unterstützungsleistungen (z. B. durch Banken, Versicherungen).

Zuverlässigkeit 868

Kennzeichnet die Gebrauchstauglichkeit eines Produkts bezogen auf einen Nutzungszeitraum unter Berücksichtigung vorhandener Anwendungsbedingungen.

Zwischenlager 272

Befinden sich im Produktionsprozess. Sie nehmen unfertige Erzeugnisse auf. Sie befinden sich an den Schnittstellen zwischen den Organisationsformen der Teilefertigung und zwischen der Teilefertigung und der Montage.

Verzeichnis der Stichworte

Aachener PPS-Modell	757
ABC-Analyse (s. Analyse)	246 f.
Ablaufarten	
- der Arbeitskraft	119
- des Betriebsmittels	157
- des Werkstoffs	237 ff.
Ablauforganisation	332
Abschreibungen	165 ff.
- arithmetisch-degressive	172
- arithmetisch-progressive	173
- Aufgaben	168
- degressive	171
- für Substanzverringerung	178
- geometrisch-degressive	173
- geometrisch-progressive	176
- Leistungs~	176
- lineare	170
- progressive	176
- Ursachen	167
- Verfahren	169
- Zeit~	170
Aktionsprinzip	589
Analyse	
- ABC-Analyse	246 f.
- erweiterte Wirtschaftlichkeits~	414
- GMK-Analyse	248
- Make or Buy-Analyse	250
- Material~	246 ff.
- Portfolio~	405 ff.
- Wert~	249
- XYZ-Analyse	248
ANDLER-Formel	257, 707
Anforderungsprofil	66, 410
Anlagen-	
- Erneuerung	182
- Erneuerung, Stufen der	186
- Reproduktion	182
- Verbesserung	184
- Wirtschaft	180
Anordnungsbeziehung	787
Arbeit	114
- dispositive	7
- geistige, körperliche	114
- objektbezogene	7

Arbeits-	
- Gang	103
- Gegenstand	236
- Gestaltung	122
- Kraft	114 ff.
- Objekt	236
- Organisation	128 ff.
- Paket	786
- Plan	100, 104
- Planung (s. Planung)	103 f.
- Platz	213, 426
- Produktivität (s. Produktivität)	19
- Prozess	344
- System	122
- Teilung	59, 330
- Verrichtung	10
- Wissenschaft	143
Arithmetisch-degressive Abschreibung (s. Abschreibung)	172
Arithmetisch-progressive Abschreibung (s. Abschreibung)	173
Attraktivitätsmatrix	405
Aufbauorganisation, Grundformen	332
Aufbereitungsbetrieb	76
Aufgabenbez. Abgrenzungsprinzip	578 f.
Auftrags-	
- Durchlauf, Teilprozesse	649
- Produktion	63
- Sicherung	754
- Stauchung	719
- Streckung	718
- Überwachung	754
- Unterbrechung	720
- Veranlassung	753
- Verschiebung	718
- Verteilung	753
- Zeit (s. Zeit)	160
Auslösungsprinzip	589 f.
Aussonderung	185
Aussonderungskosten (s. Kosten)	165
Automatischer Prozess	209
Automatisierungsgrad	57
Autonomes Lager (s. Lager)	494

Baugruppe	99, 421	Betriebsruhezeit (s. Zeit)	343
Bauteilgeometrie	98	Betriebswirtschaft	
Bearbeitungsfolge		- allgemeine	2
- organisatorische	339, 721	- spezielle	2, 3
- technologische	339 ff.	Bevorratungsebene	822 ff.
Bearbeitungszentrum	397	Bilanzielle Teilproduktivität	
Bedarf(s-)	15	(s. Produktivität)	24 f.
- Brutto~	242	Blockung	677
- Netto~	242	Bruttobedarf (s. Bedarf)	242
- Primär~	242	Büro- und Geschäftsausstattung	154
- Sammel~disposition	261		
- Sekundär~	242	**C**hancenprofil	405
- Teile~ermittlung	670 ff.	Constant Work in Process	772
- Tertiär~	242	Controlling	832 ff.
Bedarfsgerechte Gestaltung der		- Konzeption	833
Kapazität	224 ff.	- Produktions~	832 ff.
Bedürfnis	15	- Ziele	835 ff.
Belastungs-Beanspruchungs-Konzept	135		
Belastungsorientierte Auftragsfreigabe	767	**D**eckungsbeitrag	665 f.
Belastungsplanung (s. Planung)	713 ff.	Degressive Abschreibung (s. Ab-	
Belegungszeit (s. Zeit)	160	schreibung)	171
Beschaffung(s-)	263 ff.	Derivative Faktoren (s. Faktor)	9
- Durchführung	264 f.	Dezentrales Lager (s. Lager)	498
- Einzel~	263	Dienstleitung(s-)	77 ff.
- fertigungssynchrone	264	- externe	78
- Kosten (s. Kosten)	163, 278 ff.	- fertigungsnahe industrielle	85 ff.
- Kosten, direkte	278	- interne	78
- Losgröße, kostenoptimale	258	- primäre	89
- Personal~	116	- Produktion	77 f.
- Prinzipien	263	- sekundäre	89
- Vorbereitungskosten (s. Kosten)	163	Dilemma der Ablaufplanung (s. Pla-	
- Vorrats~	263	nung)	702
Bestands-		Dispositionsverfahren	259 ff.
- Optimierung	818	Dispositive Ebene	42
- Strategien	287 ff.	Dispositive Faktoren (s. Faktor)	9
Bestell-		Diversifikation	663
- Kosten (s. Kosten)	278 ff.	Durchlauf-	
- Punktverfahren	261	- Plan	689
- Rhythmusverfahren	261	- Planung (s. Planung)	689
Betriebsmittel-	148 ff.	- Zeit (s. Zeit)	343, 689
- Arten	151 ff.	Durchschnitts-	
- Kosten (s. Kosten)	163 ff.	- Ertrag	310
- Leistung	155 f.	- Ertragsfunktion	310
- Produktivität (s. Produktivität)	19	- Kosten (s. Kosten)	317
- Systematik	108, 155		
- Wirtschaft (Anlagenwirtschaft)	180 ff.		

Echtzeitverlauf	624	- Zeichnung	99
Eigenfertigung	252	Eskalation	669
Eigeninstandhaltung (s. Instand-		Externer Faktor (s. Faktor)	79
haltung)	576		
Einflussfaktorebene (s. Faktor)	42	**F**ähigkeitsprofil	66, 410
Einkaufsgestaltung	269	Faktorkombination (s. Faktor)	9, 10
Einzelbedarfsdisposition	261	Faktor(en-)	
Einzelbeschaffung	263	- derivativer	9
Einzelfertigungslogistik	562 f.	- dispositiver	9
Einzelplatzfertigung	360	- Einfluss~ebene	42
Einzelplatzmontage	432	- Elementar~	7
Einzelplatzprinzip	338	- Elementar~, kinematisches Ver-	
Einzelteil	685	halten	60, 423 ff.
Elementarfaktorbezogene Teilpro-		- Erfolgs~profil	405
duktivität (s. Produktivität)	19	- externer	79
Elementarfaktor (s. Faktor)	7	- Kombination	9, 10
Emanzipation	669	- originärer	8
EMAS-Registrierung	906	- Planung (s. Planung)	643
Endmontage (s. Montage)	421	- Potenzial~	7
Endprodukt	99	- Produktions~	7
Enterprise Resource Planning	763	- Repetier~	8
Entsorgungsprozess	906	Fertigungsnahe industrielle DL	85 ff.
Entwerfen, Ausarbeiten	97	Fertigung(s-)	334
Ereignis	787	- Art (-typ)	52
Ereignis-Knoten-Netzplan	788	- Auftrag	705
Erfolgsfaktorenprofil (s. Faktor)	405	- Auftragsbildung	706 ff.
Ergiebigkeit	18	- Breite	63
Erholungszeit (s. Zeit)	159 ff.	- Los (s. Los)	345
Erneuerungsstrategien, anlagenwirt-		- Losgröße, kostenoptimale	257, 705 ff.
schaftliche	193	- Prozess	13
Ersatzinvestition (s. Investition)	183	- Segmentierung	826
Ertrags-		- Tiefe	60, 253
- Gebirge	302	- Zeit (s. Zeit)	108, 115
- Gesetz (Produktionsfunktion		- Zeitbedarf	108, 115
Typ A)	308 ff.	Fertigwarenlager (s. Lager)	273
- Funktion	309	Flexibilität	56, 363, 403, 432 ff., 481
Erweiterte Wirtschaftlichkeits-		Flexible Fertigungszelle	396
analyse (s. Analyse)	414	Flexible Fließfertigung	399
Erweiterungsinvestition (s. Investition)	183	Flexibles Fertigungssystem	397
Erzeugnis-		Fließfertigung	360
- Planung (s. Planung)	658	Fließmontage	432
- Prinzip	336	Flow-Shop-Modell	724
- Qualität (s. Qualität)	847	Flussoptimierung	818
- Strukturbaum	679 ff.	Formenschlüssel	101 f.
- Strukturbaum, analytischer	683	Forschung und Entwicklung	93 ff.
- Strukturbaum, synthetischer	685	- angewandte	93

- Grundlagen~	93	Haus der Qualität (s. Qualität)	891
Fortschrittszahlensystem	774	Herstellkosten (s. Kosten)	707
Fremdbezug	252	Hilfsstoff	237
Fremdinstandhaltung (s. Instandhaltung)	576	**I**mmaterielle Realgüter	74
Funktionenlehre	3	Industriebetriebslehre	3
		Informationsmanagement	646 ff.
Gebrauchstauglichkeit	868	- Organisationsformen	629 ff.
Gegenstandsprinzip	336	- Organisationsprinzipien	621 ff.
Gegenstandsspezialisierte Fertigungsreihe	360	Informationsversorgungsfunktion	843 ff.
		Informationszyklus	623
Gegenstandsspezialisierter Fertigungsabschnitt	360	Innerbetriebliche Lagerung	493 ff.
		- Organisationsformen	506 ff.
Geometrisch-degressive Abschreibung (s. Abschreibung)	173	- Organisationsprinzipien	494 ff.
		Innerbetriebliche Logistik	531 ff.
Geometrisch-progressive Abschreibung (s. Abschreibung)	176	Innerbetrieblicher Transport	452 ff.
		- Organisationsformen	466 ff.
Gesamtertragsfunktion	309	- Organisationsprinzipien	455 ff.
Geschlossenheitsgrad (s. Grad)	366	Input	11
Gestaltung(s-)		Inputgüter	74
- der Arbeitsorganisation	128 ff.	Inspektion	184
- der Arbeitsplätze	125 f.	Instandhaltung	184, 576 ff.
- der Arbeitsumgebung	127 f.	- Eigen~	576
- Ebene, Mittelebene	43, 893	- Fremd~	576
Gewinnungsbetrieb	76	- Organisationsformen	594 ff.
Globalziel Gewinnmaximierung	38 f.	- Organisationsprinzipien	576 ff.
GMK-Analyse (s. Analyse)	248	Instandsetzung	184
Gozintograph	686 f.	Institutionenlehre	3
Grad		Integriertes Lager (s. Lager)	495
- Geschlossenheits~	366	Intransparenz	187
- Optimalitäts~	749	Investition	183 ff.
- Service~	282 f.	- Ersatz~	183
- Spezialisierungs~	365	- Erweiterungs~	183
- Wechsel~	367	- Neu~	183
Grenz-		- Rationalisierungs~	184
- Ertrag	302		
- Ertragsfunktion	310 f.	**J**ob-Shop-Modell	725
- Kosten (s. Kosten)	316	Just-In-Time	760
Grundstücke und Gebäude	152		
Grundzeit (s. Zeit)	161 f.	**K**ANBAN	770
Gruppenmontage	431	Kapazität(s-)	113, 205 ff.
Gruppenprinzip	336	- Angebot	206, 216 ff.
		- Auslastung	668 ff., 677
Handprozess	209	- bedarfsgerechte Gestaltung der	224 ff.
Haus der Produktivität (s. Produktivität)	42 f.	- Bilanzierung	219
		- Einheit	206

Verzeichnis der Stichworte 971

- Komponente, Zustandskomponente	193
- Maßstab	210
- Matrix	215
- Struktur	205
- Zeitbedarf	207
- Zeitfonds	211
Kapitalproduktivität (s. Produktivität)	20
Kapitalrentabilität (s. Rentabilität)	21 f.
Kombinierter Verlauf	353
Komplexität	187 ff.
- äußere	188, 190
- der Anlagenwirtschaft	187
- innere	188
Konstruieren	97
Kontinuierliche Werkstattfertigung	395
Kontinuität	55, 363, 402, 432 ff., 481
Koordinationsfunktion	840 ff.
Kosten	
- Aussonderungs~	165
- Beschaffungs~	163, 278 ff.
- Beschaffungsvorbereitungs~	163
- Bestell~	278 ff.
- Betriebsmittel~	163 ff.
- der Wertminderung	165
- Durchschnitts~	317
- Funktion	305 ff.
- Grenz~	316
- Herstell~	707
- Lagerungs~	280
- Leer~	41, 312
- Lebenszyklus~	163
- Nutzungs~	164
- optimale Beschaffungslosgröße	258
- optimale Fertigungslosgröße	257, 705 ff.
- Rüst~	40, 257, 707
- Theorie	299
- Verfügbarkeits~	163
- Ziele	40
Kritischer Weg	790
Lager(-)	494 ff.
- autonomes	494
- Arten	272
- Bestand	282
- Bestandsarten	283 ff.
- Bestandsstrategien	287 ff.
- dezentrales	498
- Einrichtung	154
- Fertigwaren~	273
- Haltungsstrategien	287 ff.
- integriertes	495
- Produktion	63
- Wareneingangs~	272
- zentrales	497
- Zwischen~	272
Lagerung(s-)	493
- dezentrale	273, 498
- dynamische	389
- im Einzelplatzprinzip	550
- im Gruppenprinzip	548
- im Reihenprinzip	549
- im Werkstattprinzip	547
- Kosten (s. Kosten)	280
- Objekt	493
- Puffer~	509 ff., 558
- statische	389
- Vorrats~	343
- zentrale	497
- zum Ausgleich von Störungen	558
- zur Entkoppelung	557
- zur Ver- und Entsorgung	558
Lebenszyklus	
- einer Anlage	163
- Kosten (s. Kosten)	163
Leerkosten (s. Kosten)	41, 312
Leistung(s-)	114, 155
- Abschreibung (s. Abschreibung)	165 ff.
- Bereitschaft	77, 117 f.
- der Arbeitskraft	114
- des Betriebsmittels	155
- Fähigkeit	116
- Geber	79
- Intensität	115, 212
- Nehmer	79
Leitstand	753
Leitung	8
Lerneffekt	53

Lieferanten(-)	
- Auswahl	266
- Beeinflussung	266 f.
- Förderung	267
- Politik	266 ff.
Lieferservice	811
Liegezeit (s. Zeit)	347
Linienorgan	333 f.
Limitationalität	301
Lineare Abschreibung (s. Abschreibung)	170
- Aufgaben	808 f.
- Konzept	808
Los(-)	345 ff.
- Fertigung	345
- Größe	706 ff.
- Fertigungs~	345
- Transport~	353
- Zyklus	709
Make or Buy	
- Entscheidung	252 ff.
- Analyse (s. Analyse)	250
Makrostruktur	9
Management Resource Planning System	763
Manufacturing Resource Planning	762
Maschinen und maschinelle Anlagen	152
Maschinenprozess	209
Massenfertigungslogistik	564 ff.
Maßnahmenkomplex	180 ff., 224
Material Requirements Planning	761
Material-	
- Abgang	275 ff.
- Analyse (s. Analyse)	246 ff.
- Bedarfsarten	242 ff.
- Bedarfsermittlung	241
- Beschaffung	259, 263 ff.
- Bestand	282
- Bestandsänderung	276
- Bevorratung	270 ff.
- Disposition	252
- Eingang	270 f.
- Entsorgung	277 f.
- Lagerung	271 ff.
- Recycling	908

- Wirtschaft (s. Materialwirtschaft)	239
Materialwirtschaft	239 ff.
- Hauptfunktionen	239 ff.
- Konzepte	240
Maximumprinzip	16
Meilenstein	781
Mengenaspekt	52
Mess- und Prüfmittel	154
Minimumprinzip	16
Modellnormativ	196
Montage(-)	421 ff.
- End~	421
- Organisationsformen	422, 430 ff.
- Organisationsprinzipien	423 ff.
- Stufen	421
- Vor~	421
- Zwischen~	421
Moralischer Verschleiß (s. Verschleiß)	168
Nachfrage	15
Näherungsverfahren	
- nach PALMER	743 f.
- nach SOKOLIZIN	743
Natürlicher Prozess	344
Nettobedarf (s. Bedarf)	242
Netzplantechnik	786
Neuinvestition (s. Investition)	183
Neu- und Weiterentwicklung	94
Nutzgrenze	320
Nutzschwelle, Break-even-Point	320
Nutzung(s-)	164, 182
- von Anlagen	182
- Kosten (s. Kosten)	164
- Vorrat	181, 184
Operative Ziele	39
Optimalitätsgrad (s. Grad)	749
Optimized Production Technology	763
Organisation(s-)	329, 847
- Ablauf	331, 334
- Entscheidungsfindung	404 ff.
- Formen (s. Organisationsformen)	
- Prinzipien (s. Organisationsprinzipien)	
- Struktur, divisionale	333
- Struktur, funktionale	333
- Unternehmens~	329, 847

Organisationsformen
- Informationsmanagement 629 ff.
- innerbetriebliche Lagerung 506 ff.
- innerbetrieblicher Transport 466 ff.
- Instandhaltung 594 ff.
- Mischformen klassicher ~ der Teilefertigung 400
- Montage, klassische 418, 430 ff.
- Montage, moderne 438 ff.
- Recycling 921
- Teilefertigung, klassische 359 ff.
- Teilefertigung, moderne 382 ff.
Organisationsprinzipien
- Informationsmanagement, räumliche 621 ff.
- Informationsmanagement, technische 627 ff.
- Informationsmanagement, zeitliche 623 ff.
- innerbetriebliche Lagerung, räumliche 494 ff.
- innerbetriebliche Lagerung, technische 521 ff.
- innerbetriebliche Lagerung, zeitliche 500 ff.
- innerbetrieblicher Transport, räumliche 455 ff.
- innerbetrieblicher Transport, technische 484 ff.
- innerbetrieblicher Transport, zeitliche 462 ff.
- Instandhaltung, räumliche 576 ff.
- Instandhaltung, technische 605 ff.
- Instandhaltung, zeitliche 589 ff.
- Montage, räumliche 426 ff.
- Montage, technische 438 ff.
- Montage, zeitliche 428 ff.
- Recycling, räumliche 917 f.
- Recycling, zeitliche 919 f.
- Teilefertigung, räumliche 335 ff.
- Teilefertigung, technische 382 ff.
- Teilefertigung, zeitliche 334, 342 ff.
Originärer Faktor (s. Faktor) 8
Output 11

Outsourcing 252

Parallelität 55
- innerzyklische 56
- zwischenzyklische 56
Parallelverlauf 350
Personalbeschaffung 116
Planproportionen 199
Planung(s-)
- Arbeits~ 103 f.
- Belastungs~ 713 ff.
- des Jahresproduktionsprogramms 662 ff.
- Dilemma der Ablauf~ 702
- Durchlauf~ 689
- Erzeugnis~ 658
- Faktor~ 643
- Produkt~ 97
- Produktions~ 756
- Produktionsprogramm~ 662 ff.
- Programm~ 643
- Prozess~ 643
- Qualitäts~ 873
- Reihenfolge~ 721 ff.
- Rückwärts~ 692
- Teile~ 658
- Teil~stufen 658 ff.
- Termin~ 701 ff.
- Vorwärts~ 692
Portfolioanalyse (s. Analyse) 404 ff.
Potenzialfaktor (s. Faktor) 7
Potenzialmethode von ROY 746 ff.
Primärbedarf (s. Bedarf) 242
Primärer Sektor 75
Prioritätsregel 727 ff.
Produkt-
- Diversifikation 663
- Eigenschaften 63, 821
- Entwicklung 95 ff.
- Feld 662
- Konzipierung 97
- Lebenszyklus 95
- Planung (s. Planung) 97
- Recycling 908

Produktion(s-)	2
- Abfälle	906
- auftragsbezogene	822
- Controlling	832 ff.
- Controlling, Instrumente	832 ff., 844 ff.
- Dienstleistungs~ (s. Dienstleistung)	78
- erwartungsbezogene	823
- Faktor (s. Faktor)	7
- Funktion	299
- Logistik	808
- Logistiktyp	559 ff.
- Management	642
- Organisation	334 ff.
- Planung (s. Planung)	756
- Programmplanung (s. Planung)	662 ff.
- Steuerung	753 ff.
- System	206
- Theorie	298
- und Kostentheorie	298 ff.
- Vorbereitung	11
- Wirtschaft	1, 3
- Zeit (s. Zeit)	342 f.
- Zyklus	343
Produktivität	18 ff.
- Arbeitskräfte~	19
- Betriebsmittel~	19
- Bilanzielle Teil~	24 f.
- Einflussfaktoren auf die	27 ff.
- Elementarfaktorbezogene Teil~	19
- Haus der	43
- Kapital~	20
- Problemlösungsansätze	28 ff.
- Teil~	19
- Vermögens~	20
- Werkstoff~	19
Progressive Abschreibung (s. Abschreibung)	176
Projekt(-)	777
- Controlling	794 f.
- Lebenszyklus	781
- Management	778
- Organisation	779
- Steuerung	794
- Strukturplan	785
Proportionalität	55

Prozess(-)	
- Bedingungen	10
- Gesetzmäßigkeiten	55
- natürlicher	344
- Planung (s. Planung)	643
- Qualität (s. Qualität)	857
- Typ	66 ff., 617 f.
- Typen, kombinierte	66
Pufferlagerung (s. Lagerung)	509 ff., 558

Qualität(s-)	866
- Audit	882
- Erzeugnis~	857
- Fähigkeit	870
- Haus der	891
- Kreis	860 f.
- Lenkung	873
- Management (s. Qualitätsmanagement)	
- Managementsystem	877
- Planung (s. Planung)	877
- Problem	866
- Prozess~	857
- Prüfung	874
- Ressourcen~	858
- Sicherung	874
- Verbesserung	876
Qualitätsmanagement	868 ff.
- Darlegung	875
- Handbuch	875
- Methoden des	880 ff.
- Techniken des	880 ff.
- Werkzeuge des	880, 884 ff.

Rationalisierungsinvestition (s. Investition)	184
Räumliches Anordnungsprinzip	576 f.
Räumliches Verknüpfungsprinzip	
- des Informationsmanagement	621 f.
- des Transports	456 f.
Recycling(-)	895, 908 ff.
- Kreislauf	914
- Material~	909
- Organisationsformen	921
- Organisationsprinzipien	917 ff.
- primäres	914
- Produkt~	909

- Reststoff~	909	Technologischer Zyklus	344
- sekundäres	914	Teil(-e)	
Reihen-		- Bedarfsermittlung (s. Bedarf)	670 ff.
- Folgeplanung (s. Planung)	721 ff.	- Fertigung (s. Organisationsformen)	359 ff.
- Montage	431 f.		
- Prinzip	337	- Klasse	101, 376 ff.
- Verlauf	348	- Planung (s. Planung)	658
Reihungsregel	726	- Planungsstufen (s. Planung)	658 ff.
Reihungsregel nach JOHNSON	740 ff.	- Produktivität (s. Produktivität)	19
Rentabilität	18 ff.	Terminplanung (s. Planung)	701 ff.
- Kapital~	20 f.	Tertiärbedarf (s. Bedarf)	242
- Umsatz~	22	Tertiärer Sektor	75
- Vermögens~	22	Throughput	11
Repetierfaktor (s. Faktor)	8	Total Quality Management	869
Ressourcenqualität (s. Qualität)	858	Transportlos (s. Los)	353
Retrograde Terminierung	765	Trichterformel	767
Rhythmizität	55	Typisierung von Prod.-prozessen	47 ff.
Richtgrößen	199	Typisierungsansatz	
Risikoprofil	405	- inputorientierter	48
Rohstoff	236, 555	- outputorientierter	62
Rückwärtsplanung (s. Planung)	692	- throughputorientierter	51
Rüstkosten (s. Kosten)	40, 257, 707		
Rüstzeit (s. Zeit)	160	Umsatzrentabilität (s. Rentabilität)	22
		Umwelt-	
Sammelbedarfsdisposition	261	- Betriebsprüfung	906
Sekundärbedarf (s. Bedarf)	242	- Erklärung	906
Sekundärer Sektor	75	- Management	894 ff.
Serienfertigungslogistik	566 ff.	- Managementsystem	903
Servicegrad (s. Grad)	282 f.	- Schonung	895
Sicherheitsbestand	284	- Schutz	894
Spezialisierungsgrad (s. Grad)	365	Universalmaschine	50, 384 f.
Spezialmaschine	50, 384 f.	Unterbrechungszeit (s. Zeit)	346
Starre Fließfertigung	397	Unternehmensorganisation (s. Organisation)	329, 847
Stillstands- und Wartezeit (s. Zeit)	347		
Strategische Ziele	39		
Streifenprogramm	671 ff.	Variantenbestimmungspunkt	822
Strukturportfolio	406	Ver- und Entsorgungsanlagen	152
Stückliste	99	Veraltung	168
Stücklistenarten	679 ff.	Verarbeitungsbetrieb	76
Substitutionalität	300	Verbrauchsfunktion (Produktionsfunktion Typ B)	322
Synchronisation	669		
		Verfügbarkeitskosten (s. Kosten)	163
Taktische Ziele	39	Verkauf (ausgesonderter Anlagen)	185
Techniksystem	383 ff., 438 ff.		

Verlaufsformen
  - der quantitativen Struktur der
    Lagerungsobjekte   404, 500 ff.
  - des technologischen Zyklus   347 ff.
Vermögensproduktivität (s. Produktivität)   20
Vermögensrentabilität (s. Rentabilität)   22
Verschleiß(-)   165 ff.
  - moralischer   168
  - physischer   168
  - Quote   180
Verschrottung   185
Verteilzeit (s. Zeit)   161 f.
Verwendung   909 ff.
Verwertung   909 ff.
Vorgabezeit (s. Zeit)   159
Vorgang, Aktivität   786
Vorgangs-Knoten-Netzplan   788
Vorlaufabschnitt   690
Vormontage (s. Montage)   421
Vorratsbeschaffung (s. Beschaffung)   263
Vorratslagerung (s. Lagerung)   343
Vorwärtsplanung (s. Planung)   692

Wareneingangslager (s. Lager)   272
Wartung   184
Wechselgrad (s. Grad)   367
Werkstatt-
  - Fertigung   360
  - Fertigung, kontinuierliche   395
  - Montage   431
  - Prinzip   335
Werkstoff   8, 34 ff.
Werkstoffproduktivität (s. Produktivität)   19
Werkverrichtung   10
Wertanalyse (s. Analyse)   249
Wertminderung
  - durch Gebrauch   166
  - durch Substanzverringerung   166
  - fortschrittsbedingt   168
  - nutzungsbedingt   166
  - zeitablaufbedingt   168
  - zeitbedingt   168
Wertschöpfung   18
Werkzeuge und Vorrichtungen   153

Wirtschaftlichkeit   18, 20
Wirtschaftlichkeitsprinzip   16

XYZ-Analyse (s. Analyse)   248

Zeichnung   99
Zeit(-)
  - Abschreibung   170
  - Arten   122 ff., 159 ff.
  - Auftrags~   160
  - Belegungs~   160
  - Betriebsruhe~   343
  - Durchlauf~   343, 689
  - Erholungs~   159 ff.
  - Fertigungs~   108, 115
  - Grund~   161 f.
  - je Einheit   161
  - Liege~   347
  - Produktions~   342 f.
  - Rüst~   160
  - Stillstands~   347
  - Unterbrechungs~   346
  - Verteil~   161 f.
  - Vorgabe~   159
  - Warte~   347
Zeitermittlung
  - für Arbeitskräfte   119
  - für Betriebsmittel   157
  - für Werkstoffe   237 ff.
Zeitfonds des Kapazitätsangebots 176, 216
Zeitliche Verteilung des Jahresproduktionsprogramms   668 ff.
Zentrales Lager (s. Lager)   497
Zertifikat   878
Ziele   40 ff.
Zielbildungsfunktion   837 ff.
Zielebene   42, 893
Zusatzfaktoren   9
Zuverlässigkeit   868
Zwischenlager (s. Lager)   272
Zwischenmontage (s. Montage)   421

Oldenbourg Verlag

Ein Wissenschaftsverlag der Oldenbourg Gruppe

Henner Schierenbeck, Claudia B. Wöhle

Grundzüge der Betriebswirtschaftslehre

2011 | 18., überarbeitete Auflage
860 Seiten | Broschur | ca. 36,80 €
ISBN 978-3-486-59826-1

Das Wissen um betriebswirtschaftliche Grundtatbestände ist eine notwendige Voraussetzung für jeden, der in Betrieben an verantwortlicher Stelle tätig ist oder sich als Studierender auf eine solche Tätigkeit vorbereitet. Dabei kommt es häufig nicht so sehr auf ein spezifisches Detailwissen als vielmehr auf die Fähigkeit an, betriebswirtschaftliche Zusammenhänge konzeptionell zu erfassen und betriebliche Probleme in ihrem spezifisch ökonomischen Wesenskern zu begreifen. Aufbau und Inhalt des Lehrbuches sind von dieser Grundüberlegung geprägt.

>> *Dieses anspruchsvolle Standardlehrbuch der Betriebswirtschaftslehre zeichnet sich durch einen sehr gelungenen Mix von umfassender Stoffbreite und angemessener wissenschaftlicher Tiefe der Themenbehandlung aus.*
Prof.Dr. Bernd W. Müller-Hedrich, Der Betriebswirt, 1/ 2010, 51. Jg.

Bestellen Sie in Ihrer Fachbuchhandlung oder direkt bei uns: Tel: 089/45051-248
Fax: 089/45051-333 | verkauf@oldenbourg.de

www.oldenbourg-verlag.de

Oldenbourg Verlag

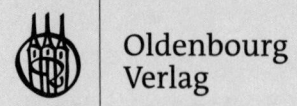

Ein Wissenschaftsverlag der Oldenbourg Gruppe

Katja Gelbrich, Stefan Müller

Handbuch Internationales Management

2011 | ca. 1700 Seiten | Gebunden | ca. € 99,80
ISBN 978-3-486-59067-8

Im Zuge der Globalisierung haben immer mehr Unternehmen ihr Geschäftsfeld ausgeweitet. Auch viele klein- und mittelständische Unternehmen bearbeiten zahlreiche Märkte jenseits der Landesgrenzen. Die damit betrauten Manager begegnen einer Fülle von Konzepten und Begriffen, die sie zwar nicht alle kennen, aber doch alle nachschlagen können sollten. Dieses umfassende Handbuch erläutert das gesamte Spektrum der internationalen Geschäftstätigkeit. Dazu gehören nicht nur Internationales Management, sondern auch Internationales Marketing, Internationales Organisations- und Personalwesen sowie zahlreiche juristische, kulturanthropologische und sozialpsychologische Sachverhalte.

Dieses umfassende Werk richtet sich an Studierende des Internationalen Managements und ist zudem für Praktiker ein hilfreicher Ratgeber.

Bestellen Sie in Ihrer Fachbuchhandlung
oder direkt bei uns: Tel: 089/45051-248
Fax: 089/45051-333 | verkauf@oldenbourg.de

www.oldenbourg-verlag.de